Studienbuch Politikwissenschaft

D1720361

Manfred G. Schmidt · Frieder Wolf
Stefan Wurster (Hrsg.)

Studienbuch
Politikwissenschaft

Springer VS

Herausgeber
Prof. Dr. Manfred G. Schmidt
Dr. Frieder Wolf
Dr. Stefan Wurster

Institut für Politische Wissenschaft
Universität Heidelberg
Deutschland

ISBN 978-3-531-18233-9   ISBN 978-3-531-18986-4 (eBook)
DOI 10.1007/978-3-531-18986-4

Die Deutsche Nationalbibliothek verzeichnet diese Publikation in der Deutschen Nationalbibliografie;
detaillierte bibliografische Daten sind im Internet über http://dnb.d-nb.de abrufbar.

Springer VS

Springer VS ist eine Marke von Springer DE. Springer DE ist Teil der Fachverlagsgruppe Springer
Science+Business Media.
www.springer-vs.de

Inhalt

3.
Internationale Beziehungen

Einleitung

Manfred G. Schmidt/Frieder Wolf/Stefan Wurster

Das vorliegende *Studienbuch* behandelt in 20 Kapiteln zentrale Themen der wichtigsten Teildisziplinen der Politikwissenschaft: Politische Theorie und Ideengeschichte, Vergleichende Politikwissenschaft und Internationale Beziehungen. Dabei werden jeweils die Grundlagen ebenso wie die Entwicklungslinien und aktuellen Trends dieser Fachgebiete erörtert. Das Buch soll Bachelor-, Master- und Staatsexamensstudierende der Politikwissenschaft vom ersten bis zum letzten Semester begleiten. Er ist aber auch für Absolventen des Faches und für Leser aus benachbarten Universitätsdisziplinen – insbesondere Geschichtswissenschaft, Rechtswissenschaft, Soziologie und Wirtschaftswissenschaft – geschrieben und soll ein Türöffner zum Stand der Politikwissenschaft und ihren Themen sein.

Im *Studienbuch Politikwissenschaft* wird besonderer Wert auf die Balance von Theorie und Empirie gelegt. Gemäß einem nicht-dogmatischen Wissenschaftsverständnis ist es aber nicht auf eine bestimmte Lehrmeinung verpflichtet, sondern offen für den Theorien- und Methodenpluralismus des Faches. Besonderen Wert legen die Herausgeber auch darauf, dass die Beiträge zum *Studienbuch* die Gegenstände und Lehrgebäude der Politikwissenschaft auf verständliche und die Leser fesselnde Art und Weise erörtern. Es ist uns gelungen, als Autoren führende Fachvertreter und jüngere Wissenschaftler zu gewinnen, die in ihren Themen bestens ausgewiesen sind.

Das *Studienbuch* informiert über die Politikwissenschaft, wie sie heutzutage an führenden Universitäten in Deutschland und anderen verfassungsstaatlichen Demokratien gelehrt wird. Ihre Gegenstände sind die Institutionen, die Prozesse und die Inhalte der Politik. Und Politik meint im Kern: die Gesamtheit der Bestrebungen und Spielregeln, die darauf gerichtet sind, die öffentlichen Angelegenheiten gesamtgesellschaftlich verbindlich zu regeln. Die Fragen, die die Politikwissenschaft aufwirft und beantwortet, spannen einen weiten Bogen: Dieser reicht von normativen Grundlagen, wie der Bestimmung derjenigen, die legitimerweise an der politischen Willensbildung teilhaben dürfen und derjenigen, die politische Entscheidungen treffen, über Themen der Verfassungsarchitektur bis zu den Kompetenzen der Bürger einerseits und der Steuerungsfähigkeit und der Steuerbarkeit von Politik, Gesellschaft und Wirtschaft andererseits.

„Eine empirische Wissenschaft vermag niemanden zu lehren, was er *soll*, sondern nur, was er *kann* und – unter Umständen – was er *will*", so heißt es bei Max Weber.[1] Diese Sicht-

---

1   *Weber, Max*, ⁴1973 [1904]: Die ‚Objektivität' sozialwissenschaftlicher und sozialpolitischer Erkenntnis, in: Weber, Max: Gesammelte Aufsätze zur Wissenschaftslehre, hg. v. Johannes Winckelmann. Tübingen: Mohr, 146-214, Zitat S. 151 (Hervorhebung im Original).

weise teilen mittlerweile die meisten Fachvertreter, auch die Herausgeber des vorliegenden Bandes. Empirische Politikwissenschaft umfasst aber nicht nur die empirisch-analytische Vorgehensweise, sondern auch die normativ-analytische Reflexion. Deshalb will das Studienbuch seinen Lesern in dem der Politischen Theorie und Ideengeschichte gewidmeten Teil nicht nur einen Überblick über dieses zentrale Fachgebiet vermitteln, sondern auch Argumente für die Beurteilung politischer Ordnungen bereitstellen. In den Kapiteln zur Vergleichenden Politikwissenschaft und den Internationalen Beziehungen will das Studienbuch den Lesern zudem Rüstzeug zur Bewertung der drängendsten klassischen und gegenwärtigen Fragen der Politikforschung an die Hand geben, auch wenn dort der empirisch-analytische Zugriff im Vordergrund steht.

Bei ihrem Unterfangen können die Herausgeber und die Autoren des Studienbuches auf die Erfahrungsschätze der seit Mitte des 20. Jahrhunderts exponentiell angewachsenen modernen universitären Politikwissenschaft ebenso zurückgreifen wie auf frühmoderne (etwa Alexis de Tocqueville), vormoderne (beispielsweise Niccolò Machiavelli und Thomas Hobbes) und antike Vertreter (wie insbesondere Platon und Aristoteles) des analytischen politischen Denkens. Gerade das Aufeinandertreffen zeitloser Fragen und gegenwärtiger Entwicklungen macht einen Gutteil des Reizes der Politikwissenschaft aus, für die dieses Studienbuch wirbt.

Wer das Fach Politikwissenschaft gewinnbringend studieren will, muss viele Bücher zur Hand nehmen. Deshalb enthalten alle Beiträge zum *Studienbuch Politikwissenschaft* ausführliche Literaturverzeichnisse und zudem kommentierte Verweise auf besonders empfehlenswerte Werke, die der vertiefenden Einarbeitung dienen. Außerdem finden die Leser in den Beiträgen zum *Studienbuch Politikwissenschaft* zahlreiche Hinweise auf und Erläuterungen zu den besten der immer reichhaltigeren Online-Ressourcen des Faches.[2]

Ein Überblick über die Beiträge zum Studienbuch

Im ersten Teil unseres Studienbuchs wird die Politische Ideengeschichte und moderne Politische Theorie in sechs Beiträgen zu zentralen (normativ-)analytischen Grundlagen der Politikwissenschaft vorgestellt. Dabei wird der vielschichtige theoretische Unterbau des Faches aufbereitet und zugleich kritisch durchleuchtet. Schon die begriffliche Differenzierung in Politische Ideengeschichte und (moderne) Politische Theorie macht auf die große Bandbreite des politikwissenschaftlichen Theoriediskurses aufmerksam. Dieser speist sich zum einen aus dem Archiv der älteren (bis in die Antike zurückreichenden) Theoriestränge, die im Kern normativ begründete Urteile über Ist- und Sollzustände des Verhältnisses von Mensch, politischer Ordnung und Gesellschaft aufstellen. Zum Arsenal der neueren politischen The-

---

2   Viele Studierende fühlen sich angesichts der Anzahl der in den Fachbibliotheken vorhandenen Bände und
     der zur Verfügung stehenden Datenbanken bei der Recherche und Eingrenzung relevanter Texte überwäl-
     tigt. Wir möchten Sie daher ausdrücklich ermutigen, sich anhand der in den Beiträgen zum Studienbuch
     verwendeten Begriffe und der dort erwähnten Autoren selbst weiter auf die Suche zu begeben.

orien gehören zum anderen Zugänge, deren Zielsetzungen sich eher auf die Beschreibung, Erklärung oder Vorhersage politischer Ereignisse konzentrieren.[3]

Einen vorzüglichen Einstieg in das Fach Politische Ideengeschichte und die moderne Politische Theorie bietet der Beitrag von *Herfried Münkler*. Münkler stellt dem Leser einleitend Typen der Ideengeschichtsschreibung vor, die von der Kanonisierung philosophischer „Gipfelgespräche" über deren Kontextualisierung, über textimmanente Interpretation und wissenssoziologische Bearbeitung bis zur Diskursanalyse reichen. Bei seiner Erkundung der Ideengeschichte und ausgewählter Felder der modernen politischen Theorie wählt Münkler keine der üblichen Überblicksdarstellungen. Vielmehr zeigt er an zwei zentralen Topoi – Revolution und Eigentum – wie politische Ideengeschichte und Theorie zusammenhängen und auf welche Weise beide auch mit der Sozial- und Wirtschaftsgeschichte in Verbindung stehen.

Für die systematische Tour d'horizon über die Geschichte der politischen Ideen, die über zweitausendfünfhundert Jahre bis zu den klassischen Werken der Antike zurückreicht, konnten Marcus Llanque und Christian Schwaabe gewonnen werden.

Den langen Weg von der Antike bis zur Französischen Revolution zeichnet *Marcus Llanque* nach, indem er seinen Beitrag auf die Frage nach dem spannungsreichen Wechselverhältnis von politischen Ordnungsvorstellungen und der politisch-gesellschaftlichen Gestalt eines Gemeinwesens fokussiert. Dabei spannt Llanque den Bogen von Platon und Aristoteles über politische Theorien der Römischen Republik und des christlichen Mittelalters bis zu Machiavelli einerseits und den Vertragstheorien von Hobbes, Locke, Montesquieu und Rousseau andererseits. Zudem erörtert Llanque das in der politischen Theorie jener Zeit ganz neu gedachte Wechselverhältnis von Gesellschaft, Ökonomie und Politik. Sein Beitrag schließt mit einer Reflexion der ideengeschichtlichen Grundlagen und Implikationen der amerikanischen und französischen Revolution, wobei Kants Kritik an den blutigen Wirren der Revolution nicht zu kurz kommt.

Im Anschluss an Llanques Beitrag erörtert *Christian Schwaabe* die politische Ideengeschichte nach 1789. Schwaabe begreift die Französische Revolution als Auftakt eines Epochenwechsels zur politischen Moderne. Gekennzeichnet durch ein neues Zeitbewusstsein, das sich dem Geist der Aufklärung und des Fortschritts verpflichtet fühlt, bildet die Moderne die große soziale Tatsache, an der sich letztlich alle politischen Theorien seit 1789 auf die eine oder andere Art und Weise abarbeiten sollten. Der Autor führt durch dieses „Zeitalter der großen Entwürfe, Metaerzählungen und Ideologien", so Christian Schwaabe, indem er die einzelnen Strömungen in historischer Abfolge einander gegenüberstellt. Nach dem vom Autor als antimodern charakterisierten Konservatismus und dem stark auf negative Freiheitsrechte fokussierten bürgerlichen Liberalismus wird das radikale Potential der Epoche dabei in der revolutionär-kommunistischen und der faschistischen und nationalsozialistischen Strömung sichtbar. Die nach dem Zweiten Weltkrieg aus der Kritik an den totalitären Irrwegen der Moderne entstehenden empirisch-analytischen, kritisch-dialektischen und normativ-ontologischen Theorieansätze münden über die Kommunitarismus- und Pluralismusde-

---

3   Allerdings haben nicht alle moderneren politischen Theorieangebote den normativen Anspruch gänzlich aufgegeben.

batte schließlich in der heterogenen Theorienpluralität der Postmoderne, deren Architektur der Autor mit Hilfe systemtheoretischer Zugänge entschlüsselt.

Hubertus Buchsteins Beitrag betrachtet die Ideengeschichte und die moderne Politische Theorie durch das Prisma der Demokratietheorie. Begriff und Theorie der Demokratie begreift er als politisch und wissenschaftlich umkämpfte Konzepte. Auch wenn die Demokratie in der Neuzeit einen bemerkenswerten Siegeszug angetreten hat, der mit der ‚Positivierung', der ‚Futurisierung' und der ‚Anreicherung' des Demokratiebegriffs einherging, sind ihr zahlreiche Probleme und Gefährdungen eigen. Im Rahmen einer Theorienübersicht, die einen weiten Bogen von der empirischen über die formale zur normativen Schule schlägt, zeigt der Autor, wie unterschiedlich die Erscheinungsformen, die Funktionsvoraussetzungen und die Leistungsfähigkeit demokratischer Regime sind. Anhand von Modellen der formalen Demokratietheorie, wozu Buchstein systemtheoretische und *Rational Choice*-Spielarten zählt, zeichnet er die komplexe Funktionslogik demokratischer Gemeinwesen nach. Zudem erörtert der Autor zentrale Kontroversen des modernen Demokratiediskurses über den Geltungsbereich, die Partizipationsintensität und den Deliberationsgehalt demokratischer Willensbildung. Abschließend diagnostiziert Buchstein zwei besonders große Herausforderungen der Demokratien der Gegenwart – ihr Verhältnis zum Kapitalismus und die Frage, ob und wie eine Transformation der Demokratie in eine der ‚postnationalen Konstellation' gemäße Herrschaftsordnung gelingen kann – und unterbreitet so innovative wie originelle Vorschläge zu ihrer Bewältigung.

Wie das Konzept der Demokratie war auch der Begriff der Gerechtigkeit im Laufe der Zeit einem großen Bedeutungswandel unterworfen. Ihn zeichnet *Wolfgang Kersting* nach. Den Auftakt geben in seinem Beitrag die Gerechtigkeitstheorien der antiken Klassiker des politisch-philosophischen Denkens. Von dort führt Kerstings Überblick entlang der Frage, welche Rollen dem Individuum, der Gesellschaft, dem Markt und dem Staat für ein gerechtes Gemeinwesen zukommen, bis zu den modernen Theorien der Gerechtigkeit. Während Gerechtigkeit in Platons Lehre von der Philosophenherrschaft nur in einem hierarchisch geordneten Gemeinwesen denkbar war, spielte für Aristoteles die „Tugendbelohnung", so Kersting, als Maß der Verteilungsgerechtigkeit eine zentrale Rolle. Für die vertragstheoretischen Gerechtigkeitstheorien bei Thomas Hobbes und Immanuel Kant, die sich nicht mehr am Willen Gottes oder einer objektiven natürlichen Wertordnung als Rechtfertigungsrahmen orientierten, wurde hingegen der Staat, wenngleich aus unterschiedlichen Gründen (Friedensicherungsversus Rechtssicherungsfunktion), zum zentralen Ort der Gerechtigkeit. Im Anschluss daran erörtert Kersting die Kontroverse über die gerechte (Um-)Verteilung von Eigentum und Lebenschancen anhand der Lehre der Fairnessgerechtigkeit nach John Rawls, des am Prinzip der Ressourcengleichheit orientierten Ansatzes von Ronald Dworkin, Michael Walzers pluralistischer Gerechtigkeitskonzeption und des *Capability*-Ansatzes von Amartya Sen und Martha Nussbaum. In Abgrenzung zu Robert Nozicks libertärer Anspruchstheorie stellt der Autor überdies eine eigene freiheitsrechtliche Gerechtigkeitstheorie vor, die ein Auseinanderfallen von negativer und positiver Freiheit vermeidet, indem sie die Bedeutung grundlegender Selbstbestimmungsressourcen hervorhebt und Verteilungsgrundsätze für diese unterbreitet.

Eine kritische Erörterung der aus den Wirtschaftswissenschaften übernommenen und auch in der Politikwissenschaft einflussreichen *Rational Choice*-Theorien rundet die Porträts moderner politischer Theorien ab. *Dietmar Braun*, der Verfasser dieses Kapitels, geht der Frage nach dem Mehrwert dieser Theorien für die Politikwissenschaft zunächst dadurch nach, dass er die Basisannahmen der *Public Choice*-Ansätze (methodologischer Individualismus, Modell des *homo oeconomicus*, transitive Präferenzordnung der Akteure) herausschält und dabei dem Leser deren spezifische Vorzüge (Schlankheit der Modellannahmen, weiter Erklärungsanspruch, Relevanz der Forschungsfragen) verdeutlicht. Braun benennt aber auch die Schwachstellen und blinden Flecken dieser Ansätze. Indem er auf konzeptuelle Erweiterungen des ursprünglichen Konzeptes eingeht und über die Spieltheorie, welche die Interaktionen strategisch handelnder Akteure genauer als andere Ansätze modelliert, den *Rational Choice*-Institutionalismus, der den Handlungskontext intensiver berücksichtigt, und die psychologische Erwartungs- und Organisationstheorie, die von einem erweiterten Verständnis von Rationalität der Akteure (*bounded rationality*) ausgeht, informiert, weist Braun einen Prozess stetiger Anpassung der Modellannahmen an reale politische Gegebenheiten nach. Der Beitrag mündet in ein Plädoyer, die Anschlussfähigkeit der *Rational Choice*-Ansätze für andere Theorieschulen weiter auszubauen.

Die Beiträge im zweiten Teil des Studienbuches handeln von der Vergleichenden Politikwissenschaft. Im einführenden Überblick erläutert *Manfred G. Schmidt* die Ziele, Methoden und Theorien dieser Disziplin, zeigt, welche Felder sie erforscht, und erörtert ihre besonderen Leistungen und ihre Probleme. Vergleichende Politikwissenschaft steht für ein zentrales Sachgebiet des Faches: die auf Gemeinsamkeiten und Unterschiede zielende komparatistische Analyse von Politik im In- und Ausland. Vergleichende Politikwissenschaft ist aber auch der Fachausdruck für eine Methode der wissenschaftlichen Analyse. In ihr wird die Identifizierung von Ähnlichkeiten und Unterschieden politischer Einheiten, beispielsweise von politischen Systemen, genutzt, um Hypothesen über Korrelationen und Kausalzusammenhänge zwischen politischen Sachverhalten zu entwickeln oder zu testen, Verallgemeinerungen zu ziehen und auf dieser Grundlage empirisch fundierte Theorien zu erstellen oder bestehende Theorien zu überprüfen und gegebenenfalls weiterzuentwickeln.

Sechs Beiträge konkretisieren die Perspektiven der Vergleichenden Politikwissenschaft. Den Auftakt gibt *Wolfgang Merkels* Vergleich von Demokratien und Autokratien. Merkel leitet ihn mit einem Überblick über Grundbegriffe der vergleichenden Analyse politischer Systeme ein. Anschließend typologisiert er politische Systeme anhand des Kontinuums zwischen idealer Demokratie und perfekter Autokratie, sensibilisiert sodann die Leser für verschiedene demokratietheoretische Modelle, legt sein Kernkonzept der „eingebetteten Demokratie" dar und grenzt davon den Typus und die Spielarten der „defekten Demokratie" ab. Zudem vergleicht Merkel Demokratien und Autokratien anhand von sechs Schlüsselvariablen: Herrschaftslegitimation, -zugang, -anspruch, -monopol, -struktur und -weise. Daraus leitet der Autor acht Hauptformen der Autokratie ab, unter ihnen totalitäre und autoritäre Spielarten. Dass Stabilität bzw. Instabilität von Autokratien wesentlich von drei Stützen abhängt – Legitimation, Repression und Kooptation – wird abschließend gezeigt.

Im zweiten Beitrag zur Vergleichenden Politikwissenschaft untersucht *Florian Grotz* die institutionellen Bedingungen des Regierens in demokratischen Staaten. Anhand der von Arend Lijphart geprägten Unterscheidung von Mehrheits- und Konsensdemokratien erörtert Grotz die Vorgehensweise, die Erträge und charakteristischen Probleme des institutionenbezogenen Demokratievergleichs. Von dort aus untersucht Grotz die Kerninstitutionen der demokratischen Gewaltenteilung unter besonderer Berücksichtigung ihrer Strukturen, Wirkungen und Wandlungstendenzen: die horizontale Gewaltenteilung, die durch die Beziehungsmuster zwischen Parlament, Staatsoberhaupt und Regierung zustande kommt, und die vertikale Gewaltenteilung, die im Verhältnis von Zentralstaat und dezentralen Gebietskörperschaften begründet liegt.

Wahlrecht, Wahlsysteme, Wählerverhalten und Wahlbeteiligung in der Bundesrepublik Deutschland und anderen modernen Demokratien sind die Themen des dritten Beitrags zur Vergleichenden Politikwissenschaft. Er stammt aus der Feder von *Oskar Niedermayer*. Wahlrecht und Wahlsystem gehören zum zentralen Spielregelwerk der demokratischen Politik. Dieses Regelwerk prägt, so zeigt der Verfasser dieses Kapitels, den politischen Prozess, das Parteiensystem und das Wählerverhalten – allerdings nicht im Sinne von Gesetzmäßigkeiten, wie die ältere Komparatistik meinte, sondern im Sinne kontextabhängiger Konstellationen. Niedermayer rekonstruiert zudem die wichtigsten Bestimmungsfaktoren des Wählerverhaltens und bündelt sie zu einem integrierten Erklärungsmodell der Parteienwahl. Zudem erweitert er dieses Erklärungsmodell durch die Analyse der tendenziell abnehmenden Wahlbeteiligung. Die Nichtwählerschaft ist eine heterogene Gruppe. Sie umfasst höchst unterschiedliche Nichtwählertypen: unechte, politikferne, unzufriedene und abwägende Nichtwähler.

Nicht nur Individualakteure, wie die Wähler, sind von größter Bedeutung für das politische Geschehen in modernen Demokratien, sondern auch Kollektivakteure, wie Parteien und Interessenverbände. Dass sich beide erst im Kontext von Parteien- und Verbändesystemen verstehen lassen, zeigt das von *Klaus Armingeon* verfasste Kapitel. Armingeon untersucht die Struktur und den Wandel von Parteien- und Verbändesystemen vor allem in europäischen Ländern aus vergleichender Perspektive. Er geht zentralen Fragen wie diesen nach: Worin liegen die Vor- und Nachteile von politischen Parteien und Interessenverbänden? Wie ist die Beziehung zwischen politischen Parteien und Bürgern beschaffen und wie verändert sie sich im Zeitverlauf? Wie steht es um das Parteiensystem? Welche Parteienfamilien existieren in ihm, wonach streben sie, und inwieweit werden die Parteiensysteme von sozialstrukturellen und kulturellen Größen bestimmt? Inwieweit können Gewerkschaften, die wie alle Interessenverbände im Zeichen der Logik des kollektiven Handelns stehen, ihre Mitgliederprobleme lösen? Und schließlich: Wie sind die Staat-Verbände-Beziehungen beschaffen?

Politik handelt nicht nur von Institutionen und politischen Abläufen, sondern auch von Staatstätigkeit. Von ihren Inhalten, ihren Antriebs- und Bremskräften und ihren Wirkungen handeln zwei weitere Beiträge zum *Studienbuch Politikwissenschaft*: Im ersten Beitrag thematisiert Uwe Wagschal die Staatstätigkeit aus dem Blickwinkel der Staatsfinanzen, im zweiten Beitrag analysiert Stefan Wurster die Staatstätigkeit aus der Perspektive neuerer Formen politischer Steuerung.

Uwe Wagschal bilanziert Deutschlands Staatsfinanzen mit Hilfe eines zweifachen Vergleichs: Dieser ist einerseits intertemporal angelegt und umfasst andererseits den internationalen, auf die OECD-Mitgliedstaaten ausgerichteten Querschnittsvergleich. Viererlei kommt dabei zur Sprache: die Staatsausgaben, die Staatseinnahmen, die Staatsverschuldung und die Haushaltskonsolidierung. Wagschal zeigt, dass ein Großteil der Staatsfinanzen und ihrer Varianz im historischen und internationalen Vergleich mit politikwissenschaftlichen Kernvariablen erklärt werden kann: Politisch-institutionelle Bedingungen machen in der Regel einen Unterschied und – auf eine überraschende, im Fazit näher erläuterte Weise – auch die parteipolitische Färbung der Regierungen. Bei den Institutioneneffekten ist allerdings eine – ebenfalls überraschende – Ausnahme zu verzeichnen: Institutionelle Verschuldungsbremsen sind, dem internationalen Vergleich zufolge, wenig wirkungsvoll.

Im zweiten Beitrag zur Staatstätigkeit porträtiert *Stefan Wurster* neue Formen politischer Steuerung, und zwar vor dem Hintergrund des Wandels der staats- und steuerungspolitischen Leitbilder und des Kriterienkatalogs der *good governance*. Im Zentrum neuerer Steuerungen stehen heute einerseits prozedurale Instrumente, die neben einer präventiv und politikfeldübergreifend angelegten Planung den Aufbau und die Strukturierung zivilgesellschaftlicher Politiknetzwerke zum Ziel haben, und andererseits Liberalisierungs- und Privatisierungsmaßnahmen, die auf Marktschaffung ausgelegt sind. Wie der internationale Vergleich zeigt, variieren allerdings Art, Dosierung und Tempo der Liberalisierungspolitik in hohem Maße. Während sich Deutschland bei der Übernahme partizipationsorientierter Instrumente relativ offen zeigt, nimmt das Land im Hinblick auf marktschaffende Politik – wie oft im internationalen Vergleich – eine Mitteposition zwischen den Extrempolen einer rasch voranschreitenden Liberalisierung und einer betont etatistischen Politik ein.

Im dritten und letzten Teil des Studienbuchs kommt das Lehrgebiet der Internationalen Beziehungen zur Sprache.

Nicole Deitelhoffs und *Michael Zürns* einführender Beitrag zum Thema bietet mehr als nur einen Überblick über die Internationalen Beziehungen. Sie erörtern nicht nur die Gegenstände dieses Lehrgebietes – mehr oder weniger souveräne Staaten und ihre Interaktionen – und ihre Behandlung durch die drei großen Theorieschulen Realismus, Liberalismus und Marxismus. Vielmehr schreiben sie auch eine Theoriegeschichte der Internationalen Beziehungen mit Hilfe dreier Paradigmen, welche das Zusammenspiel zwischen diesen Theorieschulen durch die Ausrichtung auf bestimmte zu erklärende Größen strukturiert haben: das Friedens-, das Kooperations- und das *global governance*-Paradigma. Das Friedensparadigma mit seiner praxeologischen Ausrichtung auf die Kriegsverhinderung dominierte die junge Disziplin nach dem Ersten Weltkrieg für mehrere Jahrzehnte. Keinen grundsätzlichen Widerspruch dazu, aber eine wegweisende Neuerung brachte das Kooperationsparadigma angesichts wachsender Interdependenzen etwa seit Mitte der 1970er Jahre mit sich. Gerade sein Erfolg führte seit Ende der 1980er Jahre zur Herausbildung des *global governance*-Paradigmas, das „die Gesamtheit der kollektiven Regulierung sozialer Problemlagen im globalen Raum" (Deitelhoff/Zürn) in den Blick nimmt. Im Moment sehen uns die beiden Autoren als Zeugen der Emergenz eines neuen Paradigmas, welches internationale Institutionen im Hinblick auf ihre Autorität und Legitimität kritischer betrachtet.

Im zweiten Beitrag des dritten Teils des *Studienbuches* schlägt *Sebastian Harnisch* in innovativer Weise eine Brücke zwischen den Internationalen Beziehungen und der Vergleichenden Politikwissenschaft. Die vergleichende Außen- und Sicherheitspolitik ist das Thema dieses Kapitels. An der durchlässiger gewordenen Membran zwischen Außen und Innen verortet, sind die Determinanten dieses Politikfeldes auf beiden Seiten zu suchen: sowohl im internen Institutionen- und Interessengefüge der Staaten als auch in den Strukturen des internationalen Systems. Auch Ideen kommen zu ihrem Recht: als individuelle und auf der Makro-Ebene wirksam werdende Wertehaltungen und Weltbilder. Hervorzuheben ist an Harnischs Beitrag zudem die beispielhafte, in Hypothesen zugespitzte Anwendung dreier besonders wirkmächtiger Theorien der vergleichenden Außenpolitikforschung (nämlich des klassischen Neo-Realismus, des Liberalismus und des Sozialkonstruktivismus) auf Probleme der entwicklungspolitischen Zusammenarbeit. Das lädt den Leser didaktisch geschickt zum weiterführenden eigenständigen Theoriewissenstransfer ein. Außerdem beantwortet das Kapitel über die vergleichende Außen- und Sicherheitspolitik eine wissenschaftlich und politisch besonders wichtige Frage, nämlich ob bzw. wie sich die Außen- und Sicherheitspolitik von Demokratien und Autokratien unterscheidet.

Siegfried Schieder erläutert in seinem Beitrag, wie internationale Organisationen nach 1945 rapide an Bedeutung gewonnen haben, und er zeigt, dass sie zum Strukturmerkmal der internationalen Beziehungen geworden sind. Sein historischer Überblick setzt indes weit früher an: Zunächst nimmt er drei evolutionäre Schübe in der Geschichte internationaler Organisationen im 19. Jahrhundert in den Blick. Dieser Einstieg dient zugleich der Einführung konzeptioneller Unterscheidungen und betont insbesondere die Bedingungen, die zur Gründung diverser Typen von internationalen Organisationen beigetragen haben. Die Theoriedebatte in der Forschung fasst Schieder pointiert zusammen, indem er auf die jeweils dominierende Sichtweise von internationalen Organisationen als Arenen (im Neo-Realismus), als Instrumente (im Institutionalismus) oder als Akteure (in soziologischen und sozialkonstruktivistischen Ansätzen) abhebt. Sodann zeigt er, dass diese Perspektiven einander wechselseitig keineswegs ausschließen müssen. Entfalten internationale Organisationen aber überhaupt die ihnen zugeschriebenen Wirkungen? Diese Frage beantwortet Schieder verhalten optimistisch.

Eine Organisation *sui generis*, die Europäische Union (EU), nimmt das folgende Kapitel von *Katharina Holzinger* in den Blick. Sie unterrichtet die Leser über die historische Entwicklung der EU ebenso wie über die Theorieangebote zur Erklärung der europäischen Integration (vom Neo-Funktionalismus über verschiedene Theorien des Intergouvernementalismus bis zu den Spielarten des Supranationalismus) und die institutionellen wie prozessualen Eigenschaften der EU. Holzinger stellt überdies Studien zu den materiellen Politiken der EU vor: An der Umweltpolitik lässt sich der Einfluss von Lobbygruppen auf das *agenda setting* demonstrieren, an der Sozialpolitik Probleme bei der Regelbefolgung (*compliance*), der Umsetzung von EU-Beschlüssen in nationales Recht. Bei den Außenbeziehungen der EU ist zwischen weitreichender Supranationalisierung der sogenannten *low politics* (wie etwa der Handels- und *de facto* auch der Entwicklungspolitik) und einer fortbestehenden zentralen Stellung der Regierungen der Mitgliedstaaten im Bereich der *high politics* (wie etwa der Gemeinsamen Außen- und Sicherheitspolitik) zu unterscheiden. Schließlich analysiert die

Autorin große aktuelle Herausforderungen der EU wie das Demokratiedefizit und die Euro-Schuldenkrise.

Sven Chojnacki und *Verena Namberger* diskutieren in ihrem Beitrag „Vom Konflikt zum Krieg: Ursachen und Dynamiken" eingehend den Konfliktbegriff und legen dar, wie folgenreich die jeweilige Abgrenzung von Forschungsgegenstand und Forschungsinteressen ist. Sodann stellen sie den analytischen Zugriff und den Erklärungsbeitrag von vier Perspektiven auf die Eskalation gewaltsamer Konflikte vor: Gesellschaftstheoretische Ansätze heben besonders auf soziale Beziehungen und Strukturen ab, klassische Perspektiven der Lehre von den Internationalen Beziehungen auf die Stellung von Staaten im internationalen System, ihre wechselseitige Wahrnehmung oder die Internalisierung und Externalisierung von Normen, und aus der Vergleichenden Politikwissenschaft entlehnte Ansätze auf innerstaatliche institutionelle und ökonomische Verhältnisse. Einen besonderen Schwerpunkt legen die Autoren auf Zugriffe jenseits des Mainstreams, unter anderem auf feministische und postkoloniale Theoreme. Die politikwissenschaftliche Konflikt- und Friedensforschung, so folgern sie, komme kaum um die Auseinandersetzung mit ihrer normativen Basis herum.

Eine bezüglich der Problemlösungskompetenz internationaler Politik, aber auch hinsichtlich des Beitrags der (Politik-)Wissenschaft nachdenklich stimmende Misserfolgsgeschichte schreibt *Helmut Weidner* im vorletzten, der internationalen Klimaschutzpolitik gewidmeten Kapitel des *Studienbuchs*. Ausgehend von den Dilemmata der globalen Klimapolitik zeigt Weidner, wie und warum trotz großen Aufwands und aller Euphorie das im Kyoto-Protokoll gipfelnde Welt-Klimaregime bislang keine hinreichenden Erfolge erzielt hat. Keine realistische Alternative ist seinen Ausführungen zufolge auch das sogenannte *Geo-Engineering*, das mit Hoffnungen auf technologischen Großaufwand und *science fiction*-artige Szenarien in verschiedenen Varianten die jüngere Debatte prägt. Einen genauen Blick wirft der Autor überdies auf den klimapolitischen Vorreiter Deutschland, dessen Rolle und ihre Implikationen. Aus der Sackgasse scheint das mitunter als Vorbild gewertete Deutschland das globale Klimaregime jedoch nicht zu führen.

Der abschließende Beitrag zum *Studienbuch Politikwissenschaft* handelt von der Internationalen Politischen Ökonomie. Geschrieben wurde er von *Stefanie Walter*. Walter vertritt insbesondere die amerikanische Spielart dieser Disziplin und legt damit besonderen Wert auf systematische Modellierung und systematischen Hypothesentest. Die Internationale Politische Ökonomie überschreitet sowohl intra- als auch interdisziplinäre Grenzen (zwischen den Fachgebieten Internationale Beziehungen und Vergleichende Politikwissenschaft sowie zwischen Politikwissenschaft und Wirtschaftswissenschaften). Walter legt anhand der Währungs- und der Handelspolitik dar, wie sich internationale Wirtschafts- und Finanzbeziehungen auf die Präferenzen politischer Akteure in Nationalstaaten auswirken können. Im nächsten Schritt wird, gleichsam um 180 Grad gedreht, nach den Auswirkungen der nationalstaatlichen Interessenkonstellationen und Institutionenstrukturen auf ebenjene internationalen Wirtschafts- und Finanzbeziehungen gefragt, wiederum mit Blick auf die Handels- und Währungspolitik. Zudem kommt die Regulierung dieser Beziehungen auf der internationalen Ebene in den Blick. Abschließend diskutiert Walter den Bedarf an weiterer Forschung in dieser Brückendisziplin und das Potential, das hierfür bereitsteht.

Entwicklungstendenzen der Politikwissenschaft

Die Beiträge zum *Studienbuch Politikwissenschaft* erörtern eine breite Palette von Themen.[4] An ihnen lassen sich mehrere beachtenswerte Entwicklungstendenzen des Faches ablesen: Der Gegenstand der Politikwissenschaft, die Politik in ihren Formen, Prozessen und Inhalten, wandelt sich weiter und gewinnt an Vielgestaltigkeit – intranational und international.

1. So treten privatwirtschaftliche und zivilgesellschaftliche Akteure nicht nur als Themensetzer (*agenda setter*), sondern zunehmend auch als regulierende *Governance*-Instanzen neben die nationalstaatlich basierten Institutionen der Legislative und Exekutive.

2. Daneben wird die alte, überwiegend nationalstaatlich verhaftete Politik im Zeitalter von Globalisierung und Europäisierung in zunehmendem Maße zum Handeln in komplexen Mehrebenensystemen.

3. Alte Fragen von politischer Macht, ihrer Verselbständigung und ihrer Kontrolle, von Konflikten und ihrer Einhegung durch Kooperation, vom Verhältnis zwischen Freiheit und Gleichheit sowie von der Rolle des Staates bei ihrer Balancierung bleiben hochaktuell. Sie gewinnen sogar infolge der unter 1) und 2) benannten Entwicklungen – und der damit intensivierten Interdependenzen – weiter an Gewicht.

4. Trotz aller Demokratisierungswellen sind die Autokratien nach wie vor zahlreich und wirkungsmächtig. Die Beschäftigung mit autokratischen Regimen in ihren autoritären und totalitären Spielarten (ein bisher eher vernachlässigtes Feld unseres Faches) ist somit sowohl wissenschaftlich als auch politisch von großer Wichtigkeit.

5. Bei allem Anpassungsbedarf der theoretischen und forschungspraktischen Zugriffe: Ältere und jüngere Wurzeln der Disziplin treiben bei der Beantwortung dieser Fragen frische Triebe und bringen erfreulich oft prächtige Blüten hervor. War die historische Fundierung und der Vergleich weniger Fälle schon immer eine Stärke der Politikwissenschaft, so zeichnet sich das Fach in jüngerer Zeit durch die Analyse von Stichproben mit größeren Fallzahlen und eine ausgefeiltere Mikrofundierung der Erforschung politischen Handelns aus – und durch strukturelle Anschlussfähigkeit zu einer beachtlichen Zahl angrenzender Fachdisziplinen: der Geschichtswissenschaft, der Philosophie, dem Öffentlichen Recht und dem Völkerrecht sowie der Soziologie und den Wirtschaftswissenschaften.

Es bleibt also spannend, an den Themen, den Begriffen, den Theorien, den Methoden und den Ergebnissen der Politikwissenschaft Anteil zu haben. Auch dazu soll das *Studienbuch Politikwissenschaft* dienen.

---

4   Umfangbegrenzungen haben die Herausgeber veranlasst, auf separate Kapitel zum politischen System der Bundesrepublik Deutschland und zu den Methoden des Fachs zu verzichten. Selbstverständlich werden beide Themen prominent berücksichtigt – die Politik in Deutschland insbesondere in den Beiträgen zur Vergleichenden Politikwissenschaft und den Internationalen Beziehungen. Alle Kapitel des vorliegenden Studienbuches zeugen zudem von der großen methodologischen Bandbreite, ihrer rasanten Entwicklung und immer wieder auch vom produktiven Methodenstreit in der Politikwissenschaft.

Bei der Planung und Herstellung des *Studienbuchs Politikwissenschaft* kamen uns guter Rat und kompetente Hilfestellungen zugute. Dem Verlag und insbesondere Frank Schindler, Verena Metzger und Katharina Gonsior danken wir für die fachkundige und ermutigende Betreuung des Vorhabens. Falk Bartscherer und Fabian Engler gilt unser Dank für die zuverlässige und präzise Mitwirkung an der redaktionellen Bearbeitung der Manuskripte, nicht zuletzt auch für das so zentrale Geschäft des Korrekturenlesens, und bei Ingeborg Zimmermann bedanken wir uns für die kompetente organisatorische Unterstützung.

Redaktionsschluss des *Studienbuchs* war der 7. Januar 2013.

1.

Politische Ideengeschichte und
moderne Politische Theorie

Politische Ideengeschichte und moderne politische Theorie: ein einführender Überblick

Herfried Münkler

Während die moderne politische Theorie disziplinär fast ausschließlich bei der Politikwissenschaft angesiedelt ist (freilich mit starken Verbindungslinien zu Soziologie und Ökonomie), wird das Feld der politischen Ideengeschichte von vier akademischen Disziplinen bestellt: der Geschichtswissenschaft, der Philosophie, der Rechtswissenschaft und der Politikwissenschaft. Inzwischen lässt sich, zumal in Deutschland, außerdem ein starkes Interesse der aus den Literaturwissenschaften hervorgegangenen Kulturwissenschaft an der politischen Ideengeschichte feststellen. Die Bestellung dieses gemeinsamen Felds der politischen Ideen erfolgt teilweise in Konkurrenz zueinander, indem die Disziplinen ihre jeweiligen Claims abstecken und sie gegeneinander verteidigen, teilweise aber auch in interdisziplinärer Kooperation, bei der die fachspezifischen Fragestellungen und Methoden miteinander ins Gespräch gebracht werden. Das hat Vorzüge, aber auch Nachteile: Zu den Vorzügen gehört die Facettierung des Blicks auf einen Theoretiker, ein Werk, einen Diskursstrang, die bei einer interdisziplinären Herangehensweise von vielen Seiten betrachtet werden. Aber dieser Vorzug kann in anderer Hinsicht ein Nachteil sein: Durch die Facettierung entsteht oft ein so vielfältiges Bild, dass unklar ist, ob überhaupt noch von demselben Text und demselben Autor die Rede ist. Der Blick auf den Vertragstheoretiker Thomas Hobbes (Münkler 1993: 107ff.) zeigt einen anderen Autor als die Beschäftigung mit dem unter Hobbes' Anleitung entstandenen Titelkupfer zu seinem Hauptwerk *Leviathan* (Bredekamp 1999; Manow 2011; Manow/Rüb/Simon 2012). Und neben dem Vertragstheoretiker steht der Staatsdenker Hobbes, der durch die Begründung der Souveränität die intermediären Gewalten aus dem Spiel nehmen und die Bürger einer bedingungslosen Gehorsamsverpflichtung gegenüber dem Souverän unterwerfen wollte. Dabei hat er jedoch durch die Zulassung der innerlichen Religionsfreiheit (*fides* im Unterschied zu *confessio*) einen Spalt gelassen, durch den schließlich die Meinungsfreiheit in die politische Sphäre Zugang fand (Schmitt 1982 [1938]; Koselleck 1973). Was also war Hobbes' Auffassung? Der Ring der Deutungen, die sich um einen Text gelegt haben, ist damit so dicht geworden, dass oft nicht mehr der Text selbst zu Rate gezogen wird, sondern die Auseinandersetzung mit ihm im Gestrüpp der Sekundärliteratur hängen bleibt. Das ist kein Problem allein der Ideengeschichte, sondern betrifft auch die politische Theorie, etwa in Form des jüngeren Kontraktualismus, bei dem immer in Frage steht, ob staatliche Handlungsmacht durch ihn vor allem legitimiert oder doch eher begrenzt wird.

1. Typen der Ideengeschichtsschreibung

Die studentische Beschäftigung mit der politischen Ideengeschichte beginnt daher mit einer großen Anstrengung, und die besteht darin, dass man die großen Texte gründlich und sorgfältig liest. Dabei kann die Forschungsliteratur ein Wegweiser sein oder als Krücke durch den jeweiligen Text dienen; gleichzeitig schafft die Arbeit am Primärtext die Voraussetzungen für eine kritische Sichtung der Sekundärliteratur. Dieses Verfahren der wechselseitigen Bespiegelung von Primärtext und Sekundärliteratur ist freilich nur bei strikter Kanonbildung möglich (dazu Assmann/Assmann 1987; Franke/Umlauf/Ribbert 2012). Es setzt einen Konsens über die großen, die ‚heiligen‘ Texte der politischen Ideengeschichte voraus, die das kanonische Wissen des gebildeten Politikwissenschaftlers darstellen.

Die Gefahr einer solchen Kanonbildung wiederum besteht darin, dass die politische Ideengeschichte als eine Art ‚Gipfelgespräch‘ der großen Geister betrieben wird (Meinecke 1957, 1969). In diesem über die Jahrhunderte hinweg geführten ‚Gipfelgespräch‘, in dem etwa Hobbes auf Aristoteles, Machiavelli auf Livius, Marx auf Hegel oder Nietzsche auf Platon antworten, geht es um grundsätzliche Fragen: die Gerechtigkeit und ihre Verwirklichung, das Verhältnis von Ethos und Kratos (Macht/Gewalt), die Beziehung zwischen Freiheit und Gleichheit und so weiter. Dieses ‚Gipfelgespräch‘ hat in der politischen Ideengeschichte bisweilen einen überaus feierlichen, mitunter aber auch einen düster-tragischen Tonfall angenommen, beispielsweise in Gerhard Ritters Buch *Die Dämonie der Macht* (Ritter 1947). In der Folge ist diese Art der Ideengeschichtsschreibung in Verruf gekommen und zeitweilig eher schöngeistigen Fingerübungen als politiktheoretischer Reflexion und Propädeutik zugerechnet worden. Andererseits bieten solche Darstellungen einen diachronen Zugang zur politischen Ideengeschichte, wie man ihn sonst nur schwer bekommt. Man sollte solche Darstellungen darum mit kritischer Distanz lesen. Es wäre aber unklug, sie als inhaltlich und methodisch überholt zu verwerfen. Sie sind und bleiben ein wichtiger Bestandteil der politischen Ideengeschichte.

Bemerkenswert an den nach Art eines ideengeschichtlichen ‚Gipfelgesprächs‘ angelegten Arbeiten ist die Auswahl der Theoretiker: Ist sie auf Philosophen beschränkt (mit Platon und Aristoteles, Kant und Hegel als Eckpunkten) oder haben auch Historiker, wie Thukydides, Livius, Gibbon und Ranke, Zugang gefunden? Wird auf Kompilatoren eingegangen, die, wie Cicero, ideengeschichtlich einflussreich, aber theoretisch wenig originell waren? In den angelsächsischen Darstellungen etwa spielt Cicero eine sehr viel prominentere Rolle als in den deutschen Arbeiten. Werden Theologen, wie Augustin und Luther, als Bestandteil der politischen Ideengeschichte angesehen oder nicht?

Wer zur Teilnahme am ‚Gipfelgespräch‘ gebeten wird, hängt von der akademischen Disziplin ab, die das Gespräch jeweils moderiert, aber auch von der politischen Position des Moderators: Bittet er beispielsweise Marx oder Machiavelli dazu oder ignoriert er sie? Schließlich korrespondiert die Auswahl der Denker mit den Fragen und Problemen, die auf der politischen Agenda der jeweiligen Zeit stehen, in der das Gespräch arrangiert wird. Die Lektüre Rousseaus und Kants als Kontraktualisten ist ein Beispiel dafür: Die fortschreitende Individualisierung der (westlichen) Gesellschaften wirft in verstärktem Maße die Frage auf, wie aus einer Ansammlung von Einzelpersonen ein politisch handlungsfähiger Verband werden kann, ohne dass dabei der Anspruch auf Individualität und persönliche Rechte verlorengeht. Eine solche Fragestellung ist Denksystemen fremd, in denen das Ganze (die kosmische Ordnung, die Zivilisation, der Staat, die Polis) den Ausgangspunkt der Theoriebildung darstellt und der Einzelne nur als Teil dieses Ganzen in den Blick kommt, wie dies bei den meisten Autoren vor dem 17. Jahrhundert der Fall ist. Ihnen geht es nicht um die Konstitution einer Ordnung, der jeder aus Vernunftgründen zustimmen können muss, wie dies in einem kantianisch ausgelegten Kontraktualismus der Fall ist, sondern um die Bewahrung und Aufrechterhaltung einer (göttlich) gegebenen oder am Anfang der Geschichte stehenden Ordnung, die durch den Fortgang der Zeit bedroht ist und deswegen zu ihren Anfängen zurückgeführt werden muss. Hiervon leitet sich der Begriff der *Reformation* und die ihm verbundene politische Vorstellungswelt ab. Der Begriff der *Revolution* steht hingegen, nachdem er lange bloß eine weitere Umdrehung im Kreislauf der Verfassungsformen meinte, seit der Durchsetzung der Fortschrittsidee im 18. Jahrhundert für die Beschleunigung der Zeit und ein Überspringen oder Niederreißen von Hindernissen, die dem Fortschritt entgegenstehen (Griewank 1992 [1954]). Die Geschichte des politischen Denkens fußte darin auf Vorstellungen vom Gang der Zeit im Hinblick auf die moralische und politische Geschichte des Menschengeschlechts (Niedergang, Kreislauf, Fortschritt), die in den jeweiligen Theorien ausgestaltet und politisch handhabbar gemacht wurden.

Neben diesen grundlegenden geschichtstheoretischen Fragestellungen geht es aber auch um die spezifischen Fragen einer Epoche, wie um die Rechte und Teilhabemöglichkeiten der Bürger, um Gleichheit und Ungleichheit oder um Sicherheit nach innen und außen. Insofern sind die Darstellungen und Anthologien der politischen Ideengeschichte immer auch eine Sammlung der Fragen, mit denen sich eine Epoche herumgeschlagen und auf die sie nach Antworten gesucht hat. Die Veränderung der Fragestellungen wiederum ist ein Indikator für den Wandel oder Bruch zwischen den Epochen. In diesem Sinn ist der ideengeschichtliche Kanon das Ensemble der Antworten, die eine Zeit bei ihrer politischen Selbstverständigung gefunden hat. Die Vorstellung vom ‚Gipfelgespräch‘ der großen Denker über die Jahrhunderte hinweg wird so durch den Rückbezug ihres Denkens auf die Probleme und Fragen ihrer Zeit konterkariert.

Das für die klassische Ideengeschichtsschreibung elementare Wechselspiel zwischen Primärtext und Sekundärliteratur sowie zwischen Kanonisierung und Entkanonisierung der ‚heiligen Texte‘ verschwindet jedoch, sobald man vom ‚Gipfelgespräch‘ zur Diskursanalyse hinüberwechselt. Dabei wird unter Diskurs ein Ensemble bekannter, weniger bekannter und weithin in Vergessenheit geratener Texte verstanden, deren Zusammenhang aufgedeckt und rekonstruiert wird. Paradigmatisch dafür sind Michel Foucaults Analysen zu Macht und Krieg (Foucault 1999), zur Gouvernementalität (Foucault 2004a und 2004b) und zur Regierung des Selbst und der Anderen (Foucault 2010) zu nennen. Foucaults Vorlesungen am *Collège de France* sind Ideengeschichtsschreibung in unkonventioneller Form (vgl. Bohlender 2006), insofern darin nicht die Spur der großen Theoretiker in der Geschichte der Ideen verfolgt wird, sondern Foucault der Formierung von Wahrnehmungsmustern und Handlungsoptionen in den Diskursen und durch die Diskurse nachspürt. Um es etwas vereinfacht zu formulieren: Die Probleme und Fragen sind hier nicht gegeben, sondern sie werden durch die Diskurse erst konstituiert und formuliert. Der Diskurs schafft den Rahmen und entwirft die Horizonte, nach deren Vorgaben die Menschen denken und handeln. Dabei stellt Foucault alte Bekannte der politischen Ideengeschichte mit kaum bekannten Autoren zu einer Form des Sprechens und Schreibens zusammen, aus der Figurationen der Macht erwachsen. Sein Interesse gilt vor allem der Formierung des Subjekts und der Herrschaftsapparate sowie dem Zusammenspiel beider. Dahinter steht eine starke Annahme über den Wandel der Macht von einer Form des Lenkens und Leitens (Pastoralmacht), bei der die Macht sich als sorgende Hilfe camoufliert, zur Disziplinarmacht, bei der die repressive Komponente der Macht immer mehr an Sichtbarkeit verliert, weil sie in die Selbstkontrolle der Subjekte eingewandert ist. Foucaults diskursanalytische Beschäftigung mit den politischen Ideen fragt nicht nur nach dem, was sie thematisieren, sondern interessiert sich in kriminalistischer Manier auch für das, was in ihnen *nicht* zur Sprache kommt, weil es als selbstverständlich gilt oder mit Absicht unter der Decke gehalten wird.

Die klassische Ideengeschichte des ‚Gipfelgesprächs‘ und die Diskursanalyse Foucaults bilden gleichsam die Eckpunkte auf einer Strecke möglicher Herangehensweisen an die Geschichte des politischen Denkens. Zu diesen gehört natürlich auch, in der Mitte der Strecke angesiedelt, die monographische Beschäftigung mit einem Autor und seinem Werk. Aber auch die ideengeschichtliche Monographie weist eine Reihe von Facetten auf, durch die sich die jeweiligen Arbeiten deutlich voneinander unterscheiden. Da ist zunächst die Erläuterung des Werks ohne weiteren Rekurs auf die politischen und sozialen Konstellationen, in denen und aus denen heraus es entstanden ist. Die Interpretation bezieht sich auf den Text selbst, erläutert zentrale Begriffe und stellt Verbindungen zu anderen Arbeiten des Autors her. Vor allem in den Arbeiten zu den politischen Philosophen der Antike, namentlich zu Platon (Bröcker 1985; Gigon 1976) und Aristoteles (Bien 1973), dominiert diese Herangehensweise. Sie ist insbesondere dort unverzichtbar, wo sich der Text nicht ohne Weiteres erschließt und es zunächst darauf ankommt, Zugang zu einem Argumentationsgang zu finden, der dem heutigen Leser durch seine Komplexität und seine Begrifflichkeit große Verständnisschwierigkeiten bereitet. Solche Verständnisschwierigkeiten sind ein Haupthindernis für den Studenten der politischen Ideengeschichte, Zugang zu den Primärtexten zu finden, und nicht selten führen sie dazu, dass er sich mit der Lektüre von Sekundärliteratur begnügt. Das Gegenteil ist jedoch richtig: Sekundärtexte sind Sprungbretter und Brecheisen, um Zugang zu den Primärtexten zu finden. Das gilt im Übrigen auch für die Werke von Kant und Hegel. Es ist ratsam, die Texte langsam und gelegentlich auch laut zu lesen, um durch die Betonung der Interpunktion die Widerständigkeit des komplizierten Satzbaus für das Verständnis zu überwinden.

Der rein textimmanenten Herangehensweise verwandt sind Interpretationen, die durch die gründliche Beschäftigung mit dem Werk einen darin verborgenen Sinn bzw. eine verschlüsselte Botschaft zu entdecken vermeinen, die sich nicht bei der ersten oder zweiten Lektüre erschließt, sondern aus interpretativen Nuancen erwächst, für die eine aus langjähriger Beschäftigung entstandene Sensibilität vonnöten ist. Leo Strauss hat dafür die Unterscheidung zwischen dem exoterischen und esoterischen Gehalt der Texte ins Spiel gebracht (Bluhm 2002: 110ff.), wobei jedoch nicht alle Texte der politischen Ideengeschichte eine esoterische, also nur einer kleinen Gruppe von Eingeweihten zugängliche Dimension aufweisen. Strauss selbst hat sie vor allem bei Platon, Hobbes und Spinoza nachzuweisen versucht (Strauss 1983, 1996 [1930], 2001 [1965]): Es gibt eine Botschaft, die sich an einen inneren Kreis der Hörer und Leser wendet, und diese eigentliche Botschaft ist durch allerhand Narrationen verdeckt, die dem in Rede stehenden Werk Körper und Fülle verleihen. Die Aufgabe der Interpretation besteht darin, diesen eigentlichen Kerngedanken freizulegen und für heutige Leser zugänglich zu machen. Die Methodik dieser Herangehensweise ähnelt dem langsamen Schälen einer Frucht, die mehrere Schichten der Schale aufweist, oder dem Knacken einer harten Nuss, wobei das Faszinosum dieser Art des Interpretierens in der Regel nicht im Ergebnis, sondern im Weg zu ihm liegt. Auch bei Eric Voegelin findet sich, etwa in seinen Machiavelli-Studien, in denen er den *Principe* mit der historischen Gestalt Tamerlans (Timur Lenks), eines großen Eroberers aus dem Inneren Asiens, in Verbindung bringt (Voegelin 1995), eine solche Herangehensweise, die etwas im Text Verborgenes ans Licht zu bringen beansprucht. Solche Arbeiten folgen der Dramaturgie des Kriminalromans; sie decken verwischte Spuren auf und gelangen so zum eigentlichen Kern der Aussage. Es kommt nicht von ungefähr, dass Strauss und Voegelin politisch-ideengeschichtliche Schulen gebildet haben, die zeitweilig sehr einflussreich gewesen sind.

Komplementär zu dieser Herangehensweise ist ein Umgang mit ideengeschichtlichen Texten nach dem Vorbild des italienischen Marxisten Antonio Gramsci, der weder nach einem esoterischen Kern noch nach kryptographischen Vorlagen und Vorbildern, sondern nach der Applizierbarkeit der alten Texte auf die eigene Gegenwart fragte. So hat Gramsci in Machiavellis Gestalt des *Principe* als virtuosem Schöpfer einer neuen politischen Gemeinschaft eine Präfiguration für die Rolle der kommunistischen Partei bei der Umgestaltung der sozialen und politischen Ordnung Europas gesehen und auf der Folie von Machiavellis Überlegungen die Aufgaben und Kampfweisen der Kommunisten als *nuovo principe* zu umreißen versucht (Gramsci 1967: 282ff.). Dabei geht es nicht, wie bei Strauss und Voegelin, um eine ausgefeilte Texthermeneutik, die das Kernstück einer Archäologie des verschütteten Wissens bildet, sondern um kühne und mitunter auch recht gewaltsame Konstruktionen, in denen die Ideen der Vergangenheit zu Lösungsansätzen gegenwärtiger Herausforderungen umgeformt werden. Gramsci hat darin eine Erwartung ausgesprochen, die die Beschäftigung mit früheren politischen Ideen fast immer begleitet, aber selten so klar und deutlich zum Ausdruck gebracht wird.

Auch die wissenssoziologische Herangehensweise an ideengeschichtliche Texte, die auf Karl Mannheims Studien zur Verwandlung des Traditionalismus in den Konservatismus zurückgeht (Mannheim 1984 [1925]) und als rezeptive Anverwandlung der Marx'schen Ideologiekritik an die politische Ideengeschichte verstanden werden kann (Lenk 1986), dreht sich um ein Geheimnis. Nur kann dieses nicht mit interpretatorischen Mitteln im Text aufgefunden werden. Es ist vielmehr im sozialen und politischen Kontext des politiktheoretischen Werks zu suchen: In Mannheims Sicht war es die Französische Revolution und die sich in ihrem Gefolge formenden Strömungen des Liberalismus und Sozialismus, von denen die bestehende Ordnung unter Reflexionszwang und Legitimationsanforderungen gesetzt wurde. Diese setzten der ideenpolitischen Abstinenz des Traditionalismus, der sich mit dem Hinweis auf das Alter der bestehenden Ordnung begnügt hatte, ein Ende und brachten den Konservatismus als ideenpolitisches Kondensat hervor: Es war die von Edmund Burke in seinen *Betrachtungen über die Französische Revolution* vorgenommene Beweislastumkehrung, wonach sich die bestehende Ordnung nicht länger gegenüber den neuen Ideen zu rechtfertigen hatte, sondern die neuen Vorstellungen einer anderen Gesellschaft plausibilisieren mussten, dass sie besser waren als das Bestehende und man von ihnen obendrein erwarten durfte, auf dem Weg von Reformen verwirklichbar zu sein. Als die bestehende Ordnung in den Wettstreit um die unter den gegebenen Verhältnissen beste Ordnung hineingezogen wurde und sich nicht länger darauf beschränken konnte, gedachte Alternativen als bloße Spintisiererei abzutun, entstand der Konservatismus als ideenpolitisches Projekt (siehe auch Schwaabe i. d. B.). Und weil Burke, von seiner politischen Herkunft her eigentlich ein Liberaler, diesen ideenpolitischen Wettstreit mit der Aussicht auf politische Reformen verbunden hat, kann man auch von einem liberal-konservativen Projekt sprechen, das in der Geschichte des politischen Denkens seitdem periodisch wiedergekehrt ist. So hat Jens Hacke (2006) gezeigt, dass die um den Münsteraner Philosophen Joachim Ritter entstandene philosophische Schule, der unter anderem Hermann Lübbe, Odo Marquard und Robert Spaemann zuzurechnen sind, den ideenpolitischen Kern einer liberalkonservativen Begründung der Bundesrepublik Deutschland gebildet hat. In ihrem Zentrum steht eine Politik der Reformen, die diese aber unter den Vorbehalt ihrer öffentlichen Begründungsbedürftigkeit stellt. Edmund Burke (1967 [1790]), Benjamin Constant (1972), John Stuart Mill (1969 [1859]), aber auch David Hume (1988) sind die ideengeschichtlichen Gewährsleute dieses reformerischen Politikkonzepts und bilden darin den Widerpart zu den gegenwärtig dominierenden Kontraktualisten: Gehen diese von einer *original position* (Rawls (1975) aus, in der alles möglich ist und ein für alle zustimmungsfähiges Optimum der gesellschaftlichen und politischen Ordnung gesucht wird, so ist der argumentative Ausgangspunkt der liberal-konservativen Reformer die bestehende Ordnung, die verbesserungswürdig ist, durch unbedachte Veränderungen aber auch verschlechtert oder zugrunde gerichtet werden kann. An Stelle der idealen Ordnung bei den Kontraktualisten, der man sich approximativ nähert, steht hier die bestehende Ordnung, vor der sich jede Veränderung zu rechtfertigen hat. In der modernen politischen Theorie zeigt sich in der Referentialisierung der ideengeschichtlichen Gewährsleute, welches Konzept der jeweilige Autor präferiert: Richard Rorty (1999) und der angloamerikanische Pragmatismus (Noetzel 2006) stehen in der Tradition der Beweislastumkehr, der auch Michael Walzers Arbeiten zur sozio-politischen Rolle von Intellektuellen zuzurechnen sind (Walzer 1991), während der Kontraktualismus und eine ökonomisch grundierte Politiktheorie (Behnke 2006) sich auf Normen oder Modelle stützen, an deren Vorgaben die sozio-politischen Konstellationen gemessen werden.

Die wissenssoziologische Methodik Mannheims ist für die politische Ideengeschichte in zweierlei Hinsicht bedeutsam geworden: zunächst als Versuch, ideenpolitische Texte durch Rekurs auf die soziale Einbettung des Verfassers und seiner Adressaten zu erschließen und sie in den politischen Auseinandersetzungen ihrer Entstehungszeit zu verorten. Das ist das methodische Gegenprojekt zum ‚Gipfelgespräch‘ der großen Denker auf der Suche nach ‚ewigen‘, das heißt zeit- und kontextüberhobenen Wahrheiten. Stattdessen wendet die

Wissenssoziologie ihre Aufmerksamkeit gerade der Zeitgebundenheit der Texte zu und sucht deren Verfasser aus den sozio-politischen Kämpfen ihrer Zeit heraus zu interpretieren. Während die herkömmliche Ideenhistoriographie sich im Wesentlichen auf den Text konzentriert und dessen Verfasser in Abhängigkeit von seinem Text betrachtet, wendet die Wissenssoziologie ihre Aufmerksamkeit dem Verfasser zu und versteht den Text als Reflexionsform der gesellschaftlichen und politischen Herausforderungen, mit denen sich der Autor des Textes auseinandergesetzt hat. Die politische Ideengeschichte ist für sie also nicht ein Spiegel der ewigen Menschheitsfragen, sondern Reflexion historisch-konkreter Probleme. Während die Ewigkeitsbehauptung des ‚Gipfelgesprächs‘ dessen ungebrochene Aktualität beansprucht, historisiert die Wissenssoziologie die Texte und stellt so ihren Gegenwartsbezug in Frage.

Die zweite Dimension, in der die Wissenssoziologie für die politische Ideengeschichte bedeutsam geworden ist, ist die Darstellung und Analyse des ideenpolitischen Gehalts der großen politischen Strömungen des 19. und 20. Jahrhunderts und dessen Bedeutung für die Auseinandersetzungen in ihrer Zeit. Über die herkömmlichen ideengeschichtlichen Darstellungen und Anthologien zu Konservatismus, Liberalismus (Gall/Koch 1981) und Sozialismus (Hofmann 1974) hinaus fragt sie nach den Kontexten und Konstellationen, in denen diese Ideen entstanden sind, und nach den sozialen Interessen, die in ihnen zur Geltung kommen. Ein Beispiel für diese Herangehensweise ist die Darstellung des deutschen Konservatismus bei Kurt Lenk (1989): Hier geht es nicht um grundsätzliche Fragen, die einer philosophischen Beschäftigung mit dem Wahren, Guten und Schönen entspringen, sondern um Antworten auf konkrete gesellschaftliche Herausforderungen, denen die sich immer schneller verändernden modernen Gesellschaften ausgesetzt sind. In diesem Sinne sind Liberalismus und Sozialismus Antworten auf gesellschaftlichen Wandel, die nicht als ewiggültige Wahrheiten, sondern als Wahrnehmungsmuster und Perspektivprojekte bestimmter gesellschaftlicher Gruppen zu analysieren sind. Das hat zur Folge, dass der Geltungsanspruch dieser Ideen historisiert und relativiert wird. Während im ‚Gipfelgespräch‘ der herkömmlichen Ideengeschichte Wahrheitsansprüche transportiert werden, mit denen der Rezipient sich im Hinblick auf seine eigene Position auseinanderzusetzen hat – vergleiche etwa die großartige Thematisierung von Macht und Ethos im Geschichtswerk des Thukydides bei Karl-Heinz Volkmann-Schluck (1974: 17ff.) –, beobachtet die wissenssoziologisch angeleitete Ideengeschichte, wie soziale Klassen und die ihnen verbundenen Intellektuellen Herausforderungen durchdacht und bearbeitet haben. Damit versetzt sie den Leser in die Rolle eines kühlen Beobachters der Machtspiele in ihren intellektuell-ideologischen Anverwandlungen.

Eine in dieser Kontroverse mittlere Position hat die *Cambridge School* bezogen, die zwar ebenfalls auf das Interpretationskonzept der Kontextualisierung setzt, dies aber nicht auf sozio-ökonomische Konstellationen oder politische Herausforderungen ausdehnt, sondern auf andere Texte einer Zeit beschränkt (Ball/Farr/Hanson 1989; Pagden 1987). Was so beobachtet werden kann, sind vorzugsweise Veränderungen in der Semantik, Akzentuierungen in der Syntaktik der Argumente und vor allem Differenzen in der Pragmatik der je verfolgten politischen Ziele. In gewisser Hinsicht ist das Interpretationsverfahren der *ideas in context* politische Ideengeschichtsschreibung nach dem *linguistic turn* der Philosophie (vgl. Rosa 1994). Dabei kann die *Cambridge School* für sich in Anspruch nehmen, beim Verfahren der

Kontextualisierung nicht auf ein Wissen über die Gesellschaft rekurrieren zu müssen, das den Verfassern der Texte fremd war und in dem sich in der Regel Vorentscheidungen über die Richtung der Interpretation verbergen. Der Vorbehalt gegen eine im weiteren Sinn marxistisch inspirierte oder wissenssoziologisch angelegte Interpretation der politischen Ideen besteht im Wesentlichen darin, dass durch eine bestimmte Begrifflichkeit immer schon vorgefertigte Deutungen in die Texte hineingelegt werden, die im Ergebnis der Interpretation dann zwangsläufig auch dominant wieder auftauchen. Die Interpretation wird dadurch zirkulär.

Die Vertreter der *Cambridge School* haben ihren Ansatz vor allem an den politischen Theorien der Frühen Neuzeit erprobt (Skinner 1978; Pocock 1975) und dabei eine Sicht der politischen Ideen freigelegt, in der diese nicht das intellektuelle Abbild der vorherrschenden Entwicklungsprozesse einer Epoche darstellen, sondern nicht selten konträr stehen zu dem, was sich geschichtlich dann tatsächlich durchgesetzt hat. Was hier in verdeckten und verschütteten Denkwegen aufgespürt wird, sind Unter- und Gegenströmungen, in denen politische Intellektuelle alternative Optionen zur vorherrschenden Entwicklungsrichtung der Geschichte ausgekundschaftet und zur Erprobung vorgeschlagen haben. Während Quentin Skinner (1996, 2008) sich dabei auf das 16. und 17. Jahrhundert konzentriert, hat John Pocock (1985) im 18. Jahrhundert eine intensive Beschäftigung mit Tugendvorstellungen ausgemacht, die querstehen zu dem sich vor allem aus der entstehenden Nationalökonomie speisenden Interessendiskurs, in dem das Modell des *homo oeconomicus*, des rationalen Interessenverfolgers, zur Grundlage sozio-politischen Denkens geworden ist (Neuendorff 1973; Euchner 1973). Das hatte zur Folge, dass während der letzten Jahrzehnte die innovativen Effekte der Ideengeschichtsschreibung vor allem von der *Cambridge School* ausgegangen sind.

2. Begriffsgeschichte und Ideengeschichte: der Revolutionsbegriff als Beispiel

Vergleichbar innovativ war die während der letzten drei Jahrzehnte von den deutschen Historikern Otto Brunner, Werner Conze und Reinhart Koselleck vorangetriebene Begriffsgeschichte (vgl. Mehring 2006), die auf die Fragestellungen und Untersuchungsmethoden der politischen Ideengeschichte in vielfältiger Art und Weise eingewirkt hat. Die Grundidee dieses Vorhabens, das seinen Niederschlag in dem epochalen Lexikonprojekt *Geschichtliche Grundbegriffe* gefunden hat, besteht in der Identifikation sozialer und politischer Veränderungen in den Semantiken, in denen sich eine Gesellschaft über sich selbst verständigt (Brunner/Conze/Koselleck 1972-1997). „Erfahrungsraum" und „Erwartungshorizont", wie Koselleck die Beziehungsgeflechte zwischen erfahrener Gegenwart und perspektivierter Zukunft genannt hat (Koselleck 1979), werden uns nur über die Semantiken zugänglich, mit denen wir uns ihrer versichern. Paradigmatisch dafür ist die oben bereits erwähnte Veränderung des Revolutionsbegriffs im Verlauf des 18. Jahrhunderts (Griewank 1992): Seit der Antike hatten *anakyklosis* bzw. *revolutio* analog zu den Kreisbewegungen der Gestirne eine Ordnung des Politischen bezeichnet, in der Umschwünge und Veränderungen weder willkürlich noch zufällig erfolgten, sondern in der Abfolge der Verfassungsformen ein Muster zu erkennen war, das von den Vertretern der mittleren Stoa als Kreislauf identifiziert wurde (Ryffel 1949): Dieser begann mit der Herrschaft eines Einzelnen (Monarchie/Tyrannis), ihm folgte die Herrschaft der Wenigen (Aristokratie/Oligarchie), um dann in die Herrschaft der Vielen (Demokratie/Ochlokratie) überzugehen, die schließlich wieder in die Herrschaft eines Einzelnen mündete. Revolutionen waren also Durchläufe dieses quasi-naturgesetzlichen Zyklus, wobei sie sich so oft wiederholen konnten, bis die Kraft einer Polis bzw. eines Staates erschöpft war und er aus der Geschichte verschwand. Unter diesen Umständen enthielt die Revolutionssemantik keinerlei politisches Versprechen auf bessere Zeiten, sondern war bloß die technische Bezeichnung für die regelmäßig eintretenden Veränderungen, denen bürgerschaftliche wie herrschaftliche Ordnungen ausgesetzt waren. Die politische Geschichte war, wie noch Machiavelli dies gesehen hat, ein beständiger Kampf zwischen dem einfachen Volk (*plebe*) und den großen Herren (*grandi*), bei denen ein außenstehender und unparteiischer Beobachter nur vorschlagen konnte, einen Ausgleich in Form einer Mischverfassung (Riklin 2006) zu suchen, um dem erschöpfenden Durchschreiten des Kreislaufs auf seinen äußeren Bahnen zu entgehen (Münkler 1982: 338ff.). Solange die Revolution Bestandteil einer zyklischen Geschichtsauffassung war, war die Herstellung politischer Stabilität die vorherrschende Orientierung der politischen Intellektuellen: Ihr Denken war auf Revolutionsverhinderung gepolt.

Das änderte sich im Verlauf des 18. Jahrhunderts mit der Ablösung der zyklischen Geschichtsauffassung durch die Idee des Fortschritts: Von nun an gab es die Anhänger des Fortschritts und diejenigen, die dem Fortschritt misstrauten und lieber am Bestehenden festhielten (Konservative) oder gar in frühere Verhältnisse zurückkehren wollten (Reaktionäre). Die politischen Parteien differenzierten sich von nun an nicht mehr wesentlich durch ihre Verbindung mit den Großen oder dem einfachen Volk, sondern mindestens ebenso durch ihre Stellung zur Geschichte, indem sie den Fortschritt beschleunigen oder blockieren wollten. Dabei wurde die Revolution als der große Beschleuniger des Fortschritts begriffen. Sie beseitigte die politischen Hindernisse, die sich dem Fortschritt in den Weg stellten und sorgte für regelrechte Sprünge der Geschichte (Reinalter 1980; Koselleck 2006). Politisch vollzog sich der Durchbruch zu dieser neuen Auffassung der Revolution freilich mit dem Rücken voran, denn den Protagonisten der Französischen Revolution ging es, wie ihren niederländischen, englischen und amerikanischen Vorgängern (Saage 1981; Schröder 1986; Howard 2001), zunächst keineswegs um die Beschleunigung des Fortschritts oder die Verwirklichung eines Neuen, sondern um die Wiederherstellung der früheren Verhältnisse, die durch die willkürlichen Eingriffe der Staatsgewalt zerstört worden waren. In den englischen Revolutionen von 1640-1660 und 1688/89 verdichtete sich dies zu der Vorstellung einer *Ancient Constitution* (Ottow 2011), die es zu bewahren bzw. wiederherzustellen galt. Die bürgerlichen Revolutionen Westeuropas und Nordamerikas wurden aus dem Geist des Widerstands und nicht des Fortschritts geboren. Aber diejenigen, die sie fortsetzten bzw. politisch deuteten, verwandelten sie in Vektoren des Fortschritts, der sich gegen die Kräfte der Beharrung durchsetzen sollte.

Auch in Frankreich ging es zunächst um die Wiederherstellung politischer Mitspracherechte, die in der Bourbonenherrschaft von Ludwig XIII. bis zu Ludwig XVI. verfallen waren. Aber dann verwandelte sich der Widerstand in einen revolutionären Prozess, in dem auf die Revolution der Notabeln die Revolution der Pariser Sansculotterie und die Revolution der abhängigen Bauern folgte (Furet/Richet 1981: 84ff.). Aber noch Robespierre und St. Just, die für die Kulmination der Revolution im Großen Terreur verantwortlich zeichneten, folgten nicht der Idee eines säkularen Fortschritts, sondern hatten die Vorstellung, die Revolution sei eine Rückführung der politischen Ordnung auf die Vorgaben der Antike, und die Politik des Schreckens diente der Wiederherstellung einer bürgerschaftlichen Tugend, ohne die eine Republik auf Dauer nicht bestehen könne (Münkler 1989, 1991). Die Idee eines weltgeschichtlich Neuen und des säkularen Fortschritts wurde weniger von den Revolutionären selbst (wenngleich es in ihren Reihen, zumal bei den Girondisten, einige Vertreter der Fortschrittsidee gab, zum Selbstverständnis der Revolutionäre vgl. Krause/Malowitz/Münkler 2008), sondern vor allem von außenstehenden Beobachtern, wie den deutschen Philosophen Kant und Hegel, durchgesetzt.

Für Immanuel Kant war „die Revolution eines geistreichen Volks" der wichtigste Fingerzeig bei der Beantwortung der Frage, die er sich in der kleinen Schrift *Der Streit der Fakultäten* vorgelegt hatte, „ob das menschliche Geschlecht im beständigen Fortschreiten zum Besseren sei?" (Kant 1974 [1798], Bd. 11: 352f.). Um diese Frage zu klären, hat Kant die möglichen Modelle der geschichtlichen Ordnung Revue passieren lassen: die Vorstellung des beständigen Niedergangs, wie er sie in Teilen des alten Testaments und in der antiken Weltalterlehre fand, die Vorstellung des beständigen Kreislaufs und schließlich die Idee eines langsamen, aber beständigen Fortschritts zum Besseren. Der intellektuell unerbittliche, aber politisch vorsichtige Kant (vgl. Fetscher 1976) nahm nun nicht die Revolution selbst, sondern das politische Interesse des unbeteiligten Publikums als Beleg dafür, dass die Menschheit auf dem Weg zum Besseren sei. „Die Revolution eines geistreichen Volks, die wir in unseren Tagen haben vor sich gehen sehen, mag gelingen oder scheitern, sie mag mit Elend und Greueltaten dermaßen angefüllt sein, daß ein wohldenkender Mensch sie, wenn er sie, zum zweitenmale unternehmend, glücklich auszuführen hoffen könnte, doch das Experiment auf solche Kosten zu machen nie beschließen würde – diese Revolution, sage ich, findet doch in den Gemütern aller Zuschauer (die nicht selbst in diesem Spiele mit verwickelt sind) eine *Teilnehmung* dem Wunsche nach, die nahe an Enthusiasm grenzt, und deren Äußerung selbst mit Gefahr verbunden war, die also keine andere, als eine moralische Anlage im Menschengeschlecht zur Ursache haben kann" (Kant 1974 [1798], Bd. 11: 358).

Kant war sich jedoch bewusst, dass der realpolitische Verlauf der Revolution als eine neuerliche Bestätigung für den Kreislauf der Geschichte gesehen werden konnte, wie dies Hobbes im *Behemoth* (1991 [1682]: 201) bei der Analyse der Englischen Revolution von 1640-1660 getan hatte, als er von einer „Kreisbewegung der obersten Gewalt" sprach, die von Karl I. zu Karl II. geführt habe. Danach hatte die Revolution nach moderaten Anfängen sich immer weiter radikalisiert, bis es schließlich zur Restauration kam, in deren Verlauf der Sohn des hingerichteten Königs wieder auf den Thron gelangte. Gegen diesen Einwand des Kreislaufs stellt Kant den Begriff des „Geschichtszeichens", als das er die Revolution in Frankreich verstanden wissen wollte (Kittsteiner 1999: 81ff.). Gegen die Vertreter der Juristischen Fakultät gewandt, wo damals die Policey- und Verwaltungswissenschaften als Vorläufer der heutigen Politikwissenschaft angesiedelt waren (vgl. Maier 1986) und von wo er den Verweis auf die neuerliche Zyklizität des Revolutionsverlaufs erwartete (oder bereits vernommen hatte), erklärt er also: „Nun behaupte ich, dem Menschengeschlechte, nach den Aspekten und Vorzeichen unserer Tage, die Erreichung dieses Zweckes und hiemit zugleich das von da an nicht mehr gänzlich rückgängig werdende Fortschreiten desselben [des Menschengeschlechts] zum Besseren, auch ohne Sehergeist vorhersagen zu können" (Kant 1974, Bd. 11: 361).

Was hat Kant, der sonst so streng auf die Grenzen des Wissbaren achtete, zu solcher Zuversicht veranlasst? Die Revolution, so sein Argument, habe „ein Vermögen in der menschlichen Natur zum Besseren aufgedeckt [...], dergleichen kein Politiker aus dem bisherigen Verlauf der Dinge herausgeklügelt hätte" (ebd.), und diese Aufdeckung sei, auch wenn das jetzige Experiment in Frankreich scheitere, ein irreversibler Vorgang. „Aber, wenn der bei dieser Begebenheit beabsichtigte Zweck auch nicht erreicht würde, wenn die Revolution, oder Reform, der Verfassung eines Volkes gegen das Ende doch fehlschlüge, oder, nachdem diese Zeit gewähret hätte, doch wiederum alles ins vorige Gleis zurückgebracht würde (wie Politiker jetzt wahrsagen), so verliert jene philosophische Vorhersagung doch nichts von ihrer Kraft. – Denn jene Begebenheit ist zu groß, zu sehr mit dem Interesse der Menschheit verwebt und, ihrem Einflusse nach, auf die Welt in allen Teilen zu ausgebreitet, als daß sie nicht den Völkern, bei irgend einer Veranlassung günstiger Umstände, in Erinnerung gebracht und zu Wiederholung neuer Versuche dieser Art erweckt werden sollte" (ebd.). Mit dieser Vorhersage hat Kant bis heute, bis zu den Umstürzen in der arabischen Welt, Recht behalten.

Damit verbindet sich freilich die Frage, was als Revolution bezeichnet werden soll und worin sie sich von Revolten und Rebellionen, Aufständen und Bürgerkriegen unterscheidet. Gerade durch die Umbrüche in der arabischen Welt ist diese Frage in jüngster Zeit wieder virulent geworden. Bei der Beantwortung dieser Frage zeigt sich exemplarisch die Verbindung zwischen politischer Ideengeschichte und politischer Theorie sowie deren Relevanz für die Ausbildung politischer Urteilskraft. Einmal mehr erweist sich hier die Abhängigkeit des modernen Revolutionsbegriffs von Fortschrittsvorstellungen, insofern die Begrifflichkeit des Bürgerkriegs, die nicht selten für dasselbe Ereignis verwendet wird, bloß auf das Ende der politischen Ordnung und einen gewaltsam ausgetragenen Machtkampf verweist, aber nicht die Vorstellung einer politischen Beschleunigung im Gang der Geschichte enthält (dazu Koselleck 2000). Revolten und Rebellionen dagegen wollen entweder zu einem früheren Zustand zurück oder sind bloß eine nachdrückliche Unzufriedenheit mit dem Status quo. Revolutionen hingegen ist der Anspruch einer weltgeschichtlichen Zäsur eigen, eines irreversiblen Bruchs, mit dem, wie Goethes berühmte Formel lautet, „eine neue Epoche der Weltgeschichte" beginnt (Goethe 1981 [1822]: 235).

Für Hegel stand außer Zweifel, dass mit der Revolution in Frankreich ein neues Zeitalter begonnen hatte: Im Rückblick auf zwei Jahrzehnte revolutionärer Veränderungen in Europa, die gerade erst mit der endgültigen Verbannung Napoleons und der Restauration in Frankreich geendet hatten (was die Konstatierung eines abermaligen Kreislaufs nahegelegt hätte), schrieb er: „So lange die Sonne am Firmamente steht und die Planeten um sie herumkreisen war das nicht gesehen worden, daß der Mensch sich auf den Kopf, d. i. auf den Gedanken stellt und die Wirklichkeit nach diesem erbaut" (Hegel 1970, Bd. 12: 529). Auch Hegel nimmt hier die alte Vorstellung vom Kreislauf auf, verbindet sie jedoch mit der unveränderlichen kosmischen Ordnung, um vor diesem Hintergrund umso schärfer den revolutionären Bruch herauszustellen, den die Franzosen mit der bisherigen Geschichte vollzogen hatten. „Alle denkenden Wesen haben diese Epoche mitgefeiert. Eine erhabene Rührung hat in jener Zeit geherrscht, ein Enthusiasmus des Geistes hat die Welt durchherrscht, als sei es zur wirklichen Versöhnung des Göttlichen mit der Welt nun erst gekommen" (ebd.). Es waren die Vorstellung von der Vernünftigkeit des Rechts, die an die Stelle seiner Begründung durch Herkunft und Alter trat, sowie die Idee der Freiheit des Willens und der Gleichheit der Menschen vor dem Gesetz, die die alte Rechtsordnung der ständebezogenen Privilegien und Pflichten als blankes Unrecht erscheinen ließen und der bestehenden Legalität die stützende Legitimität entzogen. Diese Veränderungen, so Hegel weiter, hätten nicht ohne den Einfluss neuer politischer Ideen stattfinden können: „Man hat gesagt, die *Französische Revolution* sei von der Philosophie ausgegangen, und nicht ohne Grund hat man die Philosophie *Weltweisheit* genannt, denn sie ist nicht nur die Wahrheit an und für sich, als reine Wesenheit, sondern auch die Wahrheit, insofern sie in der Weltlichkeit lebendig wird. Man muß sich also nicht dagegen erklären, wenn gesagt wird, daß die Revolution von der Philosophie ihre Anregung erhalten habe" (ebd.: 527f.).

Damit hat Hegel den politischen Ideen und ihrem Einfluss auf die Begrifflichkeit, in der sich eine Gesellschaft über sich selbst, ihre Werte und Horizonte verständigt, eine bedeutende Rolle zugewiesen: Nicht die Interessen des Bürgertums oder der Niedergang des alten Adels, sondern der Versuch, die politische Wirklichkeit nach dem Gedanken neu zu bauen, machten ihm zufolge das Wesentliche der revolutionären Veränderung aus. Von daher nimmt es sich wie eine Beschwichtigung der auf die Philosophie aufmerksam gewordenen Staatsorgane aus, wenn Hegel in der Vorrede zu seiner *Rechtsphilosophie* schreibt: „Um noch über das *Belehren*, wie die Welt sein soll, ein Wort zu sagen, so kommt dazu ohnehin die Philosophie immer zu spät. Als der *Gedanke* der Welt erscheint sie erst in der Zeit, nachdem die Wirklichkeit ihren Bildungsprozess vollendet und sich fertig gemacht hat. […] Wenn die Philosophie ihr Grau in Grau malt, dann ist eine Gestalt des Lebens alt geworden, und mit Grau in Grau läßt sie sich nicht verjüngen, sondern nur erkennen; die Eule der Minerva beginnt erst mit der einbrechenden Dämmerung ihren Flug" (Hegel 1970 [1820], Bd. 7: 27f.).

Unter anderem an der Frage nach dem Verhältnis der Philosophie bzw. der politischen Ideen zur Veränderung der politischen und sozialen Welt haben sich Links- und Rechtshegelianismus voneinander getrennt; dementsprechend spielt die Deutung von Hegels Verhältnis zur Französischen Revolution eine zentrale Rolle (Ritter 1969; Habermas 1971). Im Prinzip geht es also um die Frage nach dem Praktischwerden der Philosophie. Als Hegel die politische Rolle der Philosophie in der „Eule der Minerva" symbolisierte, der es bloß ums Erkennen, aber nicht ums Vorschreiben und Belehren gehe, war er sich nur zu gut der Gefährdungen bewusst, denen eine politisch exponierte Philosophie ausgesetzt war. Seit Thomas Hobbes, der den Intellektuellen eine erhebliche Verantwortung für die revolutionäre Stimmung in England zugewiesen hatte (Münkler 1993: 61ff.), steht die Frage nach staatlicher Kontrolle der politischer Ideen auf der Tagesordnung. Das heißt nicht, dass es Zensur und Bücherverbrennungen nicht schon zuvor gegeben habe, aber diese fanden unter der Aufsicht der Kirche und nicht der des Staates statt. Das Prüfkriterium verschob sich bei Hobbes von der theologischen Wahrheit zur politischen Funktionalität, womit die Wirkung und Rezeption politischer Ideen in den Fokus der Kontrollinstanzen gerieten. Es habe, schreibt Hobbes im *Behemoth* (1991 [1682]: 14), „eine überaus große Zahl von Männern der besseren Klasse [gegeben], deren Bildung auf der Lektüre der Bücher berühmter Männer des griechischen und römischen Staatswesens über deren Politik und Staatshandlungen beruhte. In diesen Büchern wurde die Volksherrschaft mit dem erhabenen Namen ‚Freiheit‘ gepriesen, die Monarchie aber durch den Namen ‚Tyrannei‘ entehrt. Sie bekamen dadurch eine Vorliebe für jene Staatsformen. Aus diesen Männern wurde der größte Teil der Mitglieder des englischen Unterhauses gewählt, und wenn sie auch nicht in der Mehrheit waren, so gaben sie doch immer kraft ihrer Beredsamkeit den Ausschlag." Und im *Leviathan* (1984[1651]: 249) schreibt er: „Was die Rebellion gegen die Monarchie im Besonderen betrifft, so ist eine ihrer häufigsten Ursachen die Lektüre der historischen und politischen Schriften der alten Griechen und Römer: […] Die Lektüre dieser Bücher brachte die Menschen dazu, ihre Könige zu töten, weil die griechischen und römischen Schriftsteller in ihren Büchern und Abhandlungen über Politik dies zu einer rechtmäßigen und lobenswerten Handlung für jedermann machten, vorausgesetzt man nenne ihn vor der Tat einen Tyrannen." Hobbes ermächtigte den Souverän zu einer aktiven Ideen- und Begriffspolitik, durch die das ‚Gift‘ der antiken Literatur unschädlich gemacht werden sollte. Und er forderte dazu auf, die Universitäten und andere Bildungseinrichtungen unter die strikte Kontrolle des Staates zu stellen. Mit Beginn der Restaurationsepoche in den 1820er Jahren hat Hegel eine solche Entwicklung gefürchtet und darum den politischen Einfluss der Philosophie heruntergeredet.

Aber spätestens im Vormärz brach die Debatte über den Einfluss politischer Ideen und Begriffe auf die gesellschaftliche Ordnung und politische Entwicklung wieder neu auf, und schließlich stellte Marx in seiner *Kritik der Hegelschen Rechtsphilosophie. Einleitung* (2004 [1844], Bd. 1: 35) dem ruhigen Flug der Eule der Minerva „das Schmettern des gallischen Hahns" gegenüber, der den „deutschen Auferstehungstag" verkünden werde. Dann werde ernst gemacht mit dem, was Marx in seiner elften These über Feuerbach (ebd.: 151) dekretiert hatte: „Die Philosophen haben die Welt nur verschieden *interpretiert*, es kömmt darauf an, sie zu *verändern*." Das war für Marx keineswegs eine Verabschiedung der interpretierenden Theorie durch die verändernde Praxis – schließlich blieb er sein ganzes Leben lang ein schriftstellernder Interpret der sozio-ökonomischen Konstellationen und politischen Entwicklungen (vgl. Wheen 1999) –, sondern ein Appell zum Praktischwerden der Philosophie. Was den Autoren des Vormärz vorschwebte, war eine Verbindung zwischen dem revolutionären Gestaltungswillen der Franzosen und der theoretischen Gründlichkeit der Deutschen. Bereits Friedrich Schiller hatte in seinen *Briefen über die ästhetische Erziehung des Menschen*, einem elementaren, freilich häufig übersehenen Text der politischen Ideengeschichte (vgl. Jacoby 1986), das Scheitern des revolutionären Projekts in Frankreich an der Freisetzung des Terreur auf einen Mangel an moralischer und ästhetischer Erziehung zurückgeführt: „Das Gebäude des Naturstaates wankt, seine mürben Fundamente weichen, und die physische Möglichkeit scheint gegeben, das Gesetz auf den Thron zu stellen, den Menschen endlich als Selbstzweck zu ehren, und wahre Freyheit zur Grundlage der politischen Verbindung zu machen. Vergebliche Hoffnung! Die moralische Möglichkeit fehlt, und der freigebige Augenblick findet ein unempfängliches Geschlecht" (Schiller 2000 [1795]: 18). Nicht die

Interessen von Klassen und Schichten, sondern die Ideen des Rechts und der Freiheit sind für Schiller also das bewegende Element der Revolution – oder haben es zu sein, wenn die Revolution ihr Ziel erreichen soll. Dementsprechend entsetzt ist er über den in Gewalt und Krieg führenden Verlauf der Revolution: „In den niedern und zahlreichern Klassen stellen sich uns rohe, gesetzlose Triebe dar, die sich nach aufgelöstem Band der bürgerlichen Ordnung entfesseln, und mit unlenksamer Wuth zu ihrer thierischen Befriedigung eilen" (ebd.: 18f.). Gegen die Entfesselung der rohen Triebe in Frankreich stellt Schiller die hohen und hehren Ideale, die durch die Verbindung von Stoff- und Formtrieb im Spieltrieb Wirklichkeit werden sollen (ebd.: 60ff.). Dabei wird das Kontingente, also das, was wohl möglich, aber nicht zwingend bzw. determiniert ist, zum Ort der spielerischen Selbstverwirklichung des Menschen. Der „materielle Zwang der Naturgesetze" und „der geistige Zwang der Sittengesetze" verbinden sich zu einem Höheren, in dem erst wahre Freiheit möglich ist. „Denn, um es endlich einmal herauszusagen, der Mensch spielt nur, wo er in voller Bedeutung des Wortes Mensch ist, und er ist nur da ganz Mensch, wo er spielt" (ebd.: 62f.).

Man kann die Sublimation des Materiellen ins Geistige, also die Verwandlung des Klassenkampfes und des Ringens um politische Macht ins ästhetische Spiel, als den Beginn des deutschen Sonderwegs in eine Innerlichkeit sehen, die sich für politische und ökonomische Fragen zu fein ist und sich darum in die ‚höheren' Gefilde des Kulturellen verabschiedet. Eine entpolitisierte Kultur korrespondiert dann dem Schutzversprechen des Obrigkeitsstaates, wie dies von Thomas Mann in seinen *Betrachtungen eines Unpolitischen* zum Ausdruck gebracht worden ist (Mann 1983 [1918]; vgl. Mehring 2001: 174ff.). Man kann darin aber auch eine Neuausrichtung der Revolution über den Kampf ums Materielle hinaus auf höhere und edlere Ziele sehen, also ein Höherhängen des „Erwartungshorizonts" (Koselleck 1979) mit ideenpolitischen Mitteln. Philosophie und Literatur verleihen den menschlichen Anstrengungen ein Ziel, das höher steht als der Drang zum Mehrhabenwollen (*pleonexia*), wie er in der politischen Ideengeschichte seit Thukydides als die Ursache von Bürgerkriegen identifiziert worden ist. Wo der bloße Drang zum Mehrhabenwollen dominiert, sind Revolutionen bloß eine andere Bezeichnung für Bürgerkriege. Erst wo sie die großen Ziele des menschlichen Fortschritts anstreben, genügen sie ihren Aufgaben; deswegen ist für Schiller nicht die Beschleunigung des Gangs der Geschichte, sondern dessen Versittlichung das Wesen des wahrhaft Revolutionären.

An diese Überlegungen konnte Heinrich Heine anschließen, als er in seiner *Geschichte der Religion und Philosophie in Deutschland* (1834) nicht ohne einen Schuss Ironie das Denken der deutschen Philosophen als radikaler und revolutionärer denn das Agieren der Schreckensmänner in der Französischen Revolution charakterisierte. „Ehrlich gestanden, ihr Franzosen, in Vergleichung mit uns Deutschen seid ihr zahm und moderat. Ihr habt höchstens einen König töten können, und dieser hatte schon den Kopf verloren, bevor ihr ihn tötetet. […] Man erzeigt wirklich dem Maximilian Robespierre zuviel Ehre, wenn man ihn mit dem Immanuel Kant vergleicht." Kants *Kritik der reinen Vernunft* nämlich „ist das Schwert, womit der Deismus hingerichtet worden in Deutschland. […] Die Natur hatte sie [Robespierre und Kant] bestimmt, Zucker und Kaffee zu wiegen, aber das Schicksal wollte, daß sie andere Dinge abwögen, und legte dem einen einen König und dem Anderen einen Gott auf die

Wagschale... Und sie gaben das richtige Gewicht!" (Heine 1976 [1834]: 595f.). Heine treibt die Analogie zwischen französischer Revolutions- und deutscher Geistesgeschichte noch einen Schritt weiter, wenn er das Auftreten der deutschen Romantiker mit dem Wirken konservativer und reaktionärer Revolutionsgegner in Frankreich parallelisiert: „Sie wollten das katholische Wesen des Mittelalters restaurieren, weil sie fühlten, dass von den Heiligtümern ihrer ältesten Väter, von den Herrlichkeiten ihrer frühesten Nationalität, sich noch manches darin erhalten hat; es waren diese verstümmelten und geschändeten Reliquien, die ihr Gemüt so sympathetisch anzogen, und sie haßten den Protestantismus und Liberalismus, die dergleichen mitsamt der ganzen katholischen Vergangenheit zu vertilgen strebten" (ebd.: 619). Der Kampf der Ideen, so Heines Tenor, ist viel gewaltiger als der Kampf der Waffen, und die Zerstörungen der Tat werden verblassen vor den Verheerungen, die das Denken anrichtet. Heines Spiel zwischen ironischer Distanz und tiefer Überzeugung gipfelt in der Warnung an die Franzosen, vor den Deutschen auf der Hut zu sein.

Im Unterschied zu Heine hat Marx – die beiden haben im Paris der 1840er Jahre einen regen Gedankenaustausch gepflegt – auf eine Verbindung von französischem Revolutionsgeist und deutscher Philosophie gesetzt; auf dieser Grundlage war Marx davon überzeugt, dass ‚der gallische Hahn' die Deutschen zur Auferstehung rufen werde. Auferstehung aber hieß, dass die Deutschen sich in der Geschichte zurückmeldeten und darin eine Rolle spielten, der sie sich im Alten Reich seit der Reformation verweigert hatten. Und diese Rolle würde, so Marx' Überzeugung, von welthistorischer Bedeutung sein. „In Deutschland kann *keine* Art der Knechtschaft gebrochen werden, ohne *jede* Art der Knechtschaft zu brechen. Das *gründliche* Deutschland kann nicht revolutionieren, ohne von *Grund aus* zu revolutionieren. Die *Emanzipation des Deutschen* ist die *Emanzipation des Menschen*. Der *Kopf* dieser Emanzipation ist die *Philosophie*, ihr *Herz* das Proletariat. Die Philosophie kann sich nicht verwirklichen ohne die Aufhebung des Proletariats, das Proletariat kann sich nicht aufheben ohne die Verwirklichung der Philosophie" (Marx/Engels 2004, Bd. 1: 35). Im Proletariat als der Klasse, die „nichts zu verlieren [hat] als ihre Ketten", wie es im *Kommunistischen Manifest* von 1848 heißt (Marx/Engels 2004, Bd. 3: 91), glaubte Marx den revolutionären Träger eines ideenpolitisch bestimmten Fortschritts gefunden zu haben.

Wie sehr die Idee der Revolution als entscheidender Schritt bei der Vollendung der Menschheitsgeschichte in der Mitte des 19. Jahrhunderts die Vorstellungswelt der Intellektuellen bestimmte, zeigen auch die begeisterten Passagen Richard Wagners über die Revolution: „Ja, wir erkennen es, die alte Welt, sie geht in Trümmer, eine *neue* wird aus ihr entstehen, denn die erhabene Göttin *Revolution*, sie kommt dahergebraust auf den Flügeln der Stürme", schreibt er in dem Traktat *Die Revolution* (1849). „Sie kommt dahergebraust, die ewig verjüngende Mutter der Menschheit, vernichtend und beseligend fährt sie dahin über die Erde, und vor ihr her saust der Sturm und rüttelt so gewaltig an allem von Menschen Gefügten, daß mächtige Wolken des Staubes verfinsternd die Lüfte erfüllen, und wohin ihr mächtiger Fuß tritt, da stürzt in Trümmern das in eitlem Wahne für Jahrtausende Erbaute, und der Saum ihres Gewandes streift die letzten Überreste hinweg! Doch hinter ihr, da eröffnet sich uns, von lieblichen Sonnenstrahlen erhellt, ein nie geahntes Paradies des Glücks, und wo ihr Fuß vernichtend geweilt, da entsprossen duftende Blumen, und frohlockende Ju-

belgesänge der befreiten Menschheit erfüllen die noch vom Kampfgetöse erfüllten Lüfte!"
(Wagner 1983 [1849]: 234f.).

Man kann, wie dies Udo Bermbach (2004) getan hat, in diesen und ähnlichen Äuße-
rungen den politisch programmatischen Kern von Wagners musikalisch-literarischem Werk,
insbesondere dem *Ring des Nibelungen*, sehen, in dem freilich das Verhängnis von Machtkampf und Goldgier sehr viel stärker herausgestellt wird als die Möglichkeit der Erlösung.
Marx und Wagner sind beide als Kritiker von Staat und Kapitalismus hervorgetreten, aber
die Wege, die sie nach 1848/49 beschritten haben, sind in unterschiedliche Richtungen gegangen. Der gemeinsame Ausgangspunkt ihrer Überlegungen ist neben dem französischen
Frühsozialismus vor allem die heilsgeschichtlich aufgeladene Revolutionssemantik aus der
Mitte des 19. Jahrhunderts (Löwith 1953: 38ff.), durch die eine Naherwartung des Heils bis
in den unmittelbaren Erfahrungsraum hineingeschoben worden ist. Die Vorstellung von der
Revolution hat die europäische Ideengeschichte seit dem späten 18. Jahrhundert bestimmt,
und von nun an ist das Definitionskriterium der politischen Strömungen nicht mehr wesentlich die Antwort auf die Frage, ob man für die Großen oder die breiten Schichten des Volkes
Partei ergreift, sondern wie die Möglichkeit einer revolutionären Veränderung in die politische Programmatik einbezogen wird: Der Konservatismus verwirft das Revolutionäre in
Gänze und sieht darin bloß Zerstörung und Unordnung; der Liberalismus setzt auf Reformen, in denen die staatliche wie die gesellschaftliche Ordnung immer wieder den veränderten Konstellationen und neuen Herausforderungen angepasst werden sollen, um so die Entstehung revolutionärer Potentiale zu verhindern; der Sozialismus dagegen zieht, zumindest
in einigen seiner Spielarten, den Entwicklungsbeschleuniger Revolution in Betracht, mit dem
das Rad der Geschichte vorangetrieben werden soll. Von diesen drei die politische Landschaft des 19. und 20. Jahrhunderts prägenden Strömungen sind reaktionäre und anarchis-
tische Ideen abzusetzen: Während die Reaktionäre Vorstellungen von der Konterrevolution
anhängen, durch die die Ergebnisse der Revolution zurückgedreht werden sollen (als Theoretiker sind de Bonald, de Maistre und Donoso Cortes zu nennen), begreifen die Anarchis-
ten die Revolution nicht als Akt der Entwicklungsbeschleunigung, sondern als Zerstörung
einer grundsätzlich als repressiv verstandenen staatlichen Ordnung.

Im späten 20. Jahrhundert hat sich der Revolutionsbegriff zunehmend metaphorisiert –
mit der Folge, dass er neben dem politischen sowie dem produktionstechnischen Deutungs-
feld (neolithische Revolution, industrielle Revolution, sexuelle Revolution und so weiter) auf
beliebige Innovationssprünge anwendbar wurde. Die Folge dessen war eine umfassende Entpolitisierung der Revolutionssemantik, die dadurch für die Sprache der Werbung verwend-
bar wurde. Aus einem politischen Erkennungszeichen, zu dem der Revolutionsbegriff und
die in ihm gebündelten Vorstellungen am Ende des 18. Jahrhunderts geworden waren, wurde wieder ein Wort mit einer Fülle von Bedeutungen, die man nur zuverlässig entschlüsseln
kann, wenn man den Kontext der Begriffsverwendung ins Auge fasst.

3. Politische Ideengeschichte und Gesellschaftsgeschichte: die Rechtsfigur des Eigentums und die Utopie der eigentumslosen Gesellschaft

Man kann die politische Ideengeschichte eher eng fassen und, wie das häufig der Fall ist, ihren Gegenstandsbereich auf politische Philosophen und Historiker sowie einige politisierende Schriftsteller beschränken. Nicht selten läuft das darauf hinaus, dass normative Politikentwürfe und realistische Beschreibungen dessen, was der Fall ist, einander gegenüberstehen. Dementsprechend dreht sich alles um den Konflikt zwischen Recht und Gewalt, Moral und Macht. Das ist das Merkmal der klassischen Ideengeschichtsschreibung, wie etwa bei Friedrich Meinecke, und genau davon wollte sich Michel Foucault absetzen, als er seine Geschichte des Gouvernementalitätsdenkens schrieb. Foucault interessierte sich für die Frage, wie Denkfiguren die politische Wahrnehmung und die Handlungsperspektiven prägten, und diese Frage war nicht zu beantworten, wenn man den Gegenstandsbereich der Untersuchung nicht deutlich erweiterte und auch Soziologen und Ökonomen einbezog. Bei Lichte betrachtet, lief das darauf hinaus, dass die Ideengeschichte nicht dem Prozess der Ausdifferenzierung akademischer Disziplinen folgte, sondern deren Diskurse transdisziplinär rekonstruierte. Auch Aristoteles war in seiner *Politik* keineswegs nur als politischer Philosoph aufgetreten, sondern hatte streckenweise als politischer Soziologe und gelegentlich auch als Ökonom (etwa in den Passagen über den *oikos*) argumentiert. In gewisser Hinsicht stellt also die disziplinübergreifende Diskursanalyse einen Zusammenhang wieder her, den Aristoteles (und seine Schüler) entwickelt hatten. Als paradigmatisch für diese Art der Diskursanalyse kann die Arbeit von Matthias Bohlender (2007) über die Genese des liberalen Regierungsdenkens im England des 18. und 19. Jahrhunderts gelten. Der Begriff des Regierens ist dabei im Foucault'schen Sinne weit gefasst, und in diesem Sinne geht es nicht bloß um Staatshandeln, sondern auch um Marktregulation sowie die komplexe Verbindung zwischen beidem. Das Rechtsinstitut des Eigentums und das Regime der freien Lohnarbeit sind in einer Fülle von Schriften, Traktaten, Stellungnahmen und Essays vorgedacht und vorbereitet worden. Ihre Entstehung wie ihre Metamorphosen sind umspielt von ideengeschichtlichen Auseinandersetzungen, in denen die Horizonte und Handlungsoptionen der politischen und gesellschaftlichen Akteure entwickelt worden sind. Eine moderne politische Ideengeschichte kann sich darum nicht auf einige Philosophen und Historiker beschränken, sondern hat auch die soziologischen und ökonomischen Autoren in die Analyse mit einzubeziehen.

Nun haben die ökonomischen Theoretiker ihre eigenen ideengeschichtlichen Darstellungen gefunden (vgl. Pribram 1992; Kurz 2008-2009), und das gilt natürlich auch für die Geschichte des soziologischen Denkens (Aron 1971 und Kaesler 1999). Der gelegentliche Blick in diese Darstellungen (oder ihre Verfügbarkeit in Griffweite) ist für den Studenten der Politikwissenschaft hilfreich. Viele der Autoren, die disziplinär der Soziologie zugerechnet werden, tauchen auch in der politischen Ideengeschichte auf. Prominente Beispiele dafür sind Montesquieu, Tocqueville oder Max Weber. Obendrein ist es kaum möglich, eine politische Ordnung zu entwerfen und ihre Funktionsmechanismen zu beschreiben, ohne gleichzeitig die gesellschaftliche Ordnung und deren Funktionsmechanismen ins Auge zu fassen. Ohnehin haben sich Soziologie und Politikwissenschaft als akademische Disziplinen erst im 20.

Jahrhundert voneinander getrennt, und an manchen Universitäten sind sie als Studiengang inzwischen wieder miteinander verbunden. Des Weiteren ist die ‚Wirklichkeitswissenschaft‘ Soziologie eine komplementäre Art des Wissens zu einer durch ihre Nähe zu Philosophie und Rechtswissenschaft den ‚Sollenswissenschaften‘ verbundene politische Ideengeschichte. Über die Bedeutung des Ökonomischen für die Ordnung des Politischen ist ohnehin kein Wort zu verlieren: Wer politische Programme entwirft, ohne deren ökonomische Grundlagen zu bedenken und entsprechende Rückkopplungseffekte in Rechnung zu stellen, baut Sandburgen am Meeresstrand, die von der nächsten Flut eingeebnet werden. Die Geschichte der soziologischen und ökonomischen Ideen ist darum integraler Bestandteil einer Ideengeschichte, die sich als Reflexionsraum der modernen Gesellschaft und ihrer politischen Herausforderungen versteht. Die politische Ideengeschichte ist darum nicht nur die intellektuelle Vor- und Nachbereitung der politischen Geschichte, sondern auch das geistige Laboratorium der Gesellschaftsgeschichte (Straßenberger/Münkler 2007). Moderne politische Theoriebildung, die mit einem geringeren Komplexitätsgrad auskommen zu können meint, tut dies zum eigenen Schaden.

Exemplarisch nachvollziehen lässt sich das an der Rechtsfigur des Privateigentums, die in Europa im Übergang vom späten Mittelalter zur frühen Neuzeit entwickelt worden ist und auf die – neben Metallurgie und Seefahrt – in der vergleichenden Wirtschaftsgeschichte der kometenhafte Aufstieg Europas und sein jahrhundertelanger Vorsprung gegenüber Ostasien, namentlich China, sowie der islamischen Welt des Vorderen Orients zurückgeführt wird (Landes 1998: 51ff.; Ferguson 2011: 157ff.). Die rechtliche Sicherung des Eigentums hieß, dass der Herrscher, im Unterschied zum Feudalbesitz, darauf nicht nach Belieben zugreifen konnte. Gleichzeitig fielen damit aber auch die mit dem Feudalbesitz verbundenen sozialen Verpflichtungen weg, und beides war ein buchstäblich revolutionärer Vorgang. Der Finanzierungsbedarf der politischen Ordnung, gleichgültig, ob diese bürgerschaftlich oder herrschaftlich verfasst war, wurde nun – zumindest der Idee nach – nicht mehr von den politisch Mächtigen nach deren Vorstellungen festgelegt, sondern bedurfte der Zustimmung der Eigentümer, die nach ihrem Ermessen entscheiden konnten, wie viel sie von ihrem Eigentum in Form von Steuern für gemeinschaftliche Zwecke abzugeben bereit waren. Es kommt darum nicht von ungefähr, dass alle bürgerlichen Revolutionen, von der Niederländischen über die Englische und Amerikanische bis zur Französischen Revolution, mit Konflikten über Steuerfragen ihren Anfang nahmen. „*No taxation without representation*“ – diese Forderung der amerikanischen Siedler gegenüber der englischen Krone wurde zur Leitvorstellung bürgerlicher Politik. Vor allem im Kampf um das Besteuerungsrecht wurden Staatsapparat und politische Klasse unter die Kontrolle der Gesellschaft gebracht, und in den parlamentarischen Demokratien ist bis heute das Steuer- und Budgetrecht das wichtigste und vornehmste Recht des Parlaments. Diese politische wie gesellschaftliche Revolution war die Folge des Eigentumsrechts als einer Beschränkung herrschaftlichen Zugriffs auf die Ressourcen der Untertanen.

Aber damit war sogleich eine ganze Reihe von Fragen und Problemen verbunden: War das politische Gewicht der Eigentümer gleich oder sollte es nach der Größe des Eigentums und somit des Beitrags zur Staatsfinanzierung differenziert werden? Hatten Eigentumslose keinen politischen Einfluss, und was bedeutete das für den Anspruch bürgerschaftlicher

Selbstregierung? Wie also verhielten sich Bürgertum (als die Klasse der Eigentümer) und Bürgerschaft (als die Gesamtheit der politisch Handlungsmächtigen im Gemeinwesen) zueinander? Wie groß konnte die Gruppe der eigentumslosen Schutzbefohlenen sein, ohne dass ihre Existenz die Legitimität der politischen Ordnung in Frage stellte? Und schließlich: Wie sollte man mit denen umgehen, die aufgrund ihrer Lebens- und Reproduktionsweise kein Eigentum bilden konnten, wie dies etwa bei nomadisch lebenden Völkerschaften der Fall war? Seit Machiavelli und Hobbes drehte sich die politische Ideengeschichte immer wieder um diese Fragen, und noch die jüngere Debatte über die politischen und gesellschaftlichen Teilhaberechte (Marshall 1992) ist durch diese Fragen geprägt.

Am Anfang dessen steht die Durchsetzung von privaten Eigentumsrechten gegen den gemeinsamen Besitz der Dorfgemeinde (Allmende), die in der englischen Enclosurebewegung zur Zerschlagung der Dorfgemeinde, zur Freisetzung von Arbeitskraft und damit zu massenhaftem Pauperismus, aber auch zur Entstehung eines Arbeitsmarktes als Voraussetzung der Industrialisierung geführt hat. Karl Marx hat im 24. Kapitel des *Kapitals* diese Entwicklung als „ursprüngliche Akkumulation" bezeichnet, in der erst die Grundlagen der kapitalistischen Gesellschaftsordnung geschaffen wurden (Marx 1972 [1867]). Die Gegenposition zu Marx' Sichtweise spricht von der „Tragödie der Allmende" (Hardin 1968), die darin besteht, dass die Allmende als gemeinwirtschaftlicher Produktionsfaktor keine hinreichenden Anreize für Investitionen bzw. Unterhaltungsanstrengungen bietet, weswegen alle sie nutzen, aber keiner etwas zu ihrer Erhaltung beiträgt. Die Folge dessen ist die notorische Überweidung der Allmende und schließlich ihre Zerstörung. In der modernen Theorie ist dieses Problem als das der „kollektiven Güter" (Olson 1968) aufgegriffen worden: Wenn keiner von der Nutzung eines Gutes ausgeschlossen werden kann (was zur Definition kollektiver Güter gehört) – worin besteht dann der Anreiz, in die Bereitstellung bzw. Erhaltung solcher Güter zu investieren? Man hat davon nicht nur selbst keine Vorteile, sondern stellt obendrein noch seinen Konkurrenten Ressourcen zur Verfügung, die diese kostenlos nutzen können, während man selbst die Kosten der Bereitstellung zu tragen hat. Das ist das Grundproblem aller sozialistischen bzw. kommunistischen Gesellschaftsordnungen. Es betrifft aber auch nichtprivatisierbare Gemeinschaftsgüter, wie Rechtssicherheit, Sicherheit der internationalen Verkehrs- und Handelswege, Bereitstellung von Leitwährungen etc. Im Bereich der internationalen Politik hat die jüngere Theorie der Imperien bzw. imperialer Ordnungen eine Antwort auf das grundsätzliche Problem kollektiver Güter formuliert (Münkler 2005): Wer diese Güter bereitstellt, bekommt Macht und Einfluss jenseits seiner Grenzen und wird so zu einem hegemonialen bzw. imperialen Akteur. In ähnlicher Weise trifft das Problem kollektiver Güter auch für humanitäre Interventionen zu, die für die Interventionsmächte mit hohen Kosten verbunden sind, ohne dass damit für sie ein unmittelbarer Nutzen verbunden ist. Warum sollen sie intervenieren, wenn doch andere den Nutzen davon haben? Der humanitäre Appell an die Hilfsbereitschaft der reichen Länder stellt hier eine Aushilfe, aber keine politiktheoretisch befriedigende Erklärung dar.

Privatisierung und Eigentumsbildung sind also immer Lösung und Problem zugleich: Sie lösen das Problem der Überweidung des Gemeineigentums und schaffen Investitionsanreize, haben *eo ipso* aber keine Antwort auf das Problem der kollektiven Güter. In Wirtschaft, Gesellschaft und Politik lösen sie eine Reihe von Problemen, die aus der Asymmetrie von Kosten und Nutzen bei Gemeinschaftsgütern erwachsen, aber mit diesen Lösungen verbinden sich neue Probleme, die Kompensationen erforderlich machen. Die größte Herausforderung, die aus der Durchsetzung der Eigentumsmarktgesellschaft erwachsen ist, war die soziale Frage, also die Entstehung und Verfestigung von Armut, Not und Elend. Die hierauf gegebenen kompensatorischen Antworten reichen von korporativen Sozialorganisationen und kirchlichen Einrichtungen bis zur Entstehung des Sozialstaats (Grebing 2000), während die alternative Antwort auf die Entwicklung eines sozialistischen Gesellschaftsmodells hinauslief, das die Nachteile und Kosten der (kapitalistischen) Eigentumsmarktgesellschaft vermied, ohne neue Probleme vergleichbaren Ausmaßes zur Folge zu haben. Das zumindest war der Anspruch des Sozialismus im 19. und 20. Jahrhundert, und an diesem Anspruch ist der Sozialismus letztlich gescheitert. Damit ist jedoch das Problem, für das der Sozialismus die Lösung sein wollte, nicht verschwunden. Von der Globalisierungskritik bis zur jüngsten ‚Gier-Debatte‘ über die Einkommen und Bonuszahlungen für Banker und Manager geht es um die mehr oder weniger großen Folgen der Eigentumsmarktgesellschaft. Für eine ideengeschichtlich informierte Politiktheorie ist dabei zweierlei von Interesse: Zum einen die starke moralische bzw. moralphilosophische Aufladung der Debatte, die in einer Wiederkehr der spätmittelalterlichen Lasterkataloge (Geiz, Gier/Habsucht, Faulheit etc.) ihren Niederschlag gefunden hat (Sofsky 2009). Dabei ist zu fragen, ob dies ein Ausdruck von Hilflosigkeit ist oder ob sich darin die Wiederkehr der Moralökonomie als Konkurrenzmodell zur Marktökonomie abzeichnet (vgl. Thompson 1980). Und zum andern ist da das neue Interesse an der Allmende, die nicht mehr unter der Vorgabe ihrer Selbstzerstörung thematisiert wird, sondern bei der die Frage im Vordergrund steht, inwieweit neue Technologien und Sozialformen, wie etwa das Internet und darin insbesondere das allmendeähnliche Lexikon Wikipedia, eine neue Form kollektiver Güter darstellen, die von dem notorischen Problem der Überweidung nicht betroffen sind (Ostrom 1999; Bieber/Leggewie 2012).

Die Unübersichtlichkeit und völlige Offenheit sowie die kontroversen Antworten auf diese Fragen lassen es ratsam erscheinen, zunächst eine Recherche in den Archiven der politischen Ideengeschichte vorzunehmen und sich hier über die zur Rechtsfigur des Eigentums entstandenen Diskurse, aber auch die Wechselwirkungen zwischen Ideen- und Gesellschaftsgeschichte zu informieren und dabei einen Blick auf die Gegenentwürfe utopischer Gesellschaften ohne Privateigentum zu werfen, die parallel zur Durchsetzung der Eigentumsmarktgesellschaft in Europa entstanden sind. Die politische Utopie seit Thomas Morus hat die Folgen der neuen Gesellschaftsordnung als Auflösung von Recht und Moral beschrieben und Gegenentwürfe einer guten Gesellschaft geliefert, in deren Zentrum die Idee der Eigentumslosigkeit bzw. der Gemeingüter steht. Was in Platons *Politeia* auf die Elite der Wächter und Philosophen beschränkt bleibt, wird in den frühneuzeitlichen Sozialutopien auf alle Gesellschaftsmitglieder ausgedehnt, und damit verbunden ist die Vorstellung, dass dies nicht nur gerechter, sondern auch effektiver sei. Die große Debatte zwischen den Eigentums- und Markttheoretikern auf der einen und den Sozialutopisten auf der anderen Seite kann hier freilich nur in Grundzügen umrissen werden.

Am Anfang dieser Debatte steht Machiavellis Ermahnung an den Fürsten, das Eigentum der Untertanen zu respektieren. Für Machiavelli ist dies eine politische Klugheitsregel (die sich bereits in Aristoteles' *Politik* findet), die vor Verschwörungen und Rebellionen schützen soll: „Keinesfalls darf er [der Fürst] das Eigentum anderer antasten; denn die Menschen vergessen rascher den Tod ihres Vaters als den Verlust ihres väterlichen Erbes" (Machiavelli 1972 [1513]: 69). Machiavelli ist jedoch weit davon entfernt, den angemahnten Respekt vor dem Eigentum zum Angelpunkt seiner Theorie zu machen, was sich auch darin zeigt, dass er die Achtung des Eigentums mit dem Respekt vor den Frauen und Töchtern der Untertanen verbindet, an denen sich ein Herrscher ebenfalls nicht vergehen soll. Es liegt ganz auf dieser Linie, wenn Machiavelli den Fürsten weiterhin rät, eher sparsam und knausrig als freigebig zu sein, denn ein freigebiger Herrscher werde stets „genötigt sein, das Volk mit außerordentlichen Abgaben zu belasten, Steuern einzutreiben und alles nur Mögliche zu tun, um sich Geld zu verschaffen" (ebd.: 65). Und in einer Volte gegen die Fürstenspiegel und Tugendlehren seiner Zeit (vgl. Mühleisen/Stammen 1990) erklärt er: „Knausrigkeit ist jedenfalls eine Untugend, die die Herrschaft erhält" (Machiavelli 1972 [1513]: 66).

Knapp eineinhalb Jahrhunderte später hat Thomas Hobbes sich nicht mehr mit dem Ratschlag der Sparsamkeit begnügen können, denn die dynamische Entwicklung des institutionellen Flächenstaates hatte inzwischen zu einem staatlichen Finanzbedarf geführt (Stolleis 1983), dem mit Sparsamkeitsappellen nicht mehr beizukommen war. Hobbes musste die Frage von Eigentum und Besteuerung grundsätzlich diskutieren, nachdem aus ihr der Konflikt zwischen Parlament und König und schließlich der Bürgerkrieg erwachsen waren. Im Naturzustand, so Hobbes' Antwort, gab es kein *Eigentum*, sondern nur *Besitz*, das heißt Nutzung der Gegenstände, die andere nur solange von deren Nutzung ausgrenzt, wie man physisch Herr über sie war (Hobbes 1984 [1651]: 98). Eigentum als das Recht, andere vom Gebrauch einer Sache ausschließen zu können, ohne ihnen physisch überlegen sein zu müssen, war dagegen eine Errungenschaft des durch Vertrag geschaffenen Gesellschaftszustands. Dieser aber stand in der latenten Gefahr, wieder in den Naturzustand zurückzufallen, der ein latenter Krieg eines jeden gegen jeden war, und nur der Souverän, der die Geltung von Recht und Eigentum sicherte, konnte dies verhindern. Hobbes schlussfolgert daraus, dass dieser Souverän, der bloßen Besitz in gesichertes Eigentum verwandelte, auch das Recht haben müsse, so viel von dem Eigentum der Untertanen für sich in Anspruch zu nehmen, wie zu seiner Selbsterhaltung vonnöten sei. Konkret hieß das, dass der Souverän das Recht hatte, Steuern auch ohne Zustimmung des Parlaments festzusetzen und einzutreiben.

Hobbes hatte damit eine doppelte Frontstellung bezogen, denn seine Begründung des Eigentums richtete sich nicht nur gegen diejenigen, die den König in Steuerfragen vom Parlament abhängig machen wollten, sondern auch gegen den linken Flügel der englischen Revolution: die *Levellers* und *Diggers*, die in Anknüpfung an das Institut der Allmende Vorstellungen vom Gemeineigentum anhingen und deren politische Überlegungen nicht beim Einzelnen, sondern bei der Gemeinschaft ansetzten. Hobbes interpretiert den Grundsatz, wonach allen alles gehört (*omnia sunt communia*), dahingehend, dass dann niemandem etwas gehöre und diese prekäre Lage dazu führe, dass ein Jeder ständig um Besitz und Leben fürchten müsse, weswegen jeder Andere eine latente Bedrohung darstelle. Die Formel vom Krieg eines Jeden gegen Jeden (*bellum omnium contra omnes*) ist Hobbes' politische Konkretisierung dessen, wozu das Fehlen klarer Eigentumsstrukturen führt. Ein friedliches Zusammenleben der Menschen kann es für Hobbes also erst geben, wenn die Eigentumsverhältnisse klar geregelt sind. Dabei hat er sich über die Frage, wie Gemeineigentum zu Privateigentum wird und ob es dabei Aneignungsschranken gibt, nicht weiter geäußert. Ihn hat ausschließlich die Eigentumsgarantie des Souveräns und das damit verbundene Besteuerungsrecht interessiert.

In John Lockes *Two Treatises of Government* ist das anders: Nachdem Locke im ersten Buch die von Robert Filmer vorgetragene These zurückgewiesen hat, wonach sich Eigentum und Herrschaft aus ihrer anfänglichen Übertragung von Gott auf Adam herleiten und in der Erbfolge Adams an alle späteren Könige weitergegeben würden, entwickelt er im zweiten Buch eine Eigentumstheorie, die Arbeit als Grund von Eigentum darstellt (vgl. Brandt 1974: 69ff.) und als erste genuin bürgerliche Eigentumstheorie gelten kann (Macpherson 1967). Für Locke ist also weder ein Souverän noch die Zustimmung anderer erforderlich, damit aus Gemeineigentum Privateigentum werden kann; dazu genügt allein die Arbeit. „Das Gras, das mein Pferd gefressen, der Torf, den mein Knecht gestochen, und das Erz, das ich an irgendeiner Stelle gegraben, wo ich mit anderen gemeinsam ein Recht dazu habe, werden ohne die Anweisung und Zustimmung von irgendjemandem mein Eigentum. Es war meine *Arbeit*, die sie dem gemeinsamen Zustand, in dem sie sich befanden, enthoben hat und die mein *Eigentum* an ihnen *bestimmt* hat" (Locke 1967 [1690]: 219).

Es gibt freilich zunächst eine Aneignungsgrenze, und die besteht in der Verderblichkeit der Güter und der Nutzbarkeit durch den Aneignenden. Es ist sinnlos (und darum verboten), mehr Fische zu fangen oder Früchte zu pflücken, als man vor deren Verderben verzehren kann. So war dafür gesorgt, dass allen genug blieb und sich nicht jene zerstörerische Habsucht entwickelte, die eine Obrigkeit erforderlich macht. Ein Gesellschaftsvertrag, der die Einsetzung eines Souveräns zur Folge hat, wird erst in der zweiten Etappe des Naturzustands erforderlich, nachdem durch die Erfindung des Geldes als eines unbegrenzt thesaurierbaren Wertträgers die Aneignungsschranke gefallen und der *amor sceleratus habendi* – frevlerische Habgier – freigesetzt worden ist. Aber die Entstehung des Eigentums in der ersten Etappe des Naturzustands genügt für Locke, um es als eine vom Souverän unabhängige Größe einzuführen, was zur Folge hat, dass dieser das Parlament als Ausschuss der Eigentümer um Zustimmung ersuchen muss, wenn er neue oder höhere Steuern einführen will. Diese Argumentation hat ihr realgeschichtliches Pendant in der *Glorious Revolution* von 1688/89, als das Parlament den amtierenden König ab- und einen von ihm ausgewählten neuen König einsetzte.

Aber Lockes bürgerliche Eigentumstheorie hatte einen Haken, und der bestand darin, dass die Jäger- und Sammlergesellschaften der neuen Welt, die die neolithische Revolution, den Übergang zu Ackerbau und Viehzucht, noch nicht durchschritten hatten, zwar Eigentum an den erlegten Tieren, nicht aber an Grund und Boden erwerben konnten. Die Folge war, dass sie kein Recht hatten, die Landnahme der europäischen Siedler zu verhindern, und wo sie dies dennoch versuchten, setzten sie sich ins Unrecht. Die europäischen Siedler dagegen erwarben Eigentum, indem sie das Land unter den Pflug nahmen und es bebauten. Deswe-

gen durften sie auch die ihre Felder ruinierenden Wildherden töten, von deren Bestand die
Indianer lebten. Das auf Arbeit begründete Eigentumsrecht brachte die Indianer ins Hinter-
treffen und lieferte ihre Zivilisation dem Untergang aus. Immanuel Kant hatte dieses Problem vor Augen, als er in seiner Begründung des Eigentums in den Paragraphen 1-17 seiner
Metaphysik der Sitten (vgl. Brandt 1974: 167ff.) nicht nur die Bemächtigung (*occupatio*) als
„die ursprüngliche Erwerbung eines äußeren Gegenstandes der Willkür" bezeichnete (Kant
1977 [1797], Bd. 8: 369), sondern auch „die erste Erwerbung einer Sache [...] als die des Bodens" begriff, weil „der Boden (unter welchem alles bewohnbare Land verstanden wird) [...]
in Ansehung alles Beweglichen auf demselben, als *Substanz*, die Existenz des Letzteren aber
nur als *Inhärenz* zu betrachten [ist] und so, wie im theoretischen Sinn die Akzidenzen nicht
außerhalb der Substanz existieren können, so kann im praktischen das Bewegliche auf dem
Boden nicht das Seine von jemanden sein, wenn dieser nicht vorher als im rechtlichen Besitz desselben befindlich (als das Seine desselben) angenommen wird" (ebd.: 372). Für Kant
hieß das, dass die Entdecker nicht umstandslos zur Landnahme schreiten konnten, sondern
bloß ein Besuchsrecht hatten, das sie auch zu Handelszwecken nutzen durften. Auf die Frage, „ob ein Volk in neuentdeckten Ländern eine *Anwohnung* (accolatus) und Besitznehmung
in der Nachbarschaft eines Volks, das in einem solchen Landstriche schon Platz genommen
hat, auch ohne seine Einwilligung unternehmen dürfe", antwortet Kant: „Wenn Anbauung
in solcher Entlegenheit vom Sitz des ersteren geschieht, daß keines derselben im Gebrauch
seines Bodens dem anderen Eintrag tut, so ist das Recht dazu nicht zu bezweifeln; wenn es
aber Hirten- oder Jagdvölker sind (wie die Hottentotten, Tungusen und die meisten amerikanischen Nationen), deren Unterhalt von großen öden Landstrecken abhängt, so würde
dies nicht mit Gewalt, sondern nur durch Vertrag, und selbst dieser nicht mit Benutzung der
Unwissenheit jener Einwohner in Ansehung der Abtretung solcher Ländereien, geschehen
können" (ebd.: 476f.).

Es würde den Umfang einer Einführung sprengen, nunmehr die Eigentumskritik der
frühneuzeitlichen Sozialutopien in vergleichbarer Ausführlichkeit darzustellen; aber zumindest einige Merkpunkte sollen aufgeführt werden. Fast alle Utopien des 16. bis 19. Jahrhunderts sind so angelegt, dass sie mit einer Darstellung der Gegenwart beginnen, in der vor allem deren negative Seiten herausgestellt werden. Dem tritt dann der Bericht von einer Reise,
zunächst in unbekannte Räume, seit Mercier dann in eine ferne Zukunft (Saage 2002: 177ff.),
gegenüber, in der von Gesellschaften berichtet wird, die infolge des Verzichts auf Eigentum
diese negativen Dimensionen nicht aufweisen. In Thomas Morus' *Utopia* (1516), der Schrift,
die dem politisch-literarischen Genre den Namen verlieh (vgl. Saage 2001: 71ff.), ist die Gegenüberstellung von defizitärem Hier und glücklichem Dort ganz symmetrisch angelegt: Der
Darstellung des zeitgenössischen England im ersten Buch steht das zweite Buch gegenüber,
das von der harmonischen Gesellschaftsordnung der Utopier berichtet. In den späteren Utopien fällt der Umfang der aktuellen Sozialkritik kleiner und der des Berichts über Utopien
größer aus. Das war unter anderem der Zensur geschuldet, dürfte aber mit dem Interesse der
Leser an allerhand Kuriosem und Wunderlichem zusammenhängen. Die Folge war eine gewisse Entpolitisierung der Utopie, die gelegentlich dazu führte, dass es sich bei den Texten
eher um unterhaltsame Literatur als um handfeste Politik- und Gesellschaftskritik handelte.

Das änderte sich wieder mit der Wendung zur Antiutopie, also zu jenen Texten – zu nennen sind insbesondere Samjatins *Wir*, Huxleys *Brave New World* und Orwells *1984* (vgl. Kumar 1987) –, in denen sich die in früheren Utopien als gut und glücklich beschriebene Gesellschaftsordnung als das Gegenteil des Gewünschten entpuppte und nicht Freiheit, sondern Kontrolle und Unterdrückung das Leben der Menschen bestimmten.

Des Weiteren sind Utopien dadurch gekennzeichnet, dass sie die moralischen Anlagen des Menschen zum Thema machen, insbesondere die seit der Antike immer wieder thematisierte Herrsch- und Habsucht: Während die bestehenden Gesellschaften, so die utopische Kritik, Anreizstrukturen aufweisen, die Herrsch- und Habsucht befördern und mit Gratifikationen ausstatten, ist in der utopischen Ordnung das Gegenteil der Fall. Die Gesellschaft ist so eingerichtet, dass sie den menschlichen Lastern entgegenarbeitet und die Tugenden der Menschen stärkt und belohnt. Dazu gehört durchweg die Ersetzung des Privateigentums durch das Gemeineigentum, durch die eine egalitäre Verteilung von Arbeit und Freizeit in der Gesellschaft möglich wird. Leistung wird belohnt, besondere Fähigkeiten werden unterstützt und gefördert, und es herrschen nicht mehr diejenigen, die sich mit Gewalt und Intrigen durchgesetzt haben, sondern die Weisen und Gerechten. Die Konkurrenz als System der Leistungsanreize ist weitgehend verschwunden und durch ein von den Weisen und Gerechten gesteuertes System von Gratifikationen und Sanktionen ersetzt worden. Die Menschen haben zwar ihre Natur nicht geändert (was sich unter anderem darin zeigt, dass es auch weiterhin Bösewichte und Faulenzer gibt), aber Laster und Vergehen sind keine Vehikel des gesellschaftlichen Vorankommens mehr. Utopien sind Beschreibungen institutioneller Arrangements zur Besserung des moralischen Habitus' der Menschen.

War der Aufstieg des bürgerlichen Eigentums mit einem Individualisierungsschub verbunden, der mit der Zeit zu einer grundlegenden Umgestaltung der Gesellschaft führte und zur Basis der kontraktualistischen Gesellschaftstheorien wurde, so sind die Sozialutopien mit einer radikal kommunitaristischen Perspektive (vgl. Reese-Schäfer 1994) entworfen, in welcher der Einzelne nur als Glied des Sozialverbands in Erscheinung tritt. Man hat darum in den Sozialutopien auch nostalgische bis reaktionäre Antworten auf den Prozess der Modernisierung gesehen, in denen die Sehnsucht nach gemeinschaftlicher Geborgenheit dominiert. In dieser Sicht sind die Sozialutopien nicht Richtungsanzeigen der gesellschaftlichen Entwicklung, sondern verzweifelte Versuche, aus dem Prozess der Modernisierung auszusteigen und eine idealisierte Gemeinschaftlichkeit wiederherzustellen, die den Menschen die Lasten und Sorgen der Individualisierung abnimmt. So ist in der kritischen Evaluation der politischen Ideen die in ihr ausgetragene Kontroverse um die gute und die schlechte Gesellschaft redupliziert worden.

Kommentierte Literaturhinweise

Brodocz, André/Schaal, Gary S. (Hg.), 2006: Politische Theorien der Gegenwart. 2 Bde. Opladen-Farmington Hills: Leske + Budich.
Die wichtigsten politischen Theoretiker der Gegenwart in knappen Darstellungen.

Brocker, Manfred (Hg.), 2007: Geschichte des politischen Denkens. Ein Handbuch. Frankfurt a.M.: Suhrkamp.
Überblicke zur politischen Ideengeschichte in Einzeldarstellungen der bedeutendsten Theoretiker.

Fetscher, Iring/Münkler, Herfried (Hg.), 1985-1991: Pipers Handbuch der politischen Ideen, 5 Bde. München: Piper.
Eine Gesamtdarstellung der politischen Ideengeschichte in themen- und epochenbezogenen Kapiteln.

Llanque, Markus/Münkler, Herfried (Hg.), 2007: Politische Theorie und Ideengeschichte. Lehr- und Textbuch. Berlin: Akademie Verlag.
Ein Lese- und Arbeitsbuch, das Ideengeschichte und moderne Theorie unter speziellen Fragestellungen verbindet.

Maier, Hans/Denzer, Horst (Hg.), 2007: Klassiker des politischen Denkens, 2 Bde. München: C.H.Beck.
Überblicke zur politischen Ideengeschichte in Einzeldarstellungen bedeutender Theoretiker.

Ottmann, Henning, 2001-2012: Geschichte des politischen Denkens. 4 Bde. in 8 Teilbänden, Stuttgart-Weimar: J.B. Metzler.
Eine theoretikerzentrierte Darstellung der politischen Ideengeschichte aus einer Feder.

Literatur

Aron, Raymond, 1971: Hauptströmungen des soziologischen Denkens, 2 Bde. Köln: Kiepenheuer & Witsch.

Assmann, Aleida/Assmann, Jan (Hg.), 1987: Kanon und Zensur. Beiträge zur Archäologie der literarischen Kommunikation II. München: C.H.Beck.

Ball, Terence/Farr, James/Hanson, Russell L. (Hg.), 1989: Political Innovation and Conceptual Change. Cambridge: Cambridge University Press.

Behnke, Joachim, 2006: Die politische Theorie des Rational Choice: Anthony Downs, in: Brodocz, André/Schaal, Gary S. (Hg.): Politische Theorien der Gegenwart. Bd. 2, Opladen-Farmington Hills: Verlag Barbara Budrich, 465-498.

Bermbach, Udo, ²2004: Der Wahn des Gesamtkunstwerks. Richard Wagners politisch-ästhetische Utopie. Stuttgart-Weimar: J.B. Metzler.

Bieber, Christoph/Leggewie, Claus (Hg.), 2012: Unter Piraten. Erkundungen in einer neuen politischen Arena. Bielefeld: Transcript.

Bien, Günther, 1973: Die Grundlegung der politischen Philosophie bei Aristoteles. Freiburg-München: Alber.

Bluhm, Harald, 2002: Die Ordnung der Ordnung. Das politische Philosophieren von Leo Strauss. Berlin: Akademie Verlag.

Bohlender, Matthias, 2006: Michel Foucault – Für eine Geschichte und Kritik der politischen Vernunft, in: Gebhardt, Jürgen/Bluhm, Harald (Hg.), Politische Ideengeschichte im 20. Jahrhundert. Baden-Baden: Nomos, 89-106.

Bohlender, Matthias, 2007: Metamorphosen des liberalen Regierungsdenkens. Politische Ökonomie, Polizei und Pauperismus. Weilerswist: Velbrück.

Brandt, Reinhard, 1974: Eigentumstheorien von Grotius bis Kant. Stuttgart: Frommann-Holzboog.

Bredekamp, Horst, 1999: Thomas Hobbes' visuelle Strategien. Der Leviathan: Das Urbild des modernen Staates. Berlin: Akademie Verlag.

Bröcker, Walter, ³1985: Platos Gespräche. Frankfurt a.M.: Klostermann.

Brunner, Otto/Conze,Werner/Koselleck, Reinhart (Hg.), 1972-1997: Geschichtliche Grundbegriffe. Historisches Lexikon zur politisch-sozialen Sprache in Deutschland, 8 Bde. Stuttgart: Klett-Cotta.

Burke, Edmund, 1967 [engl. 1790]: Betrachtungen über die Französische Revolution. Frankfurt a.M.: Suhrkamp.

Constant, Benjamin, 1972: Politische Schriften, hg. v. Lothar Gall. 4 Bde. Berlin: Propyläen.

Euchner, Walter, 1973: Egoismus und Gemeinwohl. Studien zur Geschichte der bürgerlichen Philosophie. Frankfurt a.M.: Suhrkamp.

Ferguson, Niall, 2011: Der Westen und der Rest der Welt. Die Geschichte vom Wettstreit der Kulturen, Berlin: Propyläen.

Fetscher, Iring, 1976: Immanuel Kants bürgerlicher Reformismus, in: Fetscher, Iring: Herrschaft und Emanzipation. Zur Philosophie des Bürgertums. München: Piper, 176-200.

Foucault, Michel, 1999: In Verteidigung der Gesellschaft. Vorlesungen am Collège de France 1975-1976. Frankfurt a.M.: Suhrkamp.

Foucault, Michel, 2004a: Geschichte der Gouvernementalität I: Sicherheit, Territorium, Bevölkerung. Vorlesungen am Collège de France 1977-1978, hg. v. Michel Semelart. Frankfurt a.M.: Suhrkamp.

Foucault, Michel, 2004b: Geschichte der Gouvernementalität II: Die Geburt der Biopolitik. Vorlesungen am Collège de France 1978-1979, hg. v. Michel Semelart. Frankfurt a.M.: Suhrkamp.

Foucault, Michel, 2010: Die Regierung des Selbst und der anderen. Vorlesungen am Collège de France 1983/84, Bd. 2: Der Mut zur Wahrheit. Frankfurt a.M.: Suhrkamp.

Franke, Berthold/Umlauf, Joachim/Ribbert, Ulrich, 2012: Kanon und Bestenlisten. Was gilt in der Kultur? – Was zählt für Deutschlands Nachbarn? Göttingen: Steidl.

Furet, François/Richet, Denis, 1981: Die Französische Revolution. München: C.H.Beck.

Gall, Lothar/Koch, Rainer (Hg.), 1981: Der europäische Liberalismus im 19. Jahrhundert. Texte zu seiner Entwicklung, 4 Bde. Frankfurt a.M.: Ullstein Verlag.

Gigon, Olof, 1976: Gegenwärtigkeit und Utopie. Eine Interpretation von Platons ‚Staat‘. Zürich-München: Artemis.

Goethe, Johann W. von, 1981 [1822]: Campagne in Frankreich 1792, in: Goethe, Johann W. von: Werke (Hamburger Ausgabe), Bd. 10/II. München: C.H.Beck.

Gramsci, Antonio, 1967: Philosophie der Praxis. Eine Auswahl, hg. v. Christian Riechers. Frankfurt a.M.: Fischer.

Grebing, Helga (Hg.), 2000: Geschichte der sozialen Ideen in Deutschland. Sozialismus – Katholische Soziallehre – Protestantische Ethik. Ein Handbuch. Essen: Klartext.

Griewank, Karl, 1992 [1954]: Der neuzeitliche Revolutionsbegriff. Entstehung und Entwicklung. Hamburg: Europäische Verlagsanstalt.

Habermas, Jürgen, 1971: Hegels Kritik der Französischen Revolution, in: Habermas, Jürgen: Theorie und Praxis. Sozialphilosophische Studien. Frankfurt a.M.: Suhrkamp, 128-147.

Hacke, Jens, 2006: Philosophie der Bürgerlichkeit. Die liberalkonservative Begründung der Bundesrepublik. Göttingen: Vandenhoeck & Ruprecht.

Hardin, Garrett, 1968: The Tragedy of the Commons, in: Science 162:3859, 1243-1248.

Hegel, Georg W. F., 1970: Werke, hg. v. Eva Moldenhauer und Karl Markus Michel, 20 Bde. Frankfurt a.M.: Suhrkamp.

Heine, Heinrich, 1976 [1834]: Zur Geschichte der Religion und Philosophie in Deutschland, in: Heine, Heinrich: Sämtliche Schriften, Bd. 5, hg. v. Klaus Briegleb. München-Wien: dtv, 505-642.

Hobbes, Thomas, 1984 [engl. 1651]: Leviathan oder Stoff, Form und Gewalt eines kirchlichen und bürgerlichen Staates, hg. v. Iring Fetscher. Frankfurt a.M.: Suhrkamp.

Hobbes, Thomas, 1991 [engl. 1682]: Behemoth oder das Lange Parlament, hg. v. Herfried Münkler. Frankfurt a.M.: Fischer.

Hofmann, Werner, [5]1974: Ideengeschichte der sozialen Bewegung des 19. und 20. Jahrhunderts. Berlin-New York: de Gruyter.

Howard, Dick, 2001: Die Grundlegung der amerikanischen Demokratie. Frankfurt a.M.: Suhrkamp.

Hume, David, 1988: Politische und ökonomische Essays, hg. v. Udo Bermbach. 2 Bde. Hamburg: Meiner.

Jacoby, Edmund, 1986: Goethe, Schiller und Hölderlin, in: Fetscher, Iring/Münkler, Herfried (Hg.): Pipers Handbuch der politischen Ideen, Bd. 4. München-Zürich: Piper, 127-151.

Kaesler, Dirk (Hg.), 1999: Klassiker der Soziologie, 2 Bde. München: C.H.Beck.

Kant, Immanuel, 1974 [1798]: Der Streit der Fakultäten, in: Kant, Immanuel: Werkausgabe, Bd. 11, hg. v. Wilhelm Weischedel. Frankfurt a.M.: Suhrkamp.

Kant, Immanuel, 1977 [1797]: Die Metaphysik der Sitten, in: Kant, Immanuel: Werkausgabe, Bd. 8, hg. v. Wilhelm Weischedel. Frankfurt a.M.: Suhrkamp.

Kittsteiner, Heinz Dieter (Hg.), 1999: Geschichtszeichen. Köln u. a.: Böhlau.

Koselleck, Reinhart, 1973: Kritik und Krise. Eine Studie zur Pathogenese der bürgerlichen Welt. Frankfurt a.M.: Suhrkamp.

Koselleck, Reinhart, 1979: ‚Erfahrungsraum‘ und ‚Erwartungshorizont‘ – zwei historische Kategorien, in: Koselleck, Reinhart: Vergangene Zukunft. Zur Semantik geschichtlicher Zeiten, Frankfurt a.M.: Suhrkamp, 349-375.

Koselleck, Reinhart, 2000: Gibt es eine Beschleunigung in der Geschichte?, in: Koselleck, Reinhart: Zeitschichten. Studien zur Historik. Frankfurt a.M.: Suhrkamp, 150-176.

Koselleck, Reinhart, 2006: Revolution als Begriff und Metapher. Zur Semantik eines emphatischen Worts, in: Koselleck, Reinhart: Begriffsgeschichten. Studien zur Semantik und Pragmatik der politischen und sozialen Sprache. Frankfurt a.M.: Suhrkamp, 240-251.

Krause, Skadi/Malowitz, Karsten/Münkler, Herfried, 2008: Philosophie der Revolution, in: Rohbeck, Johannes/ Holzhey, Helmut (Hg.): Grundriss der Geschichte der Philosophie. Die Philosophie des 18. Jahrhunderts, Bd. 2: Frankreich. Basel: Schwabe, § 45-50, 897-970.

Kumar, Krishan, 1987: Utopia and Anti-Utopia in Modern Times. Oxford-New York: Blackwell.

Kurz, Heinz D. (Hg.), 2008-2009: Klassiker des ökonomischen Denkens. 2 Bde. München: C.H.Beck.

Landes, David S., 1998: Wohlstand und Armut der Nationen. Warum die einen reich und die andern arm sind. Berlin: Siedler.

Lenk, Kurt, ²1986: Marx in der Wissenssoziologie. Studien zur Rezeption der Marxschen Ideologiekritik. Lüneburg: zu Klampen.

Lenk, Kurt, 1989: Deutscher Konservatismus. Frankfurt a.M.-New York: Campus.

Locke, John, 1967 [engl. 1690]: Zwei Abhandlungen über die Regierung, hg. und eingel. v. Walter Euchner. Frankfurt a.M.-Wien: Europäische Verlagsanstalt.

Löwith, Karl, 1953: Weltgeschichte und Heilsgeschehen. Die theologischen Voraussetzungen der Geschichtsphilosophie. Stuttgart: J.B. Metzler.

Machiavelli, Niccolò, ⁴1972 [1532]: Der Fürst/Il Principe, hg. v. Rudolf Zorn. Stuttgart: Kröner.

Macpherson, Crawford B., 1967: Die politische Theorie des Besitzindividualismus. Von Hobbes zu Locke. Frankfurt a.M.: Suhrkamp.

Maier, Hans, 1986: Die ältere deutsche Staats- und Verwaltungslehre. München: dtv.

Mann, Thomas 1983 [1918]: Betrachtungen eines Unpolitischen. Nachwort von Hanno Helbling. Frankfurt a.M.: Fischer.

Mannheim, Karl, 1984 [1925]: Konservatismus. Ein Beitrag zur Soziologie des Wissens, hg. v. David Kettler. Frankfurt a.M.: Suhrkamp.

Manow, Philip, 2011: Politische Ursprungsphantasien. Der Leviathan und sein Erbe. Konstanz: Konstanz University Press.

Manow, Philip/Rüb, Friedbert W./Simon, Dagmar (Hg.), 2012: Die Bilder des Leviathan. Eine Deutungsgeschichte. Baden-Baden: Nomos.

Marshall, Thomas H., 1992: Bürgerrechte und soziale Klassen. Zur Soziologie des Wohlfahrtsstaates, hg. und übers. v. Elmar Rieger. Frankfurt a.M.-New York: Campus.

Marx, Karl, 1972 [1867]: Das Kapital. Kritik der politischen Ökonomie, Bd. 1. Marx-Engels Werke, Bd. 23. Berlin (Ost): Dietz.

Marx, Karl/Engels, Friedrich, 2004: Studienausgabe, hg. v. Iring Fetscher, 5 Bde. Berlin: Aufbau Taschenbuchverlag.

Mehring, Reinhard, 2001: Thomas Mann. Künstler und Philosoph. München: Fink.

Mehring, Reinhard, 2006: Begriffssoziologie, Begriffsgeschichte, Begriffspolitik. Zur Form der Ideengeschichtsschreibung nach Carl Schmitt und Reinhart Koselleck, in: Gebhardt, Jürgen/Bluhm, Harald (Hg.). Politische Ideengeschichte im 20. Jahrhundert. Baden-Baden: Nomos, 31-50.

Meinecke, Friedrich, 1957: Die Idee der Staatsräson in der neueren Geschichte. München: Oldenbourg.

Meinecke, Friedrich, ²1969: Weltbürgertum und Nationalstaat. München: Oldenbourg.

Mill, John S., 1969 [engl. 1859]: Über Freiheit, hg. v. Achim von Borries. Frankfurt a.M.: Europäische Verlagsanstalt.

Morus, Thomas, 1979 [engl. 1516]: Utopia, hg. v. Hermann Oncken. Darmstadt: Wissenschaftliche Buchgesellschaft.

Mühleisen, Hans-Otto/Stammen, Theo (Hg.), 1990: Politische Tugendlehre und Regierungskunst. Studien zum Fürstenspiegel der Frühen Neuzeit. Tübingen: Niemeyer.

Münkler, Herfried, 1982: Machiavelli. Die Begründung des politischen Denkens der Neuzeit aus der Krise der Republik Florenz. Frankfurt a.M.: Europäische Verlagsanstalt.

Münkler, Herfried, 1989: „Eine neue Epoche der Weltgeschichte". Revolution als Fortschritt oder Rückkehr?, in: Aus Politik und Zeitgeschichte 39:22, 15-23.

Münkler, Herfried, 1991: Die Idee der Tugend. Ein politischer Leitbegriff im vorrevolutionären Europa, in: Archiv für Kulturgeschichte 73:2, 379-403.

Münkler, Herfried, 1993: Thomas Hobbes. Frankfurt a.M.-New York: Campus.

Münkler, Herfried, 2005: Imperien. Die Logik der Weltherrschaft – vom Alten Rom bis zu den Vereinigten Staaten. Berlin: Rowohlt.

Neuendorff, Hartmut, 1973: Der Begriff des Interesses. Eine Studie zu den Gesellschaftstheorien von Hobbes, Smith und Marx. Frankfurt a.M.: Suhrkamp.

Noetzel, Thomas, 2006: Die politische Theorie des Pragmatismus: Richard Rorty, in: Brodocz, André/Schaal, Gary S. (Hg.): Politische Theorien der Gegenwart, Bd. 2. Opladen-Farmington Hills: Verlag Barbara Budrich, 285-312.

Olson, Mancur, 1968: Die Logik des kollektiven Handelns. Tübingen: Mohr Siebeck.

Ostrom, Elinor, 1999: Die Verfassung der Allmende. Jenseits von Markt und Staat. Tübingen: Mohr.

Ottow, Raimund, 2011: Ancient Constitution. Diskurse über Politik, Recht, Kirche und Gesellschaft in England im Spätmittelalter bis zum Ende der Regierungszeit Elisabeth I. Baden-Baden: Nomos.

Pagden, Anthony (Hg.), 1987: The Languages of Political Theory in Early Modern Europe. Cambridge: Cambridge University Press.

Pocock, John G. A., 1975: The Machiavellian Moment. Florentine Political Thought and the Atlantic Republican Tradition. Princeton, NJ: Princeton University Press.

Pocock, John G. A., 1985: Virtue, Commerce, and History. Essays in Political Thought and History, Chiefly in the Eighteenth Century. Cambridge: Cambridge University Press.

Pribram, Karl, 1992: Geschichte des ökonomischen Denkens, 2 Bde. Frankfurt a.M.: Suhrkamp.

Rawls, John, 1975: Eine Theorie der Gerechtigkeit. Frankfurt a.M.: Suhrkamp.

Reese-Schäfer, Walter, 1994: Was ist Kommunitarismus? Frankfurt a.M.-New York: Campus.

Reinalter, Helmut (Hg.), 1980: Revolution und Gesellschaft. Zur Entwicklung des neuzeitlichen Revolutionsbegriffs. Innsbruck: Inn-Verlag.

Riklin, Alois, 2006: Machtteilung. Geschichte der Mischverfassung. Darmstadt: Wissenschaftliche Buchgesellschaft.

Ritter, Joachim, 1947: Die Dämonie der Macht. Stuttgart: Hannsmann.

Ritter, Joachim, 1969: Hegel und die Französische Revolution, in: Ritter, Joachim: Methaphysik und Politik. Studien zu Aristoteles und Hegel. Frankfurt a.M.: Suhrkamp, 183-255.

Ritter, Joachim (Hg.), 1971-2007: Historisches Wörterbuch der Philosophie, 13 Bde. Basel-Stuttgart: Schwabe.

Rosa, Hartmut, 1994: Ideengeschichte und Gesellschaftstheorie. Der Beitrag der ‚Cambridge School' zur Metatheorie, in: Politische Vierteljahresschrift 35:3, 197-223.

Rorty, Richard, 1999: Stolz auf unser Land. Die amerikanische Linke und der Patriotismus. Frankfurt a.M.: Suhrkamp.

Ryffel, Heinrich, 1949: Metabolè politeíon. Der Wandel der Staatsverfassungen. Bern: Haupt.

Saage, Richard, 1981: Herrschaft, Toleranz, Widerstand. Studien zur politischen Theorie der Niederländischen und der Englischen Revolution. Frankfurt a.M.: Suhrkamp.

Saage, Richard, 2001: Utopische Profile, Bd. 1: Renaissance und Reformation. Münster: LIT.

Saage, Richard, 2002: Utopische Profile, Bd. 2: Aufklärung und Absolutismus. Münster: LIT.

Schiller, Friedrich, 2000 [1795]: Über die ästhetische Erziehung des Menschen in einer Reihe von Briefen. Mit den Augustenburger Briefen. Stuttgart: Reclam.

Schmitt, Carl, 1982 [1938]: Der Leviathan in der Staatslehre des Thomas Hobbes. Sinn und Fehlschlag eines politischen Symbols. Köln: Hohenheim Verlag.

Schröder, Hans-Christoph, 1986: Die Revolutionen Englands im 17. Jahrhundert. Frankfurt a.M.: Suhrkamp.

Skinner, Quentin, 1978: The Foundations of Modern Political Thought, 2 Bde. Cambridge: Cambridge University Press.

Skinner, Quentin, 1996: Reason and Rhetoric in the Philosophy of Hobbes. Cambridge: Cambridge University Press.

Skinner, Quentin, 2008: Freiheit und Pflicht. Thomas Hobbes' politische Theorie. Frankfurt a.M.: Suhrkamp.

Sofsky, Wolfgang, 2009: Das Buch der Laster. München: C.H.Beck.

Stolleis, Michael, 1983: Pecunia Nervus rerum. Zur Staatsfinanzierung der frühen Neuzeit. Frankfurt a.M.: Klostermann.

Straßenberger, Grit/Münkler, Herfried, 2007: Was das Fach zusammenhält. Die Bedeutung der politischen Theorie und Ideengeschichte für die Politikwissenschaft, in: Buchstein, Hubertus/Göhler, Gerhard (Hg.): Politische Theorie und Politikwissenschaft. Wiesbaden: VS Verlag für Sozialwissenschaften, 45-79.

Strauss, Leo, 1983: Studies in Platonic Political Philosophy, hg. v. Thomas L. Pangle. Chicago-London: Chicago University Press.

Strauss, Leo, 1996 [1930]: Die Religionskritik Spinozas und zugehörige Schriften. Gesammelte Schriften, Bd. 1., hg. v. Heinrich Meier. Stuttgart-Weimar: J. B. Metzler.

Strauss, Leo, 2001 [1965]: Hobbes' politische Wissenschaft und zugehörige Schriften – Briefe. Gesammelte Schriften, Bd. 3, hg. v. Heinrich Meier. Stuttgart-Weimar: J. B. Metzler.

Thompson, Edward P., 1980: Plebeische Kultur und moralische Ökonomie. Aufsätze zur englischen Sozialgeschichte des 18. und 19. Jahrhunderts. Frankfurt a.M. u. a.: Ullstein.

Thukydides, 2000: Der Peloponnesische Krieg, hg. v. Helmuth Vretska und Werner Rinner. Stuttgart: Reclam.

Voegelin, Eric, 1995: „Die spielerische Grausamkeit der Humanisten". Studien zu Niccolò Machiavelli und Thomas Morus, hg. v. Peter Opitz. München: Fink.

Volkmann-Schluck, Karl-Heinz, 1974: Politische Philosophie. Thukydides, Kant, Tocqueville. Frankfurt a.M.: Klostermann.

Wagner, Richard, 1983 [1849]: Die Revolution, in: Wagner, Richard: Dichtungen und Schriften. Jubiläumsausgabe, hg. v. Dieter Borchmeyer, 10 Bde., Bd. 5. Frankfurt a.M.: Insel, 234-241

Walzer, Michael, 1991: Zweifel und Einmischung. Gesellschaftskritik im 20. Jahrhundert. Frankfurt a.M.: Fischer.

Wheen, Francis, 1999: Karl Marx. München: Bertelsmann.

Ideengeschichte I: von der Antike bis zur Französischen Revolution

Marcus Llanque

1. Einleitung

Die Darstellung der politischen Ideengeschichte von den griechischen Anfängen bis zur Französischen Revolution muss sich exemplarisch auf einen Hauptstrang konzentrieren, soll sie sich nicht auf die Auflistung von Dutzenden interessanten Autoren mit Hunderten nennenswerten Werken beschränken. Als Hauptstrang wird hier die Thematisierung des Politischen selbst gewählt. Damit sind nicht die semantisch-philologischen und begrifflichen Transformationen des Politikbegriffs gemeint (siehe Llanque 2008: 42ff.), sondern die Debatte um die Hintergründe, Fundamente und Ziele der Politik. Die politische Theorie zu allen Zeiten und so auch heute analysiert nicht nur bestehende politische Ordnungen auf ihre Strukturen hin, sie beschäftigt sich auch mit der Klärung der Ordnung des Politischen, die gedanklich der Schaffung von Institutionen vorangeht. Der politischen Ordnung des modernen Staates geht die Ordnung des Politischen voraus, die diesen Typus erst zum repräsentativen bzw. angemessenen Ausdruck der modernen Gesellschaft erklärt. Ungeachtet der Orientierung des politischen Denkens am Leitbild des Staates existieren weitere politische Ordnungen, die teils im Staat integriert sind wie etwa Parteien, ideologische Strömungen und soziale Bewegungen sowie religiöse Gemeinschaften, teils aber auch außerhalb seiner Grenzen wirken, vom Markt bis zu transnationalen Vereinigungen und schließlich kosmopolitischen Assoziationen, die sich bereits in Nachfolge des aus ihrer Sicht gar nicht mehr so modernen Staates wähnen. Der Staat selbst wiederum hatte sich als Leitidee des politischen Denkens erst gegenüber Republik und Polis durchsetzen müssen.

Geht die Ordnung des Politischen der politischen Ordnung voraus oder hängt sie von ihr ab? Alle politische Theorie steht in dem jeweils zeitgenössischen Beziehungsgeflecht zwischen philosophisch-geistesgeschichtlichen Grundannahmen einerseits und der politischen Praxis andererseits. Die Grundannahmen beeinflussen bereits die bloße Vorstellungsfähigkeit und den Begriffsapparat, wie Politik thematisiert wird, die politische Praxis dagegen wirft die Probleme auf, die die Theorie zu lösen versucht. Bei der Suche nach Problemlösungen orientiert sich alle politische Theorie nicht nur an den diskursiven und praktischen Rahmenbedingungen ihrer eigenen Zeit, sie kann auch auf diachrone Diskurse des politischen Denkens verweisen, rezipiert sie, stellt sich selbst in ältere Traditionen und wird so zu einem Teil der politischen Ideengeschichte.

Der Diskurs zur Ordnung des Politischen ist nicht an der Semantik alleine erkennbar. Die Verwendung des Wortes ‚politisch' ist kein Indikator dafür, dass es sich um einen Beitrag zum Diskurs des Politischen handelt. Wo immer die Koordination von Kooperation thematisch wird, wo es um die Möglichkeit und Verbindlichkeit kollektiven Entscheidens geht, wo die Genese und normative Zielsetzung politischer Kollektivsubjekte (vom demokratischen *demos* bis zur anonymen Gesellschaft oder Öffentlichkeit) diskutiert wird, dort findet die Grundlagenreflexion über das Politische statt.

Die politische Ordnung ist zum einen das Handlungssystem, das zur Willensbildung, Entscheidungsfindung und Entscheidungsumsetzung kollektiv verbindlicher Maßnahmen eigens gebildet wird, beispielsweise die Polis in der ersten Zeit der griechischen Antike, die Republik und dann das Reich in der Zeit Roms, der souveräne Staat in der Frühneuzeit. Doch die politische Ordnung besteht nicht nur aus dem Zentrum solcher Entscheidungsprozesse, zu ihr gehören auch Kultur, Religion und Ökonomie ebenso wie geistesgeschichtliche Deutungsmuster. Wie diese Faktoren das Verständnis und den Ablauf von Politik beeinflussen, gehört zu den Grundfragen des Diskurses über das Politische.

Die in institutionellen Handlungszusammenhängen aufeinander bezogenen Akteure, die sich mit den genannten Fragen beschäftigen, machen die politische Ordnung aus: Die Grenzen zu ziehen, was zur politischen Ordnung gehört und was nicht, wer wann als Amtsträger, Bürger oder Nichtbürger zu gelten hat, sind wesentliche Aspekte der Ordnung des Politischen. Das Verständnis des Inhalts und der Grenzen des modernen Staates beispielsweise, wie er uns heute vertraut ist, lässt sich kaum mit Hinweis auf Verwaltung und Parlament erschöpfend erfassen: Wir versuchen mit Begriffen wie Öffentlichkeit, Zivilgesellschaft oder politische Kultur wesentliche Beteiligungsfragen, Fragen der Kommunikation, der inneren Einstellung der Akteure zu erfassen, die sich nicht mit Blick auf die Verfassung der politischen Ordnung beantworten lassen. Abgrenzungen zwischen öffentlich und privat zur Markierung der Grenzen der politischen Ordnung und ihrer Handlungskompetenzen sind ihrerseits voraussetzungsreiche und keineswegs selbstverständliche Ergebnisse der Ordnung des Politischen. Diese modernen Zusammenhänge mittels der ideengeschichtlichen Distanz besser durchschauen und analysieren zu können, ist nicht der geringste Beitrag der politischen Ideengeschichte als Teildisziplin der Politikwissenschaft.

Die bekanntesten und auch einflussreichsten Vordenker des Politischen werden gerne als Klassiker der Ideengeschichte bzw. der Politischen Philosophie bezeichnet. Autoren wie Platon oder Kant ragen heraus, weil sie die oben genannten Fragen von politischer Ordnung und Ordnung des Politischen in umfassender oder grundsätzlicher Weise zu klären versuchten. Doch zum einen standen auch sie in ideenpolitischen Konstellationen, die ihr Denken beeinflussten: Sie reagierten auf zeitgenössische Diskussionen, konkurrierten mit anderen Theorieangeboten, griffen auf ältere Theoriebestände zurück, wandelten ihre Ideen im Laufe ihres Schaffens. Es wäre daher eine Verkürzung, zu meinen, die Politische Ideengeschichte bestünde aus der Abfolge solcher überragender Vordenker. Die erste Aufgabe der ideengeschichtlichen Arbeit besteht in der Herausarbeitung der ideenpolitischen Konstellation, in welcher eine bestimmte Theorie entsteht, sowie die Klärung der Diskurse, in welchen sie sich bewegt.

2. Polis und Politik

Das Wort Politik ist begriffsgeschichtlich eng mit der *polis* verbunden, dem für die griechische Antike typischen Modell der politischen Ordnung, die wir heute unbeholfen mit Stadtstaat übersetzen. Weitere Leitbegriffe der heutigen politikwissenschaftlichen Fachterminologie wie des öffentlichen Sprachgebrauchs gehen auf die griechische, insbesondere athenische Praxis zurück, unter anderem das Wort Demokratie. Das Verständnis der athenischen Demokratie des 5. und 4. vorchristlichen Jahrhunderts ist blockiert, wenn man heute vertraute Merkmale der modernen Demokratie auf die antike Demokratievorstellung und -praxis zurückprojiziert. Man erkennt auch die Konturen der modernen Demokratie weniger scharf, wenn man die Unterschiede vorschnell verwischt. Die Alterität, nicht die fortwährende Identität der politischen Ideen in unterschiedlichen diskursiven Praktiken schafft den Erkenntnisgewinn der politischen Ideengeschichte für die Politikwissenschaft.

Das zu ihrer Zeit exzeptionelle Ausmaß der Bürgerbeteiligung an der politischen Praxis zeichnete die athenische Demokratie aus, nicht die Gleichbehandlung der Individuen. Sklaven und Frauen waren vom Bürgerrecht ausgeschlossen, und doch sprach die politische Theorie jener Zeit von Athen als der Herrschaft der Menge bzw. des Volkes, denn insbesondere im Vergleich mit umliegenden politischen Ordnungen wie etwa Sparta oder dem Reich des persischen Großkönigs ragte Athen durch einen bemerkenswert großen Anteil der politisch teilhabeberechtigten Bevölkerung heraus. Die Bürgerschaft versammelte sich oft zu Tausenden in den Volksversammlungen zu Beratung und Beschluss der Gesetze, aber auch zu Tausenden in den Volksgerichten, in welchen alle Fragen des öffentlichen wie des privaten Lebens Gegenstand des Streits werden konnten. Da sich alle Angeklagten selbst verteidigen mussten, war die Fähigkeit zur mündlichen Rede nicht nur für die politische Karriere notwendig, sondern auch zur Bewältigung privater und rechtlicher Konflikte.

Die Unterscheidung zwischen öffentlichen und privaten Angelegenheiten bedeutet eine weitere Rückübertragung unseres modernen, überwiegend liberalen Vorverständnisses von Politik. Die Antike kannte keine Vorstellung von einer politisch unverfügbaren, grundrechtlich geschützten privaten Sphäre des Individuums, zu der etwa die religiöse Orientierung gehörte. Die Bürgerschaft war zugleich eine religiöse Kultgemeinde, kollektive Handlungen waren in ein religiöses Zeremoniell eingefügt, das zu verletzen die Geltung der politischen Handlungen beeinträchtigte oder verhinderte. Die Verknüpfung des individuellen Schicksals mit dem der Heimatstadt war intensiv. Die Verteidigung derselben galt als wichtigste Bürgerpflicht (und die Ableistung des Wehrdienstes als Voraussetzung für die Vollbürgerschaft), die Niederlage in den häufigen militärischen Konflikten konnte zur Versklavung der gesamten Bevölkerung führen und war daher nicht nur privat oder öffentlich relevant, sondern existenziell. Die Verbindlichkeit dieser politischen Ordnung schlug sich in den vielen Feierlichkeiten nieder, zu deren Zeugnisse die gewaltigen Theateranlagen gehören, die der gesamten Bürgerschaft Platz bieten mussten.

Als Sokrates das *daimonion* als innere Stimme und Orientierung seines Handelns angab, wurde er angeklagt, neue Götter einzuführen und mit seinem Denken die Jugend intellektuell zu verführen, und daraufhin zum Tode verurteilt. Die Möglichkeit der Flucht schloss

Sokrates jedoch aus. Zu sehr sah er sich seiner Heimatstadt verpflichtet und gehorchte ihrem Beschluss durch Selbsttötung im Jahre 399 v. Chr. Der Prozess des Sokrates war für antike Verhältnisse keine Seltenheit. Doch er löste den Diskurs der Politischen Philosophie aus. Denn zu der athenischen Jugend, die Sokrates angeblich zu verführen trachtete, zählte Platon (428/427-348/347 v. Chr.). Platons Distanzierung von der politischen Ordnung Athens und seine neuartige Reflexion über die Ordnung des Politischen hatte mit dem Erlebnis zu tun, dass Sokrates, der geliebte Lehrer, in Platons Augen der beste Mensch und zugleich tüchtigste Bürger Athens, von der athenischen Bürgerschaft zum Tode verurteilt worden war.

Platons Kritik an der athenischen Demokratie konzentrierte sich auf die politische Praxis der in versammelter Gemeinschaft erörterten Gesetzgebung. Die Methode insbesondere der Gesetzgebung und der gerichtlichen Beschlüsse beruhte auf dem mündlichen Austausch von Argumenten ohne Regelhaftigkeit und Qualitätsgewähr. Die Rhetorik unterrichtete in der Fähigkeit, der eigenen Sache durch die Beherrschung bestimmter argumentativer Techniken sowie ihrer sprachlichen Darbietung vor einem bestimmten, gegenwärtigen Publikum zum Erfolg zu verhelfen. Aus Platons Sicht bedeutete das, die Argumentation zum Zwecke der Überredung, nicht der Überzeugung, zu führen. Das warf er im Dialog *Gorgias* dem seinerzeit führenden Politiker Athens, Perikles, vor: Er verführe das Volk statt es zu lehren, das Richtige zu tun (Platon 1957ff., Bd. 1: 197-284).

Der Gegenentwurf Platons orientierte sich am Vorbild seines Lehrers. In intensiven Debatten im kleinen Kreis werden Probleme zwar mündlich erörtert, aber unter der Anleitung eines Weisen, der sein Wissen nicht um der Macht willen, sondern aus Liebe zur Weisheit, der Philosophie, und damit zweckfrei anwendet. Er will die Bürger anleiten, das Richtige selbst zu erkennen und daher freiwillig zu befolgen. Die sogenannte dialektische Methode der Gewinnung von Schlüssen aus der dialogischen Erörterung gleicht weniger den tatsächlich praktizierten mündlichen Auseinandersetzungen in der Volksversammlung als einem inneren Dialog kritischer Beweisführung. Da jedoch nicht alle Menschen hierzu imstande sind, sind nur diejenigen dazu berechtigt, politische Macht auszuüben, welche die hierfür notwendigen Eigenschaften mitbringen. Platons politisches Modell in seinem bedeutendsten Dialog, der *Politeia* (Platon 1957ff., Bd. 3: 67-310), will daher konsequenterweise den Philosophen zum König machen.

Platons Muster einer politischen Ordnung, in der Literatur oft ‚Idealstaat' genannt, geht methodisch vom Paradigma des Organismus aus. Das hatte mit der zeitgenössischen Vorbildlichkeit der Medizin für alle den Menschen berührenden Gebiete zu tun, namentlich mit dem hohen Ansehen des Hippokrates. Die Ausgangsfrage der *Politeia*, was Gerechtigkeit sei, erörtert Platon anhand der als „großer Mensch" (*makros anthropos*) gedachten politischen Ordnung (Yack 1993). Wie in einem Organismus, so soll auch in der politischen Ordnung jedes Glied gemäß seinem Anteil am Funktionieren des lebendigen Ganzen definiert sein. Hierzu unterscheidet Platon drei wesentliche Funktionen: Ernährung, Bewachung und Führung. Die Zugehörigkeit zu den hierzu gehörenden „Ständen" hat mit der Zusammensetzung der menschlichen Seele zu tun, je nach der Höhe der Anteile des Begehrens (*epithymêtikon*), der Emotionen im Sinne der motivierenden Kräfte (*hymoeides*) sowie der Vernunft (*logistikon*). Das herauszufinden dient die Erziehung (*paideia*), die nicht wie in Athen der privaten Sorge der Eltern überlassen bleibt, sondern nach spartanischem Vorbild die zentrale Leistung der politischen Ordnung ist. Erzogen werden die körperlichen ebenso wie die charakterlichen und vor allem die intellektuellen Fähigkeiten, wobei kein Unterschied zwischen Frauen und Männern gemacht wird. Die Erziehung der Angehörigen des Nährstandes wird früher abgebrochen als die der Wächter; nur die Philosophenkönige durchlaufen das erst im Alter von 50 Jahren abgeschlossene Erziehungsprogramm. Auf diese Weise will Platon eine gerechte Verteilung der Macht gemäß dem Prinzip ‚jedem das Seine‘ verwirklichen: Die Menschen haben nicht als solche einen berechtigten Anteil an der Politik, sondern nur insofern, als sie die hierzu erforderlichen Eigenschaften aufweisen.

Platon ging nicht in die Politik, er gründete eine philosophische Schule, die Akademie, deren bedeutendster Schüler Aristoteles war. Aristoteles (384-322 v. Chr.), der aus Nordgriechenland nach Athen Zugezogene, setzte sich kritisch mit Platons politischer Theorie auseinander. Sein Einwand gegen Platons Theorie bezog sich auf dessen organische Konzeption der Ordnung des Politischen. Beruht Politik aber tatsächlich auf der Einheitlichkeit, wie das Bild des Organismus suggeriert, oder nicht viel eher auf Vielheit? In welcher Hinsicht ist überhaupt Wissen über Politik möglich? Gegen Platon nahm Aristoteles einige kategoriale Unterscheidungen vor, welche die weitere Entwicklung der Politikwissenschaft entscheidend prägten, allen voran die Unterscheidung von theoretischer und praktischer Wissenschaft sowie die von Haushalt (*oikos*) und Politik (Bien 1985).

Aristoteles wirft Platon vor, die Regierung in der Politik mit der Führung eines Haushaltes verwechselt zu haben. Die spezifisch politische Regierung ist für Aristoteles eine Beziehung zwischen Gleichen und Freien, also zwischen Bürgern. Despotie im Sinne von willkürlicher und unverantwortlicher Herrschaft findet sich dagegen nicht nur bei persischen Großkönigen, sondern auch beim Haushaltsvorstand, dem *oikodespotes*, der über Ehegattin, Kinder und Sklaven als ihm gegenüber Ungleiche und Unfreie regiert. Daher trennt Aristoteles in seinem politischen Hauptwerk, der *Politik*, Fragen der Haushaltsführung (Ökonomie) von denen der Politik.

Nur wo Axiome und Prinzipien eindeutig und unveränderlich wahr sind, sind wahre Aussagen möglich, und zwar als deduktiver Schluss vom Prinzipiellen zum Besonderen. Praktisches Wissen hat dagegen mit dem Handeln zu tun und damit den vielfältigen Bestimmungsgründen des Menschen und seinen Auffassungen vom normativ Richtigen. Danach gehört Politik zu den praktischen Wissenschaften, die nicht so sehr deduktiv als vielmehr induktiv vorgehen müssen. Da beispielsweise die Gesetzgebung zukünftiges Handeln zu regeln versucht, es über die Zukunft kein exaktes, von allgemeinen Prinzipien ableitbares Wissen geben kann, wie Aristoteles betont, spielt hier die Erfahrung eine größere Rolle als die Dialektik. Aristoteles hat daher die Verfassungen unterschiedlicher Regierungssysteme gesammelt. Ferner misst er den Meinungen der Akteure eine große Rolle zu, selbst wenn sie irren, sind doch unterschiedliche Auffassungen vom Gerechten oder Gleichen in Aristoteles‘ Augen eine Hauptursache für politische Konflikte.

In praktischen Fragen kann man daher nur relative Aussagen machen, etwa derart, dass in verschiedenen Sachverhalten verschiedene Normen zur Anwendung kommen sollten und man zwischen den Extremen den mittleren Weg suchen sollte, wie Aristoteles in der *Nikoma-*

chischen Ethik betont. Das Mittlere ist erstrebenswert etwa in der Frage soldatischer Tüchtigkeit: Tapferkeit ist das Mittlere zwischen Feigheit und Tollkühnheit, beide Extreme bringen nämlich spezifische Probleme mit sich. In der Frage der Verteilung von Partizipationsrechten empfiehlt Aristoteles die Stärkung der sozialen Mitte, weil sie am beständigsten die Interessen der Allgemeinheit sucht und hierbei am moderatesten zu Mitteln der Umverteilung neigt, während die Reichen ebenso starr auf Besitzstand beharren wie die Armen eine unüberlegte Umverteilung anstreben. Die Suche nach dem Mittleren bzw. nach der Moderation zwischen Extremen, die Bevorzugung von Mischung an Stelle der radikalen Durchsetzung nur eines Prinzips macht Aristoteles' Denken aus, und gerade darin hat er tief in die politische Ideengeschichte hineingewirkt.

3. Hellenismus und Römische Republik

Das makedonische Königreich übernahm im vierten vorchristlichen Jahrhundert von Sparta und Athen nicht nur die Hegemonie über die griechischen Stadtstaaten. Mit der Gründung des Alexander-Reichs wandelte sich die Perspektive auf die Politik grundsätzlich: Die Größe des Reiches, die Hellenisierung zuvor nicht-griechischer Völker, die monarchischen Strukturen unter den Epigonen und die Vermischung mit orientalischen Herrschaftsformen führten zu einer völlig neuartigen politischen Praxis im Vergleich mit der nun kleinteilig und partikular wirkenden Welt der griechischen Städte. Für die Regierung und Verwaltung von territorialen Reichen war das Modell der Polis ungeeignet.

Damit wandelte sich auch in der Theorie die Perspektive: Nicht mehr die Partizipation an der Politik stand im Vordergrund, sondern die Frage der inneren Einstellung des einzelnen Menschen zur Politik. Wenn der Philosoph Diogenes von Sinope im vierten vorchristlichen Jahrhundert die weltumspannende Kosmopolis als seine Heimat bezeichnete, so war das ein ironisches Begriffsspiel, mit dem er seine abschätzige Meinung über die Politik der Gegenwart bekundete. Er wollte damit nicht sehr viel mehr sagen, als dass er nirgendwo Bürger sei (Schofield 1991: 64).

Die stoische Philosophie, die im griechischen Hellenismus wie in der römisch geprägten Spätantike vielleicht wichtigste Denkschule, nahm diesen Begriff sehr viel ernster. Sie erweiterte den Horizont der Ordnung des Politischen auf die gesamte Menschheit, ungeachtet ihrer kulturellen oder politischen Zugehörigkeit, sofern sie vernünftige Lebewesen sind. Zenon von Kition (etwa 333-262 v. Chr.), der Begründer der stoischen Philosophie, sprach von der „*politeia*" als einem idealen Gedankenbild (von Arnim 1903-1905: I 54, 60f.), in welchem das göttliche Vernunftgesetz alle Menschen zu Mitbürgern macht (ebd.: I 61). Für Chrysipp von Soloi (etwa 281-208 v. Chr.), der dritte Leiter der von Zenon begründeten Schule, ist nicht mehr die Polis, sondern die Kosmopolis der Ort des Zusammenlebens von Menschen und Göttern (ebd.: II 328, III 81f.). In der Kosmopolis sind alle Vernunftwesen vereint, die imstande sind, nach Vernunftgesetzen zu leben. Die Stoa entwickelte freilich keine Institutionenordnung dieser Kosmopolis, entwarf beispielsweise kein föderales Modell und übertrug auch nicht die platonische Philosophenherrschaft auf die ganze Menschheit. Der

Kosmopolitismus war eine ethische Haltung, keine politische Theorie. Der Mensch soll sich in den kontingenten politischen Ordnungen seiner Umgebung einrichten, doch seine wahre und letzte Treue gehört alleine einer vernunftbestimmten Lebensweise, welche gerade in der kritischen Distanz zu allen politischen Ordnungen möglich ist. Insofern kann die Stoa als Übergang von einem Verständnis der Politik als Selbstregierung zu einem Naturrechtsverständnis von Politik angesehen werden (Schofield 1991: 103). Nicht ohne Grund fand der Stoizismus häufig dort Anklang, wo die Rezipienten anerkennen mussten, dass der Kernbereich politischer Entscheidungen der Willkür fürstlicher Herren überlassen blieb, von Seneca unter Nero bis zu Justus Lipsius im 16. Jahrhundert.

Die Stoa war der maßgebliche philosophische Hintergrund des römischen politischen Denkens. Gegen anfängliche Widerstände setzte sich die stoische Philosophie bei der Ausbildung der römischen Politikerelite schon in der späten Republik durch und war im Kaiserreich dominant. Ihr bekanntester Wortführer war Marcus Tullius Cicero (106-43 v. Chr.), der aus dem ethischen Grundkonzept der Stoa eine politische Theorie formte (Pangle 1998).

Die römische politische Praxis war ähnlich der klassisch-griechischen durch die mündliche Rede geprägt, den beratenden Reden vor dem Senat und den stärker legitimierenden und mobilisierenden Reden vor der auf dem Forum versammelten Bevölkerung. Was die römische Redepraxis auszeichnete, war die Idee des Anwalts und der Klientel. Ein anwaltlicher Fürsprecher von Gruppeninteressen schuf oft lebenslange Klientelverhältnisse und sicherte sich so feste Wählerblöcke, die für das Durchlaufen der vorgeschriebenen Ämterlaufbahn von den niederen Ämtern bis zum Konsulat entscheidend waren. Das Recht im Sinne von Gesetzgebung und Urteilsspruch in Einzelfällen war bei aller religiösen Einkleidung immer Ausdruck des politischen Willens der beteiligten Parteien. Wichtige Aussagen über das politische Selbstverständnis der Akteure finden sich daher in den Prozessen und den darin gehaltenen Reden.

Cicero interpretierte die Idee des Kosmopolitismus als praktische Naturrechtsidee, wobei das Naturrecht den zivilisierten Umgang der Menschen miteinander wie der Völker untereinander meint. Cicero erfand mit der Wendung des *ius gentium* die naturrechtliche Konzeption des Völkerrechts in der Schrift *De Officiis* (Cicero 1976 [44 v. Chr.]: III 32: „natura, id est iure gentium") (Cicero 1976). Die Frage ist, wie das Naturrecht mit seiner zwar universalen Geltung, aber Unklarheit bezüglich des Besonderen zur Orientierung der Politik beitragen kann. Cicero zeigte in der nur noch fragmentarisch erhaltenen Schrift *De re publica* die Gefahr (Cicero 1979 [54-51 v. Chr.]), dass die Abstraktionen der Stoa zur Vernachlässigung der Pflichten des Einzelnen gegenüber Mitbürgern und Heimatland führen können (ebd.: II 4-10). Daher entwarf er eine umfassende Pflichtenlehre, die von den familiären über die freundschaftlichen bis zu den außenpolitischen Beziehungen von Menschen reicht. Grundsätzlich ist der Mensch mit dem Interesse jedes anderen Menschen verknüpft (Cicero 1976: III 27f.). Der Wille und die Fähigkeit, sich praktisch für das Wohl der anderen einzusetzen, schaffen erst die Unterschiede, rechtfertigen Eingriffe ins Eigentum und auch die Tötung von Tyrannen (ebd.: III 29-32). Das Eintreten für das Wohl der anderen, vor allem der Einsatz für das Gemeinwohl aller und damit die politische Tätigkeit in den Ämtern der Republik, birgt dabei das höchste persönliche Glück und verheißt den höchsten Lohn auch im Himmel, wie Cicero in dem lange nachwirkenden Traum des Scipio aus der *De re publica* poetisch ausführte.

Cicero wollte die römische Praxis mit der griechischen Philosophie in Einklang bringen. Hierzu entwickelt er das, was in der weiteren Rezeption von der Spätantike bis in das 19. Jahrhundert hinein und in Teilen wieder im 20. Jahrhundert (Arendt 1989 [1938]) die *vita activa* genannt wurde, die Cicero der *vita contemplativa* gegenüberstellte: Nicht in der Abwendung von der Politik, sondern in der Zuwendung zu ihr erblickte Cicero ein erfülltes Leben. Das hieß aber nicht, dass die Maßstäbe zur Gestaltung von Politik immer nur aus der jeweils herrschenden politischen Ordnung gewonnen werden müssten. Das Naturrecht meint in diesem Zusammenhang die Summe der Normen, die den Maßstab für jede politische Ordnung aufstellen. Sein auf einer Pflichtenlehre ruhendes Naturrechtskonzept prägte das rationale Naturrecht von Hobbes bis Pufendorf und selbst noch, wenn auch negatorisch, Immanuel Kant. Die heutige Rezeption der kosmopolitischen Idee auf der Suche nach einer Grundlage für die noch zu errichtende politische Ordnung der gesamten Menschheit kann aus der Differenz zwischen der politisch-naiven klassischen Stoa und ihrer politischen Vermittlung durch Cicero erhebliche Anregungen zur Klärung der Probleme, vor denen ein heutiges kosmopolitisches Projekt steht, gewinnen.

4. Transzendentalisierung der Politik: Augustinus

Das christliche Mittelalter mit seinen teilweise hermetisch abgeschlossenen Diskussionen, etwa in der Scholastik, wirkt auf den heutigen Betrachter fremd. Da jedoch auch in der heutigen Politik die religiöse Orientierung von Menschen erkennbar bleibt, ist das politische Denken des Mittelalters nicht nur Geschichte, sondern Exempel religiös geprägter Diskurse zur Ordnung des Politischen.

Mit der Missionstätigkeit des Paulus entstand allmählich eine Kirche, die sich vor allem im Westen, im Papsttum, als eigenständige Ordnung etablierte. Die Bestrebungen zur Gründung einer weltlichen Gemeinde von Gläubigen konkurrierten mit weiterhin starken Tendenzen zur Weltabgewandtheit auf der Grundlage einer transzendenten Heilslehre, die bis zur Verleugnung der eigenen Körperlichkeit (Pfahleremiten) und der Opferung des eigenen Lebens (im Martyrium) reichte. Schließlich erhob das Römische Reich das Christentum zur Staatsreligion, und zwar zum Zwecke der Herrschaftsstabilisierung. Das brachte sogleich Konflikte in zwei Richtungen mit sich: Inwieweit ragten die weltlichen Zwecksetzungen in die innere Organisation der Religionsgemeinschaft hinein? Wie sehr musste sich die politische Ordnung den spirituellen Bedürfnissen der Religionsgemeinschaft anpassen, um deren Legitimationswirkung für sich sicherzustellen?

Die intellektuelle Vermittlung eigentlich rational nicht erfassbarer Ideen ist das Unterfangen der Theologie, die den maßgeblichen Hintergrund der politischen Theoriebildung vom 4. bis mindestens zum 14. Jahrhundert darstellte. Einer der bis heute wichtigsten Theologen ist Aurelius Augustinus. Er durchlebte vor seiner Bekehrung zunächst den zu seiner Zeit typischen Karriereweg eines römischen Bürgers, studierte Rhetorik und kannte insofern Ciceros Schriften sehr gut. Sodann wandte er sich dem Christentum zu, wurde Bischof von Hippo in Nordafrika und verfasste maßgebliche theologische Arbeiten, die Kernprobleme der Konfrontation einer eigentlich transzendent angelegten Heilslehre mit den ethischen und politischen Herausforderungen des Daseins in einer aus der Perspektive des Seelenheils unvollkommenen Welt thematisierten. Zu diesen Kernproblemen zählten Fragen wie die der Willensfreiheit, der seelischen Ausstattung des Menschen im Diesseits (Erbsünde), die Auswahl derjenigen Menschen, für die das Heilsversprechen zutrifft (Prädestination), und schließlich und vor allem die Frage der Vermittlung von Ansprüchen weltlicher Herrschaft mit den Maßstäben der christlichen Lehre. Was sagte die christliche Ethik aus über Gerechtigkeit, die Verteilung von Herrschaft, das Verhältnis von politischen und kirchlichen Ämtern oder die Unbedingtheit des Tötungsverbotes angesichts einer auf kriegerischer Praxis beruhenden Gesellschaft? Letztere Frage initiierte Augustinus' Hauptwerk *De Civitate Dei*, traditionell (aber irreführend) mit *Vom Gottesstaat* übersetzt (Augustinus 1997 [413-426]), als Reaktion auf die Eroberung Roms durch die Westgoten am 14.8.410, die dem Christentum den Vorwurf eingebracht hatte, seine unbedingte Liebesethik habe das Reich verteidigungsunfähig gemacht.

Zur Beantwortung all dieser Fragen entwarf Augustinus in *De Civitate Dei* sowie verstreut in seinen zahllosen anderen Büchern und umfangreichen Briefen eine theologische Gesamtkonzeption. Im Mittelpunkt steht das eschatologische Geschichtsbild, also die Annahme, alle Geschichte laufe auf ein bestimmtes Ende zu, das Augustinus mit dem Jüngsten Gericht gleichsetzte. Die menschliche Geschichte erstreckt sich demnach auf den Zeitraum zwischen den Ereignissen des Sündenfalls und dem Jüngsten Gericht, das Dasein des Menschen wird mit einer Pilgerschaft zwischen diesen Polen verglichen. Wie Pilger wandern Menschen in der sichtbaren Welt auf ein Ziel zu, das erst in Teilen sichtbar ist. Zwei Reiche also, das irdische und das himmlische, prägen das Dasein des Menschen. Erst beim Jüngsten Gericht erfährt man, wer der göttlichen Gnade anteilig wird. Die Unvollkommenheit dieser Übergangzeit prägt laut Augustinus auch die Kirche: Ihr gehören Heilige an, aber auch Irrende. Umgekehrt hat das irdische Reich am himmlischen Reich Anteil, insofern es der Gerechtigkeit, dem Frieden oder dem Schutz der Kirche dient.

Die Maßstäbe zur Bewertung des irdischen Reiches entnimmt Augustinus nicht den von Menschen gegebenen Gesetzen oder den in der Praxis erkennbaren Normen, wie dies etwa Cicero annahm. Gerechtigkeit ist der Maßstab der politischen Ordnung, ohne Gerechtigkeit sind politische Ordnungen nur große Räuberbanden (ebd.: IV 4). Letzte Gerechtigkeit liegt jedoch bei Gott und auch nur bei ihm ist vollkommener Friede zu finden.

Die augustinische Rechtfertigung der politischen Ordnung und insbesondere die Uminterpretation der christlichen Liebesethik sind für jede theologische Ordnung des Politischen aufschlussreich. Gott selbst habe immer wieder das Töten befohlen, was sich Augustinus mit der Theorie der gerechten Vernunft erklärt: Personifiziert in Gott stellt sie nicht nur die Verletzung der gerechten Ordnung fest, sie bestraft auch die Verfehlungen. Daher kann sich die politische Ordnung ihrerseits autorisiert sehen, mit Hilfe von Gesetzen das Unrecht zu strafen (ebd.: I 21). Denn erst die Ungerechtigkeit des Gegners erzwingt den Gebrauch von Gewalt (ebd.: XIX 17). Der Umstand ungerechten Verhaltens von Menschen folgert Augustinus

aus der Schlechtigkeit des Menschen, ein Makel, der seit dem Sündenfall dem Menschen als
‚Erbsünde' anhaftet, also eine anthropologische Konstante darstellt. Dieser Mangel macht
den Menschen korrekturbedürftig und legitimiert die institutionelle Ordnung als korrigierende Gewalt, von der väterlichen Hausgewalt bis zur Kriegführung des Monarchen. Ohnehin sind Kriege, Krankheiten, Herrschaftsstrukturen, auch ungerechte wie die der Versklavung, für Augustinus Maßnahmen Gottes zur Strafe des sündigen Menschen. Die Erlösung
von den Mängeln ist ohnehin nicht im Diesseits zu erwarten, sondern erst bei Gott (ebd.: XIX
27). Die christliche Liebesethik bezieht sich demnach auf die innere Gesinnung, nicht auf das
äußerliche Verhalten. Wird der Krieg aus und mit Nächstenliebe geführt, insbesondere wenn
er dazu dient, den Besiegten aus Mitgefühl zu korrigieren, damit er wieder Teil habe an der
Gerechtigkeit, die er vorher verletzte, wenn also der Krieg um des Friedens willen geführt
wird, um die Bösen zu bekämpfen und die Guten zu befreien, dann handelt es sich um einen
gerechten Krieg. Mit der Rechtfertigung der Kriegführung hat Augustinus einen erheblichen
Beitrag zur Theorie des gerechten Krieges geleistet. Verstreut in seinem Gesamtwerk wurde die augustinische Kriegstheorie erst von hochmittelalterlichen Kirchenrechtlern zusammengetragen und von Thomas von Aquin im 13. Jahrhundert systematisiert (Reibstein 1957).

Augustinus' Theorie ist kennzeichnend für die theologische Fundierung des Politischen:
Die Autorität der offenbarten Schrift wird als dogmatische Stütze der eigenen Argumentation herangezogen (Autoritätsbeweis), zugleich aber sehr frei ausgelegt und uminterpretiert,
um sie an veränderte Rahmenbedingungen und besondere Erfordernisse der politischen
Ordnung anzupassen. Die Perspektive der Beweisführung ist einerseits anthropologisch ze-
mentiert und andererseits geschichtsphilosophisch dynamisiert: Die Wesensaussagen gelten
kategorial, sie erhalten vor dem Hintergrund geschichtlicher Veränderungen aber eine sich
wandelnde Gestalt. Diese Form der Ordnung des Politischen ist typisch für zahllose andere Fälle, in welchen religiöse Hintergrundannahmen die Argumentation bestimmen. Ferner
finden sie sich der Form nach auch in nicht-religiösen, aber dogmatisch aufgebauten Theorien wieder (beispielsweise dem Marxismus), die ideologisch bestimmte weltanschauliche
Kernaussagen wie unumstößliche Glaubenssätze behandeln, sie aber zugleich durch ständige Uminterpretation neu justieren.

5. Stadtrepublikanische Rekontextualisierung und antike Neubestimmung
     des Politischen

Römisches Papsttum und römische Kaiseridee bestimmten die mittelalterlichen Legitimati-
onskämpfe zwischen Kaisertum und Kirche auf gesamteuropäischer Ebene von der gesamten
Scholastik bis zu Dante. Unterhalb dieser Ebene etablierte sich allmählich eine neue Formation der Ordnung des Politischen, die Grund und Rechtfertigung aus einer ganz anderen politischen Praxis bezog: der stadtrepublikanischen Selbstverwaltung. Städte erlangten ab dem 11.
Jahrhundert allmählich, in Italien im 14. Jahrhundert endgültig politische Unabhängigkeit und
etablierten sukzessive Selbstregierungsregime. Ordnungsvorstellungen von Reich und Kirche
als Repräsentanten geschichtsphilosophischer bzw. heilsgeschichtlicher Werte wurden ersetzt

durch Vorstellungen von kollektiven politischen Akteuren innerhalb der städtischen Bevölkerung, etwa bestimmten sozialen und politischen Gruppierungen innerhalb der Bürgerschaft.

Städtische Juristen, Kanzlisten und Stadtschreiber rezipierten die antike Rhetorik auf der Suche nach textlichen Vorbildern für die Strukturierung des Tagesgeschäfts der Selbstregierung. Die zahllosen mittelalterlichen Handbücher zur Rhetorik bildeten dabei eine Brücke zwischen Antike und Mittelalter. Als Teil der *septem artes*, wie sie die spätantike Bildung kanonisiert und welche die Karolingische Renaissance für das Mittelalter tradiert hatte, war die Rhetorik gemeinsam mit Grammatik und Dialektik dauerhaft zum Teil der höheren Ausbildung geworden. Die Rhetorik diente nun nicht mehr nur zur Einführung und Handreichung für die Abfassung von Texten; die im Kontext der Städte des Hoch- und Spätmittelalters mit der Selbstregierung beschäftigten Personen entwickelten auch wieder ein Verständnis für die in der antiken Rhetorik gespeicherte politische Praxis einer auf gegenseitiger Verständigung beruhenden Koordination kollektiven Handelns.

Vor diesem Hintergrund ist das Aufkommen neuer politischer Theorien zu verstehen (Coleman 2000), wie der des Marsilius von Padua (etwa 1290-1342/1343). Seine Familie hatte in Padua viele Ämter der Selbstregierung besetzt und auch er selbst engagierte sich in der Politik seiner Heimatstadt. Der Titel seines Hauptwerks *Defensor Pacis* (1324) erinnert beispielsweise an den Eid der Amtsträger von Padua, den Frieden der Stadt zu verteidigen (Gewirth 2001). Als Marsilius zum Studium nach Paris ging, erlebte er eine von der Scholastik geprägte Interpretation der Philosophie von Aristoteles. Marsilius las dagegen Aristoteles' politische Schriften aus seiner stadtrepublikanischen Perspektive. Während die scholastische Theologie in zahllosen Streitschriften im Legitimationskampf zwischen Kaisertum und Papsttum verstrickt war und hierzu aus der Fülle vorhandener Texte neben der Bibel auch antike Autoren wie Aristoteles heranzog, rekontextualisierte Marsilius die aristotelische Politik als Studie einer sich selbst Gesetze gebenden Bürgerschaft. Der legitimatorische Bezug der politischen Ordnung auf das Volk hatte in spätantiken und scholastischen Texten nicht gefehlt, bezeichnete dort aber meist nebulös die Glaubensgemeinde oder eine schwer zu konkretisierende Bevölkerung. Marsilius interpretierte das Volk dagegen vor dem Hintergrund der politischen Praxis städtischer Bürgerschaften und nicht als eine von der Erbsünde gezeichnete Herde regierungsbedürftiger Sünder. Hierarchie ist in Marsilius Sicht keine nötige Konsequenz aus dem Umstand der Erbsünde, wie Augustinus behauptet hatte, sondern von Menschen gesetzt und somit veränderbar (*Defensor Pacis* I 19, 8 und II 15, 6).

Aufschlussreich ist es, wie Marsilius die aristotelische Summierungstheorie heranzog, die der Menge eine größere Urteilskraft als den Spezialisten zusprach (Aristoteles *Politik* III 11). Marsilius schloss hieraus auf die Legitimität des Gesetzes, die auf der Gesetzgebung durch die Gesamtheit der Bürger (*universitas*) oder wenigstens ihres gewichtigeren Teils (*valenciorem partem*) beruht (*Defensor Pacis* I 12, 3 und 5). Beim Volk liegt die Gesetzgebungskraft, es ist die Quelle des Gesetzes (ebd.: III 6). Marsilius unterschied (Aristoteles sowie Cicero in *De Officiis* folgend) zwischen *vulgus* bzw. *plebs* und Bürgerschaft, dem *populus*. Auch die einfache Bevölkerung verfügt über politische Urteilskraft und bringt Verständnis für praktisches Handeln auf. Ihr mangelt es an Wissen, sie kann aber die Mängel von Gesetzesvorschlägen erkennen (ebd.: I 13, 7), weshalb sich Marsilius für eine Mischung von

Gebildeten und ungebildeter Menge in der gesetzgebenden Versammlung aussprach, zeitgenössisch eine ungewöhnliche Forderung. Diese Überlegungen sind genauso wenig ‚demokratisch‘ im modernen Sinne wie es die antike Demokratie gewesen war, beiden fehlte der für
die Moderne charakteristische egalitäre Volksbegriff. Aber im Vergleich zu den scholastischen Schriften jener Zeit war Marsilius ein radikaler Denker.

Die im 15. Jahrhundert rapide zunehmende Neuaneignung antiker Schriften in der Renaissance führte nicht nur zu Neueditionen von Aristoteles und Cicero, sondern auch von
Autoren der Geschichtsschreibung wie Thukydides und Sallust. Zeitgenossen begannen systematisch das kollektive Handlungsgeschehen der Städte zu erforschen: Von Leonardo Bru-
ni im frühen 15. Jahrhundert bis Niccolò Machiavelli zu Beginn des 16. Jahrhunderts setzte
eine intensive Dokumentation und Analyse der Selbstregierung ihrer Heimatstädte, zumal
von Florenz, ein. Anders als die platonisch-philosophische Weise der dialektisch-dialogi-
schen Erörterung schilderten die antiken Historiker den Vorgang politischen Beratens unter
den Bedingungen divergierender Interessen der sozial differenzierten Bevölkerungen. Die
politische Praxis beruhte nicht auf einem interessefreien Abwägen des besten Arguments,
es ging um Macht im Deutungskampf darüber, was als richtig und wahr gelten soll. Wie ist
kollektives Handeln möglich? Diese Frage musste städtische Selbstregierungsregime, die
nicht wie Königtümer auf tradierte Hierarchien oder wie die Kirche auf eine religiöse Legitimation zurückgreifen konnten, besonders beschäftigen.

Man kann diesen Diskurs als „republikanisch" bezeichnen (Rahe 1992), womit zunächst einmal nur gemeint ist, dass Probleme der Selbstregierung und Gesetzesherrschaft
bzw. Gemeinwohlorientierung im Vordergrund standen, zusammen mit der Frage der Dau-
erhaftigkeit solcher sich selbst regierenden politischen Ordnung. Wie stabil kann eine politische Ordnung sein, wenn die Übergänge vom Eigeninteresse zum Allgemeininteresse, von
der Willkür zum Gesetz, von gemeinsamer Freiheit zur Anarchie fließend sind? Der Begriff
der Tugend diente dazu, die Fähigkeit von Einzelpersonen wie von Personengruppen einerseits sowie die Merkmale von Institutionen andererseits zu thematisieren, die sich günstig
auf die Fähigkeit zur Selbstregierung auswirken.

Diese doppelte Perspektive auf die Tugend findet sich exemplarisch im Werk Niccolò
Machiavellis (1469-1527) behandelt (Münkler 1982; Skinner 1985). Im *Principe* (Machiavelli 1986 [1513/32]) konzentrierte sich Machiavelli auf die Frage, mit welchen Eigenschaften
ein illegitim zur Macht gelangter Alleinherrscher seine Macht bewahren und festigen kann;
in den *Discorsi* erörterte er das Wechselspiel von Institutionen und Bürgerschaft in einem
Selbstregierungsregime (Machiavelli 1977 [1519/1531]). Die Akteurseigenschaften einer ganzen Personengruppe wie der Bürgerschaft stehen nicht ein für alle Mal fest.

Bereits als Historiker seiner Heimatstadt Florenz hatte Machiavelli die jeweiligen Eigenschaften unterschiedlicher sozialer Schichten und politischer Gruppierungen untersucht,
die Ambitionen des Patriziats und Adels, die wirtschaftlichen Interessen, die Neigung zur
Rebellion in der vermögenslosen Bevölkerung. Solche Unterschiede können sich zu politischen Gruppierungen verfestigen, den Faktionen. Im republikanischen Diskurs galt die Faktionsbildung als Gefahr für die Einheit der politischen Ordnung, schürte den Bürgerkrieg und
war daher möglichst zu vermeiden. Machiavelli verfolgte dagegen eine dynamischere Posi-

tion: Nicht jede Faktionsbildung ist bürgerkriegsgeneigt, manche führt sogar dazu, dass die in der Bürgerschaft schlummernden Potentiale geweckt und zum Nutzen des Gemeinwohls in einen Wettbewerb gebracht werden, aus dem am Ende alle Nutzen ziehen. Machiavelli beklagte, dass die italienischen Städte seiner Gegenwart zur destruktiven Faktionsbildung neigten, wobei politische Gegner gruppenweise ins Exil gezwungen wurden, wogegen er die römische Republik zum Vorbild einer Institutionenordnung erhob, in welcher die Faktionen eine ständige Aufmerksamkeit und Sorge um das politische Geschehen bei allen Beteiligten erzwangen, die zur Lösung von Konflikten gegebenen Gesetze aber allgemeinen Gehorsam fanden (Machiavelli 1934 [1520-25]: III 1, VII 1).

Gesetzesherrschaft ist für Machiavelli keine bloße Frage der charakterlichen Tugend der einzelnen Bürger, sondern etwas, was die Institutionenordnung selbst hervorbringen kann. Wiederum am römischen Vorbild demonstrierte Machiavelli in den *Discorsi* den klugen Einsatz religiöser Legitimation, um den Gesetzen einer neu begründeten politischen Ordnung den nötigen Respekt zu verschaffen (Machiavelli 1977 [1919/1531]). An Stelle der ständigen Drohung mit gewaltförmiger Durchsetzung der Gesetze führt die Annahme einer religiös gestifteten Heiligkeit der Gesetze zu freiwilligem Gesetzesgehorsam (*Discorsi* I 11). Eine klug eingerichtete Institutionenordnung kann die Bürger dazu anhalten, sich tugendhaft zu verhalten, um den Anforderungen eines Selbstregierungsregimes zu genügen. Die Tugendhaftigkeit unterliegt aber keiner ethischen Bewertung, Fragen der Moral diskutierte Machiavelli alleine aus der Machtperspektive. An die Stelle der Ethik trat die Handlungsrationalität. Menschen neigen dazu, sich eigensüchtig zu verhalten, sobald sich die Gelegenheit dazu bietet. Will man kollektives Handeln ermöglichen, müssen die Institutionen mit solchen Eventualitäten rechnen und den Menschen zum Bürger formen, beispielsweise durch Erziehung. Die Amtsinhaber müssen zur Verteidigung der Freiheit notfalls zu gefährlichen Mitteln greifen, die Machiavelli als klug bezeichnet, sofern sie zweckdienlich sind (*Discorsi* III 1). Günstiger ist es jedoch, für alle Eventualitäten institutionelle Vorsorge zu treffen, beispielsweise für den Fall eines Ausnahmezustandes die förmliche Diktatur im Sinne einer temporären Alleinherrschaft vorzusehen, wiederum nach römischem Vorbild.

Anders verhält es sich im *Principe* (Machiavelli 1986 [1532]). Wo keine etablierte Gesetzesherrschaft existiert, beruht die politische Ordnung auf der Tugend des Machthabers, die besonders dann gefragt ist, wenn er illegitim an die Macht gelangte. Treue zu den Gesetzen oder die Beachtung der moralischen Konventionen mögen Republiken stabilisieren, ein illegitimer Machthaber kann sie sich nicht leisten. Darüber hinaus muss er die Fortuna beachten lernen, er muss virtuos mit Zufällen wie mit Chancen umgehen können, er muss seine Macht wie ein Löwe zeigen und imstande sein, Intrigen wie ein Fuchs zu antizipieren (*Principe*, Kap. 1).

6. Staatsräson, Souveränität und Kontraktualismus

Machiavellis Ansatz erlangte im 16. Jahrhundert notorische Berühmtheit, wurde öffentlich verdammt und fand dennoch anhaltende Beachtung. Seine konsequente Handlungsrationalität rezipierten besonders jene Akteure, die in und für die Handlungszentren politischer Ordnungen tätig waren. Wo diese Handlungszentren mit der Regierung und Verwaltung großer Territorien mit entsprechender Bevölkerung beschäftigt waren, verselbständigte sich allmählich die Perspektive des in den Handlungszentren tätigen Personals, die unter den Bedingungen des neuzeitlichen Staates immer weniger gewählte Amtsträger waren als vielmehr von Fürsten ernannte Beamte. Die Handlungsrationalität, alsbald ‚Staatsräson' genannt, wurde in zahllosen Traktaten in ein System von Notwendigkeiten und Klugheitsregeln umgeformt, die dem Machtapparat die nötige Festigkeit und Berechenbarkeit verleihen sollten. Entscheidend ist hierbei die Eigenlogik des Regierens, die sich sowohl von moralischen Erwägungen außerpolitischer Wertsysteme wie von der Willkür des Inhabers staatlicher Gewalt, namentlich des Fürsten, abhebt. Die bereits rein quantitativ nicht mehr vom Fürsten bewältigbare Masse an Entscheidungen verlangte eine Generalisierung der Entscheidungspraxis. Die Kanzlei wurde so zum entscheidenden Schrittmacher einer Entpersonalisierung der fürstlichen Herrschaft. Die Textgattung der Fürstenspiegel hatte sich vom Hellenismus bis zum Spätmittelalter und Humanismus vor allem um die Tugend des Einzelherrschers bemüht. Zu dieser Literaturform gehörte auch Machiavellis *Principe*. An ihre Stelle traten ausgangs des 16. Jahrhunderts und stark vermehrt im 17. Jahrhundert politische Beratungstraktate und die sogenannte Beamtenliteratur. Die Eigenlogik der Staatsräson gab dem mit dem Regieren und Verwalten beschäftigten Personal eine gewisse Handlungsorientierung, sie band aber auch den erblichen Fürsten an der Spitze des Staates in eine berechenbare Kalkulation ein, der er seinen Willen unterwerfen muss, wenn der Staat gedeihen sollte.

Zielt die Staatsräson auf die Handlungslogik derjenigen ab, die unmittelbar mit der politischen Ordnung zu tun haben, so wird in dem Begriff der Souveränität der Staat als Institutionenapparat ungeachtet der Handlungsweise des einzelnen Politikers in den Blick genommen. Weder die Gründung der politischen Ordnung als exzeptionelle Tat einiger weniger Akteure noch das Verhältnis der Institutionen zur Tugend steht hier im Vordergrund, sondern die politische Ordnung wird als *status*, als Staat vorausgesetzt und auf die Einheit seines Gesamtwirkens hin befragt. Der Souveränitätsbegriff stellt klar, dass der Staat der letzte Punkt der Entscheidung und hierbei niemandem verantwortlich ist. Aus ihm folgt die Kompetenz, Kompetenzen festzulegen, also den inneren Aufbau des Staatsapparates zu organisieren. Jean Bodin benutzte den Souveränitätsbegriff zur Kompetenzfestlegung darüber, wer zur Gesetzgebung befugt ist und wer frühere Normen durch neue Normen ersetzen darf (Bodin 1981/1986 [1576]). Thomas Hobbes steigerte den Souveränitätsbegriff zur Aussage über eine absolute Uneingeschränktheit der Normgebung und Rechtsprechung zum Zwecke der dauerhaften Friedenssicherung. Jean-Jacques Rousseau sprach dagegen am Ende des 18. Jahrhunderts nur noch dem Volk diese Ungebundenheit zu, heute Volkssouveränität genannt (Kielmansegg 1977).

Die Schaffung souveräner Gewalt ist aus der Sicht dieser Autoren keine Selbstverständlichkeit oder Naturgegebenheit, vielmehr das Ergebnis menschlicher Setzung. Das Standardmodell zur theoretischen Begründung von Souveränität ist das Modell des Gesellschaftsvertrages, weshalb der Souveränitätsdiskurs auf das engste mit dem Diskurs des Kontraktualismus verknüpft ist (Kersting 1994). Dieser Diskurs ist nur vor dem philosophischen Hintergrund des Rationalismus zu verstehen, der sowohl natürliche wie menschlich verursachte Phänomene auf systematische Weise erfassen wollte. Machiavellis Handlungsrationalität war eher kasuistisch

auf Einzelprobleme bezogen. Der Staatsräsondiskurs begann bereits mit einer Systematisierung dieser Aussagen, bezogen nur auf Handlungsrationalität, wogegen der Kontraktualismus
den Anspruch eines Gesamtentwurfs der Politik erhob, und zwar in Gestalt eines modellier-
ten tatsächlichen, meist aber nur imaginären Vertragsentwurfs, der die Einrichtungen der Politik als Ergebnis einer rationalen Setzung versteht. Insofern mündete der Kontraktualismus
in der politischen Theorie in den Konstitutionalismus, in welchem mittels einer geschriebenen Verfassung politische Institutionen eingerichtet werden. Philosophisch wurde der Kontraktualismus als Begründungsmodell von modernen Autoren wie John Rawls fortgesetzt.

Ohne die Schaffung einer souveränen Gewalt lebt der Mensch laut Hobbes unweigerlich
in einem Naturzustand, in welchem er darauf angewiesen ist, für sich selbst zu sorgen (Hobbes 1989 [1651]). Naturzustand und Gesellschaftszustand sind die beiden im Kontraktualismus unterschiedenen Ebenen menschlichen Zusammenlebens. Hobbes radikalisierte im *Leviathan* von 1651 die machiavellistische Handlungsrationalität zur Entscheidungsrationalität
jedes Individuums. Die nur sich selbst überlassenen Individuen müssen befürchten, dass in
dem Streben nach Sicherheit andere Individuen zu Gewaltmitteln greifen, da auch sie in un-
kalkulierbarer Furcht leben. Daraus folgt eine Spirale an gegenseitiger Bedrohung, für welche Hobbes nur die Lösung der freiwilligen Aufgabe aller Gewaltmittel sieht: Vertraglich
vereinbaren alle Individuen den Verzicht auf ihr natürliches Recht auf gewalttätige Selbstbe-
hauptung und übertragen gleichzeitig dieses Recht auf einen Souverän, der eingesetzt ist, öffentliche Sicherheit zu schaffen, hierzu aber von aller vertraglichen Bindung befreit ist. Institutionell kann es sich beim Souverän entweder um eine monarchische Einzelperson oder eine
in einem Parlament versammelte Personengruppe handeln, die aber niemandem verantwortlich ist. Was der Souverän beschließt, ist Gesetz, jeder andere Maßstab, etwa das klassische
Naturrecht, ist ausgeschlossen und wird von Hobbes als potentielle Gefährdung des öffentlichen Friedens charakterisiert. Erst mit der stabilen Gewährleistung öffentlicher Sicherheit wird
Zivilisation möglich. Hobbes reagierte mit seinem Modell auf die Bürgerkriege seiner Zeit.

John Locke dagegen betonte in seinen *Zwei Abhandlungen über die Regierung* aus dem
Jahr 1690, dass der Mensch auch ohne die Existenz eines Staates, nur kraft seiner Arbeit bereits im Naturzustand Eigentum schafft und erst in einem zweiten Schritt zu dessen Schutz
den Staat einrichtet, der wiederum den Eigentümern, also den Steuerzahlern, verpflichtet
bleibt (Locke 1977 [1690]). Während für Hobbes die friedenssichernde Leistung des Staates
die ungeteilte Souveränität voraussetzt, will Locke sie gewaltenteilig organisieren, um nicht
der Willkürherrschaft des Souveräns ausgeliefert zu sein. Rousseau dagegen ging im *Gesellschaftsvertrag* von der gesellschaftlichen Ungleichheit des Menschen aus, die erst durch
die Schaffung einer Republik überwunden werden kann, in welcher der Mensch sich sowohl
von den gesellschaftlichen als auch den despotischen Fesseln befreit und sich als gleicher
und freier Bürger unter Ebenbürtigen bewegen kann (Rousseau 1996a [1762]: 269ff.). Die
Souveränität dieser Republik geht wieder hinter Locke zurück auf ein Hobbes'sches Maß,
nur dass hier alleine das Volk Urheber dieser Souveränität ist: Jedes Individuum gibt seine
Freiheit auf, um als Teil der Republik Teil einer weitaus vollständigeren und umfassenderen, allerdings kollektiven Freiheit zu sein. Hier ist jeder Bürger allen anderen verpflichtet
so wie alle jedem Einzelnen. Die von den Bürgern ausgehenden allgemeinen Gesetze regeln

ihr Leben untereinander, dies allerdings mit einer ebenso ungebremsten Regelungsintensität wie bei Hobbes. Ähnlich zu Hobbes denkt Rousseau auch die Vereinigung von weltlicher und religiöser Macht, aber nicht als eine von den Menschen abgehobene Instanz, sondern als vereinter Körper der Bürgerschaft.

7. Die Entdeckung des Gesellschaftsbegriffs

Der Kontraktualismus behandelte mittels des von Politik und Staatlichkeit abgesetzten Gesellschaftsbegriffs Probleme wie die Arbeit, die öffentliche Meinung oder sozialpsychologische Fragen wie die Furcht von Menschen, die er aber immer mittels der Politik für lösbar erachtete. Zeitgleich zum Kontraktualismus etablierte sich aber eine neue Form des politischen Denkens, die von der Selbständigkeit gesellschaftlicher Prozesse ausging und daraus auf Inhalt und Grenzen der Politik schloss.

Mit ‚Gesellschaft' ist die Summe der weder staatlich reglementierten noch an der Existenz des Staates ausgerichteten menschlichen Interaktionen gemeint, namentlich die unter dem Begriff der Ökonomie und der Öffentlichkeit zusammengefassten Phänomene. Aristoteles hatte die Politik streng von der Ökonomie, der Haushaltswirtschaft, getrennt. Als Analyse der richtigen Verwaltung des fürstlichen Hausstandes, des Hofes, erhielt die Ökonomie mit dem territorialen Staat erneut politische Relevanz. Doch immer mehr Autoren hoben hervor, dass nicht nur souverän geschaffene Gesetze menschliches Verhalten steuern, sondern menschliches Verhalten sich zu einem beträchtlichen Teil gleichsam selbst steuert: durch die Gesetze der Wirtschaft, der Öffentlichkeit und der Kultur insgesamt. Werte und Güter werden nicht einfach nur verordnet und befohlen, sie werden produziert, entstehen als Ergebnis oft nicht-intendierten sozialen Verhaltens.

Eine vor aller Politik erfolgende Verhaltenssteuerung hatten bereits einige Theoretiker des Kontraktualismus hervorgehoben, namentlich Locke: Arbeit ist das für sich betrachtet unpolitische Tätigkeitsgebiet des Menschen, das mit der Schaffung von Eigentum aber Strukturen gesellschaftlichen Lebens prägt, die durch den Staat nicht wesentlich verändert werden, sondern auf die er reagiert und zu deren Schutz er überhaupt erst eingerichtet wird (Brocker 1992). Die englische Debatte des ausgehenden 17. und beginnenden 18. Jahrhundert ist aber erst von Bernard de Mandeville (1670-1733) auf das Problem der sich selbst steuernden Gesellschaft gestoßen worden, auf das Paradox unterschiedlicher Wertungsebenen. Seine *Bienenfabel* aus dem Jahr 1705 trug in späteren Auflagen den Untertitel „*Private Vices, Publick Virtues*". Was individuell als Laster und moralisches Mangelverhalten gewertet wurde, konnte auf der gesamtgesellschaftlichen Ebene ungeahnt wohltuende Effekte mit sich bringen. Im Visier stand hier nicht der Akteur des politischen Zentrums wie bei Machiavelli, sondern jeder durchschnittliche Mensch. Laut Mandeville prägt das egozentrische Eigeninteresse sein Verhalten. Statt nun den Egoismus mit dem traditionellen Appell an die Tugend und das Gemeinwohl mit der politischen Ordnung in Übereinstimmung zu bringen, postuliert Mandeville, dass im Zusammenwirken egoistischen Verhaltens im Ergebnis gesellschaftlich wertvolle Güter entstehen können. Sein berühmtestes Beispiel ist die Prostitution: Ihre öffentliche Verdammung übersehe, dass sie dem Schutz der großen Mehrheit der Frauen dienen könne, die nun unbehelligter blieben. Mit Verweis auf die Politik Venedigs betonte Mandeville, dass weise Politiker nie die sogenannten Laster aus der Welt schaffen wollten, sondern sie produktiv zu Zwecken der Förderung der politischen Ordnung verwendeten, bei diesem Beispiel also die Prostitution zur Förderung der öffentlichen Sicherheit. Auf diese Weise legitimierte Mandeville alles egoistische Verhalten, alle Bedürfnisbefriedigung einschließlich des Profitstrebens, sofern es öffentliche Güter zu produzieren imstande ist, die mit anderen Mittel nicht oder nur sehr viel schwerer erreichbar sind.

Mandeville hatte seine Karriere in England als Übersetzer von La Fontaine begonnen. Seine *Bienenfabel* entsprach formal dem klassischen Stil der Maximenliteratur, der Textgattung der Moralistik, die bereits im 16. Jahrhundert soziale Verhaltensmuster beobachtete und analysierte. Sie beginnt mit Montaignes *Essais*, führt zu Montesquieu und beeinflusste Tocqueville im 19. Jahrhundert, an dessen Vorbild wiederum die heutige politische Kulturforschung ansetzt. Montaigne beobachtete die Muster sozialen Verhaltens, deren Herkunft in der gesellschaftlichen Praxis selbst zu finden war, nicht in staatlichen Gesetzen oder von Philosophie oder Theologie verordneten Moralmaßstäben. Die hierfür inspirierende Literatur fand Montaigne weniger in politischer Theorie und Philosophie als vielmehr bei stoischen Ethikern wie Seneca und Komödienautoren wie Terenz und Plautus. Montaigne wollte „moeurs et mouvemens" erforschen (Montaigne 1980 [1588]: I 21). Auf der alten Überlegung zur Macht der Gewohnheiten fußend, entwickelte Montaigne ein Tableau an Beobachtungen, wie sehr die Gewohnheiten bereits die Sinne prägen (am Beispiel der unterschiedlichen Erträglichkeit von Lautstärken) und wie sehr man anhand ihrer Muster zwischen unterschiedlichen Personengruppen differenzieren kann.

Die Ordnung des Politischen wurde nun also in Kategorien der Gesellschaft reflektiert. Die Erforschung der Ökonomie konnte ihre unmittelbare politische Relevanz anhand der durch Steuereinnahmen eröffneten finanziellen Spielräume demonstrieren, die in Zeiten immer kostspieligerer Kriege entscheidend sein können. Die Erkenntnis jedoch, wie der Ertrag der Steuereinnahmen gesteigert werden konnte und dass beispielsweise die bloße Erhöhung der Steuern zu einer Minderung des Gesamtertrags führen kann, verdankte sich gesellschaftstheoretischer Analyse. Im neuen Diskurs der Politischen Ökonomie wurden diese Fragen gesondert untersucht bis hin zu Adam Smith, der in *Der Wohlstand der Nationen* aus dem Jahr 1776 das Bild der unsichtbaren Hand benutzte, um zu zeigen, wie der Markt durch seine Gesetze von Angebot und Nachfrage den für sich betrachtet egoistischen Marktteilnehmer zwingt, seinen Umgang mit Ressourcen möglichst rational einzurichten und so den Gesamtertrag der Gesellschaft zu steigern. Adam Smith erörterte aber auch, wie man religiöse Gemeinschaften wie die Katholische Kirche, die er als tendenziell staatsgefährdend einschätzte, in die politische Ordnung integrierte, indem man beispielsweise ihr Personal alimentierte und ihr Bildungsmonopol durch die Schaffung staatlicher Bildungsstätten brach (Smith 1974 [1776]: V 1, 3, 3). Die Politische Ökonomie war also nicht an der Wirtschaft als solcher interessiert, sondern an ihrer Bedeutung für Politik und Gesellschaft insgesamt.

Die Öffentlichkeit war die andere Dimension, anhand welcher die Selbstgesetzlichkeit der Gesellschaft untersucht wurde. David Hume konstatierte, es sei die öffentliche Meinung, die eigentlich regiere. Vor dem Hintergrund der in Großbritannien florierenden Öffentlichkeit, die in Literatur, Pamphletistik, Journalen, Theaterstücken, politischen Essays sowie in politisch-theoretischen Traktaten aktuelle politische Fragen diskutierte, ergab eine solche Behauptung Sinn. Wie kommt es, dass in Despotien ebenso wie in Republiken letztlich nur eine kleine Zahl von Menschen eine erheblich größere Zahl beherrsche? So lautete Humes Frage. Das sei nur möglich, weil die Masse von Menschen unter dem Eindruck bestimmter Meinungen steht. Schon die Meinung der regierten Menschen, es sei bei bestimmten Personen Macht vorhanden, gibt diesen Personen tatsächlich Macht (Hume 1988 [1792]).

Charles de Montesquieu untersuchte in *Vom Geist der Gesetze* aus dem Jahr 1748 (Montesquieu 1992) die Wirkungsweise politischer Gesetzgebung unter wechselnden gesellschaftlichen Rahmenbedingungen, wozu neben den Meinungen die klimatischen Bedingungen ebenso wie die Gewohnheiten einer Bevölkerung einschließlich ihrer religiösen Praxis zählten. Alle Gesetzgebung müsse die Lebensbedingungen derer berücksichtigen, deren Verhalten gesteuert werden soll. Hierzu griff er auf den aus der Moralistik vertrauten Begriff der *moeurs*, der Sitten, zurück.

Montesquieu ist berühmt für seine Gewaltenteilungslehre, in welcher er drei Zweige der Regierung voneinander unterscheidet: Legislative, Exekutive und Judikative. Diese Dreiteilung klingt heute vertraut, aber weder war sie zu Montesquieus Zeit originell (Locke kannte bereits die Gewaltenteilung), noch entspricht sie der Gewaltenteilung der modernen konstitutionellen Demokratie, da die Gerichtsbarkeit bei Montesquieu eine vergleichsweise kleine Rolle spielt. Die Gewaltenteilungslehre macht nur Sinn im Kontext der Regierungstheorie von Montesquieu, die wiederum nur vor dem Hintergrund seiner Ordnung des Politischen verständlich wird. Montesquieu unterschied in seinem Hauptwerk *Vom Geist der Gesetze* zwischen der „Natur" und dem „Prinzip" einer Regierungsweise: Ersteres meint die institutionelle Struktur, Letzteres die handlungsmotivierenden Leidenschaften, welche diese Strukturen zuallererst in die Praxis umsetzen (ebd.: III 1). Beides gehört zusammen. Montesquieu warnte ausdrücklich jeden Gesetzgeber davor, die Gesetze nur nach der Natur, also alleine nach formalen Gesichtspunkten, ohne Berücksichtigung des hierzu korrespondierenden Regierungsprinzips, zu geben. Montesquieus Gewaltenteilungslehre steht im Zusammenhang freiheitlicher Regierungen: Wie müssen die Regierungsinstitutionen aussehen, um Freiheit sicherzustellen? Die englische Verfassung diente Montesquieu als wichtiges Beispiel für die Gewaltenteilung und das entsprechende Kapitel gehört zu den umfangreichsten im gesamten Werk (ebd.: XI 9). Doch auch die römische Republik war für Montesquieu Vorbild einer freiheitlichen Regierung. Beide wiederum dürfen nicht von der handlungsmotivierenden Seite des freiheitlichen Regierens getrennt werden, die er im XII. Buch behandelte. Die Gewaltenteilung meint eine Trennung der Funktionen des Regierens, die in der Praxis durch weitere institutionelle Vorkehrungen (Ernennung von Personen, Initiative der Gesetzgebung, Veto) wiederum miteinander verschränkt sind, um in dem gemeinsamen Hin und Her von Initiative, Kontrolle und Veto eine Regierungstätigkeit zu erlauben, die keinem Teil der Regierung eine Übermacht erlaubt und so jede Tendenz zum Despotismus verhindert.

Das Prinzip freiheitlichen Regierens beruht laut Montesquieu unter anderem auf dem Strafrecht und seiner Praxis, die alleine die Sicherheit des einzelnen Bürgers garantiert. Während die Judikative für das institutionelle Spiel der Regierungsgewalten nicht bedeutsam sei, sagt Montesquieu, entfalte es im Bereich des Regierungsprinzips der Freiheit seine eigentliche Macht. Das Strafrecht ist aber nicht nur eine Frage der juridischen Einrichtung, sondern hauptsächlich, so könnte man sagen, eine der Kultur des Strafens: welche Strafe in welcher Höhe auf welches Verbrechen folgt, was als Verbrechen angesehen wird. Für diese Aspekte der praktizierten Freiheit wirken religiöse und gewohnheitsmäßige ebenso wie rechtliche Faktoren zusammen, die ein Gesetzgeber allesamt in Rechnung stellen muss, wenn er Freiheit als Ziel des Regierens dauerhaft etablieren möchte. Montesquieus Beispiel unbedachter Folgen des Strafrechts für die Existenz politischer Freiheit ist die strafrechtliche Verfolgung von Hexerei und Häresie. Ihre Verfolgung findet oft allgemeine Zustimmung, in ihrem Gefolge kann es aber zu einer freiheitsgefährdenden Unmäßigkeit der Verfolgung kommen, an deren Ende trotz unveränderter Regierungsformen und funktionierender Gewaltenteilung doch die Freiheit verloren geht. Religiöses Zelotentum verliert alle Mäßigung: So nachvollziehbar die Verletzung religiöser Gefühle anmuten mag, so werden bald nicht nur tatsächliche Handlungen, sondern Meinungen und Ansichten verfolgt. Doch auf keinem Gebiet sind falsche Anschuldigungen leichter gemacht und schwerer widerlegt (ebd.: XII 5). Zu Fragen der Sicherung der Freiheit durch Gesetze betreffend des Prinzips freiheitlicher Regierung gehört laut Montesquieu daher der Umgang mit der Sanktion von Meinungen, also die Meinungsfreiheit ebenso wie die Zensur, ferner der Umgang mit dem Delikt des Hochverrats und in allen diesen Fällen stets die Frage der Strafhöhe.

Noch grundsätzlicher bestimmen Rahmenbedingungen wie das Klima eines Landes oder seine Größe sowie der Zustand des Handels die Ordnung des Politischen. Je größer ein Land, desto mehr ist eine Zentralregierung erforderlich, und umso eher ist eine Monarchie gerechtfertigt. Ist jedoch eine Demokratie angestrebt, so reicht nicht die Einrichtung gleicher Partizipationsrechte, erforderlich ist laut Montesquieu auch eine gewisse Gleichheit der Lebensverhältnisse und die Wertschätzung von Frugalität, da nur unter diesen Bedingungen die Bürger genügend Aufmerksamkeit für die Selbstregierung aufbringen, wohingegen die Anhäufung großer privater Reichtümer etwa durch überseeische Handelstätigkeit dazu führt, dass das individuelle Interesse immer weniger mit dem Gemeinwohl eines Landes identifiziert wird.

Als Montesquieus *Vom Geist der Gesetze* 1748 erschien, war das wichtigste Projekt der französischen Aufklärer, die *Encyclopédie* unter der Leitung von Denis Diderot und Jean-Baptiste d'Alembert bereits in der Vorbereitung. Diese Enzyklopädie wollte nicht aus Gründen akademischer Eigenreflexion alles verfügbare Wissen sammeln, sondern um die Gesellschaft und ihre Maßstäbe zu verbessern. Jean-Jacques Rousseau gehörte viele Jahre zu den Enzyklopädisten, entfremdete sich aber von ihnen aufgrund persönlicher Animositäten und fundamentaler theoretischer Differenzen. Das lag in der unterschiedlichen Bewertung der Gesellschaft begründet. Rousseau teilte nicht den Fortschrittsoptimismus der Enzyklopädisten und er konnte nicht erkennen, dass eine sich selbst überlassene Gesellschaft nur begrüßenswerte Wirkungen hat. So beklagte Rousseau in der *Abhandlung über den Ursprung und die Grundlagen der Ungleichheit unter den Menschen* von 1754, dass die gesellschaftlichen Wertungen die Ungleichheit unter den Menschen überhaupt erst ermöglicht hätten. Der seiner Natur belassene Mensch kenne nur die Gleichrangigkeit unter seinesgleichen; erst die im Gefolge der sozialen Interaktionen erfolgte Verfeinerung der Sitten habe das Selbstverständnis des Menschen gewandelt. Der gesunde Selbsterhaltungstrieb wurde zur verderblichen Eigenliebe, die gesellschaftliche Differenzierung erzeugte die Ungleichheit (Rousseau 1996b [1754]: 41ff.). Erst in der Despotie der eigenen Zeit erkennt Rousseau wieder so etwas wie Gleichheit, nun aber die Gleichheit von Untertanen, die alle gleich sind unter der absoluten Macht des Despoten. Die Schaffung einer Republik war für Rousseau eine Möglichkeit der Überwindung der zivilisierten Gesellschaft, die bei ihm die Position des Naturzustandes im Modell des Kontraktualismus besetzte.

14 Jahre nach Montesquieu veröffentlichte Rousseau den *Gesellschaftsvertrag* (1762). Der Gesellschaftsvertrag sollte wenigstens das Modell einer politischen Ordnung liefern, in welchem Gleichheit als Leitfaden des Zusammenlebens der Menschen möglich sein sollte (Rousseau 1996a [1762]: 269ff.). Hierzu verlangte Rousseau nichts weniger als die Aufgabe der gesellschaftlichen Bindungen des Menschen, um als Bürger auf der Ebene der zu gründenden Republik neue Bindungen einzugehen, nun aber in gesetzlicher Selbstbestimmung. Äußere Rahmenbedingungen wie die Frugalität der Lebensverhältnisse und die Überschaubarkeit der politischen Ordnung waren wesentliche Voraussetzungen hierfür (Rousseau übernahm hier Überlegungen Montesquieus); im Mittelpunkt jedoch stand die politische Praxis der Selbstgesetzgebung, in welcher aus dem Willen aller und gegen den Separatwillen gesellschaftlicher Organisationen der Allgemeinwille, die *volonté générale* entstehen soll. Um den durch die gesellschaftlichen Bindungen korrumpierten Menschen zum tugendhaften Bürger zu machen, durfte die Allgemeinheit ihn sowohl durch Erziehung als auch mittels Instrumentalisierung der Religion notfalls auch gegen seinen Willen zum tugendhaften Verhalten zwingen. Die Republik als wohlgesinnte Erziehungsdiktatur zu begreifen, war dann auch der Höhepunkt der Französischen Revolution in den Jahren 1793 und 1794, als die Jakobiner um Robespierre und Saint-Just den Terror als Mittel benutzten, um die letzten gesellschaftlichen Bindungen zu kappen, damit der Mensch sich endlich als Bürger der Republik verstehen können sollte.

8. Das revolutionäre Zeitalter: Kant und die *Federalist Papers*

Die Entdeckung der Gesellschaft in der politischen Theorie schränkte die Möglichkeiten der Politik, gezielt soziale Strukturen zu verändern, erheblich ein. Selbst Rousseau erklärte, sein Modell der Republik sei nur auf wenige Lebensräume wie etwa Korsika anwendbar. Am Ende des 18. Jahrhunderts brach zur Überraschung vieler Autoren das revolutionäre Zeitalter aus und veränderte das politische Antlitz der Welt. Nicht nur lenkten die Revolutionen in Amerika und kurz darauf in Frankreich die Aufmerksamkeit der Theoriebildung wieder auf die Gründung und Regierung politischer Ordnungen, Politik wurde auch wieder als Mittel der Gesellschaftsgestaltung begriffen: Politik schuf nicht nur ein Handlungszentrum, sie änderte gesellschaftliche Strukturen, um Selbstregierung überhaupt erst möglich zu machen. Dazu zählte die Proklamierung einer selbstgegebenen normativen Grundlage der neu errichteten politischen Ordnungen in Gestalt von Verfassungen und die mit ihnen korrespondierenden Grundrechts- bzw. Menschenrechtskataloge. Das diente zunächst der Legitimierung des Bruchs mit historischer Kontinuität, mit dem britischen Mutterland einerseits und dem französischen *Ancien Régime* andererseits. An Stelle ungerechtfertigter Fremdherrschaft sollte die nach eigenen Maßstäben errichtete Selbstregierung treten. In einem zweiten Schritt stellte sich aber auch die Frage, ob nicht die neue Gesellschaft auch so eingerichtet sein sollte, dass sie den normativen Ansprüchen der Revolutionäre genügte. So wurde die Legitimation der Befreiung zu einer Legitimation von neuer Unterdrückung.

Locke hatte für die amerikanischen Revolutionäre eine besondere Überzeugungskraft. Sein Modell der vorpolitischen Kultivierung des Landes und die daraus erwachsenen Rechte an dem bearbeiteten Land schien wie für die Siedler Amerikas geschaffen: Es rechtfertigte die Vertreibung der Urbewohner und proklamierte den Anspruch der Eigentümer, sich selbst Gesetze zu geben. Den Leitfaden zur konstitutionellen Errichtung von Institutionen der Selbstregierung fanden die Amerikaner in der Gewaltenteilungslehre von Locke und Montesquieu. In Amerika wie in Frankreich wurde Montesquieus Reputation dazu genutzt, das Zusammenspiel der neu eingesetzten Gewalten zu diskutieren, beispielsweise die Vetomacht, in Amerika diejenige des Präsidenten gegenüber dem Kongress, in der französischen Verfassung von 1791 die des Königs gegenüber dem Parlament.

In Amerika wie in Frankreich waren die Revolutionäre überzeugt davon, dass alle politische Gewalt vom Volke ausgehen sollte. Theoretischer Apostel der französischen Revolutionäre war Rousseau. Wer den Sinn der Revolution nicht in der Aufhebung des Feudalismus erschöpft sah, sondern in der Schaffung einer Republik, in welcher alle Menschen als Bürger sich gleichsam neu erfinden und tugendhaft sein können, fand bei Rousseau die nötige Inspiration. Wenn Edmund Burke in seiner Kritik der Französischen Revolution Rousseau als gedanklichen Urheber der politischen Leidenschaft ausmachte, alle gewachsenen gesellschaftlichen Strukturen vernichten zu wollen, um vermeintliche Gedankengespinste an deren Stelle zu setzen, so äußerte sich darin weniger eine konservative Weltanschauung als vielmehr die Erinnerung daran, dass die Aufklärung eine Ordnung des Politischen für verbindlich erachtete hatte, in welcher die Gesellschaft und die sie bestimmenden Kräfte im Mittelpunkt standen und keine Politik dies missachten durfte (Burke 1967 [1790]). Burke warf daher den Revolutionären vor, die Revolution zu gestalten, als stünde man noch im Naturzustand, und zu übersehen, dass der Gesellschaftszustand seine eigenen Gesetze hatte. Man konnte nicht beides haben.

Anders als die französischen Revolutionäre hatten die amerikanischen Revolutionäre bereits vor der Gründung der USA Erfahrungen in Sachen Selbstregierung gesammelt. Die britische Unterdrückung, die sie im Unabhängigkeitskampf abschütteln wollten, war in der Praxis keineswegs so tyrannisch, wie die Revolutionäre im legitimatorischen Deutungskampf behaupteten. Die einzelnen Kolonien hatten zahlreiche Möglichkeiten der Selbstregierung und viele späteren Revolutionäre hatten sich schon vor dem Unabhängigkeitskrieg darin geübt. Die Autoren der *Federalist Papers* beispielsweise – James Madison, John Jay und Alexander Hamilton – hatten allesamt eigene Erfahrungen mit Politik, Kriegführung, Verwaltung und Wirtschaft gesammelt. Im Zuge der Ratifizierungsdebatte der amerikanischen Verfassung im Staate New York veröffentlichten sie eine Artikelserie unter dem Pseudonym Publius (Federalist-Artikel 1994 [1787/88]). Darin diskutierten sie die Grundlagen der zur Abstimmung vorgelegten Verfassung, an deren Abfassung sie in unterschiedlicher Weise mitgewirkt hatten. In Kenntnis der griechischen und römischen Antike und als eifrige Leser der seinerzeit führenden politischen Theorien entwarfen sie dabei eine Theorie republikanischer Selbstregierung, als deren Bausteine sie Parteien sowie die Schaffung handlungsfähiger Regierungsinstitutionen mit Hilfe getrennter, aber verschränkter Gewalten ansahen.

Die zeitgenössisch umstrittenste Frage war die des Verhältnisses zwischen der mit der Verfassung geschaffenen Union und den Staaten als ihren Teilen, also der Föderalismus. Diese Frage wurde in den USA erst im Bürgerkrieg entschieden. 1787 konzentrierte sich die Debatte auf die Frage, ob eine mächtige Zentralregierung überhaupt wünschenswert sei. Madison, Jay und Hamilton bejahten diese Frage. Eine starke Regierung sollte anarchische Tendenzen, die mit jedem Versuch der Selbstregierung drohten, abwehren können. Nicht nur die mit der Regierungsgewalt betrauten Personen, alle Bürger bedurften der Strenge der Gesetze. Die USA waren in ihren Augen als Republik, nicht als Demokratie entworfen: Gegen die Demagogie der antiken Demokratie sollten die Regierungsinstitutionen nach erfolgter Wahl das Regierungsgeschäft unter sich ausmachen. Repräsentanten müssen sich zur Wahl stellen, aber ohne die Vorzüglichkeit einer auserlesenen Riege an Amtsträgern war die Republik zum Scheitern verurteilt. Rousseaus Argumente gegen Montesquieu in dieser Sache, wonach Repräsentation zur Entwöhnung des Bürgers von den Lasten der Selbstregierung führt, fanden kein Gehör. Repräsentanten sind zwar vom Volk gewählt, so die *Federalist Papers*, aber während ihrer Amtszeit nur dem Gemeinwohl, nicht dem alltäglichen Wechsel der Willensbezeugungen der Bevölkerung und ihrer schwankenden Stimmungen verantwortlich.

Die *Federalist Papers* folgten weder Montesquieu noch Rousseau in der Annahme, Republiken könnten nur kleine Territorien mit überschaubarer Bevölkerungszahl sein und ihre Tendenz zur Instabilität lasse sich nur durch eine gewisse Homogenität der Menschen überwinden (Richter 1994). Madison argumentierte dagegen in dem berühmten *Federalist Paper* No. 10, dass die Größe der Unionsregierung und ihrer Machtmittel zwar Gefahren für die Freiheit mit sich bringen könnte, dass aber gerade die Größe Amerikas und damit die Vielzahl unterschiedlichster gesellschaftlicher und regionaler Interessen jede Vorherrschaft nur einer gesellschaftlichen Gruppe verhindere. Daher lehnte Madison die Bildung verschiedener politischer Parteiungen nicht als Ausdruck der inneren Zwietracht der Bevölkerung ab, sondern betonte ihre freiheitsverbürgende Funktion.

Was also in der Ideengeschichte als Mangel und als Gefahr thematisiert worden war, sah Madison als Vorzug. Gleichwohl einigte man sich im Streit zwischen den Befürwortern der Unionsregierung und ihren Kritikern auf zusätzliche Garantien der individuellen Freiheit durch die Aufnahme der *Bill of Rights* in die Verfassung. Die Menschen- und Bürgerrechtserklärung diente den französischen Revolutionären dagegen zur Formulierung politischer Prinzipien, nach welchen die Gesellschaft geformt werden musste, und zwar notfalls gegen den Willen großer Teile der Bevölkerung. Während die Amerikaner die Sklaverei, das Hauptmerkmal vor allem der Südstaaten, aus der Verfassung ausklammerten, was 70 Jahre später zum Bürgerkrieg beitrug, sahen sich die französischen Revolutionäre von der Menschenrechtsidee geradezu beauftragt, Gesellschaft aktiv zu verändern. Von der Einführung des metrischen Systems und eines neuen Kalenders bis Robespierres „Kult des obersten Wesens" verfolgten Revolutionäre das Ziel der Schaffung einer neuen Gesellschaft. Dieser Gestaltungswille brachte aber das in Misskredit, was die Revolutionäre als Rechtfertigung ihres Handelns ansahen: die Vernunft. Im Kampf gegen die vermeintlichen Gegner der Revolution schlug das Projekt der Vernunft in Gestalt der sich radikalisierenden Umgestaltungspolitik der Jakobiner in eine Politik des Schreckens um. Was zunächst die erfolgreiche Aufhebung des historisch tradierten Feudalsystems gewährleistete, brachte eine neue Form der Despotie, nun im Namen der Vernunft mit sich.

Kein Autor zeigte sich von dieser Entwicklung mehr betroffen als Immanuel Kant. Er hatte noch vor Ausbruch der Französischen Revolution erklärt, die Hauptforderung der Aufklärung bestünde im Mut, den eigenen Verstand zu benutzen (*sapere aude*): Gegen alle Tradition, gegen die angeblichen Maximen der Erfahrung und vor allem gegen jede transzendente Autorität verlangte Kant, dass alle Maßstäbe der Gestaltung von Gesellschaft und Politik sich mit Gründen ausweisen müssen. Die Französische Revolution und ihre Schrecken betrachtete Kant mit Sorge, er lehnte den Vorgang revolutionärer Umwälzung politischer Verhältnisse ab, verteidigte aber in der Sache die auf Vernunft und nicht auf machiavellistischer Klugheit gegründete Politik. Er strebte eine Revolution der Denkungsart an, wie er 1794 in der Schrift *Die Religion innerhalb der Grenzen der bloßen Vernunft* sagte (Kant 1968a [1793]: Bd. VIII: 698f.), keine Revolution der politischen Verhältnisse. Die Politik kann sich der Idee des auf Vernunftgründen basierenden Rechtsstaates nur annähern, sie aber nicht mit einem gewalttätigen Projekt auf einmal erzwingen.

Ein Jahr nach dem blutigen Höhepunkt der Französischen Revolution veröffentlichte Kant seine Studie zum *Ewigen Frieden* (1795), worin er den Gesellschaftsvertrag als „Probierstein der Vernunft" bezeichnete, anhand dessen alle bestehenden politischen Ordnungen zu messen seien, ohne dass es hierzu einer tatsächlichen Gründung des Politischen auf vertraglicher Grundlage bedurfte. Der Rechtsstaat, den Kant postulierte, ist ihm kein Modell einer tatsächlich existierenden politischen Ordnung, sondern die vernunftgemäße Ordnung des Politischen, worunter er die vernünftig begründeten Rechtsverhältnisse der Menschen untereinander verstand. Danach ist der Mensch Glied der Gesellschaft, worin er seine Freiheit gewinnt, nimmt als „Staatsbürger" an der Gesetzgebung teil und ist zugleich Untertan, er ist also gehorsamspflichtig gegenüber diesen Gesetzen (Kant 1968b [1795]: Bd. XI, 204). Dieses Modell erinnert nicht zufällig an Rousseau. Kant folgte aber nicht dessen Voluntarismus: Das Gesetz beruht nicht auf dem tatsächlichen Willen der Bürger, es ist Ausdruck der Vernunft und nur darin Recht. Die Rechtmäßigkeit des Gesetzes hängt also nicht von der Partizipation der Bürger ab.

Damit das Gesetz nicht Ausdruck privater Willkür ist, sondern des öffentlichen Vernunftgebrauchs, muss jede politische Ordnung im Hinblick auf ihre Regierungsausübung (*forma regiminis*) republikanisch sein, worunter Kant nur die Trennung von legislativer und exekutiver Gewalt versteht, auch repräsentative Regierung genannt. Wo diese Gewalten zusammenfallen, ist die Regierungsausübung despotisch. Ob die Herrschaft in den Händen eines Individuums, weniger oder aller Individuen liegt (*forma imperii*) ist dagegen nachrangig. Die Demokratie ist laut Kant immer despotisch, weil hier die Subjekte sich zugleich selbst

Gesetze geben und sie auch ausüben. Die alleinherrschende Monarchie kann dagegen wenigstens dem Geiste nach repräsentativ regieren, etwa unter einem aufgeklärten König, wobei Kant auf Friedrich den Großen und dessen Selbstbeschreibung als Staatsdiener verwies.

Aus dem Gesichtspunkt der Ordnung des Politischen nach Maßgabe des Rechtsstaates könnte man schlussfolgern, Kant würde einen weltumspannenden Rechtsstaat an Stelle der kontingenten Grenzziehung der vielen einzelnen politischen Ordnungen favorisieren. Kant lehnte aber einen Weltstaat ausdrücklich ab und bevorzugte einen Bund republikanisch regierter Staaten. Die Weltrepublik folgt der Idee nach aus dem Begriff des Rechtsstaates. In Hobbes'scher Tradition ging Kant aber davon aus, dass sich Staaten untereinander in einem Naturzustand befinden. Die Gefahr des Krieges können sie innerhalb dieses Naturzustandes nur durch das Anstreben der Weltherrschaft bannen, wodurch sie aber den Kriegszustand vertiefen. Die Schaffung eines Weltstaates ist also unwahrscheinlich und zudem nicht wünschenswert, da die schiere Größe einer solchen politischen Ordnung die bindende Kraft der in seinem Zentrum geschaffenen Gesetze für die weit entfernte Peripherie erheblich mindert, und zwar so sehr, dass laut Kant am Ende solche Gesetze als despotisch erscheinen müssten. Doch auch die Natur, so setzt Kant fort, wünscht einen solchen Weltstaat nicht, hat sie doch die Menschen mittels der Vielzahl von Sprachen und Religionen voneinander geschieden. Die Natur hat aber andererseits in Gestalt des Handelsgeistes, verstanden als eigennützige Tätigkeit des Wirtschaftens, Verknüpfungen über die Staatsgrenzen hinweg geschaffen, sodass Kant keinen Weltstaat, aber ein Weltbürgerrecht fordert, gestaltet als Recht auf „Hospitalität" (Gastrecht). An Stelle des friedensverbürgenden, aber unerreichbaren und auch nicht wünschenswerten Weltstaates tritt bei Kant der Friedensbund von Republiken, der vielleicht dereinst die Welt umspannen kann.

Kant wurde mit seiner Idee eines Friedensbundes zum wichtigsten Ideengeber sowohl für den Völkerbund als auch für die UNO und darüber hinaus zu einem wesentlichen Referenzautor für die Idee des Rechtsstaates. Seine Hoffnung bezüglich eines stabilen Weltfriedens war auf die Annahme gestützt, dass Völker, die von Kriegen am meisten betroffen sind, am wenigsten zur Kriegführung neigen. Kant sah nicht voraus, wie sehr die Konkurrenz unter Völkern unter dem Siegel des Nationalismus völlig neue Kriege und auch Kriegsformen verursachen sollte. Das war schon zu Kants Zeiten sichtbar geworden am Beispiel der revolutionären Kriege Frankreichs zur Befreiung der europäischen Völker vom monarchischen Joch. Das Problem des Nationalismus wurde aber erst im 19. Jahrhundert endgültig erkennbar.

Die politische Theorie hatte im Zuge der Aufklärung die Politik in das Konzept der Gesellschaft integriert und gleichsam entschärft, so wie das auch heute noch viele sozialwissenschaftlich orientierte Theorien anstreben. Die Französische Revolution erinnerte an die mit der Politik verbundenen Potentiale einer willentlich angestrebten Gesellschaftsveränderung und gilt daher zu Recht als Epochenmarke. Die mit der Politik verbundenen Umbrüche haben sich im 20. Jahrhundert noch eher verschärft als abgemildert. Die übliche Unterteilung der politischen Ideengeschichte nach vormodern und modern darf daher nicht darüber hinwegtäuschen, dass viele Themen und Motive der Vormoderne auch nach dem Epochenumbruch der Französischen Revolution relevant geblieben sind und daher folgerichtig auch nach 1800 rezipiert und interpretiert wurden, und zwar bis heute.

Kommentierte Literaturhinweise

Coleman, Janet, 2000: A History of Political Thought, 2 Bde. Oxford: Oxford University Press.
  Die Übergänge und Querverbindungen von Antike und Mittelalter stehen hier im Mittelpunkt.

Fetscher, Iring/Münkler, Herfried (Hg.) 1985-1993: Pipers Handbuch der politischen Ideen, 5 Bde., München: Piper.
  Zahlreiche Autoren behandeln hier das politische Denken des jeweils behandelten Zeitabschnitts.

Llanque, Marcus, 2008: Politische Ideengeschichte. Ein Gewebe politischer Diskurse. München-Wien: Oldenbourg.
  Die Entwicklung der politischen Theorie in synchronen und diachronen Diskursen bildet hier den Fokus der Darstellung.

Ottmann, Henning, 2001-2012: Geschichte des politischen Denkens. Bd. I/1: Die Griechen. Von Homer bis Sokrates; Bd. I/2: Die Griechen. Von Platon bis zum Hellenismus; Bd. II/1: Die Römer; II/2 Das Mittelalter; Bd. III/1: Die Neuzeit: Von Machiavelli bis zu den großen Revolutionen; Band III/2: Die Neuzeit. Das Zeitalter der Revolutionen; Band III/3: Die Neuzeit. Die politischen Strömungen im 19. Jahrhundert; Band IV/1: Das 20. Jahrhundert. Der Totalitarismus und seine Überwindung; Band IV/2: Das 20. Jahrhundert. Von der Kritischen Theorie bis zur Globalisierung. Stuttgart-Weimar: Metzler.
  Eine besonders die philosophischen Hintergrundannahmen berücksichtigende Gesamtdarstellung.

Skinner, Quentin, 1978: The Foundations of Modern Political Thought, 2 Bde.. Cambridge: Cambridge University Press.
  Der Mitbegründer der Cambridge School analysiert die Autoren der Frühen Neuzeit als Akteure, die mit ihren Schriften politisch intervenieren wollen.

Literatur

Arendt, Hannah, [6]1989 [1958]: Vita activa oder vom tätigen Leben. München: Piper.

Aristoteles, 1981: Politik, hg. v. Olof Gigon. München: dtv.

Augustinus, Aurelius, 1997 [413-426]: Vom Gottesstaat (De civitate Dei). München: dtv.

Bien, Günther, [3]1985: Die Grundlegung der politischen Philosophie bei Aristoteles. Freiburg-München: Alber.

Bodin, Jean, 1981/1986 [1576]: Sechs Bücher über die Republik, hg. u. eingel. v. Peter Cornelius Mayer-Tasch, 2 Bde. München: C.H. Beck.

Brocker, Manfred, 1992: Arbeit und Eigentum. Der Paradigmenwechsel in der neuzeitlichen Eigentumstheorie. Darmstadt: Wissenschaftliche Buchgesellschaft.

Burke, Edmund, 1967 [1790]: Betrachtungen über die Revolution in Frankreich. Frankfurt a.M.: Suhrkamp.

Cicero, Marcus Tullius, 1976 [44 v. Chr.]: De officiis/Vom pflichtgemäßen Handeln, lat.-dt., übersetzt, kommentiert und hg. v. Heinz Gunermann. Stuttgart: Reclam.

Cicero, Marcus Tullius, 1979 [54-51 v. Chr.]: De re publica/Vom Gemeinwesen, lat.-dt., hg. u. übers. v. Karl Büchner. Stuttgart: Reclam.

Coleman, Janet, 2000: Political Thought, Bd. 2: From the Middle Ages to the Renaissance. Oxford: Oxford University Press.

Federalist-Artikel, 1994 [1787-1788]: Politische Theorie und Verfassungskommentar der amerikanischen Gründungsväter. Mit dem englischen und deutschen Text der Verfassung der USA, hg. u. übers., eingel. u. kommentiert v. Angela Adams und Willy Paul Adams. Paderborn u. a.: Schöningh.

Gewirth, Alan, 2001: Introduction, in: Marsiglio of Padua, Defensor Pacis, hg. v. Alan Gewirth. Cambridge: Cambridge University Press, XIX-XCIV.

Hobbes, Thomas, 1989 [1651]: Leviathan oder Stoff, Form und Gewalt eines kirchlichen und bürgerlichen Staates, hg. u. eingel. v. Iring Fetscher. Frankfurt a.M.: Suhrkamp.

Hume, David, 1988 [1792]: Über die ursprünglichen Prinzipien der Regierung, in: Hume, David, Politische und ökonomische Essays, hg. u. eingel. v. Udo Bermbach. Hamburg: Meiner, 25-30.

Kant, Immanuel, 1968: Werkausgabe, hg. v. Wilhelm Weischedel, 12 Bde. Frankfurt a.M.: Suhrkamp.

Kant, Immanuel, 1968a [1793]: Die Religion innerhalb der Grenzen der bloßen Vernunft, in: Kant, Immanuel: Werkausgabe, Bd 8, hg. v. Wilhelm Weischedel. Frankfurt a. M.: Suhrkamp, 647-879.

Kant, Immanuel, 1968b [1795]: Zum Ewigen Frieden, in: Kant, Immanuel: Werkausgabe, Bd 11, hg. v. Wilhelm Weischedel. Frankfurt a. M.: Suhrkamp, 193-251.

Kersting, Wolfgang, 1994: Die politische Philosophie des Gesellschaftsvertrages. Darmstadt: Wissenschaftliche Buchgesellschaft.

Kielmansegg, Peter Graf, 1977: Volkssouveränität. Eine Untersuchung der Bedingungen demokratischer Legitimität. Stuttgart: Klett-Cotta.

Llanque, Marcus, 2008: Politische Ideengeschichte. Ein Gewebe politischer Diskurse. München-Wien: Oldenbourg.

Locke, John, 1977 [1690]: Zwei Abhandlungen über die Regierung, hg. u. eingel. v. Walter Euchner. Frankfurt a.M.: Suhrkamp.

Machiavelli, Niccolò, 1934 [1629]: Geschichte von Florenz, hg. v. Alfred von Reumont. Wien: Phaidon.

Machiavelli, Niccolò, ²1977 [1519/1531]: Discorsi. Gedanken über Politik und Staatsführung, hg. u. übers. v. Rudolf Zorn. Stuttgart: Kröner.

Machiavelli, Niccolò, 1986 [1513/1532]: Il Principe/Der Fürst, italienisch-deutsch, hg. u. eingel. v. Philipp Rippel. Stuttgart: Reclam.

Mandeville, Bernard, 1980 [1705/1714]: Die Bienenfabel oder: private Laster, öffentliche Vorteile. Frankfurt a.M.: Suhrkamp.

Marsilius von Padua, 1958 [1324]: Der Verteidiger des Friedens, hg. v. Horst Kusch. Darmstadt: Wissenschaftliche Buchgesellschaft.

Montaigne, Michel de, ²1998 [1588]: Über die Macht der Phantasie, in: Montaigne, Michel de: Essais. Erste moderne Gesamtübersetzung von Hans Stilett. Frankfurt a. M.: Eichborn, 52-59.

Montesquieu, Charles de, ²1992 [1748]: Vom Geist der Gesetze, hg. u. übers. v. Ernst Forsthoff. Tübingen: Laupp.

Münkler, Herfried, 1982: Machiavelli. Die Begründung des politischen Denkens der Neuzeit aus der Krise der Republik Florenz. Frankfurt a.M.: Fischer.

Pangle, Thomas L., 1998: Socratic Cosmopolitanism. Cicero's Critique and Transformation of the Stoic Ideal, in: Canadian Journal of Political Science 31:2, 235-262.

Platon, 1957ff.: Sämtliche Werke, in der Übersetzung von Friedrich Schleiermacher, mit der Stephanus-Numerierung, hg. v. Walter F. Otto, Ernesto Grassi und Gert Plamböck. Hamburg: Rowohlt.

Rahe, Paul A., 1992: Republics Ancient and Modern. Classical Republicanism and the American Revolution. Chapel Hill, NC - London: University of North California Press.

Reibstein, Ernst, 1957: Völkerrecht. Eine Geschichte seiner Ideen in Lehre und Praxis, Bd. 1: Von der Antike bis zur Aufklärung. Freiburg-München: Alber.

Richter, Emanuel, 1994: Die Expansion der Herrschaft. Eine demokratietheoretische Studie. Opladen: Westdeutscher Verlag.

Rousseau, Jean-Jacques, ²1996a [1762]: Gesellschaftsvertrag, in: Rousseau, Jean-Jacques: Sozialphilosophische und politische Schriften. Düsseldorf-Zürich: Winkler, 269-391.

Rousseau, Jean-Jacques, ²1996b [1754]: Abhandlung über den Ursprung und die Grundlagen der Ungleichheit unter den Menschen, in: Rousseau, Jean-Jacques: Sozialphilosophische und politische Schriften. Düsseldorf-Zürich: Winkler, 41-161.

Schofield, Malcolm, 1991: The Stoic Idea of the City. Cambridge: Cambridge University Press.

Skinner, Quentin, 1985: Machiavelli. Oxford: Oxford University Press.

Smith, Adam 1974 [1776]: Der Wohlstand der Nationen. Eine Untersuchung seiner Natur und seiner Ursachen, hg. v. Horst Claus Recktenwald. München: dtv.

von Arnim, Hans, 1903-1905: Stoicorum veterum fragmenta (SVF). Leipzig: Teubner.

Yack, Bernard, 1993: Problems of political animal. Community, Justice, and Conflict in Aristotelian political thought. Berkeley: University of California Press.

Ideengeschichte II: nach 1789

Christian Schwaabe

1. 1789: Politisches Fanal einer neuen Epoche

Mit der Französischen Revolution beginnt die politische Moderne. Das ist eine Vereinfachung, weil der Beginn einer Epoche niemals exakt datierbar ist. Und doch ist diese Vereinfachung angemessen, wie die ideengeschichtliche Entwicklung seit 1789 zeigt: Die politischen und theoretischen Auseinandersetzungen haben stets mit der Frage zu tun, wie auf diese Moderne zu reagieren ist – und wie diese Moderne überhaupt zu verstehen ist. An diesen Leitfragen orientiert sich auch die folgende Darstellung.

Die Ideen, aus denen die Revolution von 1789 schöpft, sind nicht neu. Die Aufklärung hat sie vorbereitet. Doch erst die revolutionäre Tat schickt sich an, diese Ideen in politische Wirklichkeit zu übersetzen. In ihrer Bedeutung geht sie auch über ihre Vorläufer hinaus, die Amerikanische Revolution und die *Glorious Revolution* in England. Das französische Volk lehnt sich gegen die bis dahin als gottgewollt verstandene Ordnung auf. Nach der berühmten Formulierung des Emmanuel Joseph Sieyès fordert der Dritte Stand, der bisher politisch nichts galt, nun sein Recht ein: Volkssouveränität, Freiheit und Gleichheit vor dem Gesetz. Die Erklärung der Menschen- und Bürgerrechte vom 26. August 1789 hat diesen Forderungen prägnant Ausdruck verliehen – und in ihrer symbolischen Strahlkraft den weiteren Gang der Moderne nachhaltig beeinflusst.

Die Revolution in Frankreich ist von welthistorischer Bedeutung – darüber sind sich die Zeitgenossen schnell einig. Das gilt durchaus auch für die Radikalität des Unterfangens, die durch den Einfluss der Jakobiner zu Tage tritt. Diese Radikalität verkörpert wie kein Zweiter Maximilien de Robespierre, der sich als Vollstrecker des Republikanismus von Rousseau versteht. *Vertu publique* und *amour d'égalité* sind die Eckpfeiler seines Denkens, die Robespierre schließlich im Kampf gegen die Tugendlosigkeit zur Schreckensherrschaft treiben.

Die Revolution hat immense Auswirkungen auf die politische Entwicklung des Westens, weit über ihr schließliches Scheitern hinaus. Sie bewirkt nicht nur eine Politisierung des Volkes und der gesellschaftlichen Diskurse; indem sie demokratische Teilhabe und Gleichheit thematisiert, beschert sie den politischen Auseinandersetzungen eine Forderung, die entscheidend über den Liberalismus hinausgeht: In den Auseinandersetzungen des 19. und noch des 20. Jahrhunderts wird es nicht mehr nur um bürgerliche Freiheitsrechte gehen, sondern um die politisch gleichberechtigte Teilhabe potentiell aller Bürger. 1789 markiert dabei nicht nur den ersten Schritt eines langen und mühsamen Demokratisierungsprozesses, sondern den all dies erst ermöglichenden Wandel im Bewusstsein der Menschen. In diesem Sinn würdigt Habermas rückblickend die epochale Bedeutung der französischen Ereignisse: „Das

Revolutionsbewußtsein ist die Geburtsstätte einer neuen Mentalität, die geprägt wird durch ein neues Zeitbewußtsein, einen neuen Begriff der politischen Praxis und eine neue Legitimitätsvorstellung. Spezifisch modern ist das historische Bewußtsein, das mit dem Traditionalismus naturwüchsiger Kontinuitäten bricht; das Verständnis von politischer Praxis, welches im Zeichen von Selbstbestimmung und Selbstverwirklichung steht; und das Vertrauen auf den vernünftigen Diskurs, an dem sich jede politische Herrschaft legitimieren soll. Unter diesen drei Aspekten dringt ein radikal innerweltlicher, nachmetaphysischer Begriff des Politischen ins Bewusstsein der mobil gewordenen Bevölkerung ein" (Habermas 1992: 604). Die Menschen trauen sich im revolutionären Akt eine ‚Entkoppelung der Gegenwart von der Vergangenheit' zu, sie nehmen das Gegebene nicht mehr als unverrückbar hin. Für das normative Selbstverständnis moderner Demokratie ist damit jene fundamental wichtige Haltung benannt, die noch 200 Jahre später im Ruf „Wir sind das Volk" widerhallt. Die emanzipierten Einzelnen fühlen sich gemeinsam zu Autoren ihres Schicksals berufen: „Indem sie sich als Bürger die Gesetze, denen sie gehorchen wollen, selbst geben, stellen sie ihren eigenen Lebenszusammenhang her. Dieser wird als Erzeugnis einer kooperativen Praxis begriffen, die in der bewussten politischen Willensbildung ihr Zentrum hat" (ebd.: 606).

Damit sind die (demokratischen) Kernprinzipien der politischen Moderne durchaus auf den Begriff gebracht. Die Moderne, die sich in den auf 1789 folgenden zwei Jahrhunderten allmählich entfaltet, steht indes nicht geradlinig und unangefochten unter diesem strahlenden Stern. Sie ist durch eine Reihe von Prozessen und Veränderungen geprägt, die auf höchst unterschiedliche Weise gedeutet und beantwortet wurden. Zu ihnen zählen die allmähliche Abdankung monarchischer Legitimation, der Aufstieg der Idee der Nation und des Nationalismus, der Kampf der Ideologien und Weltanschauungen, generell ein Pluralismus an Ideen, Interessen und Parteien, die Mobilisierung der Massen, neben dem späten Siegeszug der Demokratie auch Faschismus, Totalitarismus und diverse Varianten des Fundamentalismus. Die politischen Kämpfe und Ideen stehen zudem in Abhängigkeit gravierender gesellschaftlicher Veränderungen, die als Symptome und Folgen von Modernisierung gelten können: Industrialisierung und technischer Fortschritt, Verstädterung, Massengesellschaft und Bürokratisierung, Verelendung und Klassenspaltung, eine umfassende Rationalisierung von Kultur und Gesellschaft in Gestalt von Verwissenschaftlichung, Säkularisierung und „Entzauberung der Welt" (Weber 1988 [1919]: 594), schließlich die Prozesse der funktionalen Differenzierung, der Individualisierung und Pluralisierung der Gesellschaften.

Die diversen Theorien des 19., 20. und frühen 21. Jahrhunderts versuchen, auf diese Entwicklungen in unterschiedlicher Weise zu antworten. Zunächst einmal haben die Theorien erheblichen Anteil daran, das Neue auf den Begriff zu bringen. Des Weiteren versuchen sie Möglichkeiten auszuloten, diese Veränderungen politisch zu bearbeiten. Dazu zählen auch die vielen Versuche, normativ neue Anker- und Zielpunkte aufzuspüren. Die Moderne ist daher auch das Zeitalter der großen Entwürfe, der Metaerzählungen und Ideologien, auch das der Utopien. Mehr noch, die Moderne selbst wird dabei zum Politikum: Sie wird als normatives Projekt der Emanzipation bejaht, sie wird von anderen nüchtern als alternativloser Entwicklungspfad im Sinne der klassischen Modernisierungstheorie beschrieben, sie wird andererseits von einer ebenfalls typisch modernen Zivilisationskritik äußerst kritisch begleitet, teilweise auch schroff abgelehnt und zum Feindbild konservativer Revolutionäre erklärt. Von der Postmoderne wird sie schließlich als zu überwindende modernistische Allmachtsphantasie kritisiert. Letztlich arbeiten sich alle prominenten politischen Theorien der vergangenen zweihundert Jahre am Neuen, an der Moderne ab. Die Moderne selbst ist ein Politikum – was an ihrem ersten prominenten Kritiker sogleich deutlich wird: am Konservatismus und seiner Antwort auf 1789.

2. Der Konservatismus als Antwort auf die Umbrüche der Moderne

Das Bewusstsein, etwas bewahren, erhalten oder retten zu wollen (dies die Bedeutungen des lateinischen *conservare*) kann erst aufkommen, wenn die Zeichen der Zeit auf Veränderung stehen. Der moderne Konservatismus entsteht als Reaktion auf die massiven Umbrüche der Moderne, die politisch mit der Französischen Revolution ihren ersten dramatischen Ausdruck gefunden haben. Er reagiert auf die Auflösung der alten ständischen Ordnung wie auch ihrer alten Legitimationsideen. Er antwortet damit auch auf die umfassenden Prozesse der Moderne, die damit einhergehen, insbesondere auf die Säkularisierung und den sich ausbreitenden Geist des Fortschritts. Konservatives Denken ist der vielgestaltige Versuch, das von Habermas beschriebene „Revolutionsbewußtsein" wenn schon nicht aus der Welt zu schaffen, so doch wenigstens einzudämmen.

Recht unmittelbar als Reaktion auf die Französische Revolution entstehen die bekanntesten frühen Schriften des Konservatismus. An erster Stelle sind Edmund Burkes *Reflections on the Revolution in France* (1790) zu nennen, vielleicht *der* Klassiker konservativen Denkens schlechthin. Burke grenzt die Französische Revolution und ihren radikalen Bruch mit aller Tradition negativ von der englischen *Glorious Revolution* ab, die er durch Kontinuität und Reform gekennzeichnet sieht. Wofür die Revolution von 1789 steht, das lehnt der Konservative Burke vollständig ab: Neben dem Bruch mit Herkunft und Tradition sind dies vor allem jene Ideen und Theorien, die die Revolution ermöglicht haben. Abstrakte Ideen, die sich von Erfahrung und Bewährtem lösen, befördern Fanatismus. Schuld daran tragen nicht zuletzt die Intellektuellen. Der Angriff auf die Religion ist für Burke alarmierendes Zeichen dieser Fehlentwicklung. Die Abkehr von den gewachsenen Gemeinschaften und den alten Tugenden mündet ein in die bürgerliche Gesellschaft, die durch ökonomische Interessen und schnödes Nutzenkalkül geprägt ist. In diesem neuen Weltbild ist nichts mehr heilig.

Trotz dieser teilweise wehmütigen Kritik am gesellschaftlichen Wandel kann Burke einem liberalen Konservatismus zugerechnet werden, der nicht um jeden Preis am Status quo festhält, sondern an politischen und gesellschaftlichen Reformen interessiert ist (ähnlich wie sein bedeutendster Schüler Friedrich v. Gentz). Für das 19. Jahrhundert lassen sich nach Ottmanns Einteilung neben diesem liberalen Reform-Konservatismus drei weitere wichtige Strömungen unterscheiden: romantischer, gegenrevolutionärer und Sozialkonservatismus (Ottmann 2008: 2ff.).

Dem romantischen Konservatismus sind Denker wie Friedrich v. Schlegel, Adam Müller oder Thomas Carlyle zuzuordnen. Gemeinsam ist diesen Denkern ein mehr oder weniger sehnsuchtsvoller Blick zurück auf die Welt des christlichen Abendlandes. Diese idealisierte, heile Welt wird abgegrenzt von der modernen bürgerlichen Gesellschaft. Gegen diese empfiehlt der romantische Konservatismus einerseits eine Rückbesinnung auf die Religion, andererseits ständische Politikmodelle, die eine harmonische Einheit des Staates und des Volkes gewährleisten sollen. Parallelen gibt es zum Sozialkonservatismus in der Sensibilisierung für die aufkommende Soziale Frage. Dessen bedeutendster Vertreter, Lorenz von Stein, sieht die Klassenspaltung als drängendstes Problem der Zeit und empfiehlt ein soziales Königtum zu dessen Lösung. Der Staat soll über den Klassen und Parteien stehen und paternalistisch Konflikte verhindern und Ungerechtigkeit von oben beseitigen. An derlei ausgleichender Reform hat der gegenrevolutionäre Konservatismus keinerlei Interesse. Er formuliert eine radikale Absage an die bürgerliche Moderne. Louis de Bonald, Joseph de Maistre und Donoso Cortés sind ihre bekanntesten Vertreter. Sie pochen auf die Gottgegebenheit der bestehenden Ordnung, sie sind nicht an Reformen interessiert, sondern daran, die modernen Veränderungen rückgängig zu machen. Grundlage ist eine negative Anthropologie, die den Menschen als Sünder betrachtet, der einer autoritären Führung bedarf. Alle neuzeitlichen Ideen, die von Freiheit und Autonomie des Menschen ausgehen, gelten als Symptome des Verfalls.

Trotz der teils erheblichen Unterschiede lassen sich einige allgemeine Merkmale des Konservatismus benennen (vgl. Mannheim 1984): die Orientierung am Vergangenen und eine skeptische Haltung gegenüber dem Gegenwärtigen und Zukünftigen; die Wertschätzung des Gewachsenen und ein Misstrauen gegen das Gemachte, vom Menschen Geschaffene; ein Misstrauen gegen das Abstrakte und Rationalistische und die Bevorzugung des Konkreten und des Einzelfalls gegenüber dem Entwurf von Systemen. Die Moderne ist ein revolutionäres Zeitalter. Genau dagegen tritt der Konservatismus auf den Plan: „Gegen diese Züge eines revolutionären Bruchs mit der Vergangenheit macht er geltend, was zu bewahren ist. Konservative sind um die Kosten der Moderne besorgt. Sie stehen zur Moderne in, sei es radikaler, sei es gemäßigter Gegnerschaft" (Ottmann 2008: 1).

Der Konservatismus ist gleichsam das kritische Spiegelbild der Moderne. Und umgekehrt lässt sich sagen: Die Moderne ist in einigen ihrer Grundzüge eine allem Konservatismus fremde, ja feindliche Epoche. Das zeigt sich an den diversen Versuchen, die Charakteristika dieser neuen Epoche auf den Begriff zu bringen. Mit Vorläufern in der *Querelle des Anciens et des Modernes* im 17. Jahrhundert taucht der Begriff „modern" als Selbstbeschreibung zunächst in der Literatur und Kunst des 19. Jahrhunderts auf, und zwar als bewusster Abschied von der alten Welt. Als ‚sprachliche Norm' (Koselleck) findet er schnell darüber hinaus Verbreitung und begründet sozialhistorisch ein neues Modernitätsbewusstsein. „Modern" ist nicht nur das Gegenwärtige gegenüber dem Vorherigen oder das Neue gegenüber dem Alten, sondern vor allem das Vorübergehende in Abgrenzung vom Ewigen – und das entsprechende Bewusstsein, in einer immer rascher vorübergehenden Gegenwart zu leben. Von modernem Bewusstsein kann also dann die Rede sein, „wenn eine Gegenwart und ihre Konzepte von den Zeitgenossen als ‚Vergangenheit einer zukünftigen Gegenwart' gedacht werden können" (Koselleck 1972: XV). Die verschiedenen geschichtsphilosophischen Entwürfe, der Gedanke eines gerichteten Verlaufs der Geschichte wie auch die Idee eines umfassenden Fortschritts haben hier ihren Platz. Spezifisch modern ist die (von Konservativen als Hybris kritisierte) Selbstermächtigung des Menschen: Der Mensch gibt dem Weltlauf eine neue Richtung. Die Welt wird nicht mehr als von Gott eingerichteter Kosmos wahrgenommen, sondern als wandel- und gestaltbar, wie auch in bisher ungekanntem Maße als erklärungsbedürftig: „daß sich Gesellschaften *als Gesellschaften* beschreiben und nicht einfach als Welt oder Schöpfungsordnung oder ähnlich, ist bereits ein Zeichen ihrer Modernität. *Als Gesellschaft*, das bedeutet letztlich nichts anderes, als daß das Zusammenleben der Menschen, ihre *Gesellungsform* sich selbst zum Problem wird, weil sie ganz offensichtlich gestaltbar geworden ist. *Gesellschaft* als soziologischer Begriff könnte selbst eine Chiffre dafür sein, daß sich die Welt nicht mehr von selbst versteht und keine unwandelbare Gestalt besitzt […]" (Nassehi 2001: 209).

Die Entstehung der Sozialwissenschaft ist selbst Indiz für die Modernität jener Gesellschaften, die ihren eigenen Wandel zu verstehen und zu gestalten versuchen. Diese Entwicklung bringt auch ein enormes Maß an Verunsicherung mit sich, das für die Entwicklung der politischen Theorien und Ideologien von größter Bedeutung ist: „die Moderne kann und will ihre orientierenden Maßstäbe nicht mehr Vorbildern einer anderen Epoche entlehnen, sie muß ihre Normativität aus sich selber schöpfen. Die Moderne sieht sich, ohne Möglichkeit der Ausflucht, an sich selbst verwiesen. Das erklärt die Irritierbarkeit ihres Selbstverständnisses, die Dynamik der ruhelos bis in unsere Zeit fortgesetzten Versuche, sich selbst ‚festzustellen'" (Habermas 1985: 16).

Kommen wir noch einmal zum Konservatismus zurück. Die bis heute sich immer weiter steigernde Dynamik der Moderne hat ihm scheinbar die Grundlage entzogen: „Die Begründungslast tragen fortan nicht mehr die Veränderer, sondern diejenigen, die an Bestehendem festhalten, im Alltag wie in der Politik oder der Kunst" (Rosa 2005: 72). Gleichwohl ist der Konservatismus auch im 20. Jahrhundert nicht gänzlich ausgestorben. Wofür er auch heute noch (und ohne überholte ständische Politikmodelle) stehen kann, hat Michael Oakeshott herausgearbeitet, der sicher bedeutendste moderne konservative Denker. Oakeshott grenzt den Konservatismus vor allem von rationalistischen Vorstellungen, Haltungen und Modellen des Politischen ab. Als wesentliches Merkmal „konservativer Wesensart" bezeichnet er die „Bereitschaft, sich des Gegebenen zu bedienen und sich seiner zu erfreuen, statt etwas anderes herbei zu wünschen oder danach zu suchen" (Oakeshott 1966: 179). Es geht also nicht um konkrete Positionen, Inhalte oder Policies, sondern um eine bestimmte Mentalität. Konservative orientieren sich am Vertrauten, Bewährten, Erprobten. Sie bevorzugen das Reale und Brauchbare gegenüber dem Utopischen und Vollkommenen. Sie zeichnen sich aus durch eine Skepsis gegenüber Neuerungen und Verheißungen, die am Reißbrett erdacht wurden und nicht selten revolutionären Überschwang beflügeln. Mit diesem Set an Überzeugungen und Haltungen versucht sich der Konservatismus in einer auf Fortschritt und Innovation programmierten Moderne zu halten – und dies durchaus nicht ohne Erfolg.

3. Aufstieg des bürgerlichen Liberalismus

Der Liberalismus ist die vielleicht erfolgreichste politische Strömung der westlichen Moderne. Das gilt schon für die Verbreitung des klassischen Liberalismus im 19. Jahrhundert, der die Gedankenwelt des bürgerlichen Europa in dieser Zeit wie keine andere Richtung prägt. Mit dem Ende des 19. Jahrhunderts wird er dann vor allem von den aufkommenden Massenbewegungen und durch die allmähliche Demokratisierung zurückgedrängt, vom Totalitarismus des 20. Jahrhunderts wird er fundamental in Frage gestellt. Danach freilich setzt er sich – in demokratisierter Form – als scheinbar alternativlose Grundlage „offener Gesellschaften" (Popper 1992 [1945]) durch.

In seiner klassischen Form ist der Liberalismus die bürgerliche Ideologie par excellence. Im Zentrum dieser vielgestaltigen Strömung steht das, was ihr den Namen gibt: die Freiheit. Die Forderung nach Freiheit wendet sich dabei vor allem gegen staatliche Übergriffe und Bevormundungen, gegen die Privilegien des Adels und die Ungleichheiten der ständischen Gesellschaft, gegen die Willkür der absolutistischen Monarchien. Gefordert wird die Freiheit des Einzelnen, des Bürgers, des emanzipierten Individuums. Vor ihm und seinen Ansprüchen muss sich staatliche Herrschaft rechtfertigen, eine Forderung, die ihren ideengeschichtlichen Ursprung in den neuzeitlichen Vertragstheorien und deren individualistischer Legitimationsidee hat. Der Staat hat den Zweck, die legitimen Rechte der Bürger zu schützen, und er ist dabei selbst an das Recht gebunden. Der Rechtsstaat ist eine der wichtigsten Forderungen und Errungenschaften des Liberalismus. Die Regierenden müssen wirksam kontrolliert werden, unter anderem durch Gewaltenteilung und eine Öffentlichkeit, in der die Freiheit des Denkens und der Rede garantiert ist. Den Liberalen geht es zuvorderst um gesellschaftliche Freiheit, und nicht zuletzt um die Freiheit ökonomischer Betätigung, um den Schutz und die Mehrung von Wohlstand.

Die Kerngedanken des Liberalismus sind bereits lange vor 1789 formuliert worden, die Revolution und ihre Folgen verhelfen ihnen zum Durchbruch. Letztlich finden sich viele der zentralen Positionen des politischen Liberalismus schon bei John Locke. Sie erfahren im 19. Jahrhundert vielgestaltige Fortsetzung und Weiterentwicklung. Neben den genuin politischen Ideen bürgerlicher Freiheit sind hier insbesondere die einflussreichen Strömungen des wirtschaftlichen Liberalismus zu nennen. In Anknüpfung an Adam Smith verbindet sich die Forderung nach bürgerlicher Freiheit mit der Vorstellung eines allgemeinen gesellschaftlichen Fortschritts, der aus der uneingeschränkten Freiheit ökonomischer Betätigung resultiere. Insbesondere in England entfaltet sich dieser wirtschaftliche Liberalismus, vertreten durch Denker wie Robert Malthus und David Ricardo bis hin zum sogenannten Manchesterliberalismus eines Richard Cobden. Freihandel und staatlich unbehinderter Wettbewerb seien die Garanten von Freiheit und Wohlstand. In dieser Tradition stehen die verschiedenen Varianten libertärer Freiheit, im 20. Jahrhundert prominent vertreten durch Friedrich August von Hayek und Robert Nozick.

Dem liberalen Denken können aber auch Ansätze zugerechnet werden, die diesem Fokus auf ökonomische Freiheit sehr skeptisch gegenüberstehen. Das gilt insbesondere für Georg Wilhelm Friedrich Hegel – sofern man ihn überhaupt dem Liberalismus zuordnen mag. Hegel ist zweifelsohne einer der wichtigsten Denker der Freiheit. Sie ist ihm Ziel der Geschichte und Zweck der Vernunft. So sehr Hegel dabei – gut liberal – den Rechtsstaat preist, so skeptisch ist er angesichts der gesellschaftlichen Auswirkungen einer ungezügelten Freiheit und eines vulgärliberalen Individualismus. Das Allgemeine, das Gemeinschaftliche, das Sittliche drohen hier unterzugehen: „In der bürgerlichen Gesellschaft ist jeder sich Zweck, alles andere ist ihm nichts. Aber ohne Beziehung auf andere kann er den Umfang seiner Zwecke nicht erreichen; diese anderen sind daher Mittel zum Zweck des Besonderen" (Hegel 1996 [1820]: 339f.). Mit seiner Absage an eine Gesellschaft individueller Nutzenmaximierer ist Hegel ein Vorläufer der kommunitaristischen Kritik am liberalen Egoismus. Mit seinem Lob des Staates als der ‚Wirklichkeit der sittlichen Idee' ist er ein sehr konservativer Liberaler. „Wenn der Staat mit der bürgerlichen Gesellschaft verwechselt und seine Bestimmung in die Sicherheit und den Schutz des Eigentums und der persönlichen Freiheit gesetzt wird, so ist das Interesse der Einzelnen als solcher der letzte Zweck, zu welchem sie vereinigt sind, und es folgt hieraus ebenso, daß es etwas Beliebiges ist, Mitglied des Staates zu sein" (ebd.: 399).

In eine fast entgegengesetzte Richtung weist ein anderer, ein echter Klassiker des Liberalismus: John Stuart Mill. In seiner berühmten Schrift *On Liberty* formuliert Mill nicht nur sein prägnantes liberales Prinzip, wonach eine Einschränkung von Freiheit einzig und allein dann gerechtfertigt ist, wenn ein anderer Schaden nehmen könnte; er dehnt die Forderung nach Freiheit auch auf den gesellschaftlichen bzw. privaten Bereich der Lebensführung aus. Freiheit ist nicht nur durch das Eingreifen des Staates bedroht, sondern – in Anlehnung an Tocqueville – auch durch die ‚Tyrannei der Mehrheit'. Mill verteidigt die Individualität und explizit auch die Exzentrizität persönlicher Lebensführung gegen das sittliche Empfinden der Mehrheit. Wenn die Gesellschaft bzw. die Mehrheit sich „in Dinge einmischt, die sie nichts angehen, dann übt sie eine soziale Tyrannei aus, fürchterlicher als viele andere Arten politischer Bedrückung. [...] Schutz gegen die Tyrannei der Behörde ist daher nicht genug, es braucht auch Schutz gegen die Tyrannei des vorherrschenden Meinens und Empfindens [...]" (Mill 1995 [1859]: 9f.).

Trotz seiner Vielschichtigkeit ist der Liberalismus, insbesondere im 19. Jahrhundert, alles in allem auf das fokussiert, was man als negative Freiheit bezeichnen kann (vgl. Berlin 1995): die Freiheit von etwas, von äußerem Zwang, insbesondere von staatlichem Zwang. Die positive Freiheit als Freiheit zu etwas ist hier hingegen noch schwach ausgeprägt, vor allem wo es um die Verwirklichung politischer Autonomie geht – dies jedenfalls ist die klassische Kritik des Republikanismus am bürgerlichen Liberalismus. Dieser ist zudem noch keineswegs an demokratischer Gleichheit interessiert, im Gegenteil: Die gleichberechtigte Integration und Partizipation der Massen läuft einigen der bürgerlichen Interessen gerade zuwider. Erst nach dem Zweiten Weltkrieg kann es in Europa, vor allem durch die Entschärfung der Klassengegensätze, zu einer liberalen bzw. freiheitlichen Demokratie kommen, wie sie dem heutigen westlichen Selbstverständnis entspricht.

4. Karl Marx und die kapitalistische Revolutionierung der alten Welt

Mit dem ausgehenden 18. Jahrhundert treten die ersten vor- und frühsozialistischen Strömungen auf den Plan, die die gesellschaftliche Ungleichheit radikal kritisieren und eine Reform, Einschränkung oder gar Abschaffung des Privateigentums fordern. Von François Babeuf über Henri de Saint-Simon, Charles Fourier und Pierre-Joseph Proudhon bis hin zu Moses Heß mehren sich die Stimmen gegen die zunehmend als unhaltbar erachteten Lebensumstände der anwachsenden armen Massen. Teils reformerisch, teils revolutionär, teils utopisch, bleiben diese Ansätze noch ohne nennenswerte politische Mobilisierungswirkung. Dies ändert sich erst durch das Werk und Wirken von Karl Marx, dem Begründer des wissenschaftlichen Kommunismus und Ahnherrn des Marxismus-Leninismus als einer der wirkmächtigsten politischen Ideologien des 20. Jahrhunderts.

Marx' Theoriegebäude ist enorm vielschichtig, und in ebenso vielfältiger Weise liefert er der modernen Gesellschaftstheorie eine Reihe wichtiger Impulse. Das beginnt mit seiner Kritik an Verelendung und Entfremdung, die den Finger in eine schmerzhafte Wunde der kapitalistischen Gesellschaft legt. Unabhängig von aller folgenden Ideologisierung liefert Marx zudem einige bedenkenswerte theoretische Innovationen: Er bietet eine neue Betrachtung der Geschichte auf konflikttheoretischer Grundlage, und dies auf dem Fundament seines sogenannten ‚Materialismus'. „Die Geschichte aller bisherigen Gesellschaft ist die Geschichte von Klassenkämpfen" (Marx/Engels 1972 [1848]: 462). Die Grundlage dieser Kämpfe und den Schlüssel zur Erklärung gesellschaftlicher Strukturen sieht Marx im Ökonomischen: in der materiellen Produktion und Reproduktion des Menschen. Politik und Recht, Ideen und Bewusstseinsgehalte erscheinen hier als Funktionen dieser ökonomisch zu erklärenden Kämpfe. „Die Menschen sind die Produzenten ihrer Vorstellungen, Ideen pp. […] Die Moral, Religion, Metaphysik und sonstige Ideologie und die ihnen entsprechenden Bewußtseinsformen behalten hiermit nicht länger den Schein der Selbständigkeit. Sie haben keine Geschichte, sie haben keine Entwicklung, sondern die ihre materielle Produktion und ihren materiellen Verkehr entwickelnden Menschen ändern mit dieser ihrer Wirklichkeit auch ihr Denken und die Produkte ihres Denkens. Nicht das Bewußtsein bestimmt das Leben, sondern das Leben bestimmt das Bewußtsein" (Marx/Engels 1969 [1846]: 26f.). Wer die Gesellschaft verstehen will, der hat nicht solche ‚Überbauphänomene' ins Zentrum zu rücken, sondern muss ‚Politische Ökonomie' betreiben.

Genuin modern ist dabei auch der Ausgangspunkt von Marx' gesamtem Denken: seine Religionskritik. Sie ist für ihn die „Voraussetzung aller Kritik" (Marx 1976 [1843]: 378). In der Religion spiegelt sich nicht nur eine unvollkommene Gesellschaft, eine schlechte Wirklichkeit wider. Die Religion ist zudem das historisch wohl wirkmächtigste unter jenen Phänomen, die bislang einen unverfälschten Blick auf die Gesellschaft und den Menschen verhindert hatten. Worum es Marx dabei vor allem geht, ist die *gesellschaftliche* Konstruktion der Religion aufzuzeigen. Religion ist nichts Göttliches, sondern das Produkt der Gesellschaft. „Sie ist das *Opium* des Volkes. Die Aufhebung der Religion als des *illusorischen* Glücks des Volkes ist die Forderung seines *wirklichen* Glücks. Die Forderung, die Illusionen über einen Zustand aufzugeben, ist die *Forderung, einen Zustand aufgeben, der der Illusionen bedarf*" (ebd.: 378f.).

Die Kritik der bestehenden Verhältnisse verweist auf die Ausbeutung und Entfremdung des Proletariats im Kapitalismus. Das Proletariat und seine Lage stehen für die ganzen Widersprüche der Gesellschaft. In der Bildung und letztlichen Befreiung dieser Klasse sieht Marx die Möglichkeit einer umfassenden Emanzipation der Menschheit. Der Weg dorthin führt nur über die Abschaffung des Privateigentums. Das ist der Kern des kommunistischen Credos. Marx versteht dies indes nicht als eine bloße Forderung; er erwartet das Ende der Klassengesellschaft, das zugleich das Ende aller bisherigen Geschichte sein wird, als notwendiges Ergebnis der von ihm prognostizierten Krisen des Kapitalismus wie auch als Schlussstein des dialektischen Prozesses der Klassenkämpfe. Die ökonomische Erklärung ist die folgende: Die Produktionsverhältnisse (vor allem die Eigentumsverhältnisse) geraten nach und nach in Widerspruch zu den sich dynamisch entwickelnden materiellen Produktivkräften (Gesamtheit von menschlicher Arbeitskraft, Produktionsmitteln, Formen der Arbeitsteilung, technologischer Entwicklungsstand etc.). Die kapitalistische Gesellschaft mit ihrem Antagonismus von Bourgeoisie und Proletariat ist die letzte Stufe dieses Prozesses.

Dass es sich bei Marx und seinem Ansatz indes nicht nur um rein wissenschaftliche Analyse handelt, sondern (mindestens in seiner Wirkung) auch um eine politische Programmatik, wird am *Manifest der Kommunistischen Partei* (1848) überaus deutlich. Es enthält eine unzweideutige Kampfansage an die Bourgeoisie, die von allen verstanden wurde: „Sie [die Kommunisten] erklären es offen, daß ihre Zwecke nur erreicht werden können durch den gewaltsamen Umsturz aller bisherigen Gesellschaftsordnung. Mögen die herrschenden Klassen vor einer kommunistischen Revolution zittern. Die Proletarier haben nichts in ihr zu verlieren als ihre Ketten. Sie haben eine Welt zu gewinnen. *Proletarier aller Länder, vereinigt euch!*" (Marx/Engels 1972 [1848]: 493). Marx entlarvt den Staat als bürgerliches Herrschaftsinstrument – eine für alle kritische (wenn man will: ‚linke') Gesellschaftstheorie bis heute kennzeichnende Auffassung: „In dem Maß, wie der Fortschritt der modernen Industrie den Klassengegensatz zwischen Kapital und Arbeit entwickelte, erweiterte, vertiefte, in demselben Maß erhielt die Staatsmacht mehr und mehr den Charakter einer öffentlichen Gewalt zur Unterdrückung der Arbeiterklasse, einer Maschine der Klassenherrschaft" (Marx 1973 [1871]: 336). Unter anderem dieser Staat soll mit der kommenden Revolution ‚in die Luft gesprengt' werden. Und weil das historische Endziel der klassenlosen Gesellschaft nicht sogleich zu erreichen sein wird, erwartet Marx als Übergangphase eine ‚Diktatur des Proletariats'.

Diesen Weg beschreitet unter Marx' Erben in theoretischer wie praktischer Hinsicht kein anderer so radikal und wirkmächtig wie der russische Revolutionär Lenin. Mit der Revolution von 1917 wird der Marxismus zu einer realen politischen Macht, zur ideologischen Grundlage eines Regimes, das sich auf keine Kompromisse einlassen will: „Die Lehre von Karl Marx ist allmächtig, weil sie wahr ist" (Lenin 1977 [1913]: 3). Diese ‚Wahrheit' wird mit aller Radikalität durchgesetzt. Zum von Engels in Aussicht gestellten ‚Absterben' des Staates kommt es dabei nicht. Im Gegenteil, die ‚Übergangsphase' der Diktatur verfestigt sich im real existierenden Sozialismus immer mehr – und diese Diktatur ist nicht die des

Proletariats, sondern die einer allmächtigen Partei und eines Staatsapparats, der alsbald totalitäre Züge annimmt.

Marxismus, Sozialismus und Kommunismus sind keineswegs auf diese politischen Konsequenzen zu reduzieren – ganz abgesehen davon, dass in den westeuropäischen Ländern die diversen reformerischen und revisionistischen Strömungen dominieren. An der gesamten Bewegung wird aber in jedem Fall deutlich, was die weitere Entwicklung der Moderne mit dem ausgehenden 19. Jahrhundert auf Jahrzehnte immer stärker prägen wird: eine zunehmende Verschärfung der ideologischen Auseinandersetzungen und politischen Kämpfe, begleitet von sich beschleunigenden gesellschaftlichen Veränderungen. Die Moderne tritt mit Beginn des 20. Jahrhunderts in ihre kritische Phase.

5. Modernitätskrise und Polytheismus der Werte

Die Moderne ist eine widerspruchsvolle Epoche. Sie ist, wie oben bereits ausgeführt, eine Epoche des beschleunigten Wandels und der Revolutionierung der gesellschaftlichen Lebensbedingungen wie auch der theoretischen und ideologischen Deutungsversuche. Die dabei zu Tage tretenden Widersprüche sorgen insbesondere seit dem frühen 20. Jahrhundert für zunehmende Verunsicherung. Von besonderer Bedeutung ist dabei das Nebeneinander einer unaufhaltsamen Rationalisierung der westlichen Zivilisation einerseits und eines dramatischen Anwachsens normativer Orientierungslosigkeit wie auch ideologischer Irrationalismen andererseits. Auf dieser Grundlage stellt sich für die politische Praxis wie auch die politische Theorie mit Nachdruck die Frage nach der Integrationskraft moderner Gesellschaften. Sie steht im Zentrum einer sich verschärfenden Modernitätskrise (Schwaabe 2005).

Unter den Gründungsvätern der Sozialwissenschaft hat wie kein zweiter Max Weber den westlichen Modernisierungsprozess auf den Begriff gebracht. Er deutet ihn als einen Prozess einer umfassenden Intellektualisierung und Rationalisierung. Angetrieben durch die Logik der Spezialisierung und Differenzierung kommt es zu einer weitreichenden Verwissenschaftlichung nicht nur der Wissenschaft, sondern auch der Kultur: zur „Entzauberung der Welt" (Weber 1988 [1919]: 594). Die Wissenschaft löst sich von ihren alten metaphysischen Annahmen und Fragestellungen und verhilft einem positivistischen Selbstverständnis zum Durchbruch. Sie befördert einen Rationalismus der Weltbeherrschung, der indes alle Fragen nach normativer Orientierung unbeantwortet lassen muss.

Schon für den frühen Positivismus eines Auguste Comte ist dies eine unvermeidliche und auch verkraftbare Konsequenz des wissenschaftlichen Fortschritts. Programmatisch heißt es beim logischen Empirismus des Wiener Kreises in den 1920er Jahren: „Die wissenschaftliche Weltauffassung kennt nur Erfahrungssätze über Gegenstände aller Art und die analytischen Sätze der Logik und Mathematik" (Neurath 1979: 89). Für die klassischen Fragen der praktischen Philosophie ist hier kein Platz mehr: „Wir fühlen, daß selbst, wenn alle *möglichen* wissenschaftlichen Fragen beantwortet sind, unsere Lebensprobleme noch gar nicht berührt sind. Freilich bleibt dann eben keine Frage mehr; und eben dies ist die Antwort" (Wittgenstein 1963 [1921]: 114).

Analog hat sich nach Max Weber die moderne Sozialwissenschaft als ‚Wirklichkeitswissenschaft' der Analyse des empirisch Gegebenen und Überprüfbaren zu widmen; von
normativen Fragen hat sie gemäß dem Postulat der Werturteilsfreiheit Abstand zu nehmen.
Hier stößt der moderne Mensch auf einen radikalen „Polytheismus der Werte", das heißt auf
„die Unvereinbarkeit und also die Unaustragbarkeit des Kampfes der letzten überhaupt möglichen Standpunkte zum Leben, die Notwendigkeit also: zwischen ihnen sich zu entscheiden"
(Weber 1988 [1919]: 608). Weber zieht damit die Konsequenz aus dem von Nietzsche wirkmächtig ausgerufenen ‚Tod Gottes' und dem Ende der ‚Wahrheit'. Ebenfalls in großer Nähe
zu Nietzsche ist mit der rational nun nicht mehr begründbaren Entscheidung für (egal welche) Werte ein äußerst brisantes Problem auf der Tagesordnung der Moderne: Denn indem
Erkenntnis und moralische Wahrheit durch Wille und Entscheidung abgelöst werden, ist man
scheinbar unvermeidlich bei einer recht problematischen Position des politischen Denkens
angelangt, beim Dezisionismus eines Carl Schmitt (siehe das folgende Kapitel).

Die Infragestellung eines allgemein verbindlichen Wertefundaments ist dabei kein rein
akademisches Problem. Vielmehr greifen intellektuelle, kulturelle und gesellschaftliche Modernisierung gerade hier unmittelbar ineinander. Das Zerbrechen der alten Legitimations-
und Integrationsmodi wirft die Frage nach dem ‚sozialen Band' (Durkheim) als drängende
Frage moderner Gesellschaften auf. Was hält eine Gesellschaft zusammen, die durch funktionale Differenzierung und Enttraditionalisierung ihr normatives Zentrum zu verlieren
scheint? Was verbindet Menschen, wenn die alte ‚Gemeinschaft' durch die moderne ‚Gesellschaft' abgelöst wird? In dieser begrifflichen Dichotomie formuliert Ferdinand Tönnies
die politisch folgenreichen Veränderungen: In der vormodernen Gemeinschaft als einer gewachsenen ‚organischen' Einheit waren die Menschen durch Eintracht, Sitte und Religion
einander verbunden; die moderne Gesellschaft dagegen gründe nur mehr in der ‚Willkür'
von Individuen und bedinge ein ‚mechanisches' Nebeneinander, das auf Egoismus, Begier-
de und Furcht, auf Kontrakt und Konvention beruhe (vgl. Tönnies 1991 [1887]). Hegels Kritik an der bürgerlichen Gesellschaft klingt hier deutlich nach.

Auch ohne den in dieser Zeit sich ausbreitenden kulturkritischen Pessimismus können
mit Nassehi die zwei zentralen Motive von Modernität benannt werden, die hier zu Tage treten: Gemeinschaftsverlust und Sinnverlust. „Wie kann in einer komplexen Welt, die sich als
außerordentlich differenziert und heterogen darstellt und in der vormals miteinander ver-
schmolzene Lebens- und Funktionsbereiche radikal entzweit und entkoppelt sind, Einheit
und Ausgleich erreicht werden? […] Wie läßt sich in einer sozialen Welt, in der Individuen
mehr und mehr auf sich selbst bezogen sind, so etwas wie Gemeinsinn, Interessenausgleich
und Konsens herstellen?" (Nassehi 2001: 226f.). Diese Fragen verweisen, so Nassehi, auf den
basso continuo fast aller Theorien der gesellschaftlichen Moderne, auf die Dialektik von Einheit und Differenz. Der Wettstreit der politischen Ideologien der Moderne dreht sich letztlich um dieses Problem. Er gewinnt Ende des 19. Jahrhunderts an Schärfe. Mit dem Ersten
Weltkrieg und dem Untergang des alten bürgerlichen Europas bricht er mit Folgen von welthistorischer Bedeutung offen aus.

6. Das Ende des bürgerlichen Zeitalters und der Aufstieg der revolutionären Rechten

Der Erste Weltkrieg gilt als die große ‚Urkatastrophe' des 20. Jahrhunderts (George F. Kennan). Nicht nur aufgrund der weltpolitischen Kräfteverschiebungen steht er als epochale Zäsur durchaus auf einer Ebene mit der Französischen Revolution. Mit dem Krieg und seinen Folgen verschwinden nicht nur eine Reihe alter europäischer Monarchien, mit ihm endet auch das bürgerliche Zeitalter des langen 19. Jahrhunderts. Schon zuvor durch den immer aggressiveren Nationalismus und die politische Mobilisierung der Massen in Bedrängnis geraten, scheint die Zeit des bürgerlichen Weltbildes nun vorüber zu sein. Das 20. Jahrhundert wird zum „Zeitalter der Extreme" (Hobsbawm 1995), dessen erste Hälfte von einer Reihe von Katastrophen geprägt ist: von revolutionären Umbrüchen, ökonomischen Krisen und nicht zuletzt von zwei Weltkriegen. Nicht den geringsten Anteil an diesem katastrophalen Verlauf hat eine Strömung, die ebenfalls erst mit dem Ersten Weltkrieg entsteht: eine neue, radikale, revolutionäre Rechte, die der Politik und der Zeit bis 1945 ihren Stempel aufdrücken wird.

Schon der Beginn des ‚Großen Krieges' 1914 gilt vielen als Zeichen einer neuen Zeit, die nach neuen Antworten verlange. Nicht nur, aber besonders in Deutschland werden Interpretationen populär, die dies Neue in einer willkommenen Abkehr von der westlich-liberalen Entwicklung vermuten. Es kommt zu einer regelrechten „geistigen Mobilmachung" (Flasch 2000), deren immer wiederkehrende Argumentationsmuster sich so zusammenfassen lassen: „Das Zeitalter des Liberalismus und Individualismus ist definitiv zu Ende. Wir sind eingetreten in das Zeitalter der Organisation, die nicht nur ein technisch-militärisches Phänomen ist, sondern weltgeschichtliche Bedeutung hat: Sie löst die Ideen von 1789 ab, also die Vorstellung von internationaler Verbrüderung, von individuell einforderbaren Freiheitsrechten, von allgemeiner Gleichheit. Wir brauchen wieder Hierarchie und Aristokratie. Die Zeit des Subjektivismus ist überwunden, denn der Mensch versteht sich wieder als Teil eines wesentlicheren Ganzen […]. Der Krieg bildet eine neue Stufe der Werterfahrung und setzt neue alte Werte wieder ein: Hingabe, Glaube, Einordnung, Heldentum, kurz das Überindividuelle, in Härte Erprobte, Opfer Fordernde" (ebd.: 282). Auf eben dieser Linie formiert sich die neue radikale Rechte, die sich in ihren diversen faschistischen und konservativ-revolutionären Ausprägungen nach 1918 von der Linken und der Mitte nicht zuletzt dadurch unterscheidet, dass sie die im Krieg gewonnenen Erfahrungen nun in politische Programmatik übersetzt.

Diese antimoderne Stoßrichtung ist in vielem sehr modern. Die neue Rechte will nicht zurück in die alte bürgerliche Welt oder zu den versunkenen Monarchien. Sie ist nicht restaurativ und noch weniger konservativ im klassischen Sinn. Man stößt hier auf ein „Ensemble von Orientierungsversuchen und Suchbewegungen *in* der Moderne, die zwar dem von Aufklärung und Liberalismus geprägten *mainstream* opponieren, dabei aber so tief von dem für die Moderne typischen Voluntarismus und Ästhetizismus durchdrungen sind, daß von Konservatismus im historisch-spezifischen Sinne keine Rede mehr sein kann" (Breuer 1995: 5). In teils kruder Form werden kriegerische Ideale, Erfahrungen, Wert- und Wahrnehmungsmuster der bürgerlichen Normalität entgegengesetzt. Es ist kennzeichnend für diese Strömung, dass zu ihren einflussreichsten Autoren Schriftsteller wie Ernst Jünger gehören, der Verfasser der „Stahlgewitter". Jenseits aller um Wissenschaftlichkeit bemühten Theoriebildung liest man über den Weltkrieg Sätze wie diesen: „Wir haben stramm nihilistisch einige Jahre mit Dynamit gearbeitet, und, auf das unscheinbarste Feigenblatt einer eigentlichen Fragestellung verzichtend, das 19. Jahrhundert – uns selbst – in Grund und Boden geschossen, nur ganz am Ende deuteten sich dunkel Mittel und Männer des 20. an" (Jünger o. J. [1929]: 132).

Ernst Jünger wird der sogenannten Konservativen Revolution zugerechnet. Zu ihr zählen Autoren wie Arthur Moeller van den Bruck, Oswald Spengler, Ernst Niekisch, Hans Freyer, Edgar Julius Lang und Carl Schmitt. Gemeinsam ist diesen teils recht unterschiedlichen Autoren vor allem ihr militanter Antiliberalismus und Antiparlamentarismus. Ihre strikt antiwestliche Position mündet in eine heroische Weltanschauung und eine Philosophie der Tat, die dem liberalen Räsonieren eine Haltung der Entschiedenheit entgegensetzt. Damit erweist sich dieses Denken als ein kultureller und politischer Existentialismus (Großheim 1999), der durch einen offen artikulierten Hass auf die bürgerliche Kultur befeuert wird.

Diese existentiellen, nur scheinbar politikfernen Untergründe hat man sich vor Augen zu halten, wenn man sich der politischen Theorie des Carl Schmitt zuwendet, dem zweifelsohne bedeutendsten Theoretiker dieser Strömung. Schmitt zieht aus Webers Polytheismus radikale Konsequenzen, vor allem in Gestalt seiner Theorie des Dezisionismus. In seiner Souveränitätslehre ersetzt die Dezision jede Art normativer Begründung: „Souverän ist, wer über den Ausnahmezustand entscheidet" (Schmitt 1996a [1922]: 13). Der Souverän „steht außerhalb der normal geltenden Rechtsordnung und gehört doch zu ihr, denn er ist zuständig für die Entscheidung, ob die Verfassung insgesamt suspendiert werden kann" (ebd.: 14). Jede politische Ordnung „beruht auf einer Entscheidung und nicht auf einer Norm" (ebd.: 16). Das ist per se noch keine antiliberale, eher eine entschieden ‚realistische' Position. So auch will Schmitt seine kritische Auseinandersetzung mit dem Parlamentarismus verstanden wissen, obgleich diese zugleich von deutlicher Abneigung gekennzeichnet ist. Schmitt beschreibt den Parlamentarismus als ein „*government by discussion*" – und behauptet, dass so etwas in der modernen Massendemokratie nicht mehr funktionieren kann. „Das Wesentliche des Parlaments ist also öffentliches Verhandeln von Argument und Gegenargument, öffentliche Debatte und öffentliche Diskussion, Parlamentieren, wobei zunächst noch nicht an Demokratie gedacht zu werden braucht" (Schmitt 1996b [1923]: 43). Diese Diskussionen seien ganz den Zielen von Wahrheit und Richtigkeit verpflichtet. An die Leistungsfähigkeit rationaler Diskurse glaubt Schmitt freilich längst nicht mehr. In politisch-existentialistischer Manier verwirft er die liberalen Politikvorstellungen: „Sie zermürben den großen Enthusiasmus in Geschwätz und Intrige und töten die echten Instinkte und Intuitionen, aus denen eine moralische Dezision hervorgeht. Was das menschliche Leben an Wert hat, kommt nicht aus einem Räsonnement; es entsteht im Kriegszustande bei Menschen, die, von großen mythischen Bildern beseelt, am Kampfe teilnehmen" (ebd.: 83).

Den Liberalismus lehnt Schmitt nicht nur als überholt ab, sondern auch weil dieser mit seinen ‚Neutralisierungen' zu einer schädlichen Entpolitisierung beigetragen habe. Genau genommen findet sich im Liberalismus nicht nur ein falsches Politikverständnis, sondern gar keines: Indem der Liberale überall nach Ausgleich, Kompromiss oder vernünftigen Lösungen suche, umgehe er konsequent die genuin politische Entscheidung. Und damit verfehle er jenes Kriterium des Politischen, das Schmitt in seiner berühmten Formulierung so fasst:

„Die spezifisch politische Unterscheidung, auf welche sich die politischen Handlungen und Motive zurückführen lassen, ist die Unterscheidung von *Freund* und *Feind*" (Schmitt 1991 [1932]: 26). Schmitt versteht seine politische Theorie als eine an Hobbes angelehnte realistische Korrektur der ‚legitimistischen und normativistischen Illusionen' des Liberalismus. Im selben Maße aber ist sie eine sehr entschiedene Kampfansage.

Die Konservative Revolution ist nicht mit Faschismus oder Nationalsozialismus gleichzusetzen. Die Parallelen und Gleichklänge aber sind überdeutlich. Mit Blick auf die Entwicklung der politischen Ideen wie auch der politischen Realität in diesen krisenhaften Jahrzehnten der Moderne bleibt an dieser Stelle mindestens dies festzuhalten: Die Moderne, die man sehr wohl als ‚normatives Projekt' (im Sinn von Habermas) in der Tradition der Aufklärung betrachten kann, trägt in sich auch radikale Potentiale und katastrophenträchtige Möglichkeiten. Es verwundert daher auch nicht, dass einige Autoren diese Moderne angesichts der Exzesse des Totalitarismus grundsätzlicher in Frage zu stellen beginnen. Zwei wichtige und zugleich sehr unterschiedliche Varianten einer solchen kritischen Perspektive werden im Theoriediskurs nach 1945 prominent: die Kritische Theorie der Frankfurter Schule und eine Reihe sogenannter neoklassischer Politikansätze.

7. Neoklassische Ansätze: Modernekritik als Antwort auf den Totalitarismus

Einer lange Zeit üblichen Einteilung zufolge lassen sich nach 1945 in der Politikwissenschaft drei wichtige Paradigmen unterscheiden: das empirisch-analytische Verständnis des Faches als einer modernen Sozialwissenschaft, das kritisch-dialektische Paradigma der Frankfurter Schule und eine ‚normativ-ontologische' Richtung, die sich vor allem gegen den Positivismus formiert und eine Anknüpfung an Klassiker wie Platon oder Aristoteles empfiehlt – weshalb man hier auch von neoklassischen Ansätzen sprechen kann. Wichtige Vertreter dieser Strömung sind neben Leo Strauss Eric Voegelin und Hannah Arendt.

Was diese Philosophen eint, ist zunächst ihre Wahrnehmung einer umfassenden Krise der Moderne, die sie nicht zuletzt am Totalitarismus festmachen – und den sie nicht als Rückfall in vormoderne Barbarei interpretieren, sondern als genuin modernes Phänomen, ja als Konsequenz der Moderne. Darin unterscheiden sie sich vom liberalen Mainstream, der, wie Karl Popper (1992 [1945]), die totalitären Feinde der offenen Gesellschaft als geistige Erben eines auf Platon zurückführbaren Einheitsdenkens begreift. Ganz ähnlich führt Theodor Geiger (1964) den Nationalsozialismus auf einen Antimodernismus zurück, gegen dessen nebulösen Dogmatismus ein pragmatischer Geist der Nüchternheit zu setzen sei. Demokratie, so die Lehre, ist angewiesen auf eine endgültige Abkehr von aller Metaphysik.

Eric Voegelin sieht das gerade umgekehrt. Den Totalitarismus interpretiert er als eine ‚politische Religion', die an die Stelle des Transzendenten innerweltliche Ersatzgötter in Form eines Kollektivums gesetzt habe, „sei es die Menschheit, das Volk, die Klasse, oder den Staat" (Voegelin 1996 [1938]: 64). Weil das Religiöse Teil menschlicher Existenz wie auch politischer Gemeinschaft ist, sind politische Religionen gleichsam eine erwartbare Konsequenz der säkularisierten Moderne. Voegelin ordnet diesen Befund in eine regelrechte Verfallsgeschichte der Moderne ein: Er diagnostiziert eine umfassende geistige Krise, die er bereits mit dem neuzeitlichen Anthropozentrismus anheben sieht. Der Mensch revoltiert gegen Gott und setzt sich selbst ins Zentrum. Folge ist, wovor schon die alten Griechen warnten: eine bedrohliche Hybris des Menschen. Die Entwicklung der neuzeitlichen Philosophie ist Teil dieses Verfalls: Der ideologische Irrationalismus totalitärer Regime und der szientistisch-positivistische Rationalismus sind zwei Seiten ein und derselben (modernen) Medaille.

Im Zentrum von Voegelins Kritik steht die ‚Zerstörung der politischen Ordnungswissenschaft' durch den Positivismus. Dessen Aufstieg habe die mathematisch-naturwissenschaftliche Methode als Kriterium für wissenschaftliche Güte und Relevanz durchgesetzt und damit alle Formen eines klassischen politischen Denkens vernichtet. Mit Sorge beobachtet Voegelin ein „Absinken der historischen und politischen Wissenschaften in den Stumpfsinn des Relativismus" (Voegelin 1991 [1952]: 21). Ganz ähnlich sieht Leo Strauss (1956) die moderne Abkehr vom Naturrechtsdenken zum Nihilismus führen. Dass der Niedergang der Philosophie und der Aufstieg von Ideologien korrelieren, behaupten indes nicht nur neoklassische Autoren: „Als Weltanschauung wird die überlieferte Philosophie, zumal auch in ihrer praktischen Disziplin, in dem Augenblick verstanden, wo ihr, aus der Perspektive eines positivistisch reduzierten Wissenschaftsbegriffs, der Anspruch, rationale Theorie zu sein, nicht mehr abgenommen wird. [...] Ein ständig größer werdender Teil der moralisch-politischen Realität wird als Bereich theorieunfähiger Irrationalität der Zuständigkeit rationalwissenschaftlicher Fragestellung entzogen" (Lübbe 1971: 176).

Voegelin fordert, dass sich die Politikwissenschaft wieder die Frage nach dem *summum bonum* zutrauen müsse. Dazu müsse sie sich auf den Sinn der platonisch-aristotelischen *episteme politike* und ihrer Fragestellungen rückbesinnen – ohne deren Lösungen einfach zu übernehmen. Voegelins Theorie erschöpft sich aber nicht in einem bloßen normativen Appell. In seinem Hauptwerk *Ordnung und Geschichte* legt er eine kulturphilosophische Untersuchung der unterschiedlichen historischen Symbolformen und Weltbilder vor: von den kosmologischen Mythen des Alten Orients bis zum modernen Nationalstaat. Aufgegriffen wird diese Perspektive in jüngeren kulturwissenschaftlichen Ansätzen der Politikwissenschaft (Schwelling 2004).

Eine andere neoklassische Perspektive bietet Hannah Arendt mit ihrem politischen Aristotelismus, der weit besser mit modernen Demokratievorstellungen zu harmonieren scheint als die eher platonischen Positionen von Strauss oder Voegelin (Arendt 1992 [1958]). Das wird bereits in ihrer berühmten Totalitarismus-Studie deutlich (Arendt 1995 [1951]). Auch Arendt diagnostiziert spezifisch moderne Ursachen des Totalitarismus, insbesondere die Zerstörung des politischen Raums durch die Entfremdung des Individuums in der Gesellschaft. Die auf Terror und Ohnmacht basierende totalitäre Herrschaft zerstört die politisch zentrale Dimension des gemeinsamen Handelns, die im Zentrum von Arendts Politikverständnis steht. Der Totalitarismus ist der abgründige Endpunkt eines historischen Verfalls des Handelns, der von der Verdrängung des *zoon politikon* durch den *homo faber* bis zur modernen Massengesellschaft mit Bürokratie, Konformismus und einem Despotismus der Mehrheit geführt hat. Im Totalitarismus wird alles negiert, was für Arendt Politik ist und sein soll: Pluralität, Freiheit und gemeinsames Handeln der Bürger.

Gerade mit ihrem Pochen auf die Pluralität der Menschen als der Grundbedingung des Politischen ist Arendt sehr modern. Das Politische gilt ihr als das Gemeinsame einer Welt, zu der die Menschen in ihrer Unterschiedenheit verbunden werden. Diese Gemeinsamkeit entsteht nur im gemeinsamen Handeln – sie ist nicht als vor- und a-politische Identität gegeben (etwa in ethnischen Konzepten kollektiver Identität). Politische Freiheit kann auch nicht erdacht werden, sie muss im Handeln realisiert und erfahren werden. Deshalb spielt eine aktive politische Öffentlichkeit in Arendts Politikkonzept eine herausgehobene Rolle. Arendt setzt der negativen Freiheit vieler Liberaler ein republikanisches Bekenntnis zur positiven Freiheit entgegen: „Ursprünglich erfahre ich Freiheit im Verkehr mit anderen und nicht im Verkehr mit mir selbst. Frei sein können Menschen nur in Bezug aufeinander, also nur im Bereich des Politischen und des Handelns; dort erfahren sie, was Freiheit positiv ist und daß sie mehr ist als ein Nicht-gezwungen-werden" (Arendt 2000 [1968]: 201).

8. Kritische Theorie

Die Kritische Theorie bzw. Frankfurter Schule zählt zu den wirkmächtigsten Denkströmungen des 20. Jahrhunderts, vor allem im deutschsprachigen Raum. Zu den wichtigsten Vertretern dieses interdisziplinären Forschungsprogramms gehören Max Horkheimer, Theodor W. Adorno und Herbert Marcuse – allesamt von großem Einfluß auf die Studentenbewegung von 1968. Die Kritische Theorie schließt an Marx und an die Psychoanalyse Sigmund Freuds an. Die kritische Auseinandersetzung mit der Moderne ist dabei nicht auf den Totalitarismus beschränkt. Im Zentrum steht die Analyse gesellschaftlicher Strukturen, die menschlicher Emanzipation und Autonomie im Wege stehen. „Bei aller Disparatheit in der Methode und im Gegenstand eint die verschiedenen Autoren der Frankfurter Schule die Idee, daß die Lebensbedingungen der modernen, kapitalistischen Gesellschaft soziale Praktiken, Einstellungen oder Persönlichkeitsstrukturen erzeugen, die sich in einer pathologischen Verformung unserer Vernunftfähigkeiten niederschlagen" (Honneth 2007: 7).

Programmatisch beschreibt Horkheimer 1937 in seinem Aufsatz *Traditionelle und kritische Theorie* die Zielsetzungen. Verpflichtet auf die ‚Idee einer künftigen Gesellschaft als der Gemeinschaft freier Menschen', gelte es, all jene ‚Verblendungszusammenhänge' zu durchstoßen, die wahre Emanzipation verhindern. Horkheimer fordert als ersten Schritt eine Selbstkritik der Wissenschaft und eine Reflexion auf ihre gesellschaftliche Bedeutung. Insbesondere gegen die Vorstellung einer scheinbar objektiven, werturteilsfreien Wissenschaft macht er geltend: „Es gibt keine Theorie der Gesellschaft, […] die nicht politische Interessen mit einschlösse, über deren Wahrheit – anstatt in scheinbar neutraler Reflexion – nicht selbst wieder handelnd und denkend, eben in konkreter geschichtlicher Aktivität, entschieden werden müßte" (Horkheimer 1986 [1937]: 40). Wissenschaft wirkt mit an den in einer Gesellschaft verbreiteten Interpretationen der ‚Wirklichkeit', entweder durch Affirmation des Bestehenden oder eben in kritischer Zurückweisung hegemonialer Weltbilder. Hier verschränken sich Wissenschaft und politische Praxis der Menschen: „Die kritische Theorie der Gesellschaft hat dagegen die Menschen als die Produzenten ihrer gesamten historischen Lebensformen zum Gegenstand. Die Verhältnisse der Wirklichkeit, von denen die Wissenschaft ausgeht, erscheinen ihr nicht als Gegebenheiten, die bloß festzustellen […] wären. Was jeweils gegeben ist, hängt nicht allein von der Natur ab, sondern auch davon, was der Mensch über sie vermag. Die Gegenstände und die Art der Wahrnehmung, die Fragestellung und der Sinn der Beantwortung zeugen von menschlicher Aktivität und dem Grad ihrer Macht" (ebd.: 57). An diese Perspektive knüpfen heute vor allem diskursanalytische Ansätze an, die nach den Bedingungen der Herstellung von Wahrheit und der Durchsetzung von legitimem Wissen fragen (am prominentesten: Michel Foucault). Dahinter steht ein bewusst weiter Politikbegriff: „Denn Erkenntnis von sozialer Welt und, genauer, die sie ermöglichenden Kategorien: darum geht es letztlich im politischen Kampf, einem untrennbar theoretisch und praktisch geführten Kampf um die Macht zum Erhalt oder zur Veränderung der herrschenden sozialen Welt durch Erhalt oder Veränderung der herrschenden Kategorien zur Wahrnehmung dieser Welt" (Bourdieu 1985: 18).

Besonders optimistisch blicken Horkheimer und Adorno indes nicht in die Zukunft. Im Gegenteil: „Seit je hat Aufklärung im umfassendsten Sinn fortschreitenden Denkens das Ziel verfolgt, von den Menschen die Furcht zu nehmen und sie als Herren einzusetzen. Aber die vollends aufgeklärte Erde strahlt im Zeichen triumphalen Unheils" (Horkheimer/Adorno 1992 [1944]: 9). So beginnt die *Dialektik der Aufklärung*, einer der fulminantesten philosophischen Texte des 20. Jahrhunderts – und zugleich einer der düstersten. Die Aufklärung falle einer ‚rastlosen Selbstzerstörung' anheim. Vernunft und Wissenschaft haben den Menschen zwar erfolgreich als „Herren" über die äußere Natur eingesetzt. Damit einher gehe aber die zunehmende Herrschaft auch über die innere Natur des Menschen. Das 20. Jahrhundert zeitige das Versinken in eine nie geahnte ‚neue Art von Barbarei', in Gestalt des Totalitarismus wie auch in Gestalt der bloß subtileren Unterdrückung in der zunehmend ‚verwalteten Welt' des Westens. Hier werde der Einzelne von einer alles durchdringenden ‚Kulturindustrie' manipuliert und zu bloß ‚instrumenteller Vernunft' abgerichtet. Diese düstere Diagnose von 1944 relativieren die Autoren später zwar ein Stück weit; vielversprechende Auswege sehen sie dennoch nicht.

Neue Impulse kommen vor allem von Jürgen Habermas, dem bedeutendsten Vertreter Kritischer Theorie in ihrer zweiten Generation. Habermas gibt dem normativen Anliegen der Kritischen Theorie wie auch dem demokratischen ‚Projekt der Moderne' mit seiner Diskursethik und dem Konzept der deliberativen Demokratie ein neues Fundament. Grundlage ist sein Konzept von Intersubjektivität, das aus dem Weberschen Polytheismus herauszuführen verspricht. Untersucht man nämlich Vorbedingungen und Funktionsweise kommunikativen Handelns, so stößt man auf „die über das Verständnis identischer Bedeutungen und die Anerkennung universaler Ansprüche hergestellte Gemeinsamkeit zwischen sprach- und handlungsfähigen Subjekten" (Habermas 1984: 439). Strategisch nicht verzerrte Intersubjektivität folge einer lebensweltlich verankerten Verständigungsorientierung. Dass diese allerorten bedroht ist, etwa durch Tendenzen der Verrechtlichung oder Ökonomisierung, sieht auch Habermas. Umso mehr gelte es, ihr normatives Potential zu bewahren, das Habermas in Gestalt der Diskursethik ausformuliert. Deren Kernprinzip lautet: „Nur diejenigen Normen dürfen Geltung beanspruchen, die die Zustimmung aller Betroffenen als Teilnehmer eines praktischen Diskurses finden könnten" (Habermas 1991: 32). Weil es in der postmeta-physischen Moderne keinen materialen Wertekonsens mehr geben kann, bleibt als Kriterium von Gerechtigkeit nur der Rückgriff auf Verfahren. Gerecht ist, was Ergebnis gerechter und herrschaftsfreier Verständigung ist.

Habermas begreift sein deliberatives Demokratieprinzip als Konkretion des Diskursprinzips. Im Zentrum steht die „Idee der Autonomie, wonach Menschen nur in dem Maße als freie Subjekte handeln, wie sie genau den Gesetzen gehorchen, die sie sich gemäß ihren intersubjektiv gewonnenen Einsichten selber geben" (Habermas 1992: 537). Die Adressaten des Rechts müssen sich zugleich als dessen Autoren verstehen können. Dazu bedarf es indes keiner direkten Demokratie. Essentiell sind vielmehr eine funktionierende kritische Öffentlichkeit und eine starke Zivilgesellschaft. Hier wird jene ‚kommunikative Macht' erzeugt, die von unten das Entscheidungszentrum und die repräsentativen Institutionen ‚programmiert' und kontrolliert. Dass demokratische Politik von diesem Input lebt und auch nur so Legitimität sicherstellen kann, ist die zentrale Idee dieses demokratischen Prozeduralismus. Die Essenz der Demokratie ist also eben das, was Carl Schmitt am Parlamentarismus als einem „*government by discussion*" abgelehnt hat: gemeinsame Beratung, Austausch von Argumenten, gemeinsames rationales Abwägen, kurz Deliberation. Heutige Kritiker dieses Prinzips bezweifeln in erster Linie, ob das hier unterstellte Rationalitätspotential in massenmedialen Öffentlichkeiten überhaupt existiert – ein Problem, das gerade Habermas als kritischer Theoretiker durchaus auch sieht.

9. Die Kommunitarismusdebatte und das Problem des Pluralismus

Die liberale Demokratie sieht sich im breiten *mainstream* heutiger politischer Theorie keiner fundamentalen Kritik mehr ausgesetzt. Insoweit bewegt sich die Moderne tatsächlich in ruhigerem Fahrwasser. Das bedeutet aber keineswegs, dass der politischen Theorie wie auch den demokratischen Gesellschaften die Probleme ausgehen würden. Zu den wichtigsten bleibenden Herausforderungen zählen zweifelsohne jene, die in den 1980er und 1990er Jahren in der sogenannten Kommunitarismusdebatte diskutiert werden.

Diese Debatte kreist um einige Fragen, die in die Moderne gleichsam strukturell eingebaut sind und auf eine gewisse Ergänzungsbedürftigkeit des Liberalismus verweisen: Wieviel Gemeinschaft und welche Art von Grundkonsens braucht die pluralistische Gesellschaft? Aus welchen Quellen kann diese Gemeinschaftlichkeit schöpfen, und stoßen liberale Rechts- und Gerechtigkeitstheorien hier nicht an ihre Grenzen? Die Debatte entsteht als Reaktion auf John Rawls' Theorie der Gerechtigkeit (1971) (siehe Kersting 1997 und Kersting i. d. B.). Das darin formulierte Konzept von *justice as fairness* wird von einer Reihe von Autoren kritisiert, für die sich alsbald das Label *communitarians* einbürgert (vom englischen *community*), unter ihnen Charles Taylor, Michael Sandel und Alasdair MacIntyre. Die vielstimmige Kritik zielt nicht so sehr auf Rawls' mehr oder minder sozialdemokratische Verteilungsprinzipien, sondern auf die (fehlenden) moralischen Fundamente seiner Gerechtigkeitskonzeption: Indem Rawls in klassisch liberaler Manier aus der Perspektive des Individuums und seiner Interessen und Kalküle heraus argumentiert, bliebe all das völlig ungeklärt, was jeder Form von Gerechtigkeit zugrunde liege: „ein Weg zur Identifikation derjenigen, in deren Gemeinschaft meine Vorteile zu Recht als Allgemeinbesitz betrachtet werden, d. h. ein Weg, uns selbst von vornherein gemeinschaftlich verpflichtet und moralisch engagiert zu verstehen" (Sandel 1994: 28f.). Das liberale Menschenbild eines ,ungebundenen Selbst' vermag dies nicht. Die liberale Vorstellung (und Praxis) ist moralisch nicht selbsttragend und sie ist auf einen Begriff von Gemeinschaft angewiesen, den sie offiziell verwirft.

Der Liberalismus begehe mithin zwei grundlegende Fehler: Philosophisch vertritt er mit seinem „Atomismus" (Taylor 1994b) ein Menschenbild, das schlicht falsch ist, weil real existierende Menschen ihre Identität nur in gemeinschaftlichen Bezügen ausbilden; politisch ist die liberale Position fatal, weil sozialer Zusammenhalt und Demokratie auf eben diese Gemeinschaftlichkeit in ihrem Bestand angewiesen sind: „Die ausschließliche Orientierung an privaten Interessen schwächt das Netzwerk der sozialen Umwelten, von dem wir alle abhängen, und gefährdet unser gemeinsames Experiment demokratischer Selbstverwaltung" (Etzioni 1998: 282).

Ein weiterer Kritikpunkt betrifft den von Rawls und letztlich allen Liberalen geforderten Vorrang des Rechten vor dem Guten. Mit Blick auf den modernen Wertepluralismus und die vielfältigen Vorstellungen von Glück und gutem Leben müsse sich, so Rawls, die politische Theorie wie auch die politische Praxis von überkommenen Einheitsvorstellungen verabschieden: „Für die Alten war die Lehre vom Guten das zentrale Problem, für die Modernen ist es die Konzeption der Gerechtigkeit" (Rawls 1998: 36). Angesichts des modernen Pluralismus stellt sich mit Nachdruck die Leitfrage des politischen Liberalismus: „Wie kann eine gerechte und stabile Gesellschaft von freien und gleichen Bürgern dauerhaft bestehen, wenn diese durch ihre vernünftigen religiösen, philosophischen und moralischen Lehren voneinander getrennt sind?" (ebd.: 35).

Gegen diesen postulierten Vorrang des Rechten machen die Kommunitaristen eine prinzipielle Vorrangigkeit des Guten geltend. Gerechtigkeit nämlich leite sich aus Vorstellungen des Guten ab: „Um zu entscheiden, welche Gerechtigkeitsprinzipien angemessen sind, müssen wir uns auf unseren hier gegebenen Sinn für das Gute stützen [...]" (Taylor 1994a: 171). Das ist nichts anderes als die klassische Position der aristotelischen Ethik und Politik. Nach Auffassung der Kommunitaristen hat sie auch heute nichts von ihrer Gültigkeit verloren: „Unsere Auffassung von Menschenwürde ist ihrerseits an eine Konzeption des menschlich Guten geknüpft, d. h. an unsere Antwort auf die Frage, was das Gute für den Menschen ist. [...] Differenzen in der Frage der Gerechtigkeit sind verknüpft mit Differenzen im Hinblick auf das Wesen des Guten [...]" (Taylor 1988: 147).

Führt man sich vor Augen, dass zu diesen Lehren des Guten nicht zuletzt religiöse Überzeugungen gehören, kann Rawls im Gegenzug recht überzeugend auf die Alternativlosigkeit seiner pluralismuskompatiblen liberalen Position verweisen. Sie kann historisch an der frühneuzeitlichen Glaubensspaltung festgemacht werden: „Die somit aufgeworfene Frage war nicht bloß die von den Griechen gestellte Frage, wie man leben soll, sondern die Frage, wie man mit Menschen zusammenleben kann, die einer anderen autoritativen Erlösungsreligion anhängen. Das war eine neue Problematik, und damit wurde in brennender Form die

Frage aufgeworfen, wie eine menschliche Gesellschaft unter derartigen Bedingungen überhaupt möglich sei" (Rawls 2004: 33). Dieses Problem ist in heutigen multikulturellen und multireligiösen Gesellschaften aktueller denn je. Die Suche nach einem Grundkonsens aller Bürger macht es unausweichlich, strittige religiöse bzw. metaphysische Wahrheitsfragen auszuklammern: „Kurz gesagt, es geht darum, dass in einem demokratischen Verfassungsstaat das öffentliche Verständnis von Gerechtigkeit so weit wie möglich von kontroversen philosophischen und religiösen Lehren unabhängig sein sollte. Indem wir eine entsprechende Konzeption ausarbeiten, wenden wir das Prinzip der Toleranz auf die Philosophie selbst an: die öffentliche Gerechtigkeitskonzeption muß politisch und darf nicht metaphysisch sein" (Rawls 1994: 36).

Damit der liberale ‚*overlapping consensus*‘ stabil ist, braucht man eine entsprechende politische Kultur und Bürger mit systemkompatiblen Einstellungen. Rawls' Konzeption der Person geht von freien und gleichen, moralischen und vernünftigen Personen aus, die insbesondere über eine ‚faire Gesinnung‘ verfügen. Letztlich heißt das vor allem, dass die Bürger nicht dogmatisch auf ihren Vorstellungen des Guten beharren dürfen, wo es um öffentliche Belange geht. Es muss ihnen zugemutet werden, Politik und Religion zu trennen. Nichts anderes ist in den freiheitlichen Verfassungen des Westens verankert. Dass solche Haltungen und Überzeugungen nur auf dem Boden entsprechender historischer und kultureller Kontexte gedeihen, betont Rawls selbst. Es geht ihm nicht um universalistische Letztbegründungen, sondern um eine politische Theorie, die auf die liberale moderne Demokratie zugeschnitten ist. Gerade in diesem letzten Punkt deuten sich Konvergenzen zwischen der Rawls'schen und der kommunitaristischen Position an.

10. Nach dem Ende der Metaerzählungen: Demokratie zwischen Postmoderne, Systemtheorie und neuem Pragmatismus

Beinahe zeitgleich mit der amerikanischen Kommunitarismusdebatte sorgt in Europa die sogenannte Postmoderne für einiges Aufsehen (Welsch 1993). Deren Diagnosen sind trotz mancher intellektueller Übertreibungen von enormer Bedeutung für Politik und politische Theorie und sie haben greifbare Bezüge zum Wandel spätmoderner Gesellschaften. Im Zentrum der Postmoderne steht das Phänomen der Pluralität. An die Stelle der bis dato geglaubten oder erhofften Eindeutigkeiten tritt eine Vielfalt von konkurrierenden Gerechtigkeitsauffassungen, Lebensformen, Wahrheitskonzepten, Rationalitätsmustern und Wissensformen.

Ein Grundstein der Postmoderne ist sprachphilosophisch. Der *linguistic turn* fördert eine radikale Pluralität und Uneindeutigkeit der Sprache zutage, womit insbesondere das instrumentelle Sprachverständnis in Logik und Naturwissenschaft relativiert wird. Die exakten Begriffe der Wissenschaft verfehlen die zu beschreibenden Phänomene, gerade wo es um soziale Phänomene geht. Es gibt keine einheitliche Sprache, sondern eine irreduzible Heterogenität von Diskursarten ohne legitime Überordnung und ohne einheitsstiftende Metaebene. Die politische und politiktheoretische Bedeutung ist größer als es zunächst erscheint. Wenn man nämlich davon ausgeht, dass politische Gemeinschaften in irgendeiner Form auf sprachlich vermittelten Übereinstimmungen und konsentierten Deutungsmustern beruhen, dann impliziert eine solche Heterogenität, dass das Gesellschaftliche sein Zentrum, seine Metaebene verliert. An die Stelle von (unmöglichem) Konsens tritt der ‚Widerstreit‘ (Lyotard 1989a). Jean-François Lyotard, neben Jacques Derrida der bekannteste Postmoderne, wendet diese Einsicht explizit gegen Jürgen Habermas – bei aller Sympathie für dessen demokratisches Anliegen: „Die Sache ist gut, aber die Argumente sind es nicht. Der Konsens ist ein veralteter und suspekter Wert geworden, nicht aber die Gerechtigkeit. Man muß also zu einer Idee und einer Praxis der Gerechtigkeit gelangen, die nicht an jene des Konsens’ gebunden ist“ (Lyotard 1989a: § 190). Lyotard bekennt sich zum normativen Ziel der Emanzipation, glaubt aber, dass dieses gerade nur im Widerstand gegen Hegemonie- und Absolutheitsansprüche gleich welcher Art zu befördern ist. Lyotard proklamiert das ‚Ende der Metaerzählungen‘. Der Glaube an die großen geschichtsphilosophischen Entwürfe und Ideologien ist verloren gegangen. Insofern ist die Postmoderne für Lyotard „keine neue Epoche, sondern das Redigieren einiger Charakterzüge, die die Moderne für sich in Anspruch genommen hat, vor allem aber ihrer Anmaßung, ihre Legitimation auf das Projekt zu gründen, die ganze Menschheit durch die Wissenschaft und die Technik zu emanzipieren“ (Lyotard 1989b: 68).

Ende der Metaerzählungen, Verlust des Zentrums, Heterogenität der Diskursarten – diese postmodernen Beschreibungen decken sich in bemerkenswerter Weise mit denen der soziologischen Systemtheorie. Letztlich findet sich genau diese Diagnose schon in Max Webers Theorie der polytheistischen Moderne. Insofern hat Niklas Luhmann nicht unrecht, wenn er die Semantik einer Epochenzäsur zurückweist: „Wenn man unter Postmoderne das Fehlen einer einheitlichen Weltbeschreibung, einer für alle verbindlichen Vernunft oder auch einer gemeinsam-richtigen Einstellung zur Welt und zur Gesellschaft versteht, dann ist genau dies das Resultat der strukturellen Bedingungen, denen die moderne Gesellschaft sich selbst ausliefert. Sie erträgt keine Abschlußgedanken, sie erträgt deshalb auch keine Autorität“ (Luhmann 1990: 101). Dezentrierung und funktionale Differenzierung bedingen einander. Das hat vor allem für die Frage nach der politischen Integration der modernen Gesellschaft erhebliche Folgen. Letztlich verabschiedet Luhmann einen Großteil normativer politischer Theorien als obsolet: „Die moderne Gesellschaft ist durch Umstellung auf funktionale Differenzierung so komplex geworden, daß sie in sich selbst nicht mehr als *Einheit* repräsentiert werden kann. Sie hat weder eine Spitze, noch eine Mitte; sie hat nirgendwo einen Ort, an dem ihre Einheit zum Ausdruck kommen kann. Sie artikuliert ihre Einheit weder über eine Rangordnung der Schichten, noch über eine Herrschaftsordnung, noch über eine Lebensform (zum Beispiel die städtisch-politische der Griechen oder die Tugendfreundschaft der Stoiker), in der das Wesen des Menschen Gestalt gewinnt“ (Luhmann 1995: 138).

Eine nochmals andere Variante des Umgangs mit dem Ende der Metaerzählungen, die zudem dem Selbstverständnis demokratischer Bürger viel näher stehen dürfte, findet sich im Neopragmatismus von Richard Rorty. In Anschluss an John Dewey verabschiedet Rorty alle philosophischen Wahrheitsansprüche als politisch nutzlos. Und eben danach fragt der Pragmatismus: nach dem praktischen Nutzen, nicht nach der Wahrheit einer Idee. Rorty geht davon aus, „daß die liberale Demokratie zwar womöglich der philosophischen Artikulation bedarf, nicht aber der philosophischen Untermauerung“ (Rorty 1995: 87). Alle klassischen Begründungsversuche der politischen Philosophie seit Platon waren erstens erfolglos und hätten zweitens keinen praktischen Mehrwert für demokratischen und moralischen Fortschritt. Politische Theorie könne daher entrümpelt werden: „Themen, die das ahistorische Wesen des Menschen, die Natur des Ich, die Motivation moralischen Verhaltens und den Sinn des menschlichen Lebens betreffen, können wir außer acht lassen, wenn es um die Theorie der Gesellschaft geht. Diese Themen betrachten wir als politisch irrelevant [...]. Nach der Deweyschen Auffassung [...] ist ein Fach wie ‚philosophische Anthropologie' keine unerlässliche Vorstufe der Politik, sondern nur Geschichte und Soziologie sind vonnöten" (Rorty 1995: 89). Man muss und kann einen Wert wie Freiheit nicht wissenschaftlich als wahr beweisen – und kann sich doch beherzt zu ihm bekennen. Daher auch plädiert Rorty gegen verbreitete Universalitätsansprüche für einen bewussten Partikularismus: „Wir sehen unsere Aufgabe darin, der eigenen Kultur – also der Menschenrechtskultur – zu mehr Selbstbewusstsein und Einfluß zu verhelfen, anstatt ihre Überlegenheit durch Berufung auf etwas Kulturübergreifendes zu beweisen" (Rorty 2003: 246). Der Liberalismus der Aufklärung sollte von ihrem Rationalismus abgespaltet werden. Moralischer Fortschritt verdankt sich nicht einem Zuwachs an Wissen, sondern der gesteigerten Empfindsamkeit für das Leiden benachteiligter Menschen.

Rortys Pragmatismus, der den gewachsenen Traditionen demokratischer Kultur des Westens gegenüber einem abstrakten Universalismus den Vorrang einräumt, schlägt in eine ähnliche Kerbe wie die kommunitaristische Kritik am Liberalismus. In beiden Perspektiven scheint die liberale Demokratie auf moralische Wahrheit nicht bzw. nicht allein angewiesen zu sein. Könnten sich politische Theorie und Philosophie also von diesen womöglich zu hohen Ansprüchen verabschieden, zumal dann, wenn die heute verbreiteten Überzeugungen in westlichen Gesellschaften ohnehin demokratisch sind? Für Habermas wäre dies ein potentiell gefährlicher Trugschluss. „Eine Philosophie, die nur noch hermeneutisch erläuterte, was ohnehin besteht, hätte ihre kritische Kraft eingebüßt" (Habermas 1996: 122). Auf welche Argumente sollte sie sich stützen, wenn die vorherrschenden Meinungen nicht einmal mehr einem freiheitlichen Geist folgen? Nach Habermas darf sich keine Position unter Verweis auf Pluralismus der Kritik einfach entziehen. Demokratie lebt von Kritik und einer Kultur der Vernünftigkeit, sowohl in den Debatten der politischen Öffentlichkeit wie auch in den wissenschaftlichen und philosophischen Auseinandersetzungen. Andernfalls droht der postmoderne Pluralismus eben doch in Beliebigkeit und Relativismus zu enden.

11. Schluss: Ende der Moderne?

Im Rückblick kann die ideengeschichtliche Entwicklung der Moderne seit 1789 durchaus als ein Siegeszug der liberalen Demokratie erscheinen. Die mindestens bis 1945 noch vielstimmige und teilweise sehr scharfe Kritik findet sich im Mainstream des politischen Denkens des Westens heute nicht mehr. Der seit einigen Jahren weltweit stark anwachsende Fundamentalismus wie auch eine sich neu belebende Kapitalismuskritik sind zwar ein Indiz für weiter bestehende Herausforderungen und problematische Folgen der Moderne – deren normatives demokratisches Projekt aber gilt allen Anfechtungen zum Trotz als alternativlos. Die Demokratisierungswellen der letzten Jahrzehnte scheinen dies auch empirisch zu belegen.

Von einem „*End of History*" (Fukuyama 1992) im Sinne einer simplen Ausbreitung des westlichen Gesellschafts- und Politikmodells kann dennoch keine Rede sein. Vielmehr verweisen die realen Entwicklungen wie auch die theoretischen Debatten über den Fortgang der Moderne auf ein weit höheres Maß an Komplexität und Vielfalt, als es die klassischen Modernisierungstheorien unterstellten. Letztere gingen davon aus, dass die modernen Megatrends wie Rationalisierung, Säkularisierung und Differenzierung zu einer Diffusion und Konvergenz der institutionellen und kulturellen Settings der westlichen Moderne führen würden. Die westlichen Prinzipien durchdringen unaufhaltsam die Welt (vgl. Meyer 2005). Gegen die Vorstellung einer geradlinigen Entfaltung der Moderne verweist Ulrich Beck auf das Phänomen einer ‚reflexiven Modernisierung', einer Selbstbezüglichkeit und Selbstinfragestellung der klassischen Moderne: Die institutionalisierten Antworten auf die selbst erzeugten Probleme und Nebenfolgen erweisen sich als zunehmend untauglich bzw. inakzeptabel. Es kommt zu einer „Modernisierung der Moderne" (Beck/Bonß 2001). Das hat insbesondere Folgen für den Nationalstaat, über dessen künftige Bedeutung im Kontext der Debatten um *global governance* eifrig gestritten wird (siehe Zürn/Deitelhoff i. d. B.). Ein anderer Befund stellt die Einheitlichkeit *der* Moderne in Frage: Die Reaktionen auf das westliche Ursprungsprogramm der Moderne zeigen Pfadabhängigkeiten und kulturelle Amalgamierungen, die in eine „Vielfalt der Moderne" einmünden (Eisenstadt 2000). Dieser Befund ist nicht mit der etwas unterkomplexen These eines „*Clash of Civilizations*" (Huntington 1996) zu verwechseln, wonach sich künftige Großkonflikte hauptsächlich zwischen Kulturkreisen abspielen werden. Dagegen setzt Höffe folgende These: „Der heute global entscheidende Konflikt findet nicht zwischen dem Westen und dem Nichtwesten, auch nicht zwischen säkularisierten und religiös geprägten Kulturen statt, wohl aber zwischen Gruppen und Gesellschaften, die sich der normativen Modernisierung aussetzen, und denen, die sich ihr versperren" (Höffe 2004: 179).

Damit ist zu guter Letzt noch einmal auf das normative Projekt der Moderne und seine Aktualität zu verweisen. Zweifelsohne lässt sich festhalten: So sehr sich die Moderne als Epoche des Neuen und der Vergänglichkeit erweist und so sehr sie sich auch gemäß der ihr eigenen Dynamik immer wieder verändert und fortentwickelt – die fundamentalen Prinzipien, Ideen und auch Fragen, die seit 1789 immer wieder aufgegriffen und diskutiert worden sind, sind trotz ihrer Zeitgebundenheit in ihrem theoretischen und normativen Gehalt von bleibender Bedeutung und Aktualität. Sie unter sich wandelnden gesellschaftlichen Bedingungen fruchtbar zu machen, ist Herausforderung der heutigen politischen Theorie.

Kommentierte Literaturhinweise

Brodocz, André/Schaal, Gary S. (Hg.), ³2009: Politische Theorien der Gegenwart, 2 Bde. Opladen: Barbara Budrich.
Eine einführende Darstellung zu insgesamt dreißig wichtigen Strömungen der modernen politischen Theorie, jeweils anhand eines besonders prominenten Vertreters.

Ottmann, Henning, 2008-2012: Geschichte des politischen Denkens. Bd. 3/Teilbd. 3: Die politischen Strömungen im 19. Jahrhundert; Bd. 4/Teilbd. 1: Das 20. Jahrhundert. Der Totalitarismus und seine Überwindung; Bd. 4/ Teilbd. 2: Das 20. Jahrhundert. Von der Kritischen Theorie bis zur Globalisierung. Stuttgart-Weimar: Metzler.
Die philosophisch gründlichste Auseinandersetzung mit den verschiedenen Ansätzen und Strömungen einschließlich ihrer historischen Einbettung.

Reese-Schäfer, Walter, 2000: Politische Theorie heute. Neuere Tendenzen und Entwicklungen. München-Wien: Oldenbourg.
Ein problemorientierter Überblick über heute viel diskutierte, wichtige Ansätze und Fragestellungen der politischen Theorie, allerdings ohne ideenhistorischen Bezug.

Schwaabe, Christian, 2010: Politische Theorie 2. Von Rousseau bis Rawls. Paderborn: Fink.
Eine einführende Darstellung und Diskussion zentraler Probleme und besonders wichtiger Ansätze der politischen Theorie.

von Beyme, Klaus, 2002: Politische Theorien im Zeitalter der Ideologien, 1789-1945. Wiesbaden: Westdeutscher Verlag.
Eine sehr übersichtliche Darstellung mit einem Fokus auf dem Ineinander von Theorien und Ideologien.

Online-Ressourcen

Zwei sehr gute, international angesehene, peer-review-basierte Internet-Nachschlagewerke, für alle Gebiete der Philosophie, systematisch wie auch ideengeschichtlich:

The Internet Encyclopedia of Philosophy (IEP): http://www.iep.utm.edu/

Stanford Encyclopedia of Philosophy (SEP): http://plato.stanford.edu/

Literatur

Arendt, Hannah, 1992 [1958]: Vita activa oder Vom tätigen Leben. München: Piper.

Arendt, Hannah, 1995 [1951]: Elemente und Ursprünge totaler Herrschaft. München: Piper.

Arendt, Hannah, 2000 [1968]: Zwischen Vergangenheit und Zukunft. Übungen im politischen Denken. München: Piper.

Beck, Ulrich/Bonß, Wolfgang (Hg.), 2001: Die Modernisierung der Moderne. Frankfurt a.M.: Suhrkamp.

Berlin, Isaiah, 1995 [1969]: Freiheit. Vier Versuche. Frankfurt a.M.: Fischer.

Bourdieu, Pierre, 1985: Sozialer Raum und „Klassen". Leçon sur la leçon. Zwei Vorlesungen. Frankfurt a.M.: Suhrkamp.

Breuer, Stefan, 1995: Anatomie der Konservativen Revolution. Darmstadt: Wissenschaftliche Buchgesellschaft.

Burke, Edmund, 1967 [1790]: Betrachtungen über die Revolution in Frankreich. Frankfurt a.M.: Suhrkamp.

Eisenstadt, Shmuel, 2000: Die Vielfalt der Moderne. Wiesbaden: VS Verlag für Sozialwissenschaften.

Etzioni, Amitai, 1998: Die Entdeckung des Gemeinwesens. Ansprüche, Verantwortlichkeiten und das Programm des Kommunitarismus. Frankfurt a.M.: Fischer.

Flasch, Kurt, 2000: Die geistige Mobilmachung. Die deutschen Intellektuellen und der Erste Weltkrieg. Berlin: Alexander Fest Verlag.

Fukuyama, Francis, 1992: The End of History and the Last Man. New York: Free Press.

Geiger, Theodor, 1964: Demokratie ohne Dogma. Die Gesellschaft zwischen Pathos und Nüchternheit. München: Szczesny.

Großheim, Michael, 1999: Politischer Existenzialismus. Versuch einer Begriffsbestimmung, in: Meuter, Günter/ Otten, Henrique (Hg.): Der Aufstand gegen den Bürger. Antibürgerliches Denken im 20. Jahrhundert. Würzburg: Königshausen & Neumann, 127-163.

Habermas, Jürgen, 1984: Vorstudien und Ergänzungen zur Theorie des kommunikativen Handelns. Frankfurt a.M.: Suhrkamp.

Habermas, Jürgen, 1985: Der philosophische Diskurs der Moderne. Frankfurt a.M.: Suhrkamp.

Habermas, Jürgen, 1991: Erläuterungen zur Diskursethik. Frankfurt a.M.: Suhrkamp.

Habermas, Jürgen, 1992: Faktizität und Geltung. Frankfurt a.M.: Suhrkamp.

Habermas, Jürgen, 1996: Die Einbeziehung des Anderen. Studien zur politischen Philosophie. Frankfurt a.M.: Suhrkamp.

Hegel, Georg Wilhelm Friedrich, 1996 [1820]: Grundlinien der Philosophie des Rechts, Werke Bd. 7. Frankfurt a.M.: Suhrkamp.

Hobsbawm, Eric, 1995: Das Zeitalter der Extreme. Weltgeschichte des 20. Jahrhunderts. München: Hanser.

Höffe, Otfried, 2004: Wirtschaftsbürger, Staatsbürger, Weltbürger. Politische Ethik im Zeitalter der Globalisierung. München: C.H. Beck.

Honneth, Axel, 2007: Pathologien der Vernunft. Geschichte und Gegenwart der Kritischen Theorie. Frankfurt a.M.: Suhrkamp.

Horkheimer, Max, 1986 [1968]: Traditionelle und kritische Theorie. Vier Aufsätze. Frankfurt a.M.: Fischer.

Horkheimer, Max, 1991 [1967]: Zur Kritik der instrumentellen Vernunft. Gesammelte Schriften, Bd. 6. Frankfurt a.M.: Fischer.

Horkheimer, Max/Adorno, Theodor W., 1992 [1944]: Dialektik der Aufklärung. Philosophische Fragmente. Frankfurt a.M.: Fischer.

Huntington, Samuel P., 1996: The Clash of Civilizations and the Remaking of World Order. New York: Simon & Schuster.

Jünger, Ernst, o.J. [1929]: Das Abenteuerliche Herz. Erste Fassung. Aufzeichnungen bei Tag und Nacht, in: Jünger, Ernst: Werke, Bd. 7: Essays III. Stuttgart: Klett-Cotta, 25-176.

Kersting, Wolfgang, 1997: Recht, Gerechtigkeit, demokratische Tugend. Abhandlungen zur praktischen Philosophie der Gegenwart. Frankfurt a.M.: Suhrkamp.

Koselleck, Reinhart, 1972: Einleitung, in: Brunner, Otto/Conze, Werner/Koselleck, Reinhart (Hg.): Geschichtliche Grundbegriffe, Bd. 1. Stuttgart: Klett-Cotta, XIII-XXVII.

Lenin, Wladimir I., 1977 [1913]: Drei Quellen und drei Bestandteile des Marxismus, Werke Bd. 19. Berlin (Ost): Dietz.

Lübbe, Hermann, 1971: Theorie und Entscheidung. Studien zum Primat der praktischen Vernunft. Freiburg: Rombach.

Luhmann, Niklas, 1990: Das Moderne der modernen Gesellschaft, in: Zapf, Wolfgang (Hg.): Die Modernisierung moderner Gesellschaften. Verhandlungen des 25. Deutschen Soziologentages in Frankfurt am Main 1990. Frankfurt a.M.-New York: Campus, 87-108.

Luhmann, Niklas, 1995: Soziologische Aufklärung 6. Die Soziologie und der Mensch. Opladen: Westdeutscher Verlag.

Lyotard, Jean-François, 1989a: Der Widerstreit. München: Fink.

Lyotard, Jean-François, 1989b: Das Inhumane. Plaudereien über die Zeit. Wien: Passagen.

Mannheim, Karl, 1984: Konservatismus. Ein Beitrag zur Soziologie des Wissens. Frankfurt a.M.: Suhrkamp.

Marx, Karl 1973 [1871]: Der Bürgerkrieg in Frankreich. Adresse des Generalrats der Internationalen Arbeiterassoziation, in: Karl Marx/Friedrich Engels – Werke, Bd. 17. Berlin (Ost): Dietz, 313-365.

Marx, Karl, 1976 [1843]: Zur Kritik der Hegelschen Rechtsphilosophie. Einleitung, in: Karl Marx/Friedrich Engels – Werke, Bd. 1. Berlin (Ost): Dietz, 378-391.

Marx, Karl/Engels, Friedrich 1969 [1846]: Die deutsche Ideologie. Kritik der neuesten deutschen Philosophie in ihren Repräsentanten Feuerbach, B. Bauer und Stirner und des deutschen Sozialismus in seinen verschiedenen Propheten, in: Karl Marx/Friedrich Engels – Werke, Bd. 3. Berlin (Ost): Dietz, 13-530.

Marx, Karl/Engels, Friedrich 1972 [1848]: Manifest der Kommunistischen Partei, in: Karl Marx/Friedrich Engels – Werke, Bd. 4. Berlin (Ost): Dietz, 459-493.

Meyer, John W., 2005: Weltkultur. Wie die westlichen Prinzipien die Welt durchdringen. Frankfurt a.M.: Suhrkamp.

Mill, John Stuart, 1995 [1859]: Über die Freiheit. Stuttgart: Reclam.

Nassehi, Armin, 2001: Moderne Gesellschaft, in: Kneer, Georg/Nassehi, Armin/Schroer, Markus (Hg.): Klassische Gesellschaftsbegriffe der Soziologie. München: Fink, 208-245.

Neurath, Otto, 1979: Wissenschaftliche Weltauffassung, Sozialismus und Logischer Empirismus. Frankfurt a.M.: Suhrkamp.

Oakeshott, Michael, 1966: Rationalismus in der Politik. Neuwied: Luchterhand.

Ottmann, Henning, 2008: Geschichte des politischen Denkens. Bd. 3/Teilband 3: Die politischen Strömungen im 19. Jahrhundert. Stuttgart-Weimar: Metzler.

Popper, Karl R., 1992 [1945]: Die offene Gesellschaft und ihre Feinde. Tübingen: Mohr.

Rawls, John, 1975 [engl. 1971]: Eine Theorie der Gerechtigkeit. Frankfurt a.M.: Suhrkamp.

Rawls, John, 1994: Gerechtigkeit als Fairneß: politisch und nicht metaphysisch, in: Honneth, Axel (Hg.): Kommunitarismus. Eine Debatte über die moralischen Grundlagen moderner Gesellschaften, Frankfurt a.M.-New York: Campus, 36-67.

Rawls, John, 1998: Politischer Liberalismus. Frankfurt a.M.: Suhrkamp.

Rawls, John, 2004: Geschichte der Moralphilosophie. Hume, Leibniz, Kant, Hegel. Frankfurt a.M.: Suhrkamp.

Rorty, Richard, 1995: Der Vorrang der Demokratie vor der Philosophie, in: Rorty, Richard: Solidarität oder Objektivität? Drei philosophische Essays, Stuttgart: Reclam, 82-125.

Rorty, Richard, 2003: Wahrheit und Fortschritt. Frankfurt a.M.: Suhrkamp.

Rosa, Hartmut, 2005: Beschleunigung. Die Veränderung der Zeitstruktur in der Moderne. Frankfurt a.M.: Suhrkamp.

Sandel, Michael, 1994: Die verfahrensrechtliche Republik und das ungebundene Selbst, in: Honneth, Axel (Hg.): Kommunitarismus. Eine Debatte über die moralischen Grundlagen moderner Gesellschaften, Frankfurt a.M.-New York: Campus, 18-35.

Schmitt, Carl, 1991 [1932]: Der Begriff des Politischen, Text von 1932 mit einem Vorwort und drei Corollarien. Berlin: Duncker & Humblot.

Schmitt, Carl, 1996a [1922]: Politische Theologie. Vier Kapitel zur Lehre von der Souveränität. Berlin: Duncker & Humblot.

Schmitt, Carl, 1996b [1923]: Die geistesgeschichtliche Lage des heutigen Parlamentarismus. Berlin: Duncker & Humblot.

Schwaabe, Christian, 2005: Die deutsche Modernitätskrise. Politische Kultur und Mentalität von der Reichsgründung bis zur Wiedervereinigung. München: Fink.

Schwelling, Birgit (Hg.), 2004: Politikwissenschaft als Kulturwissenschaft. Theorien, Methoden, Problemstellungen. Wiesbaden: VS Verlag für Sozialwissenschaften.

Strauss, Leo, 1956: Naturrecht und Geschichte. Stuttgart: Koehler.

Taylor, Charles, 1988: Negative Freiheit? Zur Kritik des neuzeitlichen Individualismus. Frankfurt a.M.: Suhrkamp.

Taylor, Charles, 1994a: Quellen des Selbst. Die Entstehung der neuzeitlichen Identität. Frankfurt a.M.: Suhrkamp.

Taylor, Charles, 1994b: Aneinander vorbei: Die Debatte zwischen Liberalismus und Kommunitarismus, in: Honneth, Axel (Hg.): Kommunitarismus. Eine Debatte über die moralischen Grundlagen moderner Gesellschaften, Frankfurt a.M.-New York: Campus, 103-130.

Tönnies, Ferdinand, 1991 [1887]: Gemeinschaft und Gesellschaft. Grundbegriffe der reinen Soziologie. Darmstadt: Wissenschaftliche Buchgesellschaft.

Voegelin, Eric, 1991 [1952]: Die Neue Wissenschaft der Politik. Eine Einführung, Freiburg: Alber.

Voegelin, Eric, 1996 [1938]: Die politischen Religionen. München: Fink.

Weber, Max, 1988 [1919]: Wissenschaft als Beruf, in: Weber, Max: Gesammelte Aufsätze zur Wissenschaftslehre. Tübingen: Mohr, 582-613.

Welsch, Wolfgang, 1993: Unsere postmoderne Moderne. Berlin: Akademie Verlag.

Wittgenstein, Ludwig, 1963 [1921]: Tractatus logico-philosophicus. Frankfurt a.M.: Suhrkamp.

Moderne Demokratietheorien

Hubertus Buchstein

1. Einleitung

‚Demokratie' gehört zu den Schlüsselbegriffen der modernen Politikwissenschaft und erfüllt im Fach eine wichtige Orientierungsfunktion.[1] Der moderne Demokratiebegriff und die Politikwissenschaft sind untrennbar miteinander verwoben. Sei es die Gründung der modernen Politikwissenschaft in den USA im letzten Drittel des 19. Jahrhunderts, ihr Aufbau in England, Frankreich und Skandinavien in den ersten Dekaden des 20. Jahrhunderts, die Etablierung politikwissenschaftlicher Professuren an bundesdeutschen Universitäten nach 1949 oder die Expansion der Disziplin nach dem Zusammenbruch des Ostblocks 1990 – fast ausnahmslos erfolgte die Einrichtung der Politikwissenschaft unter dem Signum einer Demokratiewissenschaft. Konzeptionell besteht diese Demokratiewissenschaft aus dem Dreiklang einer normativ und ideengeschichtlich ansetzenden Demokratie*begründung*, einer empirisch und analytisch vorgehenden Demokratie*forschung* und einer reformpolitisch und pädagogisch inspirierten Demokratie*praxis*.

Mit dieser vordergründigen Orientierung am Demokratiebegriff sind die Gemeinsamkeiten in der modernen Politikwissenschaft allerdings auch schon erschöpft. Denn seit ihrer Gründung ist die Disziplin von rivalisierenden Vorstellungen darüber, was unter dem Begriff ‚Demokratie' genau zu verstehen ist, geprägt. Solche Differenzen dürfen Studierende der Politikwissenschaft nicht allzu sehr überraschen – spiegeln sie doch lediglich wider, dass unter den Bürgerinnen und Bürgern in modernen Demokratien (wie unter den Studierenden des Faches) uneinheitliche Vorstellungen darüber verbreitet sind, was eine Demokratie kennzeichnet bzw. kennzeichnen sollte. Für den Demokratiebegriff gilt, was in den beiden vorangegangenen Kapiteln in diesem Studienbuch zur Politischen Ideengeschichte an Beispielen der Verwendung anderer zentraler Begriffe der Politischen Theorie ablesbar war: ‚Demokratie' gehört zu den „*contested concepts*" oder „umkämpften Begriffen", die in der gesellschaftspolitischen Kommunikation nicht einfach nur als eine sachliche Bezeichnung für bestimmte politische Phänomene fungieren, sondern die in ihrer Verwendungspraxis zugleich bewertende Urteile wie Zustimmung, Hoffnung, Verachtung oder Ablehnung ausdrücken.[2] Keine noch so sehr auf wissenschaftliche Neutralität zielende Begriffswahl wird diese performative Dimension vollständig ausschalten können. Die Politikwissenschaft kann allenfalls

---

[1] In diesem Beitrag greife ich in mehreren längeren Passagen auf meinen Artikel „Demokratie" (Buchstein 2011) zurück. – Für kritische Kommentare und Hinweise danke ich Antonia Geisler, Kerstin Pohl und Manfred G. Schmidt.

[2] Zum Konzept der ‚umkämpften Begriffe' in der politischen Ideengeschichte vgl. Göhler/Iser/Kerner (2011).

versuchen, mit Hilfe ihres analytischen Instrumentariums auf Distanz zu diesen verschiedenen Verwendungsweisen zu gehen und sie im Hinblick auf ihre unterschiedlichen normativen, empirischen und praktischen Geltungsansprüche kritisch in den Blick zu nehmen.

Die Umstrittenheit des Demokratiebegriffs gehört genau genommen sogar zu seinem Überlebens- und Erfolgsrezept. Die Auslegung des Demokratiebegriffs steht seit mehr als zwei Jahrhunderten im Zentrum von politischen Konflikten zwischen den Befürwortern und Gegnern von Demokratie. Es begann im letzten Drittel des 18. Jahrhunderts, als der Begriff zunächst in den Niederlanden, Frankreich und den USA neu aufkam, und setzte sich seitdem fort: im 19. Jahrhundert in Australien, Neuseeland, England und auf dem europäischen Kontinent, im 20. Jahrhundert zusätzlich in Lateinamerika, Asien und Afrika und zuletzt zu Beginn des 21. Jahrhunderts in Nordafrika mit der ‚Arabellion' sowie in den oppositionellen Diskursen Russlands und Chinas. Mit der Verbreitung des Demokratiebegriffs werden die Unterschiede und Nuancierungen bei seiner Verwendung in Zukunft vermutlich weiter zunehmen: Denn von dem Zeitpunkt an, ab dem ‚Demokratie' zur zentralen Selbstbeschreibungsformel in modernen politischen Systemen wird, schlüpfen die politischen Differenzen innerhalb einer Gesellschaft gleichsam in diese Formel hinein und geben sich häufig nur noch als unterschiedliche Begriffsauslegungen zu erkennen.

2. Die drei semantischen Transformationen des Demokratiebegriffs

Wie ist es zum Siegeszug des modernen Demokratiebegriffs gekommen? Das Wort Demokratie stammt bekanntlich aus der politischen Ordnungsformenlehre der griechischen Antike und diente zur Klassifizierung einer politischen Ordnung, in der das Volk (*demos*) seine politische Macht kraftvoll ausübt (*kratein*) (vgl. Ober 2008). Bereits in der Antike gab es keine Einigkeit über die genaue Wortbedeutung von *demokratia*; die antiken Wortgefechte wurden beispielsweise um die Frage geführt, welche sozialen Gruppen zum *demos* gehörten und welche Institutionen typisch demokratisch sind. Im Hinblick auf ihre institutionelle Ausgestaltung hat die zeitgenössische moderne Demokratie mit ihren Vorläufern aus der Antike kaum mehr gemeinsam als den Namen (vgl. Finley 1980).

Die antiken Demokratien in Athen und den vielen anderen Poleis praktizierten eine direkte Form der politischen Herrschaftsausübung, in der nicht nur gemeinsam beraten wurde, sondern alle wesentlichen Entscheidungen von der versammelten Bürgerschaft direkt getroffen wurden. Die Volksversammlung war das höchste und von keiner Verfassung oder anderen politischen Institutionen in ihren Kompetenzen eingeschränkte Gremium. Demokratische Politik fand ihren Ausdruck zudem im Losverfahren und im Rotationsprinzip bei der Besetzung politischer Ämter. Politische Systeme, die heute den Namen Demokratie tragen, zeichnen sich demgegenüber durch die Existenz von Repräsentativorganen, Personalwahlen, Gewaltenteilung, Massenmedien, eine Vielzahl intermediärer Organisationen (wie Parteien und Verbände) und durch von der Verfassung gesetzte Grenzen der politischen Entscheidungsfreiheit aus.

In der ideengeschichtlichen Retrospektive lässt sich erkennen, dass sich die Bedeutungs-
verschiebung vom antiken zum modernen Demokratiebegriff in einem langen Transforma-
tionsprozess vollzogen hat. Die grundlegenden semantischen Veränderungen betreffen die
Bewertung, die Zeitlichkeit und die Institutionalisierung von Demokratie und lassen sich
mit den drei Formeln ‚Positivierung', ‚Futurisierung' und ‚Anreicherung' überschreiben.

1. *Positivierung.* In den antiken Theorien von Platon und Aristoteles sowie von Cicero
   und Polybios war Demokratie ein Negativbegriff. Alle wesentlichen Quellen, aus denen
   uns der antike Demokratiebegriff überliefert ist, stammen von Kritikern, wenn nicht
   entschiedenen Gegnern der Demokratie. Ihre Kritik war vehement, und die Mängellis-
   te der Demokratie enthielt ganz unterschiedliche Punkte: Sie beteilige unqualifizierte
   Bürger an der Politik, sie kompliziere politische Entscheidungsgänge, sie produziere
   schlechte Entscheidungen, sie verderbe die politische Kultur oder sie sei schlicht eine
   amoralische Ordnung – um nur die wichtigsten Kritikpunkte zu nennen. Diese negative Verwendung des Begriffs setzte sich ungebrochen über das Mittelalter bis in die
   Neuzeit fort, und erst bei Spinoza und Rousseau finden wir Versuche, die Demokratie
   positiv zu bestimmen. Durchsetzen konnte sich die positive Konnotation von Demokratie aber nur allmählich nach der Französischen Revolution und dann im Zuge der
   Ausweitung des Wahlrechts in den USA, in Westeuropa, Neuseeland und Australien
   im 19. Jahrhundert. Begleitet war dieser Prozess von ideologischen Auseinandersetzungen, die erst Mitte des 20. Jahrhunderts ihr Ende fanden. Heute ist die Transformation zu einem Positivbegriff zumindest im westlichen Kulturkreis abgeschlossen.
   Der Begriff hat sich zu einem normativen Maßstab in globalen politischen Auseinandersetzungen entwickelt. Die Demokratie findet in modernen Demokratien zwar viele
   interne Kritiker an ihrer Verfassungsrealität, aber nur wenige grundsätzliche Gegner.

2. *Futurisierung.* Schon den politischen Denkern des Hellenismus und späteren römischen Autoren wie Cicero galt die Demokratie als eine Regierungsform einer vergangenen Epoche. Demokratie wurde vergangenheitsorientiert gedacht und mit der Existenz
   kleiner Stadtstaaten aus der untergegangenen Welt der griechischen Antike verbunden.
   Schon deshalb war sie – ungeachtet ihrer negativen Aspekte – für Autoren wie Montesquieu, John Locke oder die Verfasser der *Federalist Papers* keine ernsthafte Begriffs-
   option für die politische Zukunft. Positiver urteilte Hegel über die antike Demokratie,
   aber auch er vermochte ihr seit der Freisetzung des subjektiven Geistes keine Zukunft
   mehr zu attestieren. Selbst Autoren wie Spinoza, Hugo Grotius und Rousseau, deren
   Theorien große Positivierungsschritte wagten, blieben bezüglich einer realistischen
   Zukunft der Demokratie eher zurückhaltend. (Nimmt man eine solche Perspektive ein,
   dann war die Jakobinerherrschaft in Frankreich der Versuch, das Rad der Geschichte
   zurückzudrehen, und musste deshalb zwangsläufig im Terror enden.) Erst mit Tocquevilles Buch über Amerika beginnt sich eine politische Rhetorik durchzusetzen, die die
   dominante Zeitstruktur im Bewusstsein vieler Zeitgenossen umkehrt und Demokratie
   als ein Projekt der Zukunft wahrnehmen lässt. In Tocquevilles Sicht war Nordostame-
   rika schon in weiten Teilen eine Demokratie, und auch in Europa würde sie sich bald

durchsetzen, so problematisch diese Tendenz auch sei. Erst diese Futurisierung machte den Demokratiebegriff zum Schlüsselbegriff der politischen Kämpfe des 19. und
20. Jahrhunderts. Gegner wie Befürworter der Demokratie wurden durch diese Perspektive elektrisiert. Die einen, weil sie nun einer Herausforderung gegenüberstanden,
die für sich Zukunft beanspruchte; die anderen, weil sie ein realisierbares politisches
Projekt mit dem Namen ‚Demokratisierung‘ vor Augen hatten (vgl. Hirschman 1992;
Femia 2001). Ungeachtet aller Sorgen und Krisendebatten setzte sich letztlich dieser
generelle Zukunftscharakter der Demokratie unter ihren Befürwortern durch.

3.   *Anreicherung.* Schließlich erfuhr der Demokratiebegriff eine Veränderung in seinem
institutionellen Inventar. Bestand in der Antike ein Primat der politischen Partizipation
und ihrer Institutionen, so setzte sich allmählich eine konstitutionelle Verwendungs-
weise durch, die das Moment der direkten Beteiligung einschränkte. Es ist der von
Benjamin Constant im ersten Drittel des 19. Jahrhunderts so begrüßte Wechsel von
der ‚Freiheit der Alten‘ (in der Antike) zu der ‚Freiheit der Neuen‘ (in der aufkommenden Industriegesellschaft), der diesen paradigmatischen Bruch deutlich macht: Die
Durchsetzung der positiven Bewertung des Demokratiebegriffs geht historisch mit
dem Primat liberaler Abwehrrechte sowie mit dem Einbau des Repräsentativsystems
einher. Die institutionellen Folgerungen dieses Transformationsschritts sind erheblich:
Die Demokratie wird als Ordnung betrachtet, die mit einem System von *checks and
balances* angereichert werden muss, damit die negative Freiheit – der Schutz des Individuums vor Beschlüssen der demokratischen Mehrheit – gesichert bleibt. Die Liste
der Vorschläge, wie die Institutionen der Demokratie entsprechend komplettiert werden sollten, ist lang und bezeugt ein hohes Maß an Kreativität der zeitgenössischen
Autoren. Die wichtigsten hinzugefügten Elemente sind institutionelle Garantien von
Rechtsstaatlichkeit (z. B. Unabhängigkeit der Justiz oder Verfassungsgerichtsbarkeit),
verschiedene Modelle der Gewaltenteilung, der Föderalismus und mehrstufige Reprä-
sentativsysteme.

Das gegenüber dem antiken Sprachgebrauch dreifach transformierte Verständnis von Demokratie hat im 20. Jahrhundert als politisches Ordnungssystem einen imposanten globalen
Siegeszug erlebt. Wenn in diesem Sinne heute von Demokratie gesprochen wird, ist damit
keine selbst ernannte ‚Volksdemokratie‘ wie in Nordkorea und auch keine ‚gelenkte Demokratie‘ wie in Russland gemeint, sondern das Attribut ‚demokratisch‘ wird an mehrere Minimalbedingungen gekoppelt – in diesem Sinne ist die Demokratie kein völlig offener Begriff, der „*essentially contested*“ ist, sondern ein „boundedly contested concept“ (Lord 2004:
11f.), das über einen Bedeutungskern verfügt, über den Konsens besteht, das aber in seinen
Außenbereichen umstritten ist.

Die *Minimalbedingungen* des Systemtyps ‚moderne Demokratie‘ lassen sich aus einem
einzigen normativen Grundprinzip ableiten: dem Anspruch auf politische Gleichberechtigung aller Angehörigen einer politischen Ordnung. Im Einzelnen lauten die vier Minimalbedingungen: (1) Der Kreis der Autoren und der Kreis der Adressaten der für ein politisches
Kollektiv verbindlichen und in einer Verfassung garantierten Regeln sind deckungsgleich.

(2) Diese Regeln werden über den Weg allgemeiner, freier und gleicher Wahlen, die (3) in regelmäßigen Abständen eine gleichberechtigte Mitwirkung aller Staatsangehörigen bei der Wahl oder Abwahl des politischen Führungspersonals möglich machen, hergestellt. (4) Die freie Meinungsäußerung und Interessenwahrnehmung durch gesicherte Rechte der politischen Selbstorganisation und politischen Opposition für alle Bürger sind in allen Phasen des politischen Prozesses garantiert.

Ließ sich die Zahl solcher Demokratien zu Beginn des 20. Jahrhunderts noch an zwei Händen abzählen, so war ihre Zahl 100 Jahre später enorm angestiegen. Die rapide Vermehrung von modernen Demokratien erfolgte in mehreren Wellen. Die erste Demokratisierungswelle startete im Amerika des 19. Jahrhunderts und ließ bis 1922 (dem Jahr des Machtantritts von Mussolini) insgesamt 29 nach heutigen Maßstäben halbwegs entwickelte Demokratien entstehen. Eine zweite Welle hatte ihren Impuls in der Demokratisierungspolitik der westlichen Alliierten nach dem Zweiten Weltkrieg und hatte ihren Höhepunkt im Jahre 1962 mit 36 Demokratien weltweit. Mitte der 1970er Jahre setzte eine dritte Demokratisierungswelle ein, die vor allem Länder in Lateinamerika und Südeuropa betraf. Die vierte Welle entstand zu Beginn der 1990er Jahre, als in einer Reihe von Ländern aus dem Bereich des ehemaligen Ostblocks der Übergang zur modernen Demokratie beschritten wurde. Im Jahre 2010 wurden 116 von 194 selbständigen Staaten von Freedom House zu den Demokratien gerechnet. Das ist ein Anteil von 59,7 Prozent. So imposant diese Zahl im historischen Vergleich auch anmutet, so wenig darf darüber die Tatsache aus dem Blick geraten, dass die Mehrheit der Weltbevölkerung heute weiterhin in autokratischen Regimen oder in Gesellschaften ohne ein geordnetes politisches System lebt. Und ob sich aus dem ‚arabischen Frühling‘ der Jahre 2011/12 eine dauerhafte neue, fünfte Welle der Demokratisierung formiert, wird erst im Abstand von einigen Jahren festzustellen sein.

3. Die drei grundlegenden Typen moderner Demokratietheorien: empirische, formale und normative Theorieansätze

Es gibt von Seiten der Politikwissenschaft für die Bewältigung des demokratietheoretischen Pluralismus mehrere Sortierhilfen. Grob lassen sich diese Sortierungen in zwei Verfahrensweisen einteilen: eine diachronische und eine synchronische. Beim ersten Verfahren werden die ideengeschichtlichen Linien des demokratischen Denkens nachgezeichnet. Der Zweck dieses Verfahrens besteht darin, grobe Phaseneinteilungen und markante thematische Änderungen im demokratischen Denken zu ermitteln, um auf diese Weise die erreichten ‚Fortschritte‘ moderner Demokratietheorien demonstrieren zu können.[3] Beim zweiten Verfahren werden Demokratietheorien zu Modellen oder Ansätzen verdichtet, um diese besser miteinander vergleichbar zu machen.[4]

---

[3]   Die besten ideengeschichtlichen Einführungen geben Dunn (2005) und Saage (2005). Einen ideengeschichtlichen Überblick auf Basis von Quellentexten und Texterläuterungen bietet Massing/Breit/Buchstein (2012).

[4]   Die besten nach Ansätzen sortierten Einführungen geben Held (2006) und Lembcke/Ritzi/Schaal (2012).

Alternativ zu diesen beiden Vorgehensweisen wird in der nachfolgenden Sortierung die Frage ins Zentrum gestellt, mit welchem Erkenntnisinteresse an das Thema Demokratie herangegangen wird. Es lassen sich dann drei grundlegende Typen von Demokratietheorie unterscheiden: der empirische, der formale und der normative Typus. Die *empirischen* Demokratietheorien versuchen zu ermitteln, welche konkrete Form von Demokratie welche Art von Politikergebnissen erzeugt. Die *formalen* Demokratietheorien leiten ihre Modelle aus bestimmten Rationalitätsannahmen über Akteure oder Systemzusammenhänge ab. Die *normativen* Demokratietheorien sind bestrebt, die Demokratie als die in vernünftiger Hinsicht beste aller politischen Ordnungssysteme zu rechtfertigen.

Mit diesen drei Typen sind unterschiedliche politikwissenschaftliche Perspektiven und Herangehensweisen an moderne Demokratien verbunden. Viele politikwissenschaftliche, aber auch viele tagespolitische Debatten über demokratiepolitische Fragen könnten mit weniger Heftigkeit, mit weniger Missverständnissen und mit mehr Gewinn für alle daran Beteiligten geführt werden, wenn man die typologische Unterscheidung im Blick behielte.

3.1 Empirische Demokratietheorien

Empirische Demokratietheorien beanspruchen, politische Systeme, die den Namen Demokratie tragen, zu beschreiben und zu Aussagen über kausale politische Wirkungszusammenhänge in diesen Systemen zu gelangen. Ideengeschichtlich lässt sich die empirische Analyse von Demokratien bis zu Texten von Platon und Aristoteles zurückverfolgen. Moderne empirische Demokratietheorien klassifizieren unterschiedliche Typen demokratischer Systeme, benennen deren Funktionsvoraussetzungen und messen deren Leistungsfähigkeit. Sie bedienen sich dabei unterschiedlicher Methoden der qualitativen und quantitativen Sozialforschung. Ihre Theoriebildung erfolgt in der Regel induktiv auf dem Wege der schrittweise vorgehenden Verallgemeinerung von empirischen Befunden.

Die wichtigsten Themen, mit denen sich empirische Demokratietheorie derzeit befasst, sind die Voraussetzungen der Demokratie, die unterschiedlichen Demokratieformen und deren Leistungsfähigkeit sowie die Gefährdungen der Demokratie.

3.1.1 Die Voraussetzungen der Demokratie

Moderne Demokratien sind auf begünstigende soziale, ökonomische und kulturelle Bedingungen angewiesen. Die empirische Demokratieforschung fragt nach dem konkreten Einfluss dieser Bedingungsfaktoren und danach, inwieweit demokratische Institutionen ihrerseits gesellschaftlichen Wandel bedingen. In den klassischen Demokratietheorien wurden gesellschaftliche Homogenität sowie eine insgesamt überschaubare Größe des politischen Gemeinwesens als Gelingensbedingungen von Demokratien angesehen. Während der territoriale Faktor in der modernen Theorie, die es mit Massendemokratien in Flächenstaaten zu tun hat, inzwischen weniger bedeutend geworden ist, spielt das Homogenitätserfor-

---

5   Den besten und umfassendsten Überblick über den gegenwärtigen Stand der empirischen Demokratietheorie
     bieten Teil III und Teil IV von Schmidt (2010).

dernis heute eine ambivalente Rolle. Im Anschluss an Claus Offe und Philippe Schmitter (1995: 513ff.) können folgende fünf Bedingungen als unabdingbar für die Etablierung und Aufrechterhaltung von modernen Demokratien gelten: 1) die Selbstanerkennung einer politischen Gemeinschaft in Form der Anerkennung der äußeren Landesgrenzen und des historischen Erbes einer gemeinsamen politischen Kultur; 2) die Ablehnung von theokratischen Regimes und stattdessen die breitenwirksame Toleranz gegenüber unterschiedlichen religiösen Einstellungen; 3) die Überbrückung von starken ethnisch definierten Trennungslinien innerhalb einer Gesellschaft; 4) ein ausgewogenes Verhältnis zwischen kapitalistischen Modi der Produktion, Akkumulation und Distribution auf der einen und Interventionen eines demokratisch legitimierten Staates im Interesse eines hinreichend großen Teils der Bevölkerung auf der anderen Seite; 5) ein Maß an sozialer Gerechtigkeit, das es für alle größeren sozialen Gruppen und Klassen attraktiv erscheinen lässt, sich an die Spielregeln des demokratischen Systems zu halten. Zu diesen hier genannten Bedingungen benötigen funktionierende Demokratien Machtpluralismus im Sinne einer Streuung von Machtressourcen in Wirtschaft und Gesellschaft. Je stärker Machtpositionen in einer Demokratie verteilt sind und je geringer der Konzentrationsgrad von gesellschaftlicher Macht ist, desto stabiler sind sie (vgl. Vanhanen 2003).

Als mindestens ebenso wichtige Voraussetzung ist der wirtschaftliche Entwicklungsstand einer Gesellschaft zu nennen. Ab einem bestimmten ökonomischen Entwicklungsstand haben Länder eine hohe Wahrscheinlichkeit, zu einer Demokratie zu werden; wohlhabende Staaten haben eine hohe Wahrscheinlichkeit, eine Demokratie zu bleiben. Die Debatte über die Entwicklungsuntergrenze – Adam Przeworski hat sie mit 4.000 Dollar pro Einwohner (in Preisen von 1990) sehr genau einzugrenzen versucht – ist ebenso noch im vollem Gange wie die Debatten über historische Ausnahmen von dieser Regel sowie über das relative Gewicht des ökonomischen Faktors im Zusammenhang mit den zuvor genannten Faktoren (vgl. Przeworski 2006; Teorell 2010). Hinter diesen Forschungen stehen handfeste demokratiepolitische Erkenntnisinteressen: Je genauer die empirische Demokratietheorie die Voraussetzungen der Demokratie ermitteln kann, desto besser mag es gelingen, weltweit stabile Demokratien zu schaffen.

3.1.2 Demokratieformen und Demokratieperformanz

Der größte Teil der Forschung im Bereich der empirischen Demokratietheorie beschäftigt sich mit der Beschreibung, Klassifikation und Analyse von modernen Demokratien. Neben deskriptiven Fallstudien gehören zu dieser Forschung verschiedene Bestrebungen, mit Hilfe von Klassifikationen Ordnung und Übersicht in die empirische Vielfältigkeit an institutionellen Ausgestaltungen von modernen Demokratien zu bekommen. Die wichtigsten sechs Klassifikationen der empirischen Demokratieforschung sind: die drei älteren Unterscheidungen zwischen der Direktdemokratie und der repräsentativen Demokratie, zwischen föderalistischen und einheitsstaatlichen Demokratien und zwischen parlamentarischen und präsidentiellen Demokratien. Später hinzugekommen sind die Unterscheidungen zwischen Konkurrenz- und Konkordanzdemokratie, zwischen Mehrheits- und Verhandlungsdemokratien und zwischen Demokratien mit unterschiedlich vielen Vetospielern. Zu allen genannten sechs Klassifikationen finden sich Hybride, Zwischenformen und Ergänzungen, die in der empirischen Demokratieforschung näher untersucht werden.[6]

Das Interesse der empirischen Demokratietheorie an solchen Klassifikationen entzündet sich an der Frage nach der Leistungsfähigkeit von verschiedenen Ausprägungen der modernen Demokratie. Diese Leistungsfähigkeit – oder Performanz, wie der Fachausdruck lautet – wird in zwei Dimensionen untersucht. Zum einen sollen Messverfahren ermitteln, welche Unterschiede es zwischen bestehenden Demokratien im Hinblick auf ihre Qualität als Demokratien gibt (intrinsische Performanz). Zum anderen wird danach gefragt, welche institutionellen Settings in modernen Demokratien am besten geeignet sind, um bestimmte politische Probleme zu lösen (extrinsische Performanz, vgl. Roller 2011).

Vor allem die folgenden empirischen Befunde haben das Interesse über den Kreis der daran Forschenden hinaus erweckt, weil sie tradierten Vorurteilen widersprechen: Präsidentielle Systeme sind parlamentarischen in ihrer Problemlösungsfähigkeit ebensowenig überlegen, wie sich die ältere These von der besseren Problemlösungsfähigkeit von Mehrheits- oder Konkurrenzdemokratien gegenüber Konkordanz- oder Verhandlungsdemokratien aufrechterhalten lässt. Folgt man den Befunden von Arend Lijphart in seinem Buch *Patterns of Democracy* (2012), sind Verhandlungsdemokratien den Mehrheitsdemokratien in ihrer wirtschaftlichen Entwicklung mindestens gleichrangig und schneiden bei der Inflationsbekämpfung sogar besser ab. Überlegen sind sie vor allem bei sogenannten weichen Politikzielen wie Umweltschutz, Entwicklungspolitik und Sozialpolitik. Auch die vor allem in Deutschland gegen die direkte Demokratie ins Feld geführten Bedenken, dass Referenden in erster Linie Demagogen begünstigen oder dass rechtspopulistisches Gedankengut auf diese Weise zur besseren Durchsetzung gelangt, können als widerlegt gelten (vgl. Abromeit 2003). Ein weiterer allgemeiner Befund von empirischen Demokratietheorien besteht in der Bedeutung von Pfadabhängigkeiten bei institutionellen Entwicklungswegen von Demokratien, die eine Skepsis gegenüber den Erfolgschancen und den Wirkungen von radikalen Reformvorhaben nähren.

3.1.3   Gefährdungen und Selbstgefährdungen von Demokratien

Angesichts der routiniert anmutenden Regelmäßigkeit, mit der in der Vergangenheit Krisen der modernen Demokratie ausgerufen wurden, könnte man auf den Gedanken kommen, dass wir es dabei gar nicht unbedingt mit Situationen von tatsächlichen Krisen zu tun haben, sondern dass das Gespräch über die Krise zur Normalität einer funktionierenden Demokratie gehört. Doch diese dramatisierenden Krisenszenarien öffnen den Raum für kritische Diagnosen und den genaueren Blick auf problematische Phänomene, und erst Krisendebatten bieten den Anlass für eine politische Selbstvergewisserung oder die Suche nach Reformvorschlägen.

Die beruhigenden Stimmen unter den empirisch arbeitenden Politikwissenschaftlern weisen nüchtern darauf hin, dass Demokratien im Vergleich mit Autokratien bislang deutlich bessere Lern- und Problemlösungsfähigkeiten an den Tag legen: Sie verfügen über gute

---

6   Zu diesen Unterscheidungen und den empirischen Forschungen Schmidt (2010: 289ff.).

institutionelle Frühwarnsysteme, sie genießen unter ihren Bürgern hohe Zustimmungsraten, sie können sich außenpolitisch gut gegen ihre Gegner zur Wehr setzen, überdies ist die generelle ‚Großwetterlage' für Demokratien weiterhin gut) Zudem haben Demokratien oberhalb eines bestimmten wirtschaftlichen Entwicklungsstandes eine längere Lebensdauer als Autokratien. Und umgekehrt gilt als generelle Regel, die sich über einen langen historischen Zeitraum robust belegen lässt: Je inklusiver die politischen Institutionen eines Landes sind, desto mehr wirtschaftlicher Wohlstand entsteht (vgl. Acemoğlu/Robinson 2012). Angesichts solcher Befunde, so das Argument, sind die Zukunftschancen für die Demokratie vergleichsweise günstig und steht eine (wenigstens moderate) Ausbreitung dieser Regierungsform in der Welt zu erwarten (vgl. Schmidt 2008; Oppenheimer/Edwards 2012).

Politikwissenschaftler, die mit größerer Sorge auf die Zukunft von Demokratien blicken, stellen Selbstgefährdungs- und Erosionstendenzen von Demokratien in das Zentrum ihrer Analysen. Zu den neuralgischen Punkten auf ihrer Liste gehört erstens der schon seit Längerem geäußerte Verdacht, dass Demokratien bei Zukunftsgütern (z. B. dem Umweltschutz oder einer erträglichen Staatsverschuldung) notorisch die Lasten auf zukünftige Generationen verschieben (vgl. Kielmannsegg 1980: 69ff.; Preuß 1984: 284ff.) und damit ihre langfristige Leistungsbilanz erheblich eintrüben. Als zweites Sorgenbündel auf der Liste findet sich die These, dass die kulturellen und sozialstrukturellen Prozesse, die mit Stichworten wie Individualisierung, Pluralisierung und Postmodernismus vielfältig überschrieben worden sind, „zu einem Maß an interner Diversifikation demokratisch verfasster Gesellschaften und ihrer assoziativen Struktur geführt haben, das nicht nur keinen materialen Konsens, sondern nicht einmal mehr einen ‚Konsens zweiter Ordnung' (d. h. einen Konsens über vernünftige Verfahren im Umgang mit Dissens) mehr übrig lässt" (Offe 2003b: 137). Die Folgen der „Denationalisierung" (Zürn 2011) für die interne Legitimationsbeschaffung in Nationalstaaten stehen als dritter großer Punkt auf der Sorgenliste. Wenn die zentralen politischen Entscheidungen auf supranationaler Ebene getroffen werden und die internen Mechanismen der nationalstaatlichen Demokratien gegenüber solchen Entscheidungen ins Leere laufen, entsteht eine Legitimationslücke, die sich irgendwann auch durch die neuen Formen regierungsamtlich betriebener Legitimitätspolitik nicht mehr zureichend füllen lässt. Einige aktuelle Diagnosen gehen so weit, bereits das Zeitalter einer „Postdemokratie" (Crouch 2008) auszurufen. Danach sind die institutionellen Fassaden der modernen Massendemokratien zwar formal intakt, dahinter habe sich aber längst eine Melange aus inszenierten Wahlkampfspektakeln und verborgenen Einflussnahmen mächtiger wirtschaftlicher Interessengruppen formiert.[7]

Demgegenüber hat eine in der Politikwissenschaft der 1950er und 1960er Jahre vertretene These, nach der Demokratien gefährdet sind, wenn sich zu viele kritische Bürger politisch engagieren, an Überzeugungskraft verloren. Neueren empirischen Forschungen zufolge trifft die gegenteilige Aussage zu: Die Kritikbereitschaft von Bürgern wirkt sich positiv auf das demokratische Niveau politischer Systeme aus (im Sinne von integren politischen Eliten, geringer Korruption, mehr Mitspracherechten und politischer Effektivität). Jene Bür-

---

7   Das erstmals 2004 erschienene Buch *Postdemokratie* von Colin Crouch hat in der Politikwissenschaft schnell eine breite Debatte entfacht (vgl. Crouch 2008; Buchstein/Nullmeier 2006; Jörke 2011).

ger, die Kritik als ihre Bürgerpflicht betrachten, sind eine wichtige Ressource der Demokratieentwicklung (vgl. Norris 2011; Geißel 2011).

3.1.4   Der Ertrag der empirischen Demokratietheorien

Empirische Demokratietheorien konfrontieren eine gelegentlich zu Generalisierungen neigende politische Theorie mit der Tatsache, dass es nicht die eine Demokratie gibt, sondern eine Vielzahl verschiedener Formen, Ausprägungen und institutioneller Konstellationen von Demokratien. Das Wort Demokratie wird in der Perspektive empirischer Demokratietheorien gleichsam zu einem Pluraletantum. Auch normative und formale Demokratietheorien müssen dieser real existierenden Vielfalt von Demokratien gerecht werden können.

Empirische Demokratietheorien liefern Laboratoriumsberichte über die Erprobung demokratischer Systemkonfigurationen. Manche heftig geführte Kontroverse unter Vertretern normativer und formaler Theorieansätze lässt sich mit Hilfe von Befunden der empirischen Demokratietheorie befrieden – zum Beispiel die Auseinandersetzungen über die angeblichen Stärken von präsidentiellen Systemen, über die behaupteten Vorteile von Mehrheitsdemokratien sowie über die vermeintlichen Gefahren der direkten Demokratie. Auf der anderen Seite sind empirische Demokratietheorien auf den Input normativer und formaler Theorien angewiesen, denn diese Theorien stellen nicht nur das grundbegriffliche Instrumentarium zur Verfügung, sondern liefern in der Regel auch das Hypothesenmaterial, an dem sich die empirische Forschung im Detail abarbeitet und mit ihren Ergebnissen profiliert.

3.2   Formale Demokratietheorien

Formale Demokratietheorien konstruieren Modelle, die auf wenigen Axiomen oder Voraussetzungen basieren und sich je nach Theorieansatz unterscheiden. Formale Demokratietheorien gehen von bestimmten Axiomen aus, auf deren Basis sie die Eigenschaften von demokratischen Systemen modellhaft ableiten. Ihre Theoriebildung erfolgt auf deduktivem Wege. Weder ihre Grundannahmen noch die Modelle erheben einen normativen Anspruch – etwa in dem Sinne, dass die jeweiligen Autoren sie als positive Ideale präsentieren. Im Hinblick auf ihre empirische Gültigkeit zehren formale Theorien von der Hoffnung, empirisch zutreffende Grundannahmen gewählt sowie des Weiteren die Modelle richtig konstruiert zu haben, um damit eine Erklärung von Funktionsabläufen in existierenden Demokratien geben zu können.

In der modernen Demokratietheorie konkurrieren zwei formale Theorieansätze miteinander, der akteurszentrierte Ansatz von *Rational Choice*-Modellen und der systemorientierte Ansatz von Niklas Luhmann. Sie setzen an gegenüberliegenden Enden des politischen Prozesses an. *Rational Choice*-Theorien gehen zunächst von individuellen Akteuren aus, denen sie rationale Handlungsmotivationen unterstellen. Wenn sie sich auf höheren Ebenen des politischen Prozesses mit den Handlungen kollektiver Akteure befassen, versuchen sie mit Hilfe derselben Rationalitätsannahmen das Verhalten von Verbänden, Parteien und Staaten zu erklären. Die Systemtheorie beginnt demgegenüber auf der Makroebene der Gesellschaft. Sie begreift die verschiedenen Bereiche einer Gesellschaft als in sich abgeschlossene Systeme und untersucht deren Struktur sowie Funktion für die Gesamtgesellschaft.

3.2.1 *Rational Choice*

Rational Choice beansprucht, eine ökonomische Theorie der Politik zu liefern, die ihre Modelle und Hypothesen aus Grundannahmen über das menschliche Handeln, die sie den Wirtschaftswissenschaften entnommen hat, logisch ableitet (siehe Braun i. d. B.). Diese Deduktionen erheben den Anspruch, das politische Handeln von Akteuren unter definierten Bedingungen voraussagen zu können. Stößt man in der Realität auf Abweichungen von den Deduktionen, muss nach diesem Theorieverständnis das Modell um weitere Zusatzannahmen erweitert werden, bis es die Vorgänge in der politischen Realität nachvollziehbar zu erklären vermag.

Im Kern geht *Rational Choice* auf Überlegungen zurück, die 1942 von Joseph A. Schumpeter publiziert wurden und nach denen man sich das Handeln politischer Akteure genau wie das von wirtschaftlichen Akteuren auf einem Markt – in diesem Fall dem politischen Markt – vorstellen solle (Schumpeter 1942). Der Ansatz von Schumpeter wurde später von Kenneth Arrow, Anthony Downs und Mancur Olson weitergeführt und entfaltete sich seit den 1960er Jahren in der Politikwissenschaft zu einer eigenständigen Richtung an der Grenzlinie zwischen Politikwissenschaft und Ökonomie. In den 1980er und 1990er Jahren schien dieser Ansatz zumindest die US-amerikanische Politikwissenschaft zu dominieren. Und auch wenn sich seit Mitte der 1990er Jahre die kritischen Stimmen gegen *Rational Choice* wieder deutlich mehr Gehör verschafft haben und der Ansatz insgesamt an Bedeutung verloren hat, gehört er heute weiterhin zu den wichtigsten Strömungen der modernen Demokratietheorie.

Die Modelle von *Rational Choice* können wichtige Einsichten in potentielle Mängel und Problemlagen moderner Demokratien bieten. Die Problemdiagnosen beziehen sich in der Nachfolge von Downs auf vier Bereiche: auf die Konsumenten und auf die Anbieter im ökonomischen Politikmodell, auf die zwischen ihnen geltenden Spielregeln sowie auf das Handeln kollektiver Akteure in der Politik.

1. Die Konsumenten des politischen Marktes sind die Bürger. *Rational Choice* macht auf das schlichte Faktum aufmerksam, dass Wählen und andere Formen des politischen Handelns immer auch Kosten verursachen, seien es Zeit, Geld oder Aufmerksamkeit. Die Bürger, die über eine bestimmte Streitfrage am besten informiert sind, sind zuvorderst jene, auf deren Einkommen sich die Streitfrage besonders auswirkt. Generell gilt: Der Ertrag einer informierten Wahlentscheidung ist aufgrund der randständigen Bedeutung der eigenen Stimme so gering, dass es für die meisten Bürger irrational ist, politische Informationen für Wahlzwecke zu erwerben. Downs (1957) nennt dies „rationale Unwissenheit" der Bürger. Diese Überlegung lässt sich noch weiterführen: Da bei einer Bevölkerung von rund 60 Millionen Wahlberechtigten (wie derzeit in der Bundesrepublik) die statistische Wahrscheinlichkeit, dass die eigene Stimme das Ergebnis einer Bundestagswahl tatsächlich entscheidet, verschwindend gering ist, ist es für den Bürger rational, gar nicht erst die mit einer Wahlbeteiligung verbundenen Kosten und Mühen auf sich zu nehmen. Eine niedrige Wahlbeteiligung ist nach *Rational Choice* ebenso zu erwarten wie die Tatsache, dass in Wahlkämpfen auf irrationale Gefühle statt auf rationale Argumente gesetzt wird.

2. Die Anbieter auf dem politischen Markt sind die professionellen Politiker. In den Modellen von *Rational Choice* finden wir sie in der Rolle von politischen Unternehmern, deren Kalkül es ist, für genügend Bürger als wählbar zu gelten, um die Wahl zu gewinnen. Programmatisch werden sie deshalb so unklar wie möglich bleiben und versuchen, unterschiedliche Wählergruppen mit sich zum Teil ausschließenden Programmpunkten zu gewinnen. Auch werden sie sich an einer Emotionalisierung der politischen Auseinandersetzung und dem Aufgreifen populistischer Forderungen beteiligen, wann immer es ihren Erfolgskalkülen dient. Einmal an die Regierung gekommen, haben Politiker ein Interesse, ihre Klientel zu bedienen, um wiedergewählt zu werden. Ihr kurzfristiges Interesse an der Wiederwahl konterkariert langfristige Politiken, wie sie insbesondere in den Politikfeldern der Finanz-, Renten-, Bildungs-, Umwelt- und Klimapolitik notwendig sind, um Erfolge zu erlangen (siehe Weidner i. d. B.).

3. Die Spielregeln des politischen Marktes bilden die demokratischen Entscheidungsprozeduren. Dass selbst klare Mehrheitsentscheidungen möglicherweise Legitimationsdefizite aufweisen, geht aus dem sogenannten Ostrogorski-Paradox hervor. Das Paradox besagt, dass bereits einfache Änderungen im Abstimmungsablauf gravierende Unterschiede bei den Abstimmungsresultaten ergeben können.

4. Schließlich werden auch Einwände gegen die Pluralismustheorie, wie sie in der Bundesrepublik paradigmatisch von Ernst Fraenkel begründet worden ist (vgl. Fraenkel 2011), vorgetragen. Die pluralistische Demokratietheorie geht davon aus, dass sich Bürger für die Durchsetzung ihrer politischen Interessen zu Gruppen zusammenschließen, um auf diese Weise größeren Einfluss nehmen zu können. Die Vielfalt der organisierten Gruppeninteressen gilt den Pluralisten als Indikator der Differenziertheit und demokratischen Kultur einer Gesellschaft. Die Kritik an solchen Vorstellungen ist von Seiten des *Rational Choice*-Ansatzes erstmals 1965 von Mancur Olson formuliert worden (Olson 1965). Danach ist es – anders als in den Annahmen der Pluralisten – keineswegs selbstverständlich, dass Menschen, die ein gemeinsames Interesse haben, sich auf der Handlungsebene auch tatsächlich gemeinsam für dieses Interesse einsetzen. Im Gegenteil: Häufig ist es für individuelle Akteure ausgesprochen zweckrational, als Trittbrettfahrer zu handeln und darauf zu warten, dass sich andere Bürger für das gemeinsame Ziel einsetzen – welches dann häufig gar nicht erlangt wird, weil alle so denken. Nach der Logik des von Olson entworfenen Modells kollektiven Handelns stehen die Leidtragenden von politischen Handlungsketten in vielen Fällen bereits vor dem Beginn des pluralistischen Ringens der kollektiven Akteure um politische Einflussnahme fest: Es sind die großen latenten Gruppen, obwohl sie – nein: gerade weil sie – Ziele haben, die am ehesten als Allgemeinheitsinteresse gelten können (wie eine nachhaltige Klimapolitik oder eine langfristig verantwortliche Finanzpolitik).

3.2.2 Systemtheorie

In ganz anderer Weise setzt sich die Systemtheorie, insbesondere in der Variante von Niklas Luhmann (1927-1998), mit der modernen Demokratie auseinander.[8] Die zentrale Kategorie der Systemtheorie Luhmanns ist die Gesellschaft. Gesellschaft wird von Luhmann als Einheit miteinander horizontal verknüpfter und sich immer weiter ausdifferenzierender Funktionssysteme verstanden. Das politische System ist dabei eines dieser Teilsysteme und die Demokratie lediglich eine von mehreren möglichen Organisationsformen des politischen Systems. Die Funktion des politischen Systems besteht darin, zu gewährleisten, dass kollektiv bindende Entscheidungen getroffen werden. Das spezifische Medium des politischen Systems ist Macht, der Code für die systemspezifische Kommunikation lautet entsprechend Macht/Ohnmacht. Die Kontrolle des Machtgebrauchs im politischen System wird durch den formellen Besitz von Ämtern gesichert. Das politische System ist wie alle Systeme autopoietisch und selbstreferentiell. Das heißt, es reproduziert sich ausschließlich selbst und besteht relativ abgeschlossen gegenüber anderen gesellschaftlichen Teilsystemen wie der Wirtschaft, der Religion oder der Wissenschaft. Diese basieren nicht auf dem Medium Macht, sondern haben ein eigenes Medium und operieren auf der Grundlage von Geld, Glaube bzw. Wahrheit. Moderne Gesellschaften sind durch das Nebeneinander dieser autopoietischen Systeme gekennzeichnet.

Demokratie definiert Luhmann als „die Spaltung der Spitze des ausdifferenzierten politischen Systems durch die Unterscheidung von Regierung und Opposition" (Luhmann 1986: 208). Der ursprüngliche politische Code Macht/Ohnmacht wird durch eine Zweitcodierung überlagert: Macht wird nochmals aufgespalten in den demokratiespezifischen Code Regierung/Opposition. Zwar hat die Opposition keine Regierungsmacht, sie übt aber indirekt Einfluss aus über die Option, nach den nächsten Wahlen die Macht erringen zu können. Entsprechend ist die gesamte politische Kommunikation darüber codiert, dass sie entweder Vorteile für die Regierung oder für die Opposition sieht. Zudem kann die Regierung Vorschläge der Opposition aufgreifen. Auf diese Weise wird die Spitze des politischen Systems zum Ausgangspunkt der Produktion von alternativen Möglichkeiten.

Infolge ihrer Doppelcodierung zeichnet sich die Demokratie durch ein „möglichst weit gehendes Offenhalten von Optionen" (ebd.: 211) und eine besondere „Sensibilität des Systems" (ebd.) für interne Krisen aus. Der Besitz politischer Ämter in der Demokratie bleibt kontingent, denn er ist das Ergebnis einer regelmäßig wiederholten Selektion von Personen und politischen Programmen, bei der vormalige Entscheidungen revidiert werden können. Die Legitimation politischen Machtbesitzes erfolgt durch die Verfahren, die der Code Regierung/Opposition vorgibt. Neben den Wahlen sind bei Luhmann die Diskussionen in der Medienöffentlichkeit die wichtigsten dieser Verfahren. Laut Luhmann ist Oppositionsmangel gleichbedeutend mit Demokratiemangel und Diktatur.

Die Demokratie ist keine Selbstverständlichkeit der Moderne, sondern eine „höchst voraussetzungsvolle" und „evolutionär unwahrscheinliche" (ebd.: 216) politische Errungenschaft, welche notorisch vielen Selbstgefährdungen ausgesetzt ist. Diese Selbstgefährdungen beste-

---

8   Zu Luhmanns Demokratietheorie vgl. Czerwick (2008) und Hein (2011).

hen einmal darin, dass sich die Opposition in ihrem Interesse, an die Macht zu gelangen, so sehr der Regierung angleicht, dass sich das Spektrum der im politischen Zentrum thematisierten gesellschaftlichen Probleme verengt. Eine weitere Selbstgefährdung besteht in einer Selbstüberforderung der Politik durch zu großen Steuerungsoptimismus) Luhmanns Theorie begründet zwar keinen rigiden Steuerungspessimismus, wohl aber eine gehörige Portion Skepsis bezüglich der Erfolgswahrscheinlichkeit staatlicher Steuerungsversuche. Aus seinen Annahmen über die operative Geschlossenheit von gesellschaftlichen Subsystemen sowie über die fehlende Hierarchie unter den Funktionssystemen folgt die Unmöglichkeit, dass ein System ein anderes durchgehend steuern kann. Erfolgversprechend sind allenfalls indirekte Steuerungsversuche, die in den Sprachcodes der jeweiligen Subsysteme erfolgen müssen. Geld und Recht sind zwei der Codes aus anderen Systemen, über die das politische System indirekt gesteuert werden kann.

Luhmann zufolge werden die Grenzen direkter politischer Steuerung vor allem bei den finanzpolitischen Problemen moderner Wohlfahrtsstaaten erkennbar (vgl. Hein 2011). Aber auch in anderen Politikfeldern, wie dem Schutz der natürlichen Umwelt, kann das politische System seiner Theorie zufolge sehr viel weniger Wirkungen erzeugen, als viele Bürger erwarten und manche Politiker behaupten.

3.2.3   Der Ertrag der formalen Demokratietheorien

Die beiden skizzierten formalen Theorieansätze befehden sich nicht nur untereinander, sondern sind auch in den gegenwärtigen politikwissenschaftlichen Debatten heftig umstritten. Sowohl für empirische wie für normative Demokratietheorien stellen formale Ansätze zunächst eine Provokation dar. Viele Politikwissenschaftler begegnen dieser Provokation dadurch, dass sie die formalen Ansätze für nicht wirklich überprüfbar erklären (so ein Vorwurf seitens empirischer Demokratietheorien gegenüber der Systemtheorie) oder die handlungstheoretischen Annahmen des *homo oeconomicus* für zu eng ansehen (so ein Vorwurf seitens normativer Demokratietheorien gegenüber *Rational Choice*).[9] Es gibt aber auch eine Reihe produktiver Umgangsweisen mit formalen Theorieangeboten. So helfen sich empirisch forschende Politikwissenschaftler mit einem pragmatischen Umgang, indem sie formale Theorien nicht rigide übernehmen, sondern als Erklärungsangebote modifizieren und in andere Theorieansätze integrieren.[10] Schwerer tun sich immer noch die meisten normativen Demokratietheorien mit Systemtheorie und *Rational Choice*. Doch indem diese beiden Ansätze – trotz ihrer sonstigen Divergenzen – darin übereinstimmen, dass sie Irrationalitäten, Leistungsdefizite und Selbstgefährdungen von Demokratien zum Thema machen, haben sie die

---

9   Einer der Gründe für die Attraktivität von *Rational Choice* in den Sozialwissenschaften ist die Sparsamkeit des Handlungsmodells, denn solange sie eine vergleichbar gute Erklärungskraft haben, sind einfache Modelle komplexeren theoretischen Modellen vorzuziehen. Die kritische Debatte über die Realitätsnähe des Erklärungsanspruchs von *Rational Choice* lässt sich am besten anhand der Probleme von Erklärungsversuchen für die Beteiligung an Wahlen nachverfolgen (vgl. Green/Shapiro 1999).

10   So für *Rational Choice* mit dem Vetospieler-Ansatz (vgl. Tsebelis 2002) und für die Systemtheorie in der Steuerungstheorie (vgl. Dahme/Wohlfahrt 2010).

normativen Theorien erneut dazu gezwungen, sich stärker mit den Schattenseiten von Demokratien auseinanderzusetzen.

3.3 Normative Demokratietheorien

In Abgrenzung zu den beiden bisherigen Zugangsweisen machen normative Theorien Aussagen
über positive Sollens-Zustände. Normative Demokratietheorien beanspruchen, überzeugende Begründungen für demokratische Herrschaftssysteme und deren konkrete Ausgestaltung
geben zu können. Ihre Aussagen fungieren als kritische Maßstäbe bei der Qualitätsbewer-
tung real existierender politischer Systeme.[11]
     Zum wissenschaftstheoretischen Selbstverständnis normativer Demokratietheorien ge-
hört, dass die Begründung und die Kriterien für die Bewertung der Demokratie nicht unter
dem Signum einer angeblichen Wertfreiheit der Wissenschaft in den vorwissenschaftlichen
Bereich abgedrängt, sondern explizit zum Gegenstand der wissenschaftlichen Tätigkeit gemacht werden. Moderne normative Demokratietheorien erheben einen universellen Geltungsanspruch, das heißt sie leiten ihre Überlegungen von Grundwerten ab, für die sie zu
begründen versuchen, dass sie als allgemein anerkennenswert erachtet werden können. Diese Grundwerte sind unterschiedliche Auslegungen des eingangs genannten demokratischen
Gleichheitspostulats und akzentuieren damit jeweils verschiedene Facetten des kulturellen
Wertekanons der Moderne: Beteiligungsansprüche, individuelle Rechte, Gerechtigkeit, soziale Gleichheit und Selbstverwirklichung (vgl. Habermas 1992).
     Normative Demokratietheorien unterscheiden sich voneinander sowohl in der Art der
Begründung ihrer Sollensaussagen als auch darin, wie sie Demokratie konkret ausgestaltet
sehen wollen. In den vergangenen 30 Jahren ist es zu einer bis dato nicht gekannten Ausdifferenzierung und argumentativen Verästelung normativer Theorieansätze gekommen. Neben
den klassischen Ansätzen in der modernen Demokratie wie der liberalen, elitären, konservativen, sozialistischen und partizipativen Demokratietheorie ist unter verschiedenen Über-
schriften eine ganze Reihe als neu präsentierte Strömungen hinzugekommen. Dazu gehören
die deliberative, feministische, neorepublikanische, neoliberale, kommunitaristische, kosmo-
politane, assoziative, grün-ökologische, subsidiäre, ethnozentristische, multikulturalistische,
postmoderne, reflexive und die aleatorische Demokratietheorie, um nur einige der einschlägigen Bezeichnungen aufzulisten.
     Um eine erste Orientierung im Gestrüpp der konkurrierenden normativen Theorieange-
bote zu erlangen, ist es hilfreich, danach zu fragen, auf welche Phänomenbereiche sich normative Demokratietheorien primär konzentrieren. Aus den Antworten auf diese Frage lassen
sich drei Achsen gewinnen, auf denen sich die zeitgenössischen normativen Demokratietheorien eintragen lassen. Die Achsen beziehen sich auf den Geltungsbereich von Demokratie,

---

11 Wenn normative Theoretiker als Ergebnis ihrer kritischen Überlegungen die Demokratie ablehnen (wie wir
     es beispielsweise aus der Ideengeschichte von Platon und Aristoteles über Thomas Hobbes, Carl Schmitt
     oder Lenin kennen), dann gehören ihre Theorien nach dieser Definition nicht zur Gruppe der normativen
     Demokratietheorien, da in ihnen nichtdemokratische Ordnungen für erstrebenswerter gehalten werden. Vgl.
     zu dieser Engführung im Verständnis von normativer Demokratietheorie Niesen (2007).

die Partizipationsintensität in der Demokratie sowie den Rationalitätsgehalt demokratischer
Institutionen und Verfahren.

3.3.1 Der Geltungsbereich von Demokratie

Auf der ersten Achse geht es um die Frage, auf welchen Geltungsbereich sich der Demokratiebegriff erstrecken darf und soll. Normative Theorien geben hier unterschiedliche Antworten auf die Frage, welche sozialen Gegenstandsbereiche überhaupt als demokratiefähig angesehen werden können und wer in den Genuss demokratischer Rechte kommen soll. Den
neueren Debatten ist eine inkludierende Perspektive, das heißt die Hereinnahme zusätzli-
cher gesellschaftlicher Bereiche und Gruppen in den Geltungsbereich demokratischer Prinzipien, gemeinsam.

Eine bereits seit dem letzten Drittel des 19. Jahrhunderts bis heute virulente Debatte
kreist um die Frage, ob Demokratie in einem engen Sinne ausschließlich auf Institutionen
des modernen Staates bezogen werden darf (vgl. Hennis 1970) oder ob Demokratie in einem
weiten Sinn als eine ‚Lebensform' verstanden werden muss und damit auch in andere Bereiche des alltäglichen Lebens wie die Arbeitswelt oder Schulen und Hochschulen Eingang
finden soll (vgl. Stammer/Weingart 1972). In der Tradition sozialistischer und sozialdemokratischer Theorieansätze richten die Anhänger eines weiten Demokratiebegriffs ihren kritischen Blick vor allem auf die zeitgenössische Arbeitswelt und erheben hier umfassende De-
mokratisierungsansprüche (vgl. Abendroth 1965; Demirovic 2011).

Seit den 1980er und 1990er Jahren bilden feministische Demokratietheorien einen zweiten Debattenschwerpunkt für Ausweitungen des Demokratieverständnisses. Ausgehend von
der empirischen Beobachtung, dass es trotz des Frauenwahlrechts einen *gender gap* in modernen Demokratien gibt, zielen diese Ansätze darauf ab, Frauen und ‚weibliche Themen'
verstärkt in politische Prozesse einzubeziehen. Vielfach wurde mit der Erfüllung dieser Forderung auch eine qualitative Verbesserung von Politik in Verbindung gebracht. Die positiven Erwartungen bezogen sich auf einen anderen, kommunikativeren Politikstil sowie eine
politische Reformagenda, in deren Mittelpunkt die bessere Vereinbarkeit von Familie, Beruf
und politischer Beteiligung in der modernen Gesellschaft steht (vgl. Holland-Cunz 1998).

Parallel zur feministischen Demokratietheorie wurden in den 1980er und 1990er Jahren in einem dritten Inklusionsdiskurs verschiedene Konzeptionen von multikultureller Demokratie entwickelt. Ausgehend von der empirischen Beobachtung, dass Minderheiten in liberalen Demokratien vielfach diskriminiert werden und ihnen eine angemessene politische
Repräsentation fehlt, besteht ihr Ziel darin, die unterschiedlichen kollektiven Identitäten in
einer Bürgerschaft angemessen zur Geltung gelangen zu lassen. Im Kern laufen die von diesem Anliegen ausgehenden Reformvorschläge auf die Öffnung bestehender institutioneller
Arrangements hinaus. Teilweise werden auch Quotenregelungen vorgeschlagen, die dann mit
dem liberalen Gleichheitsgebot austariert werden müssen (vgl. Strecker 2011).

In einem weiteren Inklusionsdiskurs werden von verschiedenen Autoren seit Mitte der
Jahrtausendwende Überlegungen angestellt, die darauf zielen, auch die Interessen von Kindern – beispielsweise durch ein von den Eltern wahrgenommenes Kinderwahlrecht – und

von zukünftigen Generationen (vgl. Dryzek 2000: 140ff.) in die politischen Abläufe der Demokratie einzubeziehen.

Spätestens die auf den ersten Blick bizarr erscheinende Forderung nach einer adäqua-
ten Berücksichtigung der Interessen von Menschenaffen bei politischen Entscheidungen (vgl.
Goodin/Pateman/Pateman 1997) gibt einen Hinweis auf die Schwierigkeit, ein für alle Mal
gültige Kriterien für eine Begrenzung der demokratischen Inklusionstendenz zu finden. In
der Semantik von „Demokratisierung" ist die Demokratie ein prinzipiell unabgeschlossener
Prozess, über dessen konkrete Begrenzung oder Ausweitung immer wieder neu entschieden
werden muss (vgl. Salomon 2012).

3.3.2 Die Partizipationsintensität in der Demokratie

Auf einer zweiten Achse machen normative Demokratietheorien Aussagen über die anzupei-
lende Intensität der politischen Beteiligung und damit gleichsam über den idealen Abstand
von Herrschern und Beherrschten in der Demokratie. Die Debatten um diese Frage wurden
in der Vergangenheit in vielerlei Gestalt geführt. Genannt seien aus der ersten Hälfte des
20. Jahrhunderts die Kontroversen zwischen Anhängern der Rätedemokratie und des Parlamentarismus sowie die bis heute unvermindert anhaltende Kontroverse zwischen Vertretern
der repräsentativen und der plebiszitären Demokratie. Die Diskussionen über Bürgergesellschaft, neue Beteiligungsformen (vgl. Nanz/Fritsche 2012) oder Vor- und Nachteile der von
der Piratenpartei erprobten *Liquid Democracy* gehören ebenfalls in diesen Zusammenhang.

In allen genannten Kontroversen wird im Kern über die adäquate Rolle der Bürgerinnen und Bürger in der Demokratie gestritten und entsprechend grundlegend sind die debat-
tierten Fragen: Kann politische Beteiligung rein instrumentell betrachtet werden als eine von
mehreren Handlungsalternativen, die sich Bürgern bieten, um ihre eigenen Interessen durchzusetzen? Oder ist politische Beteiligung ein ‚Wert an sich', wie Hannah Arendt und andere
Verfechter einer intrinsischen Partizipationstheorie argumentieren (vgl. Arendt 1970)? Und
wenn dem so sein sollte: Was kann als originäres politisches Handeln in der Demokratie
gelten? Die verschiedenen Spielarten von *Grassroot-* oder Basisdemokratie setzen auf das
Rollenbild des intensiv partizipierenden Aktivbürgers (vgl. Roth 2011). Liberale und elitäre
Demokratievorstellungen verknüpfen ihre Version von repräsentativer Demokratie demgegenüber mit einer Vertrauensbeziehung zwischen Wählern und Gewählten (vgl. Sternberger
1971). Und populistische sowie autoritäre Demokratietheorien sehen in der Akklamation die
genuin demokratische Aktivität (vgl. Schmitt 1983: 243ff.). Die konkurrierenden normativen Argumente in diesen Debatten basieren auf Unterschieden der ihnen zugrunde gelegten
Menschenbilder und divergierenden politischen Philosophien, die sich nicht allein mit empirischen oder formalen Argumenten entscheiden lassen.

3.3.3 Der Rationalitätsgehalt der Demokratie

Schließlich beinhalten Demokratietheorien in einer dritten normativen Dimension bestimmte
Vorstellungen über den materialen Rationalitätsgehalt der demokratischen Willensbildung.
Wie sehr die Rationalitätsfrage an Bedeutung gewonnen hat, lässt sich am Siegeszug der de-

liberativen Demokratietheorie seit den 1990er Jahren ablesen. Deliberation ist die gründlich reflektierende Auseinandersetzung und Beratung über politische Fragen. Die deliberative Demokratie soll dazu beitragen, dass politische Akteure nicht nur ihre richtig verstandenen Eigeninteressen verfolgen, sondern ihre Version von dem, was sie für das Gemeinwohl halten. Dieser Einstellungswandel wird der Öffentlichkeit von Deliberationsprozessen zugeschrieben und als „moralischer Effekt der öffentlichen Diskussion" (Miller 1992: 61) oder „diskursive Kläranlage" (Habermas 2006: 93) bezeichnet.

Die polemische Stoßrichtung der deliberativen Demokratietheorie richtet sich gegen das *Rational Choice*-Modell der Aggregation von einmal gegebenen Präferenzen und zielt stattdessen auf deren Veränderbarkeit in kommunikativen Prozessen. Die institutionellen Vorschläge der deliberativen Demokratietheorie gehen allerdings in verschiedene Richtungen. Gegenwärtig lassen sich drei Grundrichtungen erkennen: Die erste versteht unter Deliberation einen Nachdenkensprozess, der letztlich bei jedem Bürger selbst vor sich gehen soll. Die politikpraktischen Konsequenzen dieses von Robert E. Goodin verfochtenen Ansatzes bestehen in der Forderung nach einer besseren kulturellen Ausbildung der Bürger, die es ihnen ermöglicht, sich gedanklich in andere hineinzuversetzen (vgl. Goodin 2003: 227ff.). Eine zweite Richtung betont mit Jürgen Habermas die moralischen Rationalitätsgewinne als Folge realer politischer Kommunikation und zielt darauf, deliberative Chancen im bestehenden institutionellen Gefüge gegenwärtiger liberaler Demokratien zu optimieren (vgl. Schmalz-Bruns 1995). Gesellschaftspolitisch weitergehende Konsequenzen ziehen John Dryzek und Iris Marion Young. Sie identifizieren als Störfaktoren gelingender Deliberation die gravierenden sozioökonomischen Ungleichheiten in modernen Gesellschaften sowie eine Benachteiligung der Angehörigen von Minderheiten (vgl. Dryzek 2000; Young 2000).

Die partizipative Komponente ist vielen Verfechtern der deliberativen Demokratietheorie zu einem Ballast geworden. Damit stehen sie nicht allein. Derzeit tendieren die meisten normativen Demokratietheorien zu einer stärkeren Betonung der ‚Output-' gegenüber der ‚Input'-Komponente, indem sie darauf abzielen, institutionelle Arrangements zu errichten, die primär die Effizienz von Entscheidungsvorgängen und den materialen Rationalitätsgehalt politischer Entscheidungen erhöhen. Interne Differenzen zwischen den Theorien ergeben sich heute vor allem dort, wo es um die jeweiligen Rationalitätskriterien geht, also ob Effektivität, Implementierbarkeit, faire Interessenrepräsentation, Stabilität, Gerechtigkeit oder Gemeinwohl als wichtigstes Gut gelten.

Eine konsequente Umstellung des Demokratiebegriffs auf die Output-Dimension – sollte sie sich durchsetzen[12] – wäre mit Blick auf die politischen Perspektiven der Demokratie nicht ohne Risiko. Denn wenn die Demokratie primär instrumentell über ihre Leistungen (etwa im Bereich der Wohlfahrt oder Sicherheit) öffentlich legitimiert wird, darf es nicht verwundern, wenn demokratische Systeme ohne langes Zögern zur Disposition gestellt werden, sobald sie diese Leistungen, beispielsweise im Zuge von terroristischen Bedrohungen oder in der Folge von Wirtschafts- und Finanzkrisen, nicht mehr im gewohnten Maße erbringen. Schon aus diesem Grund wird eine argumentativ verteidigungsstarke Demokratietheorie

---

12   Zur Kritik an der Dominanz der Output-Legitimation vgl. Brunkhorst (2003: 376f.) und Niesen (2008: 252f.).

nicht ohne ein Mindestmaß an intrinsischen Motivationen für politische Beteiligung auskommen können, wie bereits John Stuart Mill erkannt hatte (vgl. Rinderle 2009: 192ff.). Die
Existenz der Demokratie stellt immer auch eine symbolische Manifestation der besonderen
Wertschätzung von politischer Freiheit und kollektiver Selbstbestimmung dar (vgl. Christiano 2008: 75ff.; Buchstein 2009b: 213ff.).

In Opposition zur geschilderten ‚Rationalisierung' der Demokratietheorie stehen derzeit auch die Vertreter postmoderner Theorieansätze. Sie verweisen auf die Kontingenz politischen Handelns und plädieren für ein aktivistisches Demokratieverständnis, das sich von
den institutionellen Zwängen der liberalen Demokratie befreit hat. Die Texte der postmodernen Autoren sind häufig in mitreißender rhetorischer Verve geschrieben; wer darin jedoch nach Hinweisen für Veränderungsansätze demokratischer Ordnungen oder nach Lösungen für normative oder praktische Probleme sucht, wird kaum fündig (vgl. Heil/Hetzel
2006; Hirsch/Voigt 2009).

3.3.4   Der Ertrag der normativen Demokratietheorien

In der Politikwissenschaft ist das Verhältnis zwischen formalen, empirischen und normativen Ansätzen gegenwärtig eher als gespannt zu charakterisieren. Viele Vertreter empirischer
und formaler Ansätze legen demonstrativen Wert auf die ‚Wertfreiheit' ihrer Forschungen
und Theorien. Solche Versuche, sich auf diese Weise von der normativen Theorie abzusetzen, sind selbstwidersprüchlich und gegenüber den eigenen Forschungen unangemessen.

Selbstwidersprüchlich sind sie, weil die Forderung nach normativer Abstinenz ihrerseits
eine normative Sollensaussage ist und damit dem normativen Theorietyp verhaftet bleibt.
Der eigenen Forschungspraxis gegenüber sind sie unangemessen, weil sich sowohl empirische wie auch formale Demokratietheorien immer in einer gewissen parasitären Abhängigkeit von der normativen Theorie befinden. Ohne normative Rückversicherung vermögen
empirische und formale Demokratietheorien noch nicht einmal ihre Forschungsfelder zu
umreißen: Denn allein auf dem Boden der normativen Theorie können die Kriterien festgelegt werden, die für die empirische Demokratietheorie darüber entscheiden, ob die von ihren Regierenden reklamierte ‚Volksdemokratie' in China, ‚islamische Demokratie' im Iran
oder ‚gelenkte Demokratie' in Russland zur Gruppe der modernen Demokratie gerechnet
werden sollen oder nicht. Ein solches Abhängigkeitsverhältnis lässt sich auch bei der Demo-
kratiemessung beobachten. Wenn es darum geht, die demokratische Qualität von Demokratien zu vergleichen (intrinsische Performanz), bedarf es für die Auswahl der Messkriterien
des Rückgriffs auf normative Demokratietheorien. Die voneinander abweichenden Positionen einzelner Länder in den ermittelten Rankings der verschiedenen Demokratiemessungs-
indizes sind zu einem nicht unwesentlichen Teil das Resultat von unterschiedlichen normativen Akzentuierungen im Demokratieverständnis.

Empirische Demokratietheorien, die sich der Aufgabe verschreiben, „den Begriff der
Demokratie auf die empirischen Bedingungen des 21. Jahrhunderts einzustellen" (Neyer
2009: 336) oder vor einer Debatte über angemessene normative Kriterien mit einer Vorsor-
tierung zwischen utopischen, minimalistischen und empirisch angemessenen Demokratie-

konzepten zu beginnen (vgl. Merkel 2011b: 436ff.), verschieben das genannte Problem lediglich um eine Ebene, da auch sie die Fragen nach der Zeitgemäßheit bzw. Angemessenheit zuletzt nicht ohne Bezugnahme auf normativ ausgewiesene Kriterien beantworten können.

Aus diesen Überlegungen leitet sich nun kein Recht zur ‚Diktatur der normativen Demokratietheorie' gegenüber den anderen beiden Theorieansätzen ab. Denn erst wenn sie ein produktives Verhältnis zu empirischen und formalen Theorien entwickeln, können normative politische Theorien ihr ganzes Potential zur Geltung bringen. In diesem Zusammenspiel mit formalen und empirischen Demokratietheorien unterliegen normative Demokratietheorien einem selbstbezüglichen normativen Imperativ für die Art und Weise ihre Theoriebildung: Normative Demokratietheorien, die beanspruchen wollen, überzeugende Begründungen für demokratische Herrschaftssysteme zu geben, dürfen weder gegen die logischen Ansprüche der formalen Theoriekonstruktion verstoßen noch dürfen sie sich in ihren Begründungszusammenhängen in einen empirisch luftleeren Raum flüchten.

4. Perspektiven der modernen Demokratietheorie

Die großen Themen der modernen Demokratietheorie kristallisieren sich immer neu im Zusammenhang mit konkreten politischen Ereignissen und daraus gewonnen Erfahrungen heraus. Zu diesen großen Themen gehören zu Beginn des 21. Jahrhunderts die Fragen nach den kulturellen Bedingungen von Demokratie und deren Übertragbarkeit auf bislang nichtdemokratische Länder, ihren Leistungen und Leistungsgrenzen, der Reformfähigkeit von Demokratien, ihrer Friedfertigkeit sowie nach den Gefährdungen und Bedrohungen der Demokratie. Auf diese Fragen suchen Vertreter formaler, normativer und empirischer Demokratietheorien Antworten zu geben.

Momentan stehen zwei große Fragen ganz oben auf der thematischen Agenda der modernen Demokratietheorie: zum einen die Frage nach der territorialen Ausweitung der Demokratie und zum anderen das Verhältnis von Kapitalismus und Demokratie. Beide Debatten prägen auch die Diskussion über Reformen der Demokratie.

4.1 Die räumlichen Transformationen der Demokratie

Die Verfechter der sich seit dem letzten Drittel des 18. Jahrhunderts schrittweise etablierenden neuen politischen Ordnungen in Westeuropa und Nordamerika konnten den von antiken Stadtstaaten stammenden Namen ‚Demokratie' deshalb so erfolgreich für sich reklamieren, weil es ihnen gelungen war, die politischen Institutionensysteme an die veränderten räumlichen Bedingungen von großen Flächenstaaten anzupassen. Diese Demokratien der zweiten Generation waren nationalstaatliche Massendemokratien. Sie nahmen unter anderem gewählte Parlamente, den Ausbau der Gewaltenteilung sowie Massenmedien, Parteien und Verbände in ihr modernes Demokratieverständnis auf. Die mit dem Wandel zum nationalen Flächenstaat einhergehenden institutionellen und prozeduralen Muster prägen unsere Demokratievorstellungen bis heute, auch wenn die gesellschaftspolitische Realität in vielen Politikfeldern diese territorialen Grenzen mittlerweile schon wieder überschritten hat.

Der sich in den letzten Jahrzehnten in Etappen vollziehende Auf- und Weiterbau der Europäischen Union (EU) ist nur ein, wenn auch ein besonders markantes Beispiel für den Tatbestand, dass die Ära exklusiv nationalstaatlich organisierter Demokratien an ihr Ende gekommen ist (vgl. Habermas 2011). Die Entstehung solcher supranationaler Regime setzt – und zwar unabhängig von den kurzfristigen Folgen der Krise des Finanzkapitalismus für die Eurozone und die EU – die ebenso schlichte wie grundlegende Frage auf die Tagesordnung, ob und wie eine *zweite räumliche Transformation der Demokratie* hin zu einer neuen Generation der Demokratie in der postnationalen Konstellation gelingen kann (vgl. Behrens 2005). In der modernen Demokratietheorie werden die aktuellen Debatten über diese Frage unter den drei Stichworten Kosmopolitismus, Volkssouveränität und Legitimationspolitik verhandelt und es besteht weder Einigkeit darüber, ob eine derartige Ausweitung der Demokratie wünschenswert ist noch darüber, wie realistisch ein solches Projekt ist (vgl. Lutz-Bachmann/Bohmann 2002; Maus 2011; Nullmeier et al. 2010).

Die Debatte über die institutionellen Konfigurationen transnationaler Demokratien steckt immer noch in den Kinderschuhen. Einige Autoren plädieren für eine umfassende Reform der UN, schlagen ein Weltparlament vor oder setzen auf den Einfluss der internationalen öffentlichen Meinung (vgl. Habermas 1998). Rainer Schmalz-Bruns hat in diesem Zusammenhang darauf aufmerksam gemacht, dass eine wie auch immer geartete kosmopolitische Demokratie einer Minimalstaatlichkeit auf Weltebene bedarf – was deren Erfolgschancen nicht unbedingt erhöht (vgl. Schmalz-Bruns 2007). Andere Vorschläge setzen auf eine Wiederentdeckung des in den antiken Demokratien bewährten Losverfahrens. Angesichts der viel beklagten Effizienz-, Transparenz- und Partizipationsdefizite der gegenwärtigen EU-Institutionenordnung lassen sich Losverfahren auf unterschiedlichen Ebenen einbauen: (a) für die Verteilung der Sitze in einer verkleinerten Europäischen Kommission auf die Mitgliedstaaten durch eine gewichtete Lotterie, (b) für die Besetzung der Mitglieder, Vorsitzenden und Berichterstatter der Ausschüsse des Europäischen Parlaments durch Losentscheid sowie (c) für die Einführung einer zweiten, gelosten Kammer des Parlaments – einem europäischen „House of Lots" (vgl. Buchstein 2009a; Hein/Buchstein 2010).

4.2 Kapitalismus und Demokratie

Nach dem Zusammenbruch der politischen Systeme im realsozialistischen Lager galt es unter tagespolitischen Kommentatoren wie unter vielen Politikwissenschaftlern als ausgemacht, dass positive Synergieeffekte zwischen dem ökonomischen System einer kapitalistischen Markwirtschaft und dem politischen System einer liberalen Demokratie bestehen. Damit schien die zuvor mehrere Jahrzehnte andauernde Debatte über das spannungsreiche Verhältnis von Demokratie und Kapitalismus einen harmonischen Abschluss gefunden zu haben. Diese Zuversicht ist mittlerweile skeptischeren Diagnosen gewichen. Diese Skepsis entzündet sich an zwei Beobachtungen.

Zum einen an der Beobachtung, dass der politische Entscheidungsspielraum in fast allen etablierten Demokratien im Zuge der sich seit 2008 verstärkenden Krise des Finanzkapitalismus massiv eingeengt ist. Die Politik unterliegt einer „Austerität als fiskalpolitische(m) Regime" (Streeck/Mertens 2010), womit gemeint ist, dass der politisch verfügbare Anteil von Staatsausgaben kleiner wird und sich der finanzpolitische Handlungsspielraum von gewählten Regierungen verringert.

Einer zweiten Beobachtung zufolge hat sich spätestens mit der Finanzkrise in den USA und Europa neben den liberalen Demokratien des Westens mit China ein veritabler ordnungspolitischer Konkurrent etabliert. Im Unterschied zu den realsozialistischen Ländern des damaligen Ostblocks ist China heute beides: „anders *und* erfolgreich" (Zürn 2011: 616). Michael Zürn hat in diesem Zusammenhang unlängst darauf aufmerksam gemacht, dass China in einigen internationalen Debatten bereits als ein Modell dafür gehandelt wird, wie längerfristig ein kapitalistischer Entwicklungspfad ohne Demokratie und Freiheitsrechte nach westlichem Muster aussehen könnte, der zugleich in der Lage ist, auf drängende Probleme wie das der Armutsbekämpfung gemeinwohlorientierte Antworten zu geben.

Solche Beobachtungen zwingen dazu, ein allzu harmonisches Bild des Verhältnisses zwischen Kapitalismus und Demokratie zu revidieren und nüchtern nach den möglichen Grenzen ihrer Vereinbarkeit zu fragen. Solche Revisionen werden teilweise an die Diskussion über ‚Legitimationsprobleme im Spätkapitalismus' in den 1970er Jahren anschließen können (vgl. Schäfer 2009), sie werden aufgrund der seitdem forcierten Entwicklung zum globalen Finanzkapitalismus aber stärker nach konkurrierenden Handlungslogiken in den Bereichen Ökonomie und Politik fragen müssen. Beiträge zu dieser Debatte finden sich in Analysen der Schwierigkeiten von politisch gewollten Regulierungen von Finanzmärkten (vgl. Scheller 2012) oder in Überlegungen zu den mittelfristigen Folgen der eingeengten politischen Handlungsspielräume für die Qualität von Demokratien (vgl. Streeck/Mertens 2010).

4.3 Reformen der Demokratie

Das Thema Innovationen und zukünftige Reformen bei der institutionellen Ausgestaltung moderner Demokratien ist mittlerweile zu einem Teilgebiet der modernen Demokratietheorie geworden (vgl. Goodin 2009; Smith 2009). Mit Claus Offe (2003a: 18ff.) lassen sich drei grundlegende Richtungspfeile solcher Vorschläge identifizieren:

Zum einen gleichsam ‚von unten' ansetzende Vorschläge, in denen die Einflussmöglichkeiten der Bürger gestärkt werden, etwa durch die Etablierung der direkten Demokratie, durch neue Verfahren der Bürgerbeteiligung und Kampagnen für politisch motivierte Konsumentenentscheidungen oder mit Hilfe des Internets.

Ein zweiter reformpolitischer Richtungspfeil setzt ‚von oben' an und zielt darauf ab, verantwortliche Gremien zu stärken, die aus dem politischen Dauerkonflikt herausgehalten werden. Zu dieser Strategie gehört beispielsweise die Einrichtung oder Stärkung von Verfassungsgerichten, Zentralbanken, Bewertungsagenturen, ausgelagerten Kommissionen mit weit reichender Entscheidungskompetenz oder eines Ökologischen Rates, der die Rechte zukünftiger Generationen und der Natur sichern helfen soll.

Drittens schließlich Reformvorschläge, die gleichsam ‚seitwärts' im Verhältnis zwischen bestehenden politischen Institutionen ansetzen; dazu lassen sich Überlegungen zur besseren Beteiligung von Verbänden und Kirchen, zu Änderungen im Parteiwesen oder das große Dauerthema der bundesdeutschen Politik, eine (erneute) Föderalismusreform, rechnen.

Aus der Reihe der ‚von unten' ansetzenden Vorschläge ist in der Politikwissenschaft zuletzt die Forderung nach mehr direkter Demokratie in Form von Referenden und Volksabstimmungen neu diskutiert worden. Dabei hat sich ein Aspekt in den Vordergrund der politikwissenschaftlichen Kritik geschoben, der erst im Zuge der zunehmenden sozialen Spaltungen in den meisten modernen Demokratien an Brisanz gewonnen hat. Folgt man Armin Schäfer (2010) und Wolfgang Merkel (2011a) in der Bewertung ihrer empirischen Befunde zur direkten Demokratie, dann sind vor allem zwei Beobachtungen normativ brisant.

Brisant ist – erstens – die soziale Trennung bei der politischen Partizipation. Die Beteiligung der Bürger an Referenden ist nicht nur deutlich geringer als die Beteiligung an allgemeinen Wahlen, sondern bei den empirischen Befunden sticht noch etwas anderes ins Auge: Die Angehörigen der unteren sozialen Schichten der Gesellschaft bleiben solchen Abstimmungen aus einer Reihe an Gründen deutlich überproportional fern. Zweitens sind die Unterschiede in der Thematisierungsfähigkeit zu bedenken. Um Referenden durchzuführen, bedarf es aktiver Menschen, die eine solche Volksabstimmung in Gang setzen. Dies sind vor allem ressourcenstarke Akteure, die zur Mittelschicht oder zu noch besser gestellten sozialen Schichten gehören und über ein gehobenes Maß an Organisations- und Kampagnenfähigkeit verfügen.

Angesichts dieser beiden Faktoren kann es nicht überraschen, wenn man erfährt, dass Referendumsentscheidungen zu finanz- und sozialpolitischen Fragen – besonders gut belegt für die USA und die Schweiz – vor allem den Interessen der sozial besser gestellten Hälfte der Gesellschaft zugute gekommen sind. Diejenigen Bevölkerungskreise hingegen, die auf staatlich finanzierte Transferleistungen stärker angewiesen sind – sei es in den Bereichen von Bildung, Gesundheit oder Arbeitsmarktpolitik –, haben bei Referenden das Nachsehen. Im Ergebnis, so die beiden genannten Autoren, setzen solche Effekte eine politische Exklusions-Spirale in Gang: An Referenden beteiligen sich überproportional die oberen zwei Drittel der Bevölkerung, weshalb die Entscheidungen häufig gegen die Interessen des unteren Drittels ausfallen, deren prekäre Situation somit weiter verfestigt wird. Angesichts solcher Daten erkennen die Autoren in der direkten Demokratie das politische Projekt von gut ausgebildeten Mittelschichten – eine zugespitzte These, die mit Blick auf Referenden über migrationspolitische und religiös-kulturelle Fragen zu differenzieren ist.

5. Schluss: Demokratie und Demokratietheorie

Giovanni Sartori hat in seiner Einleitung zu seinem Buch *Demokratietheorie* auf ein Paradox aufmerksam gemacht: „Die Demokratie ist zwar komplizierter als jede andere politische Form, doch paradoxerweise kann sie nicht fortbestehen, wenn ihre Grundsätze und Mechanismen den geistigen Horizont des Durchschnittsbürgers übersteigen" (Sartori 1992:

23). Damit ist nicht gemeint, dass sich alle Bürger mit sämtlichen Details des politischen Betriebes vertraut machen müssten, und damit ist erst recht nicht gemeint, dass alle Bürger ein identisches Demokratieideal, nach dem sie Vorgänge in der politischen Realität beurteilen, teilen müssten. Damit ist aber gemeint, dass ohne ein Mindestmaß an politischen Kenntnissen und an demokratischen Überzeugungen ihrer Bürgerinnen und Bürger – auch wenn der Grenzwert nach unten schwer zu bestimmen ist – keine Demokratie lange überleben kann. Michael Th. Greven hat Sartoris Hinweis auch an die Adresse moderner Theoretiker der Demokratie gerichtet: Ihre komplexen akademischen Demokratietheorien und ihre Vorschläge zur Demokratiereform müssen in die politische Alltagssprache übersetzbar bleiben (Greven 2003: 78ff.).

An diesem Punkt wird die Demokratie selbstbezüglich und verlässt die moderne Demokratietheorie ihren rein akademischen Reflexionsraum: Die immer wieder neu aufflammenden Debatten darüber, worin das Ideal der Demokratie bestehe und wie es am besten umzusetzen sei, gehören zu den Themen, die in einer Demokratie demokratisch beantwortet werden sollten. Solche demokratiepolitischen Debatten lassen sich vielfach beobachten: An den politischen Auseinandersetzungen über die Finanz- und Energiepolitik, die Regulation im Internet oder über Infrastruktur- und Verkehrsprojekte entzünden sich regelmäßig Kontroversen darüber, was unter einem fairen demokratischen Entscheidungsverfahren zu verstehen ist. In solchen Situationen brechen die ansonsten latent bestehenden Differenzen zwischen konkurrierenden Demokratieverständnissen auf und sind dann nicht mehr nur das Thema einer auf akademische Spezialisierung programmierten Politikwissenschaft. Der Beitrag der modernen Demokratietheorie besteht in solchen Debatten darin, die politisch interessierten Akteure in möglichst verständlicher Weise an ihrem reichhaltigen Pool an empirischen, formalen und normativen Theorieangeboten teilhaben zu lassen.

Kommentierte Literaturhinweise

Keane, John, 2010: The Life and Death of Democracy. New York: Norton.
    Der Band bietet einen ideengeschichtlichen und institutionellen Überblick über die Entwicklung des Demokratiegedankens seit der Antike bis heute.

Massing, Peter/Breit, Gotthard/Buchstein, Hubertus (Hg.), [8]2012: Demokratietheorien. Von der Antike bis zur Gegenwart. Schwalbach/Ts.: Wochenschau-Verlag.
    Dieses Buch enthält 36 Textauszüge von den wichtigsten Autorinnen und Autoren im Bereich der Demokratietheorie sowie kurze erläuternde Kommentare dazu.

*Lembcke, Oliver/Ritzi, Claudia/Schaal, Gary S. (*Hg.), 2012: Zeitgenössische Demokratietheorie. Band 1: Normative Demokratietheorien. Wiesbaden: VS Verlag für Sozialwissenschaften.
    In diesem Band werden 14 grundlegende Ansätze der modernen Demokratietheorie unterschieden und in Einzelbeiträgen abgehandelt.

Schmidt, Manfred G,. [5]2010: Demokratietheorien. Eine Einführung. Wiesbaden: VS Verlag für Sozialwissenschaften.
    Das Buch bietet neben einem Überblick über die wichtigen demokratietheoretischen Ansätze eine umfangreiche Zusammenfassung der Befunde aus der empirischen Demokratieforschung.

Literatur

Abendroth, Wolfgang, 1965: Wirtschaft, Gesellschaft und Demokratie in der Bundesrepublik. Frankfurt a.M.: Stimme-Verlag.

Abromeit, Heidrun, 2003: Nutzen und Risiken direktdemokratischer Instrumente, in: Offe, Claus (Hg.): Demokratisierung der Demokratie: Diagnosen und Reformvorschläge. Frankfurt a.M.-New York: Campus, 95-110.

Acemoğlu, Daron/Robinson, James A., 2012: Why Nations Fail: The Origins of Power, Prosperity, and Poverty. New York: Crown Business.

Arendt, Hannah, 1970: Macht und Gewalt. München: Piper.

Behrens, Maria (Hg.), 2005: Globalisierung als politische Herausforderung. Global Governance zwischen Utopie und Realität. Wiesbaden: VS Verlag für Sozialwissenschaften.

Brodocz, André/Llanque, Marcus/Schaal, Gary S. (Hg.), 2008: Bedrohungen der Demokratie. Wiesbaden: VS Verlag für Sozialwissenschaften.

Brunkhorst, Hauke, 2003: Der lange Schatten des Staatswillenspositivismus. Parlamentarismus zwischen Untertanenrepräsentation und Volkssouveränität, in: Leviathan 31:3, 362-382.

Buchstein, Hubertus, 2009a: Demokratie und Lotterie. Das Losverfahren als politisches Instrument von der Antike bis zur EU. Frankfurt a.M.-New York: Campus.

Buchstein, Hubertus, 2009b: Demokratietheorie in der Kontroverse. Baden-Baden: Nomos.

Buchstein, Hubertus, ²2011: Demokratie, in: Göhler, Gerhard/Iser, Mattias/Kerner, Ina (Hg.): Politische Theorie. 25 umkämpfte Begriffe zur Einführung. Wiesbaden: VS Verlag für Sozialwissenschaften, 46-62.

Buchstein, Hubertus/Nullmeier, Frank, 2006: Einleitung: Die Postdemokratie-Debatte, in: Forschungsjournal Neue Soziale Bewegungen 19:1, 16-22.

Christiano, Thomas, 2008: The Constitution of Equality. Oxford: Oxford University Press.

Crouch, Colin, 2008: Postdemokratie. Frankfurt a.M.: Suhrkamp.

Czerwick, Edwin, 2008: Systemtheorie der Demokratie. Begriffe und Strukturen im Werk Luhmanns. Wiesbaden: VS Verlag für Sozialwissenschaften.

Dahme, Heinz-Jürgen/Wohlfahrt, Norbert, 2010: Systemtheorie als politische Reformstrategie. Festschrift für Dieter Grunow. Wiesbaden: VS Verlag für Sozialwissenschaften.

Demirović, Alex, 2011: Wirtschaftsdemokratie nach ihrem Scheitern, in: Birsl, Ursula/Schley, Cornelius (Hg.): Zukunft der Demokratie – Demokratie der Zukunft. Hannover: Friedrich-Ebert-Stiftung, 46-65.

Downs, Anthony, 1957: An Economic Theory of Democracy. New York: Harper & Row.

Dryzek, John, 2000: Deliberative Democracy and Beyond: Liberals, Critics and Contestations. Oxford u. a.: Oxford University Press.

Dunn, John, 2005: Setting the People Free. The Story of Democracy. London: Atlantic Books.

Femia, Joseph V., 2001: Against the Masses. Varieties of Anti-Democratic Thought since the French Revolution. Oxford: Oxford University Press.

Finley, Moses I., 1980: Antike und moderne Demokratie, hg. v. Edgar Pack. Stuttgart: Reclam.

Fraenkel, Ernst, ⁹2011: Deutschland und die westlichen Demokratien, hg. und eingel. von Alexander von Brünneck. Baden-Baden: Nomos.

Geißel, Brigitte, 2011: Kritische Bürger. Gefahr oder Ressource der Demokratie? Frankfurt a.M.-New York: Campus.

Göhler, Gerhard/Iser, Mattias/Kerner, Ina, ²2011: Einführung, in: Göhler, Gerhard/Iser, Mattias/Kerner, Ina (Hg.): Politische Theorie. 25 umkämpfte Begriffe zur Einführung. Wiesbaden: VS Verlag für Sozialwissenschaften, 7-11.

Goodin, Robert E., 2003: Reflective Democracy. Oxford: Oxford University Press.

Goodin, Robert E., 2009: Innovating Democracy. Democratic Theory and Practice after the Deliberative Turn. Oxford: Oxford University Press.

Goodin, Robert E./Pateman, Carole/Pateman, Roy, 1997: Simian Sovereignty, in: Political Theory 25:6, 821-849.

Green, Donald P./Shapiro, Ian, 1999: Rational Choice. Eine Kritik am Beispiel von Anwendungen in der Politischen Wissenschaft. München: Oldenbourg.

Greven, Michael Th., 2003: Sind Demokratien reformierbar? Bedarf, Bedingungen und normative Orientierungen für eine Demokratiereform, in: Offe, Claus (Hg.): Demokratisierung der Demokratie: Diagnosen und Reformvorschläge. Frankfurt a.M.-New York: Campus, 72-91.

Habermas, Jürgen, 1992: Faktizität und Geltung. Beiträge zur Diskurstheorie des Rechts und des demokratischen Rechtsstaats. Frankfurt a.M.: Suhrkamp.

Habermas, Jürgen, 1998: Die postnationale Konstellation: politische Essays. Frankfurt a.M.: Suhrkamp.

Habermas, Jürgen, 2006: Hat die Demokratie noch eine epistemische Dimension?, in: Habermas, Jürgen: Politische Theorie. Philosophische Texte Bd. 4. Frankfurt a.M.: Suhrkamp, 87-139.

Habermas, Jürgen, 2011: Zur Verfassung Europas. Ein Essay. Berlin: Suhrkamp.

Held, David, ³2006: Models of Democracy. Cambridge u. a.: Polity Press.

Heil, Reinhard/Hetzel, Andreas (Hg.), 2006: Die unendliche Aufgabe. Kritik und Perspektiven der Demokratietheorie. Bielefeld: Transcript.

Hein, Michael, 2011: Systemtheorie und Politik(wissenschaft), in: Gansel, Christina (Hg.): Systemtheorie in den Fachwissenschaften. Zugänge, Methoden, Probleme. Göttingen: Vandenhoeck & Ruprecht, 53-77.

Hein, Michael/Buchstein, Hubertus, 2010: Zufall mit Absicht. Das Losverfahren als Instrument einer reformierten EU, in: Brunkhorst, Hauke (Hg.): Demokratie in der Weltgesellschaft. Baden-Baden: Nomos, 351-385.

Hennis, Wilhelm, 1970: Demokratisierung. Zur Problematik eines Begriffs. Köln u. a.: Westdeutscher Verlag.

Hirsch, Michael/Voigt, Rüdiger (Hg.), 2009: Der Staat in der Postdemokratie. Staat, Politik, Demokratie und Recht im neueren französischen Denken. Stuttgart: Steiner.

Hirschman, Albert O., 1992: Denken gegen die Zukunft. Die Rhetorik der Reaktion. München u. a.: Hanser.

Holland-Cunz, Barbara, 1998: Feministische Demokratietheorie. Thesen zu einem Projekt. Opladen: Leske + Budrich.

Jörke, Dirk, 2011: Bürgerbeteiligung in der Postdemokratie, in: Aus Politik und Zeitgeschichte 61:1-2, 13-18.

Kielmannsegg, Peter Graf, 1980: Nachdenken über die Demokratie. Stuttgart: Klett-Cotta.

Lembcke, Oliver W./Ritzi, Claudia/Schaal, Gary S. (Hg.), 2012: Zeitgenössische Demokratietheorie. Band 1: Normative Demokratietheorien. Wiesbaden: Springer VS.

Lijphart, Arend, ²2012: Patterns of Democracy. Government Forms and Performance in Thirty-six Countries. New Haven: Yale University Press.

Lord, Christopher, 2004: A Democratic Audit of the European Union. Basingstoke u. a.: Palgrave Macmillan.

Luhmann, Niklas, 1986: Die Zukunft der Demokratie, in: Berliner Akademie der Künste (Hg.): Der Traum der Vernunft. Vom Elend der Aufklärung. Band 2. Darmstadt: Luchterhand, 207-217.

Lutz-Bachmann, Matthias/Bohmann, James (Hg.), 2002: Weltstaat oder Staatenwelt? Für und wider die Idee einer Weltrepublik. Frankfurt a.M.: Suhrkamp.

Massing, Peter/Breit, Gotthard/Buchstein, Hubertus (Hg.), ⁸2012: Demokratietheorien. Von der Antike bis zur Gegenwart. Unter Mitarb. v. Antonia Geisler. Schwalbach/Ts.: Wochenschau-Verlag.

Maus, Ingeborg, 2011: Vom Nationalstaat zum Globalstaat oder: der Verlust der Demokratie, in: Maus, Ingeborg: Über Volkssouveränität. Elemente einer Demokratietheorie. Berlin: Suhrkamp, 375-405.

Merkel, Wolfgang, 2011a: Volksabstimmungen: Illusion und Realität, in: Aus Politik und Zeitgeschichte 61:44-45, 47-55.

Merkel, Wolfgang, 2011b: Die Krise der Demokratie als politischer Mythos, in: Bluhm, Harald/Fischer, Karsten/Llanque, Marcus (Hg.): Ideenpolitik. Geschichtliche Konstellationen und gegenwärtige Konflikte. Festschrift für Herfried Münkler. Berlin: Akademie-Verlag, 433-448.

Miller, David, 1992: Deliberative Democracy and Social Choice, in: Political Studies 40 (Issue Supplement s1), 54-67.

Nanz, Patrizia/Fritsche, Miriam, 2012: Handbuch Bürgerbeteiligung. Bonn: Bundeszentrale für Politische Bildung.

Neyer, Jürgen, 2009: Die Stärke deliberativer politischer Theorien und das Elend der orthodoxen Demokratietheorie. Eine Replik auf Marcus Höreth, in: Zeitschrift für Politikwissenschaft 19:3, 331-358.

Niesen, Peter, 2007: Politische Theorie als Demokratiewissenschaft, in: Buchstein, Hubertus/Göhler, Gerhard (Hg.): Politische Theorie und Politikwissenschaft. Wiesbaden: VS Verlag für Sozialwissenschaften, 126-155.

Niesen, Peter, 2008: Deliberation ohne Demokratie?, in: Niederberger, Andreas/Kreide, Regina (Hg.): Transnationale Verrechtlichung. Nationale Demokratien im Kontext globaler Politik. Frankfurt a.M.-New York: Campus, 240-259.

Norris, Pippa, 2011: Democratic Deficit. Critical Citizens Revisited. Cambridge: Cambridge University Press.

Nullmeier, Frank/Biegou, Dominika/Gronau, Jenniffer/Nonhoff, Martin/ Schmidtke, Henning/Schneider, Steffen, 2010: Prekäre Legitimitäten. Rechtfertigung von Herrschaft in der postnationalen Konstellation. Frankfurt a.M.-New York: Campus.

Ober, Josiah, 2008: The Original Meaning of ‚Democracy': Capacity to Do Things, not Majority Rule, in: Constellations 15:1, 3-9.

Offe, Claus, 2003a: Reformbedarf und Reformoptionen der Demokratie, in: Offe, Claus (Hg.): Demokratisierung der Demokratie: Diagnosen und Reformvorschläge. Frankfurt a.M.-New York: Campus, 9-23.

Offe, Claus, 2003b: Herausforderungen der Demokratie. Zur Integrations- und Leistungsfähigkeit politischer Institutionen. Frankfurt a.M.-New York: Campus.

Offe, Claus/Schmitter, Philippe C., 1995: Future of Democracy, in: Lipset, Seymour M. (Hg.): The Encyclopedia of Democracy. Volume II. London: Routledge, 511-517.

Oppenheimer, Danny/Edwards, Mike, 2012: Democracy Despite Itself. Why a System that Shouldn't Work at all Works so Well. Cambridge, MA: MIT Press.

Olson, Mancur, 1965: The Logic of Collective Action. Cambridge, MA: Harvard University Press.

Przeworski, Adam, 2006: Self-Enforcing Democracy, in: Weingast, Barry R./Wittman, Donald A. (Hg.): The Oxford Handbook of Political Economy. Oxford: Oxford University Press, 312-328.

Preuß, Ulrich K., 1984: Politische Verantwortung und Bürgerloyalität. Von den Grenzen der Verfassung und des Gehorsams in der Demokratie. Frankfurt a.M.: Fischer.

Rinderle, Peter, 2009: John Stuart Mill über die Grundlagen, Gestalten und Gefahren der Demokratie, in: Asbach, Olaf (Hg.), Vom Nutzen des Staates. Staatsverständnisse des klassischen Utilitarismus. Baden-Baden: Nomos, 183-210.

Roller, Edeltraud, ²2011: Performanz, in: Göhler, Gerhard/Iser, Mattias/Kerner, Ina (Hg.): Politische Theorie. 25 umkämpfte Begriffe zur Einführung. Wiesbaden: VS Verlag für Sozialwissenschaften, 273-289.

Roth, Roland, 2011: Bürgermacht. Eine Streitschrift für mehr Partizipation. Hamburg: Ed. Körber-Stiftung.

Saage, Richard, 2005: Demokratietheorien. Historischer Prozess – theoretische Entwicklung – soziotechnische Bedingungen. Eine Einführung. Wiesbaden: VS Verlag für Sozialwissenschaften.

Salomon, David, 2012: Demokratie. Köln: PapyRossa-Verlag.

Sartori, Giovanni, 1992: Demokratietheorie. Darmstadt: Wissenschaftliche Buchgesellschaft.

Schäfer, Armin, 2009: Krisentheorien der Demokratie. Unregierbarkeit, Spätkapitalismus, Postdemokratie, in: der moderne staat 2:1, 159-183.

Schäfer, Armin, 2010: Die Folgen sozialer Ungleichheit für die Demokratie in Westeuropa, in: Zeitschrift für vergleichende Politikwissenschaft 4:1, 131-156.

Scheller, Henrik, 2012: Fiscal Governance und Demokratie in Krisenzeiten, in: Aus Politik und Zeitgeschichte 62:13, 9-16.

Schmalz-Bruns, Rainer, 1995: Reflexive Demokratie. Die demokratische Transformation moderner Politik. Baden-Baden: Nomos.

Schmalz-Bruns, Rainer, 2007: An den Grenzen der Entstaatlichung, in: Niesen, Peter/Herborth, Benjamin (Hg.): Anarchie der kommunikativen Freiheit. Jürgen Habermas und die Theorie der internationalen Politik. Frankfurt a.M.: Suhrkamp, 269-292.

Schmidt, Manfred G., 2008: Zur Leistungsfähigkeit von Demokratien – Befunde neuerer vergleichender Analysen, in: Brodocz, André/Llanque, Marcus/Schaal, Gary S. (Hg.): Bedrohungen der Demokratie. Wiesbaden: VS Verlag für Sozialwissenschaften, 29-41.

Schmidt, Manfred G., ⁵2010: Demokratietheorien. Eine Einführung. Wiesbaden: VS Verlag für Sozialwissenschaften.

Schmitt, Carl, 1983 [1928]: Verfassungslehre. Berlin: Duncker & Humblot.

Schumpeter, Joseph A. 1942: Capitalism, Socialism and Democracy. New York: Harper.

Smith, Graham, 2009: Democratic Innovations. Designing Institutions for Citizen Participation. Cambridge: Cambridge University Press.

Stammer, Otto/Weingart, Peter, 1972: Politische Soziologie. München: Juventa.

Sternberger, Dolf, 1971: Nicht alle Staatsgewalt geht vom Volke aus. Studien über Repräsentation, Vorschlag und Wahl. Stuttgart: Kohlhammer.

Stetter, Stephan, 2008: Entgrenzung der Weltgesellschaft. Eine Bedrohung für die Demokratie?, in: Brodocz, André/Llanque, Marcus/Schaal, Gary S. (Hg.): Bedrohungen der Demokratie. Wiesbaden: VS Verlag für Sozialwissenschaften, 99-118.

Streeck, Wolfgang/Mertens, Daniel, 2010: Politik im Defizit: Austerität als fiskalpolitisches Regime, in: der moderne staat 3:1, 7-29.

Strecker, David, ²2011: Multikulturalismus, in: Göhler, Gerhard/Iser, Mattias/Kerner, Ina (Hg.): Politische Theorie. 25 umkämpfte Begriffe zur Einführung. Wiesbaden: VS Verlag für Sozialwissenschaften, 257-272.

Teorell, Jan, 2010: Determinants of Democratization: Explaining Regime Change in the World, 1972-2006. Cambridge: Cambridge University Press.

Tsebelis, George, 2002: Veto Players. How Political Institutions Work. New York: Russell Sage Foundation.

Vanhanen, Tatu, 2003: Democratization. A Comparative Analysis of 170 Countries. London: Routledge.

Wichard, Rudolf, 1983: Demokratie und Demokratisierung. Texte zum Verständnis der modernen Demokratie-diskussion. Frankfurt a.M.: Diesterweg.

Young, Iris Marion, 2000: Inclusion and Democracy. Oxford: Oxford University Press.

Zürn, Michael, 2011: Perspektiven des demokratischen Regierens und die Rolle der Politikwissenschaft im 21. Jahrhundert, in: Politische Vierteljahresschrift 52:4, 603-635.

Gerechtigkeitstheorien

Wolfgang Kersting

Erzählungen über Gerechtigkeit findet man in unserem Kulturraum seit der griechische Dichter Hesiod (753-680 v. Chr.) seine *Theogonia* verfasste, die die düstere Geschichte des Olymps erzählt. Sie beginnt mit der Entstehung der Welt aus dem Chaos und gipfelt in der Machtergreifung Zeus', mit der der Götterfürst den olympischen Naturzustand beendet und einen dauerhaften Frieden stiftet. Seine drei Töchter, Eunomia, die Wohlordnung, Dike, das Recht, und Eirene, der Frieden, unterstützen ihn dabei.

Im Laufe der folgenden Jahrhunderte wurde die mythopoetische Weltauslegung durch die philosophische Welterfassung verdrängt. Das Verständnismedium der Erzählung musste dem argumentativen Diskurs weichen. Das anschauliche Bild machte dem Begriff Platz. *Dikaiosyne* (Gerechtigkeit) – so bezeichneten die Griechen das Ideal politischer Wohlordnung. Und die diskursiven Auseinandersetzungen im neu geschaffenen politischen Raum waren darum bemüht, dieses Ideal genauer zu bestimmen, Kriterien zu benennen, mit denen wohlgeratene und missratene politische Ordnungen unterschieden werden konnten. Und das hat sich bis heute nicht geändert. Seit Platon 374 v. Chr. in der *Politeia* seine zumutungsvolle Gerechtigkeitstheorie der Philosophenherrschaft entwickelt hat, gehört das Bemühen um die Gerechtigkeit zu den vornehmsten Aufgaben kultureller Selbstverständigung und politikphilosophischer Grundlagenreflexion.

Der Begriff der Gerechtigkeit hat also eine lange Geschichte. Unterschiedliche Zeiten haben ein unterschiedliches Gerechtigkeitsverständnis. Verantwortlich für diese Unterschiedlichkeit im Gerechtigkeitsdenken ist der Wandel der kulturbedeutsamen normativ-begrifflichen Hintergrundüberzeugungen. Denn der Gerechtigkeitsbegriff kann nicht voraussetzungsfrei geklärt werden. Jede Gerechtigkeitstheorie steht in logisch-konzeptueller Abhängigkeit von überaus komplexen theoretischen und normativen Vorgaben, die die verborgene Grammatik des jeweils vorherrschenden Welt-, Selbst- und Gesellschaftsverständnisses prägen. Zögernde erste Schritte finden wir in der griechischen Philosophie, zuerst die erratische, wirklichkeitspolemische Konzeption Platons, sodann die hermeneutische Theorie des Aristoteles, der praktische Philosophie vordringlich als begriffliche Klärung gutbegründeter gesellschaftlicher Meinungen versteht. Dann das Zeitalter des Naturrechts, das mit der hellenistischen Philosophie beginnt und sich über das gesamte Mittelalter erstreckt. Gerechtigkeit ist aus naturrechtlicher Sicht die der Natur und Schöpfung innewohnende, unveränderliche und durch die Vernunft in ihrer Verbindlichkeit erfassbare Ordnung. Die Moderne begann dann, als die Überzeugung um sich griff, dass sich der gesellschaftliche Rechtfertigungs- und Orientierungsbedarf nicht mehr durch einen Rekurs auf den Willen Gottes oder eine objektive natürliche Wertordnung decken lässt. Das Verblassen der theologischen Weltsicht, das Verschwinden der traditionellen teleologischen Naturauffassung unter dem nüchternen Tatsachenblick der modernen Naturwissenschaften, der Zerfall der festgefügten und wertintegrierten Sozialordnung unter dem wachsenden Ansturm der Verbürgerlichung und Ökonomisierung der gesellschaftlichen Verhältnisse – all das verlangte eine Neuorganisation der kulturellen Rechtfertigungspraxis, die mit den neu erschaffenen geistigen Grundlagen der Welt der Moderne, mit den neu geprägten Selbst- und Weltverhältnissen in Übereinstimmung stand. Und je nachdem, ob diese Begründung der individualistischen Rationalität oder der universalistischen Rationalität folgte, entstanden vertragstheoretische Gerechtigkeitstheorien des verallgemeinerbaren Interesses oder vernunftrechtliche Gerechtigkeitstheorien, die den Grund der verbindlichen Ordnung im angeborenen Menschenrecht fanden.

1. Platons expertokratisches Gerechtigkeitskonzept

Um die Bedeutung des Gerechtigkeitsbegriffs zu erläutern, entwirft Platon in der *Politeia* ein ideales Gemeinwesen. Dieses Gemeinwesen ist eine durch beträchtliche Ungleichheit charakterisierte und streng hierarchisch aufgebaute Drei-Klassen-Gesellschaft: Da ist zuunterst der größte Stand der Bürger, der Bauern, Handwerker und Tagelöhner. In der Mitte treffen wir den Stand des Militärs und der Sicherheitskräfte. Und die Spitze der gesellschaftlichen Pyramide bildet der zahlenmäßig kleinste Stand der Archonten. Der Stand der Bürger sorgt für die materielle Reproduktion des Gemeinwesens; der Stand der Sicherheitskräfte sorgt für seine Verteidigung gegen äußere Feinde und für Frieden und Sicherheit im Innern. Und der Stand der Archonten nimmt die Aufgabe der Führung und Erziehung des Gemeinwesens wahr. Durch das platonische Sozialsystem geht ein großer Riss, der einen sich privaten Geschäften widmenden Teil von einem der Allgemeinheit dienenden Teil unterscheidet. Denn die Bürger, Bauern und Handwerker haben ausschließlich ihre besondere Tätigkeit, ihre besonderen Interessen im Auge; das Allgemeine, das Insgesamt der Erhaltungs- und Beförderungsbedingungen des Gemeinwesens, ist nicht Zweck ihres Lebens, bestimmt nicht ihr Handeln, beschäftigt nicht ihr Denken. Hingegen sind die Sicherheitskräfte und die Archonten ausschließlich mit dem Allgemeinen befasst und folglich von aller Mühe entbunden, auf dem Beschäftigungs- und Dienstleistungssektor der Gesellschaft ihr Auskommen zu suchen.

Die gesellschaftliche Ungleichheit, die Teilung der Gesellschaft in eine unpolitisch-private Sphäre und eine politisch-öffentliche Sphäre ist das Ergebnis eines einzigen Prinzips, des Prinzips der Spezialisierung, der Arbeitsteilung, des Expertentums, der perfektionistischen *Idiopragie* (vgl. Platon, Politeia: 433a ff.; 435b). Es lautet: ‚Jeder tue ausschließlich das Seinige, das, was er von Natur aus am besten kann, wozu ihn die Natur vorgesehen hat.' Aufgrund der gesellschaftsweiten Geltung dieses Prinzips ist das platonische Gemeinwesen eine Ansammlung von Spezialisten, die sich entlang des großen Risses in Spezialisten für besondere Tätigkeiten und in Spezialisten für das Allgemeine sondern.

Das *Idiopragie*-Prinzip ist der Kern des platonischen Gerechtigkeitskonzepts. Gerechtigkeit ist eine institutionelle Tugend. Sie wird dann in einem Gemeinwesen Wirklichkeit, wenn das Organisationsprinzip des Ganzen, die Integration der einzelnen gesellschaftlichen Funktionsbereiche genau diesem *Idiopragie*-Grundsatz folgt. Und da die einzelnen Stände nach Platon im Idealfall ihrerseits Tugendverkörperungen sind, ist die Gerechtigkeit die Tugend, die als gesellschaftliches Organisationsprinzip den Ort der anderen Tugenden im Ganzen bestimmt und den internen Zusammenhang zwischen ihnen stiftet. Sie kommt einem Gemeinwesen genau dann zu, wenn die Herrschenden Weisheit besitzen, die Wächter tapfer sind und die Bürger gelassen ihre Entfernung von der Macht hinnehmen und den Entscheidungen der Regierenden mit einer Vernünftigkeitsvermutung begegnen.

Die auf Arbeitsteilung, Konzentration, Kompetenz und Exzellenz setzende Gerechtigkeit der *Idiopragie* organisiert die vielen Tätigkeiten so, dass das für ein Subjekt aufgrund seiner natürlich bedingten Besonderheit Richtige immer auch das für das Gesamtwesen Richtige ist. In der Gerechtigkeitsordnung koinzidieren das subjektiv Richtige und das für die Allgemeinheit Richtige. Nur dann ist das, was Individuen tun, für die Gemeinschaft von größtem Wert, wenn es immer auch für sie das Richtige ist. Es ist evident, dass diese gerechtigkeitsverbürgte Koinzidenz abhängig ist von der Voraussetzung unterschiedlicher und determinierender natürlicher Begabungs- und Fähigkeitenausstattungen. Gerecht ist ein Gemeinwesen, wenn es die Wahrnehmung der grundlegenden drei politischen Funktionen mit der menschlichen Natur abstimmt und die Ausbildung als Heuristik und Optimierung der für die Grundfunktionen des Gemeinwesens relevanten natürlichen Fähigkeitenausstattung auffasst und organisiert. Und ungerecht ist ein Gemeinwesen, wenn es dieses *Idiopragie*-Prinzip missachtet, wenn es Vielgeschäftigkeit zulässt. Vielgeschäftigkeit ist für Platon das gerechtigkeitstheoretische *summum malum*. Sie verwischt die Standesgrenzen, setzt sich über die natürlichen Begabungsverteilungen hinweg, zerstört die hierarchische Ordnung. „Die Vielgeschäftigkeit der drei verschiedenen Stände und ihr Übergreifen ineinander ist der größte Schaden für den Staat und dürfte mit vollem Recht im höchsten Maße als Verbrechen bezeichnet werden" (ebd.: 434c).

Aufgrund der für die gesamte Theorie konstitutiven Voraussetzung der Strukturgleichheit von Gemeinwesen und Seele gilt das, was für den politischen Bereich zutrifft, auch für das Psychische. Gerechtigkeit herrscht im Menschen, wenn jeder Teil der menschlichen Seele das tut, was ihm zukommt, wenn er das, was seine natürliche Aufgabe ist, in genauer Übereinstimmung mit der natürlichen Seelenordnung verrichtet, die dem vernünftigen Teil das Herrschen, dem unvernünftigen Teil den Gehorsam und dem mittleren Teil des *Thymos* die Unterstützung der Vernunftherrschaft zur Aufgabe macht. Und wenn jeder Seelenteil sich in dieses vorgegebene Aufgabenprogramm schickt, dann befindet sich die Seele in Übereinstimmung mit sich selbst, dann bildet sie eine Einheit, dann ist der Mensch in sich selbst zu Hause.

In einem drastischen Bild fasst Platon gegen Ende des neunten Buches der *Politeia* die wesentlichen Elemente seiner Gerechtigkeitstheorie zusammen. Man solle sich, so hält Sokrates seine Zuhörer an, ein „buntscheckiges und vielköpfiges Tier" vorstellen, das „ringsum Köpfe zahmer und wilder Tiere hat und imstande ist, sich in alle diese Tiere zu verwandeln und sie aus sich zu erzeugen" (ebd.: 588c). Dieses Ungeheuer ist ersichtlich die Veranschaulichung des unteren Seelenteils, der sowohl harmlose als auch wüste Begierden umfasst und wesentlich dadurch charakterisiert ist, dass jede dieser Begierden mit ihrem Auftauchen den

ganzen unteren Seelenteil durchdringt. Dieses Untier nun solle man zusammen mit einem
Löwen und einem Menschen von etwas kleinerer Gestalt zusammenwachsen lassen und das
ganze Wesen dann mit Menschenhaut überziehen. An diesem Bild dekliniert Platon nun auf
überaus anschauliche Weise die einzelnen Kombinationsmöglichkeiten durch, fragt sich beispielsweise, wie es wohl dem Menschen erginge, wenn in ihm nicht der kleine Mensch, die
Vernunft, herrschen würde, sondern das Untier gemästet und stark gemacht würde oder wenn
der Löwe gefüttert würde und man „den Menschen dagegen hungern lassen und seiner Kraft
berauben würde, daß er sich von einem der beiden hinzerren lassen muß, wohin es ihn haben will" (ebd.: 589a). Gerechtigkeit stellt sich ein, wenn die Vernunft über die Leidenschaften und die Triebe herrscht. Und sollte, mit dieser Bemerkung schlägt Platon den Bogen von
der Seele zurück zur politischen Ordnung, der einzelne nicht in der Lage sein, sich selbst zu
beherrschen, dann muss die Vernunft ihm in Gestalt gerechter Herrschaft von außen begegnen. Natürlich gebührt der Selbstherrschaft der Vorzug, doch ist die Fremdherrschaft kein
Makel, wenn sie von fremder Vernunft ausgeübt wird. Für jedermann ist es besser, „sich
vom Göttlichen und Vernünftigen beherrschen zu lassen, am besten so, daß es seiner Seele
als eigener Besitz angehört, andernfalls so, daß es von außen her als sein Gebieter auftritt,
damit wir nach Möglichkeit alle einander gleich und befreundet werden, wenn wir von ein
und demselben geleitet werden" (ebd.: 590d). Und ein solcher Gerechtigkeit verbürgender
Gebieter kann nur ein Philosoph sein, weil nur Philosophen aufgrund der ihnen zukommen-
den Fähigkeit zur Ideenschau das erforderliche Wissen des Guten und Gerechten besitzen.

2. Aristoteles' hermeneutisches Gerechtigkeitsverständnis

In der gerechtigkeitstheoretischen Tradition des Aristotelismus unterscheidet man zwei Arten der Gerechtigkeit, die *diorthotische* Gerechtigkeit, die später als *iustitia regulativa sive
correctiva, in commutatibus directiva* bezeichnet wurde, und die *dianemetische* Gerechtigkeit, die *iustitia distributiva*.[1] Die *iustitia directiva* ist eine ausgleichende, eine entschädi-
gende Gerechtigkeit; und ja nachdem ob die Ausgleichs- oder Entschädigungsverpflichtung
einem Rechtsbruch oder einem Vertrag entspringt, nimmt die *iustitia directiva* die Gestalt
einer *iustitia correctiva* oder einer *iustitia commutativa* an; erstere umfasst alle *obligationes
ex delicto*, alle Verpflichtungen, die aufgrund eines Verbrechens zum Zweck seiner Korrektur, seiner Aufhebung entstehen, letztere alle *obligationes ex contractu*, alle Verpflichtungen, die durch gesellschaftliche Abmachungen, durch Verträge bestimmt werden. Die ausgleichende Gerechtigkeit verlangt die Erfüllung von Schuldigkeitspflichten, *officia debiti*.
Die Erfüllung einer Schuldigkeitspflicht macht „eine Verbindlichkeit, die da war, ungesche-
hen" (Kant 1902: Refl. 6585). Schuldigkeiten sind ‚negative Größen', Mängel, die durch entsprechende Leistungen auszugleichen sind. Unrecht ist im Lichte der *iustitia directiva* einer
Gleichgewichtsstörung vergleichbar, die nach einer Restabilisierung verlangt. Kant hat für
diesen Gerechtigkeitstyp darum auch die folgende Formel gefunden: -a+a=0. Die *iustitia di-*

---

1   In deutscher Übersetzung: ‚die regulierende oder korrigierende, in gesellschaftlichen Verhältnissen die
     Richtung weisende Gerechtigkeit'.

rectiva hat keine eigenen Prinzipien; sie will nicht die vorliegende Ordnung des Rechts verbessern, sondern nur ihre Schäden ausbessern. Die Verbindlichkeit des positiven Rechts gibt ihr normativen Rückhalt; sie verlangt von den Bürgern nicht mehr als das, was das Recht bereits selbst von ihnen verlangt.

Von dieser Gerechtigkeitsform der *arithmetischen* Gleichheit hat Aristoteles die Gerechtigkeitsform der *proportionalen* Gleichheit unterschieden. Die Gerechtigkeitsform der *proportionalen* oder auch *geometrischen* Gleichheit ist die verteilende Gerechtigkeit. Der Anwendungsbereich der distributiven Gerechtigkeit ist nicht die Rechtsordnung, sondern der gesellschaftliche Raum der Produktion und Distribution sozialer Güter; es geht hier um die „Verteilung von öffentlichen Anerkennungen, von Geld und sonstigen Werten, die den Bürgern eines geordneten Gemeinwesens zustehen" (Aristoteles, Nikomachische Ethik: 1130 b 30). Während die arithmetische Gleichheit der *iustitia directiva* eine Gleichheit des Wegsehens, der Entdifferenzierung ist, ist die proportionale Gleichheit der *iustitia distributiva* eine Gleichheit des Hinsehens, der Differenzierung. Ist die Göttin der *iustitia directiva* blind, da hier keine unterscheidenden empirischen Bestimmungen der Menschen von Belang sein dürfen[2], so muss die Göttin der *iustitia distributiva* genau hinblicken, denn hier kommt es auf den Besitz zuteilungsrelevanter Eigenschaften an.

Die Grundformel der *iustitia distributiva* lautet: Gleichen Gleiches, Ungleichen Ungleiches. Mit dieser formalen Strukturbeschreibung der Proportionalität ist aber das inhaltliche Verteilungskriterium selbst noch nicht gewonnen, denn gleich und ungleich sind Menschen immer nur in Hinblick auf bestimmte Maßstäbe. Wenn es sich um ökonomische Verhältnisse handelt, ist die Sache einfach: So gebietet etwa die *iustitia distributiva*, dass der Gewinn, den ein gemeinsam finanziertes Unternehmen abwirft, nach Maßgabe des Verhältnisses der Investitions- oder Kapitalanteile aufgeteilt wird. Schwieriger sind gerechte Verteilungen aber auf dem Gebiet der öffentlichen Ehrung und Belohnung herzustellen. Nach Aristoteles ist das Verteilungskriterium für gesellschaftliche Anerkennung, Ämter und Pfründen die Verdienstlichkeit, die *axia*; gerechte proportionale Verteilungen sind Verteilungen nach Verdienstlichkeit und Würdigkeit, Verteilungen *kat' axian*. Wer aber ist des Amtes würdig? Wer verdient Anerkennung und Ehre? Die verdienstethischen Überzeugungen und Würdigkeitsauffassungen sind abhängig von den gesellschaftlichen Wertbegriffen und politischen Kräfteverhältnissen und daher veränderlich: „die Vertreter des demokratischen Prinzips meinen die Freiheit, die des oligarchischen den Reichtum, oder den Geburtsadel, und die Aristokraten die Tugendhaftigkeit" (ebd.: 1131 a 25). Beide Gerechtigkeitsbegriffe der aristotelischen Tradition erweisen sich damit als hermeneutisch; sie bezeichnen ausgezeichnete Verhaltensweisen, in denen sich die vorfindlichen normativen Muster des Rechts und der Sittlichkeit spiegeln. Der im Sinne der *iustitia directiva* Gerechte ist der rechtschaffene und vertragstreue Bürger, der tut, was zu tun er aufgrund der geltenden Gesetze schuldig ist. Der im Sinne der *iustitia distributiva* Gerechte ist der Machthaber, der bei seiner Verteilung der

---

2   „Denn es macht nichts aus, ob ein anständiger Mensch einen schlechten beraubt oder umgekehrt, und ob ein Anständiger Ehebruch begeht oder ein Schlechter" (ebd.: 1131 a 1).

sozialen Güter sich an den Verdienst- und Würdigkeitsvorstellungen der geltenden Sittlich-
keitsauffassung orientiert.

Offenkundig hat die aristotelische Verteilungsgerechtigkeit nichts mit der Verteilungsgerechtigkeit gemein, die heutzutage von vielen als normative Grundlage des Sozialstaats
betrachtet wird. Die aristotelische Verteilungsgerechtigkeit ist eine eminent politische Gerechtigkeit; in ihr spiegelt sich das ethische Selbstverständnis der Gemeinschaft. Das Gemeinwesen der klassischen Politik ist kein Koordinationssystem, keine Befriedungs- und Kon-
fliktregulierungsmaschine. Es ist der Ort des guten Lebens. Im tätigen Polisleben allein, in
der gemeinschaftlichen Sorge um das Allgemeinwohl, kann der Bürger seiner Bestimmung
gerecht werden. In der verfassten politischen Gemeinschaft arbeiten Gesetze und bürgerliche Tugenden einander zu: Die Gesetze unterstützen die Bemühung der Bürger um ein tu-
gendhaftes Leben und bedürfen ihrerseits der Unterstützung durch bürgerliche Tugenden;
und die Bürger bedürfen der Stabilisierungswirkung der Gesetze, um in ihrem sittlichen Er-
tüchtigungsprozess voranzukommen. Und die Ehrungen und Ämter, die die Gemeinschaft
zu vergeben hat, bilden ein exzellenzförderliches ethisches Anreizsystem. Der Tugendhafte
macht sich um sein Vaterland verdient; und die Polis belohnt ihn durch Ehrungen, die seiner würdig sind. Die Verteilungsgerechtigkeit zielt auf Tugendbelohnung. Sie hat daher auch
eine tugendagonale Funktion, sie spornt zum sittlichen Wettkampf an, hält die Exzellenz-
spirale in der Bewegung. Für eine Gemeinschaft des guten Lebens ist es verhängnisvoll,
wenn das Entsprechungsverhältnis zwischen individueller tugendethischer Anstrengung einerseits und politischer Ehrung und gesellschaftlicher Anerkennung andererseits aus dem
ethischen Lot gerät, verbogen wird; wenn Mode, Macht und Opportunität die Verteilungsschlüssel an sich reißen.

3. Thomas Hobbes' rationalegoistisches Gerechtigkeitskonzept

Der naturrechtliche Rationalismus, dessen Anfänge im Stoizismus liegen und der in der Philosophie Thomas von Aquins seinen differenziertesten Ausdruck gefunden hat, bestimmt
die Gesetze, die die Wirklichkeit ordnen, als Vernunftausdruck. Die *lex aeterna*, das ewige
Gesetz, ist identisch mit der göttlichen Vernunft; sie ist Ausdruck ewiger Gerechtigkeit und
die zugleich ontologische und normative Grammatik der erschaffenen Welt. In ihr gründet
die Autorität jedes anderen Gesetzes. Die *lex naturalis,* das natürliche Gesetz, ist der *lex aeterna* wesensgleich; sie ist das Ordnungsprinzip aus der Perspektive der geordneten Schöpfung betrachtet. Und insofern nun die zur Einsicht in die Schöpfungsordnung fähigen Menschen diese *lex naturae,* dieses natürliche Gesetz oder dieses Gesetz der Natur, zu erkennen
vermögen, nimmt diese den Charakter der *lex humana,* des menschlichen Gesetzes, an, die
– in genauer Entsprechung zur Weltschöpfung durch die göttliche Vernunft – strukturell der
praktischen Vernunft der Menschen gleicht. Wird diese *lex humana* nun durch die einzelnen
Koordinationsfelder menschlichen Zusammenlebens dekliniert, problembezogen konkretisiert, entstehen die *leges humanae,* die menschlichen Gesetze, die von demjenigen autoritativ zu formulieren sind, der mit der *cura communitatis,* mit der Sorge um das Wohl der Ge-

meinschaft, beauftragt ist. Der vernünftige Wille des Handelnden zeichnet sich nun dadurch aus, dass er sich der gesetzesförmigen Vernunft unterwirft, die notwendigerweise aufgrund der essentiellen Gleichheit aller Vernunft seine eigene ist. Im Gesetzesgehorsam ist er also bei sich und darum frei.

Die Hobbes'sche Philosophie verabschiedet dieses Konzepts einer natürlichen, den Menschen vorgegebenen Ordnung. Mit ihr beginnt die politische Reflexion der Moderne. Gerechtigkeit kann nicht mehr im Willen des Weltenschöpfers, in den Strukturen des geschaffenen Seins verankert werden. Gerechtigkeit ist wie alles, das nicht durch die empirischen Gesetze der Natur geregelt wird, ausschließlich menschlichen Ursprungs.

Hobbes' Gerechtigkeitskonzept ist mehrdeutig. Da heißt es zum einen, dass jedermann sieht, dass „Gesetze die Regeln für gerecht und ungerecht sind, da nichts als ungerecht angesehen werden kann, das nicht einem Gesetz widerspricht. Ebenso, dass niemand anderes als der Staat Gesetze erlassen kann, da wir nur dem Staat unterworfen sind" (Hobbes 1966 [1651]: 204). Man kann dieses Gerechtigkeitsverständnis als positivistisches oder analytisches Gerechtigkeitsverständnis bezeichnen. Es besagt, dass die Bedeutung von ‚Gerechtigkeit' und ‚Ungerechtigkeit' durch die staatlichen Gesetze festgelegt wird. Die Pointe dieser Definition ist die Unanwendbarkeit des Gerechtigkeitsprädikats auf die Gesetze selbst. Regeln, die bestimmen, welche Handlungsweisen als gerecht und ungerecht gelten, können ihrerseits kein Gegenstand gerechtigkeitstheoretischer Beurteilung sein. Als Konstitutionsbedingungen der Gerechtigkeitserkenntnis sind sie selbst von grammatischer Struktur und daher weder ‚gerecht' noch ‚ungerecht'.

An anderer Stelle, im 15. Kapitel des *Leviathan*, bestimmt Hobbes den Gerechtigkeitsbegriff mit Hilfe des Begriffs der Vertragserfüllung. Dort heißt es, im Anschluss an die Vorstellung des dritten natürlichen Gesetzes, der alten Naturrechtsregel *pacta sunt servanda* (Verträge müssen gehalten werden): „In diesem natürlichen Gesetz liegen Quelle und Ursprung der *Gerechtigkeit*. Denn wo kein Vertrag vorausging, wurde auch kein Recht übertragen, und jedermann hat ein Recht auf alles; folglich kann keine Handlung *ungerecht* sein. Wurde aber ein Vertrag abgeschlossen, so ist es ungerecht, ihn zu brechen, und die Definition der *Ungerechtigkeit* lautet nicht anders als ‚die Nichterfüllung eines Vertrages'. Und alles, was nicht ungerecht ist, ist *gerecht*" (ebd.: 110). Diese Definition, so Hobbes weiter, stehe auch in voller Übereinstimmung mit der bekannten Digesten-Formel: *Justitia est constans et perpetua voluntas jus suum cuique tribuendi* (Gerechtigkeit ist der feste und dauerhafte Wille, jedem sein Recht zuzuteilen): „Und deshalb gibt es dort, wo es kein ‚Mein', das heißt, kein Eigentum gibt, keine Gerechtigkeit, und wo keine Zwangsgewalt errichtet wurde, das heißt, wo es keinen Staat gibt, gibt es kein Eigentum, da alle ein Recht auf alles haben: deshalb ist nichts ungerecht, wo es keinen Staat gibt. So liegt also das Wesen der Gerechtigkeit im Einhalten gültiger Verträge. Aber die Gültigkeit von Verträgen beginnt erst mit der Errichtung einer bürgerlichen Gewalt, die dazu ausreicht, die Menschen zu ihrer Einhaltung zu zwingen, und mit diesem Zeitpunkt beginnt auch das Eigentum" (ebd.: 110f.).

Die Pointe dieser zweiten Gerechtigkeitsbestimmung liegt darin, dass sie den Ausdruck ‚Gerechtigkeitsstaat' in einen Pleonasmus verwandelt. Gerechtigkeit herrscht im Hobbes'schen Staat, wenn in einer positiven Eigentumsordnung Rechtsansprüche gesetzlich gesichert sind.

Inhaltliche Kriterien zur Unterscheidung gerechter und ungerechter Eigentumsverteilungen sind in diesem Gerechtigkeitsbegriff nicht enthalten. Gerechtigkeit wird hier vor dem Hintergrund des fundamentalen Gegensatzes zwischen einem Zustand der Gesetzlosigkeit und Gewalt einerseits und einem Zustand der gesetzlichen Ordnung und rechtlichen Konfliktregelung andererseits expliziert. Gerechtigkeit herrscht bereits dann, wenn durch das Zusammenspiel von Gesetzgebung, Jurisdiktion und Rechtsdurchsetzung der Naturzustand befriedet wird. Inbegriff der verteilenden Gerechtigkeit ist darum der Schiedsrichter; dieser tritt sowohl in der Gestalt des Gesetzgebers auf, der verbindlich und letztinstanzlich festlegt, was im Allgemeinen gerecht und nicht gerecht ist, als auch in der Gestalt des Richters, der inappelabel verkündet, was im vorliegenden Fall rechtens und nicht rechtens ist. Durch diese Entscheidungsleistungen der generellen Normen des Rechts und der individuellen Normen des Urteilsspruchs wird einem jeden das Seine gegeben.

Neben dem analytischen und dem legalistischen Gerechtigkeitsbegriff finden wir bei Hobbes jedoch auch noch einen Begriff der natürlichen Gerechtigkeit. ‚Natürliche Gerechtigkeit‘ ist der Sammelbegriff für das gesamte Regelwerk der Vernunft, das nach Zählung des *Leviathan* immerhin neunzehn Regeln umfasst, die höchst heterogen sind und teils dem Bereich des justiziablen und in positives Recht zu gießenden natürlichen Rechts, teils dem Bereich der nicht justiziablen und nicht in die Form sanktionierenden Rechts zu bringenden natürlichen Moral angehören. Der Kern dieses Regelwerks ist das Friedensgebot. Aber es enthält auch noch andere Vorschriften, deren anspruchsvollste sicherlich das neunte Naturgesetz ist, das in Vorwegnahme des menschenrechtlichen Egalitarismus verlangt: „Alle sollen einander als von Natur aus Gleiche anerkennen" (ebd.: 118). Insgesamt mag man diese Regeln als Verfassung gedeihlicher Mitmenschlichkeit bezeichnen. Diese Verfassung ist aber nicht naturrechtlichen Ursprungs, sondern nichts anderes als ein Bündel von Grundsätzen, die aufgrund der Erfahrung als unerlässliche Bedingungen gedeihlichen Miteinanders erkannt werden. Diese Regeln haben instrumentellen Charakter. Sie besitzen keine normative Verbindlichkeit, sondern lediglich rationale Vorzugswürdigkeit. Sie sind das Ergebnis einer rationalen Analyse der Ursachen der Unerträglichkeit des Naturzustandes. Entsprechend ist auch die sie erkennende Vernunft nicht die substantielle Vernunft der naturrechtlichen Tradition, sondern die erfahrungsverarbeitende instrumentelle Vernunft des selbsterhaltungsinteressierten Naturzustandsbewohners.

Die drei genannten Gerechtigkeitsbedeutungen sind nicht disparat, sondern sie stehen in einem dichten systematischen Zusammenhang. „Das Gesetz der Natur und das bürgerliche Gesetz schließen sich gegenseitig ein und sind von gleichem Umfang. Denn die Gesetze der Natur, die in Billigkeit, Gerechtigkeit, Dankbarkeit und anderen von ihnen abhängenden moralischen Tugenden bestehen, sind im reinen Naturzustand [...] keine eigentlichen Gesetze, sondern Eigenschaften, die die Menschen zu Frieden und Gehorsam hinlenken. Wenn einmal ein Staat errichtet ist, dann sind sie wirkliche Gesetze, nicht vorher, da sie staatliche Befehle und somit auch bürgerliche Gesetze sind. Denn sodann ist es die souveräne Gewalt, die die Menschen verpflichtet, ihnen zu gehorchen. Denn um in den Streitigkeiten zwischen den Privatleuten erklären zu können, was Billigkeit, Gerechtigkeit und moralische Tugend ist und um ihnen bindende Kraft zu verleihen, bedarf es der Anordnungen der souveränen

Gewalt und der Strafandrohungen gegen alle, die ihnen zuwiderhandeln, weshalb diese Anordnungen Bestandteil des bürgerlichen Gesetzes sind. Daher ist auch das Gesetz der Natur in allen Staaten der Welt ein Teil des bürgerlichen Gesetzes. Umgekehrt ist das bürgerliche Gesetz ein Teil der Anordnungen der Natur. Denn Gerechtigkeit, das heißt Erfüllung von Verträgen und jedem das Seine geben, ist eine Anordnung des natürlichen Gesetzes. Es hat sich aber jeder Untertan eines Staates zur Beachtung des bürgerlichen Gesetzes vertraglich verpflichtet [...] Und deshalb ist der Gehorsam gegen das bürgerliche Gesetz ebenfalls Teil des natürlichen Gesetzes" (ebd.: 205).

In vielfältiger Weise sind die natürlichen Gesetze und die bürgerlichen Gesetze bei Hobbes verschränkt. Zum einen wird die staatliche Gesetzgebung als Vehikel der Institutionalisierung und Verrechtlichung der natürlichen Gesetze angesehen. Vorher, ohne die Positivierungsleistungen des Staates, sind sie lediglich Beschreibungen friedensförderlicher Verhaltensdispositionen. Erst wenn sich der Geltungswille des Souveräns des Vernunftgebotenen mit all seiner Macht annimmt, wird aus dem, was die Vernunft durch Naturzustandsanalyse als ratsames Verhaltensmuster ermittelt hat, ein Gesetz. Diese Verrechtlichung ist freilich immer auch eine Interpretation, die die notwendig abstrakte Verhaltensregel konkretisiert. Eine derartige interpretative Festlegung ist notwendig, da zum einen die normativen Orientierungen der natürlichen Gesetze abstrakt und daher kontrovers auslegbar sind, und zum anderen der Regulationsbedarf und der Regulationszweck der Situation, die der Gesetzgeber vorfindet, berücksichtigt werden muss. Die durch die Gesetze festgelegten Gerechtigkeitsbedeutungen sind folglich situationsangepasste Konkretisierung der allgemeinen natürlichen Gerechtigkeitskonzeption. Und verbunden werden beide Bereiche durch den Vertrag, der nicht nur das staatsrechtliche Herrschaftsschema installiert und durch Autorisierung und Selbstverpflichtung eine legitime legislatorische Macht und gehorsamsverpflichtete Bürger erzeugt, sondern auch den Gerechtigkeitszweck, den Zweck der Verrechtlichung der natürlichen Gerechtigkeit als herrschaftsorientierende Aufgabe festschreibt.

4. Immanuel Kants vernunftrechtliches Gerechtigkeitskonzept

Kant hat seine Rechtsphilosophie nie als Gerechtigkeitstheorie bezeichnet. Wenn jedoch gilt, dass Gerechtigkeitstheorien verbindliche Prinzipien zur Beurteilung und Gestaltung gesellschaftlicher und politischer Einrichtungen entwickeln, Prinzipien, mit deren Hilfe sich der Unterschied zwischen Recht und Unrecht, Gerechtigkeit und Ungerechtigkeit erkennen lässt, dann ist Kants Vernunftrecht zweifellos eine Gerechtigkeitstheorie. Aber es begnügt sich nicht mit der Formulierung von ein oder zwei Prinzipien. Und dadurch unterscheidet es sich von gegenwärtigen Gerechtigkeitstheorien. Vor dem Hintergrund der zeitgenössischen deutschen Naturrechtstradition einerseits und des neuzeitlichen Kontraktualismus andererseits entwickelt es eine überaus differenzierte normative Theorie der rechtlichen Ordnung der zwischenmenschlichen Angelegenheiten, die auf die Exposition des vernunftrechtlichen Grundprinzips eine Theorie des Privatrechts, des Staatsrechts und des Völkerrechts folgen lässt, die durch eine Fülle unterschiedlichster Argumente miteinander verbunden sind. Deren wichtigstes ist fraglos Kants Argument von der rechtlichen Notwendigkeit einer staatlichen Rechtsordnung. Es weist nach, dass die Vernunft selbst nach der Einrichtung des Staates verlangt. Und genau hier ist nach Kant der Ort der Gerechtigkeit. Der Gerechtigkeitsbegriff wird von Kant also nicht zur Charakterisierung der Prinzipien des Vernunftrechts verwendet, sondern als Bezeichnung der empirischen Strukturen und Institutionen staatlicher Rechtsverwirklichung. Damit folgt er Hobbes. Wie der Leviathan ist der Staat Kants ein System der öffentlichen Gerechtigkeit, das durch Gesetzgebung, Rechtsprechung und Rechtsdurchsetzung stabile rechtliche Verhältnisse etabliert, sichere Rechtswege anlegt und so das Recht eines jeden garantiert. Der Unterschied liegt nur darin, dass Hobbes keinerlei externe Prinzipien kennt, um die staatlichen Gesetze zu überprüfen, Kant jedoch mit dem Vernunftrecht derartige Grundsätze zur Beurteilung der moralischen Qualität staatlicher Gesetze besitzt.

Kant hat auch Hobbes' Neubestimmung des Begriffs der Verteilungsgerechtigkeit übernommen. Das Gebot der Verteilungsgerechtigkeit – *suum cuique tribue* (gib einem jeden das Seine) wird nach Kant bereits und allein dadurch erfüllt, dass man sich an die staatlichen Gesetze hält und das gesetzlich bestimmte Recht eines jeden respektiert. In seiner Interpretation der dritten Ulpian'schen Rechtsregel heißt es: „Tritt...in eine Gesellschaft mit anderen, in welcher jedem das Seine erhalten werden kann...Die letztere Formel, wenn sie so übersetzt würde: ‚Gib jedem das Seine‘, würde eine Ungereimtheit sagen; denn man kann niemandem etwas geben, was er schon hat. Wenn sie also einen Sinn haben soll, so müßte sie so lauten: ‚Tritt in einen Zustand, worin jedermann das Seine gegen jeden anderen gesichert werden kann (lex iustitiae)‘" (Kant 1968 [1797]: 237). Das System der „austheilenden Gerechtigkeit" (ebd.: 307) ist das System der öffentlichen Gewalt des Staates, das durch legislatorische Rechtsetzung, die Rechtsprechung der Gerichte und durch administrativ-exekutive Rechtsdurchsetzung einen Zustand allgemeiner Rechtssicherheit erzeugt. Der Weg zur Gerechtigkeit ist der Weg aus dem Naturzustand in den Rechtsstaat. Der rechtssichernde Staat *ist* die Gerechtigkeit.

In der politischen Philosophie von Hobbes bis Kant steht der Begriff der öffentlichen Gerechtigkeit ganz im Bann des Eigentumsbegriffs. In der Blütezeit des Besitzindividualismus sind gerechte Verhältnisse vor allem gefestigte Eigentumsverhältnisse. Die sozialen Güter, deren öffentliche Verteilung die gerechtigkeitsphilosophische Aufmerksamkeit des Aristotelismus fand, sind aus dem neuzeitlichen Naturrecht ebenso verschwunden wie die ethisch-zivile Verdienstlichkeit, die anzuspornen und zu belohnen die *iustitia distributiva* der klassischen Politik etabliert worden war. Der politische Raum öffentlicher Güterverteilung ist in der Frühzeit der politischen Moderne der staatlich gesicherten Eigentumsordnung und den sie konstituierenden Regeln privater Verteilung und Verfügung gewichen. Dass dieses System der verteilenden Gerechtigkeit jedoch seinerseits Gerechtigkeitsprobleme aufwerfen könnte, war für Kant und seine Zeitgenossen undenkbar. Die Vorstellung, dass diese Eigentumsordnung in ihrer Gesamtheit Gegenstand einer unabhängigen, von den liberalen eigentumsrechtlichen Grundsätzen unabhängigen Gerechtigkeitsüberprüfung sein könnte, dass eine korrekt entstandene Eigentumsordnung einer gerechtigkeitskritischen Veränderung unterworfen werden müsste, dass die rechts- und marktförmigen Regeln privater Eigentumsverteilung durch gerechtigkeitsbegründete Regeln öffentlicher Eigentumsumverteilung überlagert und relativiert werden könnten, war den Denkern des bürgerlichen Aufbruchs fremd. Der Staat des Eigentums ist für sie die Gerechtigkeit auf Erden.

In der politischen Welt von Hobbes und Kant gibt es nur Gleiche, durch das Recht zu Gleichen gemachte Individuen. Der Staat ist daher ausschließlich für die arithmetische Gleichheit zuständig; er ist der Konstrukteur und Garant des rechtlichen Systems der arithmetischen Gleichheit. Und er verrichtet sein Gerechtigkeitswerk zufriedenstellend, wenn seine Koordinationsanstrengungen durch keinerlei Diskriminierung verzerrt werden und den Individuen streng symmetrische Interaktionsräume eröffnet werden. Die Aufgabe einer ungleichheitsempfindlichen, die relevanten Unterschiede berücksichtigenden Verteilung ist in dieser früh-liberalen Konzeption vollständig an den Markt übergegangen. Der Markt ist jetzt der Ort der proportionalen Gleichheit, der differenzsensiblen Zuteilung. Die materiale Verteilungsgerechtigkeit wird in der frühen neuzeitlichen Philosophie also aus der politischen Zuständigkeit herausgenommen und dem Markt überantwortet; sie wird privatisiert und verschwindet daher als politikphilosophisches Thema. Freilich ist mit dieser Entpolitisierung zugleich eine Entethisierung verbunden, denn keine geteilten Wert- und Würdigkeitsvorstellungen regieren die Distribution begehrter Güter, sondern ausschließlich die Mechanismen von Angebot und Nachfrage.

5. John Rawls' Konzeption der Fairnessgerechtigkeit

Moderne Gesellschaften sind komplizierte Verteilungsapparate, die ihren Mitgliedern in unterschiedlichen Distributionszonen vielerlei Güter zuteilen: Sicherheit, Freiheit, Bildung und Berufschancen, Einkommen, Unterstützung und Selbstachtung. Auch die Natur ist eine Verteilungsagentur, aber die Natur ist bei ihrer Zusammenstellung der physischen, geistigen und ästhetischen Grundausstattung der Menschen nicht rechenschaftspflichtig. Die gesellschaftliche Verteilungsagentur hingegen ist menschlichen Ursprungs; die Normen und institutionellen Raster ihres Verteilungshandelns fallen nicht vom Himmel, sondern sind gesellschaftliche Erfindungen und daher begründungsbedürftig. Weil die gesellschaftlichen Teilsysteme, Regelwerke und Institutionen unser Leben einschneidend prägen, unnachgiebig unsere Freiheit einschränken und mit der Zuteilung von Chancen und Entwicklungsmöglichkeiten auf Gestalt und Verlauf unserer Lebensprojekte beträchtlichen Einfluss nehmen, stellen wir Legitimationsforderungen an die gesellschaftlichen Rahmenbedingungen unseres Lebens, wollen wir allgemein zustimmungsfähige, wollen wir gerechte Institutionen und Verteilungsstrukturen.

Die politische Philosophie der Gegenwart versucht diese Legitimationsforderungen auf den Begriff zu bringen. Sie ist nicht mehr wie die klassische politische Philosophie der Neuzeit mit den Problemen der Staatsrechtfertigung und Rechtsstaatsbegründung beschäftigt. Dass unser Zusammenleben staatlicher Strukturen bedarf und diese dem Prinzip der rechtsstaatlichen Gleichheit verpflichtet sind, wird vorausgesetzt. Was hingegen nicht in den Bereich stillschweigender Voraussetzungen fällt und daher begrifflicher Klärung bedarf, ist der Bereich der sozialen Gerechtigkeit. Soziale Gerechtigkeit ist das große Thema der politischen Philosophie der Gegenwart. Ihre Erörterung beginnt mit einem der erfolgreichsten und wirkungsmächtigsten Werke der Philosophie des 20. Jahrhunderts, mit John Rawls' *A Theory of Justice* von 1971.

Um die Regeln einer gerechten Verteilung zu ermitteln, greift Rawls auf das Modell des Gesellschaftsvertrags zurück. Es besagt, dass ein Prinzip nur dann als gerechtfertigt gelten kann, wenn es als allgemein zustimmungsfähig ausgewiesen werden kann, wenn also gezeigt werden kann, dass alle Individuen sich auf dieses Prinzip geeinigt haben könnten. Freilich sind die Ergebnisse dieses Gedankenexperiments nur dann annehmbar, wenn sichergestellt ist, dass die Einigung unter fairen Bedingungen stattgefunden hat. Faire Bedingungen sind solche, die niemanden benachteiligen und niemanden bevorzugen, die Unparteilichkeit sichern. Rawls sorgt in seinem Gedankenexperiment dadurch für Fairness, dass er jeden der Verfassungswähler unter einem ‚Schleier der Unwissenheit' versteckt, der die Eigentümlichkeit besitzt, die Verfassungswähler weniger für die Augen anderer, sondern vielmehr und vor allem für sich selbst unsichtbar zu machen. Aufgrund dieser Idee, Gerechtigkeit als Ergebnis einer fairen Wahl zu explizieren, bezeichnet Rawls auch seine Gerechtigkeitskonzept als *justice-as-fairness*.

Hinter diesem Schleier des Nichtwissens verbirgt sich folgende einfache und einsichtige Überlegung: Wenn jemand Verfassungsprinzipien auszuwählen hat, über sich selbst aber nichts weiß, somit auch nicht feststellen kann, welche der zur Entscheidung stehenden Verfassungsprinzipien für ihn vorteilhaft sein könnten, muss er notgedrungen eine Wahl unter allgemeinen Gesichtspunkten vornehmen. Durch den Schleier der Unwissenheit wird die besondere Individualität zum Schweigen gebracht; seine Textur ist so dicht, dass nur noch die Stimme des Allgemeinen zu vernehmen ist. Da die Individuen über sich nichts wissen, wodurch sie sich von anderen unterscheiden, können sie bei ihren Entscheidungen nur generellen Präferenzen folgen und sich nur an Grundgütern orientieren, die für alle und daher auch für sie gut sind.

Auf welche Grundsätze würden sich nun die Menschen im Urzustand einigen? Nach Rawls lassen sie sich bei ihrer Verfassungswahl von folgender allgemeinen Gerechtigkeitsvorstellung leiten: „Alle sozialen Werte – Freiheit, Chancen, Einkommen und die sozialen Grundlagen der Selbstachtung – sind gleichmäßig zu verteilen, soweit nicht eine ungleiche Verteilung jedermann zum Vorteil gereicht" (Rawls 1975: 83). Angesichts der Präferenz der Verfassungswähler – ein jeder möchte von den gesellschaftlichen Grundgütern lieber mehr als weniger haben – ist diese Grundorientierung verständlich: Ungleichverteilungen werden keine allgemeine Zustimmung finden, es sei denn, sie sind zum Vorteil von jedermann. Ungerechtigkeiten sind folglich distributiv unvorteilhafte Ungleichheiten. Daraus folgt, dass Gerechtigkeit nicht notwendig Gleichverteilung impliziert; daraus folgt weiterhin, dass sich Ungleichheiten durch distributive, das heißt jedermann betreffende Vorteilhaftigkeit legitimieren müssen.

Diese allgemeine Gerechtigkeitsvorstellung führt zu zwei Verteilungsprinzipien. Das erste Verteilungsprinzip ist ein Grundsatz der rechtlich-politischen Gerechtigkeit. „Jedermann soll gleiches Recht auf das umfangreichste System gleicher Grundfreiheiten haben, das mit dem gleichen System für alle anderen verträglich ist" (ebd.: 81). Das zweite Verteilungsprinzip ist ein Grundsatz der sozio-ökonomischen Gerechtigkeit; es lautet: „Soziale und wirtschaftliche Ungleichheiten sind so zu gestalten, daß (a) vernünftigerweise zu erwarten ist, daß sie zu jedermanns Vorteil dienen, und (b) sie mit Positionen und Ämtern verbunden sind, die jedem offen stehen" (ebd.: 81).

Das erste Gerechtigkeitsprinzip verlangt zum einen eine gleiche Verteilung von Grundfreiheiten und politischen Rechten und zum anderen eine Maximierung der individuellen Freiheit. Hier geht es um politische Wahl- und Partizipationsrechte, um Rede- und Versammlungsfreiheit, sodann um persönliche Grundfreiheiten, um Gewissens-, Gedanken- und Religionsfreiheit, und schließlich um die fundamentalen Menschenrechte, um das Recht auf persönliches Eigentum, um das Recht auf körperliche Unversehrtheit, um das Recht auf Sicherheit und Freiheit vor Angst und Terror. Dabei gilt, dass eine Grundordnung nicht schon dann gerecht ist, wenn diese Grundfreiheiten gleich verteilt sind. Zusätzlich muss sie die Forderung erfüllen, das System der gleichen Grundrechte so zu gestalten, dass eine maximale individuelle Freiheit möglich wird. Der Anwendungsbereich des zweiten Gerechtigkeitsprinzips sind die Verteilungsmuster für soziale und wirtschaftliche Güter, für Vermögen und Einkommen, Ansehen und Macht. Es unterwirft die sozio-ökonomische Ungleichheit bestimmten Legitimationsbedingungen, belastet sie mit dem Nachweis einer allgemeinen, auch den Schlechtestgestellten einbeziehenden Nützlichkeit und fordert den freien und fairen Zugang zu allen Positionen gesellschaftlicher und politischer Funktionsmacht.

Rawls hat das sozio-ökonomische Verteilungsprinzip als Differenzprinzip bezeichnet. Es ist ein Erlaubniskriterium für sozio-ökonomische Ungleichheit. Es besagt, dass die besseren Aussichten der Begünstigten nur dann gerecht sind, wenn sie bzw. die sie ermöglichenden sozio-ökonomischen Umstände zur Verbesserung der Aussichten der am wenigsten begünstigten Gesellschaftsmitglieder beitragen, die Gesellschaft einigen ihrer Mitglieder also nur dann günstigere Aussichten für Bevorzugte einrichten und sichern darf, wenn das auch den weniger Begünstigten zum Vorteil gereicht. „Zur Veranschaulichung des Unterschiedsprinzips betrachte man die Einkommensverteilung zwischen gesellschaftlichen Klassen, denen repräsentative Personen entsprechen mögen, deren Aussichten eine Beurteilung ermöglichen. Nun hat jemand, der etwa in einer Demokratie mit Privateigentum als Mitglied der Unternehmerklasse anfängt, bessere Aussichten als jemand, der als ungelernter Arbeiter anfängt. Das dürfte auch dann noch gelten, wenn die heutigen sozialen Ungleichheiten beseitigt wären. Wie ließe sich nun eine solche anfängliche Ungleichheit der Lebenschancen überhaupt rechtfertigen? Nach dem Unterschiedsprinzip ist sie nur gerechtfertigt, wenn der Unterschied in den Aussichten zum Vorteil der schlechter gestellten repräsentativen Person – hier des ungelernten Arbeiters – ausschlägt. Die Ungleichheit der Aussichten ist nur dann zulässig, wenn ihre Verringerung die Arbeiterklasse noch schlechter stellen würde" (ebd.: 98f.).

Die Legitimität sozio-ökonomischer Ungleichheit liegt in ihrer ökonomischen Notwendigkeit für eine allen dienliche Produktivitätssteigerung. Mit diesem Kriterium rechtfertigt sich die Ungleichheit vor der Gleichheit, lassen sich zulässige Ungleichverteilungen von unzulässigen Ungleichverteilungen unterscheiden. Ersichtlich ist, dass ungleiche Verteilungen nur insofern gerechtigkeitstheoretisch geduldet werden können, wie sie über eine ökonomisch notwendige Abweichung von der Gleichheit nicht hinausgehen. Ist gerechtfertigte

Ungleichheit gerechtfertigte Gleichheitsabweichung, dann sind im Differenzprinzip immer zwei Komponenten wirksam: die Gleichheitsorientierung und die Ungleichheitslegitimation. Um die moralische Möglichkeit einer Verteilung festzustellen, müssen wir also immer fragen, ob der Gleichheitsabweichungsgrad der vorhandenen Verteilung, ihr Ungleichheitsmaß ökonomisch notwendig ist. Nicht schon dann ist eine Ungleichheit zulässig, wenn sie die Aussichten der Minderbegünstigten langfristig verbessert, denn sie könnte ja diese Verbesserung bewirken und zugleich das erforderliche Ungleichheitsmaß überschreiten. Daher gilt, und damit wird die heimliche, möglicherweise von Rawls selbst gar nicht bemerkte Radikalität des Differenzprinzips deutlich: so gleich wie möglich, so ungleich wie nötig.

Zur Erläuterung des Differenzprinzips vergleicht Rawls drei Ordnungsmodelle: da ist zuerst das ‚System der natürlichen Freiheit‘; dann kommt das ‚System der liberalen Gleichheit‘; und schließlich folgt das von ihm entworfene, das er ‚System der demokratischen Gleichheit‘ nennt. Das System der natürlichen Freiheit ist eine rechtsstaatlich verfasste kompetitive Marktgesellschaft. Die Verteilung sozio-ökonomischer Positionen folgt allein dem Prinzip der Individualrechte und der Regel der formalen Chancengleichheit, die einen diskriminierungsfreien, formalrechtlich gleichen Zugang aller zu den gesellschaftlichen Machtpositionen etabliert. Das natürliche Freiheitssystem ist blind gegenüber der Tatsache, dass die Menschen aufgrund unterschiedlicher Naturausstattung und verschiedener sozialer Geburts- und Sozialisationsumstände die ihnen von dem System der natürlichen Freiheit eingeräumten gleichen Chancen, gleichen rechtlichen Zugangsmöglichkeiten zum Markt und zu den Ämtern und gesellschaftlichen Positionen keinesfalls in gleich gewinnbringender und erfolgreicher Weise nutzen können.

Das System der liberalen Gleichheit bereichert das System der natürlichen Freiheit um die Forderung nach fairer Chancengleichheit. Fairer Chancengleichheit dient ein System von Erziehungs- und Ausbildungsinstitutionen, die Gleichbefähigten und Gleichbegabten gleiche Aufstiegschancen verschaffen, die die soziale Ungleichheit der Startpositionen kompensieren und die gesellschaftliche Privilegierung unterlaufen. Aber auch dieser Liberalismus der kompensatorischen Erziehungseinrichtungen und des diskriminierungsfreien Zugangs zu Amtsautorität und gesellschaftlicher Funktionsmacht ist noch nicht hinreichend. Zwischen ihm und einer gerechten und wohlgeordneten Gesellschaft stehen zum einen die Auswirkungen der „natürlichen Lotterie" (ebd.: 94), der ungleichen natürlichen Begabungsausstattungen, auf den Erfolg der individuellen Lebenskarrieren und zum anderen die unterschiedlichen Einflüsse der Familien auf die Entwicklung der Talente und Anlagen. Diese Macht der „gesellschaftlichen und natürlichen Zufälligkeiten" (ebd.: 95) muss jedoch nach Rawls gebrochen werden. Rawls' Egalitarismus stellt die Theorie der sozialen Gerechtigkeit in den Horizont gesellschaftlicher Selbstbestimmung. Eine gerechte gesellschaftliche Grundstruktur darf die „Anteile der Menschen an den Früchten und Lasten der gesellschaftlichen Zusammenarbeit nicht durch gesellschaftliche oder natürliche Zufälligkeiten bestimmen lassen" (ebd.: 95). Natur und Geschichte sind gleichermaßen moralisch willkürlich; moralisch willkürlich sind folglich auch die durch ihre Auswirkungen zustande gekommenen Verteilungszustände. Gerechtigkeit verlangt die Neutralisierung der unterschiedlichen Ergebnisse der Begabungslotterie und des sozialen Geburtsschicksals. Nur dann kann eine Gesellschaft uns gerechtigkeitsethisch überzeugen, wenn sie durch geeignete Verteilungsarrangements dafür sorgt, dass der individuelle Grundgüterbesitz von den zufälligen Auswirkungen natürlicher und sozialer Unterschiede unabhängig ist.

Der Rawls'sche Egalitarismus schert aus der Tradition des menschenrechtlichen Liberalismus aus. Während der Liberalismus die menschenrechtliche Freiheit als ungeschmälerten Anspruch auf die Früchte des eigenen Talents und der eigenen Arbeit auslegt, betrachtet Rawls die natürlichen Produktivkräfte der Begabungen und Fähigkeiten der Individuen gleichsam als gesellschaftliche Gesamtressource, die einer gerechtigkeitsethischen Bewirtschaftung unterworfen werden muss. „Wer von der Natur begünstigt ist, sei es, wer es wolle, der darf sich der Früchte nur so weit erfreuen, wie das auch die Lage der Benachteiligten verbessert. Die von der Natur Bevorzugten dürfen keine Vorteile haben, bloß weil sie begabter sind, sondern nur zur Deckung der Kosten ihrer Ausbildung und zu solcher Verwendung ihrer Gaben, daß auch den weniger Begünstigten geholfen wird" (ebd.: 122). Die Gesellschaft wird zur Treuhandgesellschaft, die die Talente wie ein Wertdepot verwaltet und auf günstige kompensationspolitische Verwertungsbedingungen bedacht ist. Und sozio-ökonomische Ungleichheit ist nur in dem Maße gerechtfertigt, wie sie Leistungsanreize schafft und dadurch diese Verwertungsbedingungen optimiert.

6. Ronald Dworkins Prinzip der Ressourcengleichheit

Die Konzeption der egalitären Verteilungsgerechtigkeit beruht auf einer radikalen Interpretation der vertrauten moralischen Intuition, dass Gerechtigkeit etwas mit Verdienst zu tun haben muss. Eine gerechte Verteilung ist eine Verteilung *kat' axian*, wie es bei Aristoteles heißt: nach Verdienst. Das Verdienstlichkeitskriterium des Egalitaristen, da ist er mit dem Liberalen und dem *libertarian* einer Meinung, ist die eigene Leistung. Das, was man sich durch eigene Leistung erarbeitet hat, gehört einem, und niemand darf es einem nehmen, auch der Sozialstaat nicht. Das jedoch, was einem zufällt, muss nach Maßgabe allgemeiner Gerechtigkeitsregeln egalitaristisch ausgeglichen werden. Und zu dem, was einem zufällt und nicht selbst erarbeitet worden ist, gehören alle natürlichen und herkunftsbedingten Eigenschaften und Fähigkeiten, Dispositionen und Einstellungen, die wesentlich für Erfolg und Misslingen der Lebenskarriere verantwortlich sind. Der Egalitarismus der Verteilungsgerechtigkeit duldet keinen genetischen und sozialen *windfall profit*. Er verlangt daher gerechtigkeitsstaatliches Einschreiten, eine kompensatorische Umverteilungspolitik, die die nicht-vorhandene natürliche und soziale Ausgangsgleichheit der individuellen Lebensprojekte nachträglich fingiert und die moralische Verteilungswillkür von Natur und Geschichte bricht. Aufgrund seiner Kontingenzaversion wird dieser Egalitarismus gelegentlich auch als *luck egalitarianism* bezeichnet (Anderson 1999: 289; Scheffler 2003: 39).

Entscheidend für die Rawls'sche Konzeption ist nun, dass sie aufgrund der moralischen Willkürlichkeit aller empirischen Eigenschaften des Menschen das Leistungskriterium ins Leere laufen lässt. Leistung kann kein Legitimationsgrund für rechtmäßige Ansprüche sein, da jede Leistung auf kontingenten Fähigkeiten und Fertigkeiten beruhe, die ihrerseits von den Individuen nicht durch Leistung erworben worden sind.

Dworkins Gerechtigkeitstheorie der Ressourcengleichheit schlägt einen anderen Weg ein. Sie versucht, das liberale Konzept der Leistungsgerechtigkeit in den Egalitarismus zu integrieren und will die egalisierenden sozialstaatlichen Ausgleichshandlungen nur auf die individuellen Bestimmungen anwenden, die naturgegeben oder gesellschaftlich zufällig sind und nicht auf eigener Leistung beruhen. Nach seinen Vorstellungen darf eine Gesellschaft dann ‚gerecht' heißen, wenn sie jedermann ein gleiches Ressourcenbündel sichert, die Lebenskarriere jedes Individuums mit einer gleich großen und gleich wertvollen Ressourcenausstattung beginnen lässt. Nichts Geringeres ist damit gefordert als ein umfassender Positionsvergleich eines jeden mit einem jeden, dessen Ergebnis dann durch einen aufwendigen, für alle individuellen Differenzen gleichermaßen empfindlichen Ausgleichsmechanismus egalisiert werden muss.[3]

Während es in der Rawls'schen Theorie unmöglich ist, zwischen verdienten und kompensationsunbedürftigen Ungleichheiten und unverdienten und kompensationspflichtigen Ungleichheiten zu unterscheiden, rückt das Ressourcengleichheitsprinzip genau diesen Unterschied in den Mittelpunkt. Unverdiente und kompensationspflichtige Ungleichheiten werden durch Begabungsunterschiede verursacht; verdiente und kompensationsunbedürfte Ungleichheiten hingegen verdanken sich unterschiedlicher Anstrengung. Ein gerechtes Verteilungsmuster muss diesem Unterschied gerecht werden, muss nach Dworkin „endowment-insensitive" und „ambition-sensitive" sein, muss die Leistung sich ungehindert entfalten lassen und alle damit verbundenen Ungleichheitsfolgen tolerieren, jedoch die Begabungsunterschiede durch geeignete Kompensationen und Handicaps neutralisieren (vgl. Dworkin 2000: 65ff.; Dworkin 2011: 81ff.).

Diese Doppelforderung nach einem zugleich ‚begabungs-unempfindlichen' und ‚leistungs-empfindlichen' Verteilungsmuster ist offenkundig der gerechtigkeitstheoretische Ausdruck des menschlichen Schicksals, selbstbestimmt handeln zu können, aber dabei immer unter vorgegebenen Bedingungen handeln zu müssen. Ihr nachzukommen setzt eine diffizile diskriminatorische Ätiologie voraus, mit der wir das komplexe Kausalitätsgeflecht unseres Lebens entwirren und die einzelnen Ursachenstränge identifizieren können, um zuverlässig herauszufinden, „which aspects of any person's economic position flow from his choices and which from advantages and disadvantages that were not matters of choice" (Dworkin 1986: 208). Allerdings verfügen wir nicht über solche kausalanalytische Kompetenz. In der Theorie lässt sich der energetisch-produktive Kern der Subjektivität mühelos von den Einflüssen der natürlichen Umstände trennen, in der Wirklichkeit jedoch kommt man mit diesem simplen subjektivitätsmetaphysischen Dualismus nicht weit. Bei der Ermittlung der für den individuellen Lebensverlauf verantwortlichen Faktoren stoßen wir auf eine zwar typologisch zu ordnende, empirisch jedoch unentwirrbare Gemengelage von Ursachen. Die Trennbarkeit von reiner Leistungssubjektivität und vorfindlichen genetischen und sozialen Umständen ist

---

3   Dworkin spricht von einem Verfahren der „overall comparisons of each person's overall situation" (Dworkin 1983: 5).

illusionär. Kein individuelles Entscheidungsprogramm, keine subjektive Präferenzordnung, keine persönliche Ethik des guten Lebens, die nicht auch in den vorgegebenen Mustern der natürlichen Umstände wurzeln, die jeder Mensch in Gestalt seiner genetischen und körperlichen Verfassung an und in sich selbst vorfindet. Selbst Stimmungsprofile, optimistische Einstellungen, Durchsetzungsvermögen und das Ausmaß an Risikobereitschaft, alles Leistungsfermente, sind auf natürliche Verteilungen zurückzuführen: Die Auswirkungen der Lotterie der Natur bestimmen das gesamte Entscheidungsarsenal und Verhaltensrepertoire der Individuen. Eine trennscharfe Sortierung der illegitimen und legitimen Ungleichheitsursachen ist damit ebenso unmöglich wie eine genaue Bestimmung des Redistributionsausmaßes.

Der folgende Einwand wiegt aber noch viel schwerer. Dworkin'sche Egalitaristen wollen, dass die Leistung ihren Lohn empfängt – darin zeigt sich ihr liberales Erbe. Sie wollen aber auch die gerechtigkeitstheoretische Neutralisierung aller vorgegebenen Ungleichheiten, die die Subjekte in ihrer unterschiedlichen Natur, in ihren unterschiedlichen sozialen Startpositionen und auch noch während des Verlaufs der Lebenskarrieren vorfinden. Daher müssen sie auf die illusionäre Idee verfallen, einen selbstverantwortlichen abstrakten Persönlichkeitskern aus der Hülle seiner natürlichen und sozialen Vorgegebenheiten herauszuschälen. Alles das, was in dem starken Sinne kontingent ist, dass es auch in anderer Form um uns und in uns vorgefunden werden könnte, wird damit der politisch-egalitären Bewirtschaftung unterstellt, wird zum Gegenstand steuerpolitischer Abschöpfung oder kompensatorischer Zuwendung. Aber wir sperren uns dagegen, dass unsere Begabungen und Fertigkeiten uns nicht zugesprochen werden, und betrachten es als eine Form von Enteignung, wenn sie lediglich als von uns nur treuhänderisch verwaltete Gemeinschaftsressourcen angesehen werden, deren Ertrag gänzlich zur gerechtigkeitsstaatlichen Verteilungsdisposition steht. All das, was die Theorie der Verteilungsgerechtigkeit als natürlich und sozial Zufälliges, Willkürliches und Kontingentes der gerechtigkeitspolitischen Egalisierung überantwortet, das macht uns aus, das prägt unseren Charakter, unsere Persönlichkeit, unsere Identität, all das sind wir. Ich kann doch nicht darum einen Anspruch auf staatliche Transferleistungen erheben, weil ich ich bin und kein Anderer, Erfolgreicherer, mit besseren natürlichen und sozialen Startvoraussetzungen Ausgestatteter.

Aber genau das meinen die Egalitaristen; genau darin sehen sie die Aufgabe der Gerechtigkeit: die Verteilungsentscheidungen der zufälligen Herkunft, die Verteilungsergebnisse der genetischen Lotterie auszugleichen, den Zufall zu richten und die Natur zu berichtigen: „Die Aufgabe der Verteilungsgerechtigkeit ist es, die Individuen für ein ungünstiges Schicksal zu entschädigen. Einige Menschen sind mit Glück gesegnet; andere werden vom Unglück verfolgt. Es gehört zur Verantwortung der Gesellschaft – von uns allen gemeinsam – die Verteilung der Güter und Übel, die den unübersichtlichen Lotterien unseres Lebens, den glücklichen Zufällen und Schicksalsschlägen, entstammen, zu ändern. Die Verteilungsgerechtigkeit verlangt, daß der Glückliche einiges oder alles von dem, was er seinem Glück verdankt, dem Unglücklichen gibt" (Arneson 2008: 80; Übersetzung W.K.).

7. Nozicks Anspruchstheorie der Gerechtigkeit

Nozick nennt seine Gerechtigkeitstheorie „entitlement theory" (Nozick 1974: 150ff.), Sie beschäftigt sich mit der Frage der „justice in holdings" (ebd.: 151). Es ist eine unkomplizierte Theorie, die im Kern wenig mehr als eine Rekonstruktion der naturrechtlichen Begründung des Eigentums bei John Locke liefert. Gerechtigkeitsüberlegungen hinsichtlich der Verteilung von Besitztümern entzünden sich an drei Fragen: (1) an der Frage der Erstaneignung von Besitz, der ‚ursprünglichen Appropriation', die man in der Schulsprache *acquisitio originaria* oder *prima occupatio* nannte; (2) an der Frage der Eigentumsübertragung und (3) an der Frage der Berichtigung ungerechter Besitzverhältnisse.

Die Theorie der gerechten Aneignung hat zu klären, wie es zur Besitzergreifung herrenlosen Gutes kommen kann, durch welche Vorgänge und Handlungen appropriiert werden kann, welche Dinge angeeignet werden können und welche nicht und, was systematisch am wichtigsten ist, wie überhaupt empirische Handlungen normative, rechtskonstitutive Folgen haben können. Demgegenüber hat die logisch spätere Theorie der Eigentumsübertragung zu klären, was ein gerechter und ein ungerechter Eigentumstransfer ist. Sie hat eine Beschreibung der einzelnen gerechten Übertragungsakte, der Schenkung, des vertraglichen Austausches, der vertraglichen Übereignung usw. zu liefern und eine Typologie ungerechter Übertragungsakte zu erstellen. Damit sind die wesentlichen Elemente der Nozick'schen *entitlement theory* beisammen: „If the world were wholly just, the following inductive definition would exhaustively cover the subject of justice in holdings. 1. A person who acquires a holding in accordance with the principle of justice in acquisition is entitled to that holding. 2. A person who acquires a holding in accordance with the principle of justice in transfer, from someone else entitled to the holding, is entitled to the holding. 3. No one is entitled to a holding except by (repeated) applications of 1 and 2. The complete principle of distributive justice would say simply that a distribution is just if everyone is entitled to the holdings they possess under the distribution" (ebd.). Freilich sind nicht alle Verteilungen durch die Anwendung dieser Grundsätze entstanden. Es gibt eine Fülle von kleinformatigen Handlungen und großformatigen Ereignissen, die zu Eigentumsübertragungen und Verteilungsveränderungen führen, die mit dem einschlägigen Grundsatz der Anspruchstheorie nicht in Übereinstimmung stehen: Diebstahl, Veruntreuung, Betrug, Raub, aber auch die marktwirtschaftlichen Sünden der Konkurrenzeinschränkung, Wettbewerbsverzerrung, Erpressung und politischen Subventionierung, von Okkupation und Usurpation, Völkermord und Vertreibung, verlorenen und gewonnenen Kriegen ganz zu schweigen. All diese marktexternen Übertragungsverzerrungen müssen durch einschlägige Korrekturen wieder aus den jeweiligen Verteilungszuständen herausgerechnet werden. Es gibt also noch ein drittes Gerechtigkeitsproblem. Und daher muss die Anspruchstheorie noch einen dritten gerechtigkeitstheoretischen Grundsatz aufnehmen, den Grundsatz der Berichtigung ungerechter Besitzverhältnisse oder den Grundsatz der Korrektur der Verletzungen der ersten beiden Grundsätze.

Für den *libertarianism* ist Gesellschaft ein Koordinationssystem selbständig agierender Individuen; sein Protagonist ist der Eigentümerproduzent, der Produktionsmittelbesitzer, der seine Leistungskraft, seine Fähigkeiten und die von ihm hergestellten Güter auf den

Markt bringt. Dieses System basiert auf menschenrechtlicher negativer Freiheit und formaler Gleichheit. Ein rechtsstaatliches Regelwerk harmonisiert die Aktionen der Individuen, ohne den Horizont der kommutativen Gerechtigkeit zu überschreiten. Und da alle Besitzverteilungen, die innerhalb dieses Koordinationssystems erzeugt werden, im Idealfall in Übereinstimmung mit den Eigentumstransfer- und Eigentumserwerbsregeln der kommutativen Gerechtigkeit zustande kommen, besteht nicht der geringste Grund, Bürgern einen Anspruch auf Güter einzuräumen, der über das hinausgeht, was sie innerhalb der Eigentumsverteilungen des rechtsstaatlich kontrollierten Tauschsystems erhalten haben. Daher ist für Robert Nozick auch die These von der Ungerechtigkeit des Marktes schlicht falsch. Vielmehr muss der Markt als die gesuchte Verteilungsregel der Gerechtigkeit betrachtet werden: Man müsse den Markt nur machen lassen, er würde schon für sich selbst *und* für die Gerechtigkeit sorgen – indem er nämlich jedem Menschen das gibt, was ihm zusteht, weil doch vernünftigerweise niemandem mehr zustehen kann, als er für seine Talente, Leistungen und Fähigkeiten auf dem Markt erhalten kann.

Im Zentrum dieser Gerechtigkeitstheorie des absoluten Eigentums steht die Lockesche These von der *self-ownership*. Während diese These bei Locke und insbesondere dann bei den Idealisten vornehmlich als kulturelle Selbstbeschreibung des modernen Subjekts zu lesen, als Ausdruck moderner Weltbemächtigungsfreiheit aufzufassen ist, bekommt sie bei Nozick und den *libertarians* unserer Tage einen ideologischen Zuschnitt. Ihre Rehabilitierung der *self-ownership*-These (dazu Cohen 1995) dient vordringlich dazu, eine Quelle absoluter *property rights* freizulegen, die gegen die übergeordneten steuer- und abgabenfinanzierten Versorgungsprogramme des Sozialstaats in Stellung gebracht werden sollen. Jede Minderung des Eigentums durch eine die Selbsterhaltungskosten des Rechtsstaats übersteigende Besteuerung ist aufgrund dieser radikal-freiheitsrechtlichen Voraussetzung als Angriff auf die persönliche Integrität zu werten: als Diebstahl, Raub, Zwangsarbeit oder Teilzeitversklavung. „Die Besteuerung von Arbeitsverdiensten ist mit Zwangsarbeit gleichzusetzen" (Nozick 1974: 159). Im Einzelnen legt sich Nozick diese merkwürdige These so zurecht: Wenn mein Einkommen besteuert wird, dann teilenteignet der Staat die Früchte meiner Arbeit und leugnet somit meinen moralisch-rechtlichen Anspruch auf das, was ich mir erarbeitet habe. Ging es beim Selbstbesitzgedanken ursprünglich ausschließlich um Selbstverfügung, darum, nicht zum Gegenstand eines fremden Willens zu werden, so geht es jetzt darum, absolute Verfügungsrechte an Dingen zu begründen, das Eigentum zu verabsolutieren, es der eigenen Personsphäre zuzuordnen und so fremder Verfügung grundsätzlich zu entziehen. Bei Lichte betrachtet hat also eine genaue Umkehrung stattgefunden: Sollte der proklamierte Selbstbesitz ursprünglich verhindern, dass das Selbst zum Ding wird, so dient es jetzt dazu, die Dinge zum Selbst werden zu lassen. Die Grundoperation dieser Konzeption ist die Konstitution von absoluten Verfügungsrechten durch Subjektivierung der Dinge. Das Sacheigentum wird unter den Schutz des natürlichen und unveräußerlichen Freiheitsrechts gestellt, so dass eine Verletzung des Eigentums einer Verletzung des Freiheitsrechts des Eigentümers gleichkommt.

8. Freiheitsrechtliche Gerechtigkeitsbegründung

Während Rawls und Dworkin gleichheitsorientierte Gerechtigkeitskonzepte entwickeln, interpretiert Nozick Gerechtigkeit als Ordnung der negativen Freiheit. Es ist jedoch willkürlich, das Freiheitsrecht nur im Lichte negativer Freiheit zu interpretieren. Gehen wir von einem ungeteilten Freiheitsrecht aus, gelangen wir zu einer anderen Gerechtigkeits- und Freiheitsordnung (vgl. Kersting 2000b, 2010, 2012).

Negative Freiheit genießen wir dann, wenn wir frei von Zwang, Gewalt und Drohung handeln und entscheiden können. Positive Freiheit hingegen zeigt sich in unserer Fähigkeit, selbstbestimmt zu handeln. Positive Freiheit genießen wir, wenn wir unser eigener Herr sind. Und dann sind wir unser eigener Herr, wenn wir unser Leben selbst bestimmen, Entscheidungen treffen. Wir wollen nicht herumgestoßen werden, nicht ins Kraftfeld äußerer Zwänge geraten, zum Spielball fremder Kräfte werden. Negative Freiheit bedeutet Herrenlosigkeit, positive Freiheit bedeutet, sein eigener Herr zu sein. Negative Freiheit bedeutet Freiheit von Fremdbestimmung, positive Freiheit bedeutet: Selbstbestimmung. Dass diese beiden Bedeutungsfacetten der Freiheit auseinanderzuhalten sind, zeigt folgende Überlegung: Nicht mehr gezwungen zu werden, das zu tun, was andere wollen, impliziert mitnichten, nun das tun zu können, was man selbst will. Die Abwesenheit von Fremdbestimmung ist nicht hinreichend für Selbstbestimmung. Es gibt Selbstbestimmungshindernisse, die auch dann bestehen bleiben, wenn alle darauf verzichten, sich einander durch Gewalt, Drohung und Erpressung gefügig zu machen. Finanzielle Mittellosigkeit ist etwa so ein Selbstbestimmungshindernis; oder kognitiv-emotionale Unterentwickeltheit; oder Suchtverfallenheit; oder unzureichendes Wissen; oder Unselbständigkeit im Urteilen; oder Entscheidungsunfähigkeit; oder Analphabetismus. Diese Selbstbestimmungshindernisse sind sicherlich sehr heterogen; sie haben aber eins gemeinsam: Sie sind allesamt Ausdruck eines Mangels, eines Mangels grundlegender Selbstbestimmungsressourcen.

Der Unterschied zwischen negativer Freiheit und positiver Freiheit lässt sich auch noch anders fassen. Negative Freiheit zeigt sich vor allem als Raumbeherrschung, positive Freiheit hingegen zeigt sich vor allem als Zeitbeherrschung. Das wird deutlich, wenn wir uns die jeweiligen Unfreiheitsbilder vor Augen führen. Der sinnfälligste Ausdruck der Einschränkung der Handlungsfreiheit ist der geschlossene Raum, die Fessel, die Mündung einer Waffe, die erstarren lässt. Fessel, Zelle und Pistolenmündung lassen, auf je unterschiedliche Weise, den Bewegungsraum, den wir bei unserem Handeln in diese oder jene Richtung durchqueren, um dieses oder jenes zu tun, um diesen oder jenen Gegenstand zu verwenden, um mit diesem oder jenem Menschen zu sprechen, auf einen Punkt schrumpfen. Zwangsverursachte Unfreiheit schränkt den Bewegungsraum ein und gipfelt in völliger Bewegungslosigkeit. Mängelverursachte Unfreiheit hingegen bewirkt Zukunftsschwund. Notsituationen sind präsentistisch; dem Notleidenden kommt die Zukunft abhanden, er ist an den Augenblick genagelt. Nur der über Autonomieressourcen Verfügende kann einen Lebensplan entwerfen, kann die Gegenwart transzendieren und sich Zukunft eröffnen.

Freiheit steht also sowohl unter der Bedingung der Abwesenheit von Zwängen als auch unter der Bedingung der Abwesenheit von Mängeln. Die erste Bedingung ist notwendig, die zweite ist hinreichend. Es ist evident, dass Zwangsabwesenheit den Charakter einer notwendigen Freiheitsbedingung hat, denn gleichgültig, ob jemand bemittelt oder mittellos, krank oder gesund, ein Urteilssouverän oder fremden Meinungen untertan ist, angesichts von Gewalt, Erpressung und Drohung schwindet alle Handlungsfreiheit. Wenn jedoch Zwangsabwesenheit die Chance zu selbstbestimmter Lebensführung eröffnet, gewinnen diese Unterschiede entscheidende Bedeutung. Dann ist es von eminenter Wichtigkeit, ob jemand bemittelt oder mittellos, gesund oder krank, zu selbständigem Urteil fähig oder ein dem Man und den Moden verfallener Mitläufer ist, über Wissen und Ausbildung verfügt oder unwissend und ungelernt ist und in den kognitiven zivilisatorischen Grundfertigkeiten des Lesens, Schreibens und Rechnens nicht eingeübt ist.

Bezeichnen wir die hier skizzierte Position als Liberalismus, im Unterschied zum *property rights*-Absolutismus, denn kann man sagen, dass der Liberalismus von einem ungeteilten Freiheitsbegriff ausgeht. Nicht nur gehört für ihn freiheitsrechtlich begründete Rechtsstaatlichkeit und eine freiheitliche Wirtschaftsordnung zusammen; auch weigert er sich, negative und positive Freiheit auseinanderzureißen. Daher ist der Liberalismus sowohl ein Befürworter des Rechtsstaats als auch ein Befürworter des Sozialstaats. Nicht die Existenz eines Sozialstaats ist für den Liberalismus ein Problem, sondern nur seine Gestaltung. Eine konsistente Politik freiheitlicher Gerechtigkeit hat nicht nur für die Sicherung der negativen Freiheit im Rahmen einer rechtsstaatlichen Gesetzesherrschaft zu sorgen, ihr obliegt auch die Aufgabe, die Bürger nötigenfalls mit den erforderlichen Selbstbestimmungsressourcen zu versehen. Das heißt: diejenigen Bürger, die von sich aus nicht über die Ermöglichungsbedingungen von Selbstbestimmung verfügen, mit eben solchen auszustatten.

Jeder Mensch hat das Recht, über seine Kräfte und Fähigkeiten selbstbestimmt verfügen zu können, ein Leben nach seinen Vorstellungen führen zu können und von der Gesellschaft und seinen Mitmenschen als selbstverantwortliches Wesen respektiert zu werden. Diese autonomieethische Fassung des Freiheitsrechts verwandelt das fundamentale Menschenrecht der Freiheit in ein unverkürztes Selbstverfügungsrecht, das eine bürgerrechtliche Anspruchsgrundlage begründet, die ihrerseits zur Bereitstellung von Sozialleistungen, zur Bereitstellung eines interimistischen Ersatzeinkommens bei Erwerbslosigkeit verpflichtet. Hier geht es nicht um schiere Subsistenzsicherung, hier ist ein anspruchsvolleres sozialstaatliches Leistungsniveau verlangt, geht es doch um eine Versorgung, die die Aufrechterhaltung der bürgerlichen Lebensform gestattet.

Selbstverfügung, Selbstbestimmung, ein Leben nach eigenen Vorstellungen zu führen verlangt mehr als Existenzgarantie, als die Sicherung der Möglichkeit, am Leben zu bleiben. Selbstbestimmung verlangt den Besitz materieller Ressourcen, verlangt Optionen und Alternativen. Ein Leben, das nur den Geleisen der Not und Mittellosigkeit folgt, findet ohne Eigenbeteiligung statt. Wenn wir das Recht auf selbstbestimmte Lebensführung mit in den begrifflichen Kranz des Freiheitsrechts hineinnehmen, dann kann seine sowohl rechtlich als auch rational gebotene Institutionalisierung nicht bei der Etablierung rechtsstaatlicher Verhältnisse Halt machen, da Markt und Eigentumsordnung immer nur eine selektive Garantie für eine Wahrnehmung dieses Selbstbestimmungsrechts bieten, dann muss sie als notwendige strukturelle Ergänzung sozialstaatliche Einrichtungen verlangen.

Nicht nur die Diktatur kann das Freiheitsrecht zur Makulatur machen. Auch im Zustand der ökonomischen Mittellosigkeit verliert das Freiheitsrecht seinen Wert. Wenn aber der Wert des Freiheitsrechts im Zustand der Mittellosigkeit verschwindet, wird aus der Grammatik unserer ethisch-politischen Selbstverständigung das menschenrechtliche Herzstück herausgebrochen. Wenn die Menschen über keine materiellen Ressourcen verfügen können, dann rückt hinreichender Ressourcenbesitz in den Rang einer freiheitsermöglichenden Bedingung. Angesichts dieser operationalen Abhängigkeit des Freiheitsrechts von hinreichendem materiellen Güterbesitz muss eine freiheitsverpflichtete Gesellschaft ihre Bürger im Falle einer wie auch immer verursachten Erwerbsunfähigkeit auch mit einem entsprechenden Ersatzeinkommen ausstatten. Die menschenrechtlich-freiheitsrechtliche Verpflichtung zur Rechtsstaatlichkeit treibt aus sich selbst die Verpflichtung zur Sozialstaatlichkeit hervor.

9. Walzers pluralistische Gerechtigkeitskonzeption

Alle bislang betrachteten Gerechtigkeitstheorien der gegenwärtigen politischen Philosophie haben ungeachtet aller offensichtlichen Unterschiede eine systematische Gemeinsamkeit: Alle sind dem Paradigma des normativen Individualismus verpflichtet. Alle gewinnen ihre gerechtigkeitstheoretischen Konzepte entweder als Interpretation menschenrechtlicher Freiheit oder Gleichheit oder als Ergebnisse fairer Einigungen gleichberechtigter Individuen. Daher sind innerhalb der Statik der Theorie die nach Maßgabe der konstruktiv gewonnenen Gerechtigkeitsprinzipien einzurichtenden Ordnungen immer sekundär. Kommunitaristen kehren diese Abhängigkeit um. Für sie gilt das aristotelische Axiom, dass das gesellschaftlich Allgemeine den Ausgangspunkt zu bilden hat und das Individuelle nur insofern verständlich ist, wie es in seiner sozialen Einbettung begriffen wird. Das hat Konsequenzen für das kommunitaristische Verständnis von Gerechtigkeit. Kommunitaristen sind Troglodyten; sie wollen sich von der gemeinsamen Lebenswelt nicht trennen und bleiben in der platonischen Höhle. Sie sind keinen moralischen Prinzipien auf der Spur, die auch vor dem Auge Gottes Bestand haben, sondern als Interpreten der gemeinsamen Überzeugungen und Wertorientierungen ihrer partikularen Gemeinschaft lesen sie die Grundrisse einer gerechten Ordnung aus den Begriffen und dem Sinngehalt der geteilten moralisch-politischen Kultur heraus.

Das bekannteste kommunitaristische Gerechtigkeitskonzept stammt von Michael Walzer. Es buchstabiert Gerechtigkeit als umfassende und differenzierte Verteilungsgerechtigkeit. Weder die Basisinteressen noch die Grundrechte der Menschen bilden den Ausgangspunkt seiner Überlegungen, sondern das soziale Verständnis der gesellschaftlichen Güter, die den begehrten und verteilten Gütern von der Gemeinschaft beigelegten Bedeutungen. Güter sind nicht objektive Erfüllungen abstrakter subjektiver Präferenzen, sondern Güter werden in einer Gesellschaft immer im Licht allgemein geltender Wertinterpretationen angestrebt, deren Explikation, das ist Walzers Grundidee, ein ihnen inhärentes und immer schon gesellschaftlich anerkanntes Verteilungsprinzip freilegen kann, dem zufolge dann auch die gesellschaftliche Verteilung dieses Gutes zu organisieren ist. Und da es mehrere Felder gesellschaftlicher Begehrlichkeit, mehrere Güterarten gibt, gibt es auch eine Pluralität von Verteilungsregeln.

Eine gerechte Gesellschaft ist in den Augen Walzers eine integrierte Einheit ausbalancierter Gerechtigkeitszonen, die jeweils gemäß des in ihnen und nur in ihnen geltenden Verteilungsprinzips geordnet sind. Das besagt, dass eine Gemeinschaft immer dann schon in einer gerechten Ordnung lebt, wenn sie in Übereinstimmung mit ihren Überzeugungen lebt. Gerechtigkeit, das ist Walzers kommunitaristisches Credo, kann nur als internes Organisationsprinzip einer partikularen Gemeinschaft entwickelt werden, und die in ihrem Namen auftretende Kritik kann nicht mehr sein als eine aus der republikanischen Tradition bekannte Rückbesinnung auf gemeinsame Grundüberzeugungen und ursprüngliche Sinngebungen. Dieser Parochialismus schließt nicht nur internationale Beziehungen und Welthandelsordnungen aus der Zuständigkeit der Gerechtigkeitstheorie aus, er verbietet auch, ökologische Probleme als Probleme der gerechten Behandlung zukünftiger Generationen zu behandeln.

Walzers Gerechtigkeitstheorie ist in doppeltem Sinne pluralistisch: Sie richtet sich nicht nur gegen Theorien, die die Anatomie der Gerechtigkeit *sub specie aeternitatis* bestimmen wollen; sie weist auch alle Konzeptionen zurück, die Gerechtigkeit auf der Grundlage nur eines Verteilungsprinzips bestimmen wollen und folglich die freie Konvertierbarkeit aller Güter in eine gerechtigkeitstheoretische Leitwährung verlangen und für eine zentrale und dominante Verteilungsagentur plädieren müssen. Verteilungen sind für Walzer gerecht oder ungerecht immer nur in Relation zur gesellschaftlichen Bedeutung der zur Verteilung anstehenden Güter.

Insgesamt unterscheidet Walzer elf Verteilungsbereiche und damit auch elf Gerechtigkeitssphären. Zum ersten die für die politische Philosophie einschlägigen Problemfelder der Sicherheit und Wohlfahrt, des Zugangs zu den Ämtern und zur politischen Macht; sodann den Bereich des Marktes, den der Erziehung und Bildung, aber auch den der harten Arbeit, auf dem Walzer eine Art gesellschaftlichen Arbeitsdienst einführen möchte, und den der Freizeit. Seltsamerweise betrachtet er auch die affektiven Ressourcen von Familie und Verwandtschaft und die göttliche Gnade als gerechtigkeitsrelevante Güter. Damit jemand jedoch überhaupt in den Genuss dieser Güter gemäß der überlieferten Verteilungsvorstellung kommen kann, muss er Mitglied der Gemeinschaft sein. Diese ist folglich für Walzer das erste und umfassende Gut, und die Aufnahme- und Mitgliedschaftsbestimmungen gehören zu den wichtigsten Verteilungsregeln einer sich autonom organisierenden Gemeinschaft.

Walzer kritisiert die monistischen Theorien nicht nur wegen ihrer deskriptiven und normativen Unzulänglichkeit; er wirft ihnen vor allem vor, moralisch und politisch zu versagen, weil sie den modernitätstypischen freiheitswidrigen, expansionistischen Tendenzen des Marktes und der Politik nicht angemessen begegnen können. Denn die politische Pointe seiner pluralistischen Theorie der Gerechtigkeitszonen in einer modernen und differenzierten Gesellschaft ist der Gedanke der Freiheitssicherung durch Gewaltenteilung. Gewaltenteilung ist Übermachtvorkehrung; und den heilsamen Effekt der Übermachtvorkehrung will Walzer dadurch erreichen, dass er feste Barrieren zwischen den einzelnen Gerechtigkeitssphären errichtet, die verhindern, dass sich die Verteilungslogik einer Güterregion auch in anderen Güterregionen durchsetzt und schließlich die Verteilung aller Güter in der Gemeinschaft bestimmt. „In jeder differenzierten Gesellschaft wird Gerechtigkeit nur dann zu Harmonie und Eintracht führen, wenn sie zunächst für Separierung und Unterscheidung sorgt.

Gute Zäune garantieren gerechte Gesellschaften" (Walzer 1992: 449). Dieser Idee der Gerechtigkeitssicherung durch Grenzziehung erinnert an Aristoteles und seine strikte Trennung zwischen öffentlicher und privater Herrschaft, auch an Habermas, dessen Befürchtung eines kolonialisierenden Übergriffs der funktionellen Systeme auf die Lebenswelt Walzer verallgemeinert. Der Expansionsdrang aller Distributionszonen muss kontrolliert, Monopolbildungen müssen verhindert werden, insbesondere aber muss eine Barriere zwischen politischer Macht und ökonomischer Macht errichtet werden, müssen beide so organisiert werden, dass sie „einander kontrollieren und in Schach halten" können (ebd.: 446). Und das erinnert natürlich auch an Montesquieu, dessen Diktum *que le pouvoir arrête le pouvoir* Walzer hier variiert. Wird die Grenzziehung vernachlässigt, besetzt die immer nur regional zuständige Distributionslogik fremde Verteilungsregionen, dann entsteht „Tyrannei" (ebd.: 46); deren gefährlichste ist die „Tyrannei des Geldes" (ebd.: 445). Kämpft der liberale Gerechtigkeitstheoretiker gegen den Leviathan, so kämpft der kommunitaristische Gerechtigkeitstheoretiker gegen den kapitalistischen Midas, der alles, was er berührt, in Käuflichkeit verwandelt, allem die Form der Ware überwirft.

10. Der gerechtigkeitstheoretische *capability-approach* von Amartya Sen und Martha Nussbaum

„Anthropos zoon politikon physei estin" (Aristoteles, Politik: 1253 a 2) – ‚der Mensch ist von Natur aus ein politisches Lebewesen': Dieser Grundsatz enthält den politischen Aristotelismus in nuce. Die klassische Politik betrachtet den *bios politikos*, die politische Existenzform, das Leben des Bürgers mit seinesgleichen in der politischen Gemeinschaft, der *koinonia politike*, als einzig naturangemessene Lebensweise des Menschen. Nur in der auf Pluralität basierenden, durch Differenz belebten Gemeinschaft des Miteinanderredens und Miteinanderhandelns lassen sich die den Menschen ausmachenden natürlichen Fähigkeiten, seine Vernünftigkeit, Sprachfähigkeit und Handlungsfähigkeit entwickeln. Der Mensch ist von Natur aus auf den Bürger ausgelegt. Im tätigen Polisleben allein, in der gemeinschaftlichen Sorge um das Allgemeinwohl, kann er seiner Bestimmung gerecht werden. Nur in der Teilhabe am gemeinsamen politischen Werk erfährt er seine menschliche, sittliche und individuelle Erfüllung. Jeder Mensch muss um des schlichten Überlebens, um seiner Selbsterhaltung willen die Gemeinschaft mit anderen Menschen suchen; außerhalb der gesellschaftlichen Solidarität würden Menschen zugrunde gehen. Jedoch gründet der politische Aristotelismus nicht im Selbsterhaltungsinteresse der Menschen, er führt keinen existentiellen Notwendigkeitsbeweis des Politischen. Die politische Welt ist für ihn vielmehr der Bereich der Verwirklichung und Vollendung der menschlichen Natur. Sie ist der Ort der bürgerlichen Lebensweise, die allein ein gutes, glückliches und bestimmungsgerechtes Leben gewährleistet.

Amartya Sen und Martha Nussbaum knüpfen mit ihrem gerechtigkeitstheoretischen *capability approach* an diese These des politischen Aristotelismus an. Ihre Gerechtigkeitstheorie ist keine der Verteilung und Umverteilung. Sie orientieren sich nicht am Besitz, sondern an dem Können, an den Fähigkeiten. Und wie Aristoteles sind sie der Überzeugung, dass ein gelingendes Leben vor allem im Selbstgenuss gründet, der aus dem Erleben des eigenen Könnens, der Freude an den eigenen Fähigkeiten erwächst. Daher auch können sich die modernen Aristoteliker nicht mit der Grundgüterorientierung der Rawlsianer anfreunden. Gerechtigkeit kann sich nicht an der Grundgüterverteilung orientieren, weil dabei ganz außer Acht gelassen wird, dass die Menschen verschieden sind, in unterschiedlichen sozio-kulturellen Zusammenhängen aufgewachsen sind und leben und von diesen Güter immer einen verschiedenen Gebrauch machen werden. Die Grundgüterorientierung verdankt sich der Geldlogik, der Idee, Gerechtigkeitsprobleme zu quantifizieren und mit Hilfe dieser quantitativen Gerechtigkeitswährung in Verteilungsfragen zu verwandeln. Sie steht mit dem methodologischen Konstruktivismus in engem Zusammenhang, der formal-allgemeine Präferenzen benötigt, um den Übergang von den monadischen Individuen zu den allgemeinen Ordnungen zu finden. Wie aber kann die Diversität menschlicher Lebenssituationen, die Unterschiedlichkeit der Individuen gerechtigkeitstheoretisch angemessen berücksichtigt werden? Indem die Theorie grundsätzlich wird und hinter all die abstrakt-universalistischen Verteilungswährungen zurückgeht und den Menschen selbst, die menschliche Natur in den Mittelpunkt stellt. Nicht die Güter zählen, sondern die den Menschen definierenden Fähigkeiten des Gütergebrauchs und der Lebensführung. Indem die menschliche Natur als einzig angemessene gerechtigkeitstheoretische Bezugsgröße betrachtet wird, wird auch der Kulturrelativismus unterlaufen, der sonst alle kommunitaristischen Positionen charakterisiert und auch Walzers Gerechtigkeitstheorie der komplexen Gleichheit kennzeichnet. Läuft also die aristotelische Kritik von Egalitarismus und Liberalismus bei den Kommunitaristen auf eine partikularistische Theoriekonzeption hinaus, so stützt sie sich bei Sen und Nussbaum auf ein essentialistisches Menschenkonzept. Letztlich verbergen sich hinter den *functionings* und *capabilities* die Fähigkeiten, die für die menschliche Lebensform als solche unerlässlich sind. Dazu zählt etwa: „Fähig zu sein, bis zum Ende eines vollständigen menschlichen Lebens leben zu können, soweit, wie es möglich ist; nicht frühzeitig zu sterben oder zu sterben, bevor das Leben so vermindert ist, daß es nicht mehr lebenswert ist; fähig zu sein, eine gute Gesundheit zu haben; angemessen ernährt zu werden; angemessene Unterkunft zu haben, Gelegenheit zur sexuellen Befriedigung zu haben, fähig zu sein zur Ortsveränderung; fähig zu sein, unnötigen Schmerz zu vermeiden und lustvolle Erlebnisse zu haben; fähig zu sein, die fünf Sinne zu benutzen; fähig zu sein, zu phantasieren, zu denken und zu urteilen; fähig zu sein, Bindungen zu Dingen und Personen außerhalb unserer selbst zu unterhalten, diejenigen zu lieben, die uns lieben und sich um uns kümmern, über ihre Abwesenheit zu trauern, in einem allgemeinen Sinne lieben und trauern sowie Sehnsucht und Dankbarkeit empfinden zu können; fähig zu sein, sich eine Auffassung des Guten zu bilden und sich auf kritische Überlegungen zur Planung des eigenen Lebens einzulassen; fähig zu sein, für und mit anderen leben zu können, Interesse für andere Menschen zu zeigen, sich auf verschiedene Formen familialer und gesellschaftlicher Interaktion einzulassen; fähig zu sein, in Anteilnahme für und in Beziehung zu Tieren, Pflanzen und zur Welt der Natur zu leben; fähig zu sein, zu lachen, zu spielen und erholsame Tätigkeiten zu genießen; fähig zu sein, das eigene Leben und nicht das von irgend jemand anderem zu leben; fähig zu sein, das eigene Leben in seiner eigenen Umwelt und in seinem eigenen Kontext zu leben" (Nussbaum 1999: 57).

Für Aristoteles und seine modernen Anhänger ist das Glück kein Habens-Glück, sondern ein Seins-Glück, denn nicht bereits das Haben von Gütern, sondern erst ihr Gebrauch, ihre Verwendung und Nutzung entscheiden über ein gelingendes Leben. Und diese Nutzung ist eben abhängig von den Fähigkeiten, die die Menschen haben. Diese Fähigkeiten haben ein humanbiologisches Widerlager, sind aber in ihrer Ausgestaltung abhängig von Erziehung und Übung, die sich gezielt der Entwicklung dieser Fähigkeiten, ihrer Vervollkommnung anzunehmen hat. Und damit ist auch deutlich, was soziale Gerechtigkeit im Horizont des Fähigkeiten-Ansatzes bedeutet. Die sozialpolitische Gerechtigkeitsverpflichtung besteht darin, durch geeignete Institutionen die Ausbildung der menschlichen Fähigkeiten zu besorgen, jeden instand zu setzen, seinen Anlagen entsprechend seine Fähigkeiten zu entwickeln und zu üben, um sich die erforderlichen Voraussetzungen für ein gelingendes Leben zu verschaffen. „Der Gesetzgeber muß in allererster Linie sicherstellen, daß ein fähiger Mensch die Chance hat, entsprechend dieser Fähigkeit zu leben und zu handeln. Und dies macht es notwendig, den Arbeitsverhältnissen und den persönlichen und sozialen Lebensumständen eine weitergehende und etwas anders geartete Aufmerksamkeit zu schenken" (ebd.: 63). Es ist evident, dass dieser „aristotelische Sozialdemokratismus" (ebd.: 24) eine weitgehende Revision der bestehenden wohlfahrtsstaatlichen Verhältnisse verlangen muss. Um seinem Vervollkommnungsprogramm gerecht zu werden, wäre eine phantasievolle Förderungspolitik vonnöten, die der Bequemlichkeit der üblichen Umverteilungspolitik ein Ende bereiten würde. „Die Aufgabe der Regierung ist der aristotelischen Auffassung zufolge erst dann erfüllt, wenn wir alle Hindernisse beseitigt haben, die zwischen dem Bürger und der vollen Entfaltung seiner Fähigkeiten stehen. Diese Aufgabe wird dann weit hinausgehen über eine Neuverteilung der Ressourcen. Sie wird im Allgemeinen radikale institutionelle und gesellschaftliche Veränderungen umfassen" (ebd.: 43). Es ist aber auch evident, dass diese Veränderungen sehr problematisch sind und mit einer freiheitsrechtlich organisierten Gesellschaft kaum vereinbar scheinen. Wird der Staat in dem hier geschilderten Sinne zu einem totalen Befähigungsunternehmen, dann wird der Bereich individueller Selbstbestimmung erheblich eingeschränkt werden müssen. Zwar betonen Sen und Nussbaum immer wieder, dass ihr Konzept die Menschen gerade instand setzen soll, autonom ihr Leben bestimmen zu können. Aber was geschieht, wenn die Perfektionsagenten des Gemeinwesens bessere Wege der Befähigung zu kennen glauben als die Bürger selbst? Dann wird der Befähigungsaristotelismus notwendig in ein paternalistisches Regime umschlagen, dann droht ein sanfter Terror des Guten.

Von dieser Kritik ist jedoch die Sen'sche Version der Befähigungsgerechtigkeit ausdrücklich auszunehmen. Sen folgt nicht der der aristotelischen Teleologie innewohnenden perfektionistischen Dynamik. Er sieht die Aufgabe der Gerechtigkeitstheorie nicht darin, opulente Wünschbarkeitslisten zu erstellen und ideale Verhältnisse zu skizzieren, sondern begriffliche Instrumente zu entwickeln, um Ungerechtigkeit zu identifizieren und damit den Weg zu ihrer Minderung zu weisen (vgl. Sen 2010). Gerechtigkeitspolitik ist für ihn primär Ungerechtigkeitsabschaffungspolitik. Diese bescheidene Version der Befähigkeitsgerechtigkeit hat den großen Vorzug, das notorische Problem einer einvernehmlichen Bestimmung des Guten zu vermeiden. Insofern ist sie auch die modernitätsadäquatere Konzeption. Denn einer der grundlegenden Einsichten der politischen Moderne ist, dass in einer Gesellschaft der Individuen ein allgemeingültiger Begriff des Guten nicht mehr zur Verfügung steht.

Zusammenfassende Tabelle: Die Kernaussagen der Gerechtigkeitstheorien

Platon	Gerecht ist ein Gemeinwesen, wenn es die grundlegenden politischen Funktionen der Versorgung, der Gewährung innerer und äußerer Sicherheit und der politisch-ethischen Leitung in Übereinstimmung mit der menschlichen Natur ausübt.
Aristoteles	Die Gerechtigkeit der arithmetischen Gleichheit ist identisch mit den Forderungen des positiven Rechts. Die Gerechtigkeit der proportionalen Gleichheit ist eine politische Gerechtigkeit, die verlangt, Ehren, Ämter und Belohnungen nach Verdienst zu verteilen. Was als verdienstlich gilt, ist abhängig von der vorliegenden politischen Ordnung.
Hobbes	Gerechtigkeit ist der Inbegriff der Prinzipien, die die Klugheit als notwendige Bedingungen eines friedlichen Zusammenlebens ermittelt. Es sind vordringlich die Regeln, die einen Rückfall in den Naturzustand, in den Zustand des Krieges eines jeden gegen einen jeden verhindern.
Kant	Der Weg der Gerechtigkeit ist der Weg aus dem Naturzustand in den Rechtszustand. Der rechtssichernde Staat *ist* die Gerechtigkeit.
Rawls	Gerechtigkeit ist der Inbegriff der beiden Prinzipien, auf die sich rationale Individuen unter einem Schleier der Unwissenheit als Grundsätze ihres Zusammenlebens einigen würden: Erstens das Prinzip der größtmöglichen gleichen rechtlichen Freiheit, und zweitens das Differenzprinzip, das verlangt, die kooperativ erarbeiteten Güter so zu verteilen, dass es zu jedermanns Vorteil ist und somit auch zu einer Besserstellung der Schlechtestgestellten führt.
Dworkin	Gerecht ist eine Verteilung der gesellschaftlichen Güter, wenn sie dem Prinzip der Ressourcengleichheit folgt, also die Verteilung ‚begabungs-insensitiv‘ und ‚leistungs-sensitiv‘ ist. Das besagt: Die gegebenen Begabungsunterschiede müssen durch kompensatorische steuerstaatliche Eingriffe ausgeglichen werden, sodass sich gesellschaftliche Ungleichheit ausschließlich auf unterschiedliche Leistung, unterschiedlichen Ehrgeiz zurückführen lässt.
Nozick	Gerecht ist eine Gesellschaft, wenn sie das Eigentum respektiert und auf jede sozialstaatliche Umverteilung verzichtet.
Freiheitsrechtliche Gerechtigkeitsbegründung (Kersting)	Geht man von einem ungeteilten Freiheitsbegriff aus, dann ist nicht nur der Zwang eine Freiheitsbeeinträchtigung, sondern auch der Mangel. Dann verlangt die Wirklichkeit der Freiheit nicht nur Gewaltfreiheit, sondern auch eine hinreichende Verfügung über Autonomieressourcen. Daher muss ein gerechtes Gemeinwesen nicht nur rechtsstaatlich verfasst sein, sondern auch sozialstaatliche Einrichtungen aufweisen.
Walzer	Gerecht ist eine Gesellschaft, wenn sie in den unterschiedlichen Verteilungszonen der Gesellschaft den historisch gewachsenen und kulturell verwurzelten Vorstellungen einer der jeweiligen Natur der Güter angemessenen Verteilung folgt und verhindert, dass das Verteilungsmuster eines gesellschaftlichen Bereiches die Verteilungsroutinen aller anderen Verteilungsregionen dominiert.
Nussbaum und Sen	Das Konzept der Befähigungsgerechtigkeit erblickt den Maßstab einer gerechten Gesellschaft in ihrer Bereitschaft und Fähigkeit, die Individuen zu einer eigenverantwortlichen und gelingenden Lebensführung zu befähigen. Während Nussbaum das Konzept der Befähigungsgerechtigkeit radikal perfektionistisch auslegt und großangelegte politische Verbesserungsprogramme verlangt, vertritt Sen eine Version negativer Befähigungsgerechtigkeit, die vor allem auf die Abschaffung von Ungerechtigkeit gerichtet ist.

Literatur

Arneson, Richard, 2008: Rawls, Responsibility, and Distributive Justice, in: Fleurbaey, Marc/Salles, Maurice/ Weymark, John A. (Hg.): Justice, Political Liberalism, and Utilitarianism: Themes from Harsanyi and Rawls. Cambridge: Cambridge University Press, 80-107.

Anderson, Elizabeth S., 1999: What is the Point of Equality?, in: Ethics 109:2, 287-337.

Aristoteles, 1981: Politik. Philosophische Bibliothek Bd. 7. Hamburg: Meiner.

Aristoteles, 1985: Nikomachische Ethik. Philosophische Bibliothek Bd 5. Hamburg: Meiner.

Brandt, Reinhard, 1993: Gerechtigkeit bei Kant, in: Jahrbuch für Recht und Ethik I, 25-44.

Chwaszcza, Christine, 2000: Vorpolitische Gleichheit? Ronald Dworkins autonomieethische Begründung einer wertneutralen Theorie distributiver Gleichheit, in: Kersting, Wolfgang (Hg.): Politische Philosophie des Sozialstaats. Weilerswist: Velbrück Wissenschaft, 159-201.

Cohen, Gerald A., 1995: Self-Ownership, Freedom and Equality. Cambridge: Cambridge University Press.

Dworkin, Ronald, 1983: To Each His Own, in: The New York Review of Books, 14. April 1983, 5.

Dworkin, Ronald, 1986: A Matter of Principle. Oxford: Claredon Press.

Dworkin, Ronald, 2000: Sovereign Virtue. The Theory and Practice of Equality. Cambridge, MA: Harvard University Press.

Dworkin, Ronald, 2011: Was ist Gleichheit? Frankfurt a.M.: Suhrkamp.

Ebert, Thomas, 2010: Soziale Gerechtigkeit. Ideen, Geschichte, Kontroversen. Bonn: Bundeszentrale für Politische Bildung.

Heinrichs, Jan-Hendrik, 2006: Grundbefähigungen. Zum Verhältnis von Ethik und Ökonomie. Paderborn: Mentis.

Hinsch, Wilfried, 2002: Gerechtfertigte Ungleichheiten. Grundsätze sozialer Gerechtigkeit. Berlin: de Gruyter.

Hobbes, Thomas, 1966 [1651]: Leviathan oder Stoff, Form und Gewalt eines bürgerlichen und kirchlichen Staates, herausgegeben und eingeleitet von Iring Fetscher und übersetzt von Walter Euchner. Neuwied-Berlin: Luchterhand.

Hobbes, Thomas, 1994 [1651]: Leviathan oder Stoff, Form und Gewalt eines bürgerlichen und kirchlichen Staates, herausgegeben und eingeleitet von Iring Fetscher und übersetzt von Walter Euchner; mit Nachträgen zur Einleitung und zur Bibliographie. Frankfurt a.M.: Suhrkamp.

Horn, Christoph/Scarano, Nico, 2002: Philosophie der Gerechtigkeit. Texte von der Antike bis zur Gegenwart. Frankfurt a.M.: Suhrkamp.

Kant, Immanuel, 1902: Gesammelte Schriften, Akademie Ausgabe. Berlin: Reimer.

Kant, Immanuel, 1968 [1797]: Metaphysische Anfangsgründe der Rechtslehre, in: Kants Werke. Akademie Textausgabe. Bd. VI. Berlin: de Gruyter.

Kersting, Wolfgang, 1999: Ressourcengleichheit und Differenzprinzip. Ein systematischer Vergleich der Dworkinschen und Rawlsschen Konzeption der Verteilungsgerechtigkeit, in: Wesche, Steffen/Zanetti Véronique (Hg.): Dworkin – Un Débat/In der Diskussion/Debating Dworkin, Brüssel-Paderborn: Mentis, 401-436.

Kersting, Wolfgang, 2000a: Positives Recht und Gerechtigkeit bei Thomas Hobbes, in: Kersting, Wolfgang (Hg.): Politik und Recht. Weilerswist: Velbrück Wissenschaft, 275-303.

Kersting, Wolfgang, 2000b: Theorien der sozialen Gerechtigkeit. Stuttgart-Weimar: Metzler.

Kersting, Wolfgang, 2001: Kant und das Problem der Sozialstaatsbegründung, in: Gerhardt, Volker/Horstmann, Rolf-Peter/Schumacher, Ralph (Hg.): Kant und die Berliner Aufklärung. Akten des XI. Internationalen Kant-Kongresses, Bd. 1. Berlin: de Gruyter, 151-171.

Kersting, Wolfgang, 2004: Kant über Recht. Paderborn: Mentis.

Kersting, Wolfgang, 2006a: Gerechtigkeit und öffentliche Vernunft. Über John Rawls' politischen Liberalismus. Paderborn: Mentis.

Kersting, Wolfgang, ²2006b [1999]: Platons ‚Staat'. Darmstadt: Wissenschaftliche Buchgesellschaft.

Kersting, Wolfgang, ⁴2009a: John Rawls zur Einführung. Hamburg: Junius Verlag.

Kersting, Wolfgang, ⁴2009b: Thomas Hobbes zur Einführung. Hamburg: Junius Verlag.

Kersting, Wolfgang, ²2010: Verteidigung des Liberalismus. Hamburg: Murmann.

Kersting, Wolfgang, 2012: Wie gerecht ist der Markt? Ethische Perspektiven der sozialen Marktwirtschaft. Hamburg: Murmann.

Keyt, David/Miller, Fred D. Jr., (Hg.) 1991: A Companion to Aristotle's Politics. Cambridge-Oxford: Blackwell.

Knoll, Manuel, 2009: Aristokratische oder Demokratische Gerechtigkeit? Die politische Philosophie des Aristoteles und Martha Nussbaums egalitaristische Rezeption. München-Paderborn: Fink.

Miller, Fred D. Jr., 1995: Nature, Justice, and Rights in Aristotle's Politics. Oxford: Clarendon Press.

Nozick, Robert, 1974: Anarchy, State, and Utopia. Oxford: Blackwell.

Nussbaum, Martha C., 1999: Gerechtigkeit oder das gute Leben. Frankfurt a.M.: Suhrkamp.

Nussbaum, Martha C., 2010: Die Grenzen der Gerechtigkeit. Berlin: Suhrkamp.

Nussbaum, Martha C./Glover, Jonathan (Hg.), 1995: Women, Culture, and Development. A Study of Human Capabilities. Oxford: Clarendon Press.

Nussbaum, Martha C./Sen, Amartya (Hg.), 1993: The Quality of Life. Oxford: Clarendon Press.

Nusser, Karl-Heinz (Hg.), 2012: Freiheit, soziale Güter und Gerechtigkeit. Michael Walzers Staats- und Gesellschaftsverständnis. Baden-Baden: Nomos.

Paul, Jeffrey (Hg.), 1982: Reading Nozick. Essays on Anarchy, State, and Utopia. Totowa, NJ: Rowan & Littlefield.

Platon, 1961: Der Staat, Philosophische Bibliothek Bd. 80. Hamburg: Meiner.

Pogge, Thomas, 1988: Kant's Theory of Justice, in: Kant-Studien 79:4, 407-433.

Pogge, Thomas, 1989: Realizing Rawls. Ithaca, NY: Cornell University Press.

Rawls, John, 1975: Eine Theorie der Gerechtigkeit. Frankfurt a.M.: Suhrkamp.

Scheffler, Samuel, 2003: What is Egalitarianism?, in: Philosophy and Public Affairs 31:1, 5-39.

Sen, Amartya, 1985: Commodities and Capabilities. Amsterdam-New York: North-Holland.

Sen, Amartya, 1987: The Standard of Living. The Tanner Lectures 1985. Cambridge-New York: Cambridge University Press.

Sen, Amartya, 1997: On Economic Inequality. Oxford: Clarendon Press.

Sen, Amartya, 1999: Development as Freedom. Human Capability and Global Need. Oxford-New York: Oxford University Press.

Sen, Amartya, 2010: Die Idee der Gerechtigkeit. München: C.H. Beck.

Sturma, Dieter, 2000: Universalismus und Neoaristotelismus. Amartya Sen und Martha C. Nußbaum über Ethik und soziale Gerechtigkeit, in: Kersting, Wolfgang (Hg.): Politische Philosophie des Sozialstaats. Weilerswist: Velbrück Wissenschaft, 257-292.

Walzer, Michael, 1992: Sphären der Gerechtigkeit. Ein Plädoyer für Pluralität und Gleichheit. Franfurt a.M.: Campus.

Walzer, Michael, 1993: Spheres of Justice. A Defence of Pluralism and Equality. New York: Basic Books.

Theorien rationaler Wahl

Dietmar Braun

Die Theorien rationaler Wahl haben, ausgehend von den Wirtschaftswissenschaften, auch in der Politikwissenschaft während der letzten 50 Jahre einen ungeahnten Siegeszug hinter sich. Galten sie zu Anfang noch als (unbequeme) Herausforderung für die großenteils eher mit Theorien beschränkter Reichweite arbeitende Politikwissenschaft, so hat sich diese Theorie, die sich durch einen methodologischen Individualismus und die Denkfigur des *homo oeconomicus* auszeichnet[1], zuerst im angelsächsischen Raum, dann auch mit starken Ausstrahlungseffekten auf Europa immer mehr durchgesetzt und sich inzwischen zu einem hegemonialen Paradigma entwickelt, dessen universaler Geltungsanspruch allerdings auf zwiespältiges Echo stößt. Die sogenannte ‚Perestroika-Bewegung' zu Anfang dieses Jahrhunderts äußerte in vielfältiger Weise das Unbehagen von Politikwissenschaftlern an dem ‚Hegemon' (Monroe 2005).[2]

Zweifellos ist es wichtig, sich als Politikwissenschaftler mit dieser Theorie – oder auch Theori*en*, aufgrund der teilweise unterschiedlichen Zugänge – zu befassen. Wer ist heute noch nicht mit dem Vetospieler, dem Gefangenendilemma, dem Nash-Gleichgewicht oder den Prinzipal-Agent-Beziehungen konfrontiert worden, die allesamt Einsichten der Theorien rationaler Wahl, der ‚*Rational Choice*-Theorien' entspringen? Zahlreiche Wissenschaftler, meist Ökonomen, sind für ihre auf dem Paradigma der *Rational Choice* (RC) basierenden Beiträge mit dem Nobelpreis ausgezeichnet worden. Auch im deutschen Sprachraum finden wir kaum eine politikwissenschaftliche Zeitschrift, in der die Theorie nicht in irgendeiner Form Eingang in die Artikel gefunden hätte. Kurz, eine genaue Kenntnis dieser Theorien ist unabdingbar. Was hat die Politikwissenschaft durch den Import der RC-Theorien aus den Wirtschaftswissenschaften gewonnen? Was hat sie verloren?

Mit diesen Fragen möchte sich dieser Lehrbuchartikel auseinandersetzen. Der zur Verfügung stehende Platz erlaubt keine vollständige Darstellung und Auseinandersetzung, diese müssen selektiv bleiben. Trotzdem wird versucht, die Basisargumentation der wichtigsten Richtungen in den RC-Theorien zu entfalten, aber auch auf konzeptionelle Weiterungen des ursprünglichen Modells des *homo oeconomicus* einzugehen. Im abschließenden Teil werden Schwächen und Stärken abgewogen.

---

1 Diese Denkfigur geht davon aus, dass Individuen vor immer neue Entscheidungssituationen gestellt werden, die sie mit Hilfe rationaler Berechnungen von Kosten und Nutzen der zu erwartenden Ergebnisse lösen.

2 Ausgelöst wurde die Bewegung durch eine anonyme E-Mail, von Mr. Perestroika unterzeichnet, der den Mangel an Methodenpluralismus und Konzeptvielfalt in der amerikanischen Politikwissenschaft beklagte und dabei vor allem auf die Theorien rationaler Wahl abzielte.

1. Prolegomena

Die Theorien rationaler Wahl zählen, im Unterschied zu systemtheoretischen, strukturalistischen oder kulturalistischen Erklärungen, zu den Handlungstheorien. Dies bedeutet, dass alle Erklärungen gesellschaftlicher Phänomene in letzter Instanz auf das Handeln, genauer: auf die Handlungsentscheidungen im Falle von RC, zurückgeführt werden. James Coleman (Coleman 1990: 6ff.) – und mit ihm Hartmut Esser (Esser 1993: 1ff.) – haben auf die Bausteine einer solchen Handlungstheorie aufmerksam gemacht und diese Theorien damit gleichzeitig von anderen paradigmatischen Zugängen in den Sozialwissenschaften abgegrenzt (Braun 1999: Kap. 1.2.1). Coleman veranschaulicht dies am Beispiel der Theorie Max Webers über den Einfluss des Protestantismus auf die kapitalistische Entwicklung. Weber hebt den direkten kausalen Einfluss der Kulturvariablen Protestantismus auf die kapitalistische Entwicklung hervor. Nach Meinung von Coleman bleibt Weber aber in der Darstellung der Mechanismen, die den Kausalzusammenhang tatsächlich erklären können, sehr undeutlich. Ohne solche Mechanismen könne zwar eine Korrelation, ein Zusammenhang, festgestellt werden. Dies sei aber noch keine wissenschaftliche Erklärung. Es fehle der Schritt von der Makroebene, also der gesellschaftlichen Ebene, auf der wir die Resultate menschlichen Handelns finden, die Strukturen, Institutionen und Überzeugungssysteme, auf die Mikroebene, auf der sich die Individuen befinden und handeln. Um eine vollständige Erklärung zu erreichen, muss dargestellt werden, wie sich Kultur bzw. Religion auf die individuelle Ebene überträgt (zum Beispiel über Sozialisation und Verinnerlichung) und dabei die Entscheidungen der Individuen, oder wie häufig in dieser Art Literatur gesagt wird, der ‚Akteure‘, beeinflusst. Protestantische Ethik zum Beispiel führe zu bestimmten Ansichten über die Autonomie des Individuums und seine Handlungsmöglichkeiten, die die Individuen wiederum dazu anleiten, ein ganz bestimmtes ökonomisches Verhalten bzw. Handeln zu zeigen (nämlich Risiken als Unternehmer einzugehen). Das Handeln einer großen Zahl solcher Akteure führe dann wieder zu Strukturen, zu sich verfestigenden Handlungsweisen auf der gesellschaftlichen Ebene, die das kapitalistische System produzieren und reproduzieren.

Vollständige Erklärungen bedürfen also aus der Sicht der Handlungstheorie der Einbeziehung dessen, was Akteure eigentlich tun und warum sie es tun. Damit sind wir noch nicht bei der besonderen Art der Erklärung von RC angelangt. Die Abgrenzung zu anderen Theorien wird aber deutlich. So bleiben Systemtheorien und strukturalistische Theorien – jeweils auf Grund von anderen Gedankengebäuden – auf der Makroebene stehen, während kulturalistische Theorien, zumindest in der subjektivistischen Variante, zwar den Bezug zu den Akteuren herstellen, deren Entscheidungsfähigkeit aber als stark von der jeweiligen Kultur determiniert ansehen (vgl. Lange/Braun 2000 und Greshoff/Schimank 2006 zu den Systemtheorien in Abgrenzung zu RC, Lichbach 2011 zu den strukturalistischen Theorien und Lichbach 2011: 73f. zu den kulturalistischen Theorien).

Die RC-Theorien thematisieren im Unterschied zu den kulturalistischen Theorien den Akt der individuellen Entscheidung, wobei die konkrete Situation nur als Anreizstruktur gesehen wird. Die ‚Logik der Selektion‘, wie Esser (1993) es nennt, also wie die Akteure in der Situation entscheiden, beruht auf einem bestimmten Algorithmus, der den Akteuren beim Entscheiden hilft.

Der Algorithmus, den die RC-Theorien anlegen, basiert auf der utilitaristischen Annahme, dass alle Individuen nach der Befriedigung ihrer Bedürfnisse streben, dass aber, aus Gründen der Knappheit von Ressourcen und Zeit, diese Bedürfnisse nicht alle gleichzeitig verfolgt werden können, sondern in eine Rangordnung gebracht werden müssen (der Fachausdruck ist ‚Präferenzordnung'). Das Aufstellen einer solchen Präferenzordnung und die Selektion von Handlungen gemäß dieser Rangordnung (von am wichtigsten bis am wenigsten wichtig) ist der eigentliche Akt der Rationalität im wirtschaftswissenschaftlichen Sinne: Die Individuen müssen in der Lage sein, eine solche Präferenzordnung aufzustellen. Sie verhalten sich dabei eigennützig, das heißt sie orientieren sich ausschließlich an ihrer eigenen Bewertung des ‚Nutzens' einer bestimmten Handlung. In einer radikalen Interpretation meint dies die egoistische Vermehrung von Gütern wie Macht, Einkommen oder Besitz, ohne Rücksicht auf die Interessen anderer oder öffentlicher Maßstäbe. In einer aufgeklärten Variante ist Eigennutz offener definiert: Ein Akteur kann auch allgemeinwohlverträgliche Ziele verfolgen, solange er diese in seiner Präferenzordnung an die erste Stelle setzt. Im ersten Fall wird eine bestimmte normative Messlatte angelegt (der Mensch ist egoistisch und wird sich auch so verhalten), im zweitem vermeidet man dies und sieht Rationalität als Resultat einer Güterabwägung der Akteure, bei der es den Akteuren überlassen bleibt, was als Objekt der Bedürfnisse gilt.

Beide Varianten sind sich aber darüber einig, wie man sich schematisch eine solche Güterabwägung vorzustellen hat: Die Bedürfnisalternativen werden unter Abwägung von subjektiv zugeschriebenem erwarteten Nutzen und dabei anfallenden Kosten der Bedürfnisbefriedigung in eine Rangordnung gebracht. Das Bedürfnis, das den höchsten Nutzen abzüglich der anfallenden Kosten besitzt, erhält die höchste Präferenz. Die anderen Bedürfnisse werden entsprechend darunter klassifiziert.

Dabei muss die Güterabwägung üblicherweise drei Kriterien der Rationalität entsprechen:

- Sie muss ‚transitiv' sein, das heißt ein höher bewertetes Gut muss gegenüber allen anderen darunter bewerteten Gütern höher bewertet sein;

- sie muss ‚vollständig' (im Englischen *complete*) sein, was auf die Fähigkeit aller Akteure abzielt, überhaupt alle Güter gegeneinander abwägen zu können oder aber ‚indifferent' zu sein;

- und sie muss ‚Kontinuität' aufweisen: Ähnliche Güter müssen auch einen gleichen Platz in der Rangordnung aufweisen.

Erfüllt eine Entscheidung alle diese Bedingungen, spricht man von einer ‚Nutzenmaximierung' des Akteurs, wobei nicht gemeint ist, dass von einem Gut so viel wie möglich angehäuft wird, sondern dass konsequent das oberste Gut in der Präferenzordnung als Grundlage des Handelns ausgewählt wird.

Konsistente Präferenzordnung und Nutzenmaximierung sind die beiden wichtigsten Komponenten der Handlungsrationalität im Rahmen der RC-Theorie.

Um die Übersicht abzurunden, müssen aber noch einige Merkmale benannt werden. Dazu gehört die Annahme, dass jeder Akteur jederzeit in der Lage ist, eine solche Bewertung von Gütern bzw. Bedürfnissen vorzunehmen und dies auch tut. *Indeterminacy*, also Unbestimmtheit, kommt als Denkoption nicht vor (Elster 2007: Kap. 11). Außerdem setzen die RC-Theorien der ersten Generation vollständige Informiertheit der Akteure über die Handlungsalternativen und über die Ergebnisse des Handelns voraus. Auch dies zählt zum vollständigen Rationalitätsbegriff oder, wie es der Nobelpreisträger Herbert Simon ausdrückte, zum ‚Göttlichkeitsmodell' (Simon 1993).

Das Modell des *homo oeconomicus*, wie es hier kurz skizziert wurde, ist nach Meinung seiner Anwender ein *universal gültiges Modell*. Damit ist gemeint, dass allen Menschen die gleiche Rationalität beim Handeln unterstellt werden kann. Zwar seien die Situationen, in denen sich die Akteure befinden, unterschiedlich, der Entscheidungsalgorithmus bleibe aber jederzeit und überall der gleiche. Damit ist gleichzeitig auch der Anspruchsrahmen dieser Theorie abgesteckt: Man meint, dass die Theorie überall dort, wo Menschen handeln, auf die gleiche Art und Weise angewandt werden könne und Erklärungskraft habe.

Erklärungen in der Tradition von RC verteidigen nicht nur den Bezug auf Handlungen, sondern auch einen ‚methodologischen Individualismus': Alle gesellschaftlichen Verhältnisse müssen in letzter Instanz aus den individuellen Entscheidungen abgeleitet werden. Institutionen und kollektives Handeln sind schließlich nur Aggregate individueller Entscheidungen. Damit bedarf es aber auch – der letzte Schritt im Erklärungsmodell – einer ‚Logik der Aggregation', also der Regeln, die erklären, wie individuelles Handeln in kollektives Handeln überführt und zum Beispiel in Institutionen verfestigt wird. Dieser letzte Schritt schließt den Handlungszyklus, der aus der ‚Logik der Situation', den Kontextbedingungen des Handelns, der ‚Logik der Selektion', dem rationalen Entscheidungsakt, und schließlich der ‚Logik der Aggregation' besteht (Esser 1993). Hartmut Esser nennt zum Beispiel institutionelle Regeln wie Wahlsysteme, die die Entscheidungen der individuellen Wähler in eine Sitzverteilung im Parlament übersetzen. Und Organisationen wie Gewerkschaften, um ein weiteres Beispiel zu nennen, spielen eine wichtige Rolle dabei, die Interessen und Entscheidungen ihrer Mitglieder in zählbare Resultate auf der Ebene der Tarifvereinbarungen umzusetzen.

Die Unterscheidung der individuellen und der kollektiven Ebene ist auch aus einem anderen Grund wichtig: Eine der zentralen Fragen, mit denen sich RC-Theorien seit ihren Anfängen beschäftigen, ist die nach der *Gemeinwohlverträglichkeit individueller Entscheidungen bzw. der Möglichkeit von Kooperation* überhaupt. Wenn alle Individuen bzw. Akteure eigennützig handeln, lässt sich vermuten, dass gemeinsames Handeln höchst voraussetzungsvoll ist und negative Auswirkungen auf das Gemeinwohl nicht berücksichtigt werden, solange der eigene Vorteil garantiert ist.

Die bisherige Diskussion der Beiträge in der ersten Generation der Theorien rationaler Wahlhandlung zeigt vor allem eins, nämlich dass der *homo oeconomicus* ein sehr *reduzierter* Mensch ist: Er handelt eigeninteressiert, wägt Vor- und Nachteile seines Handelns anhand einer Kosten-Nutzen-Analyse ab, besitzt vollständige Informationen über die möglichen Ergebnisse des eigenen Handelns und über die Kosten- und Nutzenaspekte, er ist bei seinen Entscheidungen auf sich selbst gestellt und wählt die Entscheidung, die auf seiner Präferenzliste ganz oben steht. Dies sind natürlich bewusst aufgestellte, methodische Annahmen. Die Reduktion auf wenige Annahmen beim Entscheiden, die Aufstellung eines so einfach wie möglichen Erklärungsmodells passt in die axiomatische Sichtweise der Wirtschaftswissenschaften (man spricht hier auch von ‚Parsimonität' oder Sparsamkeit des Modells). Es komme nicht darauf an, so Milton Friedman, ob der Mensch tatsächlich genauso handelt, entscheidend sei, ob man mit diesem Modell zu passenden Erklärungen über gesellschaftliches bzw. ökonomisches Handeln komme (Friedman 1953: 3ff.). Die Annahmen könnten falsch sein und dennoch könnten reale Entwicklungen mit ihnen prognostiziert werden. Damit sei also die Legitimität eines solchen Modells sichergestellt. In der konzeptionellen Entwicklung der RC-Theorie ging es sehr oft um diese Diskrepanz von realem, historischem Menschen und Modellmenschen. Fast alle Weiterungen des Modells der ersten Generation lassen sich als Versuch verstehen, zu einem realistischeren Bild der Akteure und ihrer Entscheidungen zu kommen. Die sparsamen Annahmen des anfänglichen Modells mussten dafür zum Teil fallen gelassen werden (vgl. Ostrom 2005; Lichbach 2011: 17; Wandling 2012: 34ff.).

Die Ausführungen in den nächsten Abschnitten orientieren sich zum einen an diesem Prozess der Anreicherung des ursprünglichen Paradigmas, in dem Interaktion (Spieltheorie), Institutionen (*Rational Choice*-Institutionalismus) und ein erweitertes Verständnis von Rationalität als kognitive Fähigkeit der Akteure in die Theorie eingebracht werden. Zum anderen stehen die Ausführungen vor dem Hintergrund des Dilemmas von individueller Handlungsorientierung und Gemeinwohlverträglichkeit dieser Orientierung, mit dem die Frage nach den Kooperationsmöglichkeiten zwischen Akteuren eng verbunden ist.

2. Die erste Generation der *Rational Choice*-Modelle

Die Beiträge der ersten Generation der RC-Modelle, häufig als *Public Choice*-Theorie bezeichnet, sind heute Standardwerke in der Politikwissenschaft und haben trotz der zahlreichen Erweiterungen der Theorie ihre Bedeutung nicht verloren. Im Allgemeinen werden hierzu die folgenden Werke gezählt: Arrow (1951), Downs (1957), Black (1958), Buchanan/Tullock (1962), Olson (1965), Downs (1967), Niskanen (1971) und Olson (1982).

Als alle diese Beiträge verbindende Thematik kann wohl im weiten Sinne das Funktionieren der Demokratie angesehen werden, wobei einerseits die demokratischen Entscheidungsverfahren an sich (Arrow 1951; Black 1958; Buchanan/Tullock 1962) und andererseits die Funktionsweise von politischen Institutionen und Akteuren (wie Wahlen, Parteien, Administration, Interessenvermittlung und Regierung) unter die Lupe genommen werden.

Im ersten Fall spricht man auch von *Social Choice* als einer bestimmten Variante der Theorien rationaler Wahl, in der erörtert wird, ob bestimmte politische Entscheidungsverfahren gemeinwohlverträgliche Lösungen hervorbringen können. Als wohl bekanntestes Beispiel dieser Richtung gilt die These von Kenneth Arrow, der behauptete, dass demokratische Mehrheitsverfahren in einem infiniten Regress enden können. Die Aggregation der individuellen (Wähler-)Präferenzen ergäbe keine Präferenzordnung, die den Ansprüchen der rationalen Wahl (Transitivität und so weiter) entspricht. Eine logisch widerspruchsfreie Entscheidung über die Wählerpräferenzen sei so nicht möglich. Die demokratische Ordnung sei folglich in sich instabil. Dies ist das sogenannte Arrow'sche Unmöglichkeitstheorem (*general impossibility theorem*).

Bei den positiven Theorien andererseits hat man den Anspruch, das Modell des *homo oeconomicus* direkt auf politische Phänomene anzuwenden und so seine Gültigkeit zu demonstrieren. Ein Beispiel ist die Diskussion um den rationalen Wähler, der bis heute ein wiederkehrendes Thema in RC-Theorien geblieben ist. Downs war, nach Hotelling (1929), der erste Analytiker, der diese Akteursgruppe zum Ausgangspunkt seiner Reflexionen zur *Ökonomischen Theorie der Demokratie* (Downs 1957) gemacht hat.

Der Wähler betrachtet, so Downs, die Wahl als einen Mechanismus zur Auswahl der Regierung. Sie ist ein Instrument, ein Selektionsmechanismus. Der Wähler vollzieht seine Selektion anhand des erwarteten Nutzens, den er einer Partei zuschreibt. Er ist bestens informiert über das, was die Regierungspartei gemacht hat und was die Parteien jeweils im Wahlkampf versprechen. Auf der Grundlage dieser Informationen bildet der Wähler das ‚Parteiendifferential‘, das heißt, er sucht sich die Partei aus, die tatsächlich seinen eigenen Nutzenvorstellungen am nächsten kommt. Die Partei, die nach ihren Leistungen bzw. Versprechungen dem eigenen Nutzenideal am nächsten kommt, wird vom Wähler gewählt werden. Allerdings muss der Wähler sich vorher entscheiden, ob er tatsächlich wählen gehen wird. Dafür wägt er, in Erklärungen rationaler Wahl unabdingbar, Nutzen und Kosten der Stimmabgabe ab. Wenn die Kosten einer Teilnahme bei den Wahlen größer sind als der zu erwartende Nutzen, wird es zur Wahlenthaltung kommen. Kosten bestehen zum Beispiel in der Beschaffung von Informationen[3] über die Programme der Parteien und der Zeit, die für ihre Aufbereitung nötig ist. Diese Kosten erscheinen zudem dann sehr hoch, wenn der Wähler kaum Einfluss auf das Ergebnis der Wahlen hat, wenn sein Stimmwert also sehr klein ist. Da genau dies bei demokratischen Wahlen aber der Fall ist, kann sich der Wähler entweder enthalten (weil die Kosten der Wahlbeteiligung den Nutzen übersteigen) oder die Informations- und Zeitkosten drastisch senken. Als Strategien könnten hier die Wahl anhand von Persönlichkeitsmerkmalen und anhand besonders leicht rezipierbarer und zugänglicher Informationen dienen oder aber die Entscheidung, gar keine Informationen einzuholen.

Die pessimistische Schlussfolgerung hieraus lautet: Entweder enthalten sich die Wähler oder sie wählen schlecht informiert und können so gar nicht rational unter den Parteien selektieren. Das Ideal einer funktionierenden Demokratie leidet hierunter. Individuelles rationales Handeln erzeugt somit kollektiv gesehen bedenkliche Ergebnisse.

Ein anderes Beispiel sind Olsons Betrachtungen über die ‚Logik des kollektiven Handelns‘ (Olson 1965) von Interessengruppen und die Rolle von Interessengruppen in der Demokratie. Olson zeigt auf, dass, wenn man eigeninteressiertes Handeln unterstellt, vor allem große Gruppen wie zum Beispiel Gewerkschaften enorme Schwierigkeiten haben, ihre Mitglieder zu motivieren, gemeinsam zu handeln, um die von allen gleichermaßen favorisierten Organisationsziele zu erreichen. Der Grund hierfür ist, ähnlich wie beim rationalen Wähler,

---

3   Downs verlässt hier bereits die ansonsten geltende Unterstellung der vollständigen Information, um ein realistisches Bild des Wählers entwerfen zu können (vgl. auch Braun 1999: 69f.).

das Verhältnis von Kosten und Nutzen. Mobilisierung bedeutet einen erheblichen Aufwand für das Mitglied. Wenn aber faktisch alle vom Ertrag des kollektiven Handelns, zum Beispiel einer Tariflohnerhöhung, profitieren, weil ein Mitglied, das nicht handelt, kaum von der Teilhabe an dieser Lohnerhöhung ausgeschlossen werden kann, so sinkt das Engagement des Einzelnen erheblich und Nicht-Handeln wird sehr wahrscheinlich (das sogenannte ‚Trittbrettfahrerverhalten‘). Würde sich aber ein jeder so verhalten, entstünde kein kollektives Gut und aus dem Nicht-Handeln des Einzelnen würde großer Schaden für alle entstehen. Dies ist das kollektive bzw. soziale Dilemma, das Olson als erster diagnostiziert hat. In einem später geschriebenen Buch wandte er diese Gedankengänge auf die Rolle von Interessengruppen in Demokratien an. Dabei entwickelte Olson die These, dass viele Interessengruppen sich wie Verteilungskoalitionen verhielten und sich Sondervorteile auf Kosten der Gemeinschaft zu verschaffen versuchten – zum Beispiel über Lobbying. Eine solche Haltung könnten sie sich erlauben, weil die Kosten, die durch ein solches Verhalten entstehen, größtenteils auf die Gemeinschaft als Ganzes abgewälzt würden. Den Vorteil, den sie sich so verschafften, überwiege die Kosten damit um ein Vielfaches, wodurch nach Olson hohe Anreize entstünden, sich ähnlich egoistisch zu verhalten. Je älter eine Demokratie sei, um so mehr solcher Interessengruppen gäbe es und umso mehr basiere ein Staatswesen auf Subventionierung und exorbitantem Ausgabenwachstum, was langfristig zum wirtschaftlichen Niedergang führe.

Dies sind nur zwei Beispiele, die demonstrieren, wie die erste Generation der RC-Theoretiker das Bild der idealen Demokratie durch das einer individuellen Demokratie, deren Funktionsweise prekär ist, ersetzt hat (Buchanan/Tullock 1962). Das Fruchtbare des Ansatzes besteht im Hinterfragen dessen, was bisher in der Politikwissenschaft als selbstverständlich angenommen wurde, z. B. einen Kompromiss in der Politik zu finden (Black 1958), Parteikoalitionen zu bilden (Riker 1962), zu wählen (Downs 1957), sich zu organisieren (Olson 1965), politische Mehrheitsentscheidungen zu treffen (Arrows 1951, Downs 1957 sowie Buchanan/Tullock 1962) oder zu verwalten (Niskanen 1971). Dabei besteht das Hinterfragen in der Anlegung der Messlatte rationaler Entscheidung. Wenn man eigeninteressierte Akteure mit einer transitiven Präferenzordnung unterstellt, scheint die Kompromissfindung auf einmal zu einem Vabanquespiel zu werden, bei dem die jeweils unterschiedlichen Präferenzordnungen nur unter bestimmten Bedingungen in ein Gleichgewicht gebracht werden können (Black 1958). Zudem wird deutlich, dass Organisationen nicht wie selbstverständlich ihre Mitglieder mobilisieren können, um das gemeinsame Ziel zu verwirklichen (Olson 1965). Auch das Mehrheitsprinzip in der Politik droht hohe Externalisierungskosten zu erzeugen und kann sogar, aufgrund von hohen Entscheidungskosten, zum politischen Immobilismus beitragen (Buchanan/Tullock 1962).

All diese Befunde basieren allerdings nicht auf empirischen Studien, anhand derer die Autoren ihre aus der RC-Theorie abgeleiteten Thesen überprüfen würden. Die Modelle der ersten Generation sind eher „post-hoc Rationalisierungen" (Green/Shapiro 1994: 34), bei denen die Plausibilität der RC-Erklärungen anhand von bekannten Fakten demonstriert wird. Es reichte den Autoren, das ökonomische Modell als glaubwürdiges Erklärungsmodell *neben* den bereits bestehenden politikwissenschaftlichen Modellen zu etablieren.

3. Spieltheorie

Im Allgemeinen gilt das Buch der Nobelpreisträger von Neumann und Morgenstern aus dem Jahre 1944 als die Geburtsstunde der Spieltheorie (von Neumann/Morgenstern 1944), also noch bevor die ersten Studien in Public Choice und Social Choice erschienen waren. Schon bei von Neumann und Morgenstern ist das Bemühen unverkennbar, ein sozialwissenschaftliches Modell zu entwickeln, das dem naturwissenschaftlichen Begriff von Wissenschaft nahe kommt. Dies drückte sich in einem Bemühen um eine stärkere Formalisierung und Mathematisierung der Theorien rationaler Wahl aus, die bis heute einen wichtigen Stellenwert besitzen.

Die Annahmen des *homo oeconomicus*, wie sie im vorigen Abschnitt vorgestellt wurden, sind auch im Fall der Spieltheorie gültig. Ihre besondere Perspektive, die Weiterung, die sie beiträgt, ist die ‚Interaktion' von strategisch handelnden, das heißt rationalen Akteuren. Im *Public Choice-* und *Social Choice*-Modell wurde Entscheidung als ‚einsames Räsonieren' von Akteuren angesehen. In der Spieltheorie sind Entscheidungen und anschließendes Handeln wie bei einem Schachspiel von den ‚Zügen' anderer Spieler abhängig. Sie sind ‚interdependent'. Dabei liegt das Hauptaugenmerk der Spieltheorie ebenso wie in der *Public Choice-* und *Social Choice*-Theorie auf ‚sozialen Fallen' (*social traps*) bzw. kollektiven Dilemmas, die dieses Mal aber durch strategisches, aufeinander bezogenes Handeln entstehen. Kooperation, der normative Bezugspunkt der Spieltheorie, ist das sozial wünschenswerte Ergebnis, mit dem die möglichen negativen kollektiven Resultate des Handelns vermieden werden können.

Das Denken in der Spieltheorie lässt sich anhand des ‚Gefangenendilemmas' (im Englischen *Prisoner's Dilemma*; abgekürzt PD) verdeutlichen, bei dem zwei gefangene Diebe unabhängig voneinander vom zuständigen Richter vor die Alternative gestellt werden, zu bekennen oder nicht zu bekennen. Obwohl es für beide vorteilhafter wäre, zu leugnen, weil ihnen dann nur eine minimale Strafe zukäme, wählen sie die kollektiv schlechtere Lösung, nämlich Gestehen, um den schlimmsten Fall, nämlich zu leugnen, während der andere gesteht, zu vermeiden. Sie erleiden folglich eine härtere Strafe als im Fall des Nicht-Gestehens. Ich verzichte hier auf die Darstellung der formalisierten Struktur (vgl. Rieck 1993; Dixit/ Skeath 1999). Dieses Ergebnis beruht auf der Annahme der Nicht-Kommunikation zwischen beiden Dieben, der Vermutung, dass der andere sich auf jeden Fall opportunistisch verhalten und gestehen wird, um davon zu kommen, sowie dem Szenario eines *one shot-game*, also eines Spiels, bei dem jeder Spieler nur einen Spielzug hat. Im Unterschied zu den *Public Choice-* und *Social Choice*-Modellen ist die Entscheidung in jedem Fall von den Handlungen eines anderen Spielers abhängig. Dies ist die Interdependenz von Entscheidungen, für die die Spieltheorie zentral steht.

Das Gefangenendilemma beschreibt eine soziale Situation, in der die Lösung, die für beide Seiten die beste wäre, nicht gewählt wird. Dies ist ein ‚soziales Dilemma'. Für die Politikwissenschaft hat gerade dieses Spiel zur Zeit des Kalten Krieges eine große Rolle gespielt, weil man es sehr gut auf die Beziehungen zwischen den USA und der Sowjetunion anwenden konnte (Poundstone 1993). Beide Seiten – so ließ sich die Handlungssituation des Kalten Krieges stilisiert darstellen – besaßen die Möglichkeit, ihre Gelder entweder in die

Rüstung zu investieren oder für andere Zwecke auszugeben. Die latente Gefahr besteht darin, dass, wenn die eine Seite militärisch schwächer als die andere Seite wird, die andere Seite dies mit einem Angriffskrieg ausnutzen kann. Die Lösung dieses realen Dilemmas bestand, analog zum Gefangenendilemma, in der gleichen kollektiv schädlichen Lösung, die die Diebe gewählt hatten, hier also in der Aufrüstung beider Streitparteien. Die für beide offensichtlich optimale Lösung, nämlich die Verwendung der Gelder für zivile Zwecke, hatte in diesem Szenario keine Chance, weil die Angst vor opportunistischem Verhalten der Gegenseite zu groß war. Auf diese Weise lässt sich der Rüstungswettlauf im Kalten Krieg erklären.

Außerdem kann mit Hilfe der Spieltheorie gezeigt werden, warum solche kollektiven Dilemmas so beharrlich sein können. Dies führt zum sogenannten ‚Nash-Gleichgewicht'. Dabei geht es darum, aufzuzeigen, ob die Spieler, wenn sie ihre erste Wahl getroffen haben, diese Wahl bereuen könnten und im nächsten Zug nach einer für sie besseren Lösung streben. Dies ist die Frage nach der dominanten Strategie für die Spieler. Eine dominante Strategie besteht, wenn eine der beiden Strategien in jedem denkbaren Fall (also hier bei jedem möglichen Zug) gegenüber der anderen (dominierten) Strategie vorgezogen wird. Beim Gefangenendilemma besteht tatsächlich kein Grund, das einmal gefundene Gleichgewicht (in unserem Beispiel das Aufrüsten) zu verlassen, da dies immer das ungünstigste Ergebnis, nämlich in einem Angriffskrieg der Gegenseite zu unterliegen, provozieren würde. Solche Gleichgewichte sind solange stabil, wie die Auszahlungen (im Englischen *pay-offs*[4]) des Spiels konstant bleiben. Nur wenn sich die Bewertung einer Alternative für einen Spieler verändern sollte, kann das Gleichgewicht möglicherweise verlassen werden. Dies ist aber dem Modell exogen und hängt von veränderten Rahmenbedingungen ab.

Die Spieltheorie ist der Versuch, eine Vielzahl von solchen interdependenten Entscheidungssituationen, in denen Akteure aufeinandertreffen und unter Berücksichtigung der möglichen Handlungen der anderen Seite entscheiden, auf ihren Kern zu reduzieren und Lösungsmuster auszuarbeiten.

Im Allgemeinen unterscheidet man zwischen ‚Nullsummenspielen' (*zero sum-games*), bei denen der Gewinn der einen Seite einem äquivalenter Verlust der anderen Seite gegenüber steht und ‚Positiv-Summen-Spielen'. Hier geht es nicht um den Versuch, Kooperation zu erreichen. Das diskutierte Gefangenendilemma dagegen gehört zu den ‚Nicht-Nullsummenspielen', bei denen eine Gemengelage von kooperativen und nicht-kooperativen Motiven besteht (*mixed motive games*). Akteure müssen sich in diesem Fall zwischen kooperativem und unkooperativem Verhalten entscheiden. Während es einleuchtet, dass Nullsummenspiele vor allem in Kriegssituationen vorkommen oder etwa in der Auseinandersetzung zwischen demokratischer Opposition und autokratischer Regierung in autoritären Staaten, so ist das *mixed motive game* in demokratischen Staaten wohl der vorherrschende Spieltypus.

Die Spieltheorie arbeitet mit einer Reihe von modelltheoretischen Annahmen, die nicht immer mit dem wirklichen Leben übereinzustimmen brauchen. So werden Präferenzintensitäten vom wissenschaftlichen Beobachter zugeschrieben, ohne dass dies auf empirischer

---

4   Mit Auszahlungen sind die Ergebnisse eines Spiels, ausgedrückt in den Präferenzwerten eines jeden Spielers, gemeint.

Überprüfung basieren würde. Die grundlegenden Spiele (wie das Gefangenendilemma, aber auch das ‚Versicherungsspiel' (*assurance game*[5]), das *Chicken-Spiel*[6] oder der ‚Kampf der Geschlechter' (*battle of the sexes*[7])) sind alle Zweipersonenspiele, obwohl wir es in der realen Welt häufig mit Mehrpersonenspielen zu tun haben. Im weiteren Verlauf ihrer Entwicklung befasste sich die Spieltheorie auch mit solchen Mehrpersonenspielen (Ordeshook 1986). Dies wurde aber schnell so komplex und mathematisch, dass sie kaum Eingang in die Politikwissenschaft fanden. Schließlich ist aber vor allem die Annahme des *one shot-game* problematisch. Die weitgehende Institutionalisierung der politischen Entscheidungen und die Beständigkeit der Spieler führen, zumindest in demokratischen Systemen, eher zu wiederholten Begegnungen der Spieler, die ihre heutigen Entscheidungen also unter anderem auf ihrem Wissen über die Strategien der anderen Spieler in früheren Zügen aufbauen können.

Mit der Möglichkeit, mehrere Spielzüge zu absolvieren, ändern sich die Ergebnisse von Spielen allerdings grundlegend. Dies wurde am prägnantesten am PD selbst verdeutlicht: Axelrod zeigt, dass, wenn das PD wiederholt werden konnte (*iterated game*), kooperative Gleichgewichte möglich werden. Die Spieler können jetzt auf die Spielzüge des anderen Spielers reagieren. Ein stabiles, kooperatives Gleichgewicht entsteht dann, wenn sich jeder Spieler an der Strategie der Gegenseite beim vorigen Zug orientiert und dabei die gleiche Antwort gibt: Nachdem Spieler A selbst einen kooperativen Zug gemacht hat, reagiert dieser Spieler beim nächsten Zug entweder kooperativ oder unkooperativ, je nachdem ob die Gegenseite auf den ersten eigenen Zug kooperativ oder unkooperativ reagiert hat. In Computersimulationen ließ sich zeigen, dass sich auf die lange Dauer – und bei Nicht-Wissen, wann das Spiel zu Ende sein wird – bei beiden Akteuren die kooperative Strategie als dominante Strategie durchsetzt. Diese Strategie im sogenannten ‚iterativen' PD wird *tit for tat* genannt. Kooperation lässt sich also bedingt, nämlich abhängig vom kooperativen Verhalten der Gegenseite, durchsetzen, nicht aber absolut. Spieler, die sich grundsätzlich kooperativ verhalten, werden Verlierer im Spiel sein. Rein christliche Verhaltensweisen bringen also in der Politik wenig. Dies unterstützt die These, dass Abschreckung in den internationalen Beziehungen ein wichtiges Mittel ist, dass sie aber nicht angewandt werden sollte, ohne

---

5   Unter dem Versicherungsspiel versteht man eine Spielsituation, bei der sich zwei Akteure darauf verständigen, ein gemeinsames Ziel anzustreben, weil ihnen bei Kooperation ein größerer Gewinn zukommt, als wenn beide alleine handeln. Trotz dieser grundsätzlichen gemeinsamen Zusicherung der Kooperation sind die Akteure wie beim Gefangenendilemma mit der Unsicherheit konfrontiert, ob nicht der andere Akteur es vorzieht, einen kleineren Gewinn, diesen aber alleine einzustreichen. Das Herstellen von Kooperation ist in diesem Spiel einfacher als beim Gefangenendilemma.

6   Das *chicken game* ist bekannt durch James Deans Film *Rebel without a cause*. In diesem Film kommt es zu einem Autorennen zwischen den beiden Protagonisten, bei dem beide auf einen Abgrund hin zurasen. Derjenige, der als erster bremst, gilt als Feigling oder, im Englischen, als *chicken*. Bei kooperativem Verhalten können beide ihr Leben retten. Bei unkooperativem Verhalten, also Nicht-Bremsen, könnten beide ihr Leben verlieren. In diesem Spiel besteht also ein stärkerer Anreiz zur Kooperation als im Gefangenendilemma, weil die zu erwartenden Konsequenzen für beide schwerwiegend sind.

7   In diesem Fall herrscht der unbedingte Wille der Spieler, eine kooperative Lösung zu finden. Streit besteht nur darüber, welche der beiden kooperativen Lösungen ausgewählt werden soll. Der Name verweist auf das Beispiel eines Ehestreits, bei dem sich die beiden Ehepartner z. B. nicht einigen können, ob sie eher zusammen Fernsehen oder aber ins Theater gehen sollen.

gleichzeitig die Hand zur Kooperation zu reichen. Nur so lässt sich langfristig Frieden verwirklichen. Wichtig ist bei dieser Sichtweise aber die langfristige Perspektive, der ‚Schatten der Zukunft': Nur wenn die Akteure davon überzeugt sind, dass ihre Beziehung langfristig Bestand hat und man sich immer wieder in denselben Entscheidungssituationen gegenübertreten wird, besteht ein Anreiz, sich kooperativ zu verhalten. Ein absehbares Ende der Kooperation führt zu Strategien, die darauf aus sind, im letzten Spiel nicht kooperativ zu spielen. Da die Gegenseite dies weiß, wird sie von vorneherein selber auf kooperative Strategien verzichten. Eine kooperative Lösung kommt so nicht zustande.

Man sieht hieran, wie wichtig die jeweiligen Grundannahmen des Spielmodells sind. Dynamiken und Ergebnisse unterscheiden sich grundlegend, wenn Akteure nur einmal oder mehrmals aufeinandertreffen. Auch eine andere Grundannahme, nämlich die Vorstellung, dass Akteure im Spiel grundsätzlich an der Maximierung ihres Eigennutzens interessiert sind, ist inzwischen hinterfragt worden. Scharpf argumentiert in Anlehnung an die Verhaltensökonomie und organisationssoziologische Erkenntnisse (siehe Abschnitt 6) zum Beispiel, dass Akteure unterschiedliche Interaktionsorientierungen besitzen können (Scharpf 1997). Akteure können nicht nur nach dem maximalen eigenen Gewinn im Spiel streben, sondern sich auch kompetitiv verhalten und dabei versuchen, die Differenz zwischen eigenem Gewinn und den Gewinnen oder Verlusten der anderen Seite so groß wie möglich zu halten. Von besonderem Interesse ist aber eine dritte Orientierung, nämlich die solidarische, die an Problemlösung und an der gemeinsamen Steigerung von Gewinnen interessiert ist. „Die Partner verstehen sich hier als Kollektiv, das auf gemeinsame Rechnung arbeitet wie vielleicht ein Team mit viel Mannschaftsgeist, eine glückliche Ehe, eine solidarische Gewerkschaft oder eine neu vereinbarte Regierungskoalition" (Scharpf 1988: 74). Die Auszahlungen im Spiel ändern sich je nach der Interaktionsorientierung der Akteure. Bei einer solidarischen Orientierung wird aus einem Gefangendilemma möglicherweise ein ‚Kampf der Geschlechter' und die kompetitive Orientierung kann aus einem ‚Nicht-Nullsummenspiel' ein ‚Nullsummenspiel' machen. Scharpfs Interaktionsorientierungen zeigen auf, welche Arten von Spielen möglich sind und weisen darauf hin, dass man nicht aus einer bestimmten Situation grundsätzlich immer die gleiche Auszahlungsmatrix ableiten kann.

Die Spieltheorie hat das neoklassische ökonomische Modell um die Interaktion und die Interdependenz von Entscheidungen erweitert und damit einen wichtigen Bestandteil des sozialen und politischen Lebens – Entscheidungen unter Berücksichtigung der Entscheidungen anderer – in die Analyse einbezogen. Im Großen und Ganzen beruht die Spieltheorie auf den gleichen Prämissen wie der *homo oeconomicus*, hat aber, wie die Analyse Scharpfs zeigt, auch einige Weiterungen erfahren, die das ursprüngliche neoklassische Modell weniger sparsam, dafür aber realistischer machen können. Die Möglichkeit, Kooperation im Falle von strategisch interdependenten, eigeninteressierten Akteuren zu erreichen, das Hauptthema der Spieltheorie, erscheint sowohl durch die Einführung von iterativen Spielen wie auch durch die Annahme verschiedener Interaktionsorientierungen von Spielern realistischer als in den ursprünglichen Spielkonfigurationen des PD. Das sind wichtige Einsichten für die Politikwissenschaft, da hieraus Lehren über Lösungen zum Beispiel bei Verteilungskonflikten gezogen werden können.

4. Institutionalismus

Rationales Entscheiden, so der *Rational Choice*-Institutionalismus, ist geprägt von Regeln, sozialen Werten und Normen oder kurz: Institutionen. Sie determinieren die Entscheidungen der Akteure nicht vollständig – das würde einem Strukturalismus gleich kommen –, setzen aber in negativer und in positiver Hinsicht Anreize, die von den Akteuren bei ihren Entscheidungen als Signale berücksichtigt werden. Sie strukturieren damit die Handlungsmöglichkeiten von Akteuren in Entscheidungssituationen. Das wird unmittelbar einsichtig, wenn man sich noch einmal die Situation der Gefangenen im PD vergegenwärtigt: Dadurch, dass die Diebe getrennt voneinander in Zellen sitzen, geraten sie in eine Situation der Unsicherheit bei ihren Entscheidungen. Keiner weiß, wie der andere reagieren wird. Kooperationsmöglichkeiten – und dadurch Vermeidung des für beide suboptimalen Ergebnisses – wären gegeben, wenn beide in derselben Zelle eingeschlossen worden wären. Die Handlungssituation sowie die äußeren Bedingungen wären dann völlig andere. Aber auch bei getrennten Zellen wäre es möglich, dass äußere Einflüsse die Entscheidungsgrundlage für die Akteure verändern. Wären beide Diebe Mitglieder der Mafia, könnten sie sich darauf verlassen, dass der jeweilige andere den Ehrenkodex, nämlich niemals ein Mitglied der Familie zu verraten, respektieren und nicht gestehen würde. Kooperation wäre gegeben. Dementsprechend würden beide mit einer milden Strafe davonkommen. Kollektive Dilemmas – dies ist die zentrale Botschaft des *Rational Choice*-Institutionalismus – sind nicht unlösbar. Kooperation – auch das zentrale Thema dieses Ansatzes – bedarf nur einer richtig strukturierten Handlungssituation.

Man sieht: Die äußeren Bedingungen können die Entscheidungsoptionen unterschiedlich strukturieren. Und wenn man die Strukturierung der Situation kennt und versteht, welche Anreize hierdurch gesetzt werden, kann man sogar relativ gut vorhersagen, wie sich die Akteure verhalten werden. Diese Erkenntnis wird im *Rational Choice*-Institutionalismus zum zentralen Thema und führt zu einer ganzen Reihe von wichtigen Einsichten, die heute fester Bestandteil der Theorien rationaler Wahl geworden sind.

Der *Rational Choice*-Institutionalismus greift dabei keineswegs die grundlegenden Annahmen wie Nutzenmaximierung und rationale Kalkulation an, sondern baut auf ihnen auf. Sein Mehrwert besteht in der expliziten Berücksichtigung der Strukturierung von Handlungssituationen und deren Auswirkungen auf Entscheidungen. Gerade dies aber macht diese Theorierichtung für die Politikwissenschaft so interessant.

Institutionen werden im weiten Sinne als Spielregeln definiert, die von Menschen geschaffen wurden und damit auch wieder veränderbar sind und menschliche Austauschbeziehungen in Form von Anreizen strukturieren (North 1990: 3). Sie geben vor, wer was zu sagen hat, wie entschieden wird, welche Regeln man zu befolgen hat, welche Information zur Verfügung steht und welche Auszahlung jedem Akteur zusteht, wenn er diese oder jene Handlungsoption wählt (Ostrom 1990: 51).

Was sind nun die konkreten Einsichten des *Rational Choice*-Institutionalismus? Wozu könnte die Politikwissenschaft sie nutzen? Da es sich inzwischen um ein sehr breites Feld handelt, können nur einige exemplarische, aber aussagekräftige Anwendungen diskutiert werden.

Seinen Ursprung findet der *Rational Choice*-Institutionalismus in wirtschaftswissen-schaftlichen Arbeiten zur allokativen Effizienz des Marktes. Die Entdeckung von Ronald Coase war, dass ein wesentlicher Teil des Tausches auf dem Markt mit sogenannten ‚Trans-aktionskosten' behaftet ist (Coase 1937). Dies sind Such- und Informationskosten, Kos-ten, die beim Abschluss von Verträgen entstehen, sowie Kosten, die der Überwachung und Durchsetzung von Verträgen dienen. Damit wurde in Zweifel gezogen, dass der freie Tausch auf dem Markt automatisch zur allokativen Effizienz führen wird. Williamson (1985) konn-te nachweisen, dass hierarchisch organisierte Unternehmen sogar effizienter funktionieren können als anders organisierte Unternehmen, weil sie in vielen Fällen in der Lage sind, die-se Transaktionskosten im Vergleich zum Markt niedriger zu halten. Dieser Gedankengang lenkte erstmals die Aufmerksamkeit der Wirtschaftswissenschaften auf Organisationen und Institutionen als mögliche Determinanten von allokativer Effizienz.

In der Politikwissenschaft machten Shepsle und Weingast (1981) diesen Gedankengang fruchtbar. Sie zeigten anhand des Funktionierens parlamentarischer Kommissionen in den USA, dass trotz der eigentlich anzunehmenden Instabilität demokratischer Entscheidungs-findung durch wechselnde Mehrheiten in solchen Kommissionen–die Abgeordneten in den USA sind bekanntlich weniger parteigebunden, wodurch eine Vielzahl von unterschiedlichs-ten Interessen bei den Abstimmungen eine Rolle spielen kann – im Endeffekt relativ stabile Politikergebnisse zustande kommen können. Dies liege, so die Autoren, an bestimmten in-stitutionellen Eigenheiten wie der Agenda-Settingmacht der Kommissionsvorsitzenden, die auch die in der Politik anfallenden Transaktionskosten zur Erzielung von Mehrheiten sen-ken und damit dauerhafte Kooperation erleichtern können.

Seither ist die Einbeziehung von Transaktionskosten in *Rational Choice*-Institutiona-lismus-Analysen kaum mehr wegzudenken. Sie sind ein wichtiger Bestandteil des Anreiz-systems, weil sie den möglichen Nutzen bestimmter Entscheidungen reduzieren oder sogar in Verluste umwandeln können. Institutionen wiederum oder eben Organisationen, haben Einfluss auf solche Transaktionskosten, indem sie diese senken oder erhöhen. Das ist hier der zentrale Gedanke. Es kommt also zum Beispiel in der Politik darauf an, diese Kosten bei der Kompromissbildung so gering wie möglich zu halten.

Der Wirtschaftshistoriker und Nobelpreisträger Douglass C. North verwendete Trans-aktionskosten als zentralen Erklärungsbaustein, um die Effizienz von Institutionen für die Wirtschaftsentwicklung zu ermitteln neben einem anderen wichtigen Begriff des *Rational Choice*-Institutionalismus, nämlich den ‚Eigentumsrechten' (*property rights*). Das sind die einklagbaren Anteils- und Entscheidungsrechte an einer Ressource. Besitz- oder Eigentums-rechte waren ebenso wie die Transaktionskosten in der neoklassischen Wirtschaftstheorie praktisch nicht beachtet worden. Dabei stellt die Verteilung solcher Rechte eine wichtige Er-klärung dafür da, was bestimmte Akteure beanspruchen oder nicht beanspruchen können. Sie stehen außerdem oft zur Disposition. Viele politische Konflikte drehen sich um den um-strittenen Anspruch auf Eigentumsrechte, weil sie die gesellschaftliche Verteilung von Res-sourcen regeln.

Einer der Gründe, warum Transaktionskosten anfallen, ist der ‚Opportunismus' eigen-interessierter Akteure. Ein großer Teil der Marktbeziehungen, aber ebenso der Beziehungen in der Politik, beruhen auf expliziten oder impliziten ‚Verträgen' (*contracts*), die die Akteure miteinander schließen. Beispiele sind die Bank, die einen Kredit an einen Kunden vergibt, der Geschäftsmann, der seine Waren einem Mittelsmann übergibt, um sie dem Kunden an einem anderen Ort auszuhändigen, der Eigentümer, der sein Unternehmen einem Manager überlässt, der Politiker, der die Ausführung eines Gesetzes zur Bekämpfung der Arbeitslosigkeit an die Bundesagentur für Arbeit weiterleitet, oder das Parlament, das die Ausarbeitung eines Gesetzesvorschlages einer Kommission überlässt. In allen diesen Fällen muss derjenige, der den Auftrag vergibt, im Allgemeinen der ‚Prinzipal' (*principal*) genannt, in ein Vertragsverhältnis mit dem ‚Agenten' (*agent*) eintreten, der bereit ist, den Auftrag auszuführen oder, wie beim Beispiel der Bank, tatsächlich das Geld zurückzuzahlen. In der Welt der Theorien rationaler Wahl besteht das grundsätzliche Problem von solchen Verträgen in der Möglichkeit, dass sich der Agent nicht an die Abmachungen hält, weil er sich hierdurch Vorteile verschaffen kann und seinen Nutzen erhöht. So kann er zum Beispiel mit dem Kredit untertauchen, das Unternehmen mit so wenig Aufwand wie möglich führen und es zugrunde richten oder das Gesetz zur Bekämpfung der Arbeitslosigkeit nur zu einem Teil ausführen und dadurch Ressourcenaufwand einsparen. Hätte der Prinzipal dies von vorneherein gewusst, hätte er diesen Agenten wohl nicht eingestellt (*adverse selection*). Würde er rechtzeitig opportunistisches Verhalten (*moral hazard*) erkennen, wäre das Schlimmste noch zu verhindern. Tatsächlich aber besteht – und das ist der Kern der Vertragstheorien im *Rational Choice*-Institutionalismus–,asymmetrische Information', das heißt der Prinzipal hat im Unterschied zum Agenten nicht die Informationen zur Verfügung, um opportunistisches Verhalten frühzeitig zu erkennen. Er muss sich diese Informationen über ausführliche Erkundungen zur Person, über Kontrollverfahren oder Monitoring erst mühsam beschaffen. Dadurch entstehen allerdings hohe Transaktionskosten, in diesem Fall Informationskosten, die zur allokativen Ineffizienz beitragen.

Das Thema der ‚asymmetrischen Information' ist die dritte Dimension, die im *Rational Choice*-Institutionalismus zentral steht. Auch hier stellt sich die Frage, wie über geeignete institutionelle Vorkehrungen die Transaktionskosten und ineffiziente Ergebnisse reduziert bzw. vermieden werden können. Der *Rational Choice*-Institutionalismus beschäftigt sich also mit der Frage, wie Institutionen so gestaltet werden können, dass sie Anreize zur Vermeidung von Transaktionskosten und Opportunismus setzen und Eigentumsrechte so formulieren, dass allokative Effizienz möglich wird. Wie der *Rational Choice*-Institutionalismus dabei vorgeht, lässt sich im Bereich der Politikwissenschaft am besten über die Arbeiten einiger prominenter Vertreter dieser Richtung veranschaulichen.

Ein Staat wird im *Rational Choice*-Institutionalismus grundsätzlich als das Resultat eines Vertrages zwischen Herrschenden (*ruler*) und dem Volk (*citizens*) angesehen. Es tut dabei nichts zur Sache, ob historisch gesehen ein solcher Vertrag jemals – explizit oder implizit – geschlossen wurde. Wie in der Spieltheorie, so will der *Rational Choice*-Institutionalismus die Basiskonfiguration enthüllen, die in diesem Fall ein Staatswesen definiert. Auf dieser Grundlage kann dann über Stabilität und Instabilität, Effizienz und Ineffizienz geurteilt werden. In seiner neoklassischen Staatstheorie entwickelt North (1981) das Staatswesen als einen Vertrag, bei dem die Bürger einem Herrscher Ressourcen und Herrschaftsgewalt übergeben, um im Gegenzug ihre privaten Eigentumsrechte schützen und Streitigkeiten schlichten zu lassen. Als ein Hauptproblem dieser Konfiguration, die auch als eine Prinzipal-Agent-Beziehung (die Bürger einerseits, der Herrscher andererseits) verstanden werden kann, werden in fast allen einschlägigen Texten die Eigeninteressen und der Opportunismus des Herrschers angesehen. Bei North und Weingast (1989) aber auch beispielsweise bei Margaret Levi (1988), hat der Herrscher ein Interesse daran, die ihm angetragenen Ressourcen in der Form von Steuern zu maximieren. Eigennützige Ressourcenmaximierung aber steht im Widerspruch zum Schutz der privaten Verfügungsrechte und effizienter wirtschaftlicher Entwicklung, weil eine Monopolisierung von Ressourcen stattfindet. Bei anderen Autoren, Weingast (1997) zum Beispiel, droht der Herrscher die Freiheitsrechte der Bürger einzuschränken. Kurz: In Staatswesen, die nach dem *Rational Choice*-Institutionalismus funktionieren, kommt es ständig zu Übergriffen des Herrschers gegenüber den Bürgern (*transgression*) und damit zur Vertragsverletzung.

Genau dieses Problem wird nun zur Grundlage für alle weiteren Reflexionen: Wie kann ‚Transgression' verhindert werden? Wie kann die Verpflichtung, die der Herrscher bei Abschluss des Vertrages eingegangen ist, eingefordert werden? Wie kann überhaupt eine Vertragsverletzung verhindert werden? Wie kann eine Vertragsverpflichtung glaubwürdig eingegangen werden? Die Antwort lautet: über geeignete institutionelle Verfahren. In Norths Staatstheorie hängen staatliche Übergriffe zum Beispiel davon ab, welche Kosten für die Bürger anfallen, um den Herrscher abzusetzen und einen neuen Herrscher zu installieren, mit anderen Worten, welchen Einfluss sie auf die Ernennung von Regierungen haben. Demokratische Staatswesen stellen alternative Herrscher in Form von Oppositionsparteien zur Verfügung und Wahlen geben die Gelegenheit zum Abwählen. In autokratischen Gesellschaften ist dies dagegen ganz anders. *Checks and balances*, wie in den USA, bilden ebenfalls eine wirksame Schranke gegen solche Übergriffe und fördern deswegen die glaubwürdige Verpflichtung, auch wenn sie auf der anderen Seite zu Entscheidungsblockaden beitragen können.

Die selbstgestellte Aufgabe der Autoren im *Rational Choice*-Institutionalismus ist es, solche selbstverpflichtenden (*self-enforcing*) Institutionen zu entdecken und zu erörtern. Die Existenz oder das Fehlen solcher Institutionen erklärt schließlich, ob sich Gemeinwesen politisch stabil und wirtschaftlich erfolgreich entwickeln können.

Ein Beispiel: North und Weingast (1989) haben in einem vielbeachteten Artikel den Übergang Englands von der Monarchie zur Demokratie analysiert und dabei gezeigt, wie im 17. Jahrhundert im Zuge der *Glorious Revolution* neuartige Institutionen eingeführt wurden, die das ressourcenmaximierende und wirtschaftsschädigende Verhalten des Königs unterbinden konnten. Die Einführung der Gewaltenteilung, der Mitspracherechte des Parlaments und andere institutionelle Vorkehrungen konnten den Herrscher glaubhaft verpflichten, die einmal vereinbarten Vertragsbedingungen nicht mehr zu brechen. Diese Vorkehrungen waren selbstverpflichtend, das heißt sie schufen für alle Beteiligten solche Auszahlungen, die Ehrlichkeit als die beste Strategie des Herrschers, aber auch aller anderen Beteiligten erscheinen ließen. Erst so entstand ein Machtgleichgewicht, das kollektiv gesehen optimal war.

In ähnlicher Weise erörtert Weingast die institutionellen selbstverpflichtenden Bedingungen für einen *market-preserving federalism*, also einen markterhaltenden Föderalismus

(Weingast 1995; vgl. auch de Figueiredo/Weingast 2005), und Przeworski diejenigen für eine ‚selbstverpflichtende Demokratie' (Przeworski 2008). Dabei zeigt Przeworski besonders gut auf, worauf es bei glaubwürdiger Verpflichtung (*credible commitment*) ankommt: Darauf nämlich, dass mögliche Gewinne durch Nicht-Kooperation kleiner sind als bei Beibehaltung der Kooperation, in diesem Falle also die Respektierung des (demokratischen) Vertrages. Entscheidend dafür sind Kosten und Nutzen der Alternativen. Und diese können variieren, je nach Handlungssituation. Im Falle der *self-enforcing democracy* ist es der Wohlstandsgrad der Gesellschaften, der ausschlaggebend für die Einschätzung von Kosten und Nutzen ist. Im Falle des Föderalismus kann zum Beispiel die Asymmetrie in der Verteilung der Steuereinnahmen zwischen Bund und Ländern entscheidend für die Einschätzung der Akteure sein, die Freiheit des Marktes zu respektieren oder nicht. Wichtig ist, dass es keine Stabilität, keine Respektierung des Vertrages geben kann, wenn die Akteure in ihrer Kosten-Nutzen-Rechnung Nicht-Kooperation als die bessere Variante deuten.

Auch Tsebelis' bekanntes ‚Vetospieler-Modell' kann als eine Variante des *Rational Choice*-Institutionalismus betrachtet werden (Tsebelis 2002). Bei diesem Modell handelt es sich um den Versuch, zu verstehen, unter welchen Bedingungen politische Systeme bzw. Regierungen Entscheidungen produzieren können. Ob Regierungen dies können, hängt von sogenannten Vetospielern ab. Diese sind Akteure oder auch Institutionen wie das Parlament, deren Zustimmung es unbedingt bedarf, um eine Entscheidung zu treffen. Ob und wann Akteure bzw. Institutionen das können, hängt eben von den institutionellen Bedingungen in einem politischen System ab – ob nämlich eine Regierung auf die Zustimmung von einer oder zwei Kammern angewiesen ist oder zusätzlich der Zustimmung in einem Referendum bedarf und so weiter. Ob Vetopositionen genutzt werden, ob also Akteure oder Institutionen tatsächlich Vetospieler werden, hängt allerdings auch von der ideologischen Kongruenz zwischen Regierung und solchen Akteuren/Institutionen ab. Wenn eine Regierungspartei gleichzeitig eine Mehrheit im Parlament hat, tritt das Parlament aller Wahrscheinlichkeit nach nicht als Vetospieler auf, sondern stimmt zu. Die Regierung kann insoweit uneingeschränkt regieren. Auf dieser Basis gelingt es Tsebelis, zu zeigen, welche politischen Regime eher reformfreudig und welche eher reformfeindlich sind (Tsebelis 1995). Mit der Fokussierung auf die Vetospieler als zentrale Elemente politischer Entscheidungen verlieren konventionelle Kategorien wie Präsidentialismus oder Parlamentarismus an Bedeutung. Worauf es ankommt, ist die Zahl der Vetospieler, und die können in beiden Regimen ganz unterschiedlich sein.

Halten wir fest: Der *Rational Choice*-Institutionalismus ergänzt die Spieltheorie in bedeutsamer Weise. Bei der Spieltheorie konnte zwar die endogene Dynamik von Akteurskonstellationen aufgezeigt werden, ihre Gleichgewichte und Ungleichgewichte. Die *Spielstruktur* musste aber als gegeben angesehen werden, obwohl sie offensichtlich die endogene Dynamik in Form von Anreizen bestimmte. Der *Rational Choice*- Institutionalismus beschäftigt sich nun mit dieser Spielstruktur und will ihre wesentlichen Komponenten erfassen. Dabei stehen Transaktionskosten, die Verteilung von Eigentumsrechten und Verträge mit asymmetrischer Information im Mittelpunkt. Diese beeinflussen direkt als Anreize die Auszahlungen der Akteure. Institutionen wiederum haben Einfluss auf diese Zwischengüter, und um die richtigen Institutionen geht es im Wesentlichen beim *Rational Choice*-Institutionalismus. Die Hauptfrage bleibt, wann und unter welchen institutionellen Bedingungen Akteure sich nicht opportunistisch verhalten, sondern kooperativ. Aus wirtschaftswissenschaftlicher Sicht ist damit auch die Frage der allokativen Effizienz von Institutionen angesprochen. Aus politikwissenschaftlicher Sicht ging es vor allem darum, zu lernen, wie politische Gemeinwesen stabil bleiben können und wann Demokratie stabil bleibt und effizient sein kann.

5. Zweifel an der vollständigen Rationalität

Spieltheorie und *Rational Choice*-Institutionalismus erweiterten die Erklärungsreichweite der Theorien rationaler Wahl ohne die grundsätzlichen Annahmen des *homo oeconomicus* in Frage zu stellen. Die folgenden Ansätze stellen die vollständige Rationalität in Frage. Die Einsichten der ‚Neuen Erwartungstheorie' (*expected utility theory*) und der ‚begrenzten Rationalität' (*bounded rationality*) werden dabei heute immer mehr zum Bestandteil einer aufgeklärteren und realistischeren Version der Theorien rationaler Wahl. Beide Ansätze gewinnen immer größeres Gewicht in der Diskussion.

5.1 Heuristiken und Rahmung – psychologische Erkenntnisse

Kahnemann und Tversky haben über psychologische Experimente das Modell des *homo oeconomicus* auf vielfache Weise modifiziert. Zwei dieser grundlegenden Einsichten sollen hier kurz vorgestellt werden (Kahnemann/Slovic/Tversky 1982; Kahnemann/Knetsch/Thaler 1991; Kahnemann 2011).

Die erste Erkenntnis ist, dass nicht rationale Kalkulation, sondern *Intuition* eine wichtige Rolle beim Entscheiden spielt. Die Autoren hatten in ihren Experimenten sowohl Rationalität wie auch Emotionen, die eventuell Abweichungen von Rationalität erklären könnten, als Erklärungskandidaten für bestimmtes Entscheidungsverhalten der Untersuchungspersonen beiseite gelegt. Sie meinten stattdessen Hinweise darauf zu finden, dass Entscheidungen im Wesentlichen durch die *kognitiven Fähigkeiten* bestimmt würden (Kahnemann/ Slovic/Tversky 1982). Nur selten, so scheint es, wechseln Akteure in den *langsameren Gang* des mühsamen Kalkulierens (Kahnemann 2011: 12f.). Dominant ist *schnelles Denken*, das intuitiv erfolgt, aufgrund von Erfahrungen zum Beispiel oder mit Hilfe von Heuristiken. Das sind im Unterbewusstsein abgelegte mentale Programme, die spontan in Entscheidungssituationen abgerufen werden können. Solche Heuristiken sparen Zeit und Anstrengung.

Kahnemann gibt ein Beispiel aus der Politikwissenschaft (2011: 90f.): In Experimenten zeigte sich, dass viele Untersuchungspersonen andere Personen aufgrund ihrer Gesichtsmerkmale einschätzen. Bestimmte Gesichtsmerkmale werden quasi automatisch mit bestimmten Eigenschaften verbunden, zum Beispiel Vertrauenswürdigkeit oder Kompetenz. Diejenigen Merkmale, die Kompetenz zu signalisieren scheinen, wurden dann in einer Untersuchung zum Wählerverhalten näher untersucht. Dabei stellte sich heraus, dass diejenigen Kandidaten, die mehr Kompetenz ausstrahlten, auch tatsächlich zu den Siegern der Wahlen zählten. Dieser zuerst für die USA gezeigte Befund wurde auch in mehreren anderen Ländern nachgewiesen. Die Wähler entscheiden also in viel geringerem Ausmaß als Downs es in seinem Buch über Wähler und Parteien angenommen hatte aufgrund von mühsam herbeigeschafften Informationen über Regierungen und Oppositionsparteien. Stattdessen zählen, zumindest in einer politischen Welt der zunehmenden Bedeutung von Persönlichkeiten, die den Kandidaten zugeschriebenen Eigenschaften, die nicht aufgrund von Informationen über ihre Leistungen, sondern über Heuristiken, nämlich die unmittelbar sichtbaren äußeren Merkmale dieser Kandidaten, gewonnen werden.

Kahnemann erklärt, dass *fast thinking* zwar eine der Grundlagen des Entscheidens ist, *slow thinking*, ein Synonym für rationales Kalkulieren, aber bleibt ebenfalls ein durchaus präsentes kognitives Beurteilungsmuster, allerdings erst, nachdem das *intuitive Denken* versagt und keine Antworten liefert (2011: 13). Unterstellt wird hier also die Fähigkeit des Menschen, in unterschiedliche Modi (Esser 1999) umschalten zu können. Der rationale Modus ist aber der seltenere Modus.

Der zweite Beitrag von Kahnemann und Tversky behandelt die *prospect theory* (Kahnemann/ Tversky 1979), die sich als eine ‚Neue Erwartungstheorie‘ definiert.

Die ursprüngliche ‚Werterwartungstheorie‘ (*expected utility theory*) ist eine Weiterentwicklung des Modells des *homo oeconomicus*.[8] Sie beschäftigt sich mit Entscheidungen, bei denen das Eintreten des erwarteten Nutzens höchst unbestimmt ist. Es sind sozusagen riskante Entscheidungen, wie wir sie beim Glücksspiel finden, dem hauptsächlichen Gebiet, für das diese Theorievariante entwickelt wurde. Entscheidungen unter Unsicherheit – und eben nicht mit Gewissheiten über das Ergebnis – werden getroffen, indem die Akteure versuchen, von Wahrscheinlichkeiten auszugehen, die in Beziehung zum Eintreten der Nutzenrealisierung gesetzt werden. Anders ausgedrückt: Akteure bewerten den Nutzen eines bestimmten Gutes, das sie gerne haben möchten, relativieren diesen Nutzen aber an der Wahrscheinlichkeit, mit der sie dieses Gut tatsächlich erreichen können. Hinzu kommt, dass Entscheidungen grundsätzlich als Entscheidungen über *Alternativen* verstanden werden, also ob ein Akteur zum Beispiel Gewinn oder Verlust beim Werfen einer Münze erwartet und in welchem Ausmaß er das tut. Solche Entscheidungssituationen sind aber auch in der Politik allgegenwärtig: Eine Regierung, die die Arbeitslosigkeit bekämpfen will, muss sich entscheiden, ob sie eher eine wirtschaftsliberale oder eine staatsinterventionistische Krisenbekämpfungspolitik verfolgen will. Mit welcher Wahrscheinlichkeit wird die eine oder die andere Strategie erfolgreich sein? Sollen Gewerkschaften den landesweiten Streik ausrufen oder lieber am Verhandlungstisch sitzen bleiben? Was wird das bessere Ergebnis bringen? Die Erwartungstheorie konstruiert vor diesem Hintergrund jede Entscheidungssituation als Bewertung von Alternativen unter Unsicherheit (vgl. als ein Beispiel aus der Politikwissenschaft Braun/Gilardi 2006).

Kahnemann/Tversky (1979) basieren ihre Version auf eine Erkenntnis von Nobelpreisträger Harry Markovitz (Kahnemann 2011: 278), der die Bewertung von Nutzen nicht mehr nach ihrem absoluten Wert, sondern nach Änderungen im Nutzen konzeptualisiert. Die bei-

---

8   Im deutschen Sprachraum hat sich vor allem Hartmut Esser mit dieser Theorie beschäftigt und darauf eine vollständige soziologische Theorie aufgebaut (Esser 1993 und 1999). Zu nennen sind auch die Arbeiten von Lindenberg (2000) und Bueno de Mesquita (1981).

den Wissenschaftler fanden heraus, dass Akteure unterschiedliche Risikowahrnehmungen und damit auch eine unterschiedliche Bewertung von Gewinnen und Verlusten haben. Zum einen zähle der Referenzpunkt (*adaptation level*), auf den sich die Gewinn- und Verlustrechnung bezieht, also zum Beispiel das, was man im Moment besitzt, oder das, was man unbedingt erreichen will (2011: 282). Dann gälte es auch, das Niveau der Änderungen zu berücksichtigen (*diminishing sensitivity*; ein Unterschied von 100 Euro Verlust bei einem Haben von 1000 Euro wird als weniger schlimm erfahren als wenn die Minderung bei 200 Euro eintritt). Schließlich habe sich herausgestellt, dass auf Verluste heftiger reagiert werde als auf Gewinne, wodurch die Vermeidung von Verlusten häufig ein stärkeres Handlungsmotiv sei als das Erreichen von Gewinnen.

Der letzte Punkt weist auf die mögliche ‚Rahmung' (*frames*) von Entscheidungen hin: Akteure können sich im Prinzip unterschiedlichen Rahmen unterwerfen, also etwa einem Gewinnerwartungsrahmen oder einem Verlustvermeidungsrahmen. Je nach Rahmung werden ihre Entscheidungen unterschiedlich ausfallen. Dies ist die wichtige Erkenntnis der ‚Neuen Erwartungstheorie', die schon in die Interaktionsorientierungen von Scharpf Eingang gefunden hat: Es geht keineswegs immer um die Maximierung von Nutzen. Ebenso gut kann das Vermeiden von schlimmen Folgen voranstehen. Bei der Drohung einer atomaren Auseinandersetzung mag ein solcher Verlustvermeidungsrahmen Dominanz gewinnen. Damit ändern sich auch die im oben angeführten Fall des Gefangenendilemmas beschriebenen Auszahlungen. Und was man als möglichen Nutzen betrachtet, hängt wiederum vom Referenzpunkt und den Veränderungen im Nutzen ab. Beide Theoriebausteine weisen darauf hin, dass Entscheidungen eher selten im Kalkuliermodus des *homo oeconomicus* stattfinden und zudem keineswegs dem Maximierungsalgorithmus unterstehen müssen, der beim *homo oeconomicus* angenommen wird.

5.2 Organisationssoziologische Erkenntnisse

Zu ähnlichen Einsichten waren Herbert Simon und ebenso James March und Johan Olsen aus einer organisationssoziologischen Perspektive gekommen (March/Olsen 1984; March/Olsen 1989; Simon 1993).

Die grundlegende Einsicht bestand auch hier darin, dass sich Akteure keineswegs entscheidungsmaximierend und voll informiert kalkulierend verhalten müssen. Zeit und andere Restriktionen (Kosten bei der Informationsverschaffung) sorgten dafür, dass Heuristiken, also kognitive Abkürzungen verwendet würden. Die Folge sei, dass sich Akteure auch mit weniger zufrieden geben würden als mit dem bestmöglichen Vorteil (den man häufig gar nicht kennen kann). Ein *satisficing* wäre in vielen Fällen der wahrscheinlichere Entscheidungsmodus. *Satisficing* heißt *optimale* Nutzenmehrung, also eine den Umständen und Informationsrestriktionen angemesse Nutzenmehrung. Ab einem bestimmten Punkt würde die Suche nach der besten Alternative abgebrochen und Entscheidungen aufgrund der vorhandenen Informationen getroffen. Die Resultate seien damit ebenfalls andere als sie das Basismodell des *homo oeconomicus* annähme.

Mit dieser Einsicht ist auch hier nicht der Irrationalität das Wort geredet. Die Entscheidungen bleiben rational, aber eben *begrenzt rational* (*bounded rationality*). In vielen Fällen, so March und Olsen, fände, hier argumentieren sie ähnlich wie Kahnemann, gar keine rationale Kalkulation im *slow modus* statt. Die häufigsten Handlungen beruhten auf Routine, auf Habitus (Bourdieu) oder eingeschliffenen Verhaltensprogrammen. Der ‚Konsequenzialismus' (*logic of consequentiality*) der Theorien rationaler Wahl sei ein durchaus vorkommender Entscheidungsmodus, aber häufiger sei der Routinemodus des Entscheidens die der Situation angemessene Handlungslogik (*logic of appropriateness*). Wie sich Akteure in verschiedenen Handlungskontexten zu verhalten haben, lernen sie. Einmal gelernt, stehen diese Handlungsprogramme als Routinen auf Abruf bereit, ganz ähnlich wie die Entscheidungsheuristiken von Kahnemann und Tversky, und sind die normale und unmittelbare Antwort in Entscheidungssituationen.

Dieser Ansatz ist ebenso ein Angriff auf das Modell des *homo oeconomicus* wie der vorige Fall: Akteure denken nicht, so die Autoren, in erster Linie an die Konsequenzen ihres Handelns und an ihren Nutzen, sondern benutzen Handlungsprogramme, die auf Ähnlichkeit und Kongruenz mit gespeicherten Situationen beruhen (March/Olsen 2006: 690).

Während Kahnemann und Tversky bei den Heuristiken auf die kognitiven Fähigkeiten des menschlichen Geistes abzielen, geht es March und Olsen darum, den Kontext, die Umwelt, in das Handlungsmodell mit einzubeziehen. Was angemessen ist, bestimmt sich durch die „institutionalized practices of a collectivity, based on mutual, and often tacit understandings of what is true, reasonable, natural, right, and good" (ebd.: 690). Erfahrung, Intuition, Rollenerwartungen, gesellschaftliche Normen, all dies kommt bei der Logik der Angemessenheit mit hinein.

Es bedarf keiner langen Ausführungen, um die Bedeutung der beiden letzten Denkmodelle zu veranschaulichen: Die Wissenschaftler hinterfragen die Ausschließlichkeit eines Handlungsmodells, das auf Eigeninteresse und rationaler Kalkulation beruht. Sie bezweifeln nicht, dass es ein auf diesen Prämissen beruhendes Handeln gibt, lehnen aber seine Allgegenwärtigkeit ab. Es gäbe keinen ausschließlich rationalen Handlungsmodus: „There is a great diversity in human motivation and modes of action. Behavior is driven by habit, emotion, coercion, and calculated expected utility, as well as interpretation of internalized rules and principles." (ebd.: 701). Gerade in der Politik komme es immer wieder zu Spannungen zwischen beiden Handlungsmodi: zwischen den Rollenerwartungen auf der einen Seite und den persönlichen Interessen auf der anderen Seite. Während RC als Ausgangspunkt bei der Interpretation des Handelns nur die persönlichen Interessen unterstellt, sieht das Modell der ‚begrenzten Rationalität' oder auch der ‚Neue (soziologische) Institutionalismus' die Funktionsanforderungen im politischen System als handlungsrelevant an.

6. Kritische Bewertung

Der letzte Abschnitt dieses Beitrags dient der kritischen Nachbetrachtung der Theorien rationaler Wahl und ihrer Brauchbarkeit in der Politikwissenschaft.

Nach der Systemtheorie und dem Strukturfunktionalismus, die in den 1950er und Anfang der 1960er Jahre die politikwissenschaftlichen Analysen maßgeblich prägten, sind die Theorien rationaler Wahl heute das einzige Theorieangebot, das ein universales Erklärungsschema anbietet. Wie universal anwendbar diese Theorie in der Politikwissenschaft aber tatsächlich ist, bleibt umstritten.

Im Folgenden sollen anhand von drei Punkten Stärken und Schwächen der Theorien rationaler Wahl diskutiert werden: die Fähigkeit, relevante Fragen zu stellen, die Sparsamkeit des Modells und die Erklärungskraft.

Wandling (2012) zufolge hat der RC-Ansatz eine ganze Reihe wichtiger Fragen in der Politikwissenschaft gestellt, die uns auch in Zukunft beschäftigen werden, wie die Fragen nach den Handlungsmotiven politischer Akteure, die Fähigkeit der Informationsverarbeitung von politischen Akteuren bei politischen Entscheidungen und der Bürger bei Wahlen, ja überhaupt die Frage, wie politische Entscheidungen getroffen werden, und vielleicht die wichtigste Frage, inwiefern politische Akteure überhaupt in der Lage und willens sind, Gemeininteressen über Eigeninteressen zu stellen. Auf der anderen Seite steht die Kritik, die wohl am deutlichsten von Green und Shapiro vorgebracht wurde (Green/Shapiro 1994; Shapiro 2005), nämlich, dass RC in ungenügender Weise an die wirklichen Probleme in der Politikwissenschaft anschließe. Die Logik des Modells definiere die Probleme und die gegebenen Antworten könnten damit auch nur zur Bestätigung des Modells dienen. Besser wäre es, Probleme aus dem Anwendungskontext heraus zu entwickeln (Shapiro 2005: 66).

Eine weitergehende Kritik ist die fehlende Anschlussfähigkeit an zentrale politikwissenschaftliche Begriffe. Moe zum Beispiel wirft insbesondere dem ‚RC-Institutionalismus‘ vor, dass er den zentralen Begriff der Macht stiefmütterlich behandle (Moe 1990 und 2005). Während sich die Arbeiten der ersten Generation wenigstens implizit mit dem Machtphänomen auseinander gesetzt hätten (wie im Falle des *rent-seeking* von Interessengruppen oder beim Kampf der Administrationen um ihr Budget), so würden Institutionen, deren Existenz zu wesentlichen Teilen über den Machtkampf zu erklären seien, zu rein funktionalen Instrumenten zur Lösung von kollektiven Handlungsproblemen. Zwar beschäftigten sich zum Beispiel North und Weingast bei ihrer oben erwähnten Analyse der *Glorious Revolution* mit dem König als opportunistischem Machtinhaber. Der Fokus des ‚RC-Institutionalismus‘ sei es dabei aber immer zu erklären, wie Kooperation möglich wird und wie man Gleichgewichte finden und behalten könne und nicht die Darstellung des Machtspiels und seiner kausalen Wirkungen. Dieser Zugang verdankt sich zweifellos der Herkunft aus der neoklassischen Wirtschaftswissenschaft, in welcher der Gleichgewichtsbegriff zentral steht. Mit anderen Worten, der ‚RC-Institutionalismus‘ trage eine bestimmte, selektive Sichtweise an die Politikwissenschaft heran, die, so kann man sicherlich behaupten, relevante Fragen stellt, aber sowohl die Art der Probleme als auch die Suche nach Lösungen auf eigene Weise vorstrukturiert. Dies heißt nicht, dass Einsichten in Gleichgewichtsbedingungen politischer Beziehungen irrelevant wären. Es gilt aber, sich der Beschränktheit dieser Fragestellung bewusst zu sein und auch die sonstigen Anliegen der Politikwissenschaft einzubeziehen und wenn möglich miteinander zu verbinden. Moe hat dies in Bezug auf den Machtbegriff sehr gut veranschaulicht.

In ähnliche Richtung gehen die Bedenken, die im Zusammenhang mit einem zweiten, häufig genannten Vorzug von RC-Theorien stehen, nämlich der Fähigkeit, komplexe politische Handlungssituationen anhand klarer und sparsamer Modelle auf einige Grundmuster zurückzuführen und so Dynamiken und Strukturen politischen Handelns besser zu verstehen (Ostrom 2005). Die Sparsamkeit des Modells, so verführerisch dies für Theoriebildung und Anwendung zu sein scheint, erfordert eine besonders weitgehende Reduktion von Komplexität und zwingt damit, eine Auswahl zu treffen und vermeintlich weniger wichtige Aspekte zu vernachlässigen. Diese Reduktion wird am deutlichsten bei dem neoklassischen Modell des *homo oeconomicus*, das von Emotionen oder Wertbestimmtheit abstrahiert, obwohl schon Max Weber diese Komponenten in seine Handlungstheorie aufgenommen hatte. Die Frage, die sich stellt, ist, inwiefern die getroffene Selektion auch tatsächlich die richtige gewesen ist.

Diese Kritikpunkte weisen darauf hin, dass theoretische Sichtweisen, vor allem wenn sie einen Ausschließlichkeitsanspruch verfolgen, eine selektive Aufmerksamkeit bewirken können, die es verhindert, dass relevante Informationen aufgenommen werden. Die Nobelpreisträgerin Elinor Ostrom verlangt deswegen auch, und dies trifft die Meinung vieler anderer Kritiker, dass sich RC gegenüber Weiterungen und theoretischen Alternativen öffnen müsse (Ostrom 2005). Tatsächlich haben die Vertreter der RC-Theorien dies auch im Laufe der Zeit getan. Aus der ersten Generation wurde die zweite und die dritte Generation an Theorien rationaler Wahl, bei denen, wie gezeigt, Interaktionen und Handlungskontexte einbezogen werden, das ‚Göttlichkeitsmodell' der Rationalität mit einem differenzierteren und aufgeklärteren Rationalitätsmodell konfrontiert wird und institutionelle und kulturelle Einflüsse dominante Aspekte in der Theoriebildung werden (Wandling 2012). Immer mehr Wissenschaftler sind inzwischen davon überzeugt, dass sehr wahrscheinlich der schnelle Modus des Entscheidens, der über Intuition, Heuristiken und Routinen funktioniert, in den meisten Fällen völlig ausreicht, um menschliches Handeln zu erklären. Sogar expressives Verhalten zählt inzwischen zu den häufig diskutierten Handlungsmodi. Der rationale Modus dagegen könnte vor allem dann angewandt werden, wenn Akteure bei Entscheidungen auf Alternativen schauen und wenn sie die möglichen Folgekosten der Entscheidungen als sehr hoch einschätzen (Bates/de Figueiredo/Weingast 1998: 222). Endgültige Antworten hierauf gibt es allerdings noch nicht. Worauf es ankommt, so Ostrom, ist, dass Forscher nicht dogmatisch auf dem Wahrheitsanspruch nur eines Handlungsmodells beharren, sondern je nach Handlungssituation entscheiden, welches der zur Alternative stehenden Handlungsmodelle bzw. -modi den gegebenen Fall am besten erklären kann (Ostrom 2005).

Die RC-Ansätze haben den Anspruch, und dies ist positiv zu bewerten, nach vollständigen Erklärungen zu streben, das heißt Makro- und Mikroebene der Erklärung bzw. Struktur und Handlung miteinander zu verbinden. Diesen Anspruch können weder der Strukturalismus noch der Kulturalismus als Alternativangebote erheben (Lichbach 2011). Auch die Psychologie, die sich intensiv mit Handlungsmotiven und Entscheidungsverhalten auseinandersetzt, kann diese Verbindung nicht leisten. Der Anspruch, erfolgreich die Makro- und

Mikroebene miteinander zu verbinden, muss sich allerdings daran messen lassen, ob es gelingt, auch empirisch nachzuweisen, dass die RC-Theorien die Wirklichkeit richtig erfassen können. Gerade in Bezug auf die empirische Überprüfung aber werden sie kritisiert. Sie werden mit dem Vorwurf konfrontiert, dass sie sich gegen eine empirische Überprüfung ihrer eigenen Annahmen immunisieren (Green/Shapiro 1994). Dies zeigt sich zum Beispiel an den beiden forschungsstrategischen Argumenten, die von RC-Theoretikern zur Verteidigung ihres Wahrheitsanspruches vorgebracht werden (Friedman 1996).

Die eine Argumentation hält eine empirische Überprüfung der Basisannahmen des Modells für unnötig, da der Wahrheitsanspruch nur *ceteris paribus* bestünde, also nur dann, wenn nicht störende Randbedingungen hinzuträten. Das Modell gelte, so wird deklariert, immer dann, wenn solche Störungen nicht aufträten. Da allerdings Randbedingungen immer eine Rolle spielen und kaum beseitigt werden können, kann dieser Anspruch nie getestet werden.

Das andere Argument, das von Milton Friedman (1953) vorgebracht wurde, ist bereits erwähnt worden: Es komme nicht auf die Wahrheit der inneren Struktur des Modells an, sondern lediglich darauf, dass das Modell empirische Phänomene plausibel erklären könne. Lediglich die *goodness of fit*, die Passgüte zwischen Modell und beobachteten empirischen Phänomenen müsse stimmen. Auch dies ist, wie oben argumentiert, keine Überprüfung, die eine Infragestellung des Modells erlaubt, sondern eine *post-hoc*-Rationalisierung, die dem Modell den Status der Plausibilität verleihen kann, mehr allerdings nicht. Weder das eine noch das andere Argument ist also in der Lage, wirklich glaubhaft zu machen, dass RC-Theorien einen überlegenen Erklärungsanspruch erheben können.

Neuerdings versuchen eine Reihe von Autoren mit den ‚analytischen Narrativen' den Geltungsanspruch anhand einer dezidiert empirischen Strategie zu festigen (Bates/de Figueiredo/Weingast 1998; Bates et al. 1998; Katznelson/Weingast 2005). Diese Richtung begegnet zum Beispiel dem häufig vorgebrachten Vorwurf einer dezisionistischen *a priori*-Setzung von Rationalität in den RC-Studien durch eine Forschungsstrategie, bei der Präferenzen als historisch variabel verstanden werden. Um sie zu erfassen, bedürfe es einer genauen Beschreibung der Kontextbedingungen und der daraus folgenden Anreizstrukturen. Außerdem will dieser Ansatz der Kritik begegnen, dass RC-Theorien nur modellendogene Probleme behandelten und so nicht anschlussfähig an die Politikwissenschaft seien. Probleme würden anhand einer dichten Beschreibung aus dem historischen Kontext gewonnen. Erst auf dieser empirisch fundierten Grundlage komme der Analyserahmen, in diesem Fall vor allem die Spieltheorie, zum Einsatz und ermögliche es, die kausalen Mechanismen zu verstehen, die zu dem konkreten historischen Ereignis geführt haben.

Mit dieser Forschungsstrategie scheinen die RC-Theorien tatsächlich etwas von ihrem nomothetischen Charakter zu verlieren. Inwiefern aber löst dies das Problem des universalen Geltungsanspruchs? Nach wie vor sind die angewandten Erklärungsmechanismen ja ausschließlich auf den RC-Modellen aufgebaut. Es findet ebenfalls keine Konfrontation mit anderen möglichen Erklärungen statt. Obwohl die empirischen Fakten in diesem Fall viel stärker einbezogen werden, ja den Ausgangspunkt bilden, so handelt es sich doch weiterhin um eine *post-hoc*-Erklärung, die Plausibilität beanspruchen kann, wenn man zeigen kann, dass die dargelegten kausalen Mechanismen mit den Vermutungen des Modells übereinstimmen. Es ist aber keine systematische Überprüfung des Modells.

Eine solche könnte eventuell über eine andere Forschungsstrategie geschehen, die von Jeffrey Friedman vorgeschlagen wurde (1996). Friedman möchte das RC-Modell als einen ‚Idealtypus' neben anderen möglichen Idealtypen verstehen, den man im Grunde genommen nicht zu widerlegen braucht und auch nicht kann. Ein Idealtypus ermöglicht es, Vermutungen und Prognosen über kausale Wirkungen in der Wirklichkeit aufzustellen. Diese Vermutungen werden über empirische Forschung in konkreten Situationen überprüft. Es lässt sich dabei feststellen, in welchen Fällen und unter welchen Kontextbedingungen dieser Idealtypus tatsächlich Erklärungskraft beanspruchen kann und in welchen Fällen nicht. Damit ließe sich auch die Erklärungsreichweite von RC-Theorien gut ermitteln. Wir haben es in diesem Fall also mit einer *ex ante*-Strategie der empirischen Forschung zu tun, die außerdem die Möglichkeit eröffnet, mit verschiedenen Idealtypen bzw. Theorien zu arbeiten und den jeweiligen größeren Erklärungswert feststellen zu können. Eine solche Strategie würde es nicht nur ermöglichen, die Kontextbedingungen zu systematisieren und damit der *requisite variety* gerecht zu werden (Braun 1999), sondern auch jeglichen Anschein eines Dogmatismus zu vermeiden und die theoretische Offenheit zu demonstrieren, die z. B. Ostrom fordert.

Die vorangehenden Ausführungen haben zu zeigen versucht, wie in den Theorien rationaler Wahl gedacht und wie politikwissenschaftliche Themen behandelt werden. Es wurden Entwicklungsetappen dargestellt, die das ursprünglich sehr sparsame Modell zunehmend anreicherten und damit die Anschlussfähigkeit an das politikwissenschaftliche Denken erleichtern. Die Theorien rationaler Wahl haben im Laufe der letzten 50 Jahre zu überraschenden und häufig provokanten Einsichten geführt, die inzwischen zum Wissensstandard in der Politikwissenschaft zählen und immer wieder in ihre Forschungsprogramme einfließen. Der universale Geltungsanspruch lässt sich sicherlich ebenso wenig aufrechterhalten wie die Vorstellung eines ausschließlich rationalen Handlungsmodus in den politischen Entscheidungen. Dies aber ist kein Grund, diese Theorien beiseite zu legen. Elinor Ostrom (2006: 8) formuliert es so: „One does not just toss out a theory that has proven valuable in many settings because it does not work well in others. Many efforts to broaden the theory are well underway, and it will continue to be usefully employed to address many interesting questions in competitive situations".

Wenn die Vertreter von Theorien rationaler Wahl die nötige Offenheit zeigen, ihre Forschungsstrategien und Konzepte zu hinterfragen und anzupassen, darf man auch in Zukunft interessante Einsichten über das Funktionieren der Politik erwarten.

Kommentierte Literaturverweise

Braun, Dietmar, 1999: Theorien rationalen Handelns in der Politikwissenschaft. Eine kritische Einführung. Opladen: Leske + Budrich.

Ein als Lehrbuch und Nachschlagewerk verwendbares Werk, das mit Stand von 1999 einen weit ausholenden, politikwissenschaftlich orientierten und auf Studierende zugeschnittenen Überblick über die Grundlagen der Theorien rationaler Wahl bietet.

Green, Donald P./Shapiro, Ian, 1994: Pathologies of *Rational Choice* Theory. A Critique of Applications in Political Science. New Haven-London: Yale University Press.

Das Buch, das wohl am grundsätzlichsten und fundiertesten Grundannahmen und Beweisführung der Theorien rationaler Wahl hinterfragt.

Scharpf, Fritz W., 1997: Games Real Actors Play. Actor-centered Institutionalism in Policy Research. Boulder, CO: Westview Press.

Ein einflussreiches Werk, das den Anspruch erhebt, ein eigenes Theoriegebäude, den ‚akteurzentrierten Institutionalismus', aufzustellen, das auf der Verbindung von Institutionalismus, Theorien rationaler Wahl und Spieltheorie basiert und vor allem für die Erklärung von Staatstätigkeit verwendet werden kann. Die Übersetzung ins Deutsche wurde 2000 unter dem Titel *Interaktionsformen. Akteurzentrierter Institutionalismus in der Politikforschung* (Opladen: Leske + Budrich) publiziert.

Weingast, Barry R./Wittman, Donald A. (Hg.), 2006: The Oxford Handbook of Political Economy. Oxford: Oxford University Press.

Das derzeit aktuellste, von führenden Experten verfasste Standardwerk, das über nahezu alle in der Politikwissenschaft behandelten Themen aus der Sicht der Theorien rationaler Wahl informiert.

Literatur

Arrow, Kenneth J., 1951: Social Choice and Individual Values. New Haven: Yale University Press.

Bates, Robert H./de Figueiredo, Rui J.P./Weingast, Barry R., 1998: The Politics of Interpretation. Rationality, Culture, and Transition, in: Politics & Society 26:2, 221-56.

Bates, Robert H./Greif, Avner/Levi, Margaret/Rosenthal, Jean-Laurent/Weingast, Barry R., 1998: Analytic Narratives. Princeton, NJ: Princeton University Press.

Black, Duncan, 1958: The Theory of Committees and Elections. New York: Cambridge University Press.

Braun, Dietmar, 1999: Theorien rationalen Handelns in der Politikwissenschaft. Eine kritische Einführung. Opladen: Leske + Budrich.

Braun, Dietmar/Gilardi, Fabrizio, 2006: Taking 'Galton's Problem' Seriously. Towards a Theory of Policy Diffusion, in: Journal of Theoretical Politics 18:3, 298-322.

Buchanan, James M./Tullock, Gordon, 1962: The Calculus of Consent. Logical Foundations of Constitutional Democracy. Ann Arbor: University of Michigan Press.

Bueno de Mesquita, Bruno, 1981: The War Trap. New Haven: Yale University Press.

Coase, Ronald H., 1937: The Nature of the Firm, in: Economica 4, 386-405.

Coleman, James S., 1990: Foundations of Social Theory. Cambridge, MA-London: Belknap Press of Harvard University Press.

de Figueiredo, Rui J.P./Weingast, Barry R., 2005: Self-Enforcing Federalism, in: Journal of Law, Economics & Organization 21:1, 103-35.

Dixit, Avinash/Skeath, Susan, 1999: Games of Strategy. New York-London: W.W. Norton & Company.

Downs, Anthony, 1957: An Economic Theory of Democracy. New York: Harper and Row.

Downs, Anthony, 1967: Inside bureaucracy. Boston, MA: Little Brown.

Elster, Jon, 2007: Explaining Social Behavior: More Nuts and Bolts for the Social Sciences. Cambridge: Cambridge University Press.

Esser, Hartmut, 1993: Soziologie. Allgemeine Grundlagen. Frankfurt a.M.-New York: Campus.

Esser, Hartmut, 1999: Soziologie. Spezielle Grundlagen. Bd. 1: Situationslogik und Handeln. Frankfurt a.M./ New York: Campus.

Friedman, Jeffrey, 1996: Introduction: Economic Approaches to Politics, in: Friedman, Jeffrey (Hg.): The Rational Choice Controversy. New Haven-London: Yale University Press, 1-25.

Friedman, Milton, 1953: The Methodology of Positive Economics, in: Friedman, Milton: Essays in Positive Economics. Chicago: University of Chicago Press, 3-41.

Green, Donald P./Shapiro, Ian, 1994: Pathologies of Rational Choice Theory. A Critique of Applications in Political Science. New Haven-London: Yale University Press.

Greshoff, Rainer/Schimank, Uwe, (Hg.). 2006: Integrative Sozialtheorie? Wiesbaden: VS Verlag für Sozialwissenschaften.

Hotelling, Harold, 1929: Stability in Competition, in: The Economic Journal, 39:153, 41-57.

Kahnemann, Daniel, 2011: Thinking, Fast and Slow. London: Allen Lane.

Kahnemann, Daniel/Knetsch, Jack L./Thaler, Richard H., 1991: Anomalies: The Endowment Effect, Loss Aversion and Status Quo Bias, in: Journal of Exonomic Perspectives, 5:1, 193-206.

Kahnemann, Daniel./Slovic, Paul/Tversky, Amos (Hg.), 1982: Judgement under Uncertainty: Heuristics and Biases. New York: Cambridge University Press.

Kahnemann, Daniel/Tversky, Amos, 1979: Prospect Theory: An Analysis of Decision under Risk, in: Econometrica 47:2, 263-291.

Katznelson, Ira/Weingast, Barry R. (Hg.), 2005: Preferences and Situations. Points of Intersection between Historical and Rational Choice Institutionalism. New York: Russell Sage Foundation.

Lange, Stefan/Braun, Dietmar, 2000: Politische Steuerung zwischen System und Akteur. Eine Einführung. Opladen: Leske + Budrich.

Levi, Margaret, 1988: Of Rule and Revenue. Berkeley: University of California Press.

Lichbach, Mark I., 2011: Is Rational Choice Theory All of Social Science? Ann Arbor: University of Michigan Press.

Lindenberg, Siegwart, 2000: The Extension of Rationality: Framing versus Cognitive Rationality, in: Baechler, Jean/Chazel, François/Kamrane, Ramine (Hg.): L'acteur et ses raisons. Mélanges en l'honneur de Raymond Boudon. Paris: Presses Universitaires de France, 168-204.

March, James G./Olsen, Johan P., 1984: The New Institutionalism: Organizational Factors in Political Life, in: APSR 78:3, 734-749.

March, James G./Olsen Johan P., 1989: Rediscovering Institutions: The Organizational Basis of Politics. New York-London: The Free Press, Collier Macmillan Publishers.

March, James G./Olsen, Johan P., 2006: The Logic of Appropriateness, in: Moran, Michael/Rein, Martin/Goodin, Robert E. (Hg.): The Oxford Handbook of Public Policy. Oxford: Oxford University Press, 689-708.

Moe, Terry, 1990: Political Institutions. The Neglected Side of the Story, in: Journal of Law, Economics & Organization 6:7, 39-77.

Moe, Terry, 2005: Power and Political Institutions, in: Perspectives on Politics 3:2, 15-33.

Monroe, Kristen R. (Hg.), 2005: Perestroika! The Raucous Rebellion in Political Science. New Haven-London: Yale University Press.

Niskanen, William A., 1971: Bureaucracy and Representative Government. Chicago: Aldine.

North, Douglass C., 1981: Structure and Change in Economic History. New York: W.W. Norton.

North, Douglass C., 1990: Institutions, Institutional Change and Economic Performance. Cambridge: Cambridge University Press.

North, Douglass C./Weingast, Barry R., 1989: Constitutions and Commitment: The Evolution of Institutions Governing Public, in: Journal of Economic History 49:4, 803-832.

Olson, Mancur, 1965: The Logic of Collective Action. Cambridge, MA: Harvard University Press.

Olson, Mancur, 1982: The Rise and Decline of Nations. Economic Growth, Stagflation, and Social Rigidities. New Haven: Yale University Press.

Ordeshook, Peter C., 1986: Game Theory and Political Theory. Cambridge: Cambridge University Press.

Ostrom, Elinor, 1990: Governing the Commons: The Evolution of Institutions for Collective. Cambridge: Cambridge University Press.

Ostrom, Elinor, 2005: Understanding Institutional Diversity. Princeton, NJ: Princeton University Press.

Ostrom, Elinor, 2006: Converting Threats into Opportunities, in: Political Science & Politics 39:1, 3-12.

Poundstone, William, 1993: Prisoner's Dilemma. New York: Doubleday.

Przeworski, Adam, 2008: Self-enforcing Democracy, in: Wittman, Donald/Weingast, Barry R. (Hg.): The Oxford Handbook of Political Economy. Oxford: Oxford University Press, 312-328.

Rieck, Christian, 1993: Spieltheorie. Einführung für Wirtschafts- und Sozialwissenschaftler. Wiesbaden: Gabler.

Riker, William, 1962: The Theory of Political Coalitions. New Haven: Yale University Press.

Scharpf, Fritz W., 1988: Verhandlungssysteme, Verteilungskonflikte und Pathologien der politischen Steuerung, in: Schmidt, Manfred G. (Hg.): Staatstätigkeit. Opladen: Westdeutscher Verlag, 61-87.

Scharpf, Fritz W., 1997: Games Real Actors Play: Actor-Centered Institutionalism in Policy Research. Boulder, CO-Oxford: Westview.

Shapiro, Ian, 2005: Problems, Methods, and Theories in the Study of Politics, in: Monroe, Kristen R. (Hg.): Perestroika! The raucous rebellion in political science. New Haven-London: Yale University Press, 66-86.

Shepsle, Kenneth A./Weingast, Barry R., 1981: Structure-Induced Equilibrium and Legislative Choice, in: Public Choice 37:3, 503-519.

Simon, Herbert A., 1993: Homo rationalis. Die Vernunft im menschlichen Leben. Frankfurt a.M.-New York: Campus.

Tsebelis, George, 1995: Decision-Making in Political Systems: Veto-Players in Presidentialism, Parliamentarims, Multicameralism and Multipartyism, in: British Journal of Political Science. 25:3, 289-325.

Tsebelis, George, 2002: Veto Players. How Political Institutions Work. Princeton, NJ: Russel Sage Foundation/ Princeton University Press.

von Neumann, John/Morgenstern Oskar, 1944: Theory of Games and Economic Behavior. Princeton, NJ: Princeton University Press.

Wandling, Richard, 2012: Rationality and Rational Choice, in: Ishiyama, John/Breuning, Marijke (Hg.): 21st Century Political Science. Thousand Oaks: Sage, 34-42.

Weingast, Barry R., 1995: The Economic Role of Political Institutions: Market-Preserving Federalism and Economic Development, in: Journal of Law, Economics and Organization 11:1, 1-31.

Weingast, Barry R., 1997: The Political Foundations of Democracy and the Rule of Law, in: American Political Science Review 91:2, 245-63.

Williamson, Oliver E., 1985: The Economic Institutions of Capitalism. Firms, Markets. New York: The Free Press.

2.

Vergleichende
Politikwissenschaft

Vergleichende Politikwissenschaft: ein einführender Überblick

Manfred G. Schmidt

Von dem Fachgebiet Vergleichende Politikwissenschaft handelt der zweite Teil des vorliegenden Studienbuchs. Er umfasst sieben Kapitel. Das vorliegende Kapitel erläutert, was Vergleichende Politikwissenschaft ist, welche Ziele sie hat, mit welchen Methoden und Theorien sie arbeitet, welche Felder sie erforscht und worin ihre besonderen Leistungen und ihre Probleme bestehen. Die nachfolgenden Beiträge, allesamt von führenden Vertretern des Faches geschrieben, konkretisieren jeweils die Perspektiven der Vergleichenden Politikwissenschaft.

1. Was ist Vergleichende Politikwissenschaft?

Vergleichende Politikwissenschaft – im Englischen *Comparative Politics* – ist der Fachbegriff sowohl für ein Sachgebiet als auch für eine Methode. Als Sachgebiet benennt die Vergleichende Politikwissenschaft eine von drei großen Teildisziplinen der modernen Wissenschaft von der Politik – neben der Politischen Theorie und Ideengeschichte einerseits und den Internationalen Beziehungen andererseits. Die Vergleichende Politikwissenschaft handele von der „Politik anderer Länder und Völker", so lautet Philippe Schmitters griffige Formulierung (Schmitter 2001: 160, Übersetzung des Verfassers). Allerdings ist Schmitters Formel zu ergänzen: Die vergleichende Einordnung des eigenen Landes spielt ebenfalls eine Rolle. Die Gegenstände der Vergleichenden Politikwissenschaft sind, so besehen, vor allem die politischen Institutionen, die politischen Vorgänge und der Inhalt politischer Entscheidungen sowie ihre Wechselwirkungen in politischen Systemen im In- und Ausland. Ihr Vergleich soll insbesondere Gemeinsamkeiten und Unterschiede der Untersuchungsfälle beschreiben und erklären, gegebenenfalls auch prognostizieren.

Vergleichende Politikwissenschaft bezeichnet aber nicht nur ein Sachgebiet, das zugleich ein Alleinstellungsmerkmal der Wissenschaft von der Politik benennt, denn in keiner anderen Wissenschaftsdisziplin ist die vergleichende Beobachtung so prominent und so fest institutionalisiert wie in ihr. Vergleichende Politikwissenschaft meint außerdem eine Methode der wissenschaftlichen Analyse. Ihr Kern ist das analytische Bestreben, Ähnlichkeiten und Unterschiede von politischen Einheiten, beispielsweise politischer Systeme, zu nutzen, um Hypothesen über Korrelationen und Grund-Folge-Zusammenhänge zu testen oder zu entwickeln, reliable Verallgemeinerungen zu ziehen und auf dieser Grundlage empirisch fundierte Theorien zu konstruieren oder bestehende Theorien zu überprüfen und gegebenenfalls weiterzuentwickeln (Berg-Schlosser/Müller-Rommel 2003; Schmitter 2001: 160).

Die Art und Weise des Vergleichs variiert. Er kann auf der Beobachtung vieler Fälle oder auf wenigen Fällen basieren, im Grenzfall auf der Beobachtung eines Falls, beispielsweise eines von einem Trend abweichenden Landes. Die Vollbeschäftigung in der Schweiz nach dem 1. und dem 2. Ölpreisschock der 1970er bzw. der frühen 1980er Jahre ist ein Beispiel: Sie wich von dem damals typischen korporatistisch-sozialdemokratischen Weg zur Vollbeschäftigung durch einen nationalliberalen Weg mit prioritärem Beschäftigungsschutz für männliche Schweizer Arbeitskräfte ab (Schmidt 1982: 170ff., 1985).

Der Vergleich kann zudem als Quer- oder Längsschnitt oder als eine Kombination von beiden durchgeführt werden. Ein Querschnitt liegt vor, wenn beispielsweise der Zusammenhang zwischen der Alterung der Bevölkerung und dem Anteil der öffentlichen Ausgaben für die Alterssicherung am Bruttoinlandsprodukt in allen untersuchten Ländern zu ein und demselben Zeitpunkt untersucht wird. Ein Längsschnittvergleich prüft hingegen den Zusammenhang zwischen Alterung und Ausgaben für die Alterssicherung aus dem Blickwinkel des historischen Vergleichs – beispielsweise anhand eines Untersuchungszeitraums, der von der Gegenwart bis zum Zeitpunkt der Einführung der öffentlichen Alterssicherungssysteme zurückreicht. Einen solchen Längsschnitt zog Jens Alber in seiner Studie zur Entwicklung des Sozialstaats der Bundesrepublik Deutschland in den Jahren von 1950 bis 1983 (Alber 1989). Bei einer Kombination von Quer- und Längsschnittvergleich schließlich werden alle Länder der Stichprobe beispielsweise in einzelnen Unterperioden der jeweiligen Untersuchungsperiode analysiert und Schlussfolgerungen aus der Kombination von Quer- und Längsschnittzusammenhängen abgeleitet (Alber 1982; Flora 1986; Obinger 2004).

Der Vergleich kann ferner mit unterschiedlichen Daten und Methoden durchgeführt werden. Er kann sich qualitativer oder quantitativer Daten und Methoden oder einer Kombination beider bedienen. Letzteres verbindet den Vorteil einer tiefenscharfen, dichten Beschreibung einzelner Fälle mit den Vorzügen der statistischen Analyse von Beziehungsmustern in einer aus vielen Fällen zusammengesetzten Stichprobe (Huber/Stephens 2001).

Die Differenz zwischen diesen beiden Vorgehensweisen überlappt sich teilweise mit dem Unterschied zwischen dem „variablenorientierten" Ansatz und dem „fallorientierten" Vorgehen (Ragin 1987). Der variablenorientierte Ansatz ist stärker theoriezentriert. Er kombiniert induktive und deduktive Vorgehensweisen[1] im Rahmen einer empirisch-theoretischen Analyse einer meist mittleren oder größeren Anzahl von Fällen. Beispiele für den primär variablenorientierten Ansatz sind die – mit Korrelations- und Regressionsstatistik untermauerten – Erkundungen zur Reichweite der Parteiendifferenztheorie in Castles (1982) und die Analysen der politisch-institutionellen Grundlagen des Wirtschaftswachstums in Demokratien und Autokratien von Obinger (2004). Der fallorientierte Ansatz hingegen strebt die Analyse von Kausalzusammenhängen in einer kleineren Anzahl von Fällen an (Ragin 1987; Ragin/

---

1   Induktion meint die Schlussfolgerung von den am Einzelfall identifizierten Besonderheiten oder von einer
     Reihe von Beispielen auf allgemeinere Regel- oder Gesetzmäßigkeiten. Deduktion meint allgemein die
     Ableitung des Besonderen oder Einzelnen vom Allgemeinen, beispielsweise von einem allgemeinen Gesetz
     oder einer Theorie.

Rubinson 2011). Er bedient sich dabei hauptsächlich der Induktion und der Abduktion[2] und prüft, ob und auf welche Weise verschiedenartige Konstellationen zu ein und demselben Ergebnis führen. In diesem Ansatz erklären fallorientierte Konfigurationen – auch verschiedene, funktional äquivalente Konfigurationen – die abhängigen Variablen und bestimmen sowohl die notwendigen als auch die hinreichenden Bedingungen des zu erklärenden Sachverhaltes.

Die Vergleichende Politikwissenschaft ist nicht nur für unterschiedliche Daten und Methoden offen, sondern auch für verschiedenartige Theorieperspektiven. In ihr kommen, wie in Abschnitt 4 gezeigt wird, ältere und neuere institutionalistische Ansätze ebenso zum Zuge wie Lehrgebäude, die vor allem von (individuellen oder kollektiven) Akteuren und ihren Interessen sowie von Ideen und Machtressourcen handeln.

2. Jüngere und ältere Wurzeln der Vergleichenden Politikwissenschaft

Wie die gesamte Politische Wissenschaft ist auch die Vergleichende Politikwissenschaft eine der jüngeren Wissenschaftsdisziplinen. Als eigenständige Teildisziplin wurde sie seit Mitte des 20. Jahrhunderts etabliert (Almond 1956, 1968; Daalder 1997; von Beyme 2010). Einige ihrer Wurzeln reichen aber viel weiter zurück. Davon zeugen wegweisende vergleichende Studien insbesondere aus der ersten Hälfte des 20. Jahrhunderts – beispielsweise Friedrich (1968 [1937]) – sowie eine frühmoderne und eine lange vormoderne Phase der vergleichenden Politikbeobachtung (von Beyme 2011). Aus dieser Vorgeschichte ragen Namen wie Aristoteles (384-322 v.Chr.) für die Vormoderne und Niccolò Machiavelli (1469-1527), Montesquieu (1689-1755) und Alexis de Tocqueville (1805-1859) für die Frühmoderne heraus – um nur einige zu nennen.

Die vom Vormarsch der Demokratie geprägte Moderne benötige eine „neue politische Wissenschaft", heißt es in Alexis de Tocquevilles berühmter Schrift *Über die Demokratie in Amerika*, deren französisches Original 1835 und 1840 veröffentlicht wurde (Tocqueville 1984 [1835/40]: 9). Zu dieser „neuen politischen Wissenschaft" gehört der Vergleich, wie Tocquevilles Amerika-Buch souverän demonstriert. Dieses Werk lebt auch von der Diagnose eines Unterschieds zwischen der stabilen politischen Entwicklung und den besonderen Stärken und Schwächen der Demokratie in Amerika einerseits und der instabilen politischen Entwicklung im nachrevolutionären Frankreich andererseits. Struktur bekommt Alexis de Tocquevilles *Über die Demokratie in Amerika* zudem von der Gegenüberstellung zweier Demokratieformen: einer despotischen und einer freiheitlichen, zu der das Amerika des frühen 19. Jahrhunderts neige, und zwar aufgrund von freiheitsschützenden institutionellen und kulturellen Bedingungen.

Wie ergiebig der Vergleich sein kann, zeigt auch Tocquevilles zweites Hauptwerk: *L'Ancien Régime et la Révolution* von 1856. In ihm vergleicht Tocqueville die gesellschaftlichen und politischen Zustände vor und nach der Französischen Revolution. Daraus leitet er

---

2 Abduktion ist die Schlussfolgerung aus wahrscheinlichen (plausiblen und konsensfähigen) Prämissen oder ein Rückschluss von einer unerwarteten Anomalie auf eine größtenteils bereits akzeptierte Gruppe von Prämissen.

eine spektakuläre Kontinuitätsthese ab: Der Zentralismus des alten Regimes kennzeichnet auch die politischen Strukturen des nachrevolutionären Frankreichs. Das Politikerbe des alten Staates ist so wirkungsmächtig, dass es selbst die Turbulenzen der Revolution überdauert (Tocqueville 1978 [1856])!

Tocquevilles vergleichende Betrachtungen sind ertragreich – aber von vergleichsweise einfacher Architektur. Tocqueville vergleicht wenige Fälle, meist nur zwei. Und oft ist sein Vergleich eher implizit als explizit, zudem meist empirisch-anekdotischer Art. Das ist durchaus typisch für die früh- und die vormoderne Phase der komparatistischen Politikbeobachtung. Allerdings kennt diese durchaus den systematischen Vergleich einer großen Zahl von Untersuchungsfällen. Ein bis heute wirkungsmächtiges Beispiel ist die aristotelische Staatsformenlehre. Sie gründet auf der systematischen, allerdings nur noch in Fragmenten überlieferten Beobachtung einer Vielzahl von Stadtstaaten im antiken Griechenland. Auf dieser Grundlage werden Strukturen, Voraussetzungen und Qualität der politischen Herrschaft in diesen Gemeinwesen beschrieben, miteinander verglichen und daraufhin untersucht, welche Herrschaftsordnung dem Ideal des besten Staates und der unter den gegebenen Verhältnissen am ehesten realisierbaren Staatsform am nächsten kommt. Die aristotelische Staatsformenlehre differenziert insbesondere nach der Zahl der Herrscher – einer, wenige oder viele –, der Spaltung zwischen Reich und Arm und nach der Qualität der Herrschaftspraxis: Dient sie dem Gemeinwohl oder nur dem Eigennutzen der Herrscher? Auf dieser Grundlage werden gelungene von degenerierten Staatsverfassungen unterschieden – Monarchie, Aristokratie und Politie versus Tyrannis, Oligarchie und Demokratie – und extreme von gemäßigten Demokratieformen differenziert. Am Ende empfiehlt die aristotelische Lehre eine Mischverfassung aus oligarchischer und demokratischer Herrschaft als die relativ beste unter den im damaligen Griechenland machbaren Formen (Aristoteles 1990).

3. Welche Ziele hat die Vergleichende Politikwissenschaft?

Die Ziele der Vergleichenden Politikwissenschaft sind vielfältig. Manche Beiträge streben nach Beschreibung, beispielsweise auf fallspezifische Besonderheiten, andere nach Erklärung und wieder andere zielen auf Deskription und Erklärung, mitunter auch auf Prognose.

Beschreibende Funktionen standen im Zentrum der früh- und vormodernen Varianten der vergleichenden Politikbeobachtung. Dort sollte der Vergleich im Wesentlichen die Besonderheiten einzelner Fälle herausarbeiten, Gemeinsamkeiten und Gegensätze mehrerer Fälle identifizieren, Typologien anregen und Voraussetzungen und Folgen beispielsweise von verschiedenen Staatsformen untersuchen.

Beschreibungen spielen auch in der modernen Vergleichenden Politikwissenschaft eine wichtige Rolle. Das bezeugen etwa die Beiträge zur Vergleichenden Regierungslehre (siehe hierzu Grotz i. d. B.). Etliche Komparatisten nutzen die Beschreibung als Basislager für die Erkundung von Sonderfällen oder Sonderwegen. Die Analysen über den im Nationalsozialismus mündenden „deutschen Sonderweg" bieten dafür Instruktives (vgl. Wehler 2002), ebenso die Erkundungen des „American Exceptionalism", die der Frage nachgehen, warum es in den USA keinen Sozialismus gibt (Lipset 1996).

Im Unterschied zu den vor- und frühmodernen Beiträgen nutzt die moderne Vergleichende Politikwissenschaft den Vergleich nicht nur zur Beschreibung dessen, was die Untersuchungsfälle gemeinsam haben und was sie trennt. Sie will mehr. Sie will den Vergleich auch für analytische, theorieorientierte Funktionen verwenden. Sie nutzt den Vergleich, um Theorien oder von ihnen abgeleitete Hypothesen zu prüfen oder um neue Hypothesen hervorzubringen. Ersteres ist der deduktive Ansatz zur Theoriebildung, Letzteres der induktive. Beide führen am Ende idealerweise zu tragfähigen Verallgemeinerungen. Und in beiden Fällen dient die Untersuchungsanordnung einer vergleichenden Studie als Quasi-Experiment – als Ersatz für wiederholbare experimentelle Untersuchungsanordnungen, die in den Natur- und den Ingenieurwissenschaften gang und gäbe sind, in der Politikwissenschaft aber selten vorkommen.

Die moderne Vergleichende Politikwissenschaft ergänzt also die deskriptive Funktion der vormodernen Komparatistik mit einer analytischen, theorieorientierten Funktion. In besonders großem Umfang kommt die analytische, theorieorientierte Funktion in jenen vergleichenden Studien zum Zuge, die größere oder große Stichproben analysieren, wie im oben erörterten „variablenorientierten Ansatz". Theoriequalität hat allerdings auch der „fallorientierte Ansatz", der einer kleiner Stichprobe beispielsweise mit Techniken der „Qualitativen konfigurationellen Analyse" (QCA) zu Leibe rückt (Berg-Schlosser/Cronqvist 2012; Ragin/Rubinson 2011).

Wie man den Vergleich für analytische, theorieorientierte Zwecke nutzen kann, hatten zunächst historisch-komparatistische Analysen anhand einer überschaubaren Anzahl von Fällen demonstriert (Haupt 2001). Gerschenkrons berühmte Diagnose des komparativen Vorteils ökonomischer Rückständigkeit gehört dazu – um ein Beispiel aus der wirtschaftsgeschichtlichen Forschung zu nennen: Rückständigkeit ermöglicht (unter bestimmten Bedingungen) den Nachzüglern das Aufholen. Sie kann einen Aufholprozess einleiten, an dessen Ende der Nachzügler durch Imitation der Technologie des führenden Landes den Vorreiter einholen oder gar überholen kann (Gerschenkron 1962). Barrington Moores bahnbrechende Analysen über die sozialen Ursprünge von Demokratie und Diktatur in acht Ländern – England, Frankreich, USA, China, Japan und Indien sowie Deutschland und Russland – ist ein weiterer Klassiker von ähnlichem Zuschnitt: Demnach sind die Grundvoraussetzungen der Demokratie in einer selbständigen Bourgeoisie als notwendiger, aber nicht hinreichender Bedingung zu suchen, sodann in einer Kräftekonstellation, die die Übermacht der Krone verhindert und Koalitionen zwischen Bürgertum und grundbesitzender Oberklasse ermöglicht, sowie in der Kommerzialisierung der Agrarwirtschaft, die aus den Bauern selbständige, für den Markt produzierende Landwirte macht. Sind diese Bedingungen nicht erfüllt, ist, laut Moore (1966), der Weg in die Diktatur geebnet.

Die moderne Vergleichende Politikwissenschaft verwendet oft viel größere Stichproben als Gerschenkron und Moore. Stichproben mit mehr als 20 Fällen sind bei vielen auf die OECD-Mitgliedstaaten konzentrierten Vergleichsstudien geradezu Standard – so auch in den Beiträgen von Armingeon, Grotz, Merkel, Niedermayer, Wagschal und Wurster in diesem Band. Und neuere Analysen auf der Basis von weltweit erhobenen Umfragedaten haben in der Regel sehr große, oft mehrere tausend Fälle umfassende Stichproben, beispielsweise Ronald Inglehart und Christian Welzels Studie über wirtschaftliche und kulturelle Ursachen der Demokratisierung (2005).

4. Methoden und Theorien der Vergleichenden Politikwissenschaft

Mit der Ergänzung der deskriptiven Funktionen um analytische Aufgaben wandelte sich die Architektur der Vergleichenden Politikwissenschaft. Der Wandel betraf vor allem die Zahl der untersuchten Fälle, die Art der analysierten Daten, die technischen Hilfsmittel der Datenanalyse, die Methoden, die Ansatzhöhe und die Analyseschnitte sowie die Theorieorientierung (Boix/Stokes 2009; Caramani 2011; Fabbrini/Molutsi 2011; Jahn 2011; Ragin/Rubinson 2011; Schmitter 2001).

1. Hinsichtlich der Fallzahl wurden kleinere Stichproben nun häufig durch Stichproben mit einer größeren oder einer großen Zahl an Beobachtungseinheiten ergänzt.

2. Hinsichtlich der Daten kann die moderne Vergleichende Politikwissenschaft auf eine umfassende Informationsbasis zurückgreifen. Im Unterschied zur vor- und frühmodernen Politikbeobachtung stehen ihr sowohl umfangreiche Quer- und Längsschnittdaten der amtlichen Statistik von Nationalstaaten und von inter- oder supranationalen Organisationen zur Verfügung, beispielsweise der Organisation für wirtschaftliche Zusammenarbeit und Entwicklung (OECD), als auch eine Vielzahl von Daten, die insbesondere aus Befragungen gewonnen wurden. Der *World Value Survey*, der *Eurobarometer* und der *Latinobarometer* sind nur drei Beispiele für viele.

3. Zudem profitiert die moderne Komparatistik von der – infolge der Computertechnologie drastisch gesteigerten – Verfügbarkeit leistungsfähiger technischer Hilfsmittel für das Sammeln, Aufbereiten, Speichern, Kodieren und Analysieren von Daten.

4. Auch das Methodenarsenal der Vergleichenden Politikwissenschaft wurde erweitert und differenziert. Nunmehr werden vergleichende Studien mit qualitativen Methoden und meist nominal- oder ordinalskalierten Daten ergänzt um intervallskalierte Daten und quantifizierende Auswertungsverfahren der beschreibenden und der schließenden Statistik. Während sich die vor- und die frühmoderne Komparatistik im Wesentlichen mit Fallstudien oder einer begrenzten Zahl von Fällen begnügte, ist das Methodenarsenal der modernen Komparatistik vielfältiger. In ihr kommen – in der Terminologie von Fabbrini und Molutsi (2011: 342ff.) – vier Varianten zum Zuge: 1) die Fallstudienmethode („case study method"), 2) die experimentelle Methode („experimental method"), 3) die statistische Methode („statistical method") und 4) die komparatistische Methode für kleinere Stichproben („comparative method").

    Die Fallstudienmethode führt am ehesten die Traditionen der vormodernen Fallbetrachtung aus vergleichender Perspektive weiter. Hierzu gehören etwa Studien über eine kleinere Gruppe von Ländern (Zohlnhöfer 2009) oder über einzelne Länder, die entweder einen primär beschreibenden Zweck verfolgen oder das Politikprofil eines Landes nutzen, um verallgemeinerungsfähige Aussagen anzustreben, so beispielsweise die Folgerungen, die Tocqueville auf der Basis seiner Amerika-Schrift über die Tendenzen der Demokratie ableitete (Tocqueville 1984).

Neu hinzu kam in der Moderne die experimentelle Methode, also die auf wiederholbaren Versuchungsanordnungen gründenden vergleichenden Beobachtungen. Sie wird in zunehmendem Maß vor allem in den Untersuchungsfeldern Wahlen und politische Einstellungen, Kollektivgüter und kollektives Handeln, soziales Vertrauen sowie legislative Entscheidungen und Verhandlungen verwendet (Faas/Huber 2010).

Eines der Hauptkennzeichen der modernen Vergleichenden Politikwissenschaft ist die statistische Methode. Sie setzt umfängliche quantitative Daten über die zu erklärenden und die erklärenden Variablen sowie eine leistungsfähige Hardware und Software zur Verarbeitung dieser Daten voraus. Diese Voraussetzungen wurden in großem Umfang erst mit der Verfügbarkeit der modernen Computertechnologie erfüllt. Die statistische Methode hat einen besonderen Vorteil: Sie kann eine große Masse an Informationen verarbeiten und auf Regelmäßigkeiten oder Quasi-Gesetzmäßigkeiten in den Zusammenhängen zwischen mehreren Variablen überprüfen. Dass dies mitunter um den Preis mangelnder Tiefenschärfe bei der Beobachtung einzelner Fälle geschieht, gehört allerdings zur Kehrseite dieser Methode.

Die komparatistische Methode schließlich repräsentiert einen Mittelweg zwischen dem Fallstudienansatz und der statistischen Methode. Sie will mit einer überschaubaren Anzahl von Untersuchungseinheiten – und einer entsprechend tiefenschärferen Beobachtung dieser Fälle – zugleich nach korrelativen und womöglich als Kausalbeziehungen deutbaren Beziehungsmustern zwischen mehreren Variablen suchen und auf diese Weise Hypothesen oder Theorien hervorbringen. Diese Methode passt mehr als alle anderen zu dem oben erörterten „fallorientierten Ansatz" der Komparatistik.

5. Auch die Ansatzhöhe und die Analyseschnitte unterscheiden die moderne Komparatistik von den vor- und frühmodernen Beiträgen. Hatten diese vor allem die Makroebene der Politik im Blick, meist Staatsformen, so zielt die moderne Komparatistik sowohl auf die Makroebene der politischen Systeme als auch auf die Mesoebene (beispielsweise durch vergleichende Erkundung der Verbände- und der Parteienlandschaft wie im Beitrag von Armingeon in diesem Band) und die Mikroebene (vor allem durch Erkundung von Einstellungen und Verhaltensweisen von Individuen, wie im Beitrag von Niedermayer zum Wählerverhalten in diesem Band).

Die Analyseschnitte werden in der modernen Vergleichenden Politikwissenschaft ebenfalls differenzierter angesetzt als in der Vor- und der Frühmoderne. Dem klassischen Quer- und Längsschnittvergleich fügt die moderne Komparatistik die Kombination beider Schnitte hinzu. Ein Beispiel sind sogenannte gepoolte Zeitserienanalysen, bei denen etwa alle Länder einer Stichprobe in jedem Jahr der Untersuchungsperiode berücksichtigt werden. Setzt sich die Stichprobe aus 20 Ländern zusammen und besteht die Untersuchungsperiode aus 30 Jahren, ergeben sich bei einer gepoolten Analyse mit Jahresdaten 600 Beobachtungspunkte (20 Fälle mal 30 Jahre). Damit kann ein Problem der vergleichenden Politikwissenschaft gelindert werden: die Lücke zwischen einer meist kleineren Fallzahl (und entsprechend wenigen statistischen Freiheitsgraden[3]) und einer Vielzahl von in Frage kommenden erklärenden Variablen, von denen aber aufgrund der geringen Zahl der Freiheitsgrade nur wenige in einem Erklärungsmodell zum Zuge kommen können.

6. Von fundamentalem Wandel zeugen auch die höhere Theoriedichte und die Art der Theorien, die in der modernen vergleichenden Politikbeobachtung zum Zuge kommen. Der vormoderne und frühmoderne Vergleich war oftmals spekulativ, normativ und empirisch-anekdotisch sowie entweder theorielos oder Teil von großen Erzählungen des sozialen Wandels (von Beyme 2011). Bei Karl Marx war es der Kapitalismus, bei Alexis de Tocqueville die „*égalité des conditions*", die Gleichheit, bei Émile Durkheim die Arbeitsteilung und bei Max Weber Rationalität und Bürokratisierung (Durkheim 1992 [1893]; Marx 1970 [1867]; Tocqueville 1984 [1835/1840]; Weber 1972 [1922]). Die moderne Vergleichende Politikwissenschaft hingegen geht mit einer höheren Theoriedichte einher. Zudem favorisiert sie empirisch-analytische Theoriegebäude oder zur empirisch-analytischen Vorgehensweise anschlussfähige Theorien. Zu diesen zählt die strukturell-funktionale Systemtheorie von Gabriel Almond und Ko-Autoren (Almond 1968; Almond/Verba 1963; Powell/Dalton/Strom 2012). Dazu gehört auch der Historische Institutionalismus, der die Theoriebildung und die Methodologie der empirischen Sozialforschung viel stärker bedachte als die klassische Institutionenkunde (Pierson/Skocpol 2002). Aufwind bekamen zudem handlungstheoretische Erweiterungen des Institutionalismus – in der deutschen Diskussion insbesondere der akteurzentrierte Institutionalismus (Mayntz/Scharpf 1995; Scharpf 1987). Auch der *Rational Choice*-Institutionalismus macht vor den Toren der Komparatistik nicht halt (Boix/Stokes 2007, 2009; Braun i.d.B.). Methoden- und theorienkombinierende Studien, insbesondere Kombinationen von Theorien mittlerer Reichweite, wie die Parteiendifferenzlehre oder die Theorie der sozioökonomischen Determination der Staatstätigkeit, spielen ebenfalls eine Rolle. Sie bewähren sich vor allem in der vergleichenden Staatstätigkeitsforschung (Obinger/Wagschal/Kittel 2003; Schmidt et al. 2007).

5. Untersuchungsfelder der Vergleichenden Politikwissenschaft

Die moderne Vergleichende Politikwissenschaft begann vor allem als *Comparative Government*, so das Leitmotiv der Vergleichenden Regierungslehre. Vor allem seit den 1950er und 1960er Jahren kam der systematische Vergleich ganzer politischer Systeme hinzu (Almond

---

3   Freiheitsgrad ist ein Fachausdruck der Statistik für die Anzahl der Zahlenwerte bei der Berechnung einer statistischen Kennziffer, die frei variieren können. Ein Beispiel: Der Freiheitsgrad bei der Berechnung eines Zusammenhangsmaßes auf der Basis einer Tabelle, in der zwei Variablen mit je zwei Ausprägungen gekreuzt werden (Vierfelder-Tabelle), beträgt 1. Er errechnet sich aus der Multiplikation der Anzahl der Zeilen minus 1 mit der Anzahl der Spalten minus 1, also (2-1)x(2-1) = 1x1 = 1.

1956; Lehmbruch 2003). Zudem wurden das sozioökonomische und das soziokulturelle Umfeld der Politik systematisch berücksichtigt (Almond/Verba 1963). Auch die Verbindungen zwischen Politik und den Spielarten des Kapitalismus wurden bedacht – das bezeugen vor allem die komparatistische Politische Ökonomie (Cameron 1978; Obinger/Wagschal/Kittel 2003) und die *Varieties of Capitalism*-Literatur (Hall/Soskice 2001). Im weiteren Unterschied zu früheren Phasen der Komparatistik hatte auch die auf Umfragedaten gestützte vergleichende Erforschung von politischen Einstellungen und politischem Verhalten, insbesondere seit der *Civic Culture*-Studie von Almond und Verba (1963), einen großen Aufschwung erfahren (Dalton/Klingemann 2007).

Außerdem wurde der Beobachtungsblickwinkel erweitert. Systematischer als zuvor erfasst der Vergleich nunmehr alle drei Dimensionen des Politischen: Form, Prozess und Inhalt. Die Erweiterung der Vergleichenden Politikwissenschaft spiegelt den Vormarsch des interkulturellen Vergleichs ebenso wider wie neuere Entwicklungen in den Sozialwissenschaften insgesamt, unter anderem die Rezeption der strukturell-funktionalen Systemtheorie, der Kulturanthropologie, der Kybernetik, der Modernisierungstheorie marxistischer und nichtmarxistischer Richtung, der institutionalistischen Denkrichtungen und der Erforschung von *Governance*, also der politischen Leitung und Führung in Staat, Gesellschaft und Wirtschaft (Dingeldey 2011).

Ein weiterer neuer Schwerpunkt der politikwissenschaftlichen Komparatistik wurde die vergleichende Staatstätigkeitsforschung – im Englischen *Comparative Public Policy* (Heidenheimer/Heclo/Adams 1990). Den Auftakt hierfür gaben vor allem vergleichende Studien zur Politik in den amerikanischen Bundesstaaten – Thomas R. Dye (1977) steht für andere. Diese Studien regten vergleichende Analysen der deutschen Bundesländer an (Schmidt 1980; Wolf 2006; Hildebrandt/Wolf 2008). Dem intranationalen Vergleich folgten zudem alsbald international vergleichende Untersuchungen, beispielsweise Tufte (1978) mit Fokus auf die Wirtschaftspolitik, Castles (1982) und Schmidt (1982) mit Erkundungen des Einflusses von Parteien auf die Staatstätigkeit, Scharpfs Vergleich sozialdemokratischer Politik in Westeuropa (Scharpf 1987) und Esping-Andersens Analysen der drei Welten des Wohlfahrtskapitalismus (1990).

Die vergleichende Staatstätigkeitsforschung beschreibt und erklärt vor allem die Gemeinsamkeiten und Unterschiede der Regierungspolitik in verschiedenen Ländern, insbesondere in Demokratien (Castles et al. 2010; Keman 2002; McGuire 2010). Diese Forschung deckt nicht nur von Land zu Land unterschiedliche Wege der Entwicklung auf, sondern auch unterschiedliche Problemlösungsfähigkeiten und differierende Leistungsprofile. Die kontinentaleuropäischen Demokratien beispielsweise legen viel mehr Gewicht auf die Sozialpolitik als die englischsprachigen Länder. Differenzen in der Arbeitsteilung zwischen Staat und Markt kommen hinzu. Der Markt zählt in den USA und anderen englischsprachigen Demokratien nach wie vor mehr als in Nord- oder Mitteleuropa, auch wenn die Abstände zwischen Amerika und Europa in dieser Hinsicht in den letzten Dekaden kleiner wurden. Die nordeuropäischen Staaten und die meisten englischsprachigen Demokratien kümmerten sich früher und oft erfolgreicher als viele kontinentaleuropäische Staaten um soziale und ökonomische Chancengleichheit von Frauen und Männern. Ökologiebelange hingegen sind eine

Domäne vor allem der westeuropäischen Staaten – unter ihnen spielt Deutschland eine führende Rolle, nicht unähnlich der Pionierrolle in der Sozialgesetzgebung des 19. Jahrhunderts.

Auch über die Gründe dieser Unterschiede und vieler anderer Differenzen informiert die vergleichende Staatstätigkeitsforschung. Sozialökonomische und sozialkulturelle Ausstattungen und Probleme eines Landes machen einen Unterschied. Politische Parteien sind ebenfalls wichtige Weichensteller – an der Regierung und mitunter auch aus der Opposition heraus, insbesondere in föderalistischen Demokratien. Zudem beeinflusst die außerparlamentarische Machtverteilung beispielsweise zwischen Arbeitgeber- und Arbeitnehmerverbänden die Staatspraxis. Gewichtig sind auch politisch-kulturelle Traditionen. Stark wirken zudem die politischen Institutionen: Sie beschränken bestimmte Problemlösungen und ermöglichen andere. Überdies zu bedenken sind die Rückwirkungen inter- und transnationaler Konstellationen auf den Nationalstaat, die Globalisierung und die europäische Integration beispielsweise. Schlussendlich beeinflusst das Politikerbe, insbesondere die Nachwirkungen früherer Politikentscheidungen, die politischen Entscheidungen und Nichtentscheidungen in der Gegenwart nachhaltig.

Zu den zentralen Feldern der modernen vergleichenden Politikwissenschaft gehören auch die Komparatistik der Demokratieformen (Lijphart 2012) und Demokratisierungswellen (Merkel 2010), der Vergleich von Wahlsystemen und Wahlergebnissen (Nohlen/Stöver 2010) sowie vergleichende Studien zur Außenpolitik (siehe Harnisch i. d. B.). Zudem entwickelte sich eine neue Wachstumsbranche der vergleichenden Forschung in Gestalt von Studien zu den Mehrebenensystemen, wie sie sich insbesondere in der Europäischen Union, aber auch in anderen Feldern der internationalen Beziehungen herausbildeten (Holzinger/Knill/Arts 2008).

6. Stärken und Probleme der Vergleichenden Politikwissenschaft

Etliche Beobachter werten die Vergleichende Politikwissenschaft als einen besonders wichtigen Zweig des Faches Politische Wissenschaft, weil er empirisch, methodologisch und theoretisch anspruchsvoll und innovationsstark sei und das Lernen von anderen Ländern ermögliche. Nicht wenige meinen, dass der Vergleich – und sei es nur in einfacher deskriptiver Form – im gesamten Fach eine große Rolle spiele und dass die Vergleichende Politikwissenschaft im Grund eine die gesamte Disziplin kennzeichnende „Bewegung" sei (Almond 1968: 331). Manche werten den Vergleich als Königsweg und Erfolgsgeschichte und sagen der Vergleichenden Politikwissenschaft auch weiterhin eine helle Zukunft voraus (Berg-Schlosser/ Müller-Rommel 2003; Jahn 2011). Doch weisen auch sie auf Hürden hin: Die Vergleichende Politikwissenschaft hat anspruchsvolle Voraussetzungen – in sachlicher, methodologischer und theorieorientierter Hinsicht. Das erschwert den Zugang zu ihr.

Andere Beobachter beurteilen die Zukunft der Vergleichenden Politikwissenschaft aus einem anderen Grund pessimistischer. Die Vergleichende Politikwissenschaft sei bislang die zentrale Teildisziplin der gesamten Politischen Wissenschaft gewesen, und ihr gebühre bis auf den heutigen Tag das Prädikat „Erfolgsstory", so urteilen beispielsweise Fabbrini und Molutsi in einem Überblick über das Fachgebiet (2011: 355). Doch stellten die Globalisierung und die mit ihr einhergehende Aushöhlung nationalstaatlicher Politik die Vergleichende Politikwissenschaft vor neue, ungelöste Probleme. Nunmehr seien die Beobachtungswerte der analysierten Fälle nicht länger voneinander unabhängig, sondern würden durch zugrundeliegende Diffusionsprozesse verursacht. Das erschwere die Erklärung der abhängigen Variable durch unabhängige Variablen und durchkreuze sie im ungünstigsten Fall (ebd.: 355).

Zur kritischen Sicht auf die moderne Vergleichende Politikwissenschaft tragen auch andere Herausforderungen und Profile dieses Fachgebietes bei. Nicht alle Komparatisten halten das hohe Niveau der Theorie- und Methodenkombination, das in Lehrbüchern gern gefordert wird. Und viele von ihnen spezialisieren sich mitunter zu sehr – ein „Fluch der Professionalisierung", so Dirk Berg-Schlosser auf dem Tübinger Kongress der Deutschen Vereinigung für Politische Wissenschaft im Jahre 2012. Auch wird die Reliabilität und Validität der analysierten Daten nicht überall sorgfältig bedacht. Und nicht immer garantieren eine hohe Zahl der Untersuchungsfälle und die Anwendung fortgeschrittener Methoden der statistischen Analyse einen belastbaren, verallgemeinerbaren Erkenntnisgewinn. Andererseits überzeugen Hochrechnungen auf der Grundlage von vergleichenden Studien mit wenigen Fällen auch nur bedingt.

Hinzu kommen Herausforderungen, die teils spezifisch für die Vergleichende Politikwissenschaft, teils allgemeine Probleme jeder vergleichenden Analyse sind (Berg-Schlosser/ Müller-Rommel 2003; Boix/Stokes 2007, 2009; Franzese 2007; Lauth 2010; Lijphart 1971; Przeworski 2007).

Zu den dornigen Problemen vor allem der quantifizierenden Komparatistik gehört die Diskrepanz zwischen einer relativ niedrigen Zahl von Fällen und einer sehr hohen Zahl von potentiell erklärungskräftigen Variablen. Bei einer nur mäßig großen Stichprobe – beispielsweise beim Vergleich demokratischer OECD-Mitgliedstaaten – erfordern aber statistische Modellierungen mit Hilfe der multiplen Regression die Begrenzung auf nur wenige Erklärungsfaktoren. Nicht selten zwingt das zum Ausschluss von Variablen, die nach Erkenntnissen der qualitativ-historiographischen Forschung aber unverzichtbar für eine differenzierte Erklärung sind.

Die Komparatistik tut sich ferner schwer mit der Wahrung einer Balance zwischen der genauen Kenntnis der Untersuchungsfälle, die nur bei kleineren Stichproben erwartet werden kann, und den großen Stichproben, die für den Test und die Entwicklung verallgemeinerungsfähiger Hypothesen und Theorien besonders geeignet sind.

Ferner stehen Hürden im Wege der Datengewinnung. Vergleichsweise gut erforscht sind etwa in der vergleichenden Staatstätigkeitsforschung finanz- und wirtschaftspolitische Felder und ‚weiche Politikfelder', von der Sozial- bis zur Gesundheitspolitik (Castles et al. 2010). Viel schwächer ist die Datenlage bei den ‚harten Politiken', von der Militärpolitik über Weichenstellungen in der inneren Sicherheit und den Zusammenhängen zwischen Repressions- und Inklusionsstrategien bis zur Migrationspolitik. Auch steckt die vergleichende Analyse von „Quiet Politics" (Culpepper 2011) – politische Steuerung unterhalb der Schwelle medialer und parteipolitischer Aufmerksamkeit – noch in den Anfängen. Zudem vergleicht die Staatstätigkeitsforschung vor allem wirtschaftlich hochentwickelte Demokratien. Weit weniger ausgebaut ist die vergleichende Erforschung der Staatstätigkeit in wirtschaftlich schwächeren Demokratien, insgesamt in den „defekten Demokratien" (siehe Merkel i. d. B.) und in den verschiedenen Autokratien (siehe aber Wurster 2011; Schmidt 2013). Hingegen ist der auf Regime, Institutionen und Prozesse fokussierte Zweig der Komparatistik in dieser Hinsicht viel besser aufgestellt. Das bezeugen die Autokratieforschung und die auf Regionen spezialisierte Forschung, beispielsweise die auf den Nahen Osten fokussierten Analysen (vgl. Brooker 2009; Kailitz/Köllner 2013; Powell/Dalton/Strom 2012; Schlumberger 2008).

Die Vergleichende Politikwissenschaft findet zudem in den Globalisierungs- und Europäisierungsvorgängen eine Herausforderung. Wie die oben zitierten Fabbrini und Molutsi (2011) meinen manche, Globalisierung und Europäisierung stellten die staatenvergleichende Komparatistik vor unüberwindbare Hindernisse. Doch wie viele andere dramatisieren Fabbrini und Molutsi den Sachverhalt zu sehr: Mit der Globalisierung und Europäisierung – und zuvor schon mit außenwirtschaftlicher Verflechtung – veraltet die Komparatistik nicht, wie die – analytisch zu kurz greifende – These vom ‚methodologischen Nationalismus' irreführenderweise suggeriert. Allerdings verschärfen außenwirtschaftliche Verflechtung, Globalisierung und Europäisierung ein lösungsbedürftiges (und lösbares) Problem der staatenvergleichenden Forschung: nämlich die Möglichkeit, dass die Beobachtungswerte der analysierten Fälle nicht unabhängig voneinander sind, sondern auch durch zugrundeliegende Diffusionsprozesse beeinflusst werden. Das erschwert tatsächlich die Erklärung einer abhängigen Variablen durch unabhängige Variablen. Doch das Problem ist nicht neu – und die Therapie auch nicht. Die Lösung liegt in der Aufnahme von Weltmarkt-, Globalisierungs- und Europäisierungsindikatoren in die Erklärungsmodelle (Cameron 1978; Katzenstein 1985; Schmidt 1982, 2008) und in der kontextsensiblen Interpretation von Ergebnissen der Datenanalyse (Zohlnhöfer 2009).

Schwieriger zu handhaben sind zwei weitere Probleme der Vergleichenden Politikwissenschaft: das Endogenitätsproblem und die Kontext-Konditionalität. Das Problem der Endogenität besteht solange, wie die Frage unbeantwortet bleibt, ob und – wenn ja – in welchem Maße nicht nur die unabhängigen Variablen die abhängigen Variablen bedingen, sondern umgekehrt auch die abhängigen die unabhängigen. Ein Beispiel: Wie ist der statistisch hochgradig signifikante Zusammenhang zwischen Demokratie (Y) und höherem Stand ökonomischer Entwicklung eines Landes (X) zu interpretieren? Ist Y das Resultat von X oder X das Ergebnis von Y? Oder spielen beide Prozesse mit – und wenn ja in welcher Mischung? Eine allseits befriedigende Lösung des Endogenitätsproblems ist derzeit nicht in Sicht (Przeworski 2007). Doch differenzierte Modellierung von Prozessen zwei- oder mehrseitiger Kausalität einerseits und Sensibilität für die Annahmenbelastung jedes wissenschaftlichen Ansatzes und jeder wissenschaftlicher Erklärung andererseits sind zwei große Schritte zur Linderung des Problems.

Schließlich macht der Vergleichenden Politikwissenschaft die Kontext-Konditionalität zu schaffen (Franzese 2007). Damit ist die wohlbegründete Hypothese gemeint, dass die Effekte der berücksichtigen Variablen oft konditionaler Art sind. Das bedeutet, dass die Effekte von anderen Variablen – teils bekannten, teils unbekannten Determinanten – abhängen und je nach Kontext unterschiedlicher Art sind. Kontext-Konditionalität ist folgenreich: Sie schmälert die Verallgemeinerbarkeit von Ergebnissen, solange die Kontextbedingungen nicht hinreichend exakt identifiziert und in ihrem wahrscheinlichen Effekt hinreichend präzise bestimmt werden. Technisch ist die Linderung dieses Problems am ehesten durch Wiederholung der Untersuchung in verschiedenen Kontexten zu erreichen, durch Überprüfung der Ergebnisse auf Stabilität oder Instabilität und, im Idealfall, durch Modellierung der wichtigsten kontextrelevanten Größen (Goodin/Tilly 2006). In der Praxis bleibt dies eine Herausforderung für die Forschung, die durch Theorien- und Methodenkombination einerseits und gründliche historiographische Inspektion der untersuchten Fälle andererseits gelindert werden kann.

Kommentierte Literaturhinweise

Caramani, Daniele (Hg.), [2]2011: Comparative Politics. Oxford: Oxford University Press.
   Ein 25 Kapitel umfassender Überblick über den neuesten Stand der Vergleichenden Politikwissenschaft mit weiterführenden Hinweisen auf Literatur, Datenbanken und Web-Seiten.

Merkel, Wolfgang, [2]2010: Systemtransformation. Wiesbaden: VS Verlag für Sozialwissenschaften.
   Systematische vergleichende Analyse der Übergänge vom autokratischen Staat zur Demokratie.

Powell, G. Bingham, Jr./Dalton, Russell J./Strom, Kaare, [10]2012: Comparative Politics Today. A World View. Boston, MA u.a.: Longman.
   Dieser Band führt in die vergleichende Analyse in der von G. Almond geprägten Version ein und informiert zusätzlich in 12 Kapiteln über die politischen Systeme der Großstaaten von China über Deutschland, Indien, Russland und anderen bis zu den USA.

Schmidt, Manfred G./Ostheim, Tobias/Siegel, Nico A./Zohlnhöfer, Reimut (Hg.), 2007: Der Wohlfahrtsstaat. Eine Einführung in den historischen und internationalen Vergleich. Wiesbaden: VS Verlag für Sozialwissenschaften.
   Einführung in die Staatstätigkeitsforschung am Beispiel der Sozialpolitik.

Zur Einarbeitung in aktuelle weiterführende Literatur siehe auch die auf vergleichende Analysen spezialisierten Zeitschriften Comparative Politics, Comparative Political Studies und Zeitschrift für Vergleichende Politikwissenschaft.

Literatur

Alber, Jens, 1982: Vom Armenhaus zum Wohlfahrtsstaat. Analysen zur Entwicklung der Sozialversicherung in Westeuropa. Frankfurt a.M.-New York: Campus.

Alber, Jens, 1989: Der Sozialstaat in der Bundesrepublik 1950-1983. Frankfurt a.M.-New York: Campus.

Almond, Gabriel A., 1956: Comparative Political Systems, in: Journal of Politics 18:3, 391-409.

Almond, Gabriel A., 1968: Politics, Comparative, in: Sills, David L. (Hg.): International Encyclopedia of the Social Sciences, Bd. 12. New York: The MacMillan Company & The Free Press, 331-336.

Almond, Gabriel A./Verba, Sidney, 1963: The Civic Culture. Political Attitudes and Democracy in Five Nations. Boston, MA: Little, Brown and Company.

Aristoteles, 1990: Politik, übersetzt von E. Rolfes. Hamburg: Meiner.

Berg-Schlosser, Dirk/Cronqvist, Lasse, 2012: Aktuelle Methoden der Vergleichenden Politikwissenschaft. Einführung in konfigurationelle (QCA) und makro-quantitative Verfahren. Opladen-Farmington Hills: Verlag Barbara Budrich.

Berg-Schlosser, Dirk/Müller-Rommel, Ferdinand (Hg.), [4]2003: Vergleichende Politikwissenschaft. Opladen: Leske + Budrich.

Boix, Carles/Stokes, Susan C., 2009: Overview of Comparative Politics, in: Goodin, Robert E. (Hg.): The Oxford Handbook of Political Science. Oxford: Oxford University Press, 543-566.

Boix, Carles/Stokes, Susan V. (Hg.), 2007: The Oxford Handbook of Comparative Politics. Oxford: Oxford University Press.

Brooker, Paul, ²2009: Non-Democratic Regimes. Houndmills: MacMillan.

Cameron, David R., 1978: The Expansion of the Public Economy, in: American Political Science Review 72:4, 1243-1261.

Caramani, Daniele, ²2011: Introduction to Comparative Politics, in: Caramani, Daniele (Hg.): Comparative Politics. Oxford: Oxford University Press, 1-19.

Castles, Francis G. (Hg.), 1982: The Impact of Parties. Politics and Policies in Democratic Capitalist States. London-Beverly Hills: Sage.

Castles, Francis G./Leibfried, Stephan/Lewis, Jane/Obinger, Herbert/Pierson, Christopher (Hg.), 2010: The Oxford Handbook of the Welfare State. Oxford: Oxford University Press.

Culpepper, Pepper D., 2011: Quiet Politics and Business Power. Corporate Control in Europe and Japan. Cambridge: Cambridge University Press.

Daalder, Hans (Hg.), 1997: Comparative European Politics. The Story of a Profession. London-Washington: Pinter.

Dalton, Russell J./Klingemann, Hans-Dieter (Hg.), 2007: The Oxford Handbook of Political Behavior. Oxford: Oxford University Press.

Dingeldey, Irene, 2011: Der aktivierende Wohlfahrtsstaat. Governance der Arbeitsmarktpolitik in Dänemark, Großbritannien und Deutschland. Frankfurt a.M.-New York: Campus.

Durkheim, Émile, 1992 [1893]: Über soziale Arbeitsteilung. Frankfurt a.M.: Suhrkamp.

Dye, Thomas R., ³1977: Politics in States and Communities. Englewood Cliffs, NJ: Prentice-Hall.

Esping-Andersen, Gøsta, 1990: The Three Worlds of Welfare Capitalism. Cambridge: Polity Press.

Faas, Thorsten/Huber, Sascha, 2010: Experimente in der Politikwissenschaft: Vom Mauerblümchen zum Mainstream, in: Politische Vierteljahresschrift 51:4, 721-749.

Fabbrini, Segio/Molutsi, Patrick Dibere, 2011: Comparative Politics, in: Badie, Bertrand/Berg-Schlosser, Dirk/Morlino, Leonardo (Hg.): International Encyclopedia of Political Science, Bd. 2. Los Angeles u.a.: Sage Publications et al., 346-369.

Flora, Peter (Hg.), 1986: Growth to Limits. The Western European Welfare States Since World War II, Bde. 1, 2 und 4. Berlin-New York: DeGruyter.

Franzese, Robert J., Jr., 2007: Multicausality, Context-Conditionality, and Endogeneity, in: Boix, Carles/Stokes, Susanne (Hg.): The Oxford Handbook of Comparative Politics. Oxford: Oxford University Press, 27-72.

Friedrich, Carl J., ⁴1968 [1937]: Constitutional Government and Democracy: Theory and Practice in Europe and America. Waltham, MA u.a.: Blaisdell.

Gerschenkron, Alexander, 1962: Economic Backwardness in Historical Perspective. A Book of Essays. Cambridge, MA: Harvard University Press.

Goodin, Robert E./Tilly, Charles (Hg.), 2006: The Oxford Handbook of Contextual Political Analysis. Oxford: Oxford University Press.

Hall, Peter A./Soskice, David (Hg.), 2001: Varieties of Capitalism. The Institutional Foundations of Comparative Advantage. Oxford: Oxford University Press.

Haupt, Heinz-Gerhard, 2001: Comparative History, in: Smelser, Neil J./Baltes, Paul B. (Hg.): International Encyclopedia of the Social & Behavioral Sciences, Bd. 4. Amsterdam: Elsevier, 2397-2403.

Heidenheimer, Arnold J./Heclo, Hugh/Adams, Carolyn T., ³1990: Comparative Public Policy. The Politics of Social Choice in America, Europe and Japan. New York: St. Martin's Press.

Hildebrandt, Achim/Wolf, Frieder (Hg.), 2008: Die Politik der Bundesländer. Staatstätigkeit im Vergleich. Wiesbaden: VS Verlag für Sozialwissenschaften.

Holzinger, Katharina/Knill, Christoph/Arts, Bas (Hg.), 2008: Environmental Policy Convergence in Europe. The Impact of International Institutions and Trade. Cambridge: Cambridge University Press.

Huber, Evelyn/Stephens, John D., 2001: Development and Crisis of the Welfare State. Parties and Policies in Global Markets. Chicago-London: The University of Chicago Press.

Inglehart, Ronald/Welzel, Christian, 2005: Modernization, Cultural Change and Democracy: The Human Development Sequence. Cambridge: Cambridge University Press.

Jahn, Detlef, 2011: Vergleichende Politikwissenschaft. Wiesbaden: VS Verlag für Sozialwissenschaften.

Kailitz, Steffen/Köllner, Patrick (Hg.), 2013 (i.E.): Autokratien im Vergleich. Baden-Baden: Nomos.

Katzenstein, Peter J., 1985: Small States in World Markets. Industrial Policy in Europe. Ithaca, NY-London: Cornell University Press.

Keman, Hans (Hg.), 2002: Comparative Democratic Politics. London u. a.: Sage.

Lauth, Hans-Joachim (Hg.), ³2010: Vergleichende Regierungslehre. Eine Einführung. Wiesbaden: VS Verlag für Sozialwissenschaften.

Lehmbruch, Gerhard, 2003: Verhandlungsdemokratie. Beiträge zur vergleichenden Regierungslehre. Wiesbaden: VS Verlag für Sozialwissenschaften.

Lijphart, Arend, 1971: Comparative Politics and the Comparative Method, in: American Political Science Review 65:3, 682-693.

Lijphart, Arend, ²2012: Patterns of Democracy. Government Forms and Performance in Thirty-Six Countries. New Haven-London: Yale University Press.

Lipset, Seymour Martin, 1996: American Exceptionalism. A Double-Edged Sword. New York-London: W.W. Norton & Company.

Marx, Karl, 1970 [1867]: Das Kapital. Kritik der politischen Ökonomie. Erster Band. Buch I: Der Produktionsprozess des Kapitals. Berlin-Ost: Dietz.

Mayntz, Renate/Scharpf, Fritz W. (Hg.), 1995: Gesellschaftliche Selbstregulierung und politische Steuerung. Frankfurt a.M.-New York: Campus.

McGuire, James W., 2010: Wealth, Health, and Democracy in East Asia and Latin America. Cambridge u. a.: Cambridge University Press.

Merkel, Wolfgang, ²2010: Systemtransformation. Wiesbaden: VS Verlag für Sozialwissenschaften.

Montesquieu, Charles, 1979 [1748]: De l'esprit des lois, 2 Bde., hg. v. Goldschmidt, Victor. Paris: Garnier-Flammarion.

Moore, Barrington, Jr., 1966: Social Origins of Dictatorship and Democracy. Lord and Peasant in the Making of the Modern World. Cambridge, MA: Harvard University Press.

Nohlen, Dieter/Stöver, Philip (Hg.), 2010: Elections in Europe. A Data Handbook. Baden-Baden: Nomos.

Obinger, Herbert, 2004: Politik und Wirtschaftswachstum. Ein internationaler Vergleich. Wiesbaden: VS Verlag für Sozialwissenschaften.

Obinger, Herbert/Wagschal, Uwe/Kittel, Bernhard (Hg.), 2003: Politische Ökonomie. Demokratie und wirtschaftliche Leistungsfähigkeit. Opladen: VS Verlag für Sozialwissenschaften.

Pierson, Paul/Skocpol, Theda (Hg.), 2002: Historical Institutionalism in Contemporary Political Science, in: Katznelson, Ira/Milner, Helen V. (Hg.): Political Science. State of the Discipline. New York: Norton & Co., 693-721

Powell, G. Bingham, Jr./Dalton, Russell J./Strøm, Kaare, ¹⁰2012: Comparative Politics Today. A World View. Boston, MA u. a.: Longman.

Przeworski, Adam, 2007: Is the Science of Comparative Politics Possible?, in: Boix, Carles/Stokes, Susan S. (Hg.): The Oxford Handbook of Comparative Politics. Oxford: Oxford University Press, 147-171.

Ragin, Charles C., 1987: The Comparative Method. Moving Beyond Qualitative and Quantitative Strategies. Berkeley u. a.: University of California Press.

Ragin, Charles C./Rubinson, Claude, 2011: Comparative Methods, in: Badie, Bertrand/Berg-Schlosser, Dirk/Morlino, Leonardo (Hg.): International Encyclopedia of Political Science, Bd. 2. Los Angeles u. a.: Sage, 331-341.

Scharpf, Fritz W., 1987: Sozialdemokratische Krisenpolitik. Das „Modell Deutschland" im internationalen Vergleich. Frankfurt a. M.-New York: Campus.

Schlumberger, Oliver, 2008: Autoritarismus in der arabischen Welt. Ursachen, Trends und internationale Demokratieförderung. Baden-Baden: Nomos.

Schmidt, Manfred G., 1980: CDU und SPD an der Regierung. Ein Vergleich ihrer Politik in den Ländern. Frankfurt a.M.-New York: Campus.

Schmidt, Manfred G., 1982: Wohlfahrtsstaatliche Politik unter bürgerlichen und sozialdemokratischen Regierungen. Ein internationaler Vergleich. Frankfurt a.M.-New York: Campus.

Schmidt, Manfred G., 1985: Der Schweizerische Weg zur Vollbeschäftigung. Eine Bilanz der Beschäftigung, der Arbeitsmarktpolitik und der Arbeitslosigkeit. Frankfurt a.M.-New York: Campus.

Schmidt, Manfred G., 2008: Lehren aus dem internationalen Vergleich der Bildungsfinanzierung, in: der moderne staat 1:2, 255-266.

Schmidt, Manfred G., 2013 (i. E.): Staatstätigkeit in Autokratien und Demokratien, in: Kailitz, Steffen/Köllner, Patrick (Hg.): Autokratien im Vergleich. PVS-Sonderheft 47, Baden-Baden: Nomos.

Schmidt, Manfred G./Ostheim, Tobias/Siegel, Nico A./Zohlnhöfer, Reimut (Hg.), 2007: Der Wohlfahrtsstaat. Eine Einführung in den historischen und internationalen Vergleich. Wiesbaden: VS Verlag für Sozialwissenschaften.

Schmitter, Philippe C., 2001: Comparative Politics, in: Krieger, Joel (Hg.), The Oxford Companion to Politics of the World. Oxford: Oxford University Press, 160-165.

Tocqueville, Alexis de, 1978 [1856]: Der alte Staat und die Revolution. München: dtv.

Tocqueville, Alexis de, 1984 [1835/1840]: Über die Demokratie in Amerika. München: dtv.

Tufte, Edward R., 1978: Political Control of the Economy. Princeton, NJ: Princeton University Press.

von Beyme, Klaus, 2010: Vergleichende Politikwissenschaft. Wiesbaden: VS Verlag für Sozialwissenschaften.

von Beyme, Klaus, 2011: The Evolution of Comparative Politics, in: Caramani, Daniele (Hg.): Comparative Politics. Oxford: Oxford University Press, 24-36.

Weber, Max, 1972 [1922]: Wirtschaft und Gesellschaft. Tübingen: Mohr Siebeck.

Wehler, Hans-Ulrich, 2002: Sonderwegsdebatte, in: Behnen, Michael (Hg.), Lexikon der deutschen Geschichte 1945-1990. Stuttgart: Kröner, 531-534.

Wolf, Frieder, 2006: Die Bildungsausgaben der Bundesländer im Vergleich. Welche Faktoren erklären ihre beträchtliche Variation? Münster: LIT.

Wurster, Stefan, 2011: Sustainability and Regime Type. Do Democracies Perform Better in Promoting Sustainable Development than Autocracies?, in: Zeitschrift für Staats- und Europawissenschaften 9:4, 538-559

Zohlnhöfer, Reimut, 2009: Globalisierung der Wirtschaft und finanzpolitische Anpassungsreaktionen in Westeuropa. Baden-Baden: Nomos.

Vergleich politischer Systeme: Demokratien und Autokratien

Wolfgang Merkel

Einleitung

Wenn es einen Ort und einen Gegenstand der Politik gibt, auf den sich die moderne Politikwissenschaft ihrer Wurzeln versichern kann, dann ist es das antike Athen und die Lehre von
den politischen Ordnungen. Es begann mit Herodots Persergesprächen im 5. Jahrhundert vor
Christus und fand seinen ersten Höhepunkt in Platons ‚Politeia' (ca. 370 v. Chr.), einem so-
kratischen Dialog über die Gerechtigkeit und die ihr angemessene politische Ordnung. Die
strikt ständisch-hierarchische, stadtstaatliche Ordnung sollte den Wesenskern der menschlichen Seele reflektieren. Würde diese Übereinstimmung erreicht, könne eine *Politie* auch
eine gerechte und deshalb stabile Ordnung genannt werden. Platon stellte seinem Idealstaat
vier reale politische Herrschaftsformen gegenüber: Timokratie, Oligarchie, Demokratie und
Tyrannis. Keine erfüllt die Kriterien seiner idealen Polis.
Aristoteles kritisiert Platons Idealstaat im zweiten Buch seiner Schrift *Politik*. Neben
der theoretischen Reflexion wählte Aristoteles einen empirischen Zugang zur Klassifikation politischer Ordnungen. In seiner Akademie hatte er 158 Verfassungen sammeln lassen
und sie nach einem quantitativen (Wie viele herrschen?) und einem qualitativen Kriterium
(Dient die Herrschaft dem Eigen- oder dem Gemeinnutz?) klassifiziert. Mittels dieser Klassifikationskriterien kommt Aristoteles zu einer Dreigliederung der politischen Herrschaftsformen, bei der sich drei gute und drei entartete Ordnungen gegenüberstehen (Aristoteles,
Politik 1278b 6 -1279b 10). In der Alleinherrschaft sind das Monarchie versus Tyrannis; bei
der Herrschaft der Wenigen Aristokratie versus Oligarchie; bei der Herrschaft der Vielen
Politie versus Demokratie. Die ideale Ordnung der Polis ist für Aristoteles die Politie, eine
Mischverfassung aus Elementen der Demokratie und Oligarchie, welche die Spannung zwischen Reich und Arm, sozialer Gleichheit und Ungleichheit aufhebt und ein ‚gutes Leben'
erlaubt. Der Gedanke der gemischten Ordnung ließe sich in einem weiten ideengeschichtlichen Verfassungsbogen über Polybios, Cicero, Augustin, John Locke, Montesquieu bis zu
John Adams nachvollziehen. Auch die Liste der Staatstheoretiker, die sich um eine systematische Staatsformenlehre im 19. und 20. Jahrhundert bemühten, ist lang. Sie reicht von den
Allgemeinen Staatslehren von Robert von Mohl, Johann Caspar Bluntschli und Georg Jellinek über den Briten Samuel Finer, den Amerikaner Robert M. MacIver, die deutsch-ameri-
kanischen Politikwissenschaftler Carl J. Friedrich und Carl Loewenstein bis zu dem Spani-
er Juan J. Linz. Abweichend von diesen Klassifikationsschemata, die keineswegs immer die
Klarheit von Aristoteles' Systematik erreichten, entwickelte sich von den 1950er bis in die

1970er Jahre eine abstraktere Konzeptionalisierung politischer Ordnungen. Sie gründet(e) auf dem Struktur-Funktionalismus der Soziologie. Ihr Ahnherr heißt Talcott Parsons.

1. Politische Systeme in der Systemtheorie

Anders als Institutionalisten, Handlungstheoretiker oder Behavioralisten, die jeweils bedeutsame Teilaspekte eines politischen Systems analysieren, nehmen Systemtheoretiker das komplexe Ganze in den analytischen Blick. Analog zu biologischen Organismen begreifen sie soziale oder politische Systeme als ein zusammenhängendes Ganzes, dessen Teile miteinander verknüpft sind und in einer je spezifischen Weise aufeinander reagieren. Die wechselseitige Abhängigkeit der Teile wird von Funktionen bestimmt, die wiederum von Strukturen des Systems erbracht werden. Wie bei lebenden Organismen tendieren die Funktionsmechanismen zwischen den Teilstrukturen zu dynamischen Gleichgewichtszuständen. Sie nehmen Anreize aus der Umwelt auf, verarbeiten sie intern und passen so das gesamte System in stetiger Veränderung an sich wandelnde soziale, wirtschaftliche, natürliche, nationale wie internationale Umwelten an. In seinem Systemkonzept fragt Parsons (1951) nach den funktionalen Leistungen, die nötig sind, um ein System zu erhalten. Laut Parsons sind es insbesondere vier Funktionen, die jedes System zu erfüllen hat, will es seinen Bestand sichern. In diesem sogenannten ‚AGIL-Schema' steht:

A   für die *Adaptation*, das heißt die Anpassung an sich ständig ändernde Umwelten;

G   steht für *Goal Attainment*, also die Erreichung eines intendierten Zieles; dies ist vor allem die Aufgabe des politischen Systems;

I   für *Integration*, nämlich die Fähigkeit eines sozialen Systems, den Zusammenhalt von Individuen, Gruppen oder Klassen zu sichern;

L   schließlich für *Latent Pattern Maintenance*, das heißt die Aufrechterhaltung stabiler kultureller Wertemuster in der Gesellschaft.

Der Kern von Parsons' Systemtheorie führt auf das Theorem der funktionalen Differenzierung zurück. Danach lässt sich die Entwicklung von traditionalen zu modernen Gesellschaften als die funktionale Ausdifferenzierung von sozialen Teilsystemen beschreiben. Zu den wichtigsten Universalien, die für moderne, das heißt funktional differenzierte Gesellschaften bestandsnotwendig werden, zählen die Herausbildung eines Marktes, eine rationale Bürokratie, universalistische Normen im Rechtssystem, demokratisches Assoziationsrecht und allgemeine freie Wahlen (Parsons 1971: 57). Fehlen wichtige Universalien, vermag das politische System nicht mehr, die notwendige Reduktion der Umweltkomplexität zu leisten, untergräbt seine existenznotwendige Legitimität und wird instabil.

Damit thematisiert Parsons drei fundamentale Aspekte der Stabilität politischer Systeme: die funktionale Spezialisierung der Gesellschaft, die Leistungsfähigkeit des politischen Systems und die dafür notwendige Legitimationszufuhr aus der Gesellschaft. Parsons war Soziologe und hat sich nur wenig präzise mit der internen Struktur, das heißt mit der ausdifferenzierten Organisation und Institutionalisierung politischer Systeme beschäftigt. Dies tat erstmals Gabriel Almond im Jahr 1956. Es war aber dann vor allem David Easton, der mit seinem Buch *A systems analysis of political life* (1965) ein ausgearbeitetes Konzept des politischen Systems vorlegte und damit zu einem Klassiker der modernen Politikwissenschaft aufstieg.

Die Ausgangsfrage von Easton war ebenso einfach wie zwingend: „Wie erreichen es politische Systeme, sich in einer Welt, die zugleich Stabilität und Wandel aufweist, zu behaupten?" (Easton 1979: 17). Easton betrachtet politische Systeme unabhängig von Raum und Zeit oder der spezifischen Regierungsform als eine komplexe Menge von Prozessen, durch die bestimmte *inputs* in bestimmte *outputs* umgewandelt werden. Als Inputs bezeichnet Easton Unterstützungsleistungen *(support)* und Forderungen *(demand),* die aus der Umwelt, das heißt vor allem der Wirtschaft und der Gesellschaft, an das politische System herangetragen werden. Zu den Unterstützungsleistungen zählen aktive politische Partizipation (Wahlen, Mitarbeit in politischen Parteien und Organisationen), Loyalität und Akzeptanz der Rechtsnormen und Bürgerpflichten wie etwa jene, Steuern zu zahlen. Typische Anforderungen, die an das politische System herangetragen werden, sind: der innere und äußere Frieden (Hobbesianische Funktion), Rechtssicherheit (Regelungsfunktion), wirtschaftliche Prosperität und soziale Sicherheit (Wohlfahrtsfunktion). Auch der Erhalt einer sauberen Umwelt (ökologische Funktion) zählt dazu. Da mehr Outputs als Inputs innerhalb des politischen Systems beobachtet werden können, führt Easton den Begriff *withinputs* ein. Diese sind zusätzliche Inputs, die die politischen Entscheidungsträger innerhalb des politischen Systems generieren und dann bearbeiten.

Als Outputs bezeichnet Easton jene Entscheidungen und deren Implementation, die aus dem politischen System kommen und für die gesamte Gesellschaft verbindlich sind. Politik wird als die Produktion allgemein verbindlicher Entscheidungen zur Lösung gesellschaftlicher Probleme und Nachfrage verstanden. Das politische System ist den anderen gesellschaftlichen Teilsystemen hierarchisch übergeordnet, weil es über eine sanktionsbewährte Rechtssetzung und Rechtsanwendung verfügt und verbindliche Entscheidungen über die Allokation von Werten, Normen und Gütern für die anderen gesellschaftlichen Teilsysteme treffen kann.

Inputs und Outputs eines politischen Systems sind durch eine Rückkopplungsschleife miteinander verbunden. Damit sind Qualität und Intensität der Systemunterstützung von der durch die Bürger wahrgenommenen Qualität der Outputs abhängig. Dies bedeutet, je zufriedener die Bürger mit den materiellen Entscheidungen und Entscheidungsergebnissen *(outcomes)* des politischen Systems sind, umso intensiver unterstützen sie seine Institutionen (Strukturen) und seine politischen Eliten (Entscheidungsträger). David Easton nennt diese an der Leistungsperformanz des politischen Systems orientierte Unterstützung den *specific support.* Allerdings gibt es noch eine fundamentalere Unterstützungsart, den sogenannten *diffuse support.* Er richtet sich auf das System als Ganzes, auf die zugrunde liegenden Werte, Normen, Verfahren und Institutionen. Zusätzlich differenziert Easton die Objekte der Unterstützung nach politischen Herrschaftsträgern, nach der politischen Ordnung und der politischen Gemeinschaft. Die drei Objekte folgen hinsichtlich ihrer Bedeutung einer nach oben ansteigenden Hierarchie (ebd.: 125f.).

Easton hat mit seinem Systemmodel ein Konzept geschaffen, das mit seinem hohen Abstraktionsgrad auf jedwede Art von politischen Herrschaftsordnungen angewandt werden kann. Sein großer Verdienst ist, die zentrale Stabilitätsfrage von politischen Ordnungen – Autokratien wie Demokratien – systematischer als alle seine Vorgänger beantwortet zu haben. Und dies gilt seit der Antike, wo der Aufstieg, Verfall und Kreislauf politischer Herrschaftsordnungen schon im Zentrum der staatstheoretischen Überlegungen von Platon, Aristoteles und Polybios stand. Die normative Dimension klammern Easton sowie andere systemtheoretische Vertreter politischer Herrschaftsordnungen dabei allerdings (bewusst) aus.

Die ausgefeilteste Version eines politischen Systemkonzepts legten Gabriel A. Almond und G. Bingham Powell (1966, 1988) vor. Sie ordnen jeweils konkrete Prozessfunktionen (Interessensartikulation, Interessenaggregation, *policy-making*, Implementierung und Überprüfung der Normanwendung) im Inneren des politischen Systems bestimmten Strukturen wie Parteien, Interessengruppen, Parlament/Regierung sowie Verwaltung und Justiz zu. Dies ist die organisatorisch-institutionelle Ausleuchtung der *Blackbox*, die David Easton so hell nicht gelungen ist. Das soll mit Abbildung 1 verdeutlicht werden.

Easton und Almond/Powell weisen dem politischen System gegenüber den anderen sozialen Teilsystemen eine übergeordnete Position zu. Diese wird vor allem mit dessen Monopol begründet, autoritativ über die legitimen Mittel zu verfügen, gesamtgesellschaftlich verbindliche Entscheidungen treffen zu können. Eine solche Position wird von Niklas Luhmann bestritten. Der Soziologe bestreitet die ‚alteuropäische‘ Vorstellung, dass das politische System eine hierarchisch übergeordnete Stellung einnehmen kann. Denn Theorien, so Luhmann (1984: 203), „die immer noch von einer Spitze oder einem Zentrum ausgehen“, verkennen die Tatsache, dass mit dem Übergang von der stratifikatorischen zur funktionalen Differenzierung auch die Möglichkeit einer den gesellschaftlichen Teilsystemen übergeordneten politischen Steuerungsinstanz obsolet geworden ist. In Luhmanns autopoietischer Systemtheorie gilt: „Kein Funktionssystem kann für ein anderes einspringen; keines kann ein anderes ersetzen oder auch nur entlasten“ (ebd.: 207). Denn nach Luhmann bilden die gesellschaftlichen Teilsysteme ihre eigenen, grundsätzlich verschiedenen, basalen Kommunikationscodes aus. Diese wirken wie eine natürliche Autonomiesicherung, die die sozialen Teilsysteme gegen Steuerungszumutungen anderer Teilsysteme abschottet. Das trifft nicht zuletzt die Steuerungsambitionen des politischen Systems gegenüber den Teilsystemen der Wirtschaft, der Religion, der Wissenschaft oder des Rechts. Nimmt man Luhmanns Aussagen beim Wort, dann hat „die Politik“, „das politische System“, aber insbesondere „die Regierung“ ihre eigentliche Funktion verloren (ebd.).

Es war nicht zuletzt diese radikale Distanz der Theorie zu empirischen Beobachtungen der gesellschaftlichen Wirklichkeit, die Luhmanns Theorie relativ unfruchtbar für die empirische Erforschung politischer Systeme macht. Was in einer moderaten Interpretation der systemtheoretischen Autopoiesis für die vergleichende Politikwissenschaft aber bleibt, ist die Anmahnung einer bestimmten Steuerungsskepsis. Steuerungsimpulse des politischen Systems produzieren keineswegs eins zu eins die beabsichtigten Ergebnisse, sondern werden in den anderen Teilsystemen durch deren spezifischen Kommunikationsmuster verändert und

Abbildung 1: Das politische System

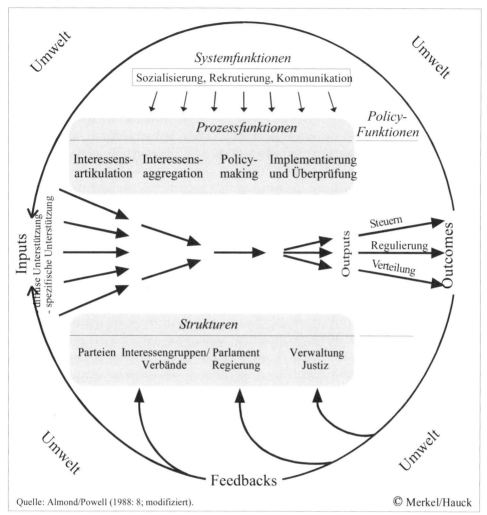

Quelle: Almond/Powell (1988: 8; modifiziert).   © Merkel/Hauck

umcodiert. Steuerungsabsichten des politischen Systems laufen deswegen bisweilen ins Leere oder erzeugen geradezu nicht- oder kontra-intendierte Effekte.

2. Regierung, Regime, Staat als konkurrierende Begriffe

Der politische Systembegriff hat seine analytische Stärke in der Fokussierung auf die Stabilität politischer Systeme. Schwächen hat er trotz der Differenzierung durch Almond und Powell (1966, 1988) in der genauen Ausdifferenzierung der institutionellen Arrangements innerhalb des Systems. Der paradigmatische Angriff auf konkurrierende Konzepte wie Regierung, Staat oder Regime war in den Rechtswissenschaften kaum, in der Politikwissenschaft nur bedingt erfolgreich. Alle drei Kategorien haben nach wie vor ihre theoretische wie analytische Nützlichkeit bewahrt. Was aber unterscheidet eine Regierung vom Staat, diesen von einem Regime und beide vom politischen System (Fishman 1990)?

Regierung

Die Regierung ist von allen drei Kategorien der engste Begriff. In den meisten Demokratien besteht die Regierung aus einem Regierungschef (Präsident oder Premier oder Ministerpräsident) und dem Kabinett von mehr oder weniger vom Regierungsoberhaupt abhängigen Ministern. Die Regierung lenkt die politischen Entscheidungen nach innen und nach außen. Meistens verfügt sie in parlamentarischen Regierungssystemen über eine Mehrheit im Parlament und kann dadurch maßgeblich die Gesetzgebung beeinflussen (von Beyme 1970). Demokratische Regierungen werden auf Zeit gewählt und sind vom Wähler absetzbar. In präsidentiellen Regimen ist die Amtszeit des Präsidenten meist auf eine oder zwei Regierungsperioden beschränkt. In parlamentarischen Regierungssystemen hingegen ist die Zahl der Amtsperioden konstitutionell zumeist nicht begrenzt. Allerdings ist die durchschnittliche Amtsdauer von Regierungskabinetten in Westeuropa deutlich kürzer. Sie lag für das Jahrzehnt von 2000-2009 im Durchschnitt für Westeuropa bei 2,74 Jahren. Dennoch ist die faktische Amtsdauer seit 1980 kontinuierlich gewachsen. Dies ist als ein Zeichen zunehmender politischer Stabilität zu deuten. Für Osteuropa liegt die durchschnittliche Amtszeit um die Hälfte niedriger. Auch das ist ein typisches Merkmal junger Demokratien, wie man auch im Vergleich zu den Zahlen in den ersten beiden Nachkriegsjahrzehnten in Westeuropa sehen kann.

In etablierten Demokratien ist der Regierungswechsel in der Regel unproblematisch und im Sinne eines Machtwechsels geradezu ein Definitionsmerkmal funktionierender Demokratien. In den letzten beiden Dekaden betrug die durchschnittliche Regierungsdauer ein und derselben Regierung, geführt von demselben Regierungschef, ziemlich genau vier Jahre und wies damit eine um circa ein Jahr größere Stabilität auf als in den Nachkriegsperioden von 1950 bis 1990.

Regime

Regime bezeichnen die formelle und informelle Organisation politischer Herrschaft und deren Beziehungen zur Gesellschaft insgesamt. Ein politisches Regime definiert die Zugänge zu den Institutionen der Herrschaftsausübung ebenso wie die Beziehungen zwischen den Herrschenden und den Herrschaftsunterworfenen. Dies gilt für demokratische wie autokratische Regime. Diese Herrschaftsregeln müssen eine gewisse Dauer aufweisen, also institutionalisiert sein. Je stärker sie von den Eliten und der Mehrheit der Bevölkerung akzeptiert sind, umso weniger müssen sie auf Repression zurückgreifen, und vice versa. Es sind die Regeln des politischen Regimes, die Demokratien von Autokratien unterscheiden. Dennoch ist die typenspezifische Trennung sowohl theoretisch wie praktisch keineswegs immer so klar, wie die traditionellen Herrschaftssystematiken von Aristoteles bis Loewenstein, Friedrich oder

Linz unterstellen. Die anwachsende Literatur zu ‚hybriden Regimen' (Levitsky/Way 2010), ‚kompetitivem Autoritarismus' (Levitsky/Way 2002), ‚elektoralem Autoritarismus' (Schedler 2002), *democraduras* und *dictablandas* (O'Donnell/Schmitter/Whitehead 1986), *democracies with adjectives* (Collier/Levitsky 1997) oder ‚defekten Demokratien' (Merkel 2004; Merkel et al. 2003, 2006) zeigt das neue Problembewusstsein von den Präzisionsgrenzen politik- und sozialwissenschaftlicher Typologien. Insgesamt sind Regime dauerhaftere Formen politischer Herrschaftsorganisation als Regierungen, aber sie haben einen typischerweise kürzeren Bestand als der Staat.

Staat

Der Staat ist eine dauerhafte Herrschaftsstruktur, die im Kern die legitimen oder illegitimen Zwangsmittel einschließt, die notwendig sind, um eine Gesellschaft zu regieren. In seiner *Allgemeinen Staatslehre* entwickelte Georg Jellinek (1900) eine ‚Drei-Elemente-Lehre', in der erst Staatsgebiet, Staatsvolk und Staatsgewalt den nach innen und außen souveränen Staat ausmachen. Was sich bei einem Regimewechsel ändert, ist weder das Staatsgebiet noch das Staatsvolk oder die Staatsgewalt. Es ist der Zugang zu staatlicher Macht und die Regeln legitimer Anwendung staatlicher Zwangsmittel, die neu definiert werden. Davon ist aber nicht der Staat in seiner Organisation, sondern die ihn dirigierende Regimeform betroffen: „A state may remain in place, even when regimes come and go" (Fishman 1990: 428). Während sich beispielsweise im Verlaufe eines Regimewechsels die konstituierenden Normen und Regeln ändern, bleiben die formalen Strukturen des Staates und seiner Verwaltung häufig unverändert. Wie beunruhigend es aus einer normativen Perspektive auch sein mag, ein und dieselben Staatsapparate können in Demokratien wie in Diktaturen gut funktionieren. Das betrifft nicht nur die Strukturen, sondern auch die Verwaltungsfachleute, die diese Strukturen bedienen. Dies galt für die spanische Demokratie nach Franco, für viele der postkommunistischen Demokratien Osteuropas, für Indonesien nach 1998 oder gilt für Ägypten und Tunesien nach dem Arabischen Frühling 2011/12.

Aus einer politikwissenschaftlichen Perspektive ist das Konzept des politischen Systems umfassender als Regierung, Regime und Staat. Es deckt sowohl die Funktionen als auch die Strukturen von Regierung und Staat weitgehend ab. Obwohl sich die Systemkonzepte zunächst neutral gegenüber der Regimefrage – Demokratie oder Autokratie – verhalten, kann über die Art des Inputs oder der konkreten Art der Erfüllung bestimmter Systemfunktionen durch Systemstrukturen (vgl. Abb. 1) eine Unterscheidung zwischen den beiden Regimen getroffen werden. Die analytische Überlegenheit des Systemkonzepts ergibt sich aus zwei Perspektiven. Zum einen wird über die Inputs und Outputs die politische Ordnung mit der Außen- bzw. Umwelt verbunden. Zum anderen wird über die funktionale Verbindung der Teile die Dynamik des Gesamtsystems erklärbar. Dies gilt für seine Stabilität oder Instabilität oder gar für Veränderungen insgesamt. Zudem erleichtert die Zentrierung auf Funktionen systemübergreifende Vergleiche.

3. Typologie politischer Regime

Bei der Unterscheidung von Demokratien und Autokratien liegt die kardinale Differenz im unterschiedlich geregelten Herrschaftszugang und den je spezifischen Beziehungen zwischen Herrschaftsautoren und Herrschaftsadressaten. Für Hans Kelsen (1881-1973), einen der bedeutendsten Verfassungstheoretiker des 20. Jahrhunderts, unterscheiden sich die beiden divergenten Verfassungsordnungen Demokratie und Autokratie grundsätzlich dadurch, dass in Demokratien die Gesetze von denen ‚gemacht' werden, auf die sie angewendet werden (autonome Normen). In autokratischen Ordnungen zerbricht diese Einheit; Herrschaftsautoren und Herrschaftsadressaten fallen auseinander (heteronome Normen). Kelsen hat sich für eine Zweiteilung politischer Regime entschieden. Was aber in Kelsens abstrakter Formulierung noch präzise und klar erscheint, wird bei einer konkreten Ausdifferenzierung jener Kriterien und Indikatoren, die ein jedes der beiden Regime kennzeichnen sollen, weit weniger klar. Dies gilt schon für das theoretische Konzept, *a fortiori* für die praktische Subsumierung konkreter Fälle unter den einen oder den anderen Typ. Real existierende Demokratien unterscheiden sich in manchen Aspekten vom demokratischen Optimum. Die theoretisch zu lösende Frage lautet: Wie weit dürfen Demokratien bei den Wahlen, den Bürgerrechten oder der Gewaltenkontrolle von der Idealkonstruktion abweichen, sodass man noch von vollen Demokratien sprechen kann? Wo exakt hört die Demokratie auf, wann beginnt die Diktatur? Tatsächlich ist diese Frage der exakten Grenzziehung, des genauen Schwellenwertes in der Demokratietheorie oder in der Regimeforschung nirgendwo in der erwünschten Präzision gelöst worden, vielleicht auch gar nicht lösbar. Eine konzeptionelle Lösung bestünde darin, die wichtigsten Bereiche der Demokratie kenntlich zu machen, für sie hinreichende Schwellenwerte zu formulieren und zu begründen. Aber auch theoretisch überzeugende Lösungen müssten gefunden werden, die eine mögliche Kompensation einzelner exzellenter Teilbereiche für andere schwächere Sektoren der Demokratie zulässig oder nicht zulässig machen. Konkret: Wie weit können herausragend freie und faire Wahlen gewisse Schwächen bei den Bürgerrechten oder der Gewaltenkontrolle kompensieren?

Man entgeht solchen Fragen übrigens nicht, wenn man Demokratien schlank und minimalistisch wie Schumpeter (1942) und Dahl (1971) als freie Wahlen unter den Bedingungen von Assoziations- und Meinungsfreiheit definiert. Die Frage des Schwellenwertes und der Kompensationsfähigkeit verlagert sich nur in das Beurteilungsproblem freier Wahlen hinein. Inwieweit sind alle Teile der Wahlen, also der Wahltag selbst, die Wahlkampagnen, Parteien- und Kampagnenfinanzierung oder der Medienpluralismus ausreichend fair? Ist für jeden der Teilbereiche eine Mindestfairness zu fordern, oder können auch hier Stärken Schwächen ausgleichen? Ist etwa nur die Instrumentalisierung staatlicher Medien zu parteilichen Zwecken auszuschließen, oder sind auch übermäßige private Medienkonzentrationen oder Spenden großzügiger und interessierter Finanziers zu unterbinden? Grenzfälle verdeutlichen dies. So wird man etwa die Wahlen in der Ära Putin seit 2000 keineswegs als *unfrei* bezeichnen, aber internationale Beobachtergruppen wie die OSZE sprechen ihnen zunehmend die Fairness ab, weil staatliche Informationsressourcen einseitig genutzt und politische Gegner selektiv über gerichtliche Verfolgung ausgeschaltet werden. Ähnliches gilt für die Wahlen in Venezuela unter der Regentschaft von Hugo Chávez nach 2002 oder in der Ukraine vor und nach der Jahrhundertwende. Galt dies aber auch für ein Land wie Italien unter Berlusconi, wo der viermalig gewählte Regierungschef über die populärsten Fernsehkanäle des Landes verfügte, das staatliche Fernsehen klientelisierte und über seine Tages- wie Wochenzeitungen die Wähler erheblich beeinflusste? Warum ist nur der staatliche Missbrauch von Geld und Medien undemokratisch, private Instrumentalisierung aber nicht? So ist es demokratietheoretisch bedenklich, wenn die US-amerikanischen Präsidentschaftswahlen regelmäßig von jenen Kandidaten gewonnen werden, die die meisten Wahlkampfspenden einsammeln konnten.

Die einfache Dichotomie politischer Regime ist trotz der nicht gelösten Grenzziehungsprobleme durchaus möglich und nützlich (Przeworski et al. 2000), insbesondere dann, wenn in empirischen Untersuchungen der Regimetypus als *Explanans* (unabhängige Variable) benutzt wird, um etwa die Leistungsfähigkeit der beiden Regime hinsichtlich solcher abhängigen Variablen (*Explanandum*) wie Wirtschaftswachstum, Verbrechensrate, soziale Gerechtigkeit, Glück oder Umweltsensitivität zu testen. In der vergleichenden Regimeforschung, die mit hohen Fallzahlen arbeitet (*large N*, wobei ‚N' für *number of cases* steht), wird dem Grenzziehungsproblem meist dadurch entgangen, dass bekannte Regimeindizes wie *Freedom House* (http://www.freedomhouse.org) oder *Polity IV* (http://www.systemicpeace.org/polity/polity4) herangezogen werden, um eine große Anzahl von Ländern in Demokratien und Autokratien zu unterteilen. Bei diesen am häufigsten benutzten Regimeindizes wird die Schwellenfrage zwischen den Regimen untheoretisch, nämlich numerisch durch die Addition von Teilwerten (*scores*) gelöst.

Aber auch hier muss der vergleichende Regimeforscher eigene Definitionsentscheidungen treffen. Denn *Freedom House* und *Polity IV* weisen im Grunde drei Regimetypen, also eine Trichotomie aus. Erstere unterscheiden zwischen *free*, *partly free* und *unfree*, letztere zwischen *democracy, anocracy* und *autocracy*. Will man eine Zweiteilung festlegen, weil zwischen Demokratien und Diktaturen differenziert werden soll, muss entschieden werden, wo die Grenzziehung zwischen Demokratie und Autokratie innerhalb des dritten hybriden Regimetypus verläuft. Es gibt also auch Dreiertypologien, die einen dritten Typus von ‚Grauzonenregimen', ‚hybriden Regimen' oder *democraduras* definieren (Karl 1995; Diamond 2002; Bendel/Croissant/Rüb 2002; Levitsky/Way 2010). Er ist dadurch gekennzeichnet, dass er bei den Kerninstitutionen politischer Regime sowohl demokratische als auch autokratische aufweist oder diese selbst hybrid sind. Wie bei den Zweiertypologien ergibt sich auch hier die nicht gelöste Schwellenfrage hin zu Demokratien auf der einen und zu Autokratien auf der anderen Seite.

Eine dritte Alternative zu den Zweier- oder Dreiertypologien bietet der gradualistische Ansatz. Er platziert alle Regime auf einem Kontinuum, das von einer idealen Demokratie und einem perfekten totalitären Regime begrenzt wird. Regime sind dann je nach Platzierung auf dem metrischen Kontinuum mehr oder weniger demokratisch bzw. autokratisch. Dadurch werden Grauzonen vermieden und die Schwellenfrage umgangen. Ein gradualistischer Zugang zur Regimefrage verspricht mehr metrische Präzision. Wenn wie bei *Freedom House*, *Polity IV*, dem *Bertelsmann Transformation Index* oder dem *Demokratiebarometer* die Daten für die einzelnen Dimensionen, Teilregime oder Kernfunktionen politischer Regime vorliegen, können solche Kontinua auch für andere Teilaspekte des politischen Regimes angelegt werden. In seinem viel beachteten Methodenbuch *Social Science Concepts* schreibt Gary Goertz (2006: 29): „Throughout this volume I shall assume that dimensions are continuous, and that a dichotomous dimension is just a special case." Es lässt sich also zeigen, dass ein gradualistischer Ansatz durchaus Typenbildungen erlaubt, wie die folgende Abbildung 2 zeigt. Je nachdem, wo Regime auf dem Kontinuum platziert sind, können sie auch unter einem bestimmten Typus subsumiert werden. Die Schwellenfrage ist aber auch hier theoretisch nicht exakt zu lösen, wie die perforierte Grenzlinie andeuten soll.

Abbildung 2: Typen politischer Systeme

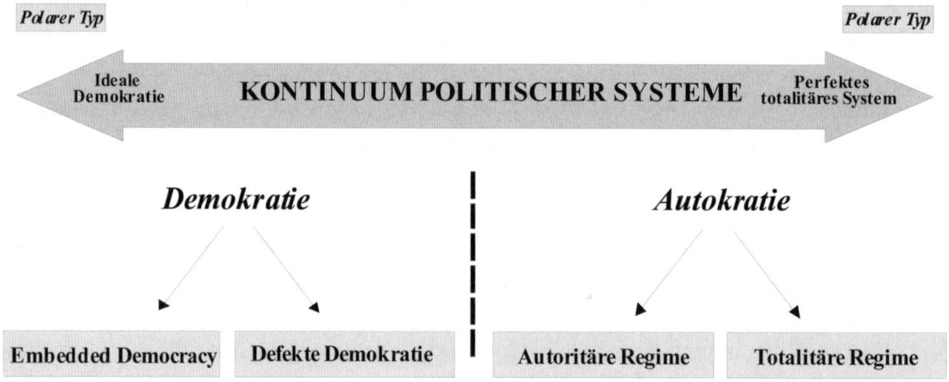

Quelle: Merkel (2010: 25; modifiziert).

Ohne die Berechtigung von Dreiertypolgien oder des gradualistischen Ansatzes bestreiten zu wollen, werde ich im Weiteren der Zweiertypologie Demokratie-Autokratie folgen und die Möglichkeit von präzisierenden Subtypen anzeigen, ohne die von Kelsen vorgeschlagene Prototypenbildung aufzugeben.

4. Demokratien

4.1 Definition und Begriff

Demokratiedefinitionen sind Legion. Sie hier aufzulisten, würde den Rahmen sprengen (vgl. die Politiklexika: Nohlen 1998; Holtmann 2000; Schmidt 2010b). Die Grundidee der Demokratie ist also Selbstherrschaft oder Selbstgesetzgebung. Herrscher und Beherrschte müssen eins sein, Regierte müssen sich auch als Regierende begreifen können (Kelsen 1925).
Robert Dahl (1971: 5) definierte Polyarchie als „public contestation and the right to participate". Dahl, einer der einflussreichsten Demokratieforscher der zweiten Hälfte des 20. Jahrhunderts, benutzte den Begriff ‚Polyarchie' (Vielherrschaft) für real existierende Demokra-

tien, um sie auch terminologisch vom nie erreichbaren Ideal einer perfekten Demokratie abzugrenzen. Dahls Konzept fand weite Verbreitung, der Begriff selbst konnte sich jedoch nicht durchsetzen. Die zentrale Dimension ist der pluralistische Wettbewerb; Partizipation muss jedem zugänglich sein, steht aber hinter dem Primat des pluralistischen Wettbewerbs zurück. Auf einen anderen Aspekt der Demokratie macht der Politikwissenschaftler Adam Przeworski aufmerksam. Er sieht das Wesen der Demokratie unter anderem darin begründet, dass die Verfahrens- und Entscheidungsregeln *a priori* fixiert sein müssen, der Ausgang des politischen Prozesses, der zu einer politischen Entscheidung führt, aber kontingent sein muss. Demokratie ist damit „a system of ruled open-endedness, or organized uncertainty" (Przeworski 1991: 13).

Allerdings ist die Demokratie keine Erfindung der Moderne. Inhalt und Begriff gehen auf die griechische Antike zurück. Etymologisch setzt sich *demokratia* aus den beiden Wörtern *demos* (Volk) und *kratein* (herrschen) zusammen. In der griechischen Antike wurde *demokratia* synonym zu *isonomia* (etwa: die Gleichheit vor dem Gesetz) gebraucht. Die Volksversammlung sollte die institutionelle Garantie für *isonomia* sein. Die Rechtsgleichheit sah man in der attischen Demokratie am besten durch die Mehrheit gewahrt. Ohne demokratische Beteiligung war also Gleichheit vor dem Gesetz nicht denkbar. In der Moderne des 19. und 20. Jahrhunderts war das Verhältnis von Rechtsgleichheit, Rechtsstaat und demokratischer Partizipation durchaus umstritten. Während die herrschende Meinung der deutschen Staatsrechtslehre lange davon ausging, dass ein Rechtsstaat ohne Demokratie (zum Beispiel Preußen) denkbar sei, wird dies in weiten Teilen der politischen Philosophie der Gegenwart mit guten Gründen bestritten. Jürgen Habermas (1992) spricht etwa von der Gleichursprünglichkeit bürgerlicher Rechte und politischer Partizipation. Das eine ist ohne das andere längerfristig nicht zu haben. Weder Demokratie ohne einen funktionierenden Rechtsstaat verdient ihren Namen, noch ist ein Rechtsstaat ohne politische Beteiligungsrechte hinreichend zu legitimieren.

4.2 Demokratiemodelle

Die konkrete inhaltliche, institutionelle oder prozedurale Bestimmung der Demokratie ist umstritten. Normative Überzeugungen mischen sich ein und geben bestimmten Prinzipien und Werten ein besonderes Gewicht, während sie andere dafür eher geringschätzen. Im nie endenden Kampf um die Definitionshoheit über Begriff, Gehalte, Prinzipien und Grenzen der Demokratie lassen sich drei Gruppen von Demokratietheorien unterscheiden: das minimalistische, das mittlere, prozeduralistische und schließlich das maximalistische Modell.

Das minimalistische Modell

Minimalisten wie der einflussreiche Ökonom und Demokratietheoretiker Joseph A. Schumpeter (1883-1950) gingen davon aus, dass freie, gleiche und geheime Wahlen nicht nur der Kern der Demokratie, sondern diese selbst sind (Schumpeter 1942). Über Wahlen, so das marktanaloge Demokratiemodell Schumpeters, können die politischen Unternehmer – etwa Parteien – ihre programmatischen Produkte anbieten, die von den Wählern nachgefragt, geprüft, ausgewählt oder verworfen werden. Das Angebot mit der höchsten Nachfrage bekommt den Zuschlag und damit das Recht auf Zeit, die Werte und Interessen der Wähler zu repräsentieren. In periodisch wiederkehrenden Rhythmen haben die Repräsentierten dann die Möglichkeit, die Repräsentanten für die zurückliegende Legislatur zur Verantwortung zu ziehen und sie je nach Beurteilung wiederzuwählen oder abzuwählen. Der Wesenskern der Demokratie wird damit von den Minimalisten, die sich selbst gerne als Realisten bezeichnen, bewusst auf die vertikale Verantwortlichkeit zwischen Regierten und Regierenden begrenzt. Nicht zu Unrecht wird dieses Modell als ‚elitistisches' Demokratiemodell (Held 1996: 168; Schmidt 2010a: 184) bezeichnet. Es sind die Eliten, die regieren, und sie sollten beim Regieren möglichst wenig vom Volk gestört werden.

Schumpeters ‚realistische' Demokratietheorie (1942) ist der Klassiker des minimalistischen Demokratiemodells. Menschenrechte oder Rechtsstaat werden sicherlich auch von den Minimalisten als wichtige Voraussetzung der Demokratie gewertet, aber nicht als ihr notwendig innewohnendes Element angesehen. Zivilgesellschaftliche Kontrollen der Regierenden oder gar direktdemokratische Einmischungen des Volkes werden als unverträglich mit der rationalistisch-realistischen Demokratietheorie angesehen. Weitere Vertreter eines solch schlanken Demokratiemodells, wie sie sich vor allem in der US-amerikanischen Politikwissenschaft finden lassen, sind Anthony Downs (1957), der frühe Robert Dahl (1956) oder Adam Przeworski (2010).

Das mittlere, prozeduralistische Modell

Die Vertreter eines ‚mittleren Demokratiekonzepts' halten das minimalistische Verständnis der Demokratie für dünn und unzureichend. Sie fügen dem unbestrittenen demokratischen Kernbereich der freien, allgemeinen, gleichen und fairen Wahlen die Sphären des Rechtsstaats und der horizontalen Gewaltenkontrolle hinzu. Darüber hinaus wollen sie die politische Partizipation der Bürger nicht nur auf Wahlen reduzieren. Denn erst die Einbettung freier Wahlen in garantierte Menschen-, Grund- und Bürgerrechte, die demokratisch legitimierte Genese gesamtgesellschaftlich verbindlicher Normen und die wechselseitige Verschränkung und Kontrolle von Exekutive, Legislative und Judikative machten formal demokratische Wahlen auch wirklich demokratiewirksam. Der Rechtsstaat ist für sie nicht eine Randbedingung der Demokratie, sondern eines ihrer zentralen Elemente.

Aus einem solchen prozeduralen Verständnis der Demokratie erschöpft sich die politische Partizipation nicht allein in der Stimmabgabe. Zusätzliche Beteiligungsmöglichkeiten wie Referenden, zivilgesellschaftliche Aktivitäten und öffentliche Diskurse sollen die Artikulation und Aggregation gesellschaftlicher Interessen nicht nur den politischen Parteien überlassen. Vielmehr soll eine vitale Zivilgesellschaft die partizipativen Potenziale der Demokratie beleben und sie vor der Besitznahme durch eine abgehobene politische Klasse schützen. Diese wie auch direktdemokratische Volksabstimmungen – mit welcher Intensität sie auch immer institutionalisiert werden – sind durchaus mit dem mittleren, prozeduralistischen Demokratiemodell vereinbar. Die Bandbreite ihrer Vertreter reicht von liberalen

Pluralisten wie Norberto Bobbio bis zu den Befürwortern starker deliberativer Partizipation wie Jürgen Habermas oder Benjamin Barber.

Dem minimalistischen und dem mittleren Konzept der Demokratie gemeinsam ist die Beschränkung auf Normen, Prinzipien und Verfahren, die dem demokratischen Entscheidungsprozess zugrunde liegen. Dies kann man die Performanz der demokratischen Institutionen und Organisationen nennen. Maximalisten reicht diese prozedurale Beschränkung auf die Input-Dimension und die partizipative Ausdehnung demokratischer Verfahren allerdings nicht. Für sie ist der *Output* des demokratischen Systems integraler Bestandteil der Demokratie.

Das maximalistische Modell

Maximalisten ziehen also die *Output*-Dimension, das heißt Politikergebnisse als systemische Leistungsperformanz, in ihre Demokratiedefinition mit ein. Darunter zählen sie Kollektivgüter wie innere und äußere Sicherheit, ökonomische Wohlfahrt, sozialstaatliche Garantien und vor allem die erkennbare Fairness in der Verteilung von Grundgütern, Einkommen, sozialer Sicherung und Lebenschancen. Im Mittelpunkt steht insbesondere die Vermeidung extremer Ungleichheiten bei der Verteilung von Einkommen, Primär- wie Sozialgütern, denn erst die soziale Demokratie sichere das politische Gleichheitsprinzip. Für eine solche Position stand der Sozialdemokrat Eduard Bernstein (1850-1932), der Weimarer Staatsrechtler Herrmann Heller (1891-1933) und steht heute Thomas Meyer (2005). Der Norweger Stein Ringen bezieht in seinem Buch *What Democracy Is For* (2007) den Output in Form einer gerechten Verteilung von Gütern und sozialstaatlichen Leistungen ebenfalls mit in sein Demokratiekonzept ein. Aber besonders in der lateinamerikanischen Politikwissenschaft finden sich traditionell Maximalisten. In der nordamerikanischen Demokratietheorie wird ein solcher Maximalismus normativ wie analytisch als zu umfassend abgelehnt. Doch drei Jahrzehnte der kontinuierlichen Zunahme von Ungleichheit in den entwickelten OECD-Staaten haben die Frage der sozioökonomischen Verteilung wieder näher an die Demokratietheorie herangebracht (Hacker/Pierson 2010).

Kritisch mag hier einzuwenden sein, dass manche dieser Output-Leistungen und Politikergebnisse nicht unbedingt demokratiespezifisch sind. Sie können durchaus auch von Diktaturen erbracht werden. Man denke an das Wirtschaftswachstum in China und Vietnam, die wirtschaftliche und soziale Wohlfahrt in der weichen Autokratie Singapur oder die sozioökonomische Gleichheit in Kuba. Aus diesem Grunde ist es problematisch, die Output-Dimension direkt in die Definition der Demokratie miteinzubeziehen. Allerdings entscheidet die Leistungsperformanz in der Demokratie auch über deren Krisenanfälligkeit. Kann sie zentrale Probleme nicht lösen, *liefert* sie nicht, was die Bürger erwarten, nimmt die Output-Legitimität ab und gefährdet die demokratische Stabilität. Auch wenn man Fragen der sozioökonomischen Ungleichheit nicht in die Definition der Demokratie mit aufnehmen mag, ist die reale Entwicklung der Demokratien, ihre Stabilität und Qualität nicht ohne diese zentrale Randbedingung zu verstehen.

Im europäischen Raum dominieren in der politischen Systemlehre und Demokratieforschung vor allem mittlere prozeduralistische Modelle. Ein Konzept, das normative Überlegungen in empirisch-analytischer Absicht zusammenbringt, liegt mit dem Modell der *embedded democracy* (Merkel 2004, 2010: 30) vor.

Embedded Democracy als ein Demokratiekonzept mittlerer Reichweite

Das Konzept der *embedded democracy* folgt der Idee, dass stabile rechtsstaatliche Demokratien doppelt eingebettet sind: *intern*, indem die einzelnen Teilregime der Demokratie durch die jeweils funktionale Verschränkung ihren Bestand sichern; *extern*, indem die Teilregime der Demokratie durch Ringe ermöglichender Bedingungen der Demokratie eingebettet sind und so gegen externe wie interne Schocks und Destabilisierungstendenzen geschützt werden.

Abbildung 3: Das Konzept der eingebetteten Demokratie

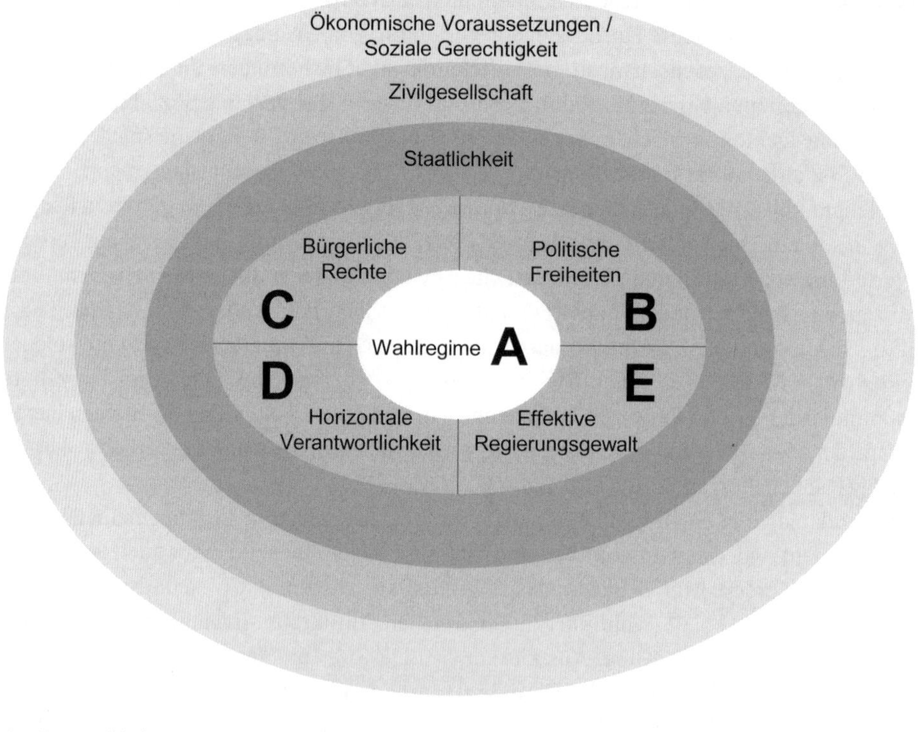

Quelle: Modifizierte Version von Merkel (2010: 31).

Die Teilregime der Demokratie

Fünf Teilregime definieren die eingebettete (rechtsstaatliche) Demokratie: ein demokratisches Wahlregime (A); das Regime politischer Partizipationsrechte (B); das Teilregime bürgerlicher Freiheitsrechte (C); die institutionelle Sicherung der Gewaltenkontrolle (D) sowie die Garantie, dass die effektive Regierungsgewalt (E) der demokratisch gewählten Repräsentanten *de jure* und *de facto* gesichert ist. Mit dieser Einteilung wird klar, dass der Begriff der *embedded democracy* über ein minimalistisches Demokratieverständnis hinausgeht. Er ist dennoch realistisch, weil er sich ausschließlich auf die institutionelle Architektur bezieht und die *Output*-Dimension wünschbarer Politikergebnisse nicht als definierendes Merkmal der rechtsstaatlichen Demokratie mit einbezieht. Sozialstaat, Fairness der Verteilung wirtschaftlicher Güter oder gar soziale Gerechtigkeit mögen wünschenswerte Politikergebnisse demokratischer Entscheidungsprozesse sein, konstitutiv definierende Elemente der eingebetteten Demokratie sind sie jedoch nicht.

A. Wahlregime

Dem ‚Wahlregime‘ kommt in der Demokratie eine zentrale Position zu, weil Wahlen der sichtbarste Ausdruck der Volkssouveränität sind. Darüber hinaus stellt das Wahlregime aufgrund der offenen pluralistischen Konkurrenz um die zentralen Herrschaftspositionen auch die kardinale Differenz zur Diktatur dar. Ein demokratisches Wahlregime verlangt ein universelles aktives und passives Wahlrecht sowie freie und faire Wahlen. Ein demokratisches Wahlregime ist eine notwendige, aber längst nicht hinreichende Bedingung für demokratisches Regieren.

B. Politische Partizipationsrechte

Die den Wahlen voraus- und über sie hinausgehenden politischen Partizipationsrechte vervollständigen die vertikale Demokratiedimension. Sie konstituieren die Arena der Öffentlichkeit als eine eigenständige politische Handlungssphäre, in der sich organisatorische und kommunikative Macht entfaltet. In ihr bestimmen und unterfüttern kollektive Meinungs- und Willensbildungsprozesse die Konkurrenz um politische Herrschaftspositionen. Konkret beinhalten sie eine uneingeschränkte Geltung des Rechts auf Meinungs- und Redefreiheit sowie der Assoziations-, Demonstrations- und Petitionsrechte. Neben den öffentlichen müssen private Medien ein erhebliches Gewicht besitzen.

C. Bürgerliche Freiheitsrechte

Demokratische Wahlen und politische Partizipation bedürfen der Ergänzung durch die bürgerlichen Freiheits- und Abwehrrechte. Als negative Freiheitsrechte gegen den Staat begrenzen die bürgerlichen Freiheitsrechte den staatlichen Herrschaftsanspruch. Die individuellen Schutzrechte gewähren den rechtlichen Schutz von Leben, Freiheit und Eigentum; sie gewähren Schutz vor ungerechtfertigter Verhaftung, vor Exil, Terror, Folter oder vor unerlaubter Einmischung ins Privatleben. Diese individuellen Grundrechte zähmen mehrheitsdemokratische Willkür und verhindern eine „Tyrannei der Mehrheit" (de Tocqueville 1990 [1835]: 160).

D. Gewaltenteilung und horizontale Verantwortlichkeit

Das vierte Teilregime der rechtsstaatlichen Demokratie besteht aus Regeln der horizontalen Gewaltenteilung. Diese betrifft die Frage der Herrschaftsstruktur und beinhaltet die Rechtmäßigkeit des Regierungshandelns sowie dessen Überprüfung im Sinne einer balancierten Interdependenz und Autonomie von Legislative, Exekutive und Judikative. Auf diese Weise werden Verantwortlichkeit und Verantwortung der Regierung nicht nur punktuell über Wahlen, sondern auch stetig über die sich wechselseitig kontrollierenden konstitutionellen Gewalten gewährleistet. Da in parlamentarischen Regierungssystemen Exekutive und Legislative eng verschränkt sind, kommt der Unabhängigkeit der Justiz und insbesondere ihren Richtern eine besondere Bedeutung zu.

E. Effektive Regierungsgewalt

Das fünfte Teilregime der effektiven Regierungsgewalt legt fest, dass nur diejenigen Personen, Organisationen und Institutionen berechtigt sind, verbindliche politische Entscheidungen zu treffen, die durch freie Wahlen legitimiert wurden. Militär, aber auch machtvolle Unternehmen, Banken oder Finanzfonds dürfen nicht letztinstanzlich über die Sicherheits-, Finanz-, oder Wirtschaftspolitik bestimmen. Trotz der beeindruckenden Demokratisierung Lateinamerikas seit den 1980er Jahren, trotz weiterer Teilerfolge in Südostasien bestimmt das Militär in manchen Demokratien immer noch Teile der Sicherheitspolitik sowie seinen eigenen Haushalt jenseits von Parlament und Regierung (Croissant/Kühn 2011). Als eine ebenfalls problematische Einschränkung der souveränen Prärogativen von Parlament und Regierung muss das Wirken globaler Institutionen wie des Internationalen Währungsfonds oder supranationaler Institutionen wie der Europäischen Zentralbank und der Europäischen Union gesehen werden, wenn diese, wie dies seit 2010 geschieht, tief in die Haushaltspolitik überschuldeter Länder wie Griechenland, Portugal, Irland oder Spanien eingreifen. Selbst für die *Geberländer* entstehen bei Schuldenschnitten Haftungsrisiken, die von den Parlamenten so nicht mit entschieden wurden.

Die interne und externe Einbettung

Die beschriebenen Teilregime können ihre Wirkung für die Demokratie nur dann voll entfalten, wenn sie wechselseitig verschränkt sind. Demokratie wird damit als ein Gefüge von Teilregimen begriffen, das sich wechselseitig ergänzt, aber auch begrenzt. Jede Demokratie ist zudem in eine Umwelt eingebettet. Diese umschließt die Demokratie, ermöglicht und stabilisiert bzw. behindert oder destabilisiert sie. Die wichtigsten externen Einbettungsringe sind der sozioökonomische Kontext, die Zivilgesellschaft und die internationale oder regionale Einbindung eines Landes in Organisationen, Bündnisse und *Policy*-Regime. Die Beschädigung oder Unterentwicklung dieser äußeren Einbettung zieht häufig Defekte der Demokratie selbst nach sich oder macht sie zumindest fragiler und instabiler.

Defekte Demokratien

Wird eines der Teilregime der *embedded democracy* so beschädigt, dass es die Gesamtlogik der Demokratie verändert, kann nicht mehr von einer intakten rechtsstaatlichen Demokratie gesprochen werden. Aus dieser Perspektive sind defekte Demokratien solche demokratischen Systeme, in denen die wechselseitige Einbettung der Teilregime zerbrochen und die

Gesamtlogik der rechtsstaatlichen Demokratie gestört sind. Defekte Demokratien zeichnen sich durch das Vorhandensein eines weitgehend funktionierenden demokratischen Wahlregimes aus, das aber aufgrund von Störungen in der Funktionslogik eines Teilregimes oder mehrerer Teilregime die komplementären Stützen verloren hat, die in einer funktionierenden Demokratie zur Sicherung ihrer drei tragenden Prinzipien, nämlich Freiheit, Gleichheit und Herrschaftskontrolle, unabdingbar sind. 〉

Formen der defekten Demokratie

Es lassen sich vier Formen von defekten Demokratien unterscheiden: die exklusive Demokratie, die Enklavendemokratie, die illiberale und die delegative Demokratie.

- *Exklusive Demokratie:* Da als Grundprinzip der Demokratie die Volkssouveränität zu gelten hat, muss diese durch ein universelles Wahlrecht und dessen faire Umsetzung gewährleistet sein. Das ist nicht gegeben, wenn ganze Gruppen der erwachsenen Bürgerschaft, beispielsweise Ethnien, vom universellen Wahlrecht ausgeschlossen sind. Andererseits kann bei einem Ausschluss vom Wahlrecht von fünf bis zehn Prozent der permanenten Bevölkerung eines Landes oder kleineren Manipulationen nicht umstandslos auf eine Diktatur geschlossen werden. Die demokratische Logik fairer Wahlen ist hier gestört, aber nicht wie in autoritären Regimen beseitigt. Dieser Typ der defekten Demokratie ist im 21. Jahrhundert seltener geworden. Besonders eklatante Beispiele in der zweiten Hälfte des 20. Jahrhunderts waren die rassistischen ‚Demokratien' Südafrikas oder Rhodesiens, in denen eine weiße Minderheit unter sich zwar die Demokratie installierte, der farbigen Mehrheit aber das Wahl- wie auch andere Partizipations- und Bürgerrechte vorenthielt. Wesentlich mildere Formen sind gegenwärtig etwa in Lettland und Estland zu sehen, wo der häufig im Lande geborenen russischen Minderheit nach dem Regimewechsel von 1991 Wahl- und politische Beteiligungsrechte versagt oder bürokratisch erschwert wurden.

- *Enklavendemokratie:* Wenn Vetomächte – etwa Militär, Guerilla, Miliz, Unternehmer oder Großgrundbesitzer, multinationale Konzerne – bestimmte politische Domänen dem Zugriff der demokratisch legitimierten Repräsentanten entziehen, entstehen nichtdemokratische Enklaven. Die Enklavendemokratie ist vor allem ein regionalspezifischer Typus, der in Lateinamerika (z.B. Chile unmittelbar nach Pinochets Rücktritt) und Südostasien (z.B. Indonesien) anzutreffen ist, wo das Militär häufig eine politische Vetorolle reklamiert und sich demokratisch-ziviler Kontrolle entzieht (Croissant/Kühn 2011). Mit der Globalisierung werden auch internationale Finanzakteure oder multinationale Unternehmen in dem Maße ein Problem für die Demokratie, als sie intensiv die Finanz- und Wirtschaftspolitik souveräner Länder beeinflussen (Crouch 2004).

- *Illiberale Demokratie:* Im unvollständigen Verfassungs- und beschädigten Rechtsstaat der illiberalen Demokratie ist die Kontrolle von Exekutive und Legislative durch die Judikative eingeschränkt. Die Bindewirkung konstitutioneller Normen auf Regierungshandeln und Gesetzgebung ist ebenso reduziert wie die bürgerlichen Freiheits- und Schutzrechte des Individuums. Illiberale Demokratien verletzen den eigentlichen

Kern des liberalen Selbstverständnisses, nämlich die gleiche Freiheit der Individuen. Die illiberale Demokratie ist der häufigste Typus einer defekten Demokratie. Er ist in fast allen Weltregionen anzutreffen. Beispiele wie Südkorea (Asien), Peru (Lateinamerika), die Ukraine (Europa) und die Türkei (Europa-Asien) bestätigen dies (Merkel et al. 2006).

- *Delegative Demokratie:* In der delegativen Demokratie ist die Kontrolle der Exekutive durch die Legislative und die Judikative eingeschränkt (O'Donnell 1994). Die gewaltenteiligen Kontrollen, die funktionierende Demokratien zur Aufrechterhaltung einer balancierten politischen Repräsentationskette benötigen, sind beeinträchtigt. Regierungen – meist von charismatischen Präsidenten geführt – umgehen das Parlament, wirken auf die Justiz ein, beschädigen das Prinzip der Legalität, höhlen die Gewaltenkontrolle aus und verschieben die austarierte Machtbalance einseitig hin zur (präsidentiellen) Exekutive. Das Volk ‚delegiert' die Souveränität an einen charismatischen oder gar demagogischen Regierungsführer, sei er Präsident oder Premier. Die hochgradig defekten Demokratien Russland unter Wladimir Putin, Venezuela unter Hugo Chávez oder Ecuador unter Rafael Correa sind dafür gegenwärtig Beispiele.[1]

Ursachen

Defekte Demokratien entstehen häufig aus unvollständigen Transformationen von der Diktatur zur Demokratie wie Russland, Nicaragua, Thailand und die Türkei, seltener aber auch aus dem Niedergang einstiger funktionierender Demokratien wie Venezuela (starke Defekte) oder Israel (schwache Defekte; Merkel 2012). Es lässt sich kein einzelner überragender Faktor herausfiltern, der als primäre Ursache für das Entstehen von Defekten in jungen wie etablierten Demokratien gelten kann. Es sind meist Ursachenbündel, die für bestimmte politische Akteure besondere Gelegenheiten bieten, Macht zu usurpieren, Normen zu suspendieren oder Herrschaftskontrollen zu demontieren. Die wichtigsten Ursachen können hier nur in Stichpunkten genannt werden (vgl. Merkel 2010: 38): unvollständige Modernisierung, eklatante Ungleichgewichte in der Machtverteilung, starke Ungleichheit in der sozioökonomischen Modernisierung, ökonomische Krisen als Anlass für das Regieren über Notverordnungen, eine schwache Zivilgesellschaft, unvollständige Nations- und Staatsbildung, informelle Institutionen wie Klientelismus, Patrimonialismus und Korruption und mangelnde Einbindung in regionale Bündnisse demokratischer Staaten. Defekte Demokratien sind keineswegs notwendigerweise Übergangsregime, wie von der älteren Transformationsforschung noch unterstellt (Linz 1975, 1978). Sie können mit ihrer Umwelt eine stabile Beziehung eingehen und von maßgeblichen Teilen der Bevölkerung als angemessene Antwort auf die extreme Problemlast postautokratischer Demokratien angesehen werden. Russland unter Putin ist dafür ein Beispiel. Ähnliches trifft auf die Ukraine, Indonesien, Bolivien oder Thailand

---

1   Wie umstritten die jeweiligen Grenzziehungen zwischen ‚defekten Demokratien' und *electoral authoritarianism* sind, zeigt die Tatsache, dass Russland in der dritten Amtsperiode von Putin und Venezuela nach 2010 bisweilen auch als autoritäres Regime bezeichnet werden (Freedom House; Bertelsmann Transformation Index).

zu. Es wird vor allem auch für die postautoritären Regime in Nordafrika gelten. Zu Beginn des 21. Jahrhunderts machen defekte Demokratien etwa die Hälfte aller 117 elektoralen Demokratien aus, die *Freedom House* im Jahr 2011 gezählt hat. Für einen rascheren Übergang zur rechtsstaatlichen Demokratie fehlen defekten Demokratien häufig die sozioökonomischen Voraussetzungen. Staatlichkeitsdefizite, polarisierte ethnische Vielfalt und nicht hinreichend säkular eingehegte religiöse Kulturen verhindern ebenfalls nicht selten die Konsolidierung der Demokratien.

Wenn also ganz allgemein von Demokratien die Rede ist, muss man zwischen eingebetteten, rechtsstaatlichen Varianten einerseits und defekten Spielarten andererseits unterscheiden. Die Unterschiede in der Regierungsweise etwa zwischen Russland auf der einen und der Schweiz auf der anderen Seite sind sicherlich nicht weniger bedeutsam als zwischen Russland und dem offen autoritären Regime der Volksrepublik China. Ohne den Begriff der defekten Demokratie wird man solche wichtigen Grenzlinien kaum ziehen können.

5. Autokratien

5.1 Definition und Begriff

Folgt man einer dichotomen Typenlehre von politischen Regimen, wird man alle Nicht-Demokratien Autokratien nennen können (Brooker 2009). Aber wie bei der Demokratie gibt es auch für Autokratien keine allgemein verbindliche Definition. Sogar der Terminus ‚Autokratie‘ ist umstritten. Häufig wird sowohl im englischen wie im deutschen oder spanischen Sprachgebrauch der Begriff ‚Diktatur‘ als synonym zur Autokratie gebraucht (unter anderen Schmitt 1964[1921], Bracher 1969, Moore 1969, Nolte 1972, Acemoglu/Robinson 2006, Gandhi/Przeworski 2007, Gandhi 2008, Jesse 2008).[2] Der konservative Staatstheoretiker Carl Schmitt (1964 [1921]) machte allerdings mit Recht darauf aufmerksam, dass der ursprüngliche Begriff der Diktatur, wie er in den republikanischen Verfassungen des antiken Roms gebraucht wurde, eine zeitlich begrenzte (6 Monate umfassende) Notstandsherrschaft war, die der Diktator zudem nicht selbst erklären durfte. Er wurde vielmehr vom Römischen Senat eingesetzt. Deshalb unterscheidet Schmitt auch streng zwischen einer antiken kommissarischen und der modernen souveränen Diktatur.

Bisweilen werden Autokratien aber auch schlicht als „authoritarian regimes" (Svolik 2008) oder „authoritarian rule" (Svolik 2012) bezeichnet. Dies ist insofern etwas irreführend, als es sich spätestens seit Juan Linz‘ berühmten Aufsatz *Authoritarian and Totalitarian Regimes* (1975) eingebürgert hat, zumindest zwei Subtypen autokratischer Regime zu unterscheiden, nämlich ‚autoritäre‘, das heißt weniger geschlossene, Autokratien und totalitäre Regime als der höchste Ausdruck diktatorischer Geschlossenheit (Arendt 1951; Friedrich 1957).

Keiner von diesen Begriffen ist illegitim, aber die überzeugendste allgemeine Definition autokratischer Herrschaft wurde vom österreichischen Verfassungstheoretiker Hans Kelsen

---

2   Ein verbreitetes Politiklexikon (Holtmann 2000) etwa hat überhaupt kein Stichwort Autokratie, sondern nur Diktatur (anders die Politiklexika von Nohlen (1998) oder Schmidt (2010b)).

(1925) vorgelegt. In demokratischen Systemen sind Normadressaten und Normautoren ein und dieselben (autonome Normen), während in autokratischen Systemen Gesetzgeber und Gesetzesadressaten auseinanderfallen (heteronome Normen). Damit sind Autokratien zwar abstrakt über die Normautoren definiert, wie aber die konkrete Herrschaftsausstattung aussieht, ist damit noch nicht gesagt. Es sollen deshalb drei unterschiedliche Systematiken autokratischer Regime vorgestellt werden, nämlich jene von Linz (1975), Geddes (1999) und Merkel (2010).

5.2 Autokratiemodelle

Wie bei der Demokratie gibt es auch bei den Autokratien diverse Typen und Versuche, die unterschiedlichen Formen autokratischer Herrschaft innerhalb einer systematischen Matrix zu erfassen. Einer der ersten politikwissenschaftlichen Versuche geht auf Juan Linz zurück (1975, 2000). Im dritten Band des *Handbook of Political Science* hat Linz zwischen zwei Subtypen autokratischer Regime unterschieden, den autoritären und den totalitären. Nach Linz unterscheiden sich die beiden Subtypen anhand von drei Merkmalen:

1. Monismus versus Pluralismus: Autoritäre politische Systeme besitzen einen eingeschränkten politischen Pluralismus. Totalitäre Regime haben den Pluralismus durch den Monismus totaler Herrschaft ersetzt. Dies lehnt sich an Hannah Arendts (1951) berühmtes Diktum an: Autoritäre Herrschaft schränkt die Freiheit ein, totalitäre Herrschaft dagegen schafft sie ab.

2. Weltanschauung versus Mentalitäten: Totalitäre Systeme legitimieren sich durch eine umfassende, das heißt alle Lebensbereiche regulierende Weltanschauung (z. B. den Marxismus-Leninismus), während autoritäre Regime nicht auf ein ideologisches Glaubensgebäude zurückgreifen, sondern zur Legitimierung ihrer Herrschaft auf sogenannte Mentalitäten wie Patriotismus, Nationalismus, Sicherheit oder Modernisierung rekurrieren.

3. Mobilisierung versus Demobilisierung: In autoritären Regimen ist die Bevölkerung nach der Entstehungsphase typischerweise demobilisiert, während totalitäre Herrschaftsregime ihre Untertanen in inszenierter, kontrollierter und ritualisierter Mobilisierung halten.

Die von Linz entwickelte Typologie war über zwei Jahrzehnte außerordentlich einflussreich. Sie ist historisch informiert, aber politikwissenschaftlich nicht hinreichend systematisiert. Sie liefert keine systematischen Kriterien, nach denen die beiden Typen autoritär oder totalitär in weiteren Subtypen unterschieden werden können, etwa nach den jeweiligen Herrschaftsträgern wie Militär, Partei, Dynastien oder einzelnen Personen.

Der Verfasser des vorliegenden Kapitels hat deshalb eine erweiterte Systematik entwickelt (Merkel 2010: 41ff.). Sie beruht auf sechs Klassifikationskriterien, die sich alle auf den Begriff der Herrschaft beziehen: (1) Herrschaftslegitimation, (2) Herrschaftszugang, (3) Herrschaftsmonopol, (4) Herrschaftsstruktur, (5) Herrschaftsanspruch und (6) Herrschaftsweise. Damit lassen sich demokratische von autokratischen Regimen, aber auch totalitäre von autoritärer Herrschaft unterscheiden. Dies lässt sich übersichtlich in folgender Tabelle 1 darstellen, die auch die Demokratie einbezieht.

Tabelle 1:   Merkmale von demokratischen und autokratischen Systemen

	Autokratie		Demokratie	
	Totalitäres Regime	Autoritäres Regime	Defekte Demokratie	Eingebettete rechtsstaatliche Demokratie
Herrschafts-legitimation	Weltanschauung	Mentalitäten	Volkssouveränität	Volkssouveränität
Herrschafts-zugang	Geschlossen (statt allgemeinem Wahlrecht akklamatorische Plebiszite)	Restriktiv (unter Umständen Wahlrecht, aber keine oder nur eingeschränkt pluralistische freie und faire Wahlen)	Offen (universelles Wahlrecht)	Offen (universelles Wahlrecht)
Herrschafts-anspruch	Unbegrenzt (,total')	Umfangreich	Begrenzt (rechtsstaatlich definierte, aber verletzte Grenzen)	Begrenzt (rechtsstaatlich definierte und garantierte Grenzen)
Herrschafts-monopol	Führer/Partei (nicht durch demokratische Wahlen und demokratische Verfassung legitimiert)	Führer/,Oligarchie' (nicht oder unter Umständen nur teilweise durch Wahlen legitimiert)	Durch Wahlen und demokratische Verfassung legitimierte Autoritäten, aber unter Umständen von Vetomächten eingeschränkt	Durch Wahlen und demokratische Verfassung legitimierte Autoritäten
Herrschafts-struktur	Monistisch	Semipluralistisch	Pluralistisch	Pluralistisch
Herrschafts-weise	Willkürlich, systematisch repressiv, terroristisch	Willkürlich repressiv	Beschädigte Rechtsstaatlichkeit	Rechtsstaatlich

Quelle: Merkel (2010: 24).

Mit diesen sechs Kriterien lassen sich sowohl die Autokratie von der Demokratie wie auch ihre jeweiligen beiden Subtypen systematisch unterscheiden. Konzentriert man sich dann exklusiv auf die autokratischen Regime mit dem alleinigen Trennkriterium ,Herrschaftslegitimation', können im 20. Jahrhundert acht Typen autokratischer Herrschaft identifiziert werden:

1. Kommunistische Parteiregime (in autoritärer und totalitärer Form)

2. Faschistische Regime (in autoritärer und totalitärer Form)

3. Theokratische Regime (in autoritärer und totalitärer Form)

4. Militärregime (autoritär)

5. Rassistische Apartheitregime (autoritär)

6. Modernisierungsregime (autoritär)

7.   Dynastische Regime (autoritär)

8.   Sultanistische Regime (autoritär)

Im 21. Jahrhundert sind faschistische und rassistische Autokratien weitgehend verschwunden. Faschismus und Rassismus taugen nicht mehr als positive Herrschaftslegitimation. Fast völlig verschwunden sind auch totalitäre Regime. Allein Nordkorea verdient heute noch dieses Etikett, nimmt man Hannah Arendt ernst, dass totalitäre Regime die Freiheit nicht nur einschränken, sondern abschaffen. Vielmehr hat sich aufgrund der größeren globalen Transformationstransparenz und einer zumindest nominell akzeptierten normativen Überlegenheit der internationale Druck auf autokratische Regime verschärft, sich ein demokratisches Mäntelchen umzuhängen. Dies geschieht meist über semipluralistische Wahlen. In diesen steht der Sieger nicht mehr *a priori* fest wie in ehemals kommunistischen Regimen, wo die kommunistische Einheitspartei stets mit 99 Prozent plus *gewählt* wurde. Diese neuen autoritär-semipluralistischen Wahlen sind manipuliert, gefälscht und mit Repression verbunden. In der Regel siegt der autoritäre Amtsinhaber. Ein letzter Rest an Unsicherheit bleibt jedoch. Andreas Schedler und andere subsumieren diese Regime unter der Denomination *electoral authoritarianism* (Schedler 2006; Levitsky/Way 2010). Unter den Autokratien des 21. Jahrhunderts sind sie am zahlreichsten.

Barbara Geddes (1999) hat eine andere Typologie vorgelegt. Sie unterscheidet autokratische Regime nach dem Typus der Herrschaftsträger und kommt damit zu einer Dreiertypologie: Militärregime (Militär), Einparteienregime (Partei) und personalistische Regime (mit König, Scheich, Religionsführer, ehemaligem Militär oder charismatischem Diktator an der Spitze). Besonders der Typus des personalistischen Regimes erscheint dabei als eine wenig differenzierte Residualkategorie, in der sehr unterschiedliche Herrschertypen mit verschiedenartiger Legitimationsform zusammengemischt werden: ein Diktator wie Mubarak, der aus dem Militär gekommen ist, Diktatoren wie Assad Senior oder Saddam Hussein, die als Führer der panarabisch-sozialistischen Baath-Partei zu alleinigen Herrschern aufgestiegen waren, oder Scheichs wie die Sauds in Saudi Arabien, die sich eine dynastisch-religiöse Legitimationsbasis geschaffen haben. Dennoch wurde Geddes' Typologie gerade in der quantitativen Autokratieforschung häufig eingesetzt, weil sie eine zwar nicht immer zweifellose, aber klare Unterscheidung der unterschiedlichen Regimetypen erlaubt. Barbara Geddes hat selbst eine solche Kodierung realer Autokratien der wissenschaftlichen Gemeinschaft zur Verfügung gestellt. Die sich rasch an diesen Datensatz anschließende Autokratieforschung hat sich vor allem mit der Frage der Stabilität[3] autokratischer Regime beschäftigt.

---

3   Gerschewski et al. (2013) unterscheiden zwischen Stabilität und Persistenz autokratischer Regime. Stabilität ist der anspruchsvollere Begriff. Er bezeichnet die Fähigkeit autokratischer Regime, sich infolge flexibler Anpassung an sich wandelnde wirtschaftliche, soziale oder politische Umwelten selbst innere Stabilität zu geben. Persistenz autokratischer Regime bedeutet das bloße Überleben autokratischer Regime. Die empirisch-vergleichende Forschung misst im Grunde nur die Überlebenszeiten autokratischer Regime. Sie ist also genaugenommen eine ‚Persistenz-' und keine Stabilitätsforschung.

5.3 Die Stabilität autokratischer Regime

Barbara Geddes hat ihren Datensatz selbst mit Hilfe spieltheoretischer Modelle, also Interpretationsansätzen, die sich vor allem auf das rationale Handeln der Akteure konzentrieren, analysiert und Folgendes herausgefunden: Einparteienregime sind mit einer durchschnittlichen Lebensdauer von knapp 23 Jahren die dauerhaftesten autokratischen Herrschaftsregime. Sie sind stabiler als personalistische Regime (15,1 Jahre) und Militärregime (8,8 Jahre). Die kurze Überlebensfrist von Militärregimen erklärt Geddes vor allem dadurch, dass militärische Herrschaftssysteme typischerweise mit internen Konflikten zu kämpfen haben. Die Frage heißt insbesondere in Krisen meist: Soll das Militär sich wieder in die Kasernen zurückziehen, um seine innere Einheit nicht zu gefährden, oder soll es durch erhöhte Repression die Herrschaft abzusichern versuchen? Einparteienregime sind besser vor solchen Konflikten geschützt, weil sie diese durch institutionalisierte Verfahren der Konfliktlösung angemessener bearbeiten können. Als Achillesferse personalistischer Regime erweist sich dagegen immer wieder die Nachfolgefrage. Es fehlen akzeptierte Verfahren, die die Unsicherheit wenig formalisierter, dynastischer oder quasi-dynastischer Erbansprüche reduzieren könnten. Im Unterschied zu den meist ideologischen Einparteienregimen verfügen personalistische und militärische Regime zudem über eine geringere ideologische Loyalitätsreserve.

So wichtig die Einsichten sind, die spieltheoretisch inspirierte Erklärungen erlauben, so bleibt doch das Rätsel, wie allein ‚mikro-fundierte' Erklärungen das Makrophänomen der Regimestabilität erklären sollen. Was in der Diktatur- wie in der Regimeforschung insgesamt nottut, ist ein sinnvoller Anschluss von handlungstheoretischen mikro- an strukturelle makrotheoretische Elemente (Merkel 2010: 87ff.). Ein solcher Ansatz mittlerer Reichweite ist für die Beantwortung von *big questions* analytisch ergiebiger als ‚makro-inspirierte' Korrelationsanalysen oder spieltheoretisch modellierte Realitätsausschnitte.

Politisches Handeln wird über Gelegenheitsstrukturen von Institutionen gefiltert. Diese strukturieren Handlungsanreize und beeinflussen Präferenzen, Koalitionen und Strategien von Akteuren. Einmal etabliert, entwickeln Institutionen sich selbst verstärkende Tendenzen: Interessen haben sich formiert, Erwartungs- und Kalkulationssicherheiten herausgebildet. *Investitionen* der Akteure in die strategische Ausrichtung solcher Institutionen wollen amortisiert sein. So entwickeln sich institutionelle Pfade, die eine erhebliche Befestigung erfahren. Es bilden sich Pfadabhängigkeiten heraus, die selbst beim Aufkommen effizienterer institutioneller Alternativen Bestand haben können.

Um die Frage des Überlebens oder Ablebens diktatorischer Regime zu erklären, müssen folgende drei analytische Rätsel gelöst werden: Welche Mechanismen erklären die Reproduktion autokratischer Herrschaft? Was erklärt das Entstehen von existenzgefährdenden Krisen (*critical junctures*)? Wie reagieren autokratische Herrscher in *critical junctures*? Singuläre Fragen aber geben, selbst wenn sie analytisch angemessen sind, noch keinen wissenschaftlichen Untersuchungsansatz ab. Es geht vielmehr darum, die wechselseitige Bedingtheit zu erkennen und auf dem Synthesegebot von Struktur und Handlung einen analytischen Forschungsrahmen zu entwickeln. Ein solcher wurde jüngst von einem Forschungsteam zu autokratischer Herrschaft am Wissenschaftszentrum Berlin (WZB) entwickelt und lässt sich als Drei-Säulen-Modell präsentieren (vgl. Gerschewski et al. 2013).

Abbildung 4:   Drei-Säulen-Modell autokratischer Herrschaft

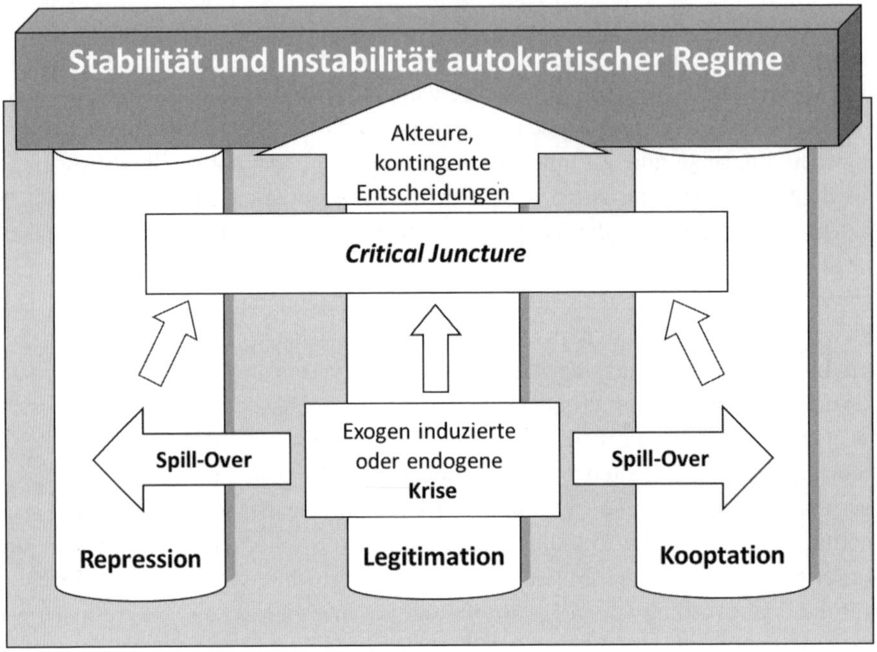

Quelle: Gerschewski et al. (2013).

Autokratische Regime gründen ihre Herrschaft prinzipiell auf drei Säulen: Legitimation, Repression und Kooptation. Die ‚Legitimation' speist sich dabei im Wesentlichen aus zwei Quellen: einer normativ-ideologischen und einer leistungsbezogenen Legitimation. Sie sind identisch mit Eastons *diffuse* und *specific support* (siehe oben). Normativ-ideologische Legitimationsmuster wie Antiliberalismus, Antiparlamentarismus, Rassismus, Nationalismus, *law and order*, religiöse Heilsordnungen, aber auch (marxistisch-leninistische) Zukunftsentwürfe können zumindest zeitweise normative Zustimmung unter den Herrschaftsunterworfenen erzeugen. Zu Beginn des 21. Jahrhunderts haben faschistische und kommunistische Ideologien ihre normative Überzeugungskraft jedoch weitgehend verloren. Wenn überhaupt, sind es gegenwärtig Varianten des radikalen politischen Islam, die eine ideologische Bindungsfähigkeit innerhalb autokratischer Regime entwickeln können. Da sich stets zwischen diktatorialen Heilsversprechen und autokratischer Realität eine tiefe Realitätskluft auftut, sind diktatorische Regime grundsätzlich instabiler und in besonderer Weise auf ihre Leistungsbilanz im Bereich von Wirtschaft, sozialer Sicherheit und Ordnung angewiesen.

Es ist unumstritten, dass Autokratien vor allem auf ‚Repression' beruhen. Es gibt nicht wenige Versuche, Repression als *das* Kernmerkmal autokratischer Herrschaft herauszustellen) Dies wird vor allem in der klassischen Schrift Hannah Arendts zu den *Elementen und Ursprüngen totaler Herrschaft* (1951, 1955) deutlich. (Repression kann unterschiedliche Formen und Intensitäten annehmen. Es lassen sich weiche und harte Repression unterscheiden (Levitsky/Way 2006: 392). Während erstere vor allem auf die Einschränkung politischer Rechte wie der Versammlungs-, Meinungs- oder Pressefreiheit abzielen, richten sich letztere vorrangig auf den Kern der Menschenrechte wie physische Integrität und individuelle Freiheit. Repression allein kann ein politisches Regime jedoch nicht dauerhaft stabilisieren. Die damit verbundenen Legitimationsverluste sind in der Regel hoch: Steigt die Repression, sinkt die Legitimation und vice versa.

Die dritte Herrschaftssäule ist ‚Kooptation'. Über den gezielten Einsatz der Kooptation kann es den autokratischen Herrschaftseliten gelingen, wichtige Akteure und Gruppen außerhalb des eigentlichen Regimekerns an die Diktatur zu binden (Bueno de Mesquita et al. 2003: 3f.). Solche strategisch wichtigen Akteure rekrutieren sich dabei zumeist aus den Wirtschaftseliten, dem Sicherheitsapparat und dem Militär. Ämter, politische Privilegien und wirtschaftliche Ressourcen sind die häufigsten Tauschpfänder, die zur Kooptation bewegen sollen. Verbreitet sind Korruption, Klientelismus und der Aufbau patrimonialer Netzwerke. Die autokratische Regimeelite muss einerseits die relevanten Akteure für das Regime gewinnen, während sie andererseits darauf achten muss, dass keiner der Akteure zu viel Macht anhäuft. Die vorhandenen Ressourcen begrenzen das Ausmaß solch *erkaufter* Kollaboration mit dem Regime. Über die meisten Ressourcen verfügen in der Regel erdölexportierende Rentierstaaten.)

Ein Vorteil des Drei-Säulen-Modells liegt darin, dass es die Auslöser von Krisenphänomenen in den jeweiligen Säulen systematisch lokalisieren kann. Das WZB-Forscherteam geht davon aus, dass Brüche in einer Säule temporär durch die Befestigung der anderen Säulen ausgeglichen werden können. Gleichzeitig können die Risse in einer Säule jedoch die anderen Säulen überlasten. Es droht ein allgemeiner Zusammenbruch. In solchen Situationen kommt es zu *critical junctures*, in denen oppositionelle Akteure eine Gelegenheit sehen, die autokratische Herrschaft insgesamt herauszufordern.

Das Drei-Säulen-Modell ist keine Theorie. Aber es bietet einen theoretischen Schutz vor erklärungsferner Deskription. Es offeriert einen heuristischen Rahmen, der die Stabilitäts- wie Instabilitätsursachen höchst unterschiedlicher diktatorialer Herrschaftssysteme nicht nur vergleichen, sondern über die Verbindung von Makro- (Strukturen) und Mikroanalyse (Handlungen) auch erklären kann.

6. Vergleich politischer Systeme

Der Vergleich von politischen Systemen hat zwei Dimensionen (Schmidt 2003: 172): eine normative (Platon, Aristoteles, Hobbes, Montesquieu) und eine empirisch-analytische (Easton, Dahl, Przeworski). Nicht immer lassen sich beide Ebenen klar voneinander trennen. Das ist dann kein epistemologisches Problem, wenn die normativen Konstanten klar ausgewiesen werden. Dies wird etwa in Arend Lijpharts (1999) einflussreicher Studie von 36 entwickelten Demokratien sichtbar, in der sowohl institutionelle Strukturen als auch ausgewählte *Policies* verglichen wurden. Auch in der Neuauflage seiner Untersuchung kommt Lijphart zu dem Urteil, dass Konsensdemokratien repräsentativer, demokratischer und in ihrer Staatstätigkeit „kinder" und „gentler" (Lijphart 2012: 274) als Mehrheitsdemokratien des Westminster-Typus sind.

Der Vergleich politischer Systeme kann mit unterschiedlichen Methoden vorgenommen werden. Das Spektrum reicht vom impliziten Vergleich innerhalb einer Fallstudie (de Tocqueville 1990 [1835]), über den Paarvergleich, den Vergleich mit einer kleinen Fallzahl (*small N*) bis hin zu einem Vergleich mit großen Fallzahlen (*large N*). Small N- und large N-Vergleiche folgen der variablenorientierten Methode. Eine kleine Anzahl unabhängiger Variablen soll die Besonderheiten oder Entwicklungen der abhängigen Variablen (politisches System) erklären. Klassisch ist Seymour M. Lipsets (1959, 1981) modernisierungstheoretische Analyse, die das Entstehen von Demokratien mit der unabhängigen Variable BIP pro Kopf erklärt. Je höher das Bruttoinlandsprodukt pro Kopf in einem Land ist, umso eher können wir erwarten, dass ein Land demokratisch ist (Lipset 1981: 31). Zu diesem Zusammenhang wurden zahllose statistische Analysen durchgeführt, die Lipsets These bestätigten (unter anderem: Lipset/Seong/Torres 1993; Lipset 1994; Boix/Stokes 2003) oder modifizierten (Prezeworski/Limongi 1997; Przeworski et al. 2000). Andere unabhängige Modernisierungsvariablen wie Bildung (Moore 1995; Rowen 1995) oder geringe sozioökonomische Ungleichheit (Przeworski 1991) korrelieren ebenfalls ausgesprochen positiv mit demokratischen Systemen. Die Art des politischen Systems (Demokratie oder Autokratie) kann aber ebenso als unabhängige Variable herangezogen werden, etwa um die Friedfertigkeit oder Kriegsbereitschaft von Staaten zu untersuchen. Symptomatisch dafür ist die *Democratic-Peace*-Debatte. Sie zeigt etwa, dass das Kant'sche Diktum „Republiken führen keine Kriege gegen Republiken" auch auf moderne Demokratien anwendbar ist (unter anderem Russett/O'Neal 2001; Mansfield/Snyder 2002). Die Forschung über den Demokratischen Frieden weist aber auch auf das weniger schmeichelhafte Ergebnis hin, dass Demokratien insgesamt keineswegs weniger Angriffskriege führen als Autokratien. Ein anderes Untersuchungsfeld wäre der Zusammenhang zwischen Demokratie und sozialer Gerechtigkeit. Merkel und Giebler (2009: 187ff.) haben für das Sample der reifen OECD-Demokratien dies herausgefunden: Je höher die Qualität der Demokratie ist, umso größer ist auch die soziale Gerechtigkeit in einem Lande.

Quantitative *large N*-Vergleiche und qualitative Fallstudien haben ihre jeweiligen Stärken und Schwächen (Schmidt 2003: 172f.; 2010b: 842). Während Vergleiche mit großen Fallzahlen kausale oder probabilistische Beziehungen zwischen einem bestimmten Typus des politischen Systems und einem bestimmten anderen sozialen, ökonomischen oder politischen Phänomenen (z. B. BIP, Bildung, Ungleichheit, Verteilungsgerechtigkeit, Stabilität) finden lassen, suchen Fallstudien die internen Zusammenhänge einzelner Teile des politischen Systems in ganzheitlichen Konfigurationsanalysen zu beleuchten (Jahn 2006: 325). Fallanalysen erlauben zudem das Nachverfolgen von Ereignisketten, das sogenannte *process tracing* (George/Bennent 2005: Kap. 10). Eine solche Analyse kann zwei zeitlich getrennte Phänomene aufeinander beziehen und die jeweilige Ursachenkette verdeutlichen. Ein Beispiel wäre etwa die Auflösung des Reichstages 1930 durch Reichskanzler Heinrich Brüning und der Kollaps der Weimarer Demokratie in Folge der Machtübergabe an Hitler im Januar 1933. *Large N*-Analysen und prozessorientierte Fallstudien schließen sich jedoch keineswegs aus. Im Gegenteil, in einer Zwei-Schritt-Analyse lassen sich zuerst statistische Analysen mit großen Fallzahlen (Schritt 1) mit prozessorientierten Studien zu wenigen ausgewählten Fällen oder einer Einzelfallanalyse (Schritt 2) verbinden. Wenn solche Zwei-Schritt-Vergleiche zudem nicht nur synchron, sondern diachron (in beiden Schritten) angelegt werden, versprechen sie besonders gute Erklärungen für die je konkreten Entwicklungsverläufe politischer Systeme.

Kommentierte Literaturhinweise

Easton, David, 1965: A Systems Analysis of Political Life. Chicago-London: John Wiley and Sons.
Eastons Buch beinhaltet die klassische Konzeptualisierung politischer Herrschaft als System.

Lijphart, Arend, ²2012: Patterns of Democracy. Government Forms and Performance in Thirty-Six Countries. New Haven-London: Yale University Press.
Lijphart systematisiert Demokratie anhand der Dimensionen ‚Exekutive-Parteien' und ‚Föderalismus-Unitarismus' und gelangt so zu zwei Subtypen entwickelter Demokratien, nämlich: Mehrheitsdemokratien und Konsensdemokratien.

Merkel, Wolfgang, ²2010: Systemtransformation. Eine Einführung in die Theorie und Empirie der Transformationsforschung. Wiesbaden: VS Verlag für Sozialwissenschaften.
Das Buch stellt die grundsätzlichen Typen politischer Herrschaft vor und konzeptualisiert die Transformationen von Diktaturen zu Demokratien.

Schumpeter, Joseph A., 1942: *Capitalism, Socialism,* and *Democracy.* New York: Harper & Brothers.
Der österreichische Ökonom entwickelt in seinem Buch das enorm einflussreiche Konzept einer minimalistischen Demokratie.

Literatur

Acemoglu, Daron/Robinson, James A., 2006: Economic Origins of Dictatorship and Democracy. New York: Cambridge University Press.

Almond, Gabriel A., 1956: Comparative Political Systems, in: Journal of Politics 18:3, 391-409.

Almond Gabriel A./Powell, G. Bingham, 1966: The Political System. A Developmental Approach. Boston, MA: Little Brown.

Almond Gabriel A./Powell, G. Bingham, 1988: Comparative Politics Today: A World View. Boston, MA: Little Brown.

Arendt, Hannah, 1951: The Origins of Totalitarianism. New York: Harvest Books.

Arendt, Hannah, 1955: Elemente und Ursprünge totaler Herrschaft. Frankfurt a.M.: Europäische Verlagsanstalt.

Aristoteles, 1994: Politik. Reinbek: Rowohlt.

Bendel, Petra/Croissant, Aurel/Rüb, Friedbert (Hg.), 2002: Zwischen Demokratie und Diktatur. Zur Konzeption und Empirie demokratischer Grauzonen. Opladen: Westdeutscher Verlag.

Boix, Carles/Stokes, Susan C., 2003: Endogenous Democratisation, in: World Politics 55:4, 517-549.

Bracher, Karl D., 1969: Die deutsche Diktatur. Entstehung, Struktur, Folgen des Nationalsozialismus. Köln: Kiepenheuer.

Brooker, Paul, ²2009: Non-Democratic Regimes. New York: Palgrave Macmillan.

Bueno de Mesquita, Bruce/Smith, Alastair/Siverson, Randolph M./Morrow, James D., 2003: The Logic of Political Survival. Cambridge, MA: MIT Press.

Collier, David/Levitsky, Steven, 1997: Democracy with Adjectives: Conceptual Innovation in Comparative Research, in: World Politics 30:4, 477-493.

Croissant, Aurel/Kühn, David, 2011: Militär und zivile Politik. München: Oldenbourg Verlag.

Crouch, Colin, 2004: Post-Democracy. Cambridge: Polity Press.

Dahl, Robert A., 1956: A preface to democratic theory. Chicago: Chicago University Press.

Dahl, Robert A., 1971: Polyarchy. Participation and Opposition. New Haven, CT: Yale University Press.

De Tocqueville, Alexis, 1990 [1835]: Über die Demokratie in Amerika. Stuttgart: Reclam.

Diamond, Larry, 2002: Thinking about Hybrid Regimes, in: Journal of Democracy 13:2, 21-35.

Downs, Anthony, 1957: An Economic Theory of Democracy. New York: Harper & Row.

Easton, David, 1965: A Systems Analysis of Political Life. Chicago-London: John Wiley and Sons.

Easton, David, 1979: A Framework for Political Analysis. Chicago: Chicago University Press.

Fishman, Robert M., 1990: Rethinking State and Regime: Southern Europe's Transition to Democracy, in: World Politics 42:3, 422-440.

Friedrich, Carl J., 1957: Totalitäre Diktatur (unter Mitarbeit von Zbigniew Brzezinski). Stuttgart: Kohlhammer.

Gandhi, Jennifer, 2008: Political Institutions under Dictatorship. Cambridge-New York: Cambridge University Press.

Gandhi, Jennifer/Przeworski, Adam, 2007: Authoritarian Institutions and the Survival of Autocrats, in: Comparative Political Studies 40:11, 1279-1301.

Geddes, Barbara, 1999: What do we Know about Democratization after Twenty Years, in: Annual Review of Political Science 2, 115-144.

George, Alexander/Bennet, Andrew, 2005: Case Studies and Theory Development in the Social Sciences. Cambridge, MA: MIT Press.

Gerschewski, Johannes/Merkel, Wolfgang/Schmotz, Alexander/Stefes, Christoph H./Tanneberg, Dag, 2013 (i. E.): Warum überleben Diktaturen, in: *Kailitz, Steffen/Köllner, Patrick* (Hg.): Autokratien im Vergleich. Politische Vierteljahresschrift, Sonderheft 47. Baden-Baden: Nomos.

Goertz, Gary, 2006: Social Science Concepts. A User's Guide. Princeton, NJ: Princeton University Press.

Habermas, Jürgen, 1992: Faktizität und Geltung. Beiträge zur Diskurstheorie des Rechts und des demokratischen Rechtsstaates. Frankfurt a.M.: Suhrkamp.

Hacker, Jacob S./Pierson, Paul, 2010: Winner-Take-All Politics: How Washington Made the Rich Richer – and Turned Its Back on the Middle Class. New York: Simon & Schuster.

Held, David, 1996: Models of Democracy. Oxford: Polity Press-Blackwell Publishers.

Holtmann, Everhard, ³2000: Politik-Lexikon. München: Oldenbourg.

Jahn, Detlev, 2006: Einführung in die vergleichende Politikwissenschaft. Wiesbaden: VS Verlag für Sozialwissenschaften.

Jellinek, Georg, 1900: Allgemeine Staatslehre. Berlin: Häring.

Jesse, Eckhard, 2008: Diktaturen in Deutschland: Diagnosen und Analysen. Baden-Baden: Nomos.

Karl, Terry L., 1995: Hybrid Regimes in Latin America, in: Journal of Democracy 6:3, 72-86.

Kelsen, Hans, 1925: Allgemeine Staatslehre. Berlin: J. Springer.

Levitsky, Steven/Way, Lucan A., 2002: The Rise of Competitive Authoritarianism, in: Journal of Democracy 13:2, 51-65.

Levitsky, Steven/Way, Lucan A., 2006: The Dynamics of Autocratic Coercive Capacity after the Cold War, in: Communist and Post-communist Studies 39:3, 387-410.

Levitsky, Steven/Way, Lucan A., 2010: Competitive Authoritarianism. Hybrid Regimes after the Cold War. Cambridge: Cambridge University Press.

Lijphart, Arend, 1999: Patterns of Democracy. Government Forms and Performance in Thirty-Six Countries. New Haven: Yale University Press.

Lijphart, Arend, ²2012: Patterns of Democracy. Government Forms and Performance in Thirty-Six Countries. New Haven-London: Yale University Press.

Linz, Juan J., 1975: Totalitarian and Authoritarian Regimes, in: Greenstein, Fred I./Polsby, Nelson W. (Hg.): Handbook of Political Science, Bd. 3: Macropolitical Theory. Reading, MA: Addison-Wesley Press, 175-411.

Linz, Juan J., 1978: The Breakdown of Democratic Regimes. Crisis, Breakdown, and Reequilibriation. Baltimore: The Johns Hopkins University Press.

Linz, Juan J., 2000: Totalitäre und autoritäre Regime. Berlin: Berliner Debatte Wissenschaftsverlag.

Lipset, Seymour M., 1959: Some Social Requisites of Democracy: Economic Development and Political Legitimacy, in: American Political Science Review 53:1, 69-105.

Lipset, Seymour M., ²1981: Political Man. The Social Basis of Politics. Baltimore: The Johns Hopkins University Press.

Lipset, Seymour M., 1994: The Social Requisites of Democracy Revisited, American Sociological Review 59:1, 1-22.

Lipset, Seymour M./Seong, Kyung-Ryung/Torres, John C., 1993: A Comparative Analysis of the Social Requisites
of Democracy, in: International Social Science Science 45:2, 155-176.

Luhmann, Niklas, 1984: Soziale Systeme. Frankfurt a.M.: Suhrkamp.

Mansfield, Edward D./Snyder, Jack, 2002: Democratic Transitions, Institutional Strength, and War, in: International Organization 56:2, 297-338.

Merkel, Wolfgang, 2004: Embedded and Defective Democracies, in: Croissant, Aurel/Merkel, Wolfgang (Hg.): Special
Issue of Democratization: Consolidated or Defective Democracy? Problems of Regime Change 11:5, 33-58.

Merkel, Wolfgang, ²2010: Systemtransformation. Eine Einführung in die Theorie und Empirie der Transformationsforschung. Wiesbaden: VS Verlag für Sozialwissenschaften.

Merkel, Wolfgang, 2012: Embedded and Defective Democracies: Where Does Israel Stand?, in: Tamar S. Hermann
(Hg.): By the People, For the People, Without the People? The Emergence of (Anti)Political Sentiment in
Western Democracies and in Israel. Jerusalem: The Israel Democracy Institute, 185-225.

Merkel, Wolfgang/Giebler, Heiko, 2009: Measuring Social Justice and Sustainable Governance in the OECD, in:
Bertelsmann Stiftung (Hg.): Sustainable Governance Indicators 2009. Policy Performance and Executive
Capacity in the OECD. Gütersloh: Verlag Bertelsmann Stiftung, 187-215.

Merkel, Wolfgang/Puhle, Hans-Jürgen/Croissant, Aurel/Eicher, Claudia/Thiery, Peter, 2003: Defekte Demokratie, Bd. 1: Theorie. Opladen: Leske + Budrich.

Merkel, Wolfgang/Puhle, Hans-Jürgen/Croissant, Aurel/Thiery, Peter, 2006: Defekte Demokratie, Bd. 2: Regio-
nalanalysen. Wiesbaden: VS Verlag für Sozialwissenschaften.

Meyer, Thomas, 2005: Theorie der Sozialen Demokratie. Wiesbaden: VS Verlag für Sozialwissenschaften.

Moore, Barrington, 1969: Soziale Ursprünge von Diktatur und Demokratie. Frankfurt a.M.: Suhrkamp.

Moore, Mick, 1995: Democracy and Development in Cross-National Perspective: A New Look at the Statistics,
in: Democratization 2:2, 1-19.

Nohlen, Dieter (Hg.), 1998: Lexikon der Politik, Bd. 7: Politische Begriffe. München: C.H. Beck.

Nolte, Ernst, ⁵1972: Diktatur, in: Brunner, Otto/Conze, Werner/Koselleck, Reinhart (Hg.): Geschichtliche Grundbegriffe. Historisches Lexikon zur politisch-sozialen Sprache in Deutschland, Bd. 1. Stuttgart: Klett-Cotta, 900-924.

O'Donnell, Guillermo, 1994: Delegative Democracy, in: Journal of Democracy 7:4, 112-126.

O'Donnell, Guillermo/Schmitter, Philippe C./Whitehead, Laurence (Hg.), 1986: Transitions from Authoritarian
Rule: Comparative Perspectives. Baltimore: The Johns Hopkins University Press.

Parsons, Talcott, 1951: The Social System. London: Routledge.

Parsons, Talcott, 1971: Evolutionäre Universalien in der Gesellschaft, in: Zapf, Wolfgang (Hg.): Theorien sozialen Wandels. Köln-Berlin: Kiepenheuer und Witsch, 55-74.

Platon, Politeia, ³2011: hg. v. Höffe, Otfried. Berlin: Akademie Verlag.

Przeworski, Adam, 1991: Democracy and the Market. Cambridge: Cambridge University Press.

Przeworski, Adam, 2010: Democracy and the Limits of Self-Government. Cambridge: Cambridge University Press.

Przeworski, Adam/Alvarez, Michael/Cheibub, José A./Limongi, Fernando, 2000: Democracy and Development:
Political Institutions and Well-Being in the World, 1950-1990. Cambridge: Cambridge University Press.

Przeworski, Adam/Limongi, Fernando P., 1997: Modernization: Theories and Facts, in: World Politics 42:2, 155-183.

Ringen, Stein, 2007: What Democracy Is For. On Freedom and Moral Government. Princeton, NJ: Princeton University Press.

Rowen, Henry S., 1995: The Tide Underneath the 'Third Wave', in: Journal of Democracy 6:1, 52-64.

Russett, Bruce M./O'Neal, John, 2001: Triangulating Peace: Democracy, Interdependence, and International Organizations. New York: W. W. Norton & Company.

Schedler, Andreas, 2002: Elections Without Democracy: The Menu of Manipulation, in: Journal of Democracy
13:2, 36-50.

Schedler, Andreas (Hg.), 2006: Electoral Authoritarianism: The Dynamics of Unfree Competition, Boulder, CO:
Lynne Rienner.

Schmidt, Manfred G., 2003: Vergleichende Analyse politischer Systeme, in: Münkler, Herfried (Hg.): Politikwissenschaft. Ein Grundkurs. Hamburg: Rowohlt, 172-206.

Schmidt, Manfred G., ⁵2010a: Demokratietheorien. Eine Einführung. Wiesbaden: VS Verlag für Sozialwissenschaften.

Schmidt, Manfred G., ³2010b: Wörterbuch zur Politik. Stuttgart: Kröner.

Schmitt, Carl, ³1964 [1921]: Die Diktatur. Von den Anfängen des souveränen Staatsgedankens bis zum proletarischen Klassenkampf. Berlin: Duncker & Humblot.

Schumpeter, Joseph A., 1942: *Capitalism, Socialism,* and *Democracy.* New York: Harper & Brothers.

Svolik, Milan W., 2008: Authoritarian Reversals and Democratic Consolidation, in: American Political Science Review 102:2, 153-168.

Svolik, Milan W., 2012: The Politics of Authoritarian Rule. Cambridge: Cambridge University Press.

von Beyme, Klaus, 1970: Die parlamentarischen Regierungssysteme in Europa. München: Piper.

Vergleichende Regierungslehre: institutionelle Bedingungen des Regierens im demokratischen Staat

Florian Grotz

1. Einleitung

„Alle Staatsgewalt geht vom Volke aus. Sie wird vom Volke in Wahlen und Abstimmungen und durch besondere Organe der Gesetzgebung, der vollziehenden Gewalt und der Rechtsprechung ausgeübt" (Art. 20 Abs. 2 GG). So beschreibt das Grundgesetz den demokratischen Verfassungsstaat. Dieses Begriffsverständnis bildet nicht nur das normative Fundament der Bundesrepublik Deutschland, sondern gilt grundsätzlich für alle modernen Demokratien. Das Markenzeichen der ‚Volks-Herrschaft' sind demnach freie und faire Wahlen, in denen die Regierung von den Bürgern legitimiert wird. Hinzu tritt das Erfordernis der Gewaltenteilung: In konstitutionellen Demokratien werden die staatlichen Kernfunktionen – Legislative (Gesetzgebung), Exekutive (Gesetzesvollzug) und Judikative (Rechtsprechung) – von unterschiedlichen Instanzen ausgeübt, die sich wechselseitig kontrollieren und so möglichen Machtmissbrauch verhindern sollen. Demokratisches Regieren beruht also auf formalisierten ‚Spielregeln', die bestimmte Handlungsoptionen erlauben und andere ausschließen. Diese Spielregeln heißen *politische Institutionen*.[1]

Den Teilbereich der politikwissenschaftlichen Komparatistik, der sich mit der Struktur und Funktionsweise politischer Institutionen befasst, bezeichnet man als *Vergleichende Regierungslehre* (Kaiser 2010). Dieser Forschungszweig reicht historisch bis in die griechische Antike zurück und nimmt – trotz gelegentlicher Abgesänge auf institutionalistische Ansätze[2] – bis heute eine zentrale Stellung in der Vergleichenden Politikwissenschaft ein. Worin liegt die besondere Faszinationskraft politischer Institutionen, dass sich immer neue Generationen von Politikwissenschaftlern mit ihnen beschäftigen? Ausschlaggebend dafür sind zwei zentrale Gründe. Zum einen bilden Spielregeln immer einen Handlungskorridor für die beteiligten Akteure und wirken so auf Verlauf und Ausgang des Spiels ein. Für unseren Zusammenhang bedeutet dies: Die institutionelle Form eines demokratischen Systems (im Englischen *polity*) beeinflusst den Prozess der politischen Willensbildung und Entscheidung (*politics*) und damit auch die inhaltlichen Ergebnisse der Staatstätigkeit (*policies*). Da sich

---

1   Der Begriff ‚politische Institutionen' wird in der Politikwissenschaft unterschiedlich definiert (Höpner 2011). Im engeren Sinn fallen darunter nur die formalen Organisationsstrukturen und Verfahren eines Regierungssystems, im weiteren Sinn zählen auch die ‚verfestigten' Interaktionsmuster politischer Akteure – wie Parteien- und Verbändesysteme – dazu. Der vorliegende Beitrag verwendet den Begriff im ersteren, engeren Verständnis.

2   Zur historischen Entwicklung der Vergleichenden Regierungslehre siehe von Beyme (2010).

Demokratien in ihrem konkreten Institutionenaufbau mehr oder minder stark unterscheiden, kann man mithilfe des historischen und internationalen Vergleichs ermitteln, welche institutionellen Regeln besonders gut funktionieren und welche eher problematische Effekte zeitigen. Zum anderen haben politische Institutionen gegenüber anderen Rahmenbedingungen des demokratischen Regierens – z. B. dem sozioökonomischen Entwicklungsstand, den gesellschaftlichen Wertvorstellungen und dem internationalen Kontext – einen unschätzbaren Vorteil (Dahl 1996: 178f.): Sie können gestaltet werden. Gerade in politischen Krisensituationen wird häufig der Ruf nach institutionellen Reformen laut, weil die Überzeugung verbreitet ist, dass Funktions- und Leistungsdefizite demokratischen Regierens durch veränderte Spielregeln behoben werden können. Politikwissenschaftliche Institutionenforschung ist demnach auch für die politische Praxis relevant: Das empirisch-vergleichende Wissen über institutionelle Effekte bildet eine wichtige Grundlage, um etwa für neue Demokratien eine leistungsfähige Verfassung zu entwerfen bzw. in etablierten Demokratien die bestehende Institutionenarchitektur zu optimieren. Diese anwendungsorientierte Dimension des politikwissenschaftlichen Institutionenvergleichs wird in der Literatur als *„constitutional engineering"* (Sartori 1994) bezeichnet.

Die folgenden Ausführungen geben einen einführenden Überblick über das analytische Instrumentarium und den empirischen Gegenstandsbereich der Vergleichenden Regierungslehre. Drei Fragenkomplexe erweisen sich dabei als zentral:

1. Wie kann man die *politischen Institutionen* in modernen Demokratien begrifflich so fassen, dass ihre funktionsrelevanten Eigenschaften systematisch und präzise zum Ausdruck kommen?

2. Was sind die *Auswirkungen institutioneller Regelungen* auf den Prozess des demokratischen Regierens und die Ergebnisse der Staatstätigkeit? Inwieweit sind solche Effekte allgemeingültig, also in einer großen Zahl unterschiedlicher Fälle zu beobachten, oder kontextspezifisch, das heißt nur unter bestimmten historisch-politischen Umständen festzustellen?

3. Wann kommt es zu *Veränderungen demokratischer Institutionen*? Finden in Demokratien tatsächlich institutionelle Reformen statt, die im Sinne des *constitutional engineering* Funktions- und Leistungsdefizite des demokratischen Regierens beseitigen? Und nicht zuletzt: Wie wirkt sich die fortschreitende Internationalisierung bzw. Europäisierung des Regierens auf die institutionelle Struktur demokratischer Nationalstaaten aus?

Das vorliegende Kapitel kann diese basalen Fragen nicht erschöpfend klären, sondern gibt darauf einige exemplarische Antworten. Dazu präsentiert der nächste Abschnitt die konzeptionell-theoretischen Grundlagen der Vergleichenden Regierungslehre am Beispiel eines besonders einflussreichen modernen Klassikers: der Studie *Patterns of Democracy* von Arend Lijphart. Die darin entwickelte Unterscheidung von Mehrheits- und Konsensdemokratien dient als Referenzpunkt, um die Erträge, aber auch charakteristische Probleme des institutionenbezogenen Demokratievergleichs aufzuzeigen. In den weiteren Abschnitten geht es dann um zwei Institutionenarrangements, die den Kern der demokratischen Gewaltenteilung bilden und deshalb zu den zentralen Untersuchungsgegenständen der Vergleichenden Regierungslehre gehören: das Beziehungsgefüge zwischen Parlament, Staatsoberhaupt und Regierung (*horizontale Gewaltenteilung*) sowie das institutionalisierte Verhältnis von Zentralstaat und dezentralen Gebietskörperschaften (*vertikale Gewaltenteilung*). Für diese Arrangements werden die oben genannten Schlüsselfragen – die konzeptionelle Erfassung institutioneller Strukturen, ihre Auswirkungen sowie ihre Veränderung und Veränderungsfähigkeit – konkretisiert und anhand ausgewählter Befunde beantwortet. Der Schlussabschnitt fasst die Ausführungen zusammen und zeigt einige Forschungsperspektiven auf.

2. Politische Institutionen und demokratisches Regieren: konzeptionell-theoretische Grundlagen

Bevor die Funktions- und Leistungsfähigkeit demokratischer Institutionen vergleichend analysiert werden kann, bedarf es eines konzeptionell-theoretischen Rahmens, der zwei grundlegende Anforderungen erfüllen muss. Zum einen sollte er die funktionalen Differenzen zwischen unterschiedlichen institutionellen Strukturen präzise kenntlich machen und zum anderen eine eindeutige und vollständige Zuordnung empirischer Fälle ermöglichen. Seit Aristoteles im 4. Jahrhundert v. Chr. seine Staatsformenlehre entwickelt hat, gab es unzählige Versuche, die institutionellen Konfigurationen von Demokratien systematisch zu erfassen (vgl. Schmidt 2010). Einer der eindrucksvollsten jüngeren Ansätze, mit dem „diese Tradition […] ihren vorläufigen Höhepunkt erreicht" hat (Kaiser 2010: 1162), stammt von Arend Lijphart. Anhand seiner Studie *Patterns of Democracy* (2012) lassen sich die Möglichkeiten und Grenzen eines umfassenden Vergleichs demokratischer Institutionensysteme beispielhaft erläutern. Zu diesem Zweck werden nun die zentralen Inhalte dieser Studie rekonstruiert und kritisch gewürdigt.

Für seine Klassifikation demokratischer Institutionensysteme geht Lijphart von einer grundlegenden Frage aus:[3] Wer ist für das Regieren in einer repräsentativen Demokratie verantwortlich bzw. wessen Interessen soll die demokratisch gewählte Regierung verfolgen, wenn es in der Bevölkerung unterschiedliche Präferenzen gibt? Lijphart zufolge gibt es darauf zwei gegensätzliche Antworten, denen jeweils ein idealtypisches Demokratiemuster entspricht. Einerseits kann eine Regierung die Interessen der Bevölkerungsmehrheit vertreten. Diese Herrschaftsform, die sich durch machtkonzentrierende Institutionen auszeichnet, wird als *Mehrheitsdemokratie* bezeichnet. Andererseits kann eine Regierung die Interessen von möglichst vielen vertreten. Dem entspricht eine institutionelle Struktur, die ein hohes Maß an Machtstreuung aufweist und so einen breiten Einbezug unterschiedlicher gesellschaftlicher Gruppierungen gewährleistet. In diesem Fall spricht man von einer *Konsensdemokratie*.

Woran lassen sich diese Demokratiemuster in der politischen Realität festmachen? Dazu präsentiert Lijphart in einem ersten Analyseschritt zehn Strukturmerkmale demokratischer Systeme, die er wie folgt definiert (vgl. auch Schmidt 2010: 322):

---

3 Lijphart hat diesen Ansatz bereits in früheren Veröffentlichungen entwickelt (unter anderem Lijphart 1968, 1984). Eine ähnliche Argumentation findet sich auch in den Arbeiten von Gerhard Lehmbruch (1967, 1992, 2003).

1. *Kabinettsstruktur:* Hier lautet die grundlegende Alternative, ob die politische Macht innerhalb der Exekutive auf eine Partei konzentriert ist oder ob viele Parteien mitregieren.

2. *Exekutiv-legislative Beziehungen:* Im Mittelpunkt steht dabei das Verhältnis von Regierung und Parlament, das entweder durch eine dominante Position der Regierung oder eine Machtbalance zwischen beiden Institutionen charakterisiert ist.

3. *Parteiensystem:* Dieses Merkmal nimmt die Interaktionsstrukturen der parlamentarischen Parteien in den Blick: Handelt es sich um ein Zweiparteien- oder ein Vielparteiensystem?

4. *Wahlsystem:* Dabei geht es um die – proportionalen oder mehrheitsbildenden – Auswirkungen des Wahlsystems auf das Verhältnis von Wählerstimmen zu Parlamentsmandaten.

5. *Verbändesystem:* Des Weiteren ist von Bedeutung, ob die Interessenverbände in einer Demokratie pluralistisch oder korporatistisch organisiert sind (siehe Armingeon i.d.B.)

6. *Staatsaufbau:* Dieses Merkmal adressiert die Frage, ob die politische Macht in einem demokratischen Staat vertikal zwischen nationalstaatlicher Ebene und subnationalen Gebietskörperschaften verteilt ist oder nicht.

7. *Parlamentsstruktur:* Hier geht es darum, ob die Legislativmacht innerhalb des Parlaments (auf eine Kammer) konzentriert oder (zwischen zwei Kammern) aufgeteilt ist.

8. *Verfassungsrahmen:* Im Zentrum steht dabei, ob die Verfassung von der jeweiligen Regierung flexibel angepasst werden kann oder sich gegenüber Veränderungswünschen als rigide erweist.

9. *Verfassungsgerichtsbarkeit:* Dieses Merkmal bezieht sich auf die Existenz oder Nicht-Existenz eines Verfassungsgerichts, das die politischen Entscheidungen des Parlaments und der Regierung überprüfen darf.

10. *Zentralbankautonomie:* Schließlich ist von Bedeutung, ob die Zentralbank den Weisungen der Regierung unterliegt oder ihren (geldpolitischen) Kurs unabhängig verfolgen kann.

Auf dieser Basis entsteht eine Typologie, die die wichtigsten institutionellen Strukturen etablierter Demokratien enthält und ihre jeweiligen Ausprägungen den beiden Modellen demokratischer Machtverteilung zuordnet. Auf der einen Seite steht die Mehrheitsdemokratie, die, im Spiegel von Lijpharts Daten, die von 1945 bis 2010 reichen, am ehesten in Großbritannien und Neuseeland anzutreffen ist (Lijphart 2012: 9ff., 244). Sie ist idealtypisch durch ein Zweiparteiensystem charakterisiert, das aus einem mehrheitsbildenden Wahlsystem hervorgeht und in dem die stärkere Partei die Regierung bildet. Darüber hinaus ist eine Mehrheitsdemokratie als zentralisierter Einheitsstaat organisiert. Sie verfügt über ein pluralistisches Verbändesystem, eine regierungsabhängige Zentralbank sowie ein Einkammerparlament. Ihre Verfassung kann mit einfacher Mehrheit geändert werden und unterliegt keiner verfassungsgerichtlichen Kontrolle. Durch diese hochgradige Machtkonzentration erhält die jeweilige Regierung einen großen Spielraum bei der Gestaltung und Umsetzung konkreter *policies*.

Die Konsensdemokratie, deren empirische Entsprechung sich am ehesten in mitteleuropäischen Ländern findet (insbesondere in der Schweiz und in Belgien), weist die genau gegenteiligen Merkmalsausprägungen auf (Lijphart 2012: 30ff.). Sie ist charakterisiert durch ein Vielparteiensystem, das aus einem Verhältniswahlsystem hervorgeht. Ihre Regierungen bestehen aus Parteienkoalitionen, denen ein hochgradig organisiertes, korporatistisches Verbändesystem gegenübersteht. Das Kräfteverhältnis zwischen Regierung und Parlament ist ausbalanciert, die Zentralbank agiert weisungsunabhängig. Überdies ist die Konsensdemokratie föderal bzw. dezentral organisiert und basiert auf einer Verfassung, die nur durch breite Mehrheiten geändert werden kann. Schließlich ist die Legislativmacht zwischen zwei Parlamentskammern aufgeteilt, und das Letztentscheidungsrecht über die bestehende Gesetzgebung liegt beim Verfassungsgericht. Zusammengenommen sichert die hochgradige Machtstreuung in der Konsensdemokratie eine weitgehende Beteiligung politischer Minderheiten an der demokratischen Willensbildung und Entscheidung. Zugleich bedeutet dies, dass die Regierung stets auf die Unterstützung weiterer Akteure angewiesen ist und so ihre eigenen Politikziele nur bedingt durchsetzen kann.

Im zweiten Schritt operationalisiert Lijphart die benannten Strukturmerkmale über entsprechende Indikatoren und wendet diese auf 36 etablierte Demokratien an.[4] Dabei wird deutlich, dass die einzelnen Merkmale nicht völlig unabhängig voneinander auftreten, sondern sich mithilfe einer Faktorenanalyse in zwei separaten Dimensionen bündeln lassen. Den ersten Faktor bezeichnet Lijphart als Exekutive-Parteien-Dimension (*joint power dimension*), die die ersten fünf Merkmale umfasst. Der zweite Faktor wird als Föderalismus-Unitarismus-Dimension beschrieben (*divided power dimension*), die sich aus den übrigen fünf Merkmalen zusammensetzt.

Mithilfe dieses konzeptionell-theoretischen Rahmens werden im dritten Schritt die Funktions- und Leistungsfähigkeit der beiden Demokratietypen anhand ausgewählter prozess- und inhaltsbezogener Indikatoren untersucht. Dabei kommt Lijphart zu dem Ergebnis, dass Konsensdemokratien deutlich bessere Resultate erzielen als Mehrheitsdemokratien. Dies gilt nicht nur für die *Input*-Seite des politischen Systems, wo es kaum überrascht, dass der auf Konsens ausgerichtete Demokratietyp eine höhere gesellschaftliche Integrationsleistung erbringt.[5] Vielmehr schneiden Konsensdemokratien auch hinsichtlich der Staatstätigkeit in

---

4   Dazu zählen die 15 westeuropäischen EU-Staaten, Norwegen, die Schweiz, Island, USA, Kanada, Japan, Australien, Neuseeland und Israel. Einbezogen sind außerdem einige kleinere (Insel-)Staaten (Bahamas, Barbados, Botswana, Jamaika, Malta, Mauritius, Trinidad und Tobago) sowie Argentinien, Costa Rica, Indien, Korea und Uruguay (Lijphart 2012: 49). Zentrales Kriterium für diese Auswahl ist eine durchgängige Demokratieerfahrung von mehr als 20 Jahren. Dadurch fallen zahlreiche Länder, die bereits seit längerem vollständig etablierte Demokratien sind (z.B. die mittel- und osteuropäischen EU-Staaten), aus dem Sample heraus. Gleiches gilt für Kolumbien, Papua Neu Guinea und Venezuela, die noch in der ersten Auflage von 1999 mituntersucht wurden, inzwischen aber keine vollständigen Demokratien mehr sind.

5   Als Indikatoren für die gesellschaftliche Inklusions- bzw. Repräsentationsfähigkeit zieht Lijphart unter anderem die Höhe der Wahlbeteiligung, den Anteil weiblicher Parlamentsabgeordneter und die allgemeine Demokratiezufriedenheit heran.

unterschiedlichen Politikfeldern[6] besser ab als Mehrheitsdemokratien und erscheinen also auch auf der *Output*-Seite als überlegene Form. Daraus leitet Lijphart (2012: 296ff.) eine klare Empfehlung für die politische Praxis ab: Demokratien sind gut beraten, konsensdemokratische Arrangements einzuführen.

Bereits aus dieser kurzen Darstellung sollte eines deutlich geworden sein: *Patterns of Democracy* bildet einen Meilenstein der Vergleichenden Regierungslehre. Innerhalb der institutionenbezogenen Demokratieforschung dürfte sich kaum ein anderes Werk finden, das derart *substanzielle Fortschritte* in mehrfacher Hinsicht erbracht hat.

Erstens stellt Lijpharts Studie eine *theoretische Innovation* dar, insofern als sie die Grundstrukturen demokratischer Regierungssysteme unter einer einheitlichen funktionalen Perspektive erfasst. Die Unterscheidung zwischen Mehrheits- und Konsensdemokratie ist auch intuitiv plausibel, da sich die einzelnen Strukturmerkmale empirisch leicht wiederfinden lassen. Auf diese Weise wirkt Lijpharts Demokratiemodell plastischer als andere Konzeptionalisierungen, die auf eine stärkere Formalisierung setzen, dadurch aber an Anschaulichkeit verlieren.[7]

Zweitens ist Lijphart mit dieser Studie eine *Zusammenführung unterschiedlicher Forschungsstränge* gelungen. Da die zehn Strukturmerkmale der Mehrheits- bzw. Konsensdemokratie den inhaltlichen Kern der Vergleichenden Regierungslehre bilden, findet sich zu jedem von ihnen ein mehr oder minder umfangreicher Literaturbestand (Helms/Jun 2004). *Patterns of Democracy* macht gesonderte Untersuchungen beispielsweise zu Wahlsystemen, Parteiensystemen und Regierungskoalitionen keineswegs überflüssig, sondern bietet vielmehr einen einheitlichen Rahmen, der auf den Erkenntnissen der Spezialliteraturen aufbaut und diese zugleich verknüpft.

Drittens erlauben Lijpharts Befunde eine *neuartige Bewertung der unterschiedlichen Demokratieformen*. In der älteren Regierungslehre der 1950er und 1960er Jahre herrschte noch die Meinung vor, dass das Westminstersystem britischer Prägung die beste Verfassung sei, da allgemein angenommen wurde, dass effizientere politische Entscheidungsstrukturen auch zu effektiveren Problemlösungen führen. *Patterns of Democracy* begründet nun die genau gegenteilige Position: Nicht die Mehrheits-, sondern die Konsensdemokratie ist die beste Staatsform.

---

6   Dazu zählen nicht nur bestimmte Felder der Inneren Sicherheit, Umwelt- und Entwicklungspolitik, sondern auch der Bereich der makroökonomischen Steuerung (unter anderem Inflationsbekämpfung).

7   Dies gilt etwa für das Vetospieler-Theorem von George Tsebelis (2002), das in gewisser Weise eine formalisierte Weiterentwicklung des Lijphart'schen Ansatzes darstellt und in der Vergleichenden Politikwissenschaft ebenfalls sehr breit rezipiert wurde. Vetospieler sind alle individuellen oder kollektiven Akteure, deren Zustimmung für eine signifikante Veränderung des politischen Status quo erforderlich ist. Tsebelis unterscheidet drei Kategorien von Vetospielern: institutionelle (z.B. Zweite Kammern, Verfassungsgerichte), parteipolitische (z.B. Koalitionsparteien) und sonstige (z.B. Verbände, Zentralbanken). Die Machtkonzentration bzw. Machtstreuung in einem demokratischen Regierungssystem resultiert demzufolge aus der Anzahl, der ideologischen Kongruenz und der internen Kohäsion der jeweiligen Spieler. Mithilfe dieses Theorems kann der institutionelle Handlungskorridor für die politische Willensbildung und Entscheidung analytisch präziser vermessen werden. Allerdings lassen sich Vetospielerkonstellationen – anders als bei *Patterns of Democracy* – nicht mehr eindeutig auf bestimmte institutionelle Grundmodelle zurückführen.

Unbenommen all dieser Leistungen hat die Studie auch vielfache Kritik erfahren (vgl. zusammenfassend Croissant 2010: 130ff.; Müller-Rommel 2008). Im Folgenden werden *drei zentrale Kritikpunkte* an Lijpharts Ansatz erläutert, die zugleich auf grundlegende Schwierigkeiten des institutionenbezogenen Demokratievergleichs verweisen.[8]

Erstens hat die wissenschaftliche Auseinandersetzung mit Lijpharts Werk *Schwächen bei der empirischen Erfassung der Strukturmerkmale* entdeckt. Zwei Beispiele: (1) In *Patterns of Democracy* wird der Konzentrationsgrad der Legislativmacht allein an der relativen Stärke einer Zweiten Parlamentskammer festgemacht. Nach den Befunden der Vergleichenden Parlamentsforschung hängt die innerparlamentarische Machtverteilung aber noch von weiteren institutionellen Arrangements ab, wie den Mitwirkungsrechten der Opposition (Döring 1995). Das Merkmal Parlamentsstruktur ist daher nicht vollständig operationalisiert. (2) Zur systematischen Klassifikation von Mehrheits- bzw. Verhältniswahlsystemen zieht Lijphart einen gängigen Indikator – den Gallagher-Index – heran, der die Disproportionalität zwischen Wählerstimmen und Parlamentsmandaten misst. Damit werden aber nicht Wahlsystemstrukturen, sondern politische Ergebnisse erfasst, die sowohl vom Wahlsystem als auch von anderen Bedingungen abhängen. Für die angestrebte Messung ist der gewählte Indikator also nicht hinreichend aussagekräftig. Insgesamt ergibt sich daraus ein beträchtlicher Nachbesserungsbedarf (vgl. ausführlich Vatter 2009). Allerdings sollte man fairerweise hinzufügen, dass es bei quantitativ-vergleichenden Analysen häufig schwerfällt, geeignete Indikatoren zu finden, die das untersuchte Phänomen umfassend abdecken und für die zugleich vollständige Daten zur Verfügung stehen.

Weitaus schwerer wiegt der zweite Ansatzpunkt der Kritik. Demnach weist Lijpharts Demokratiemodell *konzeptionell-theoretische Schwächen* auf. Problematisch ist insbesondere, dass er bei den Strukturmerkmalen seiner Demokratiemuster nicht zwischen formalen Regelungen und Akteurskonstellationen unterscheidet. Beispielsweise kann die Struktur eines Wahlsystems in der Regel auf Basis des Wahlgesetzes eindeutig bestimmt werden. Dagegen lassen sich die Strukturen von Parteien- oder Verbändesysteme niemals anhand rechtlicher Regelungen identifizieren, da diese Interaktionsmuster wesentlich durch gesellschaftliche und politische Prozesse geprägt sind (siehe Armingeon i. d. B.). Auch innerhalb der einzelnen Strukturmerkmale differenziert Lijphart nicht zwischen der formal-institutionellen und der Akteursdimension (Ganghof 2005). So lässt sich die Machtposition einer Zweiten Parlamentskammer nicht allein anhand ihrer verfassungsmäßigen Kompetenzen ermitteln, sondern nur, wenn man die (partei-)politische Zusammensetzung des Gremiums mitberücksichtigt. Dieses Beispiel macht auf ein weiteres Grundproblem der Vergleichenden Regierungslehre aufmerksam: Politische Institutionen und politische Akteure stehen in einem engen Wechselverhältnis. In letzter Konsequenz bedeutet dies, dass das Leistungsprofil einer Demokratie niemals allein auf formal-institutionelle Strukturen zurückgeführt werden kann. Lijphart entgeht dieser analytischen Engführung, indem er sein Demokratiemodell durch die Akteursdimension anreichert. Allerdings basiert die positive Performanz

---

8   Die aufgeführte Kritik bezieht sich ursprünglich auf die erste Auflage von *Patterns of Democracy* (1999). Lijphart hat erstaunlich wenige Punkte aus dieser intensiven Diskussion aufgegriffen, so dass die nachfolgend benannten Schwächen auch für die jüngst vorgelegte Neuauflage von 2012 gelten.

der von ihm untersuchten Konsensdemokratien nicht nur auf formal-institutionellen Bedingungen, sondern auch auf Akteurskonstellationen, die – im Unterschied zu ersteren – nur begrenzt durch *constitutional engineering* gestaltbar sind.

Damit kommen wir zum dritten Kritikpunkt an *Patterns of Democracy*: Der *Kontextbezug des Analyseansatzes* wird nicht expliziert. Lijphart argumentiert über weite Strecken so, als könne die festgestellte Überlegenheit der Konsensdemokratie breiteste Geltung beanspruchen. Gleichwohl bleibt offen, inwieweit der theoretisch-konzeptionelle Rahmen wirklich allgemein anzuwenden ist. Mit dieser Frage verbindet sich wiederum eine grundlegende Schwierigkeit, die in der Fachliteratur als *travelling problem* (Sartori 1970) diskutiert wird: Lassen sich empirische Konzepte und Theorien auf andere historische und kulturelle Kontexte übertragen oder taugen sie (nur) für die Fälle, anhand derer sie ursprünglich entwickelt wurden? Zwar dürfte die idealtypische Grundunterscheidung zwischen Mehrheits- und Konsensdemokratie auf alle Länder übertragbar sein, die dem westlichen Muster der repräsentativen Demokratie folgen. Für die einzelnen Strukturmerkmale des Demokratiemodells gilt dies jedoch nicht in gleicher Weise. Schon die Entstehungsbedingungen demokratischer Institutionen setzen der Übertragbarkeit Grenzen. Für die Wahl eines bestimmten Institutionenarrangements können dabei unterschiedliche Motive ausschlaggebend sein (Hall/Taylor 1996): politisch-kulturelle Traditionen, normative Angemessenheit oder auch der schlichte Eigennutz der Entscheidungsträger. Dementsprechend variieren auch die Entstehungskontexte im historischen und internationalen Vergleich: Beispielsweise verliefen die Prozesse der demokratischen Institutionenbildung in Westeuropa während des späten 19. und frühen 20. Jahrhunderts grundsätzlich anders als in Mittel- und Osteuropa nach 1989. Vor diesem Hintergrund dürfte sich auch erklären, warum diese Länder nicht so klar der Konsens- oder der Mehrheitsdemokratie zuzuordnen sind wie die von Lijphart untersuchten westlichen Länder (Grotz/Müller-Rommel 2011).

Zum anderen können sich demokratische Institutionen infolge veränderter Rahmenbedingungen wandeln. Ein gutes Beispiel für eine solche Kontextveränderung ist die „Aufgabeneuropäisierung" (Schmidt 2005), also die fortschreitende Übertragung politischer Gestaltungskompetenzen auf die Europäische Union. Dieser supranationale Integrationsprozess hat zwar zu keinem vollständigen Umbau der demokratischen Regierungssysteme in den EU-Staaten geführt, wohl aber haben sich dadurch die Form und Funktionsweise nationalstaatlicher Institutionen in vielfacher Hinsicht verändert (siehe Holzinger i. d. B.).[9] Kurzum: Eine substanzielle Überarbeitung von Lijpharts Studie müsste den Umstand berücksichtigen, dass

---

[9]   Am deutlichsten wird dies anhand der Europäischen Zentralbank (EZB), die in den Euro-Ländern die Aufgaben der nationalen Notenbanken übernommen hat und daher nicht mehr als binnenstaatliche Institution klassifiziert werden kann. Gleichwohl behält Lijphart in der Neuauflage von *Patterns of Democracy* die Unabhängigkeit der Zentralbank als Strukturmerkmal bei, weil die EZB erst relativ kurze Zeit existiere und daher nicht repräsentativ für den gesamten Untersuchungszeitraum seit 1945 stehe. „However, if I were to prepare a further update of this book in say 2025, the period of the internationalization of the central banks will have lasted so long that central bank independence should be dropped as a component of the federal-unitary dimension" (Lijphart 2012: 233f.).

sich die Strukturmerkmale der Mehrheits- bzw. Konsensdemokratie infolge anders gelagerter Rahmenbedingungen verändert haben könnten.[10]

Insgesamt zeigt die kritische Würdigung von *Patterns of Democracy*, wie schwierig es ist, eine theoretisch konsistente und empirisch fundierte Typologie demokratischer Institutionensysteme zu entwerfen. Die weiteren Abschnitte dieses Kapitels konzentrieren sich daher auf zwei Strukturmerkmale des Lijphart'schen Modells, die als politische Institutionen im engeren Sinn zu verstehen sind und die horizontale und vertikale Verteilung politischer Macht in demokratischen Regierungssystemen festlegen: die exekutiv-legislativen Beziehungen (Merkmal 2) sowie den vertikalen Staatsaufbau (Merkmal 6).[11] Anhand dieser Arrangements werden die angesprochenen Schlüsselfragen der Vergleichenden Regierungslehre *in concreto* erörtert.

3. Horizontale Gewaltenteilung: parlamentarische, präsidentielle und semi-präsidentielle Systeme

Das Verhältnis zwischen exekutiver und legislativer Gewalt manifestiert sich im Beziehungsgefüge von Parlament, Regierung und Staatsoberhaupt. Dieses institutionelle „Spannungsdreieck" (Döring/Hönnige 2008: 451) kann unterschiedlich ausgestaltet sein. Zu seiner Erfassung hat es sich eingebürgert, zwischen *parlamentarischen und präsidentiellen Regierungssystemen* zu differenzieren. Historisch beruht dieser Gegensatz auf den zwei ‚Protodemokratien', die schon im 19. Jahrhundert als heterogene Regierungsformen beschrieben wurden (Bagehot 1867): dem britischen Westminster-System, in dem die Regierung aus dem Parlament hervorgeht, und dem US-amerikanischen System, in dem der direkt gewählte Prä-

---

10 2009 hat Vatter eine aktualisierte und konzeptionell modifizierte Reanalyse von *Patterns of Democracies* für 23 OECD-Länder vorgenommen (Vatter 2009). Als zusätzliches Strukturmerkmal bezieht er dabei direktdemokratische Institutionen ein. Insbesondere das fakultative Referendum und Volksinitiativen wertet Vatter als Merkmale der Konsensdemokratie, da diese Volksrechte der Durchsetzung des (parlamentarischen) Mehrheitswillens Grenzen setzen. Plebiszite mit einfachem Mehrheitsentscheid hingegen stuft Vatter als mehrheitsdemokratisches Instrument ein. Auf diese Weise ergibt sich nicht nur eine plausible Differenzierung der ursprünglichen empirischen Befunde; vielmehr wird auch deutlich, dass und wie eine weitere altehrwürdige Unterscheidung der Vergleichenden Regierungslehre – jene zwischen repräsentativer und direkter Demokratie – in Lijpharts Modell systematisch integriert werden kann.

11 Für eine vollständige Darstellung der demokratischen Gewaltenteilung müsste auch die Verfassungsgerichtsbarkeit einbezogen werden. Im Unterschied zur Rechtswissenschaft hat die Vergleichende Regierungslehre der Struktur und Funktionsweise von Verfassungsgerichten traditionell nur wenig Aufmerksamkeit geschenkt. Erst in der jüngeren Vergangenheit wurde auch ihre politische Rolle und Funktion intensiver diskutiert. Als besonders einflussreich erwies sich dabei die These von Stone Sweet (2000), der zufolge der politische Gestaltungsspielraum von Regierungen und Parlamenten durch die Rechtsprechung von Höchstgerichten immer stärker eingeschränkt wird („Justizialisierung der Politik"). Obwohl seither die politikwissenschaftliche Literatur zu Verfassungsgerichten ‚boomt', ist das „theoretische wie empirische Wissen über die Funktionsweise von Verfassungsgerichten und ihre Wechselbeziehungen mit anderen Institutionen" nach wie vor „äußerst beschränkt" (Hönnige/Gschwend 2010: 508). Daher werden die Ergebnisse der empirisch-vergleichenden Verfassungsgerichtsforschung hier nicht ausführlich dargestellt.

sident dem Kongress gegenübersteht. Worin aber besteht der entscheidende Strukturunterschied zwischen den beiden Regierungssystemen?

Winfried Steffani (1979) hat darauf eine ebenso einfache wie einleuchtende Antwort gegeben: Das primäre Differenzkriterium ist die *politische Verantwortlichkeit der Regierung gegenüber dem Parlament*. In einem parlamentarischen System kann die Regierung jederzeit durch ein Misstrauensvotum gestürzt werden, wenn die Abgeordnetenmehrheit dies befürwortet. In einem präsidentiellen Regierungssystem ist der Präsident, der die Funktionen von Regierungschef und Staatsoberhaupt auf sich vereint, für eine feste Amtszeit gewählt und kann nicht aus politischen Gründen[12] vorzeitig abgesetzt werden. Daraus resultieren unterschiedliche Funktionslogiken, aus denen sich wiederum *unterschiedliche Formen der horizontalen Gewaltenteilung* ergeben. Im Präsidentialismus sind Exekutive und Legislative *institutionell getrennt*, das heißt die Regierung wird durch das Parlament kontrolliert. Im Parlamentarismus dagegen sind die Gewalten *institutionell verschränkt*, da Regierung und Parlamentsmehrheit eine „integrierte politische Aktionseinheit" (Steffani 1979: 59) bilden; die Kontrolle der Regierungsmehrheit obliegt hier der parlamentarischen Opposition. Entsprechend dieser Grundlogik weisen beide Systemtypen weitere (sekundäre) Merkmalsunterschiede auf. Im parlamentarischen System nehmen Regierungsmitglieder in der Regel zugleich ein Parlamentsmandat wahr; der Premierminister kann – gleichsam als Gegenwaffe zum Misstrauensvotum – das Parlament vorzeitig auflösen, wenn ihm die Abgeordnetenmehrheit das Vertrauen verweigert; die parlamentarischen Regierungsfraktionen treten geschlossen nach außen auf, um der Opposition keine Angriffsfläche zu bieten; und nicht zuletzt steht neben dem Premierminister als politischer Exekutivspitze noch ein Staatsoberhaupt, das überwiegend repräsentative Aufgaben wahrnimmt. Im präsidentiellen Regierungssystem finden sich die genau gegenteiligen Ausprägungen: Regierungsamt und Parlamentsmandat können nicht von denselben Personen ausgeübt werden; der Präsident darf das Parlament ebenso wenig vorzeitig auflösen wie dieses ihn stürzen kann; im Parlament ist keine hohe Fraktionsdisziplin erforderlich; und der Präsident vereint die Funktionen des Regierungschefs und des Staatsoberhaupts auf sich.

Steffanis Klassifikation ermöglicht nicht nur eine theoretisch konzise Unterscheidung exekutiv-legislativer Arrangements, sondern erlaubt auch eine treffsichere Einordnung der meisten Regierungssysteme, die im Gefolge der ersten beiden „Demokratisierungswellen" nach 1918 und 1945 entstanden sind (Huntington 1991). Dabei kam es in Westeuropa durchweg zur Einführung parlamentarischer Systeme, während in Lateinamerika überwiegend präsidentielle Systeme etabliert wurden. Zwar wiesen die einzelnen Länder innerhalb beider Kategorien institutionelle Unterschiede auf, doch wurde der grundlegende Gegensatz zwischen Parlamentarismus und Präsidentialismus deswegen nicht in Frage gestellt.[13]

---

12   Ein Amtsenthebungsverfahren aus strafrechtlichen Gründen ist grundsätzlich möglich.

13   Zur Erfassung der Variation innerhalb der beiden Grundtypen hat Steffani (1979) verschiedene Subtypen gebildet. Um z. B. das Regierungssystem der Schweiz adäquat einzuordnen, hat er als Unterkategorie des Präsidentialismus das sogenannte Kollegialsystem definiert, in dem das Regierungskollegium vom Parlament gewählt wird, aber nicht vorzeitig abgesetzt werden kann.

Mit der dritten Demokratisierungswelle (Huntington 1991), die Ende der 1980er Jahre auch Mittel- und Osteuropa erfasste, veränderte sich die Ausgangssituation. Dort wurden nun etliche Verfassungen etabliert, die sowohl einen direkt gewählten Präsident mit bedeutsamen politischen Kompetenzen als auch eine vom Parlament abhängige Regierung vorsehen. Ein solches Hybrid zwischen Präsidentialismus und Parlamentarismus wurde erstmals von Maurice Duverger (1980) anhand der französischen Verfassung von 1956[14] beschrieben und als „Semi-Präsidentialismus" bezeichnet – ein Begriff, der sich inzwischen allgemein durchgesetzt hat. Zunächst wurde kontrovers diskutiert, ob semi-präsidentielle Systeme einen eigenständigen Regierungstyp oder einen (weiteren) Subtyp des Parlamentarismus bilden, zu dem sie nach Steffanis Definition gehören. Für welche Alternative man sich auch entscheidet: Fest steht, dass die Funktionslogik eines semi-präsidentiellen Systems in hohem Maße von der jeweiligen Akteurskonstellation abhängt. Stimmt die (partei-)politische Zugehörigkeit des Staatspräsidenten mit der Parlamentsmehrheit überein, ergibt sich eine quasi-parlamentarische Gewaltenverschränkung zwischen Präsident, Premierminister und Regierungsfraktionen. Fallen die politischen Zugehörigkeiten unterschiedlich aus, muss ein Staatspräsident mit einem Regierungschef anderer *couleur* zusammenleben;[15] damit kommt es zu einer quasi-präsidentiellen Gewaltenteilung innerhalb der Exekutive. Wer in dieser antagonistischen Kräftekonstellation letztlich die Oberhand behält, hängt nicht zuletzt von der Kompetenzausstattung des Staatspräsidenten ab. Die Regierungssystemforschung hat daher große Anstrengungen unternommen, die institutionelle Stärke des Staatspräsidenten in semi-präsidentiellen Systemen typologisch zu erfassen. In diesem Zusammenhang haben Shugart und Carey (1992) eine vielbeachtete Typologie vorgeschlagen. Dabei unterscheiden sie zwischen „präsidentiell-parlamentarischen Systemen", in denen der Präsident aufgrund seiner exekutiven bzw. legislativen Kompetenzen die Regierung dominieren kann (z. B. in Russland und der Ukraine), und „parlamentarisch-präsidentiellen Systemen", bei denen die Kompetenzverteilung zwischen Präsident und Premier ausgewogen ist (wie in Frankreich oder Polen). So wird eine weitere, theoretisch plausible Differenzierung semi-präsidentieller Systeme möglich. Allerdings geben Shugart und Carey kein institutionelles Kriterium an, mit dem sich präsidentiell-parlamentarische und parlamentarisch-präsidentielle Systeme eindeutig voneinander abgrenzen lassen. Dahinter verbirgt sich auch ein empirisches Problem: In semi-präsidentiellen Demokratien sind die Bestimmungen zur Verteilung exekutiver und legislativer Vollmachten sehr facettenreich; häufig ist zudem die Kompetenzabgrenzung zwischen Präsident und Regierungschef nicht abschließend geregelt, sodass die Klassifizierung präsidentieller Vollmachten auf qualitativen Einschätzungen beruht, die niemals ganz von der jeweiligen Verfassungspraxis abstrahieren können.

---

14   Zwar gab es schon im Europa der Zwischenkriegszeit einige semi-präsidentielle Systeme (unter anderem in der Weimarer Republik, Finnland, Österreich und Polen), allerdings wurden sie in der Vergleichenden Regierungslehre zunächst nicht systematisch rezipiert.

15   Diese Konstellation wird als *cohabitation* bezeichnet – ein Terminus, der das mehr oder minder ungewollte und nicht immer einfache Zusammenleben unterschiedlicher Akteure illustrieren soll.

Tabelle 1: Typen von Regierungssystemen nach unterschiedlichen Autoren

Institutionelle Merkmale[a]	Beispielfälle	Steffani (1979)	Duverger (1980)[b]	Shugart/Carey (1992)[c]	Elgie (1999)
- Reg.: keine parl. Abberufbarkeit - Präs.: Regierungschef	Brasilien USA	Präsiden-tialismus	Präsidentialis-mus	Präsidentialismus	Präsiden-tialismus
- Reg.: parl. Abberufbarkeit - Präs.: Direktwahl, sehr stark	Russland Ukraine		Semi-Präsi-dentialismus	Präsidentiell-parlamentarisch	Semi-Präsiden-tialismus
- Reg.: parl. Abberufbarkeit - Präs.: Direktwahl, stark	Frankreich Polen	Parlamen-tarismus		Parlamentarisch-präsidentiell	
- Reg.: parl. Abberufbarkeit - Präs.: Direktwahl, schwach	Irland Slowenien		Parlamenta-rismus	Parlamentaris-mus	
- Reg.: parl. Abberufbarkeit - Präs.: keine Direktwahl, schwach	Deutschland Großbritannien				Parlamen-tarismus

Anmerkungen: [a] Die aufgeführten Typen von Regierungssystemen werden jeweils festgemacht (1) an der parlamentarischen Verantwortlichkeit der Regierung („Reg.") gegenüber dem Parlament („parl. Abberufbarkeit") und (2) der Stellung des Staatspräsidenten bzw. des monarchischen Staatsoberhaupts in einigen rein parlamentarischen Systemen („Präs."). Mit Blick auf den Staatspräsidenten wiederum sind die entscheidenden Differenzkriterien (a) der Wahlmodus („Direktwahl" versus „keine Direktwahl") sowie (b) der relative Umfang an legislativen und/oder exekutiven Kompetenzen („schwach" = nur repräsentative Kompetenzen; „stark" = politisch bedeutsame Kompetenzen, die der Präsident aber mit einem parlamentarisch verantwortlichen Premierminister teilen muss; „sehr stark" = weitgehende autonome Kompetenzen des Präsidenten). [b] Duverger hat in seinem grundlegenden Beitrag bereits zwischen drei Subtypen des Semi-Präsidentialismus unterschieden (Länder mit starken Präsidenten; Kompetenzbalance zwischen Präsident und Premier; Präsident mit repräsentativen Kompetenzen). Allerdings ist diese Differenzierung eher empirisch (anhand von illustrativen Fallbespielen) denn theoretisch-konzeptionell (anhand von klar definierten Kriterien), sodass in der vorliegenden Übersicht nur die drei Grundtypen aufgeführt sind. [c] Shugart und Carey (1992) führen noch einen fünften Typ an, in dem die Regierung durch das Parlament für eine feste Amtszeit gewählt wird, aber nicht vorzeitig aufgelöst werden kann („Versammlungsunabhängige Regierung"). Da diese Regierungsform einen empirischen Sonderfall darstellt (Schweiz), wurde sie nicht in die obige Übersicht aufgenommen.

Daraufhin hat Elgie (1999) den Semi-Präsidentialismus an einem anderen Aspekt festgemacht: der *Direktwahl des Staatspräsidenten* in einem ansonsten parlamentarischen System. Damit liegt wiederum ein formales Kriterium vor, das in der Empirie ebenso leicht wie eindeutig zu identifizieren ist. Das dürfte erklären, warum viele jüngere Studien mit dieser Definition arbeiten (Schleiter/Morgan-Jones 2009: 875). Allerdings lässt Elgies Konzept die institutionelle Machtverteilung zwischen Präsident, Parlament und Regierung unberücksichtigt. „Semi-Präsidentialismus" wird so gleichsam zu einer *catch-all*-Kategorie, die von Russland über Frankreich und Polen bis zu Irland und Slowenien sehr heterogene Fälle exekutiv-legislativer Strukturen in sich vereint.

In Tabelle 1 sind die unterschiedlichen Typologien von Regierungssystemen zusammengefasst. Sie veranschaulicht das Spannungsverhältnis zwischen theoretisch-konzeptioneller Aussagekraft und empirischer Treffsicherheit: Entweder bildet man eine Klassifikation anhand eindeutig bestimmbarer, formaler Kriterien, allerdings um den Preis, dass die einzelnen Kategorien eine beträchtliche interne Varianz aufweisen (so bei Steffani und Elgie); oder man versucht das Binnenverhältnis zwischen Präsident, Regierungschef und Parlament stärker auszudifferenzieren, muss dann aber Abstriche bei der konzeptionellen Präzision in Kauf nehmen (so im Falle von Shugart/Carey). Insgesamt wird dadurch verständlich, warum sich in der Vergleichenden Regierungslehre keine dieser Typologien allgemein durchgesetzt hat, sondern je nach Erkenntnisinteresse und Analyseansatz die eine oder andere der benannten Klassifikationen benutzt wird.

Was sind nun die *politischen Auswirkungen* parlamentarischer, präsidentieller und semi-präsidentieller Systeme? Damit haben sich zahllose empirisch-vergleichende Studien beschäftigt. Das daraus resultierende Bild ist höchst ambivalent (Gerring/Thacker/Moreno 2009: 335). Einerseits herrscht weitgehender Konsens, dass die institutionelle Struktur der exekutiv-legislativen Beziehungen bedeutsame Konsequenzen hat: Nahezu alle vorliegenden Analysen haben systematische Effekte der Regierungssystemtypen auf die Funktions- und Leistungsfähigkeit der Demokratie festgestellt. Andererseits ist strittig, welches institutionelle Arrangement besser funktioniert. Dabei mangelt es nicht an theoretisch begründeten Positionen, die eine bestimmte Regierungsform klar favorisieren bzw. ablehnen.

Als besonders wirkungsmächtig erwies sich in diesem Zusammenhang die These von Juan Linz (1990), der zufolge präsidentielle Systeme die Entwicklung der Demokratie nachhaltig gefährden. Das Kernproblem des Präsidentialismus besteht demnach in seiner Rigidität, die sich aus den fixierten, voneinander unabhängigen Amtszeiten von Präsident und Parlament ergibt. Da beide Staatsorgane zudem direkt gewählt werden und daher eine je eigene Legitimität beanspruchen können, kommt es bei Grundsatzkonflikten zwischen Exekutive und Legislative zu Kooperationsverweigerung, die wiederum zu politischen Entscheidungsblockaden und im ungünstigsten Fall zum Zusammenbruch der Demokratie führt. Der Parlamentarismus zeichnet sich demgegenüber durch seine Flexibilität aus, da hier politische Krisensituationen durch den Sturz der Regierung bzw. durch vorzeitige Parlamentswahlen gelöst werden können. In der Folgezeit wurde Linz' Position von zahlreichen Untersuchungen zu den präsidentiellen Systemen Lateinamerikas, aber auch von interregional vergleichenden Studien bestätigt (unter anderem Stepan/Skach 1993; Hadenius 1994). Außerdem wurde seine Kritik, die sich im Wesentlichen gegen direkt gewählte Staatspräsidenten mit machtvollen Kompetenzen richtet, auf semi-präsidentielle Systeme übertragen (Rüb 2001).

Nicht wenige Autoren haben jedoch die Befunde der präsidentialismuskritischen Literatur mit überzeugenden Argumenten in Frage gestellt. Ihnen erscheint die theoretisch begründete Abwertung des Präsidentialismus als zu einseitig. Zwar kann die institutionelle Trennung von Exekutive und Legislative zu Blockadesituationen führen, aber ebenso gut die Konsolidierung einer Demokratie befördern, etwa wenn ein stark zersplittertes und polarisiertes Parteiensystem die Bildung einer arbeitsfähigen Parlamentsmehrheit verhindert. In diesem Fall ist die institutionell garantierte Stabilität einer präsidentiellen Regierung von Vorteil (Powell 1982: Kap. 4). Auch dem Semi-Präsidentialismus lassen sich positive Seiten abgewinnen: Für manche Beobachter ist er sogar das beste System, weil er mehr Flexibilität als der Präsidentialismus erlaubt und zugleich mehr Stabilität als der Parlamentarismus gewährleistet (Sartori 1994). Allgemein gilt, dass ein und dieselbe Regierungsform sehr unterschiedliche Wirkungen auf die demokratische Entwicklung haben kann – je nachdem, von welchen Voraussetzungen man ausgeht. Umso wichtiger ist es für international vergleichende Analysen, die institutionellen Strukturen in systematische Beziehung zu den jeweiligen Kontextbedingungen zu setzen. Gerade in dieser Hinsicht erweist sich die präsidentialismuskritische Literatur als defizitär.[16] Die jüngere Forschung hat daher die Effekte der Systemtypen auf bestimmte prozessuale und inhaltliche Aspekte des demokratischen Regierens ins Zentrum gerückt und dabei einige interessante Zusammenhänge aufgedeckt. Beispielsweise weisen die Regierungen in semi-präsidentiellen Systemen einen höheren Anteil an parteilosen Ministern auf und sind tendenziell weniger stabil als jene in parlamentarischen Systemen (Schleiter/Morgan-Jones 2009: 885ff.). Zugleich scheinen Länder mit parlamentarischen Systemen in einigen Bereichen der wirtschaftlichen und sozialen Entwicklung bessere Ergebnisse zu erzielen als solche mit präsidentiellen Systemen.[17] Auch hier gilt jedoch, dass die Qualität demokratischer Politik nur zum Teil durch das strukturelle Verhältnis von Exekutive und Legislative erklärt werden kann. Nicht minder bedeutsam sind weitere (Detail-)Regelungen des Gesetzgebungsverfahrens, aber auch außerinstitutionelle Rahmenbedingungen (Döring/Hönnige 2008: 476ff.).

Dem Anspruch des *constitutional engineering*, das beste Regierungssystem zu identifizieren, sind damit deutliche Grenzen gesetzt. Noch enger wird der verfassungspolitische Gestaltungsspielraum, wenn man die *institutionelle Entwicklung der exekutiv-legislativen Beziehungen im internationalen Vergleich* betrachtet. Drei Befunde sind hier besonders bemerkenswert. Erstens wird die Wahl des Regierungssystemtyps nicht unbedingt durch funktionale Erwägungen bestimmt. Zwar finden sich einzelne Fälle, in denen institutionelle Lehren aus der Vergangenheit gezogen wurden, wie beim parlamentarischen System der Bundesrepublik Deutschland, das als bewusste Abkehr vom Präsidialsystem der Weimarer Republik verstanden wurde (von Beyme 1999). In vielen (Re-)Demokratisierungsprozessen wurden jedoch schlicht die tradierten Strukturen der horizontalen Gewaltenteilung übernommen,[18] und in wiederum anderen Fällen wurde das Beziehungsgefüge zwischen Exekutive und Legislative von den Machtinteressen der beteiligten Akteure geprägt.[19] Zweitens ändern sich einmal etablierte Regierungsformen kaum grundlegend. Zwar kommt es häufiger zu spezifischen Modifikationen innerhalb parlamentarischer bzw. (semi-)präsidentieller Systeme, ein Wechsel des Regierungssystemtyps ist jedoch die Ausnahme – und zwar sowohl in alten als auch in jungen Demokratien (Thibaut 1998; Elgie/Moestrup/Wu 2011). Drittens hat die Internationalisierung bzw. Europäisierung bislang keine umfassenden Reformen der exekutiv-legislativen Beziehungen bewirkt. Zwar wurden die innerparlamentarischen bzw. regierungsinternen Organisationsstrukturen in sämtlichen EU-Staaten an die Anforderungen

---

16 Siehe hierzu die Studien von Nohlen/Fernández (1991), Thibaut (1996) und Cheibub (2007). Ähnliche Befunde liegen auch für semi-präsidentielle Systeme vor (Grotz 2000; Elgie/Moestrup/Wu 2011).

17 Gerring, Thacker und Moreno (2009) stellen diese Korrelation zwischen Regierungsform und *policy outcomes* anhand unterschiedlicher Indikatoren fest, wie Grad des Freihandels, Kommunikationsinfrastruktur, Kindersterblichkeit, Lebenserwartung und Alphabetisierungsgrad.

18 Dazu zählt etwa Österreich, das nach 1945 die (semi-präsidentielle) Vorkriegsverfassung in Kraft setzte, aber auch viele lateinamerikanische Länder, in denen die präsidentielle Regierungsform nach Wiedereinführung der Demokratie nie ernsthaft zur Disposition stand (Thibaut 1996).

19 Dies trifft beispielsweise für viele ex-sozialistische Länder Mittel- und Osteuropas zu, in denen ein starkes Präsidentenamt von den Post-Kommunisten als Möglichkeit des institutionellen Machterhalts präferiert wurde (Rüb 2001).

des europäischen Regierens angepasst, doch auch hier blieb es bei eher punktuellen Veränderungen der bestehenden Institutionen (Kropp/Buzogány/Buche 2012).[20]

4. Vertikale Gewaltenteilung: Bundesstaaten und Einheitsstaaten

Die Idee, staatliche Gewalt nicht nur horizontal zwischen verschiedenen Organen, sondern auch vertikal zwischen unterschiedlichen Ebenen zu teilen, geht auf Montesquieu (1689-1755) zurück und zählt spätestens seit den *Federalist Papers* (1787)[21] zum Kerninventar der modernen Demokratietheorie. Der zugrundeliegende Gedanke ist ebenso schlicht wie faszinierend: Kleinräumige Regierungssysteme können offensichtlich den Interessen der Bürgerschaft besser gerecht werden als größere Territorialgebilde, sind aber zugleich in militärischer, ökonomischer und außenpolitischer Hinsicht stärker verwundbar. Mithilfe des *Föderalismusprinzips* – territoriale Einheit bei gleichzeitiger vertikaler Machtteilung (Elazar 1987: 64ff.) – scheint es möglich, die komplementären Vorteile von klein- und großräumigen Gebietskörperschaften in einem Staat zusammenzuführen. Die Realisierung dieser Idee ist jedoch alles andere als einfach: „Federations have a natural tendency to become too centralized – perhaps even despotic – or so decentralized and weak that they devolve into internal war or fall prey to external enemies. Thus, the task of achieving the promise of federalism while minimizing its peril involves a problem of institutional design: how to create a central government that is simultaneously strong and limited" (Rodden 2006: 17). Vor diesem Problemhorizont beschäftigt sich ein eigener Zweig der politikwissenschaftlichen Regierungslehre mit der Struktur und Funktionsweise föderaler Systeme. Mit der weltweiten Ausbreitung der Demokratie gegen Ende des 20. Jahrhunderts hat dieser Forschungsstrang an Bedeutung gewonnen und sich stärker international vergleichend ausgerichtet.[22] Freilich finden sich auch hier jene analytischen Probleme, die oben für die Vergleichende Regierungslehre allgemein festgestellt wurden.

---

20 Die formale Beharrungskraft der exekutiv-legislativen Beziehungen ist nicht mit der gleichbleibenden Funktionsweise dieser Institutionen zu verwechseln. Im Gegenteil: Angesichts der fortschreitenden Internationalisierung glauben einige Forscher eine generelle Machtverschiebung zugunsten der jeweiligen Regierungschefs zu erkennen (Poguntke/Webb 2005) – ein Befund, der noch weiterer Überprüfung bedarf.

21 Die *Federalist Papers* wurden von drei Gründungsvätern der USA – Alexander Hamilton, James Madison und Jon Jay – zunächst unter einem Pseudonym („Publius") in Zeitungen veröffentlicht, um die amerikanische Bevölkerung vom vorliegenden Verfassungsentwurf zu überzeugen. Bis heute gelten sie nicht nur als wegweisender Kommentar zur US-Verfassung, sondern auch als Klassiker der politischen Ideengeschichte (vgl. Hamilton/Madison/Jay 1989).

22 Föderalismus war seit jeher ein sehr interdisziplinär besetztes Themengebiet, mit dem sich auch die Rechts-, Wirtschafts- und Verwaltungswissenschaften intensiv befasst haben. Vor diesem Hintergrund galt die politikwissenschaftliche Föderalismusforschung lange Zeit nicht als Teilbereich der Vergleichenden Regierungslehre, sondern als separater Forschungsstrang, der eng mit den benannten Nachbardisziplinen zusammenarbeitete und von ihnen beeinflusst wurde. Daher wird Föderalismus in einigen Einführungs- und Überblickswerken zur Vergleichenden Regierungslehre eher randständig behandelt, auch wenn inzwischen eine zunehmend stärkere Anbindung der Föderalismusforschung an den *mainstream* der Vergleichenden Politikwissenschaft zu beobachten ist.

Beginnen wir mit der Konzeptbildung. Traditionell herrscht weitgehender Konsens, dass das Beziehungsgefüge zwischen nationaler Ebene und subnationalen Gebietskörperschaften mit dem Begriffspaar Bundesstaat (föderaler Staat) versus Einheitsstaat (unitarischer Staat) erfasst wird. Eine theoretisch konzise und empirisch gehaltvolle Abgrenzung der beiden Grundtypen ist jedoch noch schwieriger als im Fall der exekutiv-legislativen Beziehungen. Schon die definitorische Ausgangssituation stellt sich sehr unterschiedlich dar: Während eine unübersehbar große Menge an Föderalismusdefinitionen existiert, gilt das Verständnis von Einheitsstaat häufig als so selbstverständlich, dass der Begriff gar nicht näher bestimmt wird (Rhodes 2001: 15968). Diese Asymmetrie entspricht dem unterschiedlichen Profil der zugrundeliegenden Leitideen. Der Zentralismus findet seinen gleichsam natürlichen Ausdruck im Einheitsstaat, in dem die politische Souveränität auf nationaler Ebene konzentriert ist. Die Verwirklichung des Föderalismus ist dagegen alles andere als eindeutig. Je nachdem, ob man das Prinzip ‚Einheit in Vielfalt' nur an die Verfassungsordnung gebunden sieht oder auch als darüber hinausgehende Lebensform begreift, können drei grundlegende Begriffsperspektiven eines föderalen Systems unterschieden werden (Thorlakson 2003):

1.   eine soziologische Perspektive, die mit Föderalismus den politischen Ausgleich territorial heterogener Interessen adressiert, wobei die so verstandene ‚föderale Gesellschaft' mit bundesstaatlichen Strukturen korrespondiert;

2.   eine konstitutionelle Perspektive, die den Föderalismus lediglich an der rechtlichen Form der vertikalen Kompetenzordnung festmacht; sowie

3.   eine gouvernementale Perspektive, die neben dem Verfassungsrahmen auch die politisch-administrativen Akteurskonstellationen einbezieht, um die Interaktionsdynamik zwischen gesamtstaatlicher Ebene und subnationalen Gebietskörperschaften zu erfassen.

Entsprechend ihrem formal-institutionellen Fokus geht die Vergleichende Regierungslehre meist von einem engen, konstitutionellen Begriffsverständnis aus. Aber selbst innerhalb dieser Perspektive gibt es grundlegend unterschiedliche Möglichkeiten der Konzeptbildung. So orientiert sich ein Strang der politikwissenschaftlichen Föderalismusforschung definitorisch an der klassischen Staatsrechtslehre, die kategorial zwischen *Bundesstaaten und Einheitsstaaten* unterscheidet. Als primäres Differenzkriterium dient dabei die sogenannte Bestandsgarantie der regionalen Ebene: Demnach muss es in einem Bundesstaat regionale Gebietskörperschaften (Gliedstaaten) geben, die in mindestens einem Aufgabenbereich das Letztentscheidungsrecht innehaben, und dieses Recht darf vom Zentralstaat (Bund) nicht einseitig verändert oder gar entzogen werden (Riker 1975: 101; Thorlakson 2003: 5). Diese Regelung prägt das Verhältnis zwischen zentralstaatlichen und regionalen Akteuren in spezifischer Weise: Anders als in Einheitsstaaten, die pyramidal-hierarchisch aufgebaut sind, ist das vertikale Beziehungsgefüge in Bundesstaaten aufgrund der konstitutionellen Ebenbürtigkeit von Bund und Gliedstaaten symmetrisch-kooperativ angelegt (Elazar 1987).

Allerdings kann die Kompetenzverteilung zwischen nationaler Ebene und dezentralen Gebietskörperschaften innerhalb beider Grundtypen der Staatsorganisation erheblich variieren. So kann es auch in unitarischen Staaten politisch-administrative Regionen geben, die autonome Aufgaben wahrnehmen. Als weiteres Differenzkriterium wird daher der relative Umfang der den Ebenen zugewiesenen Kompetenzen herangezogen. Konzeptionell erfasst wird diese vertikale Kompetenzverteilung mit dem Gegensatz *Zentralisierung versus Dezentralisierung*. Dabei interessiert nicht nur die Aufteilung materieller Gesetzgebungs- und Vollzugskompetenzen (Aufgabenstrukturen), sondern auch die jeweiligen einnahmen- wie ausgabenseitigen Kompetenzen im Rahmen der gesamtstaatlichen Finanzverfassung (Ressourcenstrukturen).

Mithilfe dieser beiden Begriffspaare können unterschiedliche Formen der vertikalen Gewaltenteilung systematisch geordnet werden (Tabelle 2). Auf der einen Seite lassen sich die Einheitsstaaten in einen klassisch unitarischen und einen dezentralisierten Typ unterteilen; im letzten Fall existieren auch regionale Gebietskörperschaften, die über autonome Kompetenzen verfügen. Auf Seite der Bundesstaaten kann ebenfalls ein stärker zentralisierter Typ, bei dem die nationale Ebene hinsichtlich des Kompetenzumfangs ein deutliches Übergewicht besitzt, von einem dezentral organisierten Typ unterschieden werden. Dazwischen findet sich noch ein kooperativer Bundesstaat, bei dem Bund und Gliedstaaten jeweils nur über wenige autonome Kompetenzbereiche verfügen und die Erfüllung zentraler öffentlicher Aufgaben gemeinsam wahrnehmen.

Wie Tabelle 2 am Beispiel der westeuropäischen Staaten deutlich macht, ermöglicht diese Typologie klare Zuordnungen der meisten Fälle, die auch dem jeweiligen Verständnis der länderspezifischen Literatur weitgehend entsprechen. Auf den zweiten Blick birgt die Einteilung aber auch ein Problem: Da hier Föderalismus und Dezentralisierung strikt voneinander getrennt sind, gibt es einige Länder wie Spanien, Italien oder Großbritannien, die dem Grundtyp nach Einheitsstaaten sind, zugleich aber Regionen aufweisen, die über mehr autonome Kompetenzen verfügen als die Länder in Bundesstaaten wie Deutschland und Österreich. Daher argumentiert ein anderer Strang der Föderalismusforschung, dass zwischen Bundesstaaten und (dezentralisierten) Einheitsstaaten hinsichtlich der vertikalen Machtverteilung kein kategorialer, sondern allenfalls ein gradueller Unterschied besteht. Aus dieser Sicht scheint es wenig sinnvoll, anhand der regionalen Bestandsgarantie zwei ‚heterogene Welten' der Staatsorganisation zu unterscheiden. Vielmehr wird hier die vertikale Kompetenzordnung als Kontinuum gedacht, auf dem der jeweilige Dezentralisierungsgrad der staatlichen Aufgaben-, Ressourcen- und Entscheidungsstrukturen verortet werden kann (Braun 2002).

Tabelle 2: Typologie der vertikalen Staatsorganisation: Bundesstaaten versus
Einheitsstaaten

Grundtypen	*Einheitsstaat*		*Bundesstaat*		
Primäres Merkmal	Keine formale Bestandsgarantie regionaler Gebietseinheiten		Formale Bestandsgarantie regionaler Gebietseinheiten (Gliedstaaten)		
Subtypen	*Zentralisierter Einheitsstaat*	*Dezentralisierter Einheitsstaat*	*Zentralisierter Bundesstaat*	*Kooperativer Bundesstaat*	*Dezentralisierter Bundesstaat*
Sekundäre Merkmale	Keine autonomen Kompetenzen für Regionen	Autonome Kompetenzen für Regionen	Relativ geringe Autonomie der Gliedstaaten	Überwiegend gemeinsame Aufgabenwahrnehmung	Weitrechende Autonomie der Gliedstaaten
Beispiele[a]	Dänemark Griechenland Irland Luxemburg Portugal	Finnland Frankreich Großbritannien Italien Niederlande Spanien[b] Schweden	Österreich	Deutschland	Belgien Schweiz

Quelle: Darstellung nach Grotz (2012).

Anmerkungen: [a] Die Beispielfälle umfassen die westeuropäischen EU-Mitgliedstaaten (EU-15) und die Schweiz. [b] Die Zuordnung Spaniens zu einem der beiden Grundtypen erweist sich als schwierig, was sich beispielsweise in Bezeichnungen wie „Incomplete Federalism" (Grau i Creus 2000) dokumentiert. Entsprechend den vorliegenden Kriterien wird das Land hier als dezentraler Einheitsstaat klassifiziert.

Nach dieser Logik haben Hooghe, Schakel und Marks (2008a, 2008b) einen Versuch unternommen, die Kompetenzausstattung politisch-administrativer Regionen im internationalen Vergleich zu erfassen. Dazu unterscheiden sie zwischen der politischen Autonomie von Regionen (*self-rule*) und ihren Mitwirkungsrechten auf nationaler Ebene (*shared rule*), wobei jede dieser Dimensionen aus vier Kompetenzkategorien besteht, die nach dem jeweiligen Kompetenzumfang kodiert werden.[23] Die einzelnen Werte werden dann zu einem Gesamtindex regionaler Kompetenzausstattung addiert. Tabelle 3 dokumentiert die entsprechenden Messergebnisse für die 16 westeuropäischen Staaten. Im Vergleich zu Tabelle 2 ergibt sich sowohl hinsichtlich der einzelnen Kategorien als auch für die einzelnen Länder ein weit differenzierteres Bild. Zugleich verblasst der kategoriale Unterschied zwischen Bundes- und Einheitsstaaten: Unter den vier Ländern mit den ‚mächtigsten' Regionen finden sich je zwei föderale (Deutschland, Belgien) und zwei unitarische Staaten (Italien, Spanien). Allerdings erfolgt die höhere Präzision dieser Messung um den Preis, dass sich die Länder nicht mehr zu klar definierten Gruppen zusammenfassen lassen. Im Lichte der qualitativ-vergleichenden Föderalismusforschung sind zudem die Abstände zwischen den einzelnen Fällen diskussionswürdig, zumal die relative Gewichtung der Teilindizes nicht hinreichend deutlich gemacht, geschweige denn theoretisch begründet wird. Aus Umfangsgründen sei hier nur ein Beispiel genannt, das zu Verwunderung Anlass gibt: Nach dem Hooghe/Schakel/Marks-Index sind die deutschen Länder nicht nur die ‚stärksten' Regionen Europas, sondern auch stärker als die Schweizer Kantone, obwohl letztere weitaus mehr Aufgaben- und Ressourcenauto-

---

23   Für Details vgl. die Anmerkungen zu Tabelle 3.

Tabelle 3: Kompetenzausstattung politisch-administrativer Regionen in westeuropäischen Staaten

Land	Autonome Kompetenzen (Self-rule)				Mitwirkungskompetenzen auf nationaler Ebene (Shared Rule)				Kompetenz-index (gesamt)
	Institutio-nalisierung	Policy-Kompetenzen	Fiskal-autonomie	Repräsentation	Mitwirkung bei Gesetzgebung	Exekutive Kontrolle	Fiskalische Kontrolle	Verfassungs-reform	
Deutschland	5,5	3,9	2,9	8,0	2,0	2,0	2,0	3,0	29,3
Belgien	5,0	5,0	5,0	7,0	2,0	2,0	2,0	1,0	29,0
Italien	5,0	5,0	4,0	7,0	0,0	1,0	0,3	0,3	22,6
Spanien	4,5	3,8	4,6	6,3	1,3	0,0	1,0	0,8	22,1
Schweiz	3,0	4,0	4,0	4,0	1,5	1,0	1,0	1,0	19,5
Österreich	3,0	3,0	2,0	4,0	1,0	1,0	1,0	3,0	18,0
Frankreich	4,0	4,0	2,0	6,0	0,0	0,0	0,0	0,0	16,0
Niederlande	2,0	2,0	1,0	3,0	1,5	0,0	2,0	3,0	14,5
Dänemark	2,0	2,0	3,0	3,0	0,0	0,0	0,0	0,0	10,0
Griechenland	3,0	2,0	0,0	5,0	0,0	0,0	0,0	0,0	10,0
Schweden	2,0	2,0	3,0	3,0	0,0	0,0	0,0	0,0	10,0
Großbritannien	2,9	2,1	0,8	3,3	0,1	0,1	0,0	0,3	9,6
Finnland	3,0	1,0	0,0	3,0	0,0	0,0	0,0	0,0	7,0
Irland	2,0	1,0	0,0	3,0	0,0	0,0	0,0	0,0	6,0
Portugal	2,1	0,1	0,2	1,1	0,0	0,1	0,1	0,1	3,8
Luxemburg	0,0	0,0	0,0	0,0	0,0	0,0	0,0	0,0	0,0

Quelle: Hooghe/Schakel/Marks (2008b).

Anmerkungen: Der Gesamtindex regionaler Kompetenzausstattung ist die Summe der jeweiligen Spaltenwerte; je höher die Werte, desto größer die Kompetenzfülle der regionalen Ebene. Die Werte für die autonomen Regionalkompetenzen und für die Mitwirkungsrechte der Regionen auf nationalstaatlicher Ebene setzen sich aus je vier Kompetenzkategorien zusammen und werden grundsätzlich gleich gewichtet. Die einzelnen Kategorien werden wie folgt definiert (bzw. mit Indexwerten versehen): *Institutionalisierung:* Existenz einer autonomen Regionalverwaltung; *Policy-Kompetenzen:* Kompetenz über Politikfelder, insbesondere Wirtschafts-, Bildungs- und Kultur- sowie Sozialpolitik. *Fiskalautonomie:* Kompetenz zur Bestimmung von Steuersätzen und Bemessungsgrundlagen; *Repräsentation:* Existenz einer direkt gewählten Regionalversammlung und einer gewählten regionalen Exekutive. *Mitwirkung bei Gesetzgebung:* nationales Legislativorgan setzt sich aus Regionalvertretern zusammen und hat starke Gesetzgebungsvollmachten. *Exekutive Kontrolle:* regelmäßige Treffen zwischen Zentralregierung und Regionalregierungen mit Entscheidungsvollmachten. *Fiskalische Kontrolle:* Regionale Vertreter haben Vetovollmachten bei der Verteilung der gesamtstaatlichen Steuereinnahmen. *Verfassungsreform:* Regionalregierungen haben Vetovollmachten bei Verfassungsreformen. Angegeben sind die jeweils aktuellsten Werte (2006). Zu den Codierungen der einzelnen Fälle vgl. die Ausführungen in Hooghe/Schakel/Marks (2008a).

nomie besitzen als erstere, was die verbreitete Klassifizierung der Schweiz als einen der dezentralsten Bundesstaaten der Welt begründet (Neidhart 2002). Diese und weitere empirisch fragwürdige Einordnungen dürften erklären, warum der Index von der vergleichenden Föderalismusforschung bislang eher zurückhaltend aufgenommen wurde. Unbenommen davon bleibt jedoch festzuhalten, dass es auch mit Blick auf die vertikale Gewaltenteilung heterogene konzeptionelle Ansätze gibt, die sich hinsichtlich ihrer analytischen Vorzüge und Probleme komplementär zueinander verhalten und daher je nach spezifischem Erkenntnisinteresse und Untersuchungsgegenstand zur Anwendung kommen.

Welche *politischen Auswirkungen* haben föderale Institutionenarrangements? Die klassischen Föderalismustheorien sind sich hier weitgehend einig: Vertikale Gewaltenteilung befördert die Funktions- und Leistungsfähigkeit der Demokratie. Dafür sprechen zwei zentrale Gründe. Zum einen wird in Anlehnung an die *Federalist Papers* argumentiert, dass eine Machtverteilung zwischen nationaler Ebene und dezentralen Gebietskörperschaften die Mehrheitsherrschaft wirksam begrenzt und so zur Akzeptanz einer demokratischen Verfassungsordnung beiträgt (*Input*-Legitimität). Von besonderer Bedeutung ist dies für Länder, die durch starke sozioökonomische bzw. ethnisch-kulturelle Disparitäten gekennzeichnet sind und daher einen hohen Bedarf an territorialer Integration haben (Amoretti/Bermeo 2004). Zum anderen wird föderalen Arrangements auch ein positiver Effekt auf die Performanz und damit die *Output*-Legitimität einer Demokratie zugeschrieben. Die einschlägige Begründung der ökonomischen Föderalismustheorie lautet (Oates 1972): Territoriale Differenzierung führt zu einer effizienteren Allokation öffentlicher Güter, weil dezentrale Regierungen nicht nur den spezifischen Bedürfnissen der Bürger vor Ort besser Rechnung tragen können, sondern auch untereinander im Wettbewerb um die besten Problemlösungen stehen, was die Innovations- und Leistungsfähigkeit des gesamten Systems erhöht.

Blickt man indes auf die Ergebnisse der empirisch-vergleichenden Forschung, müssen die vermeintlichen theoretischen Vorzüge des Föderalismus differenzierter betrachtet werden. Tatsächlich zeitigen bundesstaatliche Arrangements in gespaltenen Gesellschaften höchst ambivalente Effekte (Horowitz 1985): Zwar haben sie in einigen Fällen moderierend auf territoriale Konfliktkonstellationen eingewirkt, gelegentlich aber auch zu deren Verschärfung beigetragen, etwa wenn sich regionalistische Kräfte durch weitergehende Autonomierechte bestärkt fühlten und ihre separatistischen Forderungen umso heftiger durchzusetzen suchten. Offensichtlich sind auch die Auswirkungen der vertikalen Gewaltenteilung kontextabhängig. Unter welchen Bedingungen ermöglichen dann föderale Arrangements eine erfolgreiche Konfliktbearbeitung? Mit dieser Frage haben sich zahlreiche Studien befasst. Entscheidenden Einfluss haben demnach die zeitliche Abfolge von Demokratisierung und Föderalisierung (Linz 1999), das Ausmaß an sozialer Ungleichheit (Hug 2005) oder auch das konkrete Design einer bundesstaatlichen Ordnung (Fillipov/Ordenshook/Shvetsova 2004). So überzeugend diese Befunde im Einzelnen sind: Eine empirisch fundierte Theorie zum Verhältnis von Föderalismus und demokratischer Konsolidierung steht bis heute aus (Beramendi 2007: 762).

Ähnliches gilt für den Zusammenhang zwischen vertikaler Gewaltenteilung und Policy-Performanz. Zwar finden sich Bundesstaaten wie die Schweiz, denen in der Literatur allgemein eine positive Leistungsbilanz zugeschrieben wird (ebd.: 763). Diese Erfahrungen können jedoch keineswegs verallgemeinert werden (Obinger/Leibfried/Castles 2005). Die Tatsache, dass die meisten Bundesstaaten außerhalb der westlichen Welt durch hohe Staatsschulden und Marktversagen gekennzeichnet sind (Wibbels 2000), verweist wiederum auf die Bedeutung der sozioökonomischen und soziokulturellen Kontextbedingungen, in denen föderale Arrangements zur Anwendung kommen. Auch mit Blick auf die institutionelle Struktur der vertikalen Gewaltenteilung besteht Differenzierungsbedarf. So haben Ehlert, Hennl und Kaiser (2007) in einem Vergleich der OECD-Länder herausgefunden, dass dezentralisierte Staaten, in denen Regionen über autonome Entscheidungs- und Ressourcenkompetenzen verfügen, eine bessere makroökonomische Leistungsbilanz vorweisen können als zentralisierte Staaten, während föderale Staaten, in denen die Regionen an der nationalen Gesetzgebung beteiligt sind, eine tendenziell schlechtere Performanz aufweisen als unitarische Staaten. Diese makroquantitativen Korrelationen decken sich nicht nur mit den allgemeinen Annahmen der ökonomischen Föderalismustheorie, sondern auch mit einer prominenten Interpretation des deutschen Föderalismus durch Fritz W. Scharpf. Ihm zufolge führen die kooperativen Aufgaben-, Ressourcen- und Entscheidungsstrukturen zwischen Bund und Länder zu einer „Politikverflechtung", die nicht nur die politische Willensbildung erschwert, sondern auch suboptimale Problemlösungen hervorbringt (Scharpf/Reissert/Schnabel 1976). Die politische Debatte zum deutschen Föderalismus hat sich diese Sichtweise insofern zu eigen gemacht, als die „Entflechtung" der Kompetenzordnung zum zentralen Ziel der jüngsten „Modernisierung der bundesstaatlichen Ordnung" avancierte (Grotz/Poier 2010: 242ff.). Gleichwohl blieb auch die Theorie der Politikverflechtung nicht unwidersprochen. So hat insbesondere Arthur Benz (1985) darauf hingewiesen, dass der deutsche Föderalismus trotz seiner hochgradig verflochtenen Strukturen hinreichende Flexibilitätsreserven für akzeptable Problemlösungen besitzt, weil die bundesstaatlichen Akteure ihr Verhalten entsprechend anpassen. Die Performanz föderalstaatlichen Regierens lässt sich demnach nicht allein aus strukturellen Restriktionen ableiten, sondern resultiert aus dem dynamischen Wechselverhältnis zwischen formal-institutionellem Rahmen und politischen Akteurskonstellationen – ein Befund, der auch auf andere Bundesstaaten zutrifft (Benz/Broschek 2012).

Ungeachtet dessen weisen Bundesstaaten normalerweise einen höheren *Reformbedarf* auf als Einheitsstaaten: Da eine föderale Kompetenzordnung grundsätzlich komplexer ist als ein pyramidaler Staatsaufbau, reagiert das institutionelle Gefüge zwischen Bund und Gliedstaaten sensibler auf Veränderungen der gesellschaftlichen und politischen Kontextbedingungen und muss entsprechend häufiger angepasst werden (ebd.). Zugleich sind Bundesstaatsreformen jedoch viel schwieriger umzusetzen: Da die Gliedstaaten an Veränderungen der föderalen Kompetenzordnung beteiligt werden müssen, findet sich meist eine hinreichend große Anzahl von „Vetospielern" (Tsebelis 2002), die vom institutionellen Status quo profitieren und sich daher einer Reform widersetzen. Vor diesem Hintergrund wird verständlich, warum föderalstaatlichen Arrangements ein hohes Ausmaß an Pfadabhängigkeit innewohnt (Lehmbruch 2004): Ist eine bundesstaatliche Ordnung einmal etabliert, tendieren ihre institutionellen Komponenten dazu, sich im Zeitverlauf wechselseitig zu verfestigen. So bleibt die ursprüngliche Grundstruktur dauerhaft erhalten, selbst wenn dadurch die Problemlösungsfähigkeit des Regierungssystems beeinträchtigt wird.

Für diese historisch-institutionelle Theorie der föderalen Pfadabhängigkeit finden sich eindrucksvolle empirische Belege. So haben in Westeuropa etliche Einheitsstaaten seit den 1970er Jahren umfassende Dezentralisierungs- bzw. Föderalisierungsprozesse eingeleitet; auf der anderen Seite gibt es „kein historisches Beispiel für den grundlegenden Umbau eines Bundesstaates unter Bedingungen demokratischer Politik" (Lehmbruch 2004: 91). Selbst die fortschreitende Europäisierung öffentlicher Aufgaben hat hier keine substanzielle Änderung bewirkt (Grotz 2012). Allerdings sollte man die Pfadabhängigkeitsthese auch nicht zu strikt interpretieren: Bundesstaaten sind keineswegs unreformierbar. Davon zeugen nicht nur die beiden jüngsten Föderalismusreformen in Deutschland von 2006 und 2009, sondern auch die neue Schweizer Bundesverfassung (1999), die das Beziehungsgefüge zwischen Bund und Kantonen trotz zahlreicher Vetospieler modernisiert hat. Nichtsdestotrotz zeigt der internationale Vergleich, dass Bundesstaatsreformen ein ausgesprochen voraussetzungsvolles Unterfangen sind (Grotz/Poier 2010). Das gilt vor allem, wenn man ihren Erfolg nicht nur am Zustandekommen formaler Verfassungsänderungen festmacht, sondern auch daran misst, inwieweit die institutionellen Änderungen die mit der Reform adressierten Funktionsprobleme beseitigen. Unter welchen Bedingungen dies gelingen kann, zählt zu den spannenden Fragen, die weiterer empirisch-vergleichender Analysen bedürfen.

5. Fazit

Die Vergleichende Regierungslehre gehört zum traditionellen Kern der Politikwissenschaft. Angesichts nachhaltig veränderter Rahmenbedingungen, die sich aus der ökonomischen Globalisierung, der fortschreitenden Europäisierung und der Privatisierung öffentlicher Aufgaben ergeben, reicht der Blick auf die altehrwürdigen Verfassungsinstitutionen sicherlich nicht mehr aus, um heutzutage demokratisches Regieren vollumfänglich zu beschreiben und zu erklären. Und dennoch: Betrachtet man die ständig wachsende Zahl einschlägiger Veröffentlichungen, scheint der Vergleich nationalstaatlicher Institutionen nichts von seiner Faszinationskraft eingebüßt zu haben. Das liegt nicht nur daran, dass formalisierte Normen zu den grundlegenden Merkmalen einer liberalen Demokratie gehören. Vielmehr liefert auch die Realität immer wieder Belege, dass institutionelle Spielregeln das Verhalten von politischen Akteuren und damit die Funktions- und Leistungsfähigkeit von Regierungssystemen maßgeblich beeinflussen.

Vor diesem Hintergrund hat dieses Kapitel versucht, einen Überblick über den gegenwärtigen Stand der Vergleichenden Regierungslehre zu geben. Auf der einen Seite wurden dabei bemerkenswerte Erträge dieses Forschungszweigs herausgestellt. Hierzu zählt die grundlegende Entdeckung, dass die institutionellen Arrangements der repräsentativen Demokratie nicht nur historisch und geographisch variieren, sondern dass sich in dieser strukturellen Varianz auch systematische Funktionsunterschiede verbergen, die konzeptionell-theoretisch erfasst werden können. Auf dieser Idee gründet die institutionenbezogene Differenzierung zwischen Mehrheits- und Konsensdemokratie, aber auch spezifischere Begriffsgegensätze wie Parlamentarismus versus Präsidentialismus und Bundesstaat versus Einheitsstaat, die die basalen Alternativen der horizontalen und vertikalen Gewaltenteilung bezeichnen. Die empirisch-vergleichende Erkundung dieser Institutionenarrangements hat in den vergangenen Jahrzehnten beachtliche Fortschritte erzielt. Inzwischen verfügen wir über vielfältiges Wissen, wie die institutionellen Arrangements demokratischer Regierungssysteme klassifiziert werden können, welche politischen Auswirkungen sie haben und unter welchen Bedingungen sie sich verändern.

Auf der anderen Seite hat das vorliegende Kapitel auch vor überzogenen Erwartungen gewarnt, die gelegentlich an die Vergleichende Regierungslehre herangetragen werden. Dazu gehört insbesondere die verbreitete Vorstellung von *constitutional engineering,* nach der man das beste Regierungssystem anhand seiner empirischen Performanz identifiziert, sein institutionelles Design herausfiltert und dieses dann überall implementieren kann, wo Reformbedarf besteht. Ein solcher Anspruch ist freilich nicht nur deswegen naiv, weil er die praktisch-politischen Restriktionen unterschätzt, die sich mit den institutionellen Eigeninteressen der Entscheidungsträger verbinden. Vielmehr ist auch aus analytischen Gründen zu bezweifeln, dass man den ‚empirischen Idealstaat' je finden wird. Denn erstens sind die institutionellen Arrangements demokratischer Staaten zu detailliert und zu variantenreich, als dass sie unter einfache Alternativen subsumiert werden könnten, die sämtliche funktional relevanten Aspekte umfassen. Zweitens können die politischen Auswirkungen institutioneller Arrangements nicht völlig unabhängig von den jeweiligen Akteuren identifiziert werden. Das Schicksal der Demokratie entscheidet sich nie allein – und in den meisten Fällen nicht einmal hauptsächlich – an ihrer Verfassungsstruktur.[24] Und drittens sind demokratische Institutionen immer in bestimmte historisch-kulturelle Kontexte eingebettet, die ihre Funktionsweise mitbestimmen und daher auch bei ihrer Übertragung zu berücksichtigen sind. Ein Verfassungsmodell, das in Land A funktioniert, kann in Land B gänzlich andere Effekte hervorrufen. Die internationale Verfassungsgeschichte ist voll von Institutionentransfers, die mit normativen Vorschlusslorbeeren ausgestattet waren, aber diese Erwartungen letztlich nicht erfüllt haben.

Was bleibt also vom Anspruch der Vergleichenden Regierungslehre? Eine ganze Menge: Letztlich kann das Erkenntnisinteresse ja nicht darin bestehen, das generell beste System zu finden, es geht vielmehr darum, jene Bedingungen zu identifizieren, unter denen institutionelle Arrangements in bestimmten Hinsichten besser oder schlechter funktionieren. Wenn dies das Ziel der Vergleichenden Regierungslehre ist, gibt es auch künftig viel zu tun. Einerseits geht es dabei um eine Erweiterung in gegenständlicher wie geographischer Hinsicht. Die meisten Studien beziehen sich nach wie vor auf die klassischen Institutionen westlicher Demokratien. Die vergleichende Erforschung weiterer Institutionen, die für die Funktionsweise demokratischer Regierungssysteme höchst bedeutsam sind (z. B. Verfassungsgerichte), würde hier ebenso zu Erkenntnisfortschritten beitragen wie der Einbezug von Demokratien außerhalb der OECD-Welt, die unter gänzlich anderen Kontextbedingungen operieren. Andererseits müssen gerade bei fortlaufender Spezialisierung der unterschiedlichen Forschungsstränge auch die theoretisch-konzeptionellen Bemühungen weitergehen, die einzelnen institutionellen Arrangements in einem Demokratiemodell normativ und funktional überzeugend zusammenzubinden. Dadurch wird nicht nur die Einheit der Vergleichenden Regierungslehre als politikwissenschaftliche Teildisziplin sichergestellt, sondern zugleich gewährleistet,

---

24 Das wäre auch normativ höchst bedenklich, denn dann würde man sowohl die Bürger als auch die politischen Eliten aus ihrer demokratischen Verantwortung entlassen.

dass die Befunde empirisch-vergleichender Politikforschung auch jenseits von Spezialisten-
zirkeln angemessene Berücksichtigung finden.

Kommentierte Literaturhinweise

Rhodes, R. A. W./Binder, Sarah A./Rockman, Bert A. (Hg.), 2006: The Oxford Handbook of Political Institutions.
Oxford: Oxford University Press.
State of the Art der politikwissenschaftlichen Institutionenforschung aus der Feder international führender
Fachvertreter.

Lijphart, Arend, ²2012: Patterns of Democracy. Government Forms and Performance in Thirty-Six Countries.
New Haven-London: Yale University Press.
Ein Meilenstein der institutionenvergleichenden Demokratieforschung.

Tsebelis, George, 2002: Veto Players: How Political Institutions Work. New York: Russell Sage Foundation.
Begründung eines zentralen Ansatzes der zeitgenössischen Regierungslehre.

Lauth, Hans-Joachim (Hg.), ³2010: Vergleichende Regierungslehre. Eine Einführung. Wiesbaden: VS Verlag für
Sozialwissenschaften.
Bewährtes Lehrbuch unter Mitwirkung führender Vertreter der Teildisziplin.

Literatur

Amoretti, Ugo M./Bermeo, Nancy (Hg.), 2004: Federalism and Territorial Cleavages. Baltimore-London: John
Hopkins University Press.

Bagehot, Walter, 1867: The English Constitution. London: Chapman & Hall.

Benz, Arthur, 1985: Föderalismus als dynamisches System. Opladen: Westdeutscher Verlag.

Benz, Arthur/Broschek, Jörg (Hg.), 2012: Federal Dynamics. Continuity, Change, and Varieties of Federalism.
Oxford: Oxford University Press.

Beramendi, Pablo, 2007: Federalism, in: Boix, Carles/Stokes, Susan C. (Hg.): The Oxford Handbook of Comparative Politics. Oxford: Oxford University Press, 752-781.

Braun, Dietmar, 2002: Hat die vergleichende Föderalismusforschung eine Zukunft?, in: Europäisches Zentrum für
Föderalismusforschung (Hg.): Jahrbuch des Föderalismus 2002. Baden-Baden: Nomos, 97-116.

Cheibub, José Antonio, 2007: Presidentialism, Parliamentarism, and Democracy. Cambridge: Cambridge University Press.

Croissant, Aurel, ³2010: Regierungssysteme und Demokratietypen, in: Lauth, Hans-Joachim (Hg.): Vergleichende
Regierungslehre. Eine Einführung. Wiesbaden: VS Verlag für Sozialwissenschaften, 117-139.

Dahl, Robert A., 1996: Thinking about Democratic Constitutions: Conclusions from Democratic Experience, in:
Shapiro, Jan/Hardin, Russell (Hg.): Political Order. New York: New York University Press, 175-206.

Döring, Herbert (Hg.), 1995: Parliaments and Majority Rule in Western Europe. Frankfurt a.M.-New York: Campus.

Döring, Herbert/Hönnige, Christoph, 2008: Parlament, Regierung, Staatsoberhaupt, in: Gabriel, Oscar W./Kropp,
Sabine (Hg.): Die EU-Staaten im Vergleich. Wiesbaden: VS Verlag für Sozialwissenschaften, 451-481.

Duverger, Maurice, 1980: A New Political System Model: Semi-Presidentialism, in: European Journal of Political Research 8:1, 165-187.

Ehlert, Niels/Hennl, Annika/Kaiser, André, 2007: Föderalismus, Dezentralisierung und Performanz. Eine makro-
quantitative Analyse zur Leistungsfähigkeit territorialer Politikorganisation in entwickelten Demokratien,
in: Politische Vierteljahresschrift 48:2, 243-268.

Elazar, Daniel J., 1987: Exploring Federalism. Tuscaloosa: University of Alabama Press.

Elgie, Robert, 1999: The Politics of Semi-Presidentialism, in: Elgie, Robert (Hg.): Semi-Presidentialism in Europe. Oxford: Oxford University Press, 1-21.

Elgie, Robert/Moestrup, Sophia/Wu, Yu-Shan (Hg.), 2011: Semi-Presidentialism and Democracy. Basingstoke: Palgrave.

Fillipov, Mikhail/Ordenshook, Peter C./Shvetsova, Olga, 2004: Designing Federalism. Cambridge: Cambridge University Press.

Ganghof, Steffen, 2005: Normative Modelle, institutionelle Typen und beobachtbare Verhaltensmuster: Ein Vorschlag zum Vergleich parlamentarischer Demokratien, in: Politische Vierteljahresschrift 46:3, 406-431.

Gerring, John/Thacker, Strom C./Moreno, Carola, 2009: Are Parliamentary Systems Better?, in: Comparative Political Studies 42:3, 327-359.

Grau i Creus, Mireia, 2000: Spain: Incomplete Federalism, in: Wachendorfer-Schmidt, Ute (Hg.): Federalism and Political Performance. London: Routledge, 58-77.

Grotz, Florian, 2000: Politische Institutionen und post-sozialistische Parteiensysteme in Ostmitteleuropa. Polen, Ungarn, Tschechien und die Slowakei im Vergleich. Opladen: Leske + Budrich.

Grotz, Florian, 2012: Bundesstaaten und Einheitsstaaten im Rahmen der Europäischen Union, in: Härtel, Ines (Hg.): Handbuch Föderalismus. Föderalismus als demokratische Rechtsordnung und Rechtskultur in Deutschland, Europa und der Welt, Bd. 1. Berlin-Heidelberg: Springer, 301-317.

Grotz, Florian/Müller-Rommel, Ferdinand (Hg.), 2011: Regierungssysteme in Mittel- und Osteuropa. Die neuen EU-Staaten im Vergleich. Wiesbaden: VS Verlag für Sozialwissenschaften.

Grotz, Florian/Poier, Klaus, 2010: Zwischen Gemeinschaftsprojekt, Tauschgeschäft und Symbolpolitik: die Initiativen zu „großen" Bundesstaatsreformen in Deutschland, Österreich und der Schweiz, in: Zeitschrift für Vergleichende Politikwissenschaft 4:2, 233-259.

Hadenius, Axel, 1994: The Duration of Democracy. Institutional vs. Socioeconomic Factors, in: Beetham, David (Hg.): Defining and Measuring Democracy. London u. a.: Sage, 63-88.

Hall, Peter A./Taylor, Rosemary C. R., 1996: Political Science and the Three New Institutionalisms, in: Political Studies 44:5, 936-957.

Hamilton, Alexander/Madison, James/Jay, John, 1989 [1788]: Die Federalist Papers. Vollständige deutsche Ausgabe, hg. von Barbara Zehnpfennig. Darmstadt: Wissenschaftliche Buchgesellschaft.

Helms, Ludger/Jun, Uwe (Hg.), 2004: Politische Theorie und Vergleichende Regierungslehre. Frankfurt a.M.-New York: Campus.

Hönnige, Christoph/Gschwend, Thomas, 2010: Das Bundesverfassungsgericht im politischen System der BRD – ein unbekanntes Wesen?, in: Politische Vierteljahresschrift 51:3, 507-530.

Höpner, Martin, ⁵2011: Institution/Institutionalismus, in: Nohlen, Dieter/Grotz, Florian (Hg.): Kleines Lexikon der Politik. München: C.H. Beck, 268-270.

Hooghe, Liesbet/Schakel, Arjan H./Marks, Gary, 2008a: Appendix A: Profiles of Regional Reform in 42 Countries (1950-2006), in: Regional and Federal Studies 18:2-3, 153-258.

Hooghe, Liesbet/Schakel, Arjan H./Marks, Gary, 2008b: Appendix B: Country and Regional Scores, in: Regional and Federal Studies 18:2-3, 259-274.

Horowitz, Donald L., 1985: Ethnic Groups in Conflict. Berkeley: University of California Press.

Hug, Simon, 2005: Federal Stability in Unequal Societies, in: Constitutional Political Economy 16:2, 113-124.

Huntington, Samuel P., 1991: The Third Wave. Democratization in the Late Twentieth Century. Norman: University of Oklahoma Press.

Kaiser, André, ⁴2010: Vergleichende Regierungslehre/Vergleichende Politische Systemlehre/Vergleichende Politikwissenschaft, in: Nohlen, Dieter/Schultze, Rainer-Olaf (Hg.): Lexikon der Politikwissenschaft. München: C.H. Beck, 1162-1166.

Kropp, Sabine/Buzogány, Aron/Buche, Jonas, 2012: Von den Schwierigkeiten, Zusammengehöriges zu vereinen – Nationale Parlamente und Exekutiven als Gegenstand der Europäisierungsforschung, in: Politische Vierteljahresschrift 53:1, 109-134.

Lehmbruch, Gerhard, 1967: Proporzdemokratie. Politisches System und politische Kultur in der Schweiz und in Österreich. Tübingen: Mohr.

Lehmbruch, Gerhard, 1992: Konkordanzdemokratie, in: Schmidt, Manfred G. (Hg.): Die westlichen Länder (Lexikon der Politik, hg. v. Nohlen, Dieter, Bd. 3). München: C.H. Beck, 206-211.

Lehmbruch, Gerhard, 2003: Verhandlungsdemokratie. Beiträge zur vergleichenden Regierungslehre. Wiesbaden: VS Verlag für Sozialwissenschaften.

Lehmbruch, Gerhard, 2004: Strategische Alternativen und Spielräume bei der Reform des Bundesstaates, in: Zeitschrift für Staats- und Europawissenschaften 2:1, 82-93.

Lijphart, Arend, 1968: The Politics of Accomodation. Pluralism and Democracy in the Netherlands. Berkeley: University of California Press.

Lijphart, Arend, 1984: Democracies. New Haven-London: Yale University Press.

Lijphart, Arend, ²2012: Patterns of Democracy. Government Forms and Performance in Thirty-Six Countries. New Haven-London: Yale University Press.

Linz, Juan J., 1990: The Perils of Presidentialism, in: Journal of Democracy 1:1, 51-69.

Linz, Juan J., 1999: Democracy, Multinationalism and Federalism, in: Merkel, Wolfgang/Busch, Andreas (Hg.): Demokratie in Ost und West. Für Klaus von Beyme, Frankfurt a.M.: Suhrkamp, 302-401.

Müller-Rommel, Ferdinand, 2008: Demokratiemuster und Leistungsbilanz von Regierungen: Theorie, Methode und Kritik an Arend Lijpharts „Patterns of Democracy", in Zeitschrift für Vergleichende Politikwissenschaft 1:2, 1-17.

Neidhart, Leonhard, 2002: Elementare Bedingungen der Entwicklung des schweizerischen Föderalismus, in: Benz, Arthur/Lehmbruch, Gerhard (Hg.): Föderalismus. Analysen in entwicklungsgeschichtlicher und vergleichender Perspektive, PVS-Sonderheft 32. Wiesbaden: Westdeutscher Verlag, 111-133.

Nohlen, Dieter/Fernández, Mario (Hg.), 1991: Presidencialismo versus parlamentarismo. Caracas: Editorial Nueva Sociedad.

Oates, Wallace, 1972: Fiscal Federalism. London: Harcourt Brace Jovanovich.

Obinger, Herbert/Leibfried, Stefan/Castles, Francis (Hg.), 2005: Federalism and the Welfare State. Oxford: Oxford University Press.

Poguntke, Thomas/Webb, Paul (Hg.), 2005: The Presidentialization of Politics. A Comparative Study of Modern Democracies. Oxford: Oxford University Press.

Powell, John B. Jr., 1982: Contemporary Democracies. Participation, Stability, and Violence. Cambridge, MA: Harvard University Press.

Rhodes, R. A. W., 2001: Unitary State, in: Smelser, Neil J./Baltes, Paul W. (Hg.): International Encyclopedia of the Social and Behavioral Sciences. Amsterdam u.a.: Elsevier, 15968-15970.

Riker, William H., 1975: Federalism, in: Greenstein, Fred J./Polsby, Nelson (Hg.): Handbook of Political Science. Bd. 5: Governmental Institutions and Processes. Reading, MA: Addison-Wesley, 93-172.

Rodden, Jonathan A., 2006: Hamilton's Paradox. The Promise and Peril of Fiscal Federalism. Cambridge: Cambridge University Press.

Rüb, Friedbert W., 2001: Schach dem Parlament! Regierungssysteme und Staatspräsidenten in den Regierungssystemen Osteuropas. Wiesbaden: Westdeutscher Verlag.

Sartori, Giovanni, 1970: Concept Misformation in Comparative Politics, in: American Political Science Review 64:4, 1033-1053.

Sartori, Giovanni, 1994: Comparative Constitutional Engineering. Basingstoke: Macmillan.

Scharpf, Fritz W./Reissert, Bernd/Schnabel, Fritz, 1976: Politikverflechtung. Theorie und Empirie des kooperativen Föderalismus in der Bundesrepublik. Kronberg/Ts.: Scriptor.

Schmidt, Manfred G., 2005: Aufgabeneuropäisierung, in: Schuppert, Gunnar F./Pernice, Ingolf/Haltern, Ulrich (Hg.): Europawissenschaft. Baden-Baden: Nomos, 129-145.

Schmidt, Manfred G., ⁵2010: Demokratietheorien. Wiesbaden: VS Verlag für Sozialwissenschaften.

Schleiter, Petra/Morgan-Jones, Edward, 2009: Citizens, Presidents and Assemblies: The Study of Semi-Presidentialism beyond Duverger and Linz, in: British Journal of Political Science 39:4, 871-892.

Shugart, Matthew Soberg/Carey, John M., 1992: Presidents and Assemblies: Constitutional Design and Electoral Dynamics. Cambridge: Cambridge University Press.

Steffani, Winfried, 1979: Parlamentarische und präsidentielle Demokratie. Strukturelle Aspekte westlicher Demokratien. Opladen: Westdeutscher Verlag.

Stepan, Alfred/Skach, Cindy, 1993: Constitutional Frameworks and Democratic Consolidation: Presidentialism vs. Parliamentarism, in: World Politics 46:1, 1-22.

Stone Sweet, Alec, 2000: Governing with Judges. Constitutional Politics in Europe. Oxford: Oxford University Press.

Thibaut, Bernhard, 1996: Präsidentialismus und Demokratie in Lateinamerika. Opladen: Leske + Budrich.

Thibaut, Bernhard, 1998: Präsidentielle, parlamentarische oder hybride Systeme? Institutionen und Demokratieentwicklung in der Dritten Welt und in den Transformationsstaaten Osteuropas, in: Zeitschrift für Politikwissenschaft 8:1, 5-37.

Thorlakson, Lori, 2003: Comparing Federal Institutions: Power and Representation in Six Federations, in: West European Politics 26:2, 1-22.

Tsebelis, George, 2002: Veto Players: How Political Institutions Work. New York: Russell Sage Foundation.

Vatter, Adrian, 2009: Lijphart Expanded: Three Dimensions of Democracy in Advanced OECD Countries?, in: European Political Science Review 1:1, 125-153.

von Beyme, Klaus, 1999: Institutionelle Grundlagen der deutschen Demokratie, in: Kaase, Max/Schmid, Günther (Hg.): Eine lernende Demokratie. 50 Jahre Bundesrepublik Deutschland. Berlin: Sigma, 19-40.

von Beyme, Klaus, 2010: Historische Entwicklung der Vergleichenden Politikwissenschaft, in: von Beyme, Klaus: Vergleichende Politikwissenschaft. Wiesbaden: VS Verlag für Sozialwissenschaften, 7-22.

Wibbels, Erik, 2000: Federalism and the Politics of Macroeconomic Policy and Performance, in: American Journal of Political Science 44:4, 687-702.

Wahlsystem und Wählerverhalten

Oskar Niedermayer

Wahlen sind eine Technik zur Auswahl von Führungspersonen und daher nicht auf Demokratien beschränkt. In demokratischen Staaten kommt die Komponente des freien Wettbewerbs um politische Führungspositionen hinzu. In Demokratien sind Wahlen daher „jene Methode, welche die der Herrschaft unterworfenen Bürger in einem auf Vereinbarung beruhenden, also friedlichen, formalisierten Verfahren (nach Spielregeln) periodisch an der Erneuerung der politischen Führung (durch Auswahl und Wahlfreiheit zwischen konkurrierenden Sach- und Personalalternativen) beteiligt" (Nohlen 2011: 667). Wahlen sind zwar nicht die einzige Form der Einflussnahme von Bürgerinnen und Bürgern auf politische Entscheidungen, aber die wichtigste. Die für eine demokratische Wahl konstitutiven Prinzipien sind im Grundgesetz der Bundesrepublik (Artikel 28 und 38) exemplarisch festgelegt: Die Wahlen sind allgemein (mit wenigen Ausnahmen können alle Staatsbürger ab 18 Jahre wählen und gewählt werden), unmittelbar (die Abgeordneten werden direkt gewählt), frei (es darf kein Druck auf die Wähler ausgeübt werden und es besteht keine Wahlpflicht), gleich (jede Stimme zählt gleich viel) und geheim.

Demokratischen Wahlen werden – je nach Ausprägung der gesellschaftlichen, politisch-institutionellen und parteipolitischen Bedingungen in den einzelnen Staaten – eine Reihe von Funktionen zugeschrieben: Sie sollen das gesamte politische System legitimieren, das politische Führungspersonal rekrutieren, in einem Konkurrenzkampf politische Macht auf Zeit einer bestimmten Gruppe von Personen überantworten, für einen geregelten Machtwechsel sorgen, parlamentarische Mehrheiten organisieren, Interessen und Werte der verschiedenen Gruppen in der Bevölkerung repräsentieren, die Bürgerschaft politisch mobilisieren, politische Probleme und alternative Lösungsansätze verdeutlichen, politische Konflikte kanalisieren, für eine friedliche Konfliktlösung sorgen und die Bürgerinnen und Bürger in die politische Gemeinschaft integrieren.

Ob und in welchem Umfang diese möglichen Aufgaben tatsächlich erfüllt werden, hängt wesentlich von der rechtlichen Ausgestaltung des Wahlverfahrens ab. Im Folgenden wird daher zunächst auf die verschiedenen Wahlsysteme und Wahlrechtsregelungen eingegangen. Die rechtlichen Regeln beeinflussen als wichtige Rahmenbedingung des politischen Wettbewerbs die Ergebnisse von Wahlen. Das Wählerverhalten wird jedoch noch von einer Reihe anderer Faktoren beeinflusst, die im zweiten Teil des Beitrags analysiert werden.

---

1   Einen kurzen Überblick über die verschiedenen Formen politischer Partizipation liefern z. B. Gabriel/Völkl (2008: 272ff.).

1. Wahlsysteme und Wahlrecht

Das breite Verständnis des Begriffs Wahlrecht umfasst alle rechtlichen Regelungen in Bezug auf das Wählen, im engeren Sinne versteht man darunter „die rechtlichen Voraussetzungen des Wählens und des Gewähltwerdens" und die enge Definition des Begriffs Wahlsystem, der wir uns anschließen, versteht darunter den Modus, „nach welchem die Wähler ihre Partei- und/oder Kandidatenpräferenz in Stimmen ausdrücken und diese in Mandate übertragen werden" (Nohlen 2009: 61).

Die wichtigsten Bestimmungen des Wahlrechts umfassen die Frage einer Wahlpflicht, mögliche Begrenzungen des Stimmrechts und der Wählbarkeit sowie die Dauer der Legislaturperiode. Als Argument für eine Wahlpflicht wird vor allem angeführt, dass das Wählen eine demokratische Pflicht sei und man damit dem Desinteresse an Politik entgegenwirken könne. Zudem verhindert eine Wahlpflicht, dass das Wahlergebnis möglicherweise durch eine Minderheit der Bevölkerung bestimmt wird. Gegen eine Wahlpflicht spricht vor allem der Freiheitsgrundsatz bei Wahlen, der auch die Freiheit einschließt, nicht zur Wahl zu gehen. Weltweit gibt es eine Reihe von Staaten, in denen eine Wahlpflicht gilt. Die Sanktionen bei einem Verstoß sind allerdings sehr unterschiedlich. In vielen Staaten bestehen faktisch keine spürbaren Sanktionen, während andere Geldstrafen oder sogar – bei wiederholtem Fernbleiben – eine Gefängnisstrafe vorsehen. Von den 27 Mitgliedstaaten der Europäischen Union haben Belgien, Griechenland, Italien, Luxemburg und Zypern eine Wahlpflicht – Österreich hat sie 1992 aufgehoben. Die Wahlpflicht besteht in allen diesen Staaten aber nur noch formell, das heißt die Sanktionen bei einem Verstoß wurden entweder abgeschafft oder halten sich in engen Grenzen. Begrenzungen des Stimmrechts der Bürgerinnen und Bürger gab es historisch durch den Ausschluss bestimmter Bevölkerungsgruppen und die Festlegung eines Qualifikationsmerkmals (z. B. Besitz, Einkommen oder Bildung). In den westlichen Industrieländern bestand z. B. vor 1848 noch in keinem Land das allgemeine Männerwahlrecht und das Frauenwahlrecht wurde in einigen Staaten erst nach dem Zweiten Weltkrieg – in der Schweiz sogar erst 1971 – eingeführt (vgl. Nohlen 2009: 43ff.). Nicht als Verstoß gegen das allgemeine Wahlrecht werden Bestimmungen über ein Mindestalter für das aktive bzw. passive Wahlrecht, die Staatsangehörigkeit, den Wohnort und den Besitz der geistigen Kräfte gewertet. Das aktive Wahlrecht liegt mittlerweile in allen EU-Staaten bei 18 Jahren, in Österreich sogar bei 16 Jahren, während das Mindestalter für das passive Wahlrecht (das heißt die Wählbarkeit) zwischen 18 Jahren, wie in der Bundesrepublik Deutschland, und 25 Jahren liegt. Die Höchstdauer der Legislaturperiode für die Parlamente liegt zwischen 4 und 5 Jahren (vgl. Jesse 2008: 303).

Bei der Analyse von Wahlsystemen ist zunächst danach zu fragen, welche Aspekte von einem Wahlsystem geregelt werden müssen. Dabei können vier Bereiche unterschieden werden: die Wahlkreise, die Formen der Wahlbewerbung, die Art der Stimmgebung und die Regelungen zur Stimmenverrechnung (vgl. z. B. Schoen 2005a: 574ff.).

Folgt man dem Grundsatz der Gleichheit der Stimmen, dann müsste die Wahlkreiseinteilung so erfolgen, dass jeder Abgeordnete im Parlament exakt die gleiche Anzahl von Wahlberechtigten repräsentiert. Das ist in der Realität nicht möglich, so dass ein gewisses *malap-*

portionment immer existieren wird, wenn nicht das ganze Land ein einziger Wahlkreis ist. Kritik ist jedoch angebracht, wenn die Ungleichheit zwischen den Wahlkreisen ein gewisses Maß überschreitet, die Wahlkreisgrenzen gezielt nach politischen Gesichtspunkten gezogen werden (*gerrymandering*) oder eine Neufestlegung der Wahlkreisgrenzen trotz erfolgter Migrationsprozesse unterbleibt. Neben der territorialen Ausdehnung ist die Wahlkreisgröße festzulegen, das heißt die Zahl der Mandate im Wahlkreis. Dabei werden Einerwahlkreise, Mehrpersonenwahlkreise und landesweite Wahlkreise unterschieden. Je geringer die Wahlkreisgröße ist, desto geringer sind die Chancen kleiner Parteien auf einen Mandatsgewinn, das heißt desto geringer ist der Proporzeffekt des Wahlsystems.

Bei der Form der Kandidatur wird in Einzelkandidatur und (Partei-)Liste unterschieden. Die Parteilisten können in starrer (die Wähler können ihre Stimme nur für die Liste insgesamt abgeben), lose gebundener (die Wähler können bestimmte Personen auf der Liste wählen) oder freier (die Wähler können Personen anderer Listen auf die Liste übertragen) Form vorliegen. Bilden zwei oder mehr Listen eine gemeinsame Liste, spricht man von Listenverbindung (z.B. wenn sich mehrere kleine Parteien verbinden, um bestimmte Hürden zu überspringen).

Das Stimmgebungsverfahren, das heißt die Anzahl der den Wählern zur Verfügung stehenden Stimmen und die Form, in der sie abgegeben werden können, hängt oft eng mit der Listenform zusammen. Unterschieden werden: Einzelstimmgebung (eine Stimme pro Wähler für einen Kandidaten oder eine Liste), Präferenzstimmgebung (der Wähler kann mit seiner Stimme einen bestimmten Kandidaten auf einer Parteiliste präferieren), Mehrstimmgebung (jeder Wähler hat mehrere Stimmen), beschränkte Mehrstimmgebung (der Wähler hat weniger Stimmen als im Wahlkreis Abgeordnete zu wählen sind), Alternativstimmgebung (es ist die Angabe von zweiten und unter Umständen weiteren Präferenzen möglich), Kumulieren (es können mehrere Stimmen für einen Kandidaten abgegeben werden), Panaschieren (die Stimmen können auf mehrere Listen verteilt werden) und Zweitstimmensystem (der Wähler hat eine Stimme für den Wahlkreiskandidaten und eine für die Parteiliste).

Die Regelungen zur Stimmenverrechnung beziehen sich auf mögliche Sperrklauseln, die Entscheidungsregel, die Verrechnungsverfahren und mögliche verschiedene Verrechnungsebenen. Sperrklauseln machen die Teilnahme einer Partei an der Mandatsverteilung davon abhängig, dass sie eine bestimmte Anzahl an Stimmen oder Direktmandaten erreicht hat. Die Höhe der Sperrklauseln variiert von Land zu Land beträchtlich.[2] Zudem können sie auch innerhalb eines Landes danach differieren, ob es sich um eine einzelne Partei oder ein Parteienbündnis handelt. Dies ist z.B. in einigen mittelosteuropäischen Staaten der Fall. Bei den Entscheidungsregeln unterscheidet man zwischen Mehrheits- und Proporzregel. Bei Anwendung der Mehrheitsregel erhält derjenige Kandidat oder diejenige Partei das Mandat, der/die die relative oder absolute Mehrheit der Wählerstimmen erreicht (im zweiten Fall möglicherweise erst nach einer Stichwahl). Erfolgt die Mandatsverteilung nach der Proporzregel, dann wird die Gesamtzahl der Mandate auf die Parteien nach ihrem jeweiligen Stimmenan-

---

2   So hat z.B. Zypern eine Sperrklausel von 1,8 Prozent, Dänemark von 2 Prozent, die meisten anderen europäischen Staaten von 4 Prozent oder 5 Prozent, die Türkei jedoch von 10 Prozent.

teil verteilt, wobei verschiedene Verrechnungsverfahren (z. B. d'Hondt oder Sainte-Laguë/ Schepers) zum Einsatz kommen können. Erfolgt dies zudem noch auf verschiedenen Ebenen, ist ein mehrstufiges Verrechnungsverfahren notwendig.

Jeder der vier Bereiche enthält somit eine Vielzahl von Gestaltungsmöglichkeiten und zudem können die einzelnen Regelungen der Bereiche auf vielfältige Weise miteinander kombiniert werden. Es ist daher nicht verwunderlich, dass in der Realität eine beträchtliche Variationsbreite von Wahlsystemen existiert.[3] Um diese Vielfalt zu strukturieren, werden Typologien gebildet. Einig ist man sich in der Literatur darin, dass es zwei Grundformen von Wahlsystemen gibt, die sich nach ihrem Repräsentationsprinzip, das heißt nach der dahinter stehenden politischen Zielvorstellung, unterscheiden lassen: Die Mehrheitswahl, die eine Regierungsmehrheit hervorbringen und dazu die parlamentarische Mehrheit für eine Partei (oder ein Parteienbündnis) auch dann sicherstellen soll, wenn die absolute Stimmenmehrheit nicht erreicht wird, und die Verhältniswahl, die eine möglichst getreue Wiedergabe der unterschiedlichen gesellschaftlichen Kräfte und politischen Gruppen im Parlament und damit eine möglichst weitgehende Entsprechung von Stimmen- und Mandatsanteilen anstrebt. Beide Grundformen können weiter differenziert werden. Kontrovers wird diskutiert, ob es darüber hinaus ,gemischte Wahlsysteme' als eigenen Wahlsystemtyp gibt, was z. B. Jesse (2008)[5] und Reynolds/Reilly/Ellis (2005) bejahen, Nohlen (2009) aber vehement bestreitet, weil sich seiner Meinung nach die beiden Repräsentationsprinzipien antithetisch gegenüber stehen. Allerdings räumt er ein, dass man dem Vorschlag Sartoris (1994: 74) folgen und das segmentierte Wahlsystem als „truly mixed system" bezeichnen könnte.

Das Wahlsystem der Bundesrepublik Deutschland gehört zu denjenigen Systemen, über deren Einordnung in der Literatur kein Konsens besteht: Für Nohlen (2009: 190) gehört es zu den Verhältniswahlsystemen, für Reynolds/Reilly/Ellis (2005: 83) zu den *mixed systems* und Jesse (2008: 307) ordnet es in die Verhältniswahlsysteme ein, obwohl er Mischwahlsysteme als Kategorie vorsieht. Da die bundesrepublikanische ,personalisierte Verhältniswahl' die direkte Wahl einer bestimmten Zahl von Abgeordneten nach der Entscheidungsregel der Mehrheit mit dem Repräsentationsprinzip der Verhältniswahl kombiniert, ist ihre Zuordnung zu dieser Grundform sinnvoll.

Für den Bundestag sind, wenn nicht sogenannte Überhangmandate hinzukommen, 598 Mandate zu vergeben. Die eine Hälfte der Abgeordneten wird nach der Entscheidungsregel der relativen Mehrheit in 299 Einerwahlkreisen gewählt, das heißt jeder Wahlkreis wird nur von einem Abgeordneten im Bundestag vertreten, und zwar von dem Bewerber, der dort die meisten Stimmen bekommen hat. Die andere Hälfte der Abgeordneten wird über starre Parteilisten in den einzelnen Bundesländern gewählt. Das Stimmgebungsverfahren ist somit ein Zweitstimmensystem mit der Erststimme für die Wahl des Wahlkreiskandidaten, bei denen durch die Direktwahl eine engere Wählerbindung besteht, und der Zweitstimme für

---

3   Zu den unterschiedlichen Wahlsystemen und den unterschiedlichen Ansätzen zu ihrer Analyse vgl. z. B. Bauer (2011), Jesse (2008), Lijphart (1994), Nohlen (2009), Rae (1967) und Reynolds/Reilly/Ellis (2005).

4   Nohlen (2009: 183ff.) unterscheidet z. B. jeweils fünf Untertypen.

5   Jesse (2008: 307) identifiziert unter den 27 EU-Staaten zwei Staaten mit Mehrheits-, 14 Staaten mit Verhältnis- und elf Staaten mit Mischwahlsystemen.

die Wahl der Landesliste einer Partei. Maßgeblich für das Stärkeverhältnis der Parteien im Bundestag ist die Zweitstimme.

Die Stimmenverrechnung erfolgte bis Ende 2011 in einem mehrstufigen Verfahren wie folgt: Im ersten Schritt wurde zum einen von der Gesamtzahl der Mandate (598) die Zahl der erfolgreichen parteiunabhängigen oder für eine nicht in den Bundestag einziehende Partei kandidierenden Direktkandidaten[6] abgezogen und zum anderen für alle Parteien die auf die einzelnen Landeslisten entfallenden Zweitstimmen zusammengezählt. Die verbleibenden Mandate wurden dann nach der Proporzregel, das heißt nach dem Verhältnis dieser Zweitstimmenzahlen, mit dem Sainte-Laguë/Schepers-Verrechnungsverfahren (2009) auf die Parteien verteilt. An der Mandatsverteilung nahmen allerdings nur Parteien teil, die entweder mindestens fünf Prozent der insgesamt abgegebenen gültigen Zweitstimmen (Sperrklausel) oder in mindestens drei Wahlkreisen ein Direktmandat erhalten hatten (Grundmandate). Im zweiten Schritt wurden die den einzelnen Parteien insgesamt zugesprochenen Mandate nach dem gleichen Verrechnungsverfahren entsprechend der Zweitstimmenzahl in den Bundesländern auf die einzelnen Landeslisten verteilt. Dann zog man die in den Wahlkreisen des jeweiligen Bundeslandes von der Partei gewonnenen Direktmandate von der Gesamtzahl der Mandate ab und die verbleibenden Mandate wurden mit den Kandidaten aus der Landesliste besetzt. Hatte eine Partei in einem Bundesland mit den Erststimmen mehr Direktmandate gewinnen können, als ihr nach dem Anteil der Zweitstimmen insgesamt zustanden, so bleiben ihr diese sogenannten ‚Überhangmandate' erhalten. Damit erhöhte sich die Gesamtzahl der Abgeordneten des Bundestages.[7] Weil die entstehenden Überhangmandate im Gegensatz zu den ‚Proporzmandaten' nicht zwischen den Bundesländern verrechnet werden (z. B. durch Ausgleichsmandate), konnte die bisherige Art der Stimmenverrechnung zu einem ‚negativen Stimmgewicht' führen, das heißt zu dem absurden Fall, dass mehr Zweitstimmen für eine Partei für sie eine geringere Anzahl von Mandaten bedeuten.[8] Das Bundesverfassungsgericht hat dies Mitte 2008 für verfassungswidrig erklärt und dem Gesetzgeber aufgegeben, das Wahlgesetz innerhalb von drei Jahren zu ändern. Auch die mit Verspätung im Dezember 2011 mit der Mehrheit von CDU/CSU und FDP beschlossene Änderung des Wahlgesetzes, der zufolge die Gesamtzahl der Mandate im ersten Schritt auf die Länder und erst im zweiten Schritt innerhalb der einzelnen Bundesländer auf die Parteien verteilt werden sollte, hatte vor dem Bundesverfassungsgericht keinen Bestand. Da das Ge-

---

6   Parteiunabhängige gab es bisher nur bei der ersten Bundestagswahl 1949, als es drei Unabhängige in den Bundestag schafften. Bei der Wahl 2002 zog die PDS als Partei nicht in den Bundestag ein, war dort aber durch zwei Abgeordnete vertreten, die ihre Wahlkreise direkt gewonnen hatten.

7   2009 gab es 24 Überhangmandate (21 für die CDU und 3 für die CSU), sodass der Bundestag zu Beginn der Legislaturperiode 622 statt 598 Mitglieder hatte.

8   Wenn z. B. die SPD bei der Bundestagswahl 2002 in Brandenburg 50.000 Zweitstimmen weniger gehabt hätte als sie hatte, dann hätte sie in Brandenburg nach ihrem Zweitstimmenergebnis 9 Mandate und in Bremen 3 Mandate erhalten. Da sie aber in Brandenburg 10 Wahlkreise direkt gewonnen hatte, stand ihr das eine Überhangmandat zusätzlich zu und sie hätte insgesamt 10+3 = 13 Mandate erhalten. Mit den zusätzlichen 50.000 Stimmen in Brandenburg ergab die Sitzverteilung dort 10 Mandate (also kein Überhangmandat) und – aufgrund des veränderten Stimmenverhältnisses der Länder untereinander – in Bremen nur 2 Mandate, also insgesamt 12 Mandate. Damit haben die 50.000 zusätzlichen Stimmen die SPD ein Mandat gekostet.

richt nunmehr auch unausgeglichene Überhangmandate als solche (oder zumindest mehr als 15 davon) für verfassungswidrig zu erklären beliebte, einigten sich im Oktober 2012 alle im Bundestag vertretenen Parteien mit Ausnahme der Linken darauf, von der Bundestagswahl 2013 an alle Überhangmandate auszugleichen. Kritiker dieser Regelung verweisen darauf, dass sich hierdurch die Mandatsanzahl des Bundestags, der ohnehin schon eines der größten Parlamente der Welt darstellt, unter Umständen deutlich erhöhen kann und damit auch die Kosten deutlich steigen werden.

All diese Probleme gibt es nicht, wenn das Verhältniswahlsystem in seiner einfachsten Form, der reinen Verhältniswahl, angewendet wird, wie z. B. in Israel. Dort bildet das gesamte Land einen nationalen Mehrpersonenwahlkreis und die Wähler haben nur eine Stimme, die sie für eine starre Parteiliste abgeben. Damit entsprechen sich die Stimmen- und Mandatsanteile weitgehend.[9] Die beiden wichtigsten Beispiele für das andere Extrem bei den Wahlsystemtypen, die Mehrheitswahl, sind Großbritannien und Frankreich. Großbritannien wählt nach dem System der relativen Mehrheitswahl in Einerwahlkreisen. Das ganze Land ist in so viele Wahlkreise aufgeteilt, wie Mandate zu vergeben sind, die Wähler haben nur eine Stimme, die sie im Wahlkreis für eine der zur Wahl stehenden Personen abgeben, und gewählt ist, wer die meisten Stimmen bekommt (das heißt es genügt die relative Mehrheit). In Frankreich wird nach dem System der absoluten Mehrheitswahl in Einerwahlkreisen gewählt. Gewählt ist, wer die absolute Mehrheit der abgegebenen Stimmen und mindestens 25 Prozent der Stimmen der Wahlberechtigten erhalten hat. Wird dies von niemandem erreicht, gibt es eine Woche später einen zweiten Wahlgang, an dem alle Bewerber teilnehmen dürfen, für die im ersten Wahlgang mindestens 12,5 Prozent der Wahlberechtigten gestimmt haben.[10] Im zweiten Wahlgang gewinnt der Kandidat mit den meisten Stimmen. Das beste Beispiel für ein segmentiertes Wahlsystem (,Grabenwahlsystem') bildet Litauen. Dort existieren 71 Einerwahlkreise, in denen derjenige gewählt ist, der die absolute Mehrheit erhält. Wird dies nicht erreicht, erfolgt eine Stichwahl zwischen den beiden Bestplatzierten. Zusätzlich werden 70 Abgeordnete landesweit nach dem Verhältniswahlprinzip gewählt. Eine gegenseitige Verrechnung findet nicht statt.

Über die politischen Auswirkungen der verschiedenen Wahlsysteme, also die Wirkung auf die Parteiensysteme, das Wählerverhalten und den politischen Prozess, wird in der Literatur seit Jahrzehnten gestritten (vgl. Nohlen 2009: 61ff. und 412ff.).

Vor allem die Auswirkungen auf die Struktur der Parteiensysteme[11] ist seit Duvergers (1951) Versuch, sie in Form von ,soziologischen Gesetzen' zu formulieren, Gegenstand kon-

---

9   Allerdings hat Israel eine Sperrklausel von 1,5 Prozent der Stimmen. Auch ohne explizite Sperrklausel kann eine vollständige Identität in der Realität nicht erreicht werden, da zum Mandatsgewinn immer eine – von der Gesamtzahl der Mandate abhängige – Mindeststimmenzahl erforderlich ist, die wie eine Sperrklausel wirkt. So besteht z. B. das israelische Parlament aus 120 Abgeordneten, das heißt alle Parteien, die nicht mindestens $100/120 = 0{,}83$ Prozent der Stimmen erhalten, würden auch ohne explizite Sperrklausel kein Mandat bekommen.

10   Meistens sprechen sich die Parteien vor dem zweiten Wahlgang untereinander ab, sodass nur noch zwei Bewerber antreten.

11   Für eine Strukturtypologie von Parteiensystemen vgl. Niedermayer (2010).

troverser Diskussionen, in denen manche Autoren eine quasi monokausale Beziehung zwischen Wahl- und Parteiensystem herstellten.[12] Wie die neuere Forschung zeigt (vgl. z. B. Nohlen 2009: 61ff. und 412ff.), widersetzt sich jedoch die vielfältige Realität jeglichen monokausalen Generalisierungen der politischen Wirkungen von Wahlsystemen, weil z. B. die Gestalt der Parteiensysteme von einer Reihe von anderen Faktoren abhängt, insbesondere von den zentralen gesellschaftlichen Konfliktlinien und ihrer Übersetzung in die Konfliktstruktur der Parteiensysteme.

2. Wählerverhalten

Die rechtlichen Regelungen in Form des Wahlrechts und des Wahlsystems bilden einen wichtigen Teil der Rahmenbedingungen des politischen Wettbewerbs bei Wahlen. Wie jede Art von Wettbewerb wird auch der politische Wettbewerb durch Angebot, Nachfrage und Rahmenbedingungen bestimmt. Die Angebotsseite bilden die einzelnen Parteien, die durch den Einsatz von personellen und finanziellen Ressourcen (z. B. die Spitzenkandidaten, die Mitgliedschaft und das Wahlkampfbudget), durch inhaltliche Politikangebote (z. B. die Betonung sozialer Gerechtigkeit oder die Position zu Afghanistan) und mit Hilfe unterschiedlicher Strategien (z. B. Koalitionsaussagen) versuchen, die Wahl in ihrem Sinne zu beeinflussen bzw. für sich zu entscheiden. Die Nachfrageseite wird durch die Wahlberechtigten gebildet, wobei sowohl deren soziale Gruppenzugehörigkeit als auch deren Orientierungen eine Rolle spielen. Der Wettbewerb wird zudem durch eine Reihe von Rahmenbedingungen beeinflusst, die von den Teilnehmern einerseits beachtet werden müssen, andererseits aber auch zum Teil (zumindest bis zur nächsten Wahl) beeinflusst werden können.

Im Folgenden soll näher beleuchtet werden, welche Erkenntnisse die Wahlforschung darüber gewonnen hat, wie die Entscheidung der Bürgerinnen und Bürger, für das politische Angebot einer bestimmten Partei zu stimmen bzw. sich überhaupt an einer Wahl zu beteiligen, aussehen und welche Faktoren sie beeinflussen.[13]

2.1 Die drei Ansätze zur Erklärung des Wahlverhaltens

In der Wahlforschung[14] wurden drei verschiedene Ansätze zur Erklärung des Wahlverhaltens der Bürgerinnen und Bürger entwickelt: der soziologische (mit einer mikro- und einer

---

12 Für Hermens (1951) z. B. führt ein Verhältniswahlsystem zwangsläufig zu einem hoch fragmentierten Parteiensystem.

13 Datengrundlage der Wahlforschung sind Aggregatdaten, also für bestimmte Gebietseinheiten vorliegende Informationen, und Individualdaten, das heißt durch repräsentative Bevölkerungsumfragen gewonnene Informationen. Vgl. hierzu z. B. Schoen (2005b).

14 Neuere Lehr-, Hand- und Studienbücher zur Wahlforschung sind z. B. Faas/Maier/Wüst (2012), Falter/Schoen (2005), Gabriel/Weste (2012), Korte (2009), Pappi/Shikano (2007) und Roth (2008). Zum Stand und den Perspektiven der deutschen Wahlforschung vgl. Kaase (1977), Klein et al. (2000) und Schmitt-Beck (2012). Neuere Sammelbände mit Analysen der Bundestagswahl 2009 oder allgemeiner Fragestellungen der Wahlforschung sind z. B. Bytzek/Roßteutscher (2011), Faas et al. (2012), Jesse/Sturm (2010), Korte (2010), Kühnel/Niedermayer/Westle (2009), Oberreuter (2011), Rattinger/Gabriel/Falter (2007), Rattinger et al.

makrosoziologischen Komponente), der sozialpsychologische und der ökonomische (*Rational Choice*-)Ansatz. Der mikrosoziologische Ansatz (grundlegend: Lazarsfeld/Berelson/ Gaudet 1944 und Berelson/Lazarsfeld/McPhee 1954) betont den über Interaktionsprozesse im sozialen Umfeld vermittelten Zusammenhang zwischen der sozialen Position eines Individuums und seinem Wahlverhalten. Es wird zunächst darauf verwiesen, dass Individuen in der gleichen sozialen Position ähnliche Interessen entwickeln und daher auch ein ähnliches Wahlverhalten zu erwarten ist. Im Mittelpunkt steht jedoch ein Interaktionsmodell, das politische Einstellungen und Verhaltensweisen auf soziale Interaktionen in Gruppen zurückführt. Man geht davon aus, dass Individuen sich bevorzugt unter ihresgleichen bewegen und Personen mit den gleichen objektiven sozialstrukturellen Merkmalen – z. B. der gleichen beruflichen Stellung oder Konfession – auch den gleichen sozialen Gruppen angehören. Durch die sozialen Kontakte in den Gruppen passen sich die individuellen an die in der Gruppe vorherrschenden Einstellungen und Verhaltensweisen an, weil Menschen versuchen, mit ihrer Umwelt möglichst im Einklang zu leben, und der Homogenisierungseffekt durch sozialen Druck und soziale Kontrolle seitens der Gruppe noch verstärkt wird, indem ein mit der in der Gruppe vorherrschenden (Wahl-)Norm konformes Verhalten honoriert und von der Gruppennorm abweichendes Verhalten mit Sanktionen (z. B. Isolation) belegt wird. In der Regel gehören Menschen aber mehreren Gruppen an. Ist das Individuum in homogene ,soziale Kreise' (Simmel 1890) eingebunden, wird es intensive Parteiloyalitäten entwickeln und sein Wahlverhalten ist eindeutig vorgezeichnet. Ist es jedoch *cross-pressures* ausgesetzt, weil es entgegengesetzten sozialen Kräftefeldern angehört, dann schwächen sich die Einflüsse gegenseitig ab und es entwickelt nur schwache oder gar keine Parteipräferenzen.

Die zentralen Faktoren zur Erklärung des Wahlverhaltens im mikrosoziologischen Ansatz sind somit die sozialstrukturelle Gruppenzugehörigkeit und die Gruppennormen. Der Ansatz führt überzeugende Argumente an, warum die Mitglieder einer sozialen Gruppe ein homogenes Wahlverhalten aufweisen sollten. Wieso sie aber jeweils eine ganz bestimmte Partei wählen, wird nicht wirklich erklärt. Dies leistet der makrosoziologische Ansatz, die *cleavage*-Theorie (grundlegend: Lipset/Rokkan 1967), die zur Erklärung der Genese von Parteiensystemen in Westeuropa entwickelt wurde. Dieser Ansatz geht davon aus, dass sich im 19. Jahrhundert vor dem Hintergrund der durch die Industrielle Revolution und die Nationalstaatsbildung bewirkten Umbrüche und Verwerfungen vier zentrale gesellschaftliche Konfliktlinien herausbildeten, in denen sich soziale Gruppen mit konfligierenden materiellen Interessen gegenüberstanden: (1) der Klassenkonflikt zwischen Kapitaleignern und abhängig Beschäftigten, (2) der Stadt-Land-Konflikt zwischen dem städtischen Bürgertum in Industrie, Handel und Gewerbe und den durch den Landadel vertretenen Agrarinteressen, (3) der Kirche-Staat-Konflikt zwischen dem Machtanspruch des säkularisierten Nationalstaats und den historisch gewachsenen Vorrechten der katholischen Kirche und (4) der Zentrum-Peripherie-Konflikt zwischen den zentralstaatlichen Eliten und den Vertretern ethnischer, sprachlicher oder religiöser Minderheiten in den Regionen. Diese gesellschaftlichen

---

(2011), Tenscher (2011), Weßels/Gabriel/Schoen (2012). Neuere international vergleichende Handbücher und Analysen sind z. B. LeDuc/Niemi/Norris (2009), Nohlen/Stöver (2010) und die anderen Bände der Reihe, Rudi (2010) und Schoen (2008).

Konfliktlinien wurden ‚politisiert', indem sich Parteien als Vertreterinnen der verschiedenen Gruppeninteressen im politischen Wettbewerb herausbildeten und diese durch Bezugnahme auf übergeordnete gesellschaftliche Werte mit einer Sinnkomponente unterlegten – auch wenn die Überführung der gesellschaftlichen in die parteipolitische Konfliktstruktur nicht eins zu eins erfolgte. Die Mitglieder der jeweiligen Gruppen entwickeln enge Bindungen an ‚ihre' Partei und votieren für sie bei den Wahlen. Am engsten sind diese Bindungen, wenn sich ‚sozial-moralische Milieus' (vgl. Lepsius 1966), das heißt alltagsweltlich begründete, durch Milieuorganisationen gestützte Gesinnungsgemeinschaften, herausbilden, die als eindimensionale Sozialisationsumfelder für die Milieupartei fungieren. Der makrosoziologische Ansatz fügte somit Interessen und Wertorientierungen als Bindeglied zwischen sozialstruktureller Gruppenzugehörigkeit und Wahlverhalten hinzu.

In der Literatur werden mit dem Cleavage-Konzept unterschiedliche Anforderungen an die Relevanz, Persistenz, Konflikthaftigkeit, Institutionalisierung und sozialstrukturelle Verankerung der Spaltungslinien verbunden. Vor allem dreht sich die Diskussion aber um die Frage, ob eine ‚Enthistorisierung' des Cleavage-Konzepts in der Form geboten ist, dass nicht nur die traditionellen, eindeutig in der Sozialstruktur verankerten, für die industriellen Gesellschaften typischen Cleavages einbezogen werden sollen, sondern auch die im Zuge des sozialen Wandels entstandenen neuen, primär auf Wertekonflikten basierenden, die postindustriellen Gesellschaften charakterisierenden Spaltungslinien (vgl. Niedermayer 2009).

In Deutschland wurde historisch gesehen das Wahlverhalten am stärksten von zwei Konfliktlinien geprägt: den durch die industrielle Revolution geprägten Klassenkonflikt mit der Sozialdemokratie als Vertreterin der Arbeiterschaft auf der einen Seite und der Produktionsmittel besitzenden Klasse auf der anderen und den Konfessionskonflikt zwischen dem protestantisch dominiertem Nationalstaat und der Katholischen Kirche, der auf dem Hintergrund der Jahrhunderte vorher durch Martin Luther erfolgten Kirchenspaltung durch die ‚kleindeutsche' Lösung bei der Bildung des Kaiserreichs politisiert wurde, weil dadurch die Katholiken gegenüber dem vom protestantischen Preußen dominierten Nationalstaat in eine strukturelle Minderheitenposition gerieten und sich politisch – in der Zentrumspartei – organisierten.[15] Zudem bildeten sich Gesinnungsgemeinschaften in Form des Arbeitermilieus und des katholischen Milieus heraus, die organisatorisch abgestützt wurden (Gewerkschaften, Kirche) und deren innerer Zusammenhalt und Parteibindung durch äußeren Druck (Bismarcks Kampf gegen die ‚Reichsfeinde' mit den Sozialistengesetzen und dem Kulturkampf) verstärkt wurden. Nimmt man die Gewerkschafts- und Kirchenbindung als Indikatoren für die Milieubindung oder zumindest für die Einbindung des Individuums in einseitige organisatorische Kommunikationsstrukturen, dann bilden die gewerkschaftlich organisierten Arbeiter die traditionelle Kernwählerschaft der SPD und die kirchengebundenen Katholiken die

---

15   Der dritte, das Wahlverhalten weniger stark prägende Stadt-Land-Konflikt führte zur Herausbildung der
      liberalen und konservativen Säule im Parteiensystem. Es lässt sich zudem darüber spekulieren, ob sich nach
      der deutschen Wiedervereinigung zwischenzeitlich ein Zentrum-Peripherie-Konflikt herausgebildet hatte,
      da sich viele Ostdeutsche in der westdeutsch dominierten neuen Bundesrepublik als Bürger zweiter Klasse
      fühlten und in der ostdeutschen Regionalpartei PDS ihre politische Interessenvertretung sahen.

traditionelle Kernwählerschaft zunächst der Zentrumspartei und danach, trotz ihrer Gründung als konfessionsübergreifende Sammlungsparteien, der CDU und CSU.

Religions- und Klassenzugehörigkeit prägten nicht nur in Deutschland, sondern „in allen westlichen Demokratien das Wahlverhalten" (Arzheimer/Falter 2003: 309). Angesichts des ökonomischen Strukturwandels und der Verselbständigung und Veränderung des ideologischen Überbaus des traditionellen Klassenkonflikts, der heute als Sozialstaatskonflikt zwischen marktliberalen und an sozialer Gerechtigkeit orientierten Wertvorstellungen zur Staatsrolle in der Ökonomie ausgetragen wird, stellt sich für die neueren Analysen jedoch die Frage, wie es um das *class-voting* bestellt ist. Für Deutschland ist zudem zu fragen, ob sich der traditionelle Konfessionskonflikt in einen Religionskonflikt zwischen religiösen und laizistischen Wertorientierungen verwandelt hat und inwieweit diese Konfliktdimension angesichts des Säkularisierungsschubs in den Siebzigerjahren und der Wiedervereinigung mit den zu DDR-Zeiten zwangssäkularisierten neuen Bundesländern das Wahlverhalten weiterhin prägt.[16]

In den Achtziger- und Neunzigerjahren betonten viele Studien die Erosion klassenstruktureller Bindungen (Diskussion in Müller 1998), in der Folgezeit erwies sich die These des *death of class* (Clark/Lipset 1993) jedoch als ungerechtfertigt (vgl. z. B. Elff 2007 und Evans 1999). In Deutschland zeigten sich bis Ende der Neunzigerjahre gleichbleibende Bindungen der klassenbezogenen Wählergruppen an die Parteien (vgl. z. B. Pappi/Shikano 2002). Auch einige neuere Analysen bestätigen die unveränderten SPD-Präferenzen der westdeutschen Arbeiter (vgl. Elff/Roßteutscher 2009 und Debus 2010), bei anderen erwies sich der Arbeiterstatus nur noch 1998 als signifikanter Einflussfaktor (vgl. Schoen/Zettl 2010). Zudem wurde für die Gewerkschaftsbindung eine teilweise Umorientierung weg von der SPD und hin zur Linkspartei festgestellt (vgl. Pappi/Brandenburg 2010). Schoen und Zettl (2010: 133) kommen in einer Ost-West-Analyse zu dem Schluss: „Das einst festgefügte Bündnis aus Arbeitern, Gewerkschaft und Sozialdemokratie scheint in den alten Ländern erodiert zu sein. In den neuen Ländern ist ein solches Bündnis offenbar nie zustande gekommen". Der Erosionsprozess in Westdeutschland vollzieht sich offenbar in der Generationenfolge (vgl. Müller/Klein 2012).

Eine solche Erosion ist für die zweite Konfliktlinie in Deutschland bis heute nicht festzustellen. Allerdings wurde der traditionelle Konfessionskonflikt (vgl. z. B. Pappi 1979) zwischen Katholiken und Protestanten mit der überkonfessionellen Gründung von CDU und CSU, vor allem aber als Reaktion auf die Säkularisierungsprozesse, von einer „religiös-säkularen Konfliktlinie überlagert" (Roßteutscher 2012: 131), die kirchentreue und religiöse Katholiken und Protestanten von areligiösen, kirchlich nicht gebundenen Wählern trennt, sodass man heute von einer konfessionell-religiösen Konfliktlinie sprechen muss.[17] Die Bedeutung dieser Konfliktlinie für das Wahlverhalten wird allerdings deutlich relativiert, wenn man sich vergegenwärtigt, dass die kirchentreuen Katholiken und Protestanten zusammen heute we-

---

16 Weitere sozialstrukturelle Prägefaktoren des Wahlverhaltens, die regelmäßig analysiert, aber hier nicht näher beleuchtet werden, sind das Geschlecht, die Bildung und das Alter.

17 In der Literatur wurde lange eine reine Ablösungsthese, das heißt die vollständige Ablösung des Konfessions- durch einen Religionskonflikt, vertreten (vgl. Wolf 1996), die aber aufgrund der neuesten Forschungsergebnisse nicht mehr aufrecht erhalten werden kann.

niger als 15 Prozent der Bevölkerung ausmachen (vgl. Roßteutscher 2012: 124), sodass mit diesen Wählern allein schon seit einiger Zeit keine Mehrheiten mehr erreicht werden können.

Insgesamt kann der auf die Stammwählerschaft der Parteien zielende soziologische Ansatz zwar langfristige, auf Veränderungen in der Sozialstruktur zurückgehende Verschiebungen in den Kräfteverhältnissen der Parteien erklären, kurzfristige, durch das jeweilige konkrete personelle oder inhaltliche Angebot der Parteien bedingte Wahlerfolge oder Niederlagen jedoch nicht. Dies gelingt dem sozialpsychologischen Ansatz (grundlegend: Campbell/Gurin/Miller 1954 und Campbell et al. 1960), der das Wahlverhalten durch zwei kurzfristige Faktoren, die Orientierungen der Wähler gegenüber den (Spitzen-)Kandidaten und den Sachthemen (*issues*), und einen langfristigen Faktor, die Parteiidentifikation, erklärt.[18]

Die Parteiidentifikation wird als langfristige affektive Bindung an eine Partei, als eine Art ‚psychologische Parteimitgliedschaft', verstanden, die durch politische Sozialisationsprozesse erworben wird. Wähler mit einer starken Parteibindung wählen in der Regel auch diese Partei, und zwar auch deswegen, weil die Parteiidentifikation sozusagen als ‚rosa Brille' wirkt, durch die das personelle und inhaltliche Parteiangebot gesehen wird. Die Diskussion um dieses im amerikanischen Kontext entwickelte Konzept konzentrierte sich zunächst auf die Frage seiner interkulturellen Übertragbarkeit (vgl. z. B. Falter 1977) und in neuerer Zeit wird versucht, die Theorie Sozialer Identität für eine theoretische Fundierung des Konzepts fruchtbar zu machen (vgl. Ohr/Quand 2012). Eine Reihe von deutschen Studien zeigte, dass Parteibindungen zwar auch veränderbar sind, insgesamt jedoch eine relativ hohe Stabilität aufweisen (vgl. Arzheimer/Schoen 2005 und Schmitt-Beck/Weick/Christoph 2006) und dass selbst in den neuen Bundesländern schon früh von Parteiidentifikationen gesprochen werden konnte (vgl. Rattinger 1995), auch wenn sie dort bis heute schwächer ausgeprägt sind als im Westen. Die wichtigste internationale Debatte wurde jedoch um die Frage geführt, ob die Bedeutung der Parteiidentifikation schwindet (vgl. z. B. Schmitt/Holmberg 1995 und Dalton 2000). Betrachtet man die Entwicklung des Anteils der parteigebundenen Wähler, die Stärke der Bindung und ihre Prägekraft für die Wahlentscheidung in Deutschland, so gibt es in den alten Bundesländern in der Tat „auf allen betrachteten Dimensionen Belege für eine moderate Abnahme der Bedeutung" (Ohr/Quand 2012: 188). Auch wenn die Parteiidentifikation weiterhin einen relevanten Faktor für das Wahlverhalten darstellt, weisen Jung/Schroth/Wolf (2010: 46) darauf hin, dass die Wahlergebnisse „seit geraumer Zeit und in zunehmendem Maße von einer Mehrheit von Wählern bestimmt (werden), die entweder über keine oder lediglich über eine schwache Parteiidentifikation verfügen". Das Abnehmen langfristiger Bindungen bedeutet eine potenzielle Flexibilisierung des Wahlverhaltens, das heißt die Wähler müssen sich von Wahl zu Wahl zwar nicht umentscheiden, aber sie können es. Daher gewinnt die Analyse der Wechselwähler an Bedeutung (vgl. z. B. Rattinger/Schoen 2009 und Rudi/Steinbrecher 2011).

Bei den Kandidatenorientierungen als dem ersten Kurzfristfaktor ist man sich in der Forschung einig, dass die Wähler die Kandidaten nach vier Gesichtspunkten beurteilen: Führungsqualitäten, Integrität, Sachkompetenz und Sympathie (vgl. z. B. Brettschneider 2002,

---

18   Für eine vergleichende Studie der EU-Staaten mit diesem Modell vgl. Schoen (2008).

Funk 1996 und Westle 2009). Nicht eindeutig beantwortbar ist international die Frage, ob es einen längerfristigen, systematischen Trend zur Personalisierung, also zur zunehmenden Bedeutung der Kandidatenorientierung für die Wahlentscheidung gibt (vgl. Karvonen 2010). Auch in Deutschland wurde diese Frage zunächst kontrovers diskutiert (vgl. z. B. Brettschneider/Gabriel 2003 und Ohr 2000). Heute ist man sich einig, dass die Bedeutung der Kandidaten von Wahl zu Wahl variiert, wobei sie über die vier jüngsten Bundestagswahlen hinweg sogar abgenommen hat (vgl. Wagner/Weßels 2012). Auch eine Personalisierung im Sinne einer Entpolitisierung der Kandidatenbewertung durch den zunehmenden Einfluss rollenferner Merkmale ist nicht festzustellen (vgl. schon Gabriel/Vetter 1998).

Für ein an Sachthemen orientiertes Wahlverhalten (*issue-voting*) müssen die Wähler eine Sachfrage zur Kenntnis nehmen, ihr Relevanz zuschreiben, eine eigene Position besitzen und zwischen den Parteien Unterschiede erkennen (vgl. Campbell et al. 1960). Dabei können die Wähler ihre Urteile an der Vergangenheit ausrichten (retrospektives Wählen) oder ihnen in die Zukunft gerichtete Erwartungen zugrunde legen (prospektives Wählen). Zudem kann es sich bei den Sachfragen um ‚Valenzissues‘ handeln, bei denen die Zielsetzung allgemein geteilt, positiv bewertet und bestimmten Parteien eine Kompetenz zur Zielrealisierung zugeschrieben wird[19] (z. B. Bekämpfung der Arbeitslosigkeit), oder um ‚Positionsissues‘, die sich auf kontroverse Zielsetzungen oder Politikinhalte beziehen (z. B. die Haltung zu Kampfeinsätzen der Bundeswehr). Kombiniert man die zeitliche und inhaltliche Dimension, dann ergeben sich als die beiden wichtigsten Varianten die retrospektiven Leistungsbewertungen (z. B. die Bestrafung von Regierungen für Fehlleistungen) und die prospektiven Urteile über politische Kontroversen. In der Literatur dominieren in diesem Bereich Einzeluntersuchungen, Längsschnittanalysen (vgl. z. B. Klingemann/Taylor 1977) sind selten. Relativ gut erforscht ist jedoch die Beziehung zwischen der Wahrnehmung der Wirtschaftslage und dem Wahlverhalten.[20] Für Deutschland konnte gezeigt werden, dass eine positivere Wahrnehmung der Wirtschaftslage eher zur Wahlabsicht für eine der Regierungsparteien führt (vgl. z. B. Rattinger/Puschner 1981).

Der ökonomische oder *Rational Choice*-Ansatz zur Erklärung des Wahlverhaltens (grundlegend: Downs 1957) geht davon aus, dass Wahlen ein Tausch von Wählerstimmen gegen die Realisierung politischer Ziele sind und sich die Teilnehmer des politischen Wettbewerbs rein instrumentell-rational verhalten. Für den Wähler bedeutet dies, bei seiner Wahlentscheidung ein individuelles Kosten-Nutzen-Kalkül anzustellen und nur seine eigenen Interessen zu verfolgen. Der Nutzen der Entscheidung für eine bestimmte Partei besteht darin, dass die gewählte Partei eine Politik betreibt, die seinen eigenen Interessen entspricht. Als allgemeine Entscheidungsregel gilt, unter den zur Verfügung stehenden Handlungsalternativen diejenige zu wählen, die mit dem größten erwarteten (Netto-)Nutzen verbunden ist. Tritt eine bisherige Oppositionspartei gegen eine Regierungspartei an, so wird der rationale Wähler den Nutzen, den ihm die beiden Parteien als Regierungspartei bringen, kalkulieren und ge-

---

19 Oft gelingt es Parteien auch, durch langfristig selektives Hervorheben mancher Politikfelder als deren ‚Eigentümer‘ mit einer systematisch größeren Kompetenzzuschreibung wahrgenommen zu werden (vgl. Budge/Farlie 1983) und damit einen ‚Markenkern‘ herauszubilden.

20 Analysen des *economic voting* finden sich auch im *Rational Choice*-Ansatz.

geneinander abwägen (er bildet ein Parteiendifferenzial). Gibt es mehrere Parteien und eine Vielzahl von politischen Sachfragen, dann muss die Wahlentscheidung als Policy-Distanz-Modell konstruiert werden, das sich „auf Positionsissues und die hierauf bezogenen Distanzen zwischen den präferierten Issue-Positionen […] der Wähler und den von diesen wahrgenommenen Positionen der verschiedenen Parteien stützt" (Thurner/Mauerer/Binder 2012: 303).[21] Allerdings trifft der Wähler seine Entscheidung unter Unsicherheit, das heißt Mangel an Wissen über vergangene, gegenwärtige und zukünftig mögliche Positionen und Ereignisse. Diese Unsicherheit lässt sich durch relevante Informationen verringern, deren Beschaffung jedoch mit Kosten verbunden ist. Diese wiederum lassen sich verringern, indem sogenannte *information shortcuts* (Popkin 1993) verwendet werden, indem z. B. auf das – über Medien vermittelte – Urteilsvermögen von Meinungsführern zurückgegriffen, Ideologien als Hilfsgrößen verwendet oder die Bewertung von Kandidaten als Ersatz für die detaillierte Informationsbeschaffung über inhaltliche Parteipositionen benutzt wird. Der ökonomische Ansatz stellt also eine alternative Konzeptualisierung vor allem des Issue-Voting, aber auch der Kandidatenorientierung des sozialpsychologischen Modells dar. Zudem wird er zur Erklärung des ‚strategischen Wählens', also von Wahlentscheidungen, die von der eigentlichen Parteipräferenz des Wählers abweichen, benutzt, wobei hier vor allem die Effekte von Koalitionspräferenzen und Koalitionserwartungen auf die Wahlentscheidung von Interesse sind (vgl. schon Gschwend/Pappi 2004 und in neuester Zeit Bytzek et al. 2012). Obwohl strategisches Wählen auch in „Nebenwahlen" (Reif/Schmitt 1980; Schmitt/Sanz/Braun 2009), das heißt Landtags- und Europawahlen, eine Rolle spielt und deren Analyse somit anhand des ökonomischen Ansatzes erfolgen kann, sind ihm deutsche Arbeiten in diesem Bereich (vgl. z. B. Völkl et al. 2008 und Mittag 2011) nicht zuzuordnen.

2.2 Ein heuristisches Gesamtmodell

Die Erklärungsansätze des Wahlverhaltens konzentrieren sich alle auf die Eigenschaften der Wähler und ihre Orientierungen gegenüber dem personellen und inhaltlichen Angebot der Parteien. Die Rahmenbedingungen, denen der politische Wettbewerb unterworfen ist, werden größtenteils außer Acht gelassen. Das macht insofern Sinn, als ein Großteil der Rahmenbedingungen bei der Betrachtung einer einzigen Wahl in einem einzigen Land konstant ist und daher nicht in die Analyse des Wahlverhaltens einbezogen werden muss.[22] In international vergleichenden Analysen oder Longitudinalanalysen der Entwicklung des Wahlverhaltens in einem Land werden sie jedoch zu Variablen und spielen bei der Erklärung von Wahlverhaltensunterschieden eine Rolle.

    Zu den Rahmenbedingungen gehören neben den rechtlichen Regelungen (vgl. Abschnitt 1) auch die Gestalt des Parteiensystems, das heißt die Anzahl und Art der bei einer Wahl antretenden Parteien, da dieses die Gesamtheit der den Wählern angebotenen Handlungsalternativen definiert. Zudem beeinflussen die Medien, die Verbände und die sozialen Bewe-

---

21   Für weitere Analysen vgl. z. B. Fuchs/Kühnel (1994) und Thurner/Pappi (1998).

22   Ausnahmen gibt es nur, wenn sich Rahmenbedingungen während des Wahlkampfs ändern, die zu Reaktionen bei den Wählern führen, wie z. B. die Flutkatastrophe vor der Bundestagswahl 2002.

gungen einerseits durch ihre Aktivitäten die Wähler und sind andererseits Adressaten der Parteien, die sie in ihrem Sinne zu instrumentalisieren versuchen. Vor allem die Rolle der Medien, insbesondere des Fernsehens und in neuester Zeit auch des Internets, für das Wahlverhalten ist dabei Gegenstand kontroverser Diskussionen. Zudem werden Wahlen von einer ganzen Reihe ökonomischer, sozialer, demographischer, innen- und außenpolitischer, ökologischer und technologischer Entwicklungen bzw. Ereignisse beeinflusst, wenn diese zu Veränderungen der Aktivitäten bzw. inhaltlichen Positionen der Parteien oder der Orientierungen bzw. Verhaltensweisen der Bürger führen.[23]

Berücksichtigt man diese Faktoren zusätzlich zu den drei Erklärungsansätzen und koppelt den soziologischen mit dem sozialpsychologischen Ansatz über die Parteiidentifikation, so lassen sich die verschiedenen Determinanten des Wahlverhaltens und ihre wichtigsten Beziehungszusammenhänge wie in Abbildung 1 zusammenfassen.

Abbildung 1: Erklärungsfaktoren der Parteienwahl

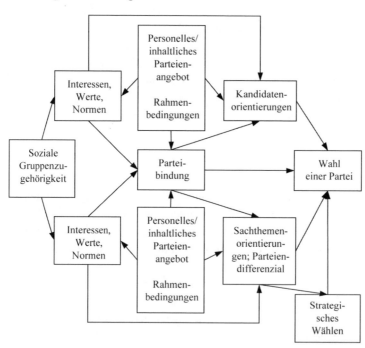

---

23   Beispiele hierfür sind der enorme Einfluss der Schuldenkrise Griechenlands auf die dortigen vorgezogenen Parlamentswahlen 2012, der Einfluss der Atomkatastrophe im japanischen Fukushima Anfang März 2011 auf die nachfolgenden Landtagswahlen in Deutschland und der Einfluss der Terroranschläge in Madrid auf die spanische Parlamentswahl 2004.

2.3 Die Wahlbeteiligung

Bevor sich die Bürgerinnen und Bürger für das politische Angebot einer bestimmten Partei entscheiden können, müssen sie die Entscheidung treffen, sich überhaupt an einer Wahl zu beteiligen. In der Bundesrepublik Deutschland lagen die Wahlbeteiligungen bei Bundestagswahlen bis zur Wiedervereinigung – mit Ausnahme der ersten Wahl 1949 – zwischen 85 und 90 Prozent (vgl. Abbildung 2). Die höchste jemals erreichte Beteiligung wurde mit 91,1 Prozent bei der Ausnahmewahl von 1972 gemessen. Danach ging sie zurück, erreichte mit der Wiedervereinigungswahl von 1990 ihren vorläufigen Tiefpunkt, erholte sich bei den nächsten beiden Wahlen wieder etwas und fiel 2009 auf den historischen Tiefpunkt von 70,8 Prozent. Bei der ersten Europawahl 1979 gingen in Deutschland noch 65,7 Prozent der Wahlberechtigten zur Wahl, während sich 2004 und 2009 nur noch rund 43 Prozent beteiligten. Die Wahlbeteiligung an den Landtagswahlen differiert zwischen den einzelnen Bundesländern deutlich[24], war seit den Sechzigerjahren aber mit ganz wenigen Ausnahmen geringer als bei Bundestagswahlen, und die durchschnittlichen Beteiligungsraten in den Wahlperioden gehen seit Mitte der Siebzigerjahre kontinuierlich zurück. Die bisher geringste Beteiligung an einer Landtagswahl wurde 2006 in Sachsen-Anhalt mit 44,4 Prozent gemessen.

Vergleicht man die Wahlbeteiligung bei nationalen Parlamentswahlen in der ersten Wahlperiode der 27 Mitgliedsstaaten der Europäischen Union 2007 bis 2011[25], so wird zunächst deutlich, dass Deutschland bei der Wahl von 2009 mit 70,8 Prozent knapp über der durchschnittlichen Wahlbeteiligung in der gesamten EU von 69 Prozent lag. Allerdings betrug der Durchschnitt in den 17 westeuropäischen Staaten 75,3 Prozent, sodass Deutschland im westeuropäischen Vergleich eine deutlich unterdurchschnittliche Wahlbeteiligung aufweist. Sie bleibt auch noch unterdurchschnittlich, wenn man die Staaten mit Wahlpflicht – das heißt Belgien, Griechenland, Italien, Luxemburg und Zypern – herausrechnet, denn dann ist der Durchschnitt immer noch 72,5 Prozent. Geht man auf die vorhergehende Wahlperiode von 2002 bis 2006 zurück, betrug die durchschnittliche Wahlbeteiligung in den westeuropäischen EU-Mitgliedsstaaten ohne Wahlpflichtstaaten 74,6 Prozent, und Deutschland lag mit 77,7 Prozent bei der Bundestagswahl 2005 noch über dem Durchschnitt. In traditionellen Demokratien wie dem Vereinigten Königreich und Frankreich liegt die Beteiligung der Bürgerinnen und Bürger an den nationalen Parlamentswahlen noch deutlich unter den Beteiligungsraten in Deutschland. Die Wahlbeteiligung in den USA ist noch geringer. Die 10 ostmitteleuropäischen Staaten haben 2007 bis 2011 mit 58,2 Prozent im Durchschnitt eine wesentlich niedrigere Wahlbeteiligung aufzuweisen als die westeuropäischen Staaten. Die mit Abstand niedrigste Beteiligung an einer nationalen Parlamentswahl in der EU in diesem Zeitraum wurde mit 39,2 Prozent 2008 in Rumänien gemessen.

---

24 Vgl. die Punktewolke in Abbildung 2; die grauen Kreise geben die durchschnittliche Wahlbeteiligung in den einzelnen Wahlperioden wieder.

25 Am 1.5.2004 kamen zu den bisherigen 15 EU-Staaten Malta, Zypern und 8 ostmitteleuropäische Staaten hinzu, am 1.1.2007 folgten Bulgarien und Rumänien. Bis Ende 2011 hatten alle 27 Staaten mindestens einmal gewählt (in elf Staaten fanden in diesem Zeitraum zwei Wahlen statt; in die Durchschnittswerte gehen alle Wahlen ein).

Abbildung 2: Die Entwicklung der Wahlbeteiligung bei den Bundestags-, Landtags- und Europawahlen 1949-2011 (Angaben in Prozent)

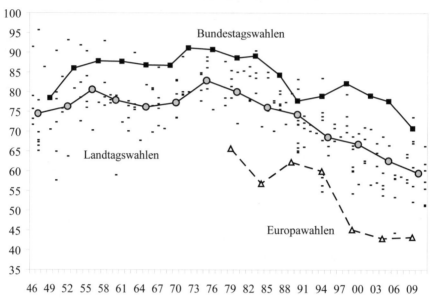

Rumänien ist auch der Mitgliedstaat mit dem stärksten negativen Trend seit 1990. Bei der ersten freien Wahl 1990 lag die Wahlbeteiligung dort bei 86,2 Prozent. Insgesamt lässt sich seit 1990 bei drei Vierteln der mittelosteuropäischen Staaten ein deutlich negativer Trend erkennen, am wenigsten noch in Estland. Nur zwei Staaten – Polen und Ungarn – weisen einen leicht positiven Trend auf. Dies gilt in Westeuropa auch für Dänemark und Irland. Malta, Finnland, Schweden und die Niederlande wiesen keinen ausgeprägten Trend auf. In Österreich, Spanien und Portugal ist von 1990 bis 2011 ein negativer Trend festzustellen, und in Frankreich und dem Vereinigten Königreich ist der negative Trend über diese beiden Jahrzehnte hinweg noch etwas stärker ausgeprägt. Allerdings hat sich im Vereinigten Königreich bei den letzten beiden Wahlen die Situation wieder verbessert. Bezieht man in die Trendbetrachtung nur den Zeitraum ein, in dem sich die deutsche Wahlbeteiligung kontinuierlich verschlechtert hat, also die jeweils letzten vier Wahlen, dann ist der Negativtrend nur noch in Frankreich so stark ausgeprägt wie in Deutschland: In beiden Ländern ging die Wahlbeteiligung in diesem Zeitraum um rund 10 Prozentpunkte zurück.

Betrachtet man die Wahlbeteiligung weltweit, so zeigen die Daten im Zeitraum von 1945 bis 2001 einen deutlichen Rückgang der durchschnittlichen Wahlbeteiligung seit Mitte der Achtzigerjahre[26], wobei sich allerdings zwischen den einzelnen Regionen deutliche Unterschiede sowohl in der Höhe als auch in der Entwicklung der Wahlbeteiligung zeigten.

---

26   Ozeanien und Westeuropa lagen an der Spitze, in Afrika war die Beteiligung am geringsten, vgl. López
      Pintor/Gratschew (2002: 76f.). Für weitere international vergleichende Analysen vgl. z. B. Baldini/Pappalardo

Wie sind die Unterschiede in der Wahlbeteiligung und ihrer Entwicklung zu erklären? Erweitert man die drei im Abschnitt 2.1 diskutierten Ansätze zur Erklärung der Parteienwahl um wenige Faktoren, so lässt sich damit auch die Wahlbeteiligung erklären. Hinzu kommen das allgemeine politische Interesse und die Wahlnorm (,Wählen als Bürgerpflicht'), die als Teil der langfristig stabilen ,civic orientations' (Aldrich/Simon 1986) oft zum sozialpsychologischen Ansatz zählen, unter Betonung der Rolle von sozialstrukturellen Merkmalen und Gruppeninteraktionsprozessen bei ihrer Entstehung aber auch genauso gut zum soziologischen Ansatz gerechnet werden können. Weitere soziologische Erklärungsgrößen sind Merkmale der sozialen Integration des Individuums und sein sozioökonomischer Status (Bildung, Beruf und Einkommen). Im sozialpsychologischen Ansatz kommen zu den Orientierungen gegenüber den momentanen Herrschaftsträgern (Parteien, Kandidaten) die Orientierungen gegenüber der politischen Ordnung hinzu.

In Deutschland hat man den Nichtwählern angesichts der hohen Wahlbeteiligungsraten lange Zeit keine große Aufmerksamkeit geschenkt. Erst der Rückgang der Wahlbeteiligung in den Achtzigerjahren löste eine wissenschaftliche Diskussion um deren Ursachen aus, in der sich anfangs zwei Thesen gegenüberstanden: Die ,Normalisierungsthese' interpretierte den Rückgang als Normalisierungsprozess, das heißt als Anpassung an den demokratischen Standard westlicher Demokratien, und sah in einer hohen Wahlbeteiligung „eher ein Krisensymptom als ein(en) Ausdruck der Systemzufriedenheit" (Roth 1992: 61). Für die ,Krisenthese' hingegen war der Wahlbeteiligungsrückgang „ein Signal für vielfältig motivierte politische Unzufriedenheit" (Feist 1992: 57) und eine niedrige Wahlbeteiligung daher ein Krisensymptom. In der Folgezeit zeigte eine ganze Reihe von nationalen und international vergleichenden Analysen[27] vor allem eines: ,Den' Nichtwähler als einen von seiner sozialstrukturellen Verortung, seinen Werthaltungen und seinen politischen Orientierungen her klar umrissenen Typus gibt es nicht, sodass eine monokausale Erklärung der Wahlbeteiligung bzw. ihrer Entwicklung nicht sinnvoll ist.

Die Wahlbeteiligung wird zunächst von den Rahmenbedingungen des politischen Wettbewerbs beeinflusst. Der wichtigste Faktor in diesem Bereich ist die Existenz bzw. Nichtexistenz einer Wahlpflicht. Die zweite Gruppe von Einflüssen wird durch Faktoren der Angebotsseite des politischen Wettbewerbs gebildet, nämlich die Gestalt des Parteiensystems, die die Gesamtheit der den Wählern zur Verfügung stehenden Wahlalternativen definiert. Die dritte Gruppe von Einflüssen, auf die sich die drei Erklärungsansätze der Nichtwählerforschung konzentrieren, repräsentiert die Eigenschaften der Wahlberechtigten. Die Fülle von Faktoren aus dieser Gruppe, die sich in bi- bzw. multivariaten Analysen als mehr oder minder relevante Einflussfaktoren auf die Wahlbeteiligung herausgestellt haben, lässt sich strukturieren, wenn man vier Typen von Nichtwählern unterscheidet: die unechten, die politikfernen, die unzufriedenen und die abwägenden Nichtwähler.

(2008), Banducci/Karp (2009) und Gabriel/Völkl (2008).

27 Vgl. hierzu Niedermayer (2005: 196ff.) und vor allem die dort in Fußnote 13 genannte Literatur. Zu den neuesten Analysen vgl. z.B. Arceneaux/Nickerson (2009), Banducci/Karp (2009), de Nève (2009), Faas (2010), Gabriel/Völkl (2008), Klingemann (2009), Ohr (2009) und Steinbrecher/Huber/Rattinger (2007).

Unechte Nichtwähler, die etwa drei bis vier Prozent der Wahlberechtigten ausmachen, sind Personen, die in der Wahlstatistik als Nichtwähler auftauchen, obwohl überhaupt nicht bekannt ist, ob sie sich willentlich für oder gegen eine Wahlteilnahme entschieden haben, bzw. obwohl sie dem Kreis der Wahlberechtigten gar nicht (mehr) angehören. Fehler im Wählerverzeichnis oder die nicht (rechtzeitig) erfolgte Zustellung (z. B. bei Umzug) bzw. Rücksendung von Briefwahlunterlagen können z. B. zur statistischen Erfassung als Nichtwähler führen. Das Gleiche gilt auch für Wahlberechtigte, die wegen einer Erkrankung bzw. eines Unfalls kurz vor dem Wahltag nicht zur Wahl gehen können oder diejenigen, die verstorben sind und (noch) nicht aus dem Wählerverzeichnis gelöscht wurden.

Die politikfernen Nichtwähler zeichnen sich durch fehlendes Interesse am politischen Geschehen aus. Sie sind in bestimmten sozialen Gruppen stärker zu finden als in anderen, weil sozialstrukturelle Merkmale das politische Interesse beeinflussen und damit auch Einfluss auf die Wahlbeteiligung haben. Durch eine verinnerlichte Wahlnorm, eine starke gesellschaftliche Integration oder die Einbindung in soziale Milieus können auch politisch nicht sehr interessierte Bürger dazu gebracht werden, zur Wahl zu gehen. Werden diese Faktoren schwächer oder fallen ganz weg, wie es in Deutschland durch den Prozess der gesellschaftlichen Individualisierung seit längerer Zeit der Fall ist, bleiben die Uninteressierten vermehrt zu Hause und die Wahlbeteiligung sinkt.

Zentrales Kennzeichen des dritten Typs, des unzufriedenen Nichtwählers, ist seine Unzufriedenheit mit den politischen Führungspersonen (bzw. ihrer Politik) und/oder den politischen Institutionen (vor allem den Parteien) und/oder der gesamten politischen Ordnung. Manche Autoren definieren denjenigen Teil dieser Gruppe, der sich zusätzlich noch durch ein hohes politisches Interesse auszeichnet, als einen eigenen, neuen Nichtwählertyp, was aber nicht sehr tragfähig ist.

Während die bisherigen Nichtwählertypen zur permanenten Wahlenthaltung neigen, trifft der abwägende Nichtwähler seine Entscheidung über die Wahlteilnahme bei jeder Wahl neu, und zwar unter Abwägung der ihm dabei entstehenden Vor- und Nachteile.[28] Nichtwähler dieses Typs sind wesentlich für die unterschiedliche Wahlbeteiligung auf den verschiedenen Ebenen (vgl. Abbildung 2) verantwortlich, da sie sich an von ihnen als wichtig angesehenen Wahlen eher beteiligen als an unwichtigen, wobei die Bundestagswahl generell als die wichtigste und die Europawahl als die unwichtigste Wahl gilt.

3. Fazit

Die wissenschaftliche Erforschung des Wahlrechts, des Wahlsystems und des Wählerverhaltens hat in der deutschen Politikwissenschaft eine lange Tradition. Beide Bereiche arbeiten theoriegeleitet und haben eine Fülle von Analysen hervorgebracht, sodass das vorliegende

---

28   Dies soll nicht im Sinne des engen *Rational Choice*-Modells verstanden werden, das mit dem ‚Wahlparadoxon' zu kämpfen hat: Da dem Wähler auf jeden Fall Kosten entstehen und der erwartete Nutzen mit der in großen Staaten nahe Null liegenden Wahrscheinlichkeit gewichtet werden muss, dass seine eigene Stimme die Wahl entscheidet, müsste er als rationaler Wähler zu Hause bleiben, was die Mehrheit jedoch nicht tut.

Kapitel nicht annähernd den Anspruch auf Vollständigkeit erheben kann. Der Wahlsystem-forschung ist es gelungen, die enorme empirische Vielfalt der Wahlsysteme in sinnvoller Wei-se zu strukturieren, die Wechselwirkungen ihrer einzelnen Bestandteile aufzuzeigen und die anfänglichen monokausalen Generalisierungen der politischen Wirkungen von Wahlsyste-men zugunsten differenzierter Analysen zu überwinden. Die Wahlforschung hat ihre theo-retischen Ansätze kontinuierlich verfeinert und in den empirischen Analysen auf einer auch im internationalen Vergleich immer breiter werdenden Datenbasis einen sehr hohen metho-dologischen Standard erreicht. Allerdings ist eine gewisse Abschottung der verschiedenen theoretischen Ansätze untereinander zu konstatieren, die den notwendigen und sinnvollen Versuchen einer stärkeren Integration der Erklärungsansätze entgegensteht.

Wenn es etwas gibt, was über die beiden Bereiche hinausreichend zu kritisieren ist, dann die Tatsache, dass die Wahlrechts- und Wahlverhaltensforschung immer noch zu wenig sys-tematisch mit der Parteienforschung vernetzt sind. Hier könnte die zukünftige Entwicklung noch zu interessanten Synergieeffekten führen.

Kommentierte Literatur

Nohlen, Dieter, [6]2009: Wahlrecht und Parteiensystem. Opladen: Verlag Barbara Budrich.
 Das deutsche Standardwerk für alle Fragen des Wahlrechts und Wahlsystems im deutschen Rahmen wie im internationalen Vergleich. Gleichermaßen für Neueinsteiger wie für Personen geeignet, die sich in diesem Bereich schon etwas auskennen.

Falter, Jürgen W./Schoen, Harald (Hg.), 2005: Handbuch Wahlforschung. Wiesbaden: VS Verlag für Sozialwis-senschaften.
 Immer noch aktuelles, alle wesentlichen Bereiche der Wahlforschung von den theoretischen Ansätzen bis hin zu Spezialfragen umfassendes Kompendium. Auch sehr gut als Ergänzung zu den in Fußnote 14 ge-nannten Lehrbüchern geeignet.

Schmitt-Beck, Rüdiger (Hg.), 2012: Wählen in Deutschland. Baden-Baden: Nomos.
 Neuester Überblick über den Forschungsstand der Wahlforschung anhand von theoretisch wie empirisch anspruchsvollen Arbeiten. Eher für diejenigen geeignet, dic sich schon etwas auskennen.

Online-Ressourcen

Im Angebot der Bundeszentrale für politische Bildung (http://www.bpb.de/) finden sich Informationen zu den Bereichen Wahlsystem, Wahlrecht, Wahlen und Wählerverhalten in den Themenbereichen ‚Innenpolitik' (http://www.bpb.de/themen/SL4PNH,0,0,Innenpolitik.html) und ‚Politische Grundfragen' (http://www.bpb.de/themen/8AIRK2,0,0,Politische_Grundfragen.html).

Über theoretische Fragen zum Wahlrecht, das deutsche Wahlrecht und aktuelle Diskussionen informiert Wahl-recht.de (http://www.wahlrecht.de/), ein unabhängiges, überparteiliches und nicht-kommerzielles Internet-Angebot.

Zu jeder Bundestagswahl, Europawahl und vor allem auch zu jeder Landtagswahl in Deutschland werden Analy-sen in der Zeitschrift für Parlamentsfragen veröffentlicht (http://www.zparl.de/).

Artikel mit Bezug zur Wahlforschung, zu Wahlsystemen und Analysen der *general elections* anderer Länder bzw. vergleichende Beiträge finden sich z. B. in der Zeitschrift *Electoral Studies* (http://www.journals.elsevier.com/electoral-studies/).

Sammelbände zu den Bundestagswahlen und generellen Fragestellungen der Wahlforschung gibt regelmäßig der Arbeitskreis Wahlen und politische Einstellungen der DVPW heraus (http://www.politik.uni-mainz.de/dvpw-wahlen/).

Die beiden großen kommerziellen Umfrageinstitute Infratest dimap (http://www.infratest-dimap.de/umfragen-analysen/) und Forschungsgruppe Wahlen (http://www.forschungsgruppe.de/Aktuelles/), die unter anderem für die beiden öffentlich-rechtlichen Rundfunkanstalten ARD und ZDF arbeiten, geben für jede Bundestags-, Europa- und Landtagswahl Wahlreporte heraus, die man käuflich erwerben kann.

Das International Institute for Democracy and Electoral Assistance (IDEA) ist eine intergouvernementale Organisation, die demokratische Reformen unterstützt, Analysen bereitstellt und eine umfassende Datenbank unter anderem mit Wahl- und Wahlrechtsdaten aufgebaut hat (http://www.idea.int/resources/databases.cfm).

Eine gute internationale Datensammlung mit den Ergebnissen nationaler Wahlen aus 35 Ländern bietet Norwegian Social Science Data Services (NSD) (http://www.nsd.uib.no/european_election_database/).

Literatur

Aldrich, John H./Simon, Dennis M., 1986: Turnout in American National Elections, in: Long, Samuel L. (Hg.): Research in Micropolitics, Bd. 1. Greenwich, CON: JAI Press, 271-301.

Arceneaux, Kevin/Nickerson, David W., 2009: Who is Mobilized to Vote? A Re-Analysis of 11 Field Experiments, in: American Journal of Political Science 53:1, 1-16.

Arzheimer, Kai/Falter, Jürgen W., 2003: Wahlen, in: Jesse, Eckhard/Sturm, Roland (Hg.): Demokratien des 21. Jahrhunderts im Vergleich. Opladen: Leske + Budrich, 289-312.

Arzheimer, Kai/Schmitt, Annette, 2005: Der ökonomische Ansatz, in: Falter, Jürgen W./Schoen, Harald (Hg.): Handbuch Wahlforschung. Wiesbaden: VS Verlag für Sozialwissenschaften, 243-303.

Arzheimer, Kai/Schoen, Harald, 2005: Erste Schritte auf kaum erschlossenem Terrain. Zur Stabilität der Parteiidentifikation in Deutschland, in: Politische Vierteljahresschrift 46:4, 629-654.

Baldini, Gianfranco/Pappalardo, Adriano (Hg.), 2008: Elections, Electoral Systems and Volatile Voters. New York: Palgrave.

Banducci, Susan A./Karp, Jeffrey A. (Hg.), 2009: Electoral Systems, Efficacy, and Voter Turnout in The Comparative Study of Electoral Systems. Oxford: Oxford University Press.

Bauer, Werner T., 2011: Wahlsysteme in den Mitgliedstaaten der Europäischen Union. Aktualisierte Fassung. Wien: Österreichische Gesellschaft für Politikberatung und Politikentwicklung.

Berelson, Bernard/Lazarsfeld, Paul F./McPhee, William N., 1954: Voting. A Study of Opinion Formation in a Presidential Campaign. Chicago: University of Chicago Press.

Brettschneider, Frank, 2002: Spitzenkandidaten und Wahlerfolg. Wiesbaden: Westdeutscher Verlag.

Brettschneider, Frank/Gabriel, Oscar W., 2003: The Nonpersonalization of Voting Behavior in Germany, in: King, Anthony (Hg.): Leaders' Personalities and the Outcomes of Democratic Elections. Oxford: Oxford University Press, 127-157.

Budge, Ian/Farlie, Dennis J., 1983: Explaining and Predicting Elections. Issues Effects and Party Strategies in Twenty-Three Democracies. London: Allen & Unwin.

Bytzek, Evelyn/Gschwend, Thomas/Huber, Sascha/Linhart, Eric/Meffert, Michael F., 2012: Koalitionssignale und ihre Wirkungen auf Wahlentscheidungen, in: Schmitt-Beck, Rüdiger (Hg.): Wählen in Deutschland. PVS-Sonderheft 45. Baden-Baden: Nomos, 393-418.

Bytzek, Evelyn/Roßteutscher, Sigrid (Hg.), 2011: Der unbekannte Wähler. Frankfurt a.M.-New York: Campus.

Campbell, Angus/Converse, Philiph E./Miller, Warren E./Stokes, Donald E., 1960: The American Voter. New York: Wiley.

Campbell, Angus/Gurin, Gerald/Miller, Warren E., 1954: The Voter Decides. Evanston, IL.: Row, Peterson and Co.

Clark, Terry N./Lipset, Seymour M., 1993: The Declining Political Significance of Class, in: International Sociology 8:3, 397-410.

Dalton, Russell J., 2000: The Decline of Party Identifications, in: Dalton, Russell J./Wattenberg, Martin P. (Hg.): Parties without Partisans. Political Change in Advanced Industrial Democracies. Oxford: Oxford University Press, 19-36.

de Nève, Dorothée, 2009: NichtwählerInnen – eine Gefahr für die Demokratie? Opladen: Barbara Budrich.

Debus, Marc, 2010: Soziale Konfliktlinien und Wählerverhalten. Eine Analyse der Determinanten der Wahlabsicht bei Bundestagswahlen von 1969 bis 2009, in: Kölner Zeitschrift für Soziologie und Sozialpsychologie 62:4, 731-749.

Downs, Anthony, 1957: An Economic Theory of Democracy. New York: Harper and Row.

Duverger, Maurice, 1951: Les partis politiques. Paris: Colin (dt.: Die politischen Parteien. Tübingen: Mohr Siebeck 1959).

Elff, Martin, 2007: Social Structure and Electoral Behavior in Comparative Perspective. The Decline of Social Cleavages in Western Europe Revisited, in: Perspectives on Politics 5:2, 277-294.

Elff, Martin/Roßteutscher, Sigrid, 2009: Die Entwicklung sozialer Konfliktlinien in den Wahlen von 1994 bis 2005, in: Gabriel, Oscar W./Weßels, Bernhard/Falter, Jürgen W. (Hg.): Wahlen und Wähler. Analysen aus Anlass der Bundestagswahl 2005. Wiesbaden: VS Verlag für Sozialwissenschaften, 307-327.

Evans, Geoffrey (Hg.), 1999: The End of Class Politics? Class Voting in Comparative Context. Oxford: Oxford University Press.

Faas, Thorsten, 2010: Das fast vergessene Phänomen. Hintergründe der Wahlbeteiligung bei der Bundestagswahl 2009, in: Korte, Karl-Rudolf (Hg.): Die Bundestagswahl 2009. Wiesbaden: VS Verlag für Sozialwissenschaften, 69-86.

Faas, Thorsten/Arzheimer, Kai/Roßteutscher, Sigrid/Weßels, Bernhard (Hg.), (2012): Die Bundestagswahl 2009. Wiesbaden: VS Verlag für Sozialwissenschaften (im Druck).

Faas, Thorsten/Maier, Jürgen/Wüst, Andreas M., 2012: Wahlen und Wähler in der Bundesrepublik. Wiesbaden: VS Verlag für Sozialwissenschaften (im Druck).

Falter, Jürgen W., 1977: Einmal mehr: Läßt sich das Konzept der Parteiidentifikation auf deutsche Verhältnisse übertragen?, in: Politische Vierteljahresschrift 18:2/3, 476-500.

Falter, Jürgen W./Schoen, Harald (Hg.), 2005: Handbuch Wahlforschung. Wiesbaden: VS Verlag für Sozialwissenschaften.

Feist, Ursula, 1992: Niedrige Wahlbeteiligung. Normalisierung oder Krisensymptom der Demokratie in Deutschland?, in: Starzacher, Karl/Schacht, Konrad/Friedrich, Bernd/Leif, Thomas (Hrsg.): Protestwähler und Wahlverweigerer. Krise der Demokratie? Köln: Bund Verlag, S. 40-57.

Fuchs, Dieter/Kühnel, Steffen, 1994: Wählen als rationales Handeln: Anmerkungen zum Nutzen des Rational-Choice-Ansatzes in der empirischen Wahlforschung, in: Klingemann, Hans-Dieter/Kaase, Max (Hg.): Wahlen und Wähler. Analysen aus Anlaß der Bundestagswahl 1990. Opladen: Westdeutscher Verlag, 305-364.

Funk, Carolyn L., 1996: Understanding Trait Inferences in Candidate Images, in: Carpini, Michael X. Delli/Huddy, Leonie/Shapiro, Robert Y. (Hg.): Research in Micropolitics. New Directions in Political Psychology, 5. Greenwich, CT: JAI Press, 97-123.

Gabriel, Oscar W./Vetter, Angelika, 1998: Bundestagswahlen als Kanzlerwahlen? Kandidatenorientierungen und Wahlentscheidungen im parteienstaatlichen Parlamentarismus, in: Kaase, Max/Klingemann, Hans-Dieter (Hg.): Wahlen und Wähler. Analysen aus Anlaß der Bundestagswahl 1994. Opladen: Westdeutscher Verlag, 505-536.

Gabriel, Oscar W./Völkl, Kerstin, ³2008: Politische und soziale Partizipation, in: Gabriel, Oscar W./Kropp, Sabine (Hg.): Die EU-Staaten im Vergleich. Wiesbaden: VS Verlag für Sozialwissenschaften, 268-298.

Gabriel, Oscar W./Westle, Bettina, 2012: Wählerverhalten in der Demokratie. Baden-Baden: Nomos.

Gschwend, Thomas/Pappi, Franz U., 2004: Stimmensplitting und Koalitionswahl, in: Brettschneider, Frank/van Deth, Jan/Roller, Edeltraud (Hg.): Die Bundestagswahl 2002. Analysen des Wahlergebnisses und des Wahlkampfs. Wiesbaden: Westdeutscher Verlag, 167-183.

Hermens, Ferdinand A., 1951: Demokratie oder Anarchie? Untersuchung über die Verhältniswahl. Frankfurt a.M.: Athenäum.

Hrbek, Rudolf, 2009: Europawahl 2009. Mehr als die Summe nationaler Sekundärwahlen?, in: Integration 32:3, 193-209.

Jesse, Eckhard, ³2008: Wahlsysteme und Wahlrecht, in: Gabriel, Oscar W./Kropp, Sabine (Hg.): Die EU-Staaten im Vergleich. Wiesbaden: VS Verlag für Sozialwissenschaften, 299-322.

Jesse, Eckhard/Sturm, Roland (Hg.), 2010: Bilanz der Bundestagswahl 2009. München: Bayerische Landeszentrale für politische Bildungsarbeit.

Jung, Matthias/Schroth, Yvonne/Wolf, Andrea, (2010): Wählerverhalten und Wahlergebnis, in: Korte, Karl-Rudolf (Hg.): Die Bundestagswahl 2009. Wiesbaden: VS Verlag für Sozialwissenschaften, 35-47.

Kaase, Max (Hg.), 1977: Wahlsoziologie heute. Analysen aus Anlaß der Bundestagswahl 1976. PVS Sonderheft (zugleich 18:2/3) . Opladen: Westdeutscher Verlag.

Karvonen, Lauri, 2010: The Personalization of Politics. A Study of Parliamentary Democracies. Colchester: ECPR Press.

Key, Valdimer O., 1966: The Responsible Electorate. Rationality in Presidential Voting, 1936-1960. New York: Vintage Books.

Klein, Markus, 2005: Gesellschaftliche Wertorientierungen, Wertewandel und Wählerverhalten, in: Falter, Jürgen W./Schoen, Harald (Hg.): Handbuch Wahlforschung. Wiesbaden: VS Verlag für Sozialwissenschaften, 423-445.

Klein, Markus/Jagodzinski, Wolfgang/Mochmann, Ekkehard/Ohr, Dieter (Hg.), 2000: 50 Jahre Empirische Wahlforschung in Deutschland. Wiesbaden: Westdeutscher Verlag.

Klingemann, Hans-Dieter (Hg.), 2009: The Comparative Study of Electoral Systems. Cambridge: Cambridge University Press.

Klingemann, Hans-Dieter/Taylor, Charles L., 1977: Affektive Parteiorientierung, Kanzlerkandidaten und Issues. Einstellungskomponenten der Wahlentscheidung bei Bundestagswahlen in Deutschland, in: Politische Vierteljahresschrift 18:2/3, 301-347.

Korte, Karl-Rudolf, 2009: Wahlen in Deutschland. Bonn: Bundeszentrale für politische Bildung.

Korte, Karl-Rudolf (Hg.), 2010: Die Bundestagswahl 2009. Wiesbaden: VS Verlag für Sozialwissenschaften.

Kühnel, Steffen/Niedermayer, Oskar/Westle, Bettina (Hg.), 2009: Wähler in Deutschland. Sozialer und politischer Wandel, Gender und Wahlverhalten. Wiesbaden: VS Verlag für Sozialwissenschaften.

Lazarsfeld, Paul F./Berelson, Bernard/Gaudet, Hazel (Hg.), 1944: The People's Choice. How the Voter Makes up his Mind in a Presidential Campaign. New York: Columbia University Press.

LeDuc, Lawrence/Niemi, Richard/Norris, Pippa (Hg.), 2009: Comparing Democracies 3. Elections and Voting in the 21st Century. London u. a.: Sage.

Lepsius, M. Rainer, 1966: Parteiensystem und Sozialstruktur: zum Problem der Demokratisierung der deutschen Gesellschaft, in: Abel, Wilhelm/Borchardt, Knut/Kellenbenz, Hermann/Zorn, Wolfgang (Hg.): Wirtschaft, Geschichte und Wirtschaftsgeschichte. Stuttgart: Fischer, 371-393.

Lijphart, Arend, 1994: Electoral Systems and Party Systems. A Study of Twenty-seven Democracies, 1945-1990. Oxford: Oxford University Press.

Lipset, Seymour M./Rokkan, Stein, 1967: Cleavage Structures, Party Systems, and Voter Alignments: An Introduction, in: Lipset, Seymour M./Rokkan, Stein (Hg.): Party Systems and Voter Alignments. Cross-national Perspectives. New York: The Free Press, 1-64.

López Pintor, Rafael/Gratschew, Maria, 2002: Voter Turnout since 1945: A Global Report. Stockholm: International Institute for Democracy and Electoral Assistance.

Mittag, Jürgen (Hg.), 2011: 30 Jahre Direktwahlen zum Europäischen Parlament (1979-2009). Baden-Baden: Nomos.

Müller, Walter, 1998: Klassenstruktur und Parteiensystem. Zum Wandel der Klassenspaltung im Wahlverhalten, in: Kölner Zeitschrift für Soziologie und Sozialpsychologie 40:1, 3-46.

Müller, Walter/Klein, Markus, 2012: Die Klassenbasis in der Parteipräferenz des deutschen Wählers. Erosion oder Wandel?, in: Schmitt-Beck, Rüdiger (Hg.): Wählen in Deutschland. PVS-Sonderheft 45. Baden-Baden: Nomos, 85-110.

Niedermayer, Oskar, [2]2005: Bürger und Politik. Wiesbaden: VS Verlag für Sozialwissenschaften.

Niedermayer, Oskar, 2009: Gesellschaftliche und parteipolitische Konfliktlinien, in: Kühnel, Steffen/Niedermayer, Oskar/Westle, Bettina (Hg.): Wähler in Deutschland. Sozialer und politischer Wandel, Gender und Wahlverhalten. Wiesbaden: VS Verlag für Sozialwissenschaften, 30-67.

Niedermayer, Oskar, 2010: Konvergenz oder andauernde Diversität? Die strukturelle Entwicklung der europäischen Parteiensysteme 1990-2010, in: Zeitschrift für Staats- und Europawissenschaften 8:3, 340-357.

Nohlen, Dieter, [6]2009: Wahlrecht und Parteiensystem. Opladen-Farmington Hills, MI: Verlag Barbara Budrich.

Nohlen, Dieter, [5]2011: Wahlen, in: Nohlen, Dieter/Grotz, Florian (Hg.): Kleines Lexikon der Politik. München: C.H. Beck, 667-669.

Nohlen, Dieter/Stöver, Philip (Hg.), 2010: Elections in Europe. A Data Handbook. Baden-Baden: Nomos.

Oberreuter, Heinrich (Hg.), 2011: Am Ende der Gewissheiten. München: Olzog.

Ohr, Dieter, 2000: Wird das Wählerverhalten zunehmend personalisierter, oder: Ist jede Wahl anders? Kandidatenorientierungen und Wahlentscheidung in Deutschland von 1961 bis 1998 , in: Klein, Markus/Jagodzinski, Wolfgang/Mochmann, Ekkehard/Ohr, Dieter (Hg.): 50 Jahre Empirische Wahlforschung in Deutschland. Wiesbaden: Westdeutscher Verlag, 272-308.

Ohr, Dieter, 2009: Langfristige Trends und ihre Folgen für das Wahlverhalten, in: Forschungsjournal NSB 22:2, 36-47.

Ohr, Dieter/Quand, Markus, 2012: Parteiidentifikation in Deutschland: Eine empirische Fundierung des Konzepts auf Basis der Theorie Sozialer Identität, in: Schmitt-Beck, Rüdiger (Hg.): Wählen in Deutschland. PVS-Sonderheft 45. Baden-Baden: Nomos, 179-202.

Pappi, Franz U., 1979: Konstanz und Wandel der Hauptspannungslinien in der Bundesrepublik, in: Matthes, Joachim (Hg.): Sozialer Wandel in Westeuropa. Verhandlungen des 19. Deutschen Soziologen-Tages, Berlin 1979. Frankfurt a.M.: Campus, 465-479.

Pappi, Franz U./Brandenburg, Jens, 2010: Sozialstrukturelle Interessenlagen und Parteipräferenz in Deutschland. Stabilität und Wandel seit 1980, in: Kölner Zeitschrift für Soziologie und Sozialpsychologie 62:3, 459-483.

Pappi, Franz U./Shikano, Susumu, 2002: Die politisierte Sozialstruktur als mittelfristig stabile Basis einer deutschen Normalwahl, in: Kölner Zeitschrift für Soziologie und Sozialpsychologie 54:3, 444-475.

Pappi, Franz U./Shikano, Susumu, 2007: Wahl- und Wählerforschung. Baden-Baden: Nomos.

Popkin, Samuel L., 1993: Information Shortcuts and the reasoning Voter, in: Grofman, Bernhard (Hg.): Information, Participation, and Choice. An Economic Theory of Democracy in Perspective. Ann Arbor: Michigan University Press, 17-35.

Rae, Douglas, 1967: The Political Consequences of Electoral Laws. New Haven: Yale University Press.

Rattinger, Hans, 1995: Parteineigungen in Ostdeutschland vor und nach der Wende, in: Bertram, Hans (Hg.): Ostdeutschland im Wandel: Lebensverhältnisse – politische Einstellungen. Opladen: Leske + Budrich, 213-253.

Rattinger, Hans et al. (Hg.) 2011: Zwischen Langeweile und Extremen: Die Bundestagswahl 2009. Baden-Baden: Nomos.

Rattinger, Hans/Gabriel, Oscar W./Falter, Jürgen W. (Hg.), 2007: Der gesamtdeutsche Wähler. Baden-Baden: Nomos.

Rattinger, Hans/Puschner, Walter, 1981: Ökonomie und Politik in der Bundesrepublik. Wirtschaftslage und Wahlverhalten, 1953-1980, in: Politische Vierteljahresschrift 22:3, 283-307.

Rattinger, Hans/Schoen, Harald, 2009: Ein Schritt vorwärts und zwei zurück? Stabiles und wechselndes Wahlverhalten bei den Bundestagswahlen 1994 bis 2005, in: Gabriel, Oscar W./Weßels, Bernhard/Falter, Jürgen W. (Hg.): Wahlen und Wähler. Analysen aus Anlass der Bundestagswahl 2005. Wiesbaden: VS Verlag für Sozialwissenschaften, 78-102.

Reif, Karlheinz/Schmitt, Hermann, 1980: Nine Second-order National Elections: A Conceptual Framework for the Analysis of European Election Results, in: European Journal of Political Research 8:1, 3-44.

Reynolds, Andrew/Reilly, Ben/Ellis, Andrew, 2005: Electoral System Design: The New International IDEA Handbook. Stockholm: International Institute for Democracy and Electoral Assistance.

Roßteutscher, Sigrid, 2012: Die konfessionell-religiöse Konfliktlinie zwischen Säkularisierung und Mobilisierung, in: Schmitt-Beck, Rüdiger (Hg.): Wählen in Deutschland. PVS-Sonderheft 45. Baden-Baden: Nomos, 111-133.

Roth, Dieter, 1992: Sinkende Wahlbeteiligung – eher Normalisierung als Krisensymptom, in: Starzacher, Karl/Schacht, Konrad/Friedrich, Bernd/Leif, Thomas (Hg.): Protestwähler und Wahlverweigerer. Krise der Demokratie? Köln: Bund-Verlag, 58-68.

Roth, Dieter, ²2008: Empirische Wahlforschung. Wiesbaden: VS Verlag für Sozialwissenschaften.

Rudi, Tatjana, 2010: Wahlentscheidungen in postsozialistischen Demokratien in Mittel- und Osteuropa. Baden-Baden: Nomos.

Rudi, Tatjana/Steinbrecher, Markus, 2011: Die Wechselwähler, in: Rattinger, Hans et al. (Hg.): Zwischen Langeweile und Extremen: Die Bundestagswahl 2009. Baden-Baden: Nomos, 91-101.

Sartori, Giovanni, 1994: Comparative Constitutional Engineering. An Inquiry into Structures, Incentives and Outcomes. New York: New York University Press.

Schmitt, Hermann/Holmberg, Sören, 1995: Political Parties in Decline?, in: Klingemann, Hans-Dieter/Fuchs, Dieter (Hg.): Citizens and the State. Oxford: Oxford University Press, 95-133.

Schmitt, Hermann/Sanz, Alberto/Braun, Daniela, 2009: Motive individuellen Wahlverhaltens in Nebenwahlen: Eine theoretische Rekonstruktion und empirische Überprüfung, in: Gabriel, Oscar W./Weßels, Bernhard/Falter, Jürgen W. (Hg.): Wahlen und Wähler: Analysen aus Anlass der Bundestagswahl 2005. Wiesbaden: VS Verlag für Sozialwissenschaften, 585-605.

Schmitt-Beck, Rüdiger (Hg.), 2012: Wählen in Deutschland. Baden-Baden: Nomos.

Schmitt-Beck, Rüdiger/Weick, Stefan/Christoph, Bernhard, 2006: Shaky Attachments. Individual-Level Stability and Change of Partisanship among West German Voters, 1984-2001, in: European Journal of Political Research 45:4, 581-608.

Schoen, Harald, 2005a: Wahlsystemforschung, in: Falter, Jürgen W./Schoen, Harald (Hg.): Handbuch Wahlforschung. Wiesbaden: VS Verlag für Sozialwissenschaften, 573-607.

Schoen, Harald, 2005b: Daten in der empirischen Wahlforschung, in: Falter, Jürgen W./Schoen, Harald (Hg.): Handbuch Wahlforschung. Wiesbaden: VS Verlag für Sozialwissenschaften, 89-103.

Schoen, Harald, 2005c: Soziologische Ansätze in der empirischen Wahlforschung, in: Falter, Jürgen W./Schoen, Harald (Hg.): Handbuch Wahlforschung. Wiesbaden: VS Verlag für Sozialwissenschaften, 135-185.

Schoen, Harald, [3]2008: Wählerverhalten, in: Gabriel, Oscar W./Kropp, Sabine (Hg.): Die EU-Staaten im Vergleich. Wiesbaden: VS Verlag für Sozialwissenschaften, 323-348.

Schoen, Harald/Weins, Cornelia, 2005: Der sozialpsychologische Ansatz zur Erklärung von Wahlverhalten, in: Falter, Jürgen W./Schoen, Harald (Hg.): Handbuch Wahlforschung. Wiesbaden: VS Verlag für Sozialwissenschaften, 187-242.

Schoen, Harald/Zettl, Christian, 2010: Alte Allianzen, neue Bündnisse oder alles im Fluss? Gesellschaftliche Konfliktlinien und Wahlverhalten im vereinten Deutschland, in: Jesse, Eckhard/Sturm, Roland (Hg.): Bilanz der Bundestagswahl 2009. München: Bayerische Landeszentrale für politische Bildungsarbeit, 117-134.

Simmel, Georg, 1890: Über sociale Differenzierung. Leipzig: Duncker & Humblot.

Steinbrecher, Markus/Huber, Sandra/Rattinger, Hans, 2007: Turnout in Germany. Baden-Baden: Nomos.

Tenscher, Jens (Hg.), 2011: Superwahljahr 2009. Vergleichende Analysen aus Anlass der Wahlen zum Deutschen Bundestag und zum Europäischen Parlament. Wiesbaden: VS Verlag für Sozialwissenschaften.

Thurner, Paul W./Mauerer, Ingrid/Binder, Martin, 2012: Parteienspezifisches Issue-Voting bei den Bundestagswahlen 2002 bis 2009, in: Schmitt-Beck, Rüdiger (Hg.): Wählen in Deutschland. PVS-Sonderheft 45. Baden-Baden: Nomos, 302-320.

Thurner, Paul W./Pappi, Franz U., 1998: Retrospektives und prospektives Wählen in Mehrparteiensystemen mit Koalitionsregierungen. Die Bundestagswahl 1994, in: Kaase, Max/Klingemann, Hans-Dieter (Hg.): Wahlen und Wähler. Analysen aus Anlass der Bundestagswahl 1994. Wiesbaden: Westdeutscher Verlag, 113-143.

Völkl, Kerstin/Schnapp, Kai-Uwe/Holtmann, Everhard/Gabriel, Oscar W. (Hg.), 2008: Wähler und Landtagswahlen in der Bundesrepublik Deutschland. Baden-Baden: Nomos.

Wagner, Aiko/Weßels, Bernhard, 2012: Kanzlerkandidaten – Wie beeinflussen sie die Wahlentscheidung?, in: Schmitt-Beck, Rüdiger (Hg.): Wählen in Deutschland. PVS-Sonderheft 45. Baden-Baden: Nomos, 345-370.

Weßels, Bernhard/Gabriel, Oscar W./Schoen, Harald (Hg.), (2012): Wahlen und Wähler. Analysen aus Anlass der Bundestagswahl 2009. Wiesbaden: VS Verlag für Sozialwissenschaften (im Druck).

Westle, Bettina, 2009: Die Spitzenkandidatin Angelika Merkel (CDU/CSU) und der Spitzenkandidat Gerhard Schröder (SPD) in der Wahrnehmung der Bevölkerung bei der Bundestagswahl 2005, in: Kühnel, Steffen/Niedermayer, Oskar/Westle, Bettina (Hg.): Wähler in Deutschland. Wiesbaden: VS Verlag für Sozialwissenschaften, 329-365.

Wolf, Christof, 1996: Konfessionelle versus religiöse Konfliktlinie in der deutschen Wählerschaft, in: Politische Vierteljahresschrift 37:4, 713-734.

Parteien- und Verbändesysteme

Klaus Armingeon

1. Einleitung

Politische Parteien sind organisierte Zusammenschlüsse gleichgesinnter Staatsbürger[1] zur Förderung gemeinsamer politischer Anliegen in Willensbildungs- und Entscheidungsprozessen über öffentliche Angelegenheiten. Verbände sind Vereinigungen zur Verfolgung gemeinsamer Anliegen gegenüber Dritten (Schmidt 2010: 577, 827f.). Im Gegensatz zu Verbänden, beispielsweise einem Arbeitgeberverband, sind Vereine, wie ein Fußballclub, auf gesellige Zwecke ihrer Mitglieder ausgerichtet. Sie wirken jedoch oft auch politisch, wenn beispielsweise der Turnverein den Bau einer neuen städtischen Sporthalle fordert. In diesem Beitrag werden deshalb auch Vereine erfasst, soweit sie politische Rollen haben.

Unter einem Parteien- und Verbändesystem wird das Gefüge mehrerer Parteien bzw. Verbände und ihrer Interaktionen verstanden. Politische Optionen und Restriktionen von Akteuren sind nicht nur das Ergebnis eigener Ressourcen und Strategien, sondern hängen auch von den anderen Akteuren ab. Beispielsweise werden die politischen Gestaltungschancen zweier christdemokratischer Parteien mit einem jeweiligen Stimmenanteil von 40 Prozent ganz unterschiedlich sein, wenn in einem Land der Hauptkonkurrent eine sozialdemokratische Partei mit 55 Prozent der Stimmen ist und im anderen Land die christdemokratische Partei mit sechs kleinen Parteien mit jeweils circa zehn Prozent der Stimmen konfrontiert ist. Aus diesem Grund werden sozialwissenschaftliche Analysen von Parteien und Verbänden gehaltvoller, wenn die Akteure im Rahmen des jeweiligen Systems analysiert werden.

Parteien und Verbände sind intermediäre (dazwischenliegende, vermittelnde) Instanzen. Sie vermitteln zwischen wirtschaftlichen, sozialen und kulturellen Interessen und dem Staat. Beispielsweise nahmen die klassischen sozialdemokratischen Parteien die Interessen der Industriearbeiterschaft auf und forderten vom Staat ausreichende soziale Sicherheit für ihre Anhänger. Umgekehrt gestalten Parteien und Verbände auch staatliche Politiken, die wirtschaftliche und gesellschaftliche Strukturen und Interessen stark beeinflussen können. So haben die dänischen Sozialdemokraten eine Politik zur Förderung des Erwerbs von Eigenheimen betrieben, die ihre klassische Wählerbasis – die Industriearbeiterschaft – spaltete (Esping-Andersen 1985).

Dieser Beitrag wird durch eine Reihe von ausgewählten Themen und Leitfragen strukturiert. Die Themen und Leitfragen sind: 1) Parteien und Verbände als intermediäre Instan-

---

[1] Aus Gründen der Lesbarkeit benutze ich im Folgenden die männliche Sprachform; die weibliche Form ist immer mit gemeint.

zen: Welche Vor- und Nachteile haben diese Organisationen? 2) Von der Honoratioren- zur Kartellpartei: Wie verändert sich das Verhältnis von Parteien zu Bürgern? 3) Parteienfamilien: Welche Ziele verfolgen Parteien? 4) Parteiensysteme: Wie entwickeln sich die Zahl und die Interaktionen der Parteien? 5) Konfliktlinien: In welchem Ausmaß bestimmen Sozialstruktur und Kultur die Parteiensysteme? 6) Sozialkapital: Sind Mitglieder von Interessenverbänden die besseren und aktiveren Demokraten? 7) Logiken des kollektiven Handelns: Wie können Gewerkschaften ihre Mitgliederprobleme lösen? 8) Pluralismus und Korporatismus: Wie sind die Interessenverbände in den Staat eingebaut?

Dieser Beitrag liefert Antworten aus der Perspektive der vergleichenden Politikwissenschaft. Aus pragmatischen Gründen beschränke ich mich auf demokratische Systeme und illustriere die Befunde vor allem mit Beispielen aus Europa.

2. Parteien und Verbände als intermediäre Instanzen: Welche Vor- und Nachteile haben diese Organisationen?

„Die Parteien wirken bei der politischen Willensbildung des Volkes mit", bestimmt Artikel 21, Absatz 1 des deutschen Grundgesetzes. Und die Bundesverfassung der Schweiz verlangt in Artikel 147, dass Parteien und betroffene Interessengruppen bei der Vorbereitung wichtiger Erlasse und anderer Vorhaben von großer Tragweite zur Stellungnahme eingeladen werden. Trotz ihrer prominenten verfassungsmäßigen Rolle ist der Rückhalt der Parteien und Verbände unter den Bürgern gering: Die Eurobarometer-Umfragen der Europäischen Union (EU) zeigen, dass im europäischen Durchschnitt etwa 40 Prozent der Befragten den Gewerkschaften und gerade 20 Prozent den Parteien vertrauen – während zum Vergleich gut die Hälfte der Europäer der Judikative vertraut.[2]

Rolle und Aufgabe von Parteien und Interessenverbänden und ihre Verankerung unter den Bürgern klaffen offenbar auseinander. Für Kritik an den Parteien und Verbänden gibt es gute Gründe: So gefährde beispielsweise der Gruppenegoismus von Verbandsführern das Gemeinwohl. Ein Beispiel sind Gewerkschaften, die überhöhte Lohnabschlüsse anstreben, ohne auf die gesamtwirtschaftlichen Folgen zu achten. Ebenso wird geklagt, Parteien würden nur durch das Wiederwahlinteresse gesteuert und seien ein Klüngel prinzipienloser Karrieristen. Diese in der Öffentlichkeit verbreitete Kritik kann sich auf zahlreiche Beispiele stützen. Sie findet sich auch in demokratietheoretischen und wirtschaftswissenschaftlichen Werken wieder. Für Jean-Jacques Rousseau, den Theoretiker der Volkssouveränität, gefährdeten „Parteiungen" das Gemeinwohl, weil sie ihre Sonderinteressen auf Kosten des Gemeinwohls durchsetzen wollten (Rousseau 1986 [1762]: 31). In der französischen Revolution wurden Interessenverbände verboten, weil sich keine intermediären Gruppen zwischen die tugendhaften Bürger und die gemeinsamen öffentlichen Anliegen schieben durften. Interessengruppen seien nicht mit der Freiheit und den Menschenrechten vereinbar, besagte Artikel 4 des *Loi Le Chapelier* vom Juni 1791. Auch in den *Federalist Papers*, die für die amerikanische Verfassung warben, wurde vor Interessengruppen gewarnt, die die Selbst-

---

2   Berechnet auf der Basis von http://ec.europa.eu/public_opinionfür Herbst 2007.

verwaltung der Bürger verdorben hätten. Allerdings dürfe man diese Interessengruppen, die unter freiheitlichen Bedingungen naturwüchsig entstünden, nicht verbieten: „Liberty is to faction, what air is to fire". Vielmehr müsse man sie kontrollieren und ihre Wirkungen beschränken (Madison et al. 1987 [1788]: 123ff.).

Auch die moderne wirtschaftswissenschaftliche Literatur misstraut den organisierten Gruppen. Politiker und deren Parteien kümmerten sich vordringlich um Parlamentssitze oder Einkünfte; die Verfolgung von politischen Programmen hingegen sei bestenfalls zweitrangig: Politiker und Parteien „may be forced to act according to a consistent ideological view in order to preserve their voters' loyalty" (Persson/Tabellini 2000: 10f.). Ebenso vernichtend ist das Urteil über Interessenverbände unter Ökonomen. Mit wenigen Ausnahmen verfolgten die Interessengruppen eigensüchtig ihre Interessen. Dies reduziere das Wachstumspotenzial moderner Gesellschaften. Besonders bedenklich seien die günstigen Rahmenbedingungen, die Demokratien für das Entstehen von Interessengruppen bildeten. Je länger eine Demokratie bestehe, desto mehr Interessengruppe gäbe es, desto gewichtiger sei ihr Streben nach Vorteilsergatterung (*rent seeking*) und desto geringer würden die gesamtwirtschaftlichen Wachstumschancen (Olson 1982). Schließlich haben Parteien und Gewerkschaften häufig ein Defizit an innerorganisatorischer Demokratie. Robert Michels hat dieses Defizit aus organisationssoziologischer Sicht vor mehr als einhundert Jahren am Falle der deutschen Sozialdemokratie beschrieben und sein ‚ehernes Gesetz der Oligarchie' formuliert: „Wer Organisation sagt, sagt *Tendenz zur Oligarchie. Mit zunehmender Organisation* ist die *Demokratie im Schwinden* begriffen (…) Die Macht der Führer wächst im gleichen Maßstab wie die Organisation" (Michels 1989 [1911]: 25f., Kursivsetzung im Original).

Wenn solche gewichtigen Kritiken vorgetragen werden, was spricht dann noch für Verbände und Parteien in Demokratien? Die Antwort lautet, dass diese Organisationen die wichtigsten Verbindungsglieder zwischen den Bürgern und dem demokratischen Staat bilden. Zu diesen intermediären Instanzen gibt es keine Alternative.

Was leisten Verbände und Parteien für die Bürger? Ihnen sind die folgenden Funktionen zuzuschreiben:

1. *Interessenartikulation*: Die vielfältigen Interessen der Bürger müssen überschaubar artikuliert werden. Die Gewerkschaften kümmern sich beispielsweise darum, eine gemeinsame Lohnforderung zu artikulieren. Wertkonservative Parteien formulieren die Einstellungen ihrer Anhängerinnen und Anhänger bezüglich der Ehe gleichgeschlechtlicher Paare. Ohne solche Artikulationsleistungen könnten staatliche Akteure kaum auf wichtige gesellschaftliche Themen reagieren. Ohne diese Interessenartikulation wäre das Spektrum der politisch zu behandelnden Interessen unübersichtlich. Zudem können sich auch die Bürger ihrer Interessen im Austausch mit Organisationen vergewissern. Es ist keineswegs ausgemacht, dass jeder Bürger genau weiß, was er in seinen Rollen als Konsument, Arbeitnehmer, Empfänger von Sozialleistungen, Protestant, Vater schulpflichtiger Kinder oder Anwohner einer Müllverbrennungsanlage will. Parteien und Verbände geben durch Argumentationsmuster und Interpretationsangebote Orientierung. Ohne die Interaktion zwischen Parteien und Verbänden und Bürgern

könnten überdies die Konflikte in modernen Demokratien gar nicht strukturiert und geregelt werden.

2. *Interessenaggregation*: Artikulierte Interessen müssen konsistent gebündelt werden. Das leisten insbesondere politische Parteien, indem sie Programme entwickeln, deren Elemente sich nicht gegenseitig ausschließen, sondern ergänzen. Ein Beispiel sind liberale Parteien, die die Deregulierung des Arbeitsmarktes, die Senkung von Einkommenssteuern, den Schutz individueller Freiheiten und den Rückbau des Wohlfahrtsstaates als Programm vertreten.

3. *Information und politische Sozialisation*: Parteien und Verbände informieren ihre Mitglieder über politische Fragen. Parteizeitungen sind wichtige historische Beispiele. Heute werden Informationen zunehmend von unabhängigen Massenmedien vermittelt. Die Organisationen geben den Mitgliedern und Anhängern auch die Chance, im Diskurs und durch Mitarbeit in Parteien und Verbänden politische Informationen, Einstellungen und Überzeugungen zu erwerben und politische Aktivitäten einzuüben.

4. *Bildung kollektiver Identität*: Parteien und Verbände strukturieren gesellschaftliche Konflikte und geben Bürgern die Möglichkeit, sich mit soziokulturellen Gruppen zu identifizieren. Diese Gruppen fühlen sich häufig durch diese politischen Organisationen vertreten.

5. *Mobilisierung bei Wahlen*: Demokratien benötigen eine Mindestbeteiligung der Bürger an Wahlen. Parteien und Verbände mobilisieren ihre Anhänger und Mitglieder und tragen damit auch zur Artikulation der Präferenzen von politisch weniger interessierten und informierten Bürgern bei.

6. *Rekrutierung, Schulung und Auswahl von Leitungspersonal*: Politische Eliten werden durch Parteien rekrutiert; sie erwerben in den Parteien Kenntnisse und Fertigkeiten und lernen, sich im politischen Prozess angemessen zu verhalten. Das Leitungspersonal von privaten und öffentlichen Institutionen – beispielsweise die Sozialversicherungen – stammt häufig aus Interessenverbänden.

7. *Regierungs- und Oppositionsbildung*: Parteien stellen die Regierung oder formieren sich als parlamentarische Opposition. Wo eine Ein-Parteien-Regierung nicht möglich ist oder nicht angestrebt wird, schließen sich Parteien zu Regierungskoalitionen zusammen. Ohne Parteien kämen keine stabilen und handlungsfähigen Regierungen zustande.

8. *Dienstleistungen, Versicherungen und Beistand*: Insbesondere Verbände bieten vielfach Dienstleistungen an, wie die Beratung ihrer Mitglieder. Gewerkschaften zahlen Streikunterstützung an ihre Mitglieder und versichern sie damit gegen das Risiko eines Einkommensverlustes durch Arbeitskampfmaßnahmen. Gewerkschaftsfunktionäre stehen darüber hinaus den Mitgliedern bei individuellen Arbeitsproblemen bei. Die Funktionäre von Bauernverbänden helfen den Mitgliedern, Anträge auf Auszahlung von staatlichen Leistungen auszufüllen.

9. *Soziale Integration und Geselligkeit*: Fast alle Parteien und Verbände bieten ihren Mitgliedern Geselligkeit und soziale Integration an. Die Rentnerausflüge der Lokalparteien sind ein eindrückliches Beispiel.

Im Gegenzug bekommen Verbände und Parteien auch Leistungen von Bürgern und dem Staat:

1. Die *staatliche Politik* stützt häufig Verbände und Parteien. Beispielsweise werden Parteien in den meisten Ländern staatlich subventioniert. Und wenn Gewerkschaftsbeiträge steuerlich absetzbar sind, erleichtert dies die Gewinnung von Mitgliedern.

2. Wählerstimmen werden in *Parlaments- und Regierungssitze* umgewandelt, was nicht nur politischen Einfluss, sondern auch Einnahmen für die Parteien und ihre Repräsentanten bedeutet.

3. Parteien und Verbände werden von den Bürgern unterstützt, indem sie *gewählt* werden, sich auf *freiwillige Mitarbeit* der Aktivisten stützen können und durch *Mitgliedsbeiträge* finanziert werden.

Diese Auflistung zeigt, dass man es sich zu einfach macht, wenn man nur auf die Nachteile von Verbänden und Parteien für die Demokratie verweist und nicht mit ihren Vorteilen verrechnet. Vieles spricht dafür, dass die Vorteile nicht hinreichend gewürdigt werden. So sind in Verbänden und Parteien häufig Bürger tätig, die politisch aktiv sind und die Demokratie besonders nachdrücklich unterstützen. Die Wahlbeteiligung von Parteimitgliedern liegt beispielsweise in Deutschland um sieben, in der Schweiz um 32 und in Tschechien um 39 Prozentpunkte über jener der Nichtmitglieder. Und die Differenz der Wahlbeteiligung zwischen Gewerkschaftsmitgliedern und Nicht-Mitgliedern beträgt in Deutschland fünf und in der Schweiz und Tschechien elf Prozentpunkte.[3] Verbände und Parteien bilden demnach in modernen Demokratien einen Pool von Bürgern, die sich besonders stark für das demokratische System einsetzen.

Die Verfasser einer neuen international vergleichenden Studie über Parteien in der Demokratie überprüften auf breiter Datenbasis die gängige Kritik an Parteien und endeten mit einem empirisch stark gestützten Loblied: Parteien seien die unverzichtbaren Bindeglieder zwischen Bürgern und Staat. Sie mobilisierten die Bürger politisch, böten politische Orientierung, entsprächen den ideologischen Ansichten der Wähler und machten in der Gestaltung der staatlichen Politik einen Unterschied (Dalton/Farrell/McAllister 2011).

3. Von der Honoratioren- zur Kartellpartei?
Wie verändert sich das Verhältnis von Parteien zu Bürgern?

In der Parteienlehre werden vier Idealtypen von Parteien unterschieden: Honoratioren-, Massenintegrations-, Volks- und Kartellparteien. Die ältesten Parteien waren Honoratiorenparteien. In ihnen fand sich ein kleiner Kreis von angesehenen Bürgern – Honoratioren – in einem lockeren Verbund zusammen. Dieser erreichte seinen Zweck, wenn das Wahlrecht begrenzt

---

3 Diese Zusammenfassung beruht auf einer Auswertung der kumulierten Umfragen des European Social Surveys (http://www.europeansocialsurvey.org/) zwischen 2000 und 2010.

und durch die Mobilisierung der zahlenmäßig überschaubaren Klientel die notwendige Unterstützung für die Wahl in die Parlamente sichergestellt war. In Deutschland kam die Deutsche Fortschrittspartei (1861-1884) diesem Typus sehr nahe, in Großbritannien waren es die Liberalen von ihrer Gründung bis 1876. Die Massenintegrationspartei, der zweite Typ, war die Folge der Parlamentarisierung und Demokratisierung, die auch der Arbeiterschaft das Wahlrecht gab (Weber 1980 [1918]: 382-406). Die Massenintegrationsparteien vertraten sozial homogene Wählerschaften und stützten sich auf eine entwickelte Organisation und breite Mitgliedschaften. Das beste Beispiel für Massenintegrationsparteien auf Klassenbasis waren die sozialdemokratischen Parteien vor und nach dem Ersten Weltkrieg.

Nach dem Zweiten Weltkrieg näherten sich einige Parteien dem Idealtypus einer Allerwelts- oder Volkspartei an (Kirchheimer 1965). Volksparteien zielen auf die Mobilisierung von möglichst vielen Wählern. Sie entwickeln Programmatiken, die nicht mehr nur die Interessen spezifischer sozialer Gruppen vertreten, sondern verschiedene gesellschaftliche Schichten ansprechen. Die meisten sozialdemokratischen, konservativen und christdemokratischen Parteien stärkten in der Nachkriegszeit ihren Volksparteiencharakter, aber es gelang ihnen in Bezug auf soziostrukturelle Merkmale der Wählerschaft kaum, ihre Herkunft aus der Massenintegrationspartei zu verleugnen (Schmidt 1989).

Der vierte Idealtypus sind Kartellparteien, dem sich viele Volksparteien seit etwa 1990 annähern, so die Diagnose von Katz und Mair (1995). Viererlei kennzeichnet die Kartellparteien. Die Parteieliten kooperieren mit der Konkurrenz, um Wahlrisiken zu minimieren. Sie betonen ihre Rolle als Vermittler von staatlicher Politik und Bürgern, während sie ihre Repräsentationsfunktion weniger stark hervorheben. Sie stützen sich nicht mehr auf aktive Mitglieder als Kern der Partei, zumal die Anzahl der aktiven Parteimitglieder im Prozess der gesellschaftlichen Modernisierung ohnehin abnimmt. Dafür setzen sie Experten ein. Ähnliche Argumente werden in der Debatte über „professionalisierte Wählerparteien" vorgetragen (von Beyme 2000). Unabhängig von der genauen Definition dieses Parteitypus, der auf die Volkspartei folgt, ist ein Merkmal besonders wichtig: Der Unterschied zwischen Mitglied und Nicht-Mitglied wird verwischt, und die Partei beruht nicht mehr auf der Mitarbeit einer großen Anzahl von Aktivisten. In der Tat zeigt eine neuere Studie, dass die Parteimitgliedschaft – von wenigen Ausnahmen abgesehen – schrumpft. In den 1960er Jahren waren etwa 15 Prozent aller Wahlberechtigten in Westeuropa Parteimitglieder; ein halbes Jahrhundert später waren es gerade noch fünf Prozent (van Biezen/Mair/Poguntke 2012: 42). Die Tabelle 1 zeigt anhand ausgewählter Länder diese Veränderungen zwischen 1980 und 2008/2009 an.

Auch wer Zweifel am Kartellcharakter moderner Parteien hat, wird das Ende des Zeitalters der Parteiaktivisten kaum bestreiten können. Ohne starke staatliche Stützung können Parteien keinen Wahlkampf betreiben, wenn die Unterstützung durch die Mitglieder massiv zurückgegangen ist und die Wähler nur noch über kostenintensive Werbung und professionelle Medienarbeit erreicht werden können.

Tabelle 1 zeigt auch erhebliche internationale Unterschiede. In Deutschland, Frankreich, den Niederlanden und im Vereinigten Königreich können sich Parteien kaum mehr auf breite Mitgliedschaften stützen. Dies gilt auch für die neuen Demokratien in Mittelosteuropa (van Biezen/Mair/Poguntke 2012: 28). Das andere Extrem ist Österreich. Dort war die Par-

Tabelle 1: Parteimitgliedschaft in Prozent der Wahlberechtigten

Land	1980	2008 oder 2009
Belgien	9	6
Dänemark	7	4
Deutschland (1980 nur Westdeutschland)	5	2
Finnland	16	8
Frankreich	5	2
Griechenland	3	7
Irland	5	2
Italien	10	6
Niederlande	4	2
Norwegen	15	5
Österreich	28	17
Portugal	4	4
Spanien	1	4
Schweiz	11	5
Vereinigtes Königreich von Großbritannien und Nordirland	4	1

Quellen: Van Biezen/Mair/Poguntke (2012: 28); Katz (2011: 231).

teimitgliedschaft lange Zeit Voraussetzung für öffentliche Ämter in der „Proporzdemokratie" (Lehmbruch 1967), in der Positionen in der Staatsverwaltung anteilsmäßig auf die beiden großen Parteien verteilt wurden.

4. Parteienfamilien: Welche Ziele verfolgen Parteien?

Parteien lassen sich politisch-ideologischen Familien zuordnen, die gemeinsame programmatische Ziele verfolgen. Eine Klassifikation, die sich an dem Zeitpunkt der erstmaligen Parteibildung orientiert, hat Klaus von Beyme (1984) entwickelt. Er unterscheidet zehn Parteienfamilien:

1. *Liberale Parteien*, die aus dem Konflikt mit dem alten autokratischen Regime entstanden. Liberal kann sich dabei auf zwei Dimensionen beziehen: wirtschaftsliberal im Sinne einer marktfreundlichen Zurückhaltung der Politik und werteliberal im Sinne von individuellen Möglichkeiten der souveränen Gestaltung des eigenen Lebens. Auf liberales Gedankengut berufen sich heute beispielsweise die deutsche FDP, der schweizerische Freisinn und die britischen Liberaldemokraten.

2. *Konservative Parteien* reagierten auf den Aufstieg der Liberalen und betonten den Wert von Tradition und herkömmlicher Regeln sowie häufig von nationalen Werten. Beispiele für konservative Parteien sind die britische *Conservative Party*, die französischen Gaullisten und deren Nachfolgepartei, die *Union pour un mouvement populaire* (UMP), und die griechische *Nea Dimokratia*.

3. In der Mitte des 19. Jahrhunderts entstanden die *Arbeiterparteien*, die die soziale Absicherung und die politische Gleichberechtigung der Arbeiter forderten. Anfangs streb-

ten diese Parteien die Überwindung des Kapitalismus an. Nach dem Zweiten Weltkrieg setzten sie auf eine Bändigung des Kapitalismus und eine starke wohlfahrtsstaatliche Absicherung. Diese programmatische Wende hatten sie bereits viele Jahre zuvor in ihrer Politik vorweggenommen. In den 1990er Jahren versuchten einige dieser Parteien, sich durch die Übernahme wirtschaftsliberaler Elemente zu modernisieren. Beispiele sind die britische *Labour Party* unter Tony Blair und die Sozialdemokratische Partei Deutschlands unter Gerhard Schröder. Die europäischen Sozialdemokratien unterschieden sich in diesem Modernisierungsprozess beträchtlich (Merkel et al. 2006). Die Schweizer und die schwedischen Sozialdemokraten beispielsweise waren erheblich zurückhaltender, wirtschaftsliberale Elemente in ihr Programm aufzunehmen.

4. Die *Bauernparteien* verteidigten die Interessen der Landwirtschaft und optierten dabei oft für protektionistische Politiken. Aufgrund des Rückgangs der Beschäftigung im Agrarsektor verloren die Bauernparteien allerdings ihre Stammwählerschaft. Nur in wenigen Ländern gelang es ihnen, sich zu etablieren, beispielsweise in Schweden und in der Schweiz. In diesen Ländern reagierten die ehemaligen Bauernparteien auf den Verlust ihrer Wählerbasis durch Positionierung in der politischen Mitte, so in Schweden, oder am rechtspopulistischen Rand, so in der Schweiz.

5. *Regionale Parteien* verteidigen die Interessen von Regionen gegen das Zentrum. Bekannte Beispiele sind die *Lega Nord* in Italien oder die *Lega dei Ticinesi* in der Schweiz.

6. *Christdemokratische Parteien* berufen sich in ihrer Programmatik auf christliche Werte. In einigen Ländern sind sie eindeutig katholische Parteien (Österreich, Belgien, Italien in der Zeit der *Democrazia Cristiana*, Malta oder die Schweiz). In Deutschland sind die Christlich-Demokratische Union und die Christlich-Soziale Union explizit interkonfessionelle Parteien. Sie entstanden nach dem Zweiten Weltkrieg als Nachfolgeparteien der katholischen Zentrumspartei mit dem Ziel, die Beschränkung auf die katholische Wählerschaft zu überwinden. Vor allem in Nordeuropa gibt es kleinere christlich-demokratische Parteien, die einen protestantischen Hintergrund haben. Als Faustregel kann gelten, dass die Christdemokraten in Ländern stark sind, in denen die Konservativen schwach sind. Dies bedeutet allerdings nicht, dass sie funktional gleichwertig sind. Christdemokratische Parteien sind zumeist den Zielen der katholischen Soziallehre verpflichtet und waren deshalb Hauptverantwortliche beim Ausbau des Wohlfahrtsstaates (van Kersbergen 1995).

7. *Kommunistische Parteien* entstanden während des Ersten Weltkrieges als Reaktion auf die Absage der Sozialdemokratie an das Ziel der Systemüberwindung. Mit dem Ende des Staatssozialismus verloren sie in West und Ost weitgehend ihre Wählerschaften. Vergleichbare Ziele zu jenen der Kommunisten nach 1989 verfolgen linkssozialistische Parteien, wie die deutsche Partei Die Linke.

8. *Faschistische Parteien*, die die Demokratie bekämpften, entstanden in den 1920er Jahren und verschwanden nach dem Ende des Zweiten Weltkrieges. Neo-faschistische Parteien blieben in Westeuropa meist marginal und hatten nur kurzzeitig Wahlerfolge.

9. (*Rechtspopulistische Parteien* hingegen verzeichnen beträchtliche Erfolge. Der Rechtspopulismus arbeitet mit schlichten Dichotomien: Der gesunde Menschenverstand des einfachen Mannes versus die *classe politique* und ‚Wir versus Ausländer' sind konstitutive Merkmale (Mudde 2007). Mit diesem binären Zugriff nehmen die rechtspopulistischen Parteien Themen wie Migration und Kriminalität auf, die viele Bürger bewegen und die von den etablierten Parteien häufig vernachlässigt werden) Während es in Deutschland keine größere rechtspopulistische Partei gibt und die Republikaner nicht aus einer Randposition herauskommen, finden sich in etlichen westlichen Nachbarländern rechtspopulistische Parteien von nennenswerter Größe, namentlich die österreichischen Freiheitlichen und das Bündnis Zukunft Österreich, die Schweizerische Volkspartei, die holländische Freiheitspartei/Gruppe Wilders oder der Flämische Block bzw. seit 2004 die Nachfolgeorganisation Flämische Interessen (*Vlaams Belang*) in Belgien.

10. (*Grüne Parteien* bilden die jüngste Parteienfamilie in der von Beyme-Typologie. Sie entstanden hauptsächlich aus dem Protest gegen die ökologischen Folgen des hohen Wirtschaftswachstums der Nachkriegszeit. Besonders gut passende Beispiele sind die deutschen, die schweizerischen und die österreichischen Grünen.

Wie kann man die Vielfalt der Parteienfamilien übersichtlich ordnen? Der einfachste Weg ist der des klassischen Links-rechts-Konflikts: Auf ihm werden die Parteien entlang der Links-rechts-Achse eingeordnet. Die politische Linke misstraut der Effizienz und Gerechtigkeit von Märkten und spricht sich für Staatsintervention in die Wirtschaft und für Umverteilung durch Steuern und wohlfahrtsstaatliche Leistungen aus. Die Rechte hingegen vertraut dem Markt und möchte die Staatsintervention möglichst gering halten. Diese Links-rechts-Dimension ist nach wie vor die politisch prägende Dimension in Europa, in der sich die meisten Parteien und die meisten Bürger problemlos verorten können (Dalton/Farrell/McAllister 2011).

Freilich wird bei ausschließlicher Verwendung der Links-rechts-Dimension ein wichtiger politischer Konflikt ausgeklammert, der das Parteiensystem moderner Demokratien ebenfalls prägt: der Konflikt zwischen libertären und autoritären Werten. Hier geht es um individuelle Selbstverwirklichung versus Unterordnung unter Autoritäten und unter Pflicht- und Akzeptanzwerte. So sind grüne Parteien häufig ähnlich weit links angesiedelt wie sozialdemokratische Parteien, doch vertreten sie libertäre Werte der Selbstverwirklichung, Basisdemokratie oder Individualität sehr viel stärker als die klassische Linke (Inglehart 1977; Kitschelt 1997: 138). In dieser Hinsicht ähneln sie den liberalen Parteien, die jedoch zu Fragen der Umverteilung (im Sinne des Links-rechts-Konflikts) und der Ökologie eine andere Position einnehmen.

Es gibt verschiedene Möglichkeiten, die programmatischen Positionen der politischen Parteien zu messen. Das *Party-Manifesto*-Projekt beispielsweise klassifiziert Partei- und Wahlprogramme.[4] Die Befragung von Experten ist ein alternatives Verfahren, um Parteiprogramme zwischen Parteien und Ländern zu vergleichen. Die Tabelle 2 beruht auf einer derartigen Befragung, die unter der Leitung von Kenneth Benoit und Michael Laver zwischen 2002 und 2004 durchgeführt wurde (Benoit/Laver 2006).[5] Die Auswertung der Benoit/La-

---

4   https://manifesto-project.wzb.eu/.

5   Die Daten sind auch über http://www.tcd.ie/Political_Science/ppmd/erhältlich.

ver-Daten wird hier auf die großen Parteifamilien beschränkt.[6] Als Indikator der Rechts-links-Dimension (Staat versus Markt) gelten die Antworten der Experten auf die Frage, ob die Partei Steuern erhöhen und die öffentlichen Leistungen ausbauen möchte (1) oder das Ge-genteil (20) anstrebt. Um die libertär-autoritäre Dimension zu erfassen, wurde die Frage, ob die Partei liberale Politik beispielsweise bezüglich der Abtreibung, der Homosexualität oder der Euthanasie befürwortet (1) oder ablehnt (20), herangezogen. Die Zahlen in der Tabelle sind Mittelwerte der verschiedenen Experteneinschätzungen. Die Tabelle enthält zunächst die Daten für die drei deutschsprachigen Demokratien und sodann jene für je ein skandina-visches, angelsächsisches und mittelosteuropäisches Land.

Die Tabelle 2 zeigt beispielsweise, dass die Sozialdemokratie in Westeuropa für mehr staatliche Intervention eintritt als die Christdemokraten, die Liberalen oder die Konservati-ven. Freilich gibt es international beachtliche Unterschiede. Die deutsche Sozialdemokratie und die britische *Labour Party* waren – zumindest zum Erhebungszeitpunkt – erheblich wirt-schaftsliberaler als ihre Schwesterpartei in der Schweiz. In der Schweiz sind die program-matischen Positionen der Grünen und der Sozialdemokratie in diesen zwei Kerndimensio-nen des Parteienwettbewerbs nicht unterscheidbar. In Ungarn ist der Parteienkonflikt über Staatsintervention begrenzt – nicht zuletzt, weil diese in Ungarn, wie in vielen anderen post-kommunistischen Ländern, diskreditiert ist.

Wie haben sich die Kräfteverhältnisse der großen Parteienfamilien entwickelt? In ei-nem bahnbrechenden Werk entwickelten Stefano Bartolini und Peter Mair vor mehr als 20 Jahren die These der langfristig entstandenen Blockstabilität (Bartolini/Mair 1990: Kapitel 4). Dieser These zufolge stabilisieren sich in der historischen Entwicklung die Stimmenan-teile aller links einzureihenden Parteien im Vergleich zu den rechts einzustufenden Partei-en. Für die Grafik 1 wurden für alle etablierten Demokratien der OECD-Ländergruppe (das sind die EU-15-Länder sowie Island, Norwegen, Schweiz, USA, Kanada, Australien, Neu-seeland und Japan) die gesamten Stimmenanteile aller linken (kommunistischen, linkssozia-listischen, sozialdemokratischen und grünen) Parteien berechnet und dann die durchschnitt-lichen Stimmenanteile in diesen 23 Länder ermittelt. Gleichermaßen wurde mit den rechten (konservativen, liberalen, agrarischen und christdemokratischen/zentristischen) Parteien verfahren.[7] In einem zweiten Schritt werden für die zehn postkommunistischen EU-Län-der diese Durchschnitte ab den frühen 1990er Jahren berechnet. Zur Vereinfachung wird in den folgenden Grafiken die erste Ländergruppe „Westen" und die zweite „Osten" genannt.

---

6   Gab es zwei Parteien aus derselben Familie in einem Land, beziehen sich die Angaben auf jene Partei, die den größten Stimmenanteil hat. Die Klassifizierung der Parteien erfolgt auf der Basis eines entsprechenden international vergleichbaren Datensatzes, mit Ausnahme der Schweizerischen Volkspartei, die für diese Auswertung als rechtspopulistisch klassifiziert wurde. Parteien wurden nur berücksichtigt, wenn sie mind-estens fünf Prozent der Stimmen erhielten.

7   Griechenland, Spanien und Portugal wurden nur seit dem Übergang zur Demokratie berücksichtigt. Die Datengrundlage ist Armingeon et al. (2011a und 2011b). Die Klassifizierung der Parteien ist im Codebuch dieser Datensätze dokumentiert.

Tabelle 2: Verortung von politischen Parteien in zwei Dimensionen des politischen Konflikts: Staat-Markt und libertär-autoritäre Dimension (2002-2004)

	Deutschland		Schweiz		Österreich		Schweden		Großbritannien		Ungarn	
	markt-freund-lich	liberali-sierungs-feind-lich	markt-freund-lich	liberali-sierungs-feind-lich	markt-freund-lich	liberali-sierungs-feind-lich	markt-freund-lich	liberali-sierungs-feind-lich	markt-freund-lich	liberali-sierungs-feind-lich	markt-freund-lich	liberali-sierungs-feind-lich
Konservative	-	-	-	-	-	-	18	13	15	15	9	15
Christdemokraten	14	16	12	15	15	16	14	18	-	-	-	-
Liberale	19	5	16	7	-	-	13	5	6	4	15	2
Sozialdemokraten	9	7	4	3	8	7	7	7	8	7	10	7
Grüne	11	2	4	3	6	4	-	-	-	-	-	-
Rechtspopulisten	-	-	18	17	14	17	-	-	-	-	-	-
Kommunisten	3	5	-	-	-	-	3	4	-	-	-	-

Quelle: Benoit/Laver (2006); http://www.tcd.ie/Political_Science/ppmd.

Marktfreundlich: Maximalwert 20 für Steuerkürzungen und Abbau öffentlicher Dienstleistungen.
Liberalisierungsfeindlich: Maximalwert 20 für Opposition gegen liberale Gesellschaftspolitiken, beispielsweise bezüglich Abtreibung.

Obwohl die deutsche PDS nur vier Prozent der Stimmen bei der Bundestagswahl 2002 erhielt, wurden deren Werte zu Informationszwecken in diese Tabelle aufgenommen.

Grafik 1: Die Entwicklung der Links-rechts-Parteiblöcke

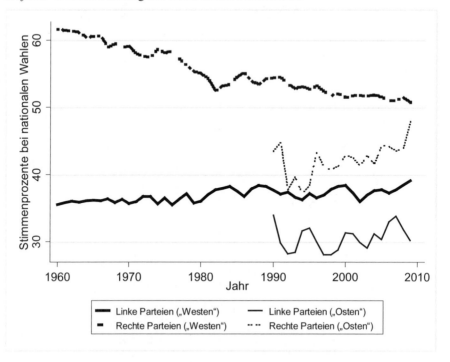

Quelle: Armingeon et al. (2011a; 2011b).

Anmerkungen: Stimmenprozente sind die jährlichen Mittelwerte von 23 westlichen („Westen") und 10 postkommunistischen Demokratien („Osten"). Der Stimmenanteil linker Parteien entspricht den kumulierten Stimmenanteilen von sozialdemokratischen, sozialistischen, kommunistischen und grünen Parteien. Der Stimmenanteil rechter Parteien entspricht den kumulierten Stimmenanteilen von konservativen, christdemokratischen, agrarischen, liberalen und ultrarechten Parteien. Nicht enthalten sind unter anderem Protest- und ethnische Parteien.

Die Grafik 1 zeugt in der Tat von großer Blockstabilität. Die rechten Parteien verlieren im Westen bis 1980 einige Prozentpunkte. Davon profitieren Protest-, regionale und ethnische Parteien sowie Parteien, die dem Links-rechts-Schema nicht angemessen klassifiziert werden können. Ab den 1980er Jahren bleibt der Wert weitgehend stabil. Für die westliche Linke lässt sich kein langfristiger Trend ausmachen. Ein ähnlicher Befund ergibt sich im Osten. Hier konsolidiert sich das rechte Lager, indem die zuvor nicht klassifizierbaren Allianz-/Bürgerbewegungsparteien integriert werden. Im Jahr 2009 ist die Rechte in Mittelosteuropa im Durchschnitt fast so stark wie im Westen, während die Linke schwächer bleibt. Die Grafik zeigt auch, dass der Stimmenanteil von regionalen, ethnischen, Protest-

und nicht im Links-rechts-System klassifizierbaren Parteien im Osten weiterhin größer ist als im Westen.[8]

In der Grafik 2 ist die Entwicklung von vier Parteienfamilien dargestellt. Im Westen sind die langfristigen Veränderungen der Stimmenanteile von sozialdemokratischen, liberalen und konservativen Parteien nicht dramatisch. Hingegen ist der Rückgang der christdemokratischen/zentristischen Parteien ausgeprägt. Im Osten erreichen die Sozialdemokraten das Niveau der westlichen Sozialdemokratie, die liberalen Parteien verzeichnen einen massiven Zuwachs und liegen deutlich über den Werten der liberalen Parteien im Westen. Die Konservativen sind schwächer als im Westen, legen jedoch zu. Noch deutlicher als im Westen ist der Niedergang der Parteien mit religiösem Hintergrund im Osten.

Grafik 2: Entwicklung der Stimmanteile nach den großen Parteienfamilien

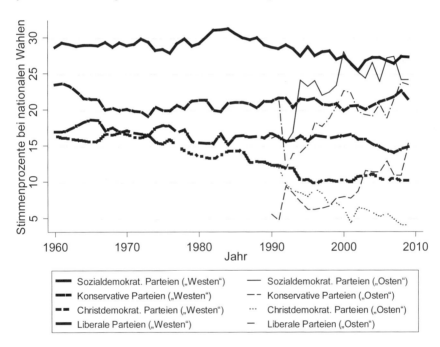

Quelle: Armingeon et al. (2011a; 2011b).

Anmerkungen: Jährliche Mittelwerte von 23 westlichen („Westen") und 10 postkommunistischen Demokratien („Osten").

---

8   Im Osten sind die kurzfristigen Fluktuationen größer. Dies dürfte auf Prozesse der Etablierung nach dem Systemwechsel und auf die kleinere Anzahl von Ländern zurückgehen, bei denen eine Veränderung in einem Land einen größeren Einfluss auf den Durchschnittswert hat als in den 23 westlichen Vergleichsländern.

5. Parteiensysteme: Wie entwickeln sich die Zahl und die Interaktionen der Parteien?

Parteien streben nach Wählerstimmen, die sie in Parlaments- und Kabinettssitze übertragen können. Darüber hinaus wollen sie Politiken verwirklichen. Ihre Erfolgschancen hängen wesentlich davon ab, mit welchen anderen Parteien sie im Wettbewerb stehen und welche Parteien als Koalitionspartner gewonnen werden können. Die Forschung über Parteiensysteme beschäftigt sich mit diesen Parteienkonstellationen. Sie kann dabei auf eine Vielzahl von Klassifikationen und Typologisierungen zurückgreifen, die auf unterschiedlichen Fragestellungen basieren: Geht es darum, die Auswirkungen des Wahlsystems oder des Wählerverhaltens zu messen (siehe Niedermayer i. d. B.)? Möchte man erkunden, welche Parteienkonfigurationen der Stabilität einer Demokratie zuträglich sind? Oder soll geklärt werden, in welchen Ländern mit welchen Folgen der Wettbewerb um Regierungsbeteiligung offen (mit weitgehend unvorhersagbarem Ausgang) oder geschlossen ist (mit weitgehend vorhersagbarem Ausgang) (Mair 1997: 206-214)?

In der vergleichenden Politikwissenschaft werden Parteiensysteme häufig in Anlehnung an Giovanni Sartori (2005: 251-261) klassifiziert:

1. Prädominante Parteiensysteme sind dadurch geprägt, dass eine Partei alle Konkurrenten klar überflügelt. Die dominante Partei gewinnt durchgängig eine Mehrheit der Stimmen bei Wahlen (Sartori 2005: 173). Ein Beispiel war Japans Liberaldemokratische Partei bis in die 1990er Jahre. In den gegenwärtigen Demokratien sind solche Parteien sehr selten geworden.

2. In Zweiparteiensystem haben Parteien eine Tendenz, sich programmatisch zur Mitte auszurichten, weil dort laut „Medianwähler-Theorem" (Downs 1957: 117) die meisten Stimmen zu gewinnen sind. Wie das prädominante Parteiensystem ist auch das Zweiparteiensystem eine seltene Erscheinung geworden.

3. Im gemäßigten Mehrparteiensystem ist die ideologische Distanz zwischen den Parteien, üblicherweise zwischen drei und fünf an der Zahl, gering.

4. Dagegen sind im polarisierten Mehrparteiensystem die ideologischen Distanzen zwischen den extremen Parteien sehr groß. Ein Kennzeichen dieses Systems ist die Existenz von Anti-Systemparteien, beispielsweise kommunistischen Parteien. Dieser Typus verschwand allerdings weitgehend mit dem Untergang des Staatssozialismus und der damit verbundenen elektoralen Marginalisierung der großen westeuropäischen kommunistischen Parteien.

Obwohl Sartoris Typologie sehr hilfreich ist, um die Entwicklung von Parteiensystemen über lange Zeiträume und zwischen unterschiedlichen politischen Systemen zu erfassen, ist der heuristische Gewinn für die Analyse der heutigen Demokratien in der EU und in den hochentwickelten OECD-Ländern gering, weil alle Länder – mit Ausnahme der USA und Maltas – ein gemäßigtes Mehrparteiensystem haben.

Für das Handeln der Parteien in modernen Demokratien ist allerdings wichtig, wie viele Parteien es gibt. Je mehr Parteien es gibt, desto weniger wahrscheinlich sind Ein-Parteien-Regierungen und desto wahrscheinlicher sind eine Koalition von zwei oder mehr Parteien, eine gespaltene Opposition und der Zwang zum Verhandeln und zum Schmieden von Kompromissen. Diese Überlegung liegt beispielsweise Arend Lijpharts Studie über „Mehrheits-" und „Konsensusdemokratien" zugrunde (Lijphart 2012). Aber wie soll man Parteien zählen? Ein brauchbarer Indikator müsste die absolute Zahl der Parteien mit ihrer Stimmenstärke gewichten. Dazu haben Rae (1968) sowie Laakso und Taagepera (1979) Indikatoren vorgeschlagen, die bis heute in der vergleichenden Politikwissenschaft oft genutzt werden. Der Fraktionalisierungsindex von Rae berechnet sich als 1 minus die Summe aller quadrierten Stimmenanteile der Parteien. Ein Einparteiensystem würde mithin den Wert 0 erreichen, ein System mit einer unendlich großen Zahl von Kleinstparteien würde einen Wert nahe 1 erzielen. Ein System mit drei Parteien, die 60 Prozent, 30 Prozent und 10 Prozent der Stimmen auf sich vereinten, hätte einen Fraktionalisierungsindex von $1-(0,6^2+0,3^2+0,1^2)= 1-(0,36+0,09+0,01)=1-0,46=0,54$. Dieser Wert lässt sich wahrscheinlichkeitstheoretisch interpretieren. Er gibt an, mit welcher Wahrscheinlichkeit zwei zufällig herausgegriffene Wähler nicht dieselbe Partei gewählt hätten. Im Falle des Einparteiensystems ist diese Wahrscheinlichkeit gleich Null, im Falle sehr vieler Kleinstparteien kommt sie 100 Prozent nahe. Im obigen Beispiel der drei Parteien liegt sie bei 54 Prozent. Laakso und Taagepera haben den Rae-Index umgeformt, um einen Indikator der „effektiven Zahl von Parteien" zu bekommen. Unter der effektiven Zahl von Parteien verstehen sie die mit ihrer relativen Stimmen- oder Sitzstärke gewichtete Zahl der Parteien. Der Index berechnet sich folgendermaßen: effektive Zahl der Parteien = 1/(1-Rae-Index).

Grafik 3: Die Entwicklung der effektiven Zahl der Parteien

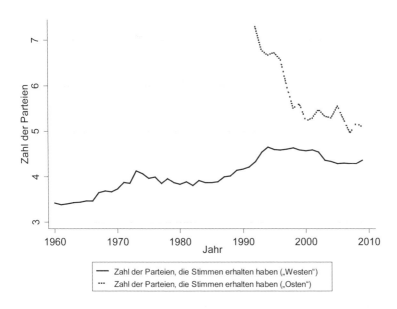

Quellen: Armingeon et al. (2011a, 2011b).

In der Grafik 3 ist dieser Kennwert für den Westen und den Osten abgetragen. Seit 1960 ist im Westen die Zahl der Parteien im Durchschnitt von rund 3,5 auf 4,5 gestiegen; im Osten nahm sie nach anfänglich großer Fraktionalisierung im Anschluss an den Systemwechsel auf fünf ab. Dies ist noch immer mehr als im Westen, aber die Differenz ist deutlich geringer als unmittelbar nach dem Systemwechsel. In den heutigen EU- und OECD-Demokratien sind Mehrparteiensysteme die Regel. Zweiparteiensysteme – die hier als Systeme mit einer effektiven Zahl von Parteien kleiner 2,5 definiert werden – sind weitgehend verschwunden. Letztmals gab es ein solches Zweiparteiensystem in Griechenland 1966, Großbritannien 1973, Japan 1962, Kanada 1961, Neuseeland 1989, Österreich 1985 und Rumänien 1991. Kennzeichnend für die modernen Demokratien ist daher zunehmend der Zwang der Parteien geworden, mehrheits- und handlungsfähige Koalitionen zu bilden.

Im Anschluss an diese Beschreibung der Parteiensysteme und deren Folgen für die Prozesse der Politikentwicklung stellt sich die Frage, wie die unterschiedliche Zahl der Parteien erklärt werden kann. Darauf gibt es zwei Antworten. Die erste Antwort bezieht sich darauf, welche großen politischen Konflikte in einem Land auftreten und wie sie organisiert werden. Diese Antwort wird im folgenden Abschnitt über Konfliktlinien behandelt. Die zweite Antwort lautet: Das Wahlrecht entscheidet maßgeblich über die Zahl der Parteien. Dieses Thema wird im Beitrag von Oskar Niedermayer (Wahlsystem und Wählerverhalten) behandelt.

6. Konfliktlinien: In welchem Ausmaß bestimmen Sozialstruktur und Kultur die Parteiensysteme?

Die Theorie der Konfliktlinien gibt eine andere Antwort auf die Frage, weshalb sich Parteiensysteme hinsichtlich der Zahl der Parteien und hinsichtlich ihrer Konfigurationen unterscheiden. Diese Theorie wurde von Stein Rokkan entwickelt und in einem mit Seymour Martin Lipset geschriebenen Artikel zusammengefasst (Lipset/Rokkan 1967). Ihr Kern bildet der Zusammenhang zwischen soziokulturellen Gruppen und Parteien. Der zentrale Begriff der Konfliktlinie (*cleavage*) hat drei konstitutive Elemente: (a) es gibt soziokulturelle Gruppen, die (b) aufgrund gemeinsamer Werte und Überzeugungen unterschiedliche kollektive Identitäten besitzen und (c) durch Organisationen – Verbände und Parteien – politisch mobilisiert und repräsentiert werden (Bartolini/Mair 1990: 215). Konfliktlinien entstanden, weil relativ homogene soziokulturelle Gruppen wiederholt Konflikte aufgrund gegensätzlicher Interessen mit anderen Gruppen hatten und weil politische Unternehmer diese Konflikte organisierten. Ein Beispiel ist die Konfliktlinie zwischen Arbeit und Kapital. Die relativ homogene Arbeiterschaft hat wiederholt mit Unternehmern Interessenkonflikte. Diese Konflikte wurden durch die Arbeiterparteien und die Gewerkschaften organisiert.

Lipset und Rokkan unterschieden in Europa zwischen vier Konfliktlinien. In zeitlicher Abfolge sind dies die Konflikte zwischen Staat und Kirche, Zentrum und Peripherie, Stadt und Land sowie Kapital und Arbeit. Die Art und Weise, wie diese Konfliktlinien gleichzeitig oder nacheinander organisiert wurden, bestimmte die Parteien- und Verbandssysteme der Nationen. Dieser Prozess der Konfliktlinienbildung sei in den 1920er Jahren abgeschlossen worden und seither seien die Parteiensysteme „eingefroren". Heute deutet vieles darauf hin, dass neue Konfliktlinien vor allem entlang von Konflikten über libertäre versus autoritäre Werte und von Umverteilungen aufgrund der Globalisierung (Globalisierungsverlierer versus Globalisierungsgewinner) entstanden sind, die die Parteiensysteme wieder fluide machen (Kriesi 1998; Kriesi et al. 2006, 2008).

Grundlegend für Analysen, die von der Konfliktlinientheorie inspiriert wurden, ist die Vorstellung von relativ dauerhaften Koalitionen zwischen soziokulturellen Gruppen einerseits und Parteien und Verbänden andererseits. Die historischen Beispiele sind die Koalitionen zwischen regionalen Minderheiten und regionalen Parteien, zwischen Katholiken und katholischen Parteien, zwischen Bauern und Bauernparteien oder zwischen Arbeitern und Arbeiterparteien. Eine Gegenthese behauptet, die gesellschaftliche Modernisierung habe die Homogenität und die Identität von soziokulturellen Gruppen aufgelöst. Damit entfalle die Möglichkeit einer dauerhaften Koalition, weil die Gruppen amorph geworden seien. Parteien und Verbände hätten ihre Stammkundschaft verloren (Streeck 1987). Wer heute über Konfliktlinien forsche, sei vergleichbar mit jemandem, der 20 Jahre nach dem Fall der Mauer das gegenwärtige politische Leben in der DDR erforsche wolle – so die sarkastische Kritik von Mark Franklin, der 20 Jahre zuvor in einer vergleichenden Studie den Niedergang der Konfliktlinien nachzuzeichnen versucht hatte (Franklin/Mackie/Valen 1992; Franklin 2010). Die Vertreter der Konfliktlinienschule (vgl. Elff 2007) argumentieren dagegen, die These der Auflösung der alten Konfliktlinien sei übertrieben, weil die alten Konfliktlinien durch neue verdrängt oder ergänzt wurden.

Die Theorie der Konfliktlinien ist für die Wahlforschung wichtig. Wenn Parteien sich auf Segmente der Bevölkerung stützen können und die Verknüpfung zwischen Sozialstruktur und Parteien über Ideologien und Werte erfolgt, dann sind Wahlresultate und deren Veränderungen sehr stark von diesen Koalitionen und deren Entwicklungen geprägt (siehe Niedermayer i. d. B.). Darüber hinaus liefert die Theorie der Konfliktlinien einen Schlüssel zum Verständnis der Struktur der politischen Konflikte und der Grundlagen des Parteiensystems. Sie hilft jene soziokulturellen Gruppen zu identifizieren, die eine gemeinsame Ideologie haben, und informiert darüber, welche Parteien welche großen politischen Konflikte organisieren. Von den vier historischen Konflikten Europas sind heute noch zwei besonders wichtig: der religiöse und konfessionelle Konflikt, der den zentristischen, christdemokratischen Parteien zugrunde liegt, und der Konflikt zwischen Arbeit und Kapital, der für sozialdemokratische Parteien konstitutiv ist. Die Konflikte zwischen Stadt und Land und zwischen Zentrum und Peripherie haben jedoch an Bedeutung verloren, und die soziokulturelle Basis jener Parteien, die diese Konflikte organisierten, ist beträchtlich geschrumpft. Diese Parteien müssen nach einer neuen Klientel suchen. Vieles spricht dafür, dass der Konflikt zwischen libertären und autoritären Werten von neuen, insbesondere grünen Parteien organisiert wird. Diese stehen vor allem in der Konfrontation mit konservativ-zentristischen Parteien. Das Aufkommen der rechtspopulistischen Parteien kann als politisches Angebot an die Globalisierungsverlierer verstanden werden, deren Interessen von den etablierten Parteien in der Regel nicht vertreten wurden. Herbert Kitschelt und Philipp Rehm haben dies auf die einprägsame Formel gebracht, die heutigen großen Konflikte westlicher Gesellschaften gingen über die drei „G": „*Grid*" (Gitter, die aus Regeln und Vorschriften bestehen), „*Greed*" (Gier) und „*Group*" (Gruppe). Bei „Gier" gehe es um Verteilungsfragen, wie Steuern und Staatsausgaben, oder Staatsinterventionen in Märkte versus freie Märkte. Bei „Gitter" stünden libertäre (Selbstentfaltungswerte) versus autoritäre Orientierungen (Ein- und Unterordnung) im Vordergrund, und bei Gruppenfragen gehe es um Immigration und Staatsbürgerschaft (Kitschelt/Rehm 2011).

Für diese Fortschreibung der Konfliktlinientheorie spricht eine Reihe von Befunden. (1) Unter klassenspezifischem Wahlverhalten versteht man Unterschiede im Wahlverhalten von großen homogenen sozialen Gruppen. Industriearbeiter beispielsweise neigen stärker zur Wahl sozialdemokratischer Parteien als Unternehmer. Klassenspezifisches Wahlverhalten ist zwar für sich alleine noch kein Beleg für eine Konfliktlinie. Dazu müsste auch gezeigt werden, dass die jeweilige Gruppe eine gemeinsame Ideologie hat und die entsprechende Partei tatsächlich auch diese Ideologie vertritt. Wenn sozialstrukturelle Variablen für die Wahlentscheidung jedoch besonders wichtig sind, dann ist dies ein erster Hinweis auf eine Konfliktlinie. In Europa schwächte sich zwar das klassenspezifische Wahlverhalten spätestens seit den 1970er Jahren ab. Es handelt sich aber um einen sehr gemäßigten, graduellen Rückgang, von dem es zahlreiche Abweichungen gibt. In Deutschland war beispielsweise das klassenspezifische Wahlverhalten schon in den 1970er Jahren im internationalen Vergleich schwach ausgeprägt und nahm bis Mitte der 1990er Jahren nicht weiter ab (Knutsen 2006; Debus 2012). (2) Einige Autoren argumentieren, die homogene soziale Basis von einzelnen Konfliktlinien sei zwar erodiert, stattdessen würden die neuen Konflikte – insbesondere jene zwischen Globalisierungsgewinnern und -verlierern – durch Werte strukturiert, die von ganz unterschiedlichen sozialen Gruppen geteilt würden (Enyedi 2008; Kriesi 2010). Allerdings finden neuere Analysen sogar zusätzlich sehr deutliche soziostrukturelle Grundlagen für die neuen Konfliktlinien, insbesondere für jene zwischen links-libertären und rechts-autoritären Werten. Die beruflich hochqualifizierten Experten im Dienstleistungssektor – wie Lehrer, Ärzte, Professoren, Psychotherapeuten und Sozialarbeiter – hätten eine Arbeitslogik, die beruflichen Erfolg am Wohlergehen der Klienten und nicht am Umsatz des Betriebs messe. Diese sei wiederum mit politischen Ideen der Selbstentfaltung und der sozialen Solidarität verbunden, die vor allem von grünen Parteien vertreten würden. Insofern hätte auch diese Konfliktlinie eine solide sozialstrukturelle Basis (Dolezal 2010; Oesch/Rennwald 2010; Müller/Klein 2012). (3) Aber nicht nur auf der Nachfrageseite (im Sinne einer soziokulturellen Gruppe, die politische Vertretung beansprucht), sondern auch auf der Angebotsseite (im Sinne von Parteien und Verbänden, die Konflikte organisieren) gibt es Strukturen und Entwicklungen, die der Theorie der Konfliktlinien entsprechen. Diese Angebotsstrukturen variieren zwischen den Ländern und können beispielsweise Hinweise darauf geben, weshalb in Deutschland die Globalisierungsverlierer eher von der CDU vertreten werden und deshalb kaum Raum für die Entstehung rechtspopulistischer Parteien existiert. Im Gegensatz dazu konnte die Schweizerische Volkspartei ihre frühere Klientel der Bauern und Kleingewerbetreibenden weitgehend durch die verschiedenen Gruppen der Globalisierungsverlierer und -skeptiker ersetzen (Kriesi et al. 2006: 938ff.).

7. Sozialkapital: Sind Mitglieder von Interessenverbänden die besseren und aktiveren Demokraten?

Verbände gelten als Schulen der Demokratie. Dort erlernen Bürgerinnen und Bürger demokratisches politisches Verhalten. Zudem schafft die Zusammenarbeit in Verbänden Vertrauen und Netzwerke. Beides dient dem Funktionieren von Demokratien. Diese Argumente gehen auf Alexis de Tocquevilles Analyse der amerikanischen Demokratie zurück (Tocqueville 1985 [1835/40]: 251-253). Sie wurden in der neueren Forschung zum Sozialkapital moderner Gesellschaften vielfach empirisch geprüft. Sozialkapital bezeichnet soziale Netzwerke und die damit verbundenen Normen der Reziprozität. Reziprozität besteht darin, dass ich etwas für jemanden anderen tue, in der Erwartung, im Gegenzug Hilfe und Unterstützung von anderen zu erhalten. In einer Kurzformel: „If you don't go to somebody's funeral, they won't come to yours" (Putnam 2000: 20f.). In einer optimistischen Sichtweise, wie sie Tocqueville teilte, erzeugt Verbandsmitgliedschaft Vertrauen, politisches Interesse und Sozialkapital. In einer alternativen Perspektive haben Bürger, die sich durch politisches Interesse und interpersonales Vertrauen auszeichnen, eine höhere Wahrscheinlichkeit, einem Verband beizutreten. Die wünschenswerten Eigenschaften werden also nicht durch die Verbandsmitgliedschaft erworben. Es handelt sich um einen sogenannten Selektionseffekt (Armingeon 2007; von Erlach 2006; van der Meer/van Ingen 2009). Dieser Auffassung zufolge produzieren die Verbände zwar nicht die für die Demokratie wünschenswerten Einstellungen und Verhaltensweisen, doch verkörpern sie einen Pool von Bürgern, die politisch überdurchschnittlich aktiv und interessiert sind.

Die Tabelle 3 zeigt einen dramatischen Unterschied der verbandlichen Integration von Bürgern an. Die Einbindung in Verbände ist in Nordeuropa am höchsten. Dort ist auch die politische Verbandsmitgliedschaft oder -aktivität stark ausgeprägt. Dies liegt nicht zuletzt am hohen gewerkschaftlichen Organisationsgrad. In Kontinentaleuropa ist die verbandliche Durchdringung der Gesellschaft ebenfalls sehr hoch. Freilich ist dort die Mitgliedschaft oder Aktivität in politischen Verbänden deutlich niedriger als in Nordeuropa. Geringer ist die verbandliche Integration in den beiden angelsächsischen Ländern. In Südeuropa ist die Hälfte der Bevölkerung nicht verbandlich integriert – im Gegensatz zu zehn Prozent in Nordeuropa. Verbände sind in Osteuropa – mit Ausnahme Sloweniens – besonders schwach vertreten.

Diese Unterschiede sind wichtig, weil mit der Mitgliedschaft und der Aktivität in Verbänden eine größere politische Aktivität verbunden ist. Diese These findet sich schon in der klassischen vergleichenden Analyse der politischen Kultur (Almond/Verba 1989) und wurde vielfach bestätigt (Verba/Schlozman/Brady 1995). Am stärksten ist dieser Effekt bei politischen Organisationen, während bei unpolitischen Vereinen – wie Fußballclubs oder Ornithologenvereinen – diese demokratiefreundlichen Merkmale nicht oder nur sehr viel schwächer ausgemacht werden können (Armingeon 2007; van der Meer/van Ingen 2009).

Tabelle 3: Verbandsmitgliedschaft oder -aktivität (in Prozent der Befragten, 2002)

	Keine Verbands- mitgliedschaft oder -aktivität	Verbandsmitgliedschaft oder -aktivität in politischer Organisation	Verbandsmitgliedschaft oder -aktivität in unpolitischer Organisation
Nordeuropa			
Finnland	13	65	74
Norwegen	10	70	81
Schweden	6	75	84
Kontinentaleuropa			
Belgien	18	54	71
Deutschland	21	43	73
Frankreich	38	27	55
Luxemburg	13	52	80
Niederlande	10	58	84
Österreich	18	54	76
Angelsächsische Länder			
Großbritannien	20	40	75
Irland	21	47	74
Südeuropa			
Italien	46	34	42
Spanien	51	22	43
Portugal	63	15	32
Mittelosteuropa			
Polen	73	13	21
Slowenien	33	38	53
Ungarn	66	13	29

Quelle: Berechnet auf der Basis des *European Social Survey*, 2002. Verbandsaktivität in einer politischen Organisation liegt vor, wenn der Befragte während der letzten 12 Monate in einer Gewerkschaft, einem Arbeitgeberverband, einer humanitären Vereinigung/Menschenrechtsgruppe oder in einem Umweltschutzverband Mitglied war und/oder sich am Verbandsleben beteiligte und/oder Geld für diesen Verband spendete und/oder freiwillige Arbeit für diesen Verband leistete. Verbandsaktivität in einer unpolitischen Organisation liegt vor, wenn der Befragte während der letzten 12 Monate in einem Sportclub oder einer Kultur-/Hobbyorganisation oder einem Automobilclub oder Konsumentenverband oder einer religiösen/kirchlichen Organisation oder einer Organisation im Bereich Erziehung und Wissenschaft oder einem Geselligkeitsverein oder einem anderen Verband Mitglied war und/oder sich am Verbandsleben beteiligte und/oder Geld für diesen Verband spendete und/oder freiwillige Arbeit für diesen Verband leistete. Keine Verbandsaktivität liegt vor, wenn der Befragte weder eine politische noch eine unpolitische Verbandsaktivität aufwies.

8. Logik des kollektiven Handelns:
Wie können Gewerkschaften ihre Mitgliederprobleme lösen?

Gewerkschaften sind die Interessenorganisationen der Arbeitnehmer, die Forderungen an Arbeitgeber und den Staat stellen. Gemessen an der Mitgliederzahl sind Gewerkschaften die größten Interessenverbände in Europa. Zusammen mit den Arbeitgeber- und den Bauernverbänden prägen sie die Wirtschafts- und Sozialpolitik in erheblichem Maße mit. Ein

Indikator dafür ist die Häufigkeit, mit der Parlamentsabgeordnete mit Verbänden zu tun haben: In sieben von zehn Ländern sind es die Gewerkschaften, mit denen die Parlamentarier die meisten Kontakte haben (Weßels 2007: 111). Gewerkschaften haben außerdem eine historisch tief verwurzelte Partnerschaft mit politischen Parteien, die noch heute weitreichende Folgen hat. Zudem gehören Gewerkschaften zu den am besten erforschten Interessenverbänden. Deshalb werden hier Organisationsprobleme von freiwilligen Mitgliederverbänden in Demokratien an ihrem Beispiel erläutert.

Die europäischen Gewerkschaften entstanden ab Mitte des 19. Jahrhunderts in Interaktion mit dem nationalen Parteiensystem. Sie unterscheiden sich in ihren Organisationsprinzipien – beispielsweise danach, ob sie Industrie- oder Berufsgewerkschaften sind – und in ihrer politischen Ausrichtung. Einige Gewerkschaftsbewegungen haben kommunistische, andere katholisch-christdemokratische oder – die größte Gruppe – sozialdemokratische Orientierungen (Ebbinghaus/Visser 2000). In Mittelosteuropa entwickelten sich freie Gewerkschaften erst wieder mit dem Zusammenbruch des Staatssozialismus. Sie mussten sich gegenüber den Vorgängerverbänden programmatisch absetzen, traten aber häufig deren Erbe an, indem sie deren organisatorischen Ressourcen teilweise übernahmen.

Der Wandel von der Industrie- zur Dienstleistungsgesellschaft habe die Gewerkschaften geschwächt und verändert, so meinen viele Beobachter. Insbesondere ihre politische Rolle gehe zu Ende. Mit dem Zerbröseln der Arbeiterkultur, der Individualisierung und dem Aufkommen libertärer Orientierungen verlören die Gewerkschaften an Mitgliederstärke und ihren Anspruch, die Arbeiterschaft auch in der Politik zu repräsentieren. Insofern konvergierten die von der Modernisierung gebeutelten westeuropäischen Gewerkschaften mit den vom Niedergang des Staatssozialismus geschwächten osteuropäischen Gewerkschaften (Kubicek 1999).

Eine Re-Analyse der Daten des *European Social Surveys* zwischen 2002 und 2010 modifiziert diese These. Ein großes politisches Ziel der europäischen Gewerkschaftsbewegung bestand in der Reduktion von Einkommensunterschieden. Soweit dies nicht durch Tarifpolitik erreicht werden konnte, plädierten die Arbeitnehmerverbände für staatliche Korrekturen. Fragt man Arbeitnehmer danach, ob der Staat Einkommensungleichheit eindämmen soll, zeigen sich jedoch nur begrenzte Unterschiede zwischen organisierten und nicht-organisierten Arbeitnehmern. In elf von 18 westlichen Ländern (darunter Deutschland) gibt es bei der Antwort auf diese Frage keinen Unterschied zwischen Gewerkschaftsmitgliedern und Nicht-Mitgliedern. Nur in Belgien, Finnland, den Niederlanden, Norwegen, Schweden und der Schweiz findet sich eine statistisch signifikante Differenz, die jedoch im Ausmaß sehr bescheiden ist. Aber nur in zwei von acht mittelosteuropäischen Nationen gibt es ähnlich signifikante Differenzen (Slowenien, Rumänien). Deutlicher werden unterschiedliche Einstellungen, wenn generell nach der Einordnung auf der Links-rechts-Skala gefragt wird. In allen westlichen Ländern – mit Ausnahme Zyperns – ordnen sich die Gewerkschaftsmitglieder statistisch signifikant links von ihren nicht-organisierten Kollegen ein. In Mittelosteuropa ist dies nur in Tschechien, Ungarn und Slowenien der Fall. Die These der entpolitisierten Gewerkschaftsbewegung lässt sich zwar nicht halten – für den Westen viel weniger als für den Osten –, aber die Daten zeigen auch die im Ausmaß bescheidene Politisierung an. Zu einem ähnlichen Befund kommt die Re-Analyse des Wahlverhaltens der Gewerkschaftsmitglieder für den Zeitraum von 2002 bis 2008 im Vergleich zu 1985 und 1974 (vgl. auch Weßels 2010). Noch immer sind die Gewerkschaftsmitglieder – besonders im Westen – bei Wahlen eine wichtige Stütze der Sozialdemokratie (siehe Tabelle 4). Die bivariate Auswertung zeigt allerdings den Rückgang der sozialdemokratischen Wahlorientierung im langfristigen Vergleich. Weitergehende Analysen für Deutschland belegen freilich, dass dieser Rückgang eher gering war, wenn er überhaupt stattgefunden hat (Debus 2012: 52).

Tabelle 4:   Wahlverhalten von Gewerkschaftsmitgliedern im Vergleich zu Nichtmitgliedern

	Partei, die am häufigsten von Gewerkschaftsmitgliedern gewählt wurde	Gewerkschaftsmitglieder (Prozent der Gewerkschaftsmitglieder, die diese Partei gewählt haben)	Differenz (Prozentpunktdifferenz) zwischen Gewerkschaftsmitgliedern und Nichtmitgliedern
2002-2008 (ESS)			
Kontinentaleuropa			
Deutschland	SPD	46	11
Österreich	SPÖ	49	16
Schweiz	SPS	40	14
Großbritannien und Schweden			
Großbritannien	Labour	52	7
Schweden	Sozialdemokraten	45	14
Südeuropa			
Italien	Democratici di Sinistra	41	15
Ostmitteleuropa			
Ungarn	MSZP	48	1
Slowakei	Sozialdemokratische Partei (SMER)	22	5
Slowenien (2008)	Sozialdemokratische Partei	26	0
Tschechien	CSSD (Sozialdemokratie)	44	8
1985 (ISSP Role of Government)			
Österreich	SPÖ	65	18
Deutschland	SPD	58	20
1974 (Political Action)			
Deutschland	SPD	58	25
Schweiz	SPS	32	23
Italien	PCI	29	16
Großbritannien	Labour	46	18

Quellen:2002-2008 ESS 1-4; 1985 Role of Government; 1974 Political Action-Umfrage.

Erheblich dramatischer sind die Entwicklungen des gewerkschaftlichen Organisationsgrades, des Prozentanteils der erwerbstätigen Gewerkschaftsmitglieder an den abhängigen Beschäftigten. Auf der Basis eines von Jelle Visser erstellten Datensatzes wurde der durchschnittliche Organisationsgrad für 23 westliche Länder und acht postkommunistische EU Mitgliedsländer berechnet (Visser 2011). Im Westen geht der Organisationsgrad von einem Höchstwert von rund 50 Prozent in den späten 1970er Jahren auf 31 Prozent im Jahr 2009 zurück. Im Osten sinkt der Anteil der Gewerkschaftsmitglieder von circa 60 Prozent zu Beginn der 1990er Jahre innerhalb von 15 Jahren auf 13 Prozent. Dabei gibt es in den westlichen Ländern beträchtliche Unterschiede. Die Organisationskrise der Gewerkschaften ist in Belgien und Nordeuropa am schwächsten, und in Osteuropa kommen die slowenischen Gewerkschaften vergleichsweise glimpflich davon.

Wie kann man solche Unterschiede des Organisationsgrades zwischen Ländern und Perioden erklären? Eine der wichtigsten Theorie hierzu hat Mancur Olson entwickelt (Olson 1965). Olson zufolge produzieren Gewerkschaften – wie viele Interessenverbände – kollektive Güter. Das sind Güter, von denen prinzipiell niemand ausgeschlossen werden kann. Eine saubere Luft, Preisstabilität oder höhere Löhne aufgrund von Tarifverträgen, die für alle gelten, sind Beispiele. Die Gewerkschaftsmitgliedschaft ist allerdings mit einem Mitgliedsbeitrag verbunden. Für einen Arbeitnehmer ist es ökonomisch rational, diesen Mitgliedsbeitrag einzusparen, also nicht Gewerkschaftsmitglied zu werden, da er an den Kollektivgütern, die die Gewerkschaft produziert, auch ohne Gewerkschaftsmitgliedschaft teilhat. Trittbrettfahren ist demnach – im Sinne eines ökonomischen Kosten-Nutzen-Kalküls – vernünftig. Es hat jedoch das Problem, dass das Kollektivgut – z. B. der Tarifvertrag – nicht hergestellt wird, wenn alle ökonomisch vernünftig sind und sich um den Gewerkschaftsbeitrag drücken. Letztendlich gäbe es in diesem Fall keine Gewerkschaftsmitglieder und damit auch keine Gewerkschaft, die das kollektive Gut Tarifverträge herstellen könnte. Wie kann man das Problem bei großen Gruppen wie der Arbeitnehmerschaft lösen? Eine Möglichkeit ist der Zwang zur Mitgliedschaft, der in einem Tarifvertrag oder einem Gesetz festgelegt wird. Diese Lösung – die historisch in Großbritannien, Australien und Neuseeland ausprobiert wurde – kollidiert mit den Normen einer freiheitlichen Demokratie, die auch die negative Koalitionsfreiheit beinhaltet, also das Recht, einem Verband nicht anzugehören. Eine zweite Möglichkeit besteht darin, dass die Organisationen Vorteile schaffen, die nur den beitragszahlenden Mitgliedern offenstehen. Dazu gehören beispielsweise Versicherungen, Beratungen oder Hilfe bei individuellen Arbeitskonflikten. Diese Bereitstellung selektiver Anreize zur Mitgliedschaft kann durch den Staat oder die Arbeitgeber unterstützt werden. Ein Beispiel sind Betriebsverfassungsgesetze, die Betriebsräte einrichten, welche erfahrungsgemäß meist durch Gewerkschaftsvertreter besetzt werden. In diesem Falle nehmen die Arbeitnehmer die Gewerkschaft vor allem über den Betriebsrat wahr, der die Arbeitnehmerinteressen im Konfliktfall mit dem Arbeitgeber vertritt. Dies ist das deutsche Beispiel (Streeck 1981). Eine andere Organisationshilfe besteht in der Beauftragung der Gewerkschaften mit der Verwaltung der Arbeitslosenversicherung. Selbst wenn alle Arbeitnehmer zum Bezug von Arbeitslosengeld berechtigt sind, wird sich mancher überlegen, ob man als Arbeitsloser nicht besser und schneller behandelt wird, wenn man Gewerkschaftsmitglied ist. Solche Arrangements – man nennt sie nach dem Ort ihrer Entstehung das Ghent-System – gibt es vor allem in Belgien und Nordeuropa. In einer vergleichenden Untersuchung gelang es Ebbinghaus und Visser (1999), die wichtigen Effekte solcher institutioneller Regelungen nachzuweisen.

Selbstverständlich gibt es noch weitere Erklärungsansätze, die nicht ein kurzfristiges Kosten-Nutzen-Kalkül in den Mittelpunkt stellen. Dazu gehören die politischen Ansichten und Ideologien der Arbeitnehmer; die Auflösung der klassischen Arbeitermilieus mit den dazugehörigen ,geborenen' Gewerkschaftsmitgliedern; die Heterogenisierung der Arbeitsbedingungen und die steigende schulische Qualifikation der Arbeitnehmer, die sie nicht mehr so stark vom argumentationsgewandten Gewerkschaftsfunktionär abhängig macht; der beschäftigungsstrukturelle Wandel mit der Verschiebung der Beschäftigung in Dienstleistungsbetriebe mit geringer Beschäftigungsgröße; die wahrgenommenen Erfolge und Leistungen der Gewerkschaften; der Druck, den Arbeitskollegen ausüben, oder das Fehlen eines persönlichen Arbeitgebers im öffentlichen Dienst – während der Arbeitnehmer in einem typischen privatwirtschaftlichen Kleinbetrieb tagtäglich mit dem Firmeninhaber konfrontiert ist (Schnabel 2003; Schnabel 2009; Ebbinghaus/Göbel/Koos 2011).

9. Pluralismus und Korporatismus: Wie sind die Interessenverbände in den Staat eingebaut?

Die Gruppentheorie der Politik (Truman 1962), die ein wichtiger Bestandteil der Pluralismustheorie ist (Fraenkel 1968), konzipierte das Verhältnis von sozialen Gruppen, Verbänden und Staat folgendermaßen: Wenn gesellschaftliche Gruppen spezifische Interessen haben, schließen sie sich in einem Verband zusammen, der dann auf Parlament und Regierung Druck ausübt. Freilich provoziert diese Politik andere Gruppen mit vollständig oder teilweise gegensätzlichen Zielen. Diese reagieren mit Verbandsbildung und üben Gegendruck aus. Die staatliche Politik ist dann eine Resultante dieser Einflussnahme. Dieses pluralistische Modell geht davon aus, dass gesellschaftliche Interessen problemlos über Verbände repräsentiert werden können und deshalb eine prinzipiell unbeschränkte Vielzahl von Verbänden unterschiedlichste Forderungen an den Staat stellen.

Dieses Modell sei nicht überzeugend, argumentierte Claus Offe (1972). Nicht jedes gesellschaftliche Interesse sei gleichermaßen organisationsfähig. Psychisch Kranke hätten es beispielsweise viel schwerer, sich zu koordinieren, als Arbeiter, die alle in derselben Fabrikhalle beschäftigt seien. Ferner sei nicht jedes Interesse konfliktfähig. Wenn Studierende einen Streik beschließen, würde dies für ihre Professoren viel weniger bedrohlich sein als der Streikbeschluss einer Gewerkschaft für die Leitung des betroffenen Unternehmens. Produzentengruppen – Bauern, Arbeiter, Unternehmer – seien deshalb viel durchsetzungsfähiger als andere Gruppen. Doch auch innerhalb dieser Gruppen gebe es Unterschiede. Eine Drohung von Unternehmern wiege im politischen Prozess besonders schwer, weil Investitionsentscheidungen – auch von einzelnen Unternehmern – von unmittelbarer politischer Bedeutung seien. Keineswegs hätten alle gesellschaftlichen Interessen die gleiche Chance ihrer Durchsetzung (Offe/Wiesenthal 1980).

Die Pluralismustheorie wurde noch durch ein weiteres Argument in Frage gestellt. Die Wirtschafts- und Sozialpolitik nach dem Zweiten Weltkrieg schloss häufig die Inkorporierung der Verbände in den Staat ein (Shonfield 1965). Die Verbände forderten nicht nur, sondern sie koordinierten sich auch mit dem Staat und übernahmen quasi-staatliche Aufgaben. Beispiele sind die Implementierung der Agrarpolitik durch die Bauernverbände (Schmitter 1997), die Durchführung der Berufsbildungspolitik durch Gewerkschaften und Arbeitgeberverbände oder die Implementierung einer Preis- und Lohnpolitik, die sich an der staatlichen Wirtschaftspolitik orientierte. Diese Konzertierung von verbandlichen und staatlichen Politiken wurde „Korporatismus" genannt (Schmitter/Lehmbruch 1979; Lehmbruch/Schmitter 1982). Sie beruht auf Verhandlungen und Kompromissbildung zwischen den Akteuren, die weitgehend darauf verzichten, ihre Konflikte über Streiks oder Politikblockaden auszutragen.

Einige nationale Systeme der Interessenvermittlung entsprechen dabei stärker dem pluralistischen Muster, weil eine Vielzahl von Verbänden Ansprüche an die staatliche Politik stellt, ohne im Gegenzug in die staatliche Politik eingebunden zu werden. Die angelsächsischen Länder sind dafür die besten Beispiele. Die kleinen europäischen Länder gelten dagegen eher als korporatistisch. Sie entwickelten die sozialpartnerschaftliche Strategie, weil diese ihnen zahlreiche Vorteile verschaffte, die sie als kleine weltmarktoffene Volkswirtschaften benötigten (Katzenstein 1985, 2003). Insbesondere erlaubte der Korporatismus flexible Anpassungen an sich wandelnde Weltmärkte ohne große Konflikte und kostenträchtiges Kräftemessen zwischen Gewerkschaften und Unternehmern.

Die Abstimmung der gewerkschaftlichen Lohnpolitik mit der unternehmerischen Investitions- und Preispolitik und der staatlichen Fiskal- und Steuerpolitik war das Musterbeispiel für den Korporatismus. Auf der Seite des Staates setzte dies einen beträchtlichen fiskalpolitischen Handlungsspielraum und auf der Seite der Gewerkschaften die prinzipielle Fähigkeit zur aggressiven Lohnpolitik voraus, da sonst eine lohnpolitische Bändigung gar nicht notwendig wäre. Die Voraussetzungen für diese Formen der korporatistischen Kooperation schwanden, sobald Regierungen nicht mehr gewerkschaftliches Wohlverhalten mit Sozial- und Fiskalpolitiken honorieren konnten oder sobald man die Gewerkschaften nicht mehr lohnpolitisch einbinden musste. Genau dies geschah seit Beginn der 1980er Jahre. Die Phase der keynesianisch inspirierten Wirtschaftspolitik ging zu Ende und unter dem Druck der zunehmenden wirtschaftlichen Verflechtung verzichteten Regierungen auf Versuche der makroökonomischen Steuerung (Scharpf 1987). Gleichzeitig begannen die Gewerkschaften Mitglieder zu verlieren und bekamen Schwierigkeiten, ihre verbleibenden Mitglieder für Arbeitskämpfe zu mobilisieren. Deshalb vermuteten viele Beobachter, der Korporatismus sei spätestens in den 1980er Jahren wieder verschwunden (Streeck 2006: 19). Dies traf zwar für die Koordinierung der Lohn-, Preis- und Fiskalpolitik im Rahmen der obsoleten makroökonomischen Steuerung zu, nicht aber für viele andere politische Probleme, bei denen Regierungen die Unterstützung der Sozialpartner suchten. Ein Autorenteam hat für 15 europäische Länder im Zeitraum zwischen 1974 und 2003 ausgezählt, wie häufig Regierungen danach strebten, sich mit den Sozialpartnern im Bereich der Lohn- und Sozialpolitik zu koordinieren. Sie fanden keinen Rückgang, sondern eine Konstanz der Bemühungen um korporatistische Koordination (Baccaro/Simoni 2008). Dabei gab es vielfältige Veränderungen der Formen der Koordination. Insbesondere in Ländern, die keine korporatistischen Traditionen hatten, wurden Sozialpakte angestrebt, wobei die Kooperation punktuell war und kaum institutionalisiert wurde (Hassel 2006; Avdagic/Leoni 2011). Auch die strategischen Motive variierten. In den 1960er und 1970er Jahren gingen Gewerkschaften mit ihren parteipolitisch nahestehenden Regierungen in der Regel langfristige Kooperationen ein. Dagegen basieren viele jüngere Kooperationen auf dem Versuch von Regierungen, ihre parlamentarische Schwäche durch die Unterstützung der Sozialpartner zu kompensieren.

Der Grundgedanke einer Alternative für Regierungen und Sozialpartner zwischen Verhandeln und Kompromissbildung (Korporatismus) oder konfliktueller Zielverfolgung (Pluralismus), wird auch in einer neueren Forschungsrichtung aufgenommen. Sie geht im Gegensatz zur Korporatismustheorie von der betrieblichen Ebene aus und unterscheidet zwei Spielarten des Kapitalismus: In „koordinierten Marktwirtschaften" streben Betriebe eher nach Verhandlungslösungen, beispielsweise mit den Belegschaften und ihren Vertretern, während in „liberalen Marktwirtschaften" Konflikt und Wettbewerb vorherrschen (Hall/Soskice 2001). In koordinierten Marktwirtschaften lässt sich besonders häufig ein System der Interessenvermittlung beobachten, das stark korporatistisch geprägt ist, während in liberalen Marktwirtschaften die Interessenvermittlung dem pluralistischen Muster folgt.

Diese Unterschiede zwischen pluralistischen und korporatistischen Systemen finden sich in den etablierten Demokratien der westlichen Welt. In den postkommunistischen EU-Mitgliedsländern hingegen existieren mit unterschiedlich kräftiger Ausprägung nur das Modell der liberalen Marktwirtschaft und das des Pluralismus. Die Ausnahmen sind Slowenien (Feldmann 2006) und die Jahre unmittelbar nach dem Systemwechsel, als die Regierenden versuchten, die Gewerkschaften im Rahmen eines „Transformationskorporatismus" (Iankova 1998) einzubinden.

10. Fazit: Parteiensysteme und Interessenverbände in Europa

An dieser Stelle wird darauf verzichtet, die wichtigsten Ergebnisse zusammenzufassen. Aber ein noch nicht erörtertes Thema soll kurz angesprochen werden. Die bislang referierten Befunde über Parteien- und Verbändesysteme beziehen sich auf nationale Demokratien. Es sollte dabei klar geworden sein, dass die westlichen nationalen Demokratien ohne politische Parteien und Verbände kaum vorstellbar sind. Allerdings werden heute viele Politikbereiche auch von der Europäischen Union mitgestaltet. Können Parteien und Verbände ihre Leistungen auch in gleicher Weise auf der Ebene der EU erbringen? Daran ist zu zweifeln. Es gibt zwar europäische Parteien und viele Verbände existieren inzwischen auch auf europäischer Ebene. Aber europäische Parteien sind in ihrer Wichtigkeit den nationalen Parteien nachgeordnet. Politische Macht wird weiterhin vor allem auf der nationalen Ebene erworben. Das Europäische Parlament (EP) ist zwar nicht nur eine Versammlung nationaler Fraktionen. Sehr häufig vertreten die Parteien des EPs über Ländergrenzen hinweg einheitliche Positionen, die sich aus den Programmatiken ihrer jeweiligen Parteifamilie ableiten (Hix/Noury/Roland 2007). Aber von einem europäischen Parteienwettbewerb, in dem europäische

Parteien ihre europäischen Wählerschaften mobilisieren und sie politisch orientieren, kann nicht die Rede sein. Davon zeugt auch, dass Wahlen zum Europäischen Parlament nach wie vor zweitrangige nationale Wahlen sind, die kaum Bezug zu europäischen Themen aufweisen (Reif/Schmitt 1980). Von den Interessenverbänden der Landwirtschaft, der Arbeitnehmer und der Unternehmer findet sich nur für die Bauern ein funktionales Äquivalent zu den nationalen Organisationen. Ansonsten sind Verbände auf der EU-Ebene hochgradig sektoralisiert und betreiben Lobbying für ihre spezifischen Interessen (Greenwood 2011). Damit fehlt der Europäischen Union ein wirksames Parteien- und Verbändesystem, das die Interessen der Bürger repräsentiert, das ihnen hilft, sich politisch zu orientieren und das die europäischen Institutionen bei der Politikentscheidung und -implementation in einer zum Nationalstaat vergleichbaren Weise unterstützt. Für die nationalstaatlichen Demokratien waren solche Parteien- und Verbändesysteme eine unverzichtbare Funktionsvoraussetzung. Es ist schwer vorzustellen, dass ein demokratisch legitimiertes politisches System der EU ohne wirksame europäische Parteien und Verbände auskommen kann. Wenig spricht dafür, dass sich derartige Organisationen in absehbarer Zeit herausbilden.

Kommentierte Literaturhinweise

Mair, Peter (Hg.), 1990: The West European Party System. Oxford: Oxford University Press.
   Zusammenstellung zentraler Texte zur Analyse von Parteiensystemen.

Dalton, Russel/Farrell, David M. /McAllister, Ian, 2011: Political Parties and Democratic Linkage, Oxford: Oxford University Press.
   Ein aktueller, gut strukturierter, empirisch gehaltvoller und leicht verständlicher Beitrag zu Kontroversen über Parteien in modernen Demokratien.

Schmitter, Philippe C./ Lehmbruch, Gerhard (Hg.), 1979: Trends Toward Corporatist Intermediation, London.
   Sammlung besonders wichtiger Texte zur Korporatismusforschung (Teil I).

Lehmbruch, Gerhard/Schmitter, Philippe C. (Hg.), 1982: Patterns of Corporatist Policy Making, London: Sage.
   Zusammenstellung besonders wichtiger Texte zur Korporatismusforschung (Teil II).

Baccaro, Lucio/Simoni, Marco, 2008: Policy Concertation in Europe: Understanding Government Choice, in: Comparative Political Studies 41:4, 1323-1348.
   Instruktive und aktuelle Studie zu pluralistischer und korporatistischer Interessenvermittlung.

Hinweise auf Datensätze zu Verbänden und Parteien

ICTWSS: Database on Institutional Characteristics of Trade Unions, Wage Setting, State Intervention and Social Pacts in 34 countries between 1960 and 2007 (http://www.uva-aias.net/207)

Comparative Political Data Set (http://www.ipw.unibe.ch/content/team/klaus_armingeon/comparative_political_data_set/index_ger.html)

Literatur

Almond, Gabriel A./Verba, Sidney, 1989 [1963]: The Civic Culture. Political Attitudes and Democracy in Five Nations. Newbury Park u. a.: Sage.

Armingeon, Klaus, 2007: Political Participation and Associational Involvement, in: Van Deth, Jan W./Montero, José R./Westholm A. (Hg.): Citizenship and Involvement in European Democracies. A Comparative Analysis. London: Routledge, 358-383.

Armingeon, Klaus/Careja, Romana/Weisstanner, David/ Engler, Sarah/Potolidis, Panajotis /Gerber Marlene/ Leimgruber, Philipp 2011a: Comparative Political Data Set III 1990-2009. Bern: Institute of Political Science, University of Berne.

Armingeon, Klaus/ Weisstanner, David/ Engler, Sarah /Potolidis, Panajotis /Gerber, Marlene/Leimgruber, Philipp, 2011b: Comparative Political Data Set I 1960-2009. Bern: Institute of Political Science, University of Berne.

Avdagic, Sabin/Leoni, Riccardo (Hg.), 2011: Social Pacts in Europe. Emergence, Evolution and Institutionalization. Oxford: Oxford University Press.

Baccaro, Lucio/Simoni, Marco, 2008: Policy Concertation in Europe: Understanding Government Choice, in: Comparative Political Studies 41:4, 1323-1348.

Bartolini, Stefano/Mair, Peter, 1990: Identity, Competition, and Electoral Availability. The Stabilisation of European Electorates 1885-1985. Cambridge: Cambridge University Press.

Benoit, Kenneth/Laver, Michael, 2006: Party Policy in Modern Democracies. London: Routledge.

Dalton, Russell J. /Farrell, David M./McAllister, Ian, 2011: Political Parties and Democratic Linkage. Oxford: Oxford University Press.

Debus, Marc, 2012: Sozialstrukturelle und einstellungsbasierte Determinanten des Wahlverhaltens und ihr Einfluss bei Bundestagswahlen im Zeitverlauf: Westdeutschland 1976 bis 2009, in: Schmitt-Beck, Rüdiger (Hg.): Wählen in Deutschland (PVS Sonderheft 45). Baden-Baden: Nomos, 40-62.

Dolezal, Martin, 2010: Exploring the Stabilization of a Political Force: The Social and Attitudinal Basis of Green Parties in the Age of Globalization, in: West European Politics 33:3, 534-552.

Downs, Anthony, 1957: An Economic Theory of Democracy, New York: Harper & Row.

Ebbinghaus, Bernhard/Gabel, Claudia/Koos, Sebastian, 2011: Social Capital, 'Ghent' and Workplace Contexts Matter: Comparing Union Membership in Europe, in: European Journal of Industrial Relations 17:1, 107-124.

Ebbinghaus, Bernhard/Visser, Jelle, 1999: When Institutions Matter – Union Growth and Decline in Western Europe, 1950-1995, in: European Sociological Review 15:2, 135-158.

Ebbinghaus, Bernhard/Visser, Jelle, 2000: Trade Unions in Western Europe since 1945 (The Societies of Europe). London u. a.: MacMillan.

Elff, Martin, 2007: Social Structure and Electoral Behavior in Comparative Perspective: The Decline of Social Cleavages in Western Europe Revisited, in: Perspectives on Politics 5:2, 277-294.

Enyedi, Zsolt, 2008: The Social and Attitudinal Basis of Political Parties: Cleavage Politics Revisited, in: European Review 16:3, 287-304.

Esping-Andersen, Gøsta, 1985: Politics Against Markets. The Social Democratic Road to Power. Princeton, NJ: Princeton University Press.

Feldmann, Magnus, 2006: Emerging Varieties of Capitalism in Transition Countries: Industrial Relations and Wage Bargaining in Estonia and Slovenia, in: Comparative Political Studies 39:4, 829-854.

Fraenkel, Ernst, [3]1968: Deutschland und die westlichen Demokratien. Stuttgart: Kohlhammer.

Franklin, Mark N., 2010: Cleavage Research: A Critical Appraisal, in: West European Politics 33:3, 648-658.

Franklin, Mark N./Mackie, Thomas T./Valen, Henry, 1992: Electoral Change. Responses to Evolving Social and Attitudinal Structures in Western Countries. Cambridge: Cambridge University Press.

Greenwood, Justin, [3]2011: Interest Representation in the European Union. Basingstoke: Palgrave MacMillan.

Hall, Peter A./Soskice, David (Hg.), 2001: Varieties of Capitalism. The Institutional Foundations of Comparative Advantage. Oxford: Oxford University Press.

Hassel, Anke, 2006: Wage Setting, Social Pacts and the Euro. A New Role for the State. Amsterdam: Amsterdam University Press.

Hix, Simon/Noury, Abdul/Roland, Gerard, 2007: Democratic Politics in the European Parliament. Cambridge: Cambridge University Press.

Iankova, Elena A., 1998: The Transformative Corporatism of Eastern Europe, in: East European Politics and Societies 12:2, 222-264.

Inglehart, Ronald, 1977: The Silent Revolution: Changing Values and Political Styles Among Western Publics. Princeton, NJ: Princeton University Press.

Katz, Richard S., 2011: Political Parties, in: Caramani, Daniele (Hg.): Comparative Politics. Oxford: Oxford University Press, 219-236.

Katz, Richard S./Mair, Peter, 1995: Changing Models of Party Organization and Party Democracy: The Emergence of the Cartel Party, in: Party Politics 1:1, 5-28.

Katzenstein, Peter J., 1985: Small States in World Markets. Industrial Policy in Europe. Ithaca, NY-London: Cornell University Press.

Katzenstein, Peter J., 2003: Small States and Small States Revisited, in: New Political Economy 8:1, 9-30.

Kirchheimer, Otto, 1965: Der Wandel des westeuropäischen Parteisystems, in: Politische Vierteljahresschrift 6:1, 20-41.

Kitschelt, Herbert, 1997: European Party Systems: Continuity and Change, in: Rhodes, Martin/Heywood, Paul/Wright, Vincent (Hg.): Developments in West European Politics. Basingstoke: MacMillan, 131-150.

Kitschelt, Herbert/Rehm, Philipp, 2011: Occupations as a Site of Economic and Non-Economic Preference Formation. Durham, NC u. a.: Paper for the Annual Convention of the Council of European Studies, Barcelona.

Knutsen, Oddbjørn, 2006: Class Voting in Western Europe. A comparative longitudinal study. Lanham, MD: Lexington Books.

Kriesi, Hanspeter, 1998: The Transformation of Cleavage Politics. The 1997 Stein Rokkan Lecture, in: European Journal of Political Research 33:2, 165-185.

Kriesi, Hanspeter, 2010: Restructuration of Partisan Politics and the Emergence of a New Cleavage Based on Values, in: West European Politics 33:3, 673-685.

Kriesi, Hanspeter /Grande, Edgar/Lachat, Romain/Dolezal, Martin/Bornschier, Simon/Frei, Timotheus, 2006: Globalization and the Transformation of the National Political Space: Six European Countries Compared, in: European Journal of Political Research 45:6, 921-956.

Kriesi, Hanspeter/Grande, Edgar/Lachat, Romain/Dolezal, Martin/Bornschier, Simon/Frei, Timotheus, 2008: West European Politics in the Age of Globalization. Cambridge: Cambridge University Press.

Kubicek, Paul, 1999: Organized Labor in Postcommunist States: Will the Western Sun Set on It, Too?, in: Comparative Politics 32:1, 83-102.

Laakso, Markku/Taagepera, Rein, 1979: Effective Number of Parties: A Measure with Application to West Europe, in: Comparative Political Studies 12:1, 3-27.

Lehmbruch, Gerhard, 1967: Proporzdemokratie. Politisches System und politische Kultur in der Schweiz und Österreich. Tübingen: Mohr (Siebeck).

Lehmbruch, Gerhard/Schmitter, Philippe C. (Hg.), 1982: Patterns of Corporatist Policy Making. London-Beverly Hills: Sage.

Lijphart, Arend, ²2012: Patterns of Democracy: Government Form and Performance in Thirty-Six Countries. New Haven-London: Yale University Press.

Lipset, Seymour Martin/Rokkan, Stein, 1967: Cleavage Structures, Party Systems, and Voter Alignments: An Introduction, in: Lipset, Seymour Martin/Rokkan, Stein (Hg.): Party Systems and Voter Alignments: Cross National Perspectives. New York: The Free Press, 1-64.

Madison, James/Hamilton, Alexander/Jay, John, 1987 [1788]: The Federalist Papers, London: Penguin.

Mair, Peter, 1997: Party System Change. Approaches and Interpretations. Oxford: Clarendon Press.

Merkel, Wolfgang/Egle, Christoph/Henkes, Christian/Ostheim, Tobias/Petring, Alexander, 2006: Die Reformfähigkeit der Sozialdemokratie. Herausforderungen und Bilanz der Regierungspolitik in Westeuropa. Wiesbaden: VS Verlag für Sozialwissenschaften.

Michels, Robert, 1989 [1911]: Zur Soziologie des Parteiwesens in der modernen Demokratie. Untersuchungen über die oligarchischen Tendenzen des Gruppenlebens. Stuttgart: Alfred Kröner.

Mudde, Cas, 2007: Populist Radical Right Parties in Europe. Cambridge: Cambridge University Press.

Müller, Walter/Klein, Markus, 2012: Die Klassenbasis in der Parteipräferenz des deutschen Wählers. Erosion oder Wandel?, in: Schmitt-Beck, Rüdiger (Hg.): Wählen in Deutschland (PVS Sonderheft 45). Baden-Baden: Nomos, 85-110.

Oesch, Daniel/Rennwald, Line 2010: The Class Basis of Switzerland's Cleavage between the New Left and the Populist Right, in: Swiss Political Science Review 16:3, 343-371.

Offe, Claus, 1972: Politische Herrschaft und Klassenstrukturen. Zur Analyse spätkapitalistischer Gesellschafts-systeme, in: Kress, Gisela/Senghaas, Dieter (Hg.): Politikwissenschaft. Eine Einführung in ihre Probleme. Frankfurt a.M.: Fischer, 135-164.

Offe, Claus/Wiesenthal, Helmut, 1980: Two Logics of Collective Action: Theoretical Notes on Social Class and Organizational Form, in: Political Power and Social Theory 1, 67-115.

Olson, Mancur, 1965: The Logic of Collective Action. Public Goods and the Theory of Groups. Cambridge, MA-London: Harvard University Press.

Olson, Mancur, 1982: The Rise and Decline of Nations. Economic Growth, Stagflation and Social Rigidities. New Haven-London: Yale University Press.

Persson, Torsten/Tabellini, Guido, 2000: Political Economics. Explaining Economic Policy, Cambridge, MA-London: MIT Press.

Putnam, Robert D., 2000: Bowling Alone. The Collapse and Revival of American Community. New York u.a.: Simon & Schuster.

Rae, Douglas, 1968: A Note on the Fractionalization of Some European Party Systems, in: Comparative Political Studies 1:4, 413-418.

Reif, Karlheinz/Schmitt, Hermann, 1980: Nine Second-Order National Elections: A Conceptual Framework for the Analysis of European Election Results, in: European Journal of Political Research 8:1, 3-44.

Rousseau, Jean-Jacques, 1986 [1762]: Vom Gesellschaftsvertrag oder Grundsätze des Staatsrechts. Stuttgart: Reclam.

Sartori, Giovanni, 2005 [1976]: Parties and Party Systems. A Framework for Analysis, Colchester: ECPR Press.

Scharpf, Fritz W., 1987: Sozialdemokratische Krisenpolitik in Europa. Frankfurt a. M.-New York: Campus.

Schmidt, Manfred G., 1989: „Allerweltsparteien" und „Verfall der Opposition". Ein Beitrag zu Kirchheimers Ana-lysen westeuropäischer Parteiensysteme, in: Luthardt, Wolfgang/Söllner, Alfons (Hg.): Verfassungsstaat, Souveränität, Pluralismus. Otto Kirchheimer zum Gedächtnis. Opladen: Westdeutscher Verlag, 173-181.

Schmidt, Manfred G., ³2010: Wörterbuch zur Politik. Stuttgart: Kröner.

Schmitter, Philippe C., 1997: Autobiographical Reflections: or How to Live with a Conceptual Albatross around One's Neck, in: Daalder, Hans (Hg.): Comparative European Politics. The Story of a Profession. London: Pinter, 287-297.

Schmitter, Philippe C./Lehmbruch, Gerhard (Hg.), 1979: Trends Towards Corporatist Intermediation. Beverly Hills-London: Sage.

Schnabel, Claus, 2003: Determinants of Trade Union Membership, in: Addison, John T./Schnabel, Claus (Hg.): International Handbook of Trade Unions. Cheltenham-Northampton, MA: Edward Elgar, 13-43.

Schnabel, Claus, 2009: Gewerkschaften und Arbeitgeberverbände: Dinosaurier der Industriegesellschaft?, in: Neu-haus, Helmut (Hg.): Gesellschaft ohne Zusammenhalt? Erlangen: Universitätsbund, 67-106.

Shonfield, Andrew, 1965: Modern Capitalism. The Changing Balance of Public and Private Power. London u.a.: Oxford University Press.

Streeck, Wolfgang, 1981: Gewerkschaftliche Organisationsprobleme in der sozialstaatlichen Demokratie. König-stein/Ts.: Athenäum.

Streeck, Wolfgang, 1987: Vielfalt und Interdependenz. Überlegungen zur Rolle von intermediären Organisatio-nen in sich ändernden Umwelten, in: Kölner Zeitschrift für Soziologie und Sozialpsychologie 39:3, 471-495.

Streeck, Wolfgang, 2006: The Study of Organized Interests: before 'The Century' and after, in: Crouch, Colin/Streeck, Wolfgang (Hg.): The Diversity of Democracy: Corporatism, Social Order and Political Conflict. London: Edward Elgar, 3-45.

Tocqueville, Alexis de, 1985 [1835/40]: Über die Demokratie in Amerika. Ausgewählt und herausgegeben von J.P. Mayer. Stuttgart: Reclam.

Truman, David B., 1962: The Governmental Process. Political Interests and Public Opinion. New York: Alfred A. Knopf.

van Biezen, Ingrid/Mair, Peter/Poguntke, Thomas, 2012: Going, Going … Gone? The Decline of Party Member-ship in Contemporary Europe, in: European Journal of Political Research 51:1, 24-56.

van der Meer, Tom W.G./van Ingen, Erik J., 2009: Schools of Democracy? Disentangling the Relationship be-tween Civic Participation and Political Action in 17 European Countries, in: European Journal of Political Research 48:2, 281-308.

van Kersbergen, Kees, 1995: Social Capitalism. A Study of Christian Democracy and the Welfare State. London – New York: Routledge.

Verba, Sidney/Schlozman, Kay L./Brady, Henry E., 1995: Voice and Equality. Civic Voluntarism in American Politics. Cambridge, MA-London: Harvard University Press.

Visser, Jelle, 2011: Database on Institutional Characteristics of Trade Unions, Wage Setting, State Intervention and Social Pacts, 1960 and 2010 (ICTWSS) (Version 3.0). 2011, http:///www.uva-aias.net/208.

von Beyme, Klaus, 1984: Parteien in westlichen Demokratien. München-Zürich: Piper.

von Beyme, Klaus, 2000: Parteien im Wandel. Von den Volksparteien zu den professionalisierten Wählerparteien. Opladen: Westdeutscher Verlag.

von Erlach, Emanuel, 2006: Aktivierung oder Apathie. Eine empirische Analyse zu den Zusammenhängen zwischen der Mitgliedschaft in Freiwilligenorganisationen und politischem Engagement in der Schweiz. Bern: Haupt.

Weber, Max, 1980 [1918]: Parlament und Regierung im neugeordneten Deutschland, in: Winckelmann, Johannes (Hg.): Max Weber. Gesammelte politische Schriften. Tübingen: Mohr (Siebeck), 306-443.

Weßels, Bernhard, 2007: Das bundesdeutsche Verbandsystem in vergleichender Perspektive. Politische Spannungslinien und politische Ökonomie, in: von Winter, Thomas/Willems, Ulrich (Hg.): Interessenverbände in Deutschland. Wiesbaden: VS Verlag für Sozialwissenschaften, 84-118.

Weßels, Bernhard, 2010: Was ist dran an der These vom Ende der Sozialdemokratie? Eine empirische Analyse der Wahlergebnisse und Wählerprofile sozialdemokratischer Parteien in Europa in den letzten zwanzig Jahren. Berlin: Friedrich-Ebert-Stiftung.

Staatstätigkeit I: Staatsfinanzen

Uwe Wagschal

1. Einleitung

Schuldenkrise, globale Finanzkrise und Eurokrise: Seit Jahren dominieren diese Schlagwörter die politische Agenda und machen gleichzeitig deutlich, dass die öffentlichen Finanzen das Rückgrat der Staatstätigkeit eines Landes bilden. Die jüngste Finanzkrise, die 2007 mit dem Platzen der Immobilienblase in den Vereinigten Staaten begann und sich dann zu einer Banken- und Finanzkrise ausweitete und aktuell in einer Schuldenkrise zahlreicher Nationalstaaten kulminiert, hat massive Auswirkungen auf die öffentlichen Haushalte auch hierzulande. Besonders dramatisch werden die Langfristfolgen für die öffentlichen Haushalte werden. Ein Absinken der Wirtschaftswachstumsraten sowie die in der ökonomischen Fachliteratur vorhergesagte Senkung des langfristigen Produktionspotentials werden zukünftige Konsolidierungsbemühungen behindern und einen Niveaueffekt auf die Höhe der Staatsausgaben haben.

Der Kern der Staatstätigkeit ist die Bereitstellung öffentlicher Güter, wie etwa Straßen, Schulen und Sicherheit. Für diese Staatsaufgaben, die Staatsausgaben nach sich ziehen, benötigt der Staat finanzielle Ressourcen, die er in der Regel über Steuern und Abgaben erhebt. Reichen die Einnahmen nicht aus, verschuldet sich der Staat. Anhaltende Verschuldung kann zu einem Vertrauensverlust an den Kapitalmärkten führen, so dass ein Land überschuldet ist und die Last der Verschuldung nicht mehr tragen kann. Um der Überschuldung gegenzusteuern, versuchen Länder ihre Haushalte zu konsolidieren, um die Verschuldung wieder zu reduzieren. Hierbei spielen andere Faktoren eine Rolle als beim Aufbau einer hohen Verschuldung.

Die Analyse der öffentlichen Finanzen ist keinesfalls ein rein technisches Unterfangen (vgl. Blankart 2011). Die Erklärung der Unterschiede in den einzelnen Bereichen kann vielmehr auf politische, soziale, institutionelle und internationale Faktoren zurückgeführt werden. Dies hat die Finanzsoziologie (Goldscheid 1976 [1917]) sowie die Finanzwissenschaft (Schumpeter 1976 [1918]) bereits früh erkannt und zudem die Bedeutung der öffentlichen Finanzen für die Analyse der Grundstruktur des Staatsaufbaus deutlich gemacht. Mit Hilfe der Staatsfinanzen, sei es über Ausgaben oder Steuern, wird Politik gemacht und damit gleichzeitig auch über die Lebensbedingungen der Bürger entschieden.

Der vorliegende Beitrag analysiert zunächst die Staatsausgaben (Abschnitt 2), dann die Staatseinnahmen einschließlich der Sozialversicherungsbeiträge (Abschnitt 3) sowie die Staatsverschuldung und die Haushaltskonsolidierung (Abschnitt 4). Dabei wird die Entwicklung der Staatsfinanzen in intertemporaler Perspektive dargestellt. Überdies wird ein internationaler Vergleich innerhalb der OECD-Staatengruppe durchgeführt, um die Position Deutschlands vergleichend einzuordnen. Das Fazit fasst die wichtigsten Befunde zusammen und ordnet diese in den Forschungskontext ein.

2. Staatsausgaben

Die Staatsausgaben umfassen alle Zahlungen der öffentlichen Gebietskörperschaften (Bund, Länder und Gemeinden) sowie der Sozialversicherungen. Der Datenausweis für die einzelnen Bereiche krankt jedoch an den Transaktionen zwischen Sozialversicherungen und Gebietskörperschaften untereinander, so dass die Daten nicht addiert werden können. In den Staatsausgaben sind überdies die Sondervermögen des Bundes, die EU-Anteile sowie die Gemeinde- und Zweckverbände (z. B. kommunale Versorger) enthalten. Auch die Datenqualität ist nicht optimal: Die Daten des Statischen Bundesamtes, des Sachverständigenrates zur Begutachtung der gesamtwirtschaftlichen Entwicklung (SVR), der Europäischen Union und der OECD differieren zumeist, manchmal sogar erheblich.

2.1 Die Entwicklung der Staatsausgaben

Berechnet man die Staatsquote, also den Anteil aller Ausgaben der öffentlichen Gebietskörperschaften und der Sozialversicherungen am Bruttoinlandsprodukt (BIP), zeigen die SVR-Daten für 2011 eine Quote von 46,1 Prozent an. In intertemporaler Perspektive ist dies zwar ein hoher Wert, jedoch nicht der Spitzenwert. Anfang der 1950er Jahre lag die Staatsquote bei rund 37 Prozent, um dann ab den 1960er Jahren Fahrt aufzunehmen und zu Beginn der 1980er Jahre auf rund 45 Prozent anzusteigen Die Finanzierung der deutschen Einheit trieb diese Quote nochmals in die Höhe (1995: 48,1 Prozent). Sie sank erst nach 1997 wieder stärker[1], während seit dem Spitzenwert im Jahr 2000 (49,0 Prozent) die Gesamtausgaben wieder leicht abgesunken sind.

    Die Ausgaben der Gebietskörperschaften blieben vergleichsweise stabil. 1950 lag die Staatsausgabenquote für Bund, Länder und Gemeinden (ohne Sozialversicherungen) bei knapp über 30 Prozent des BIP. Sie verharrte auf diesem Niveau, mit kleinen Schwankungen über die 1960er Jahre. 1975 lag der Wert bei 34,4 Prozent, und war selbst zum Ende der sozial-liberalen Koalition mit knapp über 33 Prozent nicht höher. Bemerkenswerterweise hat selbst die deutsche Einheit keinen dauerhaften Anstieg bei den Kernhaushalten bewirken können: 2011 liegt die Ausgabenquote von Bund, Ländern und Gemeinden (ohne Sozialversicherungen) wieder bei 34,1 Prozent des BIP.

    Gibt es Strukturverschiebungen zwischen Bund, Länder und Gemeinden? Auch hier sind die Anteile bemerkenswert konstant. 1970 war die Verteilung an den Ausgaben rund 40:35:25, um sich bis 1990 schleichend auf das Verhältnis 43:35,5:21,5 zu ändern. Die deutsche Einheit hätte prima vista das Gewicht der Länder und Gemeinden erhöhen müssen, da

---

1   Dies liegt aber auch an neuen Abgrenzungen, da die Daten seit 1997 ohne die ausgelagerten Krankenhäuser und Hochschulkliniken berechnet werden, was Ausgaben von rund 2 Prozent des BIP ausmacht.

sich ihre Zahl und ihre strukturelle Macht vergrößert haben. Dies lässt sich jedoch nur in begrenztem Umfang nachweisen, obwohl die Länder den Bund gemessen an den Ausgaben erstmals 1996 überflügelt hatten. 2011 liegt das Ausgabenverhältnis wieder bei 41,3:36,5:22,2.

Betrachtet man die Ausgabenstruktur des Bundeshaushalts von 1952 bis heute, so waren in den 1950er Jahren die Verteidigungsausgaben sowie die Sozialausgaben die größten Posten, gefolgt von der allgemeinen Finanzwirtschaft, die vor allem die Zinszahlungen auf die Staatsschulden, aber auch Zuweisungen an die Länder beinhalten. Wurde bis in die 1960er Jahre zumeist über 30 Prozent des Bundeshaushaltes für die Verteidigung ausgegeben, so liegt dieser Wert heute (2011) gerade noch bei rund 9 Prozent, das heißt die Frage ‚Butter oder Kanonen' wurde eindeutig zugunsten von 'Butter' beantwortet. Dafür spricht auch der deutliche Anstieg der Ausgaben für soziale Sicherung. Lagen diese Anfang der 1950er Jahre bei rund 35 Prozent der Bundesausgaben und sanken dann bis Anfang der 1960er Jahre auf rund 30 Prozent, so lag der Anteil für Soziales im Bundeshaushalt 2010 bei 54 Prozent.

Deutlich angewachsen sind nicht die Ausgabenquoten von Bund, Ländern und Gemeinden, sondern vor allem die Ausgabenquote der Sozialversicherungen. Sie stieg so stark an, dass sie zusammen mit den Sozialausgaben von Bund, Ländern und Gemeinden rund 60 Prozent der öffentlichen Gesamtausgaben ausmacht. Zugelegt hat im langfristigen Budgetvergleich auch der Anteil für Bildung und Wissenschaft, der nun bei rund 10 Prozent der Gesamtausgaben liegt. Allerdings sind die Länder primär für diese Aufgabe zuständig, was wohl mit eine Ursache für die unterdurchschnittlichen Ausgaben für das Bildungswesen im internationalen Vergleich ist.

Die Ausgabenstruktur des Bundes kann neben dieser finanzwirtschaftlichen Betrachtung auch nach der Volkswirtschaftlichen Gesamtrechnung klassifiziert werden. Dabei sind die großen Kategorien die Personalausgaben, der laufende Sachaufwand, die Zinsausgaben, die Zuweisungen und Zuschüsse sowie die Ausgaben der Kapitalrechnung. Hierbei fällt auf, dass die Personalausgaben (in Prozent der Gesamtausgaben) entgegen herkömmlicher Meinung im Laufe der Zeit tendenziell gesunken sind. Angestiegen sind wiederum die Zinsausgaben sowie die Zuweisungen und Zuschüsse an die nachgeordneten Verwaltungen von Ländern, Gemeinden sowie an andere Bereiche. Gewinner auch in dieser Perspektive sind vor allem die Sozialleistungen.

2.2 Staatsausgaben im internationalen Vergleich

Zur Zeit der Gründung der Bundesrepublik war der Anteil aller öffentlichen Ausgaben am BIP vergleichsweise hoch, um dann zunächst nur sehr moderat zu wachsen, was auch durch die sehr gute Wirtschaftslage bedingt war. In den 1970er und 1980er Jahren lag die Bundesrepublik bei dieser Messlatte stets unterhalb des OECD-Durchschnitts – eine Position, die selbst durch die deutsche Einheit nur leicht angehoben wurde.

Abbildung 1: Niveau (2011) und Veränderung der Staatsausgaben (1991-2011)
         in 23 OECD-Ländern

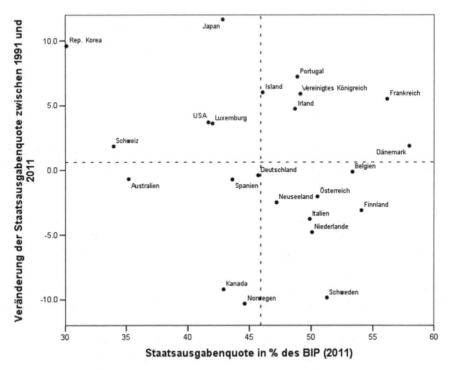

Anmerkung: Gesamte Staatsausgaben inklusive Sozialversicherung („General Government Total Outlays" nach OECD 2012). Veränderung der Staatsquote in Prozentpunktdifferenzen. Die gestrichelten Linien geben den Durchschnittswert an.

Gleichwohl ist der positionelle Vergleich nur eingeschränkt aussagekräftig. Hatte Deutschland 1991 unter den 23 OECD-Ländern den zwölftniedrigsten Wert aufzuweisen, verschlechterte man sich (wobei als Maßstab niedrige Staatsausgaben dienen) im Laufe der darauffolgenden Jahre, um sich in jüngerer Zeit sich wieder deutlich zu verbessern, was der guten Konjunkturlage und hohen Steuereinnahmen geschuldet war (aktuell zehntniedrigster Wert). Wies Deutschland 1991 eine Staatsausgabenquote von rund 2 Prozentpunkten unterhalb des OECD-Durchschnittes auf, lag diese zwischenzeitlich (2005) rund 2 Prozentpunkte oberhalb des OECD-Mittels und landet aktuell ziemlich genau auf dem OECD-Durchschnittswert (vgl. Abbildung 1).

2.3 Zentrale Bestimmungsgrößen der Staatsausgaben

Im Gegensatz zur Analyse der Einnahmen und der Verschuldung, die erst später in den Mittelpunkt empirischer polit-ökonomischer Analysen gelangten, standen die Staatsausgaben schon früh im Fokus der Wissenschaft. Dies lag darin begründet, dass in den Staatsausgaben zunächst die eigentliche Stellgröße für die Staatstätigkeit gesehen wurde und zudem die Vorstellung vorherrschte, dass die Staatseinnahmen den politischen Präferenzen und Entscheidungen im Hinblick auf die Staatsausgaben zu folgen hätten. Im sogenannten Konnexitätsprinzip ist dieser Grundgedanke implizit verankert, nämlich dass bei einer Aufgabenzuschreibung an die entsprechende Gebietskörperschaft auch die relevanten Finanzmittel zur Verfügung gestellt werden müssten.

Langfristige ‚Entwicklungsgesetze' der Staatsausgaben sind in der deutschen Finanzwissenschaft von Wagner (1863), Popitz (1926) und Brecht (1932) formuliert worden. Das Wagner'sche „Gesetz des wachsenden Staatsbedarfs" geht davon aus, dass Regierungen wegen vermehrter Ausgaben für Kultur- und Sozialzwecke die Staatsausgaben sowohl absolut als auch relativ zur Wirtschaftsleistung ausdehnen. Das Popitz'sche Gesetz beschreibt eine „Anziehungskraft des größeren Etats", das heißt eine Zentralisierung der öffentlichen Ausgaben. Das Brecht'sche Gesetz stellt eine enge Beziehung zwischen der Bevölkerungsdichte und den Staatsausgaben her, das heißt demographische Variablen erweisen sich als erklärungskräftige Determinanten für höhere Staatsausgaben.

Neben den finanzwissenschaftlichen Ausgabengesetzen, die sozioökonomische Größen in den Mittelpunkt stellen, aber in der empirischen Überprüfung nur teilweise überzeugen konnten (am ehesten noch das Wagner'sche Gesetz, wenn man die Sättigungsproblematik außer Acht lässt), haben polit-ökonomische Analysen schon frühzeitig die Wichtigkeit sozioökonomischer Variablen für die Variation der Staatsausgaben eindeutig nachgewiesen (Wilensky 1975). Zu den sozioökonomischen Faktoren können auch die exogenen Störungen durch Schocks im Sinne von Peacock/Wisemann (1967) zählen. Soziale Umwälzungen, sei es durch Krieg oder etwa den Vereinigungsschock, führen demnach zu höheren Staatsausgaben, die nach Abarbeitung des Schocks durch das politische System nicht wieder auf das Ausgangsniveau zurückgehen.

Historische Studien zur Entwicklung der Staatsausgaben und des Wohlfahrtsstaates haben jedoch neben den sozioökonomischen Variablen auch politisch-institutionelle Faktoren identifiziert (Kohl 1985; Flora 1986). Bei Kohl wurden etwa Faktoren wie der Korporatismus, aber auch die Partizipation der Wähler als Wachstumsmotoren der Staatsausgaben identifiziert. Dieser „Robin-Hood-Effekt" der Demokratie (Downs 1957) kann theoretisch aus dem Bedürfnis nach Umverteilung ärmerer Bevölkerungsschichten abgeleitet werden, die auf Grund ihrer politischen Partizipation und der Wahl von Parteien, die ihre Präferenzen vertreten, letztlich eine solche Politik erreichen. Dies bedeute gleichzeitig, dass Wahlsysteme, die eine hohe Partizipation ermöglichen, insbesondere Verhältniswahlsysteme, mit einer höheren Staatsausgabenquote assoziiert sind. Dies haben verschiedene Studien gezeigt (Persson/Tabellini 1999). Dem Föderalismus wird hingegen eine bremsende Wirkung auf die Staatsausgaben zugeschrieben (Obinger/Leibfried/Castles 2005; Cusack/Fuchs 2005, zur generellen Diskussion Kirchgässner 2002). Während dies in der historischen Perspektive noch zutreffen mag, ist die Föderalismusthese in jüngerer Zeit in die Kritik geraten, da sie Evidenz für *Rent-Seeking* gibt und zudem empirisch die Kosten des Föderalismus höher sind als früher vermutet.

Überraschende Ergebnisse zeitigt die Untersuchung der Globalisierungsthese. So hat etwa Cameron (1978) schon früh nachgewiesen, dass eine hohe Einbindung in den Weltmarkt und die Offenheit der Ökonomie nicht mit niedrigen Staatsausgaben, sondern mit höheren einhergehen, quasi als Kompensation und Schutz der Bevölkerung für dieses erhöhte Risiko (Rodrik 1997).

Hinsichtlich der politischen Determinanten der Staatsausgaben hat die empirische Forschung mitunter heterogene Befunde hervorgebracht. Wenig umstritten ist dabei die Parteiendifferenzhypothese (Hibbs 1977; skeptischer Castles 1982), die schon früh einen Effekt der Stärke der Linksparteien identifiziert hat. Innerhalb dieses Theoriestrangs wurde zudem gezeigt, dass Parteien nicht nur zwischen links und rechts zu differenzieren sind, sondern z. B. auch christdemokratische Parteien eigene Präferenzen bezüglich des Wohlfahrtstaates und der Ausgaben haben. Die Parteiendifferenzlehre kann somit als gesättigter Erfahrungsschatz der Politikwissenschaft gelten (Schmidt 1996; Garrett 1998). Dies erklärt zum gewissen Teil auch die (unter Berücksichtigung der weiter unten dargestellten Bremsfaktoren) vergleichsweise hohen Ausgaben in Deutschland, da mit zwei Sozialstaatsparteien und nur einer bremsenden liberalen Partei die Zeichen langfristig eher auf Ausbau der Staatsausgaben gestellt sind.

Parteien interagieren jedoch auch mit anderen Akteuren und Institutionen. Im Institutionengefüge der Bundesrepublik Deutschland, welches durch starke gegenmajoritäre Institutionen geprägt ist, haben verschiedene Institutionen einen bremsenden Effekt auf die Staatsausgaben gehabt, etwa die Deutsche Bundesbank, der Bikameralismus sowie – wenngleich schwächer – der Föderalismus und das Bundesverfassungsgericht. Gehen starke Linksparteien überdies mit starken Gewerkschaften und majoritärer Demokratiestruktur einher, führt dies, wie in Skandinavien, zu einem noch stärkeren Anstieg der Staatsausgaben. Länder mit schwachen Linksparteien und schwacher Gewerkschaftsbewegung, typischerweise Länder, die der liberalen Wohlfahrtsstaatswelt angehören (z. B. USA, Japan und die Schweiz), haben Staatsquoten, die deutlich niedriger liegen als die der sozialdemokratischen Welt. Deutschland mit einer mittelstarken Sozialdemokratie sowie – gemessen am Organisationsgrad – mittelstarken Gewerkschaften nimmt auch daher eine mittlere Position bei den Staatsausgaben ein.

Die empirische Literatur enthält ein reichhaltiges Angebot an institutionellen Erklärungsfaktoren. Nordhaus (1975) beispielsweise deckte die Bedeutung des politischen Konjunkturzyklus auf: Regierungen gleich welcher politischer Couleur verschulden sich vor Wahlen stärker. Tufte (1978) fand hierfür empirische Evidenz, die jedoch in späteren Studien meistens nicht bestätigt werden konnte. Niskanen (1971) unterstellte als weiteren Einflussfaktor, die Bürokratie habe ein inhärentes Interesse an einer Maximierung ihres Einflusses, das heißt vor allem an Budgetsteigerungen. Dieser auch als Parkinson'sches Gesetz bezeichnete Zusammenhang wurde anhand des Umfangs der öffentlichen Beschäftigung getestet. Auch hier waren die Ergebnisse ambivalent, so dass der Bürokratieeinfluss umstritten bleibt. Für Deutschland zeigt sich in den letzten Jahren – zumindest beim Bundespersonal – ein deutlicher Abbau der Beschäftigung.

Neuere Forschungsansätze verweisen auf die Bedeutung von Budgetregeln (Buchanan 1980; Wagschal 2002). Auch hier sind die Befunde nicht eindeutig, Interaktionseffekte zwi-

schen starken Verfassungsbarrieren (z. B. Ausgabenschranken) und starken konservativen
Parteien zeigen aber einen dämpfenden Effekt auf die Staatsausgaben.

Unter Rückgriff auf die Vetospielertheorie von Tsebelis (2002) wurde zudem die Rolle eines starken Bikameralismus im internationalen Vergleich (Heller 2001) sowie für die
Bundesrepublik Deutschland (Bawn 1999) unter die Lupe genommen. Falls beide Häuser
eine hohe Parteidisziplin aufweisen, ist – bei gleichzeitig unterschiedlichen parteipolitischen
Mehrheiten in den Kammern (*divided government*) – zu vermuten, dass die Staatsausgaben
niedriger sind. Ein Teil der Analyse der Staatsausgaben beschäftigt sich mit den Prozess-
bedingungen der Erstellung des Haushalts (von Hagen/Harden 1994). Die Bedeutung des
Budgetprozesses liegt darin begründet, dass über Agenda-Setting oder Vetorechte der Einfluss von *Logrolling* und Sonderinteressengruppen reduziert werden kann. So hat von Hagen (1992) in verschiedenen Studien gezeigt, dass einem besonders starken und unabhängigen Finanzminister große Bedeutung zukommt. In der Bundesrepublik, so Seils (2005), ist
diese Unabhängigkeit gegeben, dennoch sind die Erfahrungen mit der Macht des Finanzministers hierzulande ambivalent. Dekliniert man die erwähnten Determinanten der Staatsausgaben für die Bundesrepublik Deutschland durch, zeigt sich, dass es neben den sozioökonomischen Faktoren vor allen Dingen institutionelle Bedingungen waren, die die Entwicklung
der Ausgaben beeinflussten.

3. Staatseinnahmen

3.1 Entwicklung der Staatseinnahmen

Je nach Abgrenzung der Abgaben- und Steuerquote nach dem Konzept der Volkswirtschaftlichen Gesamtrechnung (VGR) oder der Finanzstatistik ergeben sich unterschiedliche Niveaus der Besteuerung. Die enger gefasste Abgrenzung der OECD schätzt die Abgabenquote
für Deutschland rund 3 Prozentpunkte niedriger als die Daten der Finanzstatistik (Bundesministerium der Finanzen 2012: 9). Für die Betrachtung über die Zeit bleibt das Bild aber
weitgehend identisch. Ausgehend von einer relativ hohen Besteuerung zu Beginn der Bundesrepublik pendelte sich die Abgabenquote (Sozialabgaben plus Steuern und Gebühren) in
den 1950er Jahren um die 30 Prozent des BIP ein. Die Steuerquote lag knapp unter 25 Prozent mit einem Tiefpunkt von 21,1 Prozent im Jahr 1950, trotz hoher nominaler Steuersätze
(Muscheid 1986: 27). Einen starken Anstieg nahm die Abgabenquote unter der sozial-liberalen Regierung, als sie von rund 35 Prozent auf etwa 41 Prozent stieg. Bis zur Wiedervereinigung sank die Abgabenquote wieder auf etwa 38 Prozent, um schließlich ihren Spitzenwert
1999 mit 42,3 Prozent zu erreichen. Aktuell (2011) liegt die Abgabenquote bei 39,7 Prozent
und die Steuerquote bei 22,8 Prozent, diese befindet sich damit nur geringfügig über ihrem
historischen Tiefststand. Deutschland folgt beim Abgabenniveau im Großen und Ganzen
dem OECD-Trend, wenn auch auf vergleichsweise niedrigem Niveau und mit gebremster
Geschwindigkeit. Insbesondere die Steuerquoten weichen vom OECD-Trend ab, da sie sich
durch weitgehende Konstanz mit einer schwach sinkenden Tendenz auszeichnen. Bemerkenswert ist dagegen der starke Anstieg bei den Sozialversicherungsabgaben.

Generell wird bezüglich der Steuerstruktur zwischen direkten und indirekten Steuern differenziert. Bei direkten Steuern (z. B. Einkommen- und Körperschaftsteuer) trägt der Steuerpflichtige die Belastung selbst und führt sie meist auf dem Veranlagungsweg direkt an das Finanzamt ab, während bei indirekten Steuern (z. B. Umsatz- und Verbrauchsteuer) der Steuerzahler und der Steuerträger, also derjenige, der die Steuer ökonomisch trägt, auseinander fallen, da die Steuern überwälzt werden können. 1950 war das Zahlenverhältnis von direkten und indirekten Steuern relativ ausgeglichen (50,6 Prozent zu 49,4 Prozent), um anschließend bis 1989 auf ein Verhältnis von rund 60 Prozent zu 40 Prozent anzusteigen. Im Zuge der Diskussion über den Einfluss der Globalisierung auf die Steuerstruktur wurde zudem argumentiert, dass immobile Faktoren stärker besteuert werden und die mobilen Faktoren weniger (Sinn 1997). Während sich dies im OECD-Vergleich nicht eindeutig belegen lässt, zeigt sich zumindest für Deutschland seit 1990 wieder ein Anstieg der indirekten Steuern, so dass sich das Verhältnis direkter zu indirekten Steuern im Jahr 2011 auf rund 49 zu 51 Prozent geändert hat (Bundesministerium der Finanzen 2012: 11). Trotz einer deutlichen Senkung der Unternehmens- und der Einkommensteuersätze lässt sich keine Erosion der Steuereinnahmen insgesamt und somit kein *race to the bottom* ausmachen. Dass die Einnahmen vor allem auf mobile Faktoren nicht zusammenbrachen, hängt mit der gleichzeitigen Verbreiterung der Steuerbemessungsgrundlagen im Zuge der Reformen zusammen, indem Abschreibungsbedingungen erschwert sowie Steuersubventionen und Steuerschlupflöcher beseitigt wurden.

Für einen Vergleich über die Zeit können noch die Kernindikatoren Durchschnittssteuerbelastung (Steuerbetrag in Verhältnis zum Einkommen) und Grenzsteuerbelastung (Steuerbelastung für jeden zusätzlich verdienten Euro oberhalb des gegenwärtigen Einkommens) herangezogen werden. Auffällig ist zunächst die relative Konstanz in der Durchschnittsbelastung, wobei für hohe und mittlere Einkommen die Belastung über die Zeit allerdings eher gestiegen ist, auch eine Folge der kalten Progression. Erst mit dem Jahressteuergesetz 1996 sank diese wieder. Bemerkenswerterweise – und zunächst eher paradox – war dagegen die Grenzsteuerbelastung im selben Zeitraum seit 1990 angestiegen. Ursache hierfür waren massive Änderungen im Steuerrecht (insbesondere aufgrund des Jahressteuergesetzes von 1996), die durch die Zunahme der steuer- und familienpolitischen Aktivität des Bundesverfassungsgerichtes veranlasst wurden. Laut zweier Urteile des Bundesverfassungsgerichtes zum steuerfreien Existenzminimum (BVerfGE 82, BVerfGE 87) muss bei der Einkommensbesteuerung ein Betrag in Höhe des Existenzminimums der Familie steuerfrei bleiben; nur das darüber hinausgehende Einkommen darf besteuert werden. Diese Entlastung wurde von der schwarz-gelben Bundesregierung mit einer hohen Steuerprogression auch schon für untere Einkommen gegenfinanziert.

Die spürbarsten Steuersenkungen in Deutschland erfolgten aufgrund der dreistufigen Steuerreform in der Ära Kohl in den 1980er Jahren, ferner durch die Berücksichtigung des Existenzminimums ab 1996 und durch die Einkommensteuerreform der rot-grünen Bundesregierung im Jahr 2000, die den Spitzensteuersatz sukzessive auf 42 Prozent im Jahr 2005 senkte. Seit 2007 beträgt der Spitzensteuersatz für hohe Einkommen wieder 45 Prozent, weil die Große Koalition diese sogenannte ‚Reichensteuer' einführte.

Besonders kritisch aus Perspektive der ökonomischen Arbeitsmarktforschung sind die hohen Grenzsteuersätze im Bereich kleinerer und mittlerer Einkommen. Die steuerlichen Grenzsteuersätze spiegeln lediglich einen Teil des gesamten Anreizmechanismus wider, da außerdem die Grenzbelastung durch die Sozialabgaben sowie staatliche Transfers für Outsider auf dem Arbeitsmarkt addiert werden müssten. Dadurch kann für Bezieher geringer Einkommen der Grenzsteuersatz bei über 100 Prozent liegen. Dies würde einen Arbeitnehmer bei Arbeitsaufnahme im Vergleich zu seiner vorherigen Situation netto sogar schlechter stellen. Unter diesem Aspekt haben sich die – außer für Bezieher hoher Einkommen – steigenden Grenzsteuersätze seit 1990 als massives Arbeitsangebotshindernis erwiesen.

Neben den Steuereinnahmen und der Nettokreditaufnahme sind die sonstigen Einnahmen die dritte große Einnahmekategorie des Staates. Zu den sonstigen Einnahmen des Bundes zählen Verwaltungseinnahmen (z. B. Gebühren und Entgelte, die in den letzten Jahren deutlich angestiegen sind), die Einnahmen aus wirtschaftlicher Tätigkeit und Vermögen (z. B. die Gewinnabführung der Bundesbank) und die Erlöse aus Vermögensveräußerung (z. B. Privatisierungen und Versteigerung von Lizenzen).

Das Steuer- und Abgabensystem in Deutschland ist im Wesentlichen durch das Verhältnis der öffentlichen Gebietskörperschaften (Bund, Länder und Gemeinden), der Sozialversicherungen sowie der Europäischen Union zueinander bestimmt. Dabei ist bei den Steuern zwischen der Gesetzgebungs- (Art. 105 GG), der Ertrags- und der Verwaltungskompetenz der einzelnen Ebenen zu unterscheiden. Die Steuerertragskompetenz (Art. 106 GG) weist den Gebietskörperschaften die Steuern nach einem Trenn- und Verbundsystem zu. Ausschließlich dem Bund stehen beispielsweise die Mineralölsteuer, die Tabaksteuer und die Versicherungssteuer zu. Die Zölle (seit 1975) und Agrarabgaben (seit 1971) fließen voll der EU zu, abzüglich eines Anteils für die Erhebungskosten. Die Kraftfahrzeugsteuer, die Biersteuer sowie die Wettsteuern kommen ausschließlich den Ländern zugute. Den Gemeinden werden vor allem die Grundsteuer und die Gewerbeertragsteuer zugewiesen. Vom Umfang her bedeutender sind die Verbundsteuern (gemeinschaftliche Steuern), vor allem die Lohn- und die veranlagte Einkommensteuer mit einem Aufkommen (2011) von rund 171,6 Mrd. Euro (rund 30 Prozent des Gesamtaufkommens; Verteilungsschlüssel im Jahr 2011: Bund 42,5 Prozent, Länder 42,5 Prozent, Gemeinden 15 Prozent) sowie die Umsatzsteuer mit rund 190,3 Mrd. Euro (33,3 Prozent des Gesamtaufkommens; Verteilungsschlüssel im Jahr 2012: Bund ca. 53 Prozent, Länder ca. 45 Prozent, Gemeinden ca. 2 Prozent). Ferner ist die Körperschaftsteuer als Verbundsteuer relevant.

3.2 Deutschland im internationalen Vergleich

Beim Vergleich sämtlicher Staatseinnahmen (*General government total tax and non-tax receipts*, OECD 2012) im Verhältnis zum BIP liegt Deutschland im Vergleich der 31 untersuchten OECD-Länder mit rund 42,3 Prozent des BIP oberhalb des OECD-Durchschnittes (36,9 Prozent, Datenstand 2011). Die Hochsteuerländer sind – nach dieser Schlüsselgröße zur Messung des Umfanges des Steuerstaates – vor allem die skandinavischen Länder (Dänemark, Schweden, Norwegen und Finnland) sowie Frankreich, während Australien, Japan, die USA, Irland, die Schweiz sowie die jungen Demokratien (wie Korea und Slowakei) die Länder mit den geringsten Steuern, Sozialabgaben, Gebühren und sonstigen Einnahmen sind. Der zweite Kernindikator sind die Gesamtabgaben, die auch die Sozialbeiträge umfassen. Auch hier liegt Deutschland (2010) bei der Gesamtabgabenquote mit 36,3 Prozent oberhalb des OECD-Durchschnitts. Die Veränderung der Gesamtabgabenquote zwischen 1955 und 2011 verdeutlicht, dass Deutschland sich in diesem Zeitraum keineswegs auf dem Marsch in einen übergroßen Steuerstaat befand. Beim Vergleich sämtlicher Steuern und Abgaben im Verhältnis zum BIP liegt Deutschland nicht in der Spitzengruppe der untersuchten OECD-Länder. Der Zuwachs der Gesamtabgabenlast liegt unterhalb des OECD-Durchschnittes – dies trotz des Abgabenanstiegs in Folge der deutschen Einheit. Deutschland befindet sich damit – wie bei vielen hoch aggregierten Output- und Outcome-Indikatoren – auf einem mittleren Pfad der Staatätigkeit, der auch mit der „policy of the middle way" charakterisiert wird (Schmidt 1987).

Klammert man die Sozialabgaben von der Berechnung aus und analysiert nur die reine Steuerquote, dann ist diese in Deutschland zwischen 1965 und 2010 sogar leicht gesunken. Deutschland und die USA sind somit nach den OECD-Daten die einzigen Länder, in denen nach dieser Messlatte eine Senkung der Steuerlast stattfand. Während Deutschland noch im Jahr 1965 eine überdurchschnittlich hohe Steuerquote aufwies, lag sie 2010 deutlich unterhalb des OECD-Durchschnittes.

Der Gesamtzuwachs der Abgabenlast (relativ zum BIP) ist somit im Wesentlichen auf die gestiegenen Sozialabgaben und damit auf die Erhöhung der Beitragssätze für Kranken-, Renten- und Arbeitslosenversicherung und auf die Einführung eines neuen Versicherungszweiges, der Pflegeversicherung (1995), zurückzuführen. Dies wird auch an der Entwicklung der Steuerstruktur deutlich, bei der die Sozialversicherungsabgaben die Einnahmen aus der Besteuerung von Einkommen und Gewinnen sowie aus Verbrauchssteuern überholten. Wie der internationale Vergleich zeigt, unterliegt die Entwicklung der Abgabenstruktur in Deutschland offensichtlich einer stärkeren Veränderung als im OECD-Länderdurchschnitt.

3.3 Zentrale Determinanten der Staatseinnahmen

Was treibt die Steuerpolitik an? Auf Basis des internationalen und nationalen Vergleichs lassen sich verschiedene Faktoren identifizieren (Muscheid 1986; Ganghof 2004; Wagschal 2005). Neben dem sozioökonomischen Problemdruck (z. B. der Seniorenquote und der Arbeitslosenquote) als Haupterklärungsgröße gibt es eine eindeutige Beziehung zur parteipolitischen Färbung von Regierungen (Peters 1991; Castles 1998; Wagschal 2005). Dabei führen beispielsweise Linksparteien an der Regierung zu einer höheren Abgabenquote, während diese unter konservativen Parteien niedriger ist. In Deutschland lässt sich dies im Längsschnitt-Vergleich jedoch nur schwach zeigen, weil auch CDU/CSU als eine Sozialstaatspartei für eine vergleichsweise hohe Staatätigkeit eintritt.

Neben den Unterschieden bei den Besteuerungsniveaus zeigen sich auf vielfältige Weise auch Parteieneffekte bei der Besteuerungsstruktur. Evident ist der Einfluss auf den Umfang der Sozialabgaben, dem hervorstechenden Merkmal der „christdemokratischen Besteuerungswelt" (Wagschal 2005). Bemerkenswert ist auch die Privilegierung der Institution Familie durch die christdemokratischen Parteien in den jeweiligen Steuersystemen. Vergleicht man beispielsweise den Steuerkeil Verheirateter und den von Singles mit einem identischen Einkommen, dann existiert eine recht starke Beziehung mit dem langfristigen christdemokratischen Regierungsanteil: Je stärker Christdemokraten an der Regierung beteiligt waren, desto stärker wird der Familienstatus bei der Besteuerung bevorteilt. Und gerade die Bundesrepublik privilegiert mit ihrem Steuersystem die Familien mit Kindern im internationalen Vergleich mit am stärksten. Dies hat jedoch wiederum negative Anreizeffekte auf die Erwerbstätigkeit von Frauen.

Auffallend ist überdies die hohe Abgabenquote zu Beginn der Bundesrepublik – eine Folge des *Displacement*-Effekts, also großer sozialer Veränderungen (Peacock/Wiseman 1967).[2] Ökonomische Schocks oder auch die Deutsche Einheit können als solche Veränderungen interpretiert werden, wenngleich die Niveaueffekte deutlich geringer waren als nach Kriegen.

Es zeigt sich überdies, dass die institutionelle Struktur, vor allem die Zahl der Vetospieler (Tsebelis 2002), für das Niveau der Besteuerung relevant ist. Je höher die Zahl der Vetospieler, desto geringer sind tendenziell die Gesamtabgaben. In der Bundesrepublik konnte vor allem der Bundesbank (über eine gegensteuernde Geldpolitik), dem Föderalismus, dem starken Bikameralismus sowie – mit Abstrichen – der Verfassungsgerichtsbarkeit ein bremsender Effekt zugeschrieben werden. Das Besteuerungsniveau kann ebenfalls durch weitere politisch-institutionelle Faktoren mit erklärt werden, wie etwa den Korporatismus oder die Fragmentierung des politischen Systems.

Die Europäische Union (EU) übt nur im Bereich der indirekten Steuern sowie bei den Zöllen einen Einfluss aus (Genschel 2002). Zwar sind Bestrebungen im Gange, die Kompetenzen der EU auch für direkte Steuern zu erweitern, was aber am Einstimmigkeitsprinzip und der Weigerung der Nationalstaaten, hier die Harmonisierung weiter voranzutreiben, scheitert. Im Zuge der negativen Integration kann jedoch vor allem dem Europäischen Gerichtshof verstärkte steuerpolitische Einflussnahme sogar bei den direkten Steuern attestiert werden.

Der internationale Steuerwettbewerb, der durch die Globalisierung verschärft wird, führte nicht zu einem *race to the bottom*. Trotz sinkender Steuersätze bei den Einkommen- und Körperschaftsteuern ging das Steueraufkommen nicht zurück, weil die Steuerbemessungsgrundlagen gleichzeitig verbreitert wurden. Das Scheitern der Hypothese von der Steuerabwärtsspirale lässt sich aus einer politisch-ökonomischen Perspektive gut erklären: Es müssen auch die Präferenzen der Wähler für öffentliche Leistungen berücksichtigt werden, die oft eher auf Mehr als auf Weniger gestellt sind (Zohlnhöfer 2005).

Die Wirkung verschiedener Globalisierungsindikatoren auf die Besteuerung zeigen eher in die andere Richtung: Stärker in den Weltmarkt integrierte Länder haben eine höhere Besteuerung. So kann man keinen Rückgang der Besteuerung mobiler Faktoren beobachten, und auch der Anteil der indirekten Steuern hat nicht zugenommen.

---

2   So haben die Weltkriege die Steuerlast dramatisch erhöht, in Deutschland um rund 300 Prozent im Ersten
     Weltkrieg, in England sogar um 800 Prozent. Nach den Kriegen wurde zwar versucht, die Steuerbelastung
     wieder abzubauen, dennoch blieb sie auf einem höheren Niveau als vor den jeweiligen Kriegen.

Der Auffassung eines starken Einflusses von Globalisierung und Steuerwettbewerb auf die nationalen Steuersysteme widerspricht die Politik-Erblast-These von Rose/Karran (1987) bzw. Rose/Davies (1994), die auf Basis der Analyse der britischen Steuerpolitik entwickelt wurde. Die genannten Autoren argumentieren, dass Steuersysteme ein großes Beharrungsvermögen aufweisen und sich – da nur schwer umzugestalten – nur graduell verändern. Aus dieser sogenannten Trägheitsthese lässt sich ableiten, dass Politiker nicht eine Veränderung der bestehenden Steuersysteme anstreben, sondern diese vielmehr entsprechend ihrer ideologischen Absichten einsetzen, um die politischen Kosten der Besteuerung möglichst gering zu halten. Gemessen an der Veränderungsdynamik der Steuersysteme ist das deutsche Abgabensystem im internationalen Vergleich unterdurchschnittlich und eher durch strukturelle Konstanz geprägt, wie beispielsweise durch die große Bedeutung der Sozialabgaben sowie eine hohe Zahl von Besteuerungsquellen, die typisch für das christdemokratisch-kontinentaleuropäische Cluster der vier „Steuerwelten" sind, welches sich durch eine Betonung des Äquivalenzprinzips bei gleichzeitig hoher Besteuerung auszeichnet (Peters 1991; Wagschal 2005: 112).

Neben der Erklärung der Abgabenhöhe sowie der Steuerstruktur steht die Erklärung der Steuerreformtätigkeit im Zentrum der Policy-Forschung. Insbesondere wurde die Frage nach den institutionellen Einflüssen auf die Reformtätigkeit gestellt, mit besonderem Fokus auf Tsebelis' Vetospielertheorie (Hallerberg/Basinger 1999; Ganghof 1999; Wagschal 1999). Hinzu kamen Fallstudien einzelner Steuerreformprojekte, die den Akteuren unter Rückgriff auf spieltheoretische Überlegungen das Ziel einer strategischen Nichteinigung unterstellten (Zohlnhöfer 2001).

Analysiert man generell die Schub- und Bremskräfte der Steuerreformaktivitäten, kann man, Nuancen und Details beiseite lassend, auf Basis des internationalen und nationalen Vergleichs folgende Befunde festhalten (Wagschal 2005). Die Reformaktivität ist umso größer:

- je höher die Steuersätze in der Ausgangssituation waren,
- je größer der sozioökonomische Problemdruck und
- je kleiner ein Land (gemessen an der Zahl der Einwohner) ist,
- je stärker die Europäische Union Kompetenzen besitzt (z. B. Mehrwertsteuer),
- nach großen System-, aber auch nach Machtwechseln (*Honeymoon*-Effekt), und
- je stärker politisches Leadership einzelner Akteure für die Reform ausgeprägt ist.

Im Gegensatz dazu wirken folgende Faktoren bzw. institutionelle Konfigurationen negativ auf die Reformtätigkeit, das heißt die Steuerreformaktivität ist umso niedriger

- je stärker in einem Land Pfadabhängigkeiten wirken,
- je stärker die direkte Demokratie ausgebaut ist,
- wenn gegenläufige Mehrheiten in bikameralen Systemen vorhanden sind,
- je stärker unabhängige nationalstaatliche Notenbanken agieren,
- je stärker der Föderalismus ausgebaut ist, und
- je mehr kompetitive Vetospieler vorhanden sind.

Schließlich gibt es noch Faktoren ohne Einfluss bzw. mit unklarem Einfluss: Hierzu zählen die parteipolitische Färbung der Regierung, die Zahl der Regierungsparteien und der Korporatismus. Ein ambivalenter Befund konnte für eine unabhängige Verfassungsgerichtsbarkeit ausgemacht werden, während die kausalen Einflussmechanismen und die Wirkung des Präsidentialismus sowie von allgemeinen Verfassungsnormen zur Begrenzung der Staatstätigkeit auf die Steuerreformpolitik nicht eindeutig sind.

4. Staatsverschuldung

Regierungen verschulden sich, so zumindest ihre öffentliche Rhetorik, um Konjunkturschwankungen zu glätten, um langfristige Investitionen zu tätigen und die Wirtschaft wieder flott zu machen. Die dahinter stehende keynesianische Logik des *deficit spending* ging langfristig jedoch nicht auf. Der Vergleich der Schulden in den OECD-Ländern über die letzten 40 Jahre zeigt eines: Volkswirtschaften mit hoher Staatsverschuldung wachsen langsamer als solche mit geringer Staatsverschuldung.

Der Streit um den Sinn und Zweck der Staatsverschuldung war immer auch eine Auseinandersetzung zwischen verschiedenen ökonomischen und ideologischen Schulen; sie dauert mittlerweile seit über zwei Jahrhunderten an. Der deutsche Nationalökonom Max von Heckel notierte 1911: „Die Geschichte der Staatsbankrotte ist mit der Entwickelung des Staatskredits als eine nur allzu häufige Erscheinung eng verknüpft. Die meisten Staaten sind davon heimgesucht worden."

Diese ablehnende Haltung zur Staatsverschuldung vertrat die ‚Klassische Schule' der Nationalökonomie, die von Adam Smith (1723-1790) und David Ricardo (1772-1823) begründet wurde, besonders vehement: Im Wirtschaftsprozess sollte der Staat nur eine minimale Rolle spielen. An den gerne zitierten ‚Nachtwächterstaat' dachten diese liberalen Ökonomen gleichwohl nicht – vielmehr wollten sie vor allem die Staatsaufgaben auf ein *notwendiges* Minimum beschränken. Die Staatsverschuldung lehnten sie jedoch unmissverständlich ab: Ricardo (1951 [1817]: 197) sah sie als „die schrecklichste Geißel, die je zur Plage der Nation erfunden" wurde. Und auch Adam Smith tadelte Staaten, die in der Kreide standen (Smith 1993 [1776]: 802): „Die Politik der öffentlichen Verschuldung hat nach und nach jeden Staat geschwächt, der sich ihrer bedient hat". Die meisten wirtschaftswissenschaftlichen Schulen – neben der Klassik der Monetarismus, die Neoklassik oder die Neue Politische Ökonomie – folgten, aus unterschiedlichen Gründen, dieser Auffassung.

Günstiger beurteilten hingegen die deutsche Finanzklassik im 19. Jahrhundert und der Keynesianismus die Staatsverschuldung. Lorenz von Stein etwa sah sie als eine Möglichkeit, Lasten für das Staatsbudget zeitlich besser zu verteilen (von Stein 1878, zitiert nach Nowotny 1979: 3): „Ein Staat ohne Staatsschuld tut entweder zu wenig für seine Zukunft, oder er fordert zu viel von seiner Gegenwart." Die populärste Rechtfertigung für eine stärkere Verschuldung, vor allem in Zeiten nachlassenden wirtschaftlichen Wachstums, lieferte jedoch der Keynesianismus: Die Theorie des *deficit spending* war für jeden Nichtökonomen leicht fassbar und eingängig: In Krisen sollte man sich verschulden, um die fehlende Nachfrage auszugleichen, und in Boomphasen die Kredite zurückzahlen. Finanzpolitik wurde nur noch funktional zur Wohlstandssteigerung benötigt. Die Verschuldung des Staates wurde als unproblematisch erachtet, da finanzielle Engpässe des Staates sich jederzeit durch Geldschöpfung beheben ließen. Das Prinzip des Budgetausgleichs sei weder kurz- noch langfristig von Bedeutung. Abba Lerner (1903-1982), einer der wichtigsten Keynesianer der Nachkriegszeit, formulierte (Lerner 1979 [1943]: 92): „Das Konzept der Funktionalen Finanzpolitik weist die traditionellen Doktrinen einer ‚gesunden Finanzpolitik' ebenso strikt zurück wie das Prinzip, dass das Budget innerhalb eines Sonnenjahres oder eines anderen willkürlich gewählten Zeitraumes auszugleichen sei." Auch die Höhe des Schuldenstandes, sowohl in absoluter als auch in relativer Sicht, hatte nach keynesianischer Logik keine Bedeutung – solange die Bürger gewillt sind, dem Staat Geld zu leihen. Schließlich seien Zinszahlungen keine Last für zukünftige Generationen, sondern stellten einen Transfer von Steuerzahlern zu Besitzern von Staatsschuldtiteln dar.

4.1 Entwicklung der Staatsverschuldung

Generell bezeichnet Staatsverschuldung die bestehenden oder jährlich neu entstehenden Verbindlichkeiten eines Staates. Die Staatsverschuldung ist ein Instrument der staatlichen Einnahmenerzielung. Zu ihrer Messung gibt es zahlreiche Indikatoren (Wagschal 1996: 27; Scharfe 2011), die beiden zentralen Größen sind jedoch der Schuldenstand sowie das jährliche Haushaltsdefizit (Nettokreditaufnahme), das der Differenz zwischen den Staatsausgaben und den Staatseinnahmen (Steuereinnahmen und sonstige Einnahmen) entspricht. Zu Vergleichszwecken werden diese üblicherweise auf das Bruttoinlandsprodukt (BIP) bezogen. Ein weiterer Vergleichsindikator ist der Schuldenstand je Einwohner: Für den öffentlichen Gesamthaushalt (Bund, Länder, Sondervermögen des Bundes sowie Gemeinden und Zweckverbände) bestand Ende 2011 in Deutschland eine Pro-Kopf-Verschuldung von 24.771 Euro (davon für den Bund 15.649 Euro, die Länder rund 7.526 Euro, für die Kommunen 1.709 Euro und 10 Euro für die Sozialversicherungen). In den Bundesländern variiert die Pro-Kopf-Verschuldung stark, wobei Sachsen Ende 2011 mit 2.196 Euro die niedrigste Verschuldung und Bremen mit 28.638 Euro die höchste Schuldenlast aufwies. Ursache für die geringe Kommunalverschuldung ist vor allem die Genehmigungspflicht von Krediten in Haushalten bei übergeordneten Rechnungsprüfungsämtern und kommunalen Aufsichtsbehörden (Landratsämter und Regierungspräsidien), wobei es jedoch eine große Varianz zwischen den Aufsichtskulturen in den Ländern gibt.

Im Längsschnittvergleich gibt es einen deutlichen Zusammenhang mit Kriegen, insbesondere sind die massiven Anstiege des Ersten und Zweiten Weltkrieges deutlich zu erkennen (vgl. Abbildung 2). Die wirtschaftlichen Rahmenbedingungen nach dem Zweiten Weltkrieg waren alles andere als positiv. Neben den Kriegszerstörungen, Reparationen, der Demontage von Produktionsanlagen und dem Fehlen von Arbeitskräften gab es eine massive Staatsverschuldung. Ein Großteil der Binnenverschuldung wurde jedoch in der Währungsreform von 1948 entwertet (im Verhältnis von 10:1). Die internationalen Verpflichtungen wurden 1953 im Londoner Schuldenabkommen geregelt (Rombeck-Jaschinski 2004). Diese waren –

verglichen mit den politisch umstrittenen Schuldenabkommen nach dem Ersten Weltkrieg (Versailles 1921, Dawes-Plan 1924 und Young-Plan 1929) – moderat: Bis Anfang der 1980er Jahre wurden umgerechnet insgesamt rund 7 Mrd. Euro gezahlt.

Abbildung 2: Entwicklung der Staatsverschuldung in Prozent des BIP (1850-2010)

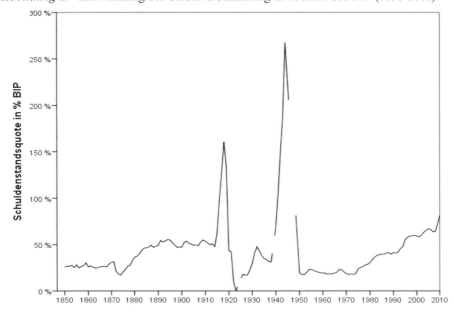

Quelle: Zusammengestellt von Prof. Schularick (Berlin) aus verschiedenen Datenquellen.

Deutschland war in den 1950er Jahren durch Handelsüberschüsse jedoch schnell in der Lage, Devisenreserven aufzubauen und damit die interne und externe Verschuldung zu reduzieren. Man häufte sogar Budgetüberschüsse an. Unter dem Finanzminister Schäffer baute der Bund hohe liquide Mittel auf, die als ‚Julius-Turm' in die Geschichte eingingen und später mit in den Aufbau der Bundeswehr flossen. Insgesamt war die Höhe der Staatsverschuldung von 1950 bis 1973 niedrig und blieb konstant. Die Staatsschuldenquote betrug mit rund 20 Prozent nur rund ein Drittel der heutigen Belastung. Selbst zu Beginn der Ölpreiskrise 1973 lag die Schuldenquote bei lediglich 17,8 Prozent des BIP. Unter der sozial-liberalen Koalition verdoppelte sich der Schuldenstand dann bis 1983 auf 39,1 Prozent. Dieser schnelle Anstieg der Verschuldung war einer der Hauptgründe für die FDP, Ende 1982 den Koalitionswechsel vom Bündnis mit der SPD zur bürgerlich-liberalen Koalition zu vollziehen.

Die Sanierung der öffentlichen Finanzen rückte erst unter der Regierung Kohl wieder in den Vordergrund, weil einerseits die keynesianische Steuerungstheorie in die Krise geriet und gleichzeitig ein Paradigmenwechsel in der Finanzpolitik (Austeritätspolitik) stattfand.

Auf der anderen Seite waren die verantwortlichen Politiker, allen voran der Bundesfinanzminister Gerhard Stoltenberg, in der ersten Phase der 16-jährigen Amtsdauer von Helmut Kohl gewillt, die Verschuldung zu reduzieren. Dies wurde mit einem Policy-Mix aus Einnahmeerhöhungen und Ausgabensenkungen angestrebt, mit dem Resultat einer vergleichsweise stabilen Verschuldungsquote. 1989 wurde sogar erstmals seit 1973 die Verschuldung reduziert (Zohlnhöfer 2001).

Einen neuerlichen Paradigmenwechsel erzwang die Deutsche Einheit. Der wesentliche Teil des jüngeren Anstiegs der Staatsverschuldung ist auf sie zurückzuführen (Schwinn 1997). In der ersten Dekade nach der Herstellung der staatsrechtlichen Einheit Deutschlands stieg die Schuldenquote von etwa 40 Prozent des BIP auf rund 60 Prozent des BIP. Ein Kennzeichen der Finanzierung der Vereinigung war die Auslagerung in Sonderhaushalte des Bundes, die 1995 immerhin mehr als 26 Prozent der gesamten Verschuldung betrugen. Im Erblastentilgungsfonds (ELF) wurde 1995 ein Großteil der finanziellen Verbindlichkeiten der ehemaligen DDR zusammengefasst (Kreditabwicklungsfonds, Verbindlichkeiten der Treuhandanstalt, Verbindlichkeiten der Wohnungsbauunternehmen der ehemaligen DDR sowie andere Altschulden), rund 180 Mrd. Euro. Seit 1999 ist dieser Fonds zusammen mit den Schulden der Bundesbahn und des Steinkohlefonds vollständig in der Bundesschuld inkludiert. Das zweite große Finanzierungsinstrument war der ‚Fonds Deutsche Einheit', der den neuen Bundesländern sowie den ostdeutschen Kommunen zugutekam. Auch dieser Fonds wurde 2005 vollständig vom Bund übernommen (rund 50 Mrd. Euro).

Hinsichtlich der Zukunftsfähigkeit eines Landes ist die Staatsverschuldung eine Lastverschiebung in die Zukunft. Dieses Argument haben schon Theoretiker der deutschen Finanzklassik, so z. B. von Stein, betont. Die Lasten für die Zukunft, etwa in Folge der geänderten Demographie, stellen sich allerdings weit vielfältiger und komplexer dar als im 19. Jahrhundert, als von Stein seine Thesen formulierte. Außerdem sind die impliziten Verpflichtungen der öffentlichen Hand für die Pensionslasten mittlerweile viel höher als die explizite Staatsschuld (Raffelhüschen 2001). So schätzte der Sachverständigenrat zur Begutachtung der gesamtwirtschaftlichen Entwicklung in seinem Gutachten von 2004 die gesamten Verpflichtungen aus Staatsschulden, Pensionslasten und eingegangenen Leistungsversprechen (implizite Staatsschuld) auf rund 330 Prozent des BIP (Sachverständigenrat 2003: 276). Aktuellen Zahlen zufolge liegt Deutschlands implizite Staatsverschuldung bei ca. 109 Prozent des BIP (Moog/Raffelhüschen 2011: 18). Der US-Ökonom Kotlikoff, auf den das Konzept der impliziten Verschuldung zurückgeht, warnte schon vor einem „Clash of Generations", bei dem die Nutznießer der Verschuldung – vor allem die Älteren – die nachkommenden Generationen (und Steuerzahler) ausbeuten. Plastisch wird dies auch an der steigenden Zahl der Versorgungsempfänger deutlich, die sich bis 2030 mehr als verdoppeln wird (Kotlikoff/Burns 2012).

Weiterhin verdeutlichen Kriterien, die das Bundesverfassungsgericht 1992 zur Beurteilung der Haushalte des Saarlands und Bremens formuliert hat, die Finanzmisere im Bund und in den Ländern. Die Kreditfinanzierungsquote (Nettokreditaufnahme in Prozent der Gesamtausgaben) und die Zins-Steuer-Quote (Zinszahlungen in Prozent der Steuereinnahmen) dienten als Maßstab zur Feststellung einer extremen Haushaltsnotlage in diesen Ländern. Obwohl keine exakten Grenzen definiert wurden, erlauben die damaligen Referenzwerte sowie die Ausführungen des Verfassungsgerichtes eine Bewertung des Bundeshaushalts. Aus diesen Erfahrungen heraus und aus der mit der Föderalismusreform II etablierten Verpflichtung der Einführung einer Schuldenbremse für den Bund und die Länder wurde 2010 der Stabilitätsrat gegründet, der die Haushalte und Konsolidierungsanstrengungen der Bundesländer überwacht. Die Haushaltsüberwachung durch den Stabilitätsrat erfolgt durch vier Kennziffern: das strukturelle Finanzierungssaldo, die Kreditfinanzierungsquote, die Zins-Steuer-Quote und den Schuldenstand. Zur Beseitigung ihrer Haushaltsnotlagen erhalten die Länder Berlin, Bremen, Saarland, Sachsen-Anhalt und Schleswig-Holstein im Zeitraum von 2011 bis 2019 jährlich insgesamt 800 Millionen Euro, um die Einhaltung der neuen Verschuldungsregelung ab 2020 zu ermöglichen.

4.2 Staatsverschuldung im internationalen Vergleich

Die Staatsverschuldung ist im historischen Vergleich von einem Auf und Ab gekennzeichnet, wobei Kriege, Wirtschafts- und Finanzkrisen und Verschwendungssucht absolutistischer Herrscher, aber auch die Höhe der Auslandsverschuldung, die wesentlichen Antriebskräfte der Verschuldung waren (Reinhart/Rogoff 2009). Nach dem Zweiten Weltkrieg war zunächst ein längerer Schuldenabbau in den wichtigsten Industrienationen zu beobachten, der durch ein lang anhaltendes Wirtschaftswachstum des ‚Goldenen Zeitalters' bis Anfang der 1970er Jahre begünstigt wurde. Die durchschnittliche Entwicklung seit 1970 ist von einem – in Friedenszeiten – bisher nicht gekannten Verschuldungsanstieg geprägt. Insbesondere seit 2008 ist die Verschuldung geradezu explodiert, was mit der Finanzmarktkrise zusammenhängt, aus der sich eine realwirtschaftliche Krise entwickelte, die schließlich auch zu einer Staatsschuldenkrise wurde. 2011 wurde daher auch der absolute Höchststand (103 Prozent Schuldenstand in Prozent des BIP) in den 31 OECD-Ländern erreicht, wobei dieser Wert in den kommenden Jahren weiter steigen soll. Gegenüber den 1970er Jahren hat sich die Schuldenquote mehr als verdreifacht. Deutschland liegt mit einem Wert von 87,2 Prozent im oberen Mittelfeld des Rankings der OECD-Länder.[3] Die Rangliste wird von Japan mit einem Schuldenstandsniveau von über 205 Prozent des BIP angeführt.

Allerdings waren die Schuldenquoten bis zum Beginn der Finanzkrise nicht in allen Ländern gestiegen. In Großbritannien, Australien, Neuseeland und Norwegen sind sie seit 1970 sogar gesunken, jedoch aus unterschiedlichen Gründen, von unterschiedlichen Niveaus aus und mit unterschiedlichen Verläufen. Beispielsweise trugen länderspezifische Gründe wie Erdöleinnahmen oder Privatisierungserlöse in Großbritannien und Norwegen besonders zur Verbesserung der Haushaltslage bei. Gleichwohl hatte – wenn auch verspätet – auch Deutschland seit den 1990er Jahren substanzielle Einnahmen durch Privatisierungen, sowie ergänzend durch Versteigerungen von Lizenzen (z. B. rund 50 Mrd. Euro durch die UMTS-Versteigerung).

---

3   Die OECD grenzt die Verschuldung anders ab als das Statistische Bundesamt, nämlich nach den Vorschriften der Europäischen Volkswirtschaftlichen Gesamtrechnung. Im internationalen Vergleich liegen deshalb die Verschuldungsdaten teilweise beträchtlich über den nationalen Zahlen.

4.3   Zentrale Bestimmungsgrößen der Staatsverschuldung

Neben den klassischen Verschuldungsursachen wie Kriegen, Finanz- und Wirtschaftskrisen (Reinhart/Rogoff 2009) sowie Systemwechseln, z. B. die Deutsche Einheit, sind es vor allem sozioökonomische Faktoren, die die Staatsverschuldung beeinflussen. Ein starkes Wirtschaftswachstum bremst über verschiedene Einflussmechanismen (z. B. mehr Steuereinnahmen, weniger Arbeitslosigkeit, überdies Anwachsen des Nenners der Staatsschuldenquote) den Anstieg der Verschuldung. Hinzu kommt die Arbeitslosigkeit, die eine der wichtigen Verschuldungsursachen ist. Ein eher moderater Einfluss ist der Inflation zuzuschreiben, die als sogenannte Inflationssteuer die Last der Verschuldung vermindern kann. Schließlich wirkt sich eine positive Handelsbilanz verschuldungsbegrenzend aus. Angewendet auf Deutschland erklären diese Faktoren einen Großteil der Verschuldungsvariation im Zeitverlauf.

Im internationalen Vergleich erweisen sich zudem politisch-institutionelle Faktoren als bedeutsam. Verschuldungsbegrenzend wirken eine hohe politische Stabilität und ein geringes gesellschaftliches Konfliktniveau. Der Föderalismus, der lange Zeit als besonders wirksame Hürde gegen die Verschuldung angesehen wurde, ist in Wirklichkeit nur eine weiche Barriere, denn mit Belgien, Kanada, den USA und auch Deutschland gibt es Gegenbeispiele von Ländern mit hoher Verschulung. Generell ist bei solch einfachen, direkt-linearen Kausalitäten Vorsicht geboten. Die Komplexität der Interaktionen mit anderen Faktoren ist hoch, und die Zusammenhänge sind oft nichtlinear. In Deutschland mit seinem hoch verflochtenen Föderalismus werden in jüngerer Zeit vermehrt die hohen Kosten, insbesondere auch aus intertemporaler und dynamischer Perspektive – etwa in Form von Wachstumsverlusten und Entscheidungsblockaden – sichtbar (Wachendorfer-Schmidt 2003).

Eine mittelstarke Barriere gegen die Verschuldung sind qualitative Hürden, wie Verfassungs- und Gesetzesvorschriften, sowie prozedurale Hürden, wie erhöhte Mehrheitserfordernisse für Schuldenaufnahmen sowie direktdemokratische Abstimmungen, die auf den unterschiedlichen staatlichen Ebenen existieren können. Die Erfahrungen in den USA und der Schweiz zeigen einen eindeutigen Effekt. Dagegen üben die Maastrichter Verschuldungshürden, die quasi Verfassungsrang besitzen, nur geringe Wirkung auf die Verschuldung in der Eurozone aus. Überdies waren auch die Verfassungshürden in Deutschland sowohl auf Bundes- als auch auf Länderebene in ihrer Wirkung moderat, was an der nicht effizienten Ausgestaltung der ‚Goldenen Verschuldungsregel' lag, die vergleichsweise einfach umgangen werden konnte. Diese bis 2009 im Grundgesetz (Art. 115 a.F. GG) verankerte Budgetregel schrieb vor, dass die Nettokreditaufnahme unterhalb der Investitionsausgaben liegen muss. Zwischen 1992 und 2008 verstieß der Bund sieben Mal gegen diese Vorschrift und musste die salvatorische Klausel der Abwehr einer Störung des gesamtwirtschaftlichen Gleichgewichts bemühen. Die Grundgesetzänderung der zweiten Föderalismusreform von 2009 zielte folglich darauf ab, diese Regel zu verschärfen, da der bisherige Investitionsbegriff zu ungenau schien. Mit dem Haushaltsjahr 2011 gilt nun die neue ‚Schuldenbremse' des Art. 115 GG in der Fassung vom 29.07.2009, deren Vorbild das Schweizer Pendant von 2003 ist. Nach dieser Regel ist für den Bund (ab 2016) nur noch eine Kreditaufnahme in Höhe von 0,35 Prozent des BIP zulässig, für die Länder ist eine Kreditaufnahme ab 2019 nicht mehr erlaubt.

Für die Länder der Euro-Zone wirken die 1992 im Vertrag von Maastricht festgelegten Konvergenzkriterien als verbindliche Verschuldungsgrenzen. Demnach darf das gesamtstaatliche Defizit nicht über 3 Prozent des BIP und darf der gesamtstaatliche Schuldenstand nicht über 60 Prozent des BIP steigen. Diese Referenzwerte sind im Protokoll 12 des Vertrags über die Arbeitsweise der Europäischen Union (AEUV)[4] festgeschrieben und bilden den Kern des Stabilitäts- und Wachstumspakts der EU, der die Mitgliedstaaten an diese Haushaltsregeln binden soll. Zudem sind die Mitgliedstaaten nach Art 126 AEUV (ehem. Art. 104 EGV) angehalten, übermäßige öffentliche Defizite zu vermeiden. Falls dennoch ein übermäßiges Defizit festgestellt wird, richtet der Europäische Rat eine nicht-öffentliche Empfehlung an den betreffenden Mitgliedstaat, wie dieses abzubauen sei. Die EU-Kommission erstellt daraufhin einen Konvergenzbericht und muss sich dabei an der Entwicklung des Defizits und der Annäherung an den Referenzwert im betreffenden Mitgliedstaat orientieren. Dabei wird unter anderem berücksichtigt, ob das negative Haushaltssaldo die öffentlichen Ausgaben für die Investitionen übertrifft und wie sich Schulden- und Defizitquote jeweils entwickelt haben. Anschließend gibt der Wirtschafts- und Finanzausschuss der EU seine Stellungnahme zu dem Bericht ab. Schließlich entscheidet der Rat mit qualifizierter Mehrheit, ob ein übermäßiges Defizit vorliegt und berücksichtigt dabei sowohl die Empfehlung der EU-Kommission und die Stellungnahme des betroffenen Mitgliedstaates als auch die Gesamtlage. Wird ein übermäßiges Defizit festgestellt, so ergeht an den Mitgliedstaat die Aufforderung, binnen vier Monaten wirksame Maßnahmen dagegen zu ergreifen. Bleibt dies materiell folgenlos, so kann der Ministerrat mit Zweidrittelmehrheit der Euro-Länder Sanktionszahlungen verhängen, die zwischen 0,2 und 0,5 Prozent des BIP betragen können.

So streng diese Regelung zunächst klingen mag, das Verfahren ist bisher nur ein Papiertiger: Deutschland, Frankreich und Portugal verhinderten bereits 2003 den sogenannten ‚Blauen Brief'. Im darauffolgenden Jahr konnten Deutschland und Frankreich durch massiven politischen Druck ein Defizitverfahren abwenden, indem eine Sperrminorität gegen den Beschluss organisiert wurde. Bis heute beschloss die EU noch kein einziges Mal Sanktionen für Verstöße gegen den Stabilitäts- und Wachstumspakt, obwohl im Zuge der Finanzkrise seit 2008 lediglich Estland, Luxemburg und Schweden ein Defizitverfahren vermeiden konnten.

---

4   Das benannte Protokoll 12 war ursprünglich dem Vertrag von Maastricht 1992 beigefügt und ist mit dem Vertrag von Lissabon als Anhang in den AEUV übergegangen.

Abbildung 3: Verletzungen der Maastricht-Kriterien (1999-2010)

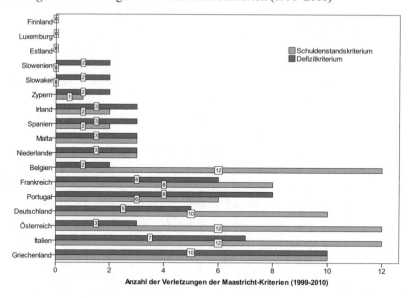

Anmerkungen: Eigene Auswertungen und Berechnungen. Quelle: Eurostat. Indikatoren: „Bruttoschuld des Staates (konsolidiert)" sowie „Finanzierungssaldo des Staates im Rahmen des Verfahrens bei einem übermäßigen Defizit".

Die Performanz der Euro-Länder in Bezug auf die Einhaltung der Haushaltsregeln des Stabilitätspaktes ist daher auch eher bescheiden (vgl. Abbildung 3; Stand 2010). Betrachtet man das Drei-Prozent-Defizitkriterium, so wurde über alle Mitgliedsländer und bezogen auf die jeweilige Mitgliedsdauer dieses Kriterium in 37,8 Prozent aller möglichen Fälle nicht erfüllt: Relative Spitzenreiter sind Griechenland, Malta und die Slowakei, die das Defizitkriterium bislang in jedem Jahr ihrer Euro-Mitgliedschaft verletzten. Das Schuldenstandslimit wurde sogar in 51,9 Prozent aller möglichen Fälle durchbrochen. Wiederum liegt Griechenland mit 100 Prozent gemeinsam mit Belgien, Italien, Malta und Österreich an der Spitze. Von den 17 Euro-Ländern haben lediglich Belgien und Spanien die Schuldenstandsquote im Vergleich zum Termin der Euro-Einführung zurückgeführt. Eine kleine Gruppe mit Österreich, Finnland, Italien und den Niederlanden blieb zumindest annähernd stabil.

Ein weiterer Forschungsstrang befasst sich mit den institutionellen Arrangements, die mit einer höheren Staatsverschuldung einhergehen. In der Politischen Ökonomie dreht sich diese Diskussion um die Begriffe und Konzepte Glaubwürdigkeit, Zeitinkonsistenz, Allmendeproblem sowie den strategischen Einsatz des Verschuldungsinstruments (Persson/Svensson 1989). Kerngedanke ist, dass stabile Institutionen, starke Regierungen (Roubini/Sachs 1989), glaubwürdige Akteure, eine ausgeprägte Hierarchie im Budgetprozess (von Hagen/Harden 1994) sowie starke Finanzminister (von Hagen 1992) dämpfend auf die Verschuldung wirken, da diese Institutionen und Konfigurationen geringe Verschuldungsanreize bieten und dem Einfluss von Sonderinteressengruppen weniger stark ausgesetzt sind. Schwache Regierungen und solche, die eine hohe Wahrscheinlichkeit der Abwahl haben, werden eher höhere Defizite akkumulieren. Im internationalen Vergleich hat die empirische Überprüfung der *strong government*-Hypothese jedoch keine Bestätigung gefunden (Wagschal 1996). Evidenz gibt es allerdings für den hierarchischen Budgetierungsprozess sowie die Stärke des Finanzministers. In der Umsetzung stellt sich aber ein Leadership-Problem. Finanzminister wie Roger Douglas in Neuseeland oder auch Gordon Brown in Großbritannien wussten deutlich mehr mit ihren Kompetenzen anzufangen als etwa Theo Waigel oder Hans Eichel.

Machen Parteien einen Unterschied bei der Verschuldung? Gemeinhin wird angenommen, dass sich linke Regierungen stärker als rechte Regierungen verschulden. Dies trifft jedoch für die Zeit von 1960 bis Mitte der 1990er Jahre für die OECD-Länder nicht zu. Es waren bürgerliche Regierungen, die sich stärker verschuldeten. Die Erklärung für dieses überraschende Ergebnis liegt in den unterschiedlichen ideologischen Zielkonflikten der bürgerlichen Parteien, die einerseits die Steuern senken wollen und andererseits den Haushalt ausgleichen möchten. In diesem Zielkonflikt entschieden sich bürgerlich-konservative Regierungen eher für einen Abbau der Steuerlasten als für die Reduktion des Haushaltsdefizits. Linksregierungen geben demgegenüber zwar mehr Geld aus, sorgen aber gleichzeitig für höhere Einnahmen, so dass die Verschuldung tendenziell geringer ausfällt. Die Erklärung für dieses Verhalten liefert die ‚parteipolitische Steueranpassungshypothese', der zufolge die Interessenlagen der jeweiligen Kernwählerschaft als treibende Kraft wirkten. Die Wählerbasis linker Parteien wird zwar auch von höheren Steuern betroffen, aber relativ geringer als die höheren Einkommensschichten, die tendenziell bürgerliche Parteien wählen. Mit der höheren Steuerquote bei Links-Regierungen geht gleichzeitig ein höheres Ausgabenniveau (passend zum Umverteilungsziel) einher, so dass der Nettonutzen für die Begünstigten, also die Einkommensschwachen, eher positiv ist.

In der polit-ökonomischen Literatur werden andere Determinanten genannt, die einen möglichen Verschuldungseffekt bewirken. Ein besonderes Augenmerk liegt dabei auf dem Einfluss von Wahlen. Insgesamt kann ein sogenannter politischer Konjunkturzyklus (Nordhaus 1975), der sich ausschließlich am Wahlzeitpunkt orientiert, im OECD-Vergleich nicht festgestellt werden. Dennoch gibt es indirekte Evidenz, denn langfristig kann im internationalen Querschnitt eine Beziehung zwischen der Wahlhäufigkeit und höheren Defiziten nachgewiesen werden (Wagschal 1996: 196). Im Vergleich der Verschuldung der Bundesländer ist dagegen eine gewisse Orientierung am Wahlzeitpunkt festzustellen gewesen (ebd.: 230f.), das heißt für alle Parteien konnte eine höhere Verschuldung im Wahljahr festgestellt werden.

Im Zuge der Finanzkrise wurde zudem noch auffällig, dass Länder mit einer hohen Auslandsverschuldung besonders verletzlich gegen die Spekulationsangriffe der Finanzmärkte waren. Gerade Länder wie Griechenland, Irland, Spanien und Portugal weisen hier hohe Anteile aus, während der Spitzenreiter der Verschuldung, Japan, nur gering im Ausland verschuldet ist.

5. Haushaltskonsolidierung

Verschiedene Faktoren bremsen die Staatsverschuldung oder führen zu ihrem Anstieg. Begünstigen dieselben Faktoren – unter umgekehrten Vorzeichen – den Schuldenabbau? Immerhin haben zwischen 1980 und 2005 verschiedene Länder, wie Belgien, Irland, Kanada, Neuseeland, die Niederlande, Österreich und Schweden, ihre Budgets konsolidiert. Was ist überhaupt eine Haushaltskonsolidierung? Konsolidieren bedeutet vom Wortstamm her ‚festigen‘. Im Prinzip geht es um eine Rückführung der Verschuldungsniveaus und der Haushaltsdefizite. Voraussetzung zur Beurteilung der Konsolidierungsanstrengungen ist die Operationalisierung und Definition von Konsolidierungsperioden. Das erste Problem stellt sich mit der Indikatorenwahl, auf deren Basis die Konsolidierungsanstrengungen gemessen und beurteilt werden. Um die tatsächliche diskretionäre Konsolidierungspolitik zu erfassen, sollte der Finanzierungssaldo (bzw. die Nettokreditaufnahme) um jene Größen bereinigt werden, welche eine Regierung nicht beeinflussen kann. Dies sind die konjunkturelle Entwicklung sowie die Zinszahlungen auf die Staatsschuld, für die eine Zahlungsverpflichtung besteht. Somit stehen drei unterschiedliche Messkonzepte bzw. Ansätze zur Auswahl, die den jährlichen nominalen Budgetsaldo bereinigen:

1. der konjunkturell bzw. zyklisch angepasste Budgetsaldo (synonym: das strukturelle Defizit bzw. *cyclically adjusted balance,* CAB),

2. der Primärsaldo (Budgetsaldo abzüglich Zinszahlungen auf die Staatsschuld) sowie

3. der konjunkturell bzw. zyklisch angepasste Primärsaldo (*cyclically adjusted primary balance,* CAPB).

In den wirtschaftswissenschaftlichen Studien werden Budgetkonsolidierungen alleine über das Kriterium definiert, wie sich die konjunkturbereinigte Primärsaldenquote entwickelt. Verbessert sich die Quote um ein bestimmtes Maß, liegt eine Konsolidierung vor. Die hier untersuchten Fälle werden auf zwei Arten erfasst: einmal über die Entwicklung des Primärsaldos (also die Nettokreditaufnahme abzüglich der Zinszahlungen) und einmal über die Entwicklung des Schuldenstandes (jeweils in Relation zum BIP). Liegt mindestens zwei Jahre lang ein positiver Primärsaldo vor, der größer ist als zwei Prozent des BIP, oder findet über mehrere Perioden eine deutliche Verringerung des Primärdefizits statt, dann wurde konsolidiert. Eine Konsolidierung gilt zudem als erfolgreich bzw. nachhaltig, wenn die Schuldenquote im dritten Jahr nach der Konsolidierung unter dem Wert im letzten Konsolidierungsjahr lag. Bei den untersuchten 23 OECD-Ländern ergeben sich im Zeitraum von 1980 bis 2005 aufgrund dieser Kriterien insgesamt 26 Konsolidierungsphasen in 17 Ländern. Sechzehn davon waren erfolgreich, zehn nicht nachhaltig. Deutschland weist trotz eines moderaten Schuldenabbaus Ende der 1980er Jahre im Untersuchungszeitraum keine Konsolidierung auf (vgl. Wagschal/Wenzelburger 2008).

Zentral für den Erfolg der Haushaltssanierung ist, ob diese ausgaben- oder einnahmenseitig erfolgt. Die Entwicklung der Staatsausgabenquoten zeigt, dass erfolgreiche Konsolidierer ihre Ausgaben deutlich stärker zurückführten als Konsolidierer, die ihre Haushalte nicht nachhaltig ins Lot brachten. Durchschnittlich senkten erfolgreiche Konsolidierer ihre Ausgaben um rund 6,4 Prozentpunkte, also mehr als doppelt so stark wie die gesamte OECD-Ländergruppe.

Welche Ausgaben wurden besonders gekürzt? Es waren vor allem 1) die allgemeine Verwaltung (hier werden auch die Zinszahlungen erfasst), 2) die wirtschaftspolitischen Maßnahmen wie Subventionen (etwas weniger betroffen waren die Investitionen) und 3) die Verteidigung. Vergleicht man das Ausgabenprofil der Konsolidierer mit jenem der Nicht-Konsolidierer, zeigen sich weitere bemerkenswerte Unterschiede. Im Gegensatz zu den Konsolidierern erhöhten die Nicht-Konsolidierer ihre Ausgaben besonders für Soziales und Gesundheit. Zwar stiegen die Gesundheitsausgaben auch bei den Konsolidierern, jedoch in deutlich geringerem Umfang. Entscheidend ist aber die Entwicklung der übrigen Sozialausgaben: Die Konsolidierer fuhren diese generell zurück – im Gegensatz etwa zu Deutschland, das mittlerweile (Stand 2011) über 60 Prozent der gesamten Staatsausgaben für Soziales verwendet. Bei der detaillierten Untersuchung erfolgreicher Sanierungsstrategien erweisen sich außerdem folgende Instrumente bei der Ausgabenkürzung als Erfolg versprechend: 1) Veränderungen von Indexierungen, 2) Verschärfungen der Bezugskriterien für Sozialleistungen, 3) Kürzungen beim Personal (Nullrunden, teilweise auch Personalabbau), 4) Verwaltungsreformen und 5) Subventionsabbau.

Auf der Einnahmeseite zeigt sich, dass erfolgreiche Konsolidierer nicht unbedingt die Steuern erhöhen müssen. Im Durchschnitt haben die nachhaltigen Konsolidierungen ihre Einnahmen (relativ zum BIP) sogar verringert. Allerdings gelang es einigen Ländern, durch eine moderate Erhöhung der Einnahmen die Konsolidierung der Haushalte zu unterstützen. Wichtig sind dabei begleitende Reformen auf zentralen Feldern der Güter- und der Arbeitsmärkte sowie des Sozialsystems. Privatisierungserlöse und andere einmalige Einnahmen wurden zumeist zum Schuldenabbau verwendet. Mitunter wurden Unternehmenssteuern gesenkt, um den Wirtschaftsstandort attraktiver zu gestalten.

Wovon hängt der Konsolidierungserfolg einer Regierung außerdem ab? Vor allem die ökonomischen und die politischen Rahmenbedingungen sind zu nennen. Ähnlich wie den Verschuldungsanstieg befördern (oder behindern) sie die Sanierungsbemühungen von Regierungen. Eine zentrale Größe ist hierbei das Wirtschaftswachstum. So hatten die Wirtschaftskrisen Anfang der 1980er und 1990er Jahre sowie nach 2001 einen statistisch messbaren Einfluss auf die Konsolidierungsbemühungen.

Auch internationale Rahmenbedingungen unterstützten die Sanierungsanstrengungen. So brachte etwa das Ende des Kalten Krieges eine Friedensdividende dank eines Rückgangs der Verteidigungsausgaben. Deutschland profitierte mit der Wiedervereinigung zwar auch davon, hatte aber gleichzeitig die Vereinigungslasten zu verarbeiten.

Mitentscheidend war für die Konsolidierung der öffentlichen Haushalte jedoch die Ersparnis durch den Rückgang und die Angleichung der Nominalzinsen in der gesamten OECD-Welt. Hochverschuldete Länder, wie etwa Neuseeland, Griechenland, Belgien, Irland und Italien, profitierten (bis vor der Finanzkrise) sehr viel stärker von sinkenden Zinssätzen als Länder, die bereits eine hohe Glaubwürdigkeit auf den Finanzmärkten genossen, wie die Schweiz und Deutschland. Im Durchschnitt sank der Nominalzins von seinem Spitzenwert von 15,2 Prozent (1982) auf 3,8 Prozent (2005). Italien (7,0 Prozentpunkte), Belgien (6,3 Prozent), Portugal (5,7 Prozent), Irland (5,4 Prozent) sowie Griechenland (4,4 Prozent) konnten so ihre Nettozinszahlungen in Relation zum BIP zwischen 1991 und 2005 besonders stark verringern. Die Zinsdividende, mit bedingt durch die Einführung des Euro, ist damit ein zentraler Faktor für die Haushaltskonsolidierung in vielen Ländern – in den aktuellen Krisenländern im Euroraum wurde dieser jedoch nicht genutzt. Jedoch entfiel für diese Länder gleichzeitig auch die Möglichkeit, durch Inflation ihre Schulden zumindest teilweise zu entwerten und durch Abwertungen ihren Produktivitätsnachteil auszugleichen.

Wie verhält es sich mit institutionellen Änderungen etwa bei der Verfassung oder beim Budgetprozess? Zur Beurteilung des Zusammenhangs zwischen den Konsolidierungsanstrengungen und den Schuldenregeln in den OECD-Ländern wurde ein zweiter Konsolidierungsindikator entwickelt, der von 1 bis 10 skaliert ist und jeweils zwei Jahre als Untersuchungsperiode in den Blick nimmt. Auf der Basis von vier Kriterien werden damit die Konsolidierungsanstrengungen der Untersuchungsländer ermittelt: (1) eine Dauer der Untersuchungsperiode von jeweils zwei Jahren, (2) das Niveau des Primärsaldos (in Prozent des BIP), gemessen am Durchschnitt einer jeweils zweijährigen Untersuchungsperiode, (3) die Entwicklung der Staatsschuldenquote während der Untersuchungsperiode (Differenz im letzten Jahr vor der Konsolidierung im Vergleich zum letzten Jahr der Untersuchungsperiode) und (4) die Entwicklung der Staatsverschuldung (in Prozent des BIP) in den drei Perioden nach Beendigung der Untersuchungsperiode ('Erfolgskriterium'). Zur Darstellung wurde über alle (gleitenden) Untersuchungsperioden das arithmetische Mittel gebildet. Niedrige Werte zeigen eine schwache Konsolidierungsperformanz an.

Die Auswertung in Abbildung 4 zeigt keinen statistischen Zusammenhang zwischen den Konsolidierungsanstrengungen und dem Fiskalregelindex der EU. Gleiches gilt für ein multivariates Untersuchungsdesign, welches weitere Erklärungsfaktoren zusätzlich konstant hält. Der Befund des internationalen Vergleichs ist mithin eindeutig: Für Konsolidierungen sind Verschuldungs- bzw. Fiskalregeln nicht wirksam, diese folgen anderen Logiken. Für den Abbau der Staatsverschuldung braucht es also andere Instrumente und Strategien als die bloße Fixierung von Verschuldungsregeln.

Institutionelle Änderungen fanden hauptsächlich auf der Prozessebene statt. So wurde etwa der Budgetprozess bei den erfolgreichen Konsolidierungen stärker von oben her geplant. Damit einher ging oft auch die Stärkung der Finanzminister, vor allem in Mehrheitsdemokratien, die sich auch als eine Verstärkung des Haftungsgedankens interpretieren lässt. Sein Erfolg wird an gesunden öffentlichen Finanzen gemessen, während die anderen Minister sich vor allem mit Ausgaben profilieren können und daher an einer Erhöhung ihrer Budgets interessiert sind. Auch hat die Bundesregierung in diesem Jahr das Verfahren vom traditionellem Anmeldeverfahren (*Bottom-up*-Ansatz) hin zu einem *Top-Down*-Verfahren umgestellt (Bundesministerium der Finanzen 2011: 1): „Das regierungsinterne Verfahren zur Aufstellung des Bundeshaushalts 2012 und des Finanzplans des Bundes 2011 bis 2015 erfolgt im Rahmen eines *Top-Down*-Verfahrens. Hierzu wird das Bundeskabinett spätestens Mitte März 2011 auf Vorschlag des Bundesministeriums der Finanzen Eckwerte beschließen, die die Einhaltung der verfassungsrechtlichen Schuldenregel sicherstellen und die verbindliche Grundlage für die weitere Haushaltsaufstellung in den Einzelplänen sind."

Abbildung 4: Fiskalregeln und Konsolidierungsanstrengungen (2001-2009)

Anmerkung: Daten aus European Commission (2009; Fiscal Rule Strength Index) sowie eigene Berechnungen anhand von Daten der OECD.

Hilfreich für eine erfolgreiche Konsolidierung waren überdies vorsichtige Schätzungen der Budget- und Wirtschaftsdaten, um bei den Eckdaten für den Haushalt auf der sicheren Seite zu sein. Den Sparwillen förderte außerdem das Aufstellen mehrjähriger Haushalte bzw. eine verbindliche mehrjährige Finanzplanung. Das Ankündigen von Ausgaben- und Defizitzielen zu Beginn einer Legislaturperiode wirkte disziplinierend auf die Regierungen, vor allem in konsensorientierten Systemen.

Die polit-ökonomische Literatur erklärt den Erfolg von Haushaltkonsolidierungen mit unterschiedlichen politischen Faktoren und insbesondere Institutionen. Meist wird angenommen, stabile, vorzugsweise aus wenigen Parteien gebildete Regierungen könnten besser konsolidieren, da sie weniger in Koalitionsverhandlungen gefangen sind, nicht so viele Sonderinteressen befriedigen müssen und einen größeren Handlungsspielraum für die Konsolidierungen haben. Statistische Auswertungen zeigen jedoch, dass weder die Mehrheitssituation einer Regierung, noch die Zahl der an ihr beteiligten Parteien oder ihre Regierungsdauer einen Einfluss auf die Haushaltskonsolidierung haben. Ähnliches gilt für die parteipolitische

Zusammensetzung: Sowohl bürgerliche als auch linke Regierungen waren bestrebt, ihre Haushalte in Ordnung zu bringen.

Wann ist die Zeit günstig, die Staatsfinanzen zu konsolidieren? Beginnt eine Regierung sofort nach großen Machtwechseln oder benötigt sie erst etwas Zeit, bevor sie sich an das Problem wagt? Hierzu wurde für jede Konsolidierungsregierung untersucht, wann sie ins Amt kam und ob es dabei einen Machtwechsel gab. Danach wurde geprüft, wann die Konsolidierung einsetzte.

In 63 Prozent aller Fälle werden die Konsolidierungen spätestens ein Jahr nach dem Machtwechsel eingeleitet. Konsolidierungen versprechen offenbar vor allem dann Erfolg, wenn sie zügig nach einer markanten Änderung der Regierungszusammensetzung durchgeführt werden. In diesem Fall ist auch die Dauer der Konsolidierung länger. Die Zeitspanne, in der die Reformen Wirkung entfalten können, verlängert sich. Gleichzeitig erhöht sich die Wiederwahlchance für die Reformregierung. Dieser oft als *Honeymoon*-Effekt bezeichnete Zusammenhang zeigt: Wegen der hohen Legitimation der Wahlsieger nach einem Machtwechsel können sie solche Reformen als Regierungsprogramm einfacher und glaubwürdiger durchsetzen.

6. Fazit

Die Zusammenschau der Befunde für die Staatseinnahmen, die Staatsausgaben und die Staatsverschuldung ergibt im Großen und Ganzen ein kohärentes Bild. Eine Gemeinsamkeit über alle drei Bereiche hinweg ist die große Erklärungskraft sozioökonomischer Variablen. Diese Erklärungsfaktoren bestimmten zudem die Ausgangspositionen zu entscheidenden Weichenstellungen in der Geschichte der Bundesrepublik Deutschland. Die Kriegsfolgelasten zu Beginn der 1950er Jahre resultierten in einem vergleichsweise hohen Finanzbedarf. Auch die deutsche Einheit, die auch als exogener sozioökonomischer Schock interpretiert werden kann, wurde in hohem Maß durch Finanztransfers verarbeitet.

Dennoch zeigt sich auch die Relevanz politischer Stellgrößen. Allen voran kann man dabei eine eindeutige Differenz zwischen unterschiedlichen Parteienfamilien identifizieren. Linksparteien geben mehr aus und erheben höhere Steuern. Jedoch zeigt sich bei der Residualgröße aus diesen beiden Variablen, dem Haushaltsdefizit, dass sich über lange Zeit im internationalen Vergleich eine stärkere Verschuldung bei den bürgerlichen Parteien einstellte – im Unterschied zur Bundesrepublik Deutschland. Dies kann mit Hilfe der parteipolitischen Steueranpassungshypothese erklärt werden, die die Ursache hierfür bei den Interessen- und Präferenzlagen der jeweiligen Kernwählerschaft verortet. Mitte der 1990er Jahre, als durch Globalisierung und Maastricht-Kriterien der Handlungsspielraum für exzessive Verschuldung bei den nationalstaatlichen Regierungen weitgehend verschwand, war auch diese Differenz nicht mehr zu beobachten. Aufgrund der fehlenden Steuerautonomie der Bundesländer lässt sich jedoch im Bundesländervergleich eine höhere Verschuldung bei Linksparteien feststellen.

Institutionen zeigen sich auf verschiedenste Art als bedeutende Erklärungsfaktoren. Auch die Vetostruktur eines Landes macht einen Unterschied. Insbesondere ist die Steuerreformtätigkeit bei einer hohen Zahl der Vetospieler, vor allem wenn sie kompetitiv zur Exekutive agieren, kleiner als in Ländern mit wenigen oder nur konsensualen Vetospielern. Deutschland hat vergleichsweise ungünstige Voraussetzungen, da es hier wirkungskräftige Vetospieler gab und gibt. Dennoch lässt sich auch hier die in der Vergangenheit beobachtete Reformtätigkeit erklären, die mit den anderen Stellgrößen, beispielsweise dem sozioökonomischen Problemdruck, zusammenhängt. Trotz einer gewissen Pfadabhängigkeit und Konstanz in der Struktur der Einnahmen und der Ausgaben des Staates lassen sich auch Veränderungen feststellen. Seit der deutschen Einheit findet eine Verschiebung der Besteuerung hin zu eher immobilen Faktoren statt. Im Bereich der Staatsausgaben werden konsumtive Bereiche weitaus stärker ausgebaut als etwa investive Bereiche oder der Verteidigungsetat. Unterprivilegiert ist auch der Bildungsbereich. Diese Struktur der Staatsausgaben hat mit der zunehmenden Zahl der vom Wohlfahrtsstaat abhängigen Personen und dem demographischen Wandel zu tun. So wird die Wählerschaft, gemessen am Medianalter, immer älter. Dieses ist seit 1972 von 46,9 Jahre auf inzwischen rund 53 Jahre gestiegen. Dies bedeutet gleichzeitig, dass Interessen der Pensionäre (und der Rentner in spe) bessere Chancen haben, sich im politischen Prozess durchzusetzen.

Überraschend ist auch angesichts der aktuellen Verschuldungskrise, dass Schuldenregeln weit weniger wirkungsvoll sind als immer wieder betont wird. Folgende drei zentrale Befunde können hierzu festgehalten werden: 1) Verschuldungsregeln haben Finanzkrisen und Höchststände bei der Verschuldung in vielen Ländern nicht verhindern können. 2) Dennoch weisen Länder mit Fiskalregeln einen niedrigeren Verschuldungszuwachs auf als Länder mit keinen bzw. nur schwachen Fiskalregeln. 3) Fiskalregeln haben kaum einen Einfluss auf die Haushaltskonsolidierung, also die Rückführung der Staatsverschuldung. Hier sind andere Faktoren viel entscheidender, wie etwa das politische Bekenntnis zum Abbau der Verschuldung.

Die Analyse sämtlicher Konsolidierungen hat gezeigt, dass vor allem die wirtschaftlichen Rahmenbedingungen Konsolidierungen beeinflussen. Die wichtigsten Größen waren dabei das Wirtschaftswachstum, die Veränderung der Zinssätze, aber auch die nach dem Ende des Kalten Krieges anfallende Friedensdividende.

Kommentierte Literaturhinweise

Blankart, Charles B., [8]2011: Öffentliche Finanzen in der Demokratie. München: Oldenbourg.
      Umfassendes Lehrbuch aus der Volkswirtschaftslehre zu Öffentlichen Finanzen von einem anerkannten
      Ökonomen.

Reinhart, Carmen M./Rogoff, Kenneth S., 2009: This Time Is Different: A Panoramic View of Eight Centuries of
      Financial Crises. Princeton, NJ: Princeton University Press.
      Aktuelles Buch zur Historie der Staatsverschuldung.

Wagschal, Uwe/Wenzelburger, Georg, 2008: Haushaltskonsolidierung. Wiesbaden: VS Verlag für Sozialwissen-
      schaften.
      International vergleichende Studie zur Haushaltskonsolidierung.

Literatur

Bawn, Kathleen, 1999: Money and Majorities in the Federal Republic of Germany: Evidence for a Veto Players Model of Government Spending, in: American Journal of Political Science 43:4, 707-736.

Blankart, Charles B., ⁸2011: Öffentliche Finanzen in der Demokratie. München: Oldenbourg.

Brecht, Arnold, 1932: Internationaler Vergleich der öffentlichen Ausgaben. Leipzig: Teubner.

Buchanan, James M., 1980: Procedural and Quantitative Constitutional Constraints on Fiscal Authority, in: Moore, William S./Penner, Rudolph (Hg.): The Constitution and the Budget, Washington: American Enterprise Institute, 80-84.

Bundesministerium der Finanzen, 2010: Finanzbericht 2011. Berlin.

Bundesministerium der Finanzen, 2011: Eckwertebeschluss zum Regierungsentwurf des Bundeshaushalts und zum Finanzplan 2011-2015. Berlin.

Bundesministerium der Finanzen, 2012: Datensammlung zur Steuerpolitik. Berlin.

Cameron, David R., 1978: The Expansion of the Public Economy: A Comparative Analysis, in: American Political Science Review 72:4, 1243-1261.

Castles, Francis G., 1982: The Impact of Parties on Public Expenditure, in: Castles, Francis G. (Hg.): The Impact of Parties. London-Beverly Hills: Sage, 21-96.

Castles, Francis G., 1998: Comparative Public Policy. Patterns of Post-War Transformation, Cheltenham: Edward Elgar.

Cusack, Thomas R./Fuchs, Susanne, 2005: Parteien, Institutionen und Staatsausgaben, in: Obinger, Herbert/Wagschal, Uwe/Kittel, Bernhard (Hg.): Politische Ökonomie. Wiesbaden: VS Verlag für Sozialwissenschaften, 321-353.

Downs, Anthony, 1957: An Economic Theory of Democracy. New York: Harper.

European Commission, 2009: Public Finances in EMU 2009, Directorate-General for Economic and Financial Affairs, European Economy 5/2009.

Flora, Peter (Hg.), 1986: Growth to Limits, 2 Bde, Berlin-New York: Walter de Gruyter.

Ganghof, Steffen, 1999: Steuerwettbewerb und Vetospieler: Stimmt die These der blockierten Anpassung?, in: Politische Vierteljahresschrift 40:3, 458-472.

Ganghof, Steffen, 2004: Wer regiert in der Steuerpolitik? Einkommensteuerreform zwischen internationalem Wettbewerb und nationalen Konflikten. Frankfurt a.M.-New York: Campus.

Garrett, Geoffrey, 1998: Partisan Politics in the Global Economy. Cambridge: Cambridge University Press.

Genschel, Philipp, 2002: Steuerharmonisierung und Steuerwettbewerb in Europa: Die Steuerpolitik der Europäischen Union. Habilitationsschrift, Universität Konstanz.

Goldscheid, Rudolf, 1976 [1917]: Staatssozialismus und Staatskapitalismus – Ein finanzsoziologischer Beitrag zur Lösung des Staatsschulden-Problems, in: Hickel, Rudolf (Hg.): Die Finanzkrise des Steuerstaats – Beiträge zur Politischen Ökonomie der Staatsfinanzen. Frankfurt a.M.: Suhrkamp, 40-252.

Hallerberg, Mark/Basinger, Scott, 1999: Globalization and Tax Reform: An Updated Case for the Importance of Veto Players, in: Politische Vierteljahresschrift 40:4, 618-627.

Heller, William B., 2001: Political Denials: The Policy Effect of Intercameral Partisan Differences in Bicameral Parliamentary Systems, in: Journal of Law, Economics, and Organisation 17:1, 34-61.

Hibbs, Douglas A., 1977: Political Parties and Macroeconomic Policy, in: American Political Science Review 71:4, 1467-1487.

Kirchgässner, Gebhard, 2002: Föderalismus und Staatsquote, in: Wagschal, Uwe/Rentsch, Hans (Hg.): Der Preis des Föderalismus. Zürich: Orel Füssli, 71-91.

Kohl, Jürgen, 1985: Staatsausgaben in Westeuropa: Analysen zur langfristigen Entwicklung der öffentlichen Finanzen. Frankfurt a.M.- New York: Campus.

Kotlikoff, Laurence/Burns, Scott, 2012: The Clash of Generations. Cambridge, MA: MIT Press.

Lerner, Abba P., 1979 [1943]: Funktionale Finanzpolitik und Staatsschuld, in: Nowotny, Ewald (Hg.), Öffentliche Verschuldung, Stuttgart: Fischer, 87-94.

Moog, Stefan/Raffelhüschen, Bernd, 2011: Ehrbare Staaten? Tatsächliche Staatsverschuldung in Europa im Vergleich. Berlin: Stiftung Marktwirtschaft.

Muscheid, Jutta, 1986: Die Steuerpolitik in der Bundesrepublik Deutschland. Berlin: Duncker & Humblot.

Niskanen, William A., 1971: Bureaucracy and Representative Government. Chicago-New York: Aldine Atherton.

Nordhaus, William D., 1975: The Political Business Cycle, in: Review of Economic Studies 42:2, 169-190.

Nowotny, Ewald (Hg.) 1979: Öffentliche Verschuldung, Stuttgart: Fischer.

Obinger, Herbert/Leibfried, Stephan/Castles, Francis G. (Hg.), 2005: Federalism and the Welfare State. New World and European Experiences. Cambridge: Cambridge University Press.

OECD, 2012: OECD Economic Outlook Database. Paris.

Peacock, Alan/Wiseman, Jack, 1967: The Growth of Public Expenditure in the United Kingdom. London: Allen & Unwin.

Persson, Torsten/Svensson, Lars E., 1989: Why a Stubborn Conservative Would Run a Defi-cit: Policy with Time-Inconsistent Preferences, in: Quarterly Journal of Economics 104:2, 325-345.

Persson, Torsten/Tabellini, Guido, 1999: The Size and the Scope of Government: Comparative Politics with Rational Politicians, in: European Economic Review 43:4-6, 699-735.

Peters, Guy B., 1991: The Politics of Taxation. A Comparative Perspective. Cambridge, MA-Oxford: Blackwell.

Popitz, Johannes, 1926: Finanzausgleich, in: Elster, Ludwig (Hg.) Handwörterbuch der Staatswissenschaften. Jena: Fischer , 1016-1042.

Raffelhüschen, Bernd, 2001: Generational Accounting – Quo Vadis? Diskussionsbeiträge 95/01 des Instituts für Finanzwissenschaft der Albert-Ludwigs-Universität Freiburg.

Reinhart, Carmen M./Rogoff, Kenneth S., 2009: This Time Is Different: A Panoramic View of Eight Centuries of Financial Crises. Princeton, NJ: Princeton University Press.

Ricardo, David, 1951: The Works and Correspondence of David Ricardo, Vol. IV Pamphlets and Papers 1815-1823, hg. v. Sraffa, Pierro. Cambridge: Liberty Fund.

Rodrik, Dani, 1997: Has Globalization Gone too Far? Washington: Institute for International Economics.

Rombeck-Jaschinski, Ursula, 2004: Das Londoner Schuldenabkommen. München-Wien: Oldenbourg Wissenschaftsverlag.

Rose, Richard/Davies, Phillip L., 1994: Inheritance in Public Policy: Change Without Choice in Britain. New Haven-London: Yale University Press.

Rose, Richard/Karran, Terence, 1987: Taxation by Political Inertia. Financing the Growth of Government in Britain. London-Boston, MA: Allen & Unwin.

Roubini, Nouriel/Sachs, Jeffrey, 1989: Political and Economic Determinants of Budget Defi-cits in the Industrial Democracies, in: European Economic Review 33:4, 903-933.

Sachverständigenrat zur Begutachtung der gesamtwirtschaftlichen Entwicklung, 2003: Staatsfinanzen konsolidieren – Steuersysteme reformieren. Jahresgutachten 2003/04. Wiesbaden.

Scharfe, Simone, 2011: Schulden des öffentlichen Gesamthaushaltes am 31. Dezember 2010, Statistisches Bundesamt, Wirtschaft und Statistik, November 2011, 1117-1125.

Schmidt, Manfred G., 1987: Germany: The Policy of the Middle Way, in: Journal of Public Policy 7:2, 139-177.

Schmidt, Manfred G., 1996: When Parties Matter. A Review of the Possibilities and Limits of Partisan Influence on Public Policy, in: European Journal of Political Research 30:2, 155-183.

Schumpeter, Joseph A., 1976 [1918]: Die Krise des Steuerstaates, in: Hickel, Rudolf (Hg.): Die Finanzkrise des Steuerstaates – Beiträge zur Politischen Ökonomie der Staatsfinanzen. Frankfurt a.M.: Suhrkamp, 329-379.

Schwinn, Oliver, 1997: Die Finanzierung der deutschen Einheit. Eine Untersuchung aus poli-tisch-institutionalistischer Perspektive. Opladen: Leske+Budrich.

Seils, Eric, 2005: Haushaltspolitik: Akteure und Institutionen des parlamentarischen Systems der Bundesrepublik im internationalen Vergleich, in: Zeitschrift für Parlamentsfragen 36:4, 773-790.

Sinn, Hans-Werner, 1997: Deutschland im Steuerwettbewerb. CES Working Paper 132, Universität München.

Smith, Adam, ⁶1993 [1776]: Der Wohlstand der Nationen. München: Deutscher Taschenbuch Verlag.

Tanzi, Vito/Schuknecht, Ludger, 2000: Public Spending in the 20th Century. A Global Perspective. Cambridge: Cambridge University Press.

Tsebelis, George, 2002: Veto Players. How Political Institutions Work. Princeton, NJ: Princeton University Press.

Tufte, Edward R., 1978: Political Control of the Economy. Princeton, NJ: Princeton University Press.

von Hagen, Jürgen, 1992: Budgeting Procedures and Fiscal Performance in the European Communities, Brüssel: Directorate-General for Economic and Financial Affairs, Commission of the European Communities.

von Hagen, Jürgen/Harden, Ian, 1994: National Budgetary Processes and Fiscal Performance. European Economy: Towards Greater Fiscal Discipline. Reports and Studies 3. Office for Official Publications of the European Communities, Luxembourg, 311-418.

von Heckel, Max, ³1911: Staatsschulden, in: Handwörterbuch der Staatswissenschaften, Bd. VII. Jena: Gustav Fischer Verlag, 758-773.

von Stein, Lorenz, [5]1886.: Lehrbuch der Finanzwissenschaft. Zweiter Theil. Die Finanzverwaltung Europas. Leipzig: Brockhaus.

Wachendorfer-Schmidt, Ute, 2003: Politikverflechtung im vereinigten Deutschland. Wiesbaden: Westdeutscher Verlag.

Wagner, Adolph, 1863: Die Ordnung des österreichischen Staatshaushalts. Mit besonderer Rücksicht auf den Ausgabenetat und die Staatsschuld. Wien: Gerold.

Wagschal, Uwe, 1996: Staatsverschuldung. Ursachen im internationalen Vergleich. Opladen: Leske+ Budrich.

Wagschal, Uwe, 1999: Blockieren Vetospieler Steuerreformen?, in: Politische Vierteljahresschrift 40:4, 628-640.

Wagschal, Uwe, 2002: Verfassungsbarrieren als Grenzen der Staatstätigkeit, in: Schweizerische Zeitschrift für Politikwissenschaft 8:1 51-78.

Wagschal, Uwe, 2005: Steuerpolitik und Steuerreformen im internationalen Vergleich. Eine Analyse der Ursachen und Blockaden, Münster-Hamburg: Lit..

Wagschal, Uwe/Wenzelburger, Georg, 2008: Haushaltskonsolidierung. Wiesbaden: VS Verlag für Sozialwissenschaften.

Wagschal, Uwe/Wenzelburger, Georg, 2009: Determinanten der Haushaltskonsolidierung der Bundesländer (1992-2006), in: Zeitschrift für Vergleichende Politikwissenschaft 3:1, 33-58.

Wagschal, Uwe/Wenzelburger, Georg/Metz, Thomas/Jäkel, Tim, 2009: Konsolidierungsstrategien der Bundesländer, Gütersloh: Bertelsmann Verlag.

Weltring, Sylvia, 1997: Staatsverschuldung als Finanzierungsinstrument des deutschen Verei-nigungsprozesses. Frankfurt a.M: Lang.

Wilensky, Harold L., 1975: The Welfare State and Equality. Berkeley: University of California Press.

Zohlnhöfer, Reimut, 2001: Die Wirtschaftspolitik der Ära Kohl. Eine Analyse der Schlüsselentscheidungen in den Politikfeldern Finanzen, Arbeit und Entstaatlichung, 1982-1998. Opladen: Leske+Budrich.

Zohlnhöfer, Reimut, 2005: Globalisierung der Wirtschaft und nationalstaatliche Anpassungsreaktionen. Theoretische Überlegungen, in: Zeitschrift für Internationale Beziehungen 12:1, 41-75.

Staatstätigkeit II: neue Formen politischer Steuerung

Stefan Wurster

1. Einleitung

Wie gelingt es einer Regierung, politische, gesellschaftliche und wirtschaftliche Entwicklungen in einem Land zu beeinflussen und zu steuern? Bis zu welchem Grad lässt sich eine
Gesellschaft überhaupt steuern und welche Instrumente können für eine (gemeinwohlorientierte) Beeinflussung eingesetzt werden? Dies sind zentrale Fragen der klassischen Steue-
rungs- und Policydebatte, die im Kern auf einem staatszentrierten *top-down*-Verständnis von
Steuerung als einem „Vorgang der absichtsvollen direkten oder indirekten Aufrechterhaltung
oder Veränderung von Zuständen des politischen Systems, der Gesellschaft und der Wirtschaft" (Schmidt 2010: 785) unter Maßgabe eines Problemlösungswillens und der Annahme
eines überlegenen Steuerungswissens der Politik beruhen. In der jüngeren politischen und
politikwissenschaftlichen Diskussion sind weitere Fragen hinzugekommen. Ausgehend von
der Kontroverse um die Möglichkeiten und Grenzen politischer Gesellschaftsbeeinflussung[1]
und den (Implementations-)Defiziten hierarchisch-staatlicher Steuerung wurde die vermeintlich klare Unterscheidung zwischen dem Steuerungssubjekt Staat auf der einen Seite und den
zu steuernden Objekten Wirtschaft und Gesellschaft auf der anderen Seite hinterfragt (vgl.
Mayntz 2008: 43). Zudem haben sich die Steuerungsparadigmen, die in der öffentlichen und
politikwissenschaftlichen Debatte dominierten, in den letzten Jahrzehnten gewandelt – vom
klassischen Interventionsstaat über den minimal-schlanken zum kooperativ-aktivierenden
Staat (vgl. Braun/Giraud 2009: 160). Infolgedessen rückten Fragen beispielsweise nach der
angemessenen staatlichen Eingriffsintensität, dem zu präferierenden Ausmaß an Wettbe-
werbs- und Marktorientierung oder den Folgen gesellschaftlicher Mit- und Selbststeuerung
durch nichtstaatliche Akteure in den Fokus (vgl. unter anderem Benz/Dose 2010). Daneben
stellt sich vor dem Hintergrund veränderter nationaler wie internationaler Rahmenbedingungen (wie Globalisierung, Wertewandel und technische Innovationen), gewandelter Steuerungsparadigmen und einer komplexer gewordenen Arbeitsteilung zwischen Staat, Markt
und Gesellschaft die Frage, welche Folgen diese für Einsatz, Verbreitung und Wirksamkeit
unterschiedlicher Steuerungsmodi und -instrumente haben.[2]

---

1 Während Vertreter klassisch staatszentrierter, liberaler, aber auch marxistischer Gesellschaftstheorien häufig
einen besonderen Steuerungsoptimismus hegten, wiesen systemtheoretische Ansätze auf die Restriktionen
staatlicher Steuerungseingriffe, wegen der Überforderung des Staates, operativ geschlossene soziale Teilsysteme von außen absichtsvoll zu steuern, hin (vgl. Mayntz 2008: 43).

2 Während beim Steuerungsmodus abstrakte Kategorien wie direkte, indirekte oder prozedurale Steuerung
unterschieden werden, umfassen Steuerungsinstrumente die konkreten operativen Mittel, Methoden und

Unter Berücksichtigung der veränderten Steuerungslandschaft werden im Folgenden neue Formen und Instrumente politischer Steuerung in Abgrenzung zu klassischen Varianten vorgestellt und anhand konkreter Beispiele in ihrer Bedeutung für den bundesdeutschen Kontext erläutert. Dabei werden auch deren spezifische Funktionsvoraussetzungen und Restriktionen beleuchtet und ihre potenziellen Vorzüge ebenso wie ihre Schwächen im Hinblick auf die Policywirkung anhand von Kriterien *guten Regierens* (*good governance*) evaluiert.

Der zweite Abschnitt dieses Kapitels stellt die wichtigsten, klassischen Steuerungsinstrumente vor und ordnet sie verschiedenen Modi der (staatlichen) Verhaltensbeeinflussung zu. Durch die Unterscheidung von Policy-Typen lassen sich im Zuge dessen auch grundsätzliche Herausforderungen und Probleme von Steuerung aufzeigen, bevor im dritten Abschnitt Bewertungsmaßstäbe guter politischer Steuerung anhand von Kriterienkatalogen der *good governance*-Debatte herausgearbeitet werden. Der vierte Teil des Beitrags zeichnet die tiefgreifende Veränderung der steuerungspolitischen Rahmenbedingungen in den letzten Jahrzehnten nach, die auch zu einer grundlegenden Verschiebung der staats- und steuerungspolitischen Leitbilder geführt hat, wie der fünfte Abschnitt zeigt. Der sechste Teil widmet sich einer generellen Systematisierung des weiten Spektrums neuer Instrumente politischer Steuerung, bevor im siebten Abschnitt anhand von sechs konkreten Beispielen die Veränderung der deutschen Steuerungslandschaft aus international vergleichender Perspektive im Hinblick auf neue Formen der Langfristplanung und Bürgerbeteiligung, des Einsatzes quasimarktlicher Wettbewerbselemente sowie der Liberalisierung und Reregulierung, verdeutlicht wird. Neben einer Zusammenfassung enthält der achte Teil einen Ausblick, in dem der Frage nachgegangen wird, ob wir vor dem Hintergrund aktueller Herausforderungen (wie der Finanz- und Wirtschaftskrise, dem demographischen Wandel und der Klimaänderung) mit der partiellen Renaissance des Staates als Regulierungsinstanz den Aufstieg eines neuen Steuerungsparadigmas erleben.

2. Klassische Formen politischer Steuerung

Im Zentrum des klassischen Steuerungsverständnisses steht der hierarchisch organisierte, auf legalen Über- und Unterordnungsverhältnissen basierende ‚weberianische' Staat (vgl. Jann/ Wegrich 2010: 178; Döhler 2007: 46), der zur Sicherstellung öffentlicher Güter in erster Linie auf direkte (hoheitliche) Lenkungsinstrumente zurückgreift. Neben dem schärfsten Schwert –sanktions- und strafbedrohte, materiell-rechtliche Zwangsmittel (Gebote und Verbote, vgl. Tabelle 1) – kommt der Staat seiner Ordnungsaufgabe dabei durch Anzeige- und Genehmigungspflichten oder (seltener) durch flexibler handhabbare normensetzende Absprachen mit einzelnen Herrschaftsunterworfenen nach.

Seiner Stellung als zentralem Steuerungssubjekt wird der Staat darüber hinaus besonders gerecht, wenn er als hoheitlicher Akteur öffentliche Güter (wie Verteidigung, Infrastruktur und Bildung) durch seine Verwaltung selbst bereitstellt (vgl. Braun/Giraud 2009: 163).

Verfahrensweisen der Gesellschaftssteuerung.

Daneben kann er über Staatsunternehmen oder die Beteiligung an privaten Firmen Marktprozesse beeinflussen.[3]

Soweit der Staat auf indirekte Formen der Gesellschaftssteuerung zurückgreift, stehen ihm vor allem finanzielle Instrumente wie negative und positive Anreize (durch Besteuerung und Subventionen) sowie Angebotsprogramme zur Verfügung.[4] Darüber hinaus kann er durch Informations- und Beratungsangebote das Verhalten von Bürgern oder Unternehmen beeinflussen.[5]

Durch planerische Vorgaben ist es ihm schließlich möglich, gesellschaftliche Prozesse zu strukturieren, indem er privaten Akteuren Verfahrensvorschriften oder Verhaltensangebote unterbreitet und damit ihre Teilhabe-, Organisations- und Partizipationsmöglichkeiten reguliert. Der in der klassisch-‚weberianischen' Steuerungsphilosophie eher untergeordnete Modus prozessualer Steuerung kann auch die Delegation von öffentlichen Aufgaben an nichtstaatliche Träger einschließen (beispielsweise in Form neokorporatistischer Arrangements), wobei zumeist die Entlastung des Staates und weniger die Förderung der Selbstorganisation von gesellschaftlichen Akteuren im Vordergrund steht.

Tabelle 1:   Klassische Instrumente politischer Steuerung

Steuerungsmodus	*Klassische Steuerungsinstrumente*
Direkte Steuerung	Materiell-rechtliche Gebote und Verbote, Anzeige- und Genehmigungspflichten, normensetzende Absprachen
Bereitstellung öffentlicher Güter	Hoheitliche Aufgabenübernahme, Infrastrukturbereitstellung durch staatliche Anbieter, Schaffung von Staatsunternehmen
Indirekte Steuerung	Besteuerung, Subventionierung, finanzielle Angebotsprogramme, Informations- und Überzeugungskampagnen
Prozedurale Steuerung	Strukturierung durch staatliche Planung, Verfahrensvorgaben und Verhaltensangebote, neokorporatistische Konzertierung

Quelle: Eigene Darstellung in Anlehnung an Braun/Giraud (2009: 162).

Ob die unterschiedlichen Steuerungsinstrumente erfolgreich angewendet werden können, hängt maßgeblich von der Beschaffenheit der zu regulierenden Politik, respektive dem Po-

---

3   Im Extremfall kann dies bis zur (Re-)Nationalisierung ganzer Wirtschaftszweige reichen. Der Staat tritt dann nicht nur als Regulierungsinstanz, sondern auch als eigenständiger Wirtschaftsakteur auf.

4   Mithilfe finanzieller Anreize soll das Kosten-Nutzen-Kalkül der Programmadressaten verändert werden, sodass eine Verhaltensveränderung bei ihnen eintritt, die (auch) Dritten zugutekommt (z. B. Subventionierung eines Unternehmens, damit es Arbeitsplätze bereitstellen kann). Bei einem Angebotsprogramm werden Leistungen dagegen direkt zum Nutzen der jeweiligen Zielgruppe bereitgestellt (z. B. die Sozialhilfe), ohne dass bei dieser zwingend eine Verhaltensänderung intendiert wird.

5   Dieses Instrument kommt mit einem geringeren Maß an staatlichem Zwang aus (vgl. Blum/Schubert 2011: 89), geht es doch darum, beispielsweise durch staatliches Vorbild, Menschen von der Sinnhaftigkeit eines bestimmten Verhaltens zu überzeugen.

licy-Typ, ab. Während zur Lösung redistributiver Policies[6] in aller Regel auf Instrumente staatlichen Zwangs (Gebote, Verbote, Besteuerung) zurückgegriffen werden muss, lassen sich weniger konfliktbeladene distributive Politiken[7] häufig durch weichere Steuerungseingriffe (wie Angebots- und Informationsprogramme) regeln.

3. Bewertungsmaßstäbe guter politischer Steuerung

Anhand welcher Kriterien lassen sich die Güte und der Erfolg eines politischen Steuerungseingriffs messen und bewerten? Im Rahmen der Debatte um gute Regierungsführung[8] wurden von verschiedenen Institutionen wie Weltbank, OECD oder EU Kriterienkataloge aufgestellt, die hierauf eine Antwort geben können (vgl. Hill 2006). Im Folgenden sollen sechs häufig verwendete Prüfsteine näher erläutert werden (vgl. Tabelle 2).

Ein erster zentraler Bewertungsmaßstab ist die Effektivität einer Maßnahme. Gefragt wird hier nach dem Zielerreichungsgrad: Wurde das intendierte Regelungsziel erreicht und waren die eingesetzten Instrumente geeignet, erforderlich und damit problemadäquat? Je dringlicher eine Problemlösung ist, desto wichtiger ist dieses Kriterium. Im Falle akuter Gefahrenabwehr ist es die *conditio sine qua non* (vgl. Dose 2008: 230f.). In anderen Fällen tritt die Effizienz, das heißt das Kosten-Nutzen-Verhältnis einer Maßnahme, in den Mittelpunkt. Das Ziel soll danach mit möglichst geringem Aufwand erreicht werden. Dazu müssen unnötige Kosten vermieden und im Idealfall dynamische Anreize gesetzt werden. Darüber hinaus ist es wichtig, dass ein Steuerungsinstrument möglichst gut in ein Regelungsumfeld eingebettet (zum Beispiel durch Kompatibilität mit nationalen Besonderheiten und anderen Steuerungsmaßnahmen, vgl. ebd.: 235) und zudem praktikabel und mit geringem Verwaltungsaufwand umsetzbar ist. Ein Instrument sollte inhärent widerspruchsfrei sein und in konsistenter Weise der Zielerreichung dienen, ohne zu große unintendierte Nebenfolgen zu erzeugen (vgl. ebd.: 233). Insbesondere sollte eine Problemverschiebung in die Zukunft vermieden und eine langfristig nachhaltige Problemlösung ermöglicht werden. Schließlich stellt sich die Frage, ob und inwieweit ein Steuerungsinstrument demokratieverträglich ist: Genügt es den Ansprüchen demokratischer Kontrolle (vgl. Hill 2006: 224), Rechtsstaatlichkeit, Zurechenbarkeit (vgl. Zürn 2008: 577), Transparenz und Partizipation? Bietet es vielleicht sogar besondere Möglichkeiten breiter demokratischer Teilhabe und erhöht es so die Akzeptanz bei den Regelunterworfenen und die Legitimation der Regelsetzer (Benz 2010: 117; Zürn 2008: 569)?

---

6   Hierbei handelt es sich um Politiken mit umverteilender Wirkung, wobei die Relation zwischen Kosten und Nutzen für die Betroffenen klar ersichtlich ist.

7   Hier steht die Produktion kollektive Güter im Zentrum, wobei eine Umverteilungswirkung von den Betroffenen nicht ohne Weiteres erkannt werden kann.

8   Erstmals wurde *good governance* in einer Studie der Weltbank aus dem Jahr 1989 von Entwicklungsländern eingefordert. Mittlerweile wird es als universelles Leitkonzept verstanden, das zur Verwirklichung einer effizienteren, rechtsstaatlichen und bürgernahen Staatspraxis (vgl. Mayntz 2006: 16) auch in entwickelten Ländern Anwendung findet.

Nicht allen erwähnten Kriterien wird immer und überall in vollem Umfang entsprochen werden können. Zielkonflikte können nicht nur zwischen Effektivität und Effizienz auftreten (vgl. Dose 2008: 25), sondern auch zwischen anderen Zieldimensionen, beispielweise zwischen Effizienz, Nachhaltigkeit und Demokratieverträglichkeit (vgl. Papadopoulos 2010). Eine Bewertung der klassischen Steuerungsinstrumente anhand der oben erwähnten Kategorien ergibt dann jeweils auch ein sehr differenziertes Bild.

Tabelle 2: Bewertungskriterien *guter* politischer Steuerung

Bewertungskriterium	Beschreibung
Effektivität	Zielerreichungsgrad einer Maßnahme, Problemangemessenheit, Treffsicherheit
Effizienz	Kosten-Nutzen-Relation einer Maßnahme, dynamische Anreizwirkung
Kompatibilität und Praktikabilität	Einbettungsgrad ins Regelungsumfeld, Anpassungsfähigkeit und Flexibilität, Implementationsaufwand
Kohärenz und Konsistenz	Widerspruchsfreiheit einer Maßnahme, Ausmaß nicht intendierter Nebenfolgen
Nachhaltigkeit	Langfristwirkung einer Maßnahme, Diskontierungsanreize, Höhe der Folgekosten
Demokratieverträglichkeit	Möglichkeit demokratischer Partizipation und Kontrolle, Beachtung rechtsstaatlicher und ethischer Standards, Transparenz und Zurechenbarkeit

Als Vorzug direkter Steuerung kann ihre meist hohe Effektivität angesehen werden. Sie eignet sich in besonderer Weise zur Abwehr von schwerwiegenden Gefahren. Mit ihrer Hilfe lassen sich aber auch redistributive Verteilungskonflikte lösen. Obgleich ihre Verabschiedung im Rahmen regelgebundener Verfahren relativ einfach möglich und demokratietheoretisch zumeist unbedenklich ist (nicht zuletzt aufgrund der ununterbrochenen demokratischen Legitimationskette, vgl. Döhler 2007: 48), fällt ihre Effizienzbilanz aufgrund hoher Überwachungskosten in der Implementationsphase zumindest ambivalent aus (vgl. Blum/ Schubert 2011: 88).

Tritt der Staat selbst als Dienstleister in Erscheinung, stellt sich ebenfalls die Effizienz-Problematik. Zwar kann er so die Produktion bestimmter öffentlicher Güter relativ zuverlässig sicherstellen, inwiefern es aber die kosteneffizienteste Lösung ist, wenn der Staat (im Falle von Staatsbetrieben) selbst als Unternehmer auftritt, bleibt hochgradig umstritten, zumal hierdurch erhebliche Marktverzerrungen provoziert werden können.

Mit Ausnahme der negativen Besteuerung verzichten indirekte Steuerungsinstrumente auf harten Zwang, indem sie Anreize setzen oder mithilfe von Informations- und Beratungsangeboten versuchen, die Bürger von den Vorteilen eines bestimmten Verhaltens zu überzeugen. Indirekte Steuerungsinstrumente laborieren allerdings in der Regel an einer geringeren Treffsicherheit (mit der Gefahr von Mitnahmeeffekten, Fehlanreizen oder mangelnder Durchschlagskraft). Während positive Anreize und Angebote zudem hohe finanzielle Kosten erzeugen, dafür aber relativ leicht politisch durchsetzbar sind, können negative finanzielle Vorgaben erhebliche Verteilungskonflikte provozieren.

Prozedurale Steuerung schließlich stellt hohe Ansprüche an die Planungs- und Managementfähigkeit des Staates. Ein hohes Steuerungswissen ist notwendig, um mithilfe institutioneller oder prozeduraler Vorgaben das Verhalten privater Akteure in gewünschter Weise zu beeinflussen. Die hierbei intendierte Mobilisierung gesellschaftlicher Selbststeuerungskräfte kann zwar den Staat entlasten und ungenutzte Potenziale freisetzen, birgt aber auch Risiken. Neben einem staatlichen Kontrollverlust kann es im Rahmen neokorporatistischer Aushandlungsprozesse zu suboptimalen Kompromissen zulasten Dritter und zu Politikblockaden kommen (vgl. Dose 2008: 452f.; Mayntz 2008: 58).

4. Veränderte Rahmenbedingungen politischer Steuerung

War die Wahl des geeigneten Steuerungsinstrumentes somit schon in der Vergangenheit eine anspruchsvolle Aufgabe, ist sie heute unter beträchtlich erschwerten Rahmenbedingungen zu treffen. Die Veränderungen lassen sich an gestiegener Komplexität, erhöhter Diversität und beschleunigter Dynamik ablesen (vgl. Kooiman 2006: 151).

Unbestritten haben dabei der technologische und gesellschaftliche Wandel sowie die verstärkte internationale und institutionelle Interdependenz (Globalisierungsprozesse, Regieren in Mehrebensystemen) das Komplexitätsniveau für politische Steuerungsbestrebungen erhöht. Die Zunahme funktional autonomer und zugleich hochgradig vernetzungsbedürftiger Regelungsbereiche, wie beispielsweise Probleme mit besonderem Langzeitbezug (Nachhaltigkeitsfragen), erhöht dieses Komplexitätsniveau weiter und erfordert den kombinierten Einsatz alter und neuer Steuerungsinstrumente (vgl. Rogall 2004).

Die Diversifizierung von Ansprüchen im Rahmen gesellschaftlicher Veränderungen wie Individualisierung, funktionale Differenzierung und postmaterieller Wertewandel erfordert des Weiteren mehr Feinsteuerung (*accurency*) sowie den Aufbau öffentlich-privater Netzwerkstrukturen und eine möglichst bürgernahe und partizipationsresponsive Verwaltung.

Zugleich setzt die zunehmende Dynamik politischer und gesellschaftlicher Prozesse in einer von Zeitdruck geprägten öffentlichen (Medien-)Landschaft ein hohes Maß an Flexibilität und Anpassungsfähigkeit bei den Regelungsinstanzen voraus, ohne dass allerdings unter den Bedingungen wachsender Unsicherheit (Risikogesellschaft) der Präventionsaspekt von der Politik vernachlässigt werden sollte.

5. Veränderung der steuerungspolitischen Leitbilder

Mit den veränderten gesellschaftlichen Anforderungen wandelten sich die steuerungspolitischen Leitbilder und das zugehörige Staatsverständnis. Kritik am zunehmend überfordert wirkenden traditionellen demokratischen Rechts- und Interventionsstaat (vgl. Zürn/Leibfried 2005) wurde dabei in Deutschland, aber auch in anderen westlichen Industrieländern, zu Beginn der 1980er Jahre vor allem von Vertretern eines wirtschaftsliberalen Paradigmas geäußert. Sie knüpften an die Unregierbarkeitsdebatte der 1970er Jahre an, die sich unter anderem kritisch mit Themen wie Aufgabenüberlastung, Inflation und Überschuldung des Staates auseinandergesetzt hatte (Offe 1979).[9] Der als „umständlich, ineffizient, bürokratisch, bürgerunfreundlich und teuer" (Grimmer 2004: 51) apostrophierte Verwaltungsstaat alter Prägung sollte durch die Einführung privatwirtschaftlicher Managementtechniken in seiner Binnenorganisation effizienter, wettbewerbs- und zugleich ziel- und kundenorientierter gemacht werden. Auf diese Weise sollte die der staatlichen Administration attestierte Effizienzlücke (fehlende Anreizsetzung), Strategielücke (unzureichende Zieledefinition), Managementlücke (fehlende Instrumente zur Leistungsverbesserung), Attraktivitätslücke (unzureichende Mitarbeiterbelohnung) sowie die Legitimitätslücke (zu hohe Kosten und schwindende öffentliche Akzeptanz, vgl. Jann 2006: 30f.) geschlossen werden.

Neben einer in der Realität kaum durchzuhaltenden Trennung von Politik und Verwaltung (vgl. Jann/Wegrich 2010: 181) sah das ‚Neue Steuerungsmodell' des *New Public Management* (NPM) eine Binnensteuerung der Verwaltung über Kontrakte und Zielvereinbarungen, neue interne Anreizsysteme sowie weitere Wettbewerbs- und Benchmarkinginstrumente (Einführung der Kosten-Leistungs-Rechnung, Leistungsvergleiche zwischen Behörden) vor (vgl. Bogumil/Grohs/Kuhlmann 2006: 152). Mit Blick auf die gesellschaftliche Dynamik sollte die staatliche Verwaltung anpassungsfähiger gemacht und in die Lage versetzt werden, gezielter und kosteneffizienter (interne) Anreize zu setzen. Im Hinblick auf die Außendimension staatlicher Verwaltungstätigkeit wurde eine verstärkte Dienstleistungs- und Kundenorientierung durch den Aufbau von Qualitätsmanagementsystemen, die Schaffung dezentraler Bürgerämter sowie den Einsatz neuer Kommunikationsmedien gefordert.

Wo immer möglich, sollte sich der Staat schließlich in seiner direkten Aufgabenerbringung zurücknehmen und die Aufgaben privaten Marktanbietern überlassen bzw. private Wirtschaftsakteure in Form der *Public-Private-Partnership* an der Erledigung öffentlicher Aufgaben beteiligen. Instrumente einer auf den Prinzipien Eigenverantwortlichkeit, dezentrale Entscheidungsfindung und Konkurrenz/Wettbewerb basierenden Liberalisierungspolitik sollten der Abbau staatlicher Quersubventionierungen, die Auflösung staatlicher Monopole (Wettbewerbsförderung) und die Stärkung des Privateigentums sein (vgl. Höpner et al. 2011: 3).

In den 1980er Jahren setzte dann tatsächlich ein Trend zu mehr Marktschaffung in den OECD-Mitgliedstaaten ein (vgl. Höpner et al. 2011; Streeck 2009: 149), welcher in den 1990er Jahren seinen Höhepunkt erreichen sollte. Er drückte sich zum einen in umfangreichen Privatisierungsmaßnahmen innerhalb der staatsnahen Produktmärkte öffentlicher Daseinsvorsorge aus (vgl. Zohlnhöfer/Obinger 2005: 605). Die Politik der Marktschaffung erfasste aber auch zahlreiche weitere Felder der Wirtschafts-, Arbeitsmarkt- und Sozialpolitik. Neben Subventionsabbau (vgl. Obinger et al. 2010: 220) und Öffnung der Finanzmärkte wurden unter anderem Arbeitsmarktrestriktionen verringert (etwa durch Liberalisierung des Kündigungsschutzes und Rückbau der Arbeitnehmermitbestimmung) und wohlfahrtsstaatli-

---

9   Deren Wurzeln wurden in einer Überdehnung demokratischer Partizipations- und Teilhabeansprüche gesehen. Die konservative Kritik richtete sich dabei insbesondere gegen die starke Stellung einzelner gesellschaftlicher Akteure (insbesondere der Gewerkschaften), die als Gegenregierung fungierten und so Politikblockaden erzeugten (vgl. Kielmansegg 1978).

che Leistungen zurückgeschnitten (vgl. Höpner et al. 2011). Im Unterschied zur Liberalisierung von Produktmärkten waren die Veränderungen im arbeitsmarkt- und sozialpolitischen Bereich in den meisten OECD-Staaten aber nur von begrenzter Reichweite. Gerade für den deutschen Fall lässt sich zeigen, dass trotz (relativ spät begonnener) arbeitsmarkt- und sozialpolitischer Reformmaßnahmen (Hartz-Reformen, Riesterrente) in Richtung eines aktivierenden Sozialstaats, das wohlfahrtsstaatliche Regime in seinen Kernbereichen erhalten geblieben ist und nur partiell in Richtung einer stärker liberalen Marktwirtschaft verschoben wurde (vgl. Schmidt 2011: 462; Schmidt 2012a).[10]

Die Bewertung der im Rahmen des *New Public Management* eingeleiteten Reformmaßnahmen fiel je nach Standpunkt, Betroffenheitsgrad und Themenfeld sehr unterschiedlich aus. Während in puncto Bürgerfreundlichkeit von vielen Seiten Verbesserungen konstatiert wurden, haben sich die Erwartungen im Hinblick auf Effizienz und Kosteneinsparung durch das ‚Neue Steuerungsmodell‘ nur teilweise erfüllt (vgl. Heinze 2009: 32). So konnte wegen fehlender Konkurrenz im öffentlichen Sektor nur selten ein echter Leistungswettbewerb erzeugt werden (Benz 2010: 128ff.). Zudem führte der hohe Umstellungsaufwand auch schnell zu einer erlahmenden Reformbereitschaft bei den unmittelbar von Veränderungen betroffenen Verwaltungsakteuren (vgl. Bogumil/Grohs/Kuhlmann 2006: 175). Schnell zeigte sich auch, dass Liberalisierung und Privatisierung nicht immer zu einer Entstaatlichung führen müssen (vgl. Majone 1994: 79). Vielmehr erfordern sie, wie zahlreiche Beispiele aus unterschiedlichen (OECD-)Staaten belegen, häufig den Aufbau neuer staatlicher Regulierungsinstanzen im Sinne eines Gewährleistungsstaates (vgl. Schuppert 2008), der als letzte Kontroll- und Auffanginstanz erhalten bleiben muss, um Fehlentwicklungen einzudämmen und Marktversagen zu verhindern (vgl. Majone 1996).

Ab Ende der 1990er Jahre trat dann neben das Leitbild vom schlanken das des kooperativ-aktivierenden Staates (vgl. Jann/Wegrich 2010: 177). Dessen Vertreter argumentierten, ein effizienter und schlanker Staat alleine könne die anstehenden Probleme nicht lösen. Inspiriert durch die aufkommende *Governance*-Debatte (vgl. Kooiman 2006: 156ff.) setzten sie vor allem auf ein stärkeres Zusammenwirken von öffentlichen und gesellschaftlichen Akteuren in netzwerkartigen Beziehungskonstellationen als Antwort auf gestiegene gesellschaftliche Diversität. Der Staat soll sich, diesem Verständnis nach, nicht grundsätzlich zurückziehen, aber soweit als möglich auf hierarchische Regulierungseingriffe verzichten (vgl. Jordan/Wurzel/Zito 2005: 478). Ihm kommt vor allem die Rolle zu, Freiräume für gesellschaftliche Selbstorganisation zu eröffnen (*Self-Governance*) und als Moderator und Therapeut, im Sinne des Supervisionsstaats von Willke (1997), die neu entstehenden Politiknetzwerke zusammenzuhalten und zu strukturieren (*Co-Governance*, vgl. Jann/Wegrich 2010: 195; Benz et al. 2007: 12).

---

10   So betrafen beispielsweise Liberalisierungen des Kündigungsschutzes vor allem befristet Beschäftigte (vgl. Höpner et al. 2011: 13), während die deutschen Stammbelegschaften im internationalen Vergleich immer noch sehr gut abgesichert sind (vgl. Schmidt 2012b: 194). Auch innerhalb des deutschen Sozialversicherungssystems bildeten Privatisierungsmaßnahmen, wie beispielsweise private Zuzahlungen bei der Inanspruchnahme von Gesundheitsdienstleistungen, eher die Ausnahme (vgl. Schmidt 2012a).

6. Neue Formen politischer Steuerung

Der Wandel der Steuerungsparadigmen hat tiefe Spuren hinterlassen. Durch ihn verschob sich sowohl die Gewichtung der Steuerungsmodi als auch die Bedeutung einzelner Steuerungsinstrumente (vgl. Zürn/Leibfried 2005). Im Zentrum neuerer Steuerungsversuche stehen heute vor allem prozedurale Instrumente, die neben präventiv und politikfeldübergreifend angelegter (Langfrist-)Planung den Aufbau und die Strukturierung von Politiknetzwerken zwischen öffentlichen und privaten Akteuren zum Ziel haben (vgl. Tabelle 3). Staatliche Akteure stehen dabei vor der schwierigen Aufgabe, durch Kontextsteuerung (vgl. Willke 1997; Haus 2010b: 210) und die Delegation von Verantwortung die Selbstregulierungspotenziale einer Gesellschaft auszunutzen (vgl. Benz/Dose 2010: 23; Braun/Giraud 2009: 161) und gleichzeitig im Rahmen eines Interdependenzmanagements (vgl. Benz/Dose 2010: 21) dafür Sorge zu tragen, dass gesellschaftliche Machtasymmetrien, bei Gewährleistung von Beteiligung und Autonomie möglichst aller Betroffenen, nicht verschärft werden (vgl. Haus 2010a: 115). Werden diese Maßgaben erfüllt, können Netzwerke, im Unterschied zu hierarchischer Steuerung, die Chance bieten, eine Vielzahl gesellschaftlicher Akteure in die Entscheidungsfindung einzubinden. Dadurch können staatliche Informations- und Anpassungsmängel überbrückt, innovatives Engagement der Bürger angeregt (vgl. Grimmer 2004: 71) und gesellschaftliche Widerstände durch konsensuale Aushandlungsprozesse abgebaut werden (vgl. Dose 2008: 60). Während der Vorzug netzwerkbasierter Steuerung somit vor allem in der Bewältigung komplexer, unstrukturierter Entscheidungssituationen mit hohem Unsicherheitsgrad liegt (vgl. Haus 2010b: 210), weist hierarchisches Steuerungshandeln, welches in akuten Krisensituationen weiterhin unverzichtbar ist, hier besondere Schwächen auf (vgl. Wald/Jansen 2007: 96). Die starke Konsensorientierung, die für das Funktionieren lockerer Netzwerke zwischen staatlichen und privaten Akteuren notwendig ist, beschränkt das Einsatzgebiet von Netzwerkpolitiken allerdings auf Bereiche, in denen alle Beteiligten von einer Zusammenarbeit Vorteile erwarten können und Verteilungsfragen nicht im Mittelpunkt stehen.

Aus demokratietheoretischer Sicht stellen Politiknetzwerke zusätzliche Partizipationsangebote dar, die spezifische Beteiligungschancen bieten. Mit ihrer Hilfe kann auf den Wunsch nach Einbindung, aber auch auf die unterschiedliche Intensität von Präferenzen und die ungleiche Betroffenheit der Regelungsunterworfenen Rücksicht genommen werden (Papadopoulos 2010: 239). Allerdings entstehen demokratische Kontroll-, Gleichbehandlungs- und Repräsentationsprobleme, wenn Netzwerke nicht hinreichend offen und transparent gestaltet sind und so eine übermäßige Einflussnahme gut organisierter Sonderinteressen droht.

Beim Einsatz indirekter Steuerungsinstrumente lässt sich ebenfalls ein Wandel feststellen. Ohne dass klassische Instrumente hier ihre Bedeutung verloren haben, stehen nun neben dem Maßnahmenrepertoire des *New Public Management* der vermehrte Einsatz komplexer ökonomischer Anreizstrukturen, insbesondere die Schaffung sogenannter Quasimärkte, im Zentrum. Ziel ist es, mithilfe staatlicher Rahmensetzung eine künstliche Marktsituation in einem Regelungsfeld zu schaffen. So soll unter Ausnutzung von Marktprozessen ein Regelungsziel auf besonders effiziente Weise erreicht werden. Neben hohen Einführungskosten

stellt sich dabei allerdings immer die Frage, ob vor dem Hintergrund unterschiedlicher Formen des Marktversagens eine hohe Effektivität der Zielerreichung sichergestellt werden kann.

Ähnliche Zweifel sind angezeigt, wenn bisher staatlich erbrachte Leistungen in die Hand
privater Akteure übergehen. Durch Privatisierungs- und Liberalisierungsmaßnahmen, die
je nach Politikbereich ein unterschiedliches Ausmaß annehmen können, drohen einerseits,
neben dem Verlust demokratischer Kontrolle, Effektivitätseinbußen bei der Leistungser-
bringung (Absenken bestehender Qualitätsstandards). Dies dürfte insbesondere dann der
Fall sein, wenn Privatisierungsmaßnahmen vor allem zur kurzfristigen Einnahmengenerie-
rung des Staates vorgenommen werden. Andererseits lässt sich der langfristige Liberalisie-
rungs- und Privatisierungstrend innerhalb der OECD-Länder (vgl. Höpner et al. 2011) nicht
nur mit dem Ziel staatlicher Einnahmenerzielung erklären. Vielmehr scheint es zumindest
in einzelnen Bereichen, beispielsweise dem liberalisierten Telekommunikationssektor (vgl.
Zohlnhöfer 2007: 399f.), zu Effizienzgewinnen im Rahmen der Marktöffnung gekommen zu
sein. Auch wenn sich der moderne Staat als direkter Leistungserbringer in der Tendenz immer weiter zurückzieht, ist ein Mehr an Privatisierung nicht zwingend mit einem Weniger an
staatlicher Regulierung verbunden (vgl. Jordan/Wurzel/Zito 2005: 493). Vielmehr erstreckt
sich nun ein neues Feld direkter staatlicher Steuerung auf die Überwachung und Kontrolle
von zuvor liberalisierten Aufgabenfeldern und Dienstleistungsmärkten (vgl. Wegrich 2011:
14). Denn gerade in den Bereichen, aus denen sich der Staat als direkter Leistungserbringer
zurückgezogen hat, wird von ihm in besonderer Weise erwartet, durch Reregulierungsmaß-
nahmen eine zuverlässige Versorgung weiterhin zu gewährleisten (vgl. Braun/Giraud 2009:
176f.; Dose 2008: 16).

Die neuen komplexen Herausforderungen der staatlichen Verwaltung lassen deren kontinuierliche Modernisierung unumgänglich erscheinen. Neben Ideen und Maßnahmen des
New Public Management (wie Benchmarking, Qualitätsmanagement und Leistungskontrak-
te, vgl. Haus 2010a: 57) stehen dabei heute mehr als noch vor einigen Jahren der Erhalt von
Überwachungs-, Kontroll- und Handlungsfähigkeit im Mittelpunkt.

Tabelle 3:   Neue Instrumente politischer Steuerung

Steuerungsmodus	*Neue Steuerungsinstrumente*
Prozedurale Steuerung	Präventive und politikfeldübergreifende (Langfrist-)Planung, Aufbau und Strukturierung (zivilgesellschaftlicher) Politiknetzwerke, Interdependenzmanagement
Indirekte Steuerung	Marktgestützte (ökonomische) Anreizinstrumente, Quasimärkte, Evaluation und Benchmarking
Bereitstellung öffentlicher Güter	Privatisierung und Liberalisierung staatlicher Aufgabenbereiche, Einführung betriebswirtschaftlicher Managementsysteme in Staatsunternehmen
Direkte Steuerung	(Re-)Regulierung liberalisierter Politikbereiche, Verwaltungsmodernisierung

7. Beispiele neuer Steuerungsformen und -instrumente

Um einen detaillierteren Einblick in die Funktionsweise, die spezifischen Stärken und Schwächen sowie die Verbreitung neuer Steuerungsformen und -instrumente im Hinblick auf den bundesdeutschen Kontext zu erlangen, werden im Folgenden sechs von ihnen näher vorgestellt. Bei ihrer Auswahl wurde darauf geachtet, dass sowohl die Aspekte langfristiger (staatlicher) Planung als auch direkter Bürgerbeteiligung berücksichtigt sind. Daneben kommen durch den Staat künstlich geschaffene quasimarktliche Wettbewerbsarrangements ebenso in den Blick, wie Liberalisierungs- und Reregulierungsaktivitäten in Politikfeldern der staatlichen Daseinsvorsorge. Die Auswahl spiegelt somit die ganze Breite der oben aufgezeigten neuen Steuerungsinstrumente wieder.

7.1 Neue Formen der (Langfrist-)Planung und Bürgerbeteiligung

Nachhaltigkeitsstrategie ‚Perspektiven für Deutschland'

Im Vorfeld des Weltgipfels für nachhaltige Entwicklung in Johannesburg 2002 hat die rot-grüne Bundesregierung ihre nationale Nachhaltigkeitsstrategie ‚Perspektiven für Deutschland' vorgestellt. Im Verhältnis zu anderen Ländern erfüllte Deutschland damit seine Verpflichtung aus dem entwicklungs- und umweltpolitischen Aktionsprogramm der Agenda 21 (verabschiedet auf der Konferenz von Rio 1992) erst sehr spät. Mithilfe dieses Planungsinstruments verfolgt der Bund seither im Rahmen einer ressortübergreifenden Gesamtstrategie das Ziel, die nachhaltige Entwicklung Deutschlands voranzutreiben. Unter den vier Nachhaltigkeitsleitlinien Generationengerechtigkeit, Lebensqualität, Sozialer Zusammenhalt und Internationale Verantwortung werden insgesamt 21 Bereiche identifiziert, in denen Verbesserungen in Richtung eines jeweils klar definierten Zielzustands erreicht werden sollen. Es handelt sich dabei um ein sehr breites Spektrum an ökologischen Zielen (wie Ressourcenschonung, Klimaschutz und erneuerbare Energien), ökonomischen Themen (etwa Staatsverschuldung, wirtschaftliche Leistungsfähigkeit, Innovationen und Bildung) und sozialen Aufgaben (unter anderem Gesundheit, Kriminalität, Beschäftigung, Gleichstellung, Integration und Entwicklungszusammenarbeit, vgl. Bundesregierung 2012). Der Erfolg wird anhand von 38 Einzelindikatoren und deren Veränderung über die Zeit gemessen. Die entscheidende Frage ist dabei, ob Deutschland sich dem jeweils anvisierten Ziel (in Bezug auf die Rohstoffproduktivität wird beispielsweise eine Verdopplung von 1990 bis 2020 angestrebt) annähert. In Abständen von zwei Jahren werden die Entwicklungen in einem Fortschrittsbericht (*Monitoring*) evaluiert und Vorschläge zur Ergebnisverbesserung unterbreitet. Neben der Berichterstattung hat sich im Rahmen dieser Strategie ein Bündel an primär von der Bundesregierung bzw. den Bundesministerien angestoßenen Programmen, Initiativen und Maßnahmen ausdifferenziert, deren gemeinsamer Fokus die bessere Zielerreichung im Sinne der Nachhaltigkeitsleitlinien ist (Rat für Nachhaltige Entwicklung 2009: 58).

Eine wichtige Erfolgsvoraussetzung ist, dass die Vorgaben und Ziele der Strategie systematisch und kontinuierlich in die Arbeit möglichst vieler staatlicher Organe (Ministerien, Behörden, Verwaltungen) einfließen und in die Gesellschaft hinein ausstrahlen. Um dies sicherzustellen, wurde die Koordination der Strategie dem Bundeskanzleramt übertragen.

Die Bewertung dieses für Deutschland im Hinblick auf seinen thematischen wie temporalen Planungshorizont neuen Steuerungsinstruments fällt insgesamt ambivalent aus. Positiv zu bewerten ist insbesondere das indikatorenbasierte Monitoringsystem, das in Bezug auf ambitionierte Zielvorgaben, Kontinuität, Transparenz und Quantifizierbarkeit internationale Standards setzt (vgl. Grunwald/Kopfmüller 2012: 169). Mit ihm kann die Nachhaltigkeitsentwicklung Deutschlands differenziert und nachvollziehbar nachgezeichnet, Schwachstellen sichtbar gemacht und so auf besonders effiziente Weise Handlungsdruck aufgebaut werden (*Blaming*-Effekt). Neben der günstigen institutionellen Einbettung auf Bundesebene tragen die kontinuierlichen Evaluationsprozesse maßgeblich dazu bei, eine langfristige Problemlösungsperspektive zu etablieren.

Dass die Effektivität des Instruments insgesamt aber als gering einzustufen ist, liegt neben dem fehlenden Einbau direkter Steuerungselemente und dem Verzicht auf echte Sanktionen bei Zielverfehlung vor allem daran, dass eine Anpassung der unterschiedliche Politikbereiche tangierenden Querschnittsstrategie an die sektorale deutsche Regulierungstradition (dominierendes Ressortprinzip) unter den besonderen Bedingungen eines föderalen Staatsaufbaus (starke Kompetenzzersplitterung) bislang kaum gelungen ist. So kommt es häufig zu einem unübersichtlichen und unabgestimmten Nebeneinander von zahlreichen Einzelmaßnahmen mit divergierenden Zielstellungen, worunter die Kohärenz insgesamt leidet.[11] Trotz Einbezug zahlreicher staatlicher und nichtstaatlicher Akteure in die Programmgestaltung wirkt diese zum Teil abgehoben und wenig in die Alltagspolitik integriert.[12] Ein unmittelbarer Zusammenhang zwischen Instrumenteneinsatz und Performanzentwicklung ist daher selten klar erkennbar.

Die ‚Lokale Agenda 21‘

Eine zentrale Anforderung an eine zeitgemäße staatliche Steuerung ist die stärkere Beteiligung der Bürger am Entscheidungsfindungs- und Durchführungsprozess. Es ist dabei kein Zufall, dass eines der am weitesten verbreiteten Instrumente in diesem Zusammenhang, die ‚Lokale Agenda 21‘, auf der kommunalen Ebene angesiedelt ist. Unter dem Motto ‚Global denken – lokal handeln!‘ soll sie den Kern des 1992 von der UNO verabschiedeten globalen Agenda-21-Programms zur Verwirklichung nachhaltiger Entwicklungsziele umsetzen. Die kommunale Ebene der Städte und Gemeinden bietet sich für mehr Bürgerbeteiligung besonders an, weil hier ein hohes Sensibilisierungs- und Mobilisierungspotenzial besteht (vgl. Grunwald/Kopfmüller 2012: 164) und die Bürger als Experten ihrer Lebenswelt einen besonders wertvollen (Informations-)Input zur Problembearbeitung beisteuern können. Alle Kommunen sind daher dazu aufgerufen, im Rahmen eines ‚Lokale Agenda 21‘-Prozesses, neue

---

11   Als neues Steuerungsinstrument, das rein sektorspezifische Sichtweisen überbrücken helfen soll, ist auch die Kompatibilität mit schon etablierten Steuerungsarrangements nicht immer ohne Weiteres herzustellen.

12   Dies ist umso erstaunlicher, als an der breiten öffentlichen Unterstützung und demokratischen Legitimation der Strategie, die in der Zwischenzeit von drei unterschiedlichen Bundesregierungen getragen und weiterentwickelt wurde, kaum Zweifel bestehen.

Formen der Kooperation zwischen lokaler Verwaltung, Bürgerschaft, zivilgesellschaftlichen Organisationen und der heimischen Wirtschaft anzuregen, mit dem Ziel, eine langfristige (Nachhaltigkeits-)Strategie für die Kommune zu entwickeln. Wenn nicht von der Kommune selbst, werden ‚Lokale Agenda 21'-Prozesse zumeist von Umwelt- und Dritte-Welt-Gruppen, Bildungseinrichtungen oder kirchlichen Institutionen vor Ort ins Rollen gebracht. Deutschland liegt international betrachtet bei deren Einführung im oberen Mittelfeld (ca. 20 Prozent der Kommunen haben bislang partizipiert), während vor allem skandinavische Länder die Spitzengruppe bilden (vgl. Grunwald/Kopfmüller 2012: 165).

Um dieser Querschnittsaufgabe gerecht werden zu können, haben die Kommunen dabei ganz unterschiedliche Vorgehensweisen mit je eigenen Partizipationsangeboten gewählt. Wichtige Bausteine des Prozesses stellen in aller Regel die Erarbeitung eines Leitbildes, eine allgemeine Bestandsaufnahme der örtlichen Situation, die Entwicklung von Indikatoren als Mittel der Erfolgskontrolle und das Verfassen eines Agenda-Dokuments in Form eines Aktionsplans dar (vgl. Grunwald/Kopfmüller 2012: 165; Wolf 2005: 54f.). Die finanziellen Kosten des Prozesses werden zumeist von den Kommunen geschultert.

Nicht nur an dieser Stelle zeigt sich, dass bei aller Bedeutung eigenständigen gesellschaftlichen Engagements öffentliche Institutionen für die Initialisierung (Öffentlichkeitsarbeit), aber vor allem auch für die Aufrechterhaltung des Prozesses wichtig sind (vgl. Wolf 2005: 58). So lehrt die Praxis, dass es zu den entscheidenden Erfolgsfaktoren zählt, wenn der Bürgermeister einer Gemeinde die Agenda zur Chefsache erklärt und das Agenda-Büro direkt bei ihm angesiedelt wird (vgl. ebd.: 59). Dies kann dabei helfen, die notwendige Koordination der traditionell in unterschiedlichen Ressorts organisierten Verwaltung sicherzustellen und so dem Querschnittscharakter der Strategie Rechnung zu tragen. Von zentraler Bedeutung für dieses partizipativ angelegte Steuerungsinstrument ist darüber hinaus, dass Politik und Verwaltung eine Beteiligung der Bürger nicht als Störung empfinden (vgl. ebd.: 58), sondern Anstrengungen unternommen werden, eine Mitarbeit vieler zu gewährleisten.

Sind diese Bedingungen erfüllt, können die Vorteile des Instruments voll ausgespielt werden: Erschließung privater Ressourcen und Potenziale, besser an die kommunalen Bedingungen angepasste Lösungsstrategien (direkte Betroffenheit und Informationsvorsprung), öffentliche Sensibilisierung für Nachhaltigkeitsfragen und Lernprozesse zwischen den beteiligten Akteuren (vgl. Wald/Jansen 2007: 98). Zu beachten ist allerdings, dass die Effektivität der Problemlösung stark variieren kann, je nachdem ob es gelingt, Interessenkonflikte und Machtasymmetrien zwischen den (privaten) Akteuren in den Politiknetzwerken aufzulösen. Die Komplexität der (Querschnitts-)Aufgabe Nachhaltigkeit stellt dabei beträchtliche Anforderung an alle Teilnehmer und kann zu Kompatibilitäts- und Kohärenzproblemen führen.[13]

---

13 Zu beachten ist allerdings, dass im Unterschied zu den niederschwellig zugänglichen und an konkreten Einzelproblemen ansetzenden Projekten des ‚Lokale Agenda 21'-Prozesses (z. B. Müllsammelaktionen oder der Bau eines Kinderspielplatzes) andere Formen der Bürgerbeteiligung, wie beispielsweise das Mitwirken an einem Bürgerhaushalt, die Beschäftigung mit zum Teil noch viel komplexeren Fragen (in diesem Fall denen der Kameralistik) erfordert (vgl. Holtkamp/Bathge 2012: 57; Sintomer/Herzberg/Röcke 2010).

7.2   Steuerung durch Wettbewerb und (Quasi-)Märkte

Die Lissabon-Strategie der EU und die Folgestrategie ‚Europa 2020'

Zu den neuartigen Steuerungsinstrumenten, die den Faktor Wettbewerb zu ihrem zentralen Funktionselement machen, gehören die Lissabon-Strategie der Europäischen Union (EU) und ihre Folgestrategie ‚Europa 2020'. Auf dem Sondergipfel der europäischen Staats- und Regierungschefs im März 2000 in Lissabon wurde das ehrgeizige Ziel ausgegeben, die EU innerhalb von nur zehn Jahren „zum wettbewerbsfähigsten und dynamischsten wissensbasierten Wirtschaftsraum in der Welt zu machen" (Europäischer Rat 2000: 1). Um ein dauerhaftes Wirtschaftswachstum, mehr und bessere Arbeitsplätze, einen größeren sozialen Zusammenhalt und die Einführung des Prinzips der Nachhaltigkeit zu erreichen, wurden, ähnlich wie in der deutschen Nachhaltigkeitsstrategie, quantifizierbare Zielvorgaben für die genannten Problembereiche bis 2010 definiert.[14]

Nachdem die EU-Kommission im Jahr 2010 allerdings insgesamt ein Scheitern in zentralen Zielbereichen eingestehen musste (vgl. European Commission 2010b), wurden mit der Folgestrategie ‚Europa 2020' zwar zentrale Ziele aus der ersten Runde fortgeschrieben, gleichzeitig wurde aber auch versucht, den als zu breit und unübersichtlich kritisierten Zielkanon erheblich zu verschlanken (vgl. Hacker/van Treeck 2010: 4f.). Weitgehend gleich blieb allerdings die rechtliche und institutionelle Verankerung:

„Danach ist der Europäische Rat für die Steuerung der Strategie verantwortlich und verabschiedet die Grundzüge der Wirtschaftspolitik ebenso wie die beschäftigungspolitischen Leitlinien. Die Mitgliedstaaten sind aufgefordert, regelmäßig über ihre Politiken zur Erreichung der gemeinsamen Ziele Bericht zu erstatten. Die Europäische Kommission überwacht und prüft anhand einer Reihe von Indikatoren den Gesamtfortschritt und spricht gemeinsam mit den zuständigen Ministerräten politische Empfehlungen zur Orientierung der einzelnen Mitgliedstaaten aus" (Hacker/van Treeck 2010: 5).

Das zentrale Steuerungsprinzip dieses im Rahmen der Methode der offenen Koordinierung eingesetzten Instruments ist der Leistungswettbewerb zwischen den Mitgliedstaaten. Durch ein auf regelmäßige Berichtspflichten gestütztes institutionalisiertes Benchmarking-system[15] sollte, trotz des Fehlens verbindlicher Sanktionsmöglichkeiten von Seiten der EU, ein Wettbewerbsdruck des „naming, blaming and shaming" (vgl. Mayntz 2008: 49) auf die einzelnen Mitgliedstaaten entstehen. Diese sollen durch das öffentliche Monitoring in Form von Leistungsvergleichen motiviert werden, besondere Anstrengungen in Richtung der gemeinsam gesteckten Performanzziele zu unternehmen (vgl. European Commission 2010a). Im Unterschied zur oben erwähnten deutschen Nachhaltigkeitsstrategie wird Handlungsdruck hier nicht nur durch einen Soll-Ist-Vergleich relativ zum angestrebten Zielzustand, sondern

---

14   Zu den prominentesten zählen die Steigerung der Investitionen in Bildung und Forschung auf zehn Prozent des Bruttoinlandprodukts (BIP) und die Erhöhung der Beschäftigungsquote auf 70 Prozent im gesamten EU-Raum.

15   Unter Benchmarking wird ein kontinuierlicher Prozess verstanden, bei dem die eigene Leistung mit der des stärksten Mitbewerbers ins Verhältnis gesetzt wird. So können Leistungslücken identifiziert und im Idealfall Lernprozesse angestoßen werden.

auch durch den Performanzwettbewerb mit anderen Staaten erzeugt. Während die Ziele dabei allgemein vorgegeben sind, bleibt die Wahl der eingesetzten Maßnahmen zur Zielerreichung dem jeweiligen Mitgliedstaat selbst überlassen.

Auch wenn die Lissabon-Strategie bei weitem nicht so erfolgreich war wie erhofft und im Rahmen eines institutionalisierten Benchmarkingverfahrens eine vollständige Zielerreichung auch niemals hundertprozentig garantiert werden kann, lassen sich an ihr doch die Potenziale dieses Instrumententyps aufzeigen: Sie liegen vor allem in seinen relativ geringen Durchführungskosten, seiner dynamischen Anreizwirkung und der Möglichkeit, Lernprozesse anzustoßen (vgl. European Commission 2010b: 7).[16] So kann sich ein schlechtes Abschneiden beim internationalen Rangvergleich als externe Irritation auf den nationalen Policydiskurs auswirken und Veränderungsprozesse auslösen (vgl. Jakobi/Lamping 2011: 20). Neben dem *peer review* durch die Mitgliedstaaten ist von großer Bedeutung, dass die Ergebnisse öffentlich sichtbar werden. Hier lag eines der zentralen Probleme der Strategie, die aufgrund der vielen Ziele (hohe Komplexität und geringe Kohärenz) diesem Anspruch bislang nicht voll entsprochen hat (European Commission 2010b).[17] Trotz einer ansonsten relativ guten Umsetzung galt auch für den deutschen Fall, dass die öffentliche Aufmerksamkeit für die Strategie zu gering war, um den Handlungsdruck auf die Regierung signifikant zu erhöhen (vgl. Matthes 2011: 140). Daneben muss schließlich bedacht werden, dass ein Leistungsvergleich zwischen Ländern nur sinnvoll ist, wenn er deren jeweilige Ausgangsbedingungen fair berücksichtigt (vgl. Benz 2010: 128). Ist dies nicht der Fall, wird der Wettbewerb verzerrt und das (Anreiz-)Instrument läuft insgesamt ins Leere.

Das europäische Emissionshandelssystem

Eines der bekanntesten wettbewerbsorientierten Steuerungsinstrumente ist das europäische Emissionshandelssystem. Auf Basis eines von öffentlicher Seite künstlich geschaffenen (Quasi-)Marktes für Emissionszertifikate sollen mit seiner Hilfe die Klimaschutzziele, welche die EU und alle ihre Mitgliedsländer im Rahmen des Kyoto-Protokolls 1997 eingegangen sind, erreicht werden.[18] Den Verursachern von Treibhausgasen[19] werden für eine bestimmte Allokationsperiode Emissionsrechte zugeteilt, die insgesamt eine festgesetzte Gesamthöchst-

---

16 Im spezifischen Fall der Lissabon-Strategie wäre ein anderes Vorgehen der Kommission als über die Methode der offenen Koordinierung schon aufgrund mangelnder Kompetenzausstattung gar nicht möglich gewesen. Die gewählte Vorgehensweise zeichnete sich dabei durch eine hohe Kompatibilität und Praktikabilität aus (guter Einbettungsgrad ins Regelungsumfeld, relativ geringer Implementationsaufwand).

17 Während Nachhaltigkeitsaspekte zumindest teilweise berücksichtigt wurden (konsekutive Folgestrategie), sind darüber hinaus Zweifel an der Demokratieverträglichkeit der Strategie aufgrund intransparenter Entscheidungsfindungsprozesse zwischen Kommission und Länderexekutiven nie wirklich verstummt.

18 Im Kyoto-Protokoll hatten sich die damals 15 EU-Mitglieder dazu verpflichtet, ihre Treibhausgasemissionen zwischen 2008 und 2012 gegenüber dem Basisjahr 1990 um insgesamt acht Prozent zu senken und in einem *Burden-Sharing-Agreement* einigten sie sich 1998 darauf, diese Reduktionslast untereinander, unter Berücksichtigung länderspezifischer Besonderheiten, aufzuteilen.

19 War der Kreis der in das Emissionshandelssystem einbezogenen Verursachergruppen zunächst sehr eng gefasst (Energie-, Chemie-, Stahl-, Zement- und Papierbranche), so sind mittlerweile mehr als 11.500 Anlagen, welche circa 40 Prozent der Treibhausgasemissionen in der EU ausmachen, in das System einbezogen.

grenze nicht übersteigen dürfen. Ein Emissionszertifikat erlaubt den Ausstoß einer festgelegten Menge an Treibhausgasen, wobei überschüssige Luftverschmutzungsrechte an einer Börse gehandelt werden können (vgl. Dose 2008: 297). Durch regulative Vorgaben entsteht so ein marktgestütztes Anreizinstrument, das dafür sorgen soll, dass Emissionen dort vermindert werden, wo dies am (ökonomisch) günstigsten zu realisieren ist.[20] Über eine schrittweise Reduktion der Zertifikatgesamtmenge soll die gewünschte Emissionsminderung zielgenau sichergestellt werden.[21]

Innerhalb eines sanktionsbewehrten institutionellen Rahmens[22] wird durch den Einschluss eines Marktmechanismus eine ökonomisch besonders effiziente Zielerreichung ermöglicht, was auch dynamische Anreizwirkungen einschließt. Inwiefern dieses im Kern redistributive Instrument allerdings ökologisch treffsicherer ist als andere Alternativen zur Emissionsminderung (wie freiwillige Selbstverpflichtungen der Industrie, Emissionsabgaben und Förderprogramme für den Ausbau erneuerbarer Energien), hängt entscheidend davon ab, ob der Staat ehrgeizige Minderungsvorgaben erlässt und ob die Verwaltung die Regelbefolgung bei den Unternehmen (Abgabe korrekter Emissionszahlen) kontrollieren kann (vgl. Dose 2008: 300f.). In diesem Zusammenhang stellt jede Ausweitung des Systems auf weitere Verursacherbereiche oder die Einführung komplexer Übertragungsmodelle (*Joint-Implementation*-Projekte und *Clean Development Mechanism*) ein zusätzliches Kontrollproblem dar. In Deutschland hat sich zudem gezeigt, dass das Emissionshandelssystem nicht ohne Weiteres mit anderen Instrumenten zum Klimaschutz, insbesondere Umweltabgaben und speziellen Subventionsprogrammen (Erneuerbare Energien), kompatibel ist. Deshalb müssen einerseits noch erhebliche Anstrengungen unternommen werden, um die Kohärenz und Konsistenz in diesem Regelungsumfeld zu erhöhen. Andererseits leidet die Effektivität und Kohärenz des Instruments, wenn nicht ausreichend viele Emissionsverursacher erfasst werden. Das langfristige Ziel einer signifikanten Schadstoffreduktion könnte sonst nicht erreicht werden und das System verlöre aufgrund der als ungerecht empfundenen Lastenverteilung an öffentlicher Akzeptanz.[23]

---

20   Jedes Unternehmen kann dabei für sich kalkulieren, ob es auf die Reduktion von Emissionen, beispielsweise durch den Einbau effizienterer Technik, setzen oder fehlende Emissionsberechtigungen am Markt zukaufen will. Daneben besteht im Rahmen der *Joint-Implementation*-Projekte bzw. des *Clean Development Mechanism* die Möglichkeit, Emissionszertifikate durch die Unterstützung klimafreundlicher Projekte in anderen Industrie- bzw. Entwicklungsländern zu erhalten (vgl. Huber 2011: 208f.).

21   Während in der ersten Allokationsphase des Emissionshandelssystems von 2005 bis 2007 an die deutschen Unternehmen insgesamt noch deutlich zu viele Zertifikate ausgegeben worden waren, konnte die Gesamtzuteilungsmenge in der zweiten (2008 bis 2012) und insbesondere dritten Allokationsphase (2013 bis 2020) spürbar reduziert werden.

22   Für den Fall, dass ein Unternehmen am Ende einer Allokationsphase mehr emittiert hat als es Zertifikate besitzt, werden empfindliche Strafzahlungen fällig.

23   Siehe dazu auch die Kritik von Weidner (i. d. B.). Aufgrund der fehlenden globalen Einbettung sind die erzielbaren Treibhausgasminderungen möglicherweise insgesamt zu gering und es kann darüber hinaus, aufgrund der Zusatzkosten für die heimischen Unternehmen, zu unintendierten Produktionsverlagerungen in Nicht-EU-Länder kommen.

7.3 Steuerung durch Liberalisierung und Reregulierung

Liberalisierung und Privatisierung von Produktmärkten

Als ein Kernbereich moderner Liberalisierungspolitik kann die Öffnung von ehemals staatsnahen Produktmärkten der öffentlichen Daseinsvorsorge (wie Telekommunikation, Elektrizität und Bahnverkehr) für den privaten Wettbewerb gelten. In dem Maße, in dem die Annahme aufgegeben wurde, diese Sektoren seien im Kern durch natürliche Monopole geprägt (vgl. Zohlnhöfer/Obinger/Wolf 2008: 97)[24], kam in praktisch allen OECD-Staaten, auch in Deutschland, ein Liberalisierungsprozess in Gang (vgl. Höpner et al. 2011: 21 und Abbildung 1), der sich „(1) anhand des Ausmaßes staatlicher in Abgrenzung zu privater Kontrolle; (2) anhand der Ausmaße an Marktzugangsbeschränkungen für private Wettbewerber sowie der Freiheit der Anbieterwahl durch die Konsumenten; (3) anhand des Grads an vertikaler Integration innerhalb der Sektoren; sowie (4) anhand der Verteilung der Marktanteile auf die betroffenen Unternehmen (Marktstruktur)" (Höpner et. al. 2011: 10) erfassen lässt.

Wie Abbildung 1 verdeutlicht, variiert das Liberalisierungsniveau allerdings zwischen den unterschiedlichen Produktmärkten zum Teil erheblich. Am weitesten ist sie im Telekommunikationsbereich vorangeschritten, wo technische Innovationen die Entstehung eines funktionierenden (Mobiltelefon-)Marktes erleichtert haben. Die Öffnung des Schienenverkehrssektors ist dagegen bisher nur recht zögerlich vorangekommen (vgl. auch Schmitt/Obinger 2010: 652ff.). Als entscheidende Triebfedern der Gesamtentwicklung lassen sich – neben Globalisierungseffekten und dem Einfluss des EU-Binnenmarktprojektes – das Aufkommen eines liberalisierungsfreundlichen Politikparadigmas identifizieren, welches spätestens zum Ende der 1980er Jahre dominant geworden ist (vgl. Streeck 2009). Inwiefern es im Zuge der aktuellen Finanz- und Wirtschaftskrise diese hegemoniale Stellung wieder eingebüßt hat und damit auch der Liberalisierungstrend zu einem Ende kommen wird, lässt sich zum heutigen Zeitpunkt noch nicht abschließend beurteilen (vgl. Höpner et al. 2011: 27).

Deutschland war bei der Liberalisierung von Produktmärkten der öffentlichen Daseinsvorsorge ein Spätstarter (vgl. Schmitt/Obinger 2010: 653). Hinkte das Land zu Beginn der 1990er Jahre noch deutlich dem OECD-Durchschnitt hinterher, hat es allerdings mittlerweile einen beträchtlichen Liberalisierungsschub zustande gebracht, der stärker ausfiel als in den meisten anderen OECD-Staaten (vgl. Abbildung 1). Zwar befindet sich Deutschland insgesamt weiterhin auch bei seiner Liberalisierungspolitik auf einem mittleren Weg (Schmidt 2012a), die Pfadabweichung im Bereich der Produktmärkte hin zu einer stärkeren Marktöffnung ist dennoch kaum zu übersehen.

---

24 Ein natürliches Monopol liegt im volkswirtschaftlichen Sinne dann vor, wenn die Nachfrage am wirtschaftlichsten durch nur einen Anbieter befriedigt werden kann.

Abbildung 1:   Entwicklung des Liberalisierungsniveaus in unterschiedlichen
               Produktmärkten[25]

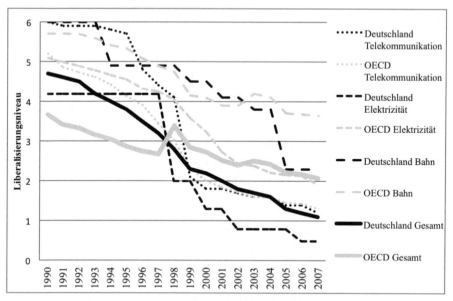

Quelle: Eigene Berechnungen auf Grundlage von Conway/Nicoletti (2006).

Neben der Marktöffnung verkörpert auch die Umwandlung von öffentlichem Vermögen in privaten Besitz einen zentralen Bestandteil der Liberalisierungspolitik. Neben der rein formalen Überführung eines Staatsunternehmens in eine private Rechtsform besteht für den Staat die Möglichkeit, sich von diesem durch materielle Veräußerung vollständig zu trennen (vgl. Obinger et al. 2010: 211ff.). „Einigkeit besteht in der Literatur darin, dass in den entwickelten Industrienationen in den 1980er, insbesondere aber in den 1990er Jahren eine historisch beispiellose Privatisierungswelle stattfand, die zu einem großen Teil auf die Transformation der staatsnahen Sektoren wie Telekommunikation, Post, Energie, Wasserversorgung und Bahn entfiel" (Höpner et al. 2011: 11f.).

Das bezeugen etwa die enorm gestiegenen Privatisierungserlöse in den Mitgliedstaaten der OECD (vgl. Zohlnhöfer/Obinger 2005: 602). Deutschland schneidet bei diesem Indikator allerdings unterdurchschnittlich ab, da die große Privatisierungswelle in Folge der deutschen Wiedervereinigung, basierend auf dem Verkauf größtenteils maroder DDR-Staatsbetriebe keine Gewinne erwirtschaftete, sondern im Gegenteil dem Staat erhebliche Kosten verursachte (vgl. ebd.: 603f.). Die Bundesrepublik Deutschland, die im Unterschied zu Frankreich

---

25   Die Abbildung zeigt das Liberalisierungsniveau (niedriger Wert bedeutet ausgeprägte Liberalisierung) gesondert
     für die Produktmärkte Telekommunikation, Elektrizität und Bahnverkehr und für einen Gesamtindikator,
     der die Bereiche Luftfahrt, Telekommunikation, Elektrizität, Gas, Post, Eisenbahn und Straßengüterverkehr
     berücksichtigt. Neben dem Durchschnittswert für 24 OECD-Länder werden die Ergebnisse für Deutschland
     dargestellt.

nie über eine besonders große Zahl an Staatsbetrieben verfügte, wies in der Folgezeit im OECD-Vergleich eine durchschnittliche Privatisierungsintensität auf (vgl. Schmitt/Obinger 2010: 653f.)[26], wobei es vor allem zu formalrechtlichen Umwandlungen von öffentlichen in private Unternehmen kam (Bahn, Post, Telekom), ohne dass der Staat seine Eigentumsanteile an diesen vollständig veräußerte.

Als zentrales Argument für Liberalisierungs- und Privatisierungsmaßnahmen kann die Erwartung von Effizienzgewinnen angesehen werden (vgl. Höpner et. al. 2011: 4). Im Unterschied zu staatlichen Monopolunternehmen, die mittels politisch gesetzter Vorgaben in der Regel mehrere Ziele neben der Gewinnmaximierung verfolgen (Zielkonflikte) und aufgrund fehlenden Wettbewerbsdrucks (ein Unternehmensbankrott ist ausgeschlossen) kaum Innovationsanreize haben (vgl. Zohlnhöfer/Obinger 2005: 608), müssen private Firmen auf einem freien Gütermarkt besonders effizient agieren, um wirtschaftlich bestehen zu können. Just darin sehen Kritiker allerdings das Hauptproblem für die effektive Gewährleistung öffentlicher Daseinsvorsorge. Neben einem Verlust an demokratischer Kontrolle (vgl. Schmitt/Obinger 2010: 649; Streeck 2009: 33), besteht im Falle einer Aufgabenübertragung an private Unternehmen die Gefahr, dass nicht gewinnträchtige Bereiche entweder gar nicht bearbeitet werden (Rosinenpicken) oder dort Qualitätseinbußen in Kauf genommen werden müssen. Daneben kann als unbeabsichtigte Nebenfolge von Liberalisierungsprozessen, gerade wenn sie in zentralen Bereichen der Daseinsvorsorge erfolgen, die soziale Ungleichheit zunehmen (vgl. Höpner et al. 2011: 4), falls dem nicht durch staatliche Regulierung entgegengewirkt wird.[27]

Reregulierung des deutschen Energiemarkts

Sind harte staatliche Eingriffe, im Rahmen neuerer Steuerungsansätze legitimierungsbedürftiger geworden, so verschwanden sie doch keineswegs gänzlich. Wie im Folgenden am Beispiel der Reregulierung des zum Ende der 1990er Jahre liberalisierten deutschen Energiemarkts gezeigt wird, bilden gerade Liberalisierungs- und Privatisierungsprozesse den Hintergrund für ein erneutes (nunmehr regulatives) Tätigwerden des Staates (vgl. Majone 1994; Obinger et al. 2010: 224).

Die auf der europäischen Ebene durch mehrere Energiebinnenmarktrichtlinien angestoßene Öffnung der nationalen Energiemärkte brachte einen der größten Einschnitte in der jüngeren Geschichte des Politikfelds zustande. Durch die Aufhebung der zumeist von staatlichen Unternehmen gehaltenen Versorgungsmonopole auf dem Endkundenmarkt für Elektrizität und Gas sowie die Öffnung vorhandener Netzstrukturen für konkurrierende Anbieter wurde ein freierer Energiemarkt angestrebt, der für ein bedarfsgerechtes Angebot, Qualitätsverbesserungen, Preissenkungen sowie für mehr Innovation sorgen sollte. In Deutschland zeigte sich allerdings schnell, dass aufgrund der marktbeherrschenden Stellung der alten Energie-

---

26 Während die EU-Mitgliedschaft und ein hoher ökonomischer Problemdruck als Katalysatoren gewirkt haben dürften, erschwert die deutsche Rechtstradition Privatisierungen maßgeblich (vgl. Schmitt/Obinger 2010: 660f., Zohlnhöfer/Obinger 2005: 605f.).

27 Hohe Umstellungskosten zu Beginn einer Liberalisierungsphase stellen eine weitere Herausforderung dar. Ebenso kann es aus Nachhaltigkeitssicht problematisch sein, wenn einmal privatisierte Bereiche nicht ohne Weiteres wieder rückverstaatlicht werden können, für den Fall das damit intendierte Resultate ausbleiben.

verbundunternehmen, die über erhebliche Erzeugungskapazitäten verfügten und gleichzeitig Eigentümer der Verteilungsnetze waren, ein fairer und diskriminierungsfreier Wettbewerb nur durch eine formale Marktöffnung allein nicht erreicht werden konnte (vgl. Wurster 2010: 292f.).[28] Vor allem gelang es so nicht, die Durchleitungsgebühren, die von Stromlieferanten an Netzbetreiber zu entrichten sind, so zu gestalten, dass Verdrängungseffekte vermieden wurden. Aufgrund eines verhandelten Netzzugangsmodells, das auf einer Verbändevereinbarung beruhte, die zugunsten der bisherigen Netzbetreiber ausgestaltet war, schieden in rascher Folge wieder zahlreiche neue Anbieter aus dem deutschen Energiemarkt aus.

Im Vergleich zu anderen EU-Ländern trat in Deutschland, als Reaktion auf die unbefriedigende Marktentwicklung, erst sehr spät (2005), auf Basis einer verschärften Energiebinnenmarktrichtlinie der EU, ein revidiertes Energiewirtschaftsgesetz in Kraft, welches die Grundlage für die nun einsetzende Reregulierung des Politikfeldes schuf (vgl. Koenig/Kühling/Rasbach 2006: 86). Neben einer jetzt zwingend vorgeschriebenen gesellschaftsrechtlichen Entflechtung (*Unbundling*) der Unternehmensbereiche Energieerzeugung und Verteilung innerhalb der großen Energieverbundkonzerne wurde der Netzzugang einer staatlichen Regulierung und Kontrolle unterstellt. Als zentrale Aufsichtsbehörde im Kampf gegen zu hohe Netzentgelte wurde die Bundesnetzagentur eingesetzt. Sie verfügt nun erstmals über scharfe Instrumente, um eine angemessene und faire Preisgestaltung bei den Durchleitungsgebühren notfalls zu erzwingen.[29] Dabei diente die staatliche Intervention an dieser Stelle nicht etwa als Ersatz für unternehmerischen Wettbewerb, sondern sollte diesen, durch Sicherstellung eines diskriminierungsfreien Marktzutritts, vielmehr erst ermöglichen (vgl. von Weizsäcker 2006: 278). Mit der Rückkehr des Staates in Gestalt der Bundesnetzagentur stellten sich dann sehr schnell erste Lenkungserfolge in Form sinkender Netzgebühren ein, wodurch die Gewinnmargen der Netzbetreiber an dieser Stelle zum Teil regelrecht einbrachen (vgl. Nill-Theobald/Theobald 2006: XXIV).

Dass trotz dieser, auch im Vergleich zu anderen EU-Ländern, zwar späten aber doch bemerkenswerten Regulierungserfolge ein vollständig funktionsfähiger Energiemarkt in Deutschland bis heute nicht etabliert werden konnte, liegt insbesondere daran, dass trotz Entflechtungsversuchen die Macht der großen Verbundunternehmen bis heute ungebrochen ist. Problematisch für einen fairen Wettbewerb bleibt insbesondere, dass die großen Verbundunternehmen zwar im Übertragungs- und Weiterverteilungsbereich mithilfe staatlicher Kontrolle die Möglichkeit verloren haben, durch diskriminierende Netzzugangsbedingungen das Aufkommen neuer Anbieter zu verhindern, gleichzeitig aber im Energieerzeugungsbereich

---

28   Nach einer kurzen Phase sinkender Energiepreise unmittelbar im Anschluss an die Liberalisierung, stiegen diese in der Folge in Deutschland dann wieder stark an. Dafür waren neben der unbefriedigenden Wettbewerbssituation allerdings auch neu aufgelegte staatliche Abgaben, wie beispielsweise die Erneuerbare-Energien-Umlage, mitverantwortlich.

29   Neben der Vorabgenehmigungspflicht für einzelne Tarife (*Ex-ante*-Regulierung, vgl. Koenig/Kühling/Rasbach 2006: 86) gehen ihre Kompetenzen dabei, was auch im internationalen Vergleich bemerkenswert ist, über eine reine Methodenregulierung (bei der nur die Berechnungsmethode der Entgelte kontrolliert wird) hinaus, indem sie auch direkt Entgelte festsetzen kann (vgl. Wurster 2010: 296).

aufgrund ihrer Dominanz bei den Kraftwerkskapazitäten weiterhin eine marktbeherrschende Stellung einnehmen.

Um dieses Problem zu lösen, müssten weitergehende staatliche Eingriffe erfolgen (wie etwa Zerschlagung der Energieverbundunternehmen). Dies dürfte allerdings massive Folgekosten verursachen (wie die Gefahr von Investitionszurückhaltung privater Akteure), ganz im Gegensatz zum bisher bestehenden, überaus effizienten Regulierungsregime, das sich durch eine kleine Behörde mit beachtlichem *Regulierungsimpact* auszeichnet. Während die Kohärenz und Konsistenz der Energiemarktregulierung in Deutschland im Moment somit als eher gering eingestuft werden muss – negativ bemerkbar macht sich die Fokussierung auf den Teilaspekt Netzentgelte – ist die Kompatibilität und die Praktikabilität des hierarchischen, im Prinzip auf einer ungebrochenen demokratischen Legitimationskette basierenden Steuerungsarrangements weitgehend sichergestellt. Inwiefern eine positive Entwicklung des Politikfelds durch einen sektoral so begrenzten Regulierungsansatz allerdings langfristig gesichert werden kann, bleibt abzuwarten.

Somit zeigt sich auch für dieses Steuerungsinstrument, dass potenzielle Vorteile auf einer Dimension *guter* politischer Steuerung in aller Regel mit Nachteilen auf einer anderen Dimension erkauft werden müssen.[30]

Allerdings sollte dabei berücksichtigt werden, dass die Bewertungen stark variieren können, je nachdem in welches politisch-institutionelle und gesamtgesellschaftliche Umfeld das Instrument eingebettet ist. Allgemein kann für den deutschen Fall ein eher günstiges Umfeld für neue Steuerungsformen konstatiert werden. So verfügt die Bundesrepublik Deutschland im internationalen Vergleich über eine funktionsfähige und effektive Verwaltung – mit Vorteilen wie langer Verwaltungstradition, hoher Regelgebundenheit und geringer Korruptionsneigung – und sie zeigt sich, geprägt durch das Wirtschaftsmodell der sozialen Marktwirtschaft, auch offen und anschlussfähig für die Übernahme wettbewerbsorientierter Steuerungsinstrumente. Daneben besteht eine lange Tradition der Verantwortungsübertragung an nichtstaatliche Organisationen – wie im Falle der Tarifautonomie oder der Aufgabendelegation im Gesundheits- oder Ausbildungswesen – und je nach Politikfeld sehr enger Staat-Verbände-Beziehungen.

Durch den in Deutschland relativ weit vorangeschrittenen postmaterialistischen Wertewandel (vgl. Inglehart 1998) hat auch die Bereitschaft in der Bevölkerung zugenommen, sich im Rahmen nichtkonventioneller Partizipationsformen politisch und gesellschaftlich zu beteiligen. Besondere Defizite weist Deutschland hingegen aufgrund seines föderalen Staatsaufbaus und einer stark ressortgebundenen Verwaltungstradition vor allem in Hinblick auf sektorübergreifende Planungsaktivitäten auf. Trotz der aufgezeigten Modernisierungsansätze wird die Effizienz des Verwaltungshandelns in bestimmten Bereichen weiterhin kritisch gesehen. Schließlich scheint auch der Umgang mit unkonventionellen Beteiligungswünschen aus der Bevölkerung, wie jüngste Beispiele in Bezug auf große Infrastrukturprojekten zeigen, die deutsche Bürokratie immer wieder vor besondere Herausforderungen zu stellen.

30　In Tabelle 4 wird die Bewertung der einzelnen vorgestellten Instrumente übersichtlich zusammengefasst.

Tabelle 4:   Bewertung ausgewählter neuer Steuerungsinstrumente in Deutschland

Steuerungs-instrument	*Effekti-vität*	*Effizienz*	*Kompatibilität und Praktikabilität*	*Kohärenz und Konsistenz*	*Nachhaltig-keit*	*Demokratie-verträglichkeit*
Nachhaltig-keitsstrategie	Gering	Hoch	Moderat	Moderat	Hoch	Hoch
Lokale Agenda	Moderat	Moderat	Moderat	Moderat	Hoch	Moderat
Lissabonstrategie	Gering	Hoch	Hoch	Gering	Moderat	Gering
Emissionshandel	Moderat	Hoch	Gering	Moderat	Moderat	Moderat
Liberalisierung/ Privatisierung	Moderat	Hoch	Moderat	Moderat	Moderat	Gering
Reregulierung Energiesektor	Hoch	Hoch	Hoch	Gering	Moderat	Hoch

8. Fazit

Die zuvor erwähnten Beispiele verdeutlichen das breite Spektrum an Veränderungen, welches der Einsatz neuer Steuerungsinstrumente hervorgebracht hat. Ihr Einsatz spiegelt die angestrebte Anpassung an veränderte Rahmenbedingungen wider, macht aber auch auf Probleme und Herausforderungen der politischen Steuerung heute aufmerksam.

Neue Steuerungsinstrumente haben an Bedeutung gewonnen, ohne die alten Instrumente vollständig zu verdrängen. Ein vermehrter Einsatz lässt sich insbesondere für prozedurale Steuerungsinstrumente konstatieren, die neben präventiv und politikfeldübergreifend angelegter Planung den Aufbau und die Strukturierung zivilgesellschaftlicher Politiknetzwerke anstreben. Daneben haben auch marktbasierte Steuerungsarrangements einen Aufstieg erlebt. Wie der internationale Vergleich zeigt, variiert das Ausmaß an Liberalisierungs- und Privatisierungsbestrebungen allerdings in erheblichem Umfang je nach Politikbereich und Land. Während Deutschland sich bei der Übernahme partizipationsorientierter Instrumente relativ offen zeigt, nimmt das Land im Hinblick auf marktschaffende Politik eine eher mittlere Position ein (vgl. Höpner et al. 2011: 18; Schmidt 2012a). So blieben sozialpolitische Liberalisierungsmaßnahmen – trotz einzelner bemerkenswerter Ausnahmen – in ihrem Umfang insgesamt eher moderat, wohingegen Deutschland bei der Öffnung seiner staatsnahen Produktionsmärkte in den letzten Jahren engagierter zu Werke ging als das Gros der übrigen OECD-Staaten.

Die Zusammenschau verdeutlicht, dass sich weder ein generell überlegener Steuerungsmodus identifizieren lässt, noch dass die einzelnen Instrumente im Hinblick auf alle Bewertungskriterien *guter* Steuerung lückenlos überzeugen können. Sie weisen vielmehr, wie schon ihre klassischen Pendants, sowohl spezifische Stärken als auch markante Schwächen auf.

Generell lässt sich allerdings konstatieren, dass durch eine Kombination unterschiedlicher Steuerungselemente (vgl. Benz/Dose 2010: 25; Zürn 2008: 568) sowie eine austarierte und zugleich kooperativ angelegte Arbeitsteilung zwischen Staat, Markt und Gesellschaft Defizite am ehesten ausgeglichen werden können. So basiert der moderne Gewährleistungsstaat – er ist zugleich Kooperationspartner, Kontrolleur und Letztverantwortlicher – im Kern auf einem Mix hybrider Steuerungsformen, der je nach Regelungsfeld neben hierarchischen auch marktlich-wettbewerbsorientierte und gesellschaftlich-partizipative Komponenten enthalten kann (vgl. Schuppert 2008: 24). Dem Staat kommt dabei weiterhin eine besondere Verantwortung als Kontroll- und Auffanginstanz zu (vgl. Grimmer 2004: 56f). Zwar soll er, wo immer möglich, Freiräume für gesellschaftliche und marktbasierte Aktivität schaffen, diese müssen aber im „Schatten der Hierarchie" (Zürn 2008: 559) unter einer staatlichen Letztverantwortung stehen. Dass es sich hierbei um eine äußerst anspruchsvolle Aufgabe handelt und die Rückholbarkeit einmal abgegebener staatlicher Zuständigkeiten (im Falle von Fehlentwicklungen) nicht ohne Weiteres realisiert werden kann, steht dabei außer Frage.

Gerade die Verwerfungen im Rahmen der internationalen Finanzkrise haben in jüngster Zeit den Ruf nach einer Renaissance des Staates wieder lauter werden lassen (vgl. Heinze 2009). Verbunden damit ist die Forderung nach einem neuen Steuerungsparadigma, welches den Aspekt der *better regulation* in den Mittelpunkt stellt (vgl. Wegrich 2009: 10).[31] Neben dem verstärkten Einsatz von Benchmarking- und Evaluationselementen soll die Qualität staatlicher Regulierung (vgl. Braun/Giraud 2009: 175) durch den stärker zielgerichteten Einsatz von Ressourcen verbessert werden. Im Rahmen eines risikobasierten Ansatzes (vgl. Wegrich 2011: 7) geht es darum, die begrenzten Regulierungs- und Kontrollkapazitäten auf die Bereiche zu konzentrieren, wo Regelverstöße und Normverletzungen entweder besonders häufig auftreten oder besonders negative Folgen für das Regulierungsziel haben können (vgl. ebd.: 63). Daneben sollte auf die langfristigen Wirkungen staatlicher Steuerung noch stärker Rücksicht genommen werden. Dies kann unter anderem durch die systematische Berücksichtigung gewollter oder ungewollter Nebenfolgen von Regulierungen schon im Vorfeld ihrer Einführung in Form einer Gesetzesfolgenabschätzung oder durch den Einsatz von gesetzlichen Befristungsklauseln (*sunset legislation*) geschehen.[32]

Ziel des *Better-regulation*-Ansatzes ist es, die institutionellen und informationellen Grundlagen für ein möglichst angemessenes Zusammenspiel alter und neuer Steuerungsinstrumente im Sinne eines präventiv-planenden, wettbewerbsorientierten und zugleich gesellschaftsaktivierenden Gewährleistungsstaates (vgl. Zürn 2008: 569) zu verbessern. So kann er einen wichtigen Beitrag zur Lösung der großen politischen Herausforderungen unserer Zeit, wie dem Umgang mit der Finanz- und Wirtschaftskrise, dem demographischen Wandel oder der zunehmenden Umweltzerstörung, leisten.

---

31 Diese Forderung gilt insbesondere für den Finanzmarkt- und Bankensektor (vgl. Mayntz 2012: 7), der in Deutschland in der Vergangenheit durch starke Selbstregulierungsarrangements geprägt war (vgl. Busch 2003), welche sich in der Finanzkrise von 2007 und den folgenden Jahren allerdings als nicht hinreichend herausgestellt haben.

32 Diese führen zu einer Art Beweislastumkehr, da nun für die Weiterführung einer gesetzlichen Regelung ein Begründungszwang besteht (vgl. Wegrich 2011: 59). Außer als Mittel zum Bürokratieabbau dienen sie so auch als Anlass zu systematischen Evaluationsverfahren. Insgesamt sollten sie allerdings nur dosiert eingesetzt werden, da es sonst sehr schnell zu einer Überlastung von Regierung und Parlamenten mit Gesetzesvorlagen kommen kann (vgl. Wegrich 2011: 61).

Kommentierte Literaturhinweise

Blum, Sonja/Schubert, Klaus, [2]2011: Politikfeldanalyse. Wiesbaden: VS Verlag für Sozialwissenschaften.
Hervorragender Einstieg in die Politikfeld-, Governance- und Steuerungsanalyse, der grundlegende Konzepte und Theorieansätze vermittelt und zur weitergehenden Recherche anleitet.

Benz, Arthur/Lütz, Susanne/Schimank, Uwe/Simonis, Georg (Hg.), 2007: Handbuch Governance. Theoretische Grundlagen und empirische Anwendungsfelder. Wiesbaden: VS Verlag für Sozialwissenschaften.
Das Handbuch macht mit zentralen Begriffen der *Governance*-Debatte vertraut und eignet sich so als ideales Nachschlagewerk.

Schubert, Klaus/Bandelow, Nils C. (Hg.), [2]2009: Lehrbuch der Politikfeldanalyse 2.0. München: Oldenbourg Wissenschaftsverlag.
Dieses umfassende Lehrbuch kann vor allem von schon etwas fortgeschrittenen Studierenden zur vertiefenden Einarbeitung genutzt werden.

Benz, Arthur/Dose, Nicolai (Hg.), [2]2010: Governance – Regieren in komplexen Regelsystemen. Eine Einführung. Wiesbaden: VS Verlag für Sozialwissenschaften.
Dieser ebenfalls eher für fortgeschrittene Leser geeignete Sammelband geht den *Governance*-Strukturen auf regionaler, nationaler, europäischer wie globaler Ebene nach.

Schuppert, Gunnar F./Zürn, Michael (Hg.), 2008: Governance in einer sich wandelnden Welt. PVS Sonderheft 41: 2008, Wiesbaden: VS Verlag für Sozialwissenschaften.
Das PVS Sonderheft behandelt vor allem neuere Steuerungsformen und -instrumente und legt neben rechtlichen Aspekten einen besonderen Schwerpunkt auf *Governance*-Strukturen jenseits des Nationalstaates.

Literatur

Benz, Arthur, [2]2010: Multilevel Governance – Governance in Mehrebenensystemen, in: Benz, Arthur/Dose, Nicolai (Hg.): Governance – Regieren in komplexen Regelsystemen. Eine Einführung. Wiesbaden: VS Verlag für Sozialwissenschaften, 111-136.

Benz, Arthur/Dose, Nicolai, [2]2010: Governance – Modebegriff oder nützliches sozialwissenschaftliches Konzept?, in: Benz, Arthur/Dose, Nicolai (Hg.): Governance – Regieren in komplexen Regelsystemen. Eine Einführung. Wiesbaden: VS Verlag für Sozialwissenschaften, 13-36.

Benz, Arthur/Lütz, Susanne/Schimank, Uwe/Simonis, Georg, 2007: Einleitung, in: Benz, Arthur/Lütz, Susanne/Schimank, Uwe/Simonis, Georg (Hg.): Handbuch Governance. Theoretische Grundlagen und empirische Anwendungsfelder. Wiesbaden: VS Verlag für Sozialwissenschaften, 9-25.

Blum, Sonja/Schubert, Klaus, [2]2011: Politikfeldanalyse. Wiesbaden: VS Verlag für Sozialwissenschaften.

Bogumil, Jörg/Grohs, Stephan/Kuhlmann, Sabine, 2006: Ergebnisse und Wirkungen kommunaler Verwaltungsmodernisierung in Deutschland – Eine Evaluation nach zehn Jahren Praxiserfahrung, in: Bogumil, Jörg/Jann, Werner/Nullmeier, Frank (Hg.): Politik und Verwaltung. Wiesbaden: VS Verlag für Sozialwissenschaften, 151-184.

Braun, Dietmar/Giraud, Olivier, [2]2009: Steuerungsinstrumente, in: Schubert, Klaus/Bandelow, Nils C. (Hg.): Lehrbuch der Politikfeldanalyse 2.0. München: Oldenbourg, 159-187.

Bundesregierung, 2012: Nationale Nachhaltigkeitsstrategie. Fortschrittsbericht 2012. Berlin.

Busch, Andreas, 2003: Staat und Globalisierung. Das Politikfeld Bankenregulierung im internationalen Vergleich. Wiesbaden: Westdeutscher Verlag.

Conway, Paul/Nicoletti, Giuseppe, 2006: Product Market Regulation in Non-Manufacturing Sectors in OECD Countries: Measurement and Highlights, OECD Economics Department Working Paper No. 530. Paris: OECD.

Döhler, Marian, 2007: Hierarchie, in: Benz, Arthur/Lütz, Susanne/Schimank, Uwe/Simonis, Georg (Hg.): Handbuch Governance. Theoretische Grundlagen und empirische Anwendungsfelder. Wiesbaden: VS Verlag für Sozialwissenschaften, 46-53.

Dose, Nicolai, 2008: Problemorientierte staatliche Steuerung Ansatz für ein reflektiertes Policy-Design. Baden-Baden: Nomos.

Europäischer Rat, 2000: Schlussfolgerungen des Vorsitzes, http://www.europarl.europa.eu/summits/lis1_de.htm (letzter Zugriff 07.12.2012).

European Commission, 2010a: EUROPA 2020. Eine Strategie für intelligentes, nachhaltiges und integratives Wachstum, http://ec.europa.eu/eu2020/pdf/COMPLET% 20%20DE%20SG-2010-80021-06-00-DE-TRA-00. pdf (letzter Zugriff 26.08.2012).

European Commission, 2010b: Lisbon Strategy Evaluation Document, http://ec.europa.eu/archives/growthand-jobs_2009/ (letzter Zugriff 15.08.2012).

Grimmer, Klaus, 2004: Öffentliche Verwaltung in Deutschland. Grundlagen, Funktionen, Reformen. Eine problemorientierte Einführung. Wiesbaden: VS Verlag für Sozialwissenschaften.

Grunwald, Armin/Kopfmüller, Jürgen, [2]2012: Nachhaltigkeit. Eine Einführung. Frankfurt a.M.-New York: Campus.

Hacker, Björn/van Treeck, Till, 2010: Wie einflussreich wird die europäische Governance? Reformierter Stabilitäts- und Wachstumspakt, Europa 2020-Strategie und »Europäisches Semester«, http://library.fes.de/pdf-files/id/ipa/07639.pdf (letzter Zugriff 28.08.2012).

Haus, Michael, 2010a: Transformation des Regierens und Herausforderungen der Institutionenpolitik. Baden-Baden: Nomos.

Haus, Michael, 2010b: Von government zu governance? Bürgergesellschaft und Engagementpolitik im Kontext neuer Formen des Regierens, in: Olk, Thomas/Klein, Ansgar/Hartnuß, Birger (Hg.): Engagementpolitik. Die Entwicklung der Zivilgesellschaft als politische Aufgabe. Wiesbaden: VS Verlag für Sozialwissenschaften, 201-232.

Heinze, Rolf G., 2009: Rückkehr des Staates? Politische Handlungsmöglichkeiten in unsicheren Zeiten. Wiesbaden: VS Verlag für Sozialwissenschaften.

Hill, Hermann, [2]2006: Good Governance – Konzepte und Kontexte, in: Benz, Arthur/Dose, Nicolai (Hg.): Governance – Regieren in komplexen Regelsystemen. Eine Einführung. Wiesbaden: VS Verlag für Sozialwissenschaften, 220-250.

Holtkamp, Lars/Bathge, Thomas, 2012: Lokale Bürgerbeteiligung in der Haushaltskrise, in: der moderne staat 5:1, 47-64.

Höpner, Martin/Petring, Alexander/Seikel, Daniel/Werner, Benjamin, 2011: Liberalisierungspolitik. Eine Bestandsaufnahme der Rückführung wirtschafts- und sozialpolitischer Interventionen in entwickelten Industrieländern, in: Kölner Zeitschrift für Soziologie und Sozialpsychologie 63:1, 1-32.

Huber, Joseph, [2]2011: Allgemeine Umweltsoziologie. Wiesbaden: VS Verlag für Sozialwissenschaften.

Inglehart, Ronald, 1998: Modernisierung und Postmodernisierung: kultureller, wirtschaftlicher und politischer Wandel in 43 Gesellschaften. Frankfurt a.M.-New York: Campus.

Jakobi, Tobias/Lamping, Wolfram, 2011: Regulierst Du noch oder rankst Du schon? Möglichkeiten und Grenzen des Regierens mit Ranglisten, Papier für die Jahrestagung der DVPW-Sektion Politische Ökonomie September 2011, Bamberg.

Jann, Werner, [2]2006: Governance als Reformstrategie – Vom Wandel und der Bedeutung verwaltungspolitischer Leitbilder, in: Schuppert, Gunnar F. (Hg.): Governance-Forschung. Vergewisserung über Stand und Entwicklungslinien. Baden-Baden: Nomos, 21-43.

Jann, Werner/Wegrich, Kai, [2]2010: Governance und Verwaltungspolitik: Leitbilder und Reformkonzepte, in: Benz, Arthur/Dose, Nicolai (Hg.): Governance – Regieren in komplexen Regelsystemen. Eine Einführung. Wiesbaden: VS Verlag für Sozialwissenschaften, 175-200.

Jordan, Andrew/Wurzel, Rüdiger K.W./Zito, Anthony, 2005: The Rise of ‚New‘ Policy Instruments in Comparative Perspective: Has Governance Eclipsed Government?, in: Political Studies 53:4, 477-496.

Kielmansegg, Peter Graf, 1978: Organisierte Interessen als „Gegenregierungen‟?, in: Hennis, Wilhelm/Kielmansegg, Peter Graf/Matz, Ulrich (Hg.): Regierbarkeit: Studien zur ihrer Problematisierung. Bd. 2. Stuttgart: Klett-Cotta, 139-176.

Koenig, Christian/Kühling, Jürgen/Rasbach, Winfried, 2006: Energierecht. Frankfurt a.M.: Recht und Wirtschaft.

Kooiman, Jan, [2]2006: Governing as Governance, in: Schuppert, Gunnar F. (Hg.): Governance-Forschung. Vergewisserung über Stand und Entwicklungslinien. Baden-Baden: Nomos, 149-172.

Majone, Giandomenico, 1994: The Rise of the Regulatory State in Europe, in: West European Politics 17:3, 77-101.

Majone, Giandomenico, 1996: Regulating Europe. London: Routledge.

Matthes, Manuel, 2011: War die Lissabon-Strategie geeignet, die Rahmenbedingungen für eine bessere wirtschaftliche Entwicklung in der Europäischen Union zu schaffen?, http://d-nb.info/1024406601/34 (letzter Zugriff 18.12.2012).

Mayntz, Renate, [2]2006: Governance Theory als fortentwicklete Steuerungstheorie?, in: Schuppert, Gunnar F. (Hg.): Governance-Forschung Vergewisserung über Stand und Entwicklungslinien. Baden-Baden: Nomos, 11-20.

Mayntz, Renate, 2008: Von der Steuerungstheorie zu Global Governance, in: Schuppert, Gunnar F./Zürn, Michael (Hg.): Governance in einer sich wandelnden Welt. PVS Sonderheft 41: 2008, Wiesbaden: VS Verlag für Sozialwissenschaften, 43-60.

Mayntz, Renate, 2012: Institutional Change in the Regulation of Financial Markets: Questions and Answers, in: Mayntz, Renate (Hg.): Crisis and Control. Institutional Change in Financial Market Regulation. Frankfurt a.M.-New York: Campus, 7-28.

Nill-Theobald, Christiane/Theobald, Christian, [4]2006: Energierecht. München: C.H.Beck.

Obinger, Herbert/Traub, Stefan/Etling, Andreas/Mause, Karsten/Schmitt, Carina/Schreeb, Katharina/Schuster, Philipp, 2010: Der Rückzug des Staates aus unternehmerischen Tätigkeiten. Eine Zwischenbilanz, in: der moderne staat 3:1, 209-233.

Offe, Claus, 1979: „Unregierbarkeit". Zur Renaissance konservativer Krisentheorien, in: Habermas, Jürgen (Hg.): Stichworte zur ‚Geistigen Situation der Zeit'. I. Bd.: Nation und Republik. Frankfurt a.M.: Suhrkamp, 294-238.

Papadopoulos, Yannis, [2]2010: Governance und Demokratie, in: Benz, Arthur/Dose, Nicolai (Hg.): Governance – Regieren in komplexen Regelsystemen. Eine Einführung. Wiesbaden: VS Verlag für Sozialwissenschaften, 225-250.

Rat für Nachhaltige Entwicklung, 2009: Peer Review on Sustainable Development Policies in Germany, http://www.nachhaltigkeitsrat.de/uploads/media/RNE_Peer_Review_ Report_November_2009_03.pdf (letzter Zugriff 27.08.2012).

Rogall, Holger, 2004: Ökonomie der Nachhaltigkeit. Handlungsfelder für Politik und Wirtschaft. Wiesbaden: VS Verlag für Sozialwissenschaften.

Schmidt, Manfred G., [3]2010: Wörterbuch zur Politik. Stuttgart: Alfred Kröner Verlag.

Schmidt, Manfred G., [2]2011: Das politische System Deutschlands. München: C.H.Beck.

Schmidt, Manfred G., 2012a: Der mittlere Weg der Liberalisierungspolitik? Deutschland im internationalen Vergleich, in: Jesse, Eckhard/Sturm, Roland (Hg.): „Superwahljahr" 2011 und die Folgen. Baden-Baden: Nomos, 285-305.

Schmidt, Manfred G., 2012b: Wirklich nur Mittelmaß? Deutschlands Sozialstaat im Spiegel neuer, international vergleichender Daten, in: Zeitschrift für Staats- und Europawissenschaften 10:2, 159-195.

Schmitt, Carina/Obinger, Herbert, 2010: Verfassungsschranken und die Privatisierung öffentlicher Dienstleistungen im internationalen Vergleich, in: Politische Vierteljahresschrift 51:4, 643-664.

Schuppert, Gunnar F., 2008: Governance – auf der Suche nach Konturen eines „anerkannt uneindeutigen Begriffs", in: Schuppert, Gunnar F./Zürn, Michael (Hg.): Governance in einer sich wandelnden Welt. PVS Sonderheft 41: 2008, Wiesbaden: VS Verlag für Sozialwissenschaften, 13-40.

Sintomer, Yves/Herzberg, Carsten/Röcke, Anja, 2010: Der Bürgerhaushalt in Europa – eine realistische Utopie? Zwischen partizipativer Demokratie, Verwaltungsmodernisierung und sozialer Gerechtigkeit. Wiesbaden: VS Verlag für Sozialwissenschaften.

Streeck, Wolfgang, 2009: Re-Forming Capitalism: Institutional Change in the German Political Economy. Oxford-New York: Oxford University Press.

von Weizsäcker, Carl Ch., 2006: Re-Regulierung der liberalisierten Energiemärkte in Europa, in: Franz, Wolfgang/Ramser, Hans J./Stadler, Manfred (Hg.): Umwelt und Energie, Wirtschaftswissenschaftliches Seminar Ottobeuren, Bd. 35. Tübingen: Mohr Siebeck, 277-284.

Wald, Andreas/Jansen, Dorothea, 2007: Netzwerk, in: Benz, Arthur/Lütz, Susanne/Schimank, Uwe/Simonis, Georg (Hg.): Handbuch Governance. Theoretische Grundlagen und empirische Anwendungsfelder. Wiesbaden: VS Verlag für Sozialwissenschaften, 93-105.

Wegrich, Kai, 2009: Better Regulation? Grundmerkmale moderner Regulierungspolitik im internationalen Vergleich, http://www.bertelsmann-stiftung.de/bst/de/media/xcms_bst_dms_27613_27614_2.pdf (letzter Zugriff 30.08.2012).

Wegrich, Kai, 2011: Das Leitbild »Better Regulation« Ziele, Instrumente, Wirkungsweisen. Berlin: edition sigma.

Willke, Helmut, 1997: Supervision des Staates. Frankfurt a.M.: Suhrkamp.

Wolf, Henrike, 2005: Partizipation und Lokale Agenda 21. Ein interkommunaler Vergleich aus organisationssoziologischer Perspektive. Marburg: Tectum Verlag.

Wurster, Stefan, 2010: Zukunftsvorsorge in Deutschland. Eine vergleichende Untersuchung der Bildungs-, Forschungs-, Umwelt- und Energiepolitik. Baden-Baden: Nomos.

Zohlnhöfer, Reimut, 2007: Entstaatlichungspolitik: Die Liberalisierung und Privatisierung des Telekommunikationssektors in Deutschland und Großbritannien, in: Schmidt, Manfred G./Ostheim, Tobias/Siegel Nico A./ Zohlnhöfer, Reimut (Hg.): Der Wohlfahrtsstaat. Eine Einführung in den historischen und internationalen Vergleich. Wiesbaden: VS Verlag für Sozialwissenschaften, 389-406.

Zohlnhöfer, Reimut/Obinger, Herbert, 2005: Ausverkauf des „Tafelsilbers": Bestimmungsfaktoren der Privatisierungserlöse in EU und OECD-Staaten 1990-2000, in: Politische Vierteljahresschrift 46:4, 602-628.

Zohlnhöfer, Reimut/Obinger, Herbert/Wolf, Frieder, 2008: Partisan Politics, Globalization and the Determinants of Privatization Proceeds in Advanced Democracies (1990-2000), in: Governance 21:2, 95-121.

Zürn, Michael, 2008: Governance in einer sich wandelnden Welt – eine Zwischenbilanz, in: Schuppert, Gunnar F./Zürn, Michael (Hg.): Governance in einer sich wandelnden Welt. PVS Sonderheft 41: 2008, Wiesbaden: VS Verlag für Sozialwissenschaften, 553-580.

Zürn, Michael/Leibfried, Stephan, 2005: Reconfiguring the National Constellation, in: European Review 13:1, 1-36.

3.

Internationale Beziehungen

Die Internationalen Beziehungen: ein einführender Überblick[1]

Nicole Deitelhoff / Michael Zürn

1. Einleitung

Einführende Überblicke zum politikwissenschaftlichen Teilgebiet ‚Internationale Beziehungen' beginnen häufig mit einer Beschreibung des Gegenstands internationale Beziehungen als der Analyse von Politik in einem anarchischen System souveräner Nationalstaaten. Darauf folgt dann eine Darstellung der unterschiedlichen Analyseperspektiven entlang der drei großen Denkschulen, die die Internationalen Beziehungen lange geprägt haben: Realismus, Liberalismus und Marxismus.

Für diese Vorgehensweise gibt es gute Gründe. Mit Anarchie, verstanden als Abwesenheit einer gewaltbewehrten Zentralinstanz, wird auf den wesentlichen Unterschied zwischen Innenpolitik und internationaler Politik verwiesen. Die Schulenlehre hilft darüber hinaus, die Differenzen und Debatten über die konzeptionellen Grundlagen des Faches zu entschlüsseln. Wer sind die zentralen Akteure in der internationalen Politik – Staaten, ökonomische Akteure oder auch internationale Organisationen und transnationale Nichtregierungsorganisationen? Was motiviert das Handeln zentraler Akteure – Sicherheitsstreben, Wohlfahrt oder Gier? Sind die Interessen primär innerstaatlich oder international geprägt? Was ist der Normalzustand des internationalen Systems – Krieg, Frieden oder Ungleichheit? Wir stellen diese Schulen eingangs vor (Abschnitt 2), lassen sie aber sodann in einer Theoriegeschichte der Internationalen Beziehungen aufgehen (Abschnitt 3). Eine Skizze der Internationalen Beziehungen allein anhand der drei Denkschulen unterschlägt aus unserer Sicht zu viel: insbesondere die schulenübergreifende Binnendynamik des akademischen Denkens über internationale Beziehungen und wie es sich im Wechselspiel mit realweltlichen Entwicklungen entfaltet hat; aber auch die Abwendung von den traditionellen Denkschulen in den 1990er Jahren und die Hinwendung zu neuen Problemen mit analytischen Konzepten, die sich gegenüber einer eindeutigen Zuordnung zu einer der Denkschulen sperren und sogar die Anarchieprämisse in Frage stellen.

Wir werden im Folgenden drei thematisch definierte Paradigmen identifizieren, die in einer zeitlichen Abfolge stehen und die Theoriegeschichte der Internationalen Beziehungen strukturieren.[2] Diese Paradigmen benennen die zentralen Problem- und Fragestellungen, skizzieren mithin Forschungsprogramme, bleiben aber offen für unterschiedliche theoreti-

---

1   Georg Simmerl gebührt Dank für die exquisite Unterstützung bei der Erstellung des Beitrags.
2   Vgl. zu diesem Ansatz das Lehrbuch Deitelhoff/Zürn (2013), das einen solchen historischen, Theorien und Themen verknüpfenden Ansatz wählt.

sche Erklärungen und Antworten. Paradigmen in diesem Sinne definieren das Spiel, das die (häufig) konkurrierenden Theorien und Denkschulen miteinander spielen. Dabei ersetzt ein neues Paradigma das alte nie vollständig. Vielmehr erweitert es jeweils die Themen- und Problemstellungen des Faches, kann auch dominant werden, ohne aber die älteren Paradigmen vollständig zu verdrängen. In diesem Sinne unterscheiden wir zunächst das ‚Friedensparadigma‘, welches die Internationalen Beziehungen in ihrer Gründungsperiode bis weit in den Kalten Krieg hinein geprägt hat; das ‚Kooperationsparadigma‘, das sich etwa ab den 1960er Jahren paradoxerweise im Zuge der Entstehung einer filigraneren Abschreckungstheorie und -praxis entwickelte und das *Global Governance*- oder ‚Ordnungsparadigma‘, das sich seit dem Ende des Kalten Krieges abzeichnet. Die Entwicklung dieser Paradigmen wird sowohl durch disziplinimmanente Forschungslogiken als auch durch realweltliche Entwicklungen angetrieben.[3]

2. Das anarchische System souveräner Staaten und die drei großen Theorieschulen

Die Form eines anarchischen internationalen Systems souveräner Nationalstaaten bildete sich erst mit Beginn der frühen Neuzeit in Konkurrenz zu Formen des Imperialismus und Feudalismus heraus und brachte so die internationalen Beziehungen als Gegenstand hervor. Gemeinhin wird der Ausgangspunkt dieser Entwicklung auf die Westfälischen Friedensverträge von Münster und Osnabrück 1648 datiert, die die Religionskriege in Europa dauerhaft beendeten und erstmalig jene Prinzipien festschrieben, die von nun an als wesentliche Merkmale des internationalen Systems galten. Diese Verträge erkannten die jungen Staatsgebilde Europas an und etablierten mithin souveräne Staaten, deren Beziehung zueinander unabhängig von ihrer Größe oder Macht auf Gleichheit und Unabhängigkeit beruhen sollte, ohne dass über ihnen eine weitere Macht oder Autorität stand. Letzteres brachte das zentrale Ordnungsprinzip des internationalen Systems hervor: die Anarchie. Anarchie beschreibt weder Regellosigkeit noch Chaos, sondern die Abwesenheit einer gewaltbefähigten Zentralinstanz oberhalb der Staaten.

Freilich ist der Westfälische Frieden eher eine wichtige Wegmarke als der alles entscheidende Umschlagspunkt. Die Herausbildung des modernen Staatensystems lässt sich schon ab der frühen Neuzeit beobachten, insbesondere in der Renaissance, die in Norditalien zu der Herausbildung von Stadtstaaten (*statos*) führte. Deren säkulare Herrscher schwächten den Herrschaftsanspruch des Papstes und betrieben eine am Machtausbau des eigenen Staates orientierte Politik, der Niccolò Machiavelli in seiner berühmten Schrift über den Fürsten eine theoretische Unterfütterung gab. Die im 16. Jahrhundert einsetzende Reformation nagte weiter an der päpstlichen Vorherrschaft und forcierte die Bildung von unabhängigen

---

3   Das ist eine andere Verwendung des Paradigmenbegriffs als bei Thomas S. Kuhn (1962). Möglicherweise
     ist aber eine solche themenorientierte Abfolge von sich überlagernden Paradigmen, die jeweils spezifische
     Theoriekonkurrenzen produzieren, für die Sozial- und Politikwissenschaften anschlussfähiger als das
     Kuhn'sche Modell einer Abfolge von Theoriehegemonien.

Kleinstaaten in Europa. Aber erst im 17. Jahrhundert zeigten sich die Umrisse des modernen Staatensystems.

Auch von einer Theorie der internationalen Beziehungen konnte damals noch keine Rede sein. Zwar gab es große zeitgenössische Denker, wie Niccolò Machiavelli oder Thomas Hobbes – und außerdem historische Vorläufer wie Thukydides –, die insbesondere der spätere Realismus zu seinen Gründungsvätern zählen sollte, aber sie verstanden sich nicht als Theoretiker internationaler Beziehungen. Das Staatensystem, das sich herauszubilden begann, war für die Zeitgenossen noch kaum zu erkennen.

Die Konsolidierung der Staaten und des Staatensystems mit dauerhaften und wechselseitigen Beziehungen zwischen ihnen erfolgte erst in den folgenden Jahrhunderten – vor allem durch eine endlose Reihe von Kriegen und weiteren Friedensverträgen, wie denen von Utrecht (1713) und Paris (1815). Ausgehend von der damals verbreiteten Ansicht, nur der physische Besitz über materielle Ressourcen (wie etwa Land, Rohstoffe etc.) helfe, die eigene Macht zu vergrößern und dadurch gegenüber den anderen Staaten zu bestehen, war die militärische Expansion zunächst ein normales und anerkanntes Mittel der Machtpolitik, sodass im 17. und 18. Jahrhundert jeder größere Staat zumindest einmal gegen jeden anderen mächtigen Staat in Europa einen Krieg geführt hat (Kaiser 1990: Kap. 2) und die politische Landkarte Europas sich kontinuierlich veränderte.[4]

Dennoch halfen diese Kriege jene Merkmale internationaler Politik zu etablieren, die lange Zeit als konstitutiv für den Gegenstand und mithin die Teildisziplin betrachtet wurden: ‚Staaten' sind die zentralen Akteure internationaler Politik; Staaten besitzen die alleinige ‚Souveränität' über das von ihnen kontrollierte Territorium und sind insofern formal gleich; die Beziehungen der Staaten untereinander erfolgen in einem ‚anarchischen' System, im oben erörterten Sinn.

Lange Zeit verblieben die vorherrschenden Denkschulen der Internationalen Beziehungen weitgehend im Rahmen dieser Konstitutionsmerkmale. In diesem Abschnitt zeichnen wir die Grundlagen der drei Theorieschulen nach, wie sie im Laufe des 20. Jahrhunderts entstanden sind und unter den Begriffen Realismus, Liberalismus und Marxismus bekannt wurden.[5]

2.1 Realismus

Für die realistische Theorieschule ist internationale Politik das Ergebnis der Machtverteilung zwischen den Staaten. Die Grundaussage des Realismus lautet: In einem anarchischen System souveräner Staaten müssen Machterhalt und -zugewinn primäres Interesse jedes Staa-

---

4   Besonders lesenswerte Gesamtdarstellungen der Geschichte internationaler Beziehungen sind Kaiser (1990), Buzan/Little (2000) und Osiander (2007).

5   Inzwischen spricht man auch von Neorealismus, Neoinstitutionalismus und kritischen Theorien – diese aktuellen Ausprägungen werden auch im Verlauf dieses Beitrags behandelt. Darüber hinaus wird vielfach der Sozialkonstruktivismus als vierte Schule gezählt. Wir betrachten den Sozialkonstruktivismus jedoch eher als eine Variante, die bei allen drei Theorieschulen beobachtet werden kann. Der für den Sozialkonstruktivismus konstitutive Hinweis, dass nicht nur Normen, sondern auch Akteure und Interessen sozial konstruiert und mithin veränderlich sind, ist potentiell mit dem Realismus (Wendt 1999), dem Liberalismus (Risse 2000) und der kritischen Perspektive vereinbar (Cox 1981).

tes sein, weil das Überleben des einzelnen Staates durch die Existenz anderer Staaten im internationalen System fortwährend in Gefahr ist. Diese Gefährdung gründet in früheren realistischen Klassikern auch auf einem pessimistischen Menschenbild – insbesondere bei Hans Morgenthau (1948) und Reinhold Niebuhr (1956) – im modernen Realismus liegt sie hingegen ausschließlich in der Natur des internationalen Systems begründet – wie Kenneth N. Waltz in seiner *Theory of International Politics* (1979) zeigte.[6]

Für viele der klassischen Realisten ist der Mensch von Natur aus mit dem unbedingten Willen ausgestattet, andere zu beherrschen. Lässt sich diese Natur innerhalb des Staates noch durch Recht, gemeinschaftliche Wertesysteme und hierarchische Ordnung bändigen, gibt es jenseits des Staates keine Schranken, um Machtkonkurrenzen zu beschwichtigen – außer der Einsicht in deren verheerende Folgen. Dies erfordert kluge Staatsmänner und -frauen, die sich im Eigeninteresse beschränken. Internationale Politik muss daher darauf ausgerichtet werden, die Machtungleichgewichte insbesondere zwischen den Großmächten auf diplomatischem Wege auszutarieren, um zu verhindern, dass ein Staat zu mächtig wird und die anderen angreift.

Im Gegensatz zum klassischen Realismus verortet der Neorealismus das Kernproblem nicht in der Natur des Menschen, sondern in der Natur des internationalen Systems, die für die Staaten ein Sicherheitsdilemma erzeugt (vgl. bereits Herz 1974: 39). Da eine übergeordnete Zentralinstanz fehlt, die in der Lage wäre, Konflikte zwischen Staaten zu schlichten und diese Schlichtung auch durchzusetzen, sind die einzelnen Staaten auf Selbsthilfe angewiesen, um ihr Überleben zu sichern (Waltz 1979: 111). Dieses Überleben ist konstant gefährdet, weil Staaten in einem anarchischen System die Intentionen anderer Staaten nicht einschätzen können und daher immer damit rechnen müssen, angegriffen zu werden (ebd.: 102). Folgerichtig sind Staaten auf Machterhalt oder -mehrung angewiesen, um möglichen Übergriffen vorzubeugen. Es überleben nur diejenigen Staaten, die sich dem Systemimperativ beugen. Mit anderen Worten: Die Konkurrenz im internationalen System sorgt für eine ‚natürliche Selektion'. Dementsprechend geht der Neorealismus – im Unterschied zum klassischen Realismus – auch nicht davon aus, dass Machterwerb für Staaten ein Selbstzweck ist. Es geht vielmehr darum, genügend Macht zu haben, um die eigene Sicherheit zu gewährleisten. Staaten maximieren nicht Macht, sondern Sicherheit.

Weil Staaten kontinuierlich die Machtverteilung zwischen sich kontrollieren müssen, um Machtungleichgewichte zu verhindern, bleibt auch Kooperation und überhaupt die Erwirtschaftung von gemeinsamen Gewinnen prekär, solange nicht eine absolute Gleichverteilung der Gewinne gewährleistet werden kann. Denn wer kann vorhersehen, wie Kooperationspartner ihren Anteil am Gewinn in der Zukunft einsetzen werden? In dieser Perspektive geht es also nicht um die absoluten Gewinne, sondern um die relativen, die sofort ins Ne-

---

6   In den Internationalen Beziehungen wird zumeist mit drei Analyseebenen operiert, auf denen Erklärungsfaktoren für internationale Politik angesiedelt werden: systemisch (die Ebene des internationalen Systems), subsystemisch (die Ebene der darunter liegenden Einheiten; das heißt im Allgemeinen Staaten) und Individuen, wobei letztere Ebene stark an Bedeutung verloren hat (vgl. zu den Analyseebenen Waltz 1959 und Singer 1961).

gative drehen und Kooperation verhindern, wenn eine Seite mehr gewinnt als die andere (Grieco 1993: 118).

2.2 Liberalismus

Ein weniger martialisches Bild der internationalen Politik zeichnet der Liberalismus, bisweilen auch (Neo-)Institutionalismus oder Idealismus genannt. Das Label ‚Idealismus' erhielt er als Fremdzuschreibung, weil er – insbesondere in seinen Anfängen – glaubte, harmonische Interessen zwischen den Staaten am Frieden als unproblematisch voraussetzen zu können; (Neo-)Institutionalismus wird er oftmals genannt, weil er im Kern auf die Rolle von Institutionen setzt, welche die Interessen der Akteure in kooperative Bahnen lenken sollen; Liberalismus, weil er, am Individuum ansetzend, in den Grundprämissen die frühen Überlegungen Immanuel Kants aufnimmt.

Die liberale Denkschule sieht die internationalen Beziehungen zwar ebenfalls als ein System souveräner Staaten ohne übergeordnete Zentralinstanz. Anders als bei den Realisten sind in der liberalen Schule jedoch nicht Staaten allein die zentralen Akteure, sondern daneben treten die Bevölkerungen, die durch ihre Regierungen vertreten werden. Darüber hinaus wird die Anarchie im internationalen System auch weniger pessimistisch und deterministisch gedeutet als im Realismus. Die liberale Theorieschule baut auf die Aufklärung und damit auf die menschliche Fähigkeit, strukturelle Grenzen zu überschreiten. Im Zentrum liberalen Denkens steht das vernunftbegabte Individuum, das mit unveräußerlichen Rechten ausgestattet ist. Anders als gerade im klassischen Realismus, der in der Natur des Menschen selbst den Kern des Übels sah, vertraut der Idealismus auf das grundlegende Interesse des Einzelnen an Freiheit und Frieden. Die Abwesenheit einer übergeordneten Zentralinstanz im internationalen System stellt zwar auch im Liberalismus ein Problem für das friedliche Zusammenleben der Staaten bzw. Völker dar. Er identifiziert aber zwei Optionen, mit denen diese Probleme bewältigt werden können.

Im institutionalistischen Strang des Liberalismus (Option 1) sollen Organisationen und Institutionen die gemeinsamen Interessen der Akteure zum Vorschein bringen und befördern, indem sie den Akteuren einen stabilen Rahmen für ein kooperatives Zusammenleben ermöglichen (Mitrany 1966; Haas 1958). Internationale Institutionen können die Zusammenarbeit stabilisieren, indem sie die im internationalen System vorherrschende Unsicherheit über etwaige Kooperationspartner und ihre Intentionen abmildern. Sie stabilisieren Verhaltenserwartungen, indem sie Informationen und Regeln bereitstellen und dadurch die Transaktionskosten der einzelnen Akteure reduzieren (Keohane 1984: 97f).

Im originär liberalen Strang (Option 2) wird auf die Strukturen der innenpolitischen Interessenvermittlung gesetzt. Diese entscheiden über das außenpolitische Verhalten von Staaten im internationalen System, wobei davon ausgegangen wird, dass Demokratien sich friedlicher verhalten als autokratische Systeme.

Zwar hat bereits die frühe liberale Theorieschule – wie etwa in Woodrow Wilsons Friedensplänen von 1918 – zumeist beide Faktoren – Institutionen und Staatsform – betont, aber erst in den 1980er Jahren wurde der Faktor der innergesellschaftlichen Strukturen systematisch ausgearbeitet. So beriefen sich die Arbeiten von Michael Doyle (1986) oder Bruce Russett (1993) in den USA und Ernst Otto Czempiel (1998) in Deutschland vor allem auf Immanuel Kants Schrift *Zum ewigen Frieden* (1795), in der die Möglichkeit eines dauerhaften internationalen Friedens zuvorderst an der Staatsform festgemacht wurde. Allgemeiner auf die Strukturen der innergesellschaftlichen Interessenvermittlung setzt der intergouvernementale Liberalismus (prägend Moravcsik 1997, 1998). In diesen Ansätzen geht es primär darum, die Machtverteilung von gesellschaftlichen Interessengruppen innerhalb von Staaten zu erforschen, um davon ausgehend die Außenpolitik der Staaten bestimmen zu können.

2.3 Marxismus

Marxistische Theorien zeichnen ein fundamental anderes Bild der internationalen Beziehungen. Sie betrachten das internationale System als Manifestation der kapitalistischen Produktionsweise, die gesellschaftliche Ausbeutungsstrukturen auf der Staatenebene fortschreibt.

Den Ausgangspunkt der marxistischen Theorieschule bilden die ‚Imperialismustheorien‘, die in der Phase der beschleunigten Kolonialisierung Ende des 19. Jahrhunderts entstanden. In dieser Zeit konkurrierten die europäischen Mächte um die Eroberung von Überseegebieten. Imperialismus beschreibt die Politik der Herrschaftsausdehnung jenseits der eigenen Staatsgrenzen durch direkte Eroberung fremder Territorien oder indirekte Kontrolle dieser Territorien in politischer oder ökonomischer Hinsicht (vgl. Mommsen 1977). Die europäischen Großmächte gerieten mit ihren imperialistischen Politiken aber bald in Konkurrenz zueinander und verstrickten sich dabei in Auseinandersetzungen, die schließlich in den Ersten Weltkrieg führten.

Für diese Politik boten die Imperialismustheorien eine Erklärung an. In ihren marxistischen Varianten wurde der Imperialismus als Konsequenz der kapitalistischen Produktionsweise verstanden, die es in ihrer krisenhaften Entwicklung notwendig machte, nicht-kapitalistische Gebiete zu erobern, um überhaupt noch Mehrwert für die kapitalistischen Klassen zu erwirtschaften.[7] Dieser Strategie waren aber natürliche Grenzen gesetzt, denn mit der Durchkapitalisierung der Welt konnte sich der Kapitalismus nur noch gegen sich selbst wenden. Deswegen erwarteten Imperialismustheoretiker, dass sich die imperialistischen Staaten wechselseitig bedrohen würden, je näher diese Durchkapitalisierung rückte, weil sie um die letzten Bereiche der Mehrwertschöpfung konkurrieren müssen. Das Heißlaufen des Rennens um die Kolonien in Übersee inklusive der Kanonenbootdiplomatie – also der Einsatz von Kriegsschiffen durch die Kolonialmächte bei der Durchsetzung eigener Interessen gegenüber Schwächeren – passte in dieses Muster.[8]

---

7   Ob dieser Prozess durch Unterkonsumtion (Luxemburg 1921 [1913]) oder durch die Verwertungsinteressen
     des Finanzkapitals (Lenin 1921) getrieben wurde, war ein interner Streitpunkt der marxistischen Imperial-
     ismustheorien.

8   Diese Analysen wurden weitgehend auch von liberalen Historikern geteilt. Für John Hobson (1902) waren
     es im Kern die Schwäche der Sozialdemokratie und die damit verbundenen zu geringen Lohnniveaus, die
     den mörderischen Imperialismus trieben. Im Gegensatz zu den marxistischen Imperialismustheorien war
     diese Bedingung seines Erachtens aber nicht dem kapitalistischen Produktionssystem immanent, sondern

Damit steht auch hier ein systemisches Verständnis internationaler Politik im Vordergrund. Allerdings sind nicht die Staaten die zentralen Akteure, sondern starke ökonomische Akteure bzw. Klassen, die den Staat instrumentalisieren. Diese Klassen sind primär daran interessiert, Profite zu erwirtschaften und zu vermehren und stehen darum in einem integrierten, staatlich geordneten Weltwirtschaftssystem in immerwährender Konkurrenz zueinander. Da der Kapitalismus notwendig zu ungleicher Einkommensverteilung führt und Kapital in den Händen weniger konzentriert, ist auch das internationale System von extremer Ungleichheit zwischen den Staaten geprägt, die sich in Ausbeutungsverhältnissen materialisiert, in denen die ökonomisch starken Staaten die schwachen und unterentwickelten Staaten ausbeuten, um sich Ressourcen und Profite zu sichern. Diese asymmetrischen Verhältnisse wurden insbesondere in den frühen Imperialismustheorien, aber später auch in Weltsystemtheorien (insbesondere Wallerstein 1974) und in den Dependencia-Theorien (vgl. Senghaas 1974) analysiert. Auch neogramscianische Ansätze hielten an diesen Grundideen fest (siehe 3.3).

Schaubild 1: Theorieschulen der Internationalen Beziehungen

	Realismus	*Liberalismus*	*Marxismus*
Ziele des Handelns	Sicherung des nationalen Überlebens (Machtinteresse)	Verwirklichung von Werten (Friede, Gerechtigkeit)	Streben nach Profit und Kapitalakkumulation
Logik des Handelns	Zielorientiert	Normorientiert	Zielorientiert
Grundkennzeichen der internationalen Beziehungen	Machtkonkurrenz zwischen den Staaten	Wertegemeinschaft der Völker bzw. Menschen	Konkurrenz um Ressourcen und Profit
Hauptakteure in den internationalen Beziehungen	Regierungen, die im nationalen Interesse des Staates handeln	Völker, die in Demokratien durch ihre Regierungen vertreten werden	Klassen, die den Staat lenken
Wissenschaftliche Grundorientierung	Empirisch; sekundär normativ	Zunächst primär normativ; später auch empirisch	Empirisch-normativ. In der kritischen Analyse wird die Trennung von empirischer und normativer Analyse verneint.
Ideengeschichtliche Referenz	Hobbes	Kant	Marx

3. Die drei Paradigmen der Internationalen Beziehungen

Die Entwicklung der Disziplin Internationale Beziehungen kann am besten über die Identifizierung dreier thematischer Paradigmen verstanden werden, welche die Interaktion der drei Denkschulen strukturiert haben. Die Paradigmen definieren die thematische Ausrichtung und die wichtigsten *Explananda*, während die Denkschulen unterschiedliche Konzepte und Hypothesen zur Erklärung formulieren. Die Fortentwicklung der Paradigmen wird dabei

Resultat einer innenpolitischen Auseinandersetzung. Mit der Demokratisierung der kapitalistischen Staaten erübrige sich damit auch der Imperialismus.

durch innerwissenschaftliche Debatten, vor allem aber durch außerwissenschaftliche Veränderungen des Forschungsgegenstands getrieben. Drei solcher Paradigmen, die aufeinander folgten, sich teils aber auch parallel nebeneinander entwickelten, lassen sich unterscheiden.

3.1 Das Friedensparadigma – Krieg und Frieden als zentrales Explanandum

In der Gründungsphase der Internationalen Beziehungen nach dem Ersten Weltkrieg lag der Fokus eindeutig auf Krieg und Frieden. Das Erkenntnisinteresse, das sich durch diese frühen Debatten und auch die frühen Theorieschulen zog, war ein praxeologisches: nämlich wie der Ausbruch großer Kriege verhindert und mithin der Friede im internationalen System gesichert werden könne.

Liberale und marxistische Kritiker: der Erste Weltkrieg

Je näher der Erste Weltkrieg rückte, desto drängender wurde die Frage nach den Ursachen von Krieg und Frieden. Aus Sicht der frühen Liberalen war Krieg das Ergebnis ignoranter Staatsmänner, die glaubten, über Kriege ihren Machtanspruch ausweiten zu können. Norman Angell (1913) sprach daher von der großen Täuschung, der die Staatsmänner und in der Folge auch ihre Bevölkerungen unterlagen. Nach Angell konnten Kriege im Zeitalter der Industrialisierung und des damit verbundenen internationalen Handels keine Option mehr sein, um den eigenen Wohlstand zu steigern. Denn die hohe wirtschaftliche Verflechtung der europäischen Staaten führe dazu, dass Kriege negative ökonomische Auswirkungen für alle hätten. Den Ersten Weltkrieg konnte sein flammendes Plädoyer allerdings nicht aufhalten und erst nachdem der Krieg 1918 zu Ende gegangen war, erlangten Ideen, wie sie von Angell und anderen Liberalen formuliert worden waren, Resonanz.

In der Zwischenkriegsphase formulierten Liberale weitreichende Pläne für eine friedliche internationale (Neu-)Ordnung. Sie beruhten in erster Linie auf internationalen Organisationen, die einen erneuten Kriegsausbruch verhindern sollten, indem sie die gemeinsamen Interessen aller Staaten beförderten. So entstanden die Pläne für den Völkerbund, der schließlich 1920 seine Arbeit in Genf aufnahm. Der Völkerbund sollte ein System kollektiver Sicherheit bereitstellen. Konkretester Ausdruck dieser Idee war die Festlegung, dass bei einem kriegerischen Angriff auf einen Mitgliedstaat des Völkerbundes alle Mitglieder verpflichtet waren, diesen zu unterstützen. Allerdings konnte der Völkerbund seine hehren Ziele nicht erreichen. Nachdem schon zu Beginn die Vereinigten Staaten von Amerika nicht beitraten, wurde der Völkerbund in vielen der aufkommenden Krisen und Kriege der Zwischenkriegszeit schlicht übergangen oder seine Sanktionen wurden nicht durchgesetzt. Auch fand er keine geeigneten Mittel, um dem wieder erstarkenden Deutschen Reich und seinen aggressiven Expansionsbestrebungen etwas entgegenzusetzen. Spätestens mit dem Austritt des Deutschen Reichs und Japans 1933 sowie Italiens 1939 galt der Völkerbund in seiner Friedensmission als gescheitert. Die Welt bereitete sich erneut auf einen Krieg vor und damit gerieten liberale Positionen in die Defensive.

Das galt auch für die kapitalismuskritischen Friedensstrategien. Die Hoffnung der marxistischen Imperialismustheoretiker war, dass die Arbeiterklasse aufbegehren und dem

Kriegstreiben einen Riegel vorschieben würde. Entsprechend groß war die Enttäuschung, als die Arbeiterklassen in den europäischen Staaten, von der Welle des Nationalismus mitgerissen, den Krieg euphorisch begrüßten. Auch die Hoffnungen der liberalen Imperialismustheorie, wonach Demokratisierungsprozesse in den nationalen politischen Systemen die internationale Politik friedlicher machen könnten, verpufften in dem Maße, wie die Demokratien in die Defensive gerieten und faschistischen sowie kommunistischen Revolutionsversuchen ausgesetzt waren.

Das Versagen des Völkerbunds, die erfolglose *Appeasement*-Politik gegenüber Hitler, insbesondere aber die Gräueltaten des Holocausts diskreditierten liberale Vorstellungen der internationalen Politik nachhaltig. Wie konnte man nach Auschwitz noch von einem progressiven, grundsätzlich positiven Menschenbild ausgehen, wie von einer Interessenharmonie nach dem Zweiten Weltkrieg, der in einen Kalten Krieg zwischen den einstigen Alliierten zu münden drohte? Auch die Imperialismustheorien verloren nach dem Zweiten Weltkrieg drastisch an Bedeutung. War die Politik der kommunistischen UdSSR nicht genauso expansionistisch wie die der kapitalistischen Westmächte?

Realisten: Zweiter Weltkrieg und Kalter Krieg

Schon vor Ausbruch des Zweiten Weltkrieges formulierte E.H. Carr eine beißende Kritik am Völkerbund und am Liberalismus, den er als ‚Idealismus‘ schmähte. Vor dem Hintergrund der Erfahrungen mit dem anarchischen Staatensystem aus den vorangegangenen Jahrhunderten, in denen Krieg ein normales Mittel der Machtpolitik gewesen war, forderte er die Beachtung der ‚Realitäten‘ im internationalen System und begründete mithin den Realismus. Er argumentierte, dass es zwischen unterschiedlich mächtigen Staaten keine Interessenharmonie geben könne, und dass daher allein durch kluge Interessenpolitik und die Beachtung der Machtbalance Krieg im internationalen System verhindert werden könne (Carr 1939: 69f.).

Diese Position schien sich auch im Zuge der heraufziehenden Konfrontation zwischen den beiden verbliebenen Supermächten USA und UdSSR zu bestätigen. Angesichts der Expansionsbestrebungen der Sowjetunion in Osteuropa und dem Baltikum formulierte George Kennan für die USA die Strategie des *Containment*. Er war der Überzeugung, dass die Sowjetunion in ihrem Expansionsstreben nur durch eine Politik der Stärke aufzuhalten sei. Die Strategie des *Containment* drückte sich sowohl in der Truman-Doktrin, in der der damalige US-Präsident allen Ländern Hilfe zusicherte, die von der Sowjetunion bedroht wurden, als auch in der Gründung der NATO 1949 als kollektives Verteidigungsbündnis des Westens gegen die Sowjetunion aus. Auch die massive wirtschaftliche Unterstützung Westeuropas, die sich im Marshall-Plan, der verdeckten finanziellen Unterstützung von Gewerkschaften und linken Parteien in Europa, um sie von der Sowjetunion fernzuhalten, manifestierte und die Neubewertung der bilateralen Beziehungen zu rechtsautoritären Regimen und Militärdiktaturen in strategisch zentraler Lage, beispielsweise Francos Spanien, waren Ausdruck dieser Strategie.

Die Politik des *Containment* war von realistischen Ideen des Machtgleichgewichts beeinflusst. Demnach können Staaten nur dann vor Angriffen sicher sein, wenn sie ein stabiles Machtgleichgewicht im internationalen System hergestellt haben, sodass kein Staat einen rationalen Nutzen aus einem Krieg ziehen kann. Entsprechend nahmen Realisten an, dass Staaten immer versuchen würden, Schieflagen in der Machtverteilung auszugleichen. Sie reagieren auf mögliche Ungleichgewichte mit *Balancing*, entweder intern durch Aufrüstung oder extern durch Allianzbildung. Beide Phänomene prägten die heraufziehende bipolare Konstellation. Die USA und die Sowjetunion begannen über die NATO und den Warschauer Pakt Allianzen zu schmieden, die ein Gleichgewicht zur Gegenseite schaffen sollten, und setzten alles daran, die eigene Machtposition gegenüber dem anderen Block zu sichern, und zwar insbesondere durch Rüstungsanstrengungen.

Ein objektives Machtgleichgewicht allein kann aber nicht vermeiden, dass Staaten aufgrund von Fehlkalkulationen der Machtverhältnisse oder Fehlinterpretationen der Intentionen der Gegenseite dennoch eine militärische Konfrontation riskieren. Besonders relevant wurde dieses Problem, als die UdSSR eigene Atomwaffen entwickelte. Der Realismus antwortete darauf mit der Abschreckungstheorie. Deren Grundannahme ist, dass es immer auch revisionistische Mächte im internationalen System gibt, die die Status-quo-orientierten Mächte herausfordern. Haben revisionistische Mächte mit solchen Provokationen Erfolg, lernen sie daraus, dass die anderen Großmächte nicht den Mut oder die Stärke haben, sich ihnen ernsthaft entgegenzustellen. Das Resultat ist, dass sie die Provokationen immer weiter treiben bis zum offenen Krieg. Darum ist es zentral, revisionistischen Mächten früh entschieden entgegenzutreten (anders als die *Appeasement*-Politik, die auf die Provokationen Hitler-Deutschlands mit Kompromissbereitschaft reagierte). Die Realisten dachten also das Machtgleichgewicht zum Abschreckungsgleichgewicht weiter.

Praxeologisch wirksam wurde diese Theorie im Rüstungswettlauf der beiden Blöcke. Schon der Einsatz von Atomwaffen gegen Japan gegen Ende des Zweiten Weltkriegs wird von Historikern als Signal gegen weitreichende sowjetische Ansprüche im Zuge des aufziehenden Ost-West-Konflikts gedeutet. Mit dem Abwurf der Atomwaffen auf Hiroshima und Nagasaki konnte eine schnelle Kapitulation Japans erreicht werden, sodass russische Truppen nicht in Japan benötigt wurden. Gleichzeitig konnte man dem neuen Gegner ein Signal der eigenen Stärke senden (vgl. Ambrose 1985). Nachdem die Sowjetunion 1949 ihre erste eigene Atombombe gezündet hatte, setzte die amerikanische Politik schließlich alles daran, dass die Sowjetunion die USA atomar nicht überflügelte. Mitte der 1960er Jahre hatten beide Länder Zweitschlagskapazitäten entwickelt. Beide hatten damit die Möglichkeit, auf einen Nuklearangriff mit einem Gegenangriff zu antworten, bevor sie handlungsunfähig waren. Entstanden war ein Gleichgewicht des Schreckens, das im Realismus auch als ‚nuklearer Frieden‘ firmierte und sich in der politischen Doktrin der sogenannten *mutual assured destruction* Ausdruck verlieh. Hiermit sollte die vom Realismus erwartete Stabilität des Machtgleichgewichts erreicht werden.

Die Sorge vor einer Eskalation des Kalten Krieges, insbesondere im Rahmen internationaler Krisen wie etwa der Kubakrise von 1962, blieb jedoch bestehen. Dies führte zu einer vorsichtigen Annäherung zwischen den Blöcken, der sogenannten *Detente*, die von Ende der 1960er bis Ende der 1970er Jahre dauerte und die ersten substanziellen Rüstungskontroll- und Abrüstungsverträge zwischen den Supermächten hervorbrachte.

Liberale Renaissance: Detente

Die *Detente* bzw. die Entspannungspolitik ermöglichte eine Renaissance liberaler Ansätze, die seit Ende des Zweiten Weltkrieges im Schatten des Realismus standen. Liberale Theoretiker wie David Mitrany (1966) hatten im Zweiten Weltkrieg weiter an Theorien zur internationalen Organisation des Friedens gearbeitet. Ihre Grundideen spiegelten sich auch in der Gründung der Vereinten Nationen wider. Im Gegensatz zum System des Völkerbunds etablierte die Charta der Vereinten Nationen ein explizites Verbot der Gewaltanwendung inklusive eines Systems kollektiver Sicherheit, das nur die Ausnahme der Selbstverteidigung im Fall eines bewaffneten Angriffs (Art. 51) vorsah – und dies auch nur solange der Sicherheitsrat keine eigenen Maßnahmen traf. Der Sicherheitsrat der Vereinten Nationen trug in Zusammensetzung und Funktion allerdings auch der Machtverteilung im internationalen System Rechnung. Er sollte über Fragen von Frieden und Sicherheit wachen und bei Brüchen des internationalen Friedens geeignete Maßnahmen ergreifen (Kapitel VI und VII der UN-Charta). In diesem Gremium besaßen die fünf mächtigsten Staaten einen permanenten Sitz und ein Vetorecht. Allerdings konnte der Sicherheitsrat diesen Aufgaben kaum nachkommen, da die verfeindeten Supermächte ihn mit ihrem Veto dauerhaft blockierten.

Auch das Weltfreihandelsregime sowie die Bretton-Woods-Institutionen, das heißt der Internationale Währungsfonds (IWF) und die Weltbank, gehörten zum Kreis friedensfördernder Institutionen. Mit der Etablierung eines Systems fester Wechselkurse sowie eines Freihandelsregimes sollten neuerliche Protektionismuswettläufe und Weltwirtschaftskrisen vermieden und den Industriestaaten ein kooperativer Rahmen zur Verfügung gestellt werden, der eine weltwirtschaftliche Liberalisierung ermöglichen und gleichzeitig die innerstaatliche Autonomie in der Wirtschaftspolitik unangetastet lassen sollte. Darum wird dieses System auch *embedded liberalism* genannt (Ruggie 1983).

Insbesondere aber die Europäische Integration, die mit den Kohle- und Stahlabkommen in den 1950er Jahren ihren Anfang nahm, inspirierte die liberale Friedenstheorie. Sie hatte das einst kriegsgeschüttelte Europa und die besonders verfeindeten Länder Frankreich und Deutschland in eine dauerhafte kooperative Struktur gebracht, die nach und nach auf weitere Politikbereiche ausgriff. Die liberale Theorieschule sah in der Entwicklung der Europäischen Wirtschaftsgemeinschaft zur Europäischen Gemeinschaft und später zur Europäischen Union ein Modell für eine zukünftige globale Friedensordnung. Tragfähige internationale Organisationen sollten nach und nach die Präferenzen der Staaten insbesondere durch die Veränderung der innergesellschaftlichen Kräfteverhältnisse auf einen stabilen und dauerhaften Frieden ausrichten (vgl. Haas 1958). Anders als in frühen liberalen Theorien unterstellten die ‚neofunktionalistischen Ansätze‘ dabei keine bestehende Interessenharmonie, sondern erwarteten, dass die positiven Effekte internationaler Institutionen im Laufe der Zeit entstünden. Internationale Organisationen böten hilfreiche Problemlösungen, die die jeweiligen Entscheidungsträger in den Nationalstaaten dazu animierten, auch in anderen Politikbereichen Kooperationsbedarf zu entdecken und durch internationale Institutionen zu befördern. Die erfolgreiche Kooperation in einem Politikbereich springe so gleichsam auf andere Politikbereiche über (*spillover*). Dadurch nehme die Verflechtung zwischen den Staaten in einem Maße zu, dass sich ein Waffengang allein aus Kostengründen verbiete.[9] Allerdings waren die Neofunktionalisten eher schlecht gerüstet, die Stagnation der Europäischen Integration zu erklären, die Mitte der 1960er Jahre einsetzte, als Frankreich im Konflikt über die zukünftige Ausrichtung der Europäischen Gemeinschaften eine Politik des leeren Stuhls betrieb, die die Entscheidungsgremien der damaligen Europäischen Wirtschaftsgemeinschaft längere Zeit blockierte. Dennoch blieb die Idee, dass Handelsverflechtung und internationaler Institutionen Frieden beförderten, auf der Tagesordnung.

Systematisch wurden diese Zusammenhänge dann in der ‚Interdependenztheorie' herausgearbeitet. Mit ihr beschrieben Robert O. Keohane und Joseph S. Nye (1977) die Zunahme immer komplexerer Interdependenzen zwischen Staaten im internationalen System, die ein unilaterales Handeln zunehmend aussichtloser erscheinen lassen. Sie betonen aber die Offenheit dieser Konstellation. Interdependenzen werden nicht *per se* als friedensfördernd betrachtet, sondern als wechselseitige Abhängigkeiten konzeptualisiert, die mit oftmals extrem ungleich verteilten Kosten für die Akteure verbunden sind. Ob solche Interdependenzen kooperationsfördernd oder konflikttreibend sind, hängt davon ab, wie die Kosten für die Akteure ausfallen.

Zur expliziten liberalen Friedenstheorie wurden diese institutionalistischen Thesen über Interdependenzen und internationale Organisationen aber erst in der Zusammenführung mit dem republikanischen Strang liberaler Theorien durch die Theorie des Demokratischen Friedens (vgl. Geis 2001 als Überblick). Demnach kann es als gesichert gelten, dass demokratische Staaten – zumindest untereinander – keine Kriege führen. Damit wurde die Annahme der Realisten relativiert, wonach der lange Frieden seit Ende des Zweiten Weltkrieges Ausdruck der Supermachtkonfrontation sei, die insbesondere über die wechselseitige nukleare Abschreckung Krieg als Mittel der Politik mehr oder minder ausgeschlossen hätte (vgl. Gaddis 1986). Stattdessen legten liberale Theoretiker Statistiken vor, die belegen sollten, dass die Abwesenheit von zwischenstaatlichem Krieg in erster Linie in der Regierungsform begründet sei. Demokratien verfolgten demnach generell eine friedfertige Außenpolitik, zumindest untereinander. Die Erklärung dafür sei, so die liberale Theorie, dass die Beteiligung der Bürger an politischen Entscheidungen zur Ablehnung von Krieg führe. Darüber hinaus würden Bürger in Demokratien in gewaltfreie Konfliktlösungen durch Recht und Organisation eingewöhnt und genössen liberale Kernwerte wie das Recht auf körperliche Unversehrtheit und Freiheit, die sie auf das Außenverhalten ihrer Staaten übertragen. In der institutionalistischen Variante dieser Argumentationslinie sind Demokratien in ihrem Außenverhalten friedfertiger, weil demokratische Entscheidungsprozesse vergleichsweise schwerfällig und langsam vonstattengehen, sodass Entscheider Zeit zum Räsonieren haben. Ferner wurde argumentiert, dass Demokratien untereinander friedlicher seien, weil sie sich wechselseitig als Demokratien erkennen und voneinander annehmen, dass sie ähnlich friedliebend sind (Risse-Kappen 1995). Hinzu trat schließlich das Argument des Engelsdreiecks, das neben innerstaatlichen Spezifika von Demokratien auch anführt, dass diese Staatsform

---

9   Im Gegensatz zu früheren (funktionalistischen) liberalen Theorien wurde dieser *spillover* nicht als Automatismus konzipiert, sondern als durch technokratische Eliten in den beteiligten Ländern angetrieben.

mehr als andere zu internationalem Handel und damit Verflechtungen neige und auch kooperationsfreudiger sei, das heißt auch stärker in internationalen Institutionen vertreten sei (Russett/Oneal 2001). Diese liberalen Friedensansätze gewannen insbesondere in der allgemeinen Euphorie nach dem Ende des Kalten Krieges an Bedeutung.

3.2 Das Kooperationsparadigma – (Scheitern der) Zusammenarbeit als zentrales Explanandum

Die Bedeutung von Institutionen und Kooperationen zwischen Staaten betonte die liberale Friedenstheorie schon früh. Die Hinwendung der gesamten Disziplin zu Fragen der internationalen Kooperation und deren Erklärung zum *Ziel an sich* erfolgte jedoch erst mit zwei realweltlichen Entwicklungen, die sich in den 1960er und 1970er Jahren abzeichneten: die generelle Zunahme an Interdependenzen im internationalen System sowie die verstärkte Suche nach Möglichkeiten zur Stabilisierung des Abschreckungsfriedens. Interdependenzen waren keine Entdeckung der 1970er Jahre, sondern wurden schon seit der Jahrhundertwende diskutiert. Galten sie frühen Liberalen wie Angell noch *per se* als friedensfördernder Faktor der Beziehungen zwischen den Staaten, wurden sie später ambivalenter gesehen. Schon die Weltwirtschaftskrise Ende der 1920er Jahre, die mit dem sogenannten ‚Schwarzen Freitag' einsetzte, der die Börsen einbrechen ließ, verdeutlichte die negativen Effekte, die Interdependenzen ohne kooperativen Rahmen zeitigen konnten. Die Weltwirtschaftskrise hätte vermutlich noch abgefedert werden können, wenn die Staaten ihre Politik koordiniert und nicht unilateral zu protektionistischen Maßnahmen gegriffen hätten, um die eigenen Volkswirtschaften zu schützen. Beides zusammen erst ließ die Weltwirtschaft einbrechen und führte in allen Industriestaaten zu Massenarbeitslosigkeit (vgl. Kindleberger 1973).

Das Bretton-Woods-System stabiler Wechselkurse im Verbund mit der Etablierung eines stabilen Freihandelsregimes war die politische Antwort auf diese Problematik: Es war der Versuch, Externalitäten, die durch das unilaterale Handeln von Staaten entstehen, in einem kooperativen Rahmen aufzufangen bzw. ein effektives Interdependenzmanagement zu etablieren. So verschob sich das Erkenntnisinteresse im Kooperationsparadigma zunehmend von den Effekten der Interdependenz hin zur Analyse der Bedingungen erfolgreicher zwischenstaatlicher Kooperation, die ein solches Interdependenzmanagement gewährleisten konnten.

Darüber hinaus beförderte die Verfeinerung der Abschreckungstheorie die Einsicht, dass Abschreckung nur dann den Frieden sichern kann, wenn auch in Krisensituationen keine Seite einen Anreiz zum Erstschlag hat. Insbesondere die Kuba-Krise 1962 machte deutlich, wie wichtig einerseits Kommunikation für die gemeinsame Deutung einer Krisensituation ist und wie sehr andererseits die Drohung der nuklearen Vergeltung ins Leere läuft, wenn der Gegner eine Politik beschränkter Nadelstiche betreibt (vgl. Allison 1971). Die beiden Supermächte, USA und UdSSR, gerieten mehrfach an den Rand einer nuklearen Auseinandersetzung: Der Korea-Krieg, die Berlin-Krise, die Kuba-Krise und der Yom-Kippur-Krieg sind die bekanntesten Fälle. Die Analysen dieser Konflikte machten deutlich, dass letztlich nur der Verzicht auf die einseitige Durchsetzung eigener Interessen den Krieg verhinderte. Es ging in all diesen Krisen also darum, einen Weg zur Kooperation zu finden, um eine Eskalationsspirale, an deren Ende eine Seite den Ersteinsatz von Nuklearwaffen gewählt hätte, zu verhindern (vgl. Snyder/Diesing 1977).

In diesem Zusammenhang zeigten sich die Grenzen der *mutual assured destruction*, also der alten Abschreckungsdoktrin. Wenn es aus westlicher Sicht darum ging, die UdSSR von Maßnahmen abzuhalten, die der Westen auf keinen Fall akzeptieren wollte – wie etwa die Eingliederung West-Berlins in die DDR – so erschien die Androhung des nuklearen Erstschlags zunehmend unglaubwürdig. Besitzt die Gegenseite die Möglichkeit abgestufter Provokationsschritte, verliert die massive Vergeltung an Abschreckungswirkung. Lohnt es sich, als Reaktion auf den Mauerbau die nukleare Option zu ziehen? Lohnt es sich, für die Verschiebung der Grenze um einen Straßenzug den Nuklearkrieg zu wagen? Diese Fragen wurden zunehmend verneint. Vor diesem Hintergrund entwickelte sich die neue Strategie der *flexible response*, die besagt, dass der Westen eine Dominanz bei jedem Eskalationsschritt haben sollte, um flexibel auf Provokationen reagieren zu können und damit eine glaubwürdige Drohung auszustrahlen. Dieser Wandel der Abschreckungstheorie erfuhr letztlich eine kooperationstheoretische Begründung. In seinem Klassiker *The Strategy of Conflict* nutzte Thomas Schelling (1960) spieltheoretische Modelle, um die Aporien der alten Abschreckungstheorie aufzuzeigen. Er fragte, unter welchen Bedingungen die beiden Nuklearmächte sich in einem stabilen Kooperationsgleichgewicht befinden. Welches sind also die Bedingungen, unter denen Staaten in einer anarchischen Struktur miteinander kooperieren können? Diese Frage nach der *cooperation under anarchy* (Oye 1986) schälte sich ab den späten 1970er Jahren als neues Paradigma der Internationalen Beziehungen heraus.

Kooperation mit oder ohne Hegemon?

Die erste große Kontroverse innerhalb dieses Paradigmas betraf die Frage, ob ein Hegemon, das heißt eine alle anderen Mächte überragende Großmacht, nötig ist, um Kooperation nicht nur zu stiften, sondern auch auf Dauer zu sichern. Nach Ansicht der realistischen Theorieschule sind internationale Institutionen und Kooperation Ausdruck der Machtverteilung im internationalen System. Verändert sich die Machtverteilung im internationalen System, verlieren die bestehenden Institutionen an Bedeutung (Gilpin 1987). In seiner Theorie hegemonialer Stabilität formulierte Charles Kindleberger mit Blick auf die Weltwirtschaft: „for the world economy to be stable, it needs a stabilizer" (1981: 247). Kindleberger war der Überzeugung, dass Kooperation im Wirtschaftssektor nur dann zustande kommt, wenn sie im Interesse eines Hegemon liegt, der bereit ist, die Kosten der Kooperation zu übernehmen oder andere Staaten effektiv zwingen kann, sich an den Kosten zu beteiligen. Nur so könnten öffentliche Güter in einem anarchischen System bereitgestellt werden.[10]

Das Bretton-Woods-System wurde in diesem Verständnis von Realisten als Ausdruck der Interessen der USA an einem stabilen Weltwirtschaftssystem gewertet, das auf Freihandel basierte. Mit dem (relativen) Niedergang der Hegemonialstellung der USA in wirtschaft-

---

10   Öffentliche Güter erzeugen regelmäßig Trittbrettfahrerprobleme. Zwar haben alle ein Interesse an ihrer
      Erzeugung, da aber niemand von ihrer Nutzung ausgeschlossen werden kann, neigen auch alle dazu, sich
      nicht an den Kosten ihrer Erzeugung zu beteiligen (vgl. Olson 1965).

licher Hinsicht nach den Ölpreisschocks von 1973/74 und 1979 und der Aufgabe der Gold-deckung in den 1970er Jahren, verbreitete sich daher die Vorstellung, dass damit auch das Weltwirtschaftssystem im Niedergang begriffen sei (ebd.: 248). Im Gegensatz dazu wurde aber immer deutlicher, dass die Institutionen der Weltwirtschaftsordnung – mitunter in ab-gewandelter Form – auch *after hegemony* bestehen und wirksam blieben.[11] So erwies sich das internationale Handelsregime auch in den 1970er Jahren als stabil.

Diesen Befund nahm der Neoinstitutionalismus zum Anlass, erneut die Bedeutung von Institutionen zu betonen.[12] Der Neoinstitutionalismus teilt zwar mit dem Neorealismus die Annahme, dass das internationale System durch Anarchie gekennzeichnet sei. Durch die zu-nehmende Interdependenz zwischen den Staaten existiere allerdings eine große Bandbrei-te an Situationen, in denen Akteure sowohl konfligierende als auch gemeinsame Interessen hätten, die Chancen für Kooperation zwischen den Akteuren böten. Der Neoinstitutionalis-mus erklärt zum einen, wie internationale Institutionen die Kooperation zwischen Staaten befördern und stabilisieren können, und zum anderen, unter welchen Rahmenbedingungen welche Arten von internationalen Institutionen entstehen. Kooperation verstehen Neoinsti-tutionalisten übergreifend als Prozess, innerhalb dessen Akteure ihr Verhalten so koordinie-ren, dass sie gemeinsame Gewinne davontragen können; in der Weltpolitik wird diese Ko-operation durch internationale Institutionen ermöglicht und befördert (Keohane 1984: 26, 52).

Dabei gerieten zunächst insbesondere Regime als ein Typus internationaler Instituti-onen in den Fokus. Regime bezeichnen Zusammenhänge von Prinzipien, Normen, Regeln und Entscheidungsverfahren, die unter den Akteuren in einem Sachgebiet der internationa-len Beziehungen konvergierende Erwartungen erzeugen (Krasner 1983: 2). Sie stellen Verein-barungen in einem Sachbereich dar, die Akteuren über geteilte Verhaltenserwartungen dazu verhelfen sollen, in Einzelfällen zu kooperieren, indem sie die im internationalen System vorherrschende Unsicherheit über Kooperationspartner und ihre Intentionen abmildern. Sie stabilisieren diese Verhaltenserwartungen, indem sie Informationen und Regeln bereitstellen und dadurch die Transaktionskosten der einzelnen Akteure reduzieren (Keohane 1984: 97).

Aber unter welchen Bedingungen entstehen internationale Regime? Auslöser der Regime-bildung ist für Neoinstitutionalisten die „problematische soziale Situation", gekennzeichnet durch eine Gemengelage konfliktiver, aber auch kooperativer Interessen, die interdependent aufeinander bezogen sind, und in der Akteure nur dann zu individuell und kollektiv optima-len Ergebnissen gelangen können, wenn sie kooperieren (Zürn 1992: 153f.). Der klassische Fall einer solchen Interessenkonstellation und analytischer Schwerpunkt des Neoinstitutio-nalismus ist die im Gefangenendilemma beschriebene Konstellation (vgl. dazu Braun i. d. B.). Allerdings sind in der Weiterentwicklung der Regimetheorie durch den situationsstrukturel-len Ansatz auch andere Interessenkonstellationen – wie Koordinationsspiele oder Rambo-situationen – untersucht worden, die jeweils spezifische Kooperationswahrscheinlichkeiten zeitigen (vgl. Stein 1983; Zürn 1992; Zangl 1999).

---

11 Zugleich konnten Analysen über internationale Regime im Kontext der Ost-West-Beziehungen zeigen, dass sie auch in mehr oder weniger symmetrischen Machtverhältnissen entstehen können (Rittberger/Zürn 1990).

12 Da er zur liberalen Theorieschule der Internationalen Beziehungen gehört und deren neuste Ausprägung darstellt, wird der Neoinstitutionalismus mitunter auch als neoliberaler Institutionalismus bezeichnet.

Vor dem Hintergrund einer wachsenden Anzahl internationaler Institutionen in den verschiedensten Politikfeldern gewann schließlich auch die Frage an Bedeutung, welche spezifischen Funktionen internationale Institutionen für die Akteure erfüllen, die sie erschaffen. Im Rahmen der *rational design theory* bauten dabei verschiedene institutionalistische Ansätze auf den Studien zu den Entstehungsbedingungen zwischenstaatlicher Kooperation auf, um nun auch die konkrete institutionelle Ausgestaltung dieser Kooperation zu erklären (vgl. Abbott/Snidal 1998; Koremenos/Lipson/Snidal 2004). Dabei wurden die quasi-funktionalistischen Annahmen der Keohane'schen Regimetheorie übernommen. Die konkrete institutionelle Ausgestaltung, also etwa Regelungen zum Umfang der Mitgliedschaft, die zu bearbeitenden Sachgebiete oder die Flexibilität der Regeln, werden darin aus den Interessen der Akteure und den wichtigsten Merkmalen des Verhandlungsprozesses, den zugrundeliegenden Machtasymmetrien oder den Situationsstrukturen abgeleitet. All diese Ansätze eint die Annahme, dass Institutionen für die Akteure, die sie erschaffen, bestimmte Zwecke erfüllen und daher von diesen gemäß einer Logik der zu erwartenden Konsequenzen *rationally designed* werden. Institutionen verändern also nicht die Interessen der Akteure, sondern nur die Kosten und Nutzen von Handlungsoptionen für diese Akteure (Hasenclever/Mayer/Rittberger 1997: 25). Die Bildung internationaler Institutionen erfolgt in diesen Analysen auf der Grundlage von als gegeben verstandenen Interessen – wobei ihnen oft unterschiedliche Annahmen zur Interessensformation zugrunde liegen. Manche fokussieren beispielsweise auf die innergesellschaftliche und innenpolitische Produktion außenpolitischer Interessen eines Staates (Moravcsik 1997).

Die Bedeutung wandelbarer Präferenzen und Interessenlagen wurde hingegen erst durch den Sozialkonstruktivismus ausbuchstabiert, der sich in den 1980er Jahren in Reaktion auf die Dominanz rationalistischer Ansätze im Neorealismus und Neoinstitutionalismus formierte (vgl. Adler 1997 und als Überblick Fearon/Wendt 2002). Hintergrund war, dass Neorealisten und Neoinstitutionalisten außerordentliche Schwierigkeiten hatten, eine Reihe von Kooperationserfolgen zu erklären, in denen die Interessenkonstellation zwischen den Staaten einerseits und die Machtverhältnisse andererseits klar gegen Kooperation sprachen oder im Sinne des *rational designs* ein anderes Kooperationsergebnis nahelegten. Das begann bereits mit der immer bedeutender werdenden Institutionalisierung von Menschenrechten, in der keine klare Interdependenz zwischen den Staaten vorliegt, die eine Kooperation notwendig macht[13], betraf aber auch Regime wie das Verbot von Anti-Personen-Landminen (Price 1998) oder die Errichtung eines Internationalen Strafgerichtshofs (vgl. Deitelhoff 2009), die beide gegen den Widerstand der USA und anderer Großmächte zustande kamen. Solche Kooperationen, so die sozialkonstruktivistische Kritik, lassen sich nur dann erklären, wenn unterstellt wird, dass Interessen durch normative Vorstellungen direkt beeinflussbar und mithin durch Interaktionen selbst veränderbar sind.

---

13   Die Menschenrechtsverletzung in einem Staat hat zunächst keine Auswirkungen auf die Menschenrechtspolitik eines anderen Staates, das heißt sie beeinträchtigt dessen Menschenrechtsschutz nicht. Zugleich spricht auch die Situationsstruktur gegen eine erfolgreiche Kooperation, weil Staaten nicht mit *tit for tat* auf Regelverletzungen reagieren können – Menschenrechtsverletzungen in einem Staat funktionieren kaum als Vergeltung für begangene Verletzungen in einem anderen Staat (vgl. dazu Rittberger/Zürn 1990).

Diese Veränderungen verorteten Sozialkonstruktivisten vorrangig in der Kommunikation zwischen Staaten, die zentral sei, um Akteuren zu helfen, zu gemeinsamen Situationsdeutungen zu gelangen, einen normativen Rahmen zu entwickeln und Vertrauen in die Absichten ihres Gegenübers zu ermöglichen (Müller 1994: 37). Der Sozialkonstruktivismus fokussiert auf die Interaktion zwischen Akteuren, weil sich erst über den sprachlichen Austausch geteilte Wissens- und Bedeutungszusammenhänge konstituieren, die dann zu jenen Strukturen gerinnen, die uns als soziale Fakten in Form von Normen und Institutionen gegenübertreten (Kratochwil/Ruggie 1986; Ulbert 1997: 14). Akteure internalisieren über Lernvorgänge und Sozialisationsprozesse das bestehende Normen- und Institutionengefüge ihrer gesellschaftlichen Umwelt und bilden auf dessen Grundlage erst ihre Identitäten und Interessen aus (March/Olson 1998). Akteure treffen daher nicht auf eine extern vorgegebene Realität, sondern sie gestalten diese durch die Interaktion und ihre normativen Vorstellungen mit (Wendt 1999; zuvor schon Berger/Luckmann 1966), während sie zugleich durch diese Realität in ihren Interessen geprägt werden. Akteure, das heißt Identitäten und Interessen, sowie Strukturen sind somit nicht fix, sondern verändern sich wechselseitig (vgl. Giddens 1986).

Um daher Kooperation zu erklären, verweisen sozialkonstruktivistische Studien einerseits auf sich ausbreitende Norm- und Wertvorstellungen, die Akteure in ihren Interessen beeinflussen (so etwa auch der soziologische Institutionalismus, vgl. Boli/Thomas 1997) und andererseits auf Überzeugung (Finnemore/Sikkink 1998), das heißt einen argumentativen Austausch, in dem Akteure ihre Präferenzen aufgrund der normativen oder sachlichen Überzeugungskraft von Argumenten und nicht von „[…] coercion, manipulation, or material sanctions" (Keohane 2001: 2) verändern. Durch solche Prozesse gelangen Akteure zu gemeinsamen Wahrnehmungen und normativen Vorstellungen bezüglich einer Handlungssituation. Die Frage ist aber, wann Akteure bereit sind, sich auf solche Prozesse des Argumentierens bzw. *arguing* einzulassen und damit ihre Präferenzen zu öffnen und wann sie eher verhandeln (*bargaining*), das heißt versuchen, ihre Präferenzen über Drohungen und Versprechungen durchzusetzen (Risse 2000)?[14] Zwar zeigt die empirische Forschung, dass beide Formen sprachlichen Austauschs zumeist zusammen auftreten (Risse 2007: 70), das Argumentieren kann sich aber vor allem dann durchsetzen, wenn die Akteure von einem Publikum beobachtet werden, das ihre Argumente bewertet, wenn sie sich auf geteilte Werte und Normen in ihren Auseinandersetzungen berufen können und wenn der Austausch insgesamt durch Transparenz und Gleichheit ausgezeichnet ist (Risse 2007; Deitelhoff/Müller 2005; Deitelhoff 2006, 2009). In diesem Zusammenhang verweisen die Sozialkonstruktivisten auch auf die zunehmende Bedeutung nichtstaatlicher Akteure für die internationale Kooperation (Risse-Kappen 1995).

Je mehr jenseits der harten Politikfelder Sicherheit und Wirtschaft neue Regulierungsfelder wie Menschenrechte, Kommunikation oder Umweltfragen in der internationalen Politik bedeutsam wurden, desto mehr drängten nichtstaatliche Akteure auf die internationale

---

14 Diese Frage war der Anlass für die ZIB-Debatte zwischen Rationalisten und Konstruktivisten in Deutschland um die handlungstheoretische Fundierung internationaler Kooperation, die sich insbesondere auf die Theorie kommunikativen Handelns von Jürgen Habermas bezog. Die wichtigsten Beiträge zu dieser Debatte, die mit Müller (1994) begann, finden sich in den Heften 1/1994 bis 2/1996 der Zeitschrift für Internationale Beziehungen. Vgl. auch Risse (2000) für eine Synthese.

Bühne. Dazu zählten Nichtregierungsorganisationen, die allgemeine Interessen in bestimmten Problemfeldern vertreten *(Greenpeace* im Umweltbereich oder *Amnesty International* im Menschenrechtsschutz), Expertengemeinschaften, die die Politik in bestimmten Sachfragen beraten, aber auch transnationale Vertretungen von Kirchen und soziale Bewegungen sowie gewinnorientierte Akteure wie etwa Unternehmen (Cutler/Haufler/Porter 1999). Diese Akteure nahmen nicht länger allein über Lobbying Einfluss auf die nationale Interessenbestimmung in ihren Staaten, wie es der klassische Liberalismus konzipiert, sondern begannen auch selbst bei internationalen Verhandlungen aktiv zu werden, sei es durch die gezielte Einspeisung von Expertise (vgl. Haas 1992), durch die öffentliche Anprangerung von normwidrigem Staatenverhalten, dem sogenannten *blaming and shaming* (Keck/Sikkink 1998, Risse/Ropp/Sikkink 1999; Liese 2006), durch Service-Aufgaben und generell die Herstellung von Öffentlichkeit (Brühl 2003) oder durch die Übernahme von Regulierungsaufgaben.

3.3 Das Ordnungsparadigma – Strukturen und Inhalte von Global Governance

Die wachsende Bedeutung internationaler Kooperation insbesondere nach dem Ende des Kalten Krieges führte paradoxerweise zur Unterminierung des Kooperationsparadigmas. Es veränderte sich nämlich auch die Gestalt internationaler Institutionen: Sie erhielten immer mehr Aufgaben zugewiesen und griffen teilweise gegen den Willen der betroffenen Regierungen in innergesellschaftliche Strukturen ein. Dadurch verschob sich nach und nach der Fokus der Forschung – von den Bedingungen regelhafter zwischenstaatlicher Kooperation hin zu Fragen des Regierens jenseits des Nationalstaates (Zürn 1998) und der *Global Governance* (Rosenau 1995). *Global Governance* beschreibt dabei die Gesamtheit der kollektiven Regulierung sozialer Problemlagen im globalen Raum (Rosenau/Czempiel 1992).[15]

Analytisch beförderte schon die *rational design theory* diese Fokusveränderung, da sie die internationalen Institutionen in ihren strukturverändernden Effekten auf die internationalen Beziehungen zunehmend ernst nahm – auch wenn die Ausgestaltung der Institutionen weiterhin als von Akteursinteressen und Aushandlungsprozessen abhängig verstanden wurde (Abbott/Snidal 1998). Während im rationalistischen Lager im Zuge dessen auch die Frage nach der Effektivität internationaler Regime bei der Förderung internationaler Kooperation an Bedeutung gewann (Levy/Young/Zürn 1995; Miles et al. 2002), betonte der Konstruktivismus die Eigendynamik internationaler Normen im Zusammenspiel mit transnationalen Akteuren (Keck/Sikkink 1998; Risse/Ropp/Sikkink 1999) und die Eigenlogik internationaler Organisationen (Barnett/Finnemore 2004).

Betrachtet man diese Entwicklungen in den 1990er Jahren aus einer Makroperspektive, so erkennt man deutlich das langsame Entstehen eines neuen Komplexes an Themen- und Problemstellungen, welcher die Interaktion der konkurrierenden Theorieschulen innerhalb

---

15   *Global Governance* umfasst in diesem weiten Verständnis öffentliche, private oder gemischte Formen
      der Regulierung, die auf horizontaler oder hierarchischer Koordination beruhen und die in formaler oder
      informeller Form auftreten. In einem engeren Verständnis beschreibt *Global Governance* dagegen allein
      nicht-hierarchische Formen sozialer Regulierung mit öffentlichen und privaten Akteuren, die auch *new
      forms of governance* genannt werden.

der Internationalen Beziehungen seitdem mitprägt: das internationale Ordnungsparadigma bzw. das *Global Governance*-Paradigma. Den Kern dieses Paradigmas bildet die Annahme, dass sowohl internationale als auch transnationale Institutionen einen eigenständigen Einfluss auf die internationalen Beziehungen haben und Elemente von Autorität und gar Hierarchie im internationalen System festzustellen sind. Damit werden Grundgedanken der sogenannten *English School* aufgegriffen, die das internationale System schon früh als normativ gehaltvolle Ordnung mit Hierarchieelementen begriff (Bull 1977; Hurrell 2007). Mit der wachsenden Bedeutung von nichtstaatlichen Akteuren sowie Regel- und Normstrukturen, die nicht direkt von Staaten kontrolliert werden, wurden realistische Mythen in Frage gestellt, die lange Zeit die disziplinäre Identität der Internationalen Beziehungen geprägt hatten: die zentrale Rolle des souveränen Nationalstaates, die klare Trennung zwischen internationaler Politik und Innenpolitik sowie die Anarchie als Strukturprinzip der Weltpolitik.

Staatlichkeit im Wandel

Zuvorderst steht eine differenzierte Betrachtung des Konzepts des souveränen Nationalstaats im Zentrum des sich entwickelnden Ordnungsparadigmas. Mit Stephen Krasner (1999) popularisierte ein realistischer Theoretiker die Lesart, dass die souveräne Gleichheit nie ein absolutes und unverletzliches Prinzip der internationalen Beziehungen, sondern vielmehr Grundlage einer „organisierten Heuchelei" gewesen sei. Demnach ist die Verletzung der Souveränität von Nationalstaaten seit jeher ein regelmäßig wiederkehrendes Merkmal der internationalen Beziehungen. Allerdings zeigt sich, dass nach Ende des Kalten Krieges Souveränität nicht mehr nur heuchlerisch bekräftigt wird, um sie bei der nächsten Gelegenheit zu verletzen. Sie wird jetzt in ihrer traditionellen Form prinzipiell in Frage gestellt. Ein prominentes Beispiel hierfür ist die Norm der Schutzverantwortung (*responsibility to protect*), die von der *International Commission on Intervention and State Sovereignty* (ICISS) 1999 formuliert und schließlich auf dem Millenniumsgipfel der Vereinten Nationen 2005 in abgeschwächter Form im Konsens verabschiedet wurde. Aus der Selbstverpflichtung der internationalen Staatengemeinschaft, schwere Menschenrechtsverletzungen mit allen Mitteln zu verhindern, ergibt sich im Umkehrschluss eine (einvernehmliche) Relativierung des Prinzips der Souveränität. Es ist dementsprechend immer weniger an die effektive Kontrolle über ein Staatsgebiet gebunden, sondern verlagert sich auf die Einhaltung bestimmter Standards guten Regierens, insbesondere die Verantwortung für die Gewährleistung grundlegender Menschenrechte. Gleichzeitig wurde durch das Ende des Kalten Krieges immer deutlicher, dass weite Teile der Welt ohnehin nicht gemäß dem Ideal einer souveränen Staatsmacht organisiert sind, die effektive territoriale Kontrolle ausübt, sondern vielmehr „Räume begrenzter Staatlichkeit" darstellen, in denen private und staatliche Akteure gleichermaßen zur politischen Ordnungsbildung beitragen (Risse/Lehmkuhl 2007).

Unabhängig vom Grad der „begrenzten Staatlichkeit" wandelte sich die Position aller Nationalstaaten gleichermaßen durch die Anforderungen, die mit der Bewältigung denationalisierter Problemlagen einhergehen (Zürn 1998). Diese Problemlagen, welche in den frühen Schriften der Neokonstitutionalisten noch als „komplexe Interdependenz" verhandelt wurden, dominieren im Zeitalter der Globalisierung die Agenda der internationalen Politik und erlangen höchste gesellschaftliche Aufmerksamkeit. Finanzmärkte, Terrorismus, Klimawandel oder Pandemien überschreiten allesamt nationale Grenzen und haben transnationalen Charakter – weshalb sie auch nicht mehr vom einzelnen Staat und auch nicht durch eine rein zwischenstaatliche Kooperation mit Konsensprinzip reguliert werden können. Während diese grenzüberschreitenden Phänomene selbst zumeist von transnationalen Akteuren hervorgebracht werden, wächst auch die Relevanz internationaler und transnationaler Institutionen für ihre Regulierung. In seiner Aufgabenwahrnehmung wird der Nationalstaat also zunehmend von privaten Akteuren, aber auch inter- und transnationalen Institutionen unterstützt, mitunter bedrängt, teils sogar verdrängt. Die Komponenten der Staatlichkeit zerfasern auf unterschiedlichen Ebenen (Leibfried/Zürn 2006) und der Staat als Akteur ist kein Herrschaftsmonopolist mehr, sondern wird zum Herrschaftsmanager (Genschel/Zangl 2008). Er bleibt zwar der zentrale Akteur der internationalen Beziehungen, seine Gestalt hat sich jedoch gewandelt (Deitelhoff/Steffek 2009).

After anarchy: Hierarchisierung im internationalen System

Vor diesem Hintergrund lassen sich zunehmend Sphären von Autorität (Rosenau 1997: 39) und Elemente von Hierarchie in den internationalen Beziehungen (Hurd 2007; Lake 2009) beobachten, die die zentrale Prämisse vom anarchischen internationalen System in Frage stellen. Genauso wie im Fall des souveränen Staats als zentraler Analysekategorie wird jedoch auch das Kernkonzept des internationalen Systems im Ordnungsparadigma differenziert betrachtet. Es wird nicht davon ausgegangen, dass aus dem anarchischen System ein hierarchisches wurde, sondern es werden lediglich Hierarchieelemente diagnostiziert (vgl. Rosenau 2002), die unterhalb einer gewaltgestützten Zentralinstanz angesiedelt sind (Donnelly 2009). Die identifizierten Prozesse der Hierarchisierung manifestieren sich in zwei Entwicklungen, die in einem Spannungsverhältnis zueinander stehen: die Zunahme der Autorität jenseits des Nationalstaates und die Institutionalisierung von Ungleichheit im Sinne einer Absicherung der Dominanz mächtiger Staaten.

Von einer Zunahme der politischen Autorität jenseits des Nationalstaates kann gesprochen werden, da es angesichts denationalisierter Problemlagen zu einer Supranationalisierung und Transnationalisierung internationaler Institutionen gekommen ist. Zum einen sind zunehmend internationale Institutionen entstanden, die mitunter auf Grundlage von Mehrheitsentscheidungen ihrer Mitgliedstaaten tief in staatliche Hoheitsrechte eingreifen. Zum anderen bilden sich auch verstärkt transnationale Institutionen, mit denen private Akteure spezifische Regulierungsaufgaben in bestimmten Sektoren übernehmen. Letztlich beteiligen sich also nun, von den Nationalstaaten anerkannt, internationale und transnationale Institutionen an klassischen hoheitlichen Aufgaben wie Regelsetzung, Überwachung von Regeleinhaltung, Regelinterpretierung und Regeldurchsetzung (Zürn et al. 2007). Politische Entscheidungskompetenzen wurden also sowohl supra- als auch transnationalisiert (Held/McGrew 2002), was zu einer Unterminierung des Konsensprinzips des traditionellen Völkerrechts und zu einer Hierarchisierung der internationalen Beziehung geführt hat, da sich die Staaten nun anderen politischen Autoritäten partiell unterwerfen.

Gleichzeitig zeigt sich, dass insbesondere die mit viel Autorität ausgestatteten internationalen Institutionen zu einer Institutionalisierung von Ungleichheit neigen (Zürn 2007). Durch eine institutionell herausgehobene Stellung sichern mächtige Staaten ihren Einfluss. Man muss nur etwa an den Sicherheitsrat der Vereinten Nationen, die Stimmverteilung im Internationalen Währungsfonds und der Weltbank oder an die Rolle von G8/G20 denken, um zu erkennen, dass einerseits nur wenige Staaten den politischen Prozess in den an Bedeutung gewinnenden internationalen Institutionen dominieren, während sich andererseits neue exklusive, wenngleich häufig informelle Klubs bilden, die die internationale Agenda zu großen Teilen bestimmen. Hier wird deutlich, dass dieser Ungleichheit auch eine koordinierende Funktion zugesprochen werden kann, die notwendig ist, um die Problemlösungsfähigkeit des Gesamtsystems aufrechtzuerhalten. Vor dem Hintergrund institutionalisierter Ungleichheit gewinnen zwei Fragen an Bedeutung: zum einen im Hinblick auf die Rolle von Staaten, die sich trotz ihrer herausgehobenen Stellung im Zweifel nicht an die Normen gebunden fühlen, auf denen das internationale Institutionensystem beruht. Hier ist zuvorderst die Rolle der USA gemeint, die sich gerade unter der Bush-Administration schrittweise aus dem internationalen Institutionensystem verabschiedet hat und bis heute nicht vollständig zurückgekehrt ist. Dies wird zumeist unter der Frage nach den Auswirkungen einer unipolaren Machtverteilung auf die internationale Politik verhandelt (vgl. Ikenberry/Mastanduno/Wolforth 2011). Zum anderen wird die Frage immer wichtiger, wie sich der Aufstieg aufstrebender Volkswirtschaften wie etwa China, Indien oder Brasilien auf die Weltpolitik auswirkt.

Die internationale Ordnung als Mehrebenensystem

Die genannten Entwicklungen verweisen allesamt auf die Entstehung einer internationalen Ordnung, durch die das internationale System zwischen dem Idealtypus eines politischen Systems mit zentralisierter Zwangsgewalt und einer reinen Anarchie angesiedelt ist. Diese Ordnung kann als globales Mehrebenensystem beschrieben werden, das durch die Verteilung von politischen Entscheidungskompetenzen auf unterschiedlichen Ebenen – national, international, supranational, transnational und subnational – entsteht. Effektive Regulierung entstaatlichter Problemlagen ist in diesem System nur durch Zusammenarbeit der verschiedenen Ebenen möglich. Diese Zusammenarbeit wird zugleich durch eine starke institutionelle Fragmentierung in verschiedenen Sektoren verkompliziert, die umso schwerer wiegt, da sich noch keine effektiven Koordinationszentren auf überstaatlicher Ebene entwickelt haben (Zürn 2010). Die Frage nach Koordination und Kooperation bleibt also auch im Ordnungsparadigma virulent, nur fokussiert die Diskussion nun auf Kooperation und Koordination zwischen unterschiedlichen Akteursgruppen und über verschiedene Entscheidungsebenen hinweg.

Indem das sich abzeichnende Ordnungsparadigma Aspekte der internationalen Beziehungen identifiziert, die von den beiden anderen Paradigmen, die noch mit der Annahme absoluter Anarchie operieren, ignoriert werden, eröffnet es auch neue Forschungsfragen, die zu einer Öffnung der Internationalen Beziehungen für andere sozialwissenschaftliche Disziplinen beitragen. Zunächst zeigt sich deutlich, dass das Recht das zentrale Medium der emergenten internationalen Ordnung ist. Recht ist das wichtigste Steuerungsinstrument und rechtssprechende Körper, wie internationale Gerichte oder andere Streitschlichtungsorgane, sind wichtige Träger von Autorität. Das klassische Völkerrecht wird dabei gerade auch durch die Tätigkeit internationaler Gerichte und private Standardsetzung fortgebildet und, unter Aufweichung des zwischenstaatlichen Konsensprinzips als Grundlage des klassischen Völkerrechts, auf die verschiedensten Sektoren der internationalen Ordnung ausgeweitet. Die Bedeutung des internationalen Rechts als Normensystem für die Theoriebildung in den Internationalen Beziehungen wird nicht nur von Konstruktivisten hervorgehoben (Kratochwil 1989; Onuf 1989), sondern auch von Rationalisten erkannt (Abbott et al. 2000), und ermöglicht neue Impulse für einen fruchtbaren Dialog zwischen Internationalen Beziehungen und Rechtswissenschaften. Die internationale Ordnung basiert zwar noch nicht auf einer umfassenden *rule of law*, sondern ist durch konfligierende Rechtsordnungen und sektorale Fragmentierung gekennzeichnet (Krisch 2010). Dennoch lassen sich erste Konstitutionalisierungsprozesse feststellen (Kumm 2009).

Auch wenn politische Autorität jenseits des Nationalstaats oftmals rechtsförmig ausgeübt wird, so ist ein weiteres entscheidendes Merkmal der internationalen Ordnung doch wachsender Widerstand sowohl von staatlicher Seite, wie er sich etwa im Widerstand der Afrikanischen Union gegen den Internationalen Strafgerichtshof oder in der Krise des Nuklearen Nichtverbreitungsregimes zeigt, als auch von gesellschaftlicher Seite, wie die großen Protestereignisse bei internationalen Konferenzen durch die Alternative Globalisierungsbewegung oder die transnationale *Occupy*-Bewegung nahe legen. Beide Entwicklungen lassen sich unter dem Diktum der Politisierung der Weltpolitik zusammenfassen, die zur Herausbildung genuin politischer Opposition führt. Der Entstehung dieser Politisierungsprozesse liegt eine klare Logik zugrunde, die eng mit der Herausbildung der internationalen Ordnung selbst verbunden ist: In dem Maß, wie politische Autorität vom Nationalstaat auf andere Ebenen auswandert, orientiert sich auch die politische Interessensartikulation an neue Adressaten und die politischen Konflikte verlagern sich in neue Arenen (Zürn/Binder/Ecker-Ehrhardt 2012). Mit anderen Worten: „where there is power, there is resistance" (Foucault 1978: 95).

Während die Politisierung der Weltpolitik eine Forschungsfrage ist, die die internationalen Beziehungen mit der sozialen Bewegungsforschung teilt, eröffnet sie zugleich den Blick auf ein noch breiteres Feld: das der Legitimität der internationalen Ordnung. In dem Maße nämlich, wie in diesem System der *Global Governance* die klare Grenze zwischen internationaler Politik und Innenpolitik verschwimmt, wird deutlich, dass dort Entscheidungen auf Ebenen getroffen werden, die von den Regelungsbetroffenen weit entfernt und mitunter nicht legitimiert sind. Die emergente internationale Ordnung ist also dauerhaft mit dem Problem ihrer Legitimation konfrontiert (Held 1995; Zürn 2004).

Damit rücken normative Fragen nach der Rechtfertigung von Herrschaft jenseits des Staates für die Internationalen Beziehungen in den Mittelpunkt, was zu entscheidenden Überschneidungen mit Forschungsfeldern der Politischen Theorie führt und in dem wachsenden Feld der Internationalen Politischen Theorie reflektiert wird (vgl. Deitelhoff 2010). Zwar haben Fragen nach der demokratischen Legitimität schon länger die Debatten in den Internationalen Beziehungen beeinflusst (vgl. statt vieler Zürn 1996; Wolf 2000; Buchanan/Keohane 2006), aber erst durch die akzentuierten Protestbewegungen und Formen von Opposition gerät der Herrschaftscharakter der internationalen Ordnung in den Blick und führt damit auch jenseits der engen Agenda der Demokratisierung spezifischer internationaler Institutionen dazu, dass die Frage nach den Grundlagen von legitimer Herrschaft systematisch Eingang in die Fachdebatten findet (vgl. Daase/Geis/Nullmeier 2012).

Herrschaftskritische Perspektiven

Vor allem der Prozess der immer offener zu Tage tretenden Hierarchisierung als zentrales Thema des Ordnungsparadigmas führt dazu, dass in den Internationalen Beziehungen wieder verstärkt Inhalte und Argumentationen aufgegriffen werden, die seit den Anfängen der Teildisziplin von der Theorieschule des Marxismus vertreten wurden, aber über lange Strecken bestenfalls ein Nischendasein in den Debatten führten. Insofern überrascht es auch nicht, dass theoretische Perspektiven an Einfluss gewinnen, die bei der Analyse der neuen Herrschaftsordnung jenseits des Nationalstaats implizit oder explizit auf klassische Denkfiguren des Marxismus rekurrieren, sich nun aber theoretisch auch jenseits des Marxismus bewegen und daher besser als kritische Theorien bezeichnet werden sollten. Diese herrschaftskritischen Perspektiven streben danach, Hierarchien in der internationalen Ordnung durch Kritik offenzulegen und somit auch potentiell zu ihrer Aufhebung beizutragen (so schon Cox 1981). Die Spannbreite reicht dabei von Ansätzen der Frankfurter Kritischen Theorie und anderen neomarxistischen Ansätzen wie dem Neogramscianismus bis hin zu post-kolonialen, feministischen, anarchistischen und poststrukturalistischen Perspektiven (vgl. Edkins/Vaughan-Williams 2009). Gemeinsamkeiten dieser herrschaftskritischen Ansätze können auf zwei Ebenen identifiziert werden. Zunächst ist für sie Ungleichheit und Stratifikation der Kern der internationalen Ordnung. Dadurch können sie zwar klar im Ordnungsparadigma verortet werden, sie sprechen jedoch nicht nur von Hierarchieelementen, sondern betrachten die gesamte Ordnung generell als ausgewachsenes Herrschaftssystem. Bedingt durch die intellektuellen Wurzeln dieser Ansätze in der marxistischen Theorieschule stellen für diese Perspektiven die internationalen Beziehungen seit jeher als eine hierarchische Ordnung dar, in der die Herrschaftsbeziehungen durch die Entstehung eines Mehrebenensystems bestenfalls diffuser geworden sind. Die Herrschaft entzieht sich in dieser Form überprüfbaren und lokalisierbaren Strukturen. Sie hat kein Zentrum mehr und totalisiert sich zugleich, indem sie alle Lebensbereiche durchdringt (vgl. exemplarisch Hardt/Negri 2000). Hier zeigt sich auch, dass einerseits die frühen Imperialismustheorien in den Internationalen Beziehungen in gewisser Weise wichtige Vorreiter des Ordnungsparadigmas waren und dass, andererseits, die heutigen herrschaftskritischen Arbeiten von einer weiter vorangeschrittenen (bzw. abgeschlossenen) Konsolidierung der internationalen Ordnung als Herrschaftssystem ausgehen.

Eine zweite, wenngleich schwache Gemeinsamkeit der herrschaftskritischen Ansätze ist auf einer metatheoretischen Ebene zu finden: Anders als der Mainstream des Ordnungsparadigmas, der zumeist auf Grundlage einer liberalen Kombination von rationalistischen und konstruktivistischen Ansätzen operiert, bauen herrschaftskritische Ansätze überwiegend auf neomarxistischen bzw. historisch-materialistischen sowie auf radikalkonstruktivistischen bzw. poststrukturalistischen Verständnissen auf. Herrschaft im internationalen System wird demnach entweder vorrangig in materiellen Strukturen verortet oder über das Konzept des Diskurses sprachtheoretisch erfasst. Insbesondere in poststrukturalistischen Ansätzen wird Politik bzw. das Politische als das kontinuierliche Ringen um Hegemonie zwischen Akteuren verstanden, das keine Auflösung finden kann (vgl. Mouffe 2005). Es zeigt sich, dass die kritischen Ansätze im Speziellen, genau wie das Ordnungsparadigma generell, weniger durch die Auseinandersetzung mit den engen disziplinären Debatten der beiden Vorgängerparadigmen der Internationalen Beziehungen geprägt sind, sondern auf breitere Strömungen der Sozialtheorie und Philosophie zurückgreifen. Weltpolitik wird nicht primär als Interaktion diskreter (staatlicher) Akteure konzeptualisiert, sondern wird vor dem Hintergrund einer emergenten Weltgesellschaft gedacht, die durch diffuse diskursive Ströme und dominante Wissensformen konstituiert wird (vgl. Rajagopal 2003). Insofern kann es nicht verwundern, dass herrschaftskritische Ansätze eine prominente Rolle im wachsenden Forschungsfeld der Internationalen Politischen Soziologie spielen, das an der Schnittstelle zwischen Internationalen Beziehungen und Soziologie entsteht und mit der für das Friedens- und das Kooperationsparadigma konstitutiven Prämisse vom anarchischen internationalen System bricht.

Ein zentrales Thema der herrschaftskritischen Ansätze ist die Kritik der Dominanz westlicher Wissensformen in der internationalen Ordnung. Diese Kritik beginnt bei den Grundlagen der internationalen Ordnung – der souveräne Nationalstaat und die Idee des internationalen Systems sind selbst westlichen bzw. europäischen Ursprungs – und setzt sich auch in einer Kritik der neoliberalen ideologischen Grundlagen des globalen Normen- und Institutionensystems fort (vgl. Anghie 2007). Die Frage nach Ungleichheit und Dominanz bietet das Potential für ein eigenes Paradigma, in dem herrschaftskritische Perspektiven eine zentrale Rolle spielen. Gerade auch durch ihre Tendenz, aus dem disziplinären Kontext der Internationalen Beziehungen auszubrechen, können die kritischen Ansätze alternativ auch als außerhalb der Disziplin stehend oder als Repräsentanten von Auflösungserscheinungen der selbigen (miss-)verstanden werden. Aber anders als der Duktus des Dissidententums, der diese Schriften oftmals durchzieht, glauben macht, sprechen die herrschaftskritischen Ansätze jedoch auf verschiedenen Ebenen zu den zentralen Themen des Ordnungsparadigmas und bereichern die Diskussion durch wichtige Fragen, etwa nach dem Beitrag der Wissenschaft zur Ordnungsbildung selbst. Herrschaftskritische Analysen erscheinen mithin genauso als Bestandteil des Ordnungsparadigmas wie marxistische Imperialismustheorien Teil des Friedens- und Kooperationsparadigmas sind.

4. Ausblick

Dieser einführende Beitrag zeichnete die Analyse internationaler Beziehungen seit der Zeit um den Ersten Weltkrieg nach. Im Gegensatz zum üblichen Querschnittsnarrativ dreier konkurrierender Denkschulen haben wir eine Längsschnittsperspektive gewählt und die Entwicklung mit Hilfe von drei aufeinanderfolgenden Paradigmen skizziert. Daraus entwickelt der Beitrag nun zwei Hauptthesen.

Es zeigt sich zum einen, dass man die Entwicklung der Internationalen Beziehungen nicht exklusiv als binnengeleitetes Resultat der Auseinandersetzung zwischen unterschiedlichen Denkschulen verstehen kann. Neben der wissenschaftlichen Binnenlogik veränderte sich auch der Gegenstand der Disziplin und mit ihm die Theoriebildung. Die Abfolge der drei Paradigmen und die theoretischen Kontroversen in ihrem Rahmen können ohne die Veränderungen in der Weltpolitik nicht verstanden werden.

Zum zweiten vertreten wir in dem Beitrag die These, dass wir an der Schwelle zu einem neuen Forschungsparadigma in den Internationalen Beziehungen stehen. Ob die aktuellen Forschungen zur Autorität und Legitimität internationaler Institutionen und die damit verbundene Frage- und Problemstellungen sich tatsächlich ähnlich dominant als Paradigma etablieren können wie das Friedens- und das Kooperationsparadigma in der ersten bzw. zweiten Hälfte des 20. Jahrhunderts, bleibt abzuwarten. Uns erscheinen aber in der Tat die Ingredienzen eines neuen Paradigmas gegeben zu sein und viele der innovativsten und interessantesten Forschungen in den Internationalen Beziehungen lassen sich diesem emergenten Paradigma zuordnen. Insofern lautet also unsere zweite These, dass sich die Internationalen Beziehungen derzeit in der Phase der Herausbildung eines neuen Paradigmas befinden.

In dem Maße wie unsere erste These zutrifft – dass die Theorieentwicklung in den Internationalen Beziehungen keinesfalls nur als theorieimmanenter Prozess (oder gar Fortschritt) verstanden werden kann – bleibt die These vom Paradigmenwechsel freilich prekär. Realweltliche Ereignisse wie etwa eine Auseinandersetzung zwischen den USA und einem aufstrebenden China können allzu leicht unsere Aufmerksamkeit auf alte Problem- und Fragestellungen zurückwerfen sowie das Friedens- und das Kooperationsparadigma wieder aktivieren.

Kommentierte Literaturhinweise

Krell, Gert, 2009: Weltbilder und Weltordnung. Einführung in die Theorie der internationalen Beziehungen. Baden-Baden: Nomos.
  Unbedingt empfehlenswert für Einsteiger. Bietet im deutschsprachigen Raum die beste Einführung mit Kapiteln über Politikwissenschaft, Industrialisierung, Staat und Völkerrecht und guten Einführungen in die Theorien der ‚Internationalen Beziehungen‘. Dazu kommen sehr nützliche Literaturtipps und Zusammenfassungen.

Baylis, John/Smith, Steve/Owens, Patricia (Hg.), 2011: The Globalization of World Politics. An introduction to international relations. Oxford: Oxford University Press.
  Einsteiger-geeignet im klassischen englischen Textbook-Stil, das heißt mit vielen Unterteilungen, Textboxen und ähnlichem.

Carlsnaes, Walter/Risse, Thomas/Simmons, Beth A. (Hg.), ²2013: Handbook of International Relations. New York, NY: Sage.
  Für Fortgeschrittene; stellt die Entwicklung innerhalb des Faches zu einzelnen Theoriedebatten und Kernproblemen dar.

Reus-Smit, Christian/Snidal, Duncan (Hg.), 2008: The Oxford Handbook of International Relations. Oxford: Oxford University Press.
Ebenfalls für Fortgeschrittene. Zwar führt es in die Theorien ein, tut dies aber auf sehr hohem Niveau und versucht dabei, eine eigene Sichtweise auf die Disziplin zu etablieren.

Literatur

Abbott, Kenneth/Keohane, Robert O./Moravcsik, Andrew/Slaughter, Anne-Marie/Snidal, Duncan, 2000: The Concept of Legalization, in: International Organization 54:3, 401-419.
Abbott, Kenneth/Snidal, Duncan, 1998: Why States Act Through Formal International Organizations, in: Journal of Conflict Resolution 42:1, 3-32.
Adler, Emanuel, 1997: Seizing the Middle Ground: Constructivism in World Politics, in: European Journal of International Relations 3:3, 319-363.
Allison, Graham T., 1971: Essence of Decision. Explaining the Cuban Missle Crisis. Boston, MA: Little Brown.
Ambrose, Stephen, 1985: Rise to Globalism. American Foreign Policy since 1938. New York: Penguin.
Angell, Norman, 1913: The Great Illusion: A Study of the Relation of Military Power to National Advantage. London: William Heinemann.
Anghie, Anthony, 2007: Imperialism, Sovereignty and the Making of International Law. Cambridge: Cambridge University Press.
Barnett, Michael N./Finnemore, Martha, 2004: Rules for the World. International Organizations in Global Politics. Ithaca, NY: Cornell University Press.
Berger, Peter L./Luckmann, Thomas, 1966: The Social Construction of Reality. A Treatise in the Sociology of Knowledge. New York, NY: Anchor Books.
Boli, John/Thomas, George M. (Hg.), 1997: World Polity Formation since 1875: World Culture and International Non-governmental Organizations. Stanford, CA: Stanford University Press.
Brühl, Tanja, 2003: Nichtregierungsorganisationen als Akteure internationaler Umweltverhandlungen. Frankfurt a.M.: Campus.
Buchanan, Allen/Keohane, Robert O., 2006: The Legitimacy of Global Governance Institutions, in: Ethics & International Affairs 20:4, 405-437.
Bull, Hedley, 1977: The Anarchical Society. A Study of Order in World Politics. Basingstoke: Macmillan.
Buzan, Barry/Little, Richard, 2000: International Systems in World History – Remaking the Study of International Relations. Oxford: Oxford University Press.
Carr, Edward H., 1939: The Twenty Years' Crisis, 1919-1939. London: Macmillan.
Cox, Robert W., 1981: Social Forces, State and World Orders: Beyond International Relations Theory, in: Millennium 2:10, 126-155.
Cutler, A. Clair/Haufler, Virginia/Porter, Tony (Hg.), 1999: Private Authority and International Affairs. Albany, NY: SUNY Press.
Czempiel, Ernst-Otto, 1998: Friedensstrategien. Eine systematische Darstellung außenpolitischer Theorien von Machiavelli bis Madariaga. Opladen: Westdeutscher Verlag.
Daase, Christopher/Geis, Anna/Nullmeier, Frank (Hg.), 2012: Der Aufstieg der Legitimitätspolitik: Rechtfertigung und Kritik politisch-ökonomischer Ordnungen. Leviathan Sonderheft 27. Baden-Baden: Nomos.
Deitelhoff, Nicole, 2006: Überzeugung in der Politik. Grundzüge einer Diskurstheorie des internationalen Regierens, Frankfurt a.M.: Suhrkamp.
Deitelhoff, Nicole, 2009: The Discursive Construction of Legal Norms: Charting Islands of Persuasion in the ICC Case, in: International Organization 63:1, 33-65.
Deitelhoff, Nicole, 2010: Parallele Universen oder Verschmelzung der Horizonte, in: Zeitschrift für internationale Beziehungen 17: 2, 279-292.
Deitelhoff, Nicole/Müller, Harald, 2005: Theoretical Paradise – Empirically Lost? Arguing with Habermas, in: Review of International Studies 31:1, 176-179.
Deitelhoff, Nicole/Steffek, Jens, (Hg.), 2009: Was bleibt vom Staat? Demokratie, Recht und Verfassung im globalen Zeitalter. Frankfurt a.M.: Campus.

Deitelhoff, Nicole/Zürn, Michael, 2013 (i.E.): Per Anhalter durch die IB-Galaxis. Eine Reise durch die Geschichte und die Theorien internationaler Beziehungen. München: C.H. Beck.

Donnelly, Jack, 2009: Rethinking Political Structures: From 'Ordering Principles' to 'Vertical Differentiation' – and Beyond, in: International Theory 1:1, 49-86.

Doyle, Michael, 1986: Liberalism and World Politics, in: American Political Science Review 80:4, 1151-1169.

Edkins, Jenny/Vaughan-Williams, Nick (Hg.), 2009: Critical Theorists and International Relations. London: Routledge.

Fearon, James/Wendt, Alexander, 2002: Rationalism v. Constructivism: A Skeptical View, in: Carlsnaes, Walter/Risse, Thomas/Simmons, Beth A. (Hg.): Handbook of International Relations, London: Sage, 52-72.

Finnemore, Martha/Sikkink, Kathryn, 1998: International Norm Dynamics and Political Change, in: International Organization 52:4, 887-921.

Foucault, Michel, 1978: The History of Sexuality, Vol. I: An Introduction. New York, NY: Pantheon Books.

Gaddis, John L., 1986: The Long Peace. Elements of Stability in the Postwar International System, in: International Security 10:4, 99-142.

Geis, Anna, 2001: Diagnose Doppelbefund – Ursache ungeklärt? Die Kontroverse um den „demokratischen Frieden", in: Politische Vierteljahresschrift 42:2, 282-298.

Genschel, Philipp/Zangl, Bernhard, 2008: Metamorphosen des Staates: Vom Herrschaftsmonopolisten zum Herrschaftsmanager, in: Leviathan 36:3, 430-454.

Giddens, Anthony, 1986: The Constitution of Society. Berkeley, CA: University of California Press.

Gilpin, Robert, 1987: The Political Economy of International Relations. Princeton, NJ: Princeton University Press.

Grieco, Joseph M., 1993: Anarchy and the Limits of Cooperation: A Realist Critique of the Newest Liberal Institutionalism, in: Baldwin, David A. (Hg.): Neorealism and Neoliberalism. The Contemporary Debate. New York, NY: Columbia University Press, 116-142.

Haas, Ernst B., 1958: The Uniting of Europe. Political, Social and Economic Forces. Stanford, CA: Stanford University Press.

Haas, Peter M., 1992: Knowledge, Power, and International Policy Coordination, in: International Organization 46:1, 1-35.

Hardt, Michael/Negri, Antonio, 2000: Empire. Cambridge, MA: Harvard University Press.

Hasenclever, Andreas/Mayer, Peter/Rittberger, Volker, 1997: Theories of International Regimes. Cambridge: Cambridge University Press.

Held, David, 1995: Democracy and the Global Order. From the Modern State to Cosmopolitical Governance. Cambridge: Polity.

Held, David/McGrew, Anthony (Hg.), 2002: Governing Globalization: Power, Authority and Global Governance. Cambridge: Polity.

Herz, John H., 1974: Staatenwelt und Weltpolitik, Aufsätze zur internationalen Politik im Nuklearzeitalter. Hamburg: Hoffmann und Campe.

Hobson, John A., 1902: Imperialism: A Study. London: Cosimo.

Hurd, Ian, 2007: After Anarchy. Legitimacy and Power in the United Nations Security Council. Princeton, NJ: Princeton University Press.

Hurrell, Andrew, 2007: On Global Order. Oxford: Oxford University Press.

Ikenberry, G. John/Mastanduno, Michael/Wolforth, William C. (Hg.), 2011: International Relations Theory and the Consequences of Unipolarity. Cambridge: Cambridge University Press.

Kaiser, David, 1990: Politics and War. European Conflict from Philip II to Hitler. Cambridge, MA: Harvard University Press.

Kant, Immanuel, 1795: Zum Ewigen Frieden. Ein philosophischer Entwurf, in: Weischedel, Wilhelm (Hg.): Immanuel Kant Werkausgabe (Bd. 11). Frankfurt a.M.: Suhrkamp, 193-251.

Keck, Margret/Sikkink, Kathryn, 1998: Activists Beyond Borders. Transnational Advocacy Networks in International Politics. Ithaca, NY: Cornell University Press.

Keohane, Robert O., 1984: After Hegemony. Cooperation and Discord in the World Political Economy. Princeton, NJ: Princeton University Press.

Keohane, Robert O., 2001: Governance in a Partially Globalized World, in: American Political Science Review 95:1, 1-13.

Keohane, Robert O./Nye, Joseph S., 1977: Power and Interdependence. World Politics in Transition. Boston, MA: Little Brown.

Kindleberger, Charles P., 1973: Die Weltwirtschaftskrise, 1929–1939. München: DTV.

Kindleberger, Charles P., 1981: Dominance and Leadership in the International Economy, in: International Studies Quarterly 25:3, 242-254.

Koremenos, Barbara/Lipson, Charles/Snidal, Duncan, 2004: The Rational Design of International Institutions, in: Koremenos, Barbara/Lipson, Charles/Snidal, Duncan (Hg.): The Rational Design of International Institutions. Cambridge: Cambridge University Press, 1-40.

Krasner, Stephen D. (Hg.), 1983: International Regimes. Ithaca, NY: Cornell University Press.

Krasner, Stephen D., 1999: Sovereignty. Organized Hypocrisy. Princeton, NJ: Princeton University Press.

Kratochwil, Friedrich, 1989: Rules, Norms, and Decisions. On the Conditions of Practical and Legal Reasoning in International Relations and Domestic Affairs. Cambridge: Cambridge University Press.

Kratochwil, Friedrich/Ruggie, John G., 1986: International organization: a state of the art on an art of the state, in: International Organization 40:4, 753-775.

Krisch, Nico, 2010: Beyond Constitutionalism. The Pluralist Structure of Postnational Law. Oxford: Oxford University Press.

Kuhn, Thomas S., 1962: The Structure of Scientific Revolutions. Chicago, IL: University of Chicago Press.

Kumm, Matthias, 2009: The Cosmopolitan Turn in Constitutionalism. On the Relationship Between Constitutionalism In and Beyond the State, in: Dunoff, Jeffrey L./Trachtman, Joel P. (Hg.): Ruling the World. International Law, Global Governance, Constitutionalism. Cambridge: Cambridge University Press, 258-325.

Lake, David A., 2009: Hierarchy in International Relations. Ithaca, NY: Cornell University Press.

Leibfried, Stephan/Zürn, Michael (Hg.), 2006: Transformationen des Staates. Frankfurt a. M.: Suhrkamp.

Lenin, Wladimir I., 1921: Der Imperialismus als jüngste Etappe des Kapitalismus. Hamburg: C.Hoym.

Levy, Marc A./Young, Oran R./Zürn, Michael, 1995: The Study of International Regimes, in: European Journal of International Relations 1:3, 267-330.

Liese, Andrea 2006: Staaten am Pranger. Zur Wirkung internationaler Regime auf innerstaatliche Menschenrechtspolitik. Wiesbaden: VS Verlag für Sozialwissenschaften.

Luxemburg, Rosa, 1921[1913]: Die Akkumulation des Kapitals. Ein Beitrag zur ökonomischen Erklärung des Imperialismus. Leipzig: Franke.

March, James G./Olson, Johann P., 1998: The Institutional Dynamics of International Political Orders, in: International Organization 52:4, 943-969.

Miles, Edward L./Underdal, Arild/Andresen, Steinar/Wettestad, Jørgen/Skjxrseth, Jon B./Carlin, Elaine M., 2002: Environmental Regime Effectiveness: Confronting Theory with Evidence. Cambridge, MA: MIT Press.

Mitrany, David, 1966: A Working Peace System. Chicago: Quadrangle Books.

Mommsen, Wolfgang J., 1977: Imperialismus. Seine geistigen, wirtschaftlichen und politischen Grundlagen. Hamburg: Hoffmann und Campe.

Moravcsik, Andrew, 1997: Taking Preferences Seriously: A Liberal Theory of International Politics, in: International Organization 51:4, 513-553.

Moravcsik, Andrew, 1998: The Choice for Europe. Social Purpose and State Power from Messina to Maastricht. Ithaca, NY: Cornell University Press.

Morgenthau, Hans J., 1948: Politics Among Nations. The Struggle for Power and Peace. New York, NY: Knopf.

Mouffe, Chantal, 2005: On the Political. London: Routledge.

Müller, Harald, 1994: Internationale Beziehungen als kommunikatives Handeln, in: Zeitschrift für Internationale Beziehungen 1:1, 15-44.

Niebuhr, Reinhold, 1956: Christlicher Realismus und politische Probleme. Stuttgart: Evangelisches Verlags-Werk.

Olson, Mancur, 1965: The Logic of Collective Action, Public Goods and the Theory of Groups. Cambridge, MA: Harvard University Press.

Onuf, Nicholas, 1989: World of Our Making: Rules and Rule in Social Theory and International Relations. Columbia, SC: University of South Carolina Press.

Osiander, Andreas, 2007: Before the State. Systemic Political Change in the West from the Greeks to the French Revolution. Oxford: Oxford University Press.

Oye, Kenneth (Hg.), 1986: Cooperation Under Anarchy. Princeton, NJ: Princeton University Press.

Price, Richard, 1998: Reversing the Gun Sights: Transnational Civil Society Targets Land Mines, in: International Organization 52:3, 613-644.

Rajagopal, Balakrishnan, 2003: International Law from Below: Development, Social Movements and Third World Resistance. Cambridge: Cambridge University Press.

Risse, Thomas, 2000: "Let's Argue!" – Communicative Action in World Politics, in: International Organization 51:1, 1-41.

Risse, Thomas, 2007: Global Governance und Kommunikatives Handeln, in: Niesen, Peter/Herborth, Benjamin (Hg.): Anarchie der Kommunikativen Freiheit. Jürgen Habermas und die Theorie der internationalen Politik, Frankfurt a.M.: Suhrkamp, 57-86.

Risse, Thomas/Lehmkuhl, Ursula, 2007: Regieren ohne Staat? Governance in Räumen begrenzter Staatlichkeit. Baden-Baden: Nomos.

Risse, Thomas/Ropp, Stephen C./Sikkink, Kathryn (Hg.), 1999: The Power of Human Rights: International Norms and Domestic Change. Cambridge: Cambridge University Press.

Risse-Kappen, Thomas (Hg.), 1995: Bringing Transnational Relations Back In. Cambridge: Cambridge University Press.

Rittberger, Volker/Zürn, Michael, 1990: Towards Regulated Anarchy in East-West Relations, in: Rittberger, Volker (Hg.): International Regimes in East-West Politics. London: Pinter, 9-63.

Rosenau, James, 1995: Governance in the Twenty-First Century, in: Global Governance 1:1, 13-43.

Rosenau, James, 1997: Along the Domestic-Foreign Frontier. Exploring Governance in a Turbulent World. Cambridge: Cambridge University Press.

Rosenau, James, 2002: Governance in a New Global Order, in: Held, David/McGrew, Anthony (Hg.): Governing Globalization: Power, Authority and Global Governance. London: Polity, 70-86.

Rosenau, James/Czempiel, Ernst-Otto (Hg.), 1992: Governance Without Government. Order and Change in World Politics. Cambridge: Cambridge University Press.

Ruggie, John G., 1983: International Regimes, Transactions, and Change: Embedded Liberalism in the Postwar Economic Order, in: International Organization 36:2, 379-415.

Russett, Bruce M., 1993: Grasping the Democratic Peace. Principles for a Post-Cold War World. Princeton, NJ: Princeton University Press.

Russett, Bruce M./Oneal, John R., 2001: Triangulating Peace. Democracy, Interdependence, and International Organizations. New York, NY: Norton.

Schelling, Thomas, 1960: The Strategy of Conflict. Cambridge, MA: Harvard University Press.

Senghaas, Dieter (Hg.), 1974: Peripherer Kapitalismus. Analysen über Abhängigkeit und Unterentwicklung. Frankfurt a.M.: Suhrkamp.

Singer, David J., 1961: The Level-of-Analysis Problem in International Relations, in: World Politics 14:1, 77-92.

Snyder, Glenn H./Diesing, Paul, 1977: Conflict Among Nations: Bargaining, Decision Making, and System Structure in International Crises. Princeton, NJ: Princeton University Press.

Stein, Arthur A., 1983: Coordination and Collaboration. Regimes in an Anarchic World, in: Krasner, Stephen D. (Hg.) 1983: International Regimes. Ithaca, NY: Cornell University Press, 115-140.

Ulbert, Cornelia, 1997: Ideen, Institutionen und Kultur. Die Konstruktion (inter-)nationaler Klimapolitik in der BRD und in den USA, in: Zeitschrift für Internationale Beziehungen 4:1, 9-40.

Wallerstein, Immanuel, 1974: The Modern World-System I. Capitalist Agriculture and the Origins of the European World-Economy in the Sixteenth Century. New York, NY: Academic Press.

Waltz, Kenneth, 1959: Man, State and War. New York, NY: Columbia University Press.

Waltz, Kenneth, 1979: Theory of International Politics. New York, NY: MacGraw.

Wendt, Alexander, 1999: Social Theory of International Politics. Cambridge: Cambridge University Press.

Wolf, Klaus Dieter, 2000: Die Neue Staatsräson – Zwischenstaatliche Kooperation als Demokratieproblem in der Weltgesellschaft. Baden-Baden: Nomos.

Zangl, Bernhard, 1999: Interessen auf zwei Ebenen. Internationale Regime in der Agrarhandels-, Währungs- und Walfangpolitik. Baden-Baden: Nomos.

Zürn, Michael, 1992: Interessen und Institutionen in der internationalen Politik. Grundlegung und Anwendung des situationsstrukturellen Ansatzes. Opladen: Leske + Budrich.

Zürn, Michael, 1996: Über den Staat und die Demokratie im europäischen Mehrebenensystem, in: Politische Vierteljahresschrift 37:1, 27-55.

Zürn, Michael, 1998: Regieren jenseits des Nationalstaates. Globalisierung und Denationalisierung als Chance. Frankfurt a.M.: Suhrkamp.

Zürn, Michael, 2004: Global Governance and Legitimacy Problems, in: Government and Opposition 39:2, 260-287.

Zürn, Michael, 2007: Institutionalisierte Ungleichheit in der Weltpolitik. Jenseits der Alternative „Global Governance" versus „American Empire", in: Politische Vierteljahresschrift 48:4, 680-704.

Zürn, Michael, 2010: Global governance as multi-level governance, in: Enderlein, Hendrik/Wälti, Sonja/Zürn, Michael (Hg.): Handbook on Multi-Level Governance. Cheltenham: Edward Elgar, 80-99.

Zürn, Michael/Binder, Martin/Ecker-Ehrhardt, Matthias, 2012: International Authority and Its Politicization, in: International Theory 4:1, 91-106.

Zürn, Michael/Binder, Martin/Ecker-Ehrhardt, Matthias/Radtke, Katrin, 2007: Politische Ordnungsbildung wider Willen, in: Zeitschrift für Internationale Beziehungen 14:1, 129-164.

Vergleichende Außen- und Sicherheitspolitik

Sebastian Harnisch

1. Einleitung

Außenpolitik bezeichnet die politischen Inhalte und organisatorischen Steuerungsformen eines völkerrechtlich anerkannten Gemeinwesens, meist eines Staates, gegenüber externen Akteuren (wie Staaten, internationalen Organisationen oder Nichtregierungsorganisationen) in seiner Umwelt. Als analytisches Konzept setzt Außenpolitik keine nationalstaatlich verfassten Gemeinwesen voraus, die in *inter-nationalen Beziehungen* stehen. Prinzipiell können also auch *supranationale Organisationen* (Teile der Europäischen Union) oder völkerrechtlich umstrittene Gemeinwesen (z. B. die Republik China auf Taiwan) eine Außenpolitik haben.

Der Ursprung des Begriffs Außenpolitik liegt gleichwohl in der Abgrenzung von der *Innenpolitik* (national-)staatlicher Gemeinwesen, die sich seit dem *Westfälischen Frieden* von 1648 von Europa ausgehend in allen Weltregionen etabliert haben. Entsprechend ist die vergleichende Außenpolitikforschung an der Grenzlinie zwischen der Vergleichenden Regierungslehre und Policyforschung einerseits und der Analyse der internationalen Beziehungen andererseits verortet.[1]

Die Analyse von Außenpolitik geht also ursprünglich von der eindeutigen Trennung von Innen- und Außenpolitik aus, wie sie charakteristisch für das moderne Staatensystem des 19. und 20. Jahrhunderts war: Formal gleiche und voll souveräne Staaten sind keiner übergeordneten Gewalt verpflichtet. Die Zunahme zwischenstaatlicher *Interdependenzen*, die mit Kosten verbunden sind, und das rasche Wachstum inter- und supranationaler Organisationen im späten 20. und frühen 21. Jahrhundert haben diese klare Trennung jedoch verwischt. So verändern globale (z. B. Umweltzerstörung, Epidemien, Verbreitung von Telekommunikation) und regionale/lokale Entwicklungen (wie der ‚Arabische Frühling' und die Krise um das iranische Atomprogramm) die Innen- und Außenpolitik von Staaten und Gemeinwesen gleichermaßen.

Wenn sich diese Grenzlinie zwischen Innen- und Außenpolitik aber aufweicht, weil innenpolitische Fragen (z. B. der demographische Wandel und Fachkräftemangel) zunehmend eine externe Dimension haben, dann verändern sich auch die Inhalte und organisatorischen Steuerungsformen der *Sicherheitspolitik* eines Gemeinwesens.[2] Die traditionelle Sicherheitspolitik zielte noch auf den territorialen Schutz eines Staates allein, während die heutige Si-

---

1 Je nach Betrachtungsweise werden die internationalen Beziehungen auch als *Weltpolitik*, *Internationale Politik* oder *Weltgesellschaftspolitik* bezeichnet (siehe Deitelhoff/Zürn i. d. B.).

2 Sicherheitspolitik bezeichnet dann die Inhalte und organisatorischen Steuerungsformen des politischen Handelns eines Staates oder Staatenzusammenschlusses zum Schutze einer politischen Gemeinschaft.

cherheitspolitik (etablierter Gemeinwesen)[3] neben dem Grenzschutz, der Territorial- und *Bündnisverteidigung* auch mit der Abwehr transnationaler Risiken und Gefahren (Terrorismus und organisierte Kriminalität) sowie der Durchsetzung grundlegender *Menschenrechte* (Stichwort: *humanitäre Intervention*) befasst ist (Morgan 2007).

Da die vergleichende Außen- und Sicherheitspolitikanalyse an der Grenzlinie zwischen Innenpolitik und internationalen Beziehungen liegt, ist seit Beginn der Teildisziplin umstritten, ob und inwiefern Außen- und Sicherheitspolitik mehr durch die Strukturen innerhalb des Gemeinwesens oder durch Zwänge des *internationalen Systems* beeinflusst wird. Betrachtet man die Entwicklung der Teildisziplin seit Beginn der 1950er Jahre, so wird erkennbar, dass zeitweise innenpolitische und zeitweise internationale Erklärungen dominierten. Dagegen konnten sich im letzten Forschungsjahrzehnt vermehrt Ansätze etablieren, die interne und externe Faktoren gemeinsam oder aufeinander bezogen berücksichtigt haben (Hudson 2007).

Eine wichtige Grundannahme der vergleichenden Außen- und Sicherheitspolitikanalyse lautet, dass staatliches Außenverhalten auf drei unterschiedlichen *Analyseebenen* erklärt werden kann. Ausgehend von Kenneth Waltz' Erklärung für die Entstehung von Kriegen (Waltz 1959) hat J.D. Singer (1961) eine *systemische* Ebene (das Zusammenwirken der Nationalstaaten in den internationalen Beziehungen), eine *subsystemische* Ebene (das Zusammenwirken politischer Akteure innerhalb von Staaten, inklusive gesellschaftlicher Kräfte) sowie die *individuelle* Ebene (das Wirken individueller Merkmale, inklusive individueller Perzeptionen, Weltbilder etc.) unterschieden.

In diesem Beitrag werden deshalb zunächst, nach einem kurzen Überblick der historischen Entwicklung der Ansätze zur vergleichenden Außen- und Sicherheitspolitik (Abschnitt 2), die systemischen Ansätze mit ihren zentralen Kausalmechanismen und Verhaltensannahmen für unterschiedliche Staatentypen diskutiert (Abschnitt 3). In Abschnitt 4 werden die subsystemischen Ansätze erörtert. Der Schwerpunkt liegt hier auf der Erklärung der Sicherheitspolitik demokratischer Staaten. Nach der Darstellung von Ansätzen auf der individuellen Ebene (Abschnitt 5) werden sodann sozialkonstruktivistische Erklärungsansätze vorgestellt (Abschnitt 6), die die Trennung der Analyseebenen aufzuheben versuchen und die Teildisziplin im vergangenen Jahrzehnt maßgeblich geprägt haben. Parallel zu diesem Aufbau werden in Infoboxen die Verhaltensannahmen der Theorien der Internationalen Beziehungen für die Entwicklungspolitik vergleichend dargestellt. Schließlich geht das Fazit (Abschnitt 7) kurz auf einige Chancen zur Integration der oft disparat wirkenden Teildisziplin ein.

---

3   Für eine wachsende Zahl an fragilen Staaten und Staatenbünden gilt, dass diese bereits mit dem Aufbau und
     der Aufrechterhaltung eines staatlichen Gewaltmonopols überfordert sind und so zum Objekt internationaler
     Ordnungspolitik (meist im UN-Rahmen) werden.

2. Eine kurze Geschichte der vergleichenden Analyse von Außen- und Sicherheitspolitik

Die Beschäftigung mit subsystemischen Faktoren bildet den Ausgangspunkt der vergleichenden Außenpolitikanalyse. Sie geht auf Richard Snyder und seine Kollegen zurück, die Anfang der 1950er Jahre den Staat als einheitlichen und rationalen Akteur aufbrachen und den außenpolitischen Entscheidungsprozess zwischen unterschiedlichen Einzelpersonen und Ministerien in den Mittelpunkt einer neuen Teildisziplin rückten (Snyder/Bruck/Sapin 1954). Mitte der 1950er Jahre entwickelte das Ehepaar Sprout, Margaret und Harold, einen zweiten Strang in der ersten Generation der vergleichenden Außenpolitikanalyse (Sprout/Sprout 1957). Die Sprouts gingen in ihrem bahnbrechenden Aufsatz davon aus, dass Machtressourcen-Analysen keine tragfähigen Aussagen erbringen könnten, weil ihnen eine plausible Annahme über die Auswahl der außenpolitischen Ziele (*undertakings*) fehle. Erst die Analyse des ‚psychologischen Milieus' von Individuen und Entscheidungsgruppen, so die Sprouts, könne eine nachvollziehbare Erklärung des außenpolitischen Handelns erbringen (Sprout/ Sprout 1965: 118). Mit James Rosenaus „Pre-Theory" (1966) rückte die junge Außenpolitikanalyse dann Mitte der 1960er Jahre näher an die Vergleichende Politikwissenschaft heran. Rosenau zielte mit dem dritten Strang der ersten Generation auf eine Theorie mittlerer Reichweite, die anhand von *akteursspezifischen Hypothesen* (territoriale Größe, Wirtschaftskraft etc.) mit Hilfe statistischer Verfahren zu überprüfbaren und generalisierbaren Aussagen über den außenpolitischen Output von Staaten gelangen würde.

Diese drei Stränge der vergleichenden Außenpolitikanalyse wuchsen in der sich an naturwissenschaftlichen Standards orientierenden Forschung der 1970er Jahre rasch heran. In der Tradition von Snyder/Bruck/Sapin entwickelten sich zwei Forschungslinien: eine, die sich primär mit Entscheidungen in Gruppen auseinandersetzte (Janis 1972), und eine weitere, die sich mit Politikfindungsprozessen in Organisationen und zwischen außenpolitischen Bürokratien befasste (Allison 1971; siehe Abschnitt 4.3). Letztere Richtung beeinflusste maßgeblich die Anfänge der theorieorientierten Außenpolitikforschung in der Bundesrepublik, so den grundlegenden Sammelband von Helga Haftendorn (1978) zur Bürokratisierung der bundesdeutschen Außen- und Sicherheitspolitik. Aus der von Rosenau begründeten Forschungslinie der *Comparative Foreign Policy Analysis* (Rosenau 1974) entwickelten sich Forschungsvorhaben, die mit Hilfe quantitativer Methoden danach strebten, wiederkehrende Korrelationen zwischen Außenpolitik-Ereignissen (abhängige Variable) und bestimmten Faktoren bzw. der Integration von Faktorengruppen zu ermitteln (unabhängige Variablen) (East/Salmore/Hermann 1978). Aus dem dritten Forschungsstrang in der Tradition der Sprouts resultierten wiederum zwei Linien: eine auf der Ebene der Entscheidungsträger mit Studien über die psychologische Dimension in der Außenpolitik (Holsti 1976), den Einfluss von Denkbildern sowie die Rolle von (Fehl-)Perzeptionen in der internationalen Politik (Jervis 1976); und eine andere auf der Ebene von Gesellschaften mit Analysen zum Einfluss der öffentlichen Meinung vor dem Hintergrund des Vietnamkrieges (z. B. Mueller 1973) und „nationaler Rollenkonzepte" (unter anderem Holsti 1970).

Die Hoffnungen dieser ersten Forschergeneration auf rasche Ergebnisse und generalisierbare Aussagen wurden schnell enttäuscht. In einem weithin rezipierten Forschungsüberblick stellte Smith (1986) fest, dass die vergleichende Außenpolitikforschung zwar ständig neue empirische Ergebnisse hervorbringe. Diese könnten jedoch nicht in theoretisch fundierte Kausalaussagen umgemünzt werden: Empirisch dichte Beschreibungen seien nicht hinreichend generalisierbar, quantitative Ereignisdatenanalysen seien nicht hinreichend kausal konzipiert.

Mit dem Ende des Ost-West-Konflikts trat die Außenpolitikforschung in eine neue, vergleichsweise produktive Phase ein. Nur wenige Politikwissenschaftler hatten den Systembruch von 1989 antizipiert und weite Teile der Zunft stellten auch kein Instrumentarium dafür bereit, zu erklären, wie es zu solchen Systemumbrüchen kommen konnte (Lebow/Risse-Kappen 1995). In der Außenpolitikforschung setzte deshalb zum einen die Suche nach akteursspezifischen Ansätzen ein, welche die zentrale Rolle von einzelnen Entscheidungsträgern wie Michail Gorbatschow in den Blick nahmen. Zum anderen begann die Suche nach ideenspezifischen Ansätzen, welche den Wandel von außenpolitischen Einstellungsmustern wie Außenpolitik-Kulturen, *Identitäten* und *Rollen* und den damit verbundenen Zielen in den Mittelpunkt der Forschung rückten (Hudson 2008: 26f.).

Mit dem Umbruch von 1989 gerieten nicht nur die traditionell starken systemischen Erklärungsansätze des Neo-Realismus und Neo-Institutionalismus (siehe Abschnitt 3) unter starken Rechtfertigungs- und Anpassungsdruck. Dies führte dazu, dass diese Ansätze fortan eine wachsende Anzahl subsystemischer und individueller Faktoren miteinbezogen. Die Außenpolitiken der aus dem kommunistischen Block hervorgegangenen neuen Staaten und nicht zuletzt auch die Außenpolitik des vereinigten Deutschland brachten darüber hinaus eine Vielzahl von komparativen Forschungsprojekten und neuen Analyseansätzen hervor, die seither das Feld der vergleichenden Außenpolitikforschung prägen.

Neben der Veränderung der Staatenpopulation – zu den jungen Transitionsstaaten traten im weiteren Verlauf eine größere Anzahl von *fragile or failed states* hinzu – war es vor allem die Intensivierung des europäischen Einigungsprozesses, die wiederum eine große Zahl von Studien zur Erklärung des Außenverhaltens der veränderten Europäischen Union und ihrer Mitgliedstaaten nach sich zog (anstatt vieler Wagner/Hellmann 2006).

Ein einheitliches Set an forschungsleitenden Hypothesen ist aus dieser Hausse von Theorien, Ansätzen und auch wissenschaftstheoretischen Reflektionen verständlicherweise nicht entstanden. Vielmehr prägt eine gewisse Kakophonie die vergleichende Außenpolitikforschung auch am Beginn des 21. Jahrhunderts. Der verwirrte Student mag sich deshalb immer wieder den Brückenschlag zwischen Vergleichender Regierungslehre und der Lehre von den internationalen Beziehungen als Bezugspunkt in Erinnerung rufen, um sich mit Hilfe von einfachen Systematiken (System/Subsystem/Individuum) oder prägenden Forschungslinien (Zerfaserung systemischer Ansätze; Theorem des demokratischen Friedens, siehe auch Deitelhoff/Zürn i. d. B.) eine erste eigene Schneise in das Dickicht zu schlagen.

3. Systemische Ansätze zur Außenpolitikanalyse

Systemische oder strukturelle Ansätze wie der Neo-Realismus zielen zuerst auf die Erklärung eines regelmäßigen Verhaltens bestimmter Staatentypen. Sie nehmen in der Regel nicht den Policy-Output einzelner Nationalstaaten in vergleichender Perspektive oder gar Einzelentscheidungen in den Blick.[4] Entscheidend ist in diesen Ansätzen deshalb die Frage, wie die Beschaffenheit einer Struktur (z. B. die Machtverteilung zwischen Großmächten oder der Institutionalisierungsgrad in internationalen Organisationen) auf das Konflikt- (z. B. die Kriegshäufigkeit in einem Strukturtyp) oder Kooperationsverhalten (z. B. die Bereitschaft zur dauerhaften Souveränitätseinschränkung) von Staatengruppen oder aller Staaten wirkt.[5]

Die systemischen Ansätze haben tiefe historische Wurzeln. So haben viele Historiker unter dem Stichwort des ‚Primats der Außenpolitik' (Leopold von Ranke), angefangen bei Thukydides, argumentiert, dass das Außenverhalten vieler Gemeinwesen von der internationalen Umwelt entscheidend beeinflusst werde. Zwar sind diese älteren Umweltansätze von den Strukturtheorien eines Kenneth Waltz oder Robert Keohane zu unterscheiden, weil beispielsweise die Sonderbeziehungen zwischen zwei Staaten (z. B. Israel und Deutschland) noch keinen Struktureffekt eines Systems darstellen, welcher auf alle Staaten im System gleich oder ähnlich wirkt: Strukturell argumentierende Ansätze sind also nicht gleich Umweltansätze in der Außenpolitikforschung! Wir beginnen aber mit ihnen, nicht zuletzt weil sie über weite Strecken des Ost-West-Konfliktes das Feld der Internationalen Beziehungen und der Außenpolitikforschung, insbesondere der praxis-orientierten, dominiert haben.

3.1 Realistische Außenpolitik-Ansätze und die Bedeutung von Anarchie und Macht

Eine (neo-)realistische Außenpolitikanalyse beginnt mit der Grundannahme, dass die allgemeine Machtstruktur (anarchische Ordnung) und die relative Machtverteilung (Anzahl der Machtpole und deren Größe) den größten Einfluss auf die Außenpolitik aller Staaten haben. Vorausgesetzt ein Gemeinwesen will zumindest sein Überleben sichern, so ist es angesichts einer fehlenden übergeordneten Regierung gezwungen, Selbsthilfe zu betreiben. Alle anderen möglichen außenpolitischen Ziele sind diesem Überlebensinteresse untergeordnet, sodass alternative außenpolitische Ziele und deren Verfolgung immer im Hinblick auf die relative Machtverteilung bewertet werden müssen.

Die anarchische Struktur des internationalen Systems übt nach Waltz eine strenge sozialisierende Wirkung auf die außenpolitische Strategie der Staaten aus: Sie belohnt die, die den strukturellen Anreizen folgen, und bestraft jene, die sich nicht hinreichend um die relative Gewinnverteilung kümmern (Waltz 1979: 106f.). Das Eigeninteresse, die Notwendigkeit den Gruppenerhalt zu sichern und die Fixierung auf Machtrelationen treiben die Staaten

---

4   Kenneth Waltz (1996) und andere Theoretiker auf der systemischen Ebene haben deshalb für sich in Anspruch genommen, dass sie keine Außenpolitiktheorien formuliert hätten und deshalb ein von ihren Aussagen abweichendes Einzelverhalten von Staaten ihre Überlegungen nicht in Frage stellen könne.

5   Eine klassische systemische Außenpolitik-Hypothese würde daher beispielsweise lauten: ‚In einem durch zwei Supermächte geprägten (also bipolaren) System wird der drittmächtigste Staat sich immer mit der schwächeren Supermacht verbünden.'

als wichtigste Akteure im internationalen System in eine grundsätzliche Misstrauenshaltung gegenüber zwischenstaatlicher Kooperation (Wolforth 2008: 32f.). Denn, so Joseph Grieco (1990: 28), einer der bekanntesten Realisten, „die Freunde von heute könnten schon morgen Feinde sein"!

Aus dieser konfliktiven Weltsicht resultiert das Bestreben, ein möglichst großes Maß an Autonomie zu erreichen, das heißt Unabhängigkeit von der Unterstützung anderer Staaten. Dieses Autonomiestreben hat wichtige Effekte: Staaten, insbesondere jene, die wie Großmächte für ihre Sicherheit durch eigene Waffen Sorge tragen können, schrecken davor zurück, einen Teil ihrer Handlungsfreiheit (Souveränität) durch internationale Organisation einschränken zu lassen. Die abgeleitete Verhaltensannahme lautet: Großmächte werden nur solchen internationalen Organisationen beitreten, die sie dominieren können, das heißt der Nutzen des Handelns in der Organisation ist vergleichsweise höher als der Nutzen unilateralen Handelns.

Mächtetypen und außenpolitisches Verhalten

Groß- oder Supermächte handeln im Realismus also grundsätzlich eigensinnig und unilateral, gemeinsames Handeln dient der eigenen Ressourcenschonung, aber nicht dem Ausgleich für Ressourcendefizite. Kleinere Staaten haben keine unilateralen Handlungsoptionen, um ihr Überleben zu sichern, es sei denn, sie verfügen über eine glaubhafte nukleare Abschreckung (wie Israel). Kleinere Staaten müssen also militärisch koalieren, um die Machtdisparität gegenüber größeren Staaten, die grundsätzlich ihr Überleben bedrohen, auszugleichen. Gegenmachtbildung zur (Wieder-)Herstellung eines systemischen Gleichgewichts ist also das ständige außenpolitische Verhaltensmuster aller Staaten im anarchischen System: Große Staaten betreiben interne Gegenmachtbildung (durch Rüstung), kleine Staaten durch Allianzbildung oder durch nukleare Rüstung.

Realistische Allianztheorie

Kooperation findet im Realismus nur in der Sicherheitspolitik statt oder sie spiegelt den Willen eines machtpolitisch überlegenen Akteurs wider (sogenanntes *Theorem der hegemonialen Stabilität*). Militärische Allianzen entstehen, wenn machtpolitisch unterlegene Staaten sich gegen einen überlegenen Gegner zusammenschließen. Auch in der realistischen Allianztheorie bildet der relative Nutzen des Handelns den zentralen Erklärungsmechanismus: Nur wenn die Furcht vor dem Angriff des Gegners größer ist als die Furcht davor, dass der Partner aus der Kooperation mehr Nutzen zieht und damit zum potenziellen Gegner wird, haben Allianzen Bestand (Snyder 1990: 106).

Sicherheitsinteressen und Autonomiestreben sind die zentralen Einflussgrößen einer realistischen Erklärung der Allianzpolitik von Staaten. Während die mächtigeren Staaten in einer Allianz fürchten, dass das Handeln ihrer schwächeren Partner sie in einen Krieg verwickelt (*fear of entrapment*), sorgen sich die schwächeren Partner darum, dass die mächtigeren Staaten ihre unilateralen Handlungsmöglichkeiten nutzen (*fear of abandonment*) (Snyder 1990: 113).

Die Konsequenz eines Überlebenstriebes von Staaten sollte eigentlich sein, dass Staaten sich immer der schwächeren Seite zuwenden, also *balancing* (Gegenmachtbildung) betreiben. Waltz erklärt dies so: „Secondary states, if they are free to choose, flock to the weaker side; for it is the stronger side that threatens them. In the weaker side, they are both more appreciated and safer, provided, of course, that the coalition they join achieves enough defensive or deterrent strength to dissuade adversaries from attacking" (Waltz 1979: 127). Dieser Effekt ist aber im Realismus nicht unumstritten. Einige Autoren gehen davon aus, dass schwächere Staaten eher eine Politik der Bündnislosigkeit bevorzugen – um ihre Autonomie zu wahren und von der gegenseitigen Abschreckung der bestehenden Bündnisse zu profitieren (Labs 1992). Andere Realisten, und diese bilden eine Mehrheit, argumentieren, dass schwächere Staaten bei der Bündniswahl grundsätzlich den stärkeren Partner auswählen. Weil diese Staaten auf eine erfolgversprechende Allianz setzen, die gleichsam schon auf dem Weg ins Ziel ist, wird dieser Effekt als *bandwagoning* bezeichnet. Stephen Walt hat hierzu folgende Verhaltenshypothese entwickelt: „The weaker the state, the more likely it is to bandwagon rather than balance" (Walt 1987: 29). Er erklärt dies, indem er auf die wachsenden Kosten eines erfolglosen *balancing* von schwachen Staaten hinweist, denn deren machtpolitischer Nutzen (gemessen als Ressourcengewinn versus Entscheidungsbeteiligungskosten) für schwächere Allianzen ist gering.

Neoklassischer Realismus

Stephen Walt ist auch für eine weitere wichtige Innovation innerhalb des Realismus verantwortlich, denn er bricht Mitte der 1980er Jahre mit dem dominanten strukturellen Realismus und seiner *Balance-of-Power-Theorie* (BOP). Waltz geht in seiner BOP-Theorie davon aus, dass Staaten immer gegen den mächtigsten Staat balancieren. Walt argumentiert nun, dass das Allianzverhalten der westeuropäischen und anderer Staaten nach dem Zweiten Weltkrieg so nicht zu erklären sei, weil sie sich der USA, dem ohne Zweifel mächtigsten Staat, anvertraut hätten.

Walt entwickelt daher eine *Balance-of-threat-Theorie* (BOT). Sie besagt, dass Staaten nicht gegen den mächtigsten Pol, sondern gegen den bedrohlichsten Pol balancieren. Damit führt er – neben anderen Faktoren – das wichtige Moment der Wahrnehmung mit in die Machtanalyse ein. Materielle Macht, Waffen allein, sind nicht länger entscheidend für die realistische Allianzpolitikanalyse; entscheidend ist, ob diese Waffen in den Händen eines bedrohlichen Staates liegen. Dieser kleine Schritt ist von immenser analytischer Tragweite, denn Wahrnehmungen sind kein systemischer Faktor mehr. Sie liegen auf der individuellen Ebene und damit kündigt der Realismus seinen Abschied von der systemischen Analyseebene an.

Die Relativierung der systemischen Perspektive erfolgt dann durch eine Gruppe jüngerer US-amerikanischer Realisten, die als *Neoklassiker* bezeichnet werden. Sie versuchen seit Beginn der 1990er Jahre die systemische Perspektive mit subsystemischen (Regierungssystem, Entscheidungsgruppenkonstellationen) und individuellen Faktoren zu verknüpfen (statt vieler Lobell/Ripsman/Taliaferro 2009). Diese Aufweichung der systemischen Grundannahmen

ist auf zahlreiche und erbitterte Kritik gestoßen (Legro/Moravcsik 1999) – von einer Dege-
neration des Realismus als Forschungsparadigma war die Rede (Vasquez 1997; Waltz 1997).

Realistische Hypothesen zur Erklärung von Entwicklungspolitik

Aus der realistischen Perspektive wird die Vergabe von Entwicklungshilfe von den strategischen Erwägungen des Geberstaates bestimmt. Im anarchischen Selbsthilfesys-
tem der internationalen Politik müssen Staaten auch die Entwicklungspolitik nutzen,
um ihre Machtposition in der internationalen Rang- und Hackordnung zu verteidigen
oder zu verbessern (Waltz 1979: 111). Dieser realistische Ansatz hat die Erklärung der
Entwicklungszusammenarbeit (insbesondere der USA) während des Ost-West-Konfliktes dominiert (Morgenthau 1962). Er geht auch hier von einer geschlossen und rational
handelnden Regierung aus. Streitigkeiten zwischen Ministerien kommen nicht vor. Alle
Beteiligten ordnen ihre eigenen parochialen Interessen dem nationalen Interesse unter.
Regierungen vergeben Entwicklungshilfe an jene Staaten, die dem eigenen Machterhalt
durch ihre besondere geographische Lage gegenüber feindlichen Staaten (z. B. durch
Stationierungsrechte) oder ihre Rohstoffausstattung (z. B. Zugang zu Öl- und Gasvor-
kommen) am besten dienen können (Betz/Matthies 1986: 248).

Aus dieser realistischen Perspektive ist die Verbesserung der Lebensverhältnisse im
Empfängerland allenfalls Mittel zum Zweck, niemals der Zweck der Entwicklungszusammenarbeit selbst. Neben der Höhe der Zahlungen wird auch die Art der Hilfe (bi- oder
multilaterale Vergabemechanismen) und der Verwendungszweck (Budgethilfe, Infrastruktur, Waffenkäufe) durch die Machtrelevanz des Empfängerlandes für den Geberstaat bestimmt, sodass folgende Verhaltenshypothesen gebildet werden können:

1. Je höher die Machtrelevanz der Empfänger, desto höher die Vergabebereitschaft
    des Gebers.

2. Je wichtiger die Ressourcenausstattung des Empfängers für die relative Machtpo-
    sition des Gebers, desto höher die Zahlungen für Infrastruktur und Extraktion der
    Ressourcen.

Einzelpersonen und ministerielle Bürokratien waren auch aus realistischer Sicht nie ganz
irrelevant. Für die frühen Nachkriegsrealisten, Morgenthau und Kissinger, waren Staatsmänner die zentralen Akteure. Ihnen kam in der Entwicklungspolitik, wie in anderen Politikbereichen, die wichtige Aufgabe zu, die Gesetze der Macht- und Gleichgewichtspo-
litik zu erkennen und das nationale Interesse gegen wirtschaftliche, institutionelle und
ethische Erwägungen in der öffentlichen Meinung und unter den wirtschaftlichen und
bürokratischen Eliten zu verteidigen (Morgenthau 1962: 309).

3.2 Institutionalistische Außenpolitik-Ansätze und die Bedeutung von Profit und Information

Neo-institutionalistische Ansätze, die auf der systemischen Ebene der Internationalen Beziehungen argumentieren, bieten kein breites Erklärungsangebot für die Außenpolitik von Staaten. Als Teil der Familie der liberalen Theorien der Internationalen Beziehungen haben sie diesen Bereich weitgehend an die unterschiedlichen Spielarten des Liberalismus auf sub-systemischer Ebene abgetreten (siehe Abschnitt 4). Gleichwohl bilden die unterschiedlichen Institutionalismen – der rationale, der soziologische und der historische Institutionalismus (vgl. für einen Überblick Overhaus/Schieder 2010) – einen wichtigen Fundus an erklärenden Aussagen über das Verhalten von Staaten in internationalen Organisationen, bei deren Gründung oder bei deren Aufkündigung (Carlsnaes 2002: 337). Sie werden hier deshalb kurz im Hinblick auf ihr policy-relevantes Erklärungspotential charakterisiert.

Ausgangspunkt institutionalistischer Theorien ist die Annahme, ebenso wie im Realismus, dass Staaten die wichtigsten Akteure in den internationalen Beziehungen sind und diese in einem anarchischen Umfeld agieren. *Internationale Institutionen* (siehe Schieder i. d. B.) bilden den Willen ihrer Mitglieder ab, die sich ihrer instrumentell bedienen, um ihre Interessen durchzusetzen. Im Gegensatz zum Realismus gehen Institutionalisten aber davon aus, dass Institutionen helfen können, die systemischen Effekte des anarchischen Systems zu lindern, indem sie Verhaltenserwartbarkeit für ihre Mitglieder schaffen.

Mit Institutionenbildung reagieren Staaten auf komplexe Interdependenzen. Dies sind Situationen, in denen Staaten zur Durchsetzung ihrer Interessen nachhaltig vom Verhalten anderer Akteure (meist Staaten) abhängig sind. Interdependenzen lassen sich als unterschiedlich ausgeprägte Handlungsdilemmata begreifen, deren Kosten mit Hilfe von Institutionen sichtbar gemacht, gesenkt und gerecht verteilt werden können. Denn Institutionen (beispielsweise gemeinsame unabhängige Überwachungsorgane) helfen ihren Mitgliedern, indem sie 1) einen Verhandlungsrahmen bereitstellen, 2) eine genaue und festgeschriebene Definition von Kooperation ermöglichen, 3) eine Themenverknüpfung erlauben und 4) legitime Sanktionsmöglichkeiten bei Fehlverhalten bereithalten (Keohane/Martin 2003: 80).

Bei der Schaffung von Institutionen ist deren Design abhängig von der Art des kollektiven Handlungsproblems und der Bereitschaft der Mitglieder, durch *pooling* oder *delegation* substanzielle Kooperationsgewinne zu schaffen bzw. auf Dauer sicherzustellen. Kurz gesagt werden die Regeln und Überwachungsmöglichkeiten der Institution strenger, je größer die Sorge der wichtigsten Mitglieder ist, dass sich die Mitglieder nicht an die Regeln halten. So lässt sich beispielsweise erklären, welche Regelverschärfungen die Bundesrepublik bei der Gewährung weiterer Finanzmittel für den Euro-Rettungsfonds (EFSF) warum gefordert hat.

Bei der Beendigung von Institutionen spielen die Interessen der führenden Mitglieder wieder die zentrale Rolle. Institutionen sterben, wenn deren Aufgaben entweder erfüllt sind oder durch andere rivalisierende Institutionen übernommen wurden. Prinzipiell gilt jedoch, dass Staaten an bestehenden Institutionen lange festhalten, weil die Kosten der Etablierung, der Mehrwert eingespielter Prozedere, das Eigeninteresse der institutionellen Bürokratie sowie die Übertragbarkeit von neuen Aufgaben für eine Aufrechterhaltung statt für eine Neugründung sprechen.

Für die vergleichende Außenpolitikforschung lassen sich aus diesem Theoriestrang der internationalen Beziehungen folgende Verhaltenshypothesen ableiten:

1. Je stärker ein Staat von internationalen Interdependenzen betroffen ist, desto wahrscheinlicher wird er bei der Gründung von Institutionen mitwirken.

2. Je stärker ein Staat in internationale Institutionen eingebunden ist, desto kooperativer ist sein Außenverhalten.

3. Kleine Staaten werden stärker als große Staaten bereit sein, Institutionen mit weitreichenden Handlungskompetenzen auszustatten, weil ihre eigenen Mittel zur Überwachung und Regeldurchsetzung gering sind.

4. Subsystemische Ansätze zur Außenpolitikanalyse

Die Mehrzahl der vergleichenden Außenpolitikanalysen hat ihre analytischen Wurzeln auf der subsystemischen Ebene. Diese sollten deshalb in Studien über Eigenschaften des Gemeinwesens, über das Verhältnis zwischen politischem System und Gesellschaft und über die Entscheidungsprozesse innerhalb des politischen Systems unterteilt werden. Alle drei subsystemischen Stränge sind mittlerweile fest etabliert. Historisch betrachtet aber war die Staatenmerkmalsforschung die Vorreiterin der modernen Außenpolitikanalyse, gefolgt von Untersuchungen zum Verhältnis von Gesellschaft und politischem System. Die Entscheidungsprozessanalyse ist eine jüngere Entwicklung seit den 1950er Jahren, auch wenn sie maßgeblich für die Etablierung einer eigenständigen Teildisziplin Außenpolitikanalyse verantwortlich war.

4.1 Eigenschaften von Gemeinwesen

Die Analyse der Eigenschaften von Gemeinwesen, jener Charakteristika, die dem gesamten Staat ohne Berücksichtigung der Umwelt zugeschrieben werden können, geht ideengeschichtlich neben Kant, Hobson und Schumpeter auch auf viele traditionell als Realisten bezeichnete Theoretiker wie Thukydides und Machiavelli zurück. Gemeinsam ist diesem Forschungsstrang, dass dem Regierungssystem, der Geographie, dem Entwicklungsstand oder den in einem Gemeinwesen vorherrschenden politischen Einstellungen die entscheidende Erklärungskraft für die Außenpolitik zugerechnet wird (Rosenau 1966). So ging Kant beispielsweise davon aus, dass Republiken friedfertiger seien als Monarchien, während Schumpeter argumentierte, dass ein kapitalistisches Wirtschaftssystem die Friedfertigkeit im Außenverhalten bedinge (Doyle 2008: 60-61).

Die erste Welle der vergleichenden Forschung der 1970er Jahre in diesem Bereich führte zu dem ernüchternden Ergebnis, dass nur zwei Merkmale auffällige Befunde erzielten: Das jeweilige Regierungssystem und die vorherrschende politische Kultur eines Landes korrelieren mit bestimmten Außenpolitik-Mustern. In den 1980er Jahren entwickelte sich daraufhin aber eine sehr dynamische Forschung: zum einen zum Nexus zwischen dem Regierungssystem und dem Außenverhalten demokratischer Staaten; zum anderen zur Wirkung kollektiv geteilter Einstellungen von Gesellschaften und der jeweiligen staatlichen Außenpolitik.

Demokratische Regierung: besondere Außenpolitik?

Dass Demokratien keine Kriege gegen andere Demokratien führen, gilt als eines der wenigen Gesetze der Lehre von den Internationalen Beziehungen (Levy 1989: 270). Gilt diese Besonderheit der Interaktion zwischen Demokratien aber auch für die Außenpolitik einer Demokratie generell? Sind Demokratien grundsätzlich friedliebender? Die Forschung zum sogenannten *Theorem des Demokratischen Friedens* sagt eindeutig Nein. Vielmehr besteht ein Doppelbefund: Demokratien führen keine Kriege gegen andere Demokratien, sie sind aber nicht weniger gewalttätig gegenüber anderen Regimetypen als nicht-demokratische Regime (Geis 2001).

Die vergleichende Sicherheitspolitikforschung hat sodann die Frage aufgegriffen, ob das Gewaltverhalten von Demokratien (oder unterschiedlichen demokratischen Subtypen) Besonderheiten aufweist (Geis/Brock/Müller 2006; Geis/Wagner 2011). In Anlehnung an Kants berühmtes Diktum, dass die Bürgerschaft einer Republik „sich sehr bedenken werde" bevor sie „ein so schlimmes Spiel anzufangen" gedenke (Kant 1984 [1795]: 12f.), hat sich die Forschung intensiv mit der sogenannten Opferaversität von Demokratien beschäftigt.

An dem Terminus Opferaversität lässt sich gut zeigen, dass sich institutionelle und kulturelle Argumente als Eigenschaften von demokratischen Gemeinwesen überschneiden oder ergänzen können. Denn zum einen lässt sich Opferaversität damit begründen, dass in Demokratien (zumindest mit Wehrpflicht) die betroffenen Soldaten, ihre Familien und Angehörigen sowie die Steuerzahler selbst über das Parlament an der Einsatzentscheidung teilhaben dürfen, während das in Autokratien oft nicht der Fall ist (Kantianisches Argument!). Zum anderen lässt sich institutionalistisch argumentieren, dass der oft lange Zeitraum der Mobilisierung und Entscheidungsfindung in Demokratien für diplomatische Verhandlungen genutzt werden kann (Russett 1993: 39).

Hinzu können kulturelle Argumente treten. So hat Stephen Watts (2008) in einer Untersuchung von Luftwaffeneinsätzen zur Opfervermeidung festgestellt, dass Demokratien eine eindeutige Opferhierarchie in ihrer Luftkriegsführung verfolgen: Sie versuchen die Verluste unter eigenen Soldaten und Zivilisten zu vermeiden, selbst wenn dies höhere Verluste unter feindlichen Truppen und Zivilisten verursacht.

Gelpi/Feaver/Reifler (2009) relativieren das Opferaversitätsargument am Beispiel der US-Interventionspolitik. Demokratische Bürger, zumindest jene in der amerikanischen Demokratie, seien nicht prinzipiell opferavers. Sie seien durchaus bereit, Verluste unter den eigenen Soldaten hinzunehmen. Dies gelte aber nur, solange sie vom letztendlichen Erfolg der jeweiligen Militäroperation überzeugt seien. Ihr Ergebnis: Es besteht eine demokratische Niederlageaversität, aber keine übergreifende Opferaversität.

Dass Demokratien überdurchschnittlich häufig gewalttätige Auseinandersetzungen gewinnen, ganz gleich ob sie sie beginnen oder sie ihnen aufgezwungen werden, hat David
Lake in seinem bahnbrechenden Artikel „Powerful Pacifists" (1992) etabliert. Lake erklärte
diesen Befund mit dem institutionalistischen Argument, dass Demokratien weniger ökonomische Fehlallokation als Autokratien erzeugten – durch fehlendes *rent-seeking* demokratischer Eliten – und sie deshalb (a) mit mehr Ressourcen ausgestattet sind, (b) mehr Unterstützung durch die Gesellschaft erhalten und deshalb (c) überlegene Allianzen bilden könnten.

Im Anschluss an David Lake haben Bueno de Mesquita et al. (1999) das politikökono-
mische Konzept des *Selektorats* entwickelt. Es geht davon aus, dass demokratische Regierungen immer auf einen ungleich größeren Teil der Wahlbevölkerung (*winning coalition*)
bei ihren Politikentscheidungen Rücksicht nehmen müssen als autokratische. Demokratische
Regierungen streben deshalb regelmäßig die Produktion öffentlicher, autokratische hingegen die Produktion privater Güter an. Autokratische Regierungen handeln zugunsten einer
kleinen *winning coalition* innerhalb eines kleinen Selektorats, gewöhnlich eine zahlenmäßig
geringe Clique, die für ihren Herrschaftserhalt zentral ist (wie das Militär oder Parteikader
etc.). Bueno de Mesquita et al. schließen nun, dass der Zwang, nur jene gewalttätigen Konflikte auszutragen, die unbedingt nötig sind und die auch sicher gewonnen werden können,
bei Demokratien viel stärker ausgeprägt ist und sie deshalb militärisch erfolgreicher sind.

Demokratien gewinnen vier von fünf Kriegen, in die sie verwickelt sind, und sie setzen
regelmäßig eine größere Zahl von Truppen in einem kürzeren Zeitraum mit weniger Verlusten ein als andere Regimetypen (Siverson 1995; Reiter/Stam 1998; Gelpi/Griesdorf 2001).
Ob dies nur an einer besseren Selektion der gewinnbaren Konflikte liegt (Selektionseffekt-
These) oder ob Demokratien ihre Soldaten besser ausbilden, ob diese besser motiviert sind,
weil sie für die eigene Sache kämpfen, oder gar demokratische Militärkulturen überlegen
sind, weil sie Individualität und Kreativität auch auf unterer Kommandoebene zulassen, ist
umstritten (Reiter/Stam 2002 versus Desch 2008).

Eine weitere Besonderheit demokratischen Außenverhaltens ist die starke Teilhabe in
internationalen Organisationen und ihre generell große Vertragstreue. Ausgangspunkt der
Erklärung für dieses Phänomen ist entweder die ausgeprägte Fähigkeit von Demokratien,
zuverlässige Informationen zu generieren und Signale zu senden. Meinungsfreiheit und das
parlamentarische Ratifikationserfordernis in wichtigen Fragen (Gewalteinsatz, Allianzen
und Verträge) zeigen Freund und Feind gleichermaßen, wie sich eine Demokratie auch in
Zukunft (z. B. nach einem Regierungswechsel) verhalten wird (Fearon 1994; Martin 2000;
Lipson 2003).

Die Verlässlichkeit von Demokratien, ihre militärische Überlegenheit und ihre Bereitschaft, universelle Normen zu vertreten und durchsetzen, führen aber möglicherweise auch
zu besonderen unintendierten Konsequenzen demokratischer Interventionspolitik. Die Vertreter der sogenannten *moral hazard*-These nehmen an, dass hohe moralische Standards und
Kampfkraft auf Seiten von Demokratien dazu führen (könnten), dass unterlegene Rebellen-
gruppen bewusst riskante Eskalationen in Konflikten mit überlegenen Regierungen herbei-
führen, weil sie sich eines Versicherungseffektes – Demokratien werden durch Massaker und
moralische Interdependenzen zur Intervention gleichsam gezwungen – gewiss sein können.

Gleiches gelte für die Verlängerung von Konflikten: Bestehe weiterhin die Aussicht auf eine demokratische Intervention, so schwinde die Bereitschaft der unterlegenen Partei zum Kompromiss (Crawford/Kuperman 2006; Rauchhaus 2009).

Diese *moral hazard*-Hypothese ist auf erbitterten Widerstand gestoßen – nicht zuletzt weil sie den paradoxen Vorwurf beinhaltet, dass diejenigen Demokratien, die durch Interventionen Völkermorde abwenden wollen, diese eher verursachen und verlängern (Bellamy/Williams 2011). Gleichwohl lässt sich für einige Interventionsfälle (insbesondere Kosovo) empirisch eindeutig zeigen, dass westliche Interventionsrhetoriken es unterlegenen Konfliktparteien ermöglichen, eine militärische Eskalation als „sinnvoll/erfolgversprechend" zu erachten (Harnisch/Stahl 2009: 287).

4.2 Verhältnis Gesellschaft – politisches System

Die Bedeutung gesellschaftlicher Interessen und Präferenzen für die Außenpolitik eines Staates steht von jeher im Zentrum der vergleichenden Außenpolitikforschung (Müller/Risse-Kappen 1990). Zunächst wurden einfache Dichotomien benutzt, die starke Staaten (mit schwachem gesellschaftlichen Einfluss), wie Frankreich, von schwachen Staaten (mit starken gesellschaftlichen Kräften), wie den USA, voneinander unterschieden (Katzenstein 1976; Risse-Kappen 1991). Später kamen differenziertere Konzepte hinzu, die strukturelle und situative Faktoren identifizierten, die den Einfluss der Gesellschaft oder einzelner ihrer Teile (Mehrheiten in der öffentlichen Meinung, Interessengruppen) verstärken bzw. schwächen: Zu den strukturellen Faktoren zählen die Stärke parteipolitischer Affiliationen, Ratifikationserfordernisse sowie die Struktur der außenpolitischen Einstellungen in der Bevölkerung; zu den situativen Faktoren die Betroffenheit von Interessengruppen sowie deren relative Stärke, die Abwesenheit eines Elitenkonsenses sowie die Salienz außenpolitischer Themen bei Wahlen (Müller/Risse-Kappen 1990: 382ff.).

Ein besonders produktiver Forschungsstrang hat sich im Bereich der vergleichenden Außenhandels- und Außenwährungspolitik für den Faktor Betroffenheit von Interessengruppen entwickelt. Grundsätzlich gilt, dass diejenigen Unternehmen und Arbeitnehmer aus exportorientierten Sektoren, die auf internationalen Märkten konkurrenzfähig sind, sich für eine Freihandelspolitik, multilaterale Arrangements und verbindliche Institutionen einsetzen. Im Gegensatz dazu setzen sich Unternehmen und Arbeitnehmer aus Sektoren, deren Produkte im Ausland preiswerter hergestellt werden können, für eine protektionistische Außenhandelspolitik ein (siehe Walter i. d. B.).

Den wichtigsten Erklärungsansatz zum Verhältnis Gesellschaft – politisches System hat der amerikanische Politikwissenschaftler Andrew Moravcsik entwickelt. Neben einer integrierten liberalen Theorie der Außenpolitik beinhaltet Moravcsiks dreistufiges Theoriegebäude auch eine Theorie der (europäischen) Integration, sie wird *liberaler Intergouvernementalismus* genannt, sowie eine Theorie über Konflikt und Kooperation in den internationalen Beziehungen (vgl. einführend Moravcsik 2008 sowie Schieder 2010).

Die zentralen Akteure in Moravcsiks Erklärungsansatz sind Individuen bzw. gesellschaftliche Gruppen, die rational und risikoavers ihre Interessen unter den Bedingungen von

Ressourcenknappheit, widerstreitenden Werten und unterschiedlichen Einflussmöglichkeiten umzusetzen versuchen (Moravcsik 1997: 516). Aus dieser Perspektive repräsentieren Regierungen immer nur den Teil der gesellschaftlichen Interessen, der sich im innenpolitischen Machtkampf durchsetzen kann. Diese Interessen ziehen sie zur Formulierung von nationalen Präferenzordnungen heran und verfolgen sie durchgängig in ihren jeweiligen Außenpolitiken (ebd.: 518). Welche Interessen sich aus welchen Gründen in einer bestimmten Situation durchsetzen und so die Außenpolitik von Staaten bestimmen, bleibt allerdings auch bei Moravcsik offen. Trotz der sinnvollen Unterscheidung von Moravcsik zwischen dem ideellen, dem kommerziellen und dem republikanischen Liberalismus, die jeweils unterschiedliche Aspekte der binnenstaatlichen Interessengruppenformationen beleuchten, bleibt ungeklärt, wie genau diese drei Stränge in der Erklärung einer konkreten außenpolitischen Entscheidung zusammenwirken.[6]

Eine weitere Variante der liberalen Außenpolitikanalyse ist der Zwei-Ebenen-Ansatz von Robert Putnam (1988). Er ist insofern ein Sonderfall, als er sich ausschließlich auf außenpolitische Entscheidungsfindung im Falle internationaler Vertragsabschlüsse bezieht. Zentral für die Zwei-Ebenen-Politik ist die Annahme, dass Entscheidungträgern bzw. Regierungen in Verhandlungsprozessen die Rolle eines Mediators zukommt (Putnam 1988: 431), der zwischen divergierenden Anforderungen aus dem externen Umfeld und der Innenpolitik vermittelt. Sie spielen also gleichzeitig an zwei Tischen.

Der liberale Kern dieser Annahme steckt in der Prämisse, dass außenpolitische Entscheidungsträger innerstaatliche Interessen repräsentieren und auch über institutionelle Arrangements, in diesem Fall den Ratifikationsprozess für internationale Verträge, an diese rückgebunden sind. Die Bindung der Entscheidungsträger geht aber nicht so weit, dass die Regierungen völlig abhängig von innerstaatlichen Interessen sind. Vielmehr können sie die jeweiligen Anforderungen manipulieren, um für sich selbst Verhandlungsspielräume zu eröffnen (ebd.: 452). Dabei können die Entscheidungsträger die Summe aller innenpolitisch ratifizierbaren Entscheidungen (win-set) vergrößern, indem sie die (starre) Haltung ihrer internationalen Verhandlungspartner und ein mögliches Scheitern der Verhandlungen gegenüber der eigenen Gesellschaft ins Feld führen. Ebenso können sie aber auch die Position ihres Verhandlungspartners verändern, indem sie auf die mangelnden Chancen für eine Ratifizierung im Inland hinweisen.

Die Stärke der Metapher vom Zwei-Ebenen-Spiel ist aus theoretischer Sicht auch ihre größte Schwäche. Es bleibt unbestimmt, wann wer wen manipuliert oder manipulieren kann. Denn erst nachdem bestimmte Interessen von außen vorgegeben wurden, lassen sich mögliche Verhandlungspositionen und Verläufe simulieren bzw. erklären. So hat die weitere Forschung an beiden Enden des Kausalpfades angesetzt, um dieses Defizit zu lindern: auf der

---

6   Der ideelle Liberalismus stellt die Auseinandersetzung um soziale Werte und die Verteilung öffentlicher
     Güter in den Vordergrund, während der kommerzielle die Auswirkungen von transnationalen Wirtschafts-
     kontakten auf Gewinn- und Verlusterwartungen von gesellschaftlichen Akteuren betrachtet. Der republi-
     kanische Liberalismus schließlich setzt sich mit dem binnenstaatlichen Aufbau der Interessenvermittlung
     und dessen Auswirkungen auf das außenpolitische Verhalten auseinander (vgl. Moravcsik 1997: 524ff.; zum
     republikanischen Liberalismus insbesondere Moravcsik 2005).

internationalen Ebene durch die nähere Spezifizierung der Verhandlungskonstellation (Zangl 1999); auf der nationalen Ebene durch die Erforschung der Salienz außenpolitischer Themen für Wahlentscheidungen (Oppermann 2008).

Liberale Hypothesen zur Erklärung von Entwicklungspolitik

Im Liberalismus wird die Vergabe von Entwicklungshilfe von den wirtschaftlichen oder politischen Eigeninteressen der Geberländer bestimmt. Zwar befinden sich die Staaten nicht in einem unaufhörlichen Machtkampf wie im Realismus. Sie stehen aber in einem wirtschaftlichen und ideellen Wettbewerb, sodass die Geberstaaten danach streben, ihre handelspolitische Position – durch die Erschließung neuer Absatzmärkte für heimische Produkte oder Produktionsstandorte – zu stärken (McKinlay/Little 1979: 241) oder ihr Eigeninteresse an der Durchsetzung politischer Ziele zu verfolgen – z.B. durch eine entsprechende Stimmabgabe der Empfänger in der UN-Generalversammlung (Nunnenkamp/Öhler 2009).

Im Liberalismus sind die Motive der Geberstaaten nicht die der Regierenden selbst. Diese stammen aus der Mitte der Gesellschaft. Koloniale Abhängigkeiten und Tauschbeziehungen können deshalb eine wichtige Rolle bei der Vergabe von Entwicklungshilfe spielen, auch wenn strategische Interessen oder humanitäre Verantwortung gegen sie sprechen würden.

Der Zusammenhang zwischen den Motiven und der Höhe und Ausprägung der Hilfe wird im Liberalismus folgendermaßen konzipiert:

1. Je größer die handelspolitische Bedeutung oder je größer der ideelle Gewinn durch die Unterstützung des Empfängerlandes, desto höher fallen die Leistungen aus.

2. Je stärker ein Geberland regional handelspolitisch integriert ist (wie beispielsweise in der EU), desto höher wird der multilaterale Anteil an der Gesamthilfe sein.

In einer liberalen Erklärung können Einzelpersonen, Interessenverbände, Parteien und Bürokratien eine entscheidende Rolle spielen, denn sie können beeinflussen, welche gesellschaftlichen Interessen die Entwicklungspolitik maßgeblich bestimmen (republikanischer Liberalismus). In der liberalen Entwicklungspolitikforschung ist deshalb vor allem die sogenannte Parteiendifferenzhypothese untersucht worden. Danach haben linke und rechte Parteien nicht nur deutlich unterscheidbare Entwicklungskonzepte: Erstere befürworten Entwicklungshilfe deutlich stärker (Thérien 2002: 450). Regierungen mit Beteiligung linker Parteien konzentrieren ihre Hilfe regelmäßig auch auf weniger Staaten (Breuning/Ishiyama 2003). Ob diese Parteiendifferenz sich auch auf andere Vergabemuster, beispielsweise den Anteil bi- und multilateraler Hilfe, erstreckt, wurde bislang nicht systematisch analysiert.

4.3 Entscheidungsprozessanalysen

In der Tradition von Snyder/Bruck/Sapin (1954) gehen Entscheidungsprozessanalysen davon aus, dass Regierungsapparate regelmäßig routinierte Entscheidungsverfahren, sogenannte *standard operating procedures*, entwickeln, um Effizienz- und Effektivitätsgewinne zu erzielen. Maßgeblichen Einfluss auf die Entwicklung dieses Forschungsstranges übt nach wie vor Graham T. Allison (1971) mit seiner vergleichenden Studie zur US-Entscheidungsfindung in der Kuba-Krise aus.

Allison erklärt das US-Verhalten anhand dreier Erklärungsansätze: 1) eines traditionellen rationalen Akteursansatzes, der von der Regierung als einheitlichem und rationalem Akteur ausgeht; 2) eines Organisationshandlungsansatzes, der die Auswahl und Befolgung von Routineverfahren in den Mittelpunkt der Analyse stellt und 3) eines Bürokratiepolitikmodells (BPM) (später auch *governmental politics*-Ansatz genannt), der das Eigeninteresse der beteiligten Bürokratien und die Aushandlungsprozesse zwischen ihnen zur Erklärung kompromissgetriebener Entscheidungen heranzieht (Allison 1971; Allison/Zelikow 1999; Halperin/Clapp 2006).

Im Zentrum der primär auf den US-Entscheidungsprozess konzentrierten Forschung stand die Annahme, dass viele außenpolitische Entscheidungen auf einen Kompromiss zwischen den beteiligten Bürokratien zurückgehen, deren Vertreter das Eigeninteresse der Bürokratie (Kompetenzerhalt, Machtausbau etc.) systematisch vor ein gemeinsames nationales Interesse stellen. Ausgangspunkt der Argumentationskette ist der Aphorismus: ‚Where you stand depends on where you sit'.[7] Sie wird von der *bargaining*-These – die Bürokratien handeln einen Kompromiss aus – und der *resultant*-These ergänzt: Der Kompromiss spiegelt nicht ein nationales Interesse, sondern einen für das Gemeinwesen suboptimalen, oft paradoxen Kompromiss wider.

Die Kritik und Fortentwicklung des BPM setzt an diesen drei Strukturkomponenten des Erklärungspfades an: Zum einen führten die Kritiker an, dass das Modell nur unzureichend zwischen organisatorischen Einflüssen (Wie stark sind einzelne Entscheidungträger in die Organisationskultur hineinsozialisiert?) und akteursspezifischen Einflüssen (Wie stark werden Entscheidungträger durch Wiederwahl oder Politikpräferenzen motiviert?) zu unterscheiden vermöge. Zum anderen wurde kritisiert, dass Allison den kompetitiven Charakter der Verhandlungen zwischen den Bürokratien übertrieben habe, sodass Entscheidungsprozesse im Konsensverfahren oder durch Überzeugungsarbeit nicht hinreichend Beachtung fänden (Krasner 1972; Kaarbo/Gruenfeld 1998). Schließlich sei auch die *resultant*-These zu hinterfragen, denn sie unterstelle einen unintendierten Effekt, wo tatsächlich intentionale Prozesse (Konsensfindung) am Werke gewesen sein könnten.

Der Verweis auf die Konfliktstruktur zwischen Regierungsorganen reicht noch nicht aus, um außenpolitische Entscheidungen zu verstehen. So argumentieren die Vertreter des *groupthink*-Ansatzes, dass die sozialpsychologischen Dynamiken innerhalb von Entscheidungträgergruppen deren Verhandlungsergebnisse maßgeblich beeinflussen. Am Beginn steht die Beobachtung von Irving Janis (1972), dass Entscheidungsgruppen, welche unter

---

7   Frei übersetzt: „Die Position, die Du vertrittst, geht auf die Bürokratie zurück, aus der Du stammst."

großem Stress mit großer Ambiguität, Unsicherheit und Risiken belastete Entscheidungen mit erheblichen Auswirkungen treffen müssen, dazu neigen, eine auf Furcht basierende Entscheidungsdynamik zu entwickeln (Hudson 2007: 67).

Kausalanalytisch gehen die Gruppenanalytiker davon aus, dass Kleingruppen mindestens immer zwei Ziele verfolgen: zum einen, das Ziel zu erreichen, zu dessen Zweck die Gruppe eingerichtet wurde und zum anderen, die Gruppe insgesamt zu erhalten. Das Argument lautet, dass diese Ziele sich nicht widersprechen müssen, es aber oft tun, weil Meinungspluralismus, Kritik und Opposition, die zur Erreichung des ersten Zieles notwendig sind, dem zweiten Ziel zu widersprechen scheinen. Daraus folgt oft, dass die Gruppe und/oder einzelne Mitglieder ihre Problemwahrnehmung, ihre Handlungsabwägung und ihr Verhalten auf den antizipierten Gruppenkonsens ausrichten, um soziale Ausgrenzung bzw. den Zerfall der Gruppe zu verhindern (t'Hart/Stern/Sundelius 1997).

Groupthink kann erhebliche Folgen für die Qualität außenpolitischer Entscheidungen haben: Zum einen hat die Forschung gezeigt, dass Gruppendynamiken die Bewertungs- und Entscheidungsstandards innerhalb der Gruppe absenken. Zum anderen geht diese Entwicklung oft mit einer Selbstüberschätzung der Gruppe und ihrer Mitglieder gegenüber Nicht-Gruppenmitgliedern einher. Diese werden abgewertet, oft entwürdigt und die Gruppe beginnt riskante Entscheidungen zu treffen, die jedes einzelne Mitglied allein nicht treffen würde. Insbesondere die neuere Forschung zielt darauf ab, diese Gruppendynamik mit der Untersuchung individueller psychologischer Eigenschaften zentraler Entscheidungsträger zu verknüpfen, auch um praktikable Vorschläge zur Vermeidung (z. B. durch unabhängige alternative Entscheidungsgruppen) dieser Effekte vorlegen zu können (Kowert 2002; Schafer/Nunley/Chritchlow 2011).

5. Außenpolitikerklärung auf der Ebene des Individuums

Die genannten subsystemischen Modelle werden der Realität des außenpolitischen Prozesses nicht gerecht, wenn sie nicht das Individuum als zentrale Instanz zur Informationsaufnahme und Weiterverarbeitung konzeptionell miteinbeziehen. In der Tradition der Sprouts und anderer Sozialpsychologen entwickelte sich in der vergleichenden Außenpolitikforschung rasch eine große Anzahl von Untersuchungen, die die individuellen Wahrnehmungsmuster und persönlichen Verarbeitungsprozesse in den Blick nahmen.

Robert Jervis (1976) kommt mit seiner Studie „Perception and Misperception in International Politics" das Verdienst zu, die breitere Forschergemeinde für die Eigenheiten der menschlichen Wahrnehmung sensibilisiert zu haben. Dabei machte sich Jervis auch die Ergebnisse der psychologischen Forschung zur kognitiven Konsistenz und Attribution für die Erklärung außenpolitischer (Fehl-)Entscheidungen zunutze. Einerseits, so Jervis, unterstellten auch Entscheidungsträger ihrem Gegenüber tendenziell ein plan- und absichtsvolles Verhalten, selbst wenn dies nicht plausibel erscheine. Andererseits neigten auch Entscheidungsträger dazu, ihren eigenen Einfluss auf das Handeln anderer systematisch zu überschätzen, wenn dies zum gewünschten Ergebnis führte, und zu unterschätzen, wenn das gewünschte Verhalten ausblieb.

5.1 Welt- und Denkbildanalysen: kognitive Konsistenz, politische (In-)Kompetenz?

Im Zentrum der kognitiven Außenpolitikforschung steht der *operational code*-Ansatz von Alexander George. Er untersucht Einstellungsmuster von Individuen oder Gruppen zum Politischen, die einerseits das Wesen (Konflikt/Kooperation, Ziele) und andererseits die Strategien und Instrumente betreffen. George (1969) entwickelte einen Katalog von zehn Fragen, deren Antworten die kognitiven und instrumentellen Überzeugungen über das Wesen des Politischen widerspiegeln sollten, und die dazu dienten, unterschiedliche Subtypen zu identifizieren. Die anfängliche Konzentration auf bestimmte Einstellungstypen und das respektive außenpolitische Verhalten wich in den 1970er und 1980er Jahren einem stärker generisch und sozialvermittelten Verständnis von Denkbildern (Gaddis 1982; Rosati 1987). So wurden unterschiedlich gefestigte Trägergruppen, ‚Novizen‘ und ‚Experten‘, identifiziert und erste Hypothesen darüber entwickelt, unter welchen Bedingungen Denkbilder sich grundlegend verändern können (Levy 1994: 283).

In der neueren Denkbilderforschung lassen sich nun klarer zwei unterschiedliche Strömungen identifizieren: ein stärker rationalistisch und individual-psychologischer Strang in der US-amerikanischen Forschung (Walker/Malici/Schafer 2011) und ein, oftmals in Europa zu findender, Strang mit stärker soziologisch-konstruktivistischer Ausrichtung (Harnisch 2000). Beide Stränge setzen quantitative und qualitative Methoden ein und untersuchen ein breites Spektrum von Entscheidungsträgern in demokratischen und autokratischen Systemen. In der vergleichenden Forschung zur Nichtweiterverbreitung von Nuklearwaffen hat jüngst Jacques Hymans Studien zu Nordkorea und weiteren Proliferationsstaaten vorgelegt (Hymans 2006, 2012), welche die bestehende liberale Erklärung von Solingen (2010) wesentlich schärfer fassen und auch für autokratische Systeme plausibler machen.

5.2 Poliheuristische und prospect-Theorien: Entscheidungen unter Risikobedingungen

Eine entscheidungstheoretische Ergänzung des Denkbildansatzes ist die sogenannte *prospect*-Theorie. Sie ist selbst keine Handlungstheorie und bedarf daher der Ergänzung um Annahmen über die Ziele von Akteuren. Der *prospect*-Ansatz macht vielmehr Aussagen darüber, wie sich Akteure entscheiden. Ausgangspunkt ist die Beobachtung, dass sich viele Entscheider in Experimenten nicht rational im Sinne der Nutzenmaximierung verhalten. Es zeigt sich vielmehr, dass Akteure sich eher an dem Prinzip der Verlustvermeidung als der Gewinnmaximierung orientieren (Kahneman/Tversky 1979). Die Forschung hat den aus dieser Beobachtung abgeleiteten Bias für eine status quo-orientierte Außenpolitik kritisiert und nach den Bedingungen gefragt, unter denen Entscheider von ihrer Verlustaversion abweichen und riskantes Verhalten zur Maximierung von Gewinnen anstreben (Levy 1992: 284).

Verbindet man diese Annahme mit der Forschung über die besonderen Charakteristika demokratischer Außenpolitik, dann eröffnet sich eine interessante Forschungsperspektive. Inwieweit ergeben sich aus innenpolitischen Faktoren (Wahlen, Koalitionsregierungen etc.) Varianzen in der Verlustaversion von unterschiedlichen demokratischen Regierungen? Führt die besondere Verlustaversion von Demokratien beispielsweise dazu, dass sie die Kosten der eigenen Außen- und Interventionspolitiken stärker zu manipulieren versuchen als andere Regime, z. B. durch eine gezielte Verschleierung oder Umgehung demokratischer Kontrollorgane (siehe Abschnitt 4.1)?

Anfang der 1990er Jahre hat der sogenannte *poliheuristische* Theorieansatz einen ersten konzeptionellen Schritt in diese Richtung gemacht, indem er die Grundannahmen der *prospect*-Theorie über die Verlustaversion von Entscheidungsträgern in einem zweistufigen Modell integrierte (Mintz 1993). Im ersten Schritt nutzen die Akteure sogenannte Heuristiken, das können beispielsweise historische Analogien sein, um unvollständige oder widersprüchliche Information zu ordnen und zu bewerten. Als zentraler Maßstab für die Verlustaversion gelten die innenpolitischen Folgen, das heißt Abwahl oder Schlimmeres, des außenpolitischen Handelns.[8] Sobald alle innenpolitisch nicht vermittelbaren oder ratifizierbaren Alternativen aussortiert wurden, werden im zweiten Schritt unterschiedliche Entscheidungsheuristiken angewandt. Diese Entscheidungsheuristiken können entweder Nutzen bei der Erreichung vieler Ziele miteinander verrechnen (kompensatorische Entscheidungsregel) oder starke non-kompensatorische (Präferenz-)Regeln beinhalten (Mintz 1993: 599f.). Indem er unterschiedliche Entscheidungsregeln in der zweiten Phase zulässt, ist der *Poliheuristik*-Ansatz prinzipiell offen für die Integration mit weiteren Ansätzen (beispielsweise dem Bürokratiemodell). Aber die Frage, welche Präferenzen die Akteure prioritär verfolgen und wann sich diese möglicherweise ändern, ist bei einer solchen möglicherweise fruchtbaren Integration noch nicht geklärt.

6. Sozialkonstruktivistische Ansätze in der vergleichenden Außenpolitikanalyse

Sozialkonstruktivistische Erklärungsansätze in der Außenpolitikforschung unterscheiden sich grundsätzlich von den zuvor genannten, indem sie das Akteur- und Strukturverständnis neu fassen. Sie unterscheiden sich von Neo-Realismus und Neo-Liberalismus, weil sie davon ausgehen, dass neben materiellen auch ideelle (immaterielle) Strukturen das Handeln der Akteure prägen (Wendt 1995). Sie unterscheiden sich aber auch von vielen liberal-ideellen, kognitionspsychologischen Ansätzen, indem sie annehmen, dass Strukturen auf Akteure wirken, indem sie ihnen Identitäten[9], Rollen[10] und Normen[11] zur Befolgung geben und dadurch die Akteure selbst konstituieren (Wendt 1992; 1999).[12]

---

8   Dem non-kompensatorischen Prinzip der Theorie zufolge kann ein Verlust auf dieser Maßstabsebene durch keine Gewinne auf einer anderen Ebene ‚kompensiert' werden (Mintz 1993: 601).

9   Außenpolitische Identitäten sind Ideen über die Natur und die Ziele eines Gemeinwesens im Verhältnis zu seiner internationalen Umwelt.

10 Rollen sind soziale Positionen (und eine sozial akzeptierte Kategorie von Akteuren), die die ego- (eigene) und alter- (fremde) Erwartungen über die Funktion des Akteurs für eine soziale Gruppe bündeln.

11 Normen sind intersubjektiv geteilte, wertegestützte Erwartungen angemessenen Verhaltens in einer bestimmten sozialen Gruppe.

12 Dieses Ko-Konstitutionsverhältnis von Akteur und Struktur im Konstruktivismus hat eine wichtige wissenschaftstheoretische Folge: Wenn Akteure und Strukturen sich gegenseitig bedingen, dann kann das eine nicht als unabhängige Variable das andere, die abhängige Variable, bedingen; eine rein kausalanalytische

Normen und Identitäten haben also nicht nur eine regulative Wirkung auf das Verhalten von Staaten, sie haben auch konstitutive Wirkung für Staaten und andere Akteure (Wendt 1998). So gehen sozialkonstruktivistische Ansätze auch davon aus, dass Interessen und Präferenzen nicht als gegeben angesehen werden können, sondern deren Entstehung und Veränderung in den Mittelpunkt der Analyse gerückt werden sollten. Die Entstehung und Veränderung von Interessen und Präferenzen wird dabei als sozialer Prozess konzipiert, in dem zwischen mindestens zwei Akteuren eine Interaktion stattfindet (Weldes 1996).

Im Zentrum der sozialkonstruktivistischen Forschungsagenda seit Beginn der 1990er Jahre standen deshalb Prozesse der Überzeugung und der Normdiffusion durch Sozialisation, Imitation, Identitätsbildung oder Rollenübernahme (Checkel 2008). In diese Forschung tritt also neben die rationalistische ‚Logik der Konsequenzialität' – welchen Nutzen hat mein Verhalten für die Maximierung eines bestimmten Gutes? – eine ‚Logik der Angemessenheit' (March/Olsen 1989) – entspricht das, was ich tun werde, den sozialen Erwartungen an mein Verhalten in der gegebenen Situation – oder eine ‚Logik der Argumentation' – was ist das Richtige/Angemessene in der Situation (Risse 2000)?

Entgegen vieler Vorurteile geht der Sozialkonstruktivismus nicht davon aus, dass die internationalen Beziehungen durch eine besonders starke normative Struktur geprägt oder auf einem vorbestimmten Weg zu einer friedlicheren, zivilisierteren Welt sind. Denn zum einen handelt es sich bei dieser Therieströmung um keine einheitliche Theorie oder gar Handlungstheorie. Welche Normen ein Akteur für angemessen hält, ob die eines Selbstmordattentäters oder die eines Philanthropen, das ist Gegenstand der Untersuchung und nicht Teil der sozialkonstruktivistischen Grundannahmen. Zum anderen nehmen die meisten Autoren an, dass verschiedene staatliche und nicht-staatliche Akteure (beispielsweise Terrorgruppen) unterschiedliche und oft auch gegensätzliche Normen vertreten, sodass keinesfalls von einem grundsätzlichen Kooperationsklima gesprochen werden kann. Im Gegenteil: Wie die neuere Forschung zum Phänomen des demokratischen Krieges zeigt, geht die erhöhte In-Group-Kohäsion unter den Demokratien mit einer erhöhten Ausgrenzung von Nicht-Demokratien einher, welche beispielsweise die Kooperation mit sogenannten Schurkenstaaten behindert oder die gewalttätige Intervention in Autokratien (Irak 2003, Libyen 2011) ermöglicht (Geis/Brock/Müller 2006).

Konstruktivistische Analyseansätze vergleichen nationale Außenpolitiken in diachroner Perspektive, das heißt sie beobachten ein soziales Konstrukt und dessen verhaltensprägende Wirkung über Zeit. So hat die deutsche strategische Kultur, also die Einstellungen zum Einsatzmotiv und zur Einsatzform von Militär, über den Bruch des Zweiten Weltkrieges hinweg einen fundamentalen Wandel erfahren (Longhurst 2004). Konstruktivistische Ansätze vergleichen Außen- und Sicherheitspolitiken aber auch in synchroner Perspektive: Sie beobachten beispielsweise die Wirkung von nationalen Identitäten mehrerer Staaten zum gleichen Zeitpunkt. Dabei wird der Schwerpunkt auf den Nachweis unterschiedlicher Verhaltensweisen

---

Untersuchung ist ausgeschlossen (Zirkelschlussargument), sofern die Ko-Konstitution nicht temporär (über eine Annahme) ausgesetzt wird oder durch ein konstitutionslogisches Argument ergänzt wird. Ein konstitutionslogisches Argument macht Aussagen darüber, unter welchen Bedingungen ein Ereignis möglich wurde (vgl. Harnisch 2010).

aufgrund der jeweiligen nationalen Selbstzuschreibungen trotz anderer struktureller Gemeinsamkeiten (westeuropäische parlamentarische Demokratien) gelegt (Stahl/Harnisch 2009).

Aus der Vielzahl der sozialkonstruktivistischen Ansätze (siehe Tabelle 1) sei der Sekuritisierungsansatz der Kopenhagener Schule herausgegriffen. Er beschäftigt sich mit der diachronen Frage, wie innerhalb eines Gemeinwesens ehemals politische Themenfelder zum Gegenstand der Sicherheitspolitik, das heißt sekuritisiert, werden. Barry Buzan, Ole Waever und Jaap de Wilde (1998) begreifen dies als primär sprachlichen Prozess, in dem ein anerkannter Akteur (Entscheidungsträger) durch Sprechakte eine existenzielle Bedrohung für eine Gruppe (*referent object*) erklärt und nach Prüfung durch die Zielgruppe (*audience*) die legitimierte Anwendung außergewöhnlicher Maßnahmen, meist repressive Gewaltanwendung, erwirken kann (*securitization move*).[13] Insbesondere nach den Anschlägen des 11. September 2001 hat sich dieser Erklärungsansatz als fruchtbar erwiesen, konnte er doch offenlegen, inwiefern nationale Varianzen in der Reichweite der Anti-Terror-Politik auf die unterschiedlichen nationalen Sekuritisierungsdiskurse zurückzuverfolgen sind (Balzacq 2011). Gleichwohl bleibt der Ansatz bislang eine Antwort auf die Frage schuldig, unter welchen ideellen und materiellen Bedingungen genau ein diskursiver Versicherheitlichungsschritt erfolgreich ist.

Außenpolitische Rollen lassen sich gleichermaßen diachron und synchron vergleichen, doch liegt dem Konzept eine synchrone Logik zugrunde. Denn wenn Rollen soziale Positionen mit einer Funktion für eine bestimmte soziale Gruppe sind, die sich aus ego- und alter-Erwartungen speisen, dann gibt es zu jeder Rolle (z. B. der einer Führungsmacht) eine oder mehrere Komplementärrollen (geführte Mächte oder Verbündete), die konstitutiv und regulativ von dieser Rolle abhängig sind. Vergleichende Außenpolitikforschung ist hier also immanent auch Analyse der Sozialstruktur der internationalen Beziehungen, insofern sie nach der Bezogenheit unterschiedlicher Rollen aufeinander fragt (Harnisch 2011: 12).

Im Gegensatz zu kognitivistischen Rollenkonzepten, wie sie die frühe US-Forschung von Holsti (1970) und Walker (1987) geprägt haben, gehen die neueren soziologisch inspirierten Rollenkonzepte davon aus, dass ein nationaler Rollenwandel nur dann erfolgreich abgeschlossen werden kann, wenn sich komplementäre Rollen entsprechend anpassen. Ein erfolgreicher Abschluss eines Rollenwandels kann zum Beispiel sein, dass sich eine Sozialstruktur wie eine Militärallianz stabilisieren kann.

---

13   Versicherheitlichung wird also primär negativ, weil in Abgrenzung zur Politisierung (Normalzustand) gefasst. Die Sicherung des Bestandes von Werthaftem als primärer Aufgabe der Sicherheitspolitik wird somit für den demokratischen Rechtsstaat als Ausnahmezustand konstruiert (vgl. zur Kritik am Konzept Buzan/ Hansen 2009: 216f.).

Tabelle 1:   Sozialkonstruktivistische Ansätze in der vergleichenden Außen-
           und Sicherheitspolitik

Ansatz/Vertreter	Kausalpfad	Forschungsfelder
Nationale Identitäten: Hopf, Risse, Hansen, Stahl	Gesellschaftliche Selbstbilder prägen über Diskurs Ziel-Mittel-Auswahl	EU-Mitgliedstaatenverhalten in AP-SP; RF
Außenpolitische Rollen: Holsti, Walker, Harnisch, Maull	Ego- u. Alter-Erwartungen prägen außenpolitisches Handeln	EU-MS, insb. D-AP-SP sowie EU-AP
Sicherheitsgemeinschaften: Deutsch, Adler, Barnett, Schimmelfennig	Varianz in Gemeinschaftsethos prägt Konflikt- und Kooperationsverhalten	Regionaler Vergleich mit Schwerpunkt Europa (OSZE/NATO/EU)
Normen/AP-SP-Kulturen: Katzenstein, Price, Legro Tannenwald, Kier	Normen prägen durch Logik der Angemessenheit sicherheitspolitisches Verhalten	SP-Vergleich; Vergleich militärischer Organisations-Kulturen; Humanitäre Normen, VStR
Strategische Kulturen: Snyder, Gray, Johnston, Longhurst	Historische Erfahrungen prägen Einsatzmodi militärischer Gewalt	SU-USA; EU-MS; D im internationalen Vergleich
Sekuritisierung: Waever, Buzan, McDonald	Sprechakte definieren Anwendungsbereich repressiver Maßnahmen	Anti-Terrorpolitik, Migration, HIV/AIDS, Umwelt
Post-posititivistische Ansätze Campbell, Booth	Sprechakte prägen Sicherheitspolitik und sollen sie emanzipatorisch verändern	US-SP, V AP; Emancipatory Security

Abkürzungen: AP Außenpolitik, D Deutschland, EU Europäische Union, MS Mitgliedstaat(en), NATO North Atlantic Treaty Organization, OSZE Organisation für Sicherheit und Zusammenarbeit in Europa, RF Russische Föderation, SP Sicherheitspolitik, SU Sowjetunion, USA United States of America, VStR Völkerstrafrecht.

Sozialkonstruktivistische Hypothesen zur Erklärung von Entwicklungspolitik

Aus der sozialkonstruktivistischen Perspektive lässt sich entwicklungspolitisches Handeln nicht (nur) auf eigeninteressiertes, zweckrationales Handeln zurückführen. Entwicklungszusammenarbeit wird stattdessen als soziales Handeln, das heißt basierend auf gemeinsam gehaltenen Normen und Werten einer Gruppe, gedacht (Lumsdaine 1993). Die Vergabe von Entwicklungshilfe wird beispielsweise durch das Vorhandensein einer gemeinsamen historischen Erfahrung (z. B. post-koloniale Bindung), durch die Bedürftigkeit der Gebergesellschaft, gemessen an einem gemeinsamen Maßstab humanitärer Lebens- und Entwicklungsbedingungen, oder durch die Einhaltung gemeinsamer Hilfsvorstellungen erklärt (Schieder/Folz/Musekamp 2011).

Der sozialkonstruktivistische Ansatz geht nicht von einer uneingeschränkten universalen Hilfsverpflichtung, also einem altruistischen Grundverständnis, aus. Vielmehr nimmt er an, dass Hilfsbereitschaft – ähnlich den unterschiedlichen Vergabeprinzipien für soziale Leistungen in den Industrieländern – variiert (Noël/Thérien 1995). Der Zusammenhang zwischen den Motiven und der konkreten Entwicklungspolitik wird dabei konstitutionslogisch hergestellt: Indem ein deutscher Entwicklungspolitiker von der Verantwortung für die Entwicklungsländer spricht, wird die jeweilige Hilfe möglicherweise gerechtfertigt. Die Verantwortung bewirkt die Hilfe also nicht direkt (kausal), sondern sie ermöglicht diese (konstitutiv, wenn die Parlamentarier diese Verantwortung als soziale Norm anerkennen und dementsprechend abstimmen, Harnisch 2010: 106).

Daraus ergeben sich folgende Verhaltenserwartungen:

1. Je stärker eine gemeinschaftliche Verantwortungsnorm auf internationaler Ebene ist (das heißt je genauer sie bestimmt ist und je größer ihre Anhängerschaft), desto größer ist der Verantwortungsdruck auf jene, die diese Norm anerkennen und von ihr sprechen.

2. Je größer die humanitäre Bedürftigkeit, je größer die historische Bindung oder je größer die Vorleistung in Erwartung der Hilfe innerhalb einer internationalen Gemeinschaft ist, desto höher sind die Entwicklungshilfeleistungen der Geber gegenüber den Empfängern innerhalb dieser Verantwortungsgemeinschaft.

Einzelpersonen, Parteien und Ministerien spielen in konstruktivistischen Erklärungen deshalb eine große Rolle, weil sie wichtige Sprecher sind, das heißt dass durch sie oder in ihnen jene Rechtfertigungen hervorgebracht werden, die die Ressourcentransfers ermöglichen. In der Forschung sind bislang vor allem entwicklungspolitische Rollen und nationale Solidaritätsverständnisse untersucht worden (Breuning 1995). Sie zeigen beispielsweise substanzielle Unterschiede bei der Vergabehöhe, der Konditionalisierung und den Vergabekanälen von EZ (bi- versus multilateral) (Schieder/Folz/Musekamp 2011).

7. Fazit: Chancen für eine integrative Teildisziplin

Verändert sich der Gegenstand einer Teildisziplin, wie es durch die zunehmende Vermischung von Innen- und Außenpolitik geschieht, dann muss sich die Wissenschaft ihrem Gegenstand anpassen. Aufgabe der vergleichenden Außen- und Sicherheitspolitik ist es, mithin diesem Befund nachzugehen und durch die Integration von weiteren Themenfeldern und Analyseebenen eine dem Gegenstand angemessenere Analyse vorzulegen. Indem sich die Außenpolitikanalyse weiter gegenüber der Vergleichenden Politikwissenschaft und den Internationalen Beziehungen öffnet, wird sie zwangsläufig an Eigenständigkeit als Disziplin verlieren. Gleichwohl dürfte sie durch eine solche, die Teildisziplinen übergreifende Integration auch erheblich an Erklärungskraft gewinnen.

Die Öffnung der systemischen Ansätze für subsystemische Faktoren zeigt ebenso wie die Logik des Sozialkonstruktivismus, welche die Analyseebenen überwölbt, dass die Teildisziplin diese Herausforderung angenommen hat. Ob dies schon ausreichend ist oder ob die anhaltende Diffusion staatlicher Macht an nicht-staatliche Akteure und internationale Institutionen weitere, gravierendere Veränderungen der traditionellen disziplinären Perspektiven fordert, lässt sich immer nur zeitlich befristet beantworten. Für das vergangene Jahrzehnt lässt sich gleichwohl festhalten, dass die Teildisziplin konzeptionell und empirisch-analytisch sehr produktiv gewesen ist und daher mit Zuversicht in die Zukunft schauen kann.

Kommentierte Literaturhinweise

Smith, Steve/Hadfield, Amelia/Dunne, Timothy (Hg.), 2008: Foreign Policy: Theories – Actors – Cases. Oxford: Oxford University Press.
  Die derzeit beste Einführung in die Außenpolitik: sehr gute einleitende Kapitel zu Klassifikationen und Theorien, interessante und aktuelle Fallstudien zur Operationalisierung von Ansätzen mittlerer Reichweite in diversen Themenfeldern (begrenztes ergänzendes Online-Angebot).

Beasley, Ryan K./Kaarbo, Juliet/Lantis, Jeffrey S./Snarr, Michael T. (Hg.), ²2012: Foreign Policy in Comparative Perspective. Washington D.C.: CQ Press.
  Die derzeit beste Einführung in die vergleichende Außenpolitikforschung: Eine kurze wiederholende Einleitung in die Erklärungsansätze der vergleichenden Außenpolitikforschung wird ergänzt durch eine große Auswahl von vergleichenden nationalen Policy-Profilen aus allen Kontinenten.

Kirchner, Emil/Sperling, James (Hg.), 2010: National Security Cultures. Patterns of Global Governance. New York: Routledge.
  Für den fortgeschrittenen Leser die derzeit beste aktuelle Analyse in der komparativen Sicherheitspolitik anhand von elf strikt vergleichend angelegten Länderfallstudien.

Literatur

Allison, Graham T., 1971: Essence of Decision. Explaining the Cuban Missile Crisis. New York: HarperCollins.

Allison, Graham/Zelikow, Philipp, ²1999: Essence of Decision. Explaining the Cuban Missile Crisis. New York u.a.: Longman.

Balzacq, Thierry (Hg.), 2011: Securitization Theory. How Security Problems Emerge and Dissolve. New York: Routledge.

Bellamy, Alex/Williams, Paul, 2011: On the Limits of Moral Hazard: The 'Responsibility to Protect', Armed Conflict and Mass Atrocities, in: European Journal of International Relations 12:1, 1-33.

Betz, Joachim/Matthies, Volker, 1986: Die Dritte Welt: Subjekt oder Objekt von Sicherheitspolitik?, in: Hamann, Rudolf (Hg.): Die ‚Süddimension' des Ost-West-Konfliktes. Baden-Baden: Nomos, 247-263.

Breuning, Marijke, 1995: Words and Deeds: Foreign Assistance Rhetoric and Policy Behavior in the Netherlands, Belgium, and the United Kingdom, in: International Studies Quarterly 9:2, 235-254.

Breuning, Marijke/Ishiyama, John T., 2003: Donor Characteristics and the Dispersion of Foreign Assistance, in: International Politics 40:2, 249-268.

Bueno de Mesquita, Bruce/Morrow, James D./Siverson, Randolph M./Smith, Alastair, 1999: An Institutional Explanation of Democratic Peace, in: American Political Science Review 93:4, 791-808.

Buzan, Barry/Hansen, Lene, 2009: The Evolution of International Security Studies. Cambridge: Cambridge University Press.

Buzan, Barry/Waever, Ole/de Wilde, Jaap, 1998: Security. A New Framework for Analysis. Boulder, CO: Lynne Rienner.

Carlsnaes, Walter, 2002: Foreign Policy, in: Carlsnaes, Walter/Risse, Thomas/Simmons, Beth A. (Hg.): Handbook of International Relations. London u. a.: Sage, 331-349.

Checkel, Jeffrey T., 2008: Constructivism and Foreign Policy, in: Smith, Steve/Hadfield, Amelia/Dunne, Tim (Hg.): Foreign Policy. Theories – Actors – Cases. Oxford: Oxford University Press, 71-82.

Crawford Timothy/Kuperman, Alan J. (Hg.), 2006: Gambling on Humanitarian Intervention. London: Routledge.

Desch, Michael, 2008: Power and Military Effectiveness: The Fallacy of Democratic Triumphalism. Baltimore. MD: Johns Hopkins University Press.

Doyle, Michael, 2008: Liberalism and Foreign Policy, in: Smith, Steve/Hadfield, Amelia/Dunne, Tim (Hg.) 2008: Foreign Policy. Theories – Actors – Cases. Oxford: Oxford University Press, 49-70.

East, Maurice A./Salmore, Stephen A./Hermann, Charles F. (Hg.), 1978: Why Nations Act: Theoretical Perspectives of Comparative Foreign Policy Studies. Beverly Hills, CA: Sage.

Fearon, James D., 1994: Domestic Political Audiences and the Escalation of International Disputes, in: American Political Science Review 88:3, 577-592.

Gaddis, John L., 1982: Strategies of Containment. A Critical Appraisal of Postwar American Security Policy. New York: Oxford University Press.

Geis, Anna, 2001: Diagnose: Doppelbefund – Ursache: ungeklärt? Die Kontroversen um den „demokratischen Frieden", in: Politische Vierteljahresschrift 42:2, 283-298.

Geis, Anna/Brock, Lothar/Müller, Harald (Hg.), 2006: Democratic Wars. Looking at the Dark Side of Democratic Peace. Houndmills: Palgrave Macmillan.

Geis, Anna/Wagner, Wolfgang, 2011: How Far is it from Königsberg to Kandahar? Democratic Peace and Democratic Violence in International Relations, in: Review of International Studies 37:4, 1555-1577.

Gelpi, Christopher/Feaver, Peter D./Reifler, Jason, 2009: Paying the Human Costs of War: American Public Opinion and Casualties in Military Conflicts. Princeton, NJ: Princeton University Press.

Gelpi, Christopher F./Griesdorf, Michael, 2001: Winners or Losers? Democracies in International Crisis, 1918-1994, in: American Political Science Review 95:3, 633-647.

George, Alexander L., 1969: The 'Operational Code': A Neglected Approach to the Study of Political Leaders and Decision-making, in: International Studies Quarterly 23:2, 190-222.

Grieco, Joseph M., 1990: Cooperation Among Nations. Europe, America and Non-Tariff Barriers to Trade. Ithaca, NY: Cornell University Press.

Haftendorn, Helga (Hg.), 1978: Verwaltete Außenpolitik. Sicherheits- und entspannungspolitische Entscheidungsprozesse in Bonn. Köln: Wissenschaft und Politik.

Halperin, Morton H./Clapp, Priscilla A., ²2006: Bureaucratic Politics and Foreign Policy. Washington, D.C.: Brookings.

Harnisch, Sebastian, 2000: Außenpolitisches Lernen. Die US-Außenpolitik auf der koreanischen Halbinsel. Opladen: Leske & Budrich.

Harnisch, Sebastian, 2003: Theorieorientierte Außenpolitikforschung in einer Ära des Wandels, in: Hellmann, Gunther/Wolf, Klaus Dieter/Zürn, Michael (Hg.): Die neuen Internationalen Beziehungen. Forschungsstand und Perspektiven der Internationalen Beziehungen in Deutschland. Baden-Baden: Nomos, 313-360.

Harnisch, Sebastian, 2010: Sozialer Konstruktivismus, in: Masala, Carlo/Sauer, Frank/Wilhelm, Andreas (Hg.): Handbuch der Internationalen Politik. Wiesbaden: VS Verlag für Sozialwissenschaften, 102-116.

Harnisch, Sebastian, 2011: Role Theory: Operationalization of Key Concepts, in: Harnisch, Sebastian/Frank, Cornelia/Maull, Hanns W. (Hg.): Role Theory in International Relations. Contemporary Approaches and Analyses. New York: Routledge, 7-15.

Harnisch, Sebastian/Stahl, Bernhard, 2009: Fazit: Die identitären Möglichkeitsräume der EU-Außenpolitik, in: Stahl, Bernhard/Harnisch, Sebastian (Hg.): Vergleichende Außenpolitikforschung und nationale Identitäten. Die Europäische Union im Kosovo-Konflikt 1996-2008. Baden-Baden: Nomos, 275-292.

Holsti, Kalevi J., 1970: National Role Conceptions in the Study of Foreign Policy, in: International Studies Quarterly 14:3, 233-309.

Holsti, Ole R., 1976: Foreign Policy Decision-Makers Viewed Psychologically: „Cognitive Process" Approaches, in: Rosenau, James N. (Hg.): In Search of Global Patterns, New York: Free Press, 120-144.

Hudson, Valerie, 2007: Foreign Policy Analysis: Classic and Contemporary Theory. Lanham: Rowman&Littlefield.

Hudson, Valerie, 2008: The History and Evolution of Foreign Policy Analysis, in: Smith, Steve/Hadfield, Amelia/Dunne, Tim (Hg.): Foreign Policy. Theories – Actors – Cases. Oxford: Oxford University Press, 11-30.

Hymans, Jacques, 2006: The Psychology of Nuclear Proliferation: Identity, Emotions and Foreign Policy. New York: Cambridge University Press.

Hymans, Jacques, 2012: Achieving Nuclear Ambitions: Scientists, Politicians, and Proliferation. New York: Cambridge University Press.

Janis, Irving, 1972: Victims of Groupthink: A Psychological Study of Foreign-Policy Decisions and Fiascoes. Boston, MA: Houghton Mifflin.

Jervis, Robert, 1976: Perception and Misperception in International Politics. Princeton, NJ: Princeton University Press.

Kaarbo, Juliet/Gruenfeld, Deborah, 1998: The Social Psychology of Inter- and Intragroup Conflict in Governmental Politics, in: Mershon International Studies Review 42:2, 226-233.

Kahneman, Daniel/Tversky, Amos, 1979: Prospect Theory: An Analysis of Decisions under Risk, in: Econometrica 47:2, 263-291.

Kant, Immanuel, 1984 [1795]: Zum ewigen Frieden. Ein philosophischer Entwurf. Stuttgart: Reclam.

Katzenstein, Peter J., 1976: International Relations and Domestic Structures: Foreign Economic Policies of Advanced Industrial States, in: International Organization 30:1, 1-45.

Keohane, Robert/Martin, Lisa, 2003: Institutional Theory, Endogeneity, and Delegation, in: Elman, Colin/Elman, Miriam (Hg.): Progress in International Relations Theory: Appraising the Field. Cambridge, MA: MIT Press, 71-107.

Kissinger, Henry A., 1957: World Restored: Metternich, Castlereagh, and the Problems of Peace, 1812–1822. Boston, MA: Houghton Mifflin.

Kowert, Paul, 2002: Groupthink or Deadlock: When Do Leaders Learn from Their Advisors? Albany, NY: State University of New York Press.

Krasner, Stephen D., 1972: Are Bureaucracies Important? (Or Allison Wonderland), in: Foreign Policy 7, 159-179.

Labs, Eric J., 1992: Do Weak States Bandwagon?, in: Security Studies 1:3, 383-416.

Lake, David, 1992: Powerful Pacifists: Democratic States and War, in: American Political Science Review 86:1, 24-37.

Lebow, Richard N./Risse-Kappen, Thomas (Hg.), 1995: International Relations Theory and the End of the Cold War. New York: Columbia University Press.

Legro, Jeffrey W./Moravcsik, Andrew, 1999: Is Anybody Still a Realist?, in: International Security 24:2, 5-55.

Levy, Jack S., 1989: The Causes of War: A Review of Theories and Evidence, in: Tetlock, Philip E./ Husbands, Jo L./Jervis, Robert/Stern, Paul C./Tilly, Charles (Hg.): Behavior, Society and Nuclear War, Vol. 1. New York: Oxford University Press, 209-333.

Levy, Jack S., 1992: Prospect Theory and International Relations: Theoretical Applications and Analytical Problems, in: Political Psychology 13:2, 283-310.

Levy, Jack S., 1994: Learning and Foreign Policy: Sweeping a Conceptual Minefield, in: International Organization 48:2, 279-312

Lipson, Charles, 2003: Reliable Partner. How Democracies Have Made a Separate Peace. Princeton, NJ: Princeton University Press.

Lobell, Steven E./Ripsman, Norrin M./Taliaferro, Jeffrey W., 2009: Neoclassical Realism, the State, and Foreign Policy. Cambridge: Cambridge University Press.

Longhurst, Kerry, 2004: Germany and the Use of Force: The Evolution of German Security Policy 1989-2003. Manchester: Manchester University Press.

Lumsdaine, David H., 1993: Moral Vision in International Politics. The Foreign Aid Regime. 1949-1989. Princeton, NJ: Princeton University Press.

March, James G./Olson, Johan P., 1989: Rediscovering Institutions: The Organizational Basis of Politics. New York: Free Press.

Martin, Lisa, 2000: Democratic Commitments: Legislatures and International Cooperation. Princeton, NJ: Princeton University Press.

McKinlay, Robert D./Little, Richard, 1979: The US Aid Relationship: A Test of the Recipient Need and the Donor Interest Models, in: Political Studies 27:2, 236-250.

Mintz, Alex, 1993: The Decision to Attack Iraq. A Noncompensatory Theory of Decision Making, in: Journal of Conflict Resolution 37:4, 595-618.

Moravcsik, Andrew, 1997: Taking Preferences Seriously: A Liberal Theory of International Politics, in: International Organization 51:4, 513-533.

Moravcsik, Andrew, 2005: The Paradox of U.S. Human Rights Policy, in: Ignatieff, Michael (Hg.): American Exceptionalism and Human Rights. Princeton, NJ: Princeton University Press, 147-197.

Moravcsik, Andrew, 2008: The New Liberalism, in: Reus-Smit, Christian/Snidal, Duncan (Hg.): The Oxford Handbook of International Relations. Oxford: Oxford University Press, 234-254.

Morgan, Patrick, 2007: Security in International Politics: Traditional Approaches, in: Collins, Alan (Hg.): Contemporary Security Studies. Oxford: Oxford University Press, 13-34.

Morgenthau, Hans J., 1962: A Political Theory of Foreign Aid, in: American Political Science Review 56:2, 301-309.

Mueller, John E., 1973: War, Presidents, and Public Opinion. New York: John Wiley & Sons.

Müller, Harald/Risse-Kappen, Thomas, 1990: Internationale Umwelt, gesellschaftliches Umfeld und außenpolitischer Prozess, in: Rittberger, Volker (Hg.): Theorien der Internationalen Beziehungen. Opladen: Westdeutscher Verlag, 375-400.

Noël, Alain/Thérien, Jean-Philippe, 1995: From Domestic to International Justice: The Welfare State and Foreign Aid, in: International Organization 49:3, 523-553.

Nunnenkamp, Peter/Öhler, Hannes, 2009: Aid Allocation through Various Official and Private Channels. Need, Merit and Self-Interest as Motives of German Donors. Kiel: http://www.ifw-members.ifw-kiel.de/publications/aid-allocation-through-various-official-and-private-channels-need-merit-and-self-interest-as-motives-of-german-donors/kwp_1536 [20.08.2011].

Oppermann, Kai, 2008: Prinzipale und Agenten in Zwei-Ebenen-Spielen. Die innerstaatlichen Restriktionen der Europapolitik Großbritanniens unter Tony Blair. Wiesbaden: VS Verlag für Sozialwissenschaften.

Overhaus, Marco/Schieder, Siegfried, 2010: Institutionalismus, in: Masala, Carlo/Sauer, Frank/Wilhelm, Andreas (Hg.): Handbuch der Internationalen Politik. Wiesbaden: VS Verlag für Sozialwissenschaften, 117-134

Putnam, Robert D., 1988: Diplomacy and Domestic Politics: The Logic of Two-Level-Games, in: International Organization 42:3, 427-460.

Rauchhaus, Robert W., 2009: Principal-agent Problems in Humanitarian Intervention: Moral Hazards, Adverse Selection and the Commitment Dilemma, in: International Studies Quarterly 53:4, 871-884.

Reiter, Dan/Stam, Allan C., 1998: Democracy, War Initiation, and Victory, in: American Political Science Review 92:2, 377-389.

Reiter, Dan/Stam, Allan C., 2002: Democracies at War. Princeton, NJ: Princeton University Press.

Risse, Thomas, 2000: Let's argue: Communicative Action World Politics, in: International Organization 54:1, 1-41.

Risse-Kappen, Thomas, 1991: Public Opinion, Domestic Structure and Foreign Policy in Liberal Democracies, in: World Politics 43:4, 479-512.

Rosati, Jerel A., 1987: The Carter Administration' Quest for Global Community: Belief and Their Impact on Behavior. Columbia, SC: University of South Carolina Press.

Rosenau, James N. (Hg.), 1974: Comparing Foreign Policies: Theories, Findings, and Methods. New York: Wiley-
Rosenau, James N., 1966: Pre-Theories and Theories of Foreign Policy, in: Farrell, R. Barry (Hg.): Approaches in Comparative and International Politics. Evanston: Northwestern University Press, 27-91.

Russett, Bruce, 1993: Grasping the Democratic Peace: Principles for a Post-Cold War World. Princeton, NJ: Princeton University Press.

Schafer, Mark/Nunley, Jonathon/Chritchlow, Scott, 2011: The Psychological Charcteristics of Leaders and the Quality of Group Decision Making, in: Walker, Stephen/Malici, Akan/Schafer, Mark (Hg.): Rethinking Foreign Policy Analysis. New York: Routledge, 112-129.

Schieder, Siegfried, ³2010: Neuer Liberalismus, in: Schieder, Siegfried/Spindler, Manuela (Hg.): Theorien der Internationalen Beziehungen. Opladen: Verlag Barbara Budrich, 187-222.

Schieder, Siegfried/Folz, Rachel/Musekamp, Simon, 2011: The Social Construction of European Solidarity: Germany and France in the EU Policy towards the States of Africa, the Caribbean, and the Pacific (ACP) and Central and Eastern Europe (CEE), in: Journal of International Relations and Development 14:3, 469-505.

Singer, J. David, 1961: The Level-of-Analysis Problem in International Relations, in: World Politics 14:1, 77-92.

Siverson, Randolph M., 1995: Democracy and War Participation: In Defense of the Institutional Constraints Argument, in: European Journal of International Relations 1:4, 481-489

Smith, Steve, 1986: Theories of Foreign Policy: An Historical Overview, in: Review of International Studies 12:1, 13-29.

Snyder, Glenn H., 1990: Alliance Theory: A Neorealist First Cut, in: Journal of International Affairs 44:1, 103-123.

Snyder, Richard C./Bruck, H.W./Sapin, Burton, 1954: Decision-Making as an Approach to the Study of International Politics (Foreign Policy Analysis Project Series No. 3). Princeton, NJ: Princeton University Press.

Solingen, Etel, 2010: Domestic Models of Political Survival: Why Some Do and Others Don't (Proliferate), in: Potter, William C./Mukhatzhanova, Gaukhar (Hg.): Forecasting Nuclear Proliferation in the 21st Century: Vol. 1: The Role of Theory. Stanford, CA: Stanford University Press, 38-57.

Sprout, Harold/Sprout, Margaret, 1957: Environment Factors in the Study of International Politics, in: Journal of Conflict Resolution 1:4, 309-328.

Sprout, Harold/Sprout, Margaret, 1965: The Ecological Perspective on Human Affairs: with Special Reference to International Politics. Princeton, NJ: Princeton University Press.

Stahl, Bernhard/Harnisch, Sebastian, (Hg.) 2009: Vergleichende Außenpolitikforschung und nationale Identitäten. Die Europäische Union im Kosovo-Konflikt 1996-2008. Baden-Baden: Nomos.

't Hart, Paul/Stern, Eric K./Sundelius, Bengt (Hg.), 1997: Beyond Groupthink: Group Decision Making in Foreign Policy. Ann Arbor: University of Michigan Press.

Thérien, Jean-Philippe, 2002: Debating Foreign Aid: Right versus Left, in: Third World Quarterly 23:3, 449-466.

Vasquez, John A., 1997: The Realist Paradigm and Degenerative versus Progressive Research Programs: An Appraisal of Neotraditional Research on Waltz's Balancing Proposition, in: American Political Science Review 91:4, 899-912.

Wagner, Wolfgang/Hellmann, Gunter, 2006: Zivile Weltmacht? Die Außen-, Sicherheits- und Verteidigungspolitik der Europäischen Union, in: Jachtenfuchs, Markus/Kohler-Koch, Beate (Hg.): Europäische Integration. Opladen: Leske + Budrich, 569-596.

Walker, Stephen G. (Hg.), 1987: Role Theory and Foreign Policy Analysis. Durham: Duke University Press.

Walker, Stephen/Malici, Akan/Schafer, Mark (Hg.), 2011: Rethinking Foreign Policy Analysis. New York: Routledge.

Walt, Stephen, 1987: The Origins of Alliances. Ithaca, NY-London: Cornell University Press.

Waltz, Kenneth N., 1959: Man, the State, and War. New York: Columbia University Press.

Waltz, Kenneth N., 1979: Theory of International Relations. Reading, MA: Addison-Wesley.

Waltz, Kenneth N., 1996: International Politics is not Foreign Policy, in: Security Studies 6:1, 52-55.

Waltz, Kenneth N., 1997: Evaluating Theories, in: American Political Science Review 91:4, 913-917.

Watts, Stephen, 2008: Air War and Restraint: The Role of Public Opinion and Democracy, in: Evangelista, Matthew/ Müller, Harald/Schörnig, Niklas (Hg.): Democracy and Security. London: Routledge, 53-71.

Weldes, Jutta, 1996: Constructing National Interests, in: European Journal of International Relations 2:3, 275-318.

Wendt, Alexander, 1992: Anarchy is What States Make of It: The Social Construction of Power Politics, International Organization 46:2, 391-426.

Wendt, Alexander, 1995: Constructing International Politics, in: International Security 20:1, 71–81.

Wendt, Alexander, 1998: On Constitution and Causation in International Relations, in: Review of International Studies 24:1, 101-117.

Wendt, Alexander, 1999: Social Theory of International Politics. Cambridge: Cambridge University Press.

Wolforth, William, 2008: Realism and Foreign Policy, in: Smith, Steve/Hadfield, Amelia/Dunne, Tim (Hg.): Foreign Policy. Theories – Actors – Cases. Oxford: Oxford University Press, 32-48.

Zangl, Bernhard, 1999: Interessen auf zwei Ebenen. Internationale Regime in der Agrarhandels-, Währungs- und Walfangpolitik. Baden-Baden: Nomos.

Internationale Organisationen

Siegfried Schieder

1. Einleitung[1]

> „World affairs move in many directions at once; one of the most persistent
> trends of the last century, and particularly of the last generation, has been the
> movement towards the organization of international relations"
>
> (Claude 1956: ix).

Neben der zunehmenden politischen und ökonomischen Interdependenz und der Verbreitung von Demokratie stellt die starke Expansion der internationalen Organisationen ein Strukturmerkmal der Nachkriegsära dar. Die Proliferation internationaler zwischenstaatlicher Organisationen mit regionaler und globaler Reichweite, die wachsende Zahl internationaler Verträge zwischen Staaten, die vermehrte Gründung internationaler Gerichte sowie nicht zuletzt das Aufkommen privater Organisationen, deren Spannbreite von multinationalen Konzernen über Nichtregierungsorganisationen bis hin zu Standardisierungsorganisationen reicht, sind Ausdruck einer inzwischen hochgradig organisierten Welt (Dingwerth/Kerwer/Nölke 2009: 13; Barnett/Finnemore 2004). Mehr als je zuvor in der Geschichte der Weltpolitik wird internationale Politik in Organisationen und durch Organisationen gemacht (Reinalda 2009; Rittberger/Zangl/Kruck 2013).

Internationale Organisationen – allgemein definiert als auf Dauer angelegte politikfeldspezifische und -übergreifende zwischenstaatliche Institutionen mit eigenen Organen, deren Einrichtung auf völkerrechtliche Verträge oder privatrechtliche Vereinbarungen zurückgeht – stellen eine besondere Form der internationalen Kooperation dar. Neben Staaten und nichtstaatlichen Akteuren spielen internationale Organisationen eine tragende Rolle in den internationalen Beziehungen, so dass die Frage nach ihrem Geltungsbereich häufig im Mittelpunkt der Diskussion über aktuelle Themen der internationalen Politik steht. Der Streit um die Rechte und Pflichten, die sich aus der Mitgliedschaft Irans im nuklearen Nichtverbreitungsregime ergeben, die damit verbundenen Handlungsmöglichkeiten der Internationalen Atomenergie-Organisation (IAEA) im Fall von Regelverstößen, die Transformation der Nordatlantischen Allianz (NATO) seit dem Ende des Ost-West-Konfliktes oder die Zukunft der internationalen Welthandelsorganisation (WTO) im Rahmen der seit 2001 laufenden Doha-Runde zur Liberalisierung des Welthandels sind nur einige Beispiele dafür.

---

[1] Für hilfreiche Anmerkungen und Kommentare danke ich Julian Michel, Franziska Rau sowie den Herausgebern des Bandes.

Der Auftakt zur Bildung von internationalen Organisationen reicht in das frühe 19. Jahrhundert zurück, ihr enormer Bedeutungszuwachs begann aber erst nach dem Ende des Zweiten Weltkrieges. Deshalb gelten internationale Organisationen auch als ein „twentieth-century phenomenon" (Alvarez 2006: 324). Zwei zusammenhängende Entwicklungen haben dabei eine wichtige Rolle gespielt: Zum einen führte die zerstörerische Wirkung der modernen zwischenstaatlichen Kriegs- und Gewaltpolitik zur Fortentwicklung des modernen Völkerrechts. Galt im klassischen Völkerrecht noch das Recht der Kriegsführung (*ius ad bellum*), so setzte sich mit dem Völkerbund (1919) ein partielles Kriegsverbot und schließlich mit dem Briand-Kellogg-Pakt (1928) und der Gründung der Vereinten Nationen (1945) auch ein allgemeines Gewaltverbot durch. Zum anderen stieg mit der Verregelung und Verrechtlichung der internationalen Beziehungen auch der Bedarf an internationalen Organisationen (Rittberger/Zangl/Kruck 2013: 27f.). So entstanden neben den Vereinten Nationen und ihren Sonderorganisationen zahlreiche weitere wichtige Institutionen und Organisationen wie die NATO, der Internationale Währungsfonds (IMF), die Weltbankgruppe oder die heutige Europäische Union (EU).

Mit dem Bedeutungszuwachs der internationalen Organisationen stieg auch das wissenschaftliche und theoretische Interesse an ihnen. In den 1950er und 1960er Jahren konzentrierte sich die Forschung primär auf die neu geschaffenen formalen internationalen Organisationen (Claude 1956). Dies ist insofern nicht überraschend, als diese als „the most ‚studiable' manifestations of what was ‚new' about post-war international relations" angesehen wurden (Martin/Simmons 2012: 327). In den 1970er Jahren erweiterte sich die Forschungsperspektive auf internationale Organisationen als ‚Agenda-Setzer' (Keohane/Nye 1977) und internationale Regime (Krasner 1983). Nicht mehr die formalen internationalen Organisationen und ihre Entscheidungsprozesse interessierten (Cox/Jacobson 1973), sondern vor dem Hintergrund der Abschwächung der hegemonialen Stellung der USA „students of international organization have shifted their focus systematically away from international institutions, towards broader forms of international institutionalized behaviour" (Kratochwil/Ruggie 1986: 753f.). Auch kamen zunehmend transnationale Netzwerke und öffentlich-privat gemischte Partnerschaften auf die Forschungsagenda, so dass sich auch die Begrifflichkeit änderte. Statt von internationaler Kooperation wurde jetzt von globalem Regieren gesprochen (Zürn 1998). Seit den 2000er Jahren bestimmen deshalb vor allem Analysen zur Tiefe der Zusammenarbeit sowie Studien zur Legitimation von internationalen Organisationen und *global governance* das Forschungsfeld (Zürn 2012).

Auch wenn das wissenschaftliche Interesse an internationalen Organisationen nicht immer gleich stark ausgeprägt war – die anfängliche Euphorie in den 1950er und 1960er Jahren erlahmte im Kalten Krieg rasch, während mit der Überwindung des Ost-West-Konfliktes und der zunehmenden Intensität von Globalisierung eine erneute Hinwendung zu internationalen Organisationen zu beobachten ist –, so kann sich die heutige Politikwissenschaft bei deren Analyse auf eine Vielzahl unterschiedlicher Forschungstraditionen stützen. Innerhalb der Internationalen Beziehungen hat sich ein eigenständiges und dynamisches Forschungsgebiet mit einem differenzierten theoretischen Instrumentarium entwickelt, mit dem sich nicht nur Entstehung, Wirkung und Funktionsweise, sondern auch der Wandel von internationalen Organisationen beschreiben und erklären lassen. Dabei hat sich die Forschung nicht nur mit internationalen Organisationen beschäftigt, sondern auch mit deren Entstehungs- und Handlungskontext, der internationalen Ordnung.

Ziel dieses Beitrags ist es, die Genese und Entwicklung der internationalen Organisationen als eigenständiges Forschungsgebiet innerhalb der Internationalen Beziehungen nachzuzeichnen, die zentralen theoretischen Perspektiven auf sie herauszuarbeiten sowie ihre Wirkungen an der empirischen Front mit Blick auf neuere Entwicklungen zu bewerten. Dabei steht die Frage im Mittelpunkt, welche Bedeutung internationale Organisationen nicht nur für das Fach, sondern auch für die internationalen Beziehungen als Gegenstand der Disziplin haben. Im Folgenden wird zunächst in Abschnitt 2 ein kurzer Überblick über die Entstehungsgeschichte von internationalen Organisationen gegeben. Sodann werden in Abschnitt 3 zentrale Begriffe und Typen internationaler Organisationen unterschieden und deren Stellenwert in der globalen Politik umrissen. In Abschnitt 4 werden dann drei Perspektiven auf die Entstehung, die Wirkung und den Wandel von internationalen Organisationen angelegt, die sich vor dem Hintergrund der Theorien der Internationalen Beziehungen destillieren lassen, nämlich internationale Organisationen als Arenen, als Instrumente und als Akteure. Abschließend werden – statt eines Fazits – in Abschnitt 5 wichtige Themenfelder und vielversprechende Forschungsperspektiven skizziert, welche die gegenwärtige Beschäftigung mit internationalen Organisationen in den Internationalen Beziehungen ausmachen.

2. Die Ursprünge internationaler Organisationen: Friedenskongresse und internationale Verwaltungsunionen

Obwohl internationale Organisationen ein Phänomen des 20. Jahrhunderts sind, reichen die Wurzeln tief ins 19. Jahrhundert zurück (Claude 1956: 43). Mehr als in den Jahrhunderten zuvor kristallisierten sich im 19. Jahrhundert jene Charakteristika eines globalen Zeitalters heraus, welche die Entstehung und den Aufstieg von internationalen Organisationen zum „wohl bedeutsamsten Phänomen der modernen internationalen Ordnung" entscheidend begünstigen sollten (Ago, zit. in Klein/Schmahl 2010: 271).[2]

Für die Entstehung von internationalen Organisationen war zunächst die Herausbildung des modernen Staatensystems notwendig. Ohne die für das moderne Staatensystem konstitutive Verflechtung zwischen Staaten wäre es kaum zur Schaffung internationaler Organisationen gekommen. Erst die wachsende ökonomische und gesellschaftliche Interdependenzdichte ließ es Staaten opportun erscheinen, zur Verfolgung eigener Interessen zu kooperieren. Insbesondere im Zuge der industriellen Revolution nahm die grenzüberschreitende Verflechtung und Interdependenz aufgrund gestiegener Mobilität zu, was in der zweiten Hälfte des 19. Jahrhunderts eine Gründungswelle von internationalen Organisationen auslöste. Schließ-

---

2   Schon der Attisch-Delische Seebund aus dem 5. Jahrhundert v. Chr. oder die Rolle der italienischen Liga im
     italienischen Stadtstaatensystem des späteren 15. Jahrhunderts können als Vorformen von internationalen
     Organisationen angesehen werden. Mit den heutigen internationalen Organisationen haben diese Vorformen
     jedoch wenig gemein.

lich bedurfte es aber auch der intersubjektiven Wahrnehmung, dass Verflechtung und Interdependenz zu Abhängigkeiten und Problemen führen, die nur gemeinsam bewältigt werden können (Claude 1956: 19). Das Zusammenfallen dieser drei Entstehungsbedingungen erklärt letztlich, weshalb das Zeitalter der Institutionalisierung im 19. Jahrhundert einsetzte, um dann vor allem im 20. Jahrhundert zur Entstehung zahlreicher internationaler Organisationen im Wirtschafts-, Entwicklungs-, Menschenrechts- und Umweltbereich zu führen (Zangl/Zürn 2004: 104ff.).

Die Schaffung von internationalen Organisationen selbst lässt sich auf zwei Wurzeln zurückführen. Sie gründen erstens in den von den Großmächten dominierten Friedenskongressen in Europa, die darauf abzielten, durch die Verhinderung hegemonialer Bestrebungen den Frieden zu sichern. Die Idee einer internationalen Sicherheitsorganisation setzte sich erst nach dem Ende der Napoleonischen Kriege (1796-1815) durch, als auf dem Wiener Kongress (1814-15) das europäische Konzert der Großmächte installiert wurde. Mag das Mächtekonzert unserem heutigen Begriff von internationalen Organisationen strenggenommen auch nicht entsprechen, so wurde damit doch erstmals ein zwischenstaatliches Konsultationssystem eingerichtet, welches immerhin bis 1914 den Frieden in Europa sicherte (Rittberger/Zangl/Kruck 2013: 50). Neben die Idee einer durch Friedenskongresse organisierten europäischen Staatengemeinschaft schob sich ein zweiter Entwicklungsstrang, aus dem die heutige Form der internationalen Organisationen erwachsen ist: die internationalen Verwaltungsunionen. Wegweisende Beispiele sind die Internationale Fernmeldeunion (1865), der Weltpostverein (1874) oder der Pariser Verband zum Schutz des gewerblichen Eigentums (1883). Neben der Zentralkommission für die Rheinschifffahrt (später wurden ähnliche Kommissionen für die Elbe und die Donau geschaffen), deren Gründung auf den Wiener Kongress 1815 zurückgeht, stellen sie die ersten modernen internationalen Organisationen mit eigener Rechtspersönlichkeit und spezifischen Aufgaben dar (Wallace/Singer 1970: 250).

Im Vergleich zu den Friedenskongressen beruhten die Verwaltungsunionen auf einem dauerhaften zwischenstaatlichen Vertrag. Eine rechtliche Verselbstständigung dieser internationalen Verwaltungsunionen von ihren Mitgliedstaaten erfolgte in diesem Stadium noch nicht (Klein/Schmahl 2010: 272). Erst mit der Schaffung des Völkerbundes (1919/20) gelang der entscheidende Durchbruch für eine von den Mitgliedstaaten rechtlich getrennte und selbständig handlungsfähige internationale Organisation. Damit wurde erstmals die bis heute gültige Grundstruktur (Organe, Willensbildung und Mitgliedschaft) von internationalen Organisationen festgelegt. Als Prototyp der internationalen Organisationen schlechthin gelten heute jedoch die Vereinten Nationen, deren Charta am 24. Oktober 1945 in Kraft trat. Damit hat sich die Vorstellung einer die ganze Erde umfassenden organisierten Staatengemeinschaft endgültig durchgesetzt.

Es würde den Rahmen des Beitrags sprengen, die explosionsartige Vermehrung der internationalen Organisationen im Umfeld der Vereinten Nationen und darüber hinaus nachzeichnen zu wollen (vgl. Karns/Mingst 2004). Ihre Zahl liegt inzwischen deutlich höher als die der Staaten. Gab es 1905 noch mehr Staaten (44) als internationale Organisationen (43), so ging die Schere seitdem rapide auseinander, wobei insbesondere nach 1945 die Zahl der internationalen Organisationen stark anstieg. Mitte der 1980er Jahre erreichte die Zahl mit

378 ihren Höchststand. Aufgrund der Auflösung vieler internationaler Organisationen im ehemaligen Ostblock ist seitdem die Anzahl jedoch zurückgegangen. Die Zahl an Nichtregierungsorganisationen ist dagegen exponentiell angestiegen (Tabelle 1). Eine aktuelle Übersicht der *Union of International Associations* weist 253 internationale Organisationen auf vertraglicher Basis aus, wobei mehr als 70 Prozent auf regionale internationale Organisationen entfallen. Aufgeführt werden auch andere, von Staaten getragene internationale Körperschaften, deren Zahl mit 1671 angegeben wird (Tabelle 2). Interessant ist, dass der Löwenanteil an neuen internationalen Organisationen sogenannte ‚sekundäre' Organisationen sind, das heißt von Organisationen geschaffene internationale Organisationen. Dies spricht zum einen dafür, dass internationale Organisationen bei der Lösung internationaler Probleme nicht mehr grundsätzlich in Frage gestellt werden, auch wenn der Mitgliedschaftsgrad in ihnen zwischen den Staaten beträchtlich variiert. So sind die OECD-Staaten nach wie vor stärker in internationale Organisationen eingebunden als andere Staaten (Pevehouse/Nordstrom/Warnke 2004). Zum anderen geben die hohe Anzahl an internationalen Organisationen mit regionaler Mitgliedschaft und der gestiegene Anteil an sekundären internationalen Organisationen einen eindrucksvollen Hinweis auf die Regionalisierung und eigendynamische institutionelle Vernetzung und Verflechtung von Staaten.

Tabelle 1: Entwicklung der Anzahl der Staaten, IGOs und INGOs von 1815 bis 2005

	1815	1825	1835	1845	1855	1865	1875	1885	1895	1905
Staaten	23	23	28	35	41	39	32	35	38	44
IGOs	1	1	2	2	3	6	9	17	23	43
INGOs	--	--	1*	k.A.	k.A.	k.A.	k.A.	k.A.	k.A.	176**

	1915	1925	1935	1945	1955	1965	1975	1985	1995	2005
Staaten	44	63	66	64	84	122	151	161	187	192
IGOs	51	83	86	120	167	179	252	378	266	246
INGOs	k.A.	k.A.	k.A.	k.A.	997	1470	2502	4676	5121	7306

Quelle: Zeitraum 1815-1955 (Wallace/Singer 1970); Yearbook of International Organizations (diverse Jahrgänge). Abkürzungen: IGO (Internationale Regierungsorganisation), INGO (Internationale Nichtregierungsorganisation); Legende: *Anti-Sklaverei-Gesellschaft als erster Vorläufer der INGOs wurde 1839 geschaffen; **Zahl bezieht sich auf das Jahr 1909, eigene Darstellung.

Tabelle 2: Typen internationaler Organisationen

	1985/1986		1995/1996		2005/2006		2011/2012	
	IGO Absol. Anzahl	INGO Absol. Anzahl	IGO Absol. Anzahl	INGO Absol. Anzahl	IGO Absol. Anzahl	INGO Absol. Anzahl	IGO Absol. Anzahl	INGO Absol. Anzahl
Gruppe: Konventionelle internationale Körperschaften								
A. Verbund internationaler Organisationen	1	43	1	38	1	36	1	38
B. Organisationen mit weltweiter Mitgliedschaft	30	397	36	486	34	474	36	490
C. Organisationen mit interkontinentaler Mitgliedschaft	51	796	39	1001	33	1072	35	1214
D. Organisationen mit regional orientierter Mitgliedschaft	296	3440	190	3596	178	5724	181	6456
Gesamt: Konventionelle internationale Körperschaften	*387*	*4676*	*266*	*5121*	*246*	*7306*	*253*	*8198*
Gruppe: Andere internationale Körperschaften								
E. Körperschaften entspringende Organisationen	705	1532	723	1846	882	2700	851	2927
F. Organisationen besonderen Typs	485	958	709	3025	727	4124	685	4432
G. International orientierte nationale Organisationen	64	6602	65	4282	108	6798	135	7514
Gesamt: Andere internationale Körperschaften	*1254*	*9092*	*1497*	*9153*	*1717*	*13622*	*1671*	*14873*

Quelle: Yearbook of International Organizations (1985/86, 1995/96, 2005/06 und 2011/12), eigene Darstellung.

3. Begriff und Typen internationaler Organisationen

Der enorme Stellenwert von internationalen Organisationen spiegelt sich allerdings nicht in einer durchweg gebräuchlichen Definition des Begriffs wider, wobei insbesondere der Unterschied zwischen internationalen Organisationen und internationalen Institutionen für Konfusion sorgt. Konsens besteht immerhin darin, dass internationale Organisationen eine besondere Form von internationalen Institutionen darstellen. Keohane (1989: 3) definiert internationale Institutionen als „persistent and connected sets of rules (formal and informal) that prescribe behavioral roles, constrain activity, and shape expectations". Institutionen begründen damit „in sich wiederholenden Situationen auf Normen und Regeln basierende Verhaltensmuster von sozialen Akteuren" (Zangl/Zürn 2004: 88). Darüber hinaus hat Keohane kanonisch auch zwischen Konventionen, internationalen Regimen und internationalen Organisationen unterschieden. Zangl und Zürn (ebd.: 88ff.) knüpfen daran an und unterscheiden vier Typen von internationalen Institutionen: (1) internationale Ordnungsprinzipien, (2) internationale Netzwerke, (3) internationale Regime und (4) internationale Organisationen.

1. Internationale Ordnungsprinzipien (oder Konventionen) stellen gewissermaßen die basale Stufe im internationalen Institutionalisierungsprozess dar. Konventionen sind weder auf spezifische Politikfelder rückführbar, noch wird mit ihnen eine rechtliche Akteursqualität begründet. Vielmehr wird durch diese konstitutiven Normen und Regeln oder allgemeinen Praktiken die internationale Ordnung erst verfasst und begründet. Wichtige internationale Ordnungsprinzipien sind die staatliche Souveränität oder das Prinzip der Vertragstreue im Völkergewohnheitsrecht (*pacta sunt servanda*). Als Beispiel eines Ordnungsprinzips auf der transnationalen Ebene gilt die Toleranz zwischen den Kulturen (ebd.: 90).

2. Internationale Netzwerke haben mit internationalen Regimen gemein, dass sie auf Normen und Regeln beruhen, ohne gleichzeitig über rechtliche Akteursqualität zu verfügen. In der Lesart von Zangl und Zürn (ebd.: 98) verfügen sie im Unterschied zu den Regimen über keine inhaltlichen oder substantiellen Vorgaben, sondern nur über prozedurale Normen und Regeln. Der in den 1970er Jahren erstmals auf zwischenstaatlicher Ebene einberufene Weltwirtschaftsgipfel (heute G 8 bzw. G 20) zur Koordination von Problemen der ökonomischen Interdependenz ist dafür ein anschauliches Beispiel.

3. Internationale Regime zeichnen sich durch inhaltliche und prozedurale Normen aus, die das Verhalten der Staaten in einem spezifischen Problemfeld steuern.[3] Sie sind Institutionen mit explizitem Problemfeldbezug. Von internationalen Organisationen unterscheiden sich internationale Regime darin, dass sie nicht zum Handeln befähigt sind, das heißt sie besitzen keine eigene Akteursqualität (etwa die Regime zum Schutz der Antarktis, des Klimas oder der Wale). Gleichzeitig können sich internationale Regime auch

---

3   Krasner (1983: 2) definiert Regime als „sets of implicit principles, norms, and decision-making procedures around which actors' expectations converge in a given area of international relations. Principles are beliefs of fact, causation, and rectitude. Norms are standards of behavior defined in terms of rights and obligations. Rules are specific prescriptions or proscriptions for action. Decision-making procedures are prevailing practices for making and implementing collective choice".

zu internationalen Organisationen fortentwickeln, wie die Schaffung der WTO (1994) auf der Grundlage des 1947 geschlossenen Allgemeinen Zoll- und Handelsabkommens (GATT) zeigt. Die Bekämpfung des Dopings durch das Internationale Olympische Komitee (IOC) ist ein Beispiel für Regime auf transnationaler Ebene (ebd.: 88).

4. Internationale Organisationen stellen die höchste Stufe im internationalen Institutionalisierungsprozess dar. Sie zeichnen sich dadurch aus, dass in ihnen Normen und Regeln verankert sind, welche die Institutionen dazu befähigen, zu regulieren und zu steuern. Im Gegensatz zu den internationalen Regimen verfügen internationale Organisationen über rechtliche Akteursqualität, die durch eine eigene Bürokratie auch sichtbar wird. Dabei werden internationale Organisation verstanden als ein „auf völkerrechtlichem Vertrag beruhender mitgliedschaftlich strukturierter Zusammenschluss von mindestens zwei oder mehreren Völkerrechtssubjekten (meist Staaten), der mit eigenen Organen Angelegenheiten von gemeinsamem Interesse besorgt" (Klein/Schmahl 2010: 275). Staatliche Zusammenschlüsse werden häufig in Verbindung mit spezifischen internationalen Regimen gegründet, können aber aufgrund ihrer Akteursqualität auch aktiv an der Schaffung und Implementierung der Normen und Regeln internationaler Regime beteiligt sein, wie das Beispiel der EU zeigt (siehe Holzinger i. d. B.). Während internationale Regime politikfeldspezifisch organisiert sind, können internationale Organisationen sich sowohl auf ein Problemfeld konzentrieren (IAEA, internationale Arbeitsorganisation ILO) als auch mehrere Problemfelder umfassen (NATO, EU).

Jenseits der Definition von internationalen Organisationen als spezieller Typ von internationalen Institutionen ist es in der Politikwissenschaft gängig, zwischen internationalen Regierungsorganisationen (*Intergovernmental Organizations*) und internationalen Nichtregierungsorganisationen (*International Nongovernmental Organizations*) zu unterscheiden (Wallace/Singer 1970: 247). Dachverbände wie die Union der Industrie- und Arbeitgeberverbände (UNICE) oder der Europäische Gewerkschaftsbund (ETUC) werden ebenso zu den Nichtregierungsorganisationen gezählt wie profitorientierte transnationale Organisationen (z. B. Großbanken oder multinationale Konzerne) und solche transnationale Organisationen (z. B. Greenpeace oder Amnesty International), die nicht nach kommerziellem Profit streben. Auch wenn die Trennung zwischen Regierungs- und Nichtregierungsorganisationen längst Einzug in die Alltagssprache gefunden hat, hält sie historischen Untersuchungen kaum stand (Herren 2009: 7). Einerseits gab es im 19. Jahrhundert nur wenige internationale Regierungsorganisationen, die auf einem staatlichen Abkommen und Vertrag basierten. Anderseits sind kreative Akronyme wie QUINGO (*Quasi intergovernmental organization*), QUANGO (*Quasi nongovernmental organization*), BINGO (*Business International Nongovernmental Organization*) oder GPPN (*Global Public Policy Network*) ein Beleg für die Brüchigkeit der künstlichen Trennung zwischen staatlichen und privaten Organisationen. Ohnehin stellt das Gros an Organisationen Mischformen zwischen regierungsamtlichen und nichtregierungsamtlichen Akteuren oder aber Allianzen von Regierungsbehörden, internationalen Organisationen sowie öffentlich-rechtlichen und privatrechtlichen Körperschaften dar, sei es, dass private Organisationen durch staatliche Mittel gefördert werden oder aber staatliche Organisationen auf die Expertise von privaten Organisationen angewiesen sind.

Abbildung 1: Typen von internationalen Organisationen nach Zuständigkeit und Mitgliedschaft

	Regionale Mitgliedschaft	Universelle Mitgliedschaft
Spezifische Zuständigkeit	NAFTA, OPEC	ILO, UNESCO
Umfassende Zuständigkeit	EU, AU	Vereinte Nationen

Anmerkungen: NAFTA ist die nordamerikanische Freihandelszone, OPEC die Organisation erdölexportierender Staaten, UNESCO die Bildungs-, Wissenschafts- und Kulturorganisation der UN und AU die Afrikanische Union.

Neben der kategorialen Unterscheidung zwischen internationalen Regierungs- und Nicht-regierungsorganisationen lassen sich internationale Organisationen hinsichtlich ihrer Mitgliedschaft (universell/partikular), ihres Aufgabenbereichs (umfassend/problemfeldspezifisch), ihrer Entscheidungsmacht (dezentral-intergouvernemental/zentral-supranational) und ihrer Funktion (norm- und regelsetzend/norm- und regelimplementierend) typologisieren (Rittberger/Zangl/Kruck 2013: 24ff.). Zum einen haben sich internationale Organisationen regionalen Zuschnitts entwickelt, die der allgemeinen politischen Zusammenarbeit dienen. Zum anderen lassen sich aber auch internationale Organisationen universellen Zuschnitts unterscheiden, die einen begrenzten funktionalen Zweck verfolgen und mit deren Entwicklung bereits in den unmittelbaren Nachkriegsjahren mit der Gründung der Welternährungs-organisation (FAO), des Internationalen Währungsfonds (IMF) und der Weltbank sowie der Zivilluftfahrtorganisation (ICAO) begonnen wurde. Später kamen weitere internationale Organisationen hinzu, deren bedeutendsten heute zur ,Familie' der Vereinten Nationen gehören. Funktional begrenzte Formen der Zusammenarbeit, die entweder primär technischen und wirtschaftlichen (wie der gemeinsame Markt in Lateinamerika, MERCOSUR, und die europäische Wirtschaftsgemeinschaft EWG) oder aber politischen und sicherheitsbezogenen Zwecken (NATO, Warschauer Pakt) dienen, lassen sich aber auch auf regionaler Ebene beobachten. Es ist nicht verwunderlich, dass der internationale Organisationsgrad auf regionaler Ebene mit am intensivsten ist, wobei hier die EU als Integrationsgemeinschaft aufgrund ihres supranationalen Charakters eine Sonderstellung einnimmt (siehe Holzinger i. d. B.).

4. *Do Institutions Matter?* Theoretische Perspektiven auf internationale Organisationen

Die theoretische Beschäftigung mit internationalen Organisationen stand seit Beginn der vergleichsweise jungen Teildisziplin Internationale Beziehungen im Zentrum des Interesses und drehte sich im Wesentlichen um die Frage, ob und inwieweit internationalen Organisationen eine eigenständige Bedeutung in der internationalen Politik zukommt.[4] Die theoretische Spannbreite reicht dabei von realistischen Perspektiven, die internationale Organisationen lediglich als Epiphänomen staatlicher Machtinteressen ansehen, bis hin zu sozialkonstruktivistischen Perspektiven, die sie als widerstandsfähige Akteure konzeptionalisieren, welche nicht nur die Interessen und Präferenzen, sondern auch die Identität von Staaten prägen. Im Folgenden soll auf die wichtigsten theoretischen Ansätze eingegangen werden.[5] Dabei greift der Abschnitt auf drei Bilder zurück: auf internationale Organisationen als Arenen, als Instrumente und als Akteure.

4.1 Internationale Organisationen als Arenen zwischenstaatlicher Politik: (Neo-)Realistische Ansätze

Eine erste theoretische Perspektive, die vor allem im Zeitraum zwischen den 1930er und den 1980er Jahren einflussreich war, geht von der Grundthese aus, wonach internationale Organisationen Arenen zwischenstaatlicher Politik sind, in denen mächtige Staaten in der Verfolgung einzelstaatlicher Interessen miteinander ringen (Morgenthau 1963; Waltz 1979). „[I]nstitutions are essentially ‚arenas for acting out power relationships‘", so Mearsheimer (1995: 13). Internationale Organisationen – aber auch andere internationale Institutionen – sind in einem durch Anarchie geprägten internationalen System eine zu vernachlässigende Größe. Angesichts von Unsicherheit müssen alle Staaten danach trachten, ihr Überleben zu sichern (Waltz 1979: 93f.). Folglich werden sie keine festen und dauerhaften institutionellen Bindungen mit anderen Staaten eingehen. Sofern Kooperation zwischen Staaten überhaupt erfolgt, geschieht sie in Form von Allianzen und im Rahmen einer Politik des Mächtegleichgewichts oder des *bandwagonings* (Waltz 1979). Da Allianzen lediglich die Machtverteilung im internationalen System widerspiegeln, ist von Institutionen auch keine unabhängige und friedensfördernde Wirkung auf das Handeln von Staaten zu erwarten (Mearsheimer 1995: 7).

Dagegen konzedieren Autoren in der Tradition der Theorie der hegemonialen Stabilität bestimmten internationalen Institutionen zumindest für eine gewisse Zeit einen festen Rahmen für zwischenstaatliche Kooperation. Kindleberger (1973) ging davon aus, dass das internationale Handels- und Währungssystem eine starke Führungsmacht voraussetzt, die in der Lage ist, öffentliche Güter wie offene Märkte, günstiges Geld oder eine stabile Währung bereitzustellen. Während die USA nach dem Ersten Weltkrieg noch zögerten, die Führungsrolle in der Weltwirtschaft zu übernehmen, als England diese nicht mehr ausüben konnte, besaßen sie nach 1945 die nötige Stärke und den Willen, die kollektiven Güter bereitzustellen und die Lasten für die Schaffung des Bretton-Woods-Systems (IMF und Weltbank) zu tragen. Kindleberger erklärt damit nicht nur die besondere Länge und das Ausmaß der Weltwirtschaftskrise von 1929, sondern auch die Nachkriegsprosperität. Wohlstand und Stabilität sind nämlich das Produkt hegemonialer Führung (ebd.: 305). Für die USA war die eine hegemoniale Rolle nach 1945 deshalb lohnend, weil sie durch die Stabilisierung der Weltwirt-

---

4   Die gleichnamige Fachzeitschrift *International Organization* dient seit 1947 als zentrales Publikationsorgan.

5   Für eine umfassende Würdigung der Theorien der internationalen Organisationen vgl. Rittberger/Zangl/ Kruck (2013: 28ff.) und Overhaus/Schieder (2010).

schaft erfolgreicher Handel betreiben konnten und die erzielten Gewinne die Kosten der Bereitstellung kollektiver Güter bei weitem überwogen. Aber auch die westeuropäischen Staaten profitierten durch offene Märkte und eine stabile Währung, ohne sich proportional an den Kosten beteiligen zu müssen. Die Kehrseite des für alle profitablen Welthandels- und Weltwährungssystems ist jedoch, dass immer dann, wenn die Führungsmacht schwächelt, auch ihre Fähigkeit schwindet, internationale öffentliche Güter bereitzustellen. Kurzum, internationale Organisationen bleiben aufs engste mit den Interessen der mächtigen Staaten verbunden, wie der relative Niedergang der US-Hegemonie Anfang der 1970er Jahre und das damit verbundene Ende des Bretton-Woods-Systems belegen.

Seit den 1980er Jahren wurde das neorealistische Argument unter veränderten Vorzeichen aufgegriffen und weiterentwickelt. Zum einen wurde argumentiert, dass das Gewinnstreben Staaten prinzipiell davon abhält, in internationalen Organisationen zusammenzuarbeiten, weil ökonomische Kooperationsgewinne immer auch militärisch genutzt werden können (Grieco 1988; Gruber 2000). Zum anderen wurde aber auch argumentiert, dass es nicht von Bedeutung sei, ob Staaten durch Kooperation in internationalen Organisationen absolut oder relativ gewinnen würden, sondern wie ein gemeinsamer Kooperationsgewinn zwischen den Kooperationspartnern aufgeteilt würde. Im Lichte einer neorealistischen Logik müssen Staaten immer prüfen, inwieweit absolute Kooperationsgewinne der Partner das bisherige Machtgefüge zwischen Staaten verändern – ja die Logik gelte sogar für Kooperation zwischen befreundeten Staaten: „There is even the danger, however remote, that today's ally will become tomorrow's enemy" (Grieco 1988: 47).

Eine neue Generation von Realisten bringt die Rolle von internationalen Organisationen wieder stärker mit dem Konzept der Machtbalance in Verbindung. Damit knüpfen sie an eine seit 1989 geführte Debatte an, ob *balancing* immer auf der Ebene militärischer Machtmittel stattfinden muss oder ob auch andere Formen der Gegenmachtbildung möglich sind. Mögliche Herausforderer der USA (vor allem China), die militärisch (noch) nicht in der Lage sind, die USA direkt zu konfrontieren, setzen – so das Argument – systematisch auf *soft power*, um die Machtausübung der USA einzuschränken. Neben Diplomatie und ökonomischer Stärke baue das sogenannte *soft balancing* vor allem auf die Wirkung von internationalen Institutionen (Pape 2005: 10). He (2008) zeigt am Beispiel der südostasiatischen Sicherheitsarchitektur, wie die bestehenden internationalen Organisationen genutzt werden, um *institutional balancing* zu betreiben. Andere haben auf die Bedeutung des G8-Forums hingewiesen, wo mächtige Staaten verstärkt mit internationalen Organisationen kooperieren, um beim Schuldenerlass oder bei der Finanzierung von Maßnahmen gegen den internationalen Terrorismus ihre Interessen durchzusetzen (Gstöhl 2007). Gemeinsam ist diesen und anderen Autoren, dass sie Macht und Interessen in einem breiten Spektrum von kooperativen internationalen Institutionen und internationalen Organisationen am Werke sehen (siehe Harnisch i. d. B.).

4.2 Internationale Organisationen als Instrumente staatlicher Politik: Institutionalistische Ansätze

Internationale Organisationen als Arenen für die Interaktion machtvoller Staaten zu konzipieren kann mitunter sinnvoll sein. Ein Rätsel bleibt freilich, warum Staaten überhaupt Zeit und Ressourcen für das Handeln in internationalen Organisationen aufwenden und auf Autonomie verzichten. Institutionalistische Theoretiker haben deshalb dem realistischen Blick auf internationale Organisationen ein anderes Bild entgegengestellt, indem sie diese als ein Instrument von Staaten zur effektiveren Bearbeitung und Lösung grenzüberschreitender Probleme begreifen. Damit rücken einmal mehr die Besonderheiten von internationalen Organisationen in den Blick.

Als Kernthema des Institutionalismus reicht die Beschäftigung mit internationalen Organisationen bis in die Frühzeit des modernen Staatensystems zurück. Aber erst der Funktionalismus von David Mitrany und später vor allem der Neofunktionalismus von Ernst B. Haas basieren auf der Beobachtung gestiegener Interdependenz im internationalen System und der begründeten Hoffnung, dies würde zu einem Netzwerk von internationalen Organisationen führen (siehe Deitelhoff/Zürn i. d. B.). Doch die Aussicht, Zusammenarbeit in internationalen Organisationen führe zu einer technokratisch verwalteten Welteinheit und letztlich zur Überwindung des Staatensystems, erweist sich als wirklichkeitsfern. Die Interdependenzforschung der 1970er Jahre, die Regimeanalyse der 1980er Jahre und der neoliberale ('rationale') Institutionalismus der 1990er Jahre blieben daher in vielen ihrer Kernannahmen nahe am Neorealismus. Dem Kernargument des rationalen Institutionalismus zufolge ist internationale Kooperation trotz Anarchie und ohne Hegemonialmacht möglich (Keohane 1984; Zürn 1992). Erstens lassen sich Führungsaufgaben durchaus auf mehrere Staaten verteilen, und zweitens können sich zahlreiche internationale Institutionen – sind sie erst einmal errichtet – erhalten, ohne dass ein hegemonialer Staat überproportionale Lasten übernimmt.

Ausgangspunkt des rationalen Institutionalismus ist die Frage, wie und unter welchen Bedingungen institutionelle Kooperation zwischen Staaten entstehen und fortbestehen kann. Obwohl der rationale Institutionalismus zentrale realistische Annahmen teilt (Anarchie, Nutzenmaximierung), kommen Neorealisten und rationale Institutionalisten zu konträren Schlussfolgerungen hinsichtlich der Bedeutung von internationalen Organisationen. Zum einen betonen Institutionalisten die Bedeutung der 'komplexen Interdependenz' in den internationalen Beziehungen (Keohane/Nye 1977), das heißt Staaten sind bei der Realisierung von Sicherheit und ökonomischer Wohlfahrt vom Verhalten anderer Akteure abhängig. Dadurch entstehen Handlungsdilemmata, bei denen die rationale Zielverfolgung der einzelnen Akteure eine Realisierung des maximal möglichen gemeinsamen Nutzens aller Akteure verhindert.[6] Zum anderen betrachten rationale Institutionalisten die Generierung und Verteilung von Informationen – über das Verhalten und die Interessen der anderen Staaten – als zentrale Wirkungsmechanismen von Institutionen, mit denen staatliches Verhalten beeinflusst werden kann.

---

6   Viele Handlungsdilemmata lassen sich spieltheoretisch als Gefangenendilemma modellieren. Ausführlich dazu Zürn (1992) ; siehe überdies Braun (i. d. B.)..

Darin liegt der eigentliche Schlüssel für die Beantwortung der Frage, warum Staaten in und durch internationale Organisationen handeln und dauerhaft kooperieren (Abbott/Snidal 1998). Diese stellen, ausgehend von der Analogie des Marktversagens in der Ökonomie, ein zentrales Instrument im Umgang mit und bei der Überwindung von kollektiven Handlungsdilemmata dar. Sie erlauben es den Akteuren, bindende Abkommen zu treffen und zu implementieren. Sie reduzieren die Transaktionskosten – die Kosten zur Aushandlung und Umsetzung eines Abkommens – und erleichtern die Durchsetzung der einmal geschlossenen Abkommen, indem sie als neutrale Instanzen die Norm- und Regelbeachtung der Beteiligten verifizieren und im Falle von Regelverstößen Sanktionen selbst durchführen oder mandatieren können (Keohane 1989). Gerade vor diesem Hintergrund ist es für Staaten mitunter rational, nicht nur internationale Institutionen zu schaffen, sondern diese auch dauerhaft zu erhalten und an die neuen Gegebenheiten anzupassen, wie der Funktionswandel der internationalen Sicherheitsinstitutionen seit dem Ende des Kalten Krieges gezeigt hat (Haftendorn/Keohane/Wallander 1999). Aus der Analyse der Handlungsdilemmata und Informationsasymmetrien leiten rationale Institutionalisten letztlich auch Empfehlungen für das institutionelle Design ab (z. B. den Umfang der Mitgliedschaft, das Themenspektrum oder die Abstimmungsregeln einer Institution), welches am besten geeignet erscheint, die Kooperationshindernisse aus dem Weg zu räumen (vgl. Koremenos/Lipson/Snidal 2001).

Gegen den rationalen Institutionalismus haben Kritiker eingewendet, dass weniger die Institutionen selbst als vielmehr die Interessenkonstellation für die Analyse der internationalen Politik ausschlaggebend sei (Peters/Freistein/Leininger 2012: 11). Vertreter eines historischen Institutionalismus heben deshalb die Stabilität organisatorischer Arrangements stärker hervor (Hall 2010; Moe 2005) und betonen, dass einmal geschaffene internationale Institutionen ein erstaunliches Beharrungsvermögen entwickeln (kritisch Shanks/Jacobson/Kaplan 1996). So baut die internationale Klimakonvention in wesentlichen Teilen auf das zuvor ausgehandelte Ozonregime auf, ebenso wie sich die Welthandelsorganisation im Pfad des GATT-Regimes und die OSZE auf der Grundlage der Konferenz für Sicherheit und Zusammenarbeit in Europa (KSZE) fortentwickelt hat. Da die Kosten für existierende internationale Institutionen schon in der Vergangenheit getragen wurden (*sunk costs*), ist der Erhalt existierender Institutionen generell attraktiver als die Schaffung neuer Institutionen, die mit neuen Kosten verbunden sind.

Auch mächtige Akteure können eine wichtige Rolle bei der Pfadabhängigkeit und beim Erhalt von internationalen Organisationen spielen. Internationale Zusammenarbeit schafft Gewinner und Verlierer, zumal durch sie Macht generiert und umverteilt wird (Moe 2005). Asymmetrische Ressourcen und Machtverhältnisse können im Zeitverlauf dazu führen, dass Gewinner ein Interesse daran haben, die Organisation in ihrer existierenden Form zu erhalten, selbst wenn die Voraussetzungen, unter denen sie geschaffen wurde, nicht mehr existieren. Die seit vielen Jahren geführte Diskussion um eine Reform des Sicherheitsrats der Vereinten Nationen ist ein beredtes Beispiel. Da eine solche Reform – neben einer Zweidrittelmehrheit in der Generalversammlung – auch von den fünf ständigen Mitgliedern im Sicherheitsrat ratifiziert werden muss, können die ständigen Mitgliedstaaten eine Reform des Sicherheitsrats jederzeit verhindern. Neben mächtigen Staaten können aber auch die für internationale Organisationen typischen Bürokratien selbst ihren Daseinszweck auf die Aufrechterhaltung ihrer Organisation legen, wie Studien zur institutionellen Eigenlogik etwa zur Weltbank oder zu den Vereinten Nationen mit ihren Sonderorganisationen gezeigt haben (Dingwerth/ Kerwer/Nölke 2009).

Neben der Logik der Pfadabhängigkeit von internationalen Organisationen und den spezifischen institutionellen Eigenschaften betont der historische Institutionalismus auch die Macht der Nebenfolgen von politischen Entscheidungen. So haben Leibfried und Pierson (1998) am Beispiel der europäischen Sozialpolitik gezeigt, dass sich Prozesse der europäischen Institutionalisierung sogar dann vollziehen, wenn die Mitgliedstaaten gerade kein gemeinsames Interesse daran haben. Nur so ist die Entstehung des ‚Sozialen Europas' zu erklären. Komplexe politische Prozesse generieren einerseits Rückkopplungsschleifen, derer sich die Regierungen aufgrund der relativen Autonomie supranationaler Organe (Kommission, Europäisches Parlament und Europäischer Gerichtshof), des engen zeitlichen Horizonts von politischen Entscheidungen und des Wandels von nationalen Präferenzen nicht immer bewusst sind. Das Ergebnis sind Lücken der Kontrolle bei den Mitgliedstaaten. Andererseits entfalten die supranationalen Organe der EU ein Eigenleben, indem sie sich entweder gegenüber den Kontrollwünschen der nationalen Regierungen und Parlamente verschließen oder *lock in*-Effekte von Institutionen produzieren (Pollack 2003).

Gerade in jüngerer Zeit wendeten sich Autoren dem Prinzipal-Agent-Problem in internationalen Organisationen zu. Nach dem Prinzipal-Agent-Modell schaffen Staaten internationale Organisationen, um bestimmte Aufgaben an sie zu delegieren. Damit wird ein Verhältnis konstituiert, in dem die Prinzipale (also die Staaten) die Agenten (die internationalen Organisationen) ständig kontrollieren müssen, damit diese ihre Aufgaben tatsächlich erfüllen. Aufgrund des daraus resultierenden kardinalen Kontrolldefizits haben einige Autoren den Schluss gezogen, internationale Organisationen als Akteure zu betrachten, die politische Entscheidungen implementieren und ihre eigenen Interessen strategisch verfolgen (Hawkins et al. 2006). Neuere Studien über die Kreditvergabepolitik des IMF heben dagegen das komplementäre Verhältnis von Prinzipal und Agent hervor (Copelovitch 2010). Dagegen billigt Moravcsik (1998) internationalen Organisationen keine eigenständige Agentenrolle im Delegationsspiel zu. So zeigt er am Beispiel der EU, dass Mitgliedstaaten deshalb Hoheitsrechte delegieren und sich auf institutionelle Arrangements auf europäischer Ebene einlassen, um sich glaubwürdig an die eingegangenen Kooperationsverpflichtungen binden zu können. Supranationale Organe wie die Kommission können – so sein Argument – allenfalls helfen, die Kooperationsbedingungen zu verbessern, indem sie die Transaktionskosten reduzieren sowie die getroffenen Vereinbarungen überwachen. Die Übertragung nationaler Autorität oder gar die Schaffung neuer Loyalitäten auf der EU-Ebene tritt dagegen in den Hintergrund. Nichtsdestotrotz zählt die Frage, inwieweit internationale Organisationen „remain accountable to the states that comprise them" zu den zentralen Problemen internationaler Delegation (Martin/Simmons 2012: 333).

4.3 Internationale Organisationen als Akteure der internationalen Politik: Konstruktivistische Ansätze

Während Prinzipal-Agent-Ansätze internationalen Organisationen zumindest die Fähigkeit zubilligen, eigene Interessen strategisch zu verfolgen, kommt das Bild von den internationalen Organisationen als Akteuren der internationalen Politik zur Durchsetzung gemeinsamer Werte und Ideale erst im Sozialkonstruktivismus voll zur Geltung. Damit ist die intersubjektive Dimension von internationalen Institutionen angesprochen (Kratochwil/Ruggie 1986). Aus der Perspektive des sozialen Konstruktivismus werden internationale Organisationen als ein relativ stabiles Set von Normen und Regeln begriffen, die angemessenes Verhalten von Akteuren in spezifischen Situationen definieren. Damit sind internationale Organisationen in der Lage, die Interessen, Präferenzen und Identitäten von Staaten zu beeinflussen.

Es waren zunächst vor allem Arbeiten der ‚Englischen Schule' zur internationalen Gesellschaft, welche die Relevanz von Regeln und Praktiken für die Aufrechterhaltung der internationalen Ordnung hervorhoben. Bull (1977: 13) definiert – in Abgrenzung zum internationalen System – die internationale Gesellschaft wie folgt: „[A] group of states, conscious of certain common interests and common values, form a society in the sense that they conceive themselves to be bound by a common set of rules in their relations with one another, and share in the working of common institutions". Damit legen Bull und andere Vertreter der Englischen Schule ein weites Institutionenverständnis zugrunde. Neben ‚fundamentalen Institutionen' wie Multilateralismus oder Diplomatie werden auch konstitutionelle Praktiken wie Souveränität oder das Gleichgewicht der Mächte als Institutionen bezeichnet (Reus-Smit 1999). Im Mittelpunkt stehen damit vor allem Makro-Institutionen, während die Bedeutung formaler internationaler Organisationen eher heruntergespielt wird. Diese werden dann als wichtig erachtet, wenn dadurch fundamentale Institutionen, wie das Völkerrecht oder der Multilateralismus, gestärkt werden (Martin/Simmons 2012: 334).

Es ist ein Verdienst von Kratochwil und Ruggie (1986), die Einsichten der Englischen Schule auf die explizite Analyse von internationalen Institutionen und Organisationen übertragen zu haben. Aus der Perspektive einer interpretativen Epistemologie ist es wichtig, zu verstehen, dass internationale Institutionen in ein größeres System von Normen und Prinzipien eingebettet sind. Kardinal ist hier die Unterscheidung zwischen regulativen und konstitutiven Institutionen (Kratochwil 1989). Während Vertreter des rationalen Institutionalismus Normen und Regeln nur eine regulierende Wirkung zubilligen, geht der soziale Konstruktivismus davon aus, dass Institutionen auch eine konstitutive Wirkung auf die Interessen und Identitäten von Akteuren haben. Die in Institutionen festgeschriebenen Normen und Regeln basieren auf Ideen. Sie sind aber auch das endogene Produkt eines von Traditionen, Sitten und Praktiken geprägten institutionellen Umfeldes, das kulturell bestimmt ist (Hall/Taylor 1996: 14). Damit wirken Institutionen nicht nur auf Akteure ein, indem sie Anreize und Gelegenheitsstrukturen für rationales Handeln setzen. Vielmehr wird internationalen Institutionen ein prägender Einfluss auf staatliche Akteure zugeschrieben. So hat Ruggie (1982) gezeigt, dass die Weltwirtschaftsordnung nach 1945 nicht nur das Machtverhältnis und die Interessen der Staaten abgebildet hat, sondern auch die sozialen Normen und ökonomischen Ideen, wie sie in den westlichen Industriestaaten marktwirtschaftlicher Prägung entstanden sind. Als intersubjektiver Bedeutungsgehalt ist der flexible wirtschaftliche Liberalismus (*embedded liberalism*) den nach 1945 gegründeten Institutionen des Bretton-Woods-Systems inhärent.

In wichtigen Studien wurde seit den 1990er Jahren gezeigt, wie es transnational operierenden Normunternehmern oder Wissensunternehmern gelingt, etwa beim Schutz der Ozonschicht oder beim Verbot der Landminen neue normative Ideen auf die internationale Tagesordnung zu bringen (Finnemore/Sikkink 1998; Adler/Haas 1992). Haben sich neue Normen in einer maßgeblichen Zahl von internationalen Organisationen oder Ländern einmal durchgesetzt, kommt es zu dem, was Finnemore und Sikkink (1998: 895) eine „Normkaskade" nennen: Je mehr Staaten neue internationale Normen akzeptieren, desto stärker wird die Akzeptanz der Norm. Das Einhalten von Normen gehört nun zum guten Ton in der internationalen Staatengemeinschaft. Anderen Studien zufolge sind die Chancen für die Durchsetzung von Menschenrechtsnormen immer dann gut, wenn transnationalen Nichtregierungsorganisationen die Mobilisierung von internationalen Organisationen gelingt und es zu einer dauerhaften Verbindung zur Opposition im Zielstaat kommt (Risse/Ropp/Sikkink 1999). Dabei erweist sich das Anprangern von Menschenrechtsverletzungen seitens der Kontrollorgane im Menschenrechtsregime der Vereinten Nationen als besonders wichtig (Liese 2006). Klotz (1995) wiederum nahm die UN-Sanktionen gegen das Apartheid-Regime in Südafrika zum Anlass, um darzulegen, dass sich eine große Zahl von Staaten und internationalen Organisationen entgegen ihren Interessen an diesen beteiligten. Sozialisierungs- und Lerneffekte durch internationale Organisationen wurden auch bei der Osterweiterung der NATO und EU beobachtet (Gheciu 2005; Kelley 2004; kritisch Schimmelfennig 2003).

Internationale Organisationen können Staaten aber auch lehren, was sie wollen, wie Finnemore (1996) nachgewiesen hat. So hat erst die Weltkulturorganisation der Vereinten Nationen dazu beigetragen, dass sich in unterschiedlichen Staaten strukturell ähnlich leistungsfähige Bildungs- und Wissenschaftsbürokratien etablieren konnten. Ebenso sind erst mit den Genfer Konventionen des Internationalen Roten Kreuzes Rechtsnormen zur Mäßigung der Kriegführung entstanden. Und auch die Förderung der Entwicklungsländer ist nicht von diesen selbst ausgegangen, sondern von den Vereinten Nationen und der Weltbank. Indem Finnemore (ebd.: 122) zeigen konnte, dass sich ein aus westlichen Industrienationen hervorgegangenes Modell unabhängig von den nationalen Gegebenheiten über die staatlichen Grenzen hinweg ausbreitete, demonstriert sie die Relevanz gemeinschaftlicher Normen der *world polity* für internationale Organisationen. Damit konkretisiert sie die eher abstrakten Grundgedanken der *world polity*-Forschung (Meyer 2005). Wie Max Weber, so sieht Meyer einen Prozess der formalen Rationalisierung der westlichen Welt am Werk, der in der Ausdehnung formaler Organisationen sowie in der Entstehung einer sich globalisierenden Weltkultur zum Ausdruck kommt.

Innerhalb der sozialkonstruktivistischen Forschung hat sich in den letzten Jahren eine Sichtweise etabliert, die internationale Organisationen als Bürokratien konzipiert (Barnett/Finnemore 2004; Dingwerth/Kerwer/Nölke 2009). Verstanden als Bürokratien verkörpern internationale Organisationen zunächst rational-legale Autorität als das Wesensmerkmal bürokratischer Herrschaft. Damit Entscheidungen von internationalen Bürokratien als autoritativ anerkannt werden, müssen diese zusätzliche Autorität besitzen (Barnett/Finnemore 2004: 24f.). Indem internationale Organisationen von Staaten in die Position versetzt werden, Aufgaben zu übernehmen, besitzen sie delegierte Autorität. Internationale Organisationen können sich dabei erstens auf moralische Autorität stützen, indem sie deutlich machen, sozial anerkannten und wertgeschätzten Prinzipien der internationalen Gemeinschaft zu dienen. Zweitens können sich internationale Organisationen aber auch auf fachliche Autorität und technische Expertise berufen. Delegierte, moralische und fachliche Autorität tragen letztlich dazu bei, dass internationale Organisationen über Macht in den internationalen Beziehungen verfügen. Entscheidend ist jedoch, dass Informationen zu Wissen (*knowledge*) gemacht wird, wie sich am Beispiel der Weltgesundheitsorganisation (WHO) illustrieren lässt. Die WHO klassifizierte Homosexualität bis 1992 als psychische Krankheit, was dazu führte, dass Homosexuelle sich einer medizinisch-psychiatrischen Behandlung unterziehen mussten und in einige Länder nicht einreisen durften. Die durch die Klassifizierung der Welt von internationalen Organisationen geschaffenen sozialen Kategorien haben wichtige Implikationen für jene, die klassifiziert werden. Gleichzeitig legen internationale Organisationen einen intersubjektiv geteilten Bedeutungsrahmen fest, an dem sich Staaten orientieren und ihr Handeln ausrichten (ebd.: 33).

Wie nationale Bürokratien, so bilden auch internationale Bürokratien spezifische Organisationskulturen und Problemlösungsphilosophien aus. Internationale Bürokratien können auch dysfunktional werden, so dass sich deren Problemlösungsfähigkeit ins Gegenteil verkehrt. Barnett (2003) hat am Beispiel der *peacekeeping*-Bürokratie der Vereinten Nationen das Versagen der Doktrinen und Institutionen (allen voran des Sekretariats und des Sicherheitsrats der Vereinten Nationen) im Fall Ruanda nachgezeichnet und den Grund dafür in einer institutionalisierten Ideologie der Unparteilichkeit und Neutralität ausgemacht. Generell haben Studien gezeigt, dass der Grat zwischen Macht und Ohnmacht internationaler Organisationen schmal ist (Hasenclever/Wolf/Zürn 2007). Doch wie das Beispiel der Vereinten Nationen zeigt, sind internationale Organisationen auch lernfähig. So nahmen die Vereinten Nationen unter Kofi Annan den ‚Sündenfall' Ruanda zum Anlass, das Prinzip der ‚bedingten Souveränität' und die Doktrin der Schutzverantwortung (*responsibility to protect*) zu entwickeln. Damit soll künftig die Zivilbevölkerung vor schweren Menschenrechtsverletzungen und Brüchen des humanitären Völkerrechts geschützt werden. Ähnliche Lernprozesse lassen sich auch in anderen internationalen Organisationen wie der EU beobachten, wie die Vertragsreformen von Maastricht (1992) bis Lissabon (2009) zeigen.

5. Themenfelder und Entwicklungsperspektiven in der Forschung zu internationalen Organisationen

Der Überblick über die zentralen theoretischen Perspektiven auf internationale Organisationen zeigt, dass das Forschungsfeld seit der Publikation des wegweisenden Bandes von Inis Claudes „Swords into Plowshares" (1956) beachtliche Fortschritte gemacht hat. Gleichzeitig gibt es aber auch eine Reihe von normativen sowie deskriptiven Fragen und Problemen, welche die aktuelle Diskussion über internationale Organisationen bestimmen (Martin/Simmons 2012: 345f.). Abschließend sollen deshalb wichtige Themenfelder und Entwicklungsperspektiven in der empirischen Forschung über internationale Organisationen aufgegriffen werden. Als besonders innovative und produktive Perspektiven haben sich vor allem drei Themenstränge herauskristallisiert: internationale Organisationen und regelkonformes Verhalten, internationale Organisationen und der demokratische Frieden sowie normative Fragen nach der Legitimation von Regieren in und durch internationale(n) Organisationen.

5.1   Internationale Organisation und regelkonformes Verhalten

Ein erstes, ergiebiges Themenfeld umfasst Arbeiten über die Tiefe der Zusammenarbeit in internationalen Organisationen. Damit internationale Organisationen im Zeitalter der Globalisierung zu einem effektiven Regieren jenseits des Nationalstaates beitragen können, müssen sich Staaten an die eingegangenen Verpflichtungen und das Recht jenseits des Nationalstaates halten. Im Vordergrund steht dabei die Frage, ob und warum sich Staaten an eingegangene Verpflichtungen und Regeln halten, obwohl sie sich nicht auf eine zentrale Sanktionsinstanz berufen können. Das Gros der theoretischen Studien und empirischen Befunde lässt sich in drei Strategien zur Erklärung regelkonformen Verhaltens von Staaten bündeln, nämlich *enforcement*, *management* und *adjudication* (vgl. Chayes/Chayes 1995; Zangl 2001).

Enforcement-Strategien basieren auf spieltheoretischen Überlegungen, wie sie innerhalb des rationalen Institutionalismus entwickelt worden sind. Es wird angenommen, dass eigeninteressierte Staaten immer dann gegen internationale Regeln verstoßen, wenn ihnen die Kosten der Regelbefolgung als zu hoch erscheinen (Keohane 1989). Dies trifft vor allem dann zu, wenn die internationalen Regeln mit jenen auf der nationalen Ebene kollidieren oder die Mitgliedschaft in internationalen Organisationen erhebliche institutionelle und rechtliche Änderungen notwendig macht. Da sich intentionale Regelverstöße ohne eine übergeordnete Sanktionsinstanz nur schwer verhindern lassen, entsteht ein formidables Sanktions- und Bestrafungsproblem. Nur mächtige oder hegemoniale Staaten sind in der Lage, schwächere Staaten durch Androhung von Sanktionen zur Regelbefolgung zu zwingen. Zudem ist die Sanktionierung von internationalen Regelverstößen nicht nur für den betroffenen Staat, sondern zumeist auch für den Sanktionierenden mit Kosten verbunden. Folglich kann es leicht zum Abwälzen von Sanktionskosten auf andere Staaten kommen, mit dem fatalen Ergebnis, dass die Sanktionierung von Regelverletzungen unterbleibt. Damit Sanktionsdrohungen glaubhaft bleiben, müssen internationale Organisationen über verlässliche Verfahren verfügen, die sicherstellen, dass Regelverstöße wirksam festgestellt und überwacht werden können, so dass ein ‚Trittbrettfahren' unattraktiv wird.

Management-Strategien gehen hingegen davon aus, dass Staaten grundsätzlich bereit sind, sich an internationale Verpflichtungen zu halten, selbst wenn damit Kosten verbunden sind (vgl. Franck 1990). Regelverletzungen sind folglich nicht gewollt, sondern geschehen unfreiwillig. So fehlen insbesondere Entwicklungsländern häufig die notwendigen administrativen Handlungskapazitäten und ökonomischen Ressourcen zur Umsetzung von internationalen Regeln und Normen. Auch bei der Vermeidung unfreiwilliger Regelverstöße kommt internationalen Organisationen eine wichtige Rolle zu, indem sie den entsprechenden Staaten finanzielle und technische Unterstützung zukommen lassen und damit *capacity building* betreiben. Daneben stellen internationale Organisationen aber auch Verfahren zur Klärung von Regelinhalten bereit. Damit wird ein gemeinsames Verständnis für die Regeleinhaltung geschaffen, wobei Studien hier vor allem die Bedeutung von Informations- und Ressourcentransfers einerseits und Wissen über Regeleinhaltung und damit die Rolle von Expertengemeinschaften andererseits betonen (Adler/Haas 1992).

Eine dritte Strategie der Regeldurchsetzung geht davon aus, dass Normen und Regeln von internationalen Organisationen häufig deshalb missachtet werden, weil ihre Bedeutung nicht eindeutig ist. Die sogenannte *adjudication*-Strategie unterscheidet sich von der *management*-Strategie darin, dass Unstimmigkeiten bezüglich der einzuhaltenden Regeln und Normen durch gerichtsähnliche Institutionen vor der (Welt-)Öffentlichkeit als normmissachtend bzw. normbeachtend bewertet werden. Durch Instanzen der Adjudikation wird einerseits Staaten, die Regelungslücken absichtlich ausnutzen, der Weg versperrt. Anderseits tragen richterliche Entscheidungen auch dazu bei, normverletzenden Staaten den öffentlichen Weg der Regelbeachtung zu weisen (Zangl 2001: 56). Wichtig ist hierbei jedoch, dass Regelverstöße durch ein supranational angelegtes juristisches Verfahren bearbeitet werden, das es im Unterschied zu diplomatischen Streitbeilegungsverfahren den beteiligten Streitparteien weit weniger erlaubt, Normverstöße zu politisieren (vgl. Keohane 2002).

Während die drei Schulen der Regeldurchsetzung früher häufig als miteinander konkurrierend betrachtet wurden, wird inzwischen der komplementäre Charakter von *enforcement*, *management* und *adjudication* betont. So hat Zangl (2001, 2008) am Beispiel der Regeldurchsetzung im GATT (Ölsamen-Fall), in der WTO (Bananen-Fall) und der EG (*Cassis de Dijon*-Fall) belegt, dass sich internationales Regieren nicht nur auf gut institutionalisierte Sanktionsmechanismen und Verwaltungsdialoge stützten können sollte, sondern auch über gerichtliche Streitbeilegungsverfahren verfügen muss. Während die Rolle von Sanktionen und Verwaltungsdialogen für eine erfolgreiche Regeldurchsetzung vielfach überschätzt wird, bleibt die der Streitbeilegung in internationalen Organisationen häufig unterschätzt. Neuere Studien über die Regelbefolgung in der EU bestätigen diese Ergebnisse, wo die rechtliche Internalisierung besonders stark ausgeprägt ist. Börzel et al. (2010) wiesen für den Zeitraum von 1978-1999 nach, dass der Grad der Nichteinhaltung von EU-Gemeinschaftsrecht sowohl zwischen den einzelnen Mitgliedstaaten (hier stehen sich Musterschüler wie Dänemark und Großbritannien und Bummler wie Griechenland oder Italien gegenüber) als auch zwischen den Politiksektoren erheblich variiert. Auf der Grundlage von über 6.000 ausgewerteten Vertragsverletzungsverfahren kommen sie zu dem Ergebnis, dass große Staaten häufiger die Regeln in der EU brechen, während sich vor allem kleinere Staaten mit einer effizienten Bürokratie an die Regeln halten. Damit bestätigen die Ergebnisse die Komplementarität von Durchsetzungs-, Management- und Legitimationsstrategien. Ebenso zeigt die Forschergruppe in einer neuen Studie, warum kleinere Mitgliedstaaten wie Portugal sich nach einem Regelverstoß schneller an EU-Gemeinschafsrecht anpassen, während größere Mitgliedstaaten wie Italien eher bereit sind, Regelverletzungen auszusitzen (Börzel/Hofmann/Panke 2012).

5.2   Internationale Organisationen und demokratischer Friede

Ein zweites innovatives Themenfeld hat sich innerhalb der Forschung zum demokratischen Frieden eröffnet (vgl. Czempiel 1986). Obwohl liberale Theoretiker in der Tradition von Immanuel Kant seit mehr als zweihundert Jahren auf das traditionelle Argument vom Zusammenhang von internationalen Organisationen und Frieden setzen, wurde erst in letzter Zeit der Versuch unternommen, Typen von internationalen Organisationen zu unterscheiden und getrennt nach ihren Friedens- und Konflikteffekten zu untersuchen. Bereits 1970 haben Wallace und Singer (1970: 285) vor dem Hintergrund ihrer empirischen Analyse von internationalen Organisationen spekuliert, ob es einen Zusammenhang zwischen der Art und Intensität internationaler Konflikte und der gestiegenen Mitgliedschaft von Staaten in internationalen Organisationen gibt. Neuere Studien setzen deshalb bei der empirischen Beobachtung an, dass es nirgendwo sonst im internationalen System ein vergleichbar enges Netz von Organisationen und Regimen gibt wie zwischen Demokratien (Hasenclever 2010: 90ff.). Nicht nur die EU, der Europarat oder die OECD, sondern auch internationale Sicherheitsinstitutionen wie die NATO setzen sich ausschließlich oder weitestgehend aus demokratischen Staaten zusammen. Demokratien scheinen mithin in besonders hohem Maße bereit zu sein, mit ihresgleichen bei der Lösung internationaler Probleme zu kooperieren und zu diesem Zwecke internationale Organisationen einzurichten.

Entgegen einer weit verbreiteten Skepsis, wonach es keinen klaren Zusammenhang zwischen der Einbindung von Staaten in internationale Organisationen und der Gewaltanfälligkeit ihrer Beziehungen gibt, hat sich der friedensfördernde Effekt von internationalen Organisationen vor allem dann als statistisch robust erwiesen, wenn sie nach der Zusammensetzung ihrer Mitglieder differenziert werden. So konnte gezeigt werden, dass sich in regionalen Sicherheitsorganisationen mit überwiegend demokratischen Mitgliedstaaten das Risiko gewaltsamer Auseinandersetzungen zwischen ihren Mitgliedstaaten deutlich verringert (Pevehouse/Russett 2006). Andere Studien heben die wichtige Rolle von internationalen Organisationen bei der Beendigung militärischer Konflikte hervor. Auch trägt die Präsenz von Friedenstruppen internationaler oder regionaler Organisationen maßgeblich zur Friedenssicherung in vormaligen Kriegsgebieten bei.

Neben dem empirischen Befund, wonach interdemokratische Institutionen hervorragend geeignet sind, die Sicherheitsbeziehungen zwischen ihren Mitgliedern zu stabilisieren, die Zusammenarbeit in Wirtschaft und Umwelt zu fördern und die Autonomie der verregelten Politikfelder zu erhöhen, gibt es inzwischen auch erste Erklärungsangebote zum Zusammenhang von internationalen Organisationen und Frieden. Internationale Organisationen zwischen Demokratien wirken auf dreifachem Wege deeskalierend, nämlich durch die Einbindung privater und parlamentarischer Akteure, die systematische Abschöpfung privater Informationen und die Errichtung von Streitschlichtungsverfahren. Dadurch wird verhindert, dass Demokratien zu unilateralen Selbsthilfestrategien greifen und sich die Beziehungen untereinander polarisieren. Gleichzeitig sind damit die gefährlichsten Eskalationspfade blockiert, wie sie aus der Kriegsursachenforschung in den Internationalen Beziehungen bekannt sind (Hasenclever 2010: 224). Schließlich eröffnet die Perspektive auf den demokrati-

schen Frieden als ein Netzwerk von in internationalen Organisationen verbundenen demokratischen Staaten auch die Möglichkeit, die Herausbildung einer gemeinsamen Identität zu
erfassen, welche wiederum pazifizierend wirkt.[7]

5.3 Internationale Organisationen und demokratische Legitimation

Die letzte hier vorgestellte aktuelle Debatte im Forschungsfeld der internationalen Organisationen dreht sich vor allem um die Frage, wie und unter welchen Bedingungen sich europäische Integration und internationale Kooperation demokratisch gestalten lassen. Die weit
verbreitete Auffassung, dass nationale und internationale Demokratisierung in keinem Positivsummenspiel zueinander stehen, wird insbesondere in der Diskussion um das Demokratiedefizit innerhalb der EU vertreten. Spätestens seit dem Vertrag von Maastricht (1992) ist
das Demokratiedefizit zu einer zentralen Herausforderung für die europäische Integration
geworden. So hat die Sorge um das demokratische Defizit innerhalb der EU nicht nur zu einer breit geführten Diskussion um Demokratie jenseits des Nationalstaates geführt. Sie hat
auch die über die EU hinausgehende Frage aufgeworfen, inwieweit die demokratische Legitimationsbeschaffung auf der internationalen Ebene am nationalstaatlichen Maßstab gemessen werden kann und soll (Weiler/Haltern/Mayer 1995; siehe Deitelhoff/Zürn i. d. B.).

In einer Reihe von einflussreichen Beiträgen zum Thema Demokratie in der EU hat
Scharpf (1999) argumentiert, dass hoheitliches Handeln in Demokratien entweder input-ori-
entiert durch Bezug auf die kollektiven Präferenzen oder output-orientiert durch Bezug auf
die Interessen der Regierten legitimiert werden kann. Während sich innerhalb des Nationalstaates beide Legitimationsbeschaffungsmodi gegenseitig stützen und ihre Grundlage in politischen Institutionen finden, welche die direkte oder indirekte Abhängigkeit der Regierenden
von den Regierten effektiv und demokratisch sichern, fallen sie jenseits des Nationalstaates
auseinander. So sind nicht nur zentrale konstitutionelle Voraussetzungen der input-orientier-
ten Legitimation lediglich in eingeschränktem Maße vorhanden. Es fehlt auch die Voraussetzung einer starken kollektiven Identität, die erst die Ausbildung kollektiver Präferenzen ermöglicht, die unfreiwillige Umverteilung und zugemutete Sonderopfer legitimieren könnte.
Gleichzeitig ist die allein verfügbare Output-Legitimation in ihrer Reichweite begrenzt, was
eine Vergemeinschaftung wichtiger Politikfelder auf europäischer Ebene bislang ausschließt.
Zwar trägt die EU dieser normativen Beschränkung durch die spezifische Entscheidungs-
struktur im Rat (früher Ministerrat) Rechnung, wo – trotz des Übergangs zur qualifizierten
Mehrheit als Regelfall – in sensiblen Bereichen nach wie vor einstimmig abgestimmt wird.
Aber anders als im Nationalstaat unterliegt in der EU das unmittelbar rechtswirksame Handeln der Institutionen, wie das der Kommission oder der Europäischen Zentralbank, nicht
der letzten Kontrolle politisch verantwortlicher Entscheidungsinstanzen.

Während Scharpf von einem demokratischen Legitimationsproblem ausgeht, hält Moravcsik (2002) das Demokratiedefizit der EU für einen Mythos (ähnlich Majone 1998). An-

---

7   Es gibt eine Reihe von Studien, die zeigen, dass dauerhafte Kooperation im Rahmen von internationalen
     Organisationen die Herausbildung eines ‚Wir-Gefühls‘ unter den Teilnehmern fördert (vgl. Risse-Kappen
     1996; grundlegend dazu bereits Deutsch et al. 1957 und das Konzept der ‚Sicherheitsgemeinschaften‘).

knüpfend an die intergouvernementale Lesart der Integration bestreitet Moravcsik einen Kontrollverlust der Mitgliedstaaten und damit das EU-Demokratiedefizit. Im Zentrum europäischer Politik stehen der Rat und die nationalen Regierungen. Wo Kommission oder Europäischer Gerichtshof unabhängig entscheiden, liegt eine bewusste Strategie der Mitgliedstaaten zugrunde, Transaktionskosten zu reduzieren. Zudem folgt die institutionelle Delegation in der EU dem gleichen Muster wie im nationalen Rahmen, wo ja auch die Verantwortung für die Geldpolitik und sonstige Regulierungen an nichtmajoritäre Institutionen übertragen werden. EU-Institutionen erfüllen also nur jene Aufgaben, die auch innenpolitisch an unabhängige Behörden übertragen werden (Moravcsik 2002). Hinzu kommt, dass in der EU politische Entscheidungen verhandelt werden, die – aufgrund des nach wie vor fehlenden Parteienwettbewerbes – nicht zu den „salient issues for the mass public" gehören (Moravcsik 2006: 225). Letztlich dokumentieren die europäischen Regierungen durch die Delegation von Befugnissen lediglich die Glaubwürdigkeit ihrer wohlfahrtsfördernden Integrationsabsichten (Moravcsik 1998: 74ff.). Ein demokratisches Defizit der EU besteht nur, falls ein unrealistisches Ideal als Bewertungsmaßstab herangezogen wird, das selbst viele Mitgliedstaaten nicht erfüllen (Moravcsik 2002; Majone 1998). Dagegen haben Føllesdal und Hix (2006) eingewendet, dass Moravcsik das Legitimationsproblem in der EU falsch einschätze, indem er das Demokratiedefizit einseitig als fundamentale Quelle des Integrationserfolges verkürzt.

Zusammen mit anderen Autoren hat Moravcsik die demokratische Perspektive auf internationale Organisationen erweitert und damit eine generelle Debatte um die Auswirkungen internationaler Kooperation auf nationale demokratische Institutionen angestoßen (Keohane/Macedo/Moravcsik 2009; Gartzke/Naoi 2011). Die Autoren argumentieren, dass die wiederholt geäußerte Kritik am elitären, technokratischen und undemokratischen Charakter vieler Regelungsarrangements jenseits des Staates überzogen sei. Vielmehr – so ihr zentrales Argument – können aus der Perspektive eines konstitutionellen (statt eines rein majoritären) Demokratieverständnisses internationale Organisationen durchaus demokratiefördernd wirken, indem sie helfen, partikuläre Sonderinteressen einzuhegen, Individual- und Minderheitenrechte gegen Staat und sektiererische Mehrheiten zu schützen und die qualitative Informationsbasis kollektiver Deliberation zu erhöhen (Keohane/Macedo/Moravcsik 2009: 2). Relativiert man nämlich das Prinzip der Volkssouveränität als die einzige Möglichkeit, Demokratie zu organisieren, und stellt ihr Werte wie Deliberation, Minderheitenschutz sowie die Bekämpfung des Einzelinteresses und die Förderung gemeinsamer Interessen gegenüber, so können internationale Institutionen und Organisationen viele dieser Normen nicht nur erfüllen, sondern auch zu ihrer Stärkung beitragen. Dies geschieht, wie Studien zum Internationalen Strafgerichtshof (Deitelhoff 2006) exemplarisch zeigen, indem Prozesse der Deliberation ausgelöst werden, die im nationalen Rahmen sonst ausgeblendet würden. Eine legitime internationale Ordnung ist demnach mehr als die bloße Kongruenz zwischen Herrschenden und Beherrschten, wie sie dem Prinzip der Volkssouveränität zugrunde liegt (siehe Deitelhoff/Zürn i. d. B.).

Gegen das Positivsummenspiel von nationaler und internationaler Demokratisierung wurde eingewandt, dass es nicht so sehr der elitäre und technokratische Charakter von internationalen Organisationen sei, der demokratiefeindlich wirke, sondern dieser Effekt trete ein, „because multilateral organizations are highly political" (Gartzke/Naoi 2011: 589). Zum einen schaffen internationale Organisationen Gewinner und Verlierer, was sie anfällig für den Einfluss von partikulären Sonderinteressen macht. Zum anderen macht die Politisierung der internationalen Institutionen internationale Politik in vielerlei Hinsicht schwieriger, wie nicht zuletzt die Politisierung der internationalen Wirtschafts- und Finanzinstitutionen seit dem Zusammenbruch der US-Großbank Lehmann Brothers im September 2008 gezeigt hat. Dies gilt vor allem für die EU als Ganzes (Zürn/Ecker-Ehrhardt 2013). Politische Akteure sind nicht nur zunehmend sensibel, sondern sie sind auch in einem Maße zu Kritik bereit, die internationale Organisationen und Institutionen unter Handlungszwang setzen. Es bleibt abzuwarten, ob die Politisierung der Weltpolitik sich als eine wichtige Wegmarke hin zu einer normativ gehaltvollen internationalen Ordnung erweisen wird.

Kommentierte Literaturhinweise

Rittberger, Volker/Zangl, Bernhard/Kruck, Andreas, ⁴2013: Internationale Organisationen. Politik und Geschichte. Wiesbaden: Springer VS.
Die derzeit umfassendste und aktuellste Einführung in den Gegenstand der internationalen Organisationen in deutscher Sprache.

Martin, Lisa B./Simmons, Beth A., 2012: International Organizations and Institutions, in: Carlsnaes, Walter/Risse, Thomas/Simmons, Beth A. (Hg.): Handbook of International Relations. Los Angeles u. a.: Sage, 326-351.
Beitrag von führenden Vertretern des Fachs, der den internationalen *state-of-the-art* der Forschung zu internationalen Organisationen abbildet.

Claude, Inis L., 1956: Swords into Plowshares. The Problems and Progress of International Organization. New York: Random House.
Klassiker der Forschung zu internationalen Organisationen mit dem Schwerpunkt Völkerbund und Vereinte Nationen.

Literatur

Abbott, Kenneth W./Snidal, Duncan, 1998: Why States Act Through Formal International Organizations, in: Journal of Conflict Resolution 42:1, 3-32.

Adler, Emanuel/Haas, Peter M., 1992: Epistemic Communities, World Order, and the Creation of a Reflective Research Program: Conclusion, in: International Organization 46:1, 367-390.

Alvarez, José E., 2006: International Organizations: Then and Now, in: The American Journal of International Law 100:2, 324-347.

Barnett, Michael, 2003: Eyewitness to a Genocide: The United Nations and Rwanda. Ithaca, NY: Cornell University Press.

Barnett, Michael/Finnemore, Martha, 2004: Rules for the World: International Organizations in Global Politics. Ithaca, NY: Cornell University Press.

Börzel, Tanja A./Hofmann, Tobias/Panke, Diana, 2012: Caving in or Sitting it out? Longitudinal Patterns of Non-Compliance in the European Union, in: Journal of European Public Policy 19:4, 454-471.

Börzel, Tanja A./Hofmann, Tobias/Panke, Diana/Sprungk, Carina, 2010: Obstinate and Inefficient: Why Member States Do Not Comply With European Law, in: Comparative Political Studies 43:11, 1363-1390.

Bull, Hedley, 1977: The Anarchical Society. A Study of Order in World Politics. New York: Columbia University Press.

Chayes, Abram/Chayes, Antonia, 1995: The New Sovereignty. Compliance with International Regulatory Agreements. Cambridge, MA: Harvard University Press.

Claude, Inis L., 1956: Swords into Plowshares. The Problems and Progress of International Organization. New York: Random House.

Copelovitch, Mark S., 2010: Master or Servant? Common Agency and the Political Economy of IMF Lending, in: International Studies Quarterly 54:1, 49-77.

Cox, Robert W./Jacobson, Harold K., 1973: The Anatomy of Influence: Decision Making in International Organization. New Haven: Yale University Press.

Czempiel, Ernst-Otto, 1986: Friedensstrategien. Opladen: Westdeutscher Verlag.

Deitelhoff, Nicole, 2006: Überzeugung in der Politik. Grundzüge einer Diskurstheorie internationalen Regierens. Frankfurt a.M.: Suhrkamp.

Deutsch, Karl W./Burrell, Sidney A./Kann, Robert A./Lee, Maurice Jr./Lichterman, Martin/Lindgren, Raymond E./ Loewenheim, Francis L./Van Wagenen, Richard W., 1957: Political Community and the North Atlantic Area: International Organization in the Light of Historical Experience. Princeton, NJ: Princeton University Press.

Dingwerth, Klaus/Kerwer, Dieter/Nölke, Andreas (Hg.), 2009: Die Organisierte Welt. Internationale Beziehungen und Organisationsforschung. Baden-Baden: Nomos.

Finnemore, Martha, 1996: National Interests and International Society. Ithaca, NY: Cornell University Press.

Finnemore, Martha/Sikkink, Kathryn, 1998: International Norm Dynamics and Political Change, in: International Organization 52:4, 887-917.

Føllesdal, Andreas/Hix, Simon, 2006: Why There is a Democratic Deficit in the EU: A Response to Majone and Moravcsik, in: Journal of Common Market Studies 44:3, 533-562.

Franck, Thomas M., 1990: The Power of Legitimacy Among Nations. Oxford: Oxford University Press.

Gartzke, Eric/Naoi, Megumi, 2011: Multilateralism and Democracy: A Dissent Regarding Keohane, Macedo, and Moravcsik, in: International Organization 65:3, 589-598.

Gheciu, Alexandra, 2005: Security Institutions as Agents of Socialization? NATO and the 'New Europe', in: International Organization 59:4, 973-1012.

Grieco, Joseph M., 1988: Anarchy and the Limits of Cooperation: A Realist Critique of the Newest Liberal Institutionalism, in: International Organization 42:3, 485-508.

Gruber, Lloyd, 2000: Ruling the World: Power Politics and the Rise of Supranational Institutions. Princeton, NJ: Princeton University Press.

Gstöhl, Sieglinde, 2007: Governance through Government Networks: The G8 and International Organizations, in: The Review of International Organizations 2:1, 1-37.

Haftendorn, Helga/Keohane, Robert O./Wallander, Celeste A. (Hg.), 1999: Imperfect Unions. Security Institutions over Time and Space. Oxford: Oxford University Press.

Hall, Peter A., 2010: Historical Institutionalism in Rationalist and Sociological Perspective, in: Mahoney, James/ Thelen, Kathleen (Hg.): Explaining Institutional Change. Cambridge: Cambridge University Press, 204-224.

Hall, Peter A./Taylor, Rosemary C., 1996: Political Science and the Three New Institutionalisms, in: Political Studies 44:4, 936-957.

Hasenclever, Andreas, [3]2010: Liberale Ansätze zum demokratischen Frieden, in: Schieder, Siegfried/Spindler, Manuela (Hg.): Theorien der Internationalen Beziehungen. Opladen: UTB, 223-254.

Hasenclever, Andreas/Wolf, Klaus Dieter/Zürn, Michael (Hg.), 2007: Macht und Ohnmacht internationaler Institutionen. Frankfurt a.M.: Campus.

Hawkins, Darren G./Lake, David A./Nielson, Daniel L./Tierney, Michael J. (Hg.), 2006: Delegation and Agency in International Organizations. Cambridge: Cambridge University Press.

He, Kai, 2008: Institutional Balancing in the Asia-Pacific: Economic Interdependence and China's Rise. London: Routledge.

Herren, Madeleine, 2009: Internationale Organisationen seit 1865. Eine Globalgeschichte der internationalen Ordnung. Darmstadt: Wissenschaftliche Buchgesellschaft.

Karns, Margaret P./Mingst, Karen A., 2004: International Organizations. The Politics and Processes of Global Governance. Boulder, CO-London: Lynne Rienner.

Kelley, Judith, 2004: International Actors on the Domestic Scene: Membership Conditionality and Socialization by International Institutions, in: International Organization 58:3, 425-457.

Keohane, Robert O., 1984: After Hegemony. Cooperation and Discord in World Politics. Princeton, NJ: Princeton University Press.

Keohane, Robert O., 1989: International Institutions and State Power. Essays in International Relations Theory. Boulder, CO: Westview Press.

Keohane, Robert O., 2002: Governance in a Partially Globalized World, in: Held, David/McGrew, Anthony (Hg.): Governing Globalization. Power, Authority and Global Governance. Cambridge: Polity Press, 325-347.

Keohane, Robert O./Macedo, Stephen/Moravcsik, Andrew, 2009: Democracy-Enhancing Multilateralism, in: International Organization 63:1, 1-31.

Keohane, Robert O./Nye, Joseph S., 1977: Power and Interdependence. World Politics in Transition. Boston, MA: Little & Brown.

Kindleberger, Charles P., 1973: The World in Depression 1929-1939. Los Angeles: University of California Press.

Klein, Eckart/Schmahl, Stefanie, ⁴2010: Die Internationalen und die Supranationalen Organisationen, in: Vitzthum, Wolfgang G. (Hg.): Völkerrecht. Berlin-New York: De Gruyter, 263-387.

Klotz, Audie, 1995: Norms in International Relations. The Struggle against Apartheid. Ithaca, NY: Cornell University Press.

Koremenos, Barbara/Lipson, Charles/Snidal, Duncan, 2001: The Rational Design of International Institutions, in: International Organization 55:4, 761-799.

Krasner, Stephen D. (Hg.), 1983: International Regimes. Ithaca, NY: Cornell University Press.

Kratochwil, Friedrich V., 1989: Rules, Norms, and Decisions. Cambridge: Cambridge University Press.

Kratochwil, Friedrich/Ruggie, John G., 1986: International Organization. A State of the Art on an Art of the State, in: International Organization 40:4, 753-775.

Leibfried, Stephan/Pierson, Paul (Hg.), 1998: Standort Europa. Sozialpolitik zwischen Nationalstaaten und europäischer Integration. Frankfurt a.M.: Suhrkamp.

Liese, Andrea, 2006: Staaten am Pranger. Zur Wirkung internationaler Regime auf die innerstaatliche Menschenrechtspolitik. Wiesbaden: VS Verlag für Sozialwissenschaften.

Majone, Giandomenico, 1998: Europe's 'Democratic Deficit': The Question of Standards, in: European Law Journal 4:1, 5-28.

Martin, Lisa B./Simmons, Beth A., 2012: International Organizations and Institutions, in: Carlsnaes, Walter/Risse, Thomas/Simmons, Beth A. (Hg.): Handbook of International Relations. Los Angeles u. a.: Sage, 326-351.

Mearsheimer, John J., 1995: The False Promise of International Institutions, in: International Security 19:3, 5-49.

Meyer, John W., 2005: Weltkultur: Wie die westlichen Prinzipien die Welt durchdringen. Frankfurt a.M: Suhrkamp.

Moe, Terry, 2005: Power and Political Institutions, in: Perspectives on Politics 3:2, 215-234.

Moravcsik, Andrew, 1998: The Choice for Europe. Social Purpose and State Power from Messina to Maastricht. Ithaca, NY: Cornell University Press.

Moravcsik, Andrew, 2002: In Defence of the Democratic Deficit: Reassessing Legitimacy in the European Union, in: Journal of Common Market Studies 40:4, 603-624.

Moravcsik, Andrew, 2006: What Can We Learn from the Collapse of the European Constitutional Project?, in: Politische Vierteljahresschrift 47:2, 219-241.

Morgenthau, Hans J., 1963: Macht und Frieden – Grundlegung einer Theorie der internationalen Politik. Gütersloh: Bertelsmann.

Overhaus, Marco/Schieder, Siegfried, 2010: Institutionalismus, in: Masala, Carlo/Sauer, Frank/Wilhelm, Andreas (Hg.): Handbuch der Internationalen Politik. Wiesbaden: VS-Verlag für Sozialwissenschaften, 115-130.

Pape, Robert A., 2005: Soft Balancing against the United States, in: International Security 30:1, 7-45.

Peters, Dirk/Freistein, Katja/Leininger, Julia, 2012: Theoretische Grundlagen zur Analyse internationaler Organisationen in: Freistein, Katja/Leininger, Julia (Hg.): Handbuch Internationale Organisationen. Theoretische Grundlagen und Akteure. München: Oldenbourg, 3-27.

Pevehouse, Jon/Nordstrom, Timothy/Warnke, Kevin, 2004: Intergovernmental Organizations, 1815-2000: A New Correlates of War Data Set, in: Conflict Management and Peace Science 21:2, 101-119.

Pevehouse, Jon/Russett, Bruce, 2006: Democratic International Governmental Organizations Promote Peace, in: International Organization 60:4, 969-1000.

Pollack, Mark A., 2003: The Engines of European Integration: Delegation, Agency and Agenda Setting in the EU. Oxford: Oxford University Press.

Reinalda, Bob, 2009: Routledge History of International Organizations. From 1815 to the Present Day. London: Routledge.

Reus-Smit, Christian, 1999: The Moral Purpose of the State. Princeton, NJ: Princeton University Press.

Risse, Thomas/Ropp, Stephen C./Sikkink, Kathryn, 1999: The Power of Human Rights: International Norms and Domestic Change. Cambridge: Cambridge University Press.

Risse-Kappen, Thomas, 1996: Collective Identity in a Democratic Community: The Case of NATO, in: Katzenstein, Peter J. (Hg.): The Culture of National Security. Norms and Identity in World Politics. New York: Columbia University Press, 357-399.

Rittberger, Volker/Zangl, Bernhard/Kruck, Andreas, ⁴2013: Internationale Organisationen. Politik und Geschichte. Wiesbaden: Springer VS.

Ruggie, John G., 1982: International Regimes, Transactions, and Change: Embedded Liberalism in the Postwar Economic Order, in: International Organization 36:2, 379-415.

Scharpf, Fritz W., 1999: Regieren in Europa: Effektiv und demokratisch? Frankfurt a.M.-New York: Campus.

Schimmelfennig, Frank, 2003: The EU, NATO, and the Integration of Europe: Rules and Rhetoric. Cambridge: Cambridge University Press.

Shanks, Cheryl/Jacobson, Harold K./Kaplan, Jeffrey H., 1996: Inertia and Change in the Constellation of International Governmental Organizations, 1981–1992, in: International Organization 50:4, 593-627.

Wallace, Michael/Singer, David J., 1970: Intergovernmental Organization in the Global System, 1815-1964: A Quantitative Description, in: International Organization 24:2, 239-287.

Waltz, Kenneth N., 1979: Theory of International Politics. Reading: Addison Wesley.

Weiler, Joseph H.H./Haltern, Ulrich R./Mayer, Franz C., 1995: European Democracy and its Critique, in: West European Politics 18:3, 4-39.

Zangl, Bernhard, 2001: Bringing courts back in: Normdurchsetzung im GATT, in der WTO und der EG, in: Swiss Political Science Review 7:2, 49-80.

Zangl, Bernhard, 2008: Judicialization Matters! A Comparison of Dispute Settlement under GATT and the WTO, in: International Studies Quarterly 52:4, 825-854.

Zangl, Bernhard/Zürn, Michael, 2004: Frieden und Krieg. Sicherheit in der nationalen und postnationalen Konstellation. Frankfurt a.M.: Suhrkamp.

Zürn, Michael, 1992: Interessen und Institutionen in der internationalen Politik. Grundlegung und Anwendung des situationsstrukturellen Ansatzes. Opladen: Leske + Budrich.

Zürn, Michael, 1998: Regieren jenseits des Nationalstaates. Frankfurt a.M.: Suhrkamp.

Zürn, Michael, 2012: Globalization and Global Governance, in: Carlsnaes, Walter/Risse, Thomas/Simmons, Beth A. (Hg.): Handbook of International Relations. London: Sage, 401-425.

Zürn, Michael/ Ecker-Ehrhardt, Matthias, 2013: Die Politisierung der Weltpolitik: Umkämpfte Internationale Institutionen. Berlin: Suhrkamp.

Die Europäische Union

Katharina Holzinger

Einleitung

Die Europäische Union (EU) als Studienobjekt der Politikwissenschaft berührt nahezu alle ihre Teildisziplinen. Die Internationalen Beziehungen befassten sich mit der EU auf Grund ihrer weit vorangeschrittenen Integration von Nationalstaaten, die als erklärungsbedürftige Kooperation im internationalen System angesehen wurde. Erst später betrachtete diese Teildisziplin die EU auch als einen eigenständigen Akteur im internationalen System, mit externen Beziehungen und einer zunehmend wichtigen Rolle in der internationalen Politik und Wirtschaft. Die Lehre von den politischen Systemen und die Vergleichende Politikwissenschaft interessierten sich für die institutionellen Charakteristika der EU: ihre Funktionsweise als einem politischen Entscheidungssystem, ihr Demokratiedefizit und ihren Mehrebenencharakter. Einen bedeutenden Beitrag zur EU-Forschung hat auch die Policy-Analyse geleistet: Sie untersucht die Politiken der EU im Hinblick auf ihre Inhalte, ihre Entstehung und ihre Rückwirkungen auf die Mitgliedstaaten. Die EU-Forschung wird als ein Laboratorium der Politikwissenschaft bezeichnet, weil gerade in diesem Feld oft methodische Neuentwicklungen der Politikwissenschaft erprobt werden.

Die EU-Forschung schneidet einerseits quer durch alle Teildisziplinen, andererseits ist sie ein eigener Teilbereich geworden. Seit Beginn der 1990er Jahre kann von einem Boom der politikwissenschaftlichen EU-Forschung gesprochen werden (Egan/Nugent/Paterson 2010): Es wurden eigene Fachverbände gegründet, eigene Professuren eingerichtet und eigene Studiengänge zur EU geschaffen. Inzwischen ist die EU neben den USA vermutlich eines der am besten erforschten politischen Systeme.

Im Folgenden wird ein Überblick über die politikwissenschaftliche EU-Forschung gegeben. Dabei werden parallel Basisinformationen zur EU und politikwissenschaftliche Forschungsperspektiven vermittelt. Begonnen wird mit einem historischen Abriss der konstitutionellen Entwicklung der EU und einem Überblick über die Theorien der europäischen Integration. Im nächsten Kapitel werden das politische System der EU, ihre Institutionen, Akteure und Prozesse sowie wesentliche analytische Perspektiven und Diskussionsthemen der Forschung eingeführt. Das dritte Kapitel widmet sich den Politiken der EU: In welchen Handlungsfeldern ist die EU aktiv geworden, welche Auswirkungen hat das auf die Mitgliedstaaten, wie werden die Politiken umgesetzt und befolgt? Der letzte Abschnitt befasst sich mit den Außenbeziehungen der EU und der derzeitigen Krise der Wirtschafts- und Währungsunion.

1. Europäische Integration

1.1 Geschichte der Europäischen Integration

Die ersten Gemeinschaften der späteren Europäischen Union wurden in den frühen 1950er Jahren unter dem Eindruck des Zweiten Weltkriegs gegründet. Die Vision war, dauerhaften Frieden innerhalb Europas zu erreichen. Ein erstes Instrument dazu sollte die Zusammenarbeit der ehemaligen Kriegsgegner in Zentraleuropa, Frankreich und Deutschland, im Bereich von kriegsrelevanten Schlüsselindustrien wie der Montan- und Stahlindustrie sowie der Atomtechnik bilden. Dazu wurden mit dem Vertrag von Paris (1951) die Europäische Gemeinschaft für Kohle und Stahl (EGKS, Montanunion) und mit den Verträgen von Rom (1957) die Europäische Atomunion (EURATOM) und die Europäische Wirtschaftsgemeinschaft (EWG) gegründet. Letztere zielte auf die Errichtung eines gemeinsamen europäischen Marktes. Dieser wurde zunächst durch eine Zollunion und die Entwicklung einer gemeinsamen Agrarpolitik verwirklicht. Die beiden Verträge begründeten zentrale Institutionen wie die Kommission, den Rat und die Versammlung. Der Versuch der Gründung einer Europäischen Verteidigungsgemeinschaft (EVG) mit nachfolgender politischer Union scheiterte dagegen 1954 (einen ausführlichen Überblick zur historischen Entwicklung der EU gibt Nugent 2010).

Den Gründungsverträgen folgten sieben weitere europäische Verträge, die als rechtliche Manifestationen einer zunehmenden Integration der Institutionen und immer weiterer Politiken gelten können. Ergänzt wurden sie durch die Erweiterungsverträge, die das Wachstum der europäischen Gemeinschaften durch den Beitritt weiterer Staaten abbilden. Damit sind die wesentlichen drei Entwicklungspfade hin zur jetzigen EU bezeichnet: (1) Erweiterung von sechs auf 27 Mitgliedstaaten, (2) Vertiefung der Integration durch die Stärkung der supranationalen Institutionen der EU, (3) Vertiefung der Integration durch Europäisierung immer weiterer Politikfelder.

Erweiterung

Den ursprünglichen Gemeinschaften gehörten Frankreich, Deutschland, Italien und die Benelux-Staaten Belgien, die Niederlande und Luxemburg an. Nach längeren Verhandlungen fand 1973 eine erste Erweiterung um Großbritannien, Irland und Dänemark statt. Im Zuge der Demokratisierung Südeuropas in den 1970er Jahren erfolgte die sogenannte Süderweiterung um Griechenland (1981) sowie Spanien und Portugal (1986). Im Rahmen der Nord- oder EFTA-Erweiterung traten im Jahr 1995 drei Mitglieder der Freihandelszone EFTA der EU bei: Österreich, Schweden und Finnland. Ebenfalls die Mitgliedschaft gesucht hatten Norwegen und die Schweiz – die Beitritte scheiterten jedoch an deren Bevölkerungen. Per Referendum wurde 1992 in der Schweiz der Beitritt zum Europäischen Wirtschaftsraum und in Norwegen der Beitrittsvertrag zur EU abgelehnt. Nach der Beendigung des Kalten Kriegs folgte die nächste Beitrittswelle. Neben Malta und Zypern wurden acht mittel- und osteuropäische Länder aufgenommen: Estland, Lettland, Litauen, Polen, Tschechische Republik, Slowakei, Slowenien, Ungarn. Mit Rumänien und Bulgarien wurde 2007 die Osterweiterung abgeschlossen. Wie bei der Süderweiterung machte die EU die Demokratisierung und Rechtsstaatlichkeit dieser Länder zur Bedingung für die Aufnahme und leistete damit einen Beitrag zur Demokratisierung Europas. Kroatien wird 2013 das 28. Mitglied werden. Mit fünf weiteren Staaten werden derzeit Beitrittsverhandlungen geführt oder ins Auge gefasst: Island, Mazedonien, Montenegro, Serbien und der Türkei. Die Anziehungskraft der EU auf die europäischen Staaten hat sich somit als sehr groß erwiesen. Dies ist vor allem auf den ökonomischen Erfolg der Gemeinschaft zurückzuführen, kann aber auch als Zugkraft der politischen Einigung des Kontinents interpretiert werden.

Institutionelle Vertiefung

Die institutionelle Integration der Gemeinschaften wurde von Vertrag zu Vertrag weiter vorangetrieben. Mit der Unterzeichnung des Fusionsvertrags 1966 wurden die Kommissionen und die Räte der bestehenden Gemeinschaften fusioniert und die qualifizierte Mehrheit als Abstimmungsregel eingeführt. Letztere wurde jedoch durch Frankreich boykottiert, so dass nach dem ‚Luxemburger Kompromiss‘ von 1966 faktisch weiterhin einstimmig entschieden wurde. Dies änderte sich erst 1987 mit der Einheitlichen Europäischen Akte. Das Ziel dieser Vertragsänderung war es, die Eurosklerose zu überwinden, die sich durch den Luxemburger Kompromiss eingestellt hatte, und eine Periode mit geringen Fortschritten zu beenden. Neben der qualifizierten Mehrheit als Entscheidungsregel im Rat wurde das Kooperationsverfahren als legislatives Verfahren eingeführt, das dem Europäischen Parlament erstmals Mitentscheidungsrechte einräumte.

Die darauffolgende Vertragsreform durch den 1993 in Kraft getretenen Maastrichter Vertrag stärkte die demokratische Legitimität der EU, indem das Parlament im Kodezisionsverfahren gegenüber dem Rat ein aufschiebendes Vetorecht bekam. Außerdem wurden viele Politikbereiche in die Verfahren der Kooperation oder der Kodezision (vgl. Abschnitt 2.4 für eine Beschreibung der Verfahren) und von der Einstimmigkeit zur qualifizierten Mehrheit im Rat verschoben. Insgesamt wurden damit das supranationale Element und die Demokratie in der EU gestärkt.

Diese Entwicklung setzte sich 1997 im Vertrag von Amsterdam fort. Das Kodezisionsverfahren wurde so verändert, dass das Parlament zum gleichberechtigten Mitgesetzgeber wurde. Weitere Politikfelder wurden in die Kodezision und die qualifizierte Mehrheit überführt. Außerdem wurde ein Hoher Vertreter der EU für Außen- und Sicherheitspolitik geschaffen. Allerdings konnten viele Fragen nicht gelöst werden und wurden auf die nächste Regierungskonferenz in Nizza verschoben. Der Vertrag von Nizza (2000) sollte die EU auf die Osterweiterung vorbereiten und in Erwartung einer stark zunehmenden Mitgliederzahl die Effizienz der Entscheidungsfindung erhöhen. Verändert wurden die Stimmgewichte für die qualifizierte Mehrheit im Rat, so dass die Größe der Mitgliedstaaten und ihre Abstimmungsmacht besser übereinstimmten. Außerdem wurde die Zahl der Kommissare auf je einen pro Mitgliedstaat beschränkt (bisher hatten die fünf großen Staaten zwei Kommissare gestellt).

Die konfliktreichen Verhandlungen in Nizza hatten zur Folge, dass die Mitgliedstaaten beschlossen, einen ‚Verfassungsprozess‘ zu initiieren. Dieser hatte drei Ziele: Erstens sollten die offenen institutionellen Fragen weiter bearbeitet werden. Zweitens sollte das inzwischen komplexe Vertragsgefüge in einen neuen, einheitlichen Verfassungsvertrag integriert werden. Drittens sollte die demokratische Legitimation der EU durch neue demokratischere Institutionen und einen transparenten Prozess der Verfassungsgebung erhöht werden. Es wurde ein Verfassungskonvent einberufen, dem neben Regierungsvertretern der Mitgliedstaaten auch solche der Kandidatenländer und Parlamentarier des Europäischen Parlaments und der Mitgliedstaaten angehörten. Der Konvent verabschiedete einen Text, der mit geringen Änderungen von der Regierungskonferenz in Rom akzeptiert wurde. Der Ratifikationsprozess dieses neuen EU-Vertrags geriet jedoch ins Stocken, als die Verfassung 2005 in den Niederlanden und Frankreich in Referenden abgelehnt wurde. Von den Regierungen wurde dann ein neuer Reformvertrag erarbeitet und 2009 bei der Regierungskonferenz von Lissabon verabschiedet. Er behielt die wesentliche Substanz des Verfassungsvertrags bei, aber auch die alte unübersichtliche Vertragsstruktur. Die Stimmgewichte im Rat wurden zugunsten einer doppelten qualifizierten Mehrheit der Mitgliedstaaten und Einwohner verändert. Das Kooperationsverfahren wurde abgeschafft, primäres Verfahren ist nun die Kodezision. Das Parlament bekam volles Budgetrecht. Außerdem wurde ein direktdemokratisches Instrument eingeführt, die europäische Bürgerinitiative. Schließlich wurde das Amt eines Präsidenten des europäischen Rats geschaffen, ein Europäischer Auswärtiger Dienst gegründet und erstmalig der EU-Austritt geregelt.

Vertiefung durch Kompetenzerweiterung

Auch im Bereich der Politikfelder bewegte sich die EU mit jedem Vertrag ein Stück weiter voran. Die Europäisierung weiterer Politikfelder erfolgte jedoch auch zwischen den Verträgen auf dem stillen Weg, da die Verträge immer zuließen, dass weitere Politiken europäisch geregelt werden, wenn die Mitgliedstaaten das wünschten. Am Beginn standen neben Kohle und Stahl und der Agrarpolitik vor allem die Zollunion und der gemeinsame Markt, was eine gemeinsame Handels- und Wettbewerbspolitik nach sich zog. Mit der Einheitlichen Europäischen Akte sollte vor allem das Projekt eines Binnenmarktes vollendet werden; sie schuf die Voraussetzungen für die weitgehende Harmonisierung technischer Vorschriften im Bereich grenzüberschreitend gehandelter Produkte. Außerdem wurde mit ihr ein Kapitel zur Umweltpolitik in den Vertrag eingefügt. Die Umweltpolitik war, wie die Struktur-, Verkehrs-, Kommunikations- oder Kulturpolitik in den vergangenen Jahrzehnten, allmählich entstanden.

Hauptprojekt des Vertrags von Maastricht war die Schaffung der Wirtschafts- und Währungsunion, die 2002 mit der Einführung des Euro abgeschlossen wurde. Mit dem Sozialprotokoll wurde auch die Grundlage für eine gemeinsame Sozialpolitik gelegt. Außerdem führte dieser Vertrag die Säulenstruktur der EU ein: Neben die bisher schon vergemeinschafteten Politiken, der ersten Säule, traten zwei weitere, intergouvernementale Säulen: die Gemeinsame Außen- und Sicherheitspolitik (GASP) und die gemeinsame Justiz- und Innenpolitik. Der Vertrag von Amsterdam enthielt kleinere Änderungen, wie Verschiebungen der Justizpolitik in die erste Säule und neue Regelungen in Bereich Arbeits- und Rechtspolitik. Erst der Vertrag von Lissabon erbrachte auf der Ebene der Politiken wieder substantielle Änderungen, z. B. die Integration der EU-Grundrechtecharta. Insbesondere gibt es nun einen Kompetenzkatalog, der die legislativen Kompetenzen für die einzelnen Politiken den Ebenen der Mitgliedstaaten und der EU zuweist. Die Säulenstruktur wurde aufgehoben.

1.2 Theorien der Europäischen Integration

Wie lässt sich dieser fortschreitende Prozess der Integration Europas erklären? Dieser Frage widmete sich der politikwissenschaftliche Teilbereich der Internationalen Beziehungen. Es wurden dazu eine ganze Reihe von Theorien vorgelegt, vom Föderalismus und Transaktionalismus bis hin zum konstruktivistischen Supranationalismus (Überblick bei Wiener/Dietz 2009; für wichtige Grundlagentexte siehe Grimmel/Jakobeit 2009). In einer ersten Phase in den 1950er und 1960er Jahren wurden vor allem zwei konkurrierende Theorieschulen begründet: der Neo-Funktionalismus und der Intergouvernementalismus. Während es in den 1970er und 1980er Jahren stiller wurde um die Integrationstheorien, lässt sich seit den 1990er Jahren eine Neubelebung der Debatte und eine Weiterentwicklung der Theorieansätze beobachten. Die folgende Darstellung orientiert sich an der Reihenfolge der Entstehung und an der von Rittberger und Schimmelfennig (2005: 19ff.) vorgelegten Systematisierung.

Neo-Funktionalismus

Der Neo-Funktionalismus wurde von Ernst B. Haas (1968) begründet und ist als ‚die' Integrationstheorie der frühen EU-Jahre zu bezeichnen. Weitere Vertreter sind Leon Lindberg (1963), Stuart Scheingold (Lindberg/Scheingold 1970) und Philippe Schmitter (1969). Die Grundannahme des Ansatzes ist, dass der Prozess der Integration Eigendynamiken entfaltet, die nicht ursprünglich von den mitgliedstaatlichen Regierungen intendiert, nicht kontrollierbar und nicht rückgängig zu machen sind. Zur Beschreibung dieser Eigendynamik wurde der Begriff des *Spillover*-Mechanismus verwendet. Es werden drei Arten des Spillover unterschieden. Der ‚funktionale Spillover' beschreibt die Logik, dass die Integration in einem Sektor Auswirkungen auf einen anderen Sektor hat und deshalb die Integration im zweiten Sektor nach sich zieht. Ein ‚politischer Spillover' entsteht, wenn politische Akteure, wie Interessengruppen oder die Verwaltung, sich auf die neue Ebene hin orientieren und neue Identitäten, Loyalitäten und Koalitionen entwickeln. Der ‚institutionelle Spillover' ergibt sich aus der Tätigkeit der supranationalen Organe: Sie entwickeln ein Eigeninteresse am Weiterbestand und der Fortentwicklung der europäischen Integration und werden deshalb die Integration aktiv weiter treiben. Der Neo-Funktionalimus ist aus heutiger Sicht dem Supranationalismus zuzurechnen, er wird als sein Vorläufer verstanden. Er verlor im Verlauf der 1970er Jahre seine Attraktivität, weil er nicht in der Lage zu sein schien, die Phase der Eurosklerose zwischen dem Luxemburger Kompromiss und der Einheitlichen Europäischen Akte zu erklären.

Realistischer Intergouvernementalismus

Dagegen konnte der konkurrierende Ansatz des Intergouvernementalismus in dieser Phase an Erklärungskraft gewinnen. Diese Theorie war von Stanley Hoffmann (1966) entwickelt worden. Die EU wird wie jedes andere internationale Regime betrachtet. Grundannahme ist, dass die europäische Integration ein Prozess ist, der von den mitgliedstaatlichen Regierungen gesteuert wird. Die Regierungen sind die Herren der Verträge, weitere Integrationsschritte werden sie nur gehen, wenn die Kooperation im allseitigen Interesse der beteiligten Staaten ist. Die Mitgliedstaaten sind dominante Akteure, sie gestalten die Integration nach ihren Interessen. Im realistischen Intergouvernementalismus sind diese Interessen vor allem machtpolitischer Natur. Dazu gehörte lange die Idee, dass die Integration auf den Bereich der Wirtschaft, die zu den *low politics* gerechnet wurde, beschränkt bleiben wird, während zentrale Staatsfunktionen wie Außen- und Sicherheitspolitik (*high politics*) nicht vergemeinschaftet werden.

Liberaler Intergouvernementalismus

Der Intergouvernementalismus wurde in den 1990er Jahren von Andrew Moravcsik (1998) weiterentwickelt. Seine liberale Variante teilt die Grundannahme, dass die Regierungen den Integrationsprozess dominieren und supranationale Akteure demgegenüber eine geringe Rolle spielen. Moravcsik entwickelt ein zweistufiges Model der europäischen Integration: Auf der nationalen Ebene entstehen die Präferenzen der Regierungen über das Zusammenspiel kollektiver gesellschaftlicher Akteure wie Parteien und Interessenverbänden. Moravcsik hält besonders ökonomische Interessen für bedeutend, weil die EU eine primär ökonomische Organisation ist. Dies erklärt die Bezeichnung ‚liberaler' Intergouvernementalismus. Auf der EU-Ebene wird der Integrationsfortschritt durch ein Verhandlungsmodell erklärt: Die Ergebnisse hängen von der relativen Verhandlungsmacht und den Präferenzen der Regierungen ab.

Rationalistischer Supranationalismus

Der Supranationalismus oder supranationale Institutionalismus wurde maßgeblich von Alec Stone Sweet, Neil Fligstein (Fligstein/Stone Sweet 2001) und Wayne Sandholtz (Sandholtz/Stone Sweet 1998) geprägt. In diesem Ansatz sind die supranationalen Institutionen und transnationale gesellschaftliche Verbände die treibenden Kräfte der Integration. Die Macht- und Präferenzkonstellationen der Regierungen allein genügen nicht, um die Integration zu erklären. Es kommt in dem Umfang zu Integrationsfortschritten, in dem dies den Nutzen der transnationalen gesellschaftlichen Akteure steigert und die supranationalen Organisationen die Kapazität haben, diese Interessen zu fördern. Damit teilt der rationalistische Supranationalismus zwar mit dem Intergouvernementalismus grundlegende Annahmen über das Handeln und die Motive der Akteure, unterscheidet sich aber darin, welchen Akteuren er Bedeutung für die entscheidenden Integrationsmechanismen zuweist.

Konstruktivistischer Supranationalismus

Als die jüngste Integrationstheorie ist der konstruktivistische Supranationalismus noch am wenigsten ausdifferenziert. Er geht wie der rationalistische Supranationalismus von einer großen Bedeutung supranationaler Institutionen und transnationaler Akteure aus. Der Mechanismus der Integration wird jedoch unterschiedlich beschrieben. Er greift nicht auf ein rationalistisches, am Nutzen orientiertes Handlungsmodell, sondern auf den soziologischen Institutionalismus zurück. Dieser beruht auf der Handlungslogik der Angemessenheit: Die Individuen agieren in einer Umwelt, die durch kollektive Normen strukturiert ist und streben danach, innerhalb dieser Regeln angemessen zu handeln. Handlungsleitend sind nicht die Präferenzen der Akteure, sondern ihre sozialen Rollen und Identitäten, welche die Anforderungen an angemessenes Handeln definieren. Identität und Sozialisationsprozesse erhalten in diesem theoretischen Konstrukt eine große Bedeutung. Ein Fortschritt der europäischen Integration ist dann zu erwarten, wenn die Identifikation der Akteure mit der EU und die Legitimität der EU als politisches System zunehmen (Christiansen/Joergensen/Wiener 2001; Risse 2003).

1.3 Differenzierte Integration

Als differenzierte oder flexible Integration wird eine Form der europäischen Integration bezeichnet, bei der nicht alle Mitgliedstaaten in gleicher Weise an allen Politiken der EU teilhaben. Als Hintergrund für die Notwendigkeit differenzierter Integration wird meist die Heterogenität der Mitglieder angenommen. Während die EU in den ersten Jahrzehnten von einer Vollintegration aller Mitgliedstaaten ausging, wurde diese Zielsetzung in den 1990er Jahren zunehmend aufgegeben. Zum einen wurde im Vertrag von Amsterdam eine Klausel zur ‚verstärkten Zusammenarbeit‘ eingeführt, nach der eine Mindestzahl von Mitgliedstaaten in einem Bereich enger kooperieren kann, auch wenn nicht alle Mitglieder dazu bereit sind. Zum anderen wurde im Bereich des europäischen Primärrechts (der Verträge) vermehrt zugelassen, dass einzelne Staaten sich an einer weiteren Integration nicht beteiligen.

Prominentestes Beispiel ist der Euro: Nur 17 EU-Mitgliedstaaten sind Teil des Euro-Raums. Dies ist für einige Staaten auf mangelnden Willen zurückzuführen, für andere auf mangelnde Fähigkeit, da die Teilnahme am Euro die Erfüllung bestimmter Kriterien voraussetzt. Ein anderes Beispiel sind die Schengener Abkommen zur Erleichterung des grenzüberschreitenden Personenverkehrs und der Zusammenarbeit bei der Kriminalitätsbekämpfung. Ursprünglich außerhalb der EU-Verträge entstanden, sind sie inzwischen Teil der Verträge. Nicht alle Mitglieder nehmen jedoch an den Schengener Abkommen teil. Außerdem gehören auch Nicht-EU-Mitglieder wie die Schweiz dazu. Differenzierte Integration hat also auch einen Aspekt, der über die EU hinausweist: Nicht-Mitglieder können EU-Recht übernehmen und auf ihrem Gebiet anwenden. Regelmäßig ist das bei Mitgliedern des Europäischen Wirtschaftsraums und der Schweiz der Fall.

Neben diesen bekannten Fällen im Primärrecht gibt es allerdings in großem Umfang differenzierte Integration im Sekundärrecht (bei den europäischen Rechtsakten). Das bedeutet, dass es für viele Mitgliedstaaten zeitlich befristete oder unbefristete Ausnahmeregelun-

gen vom europäischen Recht gibt. Einschlägig sind vor allem Ausnahmen für neu beigetrete-
ne Länder. Der genaue Umfang dieser Ausnahmen ist bisher nicht bekannt. Die Implikation
ist, dass die Einheit Europas geringer und die Flexibilität der europäischen Integration größer ist, als allgemein angenommen.

   Die politikwissenschaftliche Forschung hat sich bisher kaum mit diesem Phänomen befasst (Holzinger/Schimmelfennig 2012). Zwar gibt es seit den 1970er und verstärkt seit den
1990er Jahren eine rege politische Diskussion diverser Konzepte zur flexiblen Integration und
Versuche ihrer Typologisierung (Stubb 2002; Tuytschaever 1999). Theorien der differenzierten Integration und systematische empirische Erhebungen fehlen jedoch bisher.

2. Die Europäische Union als politisches System

2.1 Die Organe der EU

Die EU wird häufig als ein politisches System *sui generis* bezeichnet, also als einzigartig.
Tatsächlich sind die politischen Institutionen der EU teilweise mit anderen Bezeichnungen,
teilweise mit anderen Funktionen ausgestattet als vergleichbare Organe in den westlichen
demokratischen Systemen. Für eine ausführliche Diskussion der institutionellen Landschaft
der EU sei beispielhaft auf die Lehrbücher von McCormick (2008), Nugent (2010), Pfetsch
(2005) oder Tömmel (2008) verwiesen. Stärker theoretische Auseinandersetzungen finden
sich in Hix/Høyland (2011), Holzinger et al. (2005) und in dem Sammelband von Jachten-
fuchs/Kohler-Koch (2003). Die wichtigsten Organe der EU sollen hier nur in ihren Grundfunktionen auf dem Stand des Vertrags von Lissabon skizziert werden.

   Der *Europäische Rat* setzt sich aus den Regierungschefs der Mitgliedstaaten und dem
Präsidenten der Kommission (mit beratender Stimme) zusammen. Sein Präsident wird seit
dem Vertrag von Lissabon für zweieinhalb Jahre vom Europäischen Rat gewählt. Dem Europäischen Rat obliegt die Steuerung der Integration, er legt Leitlinien und Ziele der europäischen Politik fest. Er tagt vierteljährlich in Brüssel und trifft Entscheidungen einstimmig.
Die Mitglieder des Rates sind auch die Verfassungsgeber der EU: Wenn die Verträge geändert werden sollen, erfolgt dies im Rahmen von ‚Regierungskonferenzen‘, die in der Regel
mehrmals in größeren Abständen tagen. Die Verträge werden dann von den nationalen Parlamenten oder durch Referenden in den Mitgliedstaaten ratifiziert.

   Der *Rat der Europäischen Union*, meist als *Ministerrat* bezeichnet, setzt sich aus den
jeweiligen Fachministern der nationalen Regierungen zusammen und tagt beispielsweise als
Wirtschafts- oder Umweltrat. Er bildet eine der beiden legislativen Kammern der EU (die
Staatenkammer) und verabschiedet zusammen mit dem Parlament das europäische Recht.
Er trifft je nach Vorgaben des Vertrags für ein Politikfeld die Entscheidungen einstimmig
oder mit qualifizierter Mehrheit. In den intergouvernementalen Feldern, vor allem der Ge-
meinsamen Außen- und Sicherheitspolitik, wird grundsätzlich einstimmig beschlossen. Die
Ratspräsidentschaft wechselt halbjährlich zwischen den Mitgliedstaaten nach einer festen
Reihenfolge. Der Rat ist nach wie vor der Hauptgesetzgeber der EU; es sind also die Exekutiven der Mitgliedstaaten, die die europäische Politik maßgeblich mitbestimmen.

Das *Europäische Parlament* ist die zweite legislative Kammer der EU (die Bürgerkammer). Es wird seit 1979 alle fünf Jahre direkt von der Bevölkerung der EU gewählt (751 Abgeordnete ab 2014). Die Zahl der Abgeordneten richtet sich nach der Bevölkerungszahl der Mitgliedstaaten, kleinere Staaten sind überrepräsentiert. Gewählt wird nach nationalen Wahlrechten. Das Parlament organisiert sich in (derzeit) sieben Fraktionen, in denen sich die europäischen Parteifamilien zusammenschließen. Die Arbeit vollzieht sich in thematischen Ausschüssen, die in der Regel in Brüssel tagen. Das Parlament hat je nach Politikfeld und Rechtsakt unterschiedliche Rechte, von der beratenden Stellungnahme im Konsultationsverfahren über die Zustimmung zu internationalen Verträgen bis zur gleichberechtigten Mitentscheidung im Kodezisionsverfahren. Es wählt auf Vorschlag des Europäischen Rates den Kommissionspräsidenten und den EU-Außenminister und kann der Kommission bei Verdacht auf Amtsmissbrauch das Misstrauen aussprechen. Ein klassisches Parlamentsrecht, das Budgetrecht, hat das Europäische Parlament erst mit dem Vertrag von Lissabon in vollem Umfang erhalten. Im Vergleich mit anderen demokratischen Parlamenten hat das Europäische Parlament nach wie vor beschränkte Rechte: Es hat in wichtigen Politikbereichen, wie der Wirtschafts- und Währungsunion, der Außenpolitik und der Sozialpolitik, nur Beratungs- und keine Mitentscheidungsfunktion.

Die *Europäische Kommission* ist die Exekutive der EU und das funktionale Äquivalent einer Regierung. Die Kommissare werden im Benehmen mit dem Kommissionspräsidenten vom Europäischen Rat mit qualifizierter Mehrheit gewählt. Vom Europäischen Parlament wird die Kommission als Ganze bestätigt. Die Kommissare haben je ein Ressort und stehen einer Generaldirektion oder einem anderen Dienst der Kommission vor. Sie sind unabhängig und dürfen keine Weisungen ihrer Mitgliedstaaten entgegennehmen. Anders als mitgliedstaatliche Regierungen ist die Kommission nur in einem engen Rahmen frei in ihrem politischen Handeln. Sie hat zwar das alleinige Initiativrecht für das europäische Recht. Ihre Vorschläge können jedoch von Rat und Parlament abgeändert werden. Die Hauptfunktionen der Kommission bestehen in der Vorbereitung von Rechtsakten und in der Überwachung ihrer Umsetzung, sobald sie verabschiedet sind. In den älteren und den eher technokratischen Politikfeldern, wie der Agrar- und Binnenmarktpolitik, hat die Kommission über ihre Expertise mehr Einfluss als etwa bei der Außenpolitik.

Der *Europäische Gerichtshof* (EuGH) ist das oberste Gericht der EU. Jeder Mitgliedstaat ist mit einem Richter vertreten. Diese werden von den nationalen Regierungen im Konsens für die Dauer von sechs Jahren ernannt. Seine Hauptaufgabe ist die Wahrung des Rechts bei der Anwendung und Auslegung der EU-Verträge. Beim Vertragsverletzungsverfahren können die EU-Kommission oder Mitgliedstaaten einen Verstoß eines Mitgliedstaats gegen geltendes EU-Recht prüfen lassen. Stellt der EuGH in seinem Urteil einen Verstoß fest, kann er ein Zwangsgeld verhängen. Der EuGH hat sich zu einer sehr starken supranationalen Institution entwickelt, die das EU-Recht und die Kompetenzen der EU immer wieder gestärkt hat, insbesondere im Bereich des Binnenmarktes. Außerdem trug der Gerichtshof viel zur Klärung des Verhältnisses der Organe untereinander bei und stärkte die supranationalen Organe. Die vom EuGH entwickelten Prinzipien der direkten Wirkung des EU-Rechts auf die Bürger und der Suprematie des EU-Rechts schränkte die Souveränität der Mitgliedstaaten empfindlich ein. Die Urteile des EuGH entwickelten nicht nur das EU-Recht und die Verträge weiter, sondern beeinflussten auch die nationalstaatlichen Gerichte, obwohl der EuGH formal ihnen nicht übergeordnet ist (Alter 2001).

Weitere Organe der EU sind der *Wirtschafts- und Sozialausschuss* und der *Ausschuss der Regionen*, die beide eine beratende Rolle in der Gesetzgebung einnehmen. Dem *Europäischen Rechnungshof* obliegt die Rechnungsprüfung und Haushaltskontrolle. Die *Europäische Zentralbank* wurde 1999 mit der Wirtschafts- und Währungsunion gegründet. Sie bestimmt die Geldpolitik im Euro-Raum und legt die Leitzinsen fest. Das Direktorium wird vom Europäischen Rat berufen, ist aber weisungsungebunden und nur den währungspolitischen Zielen des EU-Vertrags verpflichtet.[1]

2.2 Die EU im Vergleich mit anderen politischen Systemen

Wie verhält es sich nun mit dem politischen System *sui generis*? Der Vergleichshorizont sind westliche Demokratien. Für diese gibt es unterschiedliche Typologisierungsansätze. So wird z. B. nach der institutionellen Konfiguration von Exekutive und Legislative zwischen parlamentarischen und präsidentiellen System unterschieden (Steffani 1981) oder nach dem vorherrschenden Entscheidungsmodus zwischen Mehrheits- und Konsensdemokratien (Lijphart 2012).

Die Unterscheidung zwischen parlamentarischen und präsidentiellen Systemen lässt sich kaum auf die EU anwenden. Sie beruht darauf, dass im parlamentarischen System eine Rücktrittsverpflichtung der Regierung im Falle eines Misstrauensvotums des Parlaments besteht, während der Fortbestand der Regierung im präsidentiellen System unabhängig von der parlamentarischen Mehrheit ist. Zwar gibt es eine Rücktrittsverpflichtung der Kommission, falls das Europäische Parlament ein Misstrauensvotum ausspricht. Dabei handelt es sich aber nicht um einen politischen, das heißt aufgrund der Änderung von Mehrheitsverhältnissen erzwungenen Rücktritt, sondern um eine Sanktionierung aufgrund eines Fehlverhaltens der Kommission. Die Kommission besteht unabhängig von der Bestätigung durch parlamentarische Mehrheiten. Die in parlamentarischen Systemen politisch notwendige und rechtlich zulässige Zugehörigkeit der Regierung zum Parlament besteht in der EU gerade nicht. Andererseits besteht keine strikte Gewaltentrennung wie im präsidentiellen System, sondern im Gegenteil eine Verschränkung von Legislative und Exekutive (vgl. Holzinger 2005: 84ff.).

Für die Unterscheidung zwischen Konsens- und Mehrheitsdemokratie nennt Lijphart zehn Merkmale. Während einige Merkmale auf die EU nicht anwendbar sind – etwa das der Koalitionsregierung in Konsenssystemen – lassen sich die meisten Merkmale für die EU im Sinne der Konsensdemokratie beantworten: Es gibt ein Mehrparteiensystem; das Parteiensystem ist multidimensional (es gibt die Links-Rechts- und eine Pro- versus Kontra-Integrationsdimension in der EU, vgl. Hix/Høyland 2011: 61); gewählt wird überwiegend im Verhältniswahlrecht; es liegt ein Zweikammersystem vor; der Staatsaufbau ist föderalistisch; die EU-Verträge bilden eine geschriebene Verfassung und seit Lissabon gibt es erste direktdemo-

---

1   Zur Rolle der Europäischen Zentralbank im aktuellen Schuldenkrisenmanagement in der EU siehe Abschnitt 4.3.

kratische Elemente in Form der europäischen Bürgerinitiative. Insgesamt sind Konsenszwang und Verhandlung als Entscheidungsverfahren in der EU stärker präsent als majoritäre Verfahren. Es handelt sich bei der EU klar um ein Konsenssystem (vgl. Holzinger 2005: 87ff.).

Auffallend sind einige weitere Merkmale der EU, die sie von demokratischen Staaten unterscheiden. Erstens ist die EU ein Zwitter zwischen internationaler Organisation und föderalem Staat. Die EU-Verträge als Verfassung werden intergouvernemental ausgehandelt und von den nationalen Parlamenten oder per Referendum ratifiziert, Verfassungsgeber ist nicht das EU-Parlament. Wie ein Föderalstaat hat sie einen Mehrebenenaufbau und eine Staatenkammer. Zum Staat fehlt ihr jedoch das Gewaltmonopol und das Steuererhebungsrecht. Zweitens gibt es eine große Varianz über die verschiedenen Politikbereiche hinsichtlich der Frage, ob im intergouvernementalen Modus (einstimmig durch die Regierungen) oder supranational (z. B. im Kodezisionsverfahren) entschieden wird. Drittens ist die Kommission ein Zwitter zwischen Regierung und Ministerialverwaltung. Viertens gibt es nach wie vor kein europäisches Parteiensystem, das den Namen verdient. Gewählt werden nicht die europäischen Parteizusammenschlüsse, sondern die nationalen Parteien auf der Basis von an nationalen Themen orientierten Wahlkämpfen. Weder die Kommission, noch das Parlament werden also über einen echten politischen Wettbewerb legitimiert, in dem die Wähler auf der Basis europapolitischer Angebote von europäischen Parteien Kandidaten auswählen.

2.3 Das demokratische Defizit

Damit haben wir zwar ein Konsenssystem identifiziert und sehen eine formal föderale Struktur ohne Staatsqualität. Aber handelt es sich bei der EU um eine Demokratie? Im Gefolge des Maastrichter Vertrags von 1992 erfuhr das demokratische Defizit der EU eine beträchtliche Karriere in der politikwissenschaftlichen Literatur. Während die demokratische Legitimation der EU bis dahin weder politisch, noch wissenschaftlich diskutiert wurde, machten die Referenden in Frankreich und Irland zum Maastrichter Vertrag einen Mangel an Zustimmung durch die Bevölkerung sichtbar. Dies bot Anlass, über die demokratische Qualität der EU nachzudenken, zumal die EU für ihre Mitgliedstaaten die demokratische Organisation zur Aufnahmevoraussetzung macht. Dies wurde im Vorfeld der Osterweiterung mit den Kopenhagener Kriterien (1993) förmlich festgeschrieben, die später Eingang in die *Charta der Grundrechte der EU* und schließlich in den Vertrag von Lissabon fanden (vgl. Holzinger 2005: 89ff.).

Solange die europäische Integration eine vorwiegend intergouvernementale Veranstaltung war, die sich über ihr Ergebnis – Beförderung von Frieden, Demokratie und Wohlstand in Europa – rechtfertigte, bestand wenig Zweifel an der Legitimität der europäischen Politiken. Das europäische Recht musste ohnehin zum großen Teil durch die nationalen Parlamente umgesetzt werden. Demokratische Legitimität erhielten diese Rechtsakte also über die nationalen Regierungen und Parlamente. Zunehmend wurden nun Probleme dieser indirekten Legitimationskette benannt (Kielmannsegg 2003): Erstens führe das Mehrheitsprinzip im Rat dazu, dass auch überstimmte Regierungen dieses Recht umsetzen müssen. Zweitens werden nationale Parlamente und Regierungen nicht mit Bezug auf die europäische Politik gewählt. Drittens seien die Entscheidungsprozesse im Rat für eine Demokratie zu intransparent.

Hauptkritikpunkt aber war die mangelhafte direkte Legitimation über das Europäische Parlament. Da dieses keineswegs über die vollen Parlamentsrechte verfügte, war es als Legitimationsstifter kaum geeignet. Außerdem fehlt als Bindeglied zwischen den europäischen Bürgern und ihren Vertretern im Parlament ein europäisches Parteiensystem, über das die Auswahl des politischen Personals und politischer Programme vermittelt werden könnte.

Die Diskussion ging noch einen Schritt weiter. Die demokratische Legitimation von Politik setzt die Existenz eines Demos voraus, eines Wahlvolkes, das sich als politische Einheit versteht, in der kollektiv bindende Entscheidungen mit Mehrheit getroffen werden (ebd.). Dies verlangt eine kollektive Identität der Europäer als europäische Bürger und die Existenz einer europäischen Öffentlichkeit (Eder 2003).

Die Diskussion der 1990er Jahre führte zu sukzessiven Änderungen in den Reformverträgen, die das demokratische Defizit reduzierten: Die Rechte des Parlaments wurden aufgewertet, immer mehr Politikbereiche wurden in die Kodezision verschoben, das Kooperationsverfahren abgeschafft. Die europäische Bürgerinitiative wurde verankert, die Grundrechtecharta in den Vertrag integriert, die Protokolle der Ratssitzungen öffentlich zugänglich.

Diese Reformen konnten jedoch das demokratische Defizit der EU nicht vollständig beseitigen. So gibt es auch heute noch kein funktionierendes europäisches Parteiensystem und keine gemeinsame europäische Öffentlichkeit. Ein europäisches Parteiensystem würde voraussetzen, dass die Wahl der Abgeordneten nach europapolitischen Gesichtspunkten erfolgt. Das wäre wohl nur zu erreichen, wenn die Europa-Wahlen gleichzeitig der Auswahl einer europäischen Regierung dienen würden. Alternativ wäre eine Mindestvoraussetzung, dass die öffentliche Diskussion über die europäische Politik einen Umfang annimmt, der der tatsächlichen praktischen Relevanz der europäischen Politik für die Bürger gerecht wird. Davon sind die europäischen Medien und die Parteien derzeit noch weit entfernt. Eine dritte Alternative wären europäische Parteien statt nationale Europa-Parteien.

2.4 Entscheidungsfindung in der EU

Im Zentrum der politischen Entscheidungsprozesse in der EU stehen die drei Organe Kommission, Ministerrat und Parlament. Sie erarbeiten im Rahmen der legislativen Verfahren zusammen das europäische Recht. Die Ausgestaltung der legislativen Verfahren wurde im Verlauf der Vertragsreformen immer wieder geändert. Zum Konsultationsverfahren trat mit der Einheitlichen Europäischen Akte das Kooperationsverfahren, das mit dem Vertrag von Lissabon wieder aufgehoben wurde. Der Vertrag von Maastricht führte das Mitbestimmungsverfahren ein (Kodezision I), das im Vertrag von Amsterdam nochmals verändert wurde (Kodezision II).

Die Europäische Kommission hat das alleinige Recht zur Gesetzesinitiative. Erst auf ihren Vorschlag hin werden Parlament und Rat tätig. Vorschläge entstehen allerdings nicht nur aus den Reihen der Kommissionsverwaltung heraus, sondern auch auf Anregung aus dem Parlament oder dem Rat. Bevor ein Kommissionsvorschlag ins offizielle Verfahren eingespeist wird, gibt es in der Regel umfangreiche Konsultationen mit europäischen Interessenverbänden, den zuständigen Arbeitsgruppen beim Rat und den zuständigen Parlamentsausschüssen. Sobald ein Vorschlag formell im Verfahren ist, hat die Kommission keine großen Einflussmöglichkeiten mehr. Zwar kann sie in der ersten Lesung weiterhin Änderungsvorschläge unterbreiten, Rat und Parlament sind daran aber nicht gebunden. Sie kann Vorschläge allerdings jederzeit zurückziehen. Das macht sie aber nur dann, wenn ein Scheitern abzusehen ist oder formale Gründe einen Neustart des Verfahrens angeraten erscheinen lassen. Lediglich im Kooperationsverfahren hatte die Kommission vorübergehend mehr Rechte im Verfahren: Wenn Vorlagen zwischen Parlament und Rat strittig waren, konnte die Kommission sich entweder auf die Seite des Rats oder auf die Seite des Parlaments schlagen und damit den Ausschlag geben. Im Kodezisionsverfahren hat sie diese Möglichkeit verloren und wird damit stärker auf ihre Rolle als eine ,Ministerialverwaltung' reduziert.

Bis zur Einheitlichen Europäischen Akte hatte das Parlament lediglich eine beratende Funktion: Es gab im Rahmen des Konsultationsverfahren eine Stellungnahme ab, die aber vom Rat nicht berücksichtigt zu werden musste. Außerdem gab es Rechtsakte, z. B. internationale Abkommen, zu denen die Zustimmung des Parlaments erforderlich war. Und schließlich gab es das Haushaltverfahren. Diese Verfahren gibt es heute noch. Allerdings wird heute in den meisten Politikfeldern nicht mehr das Konsultations-, sondern das Kodezisionsverfahren angewendet. In der Kodezision hat das Parlament ein Vetorecht: Eine Vorlage kann nur gemeinsam von Rat und Parlament verabschiedet werden. In zwei Lesungen versuchen Parlament und Rat zu einer Einigung zu kommen. Falls dies nicht gelingt, wird ein Vermittlungsausschuss angerufen, in dem Vertreter beider Organe einen gemeinsamen Vorschlag ausarbeiten, der dann beiden Organen zu Abstimmung vorgelegt wird.

Die Veränderungen in den Verfahren implizieren über die Zeit einen Machtverlust des Ministerrats als Legislativorgan gegenüber dem Parlament. Zwar ist der Rat in allen Bereichen, die intergouvernemental bearbeitet werden, der alleinige Entscheider. Auch dort, wo noch das Konsultationsverfahren angewendet wird, ist er zwar auf den Vorschlag der Kommission angewiesen und muss eine Stellungnahme des Parlaments zur Kenntnis nehmen, bleibt aber doch der entscheidende Spieler. Im Kodezisionsverfahren sieht er sich jedoch dem Parlament als gleichberechtigtem Partner gegenüber. Da Gesetzgebungsmaterien zunehmend dem Kodezisionsverfahren überantwortet wurden, ist dies eine beträchtliche Einschränkung der Macht der nationalen Regierungen. Die interne Abstimmungsregel bei Kodezision ist in der Regel die qualifizierte Mehrheit. Die genaue Berechnung der qualifizierten Mehrheit wurde mehrfach geändert. Um die Festlegung der Stimmenzahlen und Abstimmungsregeln wird bei den Regierungskonferenzen oft sehr heftig gerungen.

Dies ist nicht überraschend, denn Abstimmungsregeln, Stimmgewichte und formelle Verfahrensregeln verteilen Macht zwischen den Mitgliedstaaten und zwischen den Organen der EU. Mit diesen Fragen hat sich vor allem die dem *Rational Choice*-Paradigma verpflichtete Politikwissenschaft befasst (vgl. Braun i. d. B.). Die Machtverteilung zwischen den Mitgliedstaaten im Rat wurde mit sogenannten Machtindizes erfasst. Während die Einstimmigkeitsregel die Gleichverteilung der Macht impliziert, ist bei qualifizierter Mehrheit mit Stimmgewichtung die Zahl der Stimmen nicht automatisch mit der Macht gleichzusetzen.

Die Abstimmungsmacht ergibt sich vielmehr daraus, in wie vielen möglichen Gewinnkoalitionen man Mitglied ist. Instrumente wie der Shapley-Shubik-Index zeigten, dass in der ursprünglichen Stimmverteilung beispielsweise Luxemburg trotz einer Stimme im Rat keinerlei Entscheidungseinfluss hatte, weil es niemals für eine Gewinnkoalition benötigt wurde. Die Relevanz dieser politikwissenschaftlichen Erkenntnisse wurde von der Europa-Politik erkannt und umgesetzt, so dass nunmehr kaum noch Unterschiede zwischen Stimmgewicht und Abstimmungsmacht bestehen (vgl. Hix/Høyland 2011: 62ff.; Holzinger 2005: 107ff.).

Mit der Verteilung der Macht zwischen den Legislativorganen beschäftigen sich Forscher, die Modelle der Entscheidungsverfahren entwarfen. Besonders prominent wurde die Theorie der Veto-Spieler von George Tsebelis (2002). Tsebelis geht davon aus, dass diejenigen Entscheidungsträger Einfluss auf die Entscheidungen eines kollektiven Akteurs haben, die über Vetomacht verfügen – z. B. bei einstimmigen Ratsentscheidungen jedes Mitglied. Seine Theorie besagt, dass die Politikstabilität (und auch die Gefahr von Entscheidungsblockaden) umso höher ist, je mehr Veto-Spieler ein politisches System aufweist und je größer die politische Distanz zwischen ihnen ist. In der Anwendung auf die EU kommt Tsebelis zu dem Ergebnis, dass die Politikstabilität bei Einstimmigkeit des Rates größer ist als bei qualifizierter Mehrheit und dass die einstimmige Ratsentscheidung zu größerer Stabilität führt als das Konsultationsverfahren und das Kooperationsverfahren. Beim Kodezisionsverfahren hängt die Stabilität von der Nähe der Präferenzen von Parlament und Rat ab: *ceteris paribus* dürfte sie aber geringer sein als beim Kooperationsverfahren (Tsebelis 2002: Kapitel 11). Ähnliche Modelle wurden von anderen Autoren entwickelt (einen Überblick gibt Selck 2006).

2.5 Die EU als Mehrebenensystem

Auch wenn die EU von einem Föderalstaat weit entfernt ist, ist sie doch durch einen ausgeprägten Mehrebenencharakter gekennzeichnet: Die Entscheidungen werden wie in einem Bundesstaat in einem Zweikammersystem getroffen, sie müssen jedoch meist noch in nationales Recht umgesetzt werden. Auch bei Verordnungen muss das Recht in einem Verwaltungsföderalismus durch die Mitgliedstaaten implementiert werden. Neben die supranationale und die mitgliedstaatliche Ebene ist zunehmend die der Regionen getreten, die einerseits im Ausschuss der Regionen eine beratende Rolle spielen, andererseits Adressaten der europäischen Politik sind, etwa bei der Strukturpolitik. Diese Situation hat seit den 1990er Jahren zu einem politikwissenschaftlichen Interesse an der *multi-level governance* in der EU geführt.

Ausgangspunkt war die Theorie von Fritz Scharpf zur ,Politikverflechtungsfalle' (1985). Scharpf vermutete eine generelle Reformunfähigkeit von Mehrebenensystemen, wenn sie die wesentlichen Merkmale der Politikverflechtungsfalle erfüllen: (1) Einstimmigkeit als Entscheidungsprinzip, (2) Repräsentanz der unteren Ebene (Mitgliedstaaten) auf der oberen Ebene (EU) durch die Exekutive und (3) keine klare Trennung der legislativen Kompetenzen zwischen den Ebenen. Diese Merkmale trafen auf die EU zu und schienen eine gute Erklärung für die Phase der Eurosklerose zu bieten. Seither ist jedoch das Einstimmigkeitsprinzip erheblich zurückgetreten und seit dem Vertrag von Lissabon gibt es auch einen Kompetenzverteilungskatalog. Nach Ende der 1980er Jahre kann von grundsätzlicher Blockade in der

EU-Politik nicht mehr die Rede sein. Im Gegenteil, es folgte eine Periode schneller Integrationsfortschritte. Ein Versuch der rückblickenden Evaluation der Politikverflechtung durch Fallstudien in den verschiedenen Politikfeldern kommt zu einem gemischten Ergebnis, was die Reformfähigkeit und Politikstabilität der EU angeht (Falkner 2011).

Der Mehrebenencharakter wurde jedoch auch von anderen Autoren für spezifische Probleme der EU verantwortlich gemacht (z. B. Benz 2009; Grande/Jachtenfuchs 2000; Marks/ Hooghe/Blank 1996): Die Koordinationsnotwendigkeiten sind in der EU größer als in anderen politischen Systemen. In Mehrebenensystemen entstehen neuartige Typen von Akteuren, die an den Schnittstellen der Handlungsebenen tätig werden. Die Akteure verfügen über zusätzliche strategische Möglichkeiten: So kann unter Verweis auf die Wählerschaft zuhause die eigene Verhandlungsmacht erhöht werden (Paradox der Schwäche), die Verantwortung kann auf die höhere Ebene abgeschoben oder anstehende Probleme können zwischen den Ebenen hin- und her geschoben werden. Interessengruppen haben einerseits eine erhöhte Anzahl von Zugängen zum politischen System. Andererseits sehen sie sich mit erhöhten Anforderungen konfrontiert, denn sie müssen sich an die vertikale Differenzierung der politischen Handlungsebenen anpassen.

2.6 Interessenvermittlung in der EU

Die Repräsentation gesellschaftlicher Interessen im politischen Entscheidungssystem spielt in der EU eine mindestens so große, wenn nicht sogar deutlich größere Rolle als in den Mitgliedstaaten. Bereits in den frühen Jahren der EU siedelte sich eine große Anzahl von Interessenverbänden in Brüssel an. Besonders schlagkräftig entwickelte sich zunächst der Dachverband der landwirtschaftlichen Interessen, COPA. Doch auch die Industrie (UNICE) und die Gewerkschaften waren jeweils mit großen Dachverbänden vertreten. Vertreter von Kollektivinteressen wie Umweltschutz, Menschenrechten, Verbraucherschutz, Bildung oder Entwicklung gründeten ebenfalls Repräsentanzen in Brüssel. In den 1990er Jahren kam es mit der Vollendung des Binnenmarkts und der Wirtschafts- und Währungsunion zu einer erneuten Ausweitung der Präsenz der Lobbyisten. Die Angaben zur Anzahl der Interessenvertretungen variieren, sie dürfte etwa zwischen 2000 und 3000 Organisationen bzw. Büros liegen (vgl. Greenwood 2007).

Die Typen von Vertretungen sind sehr verschieden: Es gibt europäische Dachverbände als Verbandsverbände, aber auch als Verbände, in denen Unternehmen direkt Mitglieder sind. Oft haben große Firmen ihren eigenen Vertreter in Brüssel. Auch NGOs, internationale Organisationen und die Regionen der Mitgliedstaaten unterhalten Büros in Brüssel (Hix/ Høyland 2011: 165ff.). Häufig sind die Vertretungen personell eher unterausgestattet. Um in dieser „Inflation und Zerfaserung" (Eising/Kohler-Koch 1994) die Transparenz zu erhöhen, führte die Kommission ein Register ein, in dem sich die Verbände (freiwillig) registrieren können. Damit lässt sich zumindest grob ein Überblick gewinnen, aus welchen Sektoren die Interessenvertreter kommen (vgl. Hix/Høyland 2011: 164). Die Vertreter von Wirtschaftsinteressen überwiegen dabei deutlich (vgl. Tömmel 2008: 183).

Da die ökonomischen Politiken in der EU überwiegen und auch die marktregulierenden Tätigkeiten, wie Verbraucher- und Umweltschutz, häufig ökonomische Interessen betreffen, geht es für die betroffenen Gruppen darum, ihre Interessen in die europäischen Gesetzgebungsprozesse einzubringen. Die Einflussnahme kann bei drei Institutionen ansetzen: bei der Kommission während der Vorbereitung der Rechtsakte, beim Parlament während der Lesungsphasen der Rechtsakte und bei den Ständigen Vertretungen der Mitgliedstaaten, wenn Ratsarbeitsgruppen die Rechtsakte verhandeln. Die Kommission bindet die gesellschaftlichen Interessen im Rahmen von Kommissionsarbeitsgruppen systematisch in ihre Arbeit ein. Sie ist vor allem auf die technische Expertise aus der Wirtschaft, aber auch auf Informationen über die Präferenzen verschiedener gesellschaftlicher Gruppen angewiesen. Seit das Europäische Parlament verstärkte Entscheidungsrechte hat, ist es auch verstärkt zu einem Anlaufpunkt der Interessengruppen geworden. Die Daten zeigen, dass Vertreter aller Gruppen Kontakt zu allen Fraktionen unterhalten, dass es aber traditionell stärkere Verbindungen der Wirtschaft zu den Konservativen und Liberalen, der Gewerkschaften zu den Sozialisten und der Umweltverbände und Menschenrechtsaktivisten zu den Grünen gibt (Hix/ Høyland 2011: 184).

Ob die pluralistische These, dass die konkurrierenden gesellschaftlichen Interessen sich ausgleichen, für die EU zutrifft, kann bezweifelt werden, da die ökonomischen Interessen nicht nur weit mehr Anreize haben, sich zu engagieren, sondern auch besser organisiert sind und in der Regel wertvollere Informationen für die Kommission bieten können. Doch werden von Parlament und Kommission andere Interessen ebenfalls gehört. Wie der Einfluss der Interessen auf das Politikergebnis erfasst und gemessen werden kann, ist in der EU-Forschung noch sehr umstritten. In jüngerer Zeit tragen jedoch Netzwerkanalysen (Haunss/Leifeld 2012) und Textanalysen (Klüver 2013) zur besseren Erfassung des Einflusses bei.

3. Die Politiken der Europäischen Union

3.1 Formen des europäischen Rechts

Die Politiken der EU schlagen sich im Sekundärrecht und in politischen Programmen nieder. Das Sekundärrecht nimmt drei Formen an: *Verordnungen* haben allgemeine Geltung und sind direkt im Gesamtgebiet der EU anwendbar. Sie werden entweder von Rat und Parlament verabschiedet oder sind wie Kommissionsverordnungen eher technischer Natur. Die häufigste Form europäischen Rechts sind von Rat und Parlament verabschiedete *Richtlinien*. Richtlinien sind ebenfalls allgemein gültig, müssen jedoch von den nationalen Parlamenten erst in nationales Recht transponiert werden. Nur spezifische Geltung für einen bestimmten Adressatenkreis haben *Entscheidungen*. Sie haben oft eher administrativen Charakter und können vom Rat oder der Kommission getroffen werden. *Empfehlungen* und *Stellungnahmen* sind nicht rechtlich verbindlich, können aber politische Wirkung entfalten. Politische Programme und Weiß- oder Grünbücher der Kommission können die gesetzgeberische Planung für einen längeren Zeitraum umfassen, wie etwa die Umweltaktionsprogramme, oder Zielsetzungen formulieren.

3.2 Überblick über die europäischen Politiken

Die EU ist inzwischen mit fast allen Politikfeldern befasst, die auch in den Nationalstaaten eine Rolle spielen. Eine abschließende Liste der Felder zu geben, ist schwierig, weil sie verschieden definiert werden können. Auf der Website ,europa.eu' werden 15 Bereiche angegeben und auch bei Wallace/Pollack/Young (2010) sind es 15 Politikfelder. Im Vertrag von Lissabon werden bei der Festlegung der Zuständigkeiten 25 Politikbereiche erwähnt.

Der Kompetenzkatalog unterscheidet zwischen ausschließlichen und geteilten Zuständigkeiten, außerdem gibt es noch Bereiche, in denen die EU koordinierend tätig wird oder bestimmte Programme durchführt. Zu den ausschließlichen Zuständigkeiten der EU zählen die Zollunion und die auf den Binnenmarkt bezogene Wettbewerbspolitik, die Währungspolitik für die Euro-Länder, die Handelspolitik, die biologischen Meeresschätze und der Abschluss internationaler Abkommen durch die EU. Geteilte Zuständigkeit existiert für die Binnenmarktpolitik, die Sozialpolitik, den wirtschaftlichen Zusammenhalt, die Landwirtschafts- und Fischereipolitik, die Umweltpolitik, den Verbraucherschutz, die Verkehrspolitik und die transeuropäischen Netze, die Energiepolitik sowie Justiz und Inneres. In der Forschungs- und Technologiepolitik sowie in der Entwicklungszusammenarbeit und humanitären Hilfe führt die EU Programme durch. Koordinierend und unterstützend wird die EU tätig in den Bereichen Wirtschafts- und Beschäftigungspolitik, Industriepolitik, Gesundheitspolitik, Kultur, Tourismus, Katastrophenschutz und Verwaltungszusammenarbeit. Außerdem entwickelt die EU Leitlinien für die gemeinsame Außen- und Sicherheitspolitik. Die einzelnen Politikfelder sind in sehr unterschiedlichem Umfang vergemeinschaftet (Börzel 2006; Schmidt 2005).

Die Policy-Analyse unterscheidet zwischen regulativen und distributiven bzw. redistributiven Politiken. Auch wenn die EU im engeren Sinne keine redistributiven Politiken durchführt, da sie nicht über Steuern umverteilen kann, haben viele ihrer Politiken redistributive Wirkung (Knill 2005b: 189ff.). Die europäischen distributiven Politiken umfassen vor allem die Agrarpolitik mit ihrer Subventionierung der Produktion über Preis- und Mengensteuerung oder der direkten Unterstützung der Landwirte. Hier wird von den Konsumenten zu den Produzenten der landwirtschaftlichen Produkte hin umverteilt. Der zweite größere Topf sind die Strukturfonds der EU, mittels derer Entwicklungsprojekte in strukturschwachen Regionen der EU gefördert werden. Der Kohäsionsfonds dient der Unterstützung der nach ihrem Sozialprodukt ärmsten Mitgliedstaaten und ist somit eine Umverteilungsmaßnahme zwischen den Ländern. Weitere distributive Politiken sind die Forschungs- und Technologieförderung und die Entwicklungshilfe für Drittländer. Die gemeinsame Agrarpolitik und die Struktur- und Kohäsionsfonds beanspruchen nach wie vor fast 80 Prozent der Haushaltmittel der EU.

Der Großteil der gesetzgeberischen Aktivitäten der EU bezieht sich aber auf regulative Politiken (ebd.: 182ff.). Regulative Politiken versuchen durch Gebote, Verbote oder Anreize auf das Verhalten von Individuen und Staaten einzuwirken und damit erwünschte Verhaltensänderungen zu erzielen. Die meisten regulativen Politiken der EU sind mit der Schaffung des gemeinsamen Marktes verbunden. Man unterscheidet Maßnahmen der ,negativen Integration', die der Marktschaffung dienen, indem Handelsbarrieren abgeschafft und Wettbewerbsverzerrungen im Binnenmarkt vermieden werden. Sie werden ergänzt durch Maßnahmen der ‚positiven Integration', die die Marktergebnisse korrigieren. Dazu gehören etwa die Umwelt- und Verbraucherschutzpolitik oder die Sozialpolitik.

3.3 Politikfeldstudien: von der Agendasetzung bis zur compliance

Die Policy-Forschung hat sich intensiv mit allen europäischen Politikfeldern sowie mit einzelnen Rechtsakten befasst. Sie benutzt ein Phasen- bzw. Kreislaufmodell als Analyseraster, wobei sie die Stufen Problemdefinition, Agendasetzung, Politikformulierung und -entscheidung, Implementation, Evaluation und schließlich erneute Problemdefinition unterscheidet. Im Folgenden werden zunächst Ergebnisse allgemeiner Politikfeldstudien, dann Studien zu Agendasetzung und Politikformulierung und schließlich zu Implementation und *compliance* berichtet.

In der Regel gibt es zu jedem Politikfeld umfangreiche Literatur bis hin zu Lehrbüchern (vgl. die Hinweise in Wallace/Pollack/Young 2010 zu jedem Kapitel). Die Politikfeldstudien im Band von Wallace/Pollack/Young (2010) zeigen vor allem, dass es kein einheitliches Muster des Policy-Making in der EU gibt. Die einzelnen Politiken sind zu unterschiedlich, folgen zu sehr verschiedenen Logiken. Ziele, Akteurs- und Präferenzkonstellationen und Handlungsmöglichkeiten der EU variieren je nachdem, ob es sich um regulative oder distributive Politiken, negative oder positive Integration, stark vergemeinschaftete, traditionelle oder neuere EU-Politiken handelt. Allgemeingültige Schlussfolgerungen sind hier kaum zu ziehen, wenn man nicht die Dominanz der regulativen Politiken und die Komplexität der Interaktionen als Ergebnis des Mehrebenencharakters als Spezifika des Policy-Making in der EU benennen will. Ein Beispiel einer umfassenden Policy-Studie bieten Knill/Tosun (2010), die exemplarisch die Vorgehensweise der Policy-Analyse am Beispiel der Entstehung und Umsetzung der Dienstleitungsrichtlinie in den Jahren 2000 bis 2009 vorführen.

Agendasetzung und Politikformulierung

Fallstudien zu EU-Politiken sind häufig Studien der Entscheidungsprozesse, von der Problemdefinition über die Politikformulierung hin zur Verabschiedung des Rechtsakts, als Einzelfallstudien oder Vergleiche. Ein Beispiel eines *most similar systems*-Designs ist die Studie von Holzinger (1994) zur Entstehung zweier Richtlinien zur Regelung der Kraftfahrzeugabgase, bei denen es kurz nacheinander um den fast identischen Sachverhalt ging. Es handelte sich ökonomisch gesehen um die Frage, ob der Einbau von Abgaskatalysatoren in Pkws europaweit vorgeschrieben werden sollte, ökologisch gesehen um eine Reaktion auf die zunehmende Versauerung der Luft, die mit dem Waldsterben in Verbindung gebracht wurde. Wir haben es hier mit einer regulativen Politik zu tun, die marktschaffend ‚und' marktkorrigierend ist. Marktschaffend ist sie insofern, als sie auf die Harmonisierung der technischen Vorschriften für grenzüberschreitend gehandelte Produkte zielt; marktkorrigierend ist sie, weil sie ein höheres Niveau von Umweltschutz anstrebt, als rein marktlich erreicht werden könnte. Holzinger konnte zeigen, dass zwei institutionelle Änderungen – von der Einstimmigkeit zur qualifizierten Mehrheit und vom Konsultations- zum Kooperationsverfahren –

in der gleichen Akteurs- und Präferenzkonstellation zu einem umweltpolitisch deutlich unterschiedlich zu bewertenden Ergebnis führten.

Implementation und compliance

Wie werden die europäischen Politiken in den Mitgliedstaaten umgesetzt? Wie gut werden die verabschiedeten Regeln in den Mitgliedstaaten befolgt? Die Umsetzung und Anwendung der Rechtsakte obliegt ja nicht der Kommission, sondern einer Vielzahl nationaler Institutionen, von Parlamenten bis zu lokalen Verwaltungen. Daher wurde oft vermutet, dass die europäische Politik ein systematisches Implementationsproblem hat (z. B. Tallberg 1999). Zwar ist die Kommission als Hüterin der Verträge für die Kontrolle der Umsetzung und Anwendung zuständig, doch fehlen ihr hierfür weitgehend die Ressourcen. Die korrekte formale Transposition in nationales Recht kann sie noch verfolgen und sie kann bei Mängeln ein Vertragsverletzungsverfahren einleiten. Dies ist vor allem bei Richtlinien der Fall, da Verordnungen und Entscheidungen direkt gelten. Alle Arten von EU-Recht müssen aber auch angewendet, und das heißt, durch die Verwaltung umgesetzt werden. Um dies zu kontrollieren, fehlen der Kommission die Mittel. Sie ist hier auf Rückmeldungen von Betroffenen und Bürgern über Beschwerden und Klagen angewiesen oder kann in seltenen Fällen eine systematische Prüfung der Umsetzung bestimmter Rechtsakte in allen oder in bestimmten Mitgliedstaaten durchführen.

Stellt die Kommission die verzögerte, unvollständige oder unkorrekte Transposition oder die unkorrekte oder fehlende Anwendung des europäischen Rechts fest, kann sie ein Verfahren einleiten. Dies geschieht in verschiedenen Stufen: informelle Vorklärung, förmliches Mahnschreiben an den Mitgliedstaat, begründete Stellungnahme der Kommission mit Fristsetzung. Führt dies nicht zum Erfolg, kann sie den Gerichtshof anrufen, der dann ein Urteil fällt. Diese Vorgänge werden dokumentiert. Sie geben allerdings nur zur Transposition einen realistischen Einblick in die Implementationsmängel. Soweit die nationale Anwendung und Durchsetzung betroffen ist, sind diese Daten allenfalls ein Indikator, da die Kommission hier keine systematische Rückmeldung bekommt. Außerdem sind die Daten aus methodischen Gründen als mangelhaft anzusehen (Börzel 2001; Knill 2005a: 167ff.).

Theoretische Überlegungen deuten darauf hin, dass es eine große Zahl von Faktoren gibt, die die Effektivität der Implementation beeinflussen. Vermutet wird, dass Implementationsprobleme vor allem dann entstehen, wenn Mitgliedstaaten eine Regelung nicht wirklich wollen, sondern zur Zustimmung gedrängt wurden oder im komplexen Politikformulierungsprozess die eigenen Präferenzen aus dem Blick verloren haben. Ein anderes Argument zielt auf die mangelnde Klarheit des europäischen Rechts, die zu Umsetzungsproblemen führe. Eine dritte Hypothese vermutet, dass Regeln und Institutionen im europäischen und nationalen Recht oft nicht zusammenpassen, was dann zu Problemen der Einpassung führt. Außerdem wurde behauptet, dass nationale Veto-Spieler die Umsetzung vereiteln und dass es manchen Ländern an administrativen Ressourcen fehlt (Falkner et al. 2005: Kapitel 14; Knill 2005a: 173ff.).

Die Forschung zur Implementation und Politikbefolgung (*compliance*) in der EU ist weit weniger umfangreich als zur Politikentstehung. Zwar gab es durchaus Ansätze, für einige Politikfelder einen systematischeren Überblick zu gewinnen (z. B. Knill/Lenschow 2000). Im Hinblick auf die Rechtsumsetzung ist dies jedoch für die Forscher mit ähnlichen Schwierigkeiten verbunden wie für die Kommission: Die Umsetzung auch nur eines Rechtsakts in 15 oder 27 Mitgliedstaaten zu untersuchen, erfordert erhebliche Ressourcen. Es gibt daher nur wenig umfassende Studien. Neben der unzureichenden Datenlage fehlt es auch an Forschungsdesigns, die eindeutige kausale Zuschreibungen zwischen den rechtlichen Vorgaben der EU und den nationalen Veränderungen erlauben. Daher sind wir bisher vor allem auf Studien mit kleiner Fallzahl angewiesen.

Zu nennen ist in diesem Zusammenhang besonders die Studie von Falkner et al. (2005) zur Sozialpolitik. Die Autoren untersuchen Implementation und *compliance* zu sechs Richtlinien aus der Sozialpolitik in (damals) allen 15 EU-Mitgliedstaaten. Sie fragen nach dem Ausmaß der Rechtsbefolgung und den Unterschieden in der Umsetzung zwischen den Richtlinien und den Mitgliedstaaten. Sie unterscheiden hinsichtlich der *compliance* in der Sozialpolitik drei Typen von Mitgliedstaaten: In der *world of law observance* wird die *compliance* gegenüber dem EU-Recht typischerweise über die nationalen Anliegen gestellt und Verstöße sind daher selten. Zu dieser Gruppe gehören Dänemark, Schweden und Finnland. In der *world of domestic politics* wird bei Widersprüchen mit nationalen Interessen ein Konflikt mit der EU in Kauf genommen. Zu dieser Gruppe gehören Deutschland, Österreich, Großbritannien, Niederlande, Belgien und Spanien. In der *world of neglect* hat die *compliance* mit dem EU-Recht keine große Bedeutung. Diese Staatengruppe (Griechenland, Portugal, Luxemburg, Frankreich, Italien, Irland) setzt in der Regel spät oder nur pro forma um. Eine Übertragbarkeit dieser Ergebnisse auf andere Politikfelder erscheint jedoch nicht gegeben.

Einen systematischen Überblick über die *compliance* der EU-15 geben die Studien von Börzel et al. (2010) und Börzel/Hofmann/Panke (2012). Sie beruhen auf den Daten der Kommission zu Vertragsverletzungsverfahren und geben insofern keinen vollständigen Einblick in die nationale Umsetzung. Sie umfassen aber über 6.300 Fälle von Vertragsverletzungen in allen Politikfeldern über einen Zeitraum von 1986 bis 1999 und sind somit generalisierbar. Die Autoren finden deutliche Unterschiede zwischen den Mitgliedstaaten, wobei mächtige Mitglieder offenbar eher Verstöße in Kauf nehmen. Die beste Rechtsbefolgung findet sich bei kleinen Staaten mit effizienten Verwaltungsapparaten, wie Dänemark, den Niederlanden und Luxemburg. Die Unterschiede zwischen den mächtigen und großen Mitgliedern lassen sich mit administrativer Kapazität erklären. Italien weist eine schlechte Rechtsbefolgung auf, während Großbritannien zu den besten Umsetzern gehört. Deutschland nimmt eine Mittelposition ein. Die Mitgliedstaaten verhalten sich aber auch unterschiedlich, wenn es zu Gerichtsverfahren gekommen ist: Während manche schnell auf Urteile reagieren (etwa Portugal), versuchen andere, die Probleme auszusitzen (Italien und Belgien).

3.4 Europäisierung nationaler Politiken

Johan Olsen (2002) hat in einem weit beachteten Aufsatz sieben verschiedene Verständnisse des Begriffs Europäisierung ausgemacht. Hier wird ein Begriffsverständnis vorausgesetzt, nach dem unter Europäisierung die ‚Rückwirkung' der europäischen Integration auf die Nationalstaaten verstanden wird. Etwa seit Mitte der 1990er Jahre befasst sich die Politikwissenschaft mit den Auswirkungen der europäischen Integration auf nationale politische und administrative Strukturen und Prozesse (Knill 2005a: 153ff.). Zu diesen Auswirkungen gehört zuerst die inhaltliche Umsetzung der europäischen Politiken. Insofern gibt es eine Überschneidung der Europäisierungs- mit der Implementationsforschung. Gleichzeitig aber gibt es auch eine Verbindung mit der Forschung zur Politikkonvergenz, die sich der Frage widmet, ob und inwieweit nationalstaatliche Politiken sich über die Zeit immer ähnlicher werden und was der Beitrag der EU dazu ist. Über die Politikinhalte hinaus untersucht die Europäisierungsforschung aber auch durch die EU verursachte Veränderungen in den Institutionen, den politischen Steuerungsinstrumenten, beim Verhalten der politischen Akteure usw. Europäisierungseffekte wurden inzwischen für eine Vielzahl von Institutionen herausgearbeitet. So zeigen Eising/Kohler-Koch (1994), dass die Herausbildung europäischer Interessenverbände Rückwirkungen auf die nationale Interessenvermittlung hat. Knill (2001) untersucht die Rückwirkungen der EU auf nationale Verwaltungstraditionen. Die bisherigen empirischen Ergebnisse zeigen, dass die nationalen Rückwirkungen europäischer Politiken sowohl zwischen den Mitgliedern als auch zwischen den Politiken innerhalb einzelner Länder erheblich variieren (Knill 2005a: 157).

4. Die Außenbeziehungen der EU

Im Folgenden sollen die Außenbeziehungen der EU und ihre Rolle im internationalen System betrachtet werden. Die Binnentätigkeit der EU hatte von Beginn an eine Außenkomponente: Die Schaffung einer Zollunion, die gemeinsame Agrarpolitik und der Binnenmarkt hatten Implikationen für den Außenhandel. Die Außenbeziehungen waren jedoch lange Zeit durch die Binnenpolitiken vorgegeben. Wie diese bewegten sie sich vor allem im Bereich der *low politics*. Neben der Außenhandelspolitik war das vor allem die Entwicklungspolitik. Obwohl die EU schon in den ersten Dekaden zu einer bedeutenden Größe in der Weltwirtschaft und Weltpolitik wurde, konnten sich die außenpolitischen Beziehungen nur sehr vorsichtig und relativ spät in Richtung einer gemeinsamen Außen- und Verteidigungspolitik entwickeln. Das Gebiet der *high politics* wurde erst seit den 1990er Jahren institutionell verankert (vgl. Peters/Wagner 2005). Die Wirtschafts- und Währungsunion (WWU) hat die EU darüber hinaus zu einem wichtigen Akteur auf den globalen Finanzmärkten gemacht.

4.1   Low Politics: Außenhandels- und Entwicklungspolitik

Außenhandelspolitik

Die Außenbeziehungen der EU sind immer noch dominiert durch die Außenhandelspolitik. Die EU ist einer der wichtigsten weltwirtschaftlichen Akteure, ihr Anteil am Welthandel beträgt 20 Prozent, sie ist der größte Exporteur und nach den USA der zweitgrößte Importeur von Waren. Die wichtigsten Handelspartner sind die Industriestaaten, den Entwicklungsländern kommt als Partnern nur eine nachgeordnete Rolle zu, wobei in jüngerer Zeit der Handel mit den sogenannten BRIC-Staaten (Brasilien, Indien, China) wächst. Die Handelspolitik ist (weitgehend) eine ausschließliche Kompetenz der EU und diese tritt nach außen als einheitlicher Akteur auf (vgl. Wallace/Pollack/Young 2010, Kapitel 16).

Die formale Kompetenz, Vorschläge für die Handelspolitik zu entwickeln, liegt bei der Kommission. Auf der Basis der Kommissionsvorschläge verabschiedet der Rat mit qualifizierter Mehrheit eine Verhandlungsposition, z. B. für die Welthandelsrunden. Die Verhandlungsführung für die EU obliegt der Kommission, die internationale Verträge auch unterzeichnet. Die Ratifikation liegt dann wieder beim Rat, in bestimmten Fällen ist die Zustimmung des Parlaments erforderlich. Das Entscheidungsverfahren ähnelt also dem der Binnenpolitiken. In der Praxis ist die Zusammenarbeit von Rat und Kommission komplizierter; nach der Gründung der Wirtschafts- und Währungsunion ist mit der Europäischen Zentralbank ein weiterer Akteur dazu gekommen. Bei Verhandlungen, z. B. im Internationalen Währungsfonds, ist nicht immer offensichtlich, welche Institution nun die EU repräsentieren darf: Kommission, Ratspräsident oder der Zentralbankpräsident.

Entwicklungspolitik

Die EU und ihre Mitgliedstaaten bilden zusammen den größten Geberraum der Entwicklungspolitik; die EU selbst ist der viertgrößte Geber. Die Entwicklungspolitik ist weder ausschließliche noch geteilte Kompetenz, die EU wird hier nur koordinierend tätig. Doch wickeln die Mitglieder einen wachsenden Teil ihrer Hilfen über die EU ab. Lange Zeit wurde zwischen den AKP- und Commonwealth-Staaten (ehemalige französische und britische Kolonien) und anderen Entwicklungsländern diskriminiert; die AKP-Staaten erhielten besondere Privilegien, z. B. beim Zugang zum EU-Binnenmarkt. Die Bedeutung dieser Unterscheidung nahm aber aus zwei Gründen ab: Erstens wandte sich die EU nach dem Kalten Krieg stärker den mittel- und osteuropäischen Ländern zu und zweitens wurden die Privilegierungen mit der Liberalisierung des Welthandels zunehmend unvereinbar. Die EU-Entwicklungspolitik gegenüber dem Süden ist heute weitgehend Armutsbekämpfung und orientiert sich an den Konditionalitäten, die von Weltbank und Internationalem Währungsfonds an die Hilfen geknüpft werden.

4.2 High Politics: Außen- und Sicherheitspolitik, Nachbarschaftspolitik und Europäische Verteidigungspolitik

Gemeinsame Außen- und Sicherheitspolitik

Erst mit dem Vertrag von Maastricht wurde eine gemeinsame Außen- und Sicherheitspolitik (GASP) vertraglich verankert. Die GASP wurde der ersten Säule der vergemeinschafteten Politiken als zweite Säule zur Seite gestellt, in der intergouvernemental entschieden werden sollte. Die Zielsetzung der GASP war eine zweifache: Erstens ging es darum, die gemeinsamen außenpolitischen Interessen zu bündeln, um zu einem schlagkräftigen Akteur in der internationalen Politik zu werden. Zweitens sollten, gerade im Hinblick auf die Osterweiterung, die Grundwerte der EU als substanzielle Ziele der Außenpolitik formuliert werden: die Wahrung von Frieden und Sicherheit und die Stärkung von Demokratie, Rechtsstaatlichkeit sowie Menschen- und Grundrechten (vgl. Peters/Wagner 2005: 245; Wallace/Pollack/Young 2010, Kapitel 18).

Entscheidungen im Rahmen der GASP werden von den Mitgliedstaaten einstimmig getroffen. Die Rolle der supranationalen Organe ist beschränkt. Die Kommission hat hier kein formales Initiativrecht, auch wenn sie durchaus faktisch Initiativen ergreifen kann. Das Parlament hat keine Entscheidungsrechte in der GASP, es muss lediglich unterrichtet werden. Merkmal der gemeinsamen europäischen Außenpolitik ist ihr auf politischen Dialog und Entspannung gerichtetes Vorgehen. Allerdings hat sich die EU im Krisenfall meist schwer getan, zu einer gemeinsamen Position zu finden, etwa beim Zerfall Jugoslawiens oder beim Irakkrieg.

Ihre außenpolitischen Ziele versuchte die EU auch mit Assoziierungsverträgen mit benachbarten Staaten zu verwirklichen. Erleichterte ökonomische Zugänge und Hilfen wurden mit außenpolitischen Konditionalitäten verbunden. Besonders wirksam war und ist die Beitrittsperspektive. Da Beitritte an die Erfüllung der Kopenhagener Kriterien geknüpft werden, ist dies ein Vehikel, um Demokratie und Menschenrechte im geographischen Umfeld der EU umzusetzen. Allerdings muss die Aufnahme der Kandidaten dann auch vollzogen werden, wenn die Kriterien erfüllt sind. Schimmelfennig (2001) hat dies als *rhetorical entrapment* bezeichnet.

Europäische Nachbarschaftspolitik und external governance

Aus diesem Grund ist die EU mit dem Angebot von Beitrittsperspektiven zurückhaltender geworden und pflegt stattdessen eine sogenannte europäische Nachbarschaftspolitik. Diese bezieht sich vor allem auf die Mittelmeeranrainerstaaten und die post-sowjetischen Staaten im Osten. Im Rahmen der Nachbarschaftspolitik bietet die EU einerseits in verschiedenen Politikfeldern ökonomische Unterstützung an und verbindet diese andererseits mit Konditionalitäten, die auf die Anwendung von EU-Recht und europäischen Normen hinauslaufen. Eine besondere Bedeutung innerhalb der Nachbarschaftspolitik hat die Energiepolitik: Sie zielt zum einen auf Sicherstellung der Energieversorgung für Europa, zum anderen auf die Förderung erneuerbarer Energien in den Staaten der Nachbarschaftspolitik. Diese Form der Politik ist als *external governance* bezeichnet worden (Lavenex/Lehmkuhl/Wichmann 2009, Lavenex/Schimmelfennig 2009). Sie kann auch als eine Form der differenzierten Integration verstanden werden, bei der die Geltung bestimmter Regeln über den geographischen Raum der EU-Mitgliedsländer hinaus exportiert wird.

Europäische Verteidigungs- und Sicherheitspolitik

Als Teilbereich der GASP wurde beim Europäischen Rat 1999 die Europäische Vereidigungs- und Sicherheitspolitik (EVSP) begründet. Ziel war es, für die EU eigene militärische und zivile Kapazitäten zur autonomen Bewältigung von Krisen im unmittelbaren Umfeld der EU zu schaffen. Bei den militärischen Kapazitäten ging es um den Aufbau einer Truppe mit entsprechender Ausrüstung, die bei Bedarf schnell einsatzfähig ist. Die zivilen Kapazitäten bezogen sich auf Polizei, Zivilverwaltung und Katastrophenschutz. Die Mitgliedstaaten verpflichteten sich, für diese Aufgaben spezielle Kontingente an Personal zur Verfügung zu stellen. Institutionell wurde ein neuer Ausschuss des Rates geschaffen, das Politische und Sicherheitspolitische Komitee, das im Krisenfall die Koordination übernimmt. Seit 2003 gab es mehrfach Einsätze im zivilen und im militärischen Bereich, z. B. in Bosnien, Mazedonien und in der Demokratischen Republik Kongo.

Die späte Begründung und Institutionalisierung europäischer Außenbeziehungen im Bereich der *high politics* kann im Sinne des realistischen Intergouvernementalismus verstanden werden. Die Außen- und Verteidigungspolitik wird im intergouvernementalen Modus betrieben, was sie von den Außenbeziehungen im *low politics*-Bereich unterscheidet. Immerhin aber gibt es inzwischen eine gemeinsame Außen- und Verteidigungspolitik. Ob sie nun als funktionaler oder politischer Spillover entstanden ist, wie es der rationalistische Supranationalismus nahe legen würde, oder durch Sozialisation der EU-Mitglieder, wie es der Konstruktivismus vermuten würde, muss einer genaueren Analyse überlassen werden. Peters/ Wagner (2005: 270) bieten eine weitere Erklärung an: Die Inhalte der europäischen Außenpolitik deuten darauf hin, dass die EU den Export des europäischen Wertemodells anstrebt.

4.3 Die Wirtschafts- und Währungsunion und die Eurokrise

Die Gründung der WWU erfolgte in drei Stufen von 1990 bis 1999. An der Währungsunion nehmen bislang nur 17 Staaten teil, für alle weiteren Mitglieder außer Großbritannien und Dänemark ist der Beitritt vertraglich für einen späteren Zeitpunkt vorgesehen, sobald sie die Konvergenzkriterien erfüllen. Dies sind die Aufnahmebedingungen, die bestimmte Werte für die Inflationsrate, die Staatsverschuldung, die Wechselkursstabilität und die langfristigen Zinssätze vorschreiben.

Ziele der Währungsunion sind (1) nach außen durch den Euro zu einem gewichtigen Faktor im Weltwährungssystem zu werden, (2) nach innen die Disparität der Währungen (mit der DM als starker Währung, die die meisten Mitgliedstaaten zwang, ihre Geldpolitik an Deutschland anzupassen) zu beseitigen und (3) eine stabilitätsorientierte Wirtschaftspolitik in Europa zu ermöglichen. Die Befürchtung, dass besonders das letzte Ziel nicht erreicht werden kann, führte zur Skepsis einiger nördlicher Staaten (z. B. Deutschland, Großbritannien). Die südlichen Staaten (v.a. Griechenland, Portugal) wiederum scheuten eine erzwungene Haushaltsdisziplin. Besonders an der Währungsunion interessiert waren die zentraleuropäischen Schwachwährungsländer (z. B. Frankreich, Italien). Die Währungsunion wurde schließlich durch einige *package deals* möglich: Deutschland erhielt im Gegenzug die Zustimmung Frankreichs zur deutschen Wiedervereinigung, eine unabhängige Zentralbank und den Stabilitäts- und Wachstumspakt, der das Konvergenzkriterium zur Staatsverschuldung dauerhaft festschreibt. Die Südländer erhielten Zugeständnisse aus den Kohäsionsfonds. Für die anderen skeptischen Staaten wurde ein *opting-out* ermöglicht.

Es deutete sich bald an, dass die Skeptiker Recht behalten sollten. Selbst Deutschland war zeitweise nicht in der Lage, das Kriterium zur Staatsverschuldung (Staatsschulden nicht mehr als 60 Prozent des Bruttoinlandsprodukts, jährliche Nettoneuverschuldung nicht mehr als 3 Prozent des Bruttoinlandsprodukts) einzuhalten. Zahlungsbilanzungleichgewichte, die sich aus der heterogenen Wirtschaftskraft der Mitglieder ergeben, können nicht mehr durch Wechselkursänderungen ausgeglichen werden. Die Haushaltsdisziplin konnte vor allem in manchen Südländern nicht erzwungen werden.

Spätestens seit 2009 wurde durch die griechische Staatsschuldenkrise deutlich, dass die WWU gefährdet ist. Neben Griechenland leiden derzeit auch Spanien, Portugal, Italien und Irland unter hohen Haushaltsdefiziten und/oder nicht nachhaltig tragbaren Zinssätzen. Wie der Fall Griechenland eindrücklich zeigt, sind der Anpassung durch Sparpolitik auf Seite der Schuldner-Länder (wahl-)politisch enge Grenzen gesetzt. Zugleich ist mit der Einrichtung der Rettungsfonds EFSF und ESM, die über eine gemeinsame Kapazität von über einer Billion Euro verfügen, die Bereitschaft der Bevölkerungen in zumindest einigen wichtigen Gläubiger-Ländern zur Übernahme der Risiken von als ‚Freifahrern‘ wahrgenommenen Staaten erschöpft. Da selbst diese gewaltige Summe vielen Finanzmarktakteuren als unzureichend erscheint, sah sich die EZB gezwungen und legitimiert (was beides hochumstritten ist), durch Ankäufe von Staatsanleihen der Krisenländer deren Zinssätze abzusenken – mit erheblicher, von vielen Regierungen wie der EU-Kommission indes als Schuldenlastdämpfung begrüßter Inflationsgefahr.

Ob diese Probleme durch eine stärker europäisierte Geld- und Fiskalpolitik (z. B. gemeinsam garantierte Anleihen, die sogenannten *Eurobonds*, und Kontrolle der nationalen Haushaltspolitik durch Brüssel; Enderlein et al. 2012) längerfristig behoben werden können, ob die europäischen Regierungen fähig sind, ein solches Regime zu entwerfen (das unter anderem auch eine zentralisierte Lohnpolitik beinhalten und viel stärker als die bisherige Rettungspolitik Wachstumsimpulse geben müsste, um die notwendige Konvergenz zu erreichen; Scharpf 2011), die damit verbundenen Verteilungsprobleme zu meistern und von ihren Völkern die demokratische Legitimation für weitere Souveränitätstransfers zu erhalten, oder ob ein Währungsraum mit so großen ökonomischen Disparitäten nicht überlebensfähig ist, scheint derzeit eine offene Frage. Es besteht also durchaus eine reale Gefahr des Auseinanderbrechens der Eurozone. Es besteht allerdings auch die Hoffnung, dass in Reaktion auf die Krise eine Weiterentwicklung der Währungsunion zu einer solidarischen wirtschaftspolitischen Union erreicht werden kann. Bisher jedenfalls hat die EU alle Krisen überstanden – meist durch weitere Integration.

5. Ausblick

Die EU ist ein politikwissenschaftlicher Forschungsgegenstand, der sich in den 50 Jahren seines Bestehens permanent gewandelt hat. Auch wenn die Geschwindigkeit des Wandels nicht immer gleich hoch war, so ist doch eine Zunahme zu verzeichnen. In den vergangenen 30 Jahren erfolgte im Durchschnitt alle sechs Jahre eine Reform der Verträge. Dazu kommt eine wachsende Rechtsproduktion in einer wachsenden Zahl von Politikfeldern.

Die politikwissenschaftliche Forschung entwickelte sich *nolens volens* parallel. In der Phase der Eurosklerose war auch der Umfang der politikwissenschaftlichen Forschung (nach einem frühen Hoch in den 1960er Jahren) gering. Erst seit dem Ende der 1980er Jahre stieg das Forschungsinteresse wieder und mündete um 2000 in einen regelrechten Boom. Heute ist die EU-Forschung ein eigenes Teilgebiet der Politikwissenschaft geworden, obwohl sie nach wie vor auch in den Teildisziplinen Internationale Beziehungen, Politische Systeme und Policy-Analyse verortet ist.

Die Inhalte der Forschung orientierten sich häufig an den aktuellen Entwicklungen in der EU. Die permanente Veränderung der Institutionen und Politiken führt dazu, dass Forschungsergebnisse schnell Gefahr laufen, zu veralten. Neue Entwicklungen werfen stets wieder neue Fragen auf. Aber auch konkrete Ereignisse und Politiken führten zu entsprechenden Forschungen: Die Begründung der Wirtschafts- und Währungsunion oder der Verfassungskonvent führten jeweils zu einer Konzentration der Forschung auf diese Gegenstände.

Es bleibt zu konstatieren, dass zum Verständnis der EU mehr erreicht wurde als für die meisten Nationalstaaten. Nach wie vor bestehen allerdings Lücken. So ist insbesondere die umfassende und systematische empirische Analyse bisher noch zu kurz gekommen. Es dominieren Theorien und qualitative Fallanalysen. Zwar gibt es viele empirische Einzelstudien zu engeren Fragen. Aber noch fehlen breit gestützte Ergebnisse, etwa zur Überprüfung der Integrationstheorien, zur Messung der differenzierten Integration, zum Entscheidungseinfluss der verschiedenen Akteure, zu den Europäisierungsmechanismen und zur nationalen Rechtsumsetzung.

Kommentierte Literaturhinweise

Nugent, Neill, [7]2010: The Government and Politics of the European Union. Basingstoke: Palgrave Macmillan.
Ein grundlegendes Einführungswerk in die EU, das ihre politische Geschichte bis zum Verfassungsprozess und Vertrag von Lissabon (2009) abhandelt und Organe, Institutionen, Akteure, Politiken und die politischen Prozesse der EU dargestellt.

Hix, Simon/Høyland, Bjørn, [3]2011: The Political System of the European Union. Basingstoke: Palgrave Macmillan.
Der Klassiker unter den Lehrbüchern zur politikwissenschaftlichen Analyse der EU. Er präsentiert in den Teilen *Government*, *Politics* und *Policies* Theorien und Forschungsergebnisse zur Exekutive, Legislative und Judikative der EU, zur öffentlichen Meinung, Demokratie, Parteien, Wahlen und Interessenvermittlung, zur Binnenmarkts-, Budget-, Innen- und Außenpolitik und zur Wirtschafts- und Währungsunion.

Wallace, Helen/Pollack, Mark A./Young, Alasdair R. (Hg.), ⁶2010: Policy-Making in the European Union. Oxford: Oxford University Press.
> Ein weiterer Klassiker der EU-Forschung, der das Hauptaugenmerk auf die inhaltlichen Politiken der EU legt.

Holzinger, Katharina/Knill, Christoph/Peters, Dirk/Rittberger, Berthold/Schimmelfennig, Frank/Wagner, Wolfgang, 2005: Die Europäische Union. Theorien und Analysekonzepte. Paderborn: Schöningh UTB.
> Ein deutschsprachiges Lehrbuch zur EU für fortgeschrittene Studierende, das Grundkenntnisse der europäischen Institutionen voraussetzt und politikwissenschaftliche Theorien und Analysekonzepte zur EU vorstellt.

Wichtigste Zeitschriften der EU-Forschung

Journal of Common Market Studies – interdisziplinäre Zeitschrift zur EU-Forschung
European Union Politics – Politics-Perspektive, vergleichende Politikwissenschaft
Journal of European Public Policy – vorwiegend Policy-Studien

Online-Ressourcen

Europa – die offizielle Website der Europäischen Union (http://europa.eu/index_de.htm)
EUR-Lex – enthält das geltende primäre und sekundäre Recht der EU; mit Suchfunktion (http://eur-lex.europa.eu/de/index.htm)
PreLex – enthält alle offiziellen Dokumente zu den Entscheidungsprozessen der EU; mit Suchfunktion (http://ec.europa.eu/prelex/apcnet.cfm?CL=en)
Database on EU Treaty Negotiations – enthält sämtliche verfügbare Dokumente zu allen europäischen Regierungskonferenzen; mit Suchfunktion (http://www.polver.uni-konstanz.de/holzinger/dokumentendatenbank/)

Literatur

Alter, Karen J., 2001: Establishing the Supremacy of European Law: The Making of an International Rule of Law in Europe. Oxford: Oxford University Press.

Benz, Arthur, 2009: Politik in Mehrebenensystemen. Wiesbaden: VS Verlag für Sozialwissenschaften.

Börzel, Tanja A., 2001: Non-compliance in the European Union. Pathology or Statistical Artefact?, in: Journal of European Public Policy 8:5, 803-824.

Börzel, Tanja A., 2006: Europäisierung der deutschen Politik?, in: Schmidt, Manfred G./ Zohlnhöfer, Reimut (Hg.): Regieren in der Bundesrepublik Deutschland. Innen- und Außenpolitik seit 1949. Wiesbaden: VS Verlag für Sozialwissenschaften, 491-509.

Börzel, Tanja A./Hofmann, Tobias/Panke, Diana, 2012: Caving in or Sitting it out? Longitudinal Patterns of Noncompliance in the European Union, in: Journal of European Public Policy 19:4, 454-471.

Börzel, Tanja A./Hofmann, Tobias/Panke, Diana/Sprungk, Carina, 2010: Obstinate and Inefficient: Why Member States Do Not Comply With European Law, in: Comparative Political Studies *43:11,* 1363-1390.

Christiansen, Thomas/Joergensen, Knud E./Wiener, Antje, 2001: The Social Construction of Europe. London: Sage.

Eder, Klaus, 2003; Öffentlichkeit und Demokratie, in: Jachtenfuchs, Markus/Kohler-Koch, Beate (Hg.): Europäische Integration. Opladen: Leske + Budrich, 85-120.

Egan, Michelle/Nugent, Neill/Paterson, William E. (Hg.), 2010: Research Agendas in EU Studies. Stalking the Elephant. Basingstoke: Palgrave.

Eising, Rainer/Kohler-Koch, Beate, 1994: Inflation und Zerfaserung: Trends der Interessen-vermittlung in der Europäischen Gemeinschaft, in: Streeck, Wolfgang (Hg.): Staat und Verbände. PVS Sonderheft 25/1994. Opladen: Westdeutscher Verlag, 175-206.

Enderlein, Henrik/Bofinger, Peter/Boone, Laurence/de Grauwe, Paul/Piris, Jean-Claude/Pisani-Ferry, Jean/ Joao Rodrigues, Maria/Sapir, André/Vitorino, Antonio, 2012: Completing the Euro. A Road Map towards Fiscal Union in Europe, Report of the 'Tomasso Padoa-Schioppa Group', http://www.notre-europe.eu/en/ axes/competition-cooperation-solidarity/works/publication/completing-the-eurobra-road-map-towards-fiscal-union-in-europe/ (26.06.2012).

Falkner, Gerda (Hg.), 2011: The EU's Decision Traps: Comparing EU Policies. Oxford: Oxford University Press.

Falkner, Gerda/Treib, Oliver/Hartlapp, Miriam/Leiber, Simone, 2005: Complying with Europe. EU Harmonisation and Soft Law in the Member States. Cambridge: Cambridge University Press.

Fligstein, Neil/Stone Sweet, Alec, 2001: Institutionalizing the Treaty of Rome, in: Stone Sweet, Alec/ Sandholtz, Wayne/Fligstein, Neil (Hg.): The Institutionalization of Europe. Oxford: Oxford University Press, 29-55.

Grande, Edgar/Jachtenfuchs, Markus (Hg.), 2000: Wie problemlösungsfähig ist die EU? Regieren im europäischen Mehrebenensystem. Baden-Baden: Nomos.

Greenwood, Justin, 2007: Interest Representation in the European Union. London: Palgrave Macmillan.

Grimmel, Andreas/Jakobeit, Cord (Hg.), 2009: Politische Theorien der Europäischen Integration. Ein Text- und Lehrbuch. Wiesbaden: VS Verlag für Sozialwissenschaften.

Haas, Ernst B., 1968: The Uniting of Europe. Political, Social, and Economic Forces 1950-1957. Stanford: Stanford University Press.

Haunss, Sebastian/Leifeld, Philip, 2012: Political Discourse Networks and the Conflict over Software Patents in Europe, in: European Journal of Political Research 51:3, 382-409.

Hix, Simon/Høyland, Bjørn, [3]2011: The Political System of the European Union. Basingstoke: Palgrave Macmillan.

Hoffmann, Stanley, 1966: Obstinate or Obsolete? The Fate of the Nation-State and the Case of Western Europe, in: Daedalus 95:3, 862-915.

Holzinger, Katharina, 1994: Politik des kleinsten gemeinsamen Nenners? Umweltpolitische Entscheidungsprozesse in der EG am Beispiel des Katalysatorautos. Berlin: Edition Sigma.

Holzinger, Katharina, 2005: Institutionen und Entscheidungsprozesse der EU, in: Holzinger, Katharina/Knill, Christoph/Peters, Dirk/Rittberger, Berthold/Schimmelfennig, Frank/Wagner, Wolfgang: Die Europäische Union. Theorien und Analysekonzepte. Paderborn: Schöningh UTB, 81-152.

Holzinger, Katharina/Knill, Christoph/Peters, Dirk/Rittberger, Berthold/Schimmelfennig, Frank/Wagner, Wolfgang, 2005: Die Europäische Union. Theorien und Analysekonzepte. Paderborn: Schöningh UTB.

Holzinger, Katharina/Schimmelfennig, Frank, 2012: Differentiated Integration in the European Union: Many Concepts, Sparse Theory, Few Data, in: Journal of European Public Policy 19:2, 292-305.

Jachtenfuchs, Markus/Kohler-Koch, Beate (Hg.), 2003: Europäische Integration. Opladen: Leske + Budrich.

Kielmansegg, Peter Graf, 2003: Integration und Demokratie, in: Jachtenfuchs, Markus/Kohler-Koch, Beate (Hg.): Europäische Integration. Opladen: Leske + Budrich, 49-83.

Klüver, Heike, 2013: Lobbying in the European Union: Interest Groups, Lobbying Coalitions and Policy Change. Oxford: Oxford University Press.

Knill, Christoph, 2001: The Europeanization of National Administrations: Patterns of Institutional Change and Persistence. Cambridge: Cambridge University Press.

Knill, Christoph, 2005a: Die EU und die Mitgliedstaaten, in: Holzinger, Katharina/Knill, Christoph/Peters, Dirk/ Rittberger, Berthold/Schimmelfennig, Frank/Wagner, Wolfgang: Die Europäische Union. Theorien und Analysekonzepte. Paderborn: Schöningh UTB, 153-180.

Knill, Christoph, 2005b: Die Politiken der EU, in: Holzinger, Katharina/Knill, Christoph/Peters, Dirk/Rittberger, Berthold/Schimmelfennig, Frank/Wagner, Wolfgang: Die Europäische Union. Theorien und Analysekonzepte. Paderborn: Schöningh UTB,181-214.

Knill, Christoph/Lenschow, Andrea (Hg.), 2000: Implementing EU Environmental Policy: New Directions and Old Problems. Manchester: Manchester University Press.

Knill, Christoph/Tosun, Jale, 2010: Politikgestaltung in der Europäischen Union. Die Entstehung und Umsetzung der Dienstleistungsrichtlinie. Baden-Baden: Nomos.

Lavenex, Sandra/Schimmelfennig, Frank 2009: EU Rules Beyond EU Borders: Theorizing External Governance in European Politics, in: Journal of European Public Policy 16:6, 791-812.

Lavenex, Sandra/Lehmkuhl, Dirk/Wichmann, Nicole, 2009: Modes of External Governance: A Cross-national and Cross-sectoral Comparison, in: Journal of European Public Policy 16:6, 813-833.

Lijphart, Arend, ²2012: Patterns of Democracy. Government Forms and Performance in Thirty-Six Countries. New Haven: Yale University Press.

Lindberg, Leon N., 1963: The Politics of European Economic Integration. Stanford: Stanford University Press.

Lindberg, Leon N./Scheingold, Stuart A., 1970: Europe's World Be-Polity: Patterns of Change in the European Community. Englewood Cliffs: Prentice Hall.

Marks, Gary/Hooghe, Liesbet/Blank, Kermit, 1996: European Integration from the 1980s: State-centric v. Multi-level Governance, in: Journal of Common Market Studies 34:3, 341-378.

McCormick, John, ⁴2008: The European Union. Politics and Policies. Boulder, CO: Westview Press.

Moravcsik, Andrew, 1998: The Choice for Europe: Social Purpose and State Power from Messina to Maastricht. Ithaca, NY: Cornell University Press.

Nugent, Neill, ⁷2010: The Government and Politics of the European Union. Basingstoke: Palgrave Macmillan.

Olsen, Johan, 2002: The Many Faces of Europeanization, in: Journal of Common Market Studies 40:5, 921-952.

Peters, Dirk/Wagner, Wolfgang, 2005: Die Europäische Union in den internationalen Beziehungen, in: Holzinger, Katharina/Knill, Christoph/Peters, Dirk/Rittberger, Berthold/Schimmelfennig, Frank/Wagner, Wolfgang: Die Europäische Union. Theorien und Analysekonzepte. Paderborn: Schöningh UTB, 153-180.

Pfetsch, Frank R., 2005: Die Europäische Union. Eine Einführung. München: Fink.

Risse, Thomas, 2003: The Euro Between National and European Identity, in: Journal of European Public Policy 10:4, 487-505.

Rittberger, Berthold/Schimmelfennig, Frank, 2005: Integrationstheorien: Entstehung und Entwicklung der EU, in: Holzinger, Katharina/Knill, Christoph/Peters, Dirk/Rittberger, Berthold/Schimmelfennig, Frank/Wagner, Wolfgang: Die Europäische Union. Theorien und Analysekonzepte. Paderborn: Schöningh UTB, 19-80.

Sandholtz, Wayne/Stone Sweet, Alec (Hg.), 1998: European Integration and Supranational Governance. Oxford: Oxford University Press.

Scharpf, Fritz W., 1985: Die Politikverflechtungs-Falle. Europäische Integration und deutscher Föderalismus im Vergleich, in: Politische Vierteljahresschrift 26:4, 323-356.

Scharpf, Fritz W., 2011: Die Eurokrise: Ursachen und Folgerungen, in: Zeitschrift für Staats- und Europawissenschaften 9:3, 324-337.

Schimmelfennig, Frank, 2001: The Community Trap: Liberal Norms, Rhetorical Action, and the Eastern Enlargement of the European Union, in: International Organization 55:1, 47-80.

Schmidt, Manfred G., 2005: Aufgabeneuropäisierung, in: Schuppert, Gunnar Folke/Pernice, Ingolf/Haltner, Ulrich (Hg.): Europawissenschaft, Baden-Baden: Nomos, 129-145.

Schmitter, Philippe C., 1969: Three Neo-Functional Hypotheses about International Integration, in: International Organization 23:1, 161-166.

Selck, Torsten J., 2006: Preferences and Procedures. European Union Legislative Decision-making. Heidelberg: Springer.

Steffani, Winfried, 1981: Präsidentielles und parlamentarisches Regierungssystem. Opladen: Westdeutscher Verlag.

Stubb, Alexander C., 2002: Negotiating Flexibility in the European Union. Amsterdam, Nice and Beyond. Basingstoke: Palgrave.

Tallberg, Jonas, 1999: Making States Comply. The European Commission, the European Court of Justice and the Enforcement of the Internal Market. Lund: Studentliteratur.

Tömmel, Ingeborg, 2008. Das politische System der EU. München-Wien: Oldenbourg.

Tsebelis, George, 2002: Veto Players. How Political Institutions Work. Princeton, NJ: Princeton University Press.

Tuytschaever, Filip, 1999: Differentiation in European Union Law. Oxford: Hart.

Wallace, Helen/Pollack, Mark A./Young, Alasdair R. (Hg.), ⁶2010: Policy-Making in the European Union. Oxford: Oxford University Press.

Wiener, Antje/Dietz, Thomas, ²2009: European Integration Theory. Oxford: Oxford University Press.

Vom Konflikt zum Krieg: Ursachen und Dynamiken

Sven Chojnacki / Verena Namberger

1. Statt einer Einleitung: Ausgangs- und Diskussionspunkte

Wer sich politikwissenschaftlich mit Konfliktursachen und Konfliktdynamiken auseinandersetzen will, sieht sich mit einer Reihe von Herausforderungen konfrontiert. Als Erstes stellt sich die Frage, was Konflikte eigentlich sind und welche Konflikte überhaupt als untersuchungsrelevant eingestuft werden. Daran anschließend muss zweitens geklärt werden, wie wir Konflikte theoretisch und methodisch untersuchen wollen bzw. wie wir theoretisch begründet Ursachen und Dynamiken systematisch identifizieren können. Drittens ergibt sich durch die begriffliche und konzeptionelle Nähe zum politischen wie normativen Spannungsfeld von Krieg und Frieden die Frage, ob wir es mit einem rein analytischen Forschungsfeld zu tun haben – oder ob es eine besondere Verantwortung durch die Orientierung am Wert des Friedens gibt.

Die Beantwortung des ersten Fragenkomplexes ist mit einer analytischen Vorentscheidung verbunden: Sollen Konflikte eng oder weit definiert werden? Eine enge Definition versteht Konflikt als eine bestimmte Klasse von Ereignissen und versucht, diese von anderen Interaktionszuständen wie Wettbewerb, Konkurrenz oder Rivalität abzugrenzen (vgl. Link 1994). Innerhalb dieser Perspektive wird Konflikt*lösung* grundsätzlich für möglich gehalten. Demgegenüber sehen Vertreterinnen und Vertreter einer weiten – und dabei soziologisch informierten – Definition in Konflikt einen allgegenwärtigen sozialen Tatbestand, der in einen sozialen Handlungsrahmen eingebettet ist, und beziehen dabei auch latente und strukturelle Formen des Konflikts mit ein (vgl. Imbusch 2005). Konflikte sind demnach immer schon in gesellschaftliche Strukturen und Prozesse eingebrannt. Zu einem entscheidenden Kriterium wird dabei, wie Konflikte *ausgetragen* und *verregelt* werden. Mit dem weiten Konfliktverständnis verbunden sind zudem die Vorannahmen, dass Konflikte aus mindestens zwei Konfliktparteien bestehen und auf (zumindest scheinbar) unvereinbare Interessen (Konfliktgegenstände) zurückzuführen sind, die sich wiederum aus herrschaftlichen oder ökonomischen Positionsdifferenzen ergeben. Diese können entweder *objektiv* aus strukturellen Widersprüchen und Gegensätzen abgeleitet werden (wie etwa knappe Güter, Ressourcen, politischer Status) oder sich *subjektiv* als gesellschaftlich bedingte Einstellungen gegenüber Werten und Gütern oder die Konstruktion von Feindschaft Ausdruck verleihen (siehe etwa Galtung 2007: 133ff.).

Weiterhin bleibt die Frage offen, welche Konflikte wir überhaupt in den Fokus nehmen. Während die Teildisziplin der Internationalen Beziehungen (IB) vor allem internationale Konflikte zwischen Staaten – und dabei primär die Entstehung und den Wandel institutionalisierter Kooperationsarrangements und regionaler wie globaler Ordnungsstrukturen – sowie veränderte transnationale Konfliktformationen unter Beteiligung nicht-staatlicher Akteure wie Nichtregierungsorganisationen (NGOs) oder multinationalen Unternehmen problematisiert, zeichnet die Friedens- und Konfliktforschung ein größeres und schärferes Bild. Größer wird der analytische Rahmen, weil aus interdisziplinärer Perspektive mehr interagierende Konfliktebenen betrachtet werden (Senghaas 1971). Diese reichen von der mikroanalytischen Ebene (Gruppenkonflikte) über eine Mesoebene gesellschaftlicher Konflikte bis hin zur makroanalytischen Ebene internationaler Konflikte. Schärfer gezeichnet ist das Bild von Konflikt, weil insbesondere jene Konflikte für untersuchungsrelevant erachtet werden, die aufgrund ihres Gewaltpotenzials oder ihrer bereits erkennbaren Gewaltsamkeit gesellschaftlich besonders bedeutsam sind, und gleichzeitig das Wechselspiel aus Ursachen und Dynamiken in den Blickpunkt gerät.

Ausgehend von Gewaltkonflikten als zentralem Erkenntnisgegenstand formuliert die Friedens- und Konfliktforschung in einem nächsten Schritt spezielle Ansprüche an die Theoretisierung von Konfliktursachen und Konfliktdynamiken: Sie interessiert sich vor allem für die Produktionsstätten und Variabilität von Gewalt (ebd.: 323ff.), insbesondere Krieg zwischen organisierten politischen Einheiten (Bull 1977; Holsti 1996). Wie dies geschehen kann, ist abhängig von theoretischen und methodischen Vorentscheidungen – was uns zum zweiten zentralen Fragenkomplex führt. Konflikttheoretische Ansätze – verstanden als zusammenhängende Aussagen über gesellschaftliche Konflikte – sind immer an umfassendere gesellschaftstheoretische oder politikwissenschaftliche Überlegungen rückgebunden. Entsprechend spiegeln sie auch deren unterschiedliche (erkenntnis-)theoretische Paradigmen wider. Begriff und Theorie stehen hier in einem engen Wechselverhältnis: „Weil sozialwissenschaftliche Theorien unterschiedliche Perspektiven auf Gesellschaft einnehmen und mit unterschiedlichen Vorstellungen von Gesellschaft operieren, unterscheiden sich auch ihre Konfliktbegriffe" (Bonacker 2008: 16). Insofern ist es unmöglich, etwa die Marx'sche Definition des (Klassen-)Konflikts mit Hobbes' Idee des allgegenwärtigen Konflikts im ‚Naturzustand' oder Hegels Konfliktdialektik zwischen Herr und Knecht zu vergleichen, ohne sie in ihrem jeweiligen theoretischen Kontext zu verorten. Deshalb ist es auch müßig, unterschiedliche soziologische Konfliktdefinitionen nebeneinander zu stellen, ohne näher zu bestimmen, was eigentlich das Erkenntnisziel ist.

Die Erkenntnisinteressen sind entsprechend vielfältig: Gefragt wird nach den Gründen und Dynamiken von Vergesellschaftung, nach den Bedingungen und Folgen sozialen Wandels oder nach der Funktionsweise moderner Gesellschaften – das Problem der gewaltförmigen Eskalation von Konflikt steht dabei nicht oder nur selten im Fokus. Theoretisch wenig weiterführend sind aber auch jene Studienbücher, die zwar eine umfassende *conflict analysis* (unter anderem Bartos/Wehr 2002; Miall 2007) versprechen, dabei aber dem Baukastenprinzip folgend Konflikte eher schablonenartig in Einzelteile zerlegen und ihre eigenen theoretischen Annahmen aus den Augen verlieren oder diese gar nicht erst explizit machen.

Wenn es bis heute keine umfassende Konflikttheorie gibt, dann ist dies letztlich eine Folge der Unvereinbarkeit divergierender ontologischer und epistemologischer Prämissen und divergierender begrifflicher Zugänge. Dieser Zustand muss aber kein Nachteil sein. Begründet abgesteckte Bereichstheorien, die auf die Erklärung bestimmter empirischer Konfliktphänomene und -prozesse abzielen und dabei ihren Erkenntnisgegenstand entsprechend funktional, zeitlich und/oder geografisch klar eingrenzen, können nicht nur systematische Einblicke in potenziell unterschiedliche Konfliktursachen und -dynamiken bieten, sondern auch neue Aspekte beobachten und theoretisch integrieren. Dabei sollte jedoch beachtet werden, die verwendeten Begriffe und Konzepte klar zu definieren und ihren analytischen Nutzen herauszustellen. Dass dies alles andere als selbstverständlich ist, zeigt sich an den hier im Mittelpunkt stehenden Überlegungen zu Ursachen und Dynamiken. Beide Begriffe werden in der Konfliktforschung ebenso vielfältig und teilweise willkürlich genutzt wie der Konfliktbegriff selbst. Während deterministische Perspektiven Konfliktursachen und Konfliktdynamiken wie die Entstehung und Eskalation von Kriegen kausal miteinander verknüpfen und damit eindeutig nachvollziehbare Beziehungen zwischen definierten Ursachen (unter anderem Herrschaft, Ökonomie, Territorium) und Wirkungen (Gewaltereignisse, Herrschaftswandel) herstellen, gehen probabilistische Zugänge davon aus, dass theoretisch begründete Ursachen und bestimmte Arten von Konflikthandeln mit einer gewissen Wahrscheinlichkeit positiv oder negativ zusammenhängen. Der Begriff der Konfliktdynamik wird oft noch unschärfer verwendet oder gar nicht erst näher bestimmt. In einer vorsichtigen Annäherung verstehen wir in diesem Beitrag darunter jene Entwicklungen und Veränderungen von (aufeinander bezogenem) Handeln über Zeit, die sich innerhalb oder zwischen sozialen Gruppen vollziehen. Solche Veränderungen werden durch strukturelle Konstellationen wie Staatlichkeit oder die kapitalistische Vergesellschaftung gerahmt, die wiederum selbst Wandel durch Konflikt ausgesetzt sind. Eine besondere analytische Herausforderung stellen Eigendynamiken dar, die aus der Interdependenz von Entscheidungen und (nicht-)intendierten Handlungsfolgen resultieren, aber auch durch plötzliche und unvorhersehbare Ereignisse oder Missverständnisse hervorgerufen werden können.

Ähnlich umstritten wie die begriffliche Einordnung und theoretische Erklärung von Konflikt und Krieg ist die Frage nach dem angemessenen methodischen Zugriff. Im Mittelpunkt der empirisch orientierten Konfliktforschung steht die Entscheidung zwischen Einzelfalluntersuchungen und vergleichenden Analysen mit mittlerer Fallzahl (strukturierte und fokussierte Vergleiche) oder hoher Fallzahl (statistische Analysen). Die Wahl erfolgt nicht willkürlich, sondern ist rückgebunden an die Fragestellung und theoretische Vorentscheidungen: Während sich an generalisierenden Aussagen interessierte ökonomische und rationalistische Ansätze an hohen Fallzahlen und quantitativen, uni-, bi- wie multivariaten statistischen Analysemethoden orientieren, sind viele (makro-)soziologisch inspirierte Untersuchungen wie auch an systemtheoretische und marxistische Ansätze angelehnte Analysen eher interpretativ und diskursiv ausgerichtet; sie arbeiten entsprechend mit geringen Fallzahlen sowie im Rahmen qualitativer (Einzelfall-)Studien. Zwar existiert immer noch eine wissenschaftlich umkämpfte Grenze zwischen quantitativen und qualitativen Forschungsansätzen, diese wird jedoch zunehmend durchlässiger – mit der Perspektive, dass sich Quantität und Qualität komplementär zueinander verhalten und dass qualitative Studien entscheidende Beiträge zur Analyse theoretisch unterstellter Kausalmechanismen liefern. So gibt es heute einerseits vielversprechende aggregierte und desaggregierte Konfliktdatensätze zum Ausbruch und zur Eskalation gewaltsamer Konflikte, die unterschiedlich vergesellschaftete Akteure einbeziehen (staatliche, quasi-staatliche und nicht-staatliche Gewaltakteure) und auch Gewaltereignisse gegen die Zivilbevölkerung berücksichtigen.[1] Andererseits ist eine zunehmende prozessanalytische Auseinandersetzung mit Formen organisierter Gewalt zu beobachten. Immer häufiger werden zu diesen Zwecken quantitative und qualitative Methoden parallel oder komplementär eingesetzt, um Erklärungen für die Ursachen, Dynamiken und Varianzen der Gewaltanwendung auf lokaler, transnationaler oder staatlicher Ebene zu finden (vgl. etwa Kalyvas 2006; Weinstein 2007).

Zu den bislang diskutierten begrifflichen, theoretischen und methodischen Herausforderungen gesellt sich schließlich noch die Frage, ob es ausreicht, die Ursachen und Dynamiken gewaltsamer Konflikte allein analytisch zu begreifen – oder ob es einer normativen Orientierung am Wert des Friedens bedarf. Die schlichte Antwort lautet: Mit ihrem Erkenntnisinteresse an den Bedingungen des Friedens und den Ursachen gewaltsamer Konflikte ist die Friedens- und Konfliktwissenschaft sowohl ein normatives als auch ein analytisches Projekt. Während die normative Perspektive auf die Orientierung am Wert des Friedens und die Überwindung kriegerischer Gewalt zielt, die so zugleich zum zentralen Erkenntnisgegenstand der Forschung wird, verweist die analytische Perspektive auf die systematisch empirische Auseinandersetzung mit den Ursachen, Dynamiken und Folgen gewaltsamer Gruppenkonflikte. Inwiefern die Friedens- und Konfliktforschung damit einen Teilbereich der IB, eine sich neu konstituierende Disziplin oder gar eine „Superwissenschaft" (Brühl 2012) jenseits disziplinärer Grenzen darstellt, wird zumindest im deutschsprachigen Raum kontrovers diskutiert.[2] Festhalten können wir, dass das Verhältnis von IB und Friedens- und Konfliktforschung nicht (mehr) so eindeutig ist, wie es die institutionalisierte Dreiteilung der Politikwissenschaften suggeriert. Die Friedens- und Konfliktforschung ist eben auch ein interdisziplinäres Projekt, das sich über seinen Gegenstandsbereich und seinen normativen Anspruch definiert. Dieter Senghaas hat bereits 1971 die Notwendigkeit des Konflikts für die normative Orientierung der kritischen Friedensforschung betont: „Einen weiteren Realitätsbezug und Korrektive für die moralphilosophische Diskussion von Ziel- und Wertinhalten des Friedens finden wir, vor allem hinsichtlich der Konzipierung angemessener Friedensstrategien, in der Analyse von Konflikttypen" (1971: 347). Die Frage nach den Bedingungen und Voraussetzungen gewaltfreier Konfliktregelung setzt dann erstens einen substanziellen Konfliktbegriff und zweitens theoretische Perspektiven auf Konfliktformationen und deren Dynamiken voraus. Anders formuliert: Wer Kriege überwinden und (einen näher zu definierenden) Frieden erhalten oder anstreben will, muss die Ursachen und Dynamiken gewaltförmiger Konflikte sowie ihre raum-zeitlich unterschiedlichen Formen und Auswirkungen studieren.

Ziel der weiteren Überlegungen ist es entsprechend nicht, alle konflikttheoretischen Kontroversen aufzuarbeiten und eine erschöpfende Diskussion struktureller Ursachen gewaltsamer Konflikte sowie potenzieller Dynamiken anzubieten, sondern vielmehr für einen differenzierten Umgang mit entsprechenden Erklärungsansätzen zu sensibilisieren. Dazu werden

---

1   Z.B. das *Uppsala Conflict Data Program* (UCDP) (http://www.pcr.uu.se/research/UCDP/).

2   Siehe die Debattenbeiträge in Zeitschrift für Internationale Beziehungen (Heft 19:1, 2012).

wir im nächsten Schritt ein Konfliktverständnis entfalten, das an soziologische Überlegungen anschließt, dabei aber politikwissenschaftlich hinsichtlich der Probleme des Auftretens und der Eskalation gewaltsamer Konflikte zugespitzt wird. Darauf aufbauend werden wir diejenigen (konkurrierenden) theoretischen Perspektiven diskutieren, die sich für ein Verstehen der Ursachen und Dynamiken gewaltförmiger Konflikte eignen. Abschließend werden einige offene Fragen und Desiderate der Friedens- und Konfliktforschung erörtert.

2. Das weite Konfliktverständnis und Schritte der Eingrenzung

Das weite Konfliktverständnis kann auf eine recht lange Entstehungsgeschichte zurückblicken. Es hat seine Ursprünge bei dem Soziologen Georg Simmel (1992 [1908]), der in seiner Abhandlung „Der Streit" argumentiert, dass Konflikte allgegenwärtig und unter gewissen Bedingungen durchaus funktional für die Entstehung und Aufrechterhaltung sozialer Beziehungen – und letztlich Gesellschaft – sind. Simmel legt dar, dass Vergesellschaftung auf einem Wechselspiel aus Integration und Abgrenzung, aus Konsens und Konflikt basiere. Entscheidend ist seine These, dass widersprüchliche individuelle oder kollektive Interessen und Motive noch keine Sozialität konstituierten. Erst die Auseinandersetzung über diese Antagonismen schaffe eine Beziehung zwischen den Konfliktparteien (ebd.: 284f.) und wirke gleichzeitig integrierend innerhalb der Parteien (ebd.: 350). Simmel eröffnet damit die Möglichkeit, den Konflikt „ohne Rücksicht auf seine Folgen und Begleiterscheinungen" (ebd.: 284) als normales gesellschaftliches Phänomen zu betrachten, das gleichzeitig struktur- und akteursbildend wirkt (vgl. etwa Daase 2012).

Diese Perspektive auf die funktionale Rolle von Konflikten wurde in den 1950er und 1960er Jahren von Lewis Coser aufgegriffen und als Kritik an dem damals die Soziologie dominierenden systemtheoretischen und funktionalistischen Paradigma weiterentwickelt: „Uns geht es vornehmlich mehr um die Funktionen als um die Dysfunktionen des sozialen Konflikts, das heißt, um jene Konsequenzen des sozialen Konflikts, die eher ein Fortschreiten als einen Rückgang in der Anpassung bestimmter sozialer Beziehungen oder Gruppen zur Folge haben" (Coser 1965: 10). Er unterscheidet in Anlehnung an Simmel zwischen echten (*realistic*) und unechten (*unrealistic*) Konflikten: Während erstere zweckrational darauf ausgerichtet seien, einen Widerspruch oder die Unvereinbarkeit von Interessen zu beseitigen, seien letztere reiner Selbstzweck und die hervorbrechenden Spannungen oftmals Ausdruck unbearbeiteter oder unterdrückter echter Konflikte.

Die konflikttheoretische Bedeutung dieser Differenzierung zwischen Form und Inhalt ist kaum zu überschätzen: Sie bricht mit einem – im öffentlichen Diskurs und Sprachgebrauch immer noch fest verankerten – negativ konnotierten Konfliktverständnis, das Konflikte mit Gewalt und (Zer-)Störung von Harmonie gleichsetzt. Gleichzeitig verweist sie auf die Differenz zwischen Konfliktbegriff und der notwendigen Theoretisierung von Ursachen und Dynamiken. Wer dagegen sozial- und gesellschaftsstrukturelle Ursachen bereits in den Konfliktbegriff integriert, beraubt sich der Chance einer differenztheoretischen Betrachtung der Formen der Konfliktbearbeitung und ihrer Inhalte, die sich nicht nur über Zeit wandeln, sondern zu unterschiedlichen Zeitpunkten im Konfliktaustrag auch unterschiedliche Wirkungen entfalten können.

In Anlehnung an Ulrike Wasmuht (1992: 4ff.) können wir daher festhalten, dass jene Definitionen, die Konflikte auch über ihre Austragungsformen und Ursachen zu fassen versuchen und dadurch normative Zuschreibungen vornehmen, eine fundierte konflikttheoretische Auseinandersetzung verhindern. Berechtigt ist entsprechend ihre Forderung, „den Konflikt unvoreingenommen als sozialen Tatbestand zu betrachten und bei Definitionsversuchen den ‚Konflikt' (a) nicht mit Austragungsformen zu verwechseln; (b) nicht durch Bewertung einzugrenzen und damit dessen Analyse zu präjudizieren; (c) nicht durch seinen Kontext unnötigerweise auf Merkmale zu reduzieren, die seiner Komplexität nicht gerecht werden und (d) nicht mit seiner Ursächlichkeit zu vermischen" (ebd.: 7).

Nutzen wir diese Vorbedingungen als analytischen Ausgangspunkt, dann ergeben sich vier zentrale Kriterien für eine politikwissenschaftliche Konfliktdefinition: Konflikte sind allgegenwärtige soziale Phänomene, die (1) aus mindestens zwei gesellschaftlichen (kollektiven) Akteuren bestehen; (2) auf (macht-)politische, sozio-ökonomische und/oder identitäre Antagonismen (unvereinbar erscheinende Ziele, Interessen, Mittel, Konfliktgegenstände) bezogen sind; (3) akteurs- und identitätsbildend auf mindestens zwei Konfliktparteien einwirken und ihre Interaktionen beeinflussen; und dabei (4) als dynamische Phänomene verstanden werden können, die aus sozialem Wandel hervorgehen, diesen begleiten und neu anstoßen. Der zweite Punkt führt nicht etwa durch die Hintertür wieder vordefinierte Konfliktursachen in die Definition ein, sondern verweist schlicht darauf, dass Konflikte als ubiquitäre Situationen in soziale Interaktionsbeziehungen und bestehende Herrschaftsverhältnisse eingebettet sind. Diese Aussage gilt grundsätzlich für alle in den Sozialwissenschaften behandelten Konfliktebenen: von der mikroanalytischen Ebene interpersoneller Konflikte (Entscheidungs- oder Beziehungskonflikte) über die Ebene der innerstaatlichen bzw. gesellschaftlichen Konflikte bis hin zur makroanalytischen Ebene internationaler Konflikte, die zwischen Staaten oder Staatengruppen auftreten. Dabei dürfen die Konfliktebenen jedoch nicht mit den Analyseebenen verwechselt werden, entlang derer – je nach theoretischer Ausrichtung – jene Faktoren identifiziert werden, die als Ursachen oder verstärkende Faktoren das Konflikthandeln erklären sollen (siehe dazu Abschnitt 3).

Anknüpfend an diese Überlegungen müssen wir von Konflikttheorien erwarten, dass sie allgemein Aussagen über Konfliktakteure, ihre Ziele, Interessen und (strukturellen) Widersprüche sowie Formen und Dynamiken des Konfliktaustrags treffen (vgl. Giesen 1993: 93). Der Erfolg einer Konflikttheorie bestimmt sich dann nicht zuletzt durch ihre Fähigkeit, die empirischen Befunde zu den Entwicklungen von Gewaltkonflikten und dem weltweiten Kriegsgeschehen erklären zu können (vgl. Bonacker 2006: 76). Dabei gilt es allerdings mehrere Dinge zu bedenken: Erstens sollte der weite Konfliktbegriff politikwissenschaftlich spezifiziert werden, ohne dass dabei die theoretische Perspektive auf die Struktur-, Problem-, Akteurs- und Handlungsbezüge, auf die Formen und Inhalte von Konflikten, verloren geht. Zweitens benötigen wir einen Kriegsbegriff, der Krieg als das versteht, was ihn in einer konflikttheoretischen Orientierung und begriffsanalytischen Schärfung ausmacht: eine eskalierte Extremform kollektiven Konflikthandelns. Jede weitere Form der Eingrenzung führt dann drittens zu begründungsbedürftigen operationalen Kriterien, die für die Wissenschaft wie für die politische Praxis gleichermaßen eine Herausforderung darstellen: Wie vergleichende Studien zeigen, ist die Welt der Kriege nämlich nicht immer die, die subjektiv erfahrbar ist, sondern vielmehr das, was Forscher daraus mit ihren Konzepten und Definitionen machen (Chojnacki/Reisch 2008).

Entsprechend sinnvoll ist ein stufen- oder phasenförmiges Konfliktverständnis, das Konflikt zunächst als unvereinbare und manifest aufeinandertreffende Erwartungen von mindestens zwei Akteuren versteht und Inhalte (Ursachen, Konfliktgegenstände) wie Rahmenbedingungen (strukturelle Gelegenheiten) von diesem Ausgangspunkt sukzessive auf den Forschungsgegenstand bezieht. Eine Zerlegung von Konflikten in einzelne zeitliche Phasen (etwa nach Intensität geordnet: schwach – mittel – hoch)[3] ist dabei ein notwendiger analytischer Schritt, aber keine Garantie für ein Verstehen von Konfliktdynamiken. Konflikte, die innerhalb einer definierten Phase verbleiben, sind kaum je statisch. Obwohl sich Konflikthandeln vielfach wandelt und sich die Konfliktinhalte verschieben können, Konflikte eskalieren und wieder deeskalieren können (um dann mitunter wieder zu eskalieren), ist auffällig, dass die Problematisierung der Konfliktdynamik bis heute enorm unterreflektiert ist – im krassen Gegensatz zur Theoretisierung struktureller Konfliktursachen. Zwei ergänzende Perspektiven bieten sich an, um Konflikte für politikwissenschaftliche Untersuchungen weiter einzugrenzen und die Konfliktdynamik genauer zu bestimmen: erstens die Querbezüge zum Gewaltbegriff, zweitens die Auseinandersetzung mit Krieg als Extremform kollektiv gewaltsamen Konflikthandelns. Dabei gibt es innerhalb der Friedens- und Konfliktforschung durchaus ein Bewusstsein dafür, welche Funktion Gewalt für den Konfliktbegriff (unter anderem Bonacker 2005) und welche Bedeutung eine konflikttheoretische Fundierung für das Verstehen von Krieg hat (Daase 2012).

Das Verhältnis von Konflikt und Gewalt ist mehrdimensional und erst aus ihren wechselseitigen Bezügen lassen sich letztlich jene Zutaten isolieren, die bestimmte Konfliktursachen und Konfliktdynamiken explosiv werden lassen. Gewalt kann ein Mittel des Konfliktaustrags darstellen, strukturelle Gewaltverhältnisse können ursächlich für Konflikte sein und mitunter können Deutungskämpfe über die jeweilige Definition und Bewertung von Gewalt auch zum Konfliktgegenstand werden (Bonacker/Imbusch 2005: 98ff.). Gewalt ist insofern sowohl eine soziale Praxis als auch Produkt und Gegenstand diskursiver Kämpfe um Deutungshoheit – sichtbar vor allem in der Unterscheidung zwischen illegitimer, destruktiver Gewalt und legitimer (Staats-)Gewalt mit Ordnungsfunktion. Wenn Gewalt folglich „eine beträchtliche Ambiguität zwischen Ordnungszerstörung und Ordnungsbegründung zukommt" (ebd.: 83), bedeutet dies immer eine forschungspraktische Entscheidung, inwiefern Gewalt definitorisch auf ihre manifest-physische Dimension und Wirkmächtigkeit eingegrenzt oder auf Formen psychischer und symbolischer Verletzungen oder struktureller Zwangseinwirkungen ausgeweitet werden sollte. Der schwedische Friedensforscher Johan Galtung (1975) hat in diesem Zusammenhang den Begriff der „strukturellen Gewalt" geprägt und in Ab-

---

3   Vgl. dazu die Konfliktkonzeption des Heidelberger Instituts für Internationale Konfliktforschung (HIIK), http://www.hiik.de/index.html.

grenzung zu direkter bzw. physischer Gewalt als Ursache für eine eingeschränkte Entfaltung individueller Potenziale definiert: „Gewalt liegt dann vor, wenn Menschen so beeinflusst werden, dass ihre aktuelle somatische und geistige Verwirklichung geringer ist als ihre potentielle Verwirklichung" (ebd.: 9). Die Entscheidung für einen engen Gewaltbegriff hat für die Eingrenzung von politisch relevanten Erkenntnisgegenständen eine zentrale, wenn auch begründungsbedürftige Funktion im Forschungsprozess. Wenn die heutige Friedens- und Konfliktforschung ihren analytischen Gegenstandsbereich primär auf Phänomene direkter Gewaltanwendung und manifester Konflikte beschränkt, sollte dies sie nicht daran hindern, in der Konfliktanalyse auch nach strukturellen Macht- und Herrschaftsverhältnissen zu fragen (Schmitt 2006: 7). Die Herausforderung besteht darin, Gewaltverhältnisse analytisch sichtbar zu machen und im Hinblick auf ihre Wirkung innerhalb einzelner Phasen der Konflikteskalation empirisch zu überprüfen.

Verstehen wir Gewalt in einem engen Sinne als intentionale, organisierte Anwendung militärischer Zwangsmittel und als Ressource von politischen Handlungen, so ist die Fähigkeit zur Kontrolle von Gewaltmitteln eine wichtige Voraussetzung für ein besseres Verständnis von Eskalationsprozessen. In den Mittelpunkt rücken dabei die Fähigkeit und Bereitschaft, über Gewaltmittel militärischen Zwang auszuüben, was wiederum an das Vorhandensein von materiellen Gelegenheitsstrukturen (Ressourcen, Institutionen) gebunden ist. Die Anwendung von Gewalt sollte dann wiederum in ihrer Zeit- und Raumbezogenheit gedacht und über ihr Ausmaß (Intensität) phänomenologisch beschrieben und analytisch erfasst werden (Imbusch/Bonacker 2005: 86). Insofern ist gewaltsames Konflikthandeln konstitutiv auf eine räumliche, zeitliche und vertikale Dimension bezogen und bietet weitere analytische Anknüpfungspunkte zur Differenzierung von Konfliktdynamiken: vertikal eskalierende Gewaltkonflikte, die in Intensität und/oder Dauer ansteigen, und horizontal eskalierende Konflikte, die sich raum-zeitlich ausweiten (Diffusion, Ansteckung) und sich dabei in der Akteurszusammensetzung verändern (am deutlichsten sichtbar in Fällen militärischer Interventionen).

Mit der Integration von Gewalt und einer dynamischen Perspektive auf Konflikt steht eine wichtige Eingrenzung noch aus: die extremste Form gewaltförmigen Konflikthandelns ist zweifellos der Krieg. Als Gegenstück zum Frieden genießt der Krieg in der Friedens- und Konfliktforschung besondere analytische Aufmerksamkeit. Es gibt einen gewissen Konsens, Krieg – im Sinne einer Ausgangsdefinition – als institutionalisierte Extremform gewaltsamer Konfliktbearbeitung zwischen mindestens zwei organisierten Gruppen zu verstehen (vgl. Bull 1977: 178). Eine Streitfrage ist jedoch, wann die entscheidende Schwelle des Krieges erreicht ist und ob die relevanten Merkmale quantitativ oder qualitativ erfasst werden sollen. Eine quantitative Strategie verfolgen etwa Forschungsprojekte wie das *Correlates of War*-Projekt (COW) oder das *Uppsala Conflict Data Program* (UCDP), indem sie Krieg operational als eine zugespitzte Situation kollektiver militärischer Gewaltanwendung definieren, bei der mehr als tausend Soldatinnen und Soldaten pro Jahr ihr Leben verlieren (vgl. Small/Singer 1982). Diese scheinbar objektive Messung von Krieg ist methodisch nicht frei von Problemen (Verfügbarkeit von validen Daten, absoluter Schwellenwert unabhängig von der Größe der kriegführenden Gruppen/Staaten). Gleichzeitig haben qualitative Definitionen wie die der *Arbeitsgemeinschaft Kriegsursachenforschung* (AKUF) an der Universität Hamburg wiederum den Nachteil, dass die zugrunde gelegten Kriterien („Mindestmaß", „gewisse Kontinuierlichkeit") recht vage sind und operational unspezifisch bleiben (Gantzel/ Schwinghammer 1994: 31). Letztlich entsteht so ein zu großer Spielraum für unterschiedliche Interpretationen, die Nachvollziehbarkeit von (nicht-)erfassten Fällen wird erschwert und der Wert für komparative Zwecke gemindert. Auch wenn die quantitativ und qualitativ ausgerichteten Forschungsprojekte mit ihren unterschiedlichen Kriegsdefinitionen letztlich unterschiedliche ,Welten des Krieges' abbilden, bietet sich den Forschenden doch die (begründungsbedürftige) Möglichkeit, diejenige Definition bzw. Kriegedatensammlung zu nutzen, die ihren eigenen Erkenntnisinteressen am ehesten entspricht.

Werden Kriege entsprechend der oben angeführten Ausgangsdefinition als institutionalisierte Extremformen gewaltsamer Konfliktbearbeitung verstanden, die innerhalb politischer Einheiten (Staaten oder alternative Formen politischer Vergesellschaftung) oder zwischen diesen entstehen können, dann sollte immer auch berücksichtigt werden, dass Kriege letztlich Resultate mittel- bis langfristiger Prozesse mit interdependenten Entscheidungssituationen sind, die schrittweisen Eskalationsdynamiken ausgesetzt sind (Bremer 1996: 9). Kriege entstehen nicht plötzlich, sondern haben eine Prozessdimension – aber nicht alle gewaltsamen Konflikte eskalieren zum Krieg. Konflikttheoretisch gibt es verschiedene Schritte und Wege zum Krieg. Dies ist abhängig von der Bedeutung der Konfliktgegenstände (vor allem territoriale Konflikte bergen ein hohes Eskalationspotenzial) und den Handlungsdynamiken (Entscheidungen und Fehlentscheidungen) der Konfliktparteien. Aus einer probabilistischen Perspektive können die Strukturbedingungen und Konfliktgegenstände das jeweilige Konflikthandeln positiv oder negativ beeinflussen, je nachdem in welchem Prozessstadium sich Konfliktparteien befinden und wie sie die strukturellen Barrieren und Konfliktgegenstände wahrnehmen. Einen strukturellen Determinismus oder eine historische Notwendigkeit gibt es jedoch für Konflikteskalation ebenso wenig wie ein nur durch den Zufall hervorgerufenes Konflikthandeln oder ein verlässlich prognostizierbares Kriegsgeschehen (Casti 1992).

3. Konflikte und ihre Eskalation: Annäherungen, Vermutungen und Erklärungen

Theoretische Ansätze, die geeignet erscheinen, Konfliktursachen und Konfliktdynamiken zu erklären, lassen sich entlang unterschiedlicher Perspektiven ordnen: (1) gesellschaftstheoretische Perspektiven, die Erklärungen von Konflikt und der Eskalation zum Krieg in einen sozialen Handlungsrahmen einbetten; (2) Perspektiven der IB, die entweder auf die Verteilung von Macht zwischen Gesellschaften (Staaten) oder auf die Herrschaftsform (bzw. den Regimetyp) als zentrale Konfliktursache abheben; (3) vergleichend-politikwissenschaftliche Perspektiven, die den Zerfall von Staatlichkeit und die Aneignung ökonomischer Ressourcen oder – in einer stärker ökonomisch-rationalistischen Variante – die Kosten eines gewaltsamen Konflikthandelns zum Ausgangspunkt ihrer Überlegungen machen; (4) konstruktivistisch, poststrukturalistisch und postkolonial inspirierte Perspektiven, die das Wechselverhältnis von Konflikt und Identität (sowie Geschlecht) behandeln und dabei Konflikthandeln nicht einfach nur in Bezug zu Gruppenbildungsprozessen und der (sich wandelnden) sozialen Konstruktion kollektiver Identitäten in und durch Konflikt stellen, sondern behaupten, dass Identitäten und Geschlechterbeziehungen durch gewaltförmige Konflikte und Kriege (re-)strukturiert werden.

3.1 Gesellschaftstheoretische Perspektiven

Wenn wir Konflikte mit Simmel und Coser als grundlegendes Muster sozialer Beziehungen und Formen der Vergesellschaftung begreifen, die unsoziale und zerstörerische, aber genauso auch sozialisierende und integrative Elemente enthalten können, dann rücken mit einem ersten Blick auf mögliche Konfliktursachen jene sozialen Beziehungen und strukturellen Bedingungen in den Mittelpunkt, in denen sich Antagonismen manifestieren, strukturelle Gewaltverhältnisse aufrechterhalten werden oder direktes Gewalthandeln bis hin zum Krieg potenziell begünstigt wird.

Gesellschaftstheoretische Ansätze changieren zwischen ökonomischen und herrschaftlichen Perspektiven auf Konflikt und entfalten unterschiedliche analytische Reichweiten. So legen marxistisch orientierte Konflikttheorien den Fokus auf die Produktionsverhältnisse (Besitz bzw. Ausschluss von Besitz an Kapital), die in einen Antagonismus zwischen der besitzlosen und der besitzenden Klasse münden (vgl. Demirović 2008). Dagegen versteht Ralf Dahrendorf (1994) in Anlehnung an Max Weber Konflikte über Eigentumsverhältnisse eher als einen Sonderfall des Herrschaftskonflikts und ist vor allem an Konflikten interessiert, die den auf Zwang beruhenden Herrschaftslogiken moderner Gesellschaften innewohnen. Sonderfälle sind jedoch letztlich beide Perspektiven: Während die an Marx orientierte Perspektive ‚nur‘ den (Klassen-)Konflikt zwischen Kapital und Lohnarbeit theoretisiert, favorisiert Dahrendorf eine bestimmte Form des herrschaftsbezogenen Klassenkonflikts, der auf die ungleiche Verteilung legitimer Macht innerhalb bestehender (demokratischer) Herrschaftsverhältnisse zurückzuführen ist. Zudem bieten beide Perspektiven keine systematischen Erklärungen der Konfliktdynamiken bis hin zum Krieg – was wir ihnen jedoch insofern kaum vorwerfen können, als dies nicht ihr Erkenntnisinteresse ist.

Ein gesellschaftstheoretischer Ansatz, der explizit beansprucht, Krieg als Extremform gewaltsamen Konflikthandelns empirisch zu erfassen und die kriegsursächlichen Hintergründe theoretisch zu erklären, ist der ‚Hamburger Ansatz‘. In den Mittelpunkt rückt die Annahme der unabgeschlossenen kapitalistischen Moderne. Infolge der Kapitalisierung des internationalen Systems komme es zu Staatenbildungsprozessen und dabei zu Kriegen. Kriege werden hier entsprechend nicht als „Kriege des Staatszerfalls" gedacht, sondern als „Kriege der Staatsbildung" (Schlichte 2006). Die Tatsache, dass sich der gegenwärtige Kontext radikal von den historischen Bedingungen der europäischen Staatenbildung unterscheidet, wird dabei zwar thematisiert, jedoch nicht als mögliches Hindernis der Analogie, sondern als „Erklärung für den Wandel der Erscheinungsformen kollektiver Gewalt" (Jung 2000: 162) verstanden. Insofern liefert der ‚Hamburger Ansatz‘ eine mögliche Erklärung für die strukturellen Ursachen von Gewaltkonflikten im internationalen System, jedoch nicht für den Wandel des globalen Kriegsgeschehens oder gar die Konfliktdynamiken im Krieg. Der analytische Rahmen einer „Grammatik des Krieges" (vgl. Siegelberg 1994: 167ff.) ordnet Konflikt zwar entlang einzelner Handlungsebenen in ein Vier-Schritt-Schema ein (‚Widerspruch', ‚Krise', ‚Konflikt' und ‚Krieg'), dessen Stufen „notwendig" durchlaufen werden müssten, wenn es zu Kriegen komme (Jung/Schlichte/Siegelberg 2003: 24). Das Modell bietet aber keine darüber hinausgehenden Hinweise, unter welchen Bedingungen der Umschlag von einer Stufe zur nächsten bzw. vom Frieden zum Krieg erfolgt – und damit keine Erklärung für das Zusammenspiel von Ursachen und Konfliktdynamiken.

Eine weitere gesellschaftstheoretische Perspektive auf Konflikt und Krieg wird über die Entwicklungen in der „Weltgesellschaft" hergestellt. Die Studien von Lothar Brock (2000) und Thorsten Bonacker (2006) zielen dabei auf eine makrosoziologische Erklärung des globalen Kriegsgeschehens. Sie wenden sich kritisch von der teleologischen Annahme einer „Gleichzeitigkeit der Ungleichzeitigkeit" des Hamburger Ansatzes ab und verorten die strukturellen Ursachen von Gewaltkonflikten stattdessen in der „ungleichen Entwicklung" verschiedener Regionen der Welt und in damit einhergehenden Prozessen territorialer und funktionaler Entgrenzung (Brock 2000: 294). Weltgesellschaft wird dabei inhärent konfliktbezogen gedacht: Konflikte seien ubiquitäre Phänomene, die auf kontingenten Grenzziehungen beruhen und somit auch Prozesse des *rebordering* mit einbeziehen (Bonacker 2006: 81). Hinsichtlich der Frage nach den Umschlagpunkten von friedlichem zu gewaltvollem Konflikthandeln bleiben jedoch auch diese Überlegungen auf halbem Wege stehen – und formulieren lediglich Herausforderungen für die weitere Forschung, die darin lägen, „die Differenz zwischen einem kriegerischen und einem nicht-kriegerischen Vergesellschaftungsprozess auf den Begriff zu bringen" (Brock 2000: 300).

Daran ändern auch stärker typologisierende Ansätze wenig, welche die Ursachen und Dynamiken von Kriegen mit den Rahmenbedingungen der jeweiligen Formation von Staatlichkeit sowie mit den (welt-)gesellschaftlichen Entwicklungs- und Transformationslogiken in Beziehung setzen (etwa Schlichte 2006). Dies führt konzeptionell zu einer Periodisierung innerstaatlicher Kriege seit 1945 in Dekolonisationskriege, sozialrevolutionäre Kriege, Kriege im Entwicklungsstaat, Kriege im neopatrimonialen Staat sowie Kriege im peripheren Kapitalismus. Verbindendes Element dieser Kriege bleibt der Staat bzw. nachholende Staatlichkeit. Die Stärke dieser Perspektive besteht in dem wichtigen Hinweis, dass es strukturelle wie prozessuale Rahmenbedingungen (Modernisierung, Globalisierung) und Entwicklungsstadien des Staates gibt, die das Gewalthandeln lokaler sowie transnationaler Konfliktakteure beeinflussen. Wie oben angedeutet, kann jedoch die entscheidende Frage nicht beantwortet werden, warum diese Mechanismen nicht überall gleichermaßen wirkmächtig sind und ob sich die dahinter stehende Logik der Durchsetzung von Staatlichkeit wirklich flächendeckend manifestiert und für alle staatlichen und nicht-staatlichen Akteure gleichermaßen handlungsleitend ist. So bietet der Blick auf die Folgen weltgesellschaftlicher Strukturen und Prozesse eher einen nützlichen Interpretationsrahmen für (sich wandelnde) Makrokonfliktlinien, weniger für das Verstehen von Mechanismen der Gewalteskalation und von Handlungsmotivationen auf der Mikroebene.

3.2 Konfliktursachen aus der IB-Perspektive

Während gesellschaftstheoretische Konflikttheorien eher soziologisch inspiriert sind, haben viele IB-Überlegungen zu den Ursachen von gewaltsamen Konflikten einen politikwissenschaftlichen Kern (siehe auch Deitelhoff/Zürn und Harnisch i. d. B.): Sie orientieren sich mit ihrem Fokus auf den Staat und das internationale System am methodologischen Nationalismus. Bis in die 1980er Jahre hinein hat sich der Neorealismus so zu einem einflussreichen Erklärungsansatz der Ursachen gewaltsamer Konflikte zwischen Staaten entwickelt, wobei der Staat selbst theoretisch eine *black box* bleibt. Ausgehend vom Anarchie-Theorem eines fehlenden Gewaltmonopols auf internationaler Ebene werden vor allem die relative Machtverteilung zwischen zwei Staaten und die Struktur der Machtverteilung im internationalen System für das Ausbrechen von Kriegen verantwortlich gemacht (Waltz 1986). Theoretisch wird aus den unterstellten Autonomie- und Sicherheitsbestrebungen von Staaten abgeleitet, dass ein relatives Gleichgewicht zwischen zwei Staaten die Wahrscheinlichkeit von Krieg eher reduziert (*balance of power*). Ungleichgewichten (*power preponderance*) wird dagegen unterstellt, dass sie aggressives Konfliktverhalten fördern, die Wirkung der Abschreckung schwächen und somit das Risiko militärischer Gewaltanwendung durch den stärkeren Staat erhöhen (ebd.). Übertragen wird dies auch auf die Systemebene. Im Mittelpunkt steht hier das Argument, dass eine relativ gleiche Machtverteilung unter den Großmächten weniger kriegsträchtig sei, da Allianzbildung und Abschreckung aggressives Konfliktverhalten insbesondere der Großmächte einschränkten und die Wahrung des Status quo hier einen hohen Eigenwert besitze (vgl. Morgenthau 1967). Seine Zuspitzung findet dies im Konzept der bipolaren Stabilität, das bipolare internationale Systeme für stabiler und weniger kriegsträchtig hält als multipolare Systeme (Waltz 1989).

Demgegenüber steht die empirische Beobachtung seitens konkurrierender machtpolitischer Ansätze, dass Kriege mit einer größeren Wahrscheinlichkeit bei etwa gleichstarken Konfliktpaaren auftreten (Bremer 1992). Allerdings sind die Ergebnisse statistisch kaum signifikant. Für sich allein begünstigen weder ein Gleichgewicht noch ein Übergewicht von Macht die Prozesse zum Krieg oder Frieden: Beide Varianten können zum Krieg führen, müssen dies aber nicht. Alle Ansätze, die allein auf der Systemebene ansetzen, sind zusätzlich mit dem Problem konfrontiert, dass sie keine Erklärung für die Eskalationsdynamik im engeren Sinne liefern, da sie Konflikthandeln lediglich aus der Struktur des internationalen Systems bzw. der Varianz in den Machtverhältnissen von Staaten untereinander ableiten. Berücksichtigt werden muss dabei auch, dass zwischenstaatliche Kriege trotz ihrer oft großen weltordnungspolitischen Wirkungskraft relativ seltene Phänomene sind. Ein weiteres Problem ist der Einfluss von Fehlwahrnehmungen auf Entscheidungen zum bzw. im Krieg. Fehleinschätzungen über die Absichten und militärischen Fähigkeiten des oder der Rivalen, verzerrte Selbst- und Fremdbilder wie auch Fehlkalkulationen eigener Handlungsfolgen verweisen nicht nur auf die Grenzen der Umfeldkontrolle politischer Entscheidungsträger, sondern auch auf den Einfluss der psychologischen Dimension (Jervis 1988) sowie auf die strategische Inkompetenz der handelnden politischen Einheiten und Personen (Czempiel 1981).

Eine machttheoretische Überlegung, die dem dynamischen Charakter von Konflikten etwas näher kommt, hat John Vasquez entwickelt. Er versteht die Entstehung von Kriegen als eine Sequenz von Schritten und machtpolitischen Praktiken (*steps to war*) (Vasquez 2000). Ausgehend vom Problem ungelöster territorialer Streitigkeiten werde die Eskalation zum Krieg dann wahrscheinlicher, wenn politische Akteure militärische Gewalt androhten und in realpolitischer Manier die Bildung von Allianzen vorantreiben und militärisch aufrüsteten. Infolge des wechselseitig wahrgenommenen Sicherheitsdilemmas und der Dynamik von Rüstungsspiralen drohe eine Serie von diplomatischen Krisen, die den Einfluss von Hardlinern auf den politischen Entscheidungsprozess und infolge der Interaktionsdynamik einzelner Schritte das Risiko der Eskalation zum Krieg erhöhe. Auch wenn sich damit empirisch belegen lässt, dass Nachbarn und Großmächte häufiger an Kriegen beteiligt sind als kleinere Staaten und weiter entfernte Staatenpaare, werden andere Konfliktebenen, Konfliktursachen und Konfliktdynamiken ausgeblendet. Das bedeutet, dass die hier diskutierten machtpolitischen Ansätze – wenn überhaupt – nur bestimmte Konfliktfigurationen erfassen, diese dann aber auch nur zu einem Teil erklären können. Sie verweisen zwar auf den materiellen Gehalt gewaltförmiger Konflikte und die Logik von Rüstungswettläufen, definieren Macht aber eindimensional entlang relativer Schätzungen über menschliche und materielle Ressourcen und verkennen die gesellschaftlichen Konfliktdimensionen im Inneren von Staaten.

Im Bewusstsein dieser theoretischen Schwachpunkte haben liberale Ansätze der IB den Blickwinkel auf das Innere der Staaten verschoben, genauer: auf das Wechselverhältnis von politischer Herrschaft und Konflikthandeln (unter anderem Oneal/Russett/Berbaum 2003; Brock/Geis/Müller 2006). Gemeinsam ist diesen Ansätzen ihre Orientierung am Staat sowie die Einteilung der Staatenwelt in unterschiedliche Regimetypen: Demokratien, Autokratien, Anokratien (Mischformen) und Transitionsstaaten. Ausgehend von der Unterscheidung zwischen Demokratien und nicht-demokratischen Regimen hat sich in verschiedenen Studien empirisch ein Doppelbefund bestätigt: Demokratien führen zwar seit zwei Jahrhunderten keine Kriege gegeneinander, greifen aber gegenüber anderen Regimen durchaus auf gewaltsame Mittel zurück und sind wie diese in zahlreiche Kriege verwickelt (vgl. unter anderem Geis 2001). Für diese Befunde gibt es zwar keine einheitliche oder übergreifende theoretische Erklärung, wohl aber konkurrierende, sich teilweise ergänzende oder überschneidende Ansätze.

Normative Ansätze erklären die Abwesenheit von Krieg zwischen Demokratien vor allem mit der Internalisierung der Anti-Kriegsnorm, die in den wechselseitigen Beziehungen von Demokratien entsprechend externalisiert und über die Normen der Erwartungsverlässlichkeit und der kooperativen Reziprozität auf Dauer gestellt werden. In Konfliktsituationen, so das Argument, mindere dies das Risiko der Eskalation zum Krieg und fördere die Streitbeilegung durch dritte Parteien (vgl. Mitchell 2002). Institutionell-strukturelle Ansätze führen dagegen als Erklärung für den Demokratischen Frieden interne Zwänge und strukturelle Barrieren an, insbesondere den freien politischen Wettbewerb und die Schwerfälligkeit und Komplexität von Entscheidungsprozessen (Bueno de Mesquita/Lalman 1992). Dazu werden auch politische und wirtschaftliche Interdependenzen als Erklärung herangezogen, die als externe Zwänge im Sinne von Kosten, die sich aus dem Wert der Aufrechterhaltung des Status quo ergeben, auf die Konfliktakteure und ihre Handlungskalküle zurückwirken. Seine Zuspitzung findet dies in der an Kant anknüpfenden These des *triangulated peace*, welche die Ursachen für Frieden auf die triadische Verknüpfung von demokratischer Regierungsform, ökonomischen Interdependenzen und internationalen Organisationen zurückführt (Oneal/ Russett/Berbaum 2003). Das Kostenargument und die institutionell-strukturellen Restriktionen hätten demnach zur Folge, dass demokratische Staaten lange Kriege eher vermieden, militärische Strategien mit höheren Erfolgsaussichten wählten und dabei die eigenen materiellen und personellen Kosten möglichst gering hielten (vgl. unter anderem Reiter/Stam 2002). Empirisch zeichnet sich jedoch ein anderes Bild: Wie die Kriege in Vietnam, Afghanistan oder dem Irak belegen, tragen Interventionen von Drittparteien nicht selten zur Eskalation und zur Verstetigung militärischer Konflikte und Kriege bei, sodass die beste Kalkulation und militärische Überlegenheit keine Garantie für (schnelle) Siege sind.

Die vorliegenden empirischen Ergebnisse und die theoretisch vielschichtige Debatte über die vermeintliche Friedfertigkeit von Demokratien sollten daher nicht zu vorschneller Euphorie verleiten. Die Konfliktforschung hat mit einer differenzierteren Betrachtung der Beziehung von Regimetyp und Konflikthandeln längst den Blick für die Schattenseiten geschärft: Demokratien sind nicht nur häufig in militärische Konflikte und Kriege verwickelt (vgl. Brock/Geis/Müller 2006), sie haben seit den globalen ordnungspolitischen Umbrüchen von 1989/90 mit ihrem militärischen Interventionismus gegen nicht-staatliche Bedrohungskonstruktionen (Afghanistan) oder als illegitim eingestufte Herrschaftssysteme (Irak, ehemaliges Jugoslawien) auch ein demokratiespezifisches Gewaltmuster etabliert, dessen Bilanz bestenfalls gemischt ausfällt. Konflikttheoretisch ist entsprechend zu fragen, inwieweit die Gründe, die in der Forschung für die relative Friedfertigkeit von Demokratien untereinander angeführt werden, nicht auch als Quellen demokratischer Kriege gedeutet werden können. Entsprechend lässt sich argumentieren, dass demokratische Institutionen eben auch zur Abgrenzung gegenüber nicht-demokratischen Regimen beitragen, dass der (politisch-kulturell begründete) Anspruch auf Durchsetzung demokratischer Normen und Werte Misstrauen und Abwehrreaktionen fördert und dass technologische Entwicklungen die Risiken direkter Kriegführung unter Umgehung politischer und moralischer Kosten senkt (Daase 2004).

Neben den IB-geprägten Debatten über die Ursachen zwischenstaatlicher Konflikte und Kriege auf der Systemebene (Neorealismus) und der Ebene des Staates (Ansätze zum Demokratischen Frieden) lassen sich rationalistische Konflikttheorien identifizieren, die von der Friedens- und Konfliktforschung eher stiefkindlich behandelt werden – sei es aus Unkenntnis, Aversion oder begründeter Ablehnung. Auch wenn rationalistische IB-Ansätze viele Annahmen wie die instrumentelle Rationalität und die systemische Ausgangssituation von Handeln in einem anarchischen internationalen System teilen, leiten rationalistische Konflikttheorien kriegerisches Handeln nicht allein aus strukturellen Umfeldbedingungen (Anarchie des internationalen Systems als Grundkonstante) und staatlichen Machtverschiebungen (Machtverteilung als Variable) ab. Vielmehr gehen sie davon aus, dass Entscheidungen zum Krieg entlang von Präferenzordnungen, Entscheidungsprozessen und des erwartbaren, aber kontextabhängigen Nutzens der gewählten Strategie getroffen werden (vgl. Bueno de Mesquita 2009). Obwohl Kriege aus rationalistischer Sicht eigentlich suboptimal sind, wird theoretisch angenommen, dass sich Akteure unter definierbaren Bedingungen für kriegerisches Konflikthandeln entscheiden. Als Erklärungen dafür dienen unvollständige Informationen, Fehleinschätzungen über die Machtverteilung, mangelnde Glaubwürdigkeit über den Abschluss oder die Einhaltung von Friedensverträgen sowie das Problem unteilbarer Konfliktgegenstände (Fearon 1995).

Während Aversion gegenüber einer solchen Perspektive mit den recht rigiden theoretischen Annahmen zu tun hat, ist die begründete Ablehnung auf die mangelnde begriffliche und theoretische Differenzierung zwischen Konflikt und seiner gewalthaltigen Extremform, dem Krieg, zurückzuführen. Dies gilt insbesondere für spieltheoretische Ansätze, die aufgrund ihrer theoretischen Sparsamkeit auch als ‚begriffsblind' zu bezeichnen sind – und daher allenfalls hinsichtlich der Analyse konkreter Gewaltdynamiken einen begrenzten Nutzen haben (etwa hinsichtlich von Eskalationsprozessen unter Zeitknappheit). Insofern als sie Konflikte schlicht als „rationale, einkalkulierte Konfrontationen zwischen unterschiedlichen Interessengruppen, seien dies Staaten oder Individuen" (Imbusch 2005: 166) verstehen, blenden sie die vergesellschaftende Dimension und die daraus entstehenden Dynamiken von Konflikten aus. Die theoretische Gleichsetzung von individuellen und kollektiven Akteuren mündet in der wenig überzeugenden Annahme, dass sich soziale Verbände und Individuen in ihrem Konflikthandeln nicht signifikant unterschieden (Bartos/Wehr 2002: 7). Rationalistische Ansätze müssen sich daher vorwerfen lassen, das Spannungsfeld zwischen den Prämissen eines methodologischen Individualismus und den getroffenen Schlussfolgerungen auf der Kollektivebene (Konflikt ist ein kollektives Phänomen) nicht zu reflektieren – und schon gar nicht auflösen zu können.

Bei allen Schwächen rationalistischer Ansätze sollten diese aber nicht immun gegenüber naheliegenden Erklärungen und wichtigen Hypothesen machen. So sehen rationalistische Interpretationen in der Zunahme der Konfliktgegner innerstaatlicher Konflikte das theoretische Problem, dass Konflikte sich besonders zu verfestigen drohen, wenn verlässliche Informationen über das Verhalten des Gegenübers fehlen und Sicherheitsgarantien nicht wechselseitig verbindlich durchgesetzt werden können: Je mehr Konfliktakteure in Kriegen konkurrieren und in Verhandlungsprozessen als Vetospieler auftreten, desto länger werden diese Kriege andauern (Walter 2009). Doch so relevant dieser Aspekt wiederum für das Verstehen der Konfliktdynamiken ist, so schwierig ist es, die theoretisch unterstellten Informationsasymmetrien empirisch-vergleichend zu überprüfen. Erforderlich erscheint also eine kritisch-konstruktive Auseinandersetzung mit rationalistischen Ansätzen, die sowohl deren begrenzten Nutzen als auch theoretische Leerstellen und Reduktionismen reflektiert.

3.3 Vergleichend-politikwissenschaftliche Perspektiven

Vergleichend-politikwissenschaftliche Perspektiven konzentrieren sich in den letzten Jahren verstärkt auf die Ursachen, Dynamiken und Folgen der Zusammenhänge von sich wandelnder Staatlichkeit und ökonomischen Gelegenheiten zur Kriegführung. Der zentrale empirische Ausgangspunkt ist dabei die Beobachtung, dass die Eskalation zum Krieg häufig mit der Transformation oder gar dem Zerfall staatlicher Institutionen verknüpft ist und dass staatliche Akteure mit nicht-staatlichen Gewaltgruppierungen um die Kontrolle von Macht,

Territorium, Ressourcen und sozialen Beziehungen konkurrieren. Aus theoretischer Perspektive rücken hier sowohl die Dynamiken unterschiedlich vergesellschafteter Akteure als auch damit einhergehende Formen unkonventioneller Kriegführung in den Mittelpunkt (vgl. Daase 2012; Kalyvas 2005). Auch wenn die Pfade zwischen der Transformation von Staatlichkeit und der Anwendung unkonventioneller Gewalt in beide Richtungen verlaufen können und sich unter Umständen wechselseitig verstärken, hat die Bürgerkriegsforschung eine Reihe unterschiedlicher, zum Teil umstrittener Erkenntnisse zu den Konfliktursachen und Konfliktdynamiken innerstaatlicher Kriege zusammengetragen.

Als zentrale Voraussetzung der Konflikteskalation werden die physische wie auch die legitimatorische Schwäche zahlreicher Herrschaftssysteme, insbesondere das Fehlen eines effektiven Gewaltmonopols, verbunden mit nur geringen staatlichen Kapazitäten zur internen Konfliktbewältigung (fehlende Qualität und Reichweite politischer Institutionen) angesehen (Holsti 1996). Jenseits dieser staatszentrierten Perspektive liefern Kriege wie in Somalia, in der DR Kongo oder in Afghanistan auch Belege dafür, dass nicht nur (Rest-)Staaten gegen nicht-staatliche Akteure in asymmetrischen Konstellationen kämpfen, sondern auch lokale Gewaltgruppierungen untereinander gewaltsam um territoriale Kontrolle konkurrieren (Reno 1998; Duffield 2001). Diese Dynamiken lassen sich nicht einfach als Indizien für staatliche Desintegration interpretieren, sondern bieten auch Hinweise auf die (temporäre) Entstehung alternativer und konkurrierender Zonen der Gewaltkontrolle. Exemplarisch dafür ist die Koexistenz von Quasi-Staaten wie Somaliland und Puntland, die als institutionalisierte Ordnungsformen innerhalb ihres territorialen Einflussbereiches die Gebietskontrolle und Verteilung von ökonomischen Werten monopolisiert haben.

Polit-ökonomische Ansätze verorten die ausschlaggebenden Kriegsursachen dagegen weniger in den institutionell-herrschaftlichen Charakteristika von Staatlichkeit, sondern sehen vor allem einen Zusammenhang zwischen dem ökonomischen Entwicklungsstand eines Staates und seinem Bürgerkriegsrisiko (Collier/Hoeffler 2004; Hegre/Sambanis 2006). Gemessen an Faktoren wie Wohlstand (Bruttoinlandsprodukt), Bildungssystem, Einkommensungleichheit oder Exporterlösen kommen empirische Studien zu dem Ergebnis, dass Bürgerkriege vor allem in ärmeren Staaten auftreten. Allerdings sind die Ergebnisse aufgrund der gewählten Aggregatebene (Staat, Jahr) und fehlender Daten zu einer Reihe von wichtigen ökonomischen Indikatoren mit Vorsicht zu genießen. Variablen wie Armut sind häufig überaggregiert und hinsichtlich zentraler kausaler Mechanismen unterspezifiziert; konflikttheoretisch bleibt oft unklar, wie diese Faktoren mit politischen, sozialen und identitätsbasierten Faktoren interagieren bzw. zu welcher Konfliktphase sie welche Konfliktdynamik begünstigen.

Dieses mäßige Zeugnis muss auch jenen ökonomischen Analysen ausgestellt werden, die das Auftreten von Kriegen eindimensional entlang der Gegenüberstellung von *greed* (Gier) und *grievance* (soziale Missstände) erklären (Collier/Hoeffler/Rohner 2009). Dabei wird angenommen, dass ökonomische Faktoren wie die Exportquote von Primärgütern erklärungskräftiger sind als soziale Missstände. Mit ihren Schlussfolgerungen, dass Rebellionen dort auftreten, wo sie letztlich angesichts materieller Anreize möglich sind, ignorieren diese Analysen jedoch jene Erkenntnisse, die auf die Varianz in den Motivationen von Gewaltakteuren und die potenziell unterschiedlichen Entstehungsdynamiken von Kriegen aufmerksam machen (Ballentine/Sherman 2003). Zudem zeigen empirische Studien, dass sich verschiedene Ressourcen unterschiedlich auf die Eintritts- und Verstetigungsrisiken von Krieg auswirken. Während etwa nicht-erneuerbare Ressourcen wie Öl und Diamanten die Wahrscheinlichkeit des Auftretens bewaffneter Konflikte eher erhöhen, haben landwirtschaftliche Güter und Wasser hierfür keine oder nur eine geringe Bedeutung (vgl. Fearon 2005; Ross 2004).

Eine typologische Akzentuierung findet das Argument der Gier in der kontrovers diskutierten These einer Verschiebung im Verhältnis von Politik und Ökonomie, die sich in ‚neuen Kriegen' zeige. Als zentrale Charakteristika der ‚neuen Kriege' werden veränderte Modi der Finanzierung sowie veränderte Ziele und Methoden der Kriegführung identifiziert (Kaldor 1999). Gewalt diene hier im Gegensatz zu ‚alten Kriegen' weniger politischen Zielen, sondern dem Erwerb, der Sicherung und Verteilung von ökonomischen Ressourcen – und damit den partikularen Interessen privater Gewaltakteure (Münkler 2002). Dies habe sowohl eine Transformation der Normen und Regeln der Kriegführung zur Folge, die sich zunehmend gegen die Zivilbevölkerung richte, als auch zur Konsequenz, dass der Staat nicht mehr das alleinige Monopol auf die Kriegführung innehabe. Der Reiz der Bildung neuer Typen von Krieg hat jedoch in diesem Fall einige Tücken und Schattenseiten: Aus politikwissenschaftlich-systematischer Sicht mangelt es zum einen an nachvollziehbaren (definitorischen) Kriterien zur Erfassung relevanter Fälle. Zum anderen werden voreilig generalisierende Schlussfolgerungen aus verstreuten und empirisch umstrittenen Evidenzen gezogen. Dennoch: Mit dem Verweis auf alternative, nicht-staatliche Gewaltordnungen hat die Debatte durchaus einen wunden Punkt der Kriegsforschung ausgemacht: Die Forschung muss den Wandel des Krieges und den Wandel im Krieg systematischer als bisher untersuchen und dabei vor allem komparative Methoden nutzen.

3.4 Konstruktivistische, poststrukturalistische und postkoloniale Perspektiven

Der in der Konfliktforschung häufig verfolgte Zugang, Konfliktursachen und Konfliktdynamiken über Staatlichkeit und das internationale System oder materielle Gelegenheiten (Staatsschwäche, Ökonomie) zu konzeptualisieren, hat – wie oben argumentiert wurde – zahlreiche analytische Schwächen. Obwohl gewaltsame Konflikte und Kriege meist als Formen direkter Gewaltanwendung zwischen definierten Akteuren innerhalb sozial abgegrenzter Einheiten bestimmt werden, bleibt eine wichtige Akteursdimension, nämlich die (Re-)Konstruktion von Identität und ihr Verhältnis zu konkretem Konflikthandeln, konflikttheoretisch häufig unterspezifiziert. Dabei bietet das weite Konfliktverständnis mit seinem Verweis auf die identitätsstiftende Funktion von Konflikt einen nicht zu unterschätzenden Anknüpfungspunkt für die Berücksichtigung nicht-materieller Faktoren. Nach wie vor unbeantwortet ist jedoch die zentrale Frage, wie genau Identität (und damit auch Geschlecht) und Konflikt miteinander interagieren und die Selbst- und/oder Fremdzuschreibung von Identität(en) sowohl Ursachen für Gewaltkonflikte sein können als auch Konfliktdynamiken über Zeit beeinflussen und verändern.

Annäherungen an diese Problematik bieten neben konstruktivistischen Ansätzen auch poststrukturalistische und postkoloniale Theorien. Konstruktivistische Perspektiven sind aus

Sicht eines weiten Konfliktverständnisses vor allem deshalb interessant, weil sie den analytischen Fokus weg vom methodologischen Nationalismus und hin zu (kollektiven) Akteuren und deren Interaktions- und Sozialisationsmechanismen lenken. Zudem gehen sie von der wechselseitigen Bedingtheit und kontinuierlichen Re-Konstruktion von Akteuren und Strukturen mittels Interaktion, Handeln und Sprechsituationen (Diskurse) aus, wodurch es gelingt, Identität und Geschlecht nicht essentialistisch zu denken, sondern als über und durch Sprechakte, Sinndeutungen und Konflikthandlungen konstruiert (vgl. Weller 2005). Poststrukturalistische Ansätze unterscheiden sich hinsichtlich ihrer ontologischen und epistemologischen Grundannahmen dagegen deutlich von konstruktivistischen Ansätzen, insofern sie sich vor allem für die wechselseitige Konstitution und Persistenz von Machtstrukturen und Wissensordnungen interessieren, innerhalb derer Prozesse der Subjektivierung und strukturellen Unterwerfung stattfinden (etwa Foucault 1977). Sie bieten damit eine ergänzende und weiterführende Perspektive, Repräsentationen in einen Zusammenhang mit Macht und Wissen zu stellen und als kontinuierliche und wechselseitige Konstruktionen bestimmter Realitäten zu interpretieren. Postkoloniale Ansätze wiederum greifen die Methodologie des Poststrukturalismus auf und wenden sie gleichzeitig kritisch gegen die – nicht zuletzt die Wissenschaft und akademischen Institutionen durchziehende – westliche Dominanz und Deutungshoheit. Konflikttheoretisch sind postkoloniale Ansätze von doppelter Relevanz: Indem sie die bis heute wirkmächtigen Kontinuitäten des westlichen Kolonialismus und die Ausblendung der Historizität von sozialen Beziehungen in inter- und transnationalen Konfliktformationen herausarbeiten und problematisieren (unter anderem Randeria/Eckert 2009), fordern sie erstens eine Dekonstruktion bestehender Wissens- und Herrschaftssysteme sowie Essentialismen, die der binären Kodierung des kolonialen Diskurses und westlichen Formen der Wissensproduktion innewohnen (rational versus irrational, entwickelt versus unterentwickelt, männlich versus weiblich). Damit eignen sie sich zweitens zur Problematisierung der Frage, welchen Einfluss rassistische, vergeschlechtlichte, patriarchale und heterosexualisierte Eigenschaften für Begründungen von Gewalt und militärischen Interventionen haben.

Der konflikttheoretische Mehrwert konstruktivistischer Ansätze besteht insbesondere in dem Hinweis, dass das Verstehen der Ursachen und Folgen gewaltsamer Konflikteskalation ohne die mit Gruppenbildungsprozessen einhergehende (Re-)Konstruktion kollektiver Identitäten nicht denkbar ist. So wie mit Konflikt immer auch sozialer Wandel verknüpft ist, sind gewaltsame Konflikte und Kriege Auslöser oder Verstärker der Konstruktion und politischen Instrumentalisierung von Identitäten. Voraussetzung für eine geteilte (kollektive) Identität ist der subjektive Glaube an gemeinsame Merkmale wie Geschlecht, Sprache, Religion oder gemeinsame historische Erfahrungen (wie verlorene/gewonnene Kriege). Als soziale Kategorie lässt sich kollektive Identität entsprechend über die Gruppenzugehörigkeit nach innen bzw. klare Abgrenzung nach außen bestimmen. Dabei ist die Selbstzuschreibung kollektiver Identität nicht einfach frei wählbar, sondern erfolgt immer auch in Abgrenzung, Abwehr oder Übernahme von Fremdzuschreibungen.

Zentrale Erkenntnisse der Konfliktforschung weisen darauf hin, dass Gruppengrenzen und -charakteristika wie auch Geschlechterordnungen nicht vorgegeben und fest verankert sind oder auf scheinbar ‚natürlichen‘ Kategorien beruhen (*primordiale* Perspektive), sondern dass Identitäten grundsätzlich als soziale Konstrukte über diskursive Formationen erzeugt werden und damit wandelbar sind (*konstruktivistische* Perspektive). Dabei können sie aber auch von politischen Eliten zur Mobilisierung strategisch genutzt, missbraucht und umgedeutet werden (*instrumentalistische* Perspektive). Das theoretische wie empirische Problem ist demnach nicht Identität per se, sondern die Möglichkeit und Bereitschaft von Konfliktparteien, vermeintliche gemeinsame Merkmale, Werte und Verhaltensweisen besonders zu betonen und Unterschiede zu akzentuieren, um so den Anpassungsdruck nach innen und die Exklusion nach außen zu steigern. Auch Zweigeschlechtlichkeit und die Betonung von Körperlichkeit sind letztlich konstruiert und diskursiv vermittelt. Feministische Ansätze der Friedens- und Konfliktforschung nutzen daher *Gender* als eine zentrale analytische Kategorie und betonen, dass Geschlecht ein zentraler Bestandteil der Markierung von Identität ist und als solcher Handlungsorientierungen im Krieg bietet (Seifert 2004). Geschlecht wirkt zum einen konstitutiv auf die Ausformung von kollektiven Identitäten; zum anderen werden diskursiv vermittelte Geschlechterrollen und Geschlechterbilder als Bestandteile der kollektiven Identität einer Gruppe nach innen und außen vermittelt und materialisieren sich im Konflikthandeln (Wisotzki 2005: 122). Erinnerungen an vergangene Kriege oder mythische Überhöhungen vergangener Schlachten, die zur Mobilisierung von Identität und zur Rechtfertigung von Gewalt instrumentell eingesetzt werden, sind explizit geschlechtlich geprägt und gründen nicht zuletzt auf einer bestimmten männlichen Kriegerfigur. Männlichkeitskonstruktionen, die an aggressive Aktivität sowie Kämpfer- und Beschützerrollen geknüpft sind, fungieren wiederum als ein subtiler Rekrutierungsmechanismus.

So wie das Militär und kriegerische Aktivitäten in den meisten heutigen Gesellschaften als männlich markiert werden, wird der weibliche Körper in mehrfacher Hinsicht zum Territorium, auf dem symbolisch oder materiell-konkret die Dominanz der einen über die andere Gruppe ausgetragen wird. Er repräsentiert in vielen Gesellschaften auf der Metaebene von Sprache und nationalen Symbolen die Gruppe als Ganzes (wie etwa im Falle der französischen Marianne oder der Freiheitsstatue) und wird zur Legitimation von Gewalt in gesellschaftlichen Diskursen strategisch eingesetzt, wie sich dies anhand der Rechtfertigungsdiskurse westlicher Demokratien zeigen lässt, in denen Frauenrechte als ein Instrument der (medialen) Kriegslegitimation herangezogen werden (Hunt 2006). Unter Berücksichtigung poststrukturalistischer und postkolonialer Ansätze bietet sich eine Perspektive, politische und mediale Inszenierungen (nicht zuletzt über eine simplifizierende, binär codierte ,Bildsprache') als Objektivierung der ,Anderen' zu deuten, die sich existierender Stereotype in der jeweiligen Gesellschaft bedient (vgl. Butler 2010). Andererseits wird der weibliche Körper in Kriegen ganz materiell und konkret zur strategischen Waffe. Wie empirische Studien zeigen, ist sexualisierte Gewalt gegen Frauen (aber auch Männer) in vielen Kriegen ein kalkuliertes Instrument, um Macht und Kontrolle sowohl nach innen als auch nach außen gegenüber als schwach und verletzlich markierten Gruppen zu demonstrieren (Zarkov 2001).

Nach wie vor dürftig ist dagegen der Forschungsstand zur Frage, ob und inwieweit identitätsbezogene Faktoren wie Sprache, Religion oder historische Erfahrungen Auslöser und Begleiterscheinung von Konfliktdynamiken sind. Angesichts der Schwierigkeiten, Identität zu messen, bleibt umstritten, ob religiös-polarisierte Konstellationen oder religiöse Zersplitterung die Wahrscheinlichkeit von Gewaltanwendung erhöhen bzw. senken (Reynal-Querol 2002). Deutlich wird aber immerhin, dass die Konstruktion und Manipulation identitätsbasierter Differenzen nicht quasi-automatisch zu Krieg führt. Der Nexus von Konflikt und Identität sollte dabei besser als ein komplexes Wechselspiel aus Makrobedingungen, lokalen Bruchlinien und individuellen Motivationen verstanden werden; wobei sich beobachten lässt, dass Gewalthandlungen lokal variieren und gerade einfache Kämpferinnen und Kämpfer sowie Jugendliche identitätsbasierte Loyalitäten während des Konfliktes häufig wechseln – und sich der soziale Raum durch gewaltsame Konflikte selbst wandelt und neue Zugehörigkeiten hervorbringt (Autessere 2006). In der Konsequenz bedeutet dies, dass identitäre (meist als ‚ethnisch' bezeichnete) Faktoren wohl keinen direkten Einfluss auf die Konflikt- und Kriegsursachen haben, wohl aber gewaltsame Konflikte verstärken können.

Die Ansätze jenseits des Mainstreams rücken damit einerseits die Konstruktion und Rekonstruktion individueller und kollektiver Identitäten in den Vordergrund, die konstitutiv für die Bildung von Wir-Gruppen sind und gesellschaftliches Konflikthandeln bis hin zum Krieg beeinflussen. Andererseits bieten sich aufbauend auf konkurrierenden Wissens- und Wissenschaftsverständnissen alternative Perspektiven, die jene wissenschaftlichen und politischen Strategien kritisch hinterfragen, die mit dem Verweis auf *weak* oder *failed states* selbst zur Konstruktion der ‚Anderen' beitragen und definieren, welche Räume als unsicher gelten oder Hilfe im Namen der Durchsetzung von Demokratie und wiederherzustellender Staatlichkeit benötigen (vgl. kritisch Hill 2005; Duffield 2001). In den analytischen Blickpunkt rücken so Artikulationen, die den ‚Orient' oder die ‚Dritte Welt' und daran anknüpfende binäre (Geschlechter-)Bilder über die nicht-westlichen ‚Anderen' als diskursive Konstrukte politisch nutzen (Brunner 2011) oder gar instrumentell zur Kriegslegitimation missbrauchen. Deutlich werden sollte entsprechend, dass gesellschaftlich-strukturelle Konfliktursachen über raum- und identitätszuschreibende (diskursive) Praktiken vermittelt sind und nicht nur in der ‚Dritten Welt' liegen, sondern immer auch Verbindungen zur eigenen (‚Ersten') Welt haben.

4. Fazit

Welche der hier verfolgten Perspektiven letztlich eingenommen wird, ist das Ergebnis theoretischer Vorentscheidungen, individueller Erkenntnisinteressen und gewählter Fragestellungen. Unabhängig davon ergeben sich zwei zentrale forschungstheoretische Desiderate: Erstens bedarf es expliziter prozessorientierter Ansätze, um die Eskalationsstufen über die Anwendung von Gewalt bis hin zum Krieg sowie die damit einhergehenden Veränderungen der Konfliktbedingungen und Dynamiken analysieren zu können. Dies erfordert eine Verknüpfung von struktur- und akteurszentrierten Perspektiven mit der Prozessdimension. Zweitens gilt es, das Verhältnis zwischen Konflikt, Identität (einschließlich Geschlecht) und Herrschaft theoretisch zu verknüpfen und dabei vor allem materielle und nicht-materielle Dimensionen von Konflikt aufeinander zu beziehen. Wie oben diskutiert, werden die Ursachen von gewaltsamen Konflikten in der derzeitigen Forschung meist auf staatlicher oder systemischer Ebene verortet, ontologisch unabhängig von sozialen Interaktionen, identitätsbasierten Rollen sowie lokalem Konflikthandeln. Dieses reduktionistische Konfliktverständnis verkennt, dass Gewaltkonflikte durch die Interaktion der Konfliktparteien selbst entstehen und einige der untersuchungsrelevanten Ursachen im Konfliktprozess materiell wie symbolisch reproduziert – oder überhaupt erst hervorgebracht – werden. Dies bedeutet auch, dass die klassischen Analyseebenen von der Ebene des Staates über die Region bis hin zum internationalen System dem Anspruch an eine dynamische Erfassung von Konfliktformationen nur bedingt gerecht werden und überdacht werden müssen. Ohnehin sollten wir besser davon ausgehen, dass sich die relevanten Einflussfaktoren nicht nur aus unterschiedlichen analytischen Ebenen speisen, sondern dass die jeweiligen Analyseebenen die Konfliktdynamik auch an jeweils unterschiedlichen Schwellen in unterschiedlicher Stärke beeinflussen können.

Auch wenn das empirische Interesse der Friedens- und Konfliktforschung auf gewaltförmigen Konflikten zwischen Gruppen liegt, was den analytischen Fokus wie die Anzahl erklärungsrelevanter Faktoren auf den ersten Blick einschränken mag, lenkt erst ein weites Konfliktverständnis einen systematischeren Blick auf Konfliktursachen und Konfliktdynamiken. Dabei sind makrosoziologische Konflikttheorien (wie die oben diskutierten Weltgesellschaftsansätze), die auch den empirischen Wandel des weltweiten Kriegsgeschehens zu erklären versuchen, auf den ersten Blick theoretisch vielversprechender als jene Ansätze, die allein auf Basis eines bestimmten Strukturmerkmals (Macht im internationalen System oder ökonomische Gier) argumentieren. Allerdings stehen auch jene vergesellschaftungstheoretischen Ansätze (noch) vor der konflikttheoretischen Herausforderung, nicht nur einen eng definierten Aggregatzustand (Krieg) in den Blick zu nehmen, sondern die unterschiedlichen Pfade von Konflikt zur Extremform seiner gewalthaltigen Austragung theoretisch nachzuvollziehen. Die Entwicklung oder der Rückgriff auf bestehende Konflikttypologien (z. B. symmetrischer versus asymmetrischer Konflikt, zwischenstaatlicher versus innerstaatlicher Krieg) sollte dabei wiederum kein Selbstzweck sein, kann aber sehr wohl als heuristisches Instrument der Bündelung von Merkmalen und für komparative Zwecke in der empirischen Forschung eingesetzt werden. Dabei sollten freilich die Grenzziehungen die theoretischen Grundannahmen über relevante Konfliktlinien und Akteure widerspiegeln. Wie im Problem des methodologischen Nationalismus deutlich wird, ist eine Überwindung von epistemologischen und ontologischen Gräben notwendig und teilweise möglich. Das bedeutet nicht, einem wissenschaftlichen Eklektizismus das Wort zu reden, sondern fordert einen reflektierten Umgang mit Theorien, der die forschungspraktischen Herausforderungen in den Mittelpunkt stellt und sich nicht in theoretische Grabenkämpfe verstrickt.

Hinzu kommt, dass eine reflektierte konflikttheoretische Perspektive dem normativen Interesse am Frieden analytische Grenzen setzt: Ausgehend von unterschiedlichen Modi der Interaktion, differenzierbaren Konflikttypen und raum-zeitlich variierenden Konfliktmustern (abhängig unter anderem vom Grad der Vergesellschaftung und ökonomischen Antagonismen) müssen wir nicht mehr nach *der* Friedensstrategie suchen, „sondern nach dem angemessenen Typ von Friedensstrategie hinsichtlich vorliegender empirischer Konflikttypen" (Senghaas 1971: 348). Aus einer friedenspolitischen Perspektive führen die Ubiquität sozialer Konflikte und die Unmittelbarkeit von Gewalt dabei zur Notwendigkeit, den Einsatz von Gewaltmitteln an spezifische Bedingungen zu knüpfen (vgl. unter anderem Brock 2002: 108) – Bedingungen, die möglichst der Rechtfertigung von (Gegen-)Gewalt nicht zu viele Begründungsmuster liefern sollten und gleichsam nicht die Utopie beschwören, dass Frieden nur sei, wenn gar keine Gewalt herrscht, also sowohl physische als auch strukturelle Gewalt überwunden werde.

Sozialwissenschaftliche Forschung im Allgemeinen und die Friedens- und Konfliktforschung im Besonderen muss sich auch dem Problem stellen, dass die Mehrzahl konflikttheoretischer Zugänge den ‚Westen‘ immer noch als Zentrum akademischer Wissensproduktion reproduzieren und die gewaltvollen Verstrickungen im Zuge der historischen Konstitution der westlichen Moderne meist ausblenden (Hall 1996: 252). Zu fragen ist daher, ob, und wenn ja, wie sich theoretische Ansätze, die auf der Folie europäischer Erfahrungen für westliche Gesellschaften entwickelt wurden und werden, auf nicht-westliche Räume übertragen lassen und welche Probleme dabei entstehen können. Dies ist aus Sicht der Friedens- und Konfliktforschung umso dringender, als sich ein Großteil kriegerischer Gewalt derzeit in der globalen ‚Peripherie‘ abspielt und die diesbezügliche Forschung somit immer auch mit einem Schreiben über die ‚Anderen‘ verbunden ist. Insofern bedarf es auch einer kritischen Auseinandersetzung mit soziologischen Konflikttheorien, die danach fragt, welches Wissen sowie Verständnis von Gesellschaft und ‚Modernität‘ sie (re-)produzieren und in welche Machtverhältnisse sie eingebunden sind. Verbunden ist damit auch ein analytisches wie ontologisches Problem: Denn wie und woran erkennen wir eigentlich eine (Welt-)Gesellschaft? Soziologische Konflikttheorien beziehen sich meist kommentarlos auf ‚moderne‘ Gesellschaften sowie ihre spezifischen Institutionen und Mechanismen der Konfliktregelung. Doch was ist mit Konflikten, die sich genau um die Grenzen einer Gesellschaft drehen (z. B. Migration, illegalisierte Einwanderung)? Oder: Wer definiert in Fällen militärischer Intervention, welche Individuen oder Gruppen Anspruch auf Hilfsleistungen stellen dürfen? Welche neuen Konflikte gehen mit konkurrierenden Ansprüchen einher? Auch wenn wir (noch) nicht für alle Problemlagen und (neuen) Entwicklungen Antworten haben, so liefert das hier entfaltete Konfliktverständnis doch einen vorläufigen Trost: Die reflektierte Auseinandersetzung mit Konflikt und sozialem Wandel rückt letztlich jene Fragen in den Mittelpunkt, die uns sowohl zur Differenzierung anhalten als auch zur ständigen kritischen Reflexion über die Qualität und Reichweite unserer (Lieblings-)Theorien zwingen.

Kommentierte Literaturhinweise

Ausgewählte Konflikt- und Kriegedatenprojekte

Einen Überblick zu den (jährlichen) Entwicklungen im globalen Konflikt- und Kriegsgeschehen bieten die Arbeitsgemeinschaft Kriegsursachenforschung an der Universität Hamburg (http://www.sozialwiss.uni-hamburg.de/onTEAM/preview/Ipw/Akuf/index.htm), das Heidelberger Institut für Internationale Konfliktforschung (http://www.hiik.de/index.html) sowie das Uppsala Conflict Data Program (http://www.pcr.uu.se/research/ucdp/). Die dort zur Verfügung gestellten Informationen bieten einen Ausgangspunkt für die Auswahl relevanter Fälle und zeigen auf, wie Forschungsprojekte unterschiedliche Welten der Gewalt abbilden und welchen Einfluss dabei die gewählte Konflikt- und Kriegsdefinition auf die Erfassung von Kriegen hat.

Coser, Lewis A., 1965: Theorie sozialer Konflikte. Neuwied/Rhein: Luchterhand.
   Zu Recht ein einflussreicher Klassiker der soziologischen Konfliktforschung und wichtiger Ausgangspunkt, um die Bedeutung eines weiten, differenztheoretischen Konfliktverständnisses nachzuvollziehen und dessen theoretische und analytische Implikationen zu verstehen. Coser verweist neben den Formen und Inhalten auch auf die sozialisierenden Funktionen von Konflikten.

Daase, Christopher, ²2012: Kleine Kriege – Große Wirkung. Wie unkonventionelle Kriegführung die internationale Politik verändert. Baden-Baden: Nomos.
   Das Werk liefert ein herausragendes Beispiel für die Verknüpfung von konflikt- und vergesellschaftungstheoretischen Überlegungen mit drei ausgewählten empirischen Fallstudien (Vietnamkrieg, Israel-Palästina-Konflikt und Kurdenkonflikt in Anatolien). Daase zeigt, dass Formen der unkonventionellen Kriegführung zwischen Staaten und nicht-staatlichen Gewaltgruppierungen nicht nur zu einer abnehmenden gesellschaftlichen Kohäsion und zu einem Verlust an politischer Legitimität der staatlichen Akteure führen, sondern auch die Normen und Regeln der Kriegführung verändern und in letzter Konsequenz die ordnungspolitischen Fundamente des internationalen Systems untergraben.

Butler, Judith, 2010: Raster des Krieges. Warum wir nicht jedes Leid beklagen. Frankfurt a.M.: Campus.
   (Noch) kein Klassiker der Friedens- und Konfliktforschung, aber eine aus konflikttheoretischer Perspektive wichtige Infragestellung unserer Deutungsrahmen von gewaltsamen Konflikten. Butler argumentiert, dass unsere Wahrnehmung und moralische Bewertung von Krieg, Gewalt und Leid entscheidend von diskursiven Rahmungen (*frames*) bestimmt werde und unsere entsprechenden emotionalen und ethischen Reaktionen auf selektive Weise politisch-medial beeinflusst seien.

Literatur

Autessere, Séverine, 2006: Local Violence, National Peace? Postwar „Settlement" in the Eastern D.R. Congo (2003-2006), in: African Studies Review 49:3, 1-29.

Ballentine, Karen/Sherman, Jake (Hg.), 2003: The Political Economy of Armed Conflict: Beyond Greed and Grievance. Boulder, CO: Lynne Rienner.

Bartos, Otmar J./Wehr, Paul, 2002: Using Conflict Theory. Cambridge: Cambridge University Press.

Bonacker, Thorsten, 2005: Die Entgrenzung der Gewalt in der Weltgesellschaft. Theoretische und empirische Perspektiven, in: Jahn, Egbert/Sahm, Astrid/Fischer, Sabine (Hg.): Die Zukunft des Friedens. Sichtweisen jüngerer Generationen der Friedens- und Konfliktforschung. Wiesbaden: Westdeutscher Verlag, 73-90.

Bonacker, Thorsten, 2006: Krieg und die Theorie der Weltgesellschaft. Auf dem Weg zu einer Konflikttheorie der Weltgesellschaft, in: Geis, Anna (Hg.): Den Krieg überdenken. Kriegsbegriffe und Kriegstheorien in der Kontroverse. Baden-Baden: Nomos, 75-94.

Bonacker, Thorsten, ⁴2008: Sozialwissenschaftliche Konflikttheorien – Einleitung und Überblick, in: Bonacker, Thorsten (Hg.): Sozialwissenschaftliche Konflikttheorien. Eine Einführung. Wiesbaden: VS Verlag für Sozialwissenschaften, 9-29.

Bonacker, Thorsten/Imbusch, Peter, ³2005: Zentrale Begriffe der Friedens- und Konfliktforschung: Gewalt, in: Imbusch, Peter/Zoll, Ralf (Hg.): Friedens- und Konfliktforschung. Eine Einführung. Wiesbaden: VS Verlag für Sozialwissenschaften, 83-108.

Bremer, Stuart A., 1992: Dangerous Dyads, Conditions Affecting the Likelihood of Interstate War, 1816-1965, in: Journal of Conflict Resolution 36:2, 309-341.

Bremer, Stuart A., 1996: Advancing the Scientific Study of War, in: Bremer, Stuart A./Cusack, Thomas R. (Hg.): The Process of War: Advancing the Scientific Study of War. Amsterdam: Gordon and Breach Publishers, 1-33.

Brock, Lothar, 2000: Modernisierung und Entgrenzung. Zwei Perspektiven der Weltgesellschaft, in: Siegelberg, Jens/Schlichte, Klaus (Hg.): Strukturwandel internationaler Beziehungen. Opladen: Leske + Budrich, 281-303.

Brock, Lothar, 2002: Was ist das „Mehr" an der Rede, Friede sei mehr als die Abwesenheit des Krieges?, in: Sahm, Astrid/Sapper, Manfred/Weichsel, Volker (Hg.): Die Zukunft des Friedens. Opladen: Westdeutscher Verlag, 95-116.

Brock, Lothar/Geis, Anna/Müller, Harald (Hg.), 2006: Democratic Wars. Looking at the Dark Side of the Democratic Peace. Houndmills: Palgrave Macmillan.

Brühl, Tanja, 2012: Friedensforschung als „Superwissenschaft" oder Sub-Disziplin? Zum Verhältnis der Friedens- und Konfliktforschung und der Internationalen Beziehungen, in: Zeitschrift für Internationale Beziehungen 19:1, 171-183.

Brunner, Claudia, 2011: Wissensobjekts Selbstmordattentat. Epistemische Gewalt und okzidentalistische Selbstvergewisserung in der Terrorismusforschung. Wiesbaden: VS Verlag für Sozialwissenschaften.

Bueno de Mesquita, Bruce, 2009: War and Rationality, in: Midlarsky, Manus I. (Hg.): Handbook of War Studies III. Ann Arbor: Michigan University Press, 3-29.

Bueno de Mesquita, Bruce/Lalman, David, 1992: War and Reason. Domestic and International Imperatives. New Haven: Yale University Press.

Bull, Hedley, 1977: The Anarchical Society. A Study of Order in World Politics. London: Palgrave Macmillan.

Butler, Judith, 2010: Raster des Krieges. Warum wir nicht jedes Leid beklagen. Frankfurt a.M.: Campus.

Casti, John, 1992: Szenarien der Zukunft. Was Wissenschaftler über die Zukunft wissen können. Stuttgart: Klett Cotta.

Chojnacki, Sven/Reisch, Gregor, 2008: Perspectives on War. Collecting, Comparing and Disaggregating Data on Violent Conflicts, in: Sicherheit und Frieden 26:4, 233-245.

Collier, Paul/Hoeffler, Anke, 2004: Greed and Grievance in Civil War, in: Oxford Economic Papers 56:4, 563-595.

Collier, Paul/Hoeffler, Anke/Rohner, Dominik, 2009: Beyond Greed and Grievance: Feasibility and Civil War, in: Oxford Economic Papers 61:1, 1-27.

Coser, Lewis A., 1965: Theorie sozialer Konflikte. Neuwied: Luchterhand.

Czempiel, Ernst-Otto, 1981: Internationale Politik. Ein Konfliktmodell. Paderborn: Schöningh.

Daase, Christopher, 2004: Demokratischer Friede – Demokratischer Krieg. Drei Gründe für die Unfriedlichkeit von Demokratien, in: Aust, Björn/Schweitzer, Christiane/Schlotter, Peter (Hg.): Demokratien im Krieg: Baden-Baden: Nomos, 53-71.

Daase, Christopher, [2]2012: Kleine Kriege – Große Wirkung. Wie unkonventionelle Kriegführung die internationale Politik verändert. Baden-Baden: Nomos.

Dahrendorf, Ralf, 1994: Der moderne soziale Konflikt. München: dtv.

Demirović, Alex, 2008: Die Konflikttheorie von Karl Marx, in: Bonacker, Thorsten (Hg.): Sozialwissenschaftliche Konflikttheorien. Eine Einführung. Wiesbaden: VS Verlag für Sozialwissenschaften, 47-64.

Duffield, Mark, 2001: Global Governance and New Wars. The Merging of Development and Security. London: Zed Books.

Fearon, James D., 1995: Rationalist Explanations for War, in: International Organization 49:3, 379-414.

Fearon, James D., 2005: Primary Commodity Exports, in: Journal of Conflict Resolution 49:4, 483-507.

Foucault, Michel, 1977: Überwachen und Strafen – Die Geburt des Gefängnisses. Frankfurt a.M.: Suhrkamp.

Galtung, Johan, 1975: Strukturelle Gewalt. Beiträge zur Friedens- und Konfliktforschung. Reinbek bei Hamburg: Rowohlt.

Galtung, Johan, 2007: Frieden mit friedlichen Mitteln. Friede und Konflikt, Entwicklung und Kultur. Münster: Agenda Verlag.

Gantzel, Klaus Jürgen/Schwinghammer, Torsten, 1994: Die Kriege nach dem Zweiten Weltkrieg 1945 bis 1992. Münster-Hamburg: LIT.

Geis, Anna, 2001: Diagnose: Doppelbefund – Ursache ungeklärt? Die Kontroversen um den „demokratischen Frieden", in: Politische Vierteljahresschrift 42:2, 283-298.

Giesen, Bernhard, 1993: Die Konflikttheorie, in: Endruweit, Günther (Hg.): Moderne Theorien der Soziologie. Stuttgart: Ferdinand Enke, 87-134.

Hall, Stuart, 1996: When was the "Postcolonial"? Thinking at the Limit, in: Chambers, Iain/Curtis,Lidia (Hg.): The Postcolonial Question: Common Skies, Divided Horizons. London: Routledge, 242-260.

Hegre, Håvard/Sambanis, Nicholas, 2006: Sensitivity Analysis of Empirical Results on Civil War Onset, in: Journal of Conflict Resolution 50:4, 508-535.

Hill, Jonathan, 2005: Beyond the Other? A Postcolonial Critique of the Failed State Thesis, in: African Identities 3:2, 139-154.

Holsti, Kalevi J., 1996: The State, War, and the State of War. Cambridge: Cambridge University Press.

Hunt, Krista, 2006: ,Embedded Feminism' and the War on Terror, in: Hunt, Krista/Rygiel, Kim (Hg.): (En)Gendering the War on Terror. War Stories and Camouflaged Politics. Burlington: Ashgate, 51-71.

Imbusch, Peter, ³2005: Sozialwissenschaftliche Konflikttheorien – ein Überblick, in: Imbusch, Peter/Zoll, Ralf (Hg.): Friedens- und Konfliktforschung. Eine Einführung. Wiesbaden: VS Verlag für Sozialwissenschaften, 143-178.

Jervis, Robert, 1988: War and Misperception, in: Journal of Interdisciplinary History 18:4, 675-700.

Jung, Dietrich, 2000: Gewaltkonflikte und Moderne. Historisch-soziologische Methode und die Problemstellungen der Internationalen Beziehungen, in: Siegelberg, Jens/Schlichte, Klaus (Hg.): Strukturwandel internationaler Beziehungen. Zum Verhältnis von Staat und internationalem System seit dem Westfälischen Frieden. Wiesbaden: Westdeutscher Verlag, 140-166.

Jung, Dietrich/Schlichte, Klaus/Siegelberg, Jens, 2003: Kriege der Weltgesellschaft. Strukturgeschichtliche Erklärung kriegerischer Gewalt (1945-2002). Wiesbaden: Westdeutscher Verlag.

Kaldor, Mary, 1999: New and Old Wars. Organized Violence in a Global Era. Cambridge: Polity Press.

Kalyvas, Stathis N., 2005: Warfare in Civil Wars, in: Duyvesteyn, Isabelle/Angstrom, Jan (Hg.):Rethinking the Nature of War. Abingdon: Frank Cass, 88-108.

Kalyvas, Stathis N., 2006: The Logic of Violence in Civil War. Cambridge: Cambridge University Press.

Link, Werner, 1994: Überlegungen zu einer strukturellen Konflikttheorie, in: Krell, Gert/Müller, Harald (Hg.): Frieden und Konflikt in den Internationalen Beziehungen. Festschrift für Ernst-Otto Czempiel. Frankfurt a.M. u. a.: Campus, 99-115.

Miall, Hugh, 2007: Emergent Conflict and Peaceful Change. Houndmills: Palgrave Macmillan.

Mitchell, Sarah M., 2002: A Kantian System? Democracy and Third-Party Conflict Resolution, in: American Journal of Political Science 46:4, 749-759.

Morgenthau, Hans J., 1967: Politics Among Nations, The Struggle for Power and Peace. New York: Alfred A. Knopf.

Münkler, Herfried, 2002: Die neuen Kriege. Reinbek bei Hamburg: Rowohlt.

Oneal, John R./Russett, Bruce M./Berbaum, Michael L., 2003: Causes of Peace: Democracy, Interdependence, and International Organizations, 1885-1992, in: International Studies Quarterly 47:3, 371-393.

Randeria, Shalini/Eckert, Andreas (Hg.) 2009: Vom Imperialismus zum Empire – Nicht-westliche Perspektiven auf Globalisierung. Frankfurt a.M.: Suhrkamp.

Reiter, Dan/Stam, Allan C., 2002: Democracies at War. Princeton, NJ: Princeton University Press.

Reno, William, 1998: Warlord Politics and African States. Boulder, CO: Lynne Rienner.

Reynal-Querol, Marta, 2002: Ethnicity, Political Systems, and Civil Wars, in: The Journal of Conflict Resolution 46:1, 29-54.

Ross, Michael J., 2004: What Do We Know About Natural Resources And Civil War?, in: Journal of Peace Research 41:3, 337-356.

Schlichte, Klaus, 2006: Staatsbildung oder Staatszerfall? Zum Formwandel kriegerischer Gewalt in der Weltgesellschaft, in: Politische Vierteljahresschrift 47:4, 547-570.

Schmitt, Lars, 2006: Symbolische Gewalt und Habitus-Struktur-Konflikte. Entwurf einer Heuristik zur Analyse und Bearbeitung von Konflikten, CCS Working Paper Nr. 2. Marburg: Philipps Universität Marburg.

Seifert, Ruth (Hg.), 2004: Gender, Identität und kriegerischer Konflikt. Das Beispiel des ehemaligen Jugoslawien. Münster: LIT.

Senghaas, Dieter, 1971: Kompositionsprobleme in der Friedensforschung, in: Senghaas, Dieter (Hg.): Kritische Friedensforschung. Frankfurt a.M.: Suhrkamp, 313-361.

Siegelberg, Jens, 1994: Kapitalismus und Krieg. Eine Theorie des Krieges in der Weltgesellschaft. Münster-Hamburg: LIT.

Simmel, Georg, 1992 [1908]: Der Streit, in: Simmel, Georg: Soziologie. Untersuchungen über die Formen der Vergesellschaftung. Gesamtausgabe Bd. 11. Frankfurt a.M.: Suhrkamp, 284-382.

Small, Melvin/Singer, J. David, 1982: Resort to Arms. International and Civil Wars, 1816-1980. Beverly Hills: Sage.

Vasquez, John A., 2000: Reexamining Steps to War: New Evidence and Theoretical Insights, in: Midlarsky, Manus I. (Hg.): Handbook of War Studies II. Ann Arbor: Michigan University Press, 371-406.

Walter, Barbara F., 2009: Bargaining Failures and Civil Wars, in: Annual Review of Political Science 12, 243-261.

Waltz, Kenneth, 1986: Reflections on Theory of International Politics. A Response to My Critics, in: Keohane, Robert O. (Hg.): Neorealism and Its Critics. New York: Columbia University Press, 322-345.

Waltz, Kenneth N., 1989: The Origins of War in Neorealist Theory, in: Rotberg, Robert I./Rabb, Theodore K. (Hg.): The Origin and Prevention of Major Wars. Cambridge: Cambridge University Press, 39-52.

Wasmuht, Ulrike C., 1992: Friedensforschung als Konfliktforschung. Zur Notwendigkeit einer Rückbesinnung auf den Konflikt als zentrale Kategorie. AFK-Texte Nr.1. Bonn: AFB.

Weinstein, Jeremy M., 2007: Inside Rebellion: The Politics of Insurgent Violence. Cambridge: Cambridge University Press.

Weller, Christoph, 2005: Gewalt, Frieden und Friedensforschung. Eine konstruktivistische Annäherung, in: Jahn, Egbert/Fischer, Sabine/Sahm, Astrid (Hg.): Die Zukunft des Friedens, Bd. 2: Die Friedens- und Konfliktforschung aus der Perspektive der jüngeren Generationen. Wiesbaden: VS Verlag für Sozialwissenschaften, 91-110.

Wisotzki, Simone, 2005: Gender und Frieden. Plädoyer für einen Dialog über Differenzen, in: Jahn, Egbert/Fischer, Sabine/Sahm, Astrid (Hg.):, Die Zukunft des Friedens, Bd. 2: Die Friedens- und Konfliktforschung aus der Perspektive der jüngeren Generationen. Wiesbaden: VS Verlag für Sozialwissenschaften, 111-130.

Zarkov, Dubravka, 2001: The Body of the Other Man: Sexual Violence and the Construction of Masculinity, Sexuality and Ethnicity in the Croatian Media, in: Moser, Caroline O.N./Clark, Fiona C. (Hg.): Victims, Perpetrators or Actors? Gender, Armed Conflict and Political Violence. London-New York: Zed Books, 69-82.

Internationale Klimaschutzpolitik:
Beschreibung und Analyse eines Wegs in die Sackgasse

Helmut Weidner

1. Einleitung

Die zunehmende Erwärmung der Erde beruht weitgehend auf der Anreicherung der Atmosphäre mit klimawirksamen Spurengasen, insbesondere Kohlendioxid (CO_2). Diese sogenannten Treibhausgase vermindern die Reflektion der Sonnenstrahlung, wodurch der Treibhauseffekt entsteht. Ursächlich hierfür ist vor allem die Verbrennung von fossilen Kohlenstoffen (Kohle, Gas, Öl und seine Produkte), aber auch großflächige Entwaldung sowie Land- und Viehwirtschaft (etwa Methan-Emission) tragen dazu bei. Insofern handelt es sich um ein von Menschen gemachtes Problem. Der von der Wissenschaft prognostizierte Temperaturanstieg wird voraussichtlich schon in wenigen Dekaden erhebliche negative Auswirkungen haben, und zwar weit mehr in den ärmeren Ländern als in den entwickelten Industrieländern, deren Treibhausgas-Emissionen hauptsächlich für den Klimawandel verantwortlich sind. Es sind die Industrieländer, die seit der industriellen Revolution in so großem Maße CO_2-Emissionen freigesetzt haben, dass sich das Klimagleichgewicht verändert. Seit einigen Jahren ist jedoch der Ausstoß von Klimagasen in den Entwicklungs- und Schwellenländern so drastisch gewachsen, dass er trotz ihrer teils viel niedrigeren Pro-Kopf-Emissionen inzwischen über dem der Industrieländer liegt. Daher kann eine Begrenzung des Temperaturanstiegs auf eine ökologisch und sozial noch beherrschbare Dimension nur erreicht werden, wenn auch die Schwellenländer ihre Emissionen begrenzen.

Diese Analysen und Prognosen entsprechen dem Stand der internationalen Klima(wandel)forschung, die seit gut zwei Jahrzehnten durch das *Intergovernmental Panel on Climate Change* (IPCC), auch Weltklimarat genannt, organisiert und gebündelt wird. Nur eine kleine Minderheit von Klimaexperten bestreitet die Kernaussagen des IPCC zur Erwärmungstendenz und ihren Ursachen. Gleichwohl bleiben noch viele Fragen zu komplexen globalklimatologischen und insbesondere zu den sozial-ökonomischen Zusammenhängen offen, was immer wieder Anlass zu Streit über adäquate Maßnahmen und die Kostenträgerschaft gibt.[1]

Schon vor Gründung des IPCC 1988 hatten einzelne Länder mit nationalen (zunächst meist Forschungs-)Programmen auf die befürchteten globalen Herausforderungen reagiert. Daneben entwickelte sich eine fast alle Staaten der Welt einbeziehende internationale Klimapolitik (Bolin 2007). Trotz bemerkenswerter klimapolitischer Pionierleistungen einzel-

---

[1] Eine Konsensbildung wird auch durch ab und an intransparente Entscheidungsprozesse im IPCC und selbstherrliche Reaktionen auf Kritik erschwert; vgl. InterAcademy Council (2010); Stehr/Grundmann (2012).

ner Länder, der inzwischen weltumfassenden internationalen Verträge sowie der seit den 1990er Jahren alljährlich und manchmal öfter stattfindenden Weltklimakonferenzen sind die Aussichten äußerst schlecht, die Klimaerwärmung auf ein ökologisch-sozial vermutlich noch beherrschbares Ausmaß von etwa 2° Celsius gegenüber dem vorindustriellen Niveau zu begrenzen: So haben sich seit 1990 (dem Referenzjahr der internationalen Klimapolitik) die weltweiten CO_2-Emissionen um über 40 Prozent erhöht! 1992 lag die CO_2-Konzentration in der Atmosphäre bei 360 ppm (*parts per million*). 20 Jahre später ist sie auf 390 ppm geklettert – das höchste Niveau innerhalb der letzten 80.000 Jahre – und ein Ende des Anstiegs ist derzeit nicht in Sicht (http://www.global.carbonproject.org/). Während in einigen wenigen Industrieländern wie Deutschland und Großbritannien der CO_2-Ausstoß gesunken ist, hat er in anderen Staaten, zum Beispiel in Südafrika, Indien und den USA, deutlich zugenommen; in China hat er sich mehr als verdreifacht. Entsprechend gehören nunmehr zu den weltweit größten CO_2-Emittenten die folgenden Länder: China, USA, Indien, Russland, Japan und Deutschland.[2] Ähnlich problematisch ist, dass gleichzeitig durch die Zerstörung von großen Waldgebieten nicht nur weiteres CO_2 freigesetzt wird, sondern auch die natürliche Aufnahmekapazität von CO_2-Emissionen zurückgeht. Diesen trüben Aussichten folgend, gewinnen Anpassungsmaßnahmen (*adaptation*, etwa Deichbau, Umstellungen in der Landwirtschaft) an den Klimawandel gegenüber Minderungspolitiken (*mitigation*) in der internationalen Klimapolitik an Gewicht.

Die Gründe für das Unvermögen der internationalen Klimapolitik, die globale Erwärmung zu bremsen, sind vielfältig. Wesentlich hierfür sind soziale, politische und ökonomische Dilemmasituationen, die Trittbrettfahrerverhalten von Ländern begünstigen und wirksame Kooperationslösungen behindern. Innerhalb dieses von Dilemmata geprägten Handlungsraums hängt es wesentlich vom strategischen Verhalten der klimapolitischen Akteursgruppen ab, ob es zu Fortschritt, Stillstand oder sogar Rückschritt kommt.

Die folgende Analyse und Bewertung der Klimapolitik wird sich an den (noch darzustellenden) Dilemmata orientieren und das klimapolitische Handeln zentraler Akteursgruppen daran messen. Gemäß einer Policy-Analyse, die stärker auf *Outcomes* (Effekte) und Implementationsleistungen als auf *Outputs* (Programme) und Diskurse abzielt, lautet die wesentliche Frage: Was haben die aufwändigen Multi-Ebenen-Governance-Aktivitäten bei der Treibhausgas-Emissionsentwicklung bewirkt, um einen globalen Temperaturanstieg über 2° Celsius zu verhindern? Um dieses Ziel zu erreichen, müssten die globalen Emissionen bis zum Jahr 2050 um rund 85 Prozent gegenüber dem Niveau von 1990 gesenkt werden (vgl. IPCC 2007). Dem stehen, wie erwähnt, völlig konträre reale Entwicklungen gegenüber: Die Treibhausgas-Emissionen sind kontinuierlich gestiegen, und es gibt keine politisch realistischen Anzeichen oder plausiblen Argumente für eine Trendumkehr. Und mit dem Scheitern der letzten internationalen Verhandlungsrunden, die Völkergemeinschaft im Anschluss an das sogenannte Kyoto-Protokoll[3] auf anspruchsvolle Ziele zu verpflichten, mit der sich eher

---

2   Nach den Pro-Kopf-Emissionen wären China und Indien nicht dabei, dafür beispielsweise einige OPEC-Länder.

3   Im Kyoto-Protokoll, das 1997 im Rahmen der UN-Klimarahmenkonvention vereinbart worden war, verpflichteten sich die Industrieländer als Gruppe, ihren Ausstoß an Treibhausgasen bis 2012 um 5,2 Prozent

weiter verfestigenden klimapolitischen Abstinenz der USA, dem De-facto- (Kanada) oder Quasi-Ausstieg anderer Länder (Japan, Russland) aus dem Kyoto-Protokoll und schließlich den Auswirkungen der weltweiten Finanz- und Wirtschaftskrise hat sich die Ausgangslage für tiefgreifende Klimaschutzmaßnahmen gegenwärtig deutlich verschlechtert. Gleichwohl werden von etablierten klimapolitischen Akteursgruppen und Institutionen, die den klima-politischen Diskurs prägen, weiterhin weltumfassende und kostenintensive finanzielle Trans-fermodelle zur Problemlösung vorgeschlagen, die auf kontrafaktischen Entwicklungsprog-nosen und grenzenlosem Steuerungsoptimismus beruhen. Insoweit in diesen Vorschlägen wenig oder nichts zu den politischen Durchsetzungs- und Legitimationsstrategien und den Akzeptanzchancen damit verbundener globaler Umverteilungspolitiken gesagt wird und auch offen gelassen wird, wie die (aus weniger komplexen Umweltpolitiken) bekannten Im-plementationsprobleme gemeistert werden sollen, steht zu vermuten, dass die etablierten kli-mapolitischen Institutionen und Akteure zum bisherigen Scheitern beigetragen haben. Die Konstrukteure des Klimaregimes wären damit ein Teil des Problems.

Im Folgenden werden die Grunddilemmata der globalen Klimapolitik beschrieben. Da-ran schließt sich in Kapitel 3 eine selektive Darstellung des Entwicklungsgangs der inter-nationalen Klimapolitik an. Großtechnische Möglichkeiten der Klimapolitik werden in Ka-pitel 4 diskutiert. In Kapitel 5 wird anschließend die globale Dynamisierungsfunktion von Pionierpolitik am Beispiel Deutschlands und der EU deutlich gemacht. Eine Analyse und Bewertung der globalen Klimapolitik anhand kritischer Evaluationskriterien findet sich im sechsten Kapitel. Im siebten und letzten Kapitel wird kurz die Hoffnung begründet, dass eine Form des smarten Opportunismus die klimapolitisch einflussreichsten Netzwerkakteure dazu bringen könnte, die selbst gewählte klimapolitische Sackgasse durch eine paradigma-tische Wende und nunmehr politisch-kulturell realistischere Politikvorschläge zu verlassen.

2. Die zentralen Dilemmata der globalen Klimapolitik

Die politischen Schwierigkeiten, wirkungsvoll gegen die Klimaerwärmung vorzugehen, re-sultieren aus zu geringen Anreizen in vielen Staaten, die teilweise sehr hohen Kosten für den Schutz des globalen öffentlichen Guts Atmosphäre anteilig zu übernehmen und paral-lel hierzu im eigenen Lande notwendige Strukturveränderungen in Sektoren durchzusetzen, die starken Widerstand dagegen mobilisieren können (Energie-, Automobil-, Konsum- und Schwerindustriesektor). Da sich CO_2-Emissionen quellenunabhängig global verteilen, blei-ben kostspielige Minderungen des CO_2-Ausstoßes in einem Land im Grunde wirkungslos, wenn andere Länder nicht mitmachen oder gar die Reduktionen zur eigenen Emissionsstei-gerung nutzen.[4] Bei nahezu 200 involvierten Ländern sind außerdem die Kooperationskos-

---

(im Vergleich zum Basisjahr 1990) zu senken. Die EU verpflichtete sich für ihre Mitgliedsländer auf eine Reduktion von 8 Prozent der EU-Gesamtemissionsmenge, von der die EU-Länder dann im Rahmen der in-ternen Lastenverteilung (*burden sharing*) je unterschiedliche Anteile übernehmen. Deutschland verpflichtete sich auf eine Minderung von 21 Prozent, die inzwischen erreicht wurde.

4   Hierbei handelt es sich vor allem um in der ökonomischen Theorie diskutierte sogenannte *Crowding-out*- und *Rebound*-Effekte, das heißt um rückläufige Emissionsminderungsbemühungen von Ländern, wenn andere

ten für ein gemeinsames internationales Vorgehen außerordentlich hoch, und es lassen sich längst nicht alle Schlupflöcher der Implementationsebene für vertragswidriges Verhalten schließen. Klimapolitik ist zudem Zukunftspolitik: Selbst massive (und entsprechend kostspielige) Maßnahmen führen aufgrund klimatologischer Naturgesetzlichkeiten erst Jahrzehnte später zu spürbaren Entlastungen, während Zustimmung der Wahlbevölkerung schon heute benötigt wird. Schließlich handelt es sich um ein mehrschichtiges (internationales und nationales) Gerechtigkeitsproblem mit konkurrierenden legitimen Interessen und entsprechenden Zielkonflikten: Generalisierend kann man sagen, dass die reicheren Länder die Probleme erzeugen, unter denen überwiegend die ärmeren Länder leiden müssen, die am wenigsten zum Klimawandel beigetragen haben. Diese asymmetrische Konstellation von Verursachern und Betroffenen (sowie von Handlungskapazitäten) ist bei Festlegung der Pflichten- und Kostenverteilung (*burden sharing*) zu berücksichtigen. Wer aber soll nach welchen Kriterien (Treibhausgas-Gesamtemissionen, Pro-Kopf-Emissionen, vergangene Emissionen, Wirtschaftsleistung etc.) wie viel tun, und wer hat ein Anrecht auf wie viel Unterstützung? Da es um große Belastungen und Summen geht, sind in den avisierten Geberländern zugleich innerstaatliche Verteilungs- und Gerechtigkeitsfragen berührt. Globale Klimapolitik ist somit im Kern eine Frage der globalen und lokalen Verteilungspolitik. Damit verbunden sind die nicht weniger komplexen und schwierigen Fragen nach den geeigneten Institutionen, Instrumenten und Verfahren, solch eine faire Klimapolitik wirksam und ausreichend effizient umzusetzen, damit sie über viele Jahrzehnte nachhaltige Unterstützung über wechselnde Regierungen und Wirtschaftslagen sowie unterschiedlichste politisch-ökonomische Systeme und Kulturen hinweg erfährt.

Zu keinem der genannten Dilemmata sind in den seit nunmehr 20 Jahren stattfindenden internationalen Klimakonferenzen adäquate Lösungswege gefunden worden. Stagnation der globalen Klimapolitik und zunehmend herbe Rückschläge sind daher die Folge.

3. Der lange Weg der internationalen Klimapolitik in die Sackgasse

Die Ursprünge der internationalen Klimapolitik liegen über drei Jahrzehnte zurück.[5] Die erste Weltklimakonferenz fand 1979 in Genf statt und wurde gemeinsam von der Weltorganisation für Meteorologie (WMO) und dem UN-Umweltprogramm (UNEP) organisiert. Aus ihr gingen das Weltklima- und das Weltklimaforschungsprogramm (1980) hervor. In der Folgezeit weckte diese primär naturwissenschaftliche Wissenschaftlergemeinde auch die politische und öffentliche Aufmerksamkeit, indem der Mensch-Klima-Kontext, vor allem die gesellschaftlich-wirtschaftlichen Interdependenzen und Folgen eines Klimawandels thematisiert wurden (Bolin 2007). Die Weltkommission für Umwelt und Entwicklung machte ebenfalls

---

Staaten bedingungslos vorangehen, oder um Anreize zur Emissionssteigerung durch positive Effekte von Emissionsminderungsmaßnahmen, beispielsweise die vermehrte Benutzung von PKW mit reduziertem Treibstoffverbrauch (vgl. Sinn 2008).

5   Die sich vor allem aus der Meteorologie herausdifferenzierende Klimaforschung sowie erste politische Initiativen zu Klimafragen (z. B. im Rahmen der UN-Weltkonferenz zu Mensch und Umwelt 1972 in Stockholm) liegen teils noch weiter zurück (Bolin 2007; Boehmer-Christiansen 1994).

auf die dramatischen Folgen eines Treibhauseffekts für die Menschheit aufmerksam (WCED 1987). Im November 1988 wurde der sogenannte Weltklimarat, das IPCC, von der WMO und UNEP gegründet. Seine Hauptaufgabe ist die Initiierung, Sammlung und Bewertung der weltweiten Klimaforschungsergebnisse. Die Ergebnisse werden in einem komplizierten Abstimmungsprozess an die Politik vermittelt (zum IPCC siehe Beck 2009). Schon kurz vor der Gründung des IPCC hatte die große internationale Konferenz zu Klimafragen in Toronto (Juni 1988) mit der Empfehlung Aufmerksamkeit erregt, die globalen CO_2-Emissionen um 20 Prozent bis 2005 (bezogen auf das Basisjahr 1988) zu senken.[6]

Der Weltklimarat veröffentlichte 1990 seinen ersten von bislang vier Sachstandsberichten. Er war auch entscheidend an der Vorbereitung der UN-Klimarahmenkonvention beteiligt, die 1992 auf der UN-Weltkonferenz über Umwelt und Entwicklung verabschiedet wurde (Hecht/Tirpak 1994). Die Konvention bekam 1994 völkerrechtliche Verbindlichkeit; sie bildet das programmatisch-rechtliche Fundament aller folgenden internationalen Vereinbarungen zum Klimaschutz.[7] Das IPCC entwickelte sich in der Folgezeit durch seine Sachstandsberichte und geschickte, den politischen Bereich einbeziehende Netzwerkbildung zur wichtigsten wissenschaftlichen Institution im Klimabereich und zum Referenzkern der weltweiten Klimaschutzbewegung. Seine Sachstandsberichte werden weithin als Stand der Wissenschaft im Klimasektor anerkannt. Gleichwohl sind die Ergebnisse nicht unumstritten, und die Politiknähe der Organisation und die Intransparenz einiger ihrer Meinungsbildungsprozesse sowie vereinzelte falsche Datengrundlagen gaben immer wieder Anlass zu öffentlichen und wissenschaftlichen Debatten (vgl. InterAcademy Council 2010). Daraus folgende organisatorische Änderungen verdanken sich eher der Kritik von außen als der kritischen Selbstreflexion dieser Schnittstellen-Organisation zwischen Wissenschaft und Politik.[8] Insgesamt trug die Verwissenschaftlichung des Problems durch das global aufgestellte IPCC sowie die parallele Politisierung der Klimafrage und Klimaforschung – etwa durch Proponenten einer CO_2-freien Kernenergie oder durch Premierministerin Thatcher in ihrer Auseinandersetzung mit den britischen Bergbaugewerkschaften – zur steigenden Prominenz des Klimawandelthemas auf der internationalen Ebene bei. Eine erhebliche Politisierungswirkung[9] kann man auch dem starken Engagement führender wissenschaftlicher Mitglieder des IPCC zuschreiben, die explizite Empfehlungen für Politiken, Institutionenbildung und Regelungsinstrumente abgaben.

Auf der UN-Umweltkonferenz von 1992 in Rio de Janeiro wurde die Klimarahmenkonvention (*United Nations Framework Convention on Climate Change*, UNFCCC) von na-

---

6   Die Dringlichkeit klimapolitischen Handelns wurde in Toronto von über 300 Wissenschaftlern beschworen, indem sie auf atomkriegähnliche Konsequenzen hinwiesen, wenn die Staaten nicht gegen die Klimaerwärmung vorgehen würden (Pittock 2005: 47).

7   Zur klimapolitischen Entwicklungsgeschichte geben die Internetseiten vom Deutschen Klimaforum einen ausgezeichneten Überblick. Auch finden sich hier zahlreiche weiterführende Links, etwa zu den IPCC-Sachstandsberichten als pdf: www.deutsches-klima-konsortium.de (siehe http://www.bmu.de/klimaschutz/internationale_klimapolitik/).

8   Es gibt erstaunlich wenig kritische sozialwissenschaftliche Analysen des IPCC; vgl. etwa Beck (2009).

9   Zum Politisierungstheorem vgl. Zürn/Ecker-Ehrhardt (2012).

hezu allen Teilnehmerstaaten ratifiziert, im März 1994 trat sie dann in Kraft. Sie setzt die Eckpunkte und generellen Ziele für den globalen Klimaschutz, einschließlich der Kooperationsprinzipien und der Pflichten- sowie Aufgabenverteilungen. Konkrete Ziele, Instrumente und Maßnahmen sollen – daher Rahmenkonvention – in weiteren Verhandlungen auf den sogenannten Klimakonferenzen der Mitglieder (*Conference of the Parties*, COP) festgelegt werden. Artikel 2 der Konvention bestimmt als Ziel, eine ‚gefährliche anthropogene Störung des Klimasystems' zu verhindern.[10] Das Dilemma des fundamental asymmetrischen Verhältnisses zwischen Verursachern und Hauptbetroffenen des Klimawandels wurde in Artikel 3 in nahezu salomonischer Weise als allgemeiner, aber durchaus spezifizierender Pflichtensatz formuliert. So sollen die Vertragsparteien „auf der Grundlage der Gerechtigkeit und entsprechend ihren gemeinsamen, aber unterschiedlichen Verantwortlichkeiten und ihren jeweiligen Fähigkeiten das Klimasystem zum Wohl heutiger und künftiger Generationen schützen" (UNFCCC, Art. 3 Abs. 1). Daraus folgt die Pflicht der Industrieländer, im Kampf gegen den Klimawandel voranzugehen und die Entwicklungsländer zu unterstützen (vgl. Yamin/Depledge 2004).

Mit dem Inkrafttreten der Klimarahmenkonvention 1994 setzte ein in der Geschichte der Umweltpolitik beispielloser Konferenz- und Verhandlungsmarathon mit jährlichen Klimagipfeln und zahlreichen weiteren Konferenzen und Fachtagungen ein. An etlichen der Klimakonferenzen war eine kaum noch überschaubare Anzahl von Akteuren beteiligt, manchmal Zehntausende, darunter viele Akteure aus zivilgesellschaftlichen Organisationen (*Nongovernmental Organisations*, NGOs). Die größte Klimakonferenz fand im Dezember 2009 in Kopenhagen als COP 15 (und zugleich MOP 5[11]) mit fast 30.000 Teilnehmern und mehr als 120 Staats- und Regierungschefs statt.

Im Folgenden sollen nur die Ereignisse und Ergebnisse hervorgehoben werden, die Meilensteine für die Politikentwicklung gesetzt haben.[12] Sogleich auf dem ersten Klimagipfel COP 1 1995 in Berlin wurde eine Arbeitsgruppe mandatiert, im Rahmen der Klimakonvention eine Vereinbarung mit konkreten, zielführenden Regelungen auszuhandeln. Dieses sogenannte Berlin-Mandat führte – auch dank des sehr starken Engagements der damaligen deutschen Umweltministerin Merkel – zwei Jahre später auf der COP 3 in Kyoto 1997 zum Kyoto-Protokoll. Diese bis dato wichtigste Klimaschutzvereinbarung trat aber wegen vielfältiger Differenzen der beteiligten Staaten erst 2005 in Kraft.

Die herausragende klimapolitische Bedeutung bekommt das Kyoto-Protokoll durch seine für bestimmte Länder in Prozent- und Jahreszahlen konkretisierten Treibhausgas-Reduk-

---

10   Lange Zeit konnte man sich nicht darauf einigen, wie eine ‚gefährliche anthropogene Störung' definiert werden kann. Der Europäische Rat entschied im März 2005, dass für die EU-Mitgliedsländer die Gefahrenschwelle bei einem Anstieg der durchschnittlichen Temperatur der Erdatmosphäre um 2° Celsius gegenüber dem Niveau vor Beginn der Industrialisierung liege. Das 2°-Ziel entwickelte sich dann zum internationalen Referenzwert.

11   Seit dem Inkrafttreten des Kyoto-Protokolls im Jahr 2005 findet parallel zu den COPs ein MOP, also ein *Meeting of the Parties* (*to the Kyoto Protocol*) statt.

12   Für einen guten Überblick über die bisherigen Klimagipfel und ihre zentralen Inhalte siehe http://www.nachhaltigkeit.info/artikel/klimaschutzkonvention_903.htm; www.unfccc.int.

tionsverpflichtungen, wobei die EU-Länder als eine Gruppe behandelt wurden (Oberthür/ Roche Kelly 2008).[13] Insgesamt sagten 37 OECD-Länder eine Reduktion ihres Treibhausgas-Ausstoßes zu; Entwicklungs- und Schwellenländer wurden hingegen von einer Reduktionspflicht freigestellt. Die Reduktionspflichten der einzelnen Länder sind auf das Gesamtziel einer globalen Treibhausgas-Senkung um 5,2 Prozent bis 2012 unter das Niveau von 1990 bezogen. Für die EU beträgt die Reduktionspflicht acht Prozent, die USA haben sieben Prozent, Japan und Kanada je sechs Prozent zugesagt, um die wichtigsten Länder zu nennen.

Im Protokoll werden zusätzliche Maßnahmen genannt, die neben direkten Emissionsverringerungen zur Zielerreichung erlaubt sind. Drei Instrumente sind zentral:

1. der weltweite Handel mit Treibhausgas-Emissionen zwischen Staaten (*Emissions Trading System*, ETS[14]),

2. die Gutschrift von Emissionen, die durch Förderung von Projekten (*Clean Development Mechanism*, CDM) in Entwicklungsländern vermieden worden sind und die nach komplizierten, intransparenten Berechnungen ermittelt werden[15]

3. und projektbezogene Kooperationen mit dem Ziel der Emissionsminderung, die zwischen Industrieländern stattfinden (*Joint Implementation*) und deren Einsparungen auf das nationale Budget anrechenbar sind.[16]

Die Ironie der Entstehungsgeschichte des Kyoto-Protokolls ist besonders in folgendem Punkt zu sehen: Das Regelungssystem wurde wesentlich nach den Wünschen der US-Regierung modelliert – die unter Präsident Clinton das Protokoll unterzeichnete, dann unter der Präsidentschaft von George W. Bush aus dem Protokoll ausstieg und es als einziger OECD-Vertragsstaat nicht ratifiziert hat.[17] Das Emissionshandelssystem wird von der EU, die dem Instrument ursprünglich ablehnend gegenüberstand, schon seit 2005 im Vorgriff auf das im Kyoto-Protokoll für 2008 geplante internationale Emissionshandelssystem angewendet. Nun-

---

13   Zu den Daten für alle Mitgliedsländer siehe das Stichwort ‚EU-Klimapolitik' unter http://www.deutschesklima-konsortium.de.

14   Der EU-Emissionshandel findet hingegen unternehmensbezogen statt.

15   Eine Emissionsgutschrift kann es etwa dafür geben, dass ein Kraftwerksneubau in einem Entwicklungsland gefördert wird, der ein älteres Kraftwerk ersetzt oder von dem ausgegangen wird, dass der Neubau im Vergleich zu einem ohne diese Förderung vielleicht gebauten konventionellen Kraftwerk eine bestimmte Menge Treibhausgas-Emissionen einspart. Diese Gutschriften können im EU-System verwendet werden. Da sie billiger als EU-Zertifikate sind, werden sie stark nachgefragt.

16   Zu den besonders strittigen Maßnahmen gehören die sogenannten Senken, das heißt natürliche Einbindungen von CO_2 beispielsweise in der Land- oder Forstwirtschaft.

17   Die US-Regierung begründete ihre Weigerung, das Protokoll zu ratifizieren, damit, dass die großen Schwellenländer – allen voran China – nicht bereit seien, sich auf konkrete Emissionsreduktionsziele zu verpflichten, wodurch sie unfaire Wettbewerbsvorteile gegenüber den USA hätten. Es ist aber offensichtlich, dass es auch eine starke politische Gegnerschaft zum Protokoll in der Wirtschaft und zunehmend auch in der Gesellschaft gibt, weil es großer strukturverändernder Politiken in den USA, insbesondere im Verkehrs- und Energiesektor sowie der Wohnungswirtschaft, bedürfte, um die Kyoto-Ziele auch nur annähernd zu erreichen. Auch das von der Politik der Bundesregierung abweichende besondere klimapolitische Engagement einiger Bundesstaaten und Kommunen konnte eine kräftige Steigerung der CO_2-Emissionen in den USA nicht verhindern (Rabe 2006).

mehr gehören die ehemaligen Gegner des internationalen Emissionshandels zu seinen größten Befürwortern, ohne dass es bislang einen überzeugenden empirischen Nachweis eines gegenüber anderen Instrumenten systembedingten Effizienzgewinns in der EU-Klimapolitik gegeben hat. Solche Nachweise stehen auch für die beiden anderen sogenannten Kyoto-Instrumente noch aus.[18] Das EU-Emissionshandelssystem als „Kernstück der gemeinsamen Klimaschutzpolitik" (Höhn/Kendzia 2012: 27) steht nach Expertenmeinung gegenwärtig vermutlich gar „vor dem Abgrund" (Matthes 2012), da es kaum noch Anreize zu emissionsmindernden Maßnahmen ausübt.[19]

Erst mit Russlands Unterschrift im Jahr 2004 trat das Kyoto-Protokoll im Februar 2005 in Kraft und bekam völkerrechtliche Verbindlichkeit für die inzwischen über 190 Ratifikationsstaaten.[20] Russland unterschrieb keinesfalls aus klimapolitischem Engagement, sondern wegen eines Paketgeschäfts: Hierfür wurde es in seinen Beitrittsverhandlungen mit der WTO unterstützt. Mittlerweile ist es wieder aus dem Kyoto-Protokoll ausgestiegen (vgl. Opitz 2011). Während Australien das Protokoll erst im Jahr 2007 ratifizierte, hat Kanada sich im Dezember 2011 aus wirtschaftlichen Gründen aus dem Vertrag zurückgezogen.[21]

Schon auf der 13. Vertragsstaatenkonferenz in Bali im Jahr 2007 sollten die Grundlagen einer Nachfolgeregelung für das 2012 auslaufende Kyoto-Protokoll vereinbart werden. Dies ist in Bali so wenig gelungen wie in den späteren Verhandlungsrunden, in den hierfür wichtigsten Klimagipfeln in Kopenhagen 2009 COP 15 und Durban 2011 COP 17. Den eher vagen und zeitlich offenen Absichtserklärungen dieser COPs steht ein drastisch gestiegenes Aufgabenpensum zur Erreichung des 2°-Ziels gegenüber. Nach Expertenberechnungen kann eine Erwärmung von mehr als 2° Celsius nur verhindert werden, wenn die Industrieländer ihre CO_2-Emissionen in einem ersten Schritt bis 2020 um 25 bis 40 Prozent gegenüber 1990 reduzieren. Bislang haben jedoch viele Länder die Kyoto-Ziele nicht erreicht. Noch bedeutsamer ist dies: Die globalen Gesamtemissionen sind in den letzten Jahrzehnten erheblich angestiegen, in den letzten Jahren sogar besonders stark. Sollen sie im kommenden Jahrzehnt auf das vom Weltklimarat errechnete Mengenniveau reduziert werden, müssten die Vertragsstaaten Reduktionsleistungen vollbringen, die bislang noch nicht einmal den wenigen

---

18   Im Fall des CDM deutet sogar vieles darauf hin, dass ein relevanter Teil der Emissionsreduktionen eher Ergebnis wohlwollender Kalkulationen als auf reale Minderungen zurückzuführen ist, und manche der geförderten Projekte (etwa Großstaudämme) verstoßen gegen zentrale Nachhaltigkeitskriterien (vgl. UBA 2008; Lecocq/Ambrosi 2007).

19   Auch sind infolge der europäischen Wirtschaftskrise die Preise für emissionsberechtigende Zertifikate so stark – von zuvor rund 17 auf unter 7 Euro – gesunken, dass es für die Teilnehmer günstiger ist, Zertifikate zu kaufen als in Emissionsminderung zu investieren. Auch der durch das CDM-System erlaubte Zukauf „billiger Zertifikate aus teils fragwürdigen Klimaschutzprojekten in China und Indien (drückt) die Preise" (Höhn/Kendzia 2012: 27). Für eine umfassende Analyse der Probleme siehe Felix Matthes (2012); und *Niedergang des europäischen Emissionshandels verhindern* vom 11.06.2012 auf www.wwf.de.

20   Artikel 25 bestimmt, dass das Protokoll in Kraft tritt, wenn mindestens 55 Länder ratifiziert haben, die mindestens 55 Prozent der CO_2-Gesamtemissionen der Industrieländer (sogenannte Annex I-Länder) von 1990 verursacht haben.

21   Kanada war verpflichtet, seine Treibhausgas-Emissionen bis 2012 um sechs Prozent unter die Werte von 1990 zu bringen. Sie lagen aber 2009 immer noch um 17 Prozent darüber.

Ländern gelungen sind, die zur Klimaavantgarde zählen, wie etwa Deutschland, Schweden und Großbritannien.

Auf dem letzten Klimagipfel im südafrikanischen Durban 2011 wurde erst in letzter Minute ein schwacher Kompromiss zur Zukunft des Kyoto-Vertrags gefunden: Auf den Folgekonferenzen bis 2015 soll ein Nachfolgevertrag entwickelt werden, der aber nicht vor 2020 in Kraft treten soll. Vorgesehen ist, in ihn auch die Schwellenländer mit konkreten, gegenwärtig noch nicht genauer beschriebenen Verpflichtungen einzubinden, die hierzu aber wenig Neigung zeigen. Nachdem Kanada, Japan und Russland an einer neuen Verpflichtungsperiode nicht teilnehmen werden, schrumpft der Anteil der verbleibenden 37 sogenannten Annex I-Länder, die bindende Reduktionspflichten übernommen hatten, auf gerade einmal 15 Prozent der weltweiten CO_2-Emissionen. Die beiden wichtigsten Schwellenländer China und Indien haben signalisiert, dass sie weiterhin für sich verbindliche Reduktionsziele ablehnen. Eine gerechte Lastenverteilung im Klimaschutz müsse nach ihrer Meinung den Schwellen- und Entwicklungsländern weiterhin Emissionssteigerungsmöglichkeiten gewähren; darüber hinaus seien größere finanzielle und technische Hilfen der Industrieländer für Vermeidungs- und Anpassungsmaßnahmen notwendig. Der Kompromiss wurde schließlich hauptsächlich deshalb erzielt, weil die Industrieländer verschiedene finanzielle Zusagen machten, beispielsweise soll für die Entwicklungsländer ein ‚Grüner Klimafonds' ab 2020 mit rund 100 Mrd. US-Dollar (rund 74 Mrd. Euro) pro Jahr bereitgestellt werden. Bis auf einige Teilzusagen blieb für den Großteil der Summe die Finanzierung im Unklaren. Auf der jüngsten Klimakonferenz in Doha COP 18 sollten im Dezember 2012 die Kompromissformeln in Vertragsform gebracht werden, es wurde jedoch kaum mehr als eine Verlängerung des Ende 2012 auslaufenden Kyoto-Protokolls erreicht. Die Länder mit verbindlichen Reduktionszielen (EU-Länder und 10 weitere Länder) sind jedoch nur für 15 Prozent der weltweiten Treibhausgasemissionen verantwortlich. Weiterhin ungelöst blieb die Frage der Finanzierung des Klimafonds zur Unterstützung hilfsbedürftiger Länder.

Nach dem gegenwärtigen Stand der Dinge wird eine aktive globale Klimapolitik, die eine nennenswerte Treibhausgas-Emissionssenkung anstrebt, zukünftig nur noch von der EU als suprastaatlicher Institution und einigen ihrer Mitgliedsländer sowie wenigen weiteren und mit Ausnahme von Australien meist kleineren Ländern unterstützt. Stellte diese Gruppe ihre Treibhausgas-Emissionen auf Null, sänke die globale Gesamtmenge gegenwärtig um lediglich rund 15 Prozent; in einigen Jahren wäre es noch weniger wegen des steigenden CO_2-Ausstoßes in den Schwellenländern. Alle anderen Unterstützerländer sind offensichtlich für die Fortführung der globalen Klimapolitik im Rahmen der geschaffenen Strukturen, weil sie hierzu keinen oder einen nur sehr geringen Beitrag leisten und von den technischen und finanziellen Leistungen des Klimaregimes profitieren wollen. Eine breite Unterstützung der globalen Klimapolitik ist offensichtlich nur gegen umfangreiche Finanzhilfen von einer immer kleiner werdenden Ländergruppe zu haben. Bleibt es bei nur inkrementalen Veränderungen des Klimaregimes, wird in diesen Ländern voraussichtlich die Frage stark in den Vordergrund rücken, wie angesichts der bislang geringen Effekte eine gewaltige Steigerung der Transferleistungen gegenüber der Öffentlichkeit begründet und vor der Wahlbevölkerung legitimiert werden kann. Eine skeptische Haltung gegenüber den Durchhalteparolen der Klimapolitikoptimisten erscheint deshalb angebracht.

4. Geo-Engineering: Eine realistische Notlösung?

Die Stagnation in der Klimapolitik hat zu einer intensiven Debatte von Vorschlägen geführt, die den Klimawandel mit nicht oder wenig erprobten großtechnischen Maßnahmen stoppen wollen. Deren Kosten sowie ökologische und soziale Risiken sind jedoch gesellschaftlich und wissenschaftlich so stark umstritten, dass ein baldiger Einsatz nicht zu erwarten ist. Es handelt sich um das sogenannte *Geo-* oder *Climate-Engineering*. Dabei geht es um gezielte großräumige Eingriffe in (bio-)geochemische Prozesse der Erde und die direkte Manipulation von Parametern des Klimakreislaufs, womit der Erderwärmung entgegen gewirkt werden soll (Büro für Technikfolgenabschätzung beim Deutschen Bundestag 2012: 1).

Zwei Linien lassen sich unterscheiden: Die eine will den globalen Strahlenhaushalt beeinflussen, indem die Sonnenstrahlung vermindert oder die zurückgeworfene Strahlung vergrößert wird. Vorgeschlagen werden etwa die Installation von abschattenden Sonnensegeln in der Erdumlaufbahn und das Einbringen von Schwefelaerosolen bzw. ,Aluminiumscheiben' in die Stratosphäre zur Unterstützung der Sonnenlichtreflektion. Bei der anderen Linie geht es um Eingriffe in den globalen CO_2-Kreislauf, die zur Senkung des atmosphärischen CO_2-Gehalts führen sollen. Dies will man primär durch die großflächige Düngung der Ozeane z. B. mit Eisen erreichen, wodurch das Wachstum von CO_2-aufnehmenden Algen gefördert werden soll.[22] Die politische und wissenschaftliche Diskussion zum *Geo-Engineering* ist besonders in den USA ausgeprägt, wobei die Hauptargumente zugunsten dieser Techniken auf das absehbare Scheitern der internationalen Klimapolitik und auf die Kostenvorteile gegenüber konventionellen Treibhausgas-Senkungsmaßnahmen verweisen.[23] Letztere stehen aber sehr ungesichert im Raum, da oftmals noch nicht einmal die Grundlagenforschung abgeschlossen wurde. In vielen Ländern werden solche Globalexperimente von den Umweltorganisationen und der Klimawissenschaft abgelehnt. Das trifft beispielsweise auf Deutschland zu, wo eine multidisziplinäre Expertengruppe kürzlich festgestellt hat, dass Fragen zur technischen Machbarkeit und den erwarteten Effekten nur sehr unzureichend geklärt und ethische, sozioökonomische, viele völkerrechtliche und politische Fragen noch völlig offen seien (Rickels/Klepper/Dovern 2011: 73; siehe auch UBA 2011). Nach dem gegenwärtigen

---

22   Ein guter Überblick zu den verschiedenen Techniken findet sich in UBA (2011) und Rickels/Klepper/Dovern (2011). Ein größeres Experiment hat es als deutsch-indisches Kooperationsprojekt namens ,Lohafex' schon gegeben. So wurde die Wirkung der Düngung des südlichen Polarmeers mit Eisenspänen untersucht. Es kam zwar zum erwarteten Algenwachstum durch vermehrte CO_2-Aufnahme, doch bevor die Algen sich am Meeresgrund ablagern konnten, wurden sie von Meerestieren verzehrt, wodurch das CO_2 wieder in den Kreislauf kam (Rickels/Klepper/Dovern 2011: 14).

23   Folgt man beispielsweise den Berechnungen des Nobelpreisträgers Paul J. Crutzen (2006), wäre die CO_2-Vermeidung um ein Vielfaches teurer als die von ihm vorgeschlagene Schwefeleinbringung in die Stratosphäre, durch die die Reflektion der globalen Sonneneinstrahlung erhöht und damit der Temperaturanstieg vermindert werden soll.

Stand der Diskussion und der wahrscheinlich geringen öffentlichen Akzeptanz von risiko-
reichen Globalexperimenten zu urteilen, scheint eine tragende Rolle von *Geo-Engineering*
in absehbarer Zeit unwahrscheinlich zu sein.[24]

Im Fall der Abscheidung und Speicherung von Kohlendioxid – gebräuchlich ist die Ab-
kürzung CCS für *Carbon Capture and Storage* – gibt es hingegen schon praktische Erfahrungen aus einigen Experimenten. Kurz gefasst geht es darum, die CO_2-Emissionen vor allem von Kohlekraftwerken aus dem Rauchgas zu entfernen und anschließend zu speichern,
meist indem das CO_2 in geologische Formationen hineingepresst wird, wo es dauerhaft verbleiben soll. Da geeignete Speicher selten am Kraftwerksstandort, sondern manchmal weit
entfernt liegen, müsste das CO_2 über große Entfernungen (etwa in Pipelines) transportiert
werden. Das führt in vielen Fällen zu hohen Kosten und Akzeptanzproblemen. Allein schon
für die Abscheidung und den Transport müssen in einem Standardkohlekraftwerk rund 30
Prozent mehr Kohle verbrannt werden, wodurch die Kosten und der Ausstoß zu beseitigen-
der CO_2-Emissionen steigen (vgl. UBA 2011; Metz et al. 2005). Während über die Kosten
dieser Technik, die auf den Strompreis umgelegt würden, weitgehend Einigkeit besteht, sind
ihre ökologischen Nebeneffekte, einschließlich Fragen zur Langzeitstabilität der CO_2-Depots,
höchst strittig. Daneben gibt es Nutzungskonkurrenzen mit der Gasspeicherung. Die von der
schwarz-gelben Regierungskoalition in Deutschland betriebene Unterstützung von CCS scheiterte jedoch primär am befürchteten Bürgerwiderstand und schließlich faktisch an der Weigerung von Bundesländern, auf ihrem Gebiet CO_2 im großtechnischen Maßstab zu speichern.

Weltweit wird in zahlreichen Projekten die CCS-Technik erforscht, größere Projekte wie
das des norwegischen Energieunternehmens Statoil zum Sleipner-Erdgasfeld in Norwegen
sind schon 1996 angelaufen (siehe die Übersicht zu den größeren Projekten in Global CCS
Institute 2010). Gleichwohl bräuchte die CCS-Technik nach Einschätzung vieler Experten
noch gut ein Jahrzehnt bis zur Marktreife: Die Klimagase scheinen angesichts dieser Situation in den nächsten Jahren nur durch eine Verstärkung der bekannten Emissionsminderungsmaßnahmen zu senken zu sein. Hierzu braucht es dringend klimapolitische Vorreiter,
die eine globale Dynamik auslösen.

5. Klimapolitische Vorreiter am Beispiel von EU und Deutschland

In der inter- wie auch nationalen Klimapolitik gibt es immer wieder Länder und Staatengruppen, die durch besondere Leistungen, Ziele, Regelungsinstrumente oder andere Aktivitäten im Vergleich zu anderen vorangehen und nicht selten beispielgebend und stimulie-
rend wirken. Zu dieser Gruppe gehören unumstritten Deutschland und als Kollektivakteur

---

24 Gleichwohl wird diskutiert, ob unter äußerst dramatischen Krisenbedingungen diese Technik nicht als Nothilfe
an Bedeutung gewinnen könnte. Die britische Royal Society stellte zu diesem Thema im Zusammenhang
mit der Veröffentlichung ihres Reports zum *Geo-Engineering* im Jahr 2009 (The Royal Society 2009) fest:
„Geoengineering and its consequences are the price we may have to pay for failure to act on climate change".
Siehe zu dieser Frage die anregende Diskussion von Holly J. Buck (Buck 2012). Zum *Climate-Engineering*
aus natur-, sozial- und rechtswissenschaftlicher Perspektive vgl. http://www.funa.de/en/8183 (letzter Zugriff
12.03.2012) sowie Welch et al. (2012).

die Europäische Union (vgl. Anderson/Liefferink 1997). Zwischen beiden finden Interaktionen mit wechselnden Einflussrichtungen statt: Hatte Deutschland beispielsweise starken Einfluss auf anspruchsvolle Zielsetzungen der EU genommen, verhinderte diese wiederum die Abschwächung des Emissionshandelssystems in Deutschland zugunsten von Großemittenten (Oberthür/Roche Kelly 2008).

Deutschland wurde nicht nur sehr früh zum klimapolitischen Pionierland, sondern behielt diese Rolle (mit unterschiedlichem Nachdruck) bis heute bei. Bereits 1979, nach Berichten unter anderem des Umweltbundesamts über eine mögliche anthropogene Klimaerwärmung und deren nachteilige Folgen, wurde ein nationales Klimaforschungsprogramm beschlossen, das aber erst 1984 umgesetzt wurde (Weingart/Engels/Pansegrau 2000: 271).[25] Im März 1987 erklärte Bundeskanzler Helmut Kohl die Klimafrage zum wichtigsten Umweltproblem, und in der Folgezeit gab es vielbeachtete Auftritte deutscher Umweltminister und Regierungschefs unterschiedlicher Parteizugehörigkeit auf internationalen Tagungen, wo sie für eine anspruchsvolle internationale Klimapolitik plädierten (Weidner 2008). Das Kyoto-Protokoll hätte 1997 nach weitverbreiteter Meinung nicht ohne den engagierten Einsatz der damaligen Umweltministerin Angela Merkel erfolgreich abgeschlossen werden können. Als Bundeskanzlerin trug sie 2007 zur Dynamisierung der EU-Klimapolitik bei und erstritt im selben Jahr der Klimathematik auf dem Weltwirtschaftsgipfel in Heiligendamm einen zentralen Platz auf der Verhandlungsagenda[26]; ähnliches leistete Umweltminister Sigmar Gabriel im selben Jahr auf dem Klimagipfel in Bali (ebd.).

Die internationalen Initiativen der deutschen Bundesregierung waren häufig mit programmatischen und finanziellen Vorleistungen verbunden.[27] So wurden andere Staaten zu klimapolitischen Mehrleistungen mit der Ankündigung animiert, dass in diesem Fall Deutschland seine ohnehin ambitionierten Ziele noch höher stecken würde: In der rot-grünen Regierungszeit (1998-2005) verpflichtete sich die Bundesregierung, die Treibhausgas-Emissionen bis 2020 um 40 Prozent (bezogen auf 1990) zu senken, sofern die EU und weitere Länder 30 Prozent als Zielmarge setzten. In der folgenden schwarz-roten Koalition (2005-2009) wurde das 40-Prozent-Ziel dann sogar ohne Konditionen festgelegt (SRU 2008: 97).

Das Kyoto-Ziel von minus 21 Prozent wurde schon vor 2012 erreicht. Im Unterschied zu vielen anderen Ländern, in denen die Treibhausgas-Emissionen teils erheblich anstiegen, sanken sie in Deutschland; 2010 lagen sie rund 25 Prozent unter dem Niveau des Referenzjahrs 1990. Die Umstrukturierung der ostdeutschen Industrie hat dazu wesentlich beigetragen.[28] Ebenso wichtig waren aber vielfältige Maßnahmen und Programme, die die Energie-

---

25 Prägenden Einfluss auf den hoch kooperativen klimastrategischen Ansatz, die breite Akzeptanz des Klimathemas als wichtige innenpolitische und internationale Herausforderung und anspruchsvolle Zielsetzungen hatte die im Oktober 1987 eingesetzte Bundestags-Enquetekommission ‚Vorsorge zum Schutz der Erdatmosphäre' (vgl. Weingart/Engels/Pansegrau 2008).

26 An der Weltumweltkonferenz zur nachhaltigen Entwicklung (‚Rio plus 20') in Rio de Janeiro im Juni 2012 nahm die Kanzlerin hingegen nicht teil.

27 Eine Zusammenstellung von Dokumenten zu Klimamaßnahmen der Bundesländer und der Bundesregierung findet sich unter http://www.klimastrategie.de.

28 Der CO_2-Emissionsminderungseffekt des Umstrukturierungsprozesses wird auf bis zu 50 Prozent der Gesamtemissionssenkung geschätzt (vgl. Schleich et al. 2001).

effizienz steigerten, zu Energieeinsparungen führten und den Einsatz erneuerbarer Energien beschleunigten.[29] Die Atomenergie erlebte nur eine kurze Renaissance als vorgeblich klimapolitisches Hilfsinstrument in der schwarz-gelben Regierungszeit; nach der Reaktorkatastrophe im japanischen Fukushima im März 2011 ging es wieder zurück zum Atomausstieg, der bereits von der rot-grünen Koalition eingeleitet worden war. Nicht nur in diesem energiepolitischen Feld, sondern auch in anderen Bereichen, exemplarisch im Falle der Öko-Steuer, zeigten die manchmal sehr starken Konflikte, dass in der Klimapolitik nicht der Weg des geringsten Widerstands gegangen wurde. Gleichwohl wurden einige Industriezweige wie besonders die deutsche Automobilbranche von allen Regierungen, gleich welcher Parteizusammensetzung, vor technisch längst möglichen Maßnahmen zur CO_2-Senkung bewahrt. Andererseits blieb die Förderung von erneuerbaren Energien – ein Vorläufer des Erneuerbare-Energien-Gesetzes, das Stromeinspeisungsgesetz, wurde schon unter der schwarz-gelben Regierung 1991 verabschiedet – bei wechselnder parteipolitischer Zusammensetzung der Regierungen in etwa gleich (vgl. Weidner/Mez 2008).[30]

Nach der großen globalen Finanzkrise von 2008 und den vom Umfang noch nie dagewesenen finanziellen Verpflichtungen zugunsten kriselnder EU-Mitgliedsländer hat die deutsche Klimapolitik allerdings spürbar an Dynamik verloren. Das Schwächeln ist wohl deshalb so augenfällig, weil kein anderes Land in der internationalen Klimapolitik Deutschland als Pionierland abgelöst hat; Länder, die sich seit der Finanzkrise noch stärker aus der Klimapolitik zurückgezogen haben, gibt es dagegen etliche, wie etwa Japan und Kanada.[31]

Die Frage, was Deutschland zu so einer Vorreiterpolitik im globalen Klimaschutz motiviert hat, kann nur multifaktoriell überzeugend erklärt werden. Hier ist nicht der Raum gegeben, dies in notwendiger Ausführlichkeit zu tun. Zusammenfassend lässt sich die deutsche Klimapolitik erklären als Summe der Kombinationseffekte von a) begünstigenden Strukturen, Institutionen und Akteurskonfigurationen, die sich seit den 1970er Jahren im Verlauf der (international sehr fortschrittlichen) Luftreinhaltepolitik herausgebildet und im Sinne einer ‚positiven Pfadabhängigkeit‘ gewirkt haben, b) einer weit verbreiteten Sensibilisierung wichtiger Akteursgruppen und großer Teile der Bevölkerung für globale Fairness und Verantwortung und schließlich c) eines weitsichtigen Eigeninteresses am globalen Klimaschutz, das von einem seit Jahrzehnten prosperierenden grünen Wirtschaftssektor geprägt und durch ein ihn einbettendes grünes Netzwerk aus zahlreichen Akteuren und Institutionen unterschiedlichster und parteiübergreifender Herkunft befördert wird. Diesem klimapolitischen Proponenten- und Helfernetzwerk gehören neben den Klimawissenschaften und ihren in der Regel wachsenden Institutionen sowie den Akteuren der gesamten Wertschöp-

---

29 Siehe auch den sehr positiven Evaluierungsbericht der OECD von 2012.

30 Die Subventionskürzungen im Solarsektor seit 2012 sind nicht Folge einer aufkommenden Anti-Alternativenergie-Politik, sondern Reaktion auf ökonomisch und sozial zweifelhafte Subventionseffekte in der Solarbranche, die offensichtlich nur mit sehr hohen Subventionen gegenüber der Weltmarktkonkurrenz wettbewerbsfähig gehalten werden kann.

31 Gleichwohl hat die Bundesregierung im Energiekonzept vom Juni 2011 ihren Emissionsminderungsplan bestätigt. Danach sollen die Emissionen bis 2020 um 40 Prozent, bis 2030 um 55 Prozent, bis 2040 um 70 Prozent und bis 2050 um 80 bis 95 Prozent gegenüber 1990 gesenkt werden.

fungskette klimabezogener Produkte und Serviceleistungen[32] auch viele Umwelt- und Entwicklungshilfeorganisationen (NGOs) an, die als ‚grüne' bzw. soziale Unternehmen auf weitergehende klimapolitische Maßnahmen drängen, deren Kosten und Begünstigte sie im klimapolitischen Diskurs zu legitimieren versuchen. Dieses Netzwerk gehört zu den klaren Gewinnern der Klimapolitik.

Die nationalen und internationalen Verteilungs- und Umverteilungswirkungen der Klimapolitik gewinnen mit Zunahme der globalen Finanz- und Wirtschaftsprobleme an Bedeutung in der politischen Diskussion. Gleichwohl sind die sozial unausgewogenen innerstaatlichen Verteilungswirkungen (regressive Distributionswirkungen) von vielen klimapolitischen Instrumenten (Emissionshandel, energetische Gebäudesanierung, Subventionen für erneuerbare Energien etc.) noch kein breit politisiertes Thema geworden, auch weil von den klimapolitischen Proponenten diese unfairen Effekte nicht gleichwertig zu den globalen Wohlfahrtsgewinnen thematisiert werden. Das gilt selbst für weltumspannende, potenziell viele Milliarden Euro kostende Umverteilungspolitiken, wie etwa den Vorschlag zu einem globalen Klimapolitikprogramm des Wissenschaftlichen Beirats ‚Globale Umweltveränderungen der Bundesregierung' (WBGU 2009).[33]

Die Nicht-Thematisierung der negativen innerstaatlichen sozialen Verteilungswirkungen von Klimapolitik weist auf zwei Punkte hin, die für die deutsche Klimapolitik charakteristisch sind: Sie indiziert zum einen das breite und verschiedenste Gesellschaftsgruppen überspannende Netzwerk von Klimaschutz-Proponenten, das den Klimawandel zu einem Thema hoher politischer Priorität gemacht hat und hierbei von der großen Mehrheit der Bevölkerung unterstützt wird. Fundamentale Gegnerschaft – wie etwa in den USA – spielt im politischen Prozess eine geringe Rolle. Andererseits weist dies auf die Fragilität der Unterstützung hin, weil sie auf unvollständigen Informationen über relevante soziale und wirtschaftliche Konsequenzen beruht.[34] Insofern ist die zukünftige Klimapolitik Deutschlands nicht wenig davon abhängig, wie unter ökonomischen Krisenbedingungen und etwaigen negativen Erfahrungen mit großen Finanztransfers im Rahmen der Eurorettungspolitik sich die Einschätzungen über die Erfolgsaussichten von Vorreiterpolitiken einer schrumpfenden Ländergruppe verändern und wie vollständigere Informationen über die nationalen Vertei-

---

32   Von Forschung und Consulting über Produktion bis zu Wartung und Entsorgung.

33   Der WBGU setzt darauf, dass die Bevölkerung in den Hauptverursacherländern die globale klimapolitische Umverteilungspolitik mitträgt, „wenn es gelingt, die kurzfristig zu erwartenden Kosten und Zumutungen gegenüber dem mittel- bis langfristig eintretenden Nutzen in den Hintergrund treten zu lassen" (WBGU 2009: 50). In seinem Gutachten von 2011 entwarf der WBGU ein atemberaubend phantasievolles Konzept für einen globalen politischen *contrat social*, dem die klimapolitische Realität bislang aber noch in keinem wichtigen Punkt folgen wollte (WBGU 2011).

34   Im Unterschied zu den Anfangszeiten der modernen Umweltpolitik (ab den 1970er Jahren), als Untersuchungen zu den Verteilungswirkungen der verschiedenen Umweltpolitiken gang und gäbe waren, gibt es zu den innerstaatlichen Verteilungswirkungen der Klimapolitik so gut wie keine Untersuchungen von Wirtschaftswissenschaftlern. Selbst zu den wichtigen Fragen der Zahlungsbereitschaft für die verschiedenen klimapolitischen Ziele sind Untersuchungen rar gesät. Vorliegende Studien zeigen in der Tendenz, dass die allgemein hohe Zustimmung zur Klimapolitik sehr schnell sinkt, wenn die Frage auf den persönlichen finanziellen Beitrag kommt (vgl. hierzu jüngst Löschel/Sturm/Vogt 2010).

lungswirkungen von klimapolitischen Maßnahmen sich auf das globale Engagement der Bevölkerung auswirken.[35]

Unter sich verschlechternden klimapolitischen Rahmenbedingungen werden die Wechselwirkungen zwischen der deutschen und der EU-Klimapolitik immer wichtiger für die internationale wie auch für die deutsche Klimapolitik. Bei schrumpfender Zahl klimapolitisch engagierter Länder gewinnt die EU-Politik relativ an Bedeutung.[36] Die bange Frage lautet deshalb: Wird sie weiterhin ihre bis dato progressive Rolle spielen, und wird das Emissionshandelssystem als Herzstück der EU-Klimapolitik zu retten sein? Da sich die Klimapolitik zu einem dynamischen und große Zustimmung findenden Politikfeld der EU entwickelt und eine enge Verknüpfung mit der Energiepolitik stattgefunden hat[37], ist ein dramatischer Politikwechsel unwahrscheinlich (Wurzel/Connelly 2011; Lindenthal 2009; Oberthür/Gehring 2006). Dagegen spricht schließlich auch ein starkes Interesse der EU am Ausbau des Emissionshandelssystems, wodurch sie sich eine Quasi-Steuereinnahme schaffen und ihren Einfluss auf die Wirtschafts- und Energiepolitik der Mitgliedsländer steigern könnte.

6. Die globale Klimapolitik aus der Sicht der kritischen Politikanalyse

In der sozialwissenschaftlichen Umweltpolitikanalyse ist es seit langem Standard, Umweltpolitiken nicht nur nach ihren Zielen, Programmen und Instrumenten (*outputs*), sondern vor allem in Verbindung mit den im Vollzug (Implementation) erreichten Veränderungen (*impacts*) im Problemfeld und den erzielten Effekten bei den zentralen Problemfaktoren (*outcomes*) zu beurteilen. Unter den verwendeten Evaluationskriterien haben sich einige als zentral für eine kritische politologische Analyse erwiesen, zu denen die folgenden zu rechnen sind.[38]

---

35 Generell kann von regressiven Distributionseffekten der in diesem Bereich eingesetzten Regelungsinstrumente ausgegangen werden, das heißt sozial Schwächere werden überproportional belastet (vgl. schon Zimmermann 1985). Das gilt für die Kerninstrumente wie Emissionshandelssystem, EEG und die sogenannte Öko-Steuer. Darüber hinaus sind viele energieintensive Industrien von den CO_2-Abgaben zur Stützung ihrer internationalen Wettbewerbsposition befreit; Hauseigentümer wiederum profitieren von Subventionen für energetische Sanierungsmaßnahmen (deren Kosten auf die Miete umgelegt werden können) und Kraftwerksbetreiber erhielten in der ersten Emissionshandelsphase in großer Menge CO_2-Zertifikate kostenlos zugeteilt, die sie aber dennoch zulasten der Stromkonsumenten einpreisten. Die Kosten für die Förderung erneuerbarer Energien stiegen für einen sogenannten Musterhaushalt von 3,83 Euro auf gegenwärtig 10,50 Euro im Monat (www.erneuerbare-energien.de). Wegen der hohen Kosten für Offshore-Windanlagen wird mit weiteren erheblichen Strompreiserhöhungen gerechnet. Schon im Zeitraum 2009 bis 2012 haben sich die Belastungen der Stromverbraucher durch die EEG-Umlage verdreifacht.

36 Die Ausdehnung des Emissionshandelssystems auf die Luftfahrt war beispielsweise nur als EU-Politik durchsetzbar.

37 Siehe das umfassende Klima- und Energiepaket, das zur Umsetzung der EU-Klimaziele im April 2009 verabschiedet wurde. Die „Zielformel" der EU lautet „20 – 20 – 20", bezogen auf das Jahr 2020. Um eine 20-prozentige Minderung der Treibhausgas-Emissionen zu erreichen, soll der Anteil an erneuerbaren Energien um mindestens 20 Prozent steigen, und schließlich soll die Energieeffizienz ebenfalls um 20 Prozent erhöht werden.

38 Die folgenden fünf Kriterien gelten als zentral für die prinzipielle Qualitätseinschätzung von Politiken, da sie die materielle Problemebene ebenso beleuchten wie die Ökonomie- und Sozialverträglichkeit, die eng mit

Von einer Sachpolitik (Policy) wird gemeinhin erwartet, dass sie zu positiven Entwicklungen ,in der Sache' führt (*Effektivität*). Das können im Klimabereich die Reduktion von Treibhausgas-Emissionen oder der Ersatz von fossiler durch sogenannte erneuerbare Energie sein. Diese Wirkungen sollen mit angemessenem Mitteleinsatz (*Effizienz*) und nach Prinzipien der *Fairness* (etwa hinsichtlich der sozialen Verteilungswirkungen) erzielt werden. Die Effekte sollen Probleme reduzieren oder lösen und nicht Probleme verschieben (*Nachhaltigkeit*).

Das fünfte Kriterium betrifft die *Akzeptanz*. Für die Implementation und Funktion von Klimapolitiken ist ausschlaggebend, wie die relevanten Akteurs- und Adressatengruppen auf bestimmte Ziele, Strategien und Instrumentenkombinationen reagieren. Ist die Zustimmung hoch, weil Ziele und Durchführung als angemessen und berechtigt angesehen werden, wird dies entsprechendes Verhalten unterstützen (*compliance*) und zur Effektivität, oft auch zur Effizienz (z. B. durch geringere Transaktionskosten) beitragen. In einem umfassenderen, auf die politisch-kulturelle Dimension rekurrierenden Sinne könnte man auch von der Sozialverträglichkeit der Politiken, ihrer Kompatibilität mit der Rechts- und Wirtschaftsordnung, mit gesellschaftspolitischen und sozialen Grundprinzipien, Einstellungen und Werten sprechen. Es liegt auf der Hand, dass politisch-kulturell gut einbettbare Politiken ihrer Akzeptanz förderlich sind. Insofern steht die internationale, teils sehr verschiedenartige Kulturräume einbeziehende Klimapolitik vor der Herausforderung, ihre Ziele, Wertebasis und Maßnahmen vor dem Hintergrund dieser kulturellen Vielfalt in universeller Weise adäquat zu vermitteln, um weltweite Akzeptanz zu fördern.

Betrachtet man die Klimapolitik im Lichte dieser Kriterien, ist das wohl wichtigste Kriterium, die Effektivität, eindeutig nicht erfüllt: Nur in sehr wenigen Ländern sind die Treibhausgas-Emissionen gesunken, insgesamt sind die für das Klima relevanten globalen Emissionen seit Beginn der internationalen Klimaverhandlungen angestiegen. Weltweit hat der Bau von fossil befeuerten CO_2-intensiven Kraftwerken zugenommen. Die gegenwärtigen (und zukünftigen) Großemittenten unter den Ländern sind nach gut 20 Jahren mit großem Aufwand betriebener internationaler Klimaverhandlungen nicht wie notwendig zu größeren Verpflichtungen bereit oder wollen sogar noch weniger tun. Die vorhandenen sogenannten CO_2-Senken – in denen CO_2 durch natürliche Prozesse gebunden wird – werden durch zunehmende Waldrodungen reduziert und gleichzeitig wird dabei CO_2 freigesetzt. In einigen Ländern wie Brasilien und Indonesien liegt die Klimabelastung durch solche Prozesse weit vor den Belastungseffekten durch Industrieprozesse. Schwieriger ist es, die Effizienz der internationalen Klimapolitik aufgrund vieler offener Fragen umfassend zu beurteilen: Wie sieht beispielsweise die Kosten-Nutzen-Bilanz von Klimakonferenzen mit Zehntausenden von Teilnehmern und nur vagen Ergebnissen aus? Sicher ist hingegen, dass nicht alle klima-

---

Fragen nach der Verteilung von Kosten und Nutzen der Politiken sowie Durchsetzungs- und Machtfragen verbunden und damit (mittel- und längerfristig) entscheidend für die Akzeptanz und Stabilität der fraglichen Politiken sind. Weitere häufig eingesetzte Analysekriterien befassen sich beispielsweise mit sogenannten ,Gratiseffekten', also Effekten, die durch intervenierende Variablen und Kontextveränderungen, nicht aber durch bewusste Politik herbeigeführt werden; Fragen nach den ,Innovationseffekten' oder der ,administrativen Praktikabilität' von Instrumenten sind ebenfalls üblich. Vgl. zu umweltpolitischen Analyse-, Evaluations- und Erfolgskriterien Jänicke/Weidner (1995) und aus ökonomischer Sicht Endres (2010).

politisch begründeten Maßnahmen auch nachhaltig sind, und es gibt bereits weithin spürbare Problemverschiebungen. Hierzu zählen der Ausbau der vorgeblich klimaneutralen Kernenergie[39], landwirtschaftliche Verdrängungseffekte und negative soziale Auswirkungen der Produktion von Biokraftstoffen. Schließlich ist auf binnenstaatliche Fairness-Verstöße durch die überwiegend unsozialen Verteilungseffekte nationaler Klimapolitik hinzuweisen.[40] Diese Effekte können auch nicht dadurch als indirekt geheilt oder legitimiert angesehen werden, dass die in diesem Politikfeld außerordentlich große Anzahl von zivilgesellschaftlichen Organisationen (NGOs), die an der Klimagovernance beteiligt sind, diese Probleme entweder nicht thematisiert oder sie als vorübergehend oder in globaler Perspektive als hinnehmbar rechtfertigt. Insoweit werden in der Klimapolitik auch die demokratisch-legitimatorischen Grenzen zivilgesellschaftlicher Akteursgruppen und Netzwerke in globalen und komplexen Zusammenhängen besonders deutlich: Sie agieren augenscheinlich nicht als Vertreter der Zivilgesellschaft, sondern bestimmter Gruppen, denen ein bestimmtes klimapolitisches Engagement zugesprochen wird.[41] Die wohl schwierigste Aufgabe schließlich, für die klimapolitischen Strategien und Erfordernisse globale Akzeptanz zu erzeugen, hat die internationale Klimapolitik ebenfalls nicht gemeistert – auch weil der politisch-kulturelle Kontext, der von artifiziell zusammengefügten Stammesgesellschaften bis zu äußerst homogenen Gesellschaften, von agrarisch geprägten bis zu hoch technisierten Industriegesellschaften reicht, in der internationalen Politikgestaltung und der hiermit verbundenen Forschung eine geringe Rolle spielte.

Die hier unvermeidlich kurze und deshalb holzschnittartige Analyse und Bewertung der internationalen Klimapolitik anhand politologischer Evaluationskriterien kommt zu einem ernüchternden Befund: Das inzwischen nicht mehr überschaubare weltumspannende, teils myzelartige Netzwerk von Klimaproponenten aller Provenienzen[42] hat, begleitet von einer nahezu alltäglichen und überwiegend klimafreundlichen Medienberichterstattung, einen in der Politik so noch nie dagewesenen Verhandlungsmarathon veranstaltet. Und dennoch konnte dieses teils mit öffentlichen Geldern erheblichen Umfangs ausstaffierte Netzwerk – dessen Organisationen insbesondere aus dem Wissenschafts- und NGO-Bereich zu den eindeutigen Gewinnern der bisherigen Klimapolitik gehören – die zentralen klimaabträglichen Entwick-

---

39   Kernkraftwerksbau erfordert in großem Maße den Einsatz von CO_2-intensiven Materialien wie Stahl und Zement. Auch die Urangewinnung ist klimaintensiv. Zur Kritik der Klimaneutralität von Kernenergie und an den Behauptungen, hierdurch weltweit und im erforderlichen Tempo eine Problemlösung erzielen zu können, vgl. Mez/Schneider/Thomas (2009).

40   Vgl. Weidner (2007). Zu den ökonomisch-sozialen Grundmechanismen regressiver Distributionseffekte vgl. Zimmermann (1985).

41   Das mindert nicht die vielen wichtigen Einflüsse, die NGOs sonst auf die öffentliche Thematisierung und die Politisierung der Klimaschutzproblematik genommen haben. Soziale und politische Institutionen können prinzipiell ambivalent hinsichtlich ihrer Motive und Effekte sein (vgl. für viele Wiesenthal 1995; Kohler-Koch/Quittkat 2011).

42   ‚Klimaproponenten' dient hier als Kurzformel für organisierte Akteure aus allen Gesellschaftsbereichen, aus der Wissenschaft, wissenschaftlichen Hybridorganisationen (wie IPCC), Organisationen der Zivilgesellschaft (in Sonderheit aus der Umwelt- und Entwicklungshilfebewegung), internationalen Organisationen, dem ‚grünen Wirtschaftssektor' und aus politisch-administrativen Institutionen aller Ebenen (lokal bis supranational), die sich aktiv für eine Abbremsung des Klimawandels einsetzen.

lungen weder stoppen noch bremsen. Das eklatante Missverhältnis zwischen Aufwand und Ertrag hat gleichwohl bei den führenden Akteuren des Netzwerks lange Zeit nicht zu einer im Wortsinn radikalen Kritik bisheriger Performanz, sondern nur zu einem Sammelsurium von Veränderungsvorschlägen geführt, das insgesamt inkrementalen Charakter hat. Die Vorschläge reichen von der eher symbolischen Neuformulierung des Politikziels beispielsweise in Konzentrationswerten (ppm) anstelle von Gradangaben (wie beim 2°-Ziel) über die kräftige Aufstockung der internationalen Unterstützungsleistungen für Entwicklungsländer bis zum Aufbau einer Solarproduktionswirtschaft in Griechenland, womit dort gleichzeitig die allgemeine Wirtschafts- und Finanzkrise beigelegt werden soll. Und neben zunehmenden Hoffnungen auf kontrafaktische (etwa kosmopolitische) Weltentwicklungen kommt immer wieder die Forderung nach einer Art Weltklimapolitik-Institution auf – als seien die Defizite der Klimapolitik im Wesentlichen durch Zentralisierung lösbare Koordinationsprobleme und nicht vielmehr Resultat nicht nachhaltiger Wirtschafts- und Wachstumsinteressen großer Länder, von denen viele an weltpolitischem Gewicht noch gewinnen.[43]

Die negativen Werte der verwendeten Evaluationskriterien und ihr Trend weisen darauf hin, dass die Architekten des Klimaregimes und ihre Berater fundamentale Konstruktionsfehler gemacht haben, die nicht durch periphere Eingriffe zu heilen sind. Wenn zentrale Grundannahmen nicht mit der Realität übereinstimmen oder in Dauerkonflikt zu ihr stehen, dann können eine Steigerung der Finanzmittel und verbesserte Instrumente diese Systemfehler nicht dauerhaft reparieren. Einer der politischen Strukturfehler der internationalen Klimapolitik liegt in der nahezu vollständigen Ignoranz gegenüber der Bedeutung politisch-kultureller Kontexte für die Konstruktion eines globalen, nahezu 200 Länder umfassenden Klimapolitikregimes, in dem unterschiedliche Präferenzen, Werte und Interessen so austariert werden müssten, dass sich robuste, sanktionsbewehrte politische Handlungsnormen für eine realistische globale Kooperationslösung ergeben.[44]

Die große politische Herausforderung besteht dementsprechend vor allem darin, in der globalen Klimapolitik die Dynamik bisheriger Vorreiter zu unterstützen und für viele sehr heterogene Einzelstaaten eine akzeptable, nachhaltige und faire Perspektive vor dem Hintergrund der Erfahrungen mit dem Scheitern bisheriger Klimapolitik zu entwickeln. Das ist allein schon schwierig wegen des doppelt asymmetrischen Verhältnisses zwischen Problemerzeugern und betroffenen Ländern sowie zwischen dem Umfang notwendiger Gegenmaßnahmen und den Ländern jeweils zur Verfügung stehenden Handlungskapazitäten. Erschwe-

---

43   Zu klimapolitischen Forderungen und Vorschlägen aus engagierter Sicht vgl. Ott/Heinrich-Böll-Stiftung (2008). Es gibt überdies keine überzeugenden Belege, dass internationale Institutionen per se Problemlöser sind – dagegen gibt es zahlreiche Beispiele für ökologisch problematische Aktivitäten oder sogar generell gegen ihren Gründungsauftrag verstoßende Organisationen, siehe etwa die Weltbank (Weaver 2008). Aus politologischer Sicht ist diese, prominent von Naturwissenschaftlern und Ökonomen geforderte Einrichtung einer Weltumweltorganisation eine naive und mechanistisch-organisationelle Idee, solange nicht gezeigt wird, wie bekannte Probleme der Principal-Agent-Konstellation, der Oligarchisierung, der Zielverschiebung, des Legitimationsdefizits und vieler weiterer nicht intendierter Nebeneffekte (Merton 1936) verhindert werden können. Siehe hierzu auch Dörner (1996).

44   Zur allgemeinen Bedeutung sozial-kultureller Faktoren für Politiken siehe Keating (2008); Denzau/North (1994).

rend kommen die erwähnten stark variierenden politisch-kulturellen Traditionen, Weltsichten und Konzepte hinzu, etwa von Gerechtigkeit und Verantwortung für nicht intendierte Nebenfolgen gegenüber den *Anderen*, die neben den üblichen strategischen und ökonomischen Interessen der Akteure globale Verhandlungslösungen für Gemeingüter so kompliziert machen. Auch entstehen aufgrund der großen Anzahl von Kooperationsakteuren hohe Transaktionskosten und regelmäßig schwache, fadenscheinige Kompromisse, denen viele vor allem wegen ihrer absehbaren Folgenlosigkeit zustimmen. Und schließlich muss den zentralen Akteuren und Organisationen der fehlgeleiteten Klimapolitik ein gesichtswahrender Positionswandel ermöglicht werden, damit sie ihr großes Einflusspotential nicht als Vetospieler, sondern als Unterstützer eines neuen klimapolitischen Weges realisieren.

Im Grunde handelt es sich beim Klimadiskurs des tonangebenden Netzwerks um den unausgesprochenen Versuch, ein globales Umverteilungsprojekt zu etablieren, was starke Opponenten, aber auch viele Fürsprecher und Helferinteressen in den Industrieländern mobilisiert hat. Gängige Forderungen wollen die Industrieländer nicht nur auf massive Klimaschutzmaßnahmen im eigenen Lande, sondern zugleich auch auf umfassende Hilfs- und Kompensationsleistungen an Entwicklungs- und teilweise auch an Schwellenländer verpflichten, etwa mittels des geplanten 100 Mrd. US-Dollar pro Jahr umfassenden ‚Grünen Klimafonds‘. Fragen nach den daraus folgenden sozialökonomischen Verteilungseffekten in den Geberländern werden in der Regel nicht thematisiert. Weiterhin gibt es im auffälligen Kontrast zur moralbasierten Diskussion über die Hilfspflichten der Industrieländer keine vergleichbare Diskussion von Verteilungs- und Selektionskriterien, die für die potenziellen Empfängerländer gelten sollen (exemplarisch: WBGU 2009), obwohl zu denen ja auch schurkengeführte und ähnlich problematische Staaten und auch solche gehören, die nur nominell ein Staat sind. Demokratieforscher gehen von weltweit etwa 125 demokratischen Staaten aus (nach Freedom-House-Kriterien); wenn man auch deren Stellung gegenüber Rechtsstaat und Gewaltenkontrolle einbezieht, bleiben davon nur noch 60 bis 70 Länder übrig (vgl. Merkel 2010: 29ff.) – und das bei über 190 an den Klimaverhandlungen beteiligten Ländern.[45]

Die zentralen Akteure des klimapolitischen Mainstreams führen in der Öffentlichkeit einen eindimensional-normativen Diskurs, in dem die oben angesprochenen vielfältigen politisch-kulturellen Differenzen zwischen den Ländern und ihre Bedeutung für ein robustes und dauerhaftes globales Handlungsregime völlig unzureichend thematisiert werden. Diese Unterschiede sind zwischen westlichen Industrieländern und Entwicklungsländern besonders prägnant. Aber auch in der Gruppe der reicheren Ländern gibt es erhebliche Differenzen im Verständnis von globalem Gemeinwohl und globaler Solidarität, bezüglich Reziprozitätserwartungen und gefühlter moralischer Verpflichtung zu Kompensationen, wie schon der Blick auf die USA, Japan und die Bundesrepublik Deutschland zeigt. Nahezu ungelöst sind Fragen der Transparenz, Kontrolle und wirksamen Sanktionen in einem internationalen Beziehungssystem, in dem auf Anzeichen politisch-ökonomisch-kultureller Dominanz üblicherweise hoch sensibel reagiert wird. Ungeklärt sind des Weiteren die Grundlagen für eine

---

45 Erste Forschungsbefunde weisen darauf hin, dass finanzielle Hilfen für autokratische Länder zur Festigung der undemokratischen Strukturen beitragen können (Ahmed 2012).

zielgerechte Implementation, die Qualitäten der politisch-administrativen Vollzugskapazitäten, die Bedeutung von Korruptionsmechanismen und der Ausschluss sogenannter *moral hazards*, also Anreize der Kooperationspartner, sich Vorteile zu erschleichen. Ohne Klärung dieser Fragen haftet den klimapolitischen Umverteilungs- und Kompensationsvorschlägen eine gewisse moralisch kaschierte Unseriosität an: Ihre Proponenten vermeiden die Diskussion der verteilungspolitischen Folgelasten für die Geberländer sowie die Risiken einer effektiven Umsetzung in den Empfängerländern und stellen stattdessen die mutmaßlichen Erfolge einer umverteilenden Klimapolitik in den Vordergrund, um breite Zustimmung zu erlangen.

Der schwachen Diskussion der Implementationsproblematik liegt zudem aus politologischer Sicht ein erstaunlich großer Steuerungsoptimismus zugrunde, der durch die bisherigen Erfahrungen mit Governance in der Entwicklungspolitik, durch die Ergebnisse der umweltpolitischen Implementationsforschung oder auch durch die aufgedeckten Kontrolldefizite im Zusammenhang mit den jüngsten finanzpolitischen Ereignissen in der Europäischen Union keinesfalls gerechtfertigt ist. Ähnlich optimistisch sehen die führenden Vertreter des Mainstream-Diskurses auch die Möglichkeiten, das globale Transfersystem zu finanzieren. Als wichtigste Finanzierungsquelle gilt das *Emissions Tradings System* (ETS) mittels der erwarteten Extraeinnahmen, die den beteiligten Ländern durch Verkauf und Auktionierung von CO_2-Emissionszertifikaten an Unternehmen zufließen sollen (vgl. Ellerman/Joskow 2008). Es gibt jedoch kaum Hoffnung, dass die erwarteten Geldsummen jemals ankommen werden, denn der Zertifikatspreis für CO_2-Emissionen ist seit der globalen Finanzkrise auf ein sehr niedriges Niveau gefallen (siehe www.co2-handel.de; www.eex.com) und ohne massive politische Interventionen ist ein relevanter Anstieg in der laufenden Handelsperiode nicht zu erwarten. Trotz der längst bekannten Schwächen[46] weckt das europäische ETS und einige unbedeutendere Vorhaben in anderen Ländern oder Regionen (etwa Kalifornien, Südkorea, Japan, China, Australien) sowie die allerdings nicht gerade realistische Erwartung einer globalen Verbreitung und Vernetzung des Emissionshandels große Begehrlichkeiten bei etlichen Akteursgruppen und internationalen Organisationen, die sich erhoffen, am globalen Management der erwarteten Klimahandelsmilliarden beteiligt zu werden. Und schließlich könnten, sollten die Einnahmen strömen, zahlreiche Organisationen aus dem sogenannten Helfersektor vielfältig davon profitieren, zum Beispiel durch eine gesteigerte Nachfrage ihrer Unterstützung bei Implementationsaufgaben, denn im Implementationsfeld sind NGOs im Rahmen der internationalen Umwelt- und Entwicklungspolitik schon seit langem in großem Maßstab aktiv.

---

46   So gibt es keine belastbaren Belege für einen herausragenden klimapolitischen Mehrwert des ETS, gemessen an verfügbaren Alternativen (etwa CO_2-Abgaben), und den oben eingeführten Evaluationskriterien. Dagegen hat es große Extraprofite für Energieversorgungsunternehmen durch die kostenlose und großzügige Zuteilung von Zertifikaten gegeben, die sie den Stromkunden auf die Rechnung gesetzt haben. Die außerordentlich hohe Komplexität, Intransparenz, die hohen Transaktionskosten des Systems (vgl. Ziesing 2009) und nicht zuletzt die durch das System ausgelösten unfairen, das heißt regressiven, sozial unausgewogenen Verteilungswirkungen gehören zu den am seltensten in Wissenschaft, Politik und von NGOs diskutierten Schwachstellen des ETS.

Diese starken Interessen an finanzieller Umverteilungsmasse mögen die nahezu euphemistische Beurteilung des Emissionshandelssystems befördert und den Blick auf seine Schwachstellen getrübt haben. Die den sozialwissenschaftlichen Diskursmainstream dominierenden Ökonomen haben hierzu den theoretischen Überbau geliefert, der gegenwärtig aufgrund modelltheoretisch nicht antizipierter Realverläufe ins Wanken gerät und nach staatlichen Interventionen zur Rettung des Systems rufen lässt.[47] An dieser Entwicklung lassen sich die negativen Implikationen einer zu wenig skeptischen Einstellung gegenüber Diskursdominanzen in sogenannten *advocacy coalitions* (Sabatier 2007) gut erkennen; auch Grenzen der zivilgesellschaftlichen Watchdog-Funktion von NGOs zeigen sich hier.

Sollte diese netzwerkkritische Analyse zutreffen, dann wäre die Misere der globalen Klimapolitik mit verursacht durch das den Diskurs dominierende Netzwerk, als dessen Kern eine große Gruppe von Mitgliedern des IPCC gesehen werden kann. Insofern wären die politisch einflussreichsten klimapolitischen Proponenten mehr Teil des Problems als dessen Lösung. Das führt zur Frage, inwieweit es realistisch zu erwarten ist, dass die klimapolitische Sackgasse aufgrund eines Wandels der etablierten Paradigmen und der Überwindung der politisch-kulturell eindimensionalen ‚Problemrahmung' verlassen wird. Das ist eine politische Gretchenfrage, denn Netzwerke dieser Art kann man weder suspendieren noch wirksam sanktionieren.

7. Ein optimistisches Fazit

Die internationale Klimapolitik hat sich in eine Sackgasse manövriert: Die globalen Treibhausgas-Emissionen steigen noch stärker an als zu Beginn der aufwändigen Klimaverhandlungen, und allmählich beginnen auch frühere klimapolitische Vorreiterländer zu schwächeln. Dahin ist es nicht unvermeidbarer Weise gekommen, denn Klimapolitik wird wesentlich von institutionalisierten Akteuren gestaltet, die je unterschiedlichen Einfluss auf den politischen Willensbildungs- und Entscheidungsprozess nehmen, der den Diskursergebnissen förmliche Gestalt gibt. So wie der Klimawandel ist auch die Klimapolitikstagnation von Menschen gemacht. Die entscheidungsrelevanten Akteure der gegenwärtigen Klimapolitik sind eingebettet in eine oligopolistisch strukturierte Diskursarena: Eine breite, viele verschiedene Akteursgruppen mit ähnlichen Grundüberzeugungen umfassende Diskurskoalition, deren Netzwerkkern die wohl einflussreichste multidisziplinäre Wissenschaftlergemeinde aller Zeiten, der IPCC ist[48], dominiert eindeutig das Geschehen. In Deutschland nimmt das Potsdam-Institut für Klimafolgenforschung (PIK) diese Knoten- oder Relaisfunktion im Netzwerk als eine Art virtueller regionaler Statthalter des IPCC wahr, wozu auch die Desavouierung von sogenannten Klimaskeptikern (oder ‚Klima(wandel)leugnern') gehört (vgl. www.pik-potsdam.de/~stefan/klimaskeptiker.html); im politiknäheren Raum ist es der Wissenschaftliche Beirat der Bundesregierung Globale Umweltveränderung (WBGU). Die Wortführer beider Institutionen, die häufig als wissenschaftlich neutrale Kommentatoren der Klimapolitik auf

---

47   Siehe http://www.co2-handel.de/article185_18411.html (letzter Zugriff 04.06.2012).

48   Wobei im IPCC Natur-, Ingenieur- und Wirtschaftswissenschaftler dominieren; vgl. Hulme (2009).

treten, haben zugleich wichtige Positionen in anderen nationalen und internationalen Einrichtungen. Ähnlich einer *advocacy coalition* sind es gemeinsame Grundüberzeugungen (*core beliefs*) zum Problemfeld und zu Problemlösungsmöglichkeiten, die die Vielfalt der Akteure eint. Die Grundüberzeugungen betreffen die wissenschaftlich basierten, wenngleich im IPCC-Diskussionsprozess politisierten Hypothesen und Annahmen zu den Grundmechanismen, die zur Erderwärmung und ihren wahrscheinlich dramatischen ökologischen und sozialen Folgen führen. Diese naturwissenschaftlich begründete Überzeugung und die Annahme, dass sie auf bestem Stand des Wissens beruht, teilt die große Mehrheit der Akteure außerhalb der dominanten Diskurskoalition, einschließlich des Autors dieses Beitrags.

Erheblich schwächer wissenschaftlich abgesichert, strittiger und wesentlich selektiver bezüglich der herbeigezogenen wissenschaftlichen Quellen und Ansätze sind die Grundüberzeugungen zu politischen und ökonomischen Problemlösungsmöglichkeiten (vgl. Hulme 2009). Sie beruhen kurz gefasst auf politisch-kulturell weitgehend abstinenten Gerechtigkeitsprinzipien und darauf aufbauenden moralischen Schuld- und Haftungszuweisungen mit dem trivialen Ergebnis, dass die Industrieländer gleichzeitig und kräftigst Treibhausgas-Emissionen zu vermeiden und eine Vielzahl anderer Länder technisch und finanziell zu unterstützen haben. Ein auf realitätsschwachen theoretischen Annahmen gebautes ökonomisches Instrumentarium mit einem globalen Emissionshandelssystem als Herzstück soll hierfür in effizienter Weise bei den reicheren Ländern das benötigte Geld besorgen, das dann irgendwie effizient verteilt wird und so im weiten Sinne gutes Klima schafft. Eine stärkere Einbindung von Schwellen- und großen Entwicklungsländern in Emissionsreduktionspflichten ist erst relativ spät zum Diskurspunkt geworden, wohl als klar wurde, dass die moralische Freistellung dieser Gruppe angesichts der hier stattfindenden kräftigen Emissionssteigerungen auf immer weniger Verständnis in der Öffentlichkeit stieß und bestimmte Industrieländer, wie die USA, für ein verpflichtendes globales Klimaregime verloren wären, sollte das Verschonungsprinzip weiter bestehen bleiben. Es mehren sich auch die Modifikationen ursprünglicher Zielsetzungen: So werden nun doch noch Chancen zur Vermeidung des Schlimmsten gesehen, auch wenn die emissionssenkenden Maßnahmen später einsetzten als ehedem für zwingend notwendig gehalten[49], oder statt einer Beteiligung aller Industrieländer zunehmend die Bedeutung von Pionierländern betont wird.

Man kann diesen Wandel von zentralen Argumenten und Deadlines *policy learning* nennen – oder, entsprechend eines ökonomischen Theoriezweigs, als ‚rationalen Opportunismus‘ bezeichnen (vgl. Diekmann/Voss 2004). Diese sich seit einiger Zeit verstärkenden Zeichen opportunen Lernens bei zentralen, vorwiegend in wissenschaftlichen Organisationen beheimateten Akteuren des dominanten klimapolitischen Diskurskomplexes sind nach meiner Meinung trotz oder sogar wegen ihres Opportunismus-Hautgouts als hoffnungsvoller Lichtblick insofern zu interpretieren, als sich hierdurch eine realistische Chance abzeichnet, aus der klimapolitischen Sackgasse herauszukommen: Indem die Leitakteure des Klimadiskurses sich (ohne Selbstkritik zu üben) politisch-strategisch neu ausrichten und dann selbst

---

49   Seit Beginn der Klimawandeldebatte vor drei Jahrzehnten wird von einigen Wissenschaftlern immer wieder
      die Dringlichkeit sofortiger massiver Maßnahmen der Industrieländer mit dem Hinweis deutlich gemacht,
      dass es bereits *5 vor 12* sei.

dafür plädieren, dass der sozialen und politischen Komplexität eines globalen Klimaregimes stärker Rechnung getragen werde. Ein Paradigmenwandel aus Eigeninteresse erscheint in diesem Fall wahrscheinlicher als durch politischen Druck, Kritik oder Überzeugung. Bei dem Diskursnetzwerk handelt es sich um einen einflussreichen Komplex, der gegen Politisierungsattacken weitgehend immun ist aufgrund der engen, teilweise myzelförmigen Vernetzungen von Wissenschaftlern, insbesondere von einigen der weltweit führenden Klimawissenschaftler, mit zentralen Akteuren aus politischen Parteien, dem politisch-administrativen System und nahezu allen wichtigen mit ökologischen Themen befassten Organisationen aller Ebenen, einschließlich der inter- und supranationalen Ebene. Ein durch echte Lernprozesse induzierter Paradigmenwandel erscheint unwahrscheinlich, weil hier eine starke Form der Pfadabhängigkeit vorliegt, allein schon aufgrund der bisherigen immensen Investitionen in Verhandlungs- und Entscheidungsstrukturen, die Tausende von Akteuren und Institutionen umfassen, die mühsam einen Basiskonsens zum Klimawandel und zu geeigneter Gegensteuerung erreicht haben.[50] Auch die beteiligten wissenschaftlichen Großorganisationen haben ihre Budgets, Personalstrukturen und Themenfelder den vorherrschenden Paradigmen angepasst, was ebenso auf die finanziellen Förderinstitutionen der nationalen und internationalen Ebene zutrifft. In dieser Konstellation gut eingespielter Beziehungen ist daher eher ein sukzessiver, sozusagen das Gesicht der Zentralakteure wahrender Wandel von Leitannahmen und Zielen zu erwarten, der diese den politischen und sozialen Realitäten des Klimawandels näher bringt. Ein solcher Paradigmenwandel wird dadurch erleichtert, dass er als *policy learning* kaschiert werden und obendrein zum Ressourcenwachstum beitragen kann, weil nun neue Themen beispielsweise in aufwändiger interdisziplinärer, kulturübergreifender etc. Sicht beforscht werden müssen. Damit gäbe es zwar noch keine neue Klimapolitik, aber die Bedingungen für ihre Möglichkeit hätten sich wesentlich verbessert.[51]

Kommentierte Literaturhinweise

Bolin, Bert, 2007: A History of the Science and Politics of Climate Change. The Role of the Intergovernmental Panel on Climate Change. Cambridge: Cambridge University Press.
  Ein umfassender, detailreicher und viele Insider-Informationen enthaltender Überblick zur Entwicklungsgeschichte des einflussreichen Weltklimarats (Intergovernmental Panel on Climate Change), geschrieben von seinem ersten Vorsitzenden (1988-1997).
Oberthür, Sebastian/Ott, Hermann E., 1999: The Kyoto Protocol. International Climate Policy for the 21st Century. Berlin u. a.: Springer.

---

50 Siehe zur Pfadabhängigkeit Pierson (2000) und zur allgemeinen Politik in Deutschland im Lichte dieses Theorems Schmidt (2008).

51 Diese Vermutungen zu einem *reframing* der globalen Klimapolitik unter starker Beteiligung der Akteure des sozusagen *ancien régime* können empirisch geprüft werden. Offensichtlich hat dieser Prozess schon mit dem absehbaren Scheitern des letzten Klimagipfels in Doha 2012 begonnen, wie etwa sich häufende Hinweise von Wortführern des vorherrschenden Klimadiskurses auf imperfekte Märkte, überzogene Transferleistungserwartungen und Fortschritt bremsende Inklusivitätsideale der Gipfelverhandlungsarchitektur nahelegen.

Ein Standardwerk zur Analyse der verflochtenen Entscheidungsprozesse und der spannungsvollen Interaktionen der Entscheider und wichtiger Stakeholder auf dem Weg zum Kyoto-Protokoll.

Wurzel, Rüdiger K.W./Connelly, James (Hg.), 2011: The European Union as a Leader in International Climate Change Politics. London-New York: Routledge.
Breiter Überblick zu allen relevanten Aspekten, die die EU zu einem klimapolitischen Pionier gemacht haben, analysiert und bewertet von bekannten Experten verschiedener sozialwissenschaftlicher Disziplinen.

Dauvergne, Peter (Hg.), ²2012: Handbook of Global Environmental Politics. Cheltenham: Edward Elgar.
Alle wichtigen inhaltlichen, theoretischen und methodischen Aspekte der globalen Umweltpolitik (einschließlich der Klimapolitik) behandelnder Sammelband, der besonders für Sozialwissenschaftler interessant ist.

Literatur

Ahmed, Faisal Z., 2012: The Perils of Unearned Foreign Income: Aid, Remittances, and Government Survival, in: American Political Science Review 106:1, 146-165.

Anderson, Mikael S./Liefferink, Duncan (Hg.), 1997: European Environmental Policy: The Pioneers. Manchester-New York: Manchester University Press.

Beck, Silke, 2009: Das Klimaexperiment und der IPCC. Marburg: Metropolis.

Boehmer-Christiansen, Sonja, 1994: Global Climate Protection Policy: the Limits of Scientific Advice, in: Global Environmental Change 4:2/3, 140-159 (part 1) und 185-200 (part 2).

Bolin, Bert, 2007: A History of the Science and Politics of Climate Change. The Role of the Intergovernmental Panel on Climate Change. Cambridge: Cambridge University Press.

Buck, Holly J., 2012: Geoengineering: Re-Making Climate for Profit or Humanitarian Intervention?, in: Development and Change 43:1, 253-270.

Büro für Technikfolgenabschätzung beim Deutschen Bundestag, 2012: Geoengineering. http://www.tab-beim-bundstag.de/de/untersuchungen/u9900.html (letzter Zugriff 06.03.2012).

Crutzen, Paul J., 2006: Albedo Enhancement by Stratospheric Sulfur Injections: A Contribution to Resolve a Policy Dilemma, in: Climate Change 77:3-4, 211-219.

Denzau, Arthur T./North, Douglass C., 1994: Shared Mental Models, Ideologies and Institutions, in: Kyklos 47:1, 3-32.

Diekmann, Andreas/Voss, Thomas (Hg.), 2004: Rational-Choice-Theorie in den Sozialwissenschaften. München: Oldenbourg.

Dörner, Dieter, 1996: Die Logik des Misslingens. Reinbek: Rowohlt.

Ellerman, A. Denny/Joskow, Paul L., 2008: The European Union's Emission Trading System in Perspective. Arlington, VA: Pew Center on Global Climate Change.

Endres, Alfred, 2010: Environmental Economics. Cambridge: Cambridge University Press.

Global CCS Institute, 2011: The Global Status of CCS: 2011. Canberra: Global CCS Institute.

Hecht, Alan D./Tirpak, Dennis, 1994: Framework Agreement on Climate Change: A Scientific and Policy History, in: Climate Change 29:4, 371-402.

Höhn, Bärbel/Kendzia, Jens, 2012: Wer rettet den Emissionshandel?, in: Blätter für deutsche und internationale Politik 2012:4, 27-29.

Hulme, Mike, 2009: Why We Disagree About Climate Change: Understanding Controversy, Inaction and Opportunity. Cambridge: Cambridge University Press.

InterAcademy Council, 2010: Climate Change Assessments. Review of the Processes and Procedures of the IPCC. Amsterdam: IAC.

IPCC (Intergovernmental Panel on Climate Change), 2007: Climate Change 2007. Synthesis Report. Cambridge-New York: Cambridge University Press.

Jänicke, Martin/Weidner, Helmut, 1995: Successful Environmental Policy. A Critical Evaluation of 24 Cases. Berlin: edition sigma.

Keating, Michael, 2008: Culture and Social Science, in: della Porta, Donatella/Keating, Michael (Hg.): Approaches and Methodologies in the Social Sciences. Cambridge: Cambridge University Press, 99-117.

Kohler-Koch, Beate/Quittkat, Christine, 2011: Die Entzauberung partizipativer Demokratie: Zur Rolle der Zivilgesellschaft bei der Demokratisierung von EU-Governance. Frankfurt a.M.-New York: Campus.

Lecocq, Franck/Ambrosi, Philippe, 2007: The Clean Development Mechanism: History, Status and Prospects, in: Review of Environmental Economics and Policy 1:1, 134-151.

Lindenthal, Alexandra, 2009: Leadership im Klimaschutz. Die Rolle der Europäischen Union in der internationalen Klimapolitik. Frankfurt a.M.-New York: Campus.

Löschel, Andreas/Sturm, Bodo/Vogt, Carsten, 2010: Die reale Zahlungsbereitschaft für Klimaschutz, in: Wirtschaftsdienst 90:11, 749-753.

Matthes, Felix, 2012: Emissionshandel vor dem Abgrund. http://www.berliner-energietage.de (letzter Zugriff 20.06.2012)

Merkel, Wolfgang, 2010: Are Dictatorships Returning? Revisiting the 'Democratic Rollback' Hypothesis, in: Contemporary Politics 16:1, 17-31.

Merton, Robert, 1936: The Unanticipated Consequences of Purposive Social Action, in: American Sociological Review 1:6, 894-904.

Metz, Bert/Davidson, Ogunlade/de Coninck, Helen/Loos, Manuela/Mayer, Leo, 2005: IPCC Special Report on Carbon Dioxide Capture and Storage. Cambridge: Cambridge University Press.

Mez, Lutz/Schneider, Mycle/Thomas, Steve (Hg.), 2009: International Perspectives on Energy Policy and the Role of Nuclear Power. Brentwood: Multi-Science Publishing.

Oberthür, Sebastian/Gehring, Thomas, 2006: Institutional Interaction in Global Environmental Governance. Synergy and Conflict among International and EU Policies. Cambridge, MA: MIT Press.

Oberthür, Sebastian/Roche Kelly, Claire, 2008: EU Leadership in International Climate Policy: Achievements and Challenges, in: The International Spectator 43:2, 35-50.

OECD, 2012: OECD-Umweltprüfberichte. Deutschland 2012. Paris: OECD.

Opitz, Petra, 2011: Rationales und irrationales Verhalten in der russischen Klimapolitik, in: DIW Wochenbericht 78:23, 3-8.

Ott, Hermann E./Heinrich-Böll-Stiftung (Hg.), 2008: Wege aus der Klimafalle. Berlin: Oekom.

Pierson, Paul, 2000: Increasing Returns, Path Dependency, and the Study of Politics, in: American Political Science Review 84:2, 251-267.

Pittock, A. Barrie, 2005: Climate Change. Turning up the Heat. London: Earthscan.

Rabe, Barry G., 2006: Race to the Top: The Expanding Role of U.S. State Renewable Portfolio Standards. Washington, D.C.: Pew Center on Global Climate Change.

Rickels, Wilfried/Klepper, Gernot/Dovern, Jonas, 2011: Gezielte Eingriffe in das Klimasystem? Eine Bestandsaufnahme der Debatte zu Climate Engineering. Kiel: Kiel Earth Institute.

Sabatier, Paul (Hg.), 2007: Theories of the Policy Process. Boulder, CO: Westview Press.

Schleich, Joachim/Eichhammer, Wolfgang/Boede, Ulla/Gagelmann, Frank/Jochem, Eberhard/Schlomann, Barbara/Ziesing, Hans-Joachim, 2001: Greenhouse Gas Reductions in Germany: Lucky strike or hard work?, in: Climate Policy 1:3, 363-380.

Schmidt, Manfred G., 2008: Die Politik des mittleren Weges im vereinigten Deutschland, in: Obinger, Herbert/Rieger, Elmar (Hg.): Wohlfahrtsstaatlichkeit in entwickelten Demokratien. Herausforderungen, Reformen und Perspektiven. Frankfurt a.M.-New York: Campus, 295-318.

Sinn, Hans-Werner, 2008: Das grüne Paradoxon. Berlin: Econ.

SRU (Rat von Sachverständigen für Umweltfragen), 2008: Umweltgutachten 2008. Umweltschutz im Zeichen des Klimawandels. Berlin: SRU.

Stehr, Nico/Grundmann, Reiner, 2012: How does Knowledge Relate to Political Action?, in: Innovation: The European Journal of Social Science Research 25:1, 29-44.

The Royal Society, 2009: Stop Emitting CO2 or Geoengineering could be Our Only Hope. http://royalsociety.org/stop-emitting-CO2-or-geoengineering-could-be-our-only-hope/ (letzter Zugriff 12.03.2012).

UBA (Umweltbundesamt), 2008: Clean Development Mechanism (CDM) – Wirksamer internationaler Klimaschutz oder globale Mogelpackung? Berlin: UBA.

UBA (Umweltbundesamt), 2011: Geo-Engineering – Wirksamer Klimaschutz oder Größenwahn? Dessau-Roßlau: UBA.

WBGU (Wissenschaftlicher Beirat Globale Umweltveränderungen), 2009: Kassensturz für den Weltklimavertrag – Der Budgetansatz. Sondergutachten. Berlin: WBGU.

WBGU (Wissenschaftlicher Beirat Globale Umweltveränderungen), 2011: Welt im Wandel. Gesellschaftsvertrag für eine Große Transformation. Berlin: WBGU.

WCED (World Commission on Environment and Development), 1987: Our Common Future. Oxford-New York: Oxford University Press.

Weaver, Catherine, 2008: Hypocrisy Trap. The World Bank and the Poverty of Reform. Princeton: Princeton University Press.

Weidner, Helmut, 2007: Deutsche Klimapolitik: Erfolgreich und gerecht? Zur Rolle von Fairnessnormen, in: Klaus, Jacob/Biermann, Frank/Busch, Per-Olof /Feindt, Peter H. (Hg.): Politik und Umwelt. Wiesbaden: VS Verlag für Sozialwissenschaften, 452-478.

Weidner, Helmut, 2008: Klimaschutzpolitik: Warum ist Deutschland ein Vorreiter im internationalen Vergleich? Zur Rolle von Handlungskapazitäten und Pfadabhängigkeit. Discussion Paper Nr. SP IV 2008-303. Berlin: Wissenschaftszentrum Berlin für Sozialforschung.

Weidner, Helmut/Mez, Lutz, 2008: German Climate Change Policy: A Success Story With Some Flaws, in: The Journal of Environment & Development 17:4, 356-378.

Weingart, Peter/Engels, Anita/Pansegrau, Petra, 2000: Risks of Communication: Discourses on Climate Change in Science, Politics, and the Mass Media, in: Public Understanding of Science 9:3, 261-283.

Weingart, Peter/Engels, Anita/Pansegrau, Petra, 2008: Von der Hypothese zur Katastrophe: Der anthropogene Klimawandel im Diskurs zwischen Wissenschaft, Politik und Massenmedien. Opladen: Leske + Budrich.

Welch, Aaron/Gaines, Sarah/Marjoram, Tony/Fonseca, Luciano, 2012: Climate Engineering: The Way Forward?, in: Environmental Development 3:2, 57-72.

Wiesenthal, Helmut, 1995: Konventionelles und unkonventionelles Organisationslernen: Literaturreport und Ergänzungsvorschlag, in: Zeitschrift für Soziologie 24:2, 137-155.

Wurzel, Rüdiger K.W./Connelly, James (Hg.), 2011: The European Union as a Leader in International Climate Change Politics. London-New York: Routledge.

Yamin, Farhana/Depledge, Joanna, 2004: The International Climate Change Regime: A Guide to Rules, Institutions and Procedures. Cambridge: Cambridge University Press.

Ziesing, Hans-Joachim, 2009: German Emission Trading System, in: Eberlein, Burkard/Doern, G. Bruce (Hg.): Governing the Energy Challenge: Germany and Canada. Toronto: University of Toronto Press, 344-372.

Zimmermann, Klaus, 1985: Umweltpolitik und Verteilung. Eine Analyse der Verteilungswirkungen des öffentlichen Gutes Umwelt. Berlin: Erich Schmidt.

Zürn, Michael/Ecker-Ehrhardt, Matthias (Hg.), 2012: Gesellschaftliche Politisierung und internationale Institutionen. Berlin: Suhrkamp.

Internationale Politische Ökonomie

Stefanie Walter

1. Einleitung

Warum senken manche Staaten ihre Zölle stärker als andere Staaten? Wie beeinflusst die Globalisierung das Wahlverhalten? Wie wirken internationale Wirtschaftskrisen auf das nationale Politikgeschehen? Warum wird der internationale Freihandel durch ein internationales Regime reguliert, internationale Schuldenkrisen jedoch nicht? Welche Rolle spielen machtpolitische Überlegungen bei der Kreditvergabe des Internationalen Währungsfonds? Dies sind nur einige Beispiele für Forschungsfragen, die in der Teildisziplin der Internationalen Politischen Ökonomie (IPÖ) untersucht werden. Die Internationale Politische Ökonomie beschäftigt sich mit den Wechselwirkungen zwischen Politik und Markt in der Weltwirtschaft. Dies beinhaltet zum einen die Frage, wie politische Akteure und Institutionen internationale Wirtschaftspolitik und die Ausgestaltung des internationalen Wirtschaftssystems beeinflussen, und zum anderen die Frage, wie die globale Weltwirtschaft auf die nationale und internationale Politik einwirkt. Im Kern des Interesses liegt dabei der Einfluss nationalstaatlicher und internationaler Faktoren auf nationale und internationale Wirtschaftspolitik und wirtschaftliche Entwicklungen (Frieden/Martin 2002).

Inhaltlich beschäftigt sich die Internationale Politische Ökonomie mit drei großen Themen. Das erste Thema ist internationaler Handel und internationale Produktion. Die Produktionsprozesse haben in den letzten 50 Jahren dramatische Veränderungen erlebt. Eine der bemerkenswertesten Entwicklungen ist die zunehmende Internationalisierung dieser Prozesse. So hat sich das internationale Handelsvolumen enorm gesteigert. Zudem produzieren heutzutage viele Firmen zumindest teilweise im Ausland. Im Zentrum des ersten Themenbereiches stehen somit der internationale Handel zwischen Staaten, die Tätigkeiten multinationaler Unternehmen und ausländische Direktinvestitionen, bei denen nationale Akteure in ausländische Produktionsstätten investieren, um die dortige Produktion kontrollieren zu können.

Internationale Finanzbeziehungen sind das zweite große Thema der Internationalen Politischen Ökonomie. Das Volumen globaler Finanzströme ist in den vergangenen Jahrzehnten stark gewachsen. Viele Individuen, Unternehmen und auch Staaten haben heute direkte oder indirekte Verbindungen zu den internationalen Finanzmärkten. Diese Vertiefung der finanziellen Globalisierung hat schwerwiegende Auswirkungen auf die nationale Wirtschaftspolitik, insbesondere die Fiskal-, die Wechselkurs- und die Geldpolitik. Wenn Kapital vollständig mobil ist, können politische Entscheidungsträger beispielsweise nur Einfluss auf den Wechselkurs oder auf den Zinssatz ausüben, jedoch nicht die volle Kontrolle über beide gleichzeitig behalten. Diese Interessenkonflikte und die Auswirkungen internationaler

Kapitalmobilität auf die nationalstaatliche Politik stehen daher im Zentrum der Forschungs-arbeiten in diesem zweiten Bereich.

Der dritte große Themenkomplex befasst sich mit der internationalen Ebene und der in-ternationalen (Nicht-)Zusammenarbeit im Bereich der Wirtschaftspolitik. Im Zentrum des Interesses stehen hier die Beziehungen und Handlungen von Nationalstaaten im internatio-nalen Wirtschafts- und Finanzsystem sowie die Entstehung und die Funktionsweise inter-nationaler Regime im Bereich der Wirtschafts- und Finanzpolitik. Solche Regime werden beispielsweise durch internationale Organisationen wie die Welthandelsorganisation (WTO), die Weltbank und den Internationalen Währungsfonds (IWF) verkörpert, aber auch durch internationale Abkommen, wie die internationale Regulierung von Banken durch die Basel I- und Basel II-Abkommen. Neben der Frage nach der Entstehung und dem Funktionieren erfolgreicher internationaler Regime beschäftigt sich die Internationale Politische Ökono-mie in diesem Themenbereich auch mit der Frage, warum einige Bereiche der internationa-len Wirtschaftsbeziehungen, zum Beispiel der Umgang mit staatlichen Zahlungsausfällen, erstaunlich wenig reguliert sind.

Inhaltlich konzentriert sich die Internationale Politische Ökonomie also auf die interna-tionalen Wirtschafts- und Finanzbeziehungen im weitesten Sinne. Dabei wählen manche Au-toren – die Vertreter der sogenannten *British International Political Economy* (Cohen 2008), die auch in Deutschland stark vertreten ist – einen sehr umfassenden Ansatz und sind be-strebt, diese Beziehungen und ihre Auswirkungen in Gänze zu verstehen. Der Schwerpunkt liegt bei diesen Autoren auf einer kritischen Analyse der bestehenden (welt-)wirtschaftlichen Beziehungen. Die konkrete Modellierung und empirische Überprüfung einzelner Mechanis-men tritt dabei häufig hinter das Ziel zurück, diese Beziehungen in ihrer ganzen Komplexi-tät zu verstehen. Während die britische Tradition damit fest das ‚big picture' im Blick behält, konzentriert sich eine zweite Gruppe von Autoren, die Vertreter der sogenannten *American International Political Economy* (AIPE) (Cohen 2008) bzw. „Open Economy Politics" (Lake 2009), mehrheitlich auf konkrete, theoretisch modellierbare und empirisch testbare Aspekte globaler Wirtschafts- und Finanzbeziehungen und untersucht dabei sowohl ihre Determinan-ten und ihre Funktionslogik als auch die Auswirkungen der globalisierten Weltwirtschaft auf die nationale und internationale Politik. Da in dieser Forschungstradition die rigorose theo-retische und empirische Analyse von Kausalmechanismen im Vordergrund steht, konzent-riert sich die Forschung in diesem Bereich eher auf einzelne Aspekte der weltwirtschaftli-chen Beziehungen als auf deren Zusammenwirken im Ganzen (siehe Oatley 2009). Da die beiden Schulen der Internationalen Politischen Ökonomie sehr unterschiedlich an den For-schungsgegenstand herantreten und ich selber in der Tradition der *American International Political Economy* forsche, konzentriert sich dieses Kapitel auf die Internationale Politische Ökonomie in der amerikanischen Tradition.

Im Fokus dieser Tradition stehen vor allem Interessen und Institutionen auf national-staatlicher und internationaler Ebene. Mit Interessen sind die Präferenzen von politischen Akteuren wie Wählern, Interessengruppen, Parteien oder Regierungen gemeint. Interessen entstehen aus den materiellen und normativen Überlegungen der Akteure. Typischerwei-se leitet die politökonomische Forschung die materiellen Interessen aus wirtschaftswissenschaftlichen Modellen und deren Aussagen über die Gewinner und Verlierer verschiedener wirtschaftspolitischer Entscheidungen ab. Ausgehend von diesen Überlegungen wird dann angenommen, dass potenzielle Verlierer gegen eine Politik opponieren werden, während die Gewinner diese unterstützen. Neben den materiellen Überlegungen werden die Interessen von Akteuren auch von normativen Überlegungen und anderen Ideen beeinflusst. So wurde die Wirtschaftspolitik von Entwicklungsländern lange von der Überzeugung geleitet, dass eine Integration weniger stark entwickelter Staaten in das internationale Handelssystem für diese kaum Vorteile, aber viele Nachteile bringen würde. Der Übergang zu neoliberalen Ideen, welche im Gegensatz dazu die wohlfahrtssteigernden Effekte von Markt und Wettbewerb betonen, führte dann unter anderem dazu, dass viele Regierungen in weniger entwickelten Staaten Anfang der 1990er Jahre eine stärkere Präferenz für Handelsliberalisierung entwickelten. Eine Studie von Chwieroth (2007) zeigt beispielsweise für Lateinamerika, dass politische Entscheidungsträger wie Präsidenten, Finanzminister oder Zentralbankpräsidenten, die an neoliberal orientierten Universitäten ausgebildet wurden, ihr Land viel eher für internationalen Kapitalverkehr öffnen als Entscheidungsträger mit einem von anderen Ideen geprägten Hintergrund.

Institutionen sind die Regeln und Strukturen, in denen und entlang derer politische, wirtschaftliche und gesellschaftliche Interaktionen verlaufen. Diese Regeln – zum Beispiel die Verfassung eines Staates, die Organisationsform einer Zentralbank oder die Entscheidungsregeln in einer internationalen Organisation – bestimmen zu einem hohen Maß mit, welche Interessen sich im politischen Prozess durchsetzen können und welche nicht. Um die Entstehung und die Auswirkungen von Institutionen in den internationalen Wirtschafts- und Finanzbeziehungen zu untersuchen, stützt sich die Internationale Politische Ökonomie auf Modelle und theoretische Ansätze aus anderen Bereichen der Politikwissenschaft. So verwendet die Internationale Politische Ökonomie beispielsweise theoretische Argumente aus der Vergleichenden Politikwissenschaft über den Einfluss von Vetospielern oder verschiedenen Wahlsystemen, um die Wirkung nationalstaatlicher politischer Institutionen auf den relativen Einfluss verschiedener Interessen in der (Außen-)Wirtschaftspolitik zu analysieren. Gleichermaßen dienen politikwissenschaftliche Modelle aus den Internationalen Beziehungen dazu, internationale Verhandlungen und internationale Regimebildung im Bereich der internationalen Wirtschafts- und Finanzbeziehungen besser zu verstehen.

Mit dieser Herangehensweise bearbeitet die Internationale Politische Ökonomie drei große Forschungsfragen: Erstens, wie wirken sich internationale Wirtschafts- und Finanzbeziehungen auf die Interessen nationaler und internationaler Akteure aus? Im Mittelpunkt stehen hier zum einen die materiellen Interessen einzelner Akteure als Gewinner oder Verlierer wirtschaftlicher Entwicklungen und ihre daraus abgeleiteten wirtschaftspolitischen Präferenzen. Zum anderen untersucht dieser Fragekomplex die Einschränkung von Handlungsoptionen politischer Akteure durch die globalisierte Weltwirtschaft. Zweitens, wie wirkt sich das Zusammenspiel nationalstaatlicher Interessen und Institutionen auf die internationalen Wirtschafts- und Finanzbeziehungen aus? Hier geht es vor allem um die Außenwirtschaftspolitik von Staaten, beispielsweise die Entscheidung von Staaten, ihre Zölle zu senken, einen fixen Wechselkurs einzuführen oder Kapitalverkehrskontrollen einzuführen. Die dritte

Forschungsfrage untersucht die Regulierung der internationalen Wirtschafts- und Finanzbeziehungen auf internationaler Ebene. Der Schwerpunkt liegt hier auf der (Nicht-)Entstehung
und dem (Nicht-)Funktionieren internationaler Wirtschaftsabkommen und -organisationen
wie der Weltbank oder der Welthandelsorganisation, aber auch auf der Frage, wie diese Organisationen ihrerseits die internationalen Wirtschaftsbeziehungen strukturieren.

Dieses Kapitel hat das Ziel, die Herangehensweise der Internationalen Politischen Ökonomie amerikanischer Prägung an diese drei Forschungsfragen ausführlicher vorzustellen. Dabei
illustriere ich dieses Vorgehen anhand von konkreten Beispielen aus den jeweiligen Bereichen.

2. Wie wirken sich internationale Wirtschafts- und Finanzbeziehungen auf die Präferenzbildung nationalstaatlicher Akteure aus?

Die erste große Forschungsfrage in der Internationalen Politischen Ökonomie fragt nach den
Determinanten der (außen-)wirtschaftlichen Interessen nationalstaatlicher Akteure. Kurz gesagt stellt die Forschung in diesem Bereich eine einfache Frage: Wer will was, und warum?

Die Beantwortung dieser Frage setzt zunächst die Identifizierung der relevanten Akteure voraus. Dies können zum Beispiel verschiedene Wählergruppen, Firmen, einzelne Industriezweige oder politische Parteien sein, aber auch institutionelle Akteure wie Zentralbanken
oder Finanzregulierer. Je nach Politikfeld, Analyseebene und dem konkreten Erkenntnisinteresse rücken unterschiedliche Akteure ins Zentrum der Analyse.

Um zu untersuchen, wie sich die internationalen Wirtschafts- und Finanzbeziehungen
auf die Interessen dieser nationalstaatlichen Akteure auswirken, werden die Folgen dieser
Beziehungen und konkreter wirtschaftspolitischer Entscheidungen für diese Akteure analysiert. Auf Basis dieser Analyse werden dann die Interessen und Präferenzen der Akteure
abgeleitet. Im Mittelpunkt steht dabei die Verteilungswirkung verschiedener Politiken und
weltwirtschaftlicher Entwicklungen. Mit Hilfe ökonomischer Modelle und deren Aussagen
über die Gewinner und Verlierer verschiedener wirtschaftspolitischer Entscheidungen werden
dabei die distributiven Konsequenzen dieser Entscheidungen analysiert. So gibt es beispielsweise Modelle in der Handelstheorie, die vorhersagen, welche gesellschaftlichen Gruppen
von einer Handelsliberalisierung profitieren und welche Gruppen dadurch Nachteile erleiden.
Auf der Grundlage dieser Analyse und der Annahme, dass die Gewinner einer bestimmten
Politik für die Ein- oder Fortführung dieser Politik eintreten und die Verlierer dagegen opponieren, werden die Befürworter und Gegner bestimmter Politiken identifiziert. Zwei Beispiele aus der IPÖ-Forschung sollen dieses Vorgehen illustrieren. Das erste Beispiel nimmt
die Interessen der Wähler in der Währungspolitik in den Blick, während das zweite Beispiel
die handelspolitischen Interessen einzelner Industrien und politischer Parteien untersucht.

2.1 Individuelle Präferenzen in der Währungspolitik

Im Laufe der globalen Wirtschafts- und Finanzkrise, welche die Welt seit 2007 in Atem hält,
gerieten die Währungen verschiedener Staaten wie Island, Lettland oder Ungarn auf den in-

ternationalen Finanzmärkten unter Druck. Interessanterweise reagierten die betroffenen Regierungen sehr unterschiedlich auf diesen Druck. Während manche Regierungen (wie beispielsweise in Island) diesem Druck ohne Widerstand nachgaben, so dass ihre Währungen schnell und stark an Wert verloren, wehrten sich andere Regierungen (wie diejenigen der baltischen Staaten) mit allen ihnen zu Verfügung stehenden Mitteln gegen die Abwertung ihrer Währung und schafften es, sie stabil zu halten. Der Preis dafür war jedoch hoch, führte diese Strategie doch zu massiven Lohnkürzungen und Entlassungen und in eine tiefe Rezession. Andere Staaten, wie beispielsweise Griechenland, versuchen ebenfalls eine Abwertung (die im griechischen Fall mit einem Austritt aus dem Euro verbunden wäre) zu vermeiden. Dabei unternehmen sie jedoch eher halbherzige Versuche der Reform und setzen in erster Linie auf Finanzhilfe aus dem Ausland. Angesichts der hohen politischen Schwierigkeiten bei der Umsetzung unpopulärer Maßnahmen in Ländern wie Griechenland stellt sich die Frage, wie es zum Beispiel den baltischen Regierungen gelang, solche Maßnahmen umzusetzen, während sich diese Versuche in anderen Ländern sehr schwierig gestalten.[1]

Um diese Frage zu beantworten, richten wir den Blick auf die Wähler und ihre währungspolitischen Interessen. Wie wirkt sich eine Abwertung des Wechselkurses auf die Wählergruppen aus? Wer bevorzugt eine Abwertung und wer zieht eher eine Stabilisierung der Währung vor? Praktisch alle Menschen eines Landes verlieren durch eine Abwertung an Kaufkraft. Da die eigene Währung dadurch weniger wert ist, müssen die Bürger für Produkte aus anderen Ländern mehr bezahlen, so dass sie insgesamt weniger Produkte kaufen können. Aus diesem Grund wird argumentiert, dass die Bürger eines Landes – im Gegensatz zu einzelnen Industrien, die von einer Abwertung wirtschaftlich profitieren können – in wirtschaftlich ruhigen Zeiten eine leichte Präferenz gegen eine Abwertung der Währung haben (Blomberg/Frieden/Stein 2005). Diese Präferenz ändert sich jedoch, wenn die Währung unter spekulativen Druck gerät und eine Abwertung der Währung nur durch eine ‚interne Abwertung' der einheimischen Preise durch sinkende Löhne und wettbewerbssteigernde Strukturreformen verhindert werden kann. Spekulativer Druck entsteht häufig, wenn die nationale Wirtschaft international nicht mehr wettbewerbsfähig ist und dadurch wesentlich mehr Produkte importiert als exportiert werden. Um die Wettbewerbsfähigkeit wieder herzustellen, müssen die Preise für einheimische Produkte sinken. Dies kann entweder durch eine Abwertung des Wechselkurses (eine sogenannte ‚externe Anpassung') oder durch eine Senkung der Produktionskosten durch Lohnkürzungen, Entlassungen und weitere Maßnahmen (eine sogenannte ‚interne Anpassung') geschehen. Angesichts dieses Trade-offs – niedrigere Kaufkraft versus Lohnkürzung und Jobverlust – präferieren die meisten Wähler einen Verlust ihrer Kaufkraft und damit eine Abwertung der Währung. Die vorherrschende Meinung war daher lange Zeit, dass in demokratischen Staaten, in denen Regierungen eine Mehrheit der Wahlberechtigten hinter sich bringen müssen, bei solch schwerwiegenden Problemen praktisch immer die Variante einer Abwertung anstatt einer signifikanten internen Anpassung gewählt wird (Eichengreen 1992; Simmons 1994). Die gegenwärtigen Schwie-

---

1   Für eine umfassende Diskussion dieser Frage siehe Walter (2013).

rigkeiten der Peripheriestaaten in der Eurozone bei der Umsetzung ihrer internen Anpassungsprogramme illustrieren dieses Dilemma deutlich.

Allerdings hat die jüngste Krise auch gezeigt, dass sich einige demokratische Regierungen entgegen dieser Erwartung für eine interne Anpassungsstrategie entschieden haben, ohne dafür von ihren Wählern abgestraft zu werden. Eine Erklärung für dieses Verhalten lässt sich wiederum in den Interessen der Wähler finden. In Ländern, die stark in den internationalen Finanzmarkt integriert sind, haben nämlich viele Wähler eine neue Art von Verwundbarkeit gegenüber einer Währungsabwertung aufgebaut, die so schwer wiegt, dass sie die Risiken einer internen Anpassungsstrategie gegenüber einer externen Anpassungsstrategie befürworten (Walter 2012, 2013). Diese neue Verwundbarkeit gründet in sogenannten Fremdwährungskrediten. Dies sind Privatkredite, die nicht in einheimischer Währung zurückbezahlt werden, sondern in einer anderen Währung. So haben beispielsweise in den vergangenen Jahren viele Österreicher ihren Hauskauf nicht mit Hypotheken in Euro, sondern mit Hypotheken in Schweizer Franken finanziert, weil sie dabei günstigere Zinskonditionen bekamen. In Lettland waren 2007 über 80 Prozent aller Kredite an Privatpersonen und Firmen in ausländischer Währung, vor allem Euro, denominiert. Wenn die Währung in einer solchen Situation abwertet, steigt die Schuldenlast für solche Kreditnehmer enorm an, weil sie nun mehr einheimische Währung für jede Einheit der ausländischen Währung bezahlen müssen. Dies kann zu erheblichen finanziellen Schwierigkeiten führen, so dass die Betroffenen viel eher bereit sind, schmerzhafte interne Anpassungsmaßnahmen zu tolerieren, als einer Abwertung der Währung zuzustimmen. Daraus lässt sich die Hypothese ableiten, dass diejenigen, die sich in ausländischer Währung verschuldet haben, viel ablehnender auf eine Abwertung des Wechselkurses reagieren als diejenigen, die keine solchen Schulden zurückzahlen müssen.

Um diese Hypothese zu testen, habe ich die Reaktionen von über 23.000 Bürgern in 25 osteuropäischen und zentralasiatischen Staaten auf die währungspolitischen Entscheidungen ihrer Regierungen im Laufe der globalen Wirtschafts- und Finanzkrise untersucht (Walter 2012).[2] Dabei zeigt sich, dass diejenigen Personen, die eine Hypothek in ausländischer Währung zurückzahlen, wesentlich negativer auf eine Abwertung der Währung reagieren als solche, die nicht mit einem solchen Kredit belastet sind: In Ländern, die eine starke Abwertung ihrer Währung zugelassen haben, berichten diese Personen von negativeren Auswirkungen der globalen Finanzkrise auf ihre persönliche Situation, schreiben der Regierung mehr (Mit-) Verantwortung für die Krise zu und bewerten die Regierungsperformanz insgesamt um fast 20 Prozentpunkte schlechter als Bürger ohne eine Fremdwährungshypothek. In Ländern, die den Wechselkurs stabil gehalten haben oder in denen die Währung sogar aufwertete, sieht dieses Bild ganz anders aus: Hier schätzen die Bürger mit Fremdwährungshypotheken die Verantwortung der Regierung für die Auswirkungen der Krise geringer ein und stufen die Regierungsperformanz besser ein als Bürger ohne solche Hypotheken.

---

2   Die Daten stammen aus der „Life in Transition Survey" 2010 der European Bank for Reconstruction and Development.

Diese Ergebnisse zeigen, dass die Bürger die währungspolitischen Entscheidungen ihrer Regierungen anhand ihrer persönlichen Verwundbarkeit gegenüber den beschlossenen Maßnahmen beurteilen. Angesichts der äußerst hohen Verschuldung in ausländischen Währungen der Bürger im Baltikum – zwischen 50 Prozent (Litauen) und 86 Prozent (Lettland) aller Privatkredite waren hier bei Ausbruch der Krise Fremdwährungskredite (Brown/Peter/Wehrmüller 2009) – überrascht es daher nicht, dass diese Staaten den ursprünglich als nicht gangbar eingestuften Weg einer internen Anpassung gewählt und erfolgreich durchgeführt haben.

2.2   Wo verlaufen die Konfliktlinien in der Handelspolitik?

Die meisten Staaten haben ihre Handelspolitik in den vergangenen Jahrzehnten sehr stark liberalisiert. Seit der Gründung des internationalen Handelsabkommens GATT (General Agreement on Tariffs and Trade) im Jahre 1947 nahm die Anzahl der Unterzeichnerstaaten dieses Abkommens stetig zu. Dieser Trend hat sich mit der Gründung seiner Nachfolgeorganisation WTO, der Welthandelsorganisation, fortgesetzt. Viele von GATT und WTO organisierte Handelsrunden sowie die zunehmende Zahl regionaler Handelsabkommen haben im gleichen Zeitraum zu bedeutsamen Liberalisierungen des Handels geführt. So fielen die Zölle der Industrienationen auf importierte Güter im Durchschnitt von rund 40 Prozent 1947 auf 3,2 Prozent im Jahre 2010 (World Bank 2012). Die Möglichkeiten von Nationalstaaten, protektionistische Maßnahmen zum Schutze einzelner Industrien, Regionen oder Güter einzuführen, wurde gleichzeitig zunehmend begrenzt.

Trotz dieser Entwicklung bleibt die Handelspolitik in vielen Staaten ein hoch politisiertes Politikfeld, zumal es auch einige Bereiche gibt, die nach wie vor stark vor internationalem Wettbewerb geschützt sind. An erster Stelle zu nennen wäre hier die Agrarindustrie, die insbesondere in den Industriestaaten durch sehr hohe Zölle von Konkurrenz aus dem Ausland abgeschirmt wird. Aber auch andere Industriezweige haben es immer wieder geschafft, die Regierungen zu speziellen Schutzmaßnahmen für sie zu bewegen. Andere Industrien und politische Parteien drängen dagegen auf eine möglichst umfassende Liberalisierung der internationalen Handelsbeziehungen. Die Handelspolitik bleibt daher in bestimmten Bereichen eine politisch hoch umstrittene Frage.

Wer diese politischen Konflikte über Handelsliberalisierung und protektionistische Maßnahmen verstehen will, muss die Präferenzen der betroffenen Interessengruppen und der politischen Parteien im Bereich der Handelspolitik kennen. Zur Identifikation dieser Interessen greift die IPÖ-Forschung auf verschiedene ökonomische Handelsmodelle zurück. Die beiden am häufigsten verwendeten Modelle sind das sektorale Ricardo-Viner-Modell und das faktorale Heckscher-Ohlin- bzw. Stolper-Samuelson-Modell, wobei in den letzten Jahren auch neuere wirtschaftswissenschaftliche Entwicklungen in der Handelstheorie, wie zum Beispiel die sogenannten Melitz-Modelle (Melitz 2003), welche die Produktivität von Firmen in den Mittelpunkt der Analyse rücken, berücksichtigt werden (siehe z. B. Walter 2010).

Für das Verständnis des Verhaltens einzelner Industriezweige und Interessengruppen, die deren Interessen vertreten, ist das Ricardo-Viner-Modell (Jones 1971; Samuelson 1971) besonders geeignet. Dieses sektorale Handelsmodell sagt voraus, dass manche Industrien von einer Öffnung der nationalen Wirtschaft für internationalen Handel profitieren, während andere dadurch wirtschaftliche Probleme bekommen. Ob eine Industrie zu den Verlierern oder Gewinnern von Handelsliberalisierung gehört, hängt davon ab, ob sie ein Gut produziert, bei dem das Land einen komparativen Vorteil hat. Wenn ein Gut in einem Land relativ gesehen günstiger hergestellt werden kann als andere Güter, so dass es bei einer Handelsliberalisierung exportiert werden würde, wird die Industrie, die dieses Gut herstellt, von einer Öffnung der Volkswirtschaft für den internationalen Handel profitieren. In diesem Fall hat das Land bei diesem Gut einen komparativen Vorteil. In Deutschland und der Schweiz hat zum Beispiel die Maschinenbauindustrie einen komparativen Vorteil, so dass diese Industrie ein starker Befürworter internationalen Freihandels ist. Dagegen müssen Industrien, die ein Gut vergleichsweise teurer als in anderen Ländern herstellen, bei einer Handelsliberalisierung mit Wettbewerb aus dem Ausland und wirtschaftlichen Einbußen rechnen. Da Produktionsfaktoren wie Beschäftigte, Fabrikanlagen und Maschinen nicht ohne Probleme und nicht kostenlos zwischen Industrien oder Wirtschaftssektoren verschoben werden können, sind diese Industrien die Verlierer von Freihandel. Beispiele für solche Industrien sind der Agrarsektor oder die Textilindustrie in entwickelten Industriestaaten.

Das Ricardo-Viner-Modell sagt daher voraus, dass Beschäftigte in Industrien mit einem komparativen Vorteil bzw. Kapitaleigner in solchen Industrien Freihandel und eine weitere Handelsliberalisierung befürworten. Nach diesem Modell sprechen sich Industrien mit einem komparativen Nachteil und deren Beschäftige gegen eine weitere Liberalisierung oder sogar für zusätzliche protektionistische Maßnahmen wie höhere Zölle aus. Handelspolitische Fragen führen damit zu Konfliktlinien, die quer durch traditionelle Parteilinien verlaufen, weil Arbeitgeber und Beschäftigte bestimmter Industrien ähnliche Policies bevorzugen. Die Handelspolitik wird in einem solchen Setting also eher durch den Einfluss verschiedener Interessengruppen bestimmt als durch Parteipolitik (Hiscox 2002).

Die Annahme, dass Produktionsfaktoren wie Arbeit, Computer oder Maschinen kaum in anderen Industrien eingesetzt werden können, ist jedoch umstritten. Nimmt man dagegen an, dass die Faktormobilität hoch ist, ändern sich die Vorhersagen über die Auswirkungen einer Handelsliberalisierung. Die faktoralen Handelsmodelle, wie das Heckscher-Ohlin- und das Stolper-Samuelson-Modell (Findlay/Kierzkowski 1983; Stolper/Samuelson 1941), argumentieren, dass ein Land in genau den Gütern und Dienstleistungen einen komparativen Vorteil hat, die mit Produktionsfaktoren hergestellt werden, die in dem Land reichlich vorhanden sind. Weil bei einer Handelsliberalisierung die Nachfrage nach diesen Produkten steigt, wächst auch die Nachfrage nach dem reichlich vorhandenen Produktionsfaktor und sein Preis steigt. Da daher die Löhne bzw. Rendite des reichlich vorhandenen Produktionsfaktors steigen, profitieren deren Besitzer vom Freihandel, während die Besitzer knapper Produktionsfaktoren durch fallende Löhne, steigende Arbeitslosigkeit und fallende Renditen wirtschaftlichen Schaden erleiden (Rogowski 1989). In den Industriestaaten sind es typischerweise Kapitaleigner und hochqualifizierte Arbeitskräfte, die durch eine Liberalisierung des internationalen Handels höhere Löhne erhalten. Dagegen sind die geringqualifizierten Arbeiter, die in Industrienationen den knappen Produktionsfaktor darstellen, die Verlierer dieser Entwicklung. Da sie vorwiegend in Industrien beschäftigt sind, die im internationalen Wettbewerb nicht bestehen können, steigt nicht nur ihr Risiko, arbeitslos zu werden, sondern es fallen auch ihre Löhne, weil nun das Angebot geringqualifizierter Arbeitskräfte die Nachfrage übersteigt.

Die Konfliktlinien in der Handelspolitik, welche die faktoralen Modelle vorhersagen, ähneln damit stark den traditionellen parteipolitischen Konfliktlinien zwischen Arbeit und Kapital sowie zwischen gering- und hochqualifizierten Beschäftigten. Daher liegt es nahe, dass sich linke und konservative politische Parteien in einem solchen Setting in Fragen der Handelsliberalisierung unterschiedlich positionieren und dass die Handelspolitik stark durch Parteipolitik gekennzeichnet sein sollte (Hiscox 2002).

Empirisch lässt sich für beide Modelle Evidenz finden. So belegen mehrere Studien, dass sich die handelspolitischen Präferenzen von Individuen sowohl durch den Industriezweig, in dem sie arbeiten, als auch durch ihr Ausbildungsniveau erklären lassen (Beaulieu 2002; Hays 2009; Mayda/Rodrik 2005). In einer umfassenden historischen Studie über die Handelspolitik von sechs Industriestaaten – den USA, Großbritannien, Frankreich, Schweden, Kanada und Australien – im 19. und 20. Jahrhundert zeigt Hiscox (2002) darüber hinaus, dass sich die Faktormobilität in diesen Ländern über die Zeit immer wieder gewandelt hat. Deshalb waren die handelspolitischen Konflikte in diesen Ländern bisweilen durch Auseinandersetzungen von Interessengruppen gekennzeichnet (in Zeiten niedriger Faktormobilität), in Zeiten hoher Faktormobilität jedoch durch intensive parteipolitische Diskussionen charakterisiert.

Gleichzeitig gibt es eine Reihe von Studien, die nachweisen, dass die handelspolitischen Präferenzen von Individuen nicht nur von deren materiellen Interessen, sondern auch von Ideen, wie zum Beispiel sicherheitspolitischen Einstellungen oder der Offenheit gegenüber fremden Kulturen, beeinflusst werden (z. B. Hainmueller/Hiscox 2006; Mansfield/Mutz 2009).

2.3 Zwischenfazit

Diese Beispiele zeigen, dass die materiellen Auswirkungen bestimmter außenwirtschaftlicher Entscheidungen und Entwicklungen die Interessen einzelner Akteure stark beeinflussen. Eine sorgfältige Analyse der Verteilungswirkung verschiedener Politiken und weltwirtschaftlicher Entwicklungen zwischen den relevanten politischen Akteuren bildet daher ein solides Fundament für die Analyse wirtschaftspolitischer Entscheidungen. Allerdings werden die Interessen von Akteuren nicht nur von materiellen Interessen beeinflusst. Unabhängig von ihrem Ursprungsort haben die Interessen politischer Akteure einen starken Einfluss auf politische Entscheidungen in der Außenwirtschaftspolitik. Allerdings haben beide oben diskutierten Beispiele gezeigt, dass verschiedene Akteure sehr unterschiedliche Interessen haben können. Es stellt sich somit die Frage, welche Interessen sich im politischen Prozess durchsetzen können. Die Erfolgschancen werden entscheidend von politischen Institutionen beeinflusst, mit denen sich der folgende Abschnitt beschäftigt.

3. Wie wirken sich nationalstaatliche Interessen und Institutionen auf die internationalen Wirtschafts- und Finanzbeziehungen aus?

Die zweite große Forschungsfrage in der Internationalen Politischen Ökonomie sucht zu erklären, wie es zu konkreten Entscheidungen in der internationalen Wirtschaftspolitik kommt – zum Beispiel zur Entscheidung, Zölle zu senken, zur Stabilisierung des Wechselkurses auf den internationalen Märkten zu intervenieren oder internationale Kapitalverkehrskontrollen einzuführen. Im Zentrum steht hier die Frage, wessen Interessen sich im nationalstaatlichen Politikprozess durchsetzen und wie diese nationalstaatliche Entscheidungen beeinflussen. Dies wiederum wird entscheidend von politischen Institutionen bestimmt. Der politische Regimetyp, der Wahlzyklus und das Wahlsystem, das Parteiensystem, das Ausmaß an Zentralbankunabhängigkeit, all diese Institutionen (siehe Grotz i. d. B.) kanalisieren und strukturieren den nationalen Wettbewerb von Interessen in einem Politikfeld und bestimmen so entscheidend mit, welchen Interessen bei der Politikformulierung stärkeres Gewicht gegeben wird.

Wie bei der Identifizierung der relevanten Interessen steht am Beginn dieser Analyse die Frage, welche Institutionen untersucht werden sollen. Die meisten Studien in der amerikanisch geprägten Internationalen Politischen Ökonomie konzentrieren sich auf die Auswirkungen einzelner Institutionen oder das Zusammenspiel weniger Institutionen. Welche Institutionen dabei untersucht werden, hängt in erster Linie davon ab, für welche Aspekte eines Politikfeldes und für den Einfluss welcher Interessen sich die Wissenschaftlerin besonders interessiert. Liegt der Schwerpunkt beispielsweise auf dem Einfluss einzelner Wählergruppen, stehen in der Regel entweder der politische Regimetyp oder konkrete wahlpolitische Institutionen im Mittelpunkt der Aufmerksamkeit. Der politische Regimetyp entscheidet, wie viele Bürger eines Staates ein Mitspracherecht bei der Politikformulierung erhalten. In Demokratien ist dies ein wesentlich größerer Anteil als in Autokratien, in denen die Interessen einer kleinen Elite einen großen Einfluss auf Politikentscheidungen haben. Wahlpolitische Institutionen wie das Wahlsystem oder der Wahlzyklus wirken sich darauf aus, welche Gruppen besonders einflussreich sind und wann politische Entscheidungsträger besondere Rücksicht auf die Belange der Wähler nehmen. Steht dagegen die Frage nach der Durchsetzungsfähigkeit parteipolitischer Interessen im Zentrum des Forschungsinteresses, rücken zum Beispiel das Parteiensystem, die konkrete Ausgestaltung des Regierungssystems als parlamentarisch, semi-präsidentiell oder präsidentiell sowie parlamentarische Institutionen, welche die konkrete Ausgestaltung des Gesetzgebungsprozesses beeinflussen, in den Fokus der Untersuchung.

Um zu analysieren, wie die politischen Institutionen die verschiedenen Interessen in einem bestimmten Feld der Außenwirtschaftspolitik kanalisieren, nutzt die Internationale Politische Ökonomie in diesem Bereich die reichhaltige Forschung der Vergleichenden Politikwissenschaft. Die dort entwickelten Modelle, zum Beispiel der Vetospieler-Ansatz (Tsebelis 1995) oder die Selektorats-Theorie (Bueno de Mesquita et al. 2003), beleuchten die Wirkungsmechanismen bestimmter Institutionen auf die politische Entscheidungsfindung. In Kombination mit den (außen-)wirtschaftspolitischen Präferenzen der relevanten Akteure werden in der IPÖ-Forschung aus diesen Modellen Hypothesen über die Wirkung dieser Institutionen auf politische Entscheidungen in der nationalstaatlichen Wirtschaftspolitik abgeleitet. Die folgenden zwei Anwendungsbeispiele demonstrieren dieses Vorgehen. Ein erstes untersucht die Rolle des politischen Regimetyps bei der nationalstaatlichen Entscheidung, Handelsbarrieren abzubauen, während das zweite den Einfluss von demokratischen Institutionen auf die Währungspolitik diskutiert.

3.1 Politischer Regimetyp und Handelsliberalisierung

Von Mitte der 1970er Jahre bis in die 1990er Jahre wandelten sich viele Staaten von der Autokratie zur Demokratie. Diese ‚dritte Demokratisierungswelle' (Huntington 1991) begann mit den Demokratisierungen in Griechenland, Spanien und Portugal und konzentrierte sich dann vor allem auf Lateinamerika und die ehemaligen Ostblockstaaten. Zeitgleich erlebte die Welt einen rasanten Anstieg der internationalen wirtschaftlichen Verflechtung, der insbesondere durch zunehmenden internationalen Handel und wachsende internationale Kapitalmobilität charakterisiert war. Dieser Zusammenhang hat zu einer regen Forschungsaktivität über die Beziehung zwischen dem politischen Regimetyp und nationaler Handelsliberalisierung geführt. Während sich fast alle Autoren einig sind, dass dieser Zusammenhang existiert, wird darüber diskutiert, in welche Richtung die kausale Beziehung verläuft[3] und wie genau der kausale Mechanismus dieses Zusammenhangs funktioniert (für einen Überblick siehe Milner/Mukherjee 2009). Da uns in diesem Abschnitt insbesondere der Einfluss von politischen Institutionen auf die wirtschaftspolitischen Entscheidungen von Nationalstaaten interessiert, konzentriere ich mich im Folgenden auf die Frage nach dem Kausalmechanismus.

Ausgangspunkt von Studien, die untersuchen, wie autokratische und demokratische Institutionen die Handelspolitik von Staaten beeinflussen, bildet die Tatsache, dass Freihandel gesamtvolkswirtschaftlich wünschenswert ist, weil er die Gesamtwohlfahrt steigert, auch wenn eine Handelsliberalisierung innerhalb von Staaten klare Verlierer und Gewinner hervorbringt. Um diese Verlierer und Gewinner zu identifizieren, greifen die meisten Studien auf eines der beiden oben diskutierten Handelsmodelle zurück. Die meisten Autoren stützen sich dabei auf das faktorale Handelsmodell, das besagt, dass der reichlich vorhandene Produktionsfaktor von einer Handelsliberalisierung profitiert, während der knapp vorhandene Faktor verliert. Autokratische politische Strukturen finden sich überproportional in Staaten auf einem niedrigeren Entwicklungsstand. In solchen Staaten gibt es relativ viele ungelernte und schlecht ausgebildete Arbeiter, während hochqualifizierte Arbeiter und Kapital knapper sind. Das bedeutet, dass die geringqualifizierte Arbeiterschaft als reichlich vorhandener Produktionsfaktor von einer Handelsliberalisierung profitieren würde, während die relativ kleine Gruppe der Hochqualifizierten und Kapitaleigner als Besitzer knapper Produktionsfaktoren als Verlierer einer Handelsliberalisierung dastünde.

Im nächsten Schritt wird dann analysiert, welcher dieser zwei Gruppen die politisch relevanten Akteure in Autokratien und Demokratien zugerechnet werden können und wie gut sie ihre handelspolitischen Interessen im politischen Entscheidungsprozess durchsetzen können (z. B. Stokes 2001; Milner/Kubota 2005). Milner und Kubota (2005) stützen sich für

---

3   Also ob Demokratisierung zu mehr Globalisierung oder mehr Globalisierung zu mehr Demokratisierung
     führt.

ihre Argumentation beispielsweise auf die Selektorats-Theorie von Bueno de Mesquita et al. (2003).[4] Das ‚Selektorat' eines Landes besteht nach diesem theoretischen Modell aus denjenigen Bewohnern, die ein Mitspracherecht bei der Auswahl der Regierung besitzen (siehe auch Merkel i. d. B.). In Autokratien besteht das Selektorat typischerweise aus einer relativ kleinen Gruppe politisch einflussreicher Gruppierungen, wie Parteikadern, Offizieren und typischerweise auch der wirtschaftlichen Elite eines Staates. Da eine autokratische Regierung auf die Unterstützung eines großen Teiles des Selektorats angewiesen ist, muss sie dessen Mitglieder mit der Bereitstellung von gewissen Privilegien oder durch eine speziell auf deren Bedürfnisse ausgelegte Politik zufrieden stellen. Da die wirtschaftliche Elite als Kapitaleigner typischerweise Besitzer des knappen Produktionsfaktors ist, profitiert sie von einer protektionistischen Politik. Dies führt zu der Hypothese, dass Autokratien eher eine protektionistische Handelspolitik verfolgen.

In Demokratien ist das Selektorat dagegen wesentlich größer als in Autokratien, da es aus allen Wahlberechtigten besteht. Auch die *winning coalition*, also der Teil der Wahlberechtigten, der für die Wahl einer Regierung notwendig ist, ist wesentlich größer. Durch die Demokratisierung eines Staates muss die Regierung in der Konsequenz die Unterstützung einer viel größeren Gruppe gewinnen, als dies in autokratischen Systemen der Fall ist. Die Demokratisierung gibt daher der großen Gruppe niedrig qualifizierter Beschäftigter, die in der Autokratie vom politischen Entscheidungsprozess ausgeschlossen waren, politischen Einfluss, während sie den Einfluss der an Protektionismus interessierten Eliten schwächt. Da erstere Gruppe nach dem faktoralen Modell von einer Handelsliberalisierung profitieren würde, erhöht dies die Wahrscheinlichkeit, dass Handelsbarrieren in der Folge solcher politischer Reformen abgebaut werden.

Empirische Studien finden Unterstützung für diese Hypothesen. So zeigen Milner und Kubota (2005) in einer Analyse von gut 100 Entwicklungsländern für den Zeitraum 1970 bis 1999, dass Demokratien signifikant niedrigere Durchschnittszölle aufweisen als autokratische Staaten. Ihre Schätzungen legen nahe, dass die Zölle in einem vollkommen demokratischen Staat etwa fünf bis sieben Prozentpunkte niedriger sind als in einem sehr autokratischen Staat. Andere empirische Untersuchungen weisen in dieselbe Richtung (Aidt/Gassebner 2010; Eichengreen/Leblang 2006; Mansfield/Milner/Rosendorff 2000; Stokes 2001). Dennoch ist dieser Zusammenhang in der Literatur nicht unumstritten. Einige Autoren argumentieren, dass der kausale Pfeil in die umgekehrte Richtung weisen könnte, Freihandel also zur Demokratisierung von Staaten beitragen könne (z. B. Eichengreen/Leblang 2006; Lipset 1959). Diese Frage ist bisher noch nicht abschließend geklärt, da verschiedene Studien zu dieser Frage zu unterschiedlichen Ergebnissen gekommen sind (Milner/Mukherjee 2009).

Was dieses Beispiel jedoch gut illustriert, ist, wie die IPÖ-Forschung auf Erkenntnisse über die Verteilungseffekte bestimmter Politiken zurückgreift, um den Einfluss des nationalen Politikprozesses und seiner Institutionen auf wirtschaftspolitische Entscheidungen zu erklären.

---

4   Für eine intuitive und knappe Vorstellung der Selektorats-Theorie siehe Bernauer et al. (2013: 149f.).

3.2 Demokratische politische Institutionen und Währungspolitik

Wie wirken sich demokratische politische Institutionen wie die Art und die Anzahl von Vetospielern, das Wahlsystem oder präsidentielle bzw. parlamentarische Institutionen auf die Währungspolitik eines Landes aus?

Ausgangspunkt zur Beantwortung dieser Frage sind in vielen politökonomischen Studien die Anreize, Möglichkeiten und Beschränkungen politischer Akteure in demokratischen Staaten. Viele Studien beginnen mit der Beobachtung, dass sich die fortschreitende finanzielle Globalisierung der letzten Jahrzehnte fundamental auf die nationale Wirtschaftspolitik ausgewirkt hat. Durch die internationale Liberalisierung der Finanzmärkte wird der Handlungsspielraum nationaler Regierungen beschränkt, die sich insbesondere einem Trade-off zwischen Währungsstabilität und nationaler geldpolitischer Autonomie gegenübersehen.[5] In finanziell offenen Volkswirtschaften können politische Entscheidungsträger entweder Einfluss auf den Wechselkurs oder auf den Zinssatz ausüben, jedoch nicht die volle Kontrolle über beides gleichzeitig behalten. Das folgende Beispiel veranschaulicht diesen Trade-off: Stellen Sie sich vor, dass sich politische Entscheidungsträger entschließen, die Zinssätze zu senken, zum Beispiel um angesichts einer Rezession Investitionen und Konsum anzuregen, was wiederum Wachstum und Arbeitsplätze schaffen soll. Sinkende Zinssätze machen einheimische Geldanlagen aber weniger attraktiv für Investoren, die daher ihr Geld aus diesem Land abziehen und zu höheren Zinsen im Ausland anlegen. Wenn dieses Kapital das Land verlässt, sinkt jedoch die Nachfrage nach der einheimischen Währung, woraufhin der Wechselkurs abwertet – und damit die Wechselkursstabilität verloren geht. Wollen die politischen Entscheidungsträger hingegen Wechselkursstabilität beibehalten, müssen sie die Geldpolitik diesem Ziel unterordnen. Die Zinssätze werden demnach nur dann angepasst, wenn es gilt, Ab- und Aufwertungstendenzen des Wechselkurses auszugleichen. Demnach können sie nicht länger für innenpolitische Ziele wie die Ankurbelung von Konsum und Wachstum benutzt werden.

Demokratien haben sehr unterschiedlich auf diesen Trade-off zwischen Wechselkursstabilität und nationaler Politikautonomie reagiert. Einige Länder, z.B. die USA, Japan und Großbritannien, haben sich entschieden, ihre geldpolitische Autonomie beizubehalten und im Gegenzug die Märkte den Preis ihrer Währung im Rahmen eines flexiblen Währungsregimes bestimmen zu lassen. Eine andere Gruppe von Ländern hat die entgegengesetzte Option gewählt. Durch den Beitritt zur Europäischen Währungsunion (EWU) und die Abgabe der Autorität über die Geldpolitik an die Europäische Zentralbank (EZB) verzichten diese Länder auf die Fähigkeit, eine unabhängige, nationale Geldpolitik zu betreiben und erhalten dafür im Gegenzug die ultimative Wechselkursstabilität untereinander in Form einer Einheitswährung: dem Euro.[6] Die Abschaffung eines der wesentlichen Instrumente nationaler

---

5   Grundlage dieses Trade-offs sind die Restriktionen der sogenannten ‚unheiligen Dreifaltigkeit' (Cohen 1995). Dieses Trilemma besteht darin, dass es unmöglich ist, gleichzeitig Währungskursstabilität, eine autonome Geldpolitik sowie einen international offenen Kapitalmarkt zu erreichen.

6   Andere Länder haben einen Mittelweg gewählt. Beispiele sind die Schweiz oder Ungarn, die ein Wechselkursregime verfolgen, in dem der Wechselkurs nur innerhalb von festgelegten Grenzen variieren darf.

Wirtschaftsmanagements, der Autonomie über die Geldpolitik, und eines der wichtigsten Instrumente um internationale Wettbewerbsfähigkeit zurückzugewinnen, nämlich der Möglichkeit zur Abwertung der nationalen Währung, stellen eine große Herausforderung an die EWU-Mitgliedstaaten dar. Dass diese in der Vergangenheit nicht immer gemeistert wurde, zeigen die aktuellen Probleme in der Eurokrise. Entgegen der ursprünglichen Erwartungen gab es in diesen Staaten seit der Einführung des Euro keine Konvergenz von Inflationsraten, Produktionskosten und fiskalpolitischen Entscheidungen, sondern eine zunehmende Divergenz bei den Handels- und Kapitalströmen, die zu den aktuellen Problemen maßgeblich beigetragen hat.

Angesichts der Varianz in der Geld- und Währungspolitik demokratischer Staaten stellt sich die Frage, wie sich diese Unterschiede erklären lassen. Um diese Frage zu beantworten, beginnt die IPÖ-Forschung in diesem Feld typischerweise mit Überlegungen dazu, welche Gruppen und welche politischen Akteure von Wechselkursstabilität bzw. einer autonomen Geldpolitik profitieren. Eine autonome Geldpolitik hilft vor allem Regierungen in demokratischen Staaten, in denen die Verantwortung für die wirtschaftliche Entwicklung im Land klar der Regierung zugeordnet werden kann. Wenn sich in solchen Ländern die Wirtschaft schlecht entwickelt, werden die Wähler die Verantwortlichen (sprich: die Regierung) dafür bei den nächsten Wahlen abstrafen und nicht wiederwählen (Duch/Stevenson 2008; Powell/Whitten 1993). Gewisse demokratische Institutionen erleichtern diese Verantwortungszuschreibung, während andere Institutionen diese erschweren. So ist beispielsweise in Demokratien mit Mehrheitswahlregime, wie Großbritannien, in denen typischerweise nur eine Partei die Regierung stellt, die Verantwortungszuschreibung an diese Partei leichter als in einem System mit Proporzwahlrecht, in dem typischerweise eine Koalition aus mehreren Parteien die Regierungsgeschäfte führt. Ebenso ist die Verantwortungszuschreibung in Systemen mit wenigen Vetospielern einfacher als in Systemen mit vielen Vetospielern. Dies legt nahe, dass Länder mit Mehrheitswahlrecht und mit wenigen Vetospielern eher flexible Währungsregime wählen, weil diese es ihnen ermöglichen, die Geldpolitik weiterhin zur Steuerung der nationalen Wirtschaft einzusetzen.

Die empirische Evidenz für diese Hypothesen ist allerdings gemischt. Während Bernhard und Leblang (1999) im Einklang mit diesem Argument finden, dass die Wahrscheinlichkeit für fixe Wechselkurse in Staaten mit Mehrheitswahlrecht am niedrigsten ist, vor allem dann, wenn die Opposition in diesen Staaten relativ wenig Einfluss hat, weist eine andere Studie von David Leblang (1999) nach, dass Demokratien mit Mehrheitswahlsystem eher einen fixen Wechselkurs implementieren als Staaten mit Proporzwahlrecht. In Bezug auf Vetospieler zeigt Hallerberg (2002), dass Länder mit vielen Vetospielern eher ein fixes Wechselkursregime wählen als Länder mit nur einem Vetospieler. Hall (2008) findet das Gegenteil: Seine Resultate zeigen, dass Länder mit vielen Vetospielern mit etwas höherer Wahrscheinlichkeit flexiblere Währungsregime wählen.

Diese widersprüchlichen Ergebnisse lassen sich zumindest in Teilen dadurch erklären, dass geldpolitische Autonomie sich zwar für die Steuerung der nationalen Wirtschaft einsetzen lässt, die Regierung sie aber auch eher eigennützig zur Maximierung ihrer Wahlchancen verwenden kann. Eine umfangreiche Literatur zu ‚politischen Konjunkturzyklen' (z. B.

Nordhaus 1975; Rogoff 1990) zeigt, dass demokratische Regierungen starke Anreize haben, die Geldpolitik so einzusetzen, dass es kurz vor Wahlen zu einem Boom kommt, auch wenn dies mit einer höheren Inflation nach der Wahl erkauft wird. Wirtschaftlich sind solche geld-politischen Manipulationen auf Dauer schädlich. Dennoch sind die Anreize für solche Stra-tegien vor allem in solchen Systemen hoch, in denen die Bürger die Verantwortung für wirt-schaftliche Entwicklungen klar zuordnen können. Politische Akteure in solchen Systemen haben daher Anreize, Institutionen zu schaffen, die ihnen helfen, der Versuchung solcher Manipulationen zu widerstehen, indem sie ihnen in der Geldpolitik die Hände binden. Eine solche Institution ist eine unabhängige Zentralbank, die geldpolitische Entscheidungen auf-grund der Bedürfnisse der nationalen Wirtschaft, aber unabhängig von politischen Überle-gungen trifft; eine zweite Möglichkeit sind fixe Wechselkurse, durch die das Instrument der Geldpolitik gleich ganz aus den Händen der Regierung genommen wird (Bernhard/Broz/ Clark 2002).[7] Auch die Sorge, dass zukünftige Regierungen eine inflationärere Politik be-treiben würden als sie die aktuelle Regierung bevorzugt, kann Anreize für die Einsetzung von Institutionen, die den geldpolitischen Handlungsspielraum der Regierung verringern, bieten (z. B. Goodman 1991). Empirisch gesehen kommen diese beiden institutionellen Inst-rumente in allen vier möglichen Kombinationen vor (Bernhard/Broz/Clark 2002: Tabelle 2).

Insgesamt ist die Internationale Politische Ökonomie in diesem Bereich trotz umfang-reicher Forschungsaktivitäten noch zu keinem klaren Ergebnis gekommen. Unser Verständ-nis der Mechanismen, Anreize und *Outcomes* in der Geld- und Währungspolitik haben diese Arbeiten dennoch stark verbessert. Ebenso zeigen sie deutlich, dass Institutionen nicht nur einzelne wirtschaftspolitische Entscheidungen beeinflussen, sondern sich auch auf die Aus-gestaltung anderer politischer und wirtschaftlicher Institutionen in einem Staat auswirken.

3.3 Zwischenfazit

Welche (außen-)wirtschaftspolitischen Entscheidungen von nationalstaatlichen Akteuren getroffen werden und wie zentrale wirtschaftliche Institutionen gestaltet werden, hängt in hohem Maße von den politischen Institutionen eines Landes ab. Diese Institutionen beein-flussen die Anreizstrukturen für politische Akteure, die Durchsetzungskraft einzelner Inte-ressen und den politischen Gestaltungsspielraum. Sie haben somit einen hohen Einfluss auf den Politikprozess und die Politikformulierung.

4. Wie werden internationale Wirtschafts- und Finanzbeziehungen auf internationaler Ebene reguliert?

In der globalisierten Welt haben die politischen Entscheidungen einzelner Nationalstaaten nicht nur Auswirkungen auf die einheimische Wirtschaft, Bürger und Interessengruppen,

---

7   Allerdings kann hier die Fiskalpolitik zu politischen Zwecken manipuliert werden, da diese bei freiem Ka-pitalverkehr und fixen Wechselkursen zumindest kurzfristig besonders effektiv wirkt (für eine Diskussion siehe Chiu et al. 2012).

sondern auch auf andere Länder. Politiken, die für ein Land vorteilhaft sind, können unter Umständen ein anderes Land negativ betreffen. Manche Politiken können zudem nur dann erfolgreich umgesetzt werden, wenn sie in Kooperation mit anderen Staaten durchgeführt werden. Die dritte große Forschungsfrage in der Internationalen Politischen Ökonomie beschäftigt sich daher mit der internationalen Zusammenarbeit im Bereich der Wirtschaftspolitik. Sie untersucht insbesondere die Beziehungen von Nationalstaaten im internationalen Wirtschaftssystem, die Entstehung (und Nicht-Entstehung) internationaler Regime in den internationalen Wirtschafts- und Finanzbeziehungen und die Funktionsweise solcher Regime.

Die relevanten Akteure auf der internationalen Ebene sind in erster Linie Staaten. Um deren Interessen zu identifizieren, stützt sich die Forschung auf Ergebnisse zu den in den Abschnitten 2 und 3 diskutierten Forschungsfragen. Staatliche Interessen werden aus den Interessen einzelner gesellschaftlicher Gruppen und der Aggregation dieser Interessen auf der nationalen Ebene abgeleitet. Die Internationale Politische Ökonomie untersucht aber auch die Rolle wichtiger nicht-staatlicher Akteure auf internationaler Ebene, zum Beispiel den Einfluss multinationaler Unternehmen oder die Rolle international agierender Nicht-Regierungsorganisationen. Zudem beschäftigt sie sich mit dem Handeln von internationalen Organisationen (siehe hierzu auch Schieder i. d. B.).

Die Schwerpunkte der Untersuchungen zu dieser dritten großen Forschungsfrage der Internationalen Politischen Ökonomie liegen auf dem Zustandekommen, dem Ablauf und den Ergebnissen internationaler Verhandlungen und der strategischen Interaktion politischer Akteure auf internationaler Ebene. Auch hier ist eine häufige Fragestellung, welche Akteure sich im internationalen Politikprozess durchsetzen können, zum Beispiel in Form von Verhandlungserfolgen im Kontext internationaler Regime oder bei internationalen Konflikten. Gleichzeitig untersuchen viele Studien auch die Wirkung internationaler Abkommen und Entwicklungen auf einzelne Staaten. Zur Analyse greift die Internationale Politische Ökonomie dabei in erster Linie auf bestehende Ansätze und Modelle aus den Internationalen Beziehungen zurück, welche zum Beispiel die Macht einzelner Staaten, die Kooperation zwischen und die Koordination von Nationalstaaten, die Rolle von internationalen Institutionen als Strukturelement im anarchischen internationalen System und das Funktionieren solcher Regime thematisieren.

Die folgenden zwei Beispiele illustrieren die Forschungsaktivitäten der Internationalen Politischen Ökonomie zur dritten großen Forschungsfrage. Im ersten Beispiel diskutiere ich eine besondere Form der Regimebildung im Bereich des internationalen Handels, nämlich den Abschluss präferenzieller Handelsabkommen. Im zweiten Beispiel betrachte ich die Kreditvergabepraxis des IWF und damit das Handeln internationaler Organisationen.

4.1   Warum schließen Staaten präferenzielle Handelsabkommen ab?

Die weltweiten Handelsbeziehungen sind seit dem Zweiten Weltkrieg enorm gewachsen. Durch acht erfolgreich abgeschlossene Welthandelsrunden, zuerst im Kontext des GATT-Regimes, dem Allgemeinen Zoll- und Handelsabkommen, und später in dessen Nachfolgeorganisation, der Welthandelsorganisation WTO, wurden Handelsbarrieren in den letzten

Jahrzehnten sukzessive abgebaut. Dabei hat die WTO drei Kernbestandteile, die den weltweiten Handel unter ihren Mitgliedstaaten fördern (Oatley 2009): Erstens bietet die WTO einen rechtlichen und normativen Rahmen im Bereich der Handelspolitik, der insbesondere auf den Prinzipen des Marktliberalismus und der Nicht-Diskriminierung von Mitgliedstaaten beruht. Zweitens bietet die WTO einen strukturierten Rahmen für intergouvernementale Verhandlungen in der Handelspolitik. Drittens stellt sie mit einem klar strukturierten Streitschlichtungsmechanismus ein Verfahren zur Beilegung von Handelsstreitigkeiten zur Verfügung. Zeitgleich mit dem Abbau von Zöllen und anderen Handelsschranken stieg die Zahl der Mitgliedsländer in diesem multilateralen Handelsregime von den 23 Gründungsmitgliedern im Jahre 1947 auf 155 im Jahre 2012.

Trotz dieser Erfolgsgeschichte sieht sich die WTO seit einigen Jahren mit einer Reihe schwieriger Probleme konfrontiert. Auf der einen Seite ist die Entscheidungsfindung im Rahmen der WTO in den letzten Jahren wesentlich schwieriger geworden, was insbesondere die bereits mehrfach gescheiterte aktuelle Doha-Handelsrunde, zeigt. Dies liegt nicht nur an der gestiegenen Anzahl der beteiligten Akteure, sondern auch an der wachsenden Komplexität der Themen. Während sich frühere Handelsrunden in erster Linie der Reduktion von Zöllen widmeten, stehen in der aktuellen Handelsrunde insbesondere nicht-tarifäre Handelshemmnisse (wie die Landwirtschaftssubventionen der Industriestaaten und der Schutz von geistigem Eigentum) im Zentrum der Verhandlungen, die zunehmend auch Themen außerhalb der Handelspolitik berühren. So wird beispielsweise darüber gestritten, welche Maßnahmen einem legitimen umweltpolitischen Ziel dienen und welche Maßnahmen als Handelshemmnis einzustufen sind. Häufig sind beide Sichtweisen vertretbar, was zu nicht unerheblichen Problemen am Verhandlungstisch führt. Diese Entwicklungen haben es wesentlich schwieriger gemacht, eine für alle beteiligten Staaten gangbare Lösung zu finden, zumal die Prozeduren der WTO eine einstimmige Verabschiedung neuer Regeln vorsehen.

Angesichts dieser Probleme der weiteren Vertiefung des internationalen Handelsregimes überrascht die zweite Herausforderung für die WTO in den letzten Jahren nur teilweise. Diese besteht in der stark zunehmenden Zahl an präferenziellen Handelsabkommen zwischen zwei oder mehr Staaten, die sich dadurch gegenseitig einen bevorzugten Marktzugang gewähren, der über die Vorgaben der WTO hinausgeht. Gab es bis 1991 nur eine Handvoll solcher Abkommen, lag ihre Zahl 2010 bei fast 300; im Durchschnitt hatte dabei jeder WTO-Mitgliedstaat dreizehn zusätzliche präferenzielle Handelsabkommen geschlossen (World Trade Organization 2011: 47). Beispiele für solche Handelsabkommen sind die Europäische Union, das nordamerikanische Freihandelsabkommen NAFTA oder die lateinamerikanische Freihandelszone MERCOSUR. Obwohl der Anteil des Welthandels, der durch diese Präferenzhandelsabkommen gefördert wird, wesentlich geringer ist als der Anteil, der den Bestimmungen der WTO unterliegt (World Trade Organization 2011: 86), stellt sich vor diesem Hintergrund die Frage, warum Staaten solche Abkommen schließen. Zu dieser Frage gibt es eine Reihe von Forschungsarbeiten in der Internationalen Politischen Ökonomie (wie auch in den angrenzenden Disziplinen der Ökonomik und des internationalen Rechts).

Einer der naheliegendsten Gründe für die Zunahme präferenzieller Handelsabkommen besteht in den oben diskutierten Schwierigkeiten, innerhalb der WTO weitere Handelsliberalisierungen zu beschließen. Mansfield und Reinhardt (2003) argumentieren beispielswei-se, dass Staaten solche Abkommen als Versicherung gegen GATT/WTO-Regelungen sehen, die ihren Interessen entgegenlaufen, und als eine Möglichkeit, ihre Verhandlungsmacht in den GATT/WTO-Verhandlungen zu erhöhen. Im Einklang mit diesen Erwartungen zeigen sie in einer quantitativen Analyse für den Zeitraum 1948 bis 1998, dass der Abschluss eines Präferenzhandelsabkommens zwischen zwei Staaten vor allem dann wahrscheinlicher wird, wenn die Anzahl der GATT/WTO-Mitgliedstaaten steigt, wenn aktuell eine Welthandels-runde läuft und wenn die Vertragsstaaten kürzlich in eine Handelsstreitigkeit im Rahmen des Streitschlichtungsmechanismus involviert waren; letzteres insbesondere dann, wenn sie daraus als Verlierer hervorgingen. Umstritten ist allerdings die Frage, ob die Zunahme von präferenziellen Handelsabkommen die multilaterale Handelsarchitektur der WTO eher stärkt, da einige Staaten hiermit entsprechend der WTO-Zielsetzung stärker Handelsbarrieren ab-bauen und damit unter Umständen auch multilaterale Einigungen forcieren, oder schwächt, weil diese Handelsabkommen außerhalb des von der WTO gesteckten Rahmens abgeschlos-sen werden (für eine Diskussion siehe Baldwin 2009).

Andere Erklärungsansätze für die Zunahme an Präferenzhandelsabkommen, vor allem zwischen Industriestaaten und Entwicklungsländern, konzentrieren sich unter anderem auf den Einfluss privater Akteure, insbesondere nationaler Industrien (Chase 2003, 2005) und multinationaler Unternehmen (Manger 2009). Letzterer argumentiert, dass multinationale Unternehmen als internationale, nicht-staatliche Akteure, großen Einfluss auf die Verhand-lungen zwischen souveränen Staaten in der Handelspolitik nehmen, um damit ihre wirt-schaftlichen Interessen zu fördern. Anhand von detaillierten Fallstudien zur Handelspolitik im Kontext von NAFTA, der EU und Japan zeigt Manger, dass die Zunahme präferenziel-ler Handelsabkommen zwischen Industrie- und Entwicklungsländern insbesondere auf die wachsende Bedeutung ausländischer Direktinvestitionen für multinationale Firmen zurück-zuführen ist und dass diese Abkommen daher häufig auf deren Bedürfnisse zugeschnitten werden, auch wenn dies nicht immer gesamtwirtschaftlich sinnvoll ist. Insgesamt zeigt die Forschung, dass es verschiedene wirtschaftliche und politische Gründe gibt, präferenziel-le Handelsabkommen zu schließen. Der Beitrag der IPÖ-Forschung zu dieser Literatur liegt dabei insbesondere in der Betonung politischer Beweggründe für diese Form internationa-ler Kooperation und ihrer Auswirkungen auf das Funktionieren des weltweiten Handelsre-gimes als Ganzem.

4.2   Wer erhält IWF-Kredite und zu welchen Konditionen?

Ein zweites Beispiel für ein Forschungsthema zur dritten großen Fragestellung der IPÖ-For-schung ist die Kreditvergabe des Internationalen Währungsfonds (IWF). Der IWF ist eine internationale Organisation, die 1944 gegründet wurde und der heute 188 Staaten angehö-ren. Durch währungspolitische Zusammenarbeit, Expertise im Bereich der Wirtschaftspolitik und die Bereitstellung von Hilfskrediten bei Zahlungsbilanzproblemen verfolgt der IWF das Ziel, die Stabilität der Weltwirtschaft sicherzustellen und dadurch zu weltweiter Finanzstabi-lität, Handel, Wachstum, Beschäftigung und Armutsreduktion beizutragen. Eine besondere

Rolle spielt dabei die Möglichkeit des IWF, in Zahlungsschwierigkeiten geratenen Ländern Kredite zu gewähren, um diesen genug Zeit für Reformen und die Bekämpfung ihrer wirtschaftlichen Probleme zu verschaffen. Die aktuelle Beteiligung des IWF an den Finanzhilfen für in Not geratene Länder der Eurozone ist ein Beispiel für solche Kredite. Verknüpft sind diese Kredite mit bestimmten Auflagen, die sicherstellen sollen, dass solche Reformen tatsächlich vollzogen werden.

Dabei variieren sowohl die Höhe der vergebenen Kredite wie auch die Strenge der Auflagen ganz erheblich (siehe z. B. Copelovitch 2010a: 14ff.). Dies überrascht insofern nicht, als sich die Probleme der jeweiligen Kreditempfänger ebenfalls stark unterscheiden. Interessanterweise lassen sich diese Unterschiede jedoch nur teilweise durch ökonomische Faktoren wie den Schuldenstand eines Landes, die Höhe des Leistungsbilanzdefizits oder die Höhe seiner Währungsreserven erklären (Joyce 2004). Die IPÖ-Forschung hat sich daher der Rolle von politischen und institutionellen Faktoren bei der IWF-Kreditvergabe zugewandt und dabei festgestellt, dass diesen ebenfalls ein hohes Gewicht zukommt.

Neben dem Einfluss der Interessen der IWF-Bürokratien (Willett 2002; Dreher/Vaubel 2004) untersuchen viele Studien die Rolle geopolitischer Interessen bei der Kreditvergabe. Diese Analysen zeigen, dass die Interessen insbesondere der fünf großen IWF-Geldgeber, allen voran der USA, die dementsprechend auch ein höheres Stimmrecht haben, eine erhebliche Rolle bei der Kreditvergabe spielen. Mehrere Autoren haben nachgewiesen, dass Staaten, die international politisch an der Seite der USA und der anderen großen Geberländer stehen – beispielsweise indem sie in der UN-Generalversammlung oder im Sicherheitsrat wie diese Länder abstimmen – bessere Konditionen bei IWF-Krediten erwarten können (z. B. Thacker 1999; Dreher/Sturm/Vreeland 2009; Stone 2004). IWF-Kredite scheinen also zumindest teilweise von den USA und anderen großen Ländern als Belohnung für ein Verhalten eingesetzt zu werden, das deren (geo-)politischen Interessen entspricht.

Andere Studien rücken zwar auch das Interesse der großen Geberländer in den Mittelpunkt ihrer Analysen, verweisen aber stärker auf den Einfluss nationaler Finanzinteressen in diesen Ländern.[8] Diese Untersuchungen legen die These nahe, dass die nationale Finanzindustrie in Geberländern bei ihrer Regierung darauf drängt, in Zahlungsschwierigkeiten geratenen Ländern zu helfen, um größere finanzielle Ausfälle ihrer Kredite an diese angeschlagenen Länder zu vermeiden. Dementsprechend lässt sich empirisch zeigen, dass solche Länder, die vor allem Schulden bei privaten Gläubigern in einem der großen Geberländer gemacht haben, höhere Kreditvolumen zugesprochen bekommen (Broz 2005; Broz/Hawes 2006). Copelovitch (2010a, b) findet ebenfalls Evidenz für diesen Befund, zeigt aber mithilfe umfangreicher quantitativer Analysen und zweier Fallstudien, dass finanzielle Interessen der großen Geberländer nicht immer eine wichtige Rolle spielen und dass häufig auch die Interessen der IWF-Bürokratie (z. B. ein intrinsisches Interesse an makroökonomisch sinnvollen Programmen, aber auch bürokratische Interessen an einem hohen Budget für den IWF) dominieren.

---

8   Gould (2003) argumentiert, dass sich internationale Finanzinteressen direkt beim IWF Gehör verschaffen können und so die Vergabe und die Auflagen von IWF-Krediten beeinflussen.

Diese Forschungsergebnisse zeigen, dass der IWF keine rein technokratische Organisation ist, sondern dass politische Interessen seiner Mitgliedstaaten, insbesondere der großen Anteilseigner, genauso wie das institutionelle Eigeninteresse des IWF ebenfalls eine gewichtige Rolle bei der Kreditvergabe spielen. Diese Erkenntnisse können auch dabei helfen, die Rolle des IWF als Krisenmanager in aktuellen Krisen besser zu verstehen. So spielt in der Eurokrise zum Beispiel das hohe Engagement deutscher und französischer Banken in der Finanzierung privater und öffentlicher Schulden in den Peripheriestaaten eine gewichtige Rolle bei der Entwicklung von Krisenbekämpfungsstrategien der EU, der EZB und des IWF.

4.3 Zwischenfazit

Die dritte große Forschungsfrage der Internationalen Politischen Ökonomie beschäftigt sich mit der internationalen Ebene der weltweiten Wirtschafts- und Finanzbeziehungen. Die Interaktion von Interessen und Institutionen spielt auch hier eine wichtige Rolle. Fragen der Kooperation und Koordination, des Wettstreits verschiedener nationalstaatlicher Interessen und der Strukturierung der internationalen Wirtschafts- und Finanzbeziehungen durch internationale Regime stehen im Zentrum dieses Forschungskomplexes.

Die vorgestellten Beispiele zeigen zudem, dass die Anwendung von Fragestellungen aus den Internationalen Beziehungen auf konkrete Fragestellungen der Internationalen Politischen Ökonomie sehr fruchtbar sein kann. Durch Antworten auf Fragen wie ‚Welche Rolle spielen Akteure auf nationaler Ebene für die Außenpolitik eines Staates?‘, ‚Wie wirken sich die Anzahl der Verhandlungspartner und die Vielfalt ihrer Interessen auf internationale Verhandlungen aus?‘, ‚Wie können Staaten ihre geopolitischen Interessen durchsetzen?‘ und ‚Wie beeinflussen internationale Organisationen und ihre Mitarbeiter selbst die Stabilität des internationalen Systems?‘ können wichtige Einsichten in die Politik der internationalen Wirtschafts- und Finanzbeziehungen gewonnen werden. Umgekehrt trägt die IPÖ-Forschung auch zur generellen Theoriebildung in den Internationalen Beziehungen bei.

5. Abschließende Bemerkungen

Ziel dieses Beitrags ist es, den Lesern einen Überblick über die Teil- und Brückendisziplin Internationale Politische Ökonomie zu geben. Die Internationale Politische Ökonomie rückt vor allem die Interaktion nationalstaatlicher und internationaler Interessen und Institutionen auf die nationale und internationale Wirtschaftspolitik und deren Auswirkungen auf wirtschaftliche Entwicklungen ins Zentrum ihres Forschungsinteresses. Thematisch geht es vor allem um Produktion und internationalen Handel, um internationale Finanzbeziehungen und Kapitalverkehr und um internationale Regime im Bereich der Wirtschafts- und Finanzbeziehungen. Damit beschäftigt sich die Internationale Politische Ökonomie mit den verschiedensten Aspekten der Globalisierung. Von Interesse sind dabei nicht nur Fragen nach den Ursachen, den Formen und dem Umgang mit der globalisierten Weltwirtschaft, sondern auch deren Auswirkungen auf den Nationalstaat und seine Bürger.

Die in diesem Kapitel vorgestellten Beispiele aus der Forschung zeigen, dass die Internationale Politische Ökonomie stark von Interdisziplinarität gekennzeichnet ist und sowohl auf Forschungsergebnissen der Wirtschafts- als auch der Politikwissenschaft aufbaut. Ökonomische Modelle und Forschungsergebnisse bilden häufig das Fundament politökonomischer Analysen, sowohl in Bezug auf die Verteilungswirkung bestimmter Politiken als auch hinsichtlich der wirtschaftlichen Mechanismen, Möglichkeiten und Grenzen bestimmter Politiken. Zudem haben die Beispiele verdeutlicht, dass die Internationale Politische Ökonomie eng mit anderen Bereichen der Politikwissenschaft, wie der Vergleichenden Politikwissenschaft, der Politischen Verhaltensforschung und den Internationalen Beziehungen, verwoben ist. Indem die Internationale Politische Ökonomie Erkenntnisse, Modelle und Methoden aus diesen Disziplinen verbindet und auf konkrete Fragestellungen im Bereich der Politik der internationalen Wirtschafts- und Finanzbeziehungen anwendet, kann sie wichtige neue Erkenntnisse über die Interessen nationalstaatlicher und internationaler Akteure, den Einfluss nationaler und internationaler Institutionen auf (außen-)wirtschaftspolitische Entscheidungen und die internationalen Wirtschafts- und Finanzbeziehungen generell gewinnen.

Dabei haben viele Studien auch konkrete Policy-Implikationen. Studien über die Verteilungswirkung konkreter Politiken helfen beispielsweise nicht nur, mögliche Gegner und Befürworter von Reformvorhaben in diesen Bereichen zu identifizieren, sondern zeigen auch auf, welche Gruppen besonders entschädigt werden müssten, um den angestrebten Reformen politisch zum Durchbruch zu verhelfen. Die Forschung über die teilweise politisch motivierte Kreditvergabe des IWF hat dagegen konkrete Implikationen für die Debatte um mögliche Reformen dieser Institution, wie eine Umverteilung der Stimmanteile der beteiligten Staaten.

Um einen Überblick über aktuelle Forschungsarbeiten im Bereich Internationale Politische Ökonomie zu erhalten, lohnt ein Blick auf die Website der International Political Economy Society (IPES), der wichtigsten Organisation im Bereich der amerikanisch-orientierten IPÖ-Forschung. Die IPES organisiert einmal jährlich eine Konferenz, auf der eine Auswahl laufender Forschungsprojekte präsentiert wird. Die präsentierten Konferenzpapiere können auf dieser Website heruntergeladen werden.[9] In Deutschland haben sich viele Internationale Politische Ökonomie-Forscher und -Forscherinnen, insbesondere auch der britisch-orientierten Tradition, im Arbeitskreis Internationale Politische Ökonomie der DVPW und der DVPW-Sektion Politische Ökonomie zusammengeschlossen.[10] Abgeschlossene Forschungsarbeiten in der Internationalen Politischen Ökonomie werden insbesondere in den Fachzeitschriften *International Organization*, *Review of International Organizations* und *Review of International Political Economy* publiziert.

Insgesamt lässt sich sagen, dass viele grundlegende Zusammenhänge der Internationalen Politischen Ökonomie mittlerweile gut verstanden werden. Dennoch gibt es auch noch viele offene Baustellen, die Bedarf für weitere Forschung anzeigen. So haben insbesondere die globale Finanz- und Wirtschaftskrise und die Eurokrise viele neue Fragen aufgeworfen

---

9   Die Website findet sich unter http://ncgg.princeton.edu/IPES/index.php.

10   Die Website des Arbeitskreises findet sich unter http://www.ipo.uni-wuppertal.de/index.html, diejenige der Sektion unter http://poloek-dvpw.mpifg.de/.

(siehe zum Beispiel Helleiner 2011; Leblang/Pandya 2009; Mosley/Singer 2009). Beispiele sind die Fragen, wie, von wem und unter welchen Bedingungen internationale Finanzströme wirksam reguliert werden können, wann es konzertierte Aktionen in der internationalen Wirtschaftspolitik gibt und wann nicht, welche Interessen Gruppen haben, die bisher nicht im Fokus des Forschungsinteresses standen (z. B. Hausbesitzer, Fremdwährungskreditnehmer etc.) oder unter welchen Umständen internationale Wirtschaftsinstitutionen wie die Europäische Währungsunion scheitern können. Angesichts der Tatsache, dass die zentrale Rolle der Politik sowohl im Vorlauf als auch im Management der aktuellen Krisen überdeutlich geworden ist, ist die Internationale Politische Ökonomie, genauso wie die vergleichende politökonomische Forschung, besonders geeignet, diese Fragen zu beantworten.[11] Zudem stellen die aktuellen Krisen bei all ihrer Problematik für die Internationale Politische Ökonomie auch eine große Chance dar, da durch sie viele neue und interessante Daten verfügbar werden, mit denen bestehende Modelle neu getestet oder neue entwickelt werden können.

Abschließend lässt sich also festhalten, dass die Internationale Politische Ökonomie eine Teildisziplin der Politikwissenschaft ist, die sich mit hoch relevanten Fragen beschäftigt, die insbesondere im Kontext der aktuellen Wirtschaftskrise brisant und aktuell sind und bei der es noch viel Raum für neue Forschungsaktivitäten gibt.

Kommentierte Literaturhinweise

Oatley, Thomas H., 2009: International Political Economy: Interests and Institutions in the Global Economy. International ed. New York: Longman.
> Dieses Buch bietet einen umfassenden und einführenden Überblick über die Internationale Politische Ökonomie in der amerikanischen Tradition. Es zeichnet sich durch hohe Verständlichkeit und viele Beispiele aus.

Frieden, Jeffry/Lake, David/Broz, Lawrence, 2010: International Political Economy. Perspectives on Global Power and Wealth. New York: W.W. Norton.
> Dieses Buch präsentiert eine Sammlung von wichtigen Artikeln in der Internationalen Politischen Ökonomie zu den verschiedensten Themengebieten. Ein einführendes Kapitel und einführende Texte zu jedem Themengebiet setzen diese Artikel in den Kontext. Das Buch gibt Studierenden einen umfassenden Einblick in die IPÖ-Forschung.

Eichengreen, Barry, 1996: Globalizing Capital. A History of the International Monetary System. Princeton, NJ: Princeton University Press.
> Hier finden Sie eine verständlich geschriebene Geschichte der internationalen Geld- und Finanzbeziehungen, in der insbesondere politische Konflikte und Entscheidungen thematisiert werden.

Cohen, Benjamin, 2008: Introduction to International Political Economy: An Intellectual History. Princeton, NJ: Princeton University Press.
> Cohen stellt die Entwicklung der Teildisziplin Internationale Politische Ökonomie in der britischen und amerikanischen Variante vor und diskutiert die verschiedenen Herangehensweisen dieser beiden Schulen.

---

11   Auch wenn die Fähigkeit der Internationalen Politischen Ökonomie, die aktuelle Krise vorherherzusagen, stark umstritten ist (Cohen 2009; Helleiner 2011).

Literatur

Aidt, Toke/Gassebner, Martin, 2010: Do Autocratic States Trade Less?, in: World Bank Economic Review 24:1, 38-76.

Baldwin, Richard, 2009: Big-think Regionalism: a Critical Survey, in: Estevaeordal, Antoni/Suominen, Kati/The, Robert (Hg.): Regional Rules in the Global Trading System. Cambridge: Cambridge University Press, 17-95.

Beaulieu, Eugene, 2002: Factor or Industry Cleavages in Trade Policy? An Empirical Analysis of the Stolper-Samuelson Theorem, in: Economics and Politics 14:2, 99-131.

Bernauer, Thomas/Jahn, Detlef/Kuhn, Patrick/Walter, Stefanie, ²2013: Einführung in die Politikwissenschaft. Baden-Baden: Nomos.

Bernhard, William/Leblang, David, 1999: Democratic Institutions and Exchange-rate Commitments, in: International Organization 53:1, 71-97.

Bernhard, William, J./Broz, Lawrence/Roberts Clark, William, 2002: The Political Economy of Monetary Institutions, in: International Organization 56:4, 693-723.

Blomberg, Brock/Frieden, Jeffrey/Stein, Ernesto, 2005: Sustaining Fixed Rates: The Political Economy of Currency Pegs in Latin America, in: Journal of Applied Economics 8:2, 203-225.

Brown, Martin/Peter, Marcel/Wehrmüller, Simon, 2009: Swiss Franc Lending in Europe. Zürich: Swiss National Bank.

Broz, Lawrence, 2005: Congressional Politics of International Financial Rescues, in: American Journal of Political Science 49:3, 479-496.

Broz, Lawrence/Brewster Hawes, Michael, 2006: Congressional Politics of Financing the International Monetary Fund, in: International Organization 60:1, 367-399.

Bueno de Mesquita, Bruce/Smith, Alastair/Siverson, Randolph M./Morrow, James D., 2003: The Logic of Political Survival. Cambridge, MA: MIT Press.

Chase, Kerry, 2003: Economic Interests and Regional Trading Arrangements: The Case of NAFTA, in: International Organization 57:1, 137-174.

Chase, Kerry, 2005: Trading Blocs: States, Firms, and Regions in the World Economy. Ann Arbor: University of Michigan Press.

Chiu, Eric/Dechsakulthorn, Sirathorn/Walter, Stefanie/Walton, Joshua/Willett Thomas, 2012: The Discipline Effects of Fixed Exchange Rates: The Distinction between Hard and Soft Pegs, in: Global Economic Review. Perspectives on Asian Industries and Economies 41:1, 1-31.

Chwieroth, Jeffrey, 2007: Neoliberal Economists and Capital Account Liberalization in Emerging Markets, in: International Organization 61:2, 443-463.

Cohen, Benjamin J., 1995: The Triad and the Unholy Trinity: Problems of International Monetary Cooperation, in: Frieden, Jeffry/Lake, David (Hg.): International Political Economy. Perspectives on Global Power and Wealth. New York: St. Martin's Press, 255-266.

Cohen, Benjamin J., 2008: Introduction to International Political Economy: An Intellectual History. Princeton, NJ: Princeton University Press.

Cohen, Benjamin J., 2009: A Grave Case of Myopia, in: International Interactions 35:4, 436-444.

Copelovitch, Mark, 2010a: The International Monetary Fund in the Global Economy. Cambridge: Cambridge University Press.

Copelovitch, Mark, 2010b: Master or Servant? Common Agency and the Political Economy of IMF Lending, in: International Studies Quarterly 54:1, 49-77.

Dreher, Axel/Sturm, Jan-Egbert/Vreeland, James, 2009: Global Horse Trading: IMF Loans for Votes in the United Nations Security Council, in: European Economic Review 53:7, 742-757.

Dreher, Axel/Vaubel, Roland, 2004: The Causes and Consequences of IMF Conditionality, in: Emerging Markets Finance and Trade 40:3, 26-54.

Duch, Raymond/Stevenson, Randolph, 2008: The Economic Vote. How Political and Economic Institutions Condition Election Results. Cambridge: Cambridge University Press.

Eichengreen, Barry, 1992: Golden Fetters: The Gold Standard and the Great Depression. New York: Oxford University Press.

Eichengreen, Barry/Leblang, David, 2006: Democracy and Globalization. NBER Working Paper: 12450.

Findlay, Ronald/Kierzkowski, Henryk, 1983: International Trade and Human Capital: A Simple General Equilibrium Model, in: The Journal of Political Economy 91:6, 957-978.

Frieden, Jeffry/Martin, Lisa, 2002: International Political Economy: Global and Domestic Interactions, in: Katznelson, Ira/Milner, Helen (Hg.): Political Science: State of the Discipline. New York: Norton, 118-46.

Goodman, John, 1991: The Politics of Central Bank Independence, in: Comparative Politics 23:3, 329-349.

Gould, Erica, 2003: Money talks: Supplementary Financiers and International Monetary Fund Conditionality, in: International Organization 57:3, 551-586.

Hainmueller, Jens/Hiscox, Michael J., 2006: Learning to Love Globalization: Education and Individual Attitudes Toward International Trade, in: International Organization 60:2, 469-498.

Hall, Michael, 2008: Democracy and Floating Exchange Rates, in: International Political Science Review 29:1, 73-98.

Hallerberg, Mark, 2002: Veto Players and the Choice of Monetary Institutions, in: International Organization 56:4, 775-802.

Hays, Jude, 2009: Globalization and the New Politics of Embedded Liberalism. Oxford: Oxford University Press.

Helleiner, Eric, 2011: Understanding the 2007-2008 Global Financial Crisis: Lessons for Scholars of International Political Economy, in: Annual Review of Political Science 14, 67-87.

Hiscox, Michael J., 2002: International Trade and Political Conflict: Commerce, Coalitions, and Mobility. Princeton, NJ: Princeton University Press.

Huntington, Samuel P., 1991: The Third Wave. Democratization in the Late Twentieth Century. Norman: University of Oklahoma Press.

Jones, Ronald, 1971: A Three-Factor Model in Theory, Trade and History, in: Bhagwati, Jagdish/Jones, Ronald/Mundell, Robert/Vanek, Jaroslav (Hg.): Trade, Balance of Payments, and Growth. Amsterdam: North-Holland, 3-21.

Joyce, Joseph, 2004: Adoption, Implementation and Impact of IMF Programmes: A Review of the Issues and Evidence, in: Comparative Economic Studies 46:3, 451-467.

Lake, David, 2009: Open Economy Politics: A Critical Review, in: Review of International Organizations 4:3, 219-244.

Leblang, David, 1999: Domestic Political Institutions and Exchange Rate Commitments in the Developing World, in: International Studies Quarterly 43:4, 599-620.

Leblang, David/Pandya, Sonal, 2009: The Financial Crisis of 2007: Our Wateroo or Take a Chance on IPE?, in: International Interactions 35:4, 430-435.

Lipset, Seymour M., 1959: Some Social Requisites of Democracy: Economic Development and Political Legitimacy, in: American Political Science Review 53:1, 245-259.

Manger, Mark, 2009: Investing in Protection. The Politics of Preferential Trade Agreements between North and South. Cambridge: Cambridge University Press.

Mansfield, Edward/Reinhardt, Eric, 2003: Multilateral Determinants of Regionalism: The Effects of GATT/WTO on the Formation of Preferential Trade Agreements, in: International Organization 57:4, 829-862.

Mansfield, Edward/Mutz, Diana, 2009: Support for Free Trade: Self-Interest, Sociotropic Politics, and Out-Group Anxiety, in: International Organization 63:2, 425-457.

Mansfield, Edward/Milner, Helen/Rosendorff, Peter, 2000: Free to Trade: Democracies, Autocracies, and International Trade, in: American Political Science Review 94:2, 305-322.

Mayda, Anna Maria/Rodrik, Dani, 2005: Why are Some People (and Countries) More Protectionist than Others?, in: European Economic Review 49:6, 1393-1430.

Melitz, Marc, 2003: The Impact of Trade on Intra-Industry Reallocations and Aggregate Industry Productivity, in: Econometrica 71:6, 1695-1725.

Milner, Helen/Kubota, Keiko, 2005: Why the Move to Free Trade? Democracy and Trade Policy in Developing Countries, in: International Organization 59:4, 107-144.

Milner, Helen/Mukherjee, Bumba, 2009: Democratization and Economic Globalization, in: Annual Review of Political Science 12, 163-181.

Mosley, Layna/Singer, David, 2009: The Global Financial Crisis: Lessons and Opportunities for International Political Economy, in: International Interactions 35:4, 420-429.

Nordhaus, William D., 1975: The Political Business Cycle, in: Review of Economic Studies 42:2, 169-190.

Oatley, Thomas H., 2009: International Political Economy: Interests and Institutions in the Global Economy. International ed. New York: Longman.

Powell, Bingham/Whitten, Guy, 1993: A Cross-National Analysis of Economic Voting: Taking Account of the Political Context, in: American Journal of Political Science 37:2, 391-414.

Rogoff, Kenneth, 1990: Equilibrium Political Budget Cycles, in: American Economic Review 80:1, 21-36.

Rogowski, Ronald, 1989: Commerce and Coalitions: How Trade Affects Domestic Political Alignments. Princeton, NJ: Princeton University Press.

Samuelson, Paul A., 1971: Ohlin was Right, in: Swedish Journal of Economics 73:4, 365-384.

Simmons, Beth, 1994: Who Adjusts? Domestic Sources of Foreign Economic Policy During the Interwar Years. Princeton, NJ: Princeton University Press.

Stokes, Susan C., 2001: Mandates and Democracy: Neoliberalism by Surprise in Latin America. Cambridge: Cambridge University Press.

Stolper, Wolfgang F./Samuelson, Paul A., 1941: Protection and Real Wages, in: Review of Economic Studies 9:1, 58-73.

Stone, Randall, 2004: The Political Economy of IMF Lending in Africa, in: American Political Science Review 98:4, 577-591.

Thacker, Strom, 1999: The High Politics of IMF Lending, in: World Politics 52:1, 38-75.

Tsebelis, George, 1995: Decision Making in Political Systems: Veto Players in Presidentialism, Parliamentarism, Multicameralism and Multpartyism, in: British Journal of Political Science 25:3, 289-325.

Walter, Stefanie, 2010: Globalization and the Demand-Side of Politics. How Globalization Shapes Individual Perceptions of Labor Market Risk and Policy Preferences. IPES Annual Conference. Harvard University, Cambridge, MA.

Walter, Stefanie, 2012: Distributional Politics in Times of Crisis. Eastern European Policy Responses to the Global Financial and Economic Crisis 2008-10. EPSA Annual Convention, Berlin.

Walter, Stefanie, 2013 (i. E.): Financial Crises and the Politics of Macroeconomic Adjustment. Cambridge: Cambridge University Press.

Willett, Thomas D., 2002: Toward a Broader Public-Choice Analysis of the International Monetary Fund, in: Andrews, David M./Henning, Randall C./Pauly, Louis W. (Hg.): Governing the World's Money. Ithaca, NY: Cornell University Press, 60-77.

World Bank, 2012: World Development Indicators. Washington DC: World Bank.

World Trade Organization, 2011: The WTO and Preferential Trade Agreements: From Co-existence to Coherence, in: World Trade Report 2011.

Verzeichnis der Autorinnen und Autoren

Dr. Klaus Armingeon, Professor für vergleichende und europäische Politik an der Universität Bern; Schwerpunkte in Forschung und Lehre: vergleichende Analyse von Sozial- und Wirtschaftspolitiken, Arbeitsbeziehungen und Interessenvermittlung, schweizerische Politik im internationalen Vergleich, europäische Integration.

Dr. Dietmar Braun, Professor für Politische Wissenschaft an der Universität Lausanne; Schwerpunkte in Forschung und Lehre: Politische Theorie, Vergleichende Politikwissenschaft, Föderalismusforschung und Forschungs- und Technologiepolitik.

Dr. Hubertus Buchstein, Professor für Politische Theorie und Ideengeschichte an der Universität Greifswald; Schwerpunkte in Forschung und Lehre: Moderne Demokratietheorie, Prozeduren in der Politik, Rechtsextremismus in der Bundesrepublik Deutschland.

Dr. Sven Chojnacki, Professor für Friedens- und Konfliktforschung an der Freien Universität Berlin; Schwerpunkte in Forschung und Lehre: Ursachen und Dynamiken gewaltförmiger Konflikte, Friedens- und Sicherheitspolitik im internationalen Vergleich, Governanceforschung, Politische Geografien der Gewalt.

Dr. Nicole Deitelhoff, Professorin für Internationale Beziehungen an der Goethe-Universität Frankfurt und Forschungsgruppenleiterin an der Hessischen Stiftung Friedens- und Konfliktforschung; Schwerpunkte in Forschung und Lehre: Global Governance, Demokratie, Herrschaft und Widerstand jenseits des Nationalstaats, transnationale soziale Bewegungen.

Dr. Florian Grotz, Professor für Politikwissenschaft, insb. Vergleichende Regierungslehre an der Helmut-Schmidt-Universität Hamburg; Schwerpunkte in Forschung und Lehre: Innenpolitik der Bundesrepublik Deutschland, Politische Institutionen im Rahmen der Europäischen Union, Wahl-, Regierungs- und Parteiensysteme im internationalen Vergleich.

Dr. Sebastian Harnisch, Professor für Politische Wissenschaft an der Universität Heidelberg; Schwerpunkte in Forschung und Lehre: Theorien der Internationalen Beziehungen, vergleichende Außen- und Sicherheitspolitik, insbesondere der USA, EU und Bundesrepublik Deutschland, Nichtverbreitung von Massenvernichtungswaffen sowie Sicherheitskooperation in Nordostasien.

Dr. Katharina Holzinger, Professorin für Internationale Politik und Konfliktforschung an der Universität Konstanz; Schwerpunkte in Forschung und Lehre: Europäische Union, deliberative Demokratie, innere Konflikte und Bürgerkriege, traditionale Governance in Afrika.

Dr. Wolfgang Kersting, seit 2011 emeritierter Professor für Philosophie an der Universität Kiel; Forschungsschwerpunkte: politische Philosophie, Geschichte der politischen Philosophie, Gerechtigkeitstheorie, Sozialstaatstheorie.

Dr. Marcus Llanque, Professor für Politikwissenschaft/Politische Theorie an der Universität Augsburg; Schwerpunkte in Forschung und Lehre: Politische Ideengeschichte, Demokratietheorie, Verfassungstheorie.

Dr. Wolfgang Merkel, Professor für Politische Wissenschaft an der Humboldt-Universität zu Berlin, Direktor der Abteilung „Demokratie und Demokratisierung" am Wissenschaftszentrum Berlin für Sozialforschung; Schwerpunkte in Forschung und Lehre: Politische Regime: Demokratien und Autokratien, Demokratisierung, politische Parteien, Sozialdemokratie, soziale Gerechtigkeit.

Dr. Herfried Münkler, Professor für Theorie der Politik an der Humboldt-Universität zu Berlin; Schwerpunkte in Forschung und Lehre: Politische Theorie und Ideengeschichte, Geschichte und Theorie des Krieges sowie Demokratietheorie und Theorien der Zivilgesellschaft.

Dipl.-Pol. Verena Namberger, Politologin an der Freien Universität Berlin, Doktorandin zum Thema Politische Ökonomie der Lebenswissenschaften; Schwerpunkte in der Forschung: theoretische Grundlagen der Friedens- und Konfliktforschung, feministische Theorie, postkoloniale Ansätze, Biopolitik und Body Studies.

Dr. Siegfried Schieder, Wissenschaftlicher Mitarbeiter am Institut für Politische Wissenschaft der Universität Heidelberg und Dozent an der German-Chinese Graduate School of Global Politics der FU Berlin und der Fudan University, Shanghai; Schwerpunkte in Forschung und Lehre: Theorien der Internationalen Beziehungen, deutsche und vergleichende Außen- und Europapolitik, EU-Außenbeziehungen und Völkerrechtstheorie.

Dr. Manfred G. Schmidt, Professor für Politische Wissenschaft an der Universität Heidelberg; Schwerpunkte in Forschung und Lehre: Politik in der Bundesrepublik Deutschland, Demokratietheorien und vergleichende Demokratieforschung, Sozialpolitik im historischen und internationalen Vergleich.

Dr. Christian Schwaabe, Privatdozent und Lecturer für Politische Theorie am Geschwister-Scholl-Institut für Politikwissenschaft der Ludwig-Maximilians-Universität München; Schwerpunkte in Forschung und Lehre: Politische Theorie und Philosophie, Theorien der Moderne, Politik und Religion.

Dr. Uwe Wagschal, Professor für Vergleichende Regierungslehre an der Universität Freiburg; Schwerpunkte in Forschung und Lehre: Vergleichende Staatstätigkeitsforschung, Direkte Demokratie sowie Politisches System der Bundesrepublik Deutschland.

Dr. Helmut Weidner, Senior Researcher am Wissenschaftszentrum Berlin für Sozialforschung und Privatdozent am Fachbereich Politikwissenschaft der Freien Universität Berlin; Schwerpunkte in Forschung und Lehre: Internationaler Vergleich von Umweltpolitik, globale Klimapolitik, Mediation.

Dr. Stefanie Walter, Juniorprofessorin für Politische Ökonomie an der Universität Heidelberg, ab September 2013 Professorin für Internationale Beziehungen und Politische Ökonomie an der Universität Zürich; Schwerpunkte in Forschung und Lehre: Internationale und Vergleichende Politische Ökonomie, Methoden der Politikwissenschaft.

Dr. Frieder Wolf, Akademischer Mitarbeiter am Institut für Politische Wissenschaft der Universität Heidelberg; Schwerpunkte in Forschung und Lehre: Vergleichende Policy-Forschung, Methoden der Politikwissenschaft.

Dr. Stefan Wurster, Akademischer Mitarbeiter am Institut für Politische Wissenschaft der Universität Heidelberg; Schwerpunkte in Forschung und Lehre: Vergleichende Staatstätigkeitsforschung, Demokratie-Autokratie-Vergleich, Nachhaltigkeitspolitik, Politisches System der Bundesrepublik Deutschland.

Dr. Michael Zürn, Direktor am Wissenschaftszentrum Berlin für Sozialforschung und Professor für Internationale Beziehungen an der Freien Universität Berlin; Schwerpunkte in Forschung und Lehre: Global Governance, politische Soziologie internationaler Institutionen, Internationale Politische Theorie.